Einnahme desselben durch die Roten bucharischen Truppen und Flucht des von den Engländern eingesetzten bucharischen Emirs in die Berge.

*3. Periode*

1921: 26. Februar: Rote aufständische Georgier nehmen mit Unterstützung rotarmistischer Truppen der Aserbeidschanschen Sowjetrepublik Tiflis.

3. März: Aufstand in Kronstadt.

17. März: Heroischer Sturm auf Kronstadt, der zur völligen Liquidierung des Kronstädter Aufstandes führt.

August bis September: Einfälle von Grenzbanden auf Rumänien und Polen, die von den Roten Truppen jedesmal zurückgeworfen werden.

18. August: Vernichtung der Abteilungen des Barons Ungern.

7. September: Liquidierung des von der finnischen Bourgeoisie inspirierten weißen Aufstandes in Karelien.

25. Oktober: Wladiwostok genommen.

NEUER
DEUTSCHER
VERLAG

# ILLUSTRIERTE GESCHICHTE DER RUSSISCHEN REVOLUTION 1917

HERAUSGEGEBEN VON

W. ASTROW · A. SLEPKOW · J. THOMAS

MIT BEITRÄGEN VON BLAGONRAWOW · BUCHARIN ENGELHARDT · KAJUROW · KRYLENKO · LENIN · LUNATSCHARSKI · OLMINSKI · RACHJA · RASKOLNIKOW · SALESCHSKI SARABJANOW · SCHENEWSKI · SEREBRJANSKI · STALIN TROTZKI · WERMENISCHEW · WLADIMIROWA U. A.

225 ILLUSTRATIONEN

BERLIN 1928

NEUER DEUTSCHER VERLAG · WILLI MÜNZENBERG

E r s t e   A u f l a g e  /  E r s t e s   b i s   f ü n f u n d d r e i ß i g s t e s   T a u s e n d


E i n b a n d e n t w u r f   v o n   J o h n   H e a r t f i e l d
Druck: Produktiv-Genossenschaft für den Bezirk Halle-Merseburg eGmbH, Halle (Saale), Lerchenfeldstraße 14

# INHALT

---

## ILLUSTRATIONEN

(Zum großen Teil nach Originalen aus dem Moskauer Revolutions-Museum)

# STATT EINES VORWORTES

*JAHRHUNDERTE hindurch versuchte die russische Bauernschaft immer und immer wieder, das Joch des feudalen Grundbesitzes abzuschütteln. Wie oft hat sie sich nicht gegen den Adel erhoben und die verzweifeltsten Anstrengungen gemacht, um das zaristisch-feudale Pack abzuschütteln, um den vom Schweiße und den blutigen Tränen des Bauern getränkten Boden dem „Baron", dem „gnädigen Herrn" zu entreißen. Aber jedesmal sandte der Staat der Großgrundbesitzer seine „allerchristlichsten" Truppen aus, ließ Kartätschen niederhageln, — das Bauernland wurde mit Blut getränkt, die aufständischen Dörfer niedergebrannt. Das zaristische Rußland schlug Stepan Rasin sein rebellisches Haupt ab. Das kaiserliche Rußland sperrte Emelian Pugatschew in seinen eisernen Käfig und ließ ihn vierteilen. Aber die Helden der Bauernkriege wurden vom zaristischen Rußland nicht nur hingerichtet, sondern nach ihrem Tode auch als „Diebe" und „Räuber" gebrandmarkt. Auch nach der Revolution von 1905 wurde die Bauernschaft von dem zaristischen Rußland buchstäblich geschunden, weil sie es gewagt hatte, mit Äxten und Heugabeln bewaffnet, ihr Recht auf den Boden des feudalen Adels wieder geltend zu machen. „Boden!" rief die Bauernschaft. „Kugeln! mit Patronen wird nicht gespart" — antwortete ihr die absolutistische Macht des Zaren.*

*Im imperialistischen Kriege bekam der Bauer ein Gewehr in die Hand. Die Stadt gab ihm im Proletariat und seiner Partei einen Führer und Organisator, einen Freund und Bundesgenossen. Das Proletariat, die städtische Arbeiterschaft stellte sich an die Spitze der Bauernbewegung, und unter proletarischer Führung fegte der Kampfbund der Arbeiter und Bauern die Grundbesitzer hinweg, rottete den Adel mit Stumpf und Stiel aus. Die ganze absolutistische Maschine, die Generale und „Isprawniki", die Gouverneure und die Landvögte, die Zaren und die Adligen, die ganze Polizei brach zusammen.*

*Der Boden kam in die Hände der Bauern, in dem ehemaligen Reiche der feudalen Zaren kam die Macht in die Hände der Sowjets.*

*Schon seit Jahrhunderten hatten die unterdrückten Völker des absolutistischen Rußlands das verhaßte Joch der Zaren abzuschütteln versucht. Über hundert verschiedene Nationen bevölkerten das Land. Der grausame Doppeladler des Zarismus hielt sie in seinen eisernen Krallen gefangen. Die sogenannten „glorreichen Feldzüge", „Eroberungen" usw. waren nichts anderes als Raubzüge, in deren Verlauf gewaltige Gebiete ausgeplündert und verheert wurden. Elend, rohe Gewalt, Entrechtung der Bevölkerung, nationale Unterdrückung — dies waren die Kennzeichen der feudalen Herrschaft in Rußland. „Inorodzy" (Fremdvölker) — so hießen alle vom russischen Reich unterworfenen Völker. Für alle Freiheitsbestrebungen, für jeden Protest, selbst für den bloßen Gedanken der Gleichberechtigung hatte der Zarismus nur unerhörte blutige Verfolgungen zur Antwort. Die Strafexpeditionen nach den baltischen Provinzen und die Niederknüppelung von Polen, Finnland, Georgien und Turkestan im Jahre 1905, die Judenpogrome, die Raubwirtschaft in allen russischen Kolonien sind noch nicht vergessen. Der Leib jedes Volkes ist mit tiefen Narben bedeckt. Diese Narben sind Denkzeichen des verruchten absolutistischen Regimes.*

*Der proletarische Aufstand brachte allen Völkern Befreiung. Die Sowjetmacht verwandelte das zaristische Rußland, diesen Kerker, diese Folterkammer der Völker, in einen freiwilligen, stahlharten, brüderlichen Bund der Nationen. Gleichberechtigung der Völker, Freiheit ihrer nationalen Entwicklung, kulturelle Hebung, Beseitigung jeder nationalen Unterdrückung, Völkerverbrüderung — unter diesen Losungen führte das Proletariat die unterdrückten Völker des alten Rußlands ihrer Befreiung entgegen.*

*Führer des Aufstandes, Organisator des Sieges, Leiter der Aufbauarbeit war das Proletariat, war die Arbeiterklasse.*

*Aufgewachsen mit der Entwicklung der großen Industrie, hatte die Arbeiterklasse von Anfang an die Streiche der selbstherrlichen Polizei und des Polizeiabsolutismus zu erdulden. Von der vaterländischen Bourgeoisie auf das brutalste ausgebeutet, vom Staat ausgeplündert, aller politischen Rechte beraubt, geriet die Arbeiterklasse früh in Konflikt mit allen ihren Feinden. In zahllosen Kämpfen erstarkte ihr Klassenbewußtsein, stählte sich ihr Wille. Stein um Stein baute sie ihre Organisation auf, ihre revolutionäre bolschewistische Kampfpartei, dieses Muster proletarischer Kühnheit, proletarischen Mutes und Heldengeistes, proletarischer Disziplin und revolutionärer Gesinnung. Im Jahre 1905 zeigte das russische Proletariat der ganzen Welt wahre Wunder des Massenkampfes, zeigte ihr den Generalstreik und den proletarischen Aufstand, im Februar 1917 war das Proletariat Urheber und Führer des siegreichen Aufstandes. Aber nach dem Sturze des Zarismus, nach der Aufrichtung der Arbeiterräte, der Sowjets, stellte sich das Proletariat an die Spitze der Bauernschaft, stürzte im Oktober 1917 auch die Bourgeoisie und nahm zum erstenmal in der Geschichte Besitz von Palästen und Häusern, von Fabriken und Werken, von Schächten und Gruben, von Banken und Börsen, Kontoren und Magazinen, Eisenbahnen und Getreidespeichern. Das Proletariat entriß der Bourgeoisie alle Funktionsmittel, es „expropriierte die Expropriateure".*

*So wurde die Diktatur der Bourgeoisie von der Diktatur des Proletariats abgelöst und das wichtigste Eigentum der Bourgeoisie wurde nun Eigentum des Arbeiterstaates.*

*Das alte Rußland war der Allerweltsgendarm, es war die Grundfeste der Konterrevolution. Zu Beginn des neunzehnten Jahrhunderts stand es an der Spitze der „Heiligen Allianz", des Bundes feudaler Staaten gegen das bürgerlich-revolutionäre Frankreich, und die Truppen Alexanders des Ersten besetzten Paris. Im Jahre 1848 warfen die Truppen Nikolaus des Ersten die ungarische Revolution nieder. Im Jahre 1863 zerschmetterten die kaiserlichen Armeen die polnische Revolution. Am Anfang des 20. Jahrhunderts unterdrückten russische Truppen die spontanen Aufstände der chinesischen Bauernschaft. In jeder Freiheitsbewegung sah der russische Absolutismus seinen ärgsten, seinen Todfeind. Selbst die monarchistische Clique Preußens war liberaler als die Romanowsche Bande. Die englischen Würger der Arbeiterbewegung waren Muster freiheitlicher Gesinnung im Vergleich mit dem asiatischen Despotismus der Zaren. Die Oktober-Revolution des Proletariats verwandelte Rußland aus dem internationalen Gendarmen und Henker in den Hort aller Unterdrückten, in die stärkste Feste der internationalen Revolution, in den Herold des Friedens und des Sieges über die Ausbeuter.*

*Waren in Rußland die Grundlagen der alten feudalen und kapitalistischen Verhältnisse von der Lava der Revolution überschwemmt, so war dadurch der Revolution selbst der erbittertste, der wütendste Haß der Grundbesitzer und Kapitalisten aller Länder und aller Nationen sicher.*

*Alle Kräfte der alten Welt vereinigten sich gegen Proletarier und Bauern der Sowjetunion: Eingefleischte Konterrevolutionäre aus den Reihen der Grundbesitzer ebensogut wie „demokratische Sozialisten" aus den Reihen der Menschewiki und Sozialrevolutionäre, Generale und Schieber, Bischöfe und Börsenkönige, ausländische Imperialisten und einheimische Patrioten — sie alle stellten sich in die Reihen der aktiven Konterrevolution gegen die Sowjets. Alle Kampfmittel wurden von ihnen versucht: Blockade und Intervention, Verschwörungen und Aufstände, Sabotage und Terror. Keine Losung ließen sie unerprobt: Monarchie und Konstituante, Republik und „Sowjets ohne Kommunisten". Doch alle diese Versuche, die alte Ordnung wieder aufzurichten, wurden durch die Kraft der proletarischen und der Bauernmassen zurückgeschlagen.*

*Die innere Konterrevolution machte gemeinsame Sache mit der äußeren. Neben den Koltschak und Denikin, den Judenitsch und Krassnow, Wrangel, Bulak-Balachowitsch, neben allen diesen Schurken aus den Reihen der Barone, Grafen und Generale bildete sich auf dem Gebiete des Sowjetstaates ein Ring von Truppen ausländischer kapitalistischer Staaten, demokratischer Republiken und Monarchien Europas, Asiens und Amerikas. Die Truppen der Vereinigten Staaten, Englands, Deutschlands und Frankreichs, Japans und der Tschechoslowakei, Polens und Rumäniens plünderten das Sowjetland nach allen Richtungen hin und unterstützten die alten Armeen und die Armeen der angeblich demokratischen Generale, die an Arbeitern und Bauern das Henkeramt übten. Alle diese Armeen mußten aber vor der roten Arbeiter- und Bauernarmee zurückweichen. Die Konterrevolution war zurückgeschlagen und vernichtet.*

*Von allen wirtschaftlichen Hauptquellen abgeschnitten, der Donezkohlen, des Petroleums von Baku, des ukrainischen und sibirischen Getreides beraubt, von den weißen Armeen eingeschlossen, auf wenige Gouvernements beschränkt, ohne Kleider und Schuhe, hungernd und frierend, hielt das Sowjetland dem konterrevolutionären Heuschreckenschwarm stand. Weder Hunger noch Kälte, weder Epidemien noch Galgen konnten die Arbeiter schrecken, die armen Bauern entmutigen.*

*Die Sowjetmacht ging zu einem stürmischen Gegenangriff gegen die Bourgeoisie, das Kulakentum, gegen die Reichen über. Indem sie durch die Tscheka Verschwörungen und Aufstände abwehrte, an den Fronten die Rote Armee ins Feld schickte, erklärte sie zugleich einen Feldzug gegen die Schmarotzer, die Schieber, Kulaken, Wucherer und Reichen. Sie schuf die Komitees armer Bauern. Mit aller Schärfe führte sie die Naturalsteuer durch. Sie war genötigt, alle Vorräte und Überschüsse zu requirieren, um die Armee und die hungernden Arbeiter zu unterstützen. Unerhört und unzählig waren die Entbehrungen, hart waren die Anforderungen, die an jedermann gestellt wurden. Schonungslos wurde gegen Kleinmütige und Deserteure vorgegangen. Harte Strafen erwarteten jeden Verräter. Doch gerade diese eiserne proletarische Disziplin war es, im Verein mit dem Heldenmut der Massen, die dem Weltproletariat auf dem Territorium des ehemaligen russischen Reiches den Sieg sicherte.*

*Die Beendigung des Krieges gegen die Konterrevolution, dieses einzigen gerechten Krieges der Unterdrückten gegen ihre Unterdrücker, der Sklaven gegen die Sklavenhalter, der Arbeiter und Bauern gegen die Grundbesitzer und Kapitalisten, stellte Proletariat und Sowjetmacht vor neue Aufgaben. Bisher hatte es gegolten, das Alte zu vernichten. Nunmehr aber galt es, den Gegner zurückzudrängen und zugleich*

*Neues zu bauen. Früher galt es, mit bewaffneter Hand zu kämpfen, nun aber die Volkswirtschaft aufzubauen, und zwar in einer Weise, daß der Sozialismus siegen, daß die leise schleichende Rückkehr zur erneuten Herrschaft von Grundbesitz und Kapital undenkbar wird. Es galt nunmehr auf Grund der Nationalisierung des Bodens, der Betriebe und anderer Produktionsmittel, auf Grund des Außenhandels-Monopols zur Organisierung der Aufbautätigkeit von Millionen und aber Milionen in wirtschaftlicher Form überzugehen, vom Kriegsbündnis mit den armen und Mittelbauern — zum wirtschaftlichen Bündnis mit der armen und Mittelbauernschaft, zum festen Bunde mit den Mittelbauern, gestützt auf die armen Bauern.*

*Dieser Übergang zu der neuen Wirtschaftspolitik, die Aufhebung der Naturalsteuer, die Zulassung des freien Handels auf dem Innenmarkt (in erster Linie wegen des Bündnisses mit der Bauernschaft und für dieses Bündnis) auf dem Boden der Festigung und Erweiterung der „Machtpositionen" des wirtschaftlichen Lebens, war in der ersten Zeit mit großen Schwierigkeiten und Gefahren verbunden. Die Betriebe standen fast still, da es an Rohstoffen mangelte, und die besten Arbeiter, vom Hunger getrieben, aufs Land gezogen waren. Der aus der Arbeiter- und Bauernschaft hervorgegangene Mitarbeiterstab war wirtschaftlich ungeschult, er mußte „den Handel erst erlernen". Gierige Schieber und geschickte Geschäftemacher begannen in die Staatsorgane einzudringen, ihre unerfahrenen Leiter hinters Licht zu führen und den Staat zu bestehlen. Die Privatkapitalisten erwiesen sich als viel geschickter als die Staatsinstitutionen. Es bedurfte einer überaus energischen Arbeit mit vereinten Kräften, um dieser Gefahren Herr zu werden. Das Proletariat, im Bunde mit der Bauernschaft, trat an die Lösung dieser Aufgaben heran und drang dabei siegreich vor.*

*Die siegreiche Lösung der schwierigsten wirtschaftspolitischen Fragen war deshalb möglich, weil durch die Oktober-Revolution die Grundlagen zu einer planmäßigen Wirtschaftsführung des Landes geschaffen wurden. Nachdem Großindustrie, Transportwesen, Kredit- und Staatsfinanzen zu einem geschlossenen Ganzen zusammengeschweißt, das Land von der schweren Last der vom Zaren und Kerenski eingegangenen Schulden ans Ausland befreit war, nahm die Arbeiterklasse im Verein mit der werktätigen Bauernschaft die Neubelebung der Volkswirtschaft in Angriff.*

*Die Industrie des Landes, der Haupthebel der sozialistischen Umgestaltung der ganzen Volkswirtschaft kehrte das Gesicht dem Dorfe zu. Nicht mehr für die Herstellung von Luxusgegenständen, nicht für Kapitalisten und Grundbesitzer, für ihre Dienerschaft und Lakaien, sondern für den Bedarf der werktätigen Massen in Stadt und Land wurden die Betriebe des proletarischen Staates in Gang gesetzt. Die proletarische Nationalisierung dieser Betriebe, die planmäßige Verteilung von Produktionsmitteln und Arbeitskräften, die Beseitigung der schmarotzerhaften Konsumtion der Besitzenden, ein enges Bündnis zwischen Stadt und Land, zwischen sozialistischer Industrie und Landwirtschaft, zwischen Proletariat und werktätiger Bauernschaft, dies sind die Hauptursachen, warum das elendeste, das hungrigste, das gequälteste Land sich am raschesten aus dem Abgrund des wirtschaftlichen Niederganges zu erheben begann.*

*Die sowjetistische Staatsform, die proletarische Demokratie sichert die Beteiligung von Millionenmassen am sozialistischen Aufbau. Die heldenhaften Anstrengungen der Bergarbeiter, Metallarbeiter, Textilarbeiter und anderer Truppen des proletarischen Heeres; die durchgreifend proletarisch-sowjetistische Umgestaltung aller Verwaltungsorgane; die stete Hinzuziehung der Massen zur sozialistischen Aufbauarbeit — in Werkstätte und Fabrik, in Gewerkschaften und Wirtschaftsorganen, in freien Vereinigungen zur Kulturarbeit und Sowjets — dies alles war nur möglich auf Grundlage der Diktatur der Arbeiterklasse, die die höchste Form der Demokratie ist. Die heldenhaften Anstrengungen der Bauernschaft zur Hebung ihrer Wirtschaft sind zur Tatsache geworden, weil an Stelle des feudalen Grundherrn und seiner Macht die Macht der revolutionären Sowjets entstand.*

(Aus dem Manifest des Zentral-Exekutivkomitees der Sowjetunion zum X. Jahrestage der Oktober-Revolution.)

# ANMERKUNG DES HERAUSGEBERS

Das vorliegende Buch stellt sich zur Aufgabe, die russische Revolution des Jahres 1917 in ihren Wurzeln und Ereignissen darzustellen. Dieser geschichtliche Prozeß würde jedoch nicht verständlich sein, wenn wir nicht zurückgreifend eine Schilderung der ökonomischen Entwicklung Rußlands, der Revolution des Jahres 1905 und der nach ihr folgenden Periode der Reaktion, des neuen Aufschwunges der russischen Arbeiterbewegung und endlich die des Weltkrieges geben würden.

Der ursprüngliche Rahmen des Buches wurde von uns etwas breiter gedacht. Wir hatten die Absicht, nicht nur ausführlicher die Ereignisse des Jahres 1917 darzustellen, sondern wir wollten dem deutschen Leser ausführlich den Bürgerkrieg der Jahre 1917—1921, wie auch die einzelnen Phasen der Bildung des Sowjetstaates bis zum Jahre 1922 schildern. Bei Sichtung des Materials und bei Prüfung der in deutscher Sprache bereits vorliegenden Veröffentlichungen aus der Geschichte Sowjet-Rußlands haben wir uns entschlossen, den Rahmen des Buches enger zu ziehen und in den Mittelpunkt der Darstellung das Jahr 1917, hauptsächlich in unbekannten Erinnerungen und Dokumenten, zu stellen. Die wechselreichen Ereignisse dieses Jahres zwangen uns auch hier, um den geplanten Umfang des Buches nicht zu sehr zu überschreiten, nur die allerwichtigsten und charakteristischsten Schilderungen und Dokumente zu bringen.

Die sich ergebenden Mängel des Buches: knappe, stellenweise chronologisch nicht genügend strenge Darstellung, insbesondere der Nachoktober-Zeit, Unvollständigkeit der Dokumente, das Fehlen der ausführlichen Schilderung der ökonomischen Lage bis zur Einführung der Neuen Ökonomischen Politik, das Fehlen der Darstellung der Aufbautätigkeit der Sowjetregierung, das Aufzeigen der Struktur des neuen Staates, die Schilderung der unzähligen, wichtigen Fragen der Innen- und Außenpolitik hofft der Verlag in den geplanten Ergänzungsbänden nachholen zu können. Es wird beabsichtigt, die Jahre 1917/18 in den Erinnerungen der aktiven Teilnehmer darzustellen, einen Sonderband der Geschichte des Bürgerkrieges 1917—1921 zu widmen und schließlich in einem Bande zehn Jahre der Aufbautätigkeit auf allen Gebieten des russischen Lebens zu schildern.

# I.

# DIE VORAUSSETZUNGEN DER REVOLUTION DES JAHRES 1917

# 1. DIE ÖKONOMISCHEN VORAUSSETZUNGEN DER REVOLUTION

DIE Revolution des Jahres 1917 kam nicht wie ein Blitz aus heiterem Himmel. Sie war durch die vorhergegangene geschichtliche Entwicklung vorbereitet; seit Jahrzehnten unterspülten die Wellen der Revolution die Fundamente des Zarenthrones, jahrzehntelange Kämpfe, nicht nur gegen den Zarismus, sondern auch gegen die Bourgeoisie, bereiteten die Arbeitermassen zur Diktatur des Proletariats vor.

Wir haben hier keine Möglichkeit, uns bei den Etappen der Frühentwicklung der revolutionären Bewegung in Rußland aufzuhalten — für das vorliegende Buch ist dies ja auch nicht erforderlich. Wir müssen aber auch in diesem kurzen Abriß der ersten russischen Revolution 1905 bis 1907 eingehende Aufmerksamkeit widmen, da diese, wie Lenin mit Recht bemerkt, eine „Generalprobe" der Revolution 1917 darstellt.

Eine grundlegende Voraussetzung des Oktobersieges des Proletariats bildete die Tatsache, daß die Arbeiter- und Bauernmassen 1917 den Klassenkrieg eröffneten, *ausgerüstet mit den Erfahrungen der ersten russischen Revolution 1905*.

Gerade deshalb sehen wir von einer historischen Analyse der revolutionären Bewegungen des 17. bis 19. Jahrhunderts ab, halten es aber für unerläßlich, uns ausführlich mit den Voraussetzungen und Klassenkämpfen der Revolution 1905 bis 1907 zu beschäftigen und über die Taktik der revolutionären (bolschewistischen) und opportunistischen (menschewistischen) Sozialdemokraten bei dieser „Generalprobe" für das Jahr 1917 eine vergleichende Untersuchung anzustellen. Die Revolution der Jahre 1905 bis 1907 war eine *bürgerliche* Revolution. Eine bürgerliche Revolution, die, auf dem Boden des wachsenden und erstarkenden Weltimperialismus entstanden und entwickelt, durch den inneren Kampf zwischen Proletariat und Bourgeoisie verschärft wurde.

Bereits in dieser ersten Revolution zeigten sich die Umrisse eines gegen den konterrevolutionären Block der Großgrundbesitzer und der Bourgeoisie gerichteten revolutionären Blocks der Arbeiter und Bauern unter Führung des Proletariats. Die Wurzeln dieser Gruppierung liegen in den Eigentümlichkeiten der vorrevolutionären sozialen und wirtschaftlichen Entwicklung Rußlands, deren Darstellung unsere erste Aufgabe sein soll.

Wenn man die Ursachen und Beweggründe der ersten russischen Revolution verstehen will, muß man in erster Linie die Entwicklungsbedingungen der Wirtschaft des Großgrundbesitzes und des Bauerntums untersuchen.

Bis zu der Revolution war in der Landwirtschaft der Großgrundbesitz das herrschende Element. Wenn wir den Privatgrundbesitz betrachten und die Aufteilung des Grund und Bodens unter den einzelnen Landbesitzerkategorien untersuchen, so finden wir, daß es auf dem Lande neben den mit ungefähr drei Deßjatinen*) Land ausgestatteten Bauernhöfen auch Großgrundbesitz mit mehreren zehntausend Deßjatinen gab. In seiner den Agrarfragen der vorrevolutionären Periode gewidmeten Arbeit kommt Lenin bei der Untersuchung des über die Grundbesitzverhältnisse vorliegenden Materials zu folgenden Schlüssen: „700

*) 1 Deßjatine = 2400 Quadratfaden.

Gutsbesitzer verfügen im Durchschnitt über je 30 000 Deßjatinen Land. Diese 700 Personen besitzen dreimal so viel Land, wie 600 000 Kleinbesitzer." Diese Ziffern sprechen eine genügend beredte Sprache zur Charakteristik der Abhängigkeit des Bauern vom Gutsbesitzer.

Was aber stellte die Wirtschaft des Gutsbesitzers dar? Wir würden sehr weit fehlen, wenn wir dächten, daß der russische vorrevolutionäre Gutsbesitzer diese ganze ihm gehörende ungeheure Landmenge auf eigene Hand, kapitalistisch, organisierte, mit Hilfe von Maschinen bewirtschaftete und eine große Anzahl Lohnarbeiter beschäftigte. Eine von bürgerlichen Gelehrten aus Anlaß einer Mißernte angestellte Untersuchung der Gutsbesitzerwirtschaft zu Ende des 19. Jahrhunderts liefert die Grundlage zu den folgenden Schlüssen:

Vor allem fand man, daß die Großgrundbesitzer, die ungefähr drei Viertel der gesamten landwirtschaftlichen Bodenfläche in ihren Händen konzentrierten, auf nur einem Fünftel ihrer Ländereien Ackerbau trieben.

Als Ergebnis der Untersuchung von 12 000 Gutsbesitzerwirtschaften fand man ferner, daß auf ungefähr 50 Prozent der Güter der Schwarzerdzone kein Vieh gehalten wurde und ungefähr die Hälfte der Güter kein eigenes Inventar besaß. Auf vielen Gütern fehlten Gutsgebäude vollständig. In der Schwarzerdzone machten solche unbebauten Güter mehr als ein Drittel aller untersuchten Güter aus, außerhalb der Schwarzerdzone etwas weniger als ein Fünftel. Das heißt, daß die Großgrundbesitzer in der Mehrzahl keinen Großbetrieb unterhielten. Der Gutsbesitzer benützte sein Eigentumsrecht an Grund und Boden, um den Bauer auf halb feudale Weise auszubeuten. Man fand, daß am Ende des 19. Jahrhunderts die Gutsbesitzer in der Schwarzerdzone ungefähr 50 Prozent und außerhalb dieser an die Bauern 30 bis 45 Prozent ihres Besitzes an Grund und Boden verpachteten, für den diese ungewöhnlich hohen Pachtzins zu entrichten hatten. Zeitweise zwang der Gutsbesitzer den Bauer, die Hälfte der mit *seinem eigenen* Inventar auf dem herrschaftlichen Boden erzeugten Produkte dem Gutsbesitzer zu überlassen. An einigen Orten hatte diese Pacht einen ganz und gar fronähnlichen Charakter. Der Bauer, der vom Gutsbesitzer einen Fleck Land zur Nutzung erhielt, mußte dafür einen bedeutenden Teil seiner Arbeitskraft und sein eigenes Inventar zur Bearbeitung des Großgrundbesitzes hergeben. Der Gutsbesitzer war keineswegs um die Hebung des Ertrages besorgt, schaffte keine neuen Maschinen an, modernisierte die Wirtschaft nicht, führte keine neuen Produktionsmethoden ein, oder tat dies nur in sehr unbedeutendem Maße. Er benutzte die Tatsache des Besitzes großer Landmengen zur feudalen Ausbeutung der Bauern.

Freilich gab es auch in der Großwirtschaft schon gewisse Anzeichen einer Vorwärtsbewegung, gewisse erste Schritte in der Richtung der Kapitalisierung, gewisse Übergänge zu einer kapitalistischen Wirtschaftsführung, aber es waren nicht diese, die das wirtschaftliche Antlitz des Gutsbesitzers, den vorherrschenden Typus der grundherrlichen Wirtschaft bestimmten. Der Gutsbesitzer war in den meisten Fällen überwiegend feudaler Grundherr und nicht kapitalistischer Produzent.

Es ist klar, daß unter solchen Bedingungen die Bauernwirtschaft sich nicht schnell entwickeln und wirtschaftlich heben konnte. Man kann allerdings vom Bauerntum nicht als von einem Ganzen sprechen. In der Bauernschaft selbst ging eine Differenzierung vor sich. Mehr und mehr in den Marktverkehr einbezogen, mehr und mehr Getreide auf den Markt liefernd, zersetzte sich auch die Bauernschaft. Ein Teil der energischsten, unternehmungslustigsten, wirtschaftstüchtigsten Bauern wurde Dorfbourgeoisie, die ihrerseits die Dorfarmut ausbeutete. Wenn man den Besitz an Inventar, Viehbestand, Gerätschaften und sogar Anteilländereien betrachtet — geschweige denn die Privatländereien —, so findet man ein grelles Bild der Zersetzung der Bauernwirtschaft, ihrer Spaltung in Bourgeoisie und Dorfarmut, wobei die Zahl der reichen Bauern ständig sinkt, dafür aber der Reichtum des einzelnen wächst, während die Zahl der armen, ausgebeuteten Bauern ständig größer wird. Diese Gegensätze innerhalb der Bauernschaft selbst, diese Ungleichheit, war jedoch für die damalige Zeit nicht entscheidend und wesensbestimmend. Viel schärfer, viel krasser waren die Gegensätze zwischen der Gutsbesitzerklasse und der gesamten Bauernschaft als Ganzes. Die Bauern, auch die wirtschaftlich stärksten unter ihnen, konnten unter den Bedingungen der Gutsbesitzerherrschaft ihre Wirtschaft nicht wesentlich verbessern. Darum erstrebte das ganze Dorf, der wohlhabende Bauer und sogar der Dorfbourgeois ebenso wie der arme Bauer den Sturz der Gutsbesitzer, die Vernichtung des feudalen Grundbesitzes. Der Ansturm der Bauern auf die Gutsbesitzer, die erste Grundlage einer revolutionären Bewegung unter der Bauernschaft, wird uns klar, sobald wir einige Zahlen näher betrachten. So z. B. verminderte sich in den zehn Jahren 1888 bis 1898 in den 50 Gouvernements des europäischen Rußland die Zahl der im Besitze der Bauern befindlichen Pferde von 19,6 Millionen auf 17 Millionen und der Rinder von 34,6 Millionen auf 24,5 Millionen.

In den zentralrussischen Gouvernements, wo die Gutsbesitzer die Bauern besonders kraß, unbarmherzig ausbeuteten, sehen wir folgendes: In 31 Gouvernements gingen während derselben Periode, also von 1888 bis 1898, folgende Veränderungen vor sich: im Jahre 1898 gab es, wenn die Zahl der Bauernhöfe 1888 mit 100 angesetzt wird

| | ohne Pferde | mit 1 Pferd | 2 Pferden | 3 Pferden | 4 Pferden | 5 Pferden | 6 Pferden |
|---|---|---|---|---|---|---|---|
| Höfe | 122 | 125 | 96 | 65 | 57 | 41 | 41 |

Man sieht also, daß sich die Zahl der Höfe ohne Zugtiere und der Höfe mit einem Pferde stark vergrößert und demgegenüber die Zahl der über mehrere Zugtiere verfügenden Höfe vermindert hat.

In mehreren Gouvernements Zentral-Rußlands findet man auch noch einen Rückgang der Anbaufläche, und zwar um 18 Prozent, während der zweiten Hälfte des 19. Jahrhunderts. Auf ihrem Entwicklungswege stößt die bäuerliche Wirtschaft auf den Großgrundbesitzer, der durch die Ausbeutung, durch die feudalen Fesseln, die er der Bauernwirtschaft auferlegt, diese nicht aus der Not herauskommen läßt, sondern sie in das tiefste Elend stürzt. Man kann sagen, daß die große Masse der Bauernwirtschaften zu Anfang des 20. Jahrhunderts fast an den Bettelstab gekommen war.

Dieser grundlegende Gegensatz zwischen dem Großgrundbesitz und der von ihm ausgebeuteten Bauernschaft war der Boden, auf dem sich der Kampf in den Jahren 1905 bis 1907 abspielte.

Nach der Aufhebung der Leibeigenschaft durch die „Bauernreform" von 1861 wurde Rußland nicht nur ein Land der Latifundien und der feudalen Ausbeutung der Bauernschaft, sondern auch ein Land des industriellen Großkapitals. Während der letzten drei Jahrzehnte des 19. Jahrhunderts erlebte Rußland eine kapitalistische Neugeburt. Ein Netz großer kapitalistischer Unternehmungen, Fabriken und Betriebe überzog das Land, von denen manche zehntausend und mehr Arbeiter beschäftigten.

In dieser Periode überholte Rußland im Wachstumtempo seiner Industrie viele altkapitalistische Länder Westeuropas.

Wir geben im folgenden Ziffern über das Anwachsen verschiedener Produktionszweige in Rußland im Vergleich zu den westeuropäischen Ländern und Amerika:

Die Roheisenproduktion wuchs in den Jahren 1890 bis 1899 in England um 18 Prozent, in den Vereinigten Staaten um 50 Prozent, in Deutschland um 72 Prozent, in Frankreich um 31 Prozent, in Belgien um 32 Prozent und in Rußland — um *190 Prozent*. Die absolute Größe der russischen Roheisenproduktion überholt während dieser Periode Oesterreich-Ungarn, Belgien und Frankreich und nimmt zu Anfang des 20. Jahrhunderts die vierte Stelle in der Weltproduktion ein.

In der Eisen- und Stahlproduktion haben wir in derselben Periode 1890 bis 1899 in England einen Zuwachs von 80 Prozent, in den Vereinigten Staaten von 63 Prozent, in Deutschland von 78 Prozent, in Frankreich von 67 Prozent, in Belgien von 48 Prozent und in Rußland — von *116 Prozent*.

Die Veränderungen in der Steinkohlenproduktion in derselben Periode lassen sich durch folgende Zahlen charakterisieren: in England ein Zuwachs von 22 Prozent, in Amerika von 61 Prozent, in Deutschland von 52 Prozent, in Frankreich von 26 Prozent, in Oesterreich-Ungarn von 26 Prozent, in Belgien von 8 Prozent, in Rußland — von *131 Prozent*.

In der Naphthaproduktion hatte Rußland nur einen Konkurrenten: die Vereinigten Staaten. In den Jahren 1890 bis 1899 vergrößerte sich die Produktion der Vereinigten Staaten um 9 Prozent, Rußlands — um *132 Prozent*. Rußland machte einen mächtigen Sprung vorwärts, und somit werden die Rollen der Vereinigten Staaten und Rußlands vertauscht. Wenn zu Anfang des Jahrzehnts die russische Produktion nur 37,7 Prozent und die amerikanische Produktion 61,3 Prozent der Gesamtproduktion beider Länder ausmachte, so hatte sich zu Ausgang desselben Jahrzehnts das Verhältnis geändert: Vereinigte Staaten 42,7 Prozent, Rußland dagegen 57,3 Prozent.

Die Baumwollproduktion Rußlands bleibt zu Anfang des 20. Jahrhunderts nur hinter der englischen und amerikanischen zurück.

In vier Jahren, von 1893 bis 1897 hat sich der Wert der Gesamtproduktion in Rußland um 1104 Millionen Rubel und die Zahl der in den Unternehmungen beschäftigten Arbeiter um 515 000 Mann vermehrt.

Ueber diese kapitalistische Umwandlung Rußlands schrieb der Volkswirtschaftler Finn-Jenotajewski:

„Durch Grosny und die Wladikawkas-Bahn sich dicht an Rostow anschließend verschmolz sozusagen das Naphthagebiet mit der Bergindustrie dieser südrussischen Region, die sich ihrerseits eng an das südwestliche kapitalistische Zuckerindustriegebiet mit Kiew an der Spitze anschloß. Weiter westlich schreitet der polnische Kapitalismus mit raschen Schritten vorwärts und ebenso schnell entwickelt sich die Großindustrie der baltischen Gouvernements; das zentrale Industriegebiet wächst im allgemeinen, ihre kapitalistische Textilindustrie im besonderen; es wächst die Berg- und Hüttenindustrie des Ural, die kapitalistische Industrie des Petersburger Rayons, und überall zeigt sie ihre spezifischen sozialen Eigenschaften. Weiter im Norden entwickelt sich der finnländische Kapitalismus, dessen Schicksal in der Geschichte der letzten Jahre eng mit den Schicksalen Rußlands verknüpft ist.“

Das hier erwähnte Wachstum der Industrie ist ein Wachstum der großen und größten Industrie. Mit der fortschreitenden Entwicklung der Produktion spielen die Großbetriebe in der Produktion eine stets wachsende Rolle, wie dies in der

Geschichte des Kapitalismus nie anders gewesen ist. Die in technischer Hinsicht bestorganisierten, bestausgerüsteten, mit viel Kapital und hoher Arbeitsproduktivität arbeitenden Unternehmungen können und werden die Kleinbetriebe im Konkurrenzkampf immer schlagen. Darum wachsen und gedeihen zu Ende des 19. Jahrhunderts in Rußland die Großbetriebe auf Kosten der kleinen und Mittelbetriebe. Diese Tatsache kann durch einige Beispiele illustriert werden. So macht Lenin folgende Angaben:

Im Jahre 1866 beschäftigten die mit über tausend Arbeitern arbeitenden Fabriken ungefähr 27 Prozent sämtlicher in Großbetrieben arbeitenden Arbeiter, unter Großbetrieb ist hier ein Betrieb mit über 100 Arbeitern zu verstehen, 1879 beschäftigten diese Fabriken schon 40 Prozent sämtlicher Arbeiter und 1890 bereits 46 Prozent. Das bedeutet, daß fast die Hälfte sämtlicher in größeren oder großen Betrieben zusammengefaßter Arbeiter auf große Fabriken entfallen, die über je tausend Arbeiter beschäftigen. Dasselbe Anwachsen des relativen Gewichts der Großbetriebe bezeugen auch die Angaben über einzelne Produktionszweige. Tugan-Baranowski hat festgestellt, daß, wenn im Jahre 1866 49 Prozent sämtlicher Arbeiter der Branche in den Baumwollbetrieben mit über tausend Arbeitern beschäftigt waren, im Jahre 1897 auf diese Betriebe bereits 50 Prozent und 1894 gar 74 Prozent entfallen. 1894 beschäftigten die 68 Großbetriebe fast dreimal so viel Arbeiter, wie die 156 übrigen. Wenn wir also von der Entwicklung des russischen Kapitalismus im 19. Jahrhundert sprechen, so meinen wir die Entwicklung der auf Grund der letzten Errungenschaften der Technik eingerichteten, tausende Arbeiter zusammenfassenden Großproduktion. In dieser Hinsicht wird Rußland dem kapitalistischen Westeuropa ähnlich und kann nunmehr zu den großkapitalistischen Ländern gerechnet werden.

Welche Umstände trugen zu diesem schnellen, man könnte sagen, rasenden Wachstum der Industrie im Rußland des 19. Jahrhunderts bei? Zunächst die Entwicklung der Eisenbahnen. Der russische Gutsbesitzer wurde von Jahr zu Jahr immer mehr in die Einflußsphäre des Getreideweltmarkts einbezogen. Er führte immer größere Mengen Getreide nach Westeuropa aus. Um das Getreide rasch auf den westeuropäischen Markt bringen zu können, mußte der absolutistische Staat der Gutsbesitzer Eisenbahnen bauen, die die Agrargebiete mit den Häfen des Schwarzen Meeres und der Ostsee verbanden. Der Eisenbahnbau Rußlands zu Ende des 19. Jahrhunderts ist gerade dadurch zu erklären. Außerdem sollten die Eisenbahnen die Agrarbezirke mit den Industriegebieten verbinden und dadurch die Entwicklung des Warenaustausches im Lande selbst ermöglichen, das Dorf in großem Maße zum Verbrauch der städtischen Produkte heranziehen, die Entwicklung der Warenwirtschaft auf dem flachen Lande fördern und die Bauernwirtschaft in den allgemeinen Warenverkehr einreihen.

Die folgenden Angaben können ein Bild der raschen Entwicklung der Eisenbahnen geben; zu Anfang der sechziger Jahre gab es in Rußland 1488 Werst Eisenbahnlinien, zu Anfang der siebziger Jahre 10 202 Werst, zu Anfang der achtziger Jahre 21 155 Werst, zu Anfang der neunziger Jahre 27 229 Werst und zu Anfang des Jahres 1900 41 714 Werst.

Diese ungeheure Aktivität im Eisenbahnbau mußte freilich der allgemeinen industriellen Entwicklung ihren Stempel aufdrücken. Der Bau von Eisenbahnen, der normale Gang des Eisenbahnbaues erforderte eine entsprechende Einstellung der Produktion in den Industriezweigen, die mit diesem Bau verbunden sind.

Für die Eisenbahnen brauchte man Lokomotiven, und diese mußten von der Industrie hergestellt werden. Zur Entwicklung der Eisenbahnen mußten Waggons gebaut werden — die Industrie baute Waggons. Zum Betrieb der Eisenbahnen brauchte man riesige Mengen von Schwellen. Diese mußten hergestellt werden. Zum Bau von Bahnhöfen mußte eine ständig wachsende Menge von Eisensorten und Baumaterial bereitgestellt werden. Der Eisenbahnbau zog riesige Arbeitermassen herbei, und je größer diese Masse wurde, desto größer wurde auch die Nachfrage nach Gebrauchsgegenständen für die Arbeiter, und diese Gebrauchsgegenstände wurden wiederum von den verschiedenen Industriezweigen hergestellt. Die Arbeiter brauchten Textilstoffe, Schuhwerk und andere Gegenstände des täglichen Bedarfs. Es ist klar, daß der im Interesse der Agrarier unternommene Bau von Eisenbahnen die industrielle Entwicklung mit Riesenschritten vorwärts trieb.

Ein anderer die industrielle Entwicklung begünstigender Umstand war die Billigkeit der Arbeitskraft in Rußland und die daraus folgenden hohen Profite der Industrie.

Die „Reform" der sechziger Jahre und überhaupt die ganze Politik des Gutsbesitzerstaates war der Schrittmacher einer Abwanderung großer Massen ausgepowerter Bauern aus dem Dorf in die Stadt. Diese Bauern füllten die Reihen der ungeheuren Armee freier, unbeschäftigter, billiger Arbeitshände. Der Arbeitslohn des russischen Arbeiters war um ein mehrfaches niedriger, als die Arbeitslöhne in den kapitalistischen Staaten Westeuropas. Es ist selbstverständlich, daß dieser Umstand den Zufluß des Kapitals in die Industrie fördern mußte.

Ein dritter, außerordentlich wichtiger, die industrielle Entwicklung begünstigender Umstand war endlich der Zufluß ausländischen Kapitals und seine Anlage in der russischen Produktion. Zu Ende des 20. Jahrhunderts betrug nach oberflächlicher Schätzung die Summe des durch die günstigen Anlagemöglichkeiten angelockten, nach Rußland zugeflossenen, in der Hauptsache französischen und belgischen Kapitals ungefähr 600 Millionen Rubel. Die kapitalistische Durchdringung des Donezbeckens war ohne Zweifel sehr weitgehend ein Ergebnis der Einfuhr ausländischen Kapitals, die westeuropäische Hefe trieb zu Ende des 19. Jahrhunderts die Hüttengroßindustrie in die Höhe, durch ausländisches Kapital wurde die Kohlenförderung in Gang gebracht, mit Hilfe ausländischen Kapitals wurden solche Industrieriesen geschaffen, wie das Alexanderwerk und andere, die viele Zehntausende Arbeiter beschäftigten.

Diese drei Umstände: der Riesenaufschwung des Eisenbahnbaues, die Billigkeit der Arbeitskraft und die dadurch bedingten hohen Profite und endlich der Zufluß ausländischen Kapitals erklären die für Rußland Ende des 19. Jahrhunderts charakteristische rasche Entwicklung der Industrie.

Aber so leicht beschwingt der Lauf des Kapitalismus zu Ende des 19. Jahrhunderts war, so schwer kam er vom Anfang des 20. Jahrhunderts an vom Fleck. Im Jahrzehnt 1900 bis 1910 erlebte die Industrie einen Rückschlag. Bis zur Revolution 1905 ist die industrielle Krise allgemein. Die Produktion geht zurück, und von 1905 bis 1910 ist kaum eine Besserung zu verzeichnen. Wenn auch in dem einen oder anderen Zweige der Industrie Wachstumserscheinungen zu vermerken sind, so sind sie unbedeutend und können sich keineswegs mit dem raschen Fortschritt des Jahrhundert-Endes vergleichen. In vielen anderen Zweigen können wir demgegenüber ein ausgesprochenes Sinken der Produktion beobachten.

Wenn in den Jahren 1890 bis 1900 die Menge der in Rußland verarbeiteten Baumwolle um mehr als 200 Prozent zugenommen hatte, so sinkt die Vergrößerungsziffer im darauffolgenden Jahrzehnt 1900 bis 1910 auf 30 Prozent herab. Die Wachstumsgeschwindigkeit der Textilindustrie hat also von 1900 bis 1910 um das siebenfache abgenommen, wie dies in den industriekapitalistischen Krisenzeiten immer zu sein pflegt, wenn die Industrieentwicklung im Vergleich zur Aufnahmefähigkeit des betreffenden Marktes zu weit vorausgeeilt ist. In der Schwerindustrie sind bedeutende Kapitalmassen in Maschinen und Ausrüstung angelegt, und es ist darum nicht möglich, die Betriebe in kurzer Zeit umzustellen. Wenn in der Zeit 1890 bis 1900 die Produktion von Roheisen, Eisen, Stahl und ihrer Erzeugnisse (alles in Roheisen umgerechnet) eine Wachstumsziffer von mehr als 300 Prozent aufweist, so haben wir demgegenüber im ersten Jahrzehnt des 20. Jahrhunderts gar keinen Zuwachs, sondern sogar eine geringe Abwärtsbewegung. Wodurch ist eine solche schwierige Lage der Industrie zu erklären? Wie ist nach der glänzenden Entfaltungsperiode diese Situation des Industriekapitals zu verstehen?

In einem Lande der fortgeschrittenen kapitalistischen Entwicklung werden Krisen gewöhnlich im Laufe von ein bis zwei Jahren überwunden, wenn es sich nicht um die Epoche des Zusammenbruchs des Kapitalismus überhaupt handelt. In Rußland dagegen gelingt es im Laufe von fast einem ganzen Jahrzehnt nicht, die mit Anfang des 20. Jahrhunderts hereinbrechende Krise zu überwinden.

Die Ursachen dieser Erscheinungen liegen unseres Erachtens in den Entwicklungsbedingungen der russischen Landwirtschaft, denn es ist ohne weiteres klar, daß diese mit der Entwicklung der Industrie im engsten Zusammenhange steht.

Wenn man in Betracht zieht, daß die Produktion der Produktionsmittel die Produktion der Konsumtionsmittel versorgt, so ist es vollständig klar, daß das Schicksal der Industrie mit dem Schicksal der Landwirtschaft unzertrennlich verbunden ist. Wir haben bereits gesagt, daß zu Anfang des 20. Jahrhunderts die Verelendung der Bauernwirtschaften sich besonders stark fühlbar machte. Die wachsende Ausbeutung der Bauernschaft durch die Gutsbesitzer, das Zusammenschrumpfen der Anbaufläche, die Verminderung des Viehbestandes und die Aufzehrung des Grundkapitals in der Bauernwirtschaft machte natürlich jeden Gedanken an eine industrielle Fortentwicklung illusorisch. Und da die Revolution von 1905 keine Befreiung der Bauernschaft mit sich brachte, da infolge der Niederlage der Revolution die Agrarfrage ungelöst blieb, waren für den Kapitalismus die Bedingungen einer raschen Entwicklung auch nach der Revolution nicht gegeben. Die Ueberreste des Feudalismus schlugen die Produktivkräfte des Landes in schwere Ketten.

**Die Schlüsselburg**

Die Festung des Zaren in Petersburg mit den Kasematten für die politischen Gefangenen

## 2. VOM 9. JANUAR BIS ZUM OKTOBER-STREIK

ANGESICHTS der anwachsenden politischen Bewegung des Proletariats unternahm der Absolutismus verschiedene Versuche. der Arbeiterbewegung durch Abdämmung in „friedliche“, patriotische Bahnen Herr zu werden.

Diesem Zwecke dienten die sogenannten Subatowschen legalen Arbeitervereinigungen, die ihre Existenz der Initiative des Chefs der Geheimpolizei, Subatow, verdankten.

Die in Moskau, in Odessa, im Westen und unmittelbar vor der Revolution auch in Petersburg ins Leben gerufenen Subatowschen Vereine besaßen Ortsgruppen in den Arbeiterbezirken der Städte, richteten eigene Klubs ein, deren Besuch den Arbeitern freigestellt war, und die sich auch des freundschaftlichen Schutzes der Geheimpolizei erfreuten und von dieser materielle Zuwendungen (für Einrichtungen, Instandsetzung usw.) erhielten.

In diesen Klubs wurden den Arbeitern Vorträge über unschuldige Themata geboten, sie konnten Tanzabende und Unterhaltungen veranstalten und manchmal sogar (mit Genehmigung der Geheimpolizei) einen Vortrag irgendeines liberalen Professors über die Lage der Arbeiterklasse in Westeuropa anhören. Uebrigens wurden diese liberalen Professoren, sobald die Subatowschen Vereine einigermaßen zu Einfluß kamen, sehr bald durch Pfaffen, Hurrapatrioten u. a. von den Rednertribünen dieser „Arbeiterklubs“ verdrängt.

Insofern die Arbeitermitglieder der Subatowschen Vereine sich an Streiks beteiligten, mußten die Vereine in vielen Fällen sich der Streikbewegung anschließen. Nach den Plänen Subatows sollten die Führer der Organisation die Stimmung der Arbeiter möglichst zum Friedlichen wenden, die Schärfe und Spannung der Bewegung mildern, gleichzeitig aber als Agenten der Geheimpolizei einen Druck auf die Arbeitgeber im Sinne unbedeutender aber doch fühlbarer wirtschaftlicher Konzessionen ausüben. Dieser Umstand wirkte besonders stark zur Verdunkelung des Klassenbewußtseins der Arbeiter bei und steigerte in ihren Augen die Autorität der Subatowschen Organisationen. Manchesmal kam die Geheimpolizei bei der Unterstützung von Streikbewegungen sogar in einen ziemlich fühlbaren Gegensatz mit den Kapitalisten, die sich bei der Regierung über die Subatow-Leute beklagten. Auf diesem Boden wurde sogar in den neunziger Jahren zwischen dem Innenminister, der als Vorgesetzter der Geheimpolizei die Subatowsche Politik unterstützte, und dem Finanzminister, der die Interessen der Industriebourgeoisie vertrat, ein Kampf ausgetragen.

Der Staat der Gutsbesitzer, der die Bourgeoisie im allgemeinen unterstützte, hielt es in dieser Offensivperiode der Arbeiterbewegung für möglich, den Schlag, den die Arbeiterklasse gegen Gutsbesitzer und Bourgeoisie führte, hauptsächlich auf die Bourgeoisie abzulenken.

Gleichzeitig versuchten die Subatow-Organisationen, ihre Autorität bei der Arbeiterklasse mit allen Mitteln zu stärken und den Arbeitern patriotische Gefühle und Loyalität gegenüber dem Absolutismus einzuflößen. Mancherorts hatten diese Versuche sogar vorübergehend gewisse Erfolge.

So veranstalteten die Subatow-Organisationen von Moskau am 19. Februar 1902 (dem Jahrestage der „Befreiung“ der Bauern) eine Demonstration zum Denkmal Alexanders II., an der mehrere zehntausend Arbeiter teilnahmen.

Diese Erfolge waren jedoch außerordentlich kurzlebig.

Die Revolution zerriß das Netz, in das die Geheimpolizei die Arbeiterbewegung verstrickt hatte, und fegte die Hindernisse, die der Arbeiterbewegung in diesen polizeilichen Organisationen erwachsen waren, hinweg. Sie zerriß den Damm, den die Subatows und Konsorten gegenüber der anwachsenden Welle der Revolution mit einer gewissen Geschicklichkeit aufzuwerfen versuchten. So drangen z. B. in Moskau die revolutionären Stimmungen in die Mitte der im Subatowschen „Verband der Arbeiter der mechanischen Fabriken" organisierten Arbeiter in einem solchen Maße ein, daß die Geheimpolizei gezwungen war, diese ihre eigene Organisation eingehen zu lassen. Im Westen hatte die Subatowerei kein Glück bei den Industriearbeitern und konnte nur unbedeutende Schichten von Handwerkern und Halbhandwerkern erfassen.

Noch peinlicher standen die Dinge im Süden.

Die in die Subatow-Organisationen des Südens eingetretenen Arbeiter rissen diese in die Streikbewegung mit hinein, eroberten während des berühmten südrussischen Generalstreiks 1903 die Führung in ihnen, so daß die zur Erwürgung der Arbeiterbewegung bestimmten Organisationen als Stützpunkte für die Weiterentfaltung der Arbeiterbewegung benutzt werden konnten.

Der Bevollmächtigte Subatows im Süden, Schajewitsch, mußte infolge dieser Blamage in die Verbannung gehen; auch Subatow selbst fiel in Ungnade.

Noch jämmerlicher als im Süden endeten in Petersburg die Versuche des Absolutismus, der Arbeiterbewegung durch geheimpolizeiliche Machenschaften Herr zu werden.

Wir sehen also, daß die Versuche des absolutistischen Staates, der sich entfaltenden revolutionären Arbeiterbewegung Herr zu werden, einen krassen Mißerfolg erlitten.

**Opfer der Strafexpedition**
in der Mandschurei während des russisch-japanischen Krieges

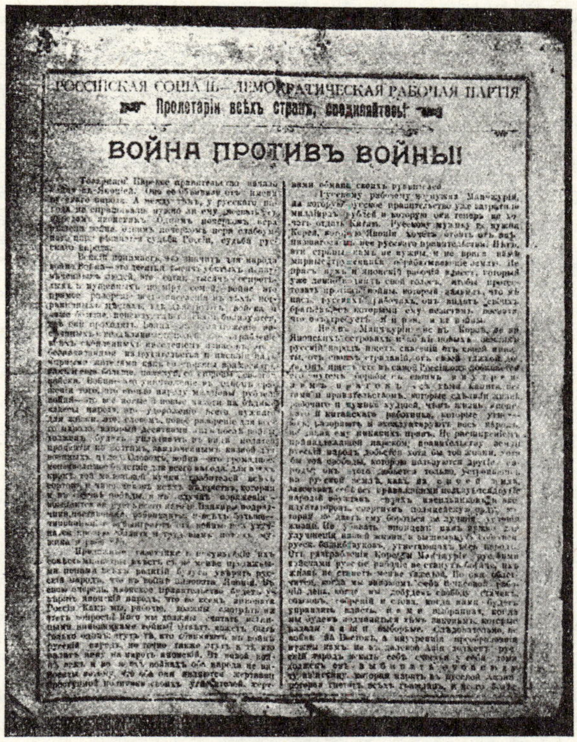
РОССІЙСКАЯ СОЦІАЛ-ДЕМОКРАТИЧЕСКАЯ РАБОЧАЯ ПАРТІЯ
Пролетаріи всѣхъ странъ, соединяйтесь!
ВОЙНА ПРОТИВЪ ВОЙНЫ!

**Krieg dem Kriege!**
Aufruf der Russischen Sozialdemokratischen Arbeiterpartei gegen den Krieg mit Japan

Den letzten groß angelegten Versuch zur Beherrschung der Arbeiterbewegung machte die Geheimpolizei im Herzen des arbeitenden Rußlands, in Petersburg. Dieser Versuch endete jedoch in äußerst tragischer Weise.

Der Beauftragte der Geheimpolizei in Petersburg war der Priester Gapon. Es kann gegenwärtig als endgültig bewiesen gelten, daß Gapon Beziehungen zur Geheimpolizei unterhielt. Dies geht nicht nur daraus hervor, daß die Polizei die Versammlungen der Gapon-Anhänger gestattete, sondern auch daraus, daß nach Aufzeichnungen, die in den Archiven des Polizeidepartements gefunden wurden, die Ortsgruppen der Gaponschen Organisation für die Einrichtung und Instandhaltung ihrer Lokale von der Geheimpolizei verschiedene für jene Zeit bedeutende Summen erhielten. Der Sozialrevolutionär Rutenberg, der an der Hinrichtung des Provokateurs Gapon persönlich beteiligt war, behauptet, daß Gapon selbst auch für persönliche Zwecke große Summen von der Geheimpolizei erhalten habe.

Die Gapon'sche „Fabrikarbeitervereinigung" begann ihre Tätigkeit im Frühjahr 1903, obwohl sie offiziell erst am 11. April 1904 bestätigt wurde. Wie die Subatow-Leute in Moskau, so überzogen die Gapon-Leute in Petersburg die größeren Arbeiterbezirke mit dem Netz ihrer Organisationen. Im November 1904 hatte die genannte Organisation Gruppen in den folgenden Bezirken: Wyborgsk, Wassiljewsche Inseln, Newski, Kolmosk, Hafen, Narwa, Petersburger Seite, Roschestwenski, Moskauer, Kolpinow, Sestroretzk. Einige Gruppen hatten eine sehr bedeutende Mitgliederzahl (z. B. die Wyborger ungefähr 2000). Im November 1904 hatte die Organisation 9000 Arbeitermitglieder. Die Gruppen besaßen Bibliotheken, in ihren Klubs hielten liberale Referenten Vorträge über Naturwissenschaft (Geologie), Geschichte und ökonomische Fragen. Politische Polemik gegen das absolutistische Regime war nicht zulässig. Die Gesinnung der Mitglieder der Gaponschen Organisationen war patriotisch: bei den Versammlungen sang man gewöhnlich mit Begeisterung die Zarenhymne.

Aber zu Anfang des Jahres 1905 war die Luft schon von großen Ereignissen geschwängert. Die Niederlagen des russisch-japanischen Krieges verschärften die politische Unzufriedenheit im Lande. Der Einfluß der Sozialdemokratie auf die Arbeiterschaft wuchs. Die Gaponsche Organisation befand sich zwischen Hammer und Amboß. In der Arbeitermasse reifte eine neue Welle der revolutionären Bewegung heran; der Zarismus bereitete demgegenüber eine Provokation der Arbeiterklasse vor, er wollte ihr zur Ader lassen, während sie noch ungenügend organisiert war.

Mitte Dezember 1904 wurden im Putilow-Werk vier Arbeiter, die zur Gaponschen „Vereinigung“ gehörten, ohne zureichenden Grund entlassen. Die „Vereinigung“ schickte eine Deputation zum Direktor und bat um Wiedereinstellung der Entlassenen. Die Bitte wurde nicht erfüllt. Gapon wiederholte noch einige Male die Bittgänge zum Fabrikdirektor und auch zum Polizeichef Fulon, die „Vereinigung“ wurde jedoch mit ihrer Bitte jedesmal abgewiesen. In den in der Gaponschen Vereinigung zusammengeschlossenen Arbeitermassen reifte der Entschluß heran, diese Entlassung mit einem Streik zu beantworten. Am 1. Januar beschloß die Vereinigung, im Putilow-Werk in Streik zu treten. Am 2. Januar wurde dieser Beschluß bestätigt und am 3. Januar legten die Putilow-Arbeiter die Arbeit nieder. Die Forderungen, die sie der Administration vorlegten und die von der Ortsgruppe der Gaponschen Organisation ausgearbeitet worden waren, enthielten folgende Punkte: 1. Einführung des achtstündigen Arbeitstages, 2. Einteilung der Arbeit in drei Schichten, 3. Lohnerhöhung von 66 Prozent für Männer und von fast 100 Prozent für Frauen, 4. Verbesserung der sanitären Einrichtungen im Betrieb usw.

Der Streik blieb nicht auf das Putilow-Werk beschränkt. Am 4. Januar veranlaßten die Putilow-Arbeiter die Arbeitseinstellung im Franko-Russischen Werk, dessen Arbeiter die Forderung des achtstündigen Arbeitstages aufstellten. In den darauffolgenden Tagen stellten die Metallfabrik, das Semjanikow- und Obuchow-Werk, wie auch eine Reihe anderer Großbetriebe die Arbeit ein. Bald stand fast die gesamte Arbeiterschaft Petersburgs, wenigstens 150 000 Mann, im Streik. Die Druckereien stellten die Arbeit ein und Petersburg blieb ohne Zeitungen. Dafür wurden aber die sozialdemokratischen Flugblätter massenweise verbreitet.

Gapon versuchte alles, um die Führung der sich entfaltenden Arbeiterbewegung in seine Hände zu bekommen, was ihm im Anfang auch gelang, da die Sozialdemokraten zu dieser Zeit noch keine starken Organisationen besaßen und die Gaponsche Vereinigung als die einzige Massenorganisation der Arbeiter bestand.

Es gelang Gapon, die Arbeitermassen für den Gedanken eines „Kreuzganges“ zum Zaren zu gewinnen. Bereits am 4. Januar, bei der Versammlung einer seiner Ortsgruppen, inspirierte Gapon die Arbeiter, sich mit einer Petition an den Zaren zu wenden. Der Vorschlag wurde mit Begeisterung aufgenommen. Vom 4. bis zum 9. Januar wurde in allen Bezirken lebhaft über die Petition beraten. Die Stimmung der Arbeiter war überaus gespannt.

„Gapon fuhr persönlich von Ortsgruppe zu Ortsgruppe“ — schreibt eine Augenzeugin des 9. Januar*) — „er sprach mit wachsender Erregung und Leidenschaft und entfachte immer mehr die Begeisterung der Massen. In einigen Bezirken sprach er ruhig und flößte der Masse Vertrauen zum Erfolg ein; in anderen Bezirken sprach er wieder von der Möglichkeit eines Mißerfolgs, von den bevorstehenden Gefahren, davon, daß der Zar sich weigern könnte, sein Volk zu empfangen und anzuhören. Solche Reden schloß er mit den Worten „dann haben wir keinen Zaren mehr!“ „Dann haben wir keinen Zaren mehr“, wiederholte die Masse wie ein Mann. „Wir schwören, daß wir alle geschlossen für jeden einzelnen eintreten! Wenn es sein muß, sterben wir alle.“ „Väterchen, führe uns an zur großen Tat, wir segnen Dich.“ — „Alle waren begeistert“, erzählten die Augenzeugen, „viele weinten, stampften mit den Füßen, schlugen mit den Fäusten an die Wände, hoben die Hände in die Höhe und schwuren, bis zu Ende auszuhalten.“

*) 22. Januar neuen Stils.

So war die Stimmung der Arbeiter vor dem 9. Januar. Wenn aber die Arbeiter den Gedanken eines Bittganges zum Zaren auch mit viel Begeisterung und Leidenschaft aufnahmen, so bedeutete dies noch nicht, daß sich am 9. Januar die patriotische Demonstration des 19. Februar 1902 wiederholen sollte . . .

Unter dem Schatten der Kirchenfahnen, Heiligenbilder und Zarenporträts als Schutz mit sich führend, brachten die Arbeiter dem Zaren eine Petition, in der außer den rein wirtschaftlichen Forderungen eigentlich die Forderung der Aufhebung des Zarismus selbst enthalten war. Darin bestand auch der ganze Widersinn des 9. Januar. Den Gedanken, sich um Unterstützung zur Erfüllung der Forderung auf Einberufung der Konstituante und auf Gewährung politischer Freiheit an den Zaren zu wenden, konnte nur ein Gapon, dieser „halb Achtgroschenjunge, halb Pfaffe", aushecken, und nur eine bis zur Verzweiflung gequälte Masse konnte ihn befolgen.

Die Arbeiter der Putilow-Werke nach der Proklamierung des Streiks

Die Arbeiterklasse war schon genügend gereift, um die Notwendigkeit der Verwirklichung des sozialdemokratischen Minimalprogramms zu erkennen. Dieses Programm war den Arbeitern in ihren Bezirksversammlungen von den in diesen Versammlungen als Redner auftretenden Sozialdemokraten klargemacht worden.

Wenn der Gedanke eines Bittganges zum Zaren an und für sich unschuldig schien, so machte doch die Mitnahme einer *derartigen* Petition den 9. Januar in den Augen des Absolutismus zu einem Tage der Arbeiterrevolution. Darum wurde die Absicht eines Aderlasses an der Arbeiterklasse so rasch in die Wirklichkeit umgesetzt. Es ist ganz klar, daß die Regierung den Entschluß, die bittstellende Prozession auseinanderschießen zu lassen, schon vor dem 9. Januar gefaßt hatte. Wie ein den Hofkreisen nahestehender englischer Zeitungsberichterstatter mitteilt, ernannte der Zar in der Nacht zum 9. Januar den Großfürsten Wladimir zum Diktator für den kommenden Tag und erteilte ihm unbeschränkte Vollmacht, damit er „den aufrührerischen Geist der Menge besänftige, wenn er dazu auch alle Truppen, über die er verfügte, gegen die Bevölkerung einsetzen müßte". In Petersburg wurden Truppen zusammengezogen, die die ganze Stadt füllten, überall standen Doppelposten, in allen Bezirken wurden Stabs organisiert, in denen in Felduniform gekleidete Offiziere Inspektion hielten, — mit einem Wort, die Regierung bereitete sich zum 9. Januar wie zu einem militärischen Zusammenstoß vor. Daß der „Blutsonntag" von der Regierung absichtlich herbeigeführt wurde, ist schon aus dem Eigensinn der Betriebsverwaltung der Putilow-Werke ohne weiteres klar. Die Entlassung der vier Arbeiter war eine klar zutage liegende Provokation, und die standhafte Weigerung der Wiedereinstellung der Entlassenen muß, wenn man die unerhörte Erregung der Arbeitermassen Petersburgs in Betracht zieht, zweifellos von oben diktiert worden sein. Hier macht sich die schwere Hand der absolutistischen Polizeiregierung fühlbar. Zugunsten dieser Schlußfolgerung spricht auch die gegenüber einer Delegation liberaler Intellektueller ausgesprochene Weigerung des Ministerpräsidenten Witte, sich in die militärisch-polizeiliche Politik der Petersburger Verwaltungsbehörde einzumischen.

**Der Pope Gapon mit dem Polizeichef Fulon**

Am 9. Januar zogen Zehntausende von Arbeitern aus den verschiedenen Bezirken Petersburgs zum Schloßplatz. Mit Kirchenfahnen und Heiligenbildern, mit Zarenporträts und unter Gesang der Zaren-Hymne wälzten sich die mächtigen Massen von der Newa-Vorstadt, von der Wyborgschen und Petersburger Seite, von der Wassiljewschen Insel heran. An der Spitze der Narwa-Gruppe marschierte Gapon. Der Aufmarsch hatte den Charakter einer riesigen Prozession. Es gab weder rote Fahnen, noch revolutionäre Schilder, und als die einzelnen Wellen der Prozession sich den am Weg aufgestellten Truppen näherten, glaubten alle, daß nicht geschossen werden würde. Wir zitieren einen extremen Reaktionär und überzeugten Monarchisten, den Arzt Djatschkow: „Das Bild, das sich bot, war so, daß in mir, als rechtgläubigen Christen, der unserem Selbstherrscher, dem Zaren, treu ergeben ist und der an der alten vaterländischen Tradition der Vereinigung des selbstherrschenden Zaren mit dem ihm ergebenen Volke hängt, keinerlei Zweifel übrig blieb, daß nicht geschossen werden würde, daß man nicht wagen würde, zu schießen."

Bei dem Narwa-Tor ließen die Truppen die von Gapon angeführte Kolonne auf 300 Schritt Entfernung herankommen, dann aber ging die Kavallerie zum Sturm vor, schlug mit den Säbeln auf die Menge ein, um, nachdem sie durch die ganze Masse der Demonstranten hindurchgeritten war, der Infanterie Platz zu machen, die auf die Menge eine Salve abgab. Dann stürzte wieder die Kavallerie vor, schlug auf die Fliehenden ein und tötete die Verwundeten. Gapon gelang es, sich zu retten. Das Massaker der Wehrlosen wurde fortgesetzt. Im Schlüsselburger Bezirk schoß die Infanterie auf die Arbeiter, die das Hemd über der Brust aufrissen und schrien: „Sterben wir, Genossen, aber weichen wir keinen Schritt zurück!"

Noch schlimmer ging es an der Troitzki-Brücke zu. Hier ließ der Kommandant der Truppen die Menge auf 200 bis 300 Schritte heran und gab dann das Kommando „Feuer". Gegen die auf der Erde liegenden Arbeiter, Frauen, Kinder und Greise ging dann die Kavallerie vor. Auf der Wassiljewschen Insel setzten sich die Demonstranten zur Wehr. Unter Führung von Sozialdemokraten plünderten die Arbeiter einen Waffenladen, improvisierten aus umgelegten Telegraphenstangen, Kiosken und Brettern Barrikaden und empfingen die Kavallerie mit Schüssen, Steinwürfen und Holzscheiten. Auch hier siegte jedoch die „Ordnung". Es ist schwer, die Zahl der Opfer abzuschätzen, aber die Zahl der Getroffenen bleibt wahrscheinlich nicht unter Tausend, darunter 200 Tote. So endete der 9. Januar in Petersburg.

Das gesamte proletarische Rußland beantwortete den 9. Januar mit einem Proteststreik. Nach offiziellen, bedeutend gemilderten Angaben waren in Moskau zu Ende des zehntägigen, nach dem 9. Januar ausgebrochenen Streiks 25 Prozent sämtlicher Arbeiter der Stadt in die Bewegung einbezogen. Fast alle großen Industriezentren Rußlands wurden von gewaltigen Streiks erschüttert, die an vielen Orten von bewaffneten Zusammenstößen zwischen den Arbeitern, der Polizei und den Truppen begleitet waren, so z. B. in Warschau, Lodz, Riga usw. Der 9. Januar brachte allgemein die revolutionäre Massenbewegung des russischen Proletariats einen Ruck vorwärts.

Welche Bedeutung hat der 9. Januar in der Geschichte der Revolution der russischen Arbeiterklasse? Der 9. Januar ist ein Tag, an dem Arbeitermassen massakriert wurden, und als solcher ist er ein Trauertag für das Proletariat. Vom historischen Standpunkte jedoch ist er der große Tag der Befreiung des proletarischen Klassenbewußtseins von dem schädlichen Glauben an den Zaren, der die Arbeiterklasse gehemmt hatte auf ihrem Wege zu großen revolutionären Kämpfen.

Die aus dem bäuerlichen Milieu hervorgegangenen Arbeitermassen brachten den mit jahrhundertealten Wurzeln verankerten Glauben an den Zaren mit sich in die Stadt. Noch im 17. und 18. Jahrhundert führte die revolutionäre Bewegung der Bauern zur Heiligung und Rechtfertigung ihres Kampfes die Parole der Wiederherstellung der Macht des vom Thron verjagten Zaren auf ihrer Fahne. In Westeuropa kleideten die Bauern zu ihrer Rechtfertigung ihre wirtschaftlichen

Der schwar

onntag 1905 N. Wladimirow

Forderungen in religiöse Hüllen. Die russischen Bauern ersetzten diese religiösen Hüllen durch monarchistische. Der „Stellvertreter Gottes auf Erden", der Zar, müsse die Bewegung der Bauern führen. Wäre er nicht da, müßte man ihn ausdenken und . . . Pugatschow wurde Peter III. genannt. Als die Gutsbesitzer als Ergebnis der „Reform" von 1861 die Bauern ausplünderten, gingen in der Bauernmasse Gerüchte um, „die Gutsbesitzer hätten" die wirkliche „Freiheit des Zaren vor dem Volke verheimlicht". Sogar nach der Revolution 1905 hatten die Bauern diesen Glauben an den Zaren noch nicht ganz überwunden. Noch in der ersten Duma 1906 sahen die Bauerndeputierten der Trudowiki-Partei alles Uebel der Selbstherrschaft nur in den Mißbräuchen der Beamten, der Bürokratie; der Zar selbst wußte nichts von ihrer verbrecherischen Politik. So rief z. B. der Trudowik Kukanow in seiner Polemik gegen den Staatsrat aus: „Nein! Genug der Zwischenwände zwischen Zar und Volk! Möge der Zar selbst wissen, was im Lande vorgeht, was es braucht, was es schmerzt."

Dieser gnädige, gute, von der schweren Lage seiner Untertanen nichts wissende Zar der Bauern war es, der bis zum 9. Januar im Bewußtsein der Arbeiterklasse lebte. Der 9. Januar löschte dieses Bild im Bewußtsein des Proletariats und zeigte ihm den einzig wahren Weg zum Sozialismus, der über den Sturz der Selbstherrschaft führen mußte.

Rosa Luxemburg hatte recht, als sie sagte, daß über dieser Demonstration, die Heiligenbilder und Kirchenfahnen mit sich führte, der Geist Karl Marx' geschwebt hatte.

Der 9. Januar 1905 stellte das Proletariat als führende Kraft an die Spitze der Revolution. Mit seinem Auftreten eröffnete das Proletariat die Revolution 1905. Es brachte in dem sich entwickelnden Klassenkrieg die ersten Opfer und trat nach den Januartagen als Führer der sich entfaltenden politischen Massenbewegung auf. Es ist schwer, die Mannigfaltigkeit und den Reichtum der Bewegung zu charakterisieren, die der Periode zwischen Januar und Oktober 1905 ihren Stempel aufgedrückt hatten. Vor allem muß darauf hingewiesen werden, daß während dieser Monate die Bewegung außerordentlich an Ausdehnung gewann. Jeder Monat, jede Woche, jeder Tag zog immer neue und neue Abteilungen der Arbeiterklasse in die Revolution hinein. Die Nachrichten von der Revolution, von den Aktionen der Arbeiter in den großen Industriezentren kamen an die kleineren Orte und riefen dort einen Widerhall der Bewegung in den Großstädten hervor. Man kann sagen, daß Mitte 1905 alle Arbeiter Rußlands mehr oder weniger aktiv an der Revolution teilnahmen.

Es ist allerdings wahr, daß die Arbeitermassen nicht sofort mit klaren, bestimmten, eindeutig zugespitzten Forderungen auftraten. An vielen Orten hob die Bewegung mit wirtschaftlichen Forderungen an oder brach aus ökonomischen Anlässen aus, sehr bald mischten sich aber mit diesen Forderungen der Arbeiter auch politische Parolen. Die Bewegung schlug in eine politische Massenbewegung um.

Es ist nichts Verwunderliches darin. Das Proletariat ging 1905 gegen den Absolutismus in den Kampf, gleichzeitig aber kämpfte es auch gegen die bürgerliche Klasse um die Besserung seiner Lage, um Lohnerhöhungen, um die Besserung seiner materiellen Existenzbedingungen, um die Überwindung der barbarischen Entwicklungsbedingungen des Kapitalismus; denn in keinem Lande hatten die Kapitalisten die Arbeiterklasse so rücksichtslos und schamlos ausgebeutet wie in Rußland.

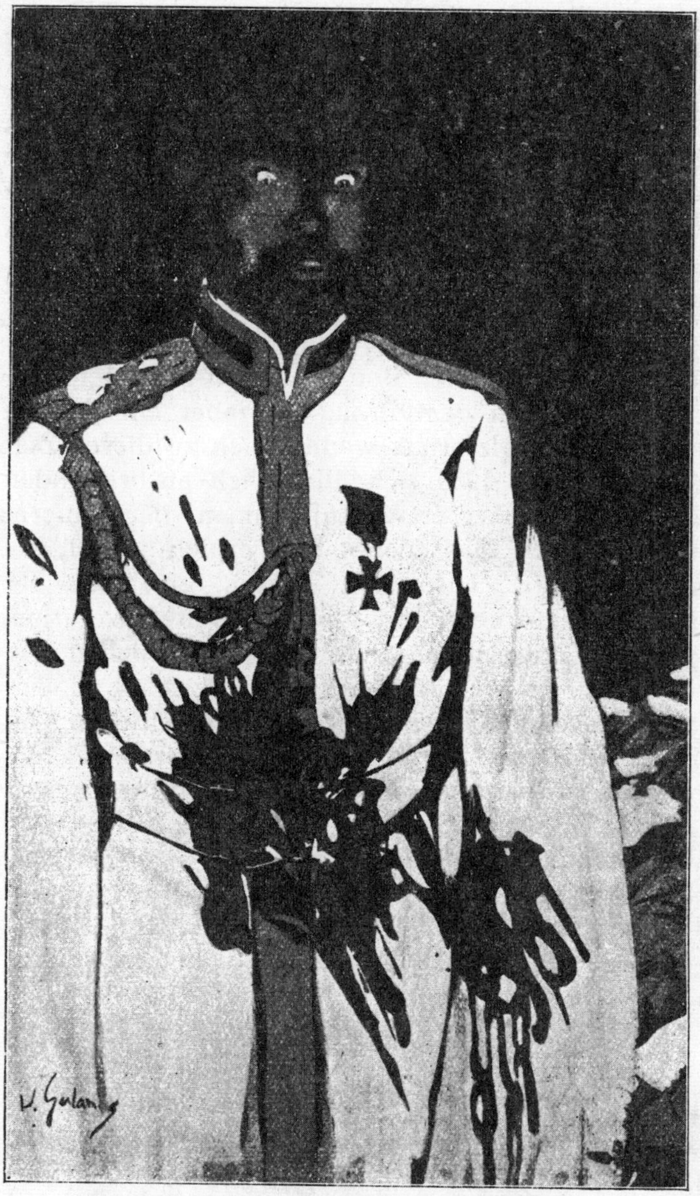


Französische Zeichnung aus dem Jahre 1905

**Der blutige Zar**

Unter allen Forderungen und Parolen, die die Arbeiter in dieser Zeit aufstellten, sind zwei am meisten charakteristisch: Für den Kampf gegen die Kapitalisten die Forderung des achtstündigen Arbeitstages und für den Kampf gegen die Selbstherrschaft die Forderung der Einberufung der Konstituante.

In verschiedenen Gebieten, besonders aber in Polen und dem Baltikum, betrat die Arbeiterbewegung den Weg des teilweisen bewaffneten Kampfes gegen den Zarismus. Wohl ging aus diesem Kampfe der noch genügend starke Zarismus vorläufig als Sieger hervor. Aber auch die niedergeschlagenen Aktionen der Arbeiter waren in einem gewissen Sinne Siege zu nennen. Von diesem Standpunkt aus ist der Sommerstreik in Iwanowo-Wosnessensk außerordentlich charakteristisch. An diesem Streik nahmen über 50 000 Arbeiter teil; er dauerte über sechs Tage. Die Arbeiter, die anfangs nur wirtschaftliche Forderungen aufgestellt hatten, wurden durch die Logik des Kampfes gezwungen, ihre Forderungen durch politische Parolen zu ergänzen, da die Polizei und Truppen angesichts der wachsenden Hartnäckigkeit der Arbeiter immer häufiger gewaltsam eingriffen. Als die Versammlungen der Arbeiter in der Stadt selbst verboten wurden, versammelte sich eine Menge von einigen zehntausend Personen außerhalb der Stadt, am Ufer des Flusses Talka, und hörte hier die Reden der Sozialdemokraten an, die die Bewegung politisch führten. Die Kapitalisten wollten einige Zugeständnisse machen, nicht aber die hauptsächlichsten Forderungen der Arbeiter erfüllen. Am Ende waren die erschöpften Arbeiter, die große Familien und gar keine Existenzmittel hatten und teils sogar in ihre Dörfer flüchten mußten, gezwungen, sich zu ergeben, als sie aber nach dem langandauernden Streik wieder zu ihren Webstühlen zurückkehrten, erklärten sie den Kapitalisten: „Wir ergeben uns, fühlen uns aber nicht als Besiegte.“

Unter dem Drucke der Arbeiterbewegung machte der Zarismus einige Zugeständnisse, deren Erbärmlichkeit aber so augenscheinlich war, daß das Proletariat in seiner Bewegung an ihnen vorbeiging und die radikale Vernichtung des alten Regimes forderte. Solche „Zugeständnisse“ waren: 1. Die Ernennung der Kommission des Senators Schidlowski im Frühjahr 1905. Die Kommission hatte die Aufgabe, die Ursachen der Unzufriedenheit der Arbeiter zu klären. 2. Die Ernennung der Kommission des Innenministers Bulygin, deren Aufgabe es war, einen Entwurf für die gesetzberatende Staatsduma (die sogenannte Bulyginsche Duma) vorzubereiten. Diese Kommission existierte während des ganzen Sommers 1905 und gebar „ein totes Kind“ in der Form eines Entwurfs, nach dessen Bestimmungen bei den Wahlen für die gesetzberatende Duma das ganze Proletariat, alle Intellektuellen und ungefähr neun Zehntel der Bauern kein Stimmrecht hatten.

Diese „Zugeständnisse“ wurden von den liberalen Bourgeois und den Menschewiki mit Aufmerksamkeit aufgenommen, von dem Proletariat aber entschieden zurückgewiesen. Die Aufmerksamkeit des Proletariats wandte sich zu dieser Zeit immer mehr der im Frühjahr und Sommer 1905 sich allmählich ausbreitenden revolutionären Bewegung der Bauern zu. Das erste Aufflammen der Bauernbewegung fand noch im Januar statt, einen Massencharakter erhielt jedoch die Agrarbewegung erst im Februar und März, unter dem Einfluß einerseits der militärischen Mißerfolge der Regierung und andererseits der Arbeiterrevolution. Während dieser zwei Monate wurden Zentralrußland, Polen, die westlichen Gebiete, das Baltikum und der Kaukasus in die revolutionäre Agrarbewegung hineingezogen, wobei in Polen und im Baltikum, teilweise auch in den westlichen Gebieten die Bewegung keinen rein bäuerlichen Charakter hatte, sondern auch die in diesen Gebieten ziemlich zahlreichen landwirtschaftlichen Lohnarbeiter mit ergriff. Gerade aus diesem Grunde herrschte in diesen Gebieten die Streikbewegung vor, während für Zentralrußland im Gegenteil eine spontane Bewegung der Bauern charakteristisch war, die in den ersten Monaten häufig in der Zerstörung der Herrensitze und Güter ihren Ausdruck fand. Im Innern Rußlands waren im Frühjahr und Sommer 1905 62 Bezirke, d. h. 14 Prozent aller Landbezirke Rußlands, in die Agrarbewegung einbezogen.

Fast alle Schichten der Bauernschaft, die reichen Bauern mit einberechnet, nahmen an der Bewegung teil. Von Monat zu Monat schlossen sich immer neue Schichten der Bauernschaft an die agrarrevolutionäre Bewegung an, auch machten sich Bestrebungen zur Organisierung bemerkbar. Es ist charakteristisch, daß sogar in dieser frühen Phase ihrer Bewegung die zersplitterte und uneinige Bauernschaft einen gewissen organisatorischen Mittelpunkt für ihre Bewegung schuf. Am 31. Juli fand in Moskau der erste, geheime Gründungskongreß des Allrussischen Bauernbundes statt, einer Organisation, die in verschiedenen Bezirken des Landes Fuß gefaßt hatte. Im Mittelpunkt der Diskussionen stand auf

**Durchsuchung nach Waffen**

Russische Zeichnung aus dem Jahre 1905, gewidmet den Matrosen des Panzerkreuzers „Potemkin"

**Potemkin**

diesem Kongreß selbstverständlich die Landfrage, die Frage der Aufteilung der Ländereien der Gutsbesitzer. Aber unter den von dem Kongreß aufgestellten Forderungen befand sich auch die Forderung der Einberufung der Konstituante. 45 Delegierte dieses Kongresses waren Bauern. Selbstverständlich kann man diesen Bauernbund nicht als eine Organisation der breiten Bauernmassen betrachten. Er ist vielmehr eine Zusammenfassung der obersten, klassenbewußten Spitzen der politischen Vertreter der Bauernschaft. Aber schon die Organisation dieser Oberschicht der politisch bewußten Bauernelemente stellte eine außerordentlich wichtige politische Erscheinung dar. Es wäre jedoch unrichtig, wenn man behaupten wollte, daß die Bauernbewegung einen reinen politischen Charakter getragen hätte. Wenn in der Arbeiterbewegung die politischen Parolen eine ganz bestimmte Bedeutung erlangten, wenn die Arbeitermassen die politischen Parolen von Stunde zu Stunde mehr und mehr ins Herz schlossen, wenn die politischen Parolen für die Arbeiterklasse allen anderen vorangingen, so kann man von den Bauern nicht dasselbe behaupten. Die Bewegung hatte einen wirtschaftlichen Charakter, war spontan und hatte noch keine bewußte politische Form angenommen.

Der durch die Armee gegangene Teil der Bauernschaft jedoch betrat viel bereitwilliger und viel bewußter den Weg des politischen Kampfes. Dies kann von allen Truppenteilen behauptet werden, die an der japanischen Front gewesen waren und aus der geschlagenen Armee ins Dorf zurückkehrten. Mit viel mehr Recht noch kann man es von der Flotte behaupten. Im Sommer 1905 ereignete sich der Aufstand in der Schwarzmeer-Flotte. Am 14. Juni meuterte die Mannschaft des Panzerkreuzers „Knjaz Potemkin Tawritscheski" aus einem unbedeutenden wirtschaftlichen Anlaß (Unzufriedenheit mit der Verpflegung usw.). Die unter dem unzweifelhaften Einfluß der Sozialdemokraten stehenden Matrosen verhafteten ihre Offiziere, stellten politische Forderungen auf und erklärten sich mit den im Streik stehenden Arbeitern Odessas solidarisch. „Potemkin" lief in den Hafen ein, die revolutionäre Mannschaft ging an Land, um dort die Leiche eines von einem Offizier ermordeten Matrosen unter ungeheurem Massenandrang zu bestatten. Dann stach der Panzerkreuzer wieder in See und stieß am 17. Juni auf die zur Unterdrückung der Meuterei auf dem „Potemkin" ausgesandte Flotte. Der meuternde Kreuzer fuhr geradeswegs der Flotte entgegen und rief die Matrosen der anderen Schiffe zum Anschluß an den Aufstand auf. Eine der großen Kampfeinheiten der Flotte, das Panzerschiff „Georgi Pobedonosetz" schloß sich dem „Potemkin" an. Dieser Anschluß war aber von sehr kurzer Dauer, auf dem Schiffe fehlte der Einfluß der Sozialdemokraten, und der „Georgi Pobedonosetz" fiel bald von den Aufständischen ab. Auch auf dem nunmehr isoliert dastehenden „Potemkin" machte sich in einigen Tagen Desorganisation unter den Aufständischen bemerkbar. Am 25. Juni lief der Panzerkreuzer den rumänischen Hafen Constanza an, die aufständische Mannschaft übergab den „Potemkin" rumänischen Behörden. Mehrere Matrosen wurden aufgegriffen und nach Rußland ausgeliefert, andere verschwanden im Auslande.

Die erste Bewegung von Bedeutung in der Flotte, der Aufstand auf dem Panzerkreuzer „Potemkin", war also ein Mißerfolg. Dessenungeachtet hatte er jedoch eine ungeheure politische Bedeutung. Diese Niederlage war wiederum eine jener Niederlagen, die die Wegbereiter des Sieges sind. Die Bewegung auf dem „Potemkin" erschütterte den Glauben der Massen an die Allmacht der absolutistischen Regierung, sie schuf revolutionäre Traditionen in der Armee und bereitete den Boden für den bewaffneten Massenaufstand vor. Gerade darum lenkte Lenin in mehreren Artikeln die Aufmerksamkeit der klassenbewußten Arbeiter auf die revolutionären Aktionen der Matrosen. Vom sozialen Standpunkt aus hatte diese Bewegung darum große Bedeutung, weil sie den revolutionären Ruck anzeigte, der durch die Reihen der diszipliniertesten, organisiertesten Bauern ging, derjenigen, die in Matrosen-Uniformen gekleidet waren. Diese Bauern wurden spontan zu einem revolutionären Bündnis mit der Arbeiterklasse gedrängt.

# 3. DER OKTOBER-STREIK 1905
# DIE VORBEREITUNGEN FÜR DEN BEWAFFNETEN AUFSTAND

NACH den Januar-Ereignissen 1905 nahm die revolutionäre Bewegung wieder an Breite zu. Sie ergriff immer neue und neue Schichten der Werktätigen, sie flog von Ort zu Ort und eroberte Schritt für Schritt neue Positionen. Im großen und ganzen war aber die Bewegung nach dem Januar zersplittert, es gab einzelne Aktionen, Streikbewegungen, Zwischenfälle örtlichen Charakters usw. Vom September 1905 an erhebt sich wieder eine neue große Welle der politischen Bewegung, an deren Spitze das Proletariat stand. Die Welle erreichte ihren Höhepunkt im Oktober. Charakteristisch für diesen Zeitpunkt ist der sich auf ganz Rußland ausdehnende politische Generalstreik.

N. Lenin 1903

Die ersten Schritte zum Oktober-Generalstreik taten die Moskauer Arbeiter. Ende September brach in Moskau, das bis dahin auf die revolutionären Aktionen der Petersburger Arbeiter nur schwach reagiert hatte, ein Massenstreik der Buchdrucker aus. Am 25. September streikten in Moskau 50 Druckereien mit ungefähr 6000 Arbeitern. Neben dem Streik der Drucker, die wirtschaftliche Forderungen aufgestellt hatten, aber bereits zur politischen Offensive gegen den Zarismus übergingen, entstand eine Bewegung unter den städtischen Arbeitern und Angestellten. Besondere Aufmerksamkeit verdient der Streik der Bäcker, der am 25. September anfing, wobei es bei der Bäckerei Philippow zu Zusammenstößen mit dem Militär kam. Die streikenden Bäcker, die von Polizei und Militär umzingelt waren, zogen sich auf einen Speicher zurück. Eine kleine Gruppe Streikender verteidigte sich dort heldenhaft mit den Schußwaffen in der Hand.

Ende September griff der Streik auf die großen Industriezentren über und ergriff sogar den Brester Eisenbahnknotenpunkt, wo die Arbeiter der Eisenbahnwerkstätten sich der Bewegung anschlossen. Am 3. Oktober erklärten die Petersburger Buchdrucker den Solidaritätsstreik mit ihren Moskauer Kollegen. Im Laufe der folgenden Tage schlossen sich die Arbeiter der Staatsdruckerei und der Newa-Schiffswerft dem Streik an, worauf sich die Arbeiter der verschiedenen Betriebe und Fabriken Petersburgs in Massen mit der Bewegung solidarisierten. Diese Streikbewegung in den Hauptstädten fand bald einen Widerhall in den nächstgelegenen Industrieorten, einen organisatorischen Mittelpunkt und allgemeine Parolen jedoch hatte die Bewegung zu dieser Zeit noch nicht. Die Rolle des Kristallisationspunktes spielte in dieser neuen revolutionären Periode der allgemeine Eisenbahnerstreik.

Am 20. September fand in Petersburg der Kongreß der Eisenbahnbeamten statt. Die Veranstaltung trug den bescheidenen Namen „Konferenz zur Überprüfung der Statuten der Pensionskassen". Die allgemeine Stimmung war jedoch so revolutionär, daß auf diesem Fachkongreß von Tag zu Tag ernstere politische Fragen aufgeworfen, seine Tagesordnung von Tag zu Tag erweitert und der Kreis der zu beratenden Fragen mehr und mehr in eine allgemein politische Richtung verschoben wurden.

Die bescheidene „Konferenz zur Überprüfung der Statuten der Pensionskassen" nannte sich nach einigen Tagen revolutionärer Linksverschiebung den „Ersten Delegiertenkongreß der Vertreter der Eisenbahner". Die Regierung betrachtete die Arbeiten des Kongresses mit größter Unruhe, während sich in den Arbeitermassen die Sympathien für den Kongreß, die daran geknüpften Erwartungen und gestellten Forderungen fortwährend verstärkten. Es ist deshalb nicht erstaunlich, daß, als sich am 6. Oktober in Moskau die Nachricht von der Verhaftung der Delegierten des Eisenbahnerkongresses verbreitete, dies unter den Eisenbahnarbeitern den Ausbruch der Empörung und Streik zur Folge hatte. Am 7. Oktober stellte die Kasaner Eisenbahn den Verkehr ein und im Laufe der folgenden Tage stand der Verkehr und der Betrieb auf allen Eisenbahnlinien des Moskauer Eisenbahnnetzes still. Der anschließende Streik der Post- und Telegraphenbeamten verlieh der Bewegung einen außerordentlich ernsten Charakter. Was Wunder, wenn der Eisenbahnerstreik, sofort auf Petersburg und andere große Eisenbahnknotenpunkte übergreifend, das Rückgrat, der Träger des politischen Generalstreiks im Oktober wurde, dieses Generalstreiks mit seinen Sowjets der Arbeiterdeputierten, mit seiner Massenbegeisterung, mit seinen Demonstrationen, mit seinen Zusammenstößen mit der Polizei und den Truppen. Der Eisenbahnerstreik bekam darin die Unterstützung des gesamten Proletariats Rußlands. Es gab in ganz Rußland kein Industriezentrum, keinen Großbetrieb, keine größere Fabrik, deren Arbeiter sich dem politischen Generalstreik im Oktober nicht angeschlossen hätten. Der Eisenbahnverkehr war stillgelegt, die Telegraphenämter funktionierten nicht, die Zeitungen erschienen nicht, das Licht brannte nicht, es wurden keine neuen Massen täglich produzierter Waren auf den Markt geworfen. Die alltägliche Arbeit der Regierungsinstitutionen und Privatunternehmungen wurde von dem revolutionären, alle Mann auf die Straße rufenden Generalstreik abgelöst. Die Gebäude der Hochschulen, denen die Regierung noch vor dem Streik Autonomie gewährt hatte, waren von lärmenden, leidenschaftlich revolutionär gestimmten Menschenmassen überfüllt. Auf den Plätzen der Städte wurde die Polizei und das Militär durch Massenansammlungen abgedrängt. Tausendköpfige Demonstrationen wurden zu alltäglichen Erscheinungen. Es war dies wirklich eine Volksrevolution. Die wirtschaftlichen Teilforderungen traten in den Hintergrund, und der achtstündige Arbeitstag, bürgerliche Freiheit, Einberufung der Konstituante wurden die Hauptforderungen der Streikenden. Häufig endeten die Versammlungen und Demonstrationen mit bewaffneten Zusammenstößen zwischen der Masse und der Polizei oder dem Militär. An manchen Orten wurden auf den Straßen Barrikaden errichtet.

Am 10. Oktober gab es Barrikadenkämpfe in Charkow, am 11. Oktober in Jekaterinoslaw, am 16. Oktober in Odessa. Der Oktoberstreik ergriff bisher unberührte Schichten der Bevölkerung. Es streikten nicht nur Arbeiter, Studenten, Angestellte und Intellektuelle, die Bewegung griff auch auf die liberale Bourgeoisie, auf die liberalen Elemente unter den Gutsbesitzern, Kaufleuten, bürgerlichen Professoren und sogar hohen Beamten über. Wenn aber die sich an der Bewegung beteiligende Masse in ihrer Zusammensetzung auch sehr buntscheckig war, war doch das Proletariat der unzweifelhafte Führer des Streiks und Hauptträger der Bewegung. Das Proletariat war es auch, das die Schaffung organisatorischer Mittelpunkte für die Bewegung besorgte.

Demonstration in Petersburg am 31. Oktober 1905

Am 13. Oktober kam in Petersburg der Sowjet der Arbeiterdeputierten das erstemal zusammen; am dritten Tage nach der Eröffnung hatte diese Körperschaft bereits 226 Mitglieder, die 100 Betriebe vertraten. Dieser „Sowjet der Arbeiterdeputierten" wurde bald zum Leiter der Revolution nicht nur in Petersburg, sondern in ganz Rußland. Nach seinem Muster wurden in Moskau und in einer Anzahl anderer Städte ähnliche Arbeiterräte gebildet.

Am 17. Oktober erreichte die Bewegung ihren Höhepunkt, und am selben Tage entschloß sich die Regierung zu Konzessionen: der Zar ließ sich zur Herausgabe des Manifestes vom 17. Oktober herbei und versprach die Gewährung der grundlegenden politischen Freiheiten und die Einberufung einer gesetzgebenden Volksvertretung, der Staatsduma. Dieser Durchbruch der konterrevolutionären Front rief in der großen Masse des Volkes eine ungeheure Begeisterung hervor; die Avantgarde der Revolution jedoch, das Proletariat, verstand sehr wohl, daß dieser erste große Erfolg nicht gesichert sei, wenn nicht die Revolution im Kampfe, in neuen Offensiven, in der ganzen nachfolgenden revolutionären Bewegung noch bedeutendere Erfolge wirklich eroberte.

Der Streik wurde auch nach dem Erscheinen des Manifestes nicht abgebrochen. In dem Leitartikel der dritten Nummer der „Nachrichten des Sowjets der Arbeiterdeputierten" vom 20. Oktober lesen wir: „Es ist uns also eine Verfassung gegeben. Wir haben Versammlungsfreiheit, — nur die Versammlungen werden von Militär umstellt. Wir haben Redefreiheit, — nur die Zensur ist unangetastet geblieben. Wir haben Lehrfreiheit, — nur liegt Militär in den Universitäten. Wir haben Freiheit der Person, — nur die Gefängnisse sind mit Verhafteten überfüllt. Wir haben Witte, — aber auch Trepow ist uns geblieben. Wir haben eine Verfassung, — aber den Absolutismus haben wir auch behalten. Man hat uns alles gegeben — und nichts."

Die Führer der Revolution meinten also, daß die Revolution sich erst entfalte, daß die Kämpfe erst in den Anfängen steckten, daß man sich zu neuen, entscheidenden Schlachten vorbereiten müsse. Nach Erhalt der Nachricht von der Ausgabe des Manifestes schrieb Lenin: „Sogar die liberale Bourgeoisie muß sehen, daß das Manifest nur Worte, nur Versprechungen enthält, wer schenkt aber jetzt bloßen Versprechungen Glauben? Wer soll denn die Versprechungen des Zaren in Wirklichkeit umsetzen? Das Ministerium Witte wird ja nicht einmal ein Ministerium der liberalen Bourgeoisie sein, sondern nur ein Ministerium der liberalen Bürokratie. Hat denn das Volk sein Blut im Kampf um die Freiheit vergossen, um sich dann auf die liberale Bürokratie zu verlassen, die es mit bloßen Worten, mit bloßen Versprechungen abspeist? Nein, der Zarismus hat noch lange nicht kapituliert, die Selbstherrschaft ist noch lange nicht gestürzt, dem revolutionären Proletariat stehen noch viele große Schlachten bevor, der erste Sieg wird seine Kräfte zusammenschließen und ihm neue Bundesgenossen im Kampfe werben."

Von solchen Erwägungen ausgehend, streikten die Arbeitermassen auch nach dem 17. Oktober weiter. Der Massensturm der Oktobertage hatte jedoch die Aufständischen ermüdet. Zum bewaffneten Aufstand brauchte man Vorbereitungen, und eine neue Offensive konnte nur nach einer gewissen Vorarbeit von Erfolg gekrönt werden. Es mußte ein günstiger Augenblick gewählt werden. Aus diesem Grunde beschloß der Petersburger Arbeiterrat am 21. Oktober den Abbruch des Streiks. Nach diesem Beschlusse wurde im Laufe von fünf Tagen der Streik allmählich abgebrochen.

Dies sind in großen Zügen die Ereignisse der zweiten großen Etappe der Revolution 1905, des politischen Generalstreiks vom Oktober.

Der Oktoberstreik bildet einen ganz bestimmten Abschnitt in der revolutionären Bewegung. Seinem sozialen Umfange nach war er die bisher breiteste Bewegung. Die Streikparolen vereinigten nicht nur das Proletariat, nicht nur die werktätigen Schichten, sie wurden — wenn auch nicht mit genügender Entschiedenheit — so doch mit ausgesprochener Sympathie sogar von der liberalen Bourgeoisie aufgenommen. Diese war zwar nicht die Urheberin des Streiks, auch nicht seine Führerin, sie trat aber dennoch für die politischen Losungen dieser Bewegung in die Schranken. Nach dem Erscheinen des Manifestes vom 17. Oktober, als der Zar die Einberufung der Duma versprochen hatte, ging die liberale Bourgeoisie entschieden auf die Seite des Zarismus über. Sehr bald verschwanden die revolutionären Phrasen aus den Resolutionen der bürgerlichen Versammlungen und Konferenzen, an ihre Stelle traten Drohungen, die die Ideologen der Bourgeoisie

**Die aufständischen Bauern werden gezwungen, die Felder der Großgrundbesitzer zu bestellen**

gegen die eigensinnigen, den revolutionären Kampf fortsetzenden Arbeitermassen schleuderten. Noch während des Oktoberstreiks wandten sich die revolutionären Arbeiterorganisationen vielerorts häufig an die bürgerlichen Munizipal- und Semstwo-Organisationen um Hilfe für streikende Arbeiter oder mit dem Vorschlag, gemeinsame Milizen zu organisieren usw. Solche Vorschläge der Arbeiter wurden von der liberalen Bourgeoisie entweder abgelehnt oder mit halben Versprechungen beantwortet, eine wirkliche Hilfeleistung war jedoch von ihr nicht zu erlangen. Nach dem Oktoberstreik bliesen die einflußreichen Vertreter der bürgerlichen politischen Parteien zum Rückzug. Der Zarismus hatte Zugeständnisse gemacht, der Zar selbst hatte eine Staatsduma versprochen, vor den bürgerlichen Parteigrößen entfaltete sich die verlockende Perspektive einer parlamentarischen Tätigkeit. Man witterte europäische Atmosphäre; außerdem wurden auch die Geldbeutel der Bourgeoisie von den Streiks empfindlich betroffen. — Das Proletariat traf nunmehr bei der liberalen Bourgeoisie auf eine offen feindselige Haltung.

Wenn die liberale Bourgeoisie eine zweifellose Schwenkung nach rechts vollzog, die von den Bolschewiki schon längst vorhergesehen worden war, zeigten sich andererseits immer klarer die Umrisse eines neuen Verbündeten des Proletariats in der Revolution: die Bauernschaft. Ebenso wie die Januar- und Februar-Ereignisse der Bauernbewegung im Frühjahr 1905 einen Ruck vorwärts gegeben hatten, fand auch der Oktoberstreik seinen Widerhall in der Agrarbewegung. Im Herbst 1905, von Mitte Oktober ab, nimmt das Auftreten der Bauern den Charakter einer Massenbewegung an. Die Bauernunruhen dehnen sich auf ein dreimal größeres Gebiet aus als im Frühjahr, die Bewegung erschüttert die Dörfer Zentralrußlands, des Baltikums, Polens und des Kaukasus. Die Güter der Junker werden geplündert und zerstört, die Gutsherren fliehen in Panik aus den Dörfern, weil sie sich auf ihren angestammten Herrensitzen nicht mehr sicher fühlen. Die Adelssitze werden von ihren alten Besitzern verlassen. Nach oberflächlicher Schätzung wurden in dieser Zeit über 2000 Herrensitze zerstört. Im Kaukasus hat die Bauernbewegung eine ausgesprochene politische Prägung und steht unter dem Einflusse der Sozialdemokraten. Im Baltikum und zum Teil auch in Polen spielt das landwirtschaftliche Proletariat in der revolutionären Agrarbewegung eine führende Rolle, und die Bauernschaft verbündet sich engstens mit den Arbeitern der Hauptstädte. Die Bauernschaft betritt den Weg der organisatorischen Zusammenfassung ihrer Kräfte. Am 7. November 1907 trat der Allrussische Bauernbund zu seinem zweiten Kongreß zusammen. Auf diesem Kongresse wurde die grundlegende wirtschaftliche Frage, die Frage des Grund und Bodens, in einer revolutionäreren Form gestellt, als auf dem ersten Kongreß; auch die politischen Forderungen wurden viel schärfer und bestimmter formuliert.

In dieser Atmosphäre waren auch in der Armee revolutionäre Unruhen unvermeidlich. Mitte November brachen in vielen Truppenteilen Petersburgs, besonders bei den militärtechnischen Truppen, Unruhen aus. Mitte Januar schrieb die Schwarzmeerflotte in die Geschichte der Revolution eine leuchtende neue Seite ein.

Die revolutionären Unruhen in der Flotte fanden am 15. November im Auftreten des Panzerkreuzers „Otschakow" ihren Ausdruck. An der Spitze der Bewegung stand der Leutnant zur See Schmidt. Die aufständischen Matrosen hißten die rote Fahne. Dem Beispiel des „Otschakow" folgte der „Potemkin", der „Dnjestr" und andere Schiffe. Der Anführer der Bewegung, Schmidt, besuchte alle Schiffe der Flotille, die Bewegung versprach ernster zu werden als im Sommer. Am selben Tage schickte Leutnant Schmidt ein Telegramm an den Zaren mit der

**Leutnant Schmidt**
ein Führer der aufständischen Schwarzmeerflotte 1905

Forderung der Einberufung der Konstituante. Die erste Hälfte des Tages vergeht in größter Spannung. Die Stimmung ist allerdings ziemlich schwankend. In der zweiten Hälfte des Tages mobilisiert das von den Matrosen noch nicht verhaftete Offizierkorps alle verfügbaren Kräfte zur Unterdrückung der Bewegung. Der „Otschakow" wird beschossen und antwortet mit einer Kanonade, an Bord bricht Feuer aus, unter der Bemannung der anderen Schiffe entsteht ein Durcheinander, am Abend ist die Bewegung unterdrückt. Mehr oder weniger bedeutende Unruhen unter den Truppen entstehen in Kiew, Charkow, Samara und vielen anderen Städten.

So trat der Bundesgenosse des Proletariats, die Bauernschaft, in die Reihen der Revolution ein. Im Dorfe zerstört sie die Herrensitze und im Heere, in Soldaten= oder Matrosenuniformen gesteckt, versagt sie den Gehorsam, durchbricht die zaristische Disziplin und schließt sich den aufständischen Arbeitern an. Trotzdem kann auf Grund dieser Einzeltatsachen nicht auf eine organisierte politische Massenbewegung der Bauernschaft geschlossen werden. Die ersten Schritte nur sind auf dem Wege der Revolution getan, die ersten Versuche einer organisatorischen Zusammenfassung gemacht, die erste Etappe der revolutionären Bewegung zurückgelegt.

Dafür wird die proletarische Bewegung nicht nur durch eine Bereicherung an neuen Parolen und durch eine Erstarkung des politischen Bewußtseins charakterisiert, sondern auch durch Erfolge organisatorischer Natur. Im November entstehen in vielen Städten Arbeitersowjets. Die am 22. November stattgefundene erste Versammlung des Moskauer Arbeitersowjets zählt 180 Deputierte in Vertretung von 80 000 Arbeitern. Anfang November entstehen Arbeitersowjets in Iwanowo-Wossnjesensk, Rostow am Don und Kiew. Auch das Proletariat von Odessa, Kostroma, Samara und vieler anderer Städte betritt denselben Weg. Unter allen diesen Arbeitersowjets spielt jedoch der Petersburger Sowjet der Arbeiterdeputierten die wichtigste Rolle. Er verfügt bereits über bedeutende revolutionäre Erfahrungen und erfreut sich einer unangefochtenen Autorität im ganzen Lande. In der Revolution 1905 steht Petersburg und der Petersburger Sowjet der Arbeiterdeputierten an der Spitze der Arbeiterbewegung. Die Ereignisse, die sich in der Hauptstadt abspielen, werden von dem ganzen arbeitenden Rußland mit gespannter Aufmerksamkeit verfolgt. Petersburg ist sozusagen der Kapellmeister der Revolution, der allerdings nicht immer Musiker findet, die dem Winke seines Taktstockes folgen. Bis Ende Januar trug das Petersburger Proletariat das Hauptgewicht des revolutionären Kampfes auf den eigenen Schultern. In den meisten anderen Arbeiterbezirken sehen wir keine besonders bedeutenden Aktionen des Proletariats. Oktober und November verbringen die Petersburger Arbeiter in ununterbrochenem Kampfe gegen die Kapitalisten und gegen den Zarismus. Die wichtigsten Aktionen der Arbeitermassen Petersburgs während dieser Zeit waren der Kampf um den achtstündigen Arbeitstag und der zweite politische Generalstreik.

Unmittelbar nach dem 17. Oktober fordern die Arbeiter der Petersburger Fabriken und Betriebe immer entschiedener und eindringlicher die Einführung des achtstündigen Arbeitstages. In vielen Betrieben wird die Durchsetzung dieser Forderung auf revolutionärem Wege versucht. Der Sowjet der Arbeiterdeputierten bekommt Berge von Zuschriften, in denen er aufgefordert wird, diesen Kampf zu organisieren und zu führen. Am 31. Oktober beschließt der Sowjet der Arbeiterdeputierten, in den Kampf um den achtstündigen Arbeitstag einzutreten und dazu den Weg der Revolution einzuschlagen. Im Laufe der folgenden zwei Wochen legen die Arbeiter ihre Forderungen den Kapitalisten vor; nach acht Stunden verlassen sie die Betriebe; wo dagegen Widerstand geleistet wird, treten sie in Streik und kämpfen mit verzweifelter Hartnäckigkeit in geschlossenen Massen. Die Kapitalisten beantworteten die Bewegung mit Aussperrungen, Massenentlassungen, Stillegungen der Betriebe und Einstellung der Lohnzahlungen. Die erschöpften Arbeiter, die in diesem Jahre bereits den Arbeitslohn vieler Streiktage verloren hatten, fingen stellenweise an, nachzugeben und zu den Arbeitsstellen zurückzukehren. Der Sowjet der Arbeiterdeputierten beschloß deshalb, den Kampf vorläufig abzubrechen, da die Parole des achtstündigen Arbeitstages die breiten Massen des russischen Proletariats nicht mitgerissen hatte und der Kampf sich fast ausschließlich auf die Petersburger Arbeiter beschränkte.

Eine andere wichtige Aktion des Petersburger Arbeitersowjets war der zweite Generalstreik, der vom 1. November bis 7. November dauerte. Der Streik brach aus zwei politischen Anlässen aus. Am 26. Oktober brach in Kronstadt unter den dort stationierten Truppen eine Meuterei aus. Die Führer der Bewegung, einige hundert Matrosen und Soldaten, kamen vor ein Kriegsgericht. Andererseits führte die Regierung am 29. Oktober für Polen den Belagerungszustand ein. Als Antwort erfolgte der zweite, außerordentlich geschlossen durchgeführte, politische Generalstreik, an dem noch am letzten Tage, also am 7. November, über hunderttausend Arbeiter beteiligt waren.

Am 5. November führte der Sowjet der Arbeiterdeputierten den allgemeinen Post- und Telegraphenstreik durch, der ebenfalls sehr allgemein war und organisatorisch sehr gut verlief.

Der indessen wieder erstarkte Zarismus beschloß, gegen den Sowjet der Arbeiterdeputierten einen vernichtenden Schlag zu führen. Die Regierung erblickte in diesem neuen Organ des revolutionären Proletariats nicht ohne Grund den Keim einer revolutionären Regierung. Tatsächlich hatten sich während des Streiks die staatlichen Eisenbahnen nicht den zaristischen Behörden, sondern dem Sowjet der Arbeiterdeputierten untergeordnet. Die Druckereien, in denen alle Zeitungen, darunter auch die amtlichen Veröffentlichungen, gedruckt wurden, arbeiteten nur mit entsprechender Genehmigung des Sowjets der Arbeiterdeputierten. Die Fabriken und Betriebe stellten auf Geheiß des Arbeitersowjets die Arbeit ein. Die Stromversorgung blieb aus, der Straßenbahnverkehr stand still, das Leben der Hauptstadt erstarrte, wenn der Sowjet der Arbeiterdeputierten es für zweckmäßig hielt. Die Truppen rebellierten immer mehr gegen die Regierung und sympathisierten immer mehr mit dem Sowjet der Arbeiterdeputierten. Sollte also dieser Sowjet nicht der Keim einer neuen Regierung sein? Der Unterstützung der Bourgeoisie und ziemlich breiter intellektueller Kreise sicher, ging der Zarismus gegen dieses zwar noch nicht genügend erstarkte, aber doch furchterregende, die ganze alte Ordnung bedrohende Organ der Revolution zum Angriff über.

Im November sind die Kräfte der Reaktion so weit organisiert: die Sprengung von Versammlungen, die Verhaftung revolutionärer Führer setzt ein, die polizeiliche Willkür blüht. In Beantwortung der Offensive der Reaktion beschließt am 22. November der Petersburger Arbeitersowjet die Organisierung eines finanziellen Boykotts. Diesem Beschluß entsprechend empfiehlt der Arbeitersowjet in seinem sogenannten „finanziellen Manifest" den revolutionären Werktätigen die sofortige Abhebung aller Einlagen bei den Sparkassen und die Forderung von Goldzahlung bei der Lohnausgabe. Auf diesen Schlag gegen den Rubel, auf den Finanzboykott antwortet die Regierung mit der Verhaftung des Vorsitzenden des Arbeitersowjets, Chrustalew-Nosar, der zwar bei weitem kein wirklicher revolutionärer Führer war, aber in diesen Tagen von der Revolution mitgerissen wurde und unter den Arbeitern Popularität hatte. Am 27. November nimmt der Sowjet der Arbeiterdeputierten eine Resolution über die Vorbereitung des bewaffneten Aufstandes an.

Die Regierung hatte verschiedene Maßnahmen zur Unterdrückung der Revolution getroffen, der Rat beschloß am 2. Dezember die Veröffentlichung des „finanziellen Manifests". Am 3. Dezember wurden alle zur Sitzung erschienenen Mitglieder des Sowjets der Arbeiterdeputierten verhaftet. Der Entscheidungskampf war nicht mehr zu vermeiden. Die Arbeitersowjets der Hauptstädte halten einen neuen politischen Generalstreik für unerläßlich, der Petersburger Sowjet beginnt den Streik am 8. Dezember, der Moskauer Sowjet bereits am 7. Dezember. Während langer Monate angestrengten Kampfes marschierten die Petersburger Arbeiter an der Spitze der Revolution. Im Dezemberstreik konnten sie schon nicht mehr so siegesbewußt, so hartnäckig und fest auftreten wie bisher. Die Ermüdung dieser Vorkämpfer machte sich ziemlich fühlbar. Obwohl am zweiten Streiktag, am 9. Dezember, die Zahl der feiernden Arbeiter hunderttausend erreichte, lichteten sich doch in den folgenden Tagen die Reihen der Streikenden und der Streik flaute schnell ab. Da tritt Moskau in die Bewegung ein. Am 6. Dezember umfaßt dort der Streik 150 000 Arbeiter, die Bewegung wächst ununterbrochen, und der politische Generalstreik entflammt mit unerbittlicher Logik den bewaffneten Aufstand.

M. W. Dobuschinski

Das Manifest des Zaren

# 4. DER AUFSTAND. DIE NIEDERLAGE

Am 7. Dezember setzt in Moskau auf Beschluß des Sowjets der Arbeiterdeputierten der politische Generalstreik ein, der am 8. und 9. Dezember fast die gesamte werktätige Bevölkerung der Stadt ergreift. Es lag mehr in der Luft als die übliche Stimmung politischer Demonstrationen, und der Stadtkommandant von Moskau, der Generalgouverneur Dubasow, wußte es wohl. Truppen gab es zu dieser Zeit in Moskau kaum, und unter den wenigen vorhandenen brachen Unruhen aus, so daß man sich auf sie nicht verlassen konnte. Es wurde beschlossen, rasch und energisch vorzugehen und die Bewegung zu unterdrücken, solange sie noch nicht in vollem Gange war. Schon am Abend des 8. Dezember wurden die im „Aquarium" und im „Olymp" versammelten Arbeiter von der Polizei und den Truppen umzingelt, die Fiedlersche Realschule, in der eine gut besuchte Versammlung der revolutionären Organisationen stattfand, wurde von der Polizei überfallen. Die vor dem Haus erschienene Polizei verlangte die sofortige Räumung des Hauses. Der Gendarmerie-Offizier Rachmaninow, der das Polizei-Detachement kommandierte, gewährte $^3/_4$ Stunden Zeit zur Überlegung. Als die Delegierten der Versammelten nach Ablauf dieser Frist erklärten, daß sie sich den Anordnungen der Polizei nicht zu fügen gedächten, gab der Rittmeister Rachmaninow noch eine Frist von zehn Minuten und drohte, nach fruchtlosem Ablauf dieser zweiten Frist das Haus zu beschießen. Auch diese zweite Frist lief ab, und die im Fiedlerschen Hause Eingeschlossenen weigerten sich noch immer, das Gebäude zu verlassen. Wir geben im folgenden eine Beschreibung der Ereignisse durch einen an der Aktion beteiligten Gendarmen wieder:

„Das letzte Trompetensignal wurde geblasen und seine Töne waren noch nicht ganz verstummt, als in gemessenem Ton das Kommando ertönte: ‚Kompagnie, Achtung! Ziel die Fenster der zweiten Etage' . . . — Ein fürchterlicher Augenblick . . . — ‚Feuer!' Als Antwort ertönte eine Salve, das Klirren gebrochenen Glases und ein Kugelregen aus den Fenstern. Ich begriff, daß ich, obwohl ich nie im Kriege gewesen war, jetzt die Gelegenheit hatte, an einer Schlacht teilzunehmen. Die Kugeln pfiffen um mich herum. ‚Geschütze!' kommandierte Rachmaninow. Ich finde keine Worte, um den Eindruck wiederzugeben, den der Kanonenschuß in der Häuserschlucht, in der wir uns befanden, auf uns ausübte. Unser ganzes Innere wurde von dem fürchterlichen Luftdruck physisch erschüttert. Die Schutzleute stürzten davon, sich die Ohren entsetzt zuhaltend. Ein Kugelhagel aus dem Hause, ein Stöhnen der verwundeten Soldaten und Schutzleute, Blut, Gebrüll und eine entsetzliche Wut der Soldaten, erregt durch den Anblick ihrer gefallenen Kameraden. Plötzlich erhellte sich eines der Fenster, und eine Rakete flog aus ihm auf. Eine Bombe! Eine Bombe! schrie man. Ein großartig gezielter Kanonenschuß ließ den Bombenwerfer, wie wir später erfuhren, seine Verwegenheit mit dem Leben bezahlen. Er wurde durch eine Granate getötet, die ihm den ganzen Leib aufriß. Wahrscheinlich machte dies einen erschütternden Eindruck auf die Belagerten, da nach einiger Zeit aus dem Hause geschrien wurde: ‚Wir ergeben uns'. Die Salven zählte ich nicht, Kanonenschüsse wurden zwölf abgegeben. Wie ich später erfuhr, waren es sieben Granaten und fünf Schrapnells. Das Feuer wurde eingestellt und die Belagerten verließen das Haus."

Diese ersten Schüsse, die nach dem Manifest des 17. Oktober in eine Versammlung friedlicher, zur Erörterung politischer Fragen zusammengekommener Bürger abgegeben wurden, eröffneten, jenen bewaffneten Kampf, der, nachdem die aufständischen Arbeiter heldenhaft ihr Blut vergossen hatten, durch die Niederlage der Revolution beendet wurde. Am 10. Dezember setzte die Beschießung der Straßen der Stadt ein. Ein Moskauer Revolutionär, der Augenzeuge der Ereignisse war, beschreibt sie wie folgt: „Der erste Kanonenschuß erdröhnte $^{1}/_{2}$3 Uhr nachmittags von dem Strastnaja-Platz aus durch die Twerskaja-Straße in der Richtung des Triumphbogens. Friedliche Menschenansammlungen wurden mit Gewehrfeuer auseinandergetrieben, aus Maschinengewehren fiel ein Bleihagel und die Artillerie schoß Salven. Nach dem ersten Kanonenschuß nahmen sogar die Portiers, diese treuen Verbündeten der Polizei und Helfershelfer der Ochrana, an der Errichtung von Barrikaden teil. Abends läutete man in allen Kirchen die Vesperglocken, deren Ton im Geschützfeuer seine Begleitmusik fand. Diese eigenartige Paarung der orthodoxen Kirche mit dem Absolutismus machte einen außerordentlich anwidernden Eindruck."

**Barrikaden in Moskau 1905**

Es war das erstemal, daß sich die Massen an einem bewaffneten Aufstande beteiligten. Allerdings waren die Kampfmethoden ziemlich primitiv, Erfahrungen hatte man gar keine und Waffen nur in verschwindend kleinen Mengen. Als Kampftruppe kamen eigentlich nur einige hundert Freischärler in Betracht, die mit den verschiedenartigsten Waffen, sogar mit Jagdgewehren, bewaffnet waren. Die Barrikaden wurden jedoch von weiten Kreisen der Bevölkerung errichtet. Die Sympathien der werktätigen Bevölkerung waren rückhaltlos auf der Seite der revolutionären Freischärler. Wenn es auch wenig bewaffnete Freischärler gab, gab es dafür sehr viele Teilnehmer an dem Aufstand, die direkt oder indirekt zur Desorganisierung der Polizei und der Truppe und zur Stärkung der Position der Freischärler beitrugen. Einige Tage lang wurden in den Straßen Moskaus hartnäckige Kämpfe mit Rückzügen und Vormärschen geführt. Vor dem Ansturm überlegener militärischer Kräfte zog man sich zurück, die halbzerstörten Barrikaden im Stiche lassend, und baute fieberhaft an anderer Stelle neue Barrikaden. An die Soldaten, die an der Unterdrückung des Aufstandes teilnahmen, richteten die aufständischen Revolutionäre Aufrufe, die mancherorts auch Erfolg

Französische Zeichnung aus dem Jahre 1905

**Umsonst, ihr Herren! Kein Halten mehr! Ihr sprecht den Lenz zum Winter nicht,**
**Und hat das Eis einmal gekracht, so glaubt mir! daß es bald auch bricht!**

Freiligrath

hatten. Die Truppen erwiesen sich vom Standpunkt der Führer des gegenrevolutionären Pogroms als nicht unbedingt verläßlich. Lenin verzeichnet diese Zeichen der Entwicklung des revolutionären Klassenbewußtseins der Soldatenmassen mit besonderer Sorgfalt in einer seiner Schriften, in der er das Resultat und die Erfahrungen des Moskauer bewaffneten Aufstandes zusammenfaßt: „Das Moskauer Proletariat — schreibt Lenin — gab uns in den Dezembertagen ein großartiges Beispiel der ideellen Beeinflussung der Truppen. Am 8. Dezember umgab das Volk auf dem Strastnaja-Platz die Kosaken, mischte sich in ihre Reihen, verbrüderte sich mit ihnen und überredete sie, sich zurückzuziehen. Am 10. Dezember stürzten sich zwei junge Arbeitermädchen, die an der Spitze einer zehntausendköpfigen Menge die rote Fahne trugen, den Kosaken mit dem Ruf entgegen: ‚Tötet uns, lebend lassen wir uns die Fahne nicht nehmen!‘, so daß die Kosaken sich schämten und zurückritten, während die Menge sie hochleben ließ. Diese Beispiele proletarischen Heldenmutes müssen für ewig im Bewußtsein des Proletariats eingeprägt bleiben!“

**Barrikaden in Moskau 1905**

Der Oberhenker und Pogromheld, Generalgouverneur Dubasow, der sich in diesen Bluttagen durch seine Grausamkeit auszeichnete, mußte selbst zugeben, daß von den 15 000 Soldaten der Moskauer Garnison nur 5000 mehr oder weniger verläßlich waren. Allerdings waren aber diese Tausende disziplinierte, bewaffnete und im Gebrauch der Waffen geübte Soldaten. Gerade deshalb begann der Sieg sich auf die Seite der Gegenrevolution zu neigen.

Am hartnäckigsten hielt sich die Bewegung im Moskauer Stadtbezirk Presnja, wo sich der Hauptstamm der revolutionären Armee aus den Arbeitern der Prochorowschen Manufakturbetriebe zusammensetzte. Militär gab es in diesem Bezirk wenig, und die Bezirksarbeiterräte machten sich bald zu den Herren der politischen Lage und zum organisatorischen Mittelpunkt des bewaffneten Aufstandes. Der schon einmal von uns zitierte Gendarm beschreibt die Lage in Presnja wie folgt: „Das Militär erwies sich als ungenügend, und die Meuterer eroberten die beiden Bezirke Presnja und Schtschuka, sie waren dort die unbeschränkten Herren. Keine einzige Bekanntmachung des Generalgouverneurs konnte dort den Bewohnern verkündet werden. Dort erschienen nur die „Nachrichten des Sowjets der Arbeiterdeputierten“. Die Bevölkerung glaubte, in Ermangelung anderer Nachrichten, daß eine neue Regierung gebildet sei, und hatte sich schon mit der neuen Lage der Dinge abgefunden, wünschte nur, die neue Regierung möchte nicht schlimmer als die alte sein. Und alle befolgten die von den Meuterern erlassenen Verordnungen."

Auch in der Presnja gab es eigentlich sehr wenig organisierte Streitkräfte auf der Seite der Revolution. Die Freischärler zählten hier höchstens 200 Mann. Am 16. Dezember wurden um den Presnja-Bezirk Truppen zusammengezogen, die den ganzen Stadtteil rücksichtslos belagerten. Am 18. Dezember mußte sich Presnja ergeben und am 19. Dezember beschloß der Moskauer Arbeitersowjet den Abbruch des Streiks.

Der bewaffnete Aufstand beschränkte sich jedoch keineswegs auf Moskau. In vielen anderen Städten entwickelten sich die Ereignisse dieser Tage ungefähr nach dem gleichen Muster. Besonders stark erinnerte der bewaffnete Aufstand in Rostow am Don an Moskau. Der Stützpunkt des Aufstandes war hier die Arbeitervorstadt Temernik. Als am 7. Dezember die Nachricht vom politischen Generalstreik aus Moskau eintraf, traten die Rostower Arbeiter in einen Solidaritätsstreik. In Temernik bildete sich eine Freischar aus mehreren hundert Mann, die bald aus den naheliegenden Ortschaften Taganrog, Tichoretzk usw. Verstärkung erhielt.

„Vom 15. bis 20. Dezember — schreibt ein aktiver Teilnehmer dieser Bewegung — wurde Temernik ununterbrochen durch Artillerie beschossen. Es wurden auch einige Versuche gemacht, den Stadtteil zu stürmen, die Aufständischen hielten sich aber tapfer. Sie führten bei sich eine Verwaltung ein, ähnlich der in belagerten Festungen, und richteten sich Werkstätten, Materiallager, Lebensmittellager usw. ein. Als Kuriosum kann erwähnt werden, daß man sogar ein Arrestlokal einrichten mußte, wo man die Spione der Polizei und alle verdächtigen Elemente hinter Schloß und Riegel setzte."

Die Aufständischen machten Ausfälle in die Stadt und nur, als die Uebermacht der Kosaken ganz augenfällig wurde und alle Aussicht auf einen Sieg des Aufstandes schwand, entließen am Abend des 2. Dezember die Führer des Aufstandes in bester Ordnung und Disziplin ihre Freischärler, die Temernik in aller Stille verließen und in verschiedenen Richtungen auseinandergingen.

Auch in einer Reihe anderer Industriezentren schlug die Bewegung den Weg des bewaffneten Aufstandes ein; so in Sormow, Charkow, Motomilij und im Ural. In einigen Städten hatte die Bewegung sogar vorübergehende Erfolge zu verzeichnen, so z. B. in Noworossijsk, wo es dem Sowjet der Arbeiterdeputierten gelungen war, die in der Stadt stationierten Truppen zu zersetzen, die Macht zu ergreifen und sich bis zur Ankunft starker militärischer Streitkräfte, also während einiger Tage, zum Herrn der Stadt zu machen. Nicht anders war es in den Städten Nikolajew und Pjatigorsk.

Der Dezember-Aufstand bedeutet den Höhepunkt der revolutionären Spannung und seine Niederlage den Anfang des Rückzuges des Proletariats. Aber die Tatsache selbst, daß solche bewaffneten Aufstände stattgefunden hatten, daß sich Tausende von Arbeitern und mit den Arbeitern sympathisierende Bürger daran beteiligt hatten, die Tatsache, daß die Kräfte des Absolutismus in diesen Tagen gezittert und gewankt hatten, daß die Truppen zugunsten der Revolution geschwankt hatten, daß breite Massen der Werktätigen die Notwendigkeit eines bewaffneten Aufstandes als Kampfmethode gegen den Absolutismus begriffen hatten, all dies grub sich tief in das Bewußtsein der Bevölkerung ein und bildete im geschichtlichen Entwicklungsgang Rußlands ein wichtiges Merkmal.

Bereits einige Monate vor dem Aufstand hatte man in der Sozialdemokratie darüber diskutiert, ob der Generalstreik in einen bewaffneten Aufstand umgewandelt werden sollte oder nicht. Die Bolschewiki hielten diese Umwandlung für notwendig und unvermeidlich. Ihre Führer stellten die revolutionäre Partei des Proletariats vor die Aufgabe der Vorbereitung des Aufstandes, und zwar nicht nur im politischen, sondern auch im organisatorischen Sinne. Gegenüber dieser Stellungnahme der Bolschewiki hielten die Menschewiki es noch im Frühjahr 1905 für möglich, nur eine Propaganda des Aufstandes zu betreiben. Den Aufstand organisieren, technisch vorbereiten und die Massen dazu mobilisieren, mit einem Worte, den Aufstand *machen*, wollten sie jedoch nicht. Und als der Lärm der Salven auf den Moskauer Straßen noch nicht verklungen war, als der Absolutismus die blutige Arbeit der Zerstörung der am Aufstand beteiligten revolutionären Organisationen noch nicht beendet hatte, als die erbitterten Arbeitermassen sich immer mehr davon überzeugten, daß auf friedlichem Wege keine Befreiung vom Absolutismus möglich war, — in diesen Tagen schrieb der Ideologe des Menschewismus, Georg Plechanow, das Wort nieder: „Man hätte nicht zu den Waffen greifen sollen." Der Aufstand war unterdrückt. Nun sollten dessen Erfahrungen verwertet und ein neuer, diesmal siegreicher Aufstand vorbereitet werden. Nun sollten die Massen davon überzeugt werden, daß der Aufstand unvermeidlich sei und besser vorbereitet werden müsse, als der Dezember-Aufstand. Die Menschewiki versuchten aber in dieser Zeit mit allen möglichen Argumenten zu beweisen, daß die Revolution zu weit getrieben worden sei, daß das Proletariat mit seiner Bewegung allzuweit ausgeholt habe, daß die Bolschewiki die Massen in ein blutiges, zweckloses, sinnloses Massaker hineingeritten hätten.

„Nichts könnte kurzsichtiger sein — schreibt Lenin — als der von allen Opportunisten freudig aufgenommene Ruf Plechanows, man hätte keinen unzeitgemäßen Streik anfangen, man hätte nicht zu den Waffen greifen sollen . . . Die Notwendigkeit eines verzweifelten, blutigen Ausrottungskrieges als unmittelbaren Systems der kommenden Aktionen den Massen verschweigen zu wollen, hieße aber, sich selbst und das Volk irreführen."

Eine der Hauptursachen der Niederlage des Dezember-Aufstandes sieht Lenin in der ungenügenden revolutionären Arbeit in der Armee, und für einen der Hauptfehler hält er die Unsicherheit der militärisch-strategischen Linie der Führer des Aufstandes.

„Der Dezember-Aufstand — schreibt er — hat noch einen, von den Opportunisten vergessenen, tiefen Ausspruch Karl Marx' bestätigt, der sagte, daß der Aufstand eine Kunst, und die Hauptregel dieser Kunst eine verzweifelt verwegene rückhaltlos entschlossene Offensive sei. Wir haben uns diese Wahrheit nicht genügend eingeprägt. Nicht die Passivität sollen wir predigen, nicht ein untätiges Erwarten dessen, daß die Truppen auf unsere Seite übergehen. Nein, wir müssen die Notwendigkeit der verwegenen Offensive, des bewaffneten Angriffs, die Notwendigkeit der Ausrottung aller Vorgesetzten und des energischsten Kampfes um die schwankenden Truppen von den Dächern predigen. Wir können und müssen die neuesten Errungenschaften der Technik uns zunutze machen, unsere Arbeiterbataillone zur Massenherstellung von Bomben ausbilden, ihnen und unseren Freischärlern in der Beschaffung von Sprengstoffen, Zündkörpern und automatischen Waffen behilflich sein."

Dies sind nach der Auffassung Lenins die Lehren des Moskauer Aufstandes.

Es ist bei uns üblich geworden, die erste russische Revolution die „Revolution 1905 bis 1907" zu nennen. Streng gesprochen ist dieser chronologische Rahmen nicht ganz passend. Der Dezember-Aufstand 1905 war der Höhepunkt der revolutionären Spannung. Die Unterdrückung dieses Aufstandes bildet den Ausgangspunkt des Rückzugs des Proletariats. Im Jahre 1906 führte das auf dem Rückzug befindliche Proletariat Kämpfe gegen die offensiv vorgehende Reaktion.

In den Oktobertagen neigte die liberale Bourgeoisie noch zur Unterstützung des Proletariats. Aber die Dezembertage schüchterten sie ein. Die Bourgeoisie ersehnte sich wohl Konzessionen von seiten des Absolutismus, eine Revolution wünschte sie aber nicht, fürchtete sie vielmehr.

Der Dezember-Aufstand verwehte die letzten Anflüge von Radikalismus bei der Bourgeoisie und enthüllte sie als eine dem Proletariat feindliche Kraft. Noch wuchs und erstarkte die revolutionäre Bewegung unter den Bauern, es gab noch helle Episoden des Klassenkampfes, aber es gab keine Situation, keine Kampfmomente mehr, die durch den ungeheuren Umfang der Bewegung, durch eine Zusammenfassung aller Kräfte der Revolution, durch eine Massenoffensive der revolutionären Elemente charakterisiert worden wären. Das Jahr 1905 schließt die eigentliche Offensivperiode der Revolution ab. Darum kann man von der ersten russischen Revolution höchstens sagen, sie wäre die Revolution von 1905 und 1906, denn das Jahr 1907 war eigentlich nicht mehr ein Jahr der Revolution, sondern ein Jahr der triumphierenden, erstarkenden, anmaßenden, offensiven, unterdrückenden Reaktion.

**Eine Gruppe von Revolutionären aus dem Jahre 1905**

# 5. DIE SOZIALDEMOKRATIE UND DIE REVOLUTION

DIE russische Revolution 1905 bis 1907 war ihrem Wesen nach eine bürgerliche Revolution. Die großen Kulturländer des Westens hatten aber ihre bürgerlichen Revolutionen bereits hinter sich, in ihnen reifte die sozialistische Bewegung des Proletariats heran und es zeigten sich schon die Anzeichen des Heraufziehens einer Periode der sozialistischen Revolution. Die Frage der Wechselbeziehungen zwischen russischer bürgerlicher und internationaler sozialistischer Revolution tauchte auf.

Die Menschewiki gaben nur den Einfluß der internationalen sozialistischen Revolution auf die russische Revolution zu; einen Einfluß in entgegengesetzter Richtung sahen sie nicht.

Bei der Diskussion über die Beteiligung der Vertreter des Proletariats an der revolutionären Regierung und über die Politik dieser Vertreter erklärten sie in der Resolution der menschewistischen Konferenz im Frühjahr 1905:

„Nur in einem Falle soll die Sozialdemokratie aus eigenem Antrieb ihre Kräfte auf die Eroberung und möglichst langdauernde Erhaltung der Macht richten, nämlich in dem Falle, wenn die Revolution auf die fortgeschrittenen westeuropäischen Länder überspringt, in denen die Vorbedingungen für die Verwirklichung des Sozialismus bereits eine gewisse Reife erlangt haben.“ Diese These kritisiert Lenin:

„Vor allem muß man sich unwillkürlich fragen, kann man denn „die Kräfte“ auch „nicht aus eigenem Antriebe“ auf etwas „richten“? Zweitens: wie wäre es, wenn man diesen Satz umkehren würde, so: „Nur in einem Falle wird die Revolution aus Rußland auf die fortgeschrittenen Länder Westeuropas überspringen, nämlich, wenn es der Russischen Sozialdemokratischen Arbeiterpartei gelingt, die Macht zu erobern und längere Zeit zu behalten . . .“ Wenn man schon von Voraussetzungen spricht, dann warum nicht diese? Ein Maximum an Energie schadet nie.“

Durch Lenins Mund erklärte hier der Bolschewismus, daß die Partei des russischen Proletariats, die im eigenen Lande an der Spitze der bürgerlich-demokratischen Revolution marschierte, es für ihre Pflicht hielt, mit allen Kräften dahin zu wirken, daß die Revolution „auf die fortgeschrittenen Länder Westeuropas überspringe“ und daß die russische Bewegung mit der internationalen sozialistischen Revolution verschmelze. Die bolschewistische Auffassung war, daß eine Politik geführt werden müsse, die Rußland in eine Stütze und einen Herd der sozialistischen Weltrevolution verwandele.

Die Anhänger von Trotzki betonten eifrig die Notwendigkeit des Anschlusses an die sozialistische Weltrevolution und deren initiativer Beeinflussung durch die russische Revolution. Sie begriffen jedoch nicht, daß diese Einwirkung nur bei einer durchgreifenden Revolution ernst genommen werden konnte, die aber nur dann möglich war, wenn die proletarische Partei den Charakter der Revolution als bürgerlich-bäuerliche Revolution richtig aufgefaßt hatte.

Man darf sich nicht durch Phrasen über die Verbindung mit der Weltrevolution hinreißen lassen, sondern man muß vor allem innerhalb des eigenen Landes in den wirklichen — nicht für eine unbestimmte Zukunft vorausgesetzten — Bedingungen der Revolution eine solche wirksame politische Linie finden, die dem Proletariat die Möglichkeit gibt, sich auf breite Schichten des Volkes zu stützen und dadurch das Proletariat von den Wellen der revolutionären Bewegung auf jene Feldherrnhügel der Siege heben zu lassen, von welchen aus dann „initiativ" auf das internationale Proletariat eingewirkt werden kann.

Viel später, im Jahre 1917, gelangten die Bolschewiki gerade durch die Tore der bürgerlich-demokratischen Revolution zur Macht, weil sie den Charakter dieser Revolution begriffen und deren Kräfte ausgenützt hatten. Nur durch dieses Verständnis und nur durch diese Ausnützung haben sie Rußland zum Mittelpunkt der sozialistischen Weltrevolution gemacht.

Eine entscheidende Rolle spielten ferner bei der Spaltung der Sozialdemokratie die Meinungsverschiedenheiten in der Frage der Bewertung der Triebkräfte der Revolution.

Diese Verschiedenheit der Bewertung zeigte sich bei den Bolschewiki und Menschewiki bereits vor der Revolution. Während der sogenannten Semstwo-Kampagne der Menschewiki 1904 hatten diese bereits ihrer Auffassung über die oppositionelle Bourgeoisie als Führerin, Spitze und Trägerin der sich entfaltenden Bewegung Ausdruck gegeben.

Nach der Auffassung der Menschewiki konnte die bürgerliche Revolution keinen anderen Führer haben als eben die Bourgeoisie. Dementsprechend reduzierte sich ihre Taktik tatsächlich auf die Unterordnung der Arbeiterbewegung unter die Bewegung der liberalen Bourgeoisie, der, nach der Meinung der Menschewiki, historische Legitimitätsrechte auf die Führerschaft in der Revolution zustanden.

Das tote, wirklichkeitsfremde Schema der Menschewiki wurde ohne Rücksicht auf die realen gesellschaftlichen Verhältnisse aufgestellt. Die russische Bourgeoisie wollte wohl eine Konstitution haben, aber sie wollte darum bitten, sie bettelte bei der zaristischen Regierung untertänigst um Zugeständnisse und schwor, daß sie keine Revolution machen

**Georg Plechanow**
**(1856—1918)**
**einer der Begründer der Russischen Sozialdemokratie**

wolle. Und diese unrevolutionäre Bourgeoisie betrachteten die Menschewiki als den Träger der Revolution. Dem Proletariat war es nach dem menschewistischen „Plan" gestattet, die Bourgeoisie anzuspornen und zu revolutionisieren, aber ohne sie „einzuschüchtern"; es war ihm gestattet, ihr eine entschlossenere und konsequentere Handlungsweise einzuflösen, sie zu „drängen", ohne sie jedoch „abzustoßen". Die Bauernschaft war bloß als Zugabe zur liberalen Bewegung gedacht. Die ungeheure geschichtliche Rolle der Bauernschaft in der bürgerlich-bäuerlichen Revolution hatten die Menschewiki nicht erfaßt.

Bereits nach der stürmischen Bewegung 1905, im Frühjahr 1906, behaupteten die Menschewiki auf dem Stockholmer Vereinigungskongreß der Sozialdemokratie durch ihren Wortführer Martynow, daß im Kampfe gegen den Zarismus die liberale Bourgeoisie eine viel größere Rolle spielen würde als die Bauernschaft.

Die kultivierte liberale Bourgeoisie, die Erbin der politischen Herrschaft, müsse — meinten sie — gegen den Absolutismus in Aktion treten. Die Bauern dagegen glaubten vorläufig noch an den Zaren und man könne von ihnen mit viel mehr Grund erwarten, daß sie zum Schutze der Monarchie auf Seite des Junkerstaates in die Schranken treten würden. So argumentierten die menschewistischen Politiker, die sozusagen unter einer Glasglocke saßen, alte Weisheiten wiederholten, die Verhältnisse der Gegenwart nicht erfassen, die wirklichen Wurzeln der Revolution nicht sehen konnten.

Lenin wies die Menschewiki darauf hin, daß sie den bürgerlichen Charakter der Revolution nicht begriffen und daß die Revolution gemacht werden müsse. Diese einfache gemeinverständliche und, man sollte meinen, auch selbstverständliche These vertrat Lenin den Menschewiki gegenüber mit unerhörter Kraft und Eindringlichkeit.

Die Revolution muß gemacht werden, das ist das wesentliche der Frage. Die Verhältnisse haben sich so gestaltet, daß die bürgerliche Revolution ohne eine revolutionäre Bourgeoisie, sogar gegen deren Willen und trotz ihres opportunistischen Verhaltens sich entwickelte und weiter fortschritt. Der opportunistische Kurs der bürgerlichen Politiker zeigte sich schon vor der Revolution, und jeder Tag der Revolution bestätigte, daß die Bourgeoisie, obwohl sie revolutionäre Phrasen drosch, mit allen Fasern ihres Daseins eine Verständigung mit dem Absolutismus anstrebte. Wer das alte Regime tatsächlich vernichten, revolutionär überwinden wollte, der mußte für die Revolution nicht nur gegen den Zarismus, sondern auch gegen die unrevolutionäre Bourgeoisie kämpfen.

Rußland war auf dem Wege der warenkapitalistischen Entwicklung sehr weit fortgeschritten. Das junkerlich-feudale Regime behinderte die wirtschaftliche, politische und kulturelle Entwicklung des Landes in hohem Maße. Aber unter den privatwirtschaftlichen Elementen der russischen Gesellschaft, die die erdrückende Mehrheit der Bevölkerung ausmachten, waren es nicht die Kapitalisten, sondern die kleinbürgerlichen Bauern, die durch die ganze Situation, durch die wirtschaftlichen und politischen Verhältnisse auf den Weg des revolutionären Kampfes gegen die Gutsbesitzerklasse und deren Staat gedrängt wurden.

Während die liberale Bourgeoisie, die ohne Zweifel infolge des absolutistischen Regimes gewisse Schwierigkeiten zu ertragen, aber zu gleicher Zeit sich schon Zugang zu den staatlichen Fleischtöpfen verschafft hatte, den Weg der Verständigung mit dem Zarismus betrat, wurde die Bauernschaft durch die Logik des Kampfes unvermeidlich von der Revolution mitgerissen und mußte zwangsläufig auf dem Wege der gewaltsamen Beseitigung des wirtschaftlichen und politischen Druckes der Gutsbesitzer immer weiter gehen.

Aber die zersplitterte, zerstreute, unorganisierte Bauernschaft ist unfähig, in der Revolution eine selbständige, führende Rolle zu spielen.

Als Träger der Revolution, als Führer der bürgerlich-bäuerlichen Revolution tritt das Proletariat auf. Nur das Proletariat ist zu einem konsequenten, rücksichtslosen revolutionären Kampf gegen Gutsbesitzertum und Zarismus fähig. Nur das Proletariat kann an der Spitze einer Revolution marschieren, deren Aufgabe es ist, „auf plebejische Art" mit dem Zarismus abzurechnen. Nur unter der Leitung des Proletariats können die Volksmassen durch revolutionäre Gewalt den Absolutismus stürzen. Dabei muß unterstrichen werden, daß das Proletariat die Führung der Bauernschaft nicht auf Kosten der eigenen Klasseninteressen übernimmt, denn das Proletariat ist an der bürgerlich-demokratischen Umwälzung ebenfalls interessiert. Lenin schrieb über diese Frage:

**Vorsicht! Nicht blasen!**
Russische Karikatur aus dem Jahre 1905, auf den Minister Witte und das „Manifest vom 17. Oktober", in dem politische Freiheiten und Einberufung einer Duma vom Zar Nikolaus II. versprochen werden

„In Ländern wie Rußland leidet die Arbeiterklasse nicht so sehr durch den Kapitalismus als durch die ungenügende Entwicklung des Kapitalismus ... Die Beseitigung aller Überbleibsel des Althergebrachten, die eine freie und rasche Entwicklung des Kapitalismus hindern, ist für die Arbeiterklasse unbedingt vorteilhaft. Die bürgerliche Revolution ist ein Umsturz, der alle Überbleibsel der Leibeigenschaft am saubersten wegfegt (zu diesen Überbleibseln gehörten nicht nur der Absolutismus, sondern die Monarchie überhaupt), die freie und rasche Entwicklung des Kapitalismus am besten sichert. Darum ist die bürgerliche Revolution für das Proletariat in höchstem Grade vorteilhaft. Die bürgerliche Revolution ist im Interesse des Proletariats unbedingt notwendig. Je kräftiger, entschlossener und konsequenter die bürgerliche Revolution ist, desto sicherer ist der Erfolg des zwischen Proletariat und Bourgeoisie sich abspielenden Kampfes um den Sozialismus."

Trotzki, der zur Zeit der Semstwo-Kampagne mit den Menschewiki zusammenging, grenzte sich von ihnen 1905 ab. Er erkannte richtig das unrevolutionäre Wesen der Bourgeoisie, konnte aber für die Rolle der Bauernschaft keine richtige Bewertung finden.

Trotzki betonte den unvermeidlich sozialistischen Charakter der Revolution und behauptete gleichzeitig, daß die Kleinbourgeoisie im Laufe der Revolution sich ebenso unvermeidlich gegen das sozialistische Proletariat wenden werde. Er machte sich über die Bolschewiki lustig, die das Bündnis mit der kleinbürgerlichen Bauernschaft als eine „Garantie" des Sieges der sozialistischen Revolution betrachteten. Trotzki strich also die Bauernschaft aus der Liste der Kräfte der Revolution. Er begriff weder den Charakter der Revolution, noch deren treibende Kräfte.

Im Lichte der nunmehr geklärten Meinungsverschiedenheiten werden auch die Differenzen zwischen Bolschewiki und Menschewiki in der Frage der Kampfmethoden und Kampfmittel ohne weiteres verständlich. Der bolschewistische Kurs auf die „plebejische“ Vernichtung des Absolutismus verpflichtete zur energischen und allseitigen Vorbereitung des bewaffneten Aufstandes. Andererseits war die Stellungnahme der Bolschewiki in der Frage der revolutionären Regierung mit der Anerkennung des bewaffneten Aufstandes als entscheidender und obligatorischer Methode des revolutionären Kampfes auf das engste verbunden.

Die Bolschewiki meinten, daß die Entwicklung und Vertiefung der Revolution in folgende Bahnen geleitet werden müsse: Der politische Generalstreik muß in einen bewaffneten Aufstand übergeleitet werden. Dieser stellt die Massen unmittelbar vor die Notwendigkeit der Organisierung einer diktatorischen revolutionären Regierung der Arbeiter und Bauern, d. h. einer demokratischen Diktatur des Proletariats und der Bauern.

A. A. Bogdanow

Zemlatschka

M. N. Ljadow

**Büro des Komitees der Mehrheit**

Organisiert nach dem II. Parteitag (1903) mit der Aufgabe, den III. Parteitag vorzubereiten, auf dem die Meinungsverschiedenheiten zwischen der Mehrheit (Bolschewiki) und Minderheit (Menschewiki) ausgetragen werden sollten

S. Gussew

N. N. Rumjanzew

M. M. Litwinow

A. N. Rykow

Die Partei des Proletariats kann sich der Beteiligung an der revolutionären Regierung und des Kampfes um den überwiegenden Einfluß in dieser Regierung trotz des bürgerlichen Charakters der Revolution nicht enthalten. Sie muß im Gegenteil bestrebt sein, eine solche Regierung selbst zu organisieren, um den eigenen Einfluß darauf zu sichern.

Der Zweck der Beteiligung an einer solchen Regierung wird von Lenin folgendermaßen bestimmt: „1. Erbarmungsloser Kampf gegen alle gegenrevolutionären Versuche; 2. Vertretung der selbständigen Interessen der Arbeiterklasse.“

Die Bolschewiki behaupteten, daß die Verschärfung des Klassenkampfes das Proletariat verpflichtet, nicht nur „von unten“ zu handeln (Massenstreik, bewaffneter Aufstand), sondern auch „von oben“ (demokratische Diktatur des Proletariats und der Bauern).

**Die bolschewistischen Delegierten auf dem V. Parteitag der Russischen Sozialdemokratischen Arbeiterpartei London 1907**

In der Begründung, die er für die Notwendigkeit der Beteiligung an der revolutionären Regierung gibt, schreibt Lenin: „Die großen Fragen der politischen Freiheiten, des Klassenkampfes werden letzten Endes nur durch die Gewalt entschieden. Wir müssen also für die Vorbereitung und Organisierung dieser Gewalt und für ihre aktive, nicht nur defensive, sondern auch offensive Anwendung Sorge tragen. Die in Europa seit der Zeit der Pariser Kommune ununterbrochen herrschende lange Periode der politischen Reaktion hat uns zu sehr an den Gedanken des Handelns „nur von unten" gewöhnt und uns zu gut gelehrt, den Kampf nur defensiv zu führen. Wir sind jetzt unzweifelhaft in eine neue Periode eingetreten, in die Periode der politischen Erschütterungen und Revolutionen. In einer Epoche, wie sie Rußland gegenwärtig durchlebt, darf man sich nicht auf alte Schablonen beschränken. Man muß den Gedanken der Einwirkung „von oben" propagieren, man muß sich zum energischen, offensiven Vorgehen vorbereiten und die Bedingungen und Formen solcher Aktionen studieren."

Die Menschewiki konnten die bolschewistischen Methoden des revolutionären Kampfes nicht anerkennen, da diese ihrer Auffassung über Charakter und Triebkräfte der Revolution widersprach.

Sie maßen dem politischen Generalstreik große Bedeutung bei, waren aber gegen eine Ueberführung des Streiks in den bewaffneten Aufstand. Im Frühjahr 1905, als die Arbeiter- und Bauernbewegung bereits die stärksten Anzeichen der Möglichkeit einer Revolution aufwies und als die Frage des bewaffneten Aufstandes in der Luft schwebte, hielten es die Menschewiki auf ihrer Konferenz für möglich, sich zwar für die Propagierung des Gedankens des bewaffneten Aufstandes, aber gegen dessen Vorbereitung auszusprechen.

Nach der Niederlage des Dezember-Aufstandes verurteilten die Menschewiki diesen unvermeidlichen, durch die ganze Lage des verschärften Klassenkampfes diktierten, revolutionären Schritt der Arbeitermassen.

Gegen die Parole der demokratischen Diktatur des Proletariats und der Bauern, gegen die Methode des revolutionären Handelns „von oben" traten die Menschewiki mit außerordentlicher Schärfe auf und schrien von „Verschwörertum", „Anarchismus" usw.

Die Revolution 1905/07 konnte nicht so weit ausreifen, daß man von einer demokratischen Diktatur des Proletariats und der Bauern hätte sprechen können. Die Keime dieser Diktatur waren jedoch in der Form der Sowjets der Arbeiter-, Bauern- und Soldaten-Deputierten vorhanden. Man kann die Stellungnahme der Bolschewiki und Menschewiki zur gegebenen Frage sehr gut durch das Verhalten illustrieren, das sie dem Petersburger Sowjet der Arbeiter-Deputierten, diesem historisch so wichtigen Gebilde, gegenüber einnahmen.

Der Sowjet wurde auf Initiative der Menschewiki geschaffen. In den ersten Tagen seines Bestehens fungierte er sozusagen als Streikkomitee. Gegen diese Funktion des Sowjets hatten die Menschewiki nichts einzuwenden. Sie kämpften jedoch entschlossen gegen seine Umwandlung in ein Organ des bewaffneten Aufstandes, geschweige denn in ein Organ der demokratischen Diktatur des Proletariats und der Bauern.

Die Bolschewiki dagegen förderten in vollem Einklang mit ihrer taktischen Linie auf jede Weise die Umwandlung des Sowjets aus einem Organ des Streiks in ein Organ des bewaffneten Aufstandes und der demokratischen Diktatur des Proletariats und der Bauern.

Während seines kurzen Bestehens entwickelte sich der Petersburger Sowjet in der von den Bolschewiki gewiesenen Richtung.

Einige historische Tage lang war er der politische Beherrscher der Hauptstadt, und einige Tage vor der Verhaftung seiner Mitglieder verwandelte er sich aus einem Sowjet der Arbeiter-Deputierten in einen Sowjet der Arbeiter-, Bauern- und Soldaten-Deputierten.

In der Frage der Rolle der Sowjets stand Trotzki den Bolschewiki näher als den Menschewiki, begriff aber doch nicht die Aufgaben der Sowjets als den Organen des bürgerlich-demokratischen Umsturzes. Er begriff nicht, daß in den russischen Verhältnissen 1905 die Sowjets eben die Keime einer demokratischen Diktatur des Proletariats und der Bauern waren. Seine eigene Parole: „Ohne Zaren, mit einer Arbeiterregierung" beweist wieder seine falsche Einschätzung sowohl des Charakters wie der Triebkräfte der Revolution.

Die oben geschilderten Unterschiede in der Auffassung fanden ihren Ausdruck auf den sozialdemokratischen Parteitagen: Im Jahre 1905 auf dem III. Sozialdemokratischen Parteitag in London, der alle Fragen im bolschewistischen Sinne löste, da die Menschewiki diesen Parteitag nicht beschickten. Der IV. Parteitag in Stockholm im Jahre 1906 und der V. in London 1907 waren gemeinsame Parteitage der Menschewiki und Bolschewiki: auf dem IV. waren die Bolschewiki in der Minderheit, auf dem V. siegte ihr Einfluß und sie festigten ihn von jetzt an in der Zukunft.

Russische Zeichnung

**Tagung der zaristischen Staatsduma 1906**

Russische Zeichnung aus dem Jahre 1905

**Mit Arbeiterblut gedüngt ist die Erde . . .**

Opfer der Strafexpedition der Generale Rennenkampf und Meller-Zakomelski in Sibirien 1905

II.

# ZWISCHEN ZWEI REVOLUTIONEN
## 1907—1917

# 1. DIE PERIODE DER REAKTION (1907—1910)

DIE revolutionäre Bewegung der Arbeiter und Bauern wirkte noch nach auf die Jahre 1906/07. Im Jahre 1907 waren jedoch die Kräfte der Revolution bereits offensichtlich zerschlagen und zersplittert, während die den Zarismus stützenden Kräfte erstarkten und sich konsolidierten.

Die Großgrundbesitzer rückten immer weiter nach rechts auf dem Wege der zügellosesten Reaktion. Gerade nach 1905 begannen die Organisationen des vereinigten Adels eine große Aktivität zu entwickeln. Diese Organisationen waren es eigentlich, die die Politik der Regierung bestimmten. Die extrem monarchistisch eingestellten Grundbesitzer organisierten, gemeinsam mit den Vertretern der Geistlichkeit, den berüchtigten „Verband des russischen Volkes" (die sogenannten „schwarzen Hundert"), dessen Seele die Abgeordneten der Staatsduma, Purischkiewitsch und Markow II., waren.

Die Organisation des „Verbandes des russischen Volkes" umfaßte außer Grundbesitzern und Pfaffen auch noch Polizeiagenten, zarentreue Bürokraten, Kaufleute und Großbauern, sowie auch lumpenproletarische Elemente, die bereit waren, gegen Bezahlung je nach Belieben patriotische Demonstrationen und Judenpogrome zu veranstalten oder auch bei Arbeiterversammlungen und revolutionären Demonstrationen Schlägereien zu provozieren, um dadurch das „gerechtfertigte", „strafende" Eingreifen der Polizei zu ermöglichen.

Die Demonstrationen revolutionärer Elemente wurden durch Polizei und Kosaken auseinandergetrieben, wobei die Demonstranten mit der Nagaika und mit der blanken Waffe bearbeitet, oft sogar niedergeschossen wurden. Massenverhaftungen brachten viele Tausende der klassenbewußtesten Arbeiter, Bauern und revolutionären Intellektuellen in die Gefängnisse. Viele wurden nach durchgeführtem Prozeß in die Verbannung, zur lebenslänglichen Ansiedlung oder in die Zuchthäuser des fernsten Sibirien geschickt. Die Zahl der Todesurteile, die die Feldgerichte gegen Arbeiter fällten, wuchs unaufhörlich. Der „Sozialdemokrat" hat folgende Statistik der in den Jahren der Reaktion gefällten Todesurteile veröffentlicht (Jahrgang 1910, Nr. 11):

| Jahr | Todesurteile | Hinrichtungen, die in der Presse bekanntgegeben worden sind |
|---|---|---|
| 1907 | 1692 | 748 |
| 1908 | 1959 | 782 |
| 1909 | 1435 | 543 |

„Ihre volle Bedeutung erlangt diese Tabelle erst", schreibt der „Sozialdemokrat", „wenn man sich vergegenwärtigt, daß in diese Berechnung die zahllosen Blutopfer des Jahres der Strafexpeditionen (1905) und des Jahres der Feldgerichte (1906) nicht mit einbegriffen sind. Die 3000 Leichen, die den Terror der großen französischen Revolution mit einem solchen Nimbus des Schreckens umgaben, sind von dem Terror der zaristisch-junkerlichen Konterrevolution längst überholt."

Außerordentlich charakteristisch ist der Umstand, daß über vier Fünftel der zum Tode Verurteilten zu den sogenannten „unteren Volksschichten" gehörten, d. h. daß sie Arbeiter, Bauern oder Handwerker usw. waren.

Das zaristisch-polizeiliche Regime feierte im ganzen Lande Triumphe über die Revolution.

Der Liberalismus der Bourgeoisie und eines Teiles des Adels verblaßte immer mehr und mehr und machte einer vollständigen Unterwerfung unter den Willen des Absolutismus und einer Unterstützung im Kampfe gegen die revolutionäre Bewegung Platz.

Der junkerliche Absolutismus hatte manche Gelegenheit, sich davon zu überzeugen, daß ihn die Bourgeoisie unterstützte.

Der führende politische Geist der reaktionären Periode, Stolypin (der Henker, nach dem diese Politik, die Stolypinsche und der Galgenstrick „Stolypinsche Krawatte" genannt wurde), versuchte mit der energischen Unterdrückung der Bewegung zugleich eine bestimmte Schicht der „kräftigen Bäuerlein" zu schaffen, die dem Absolutismus im Dorf eine starke Stütze sein sollten.

Die Agrarrevolution war mit der Zerstörung der Arbeiterbewegung mit unterdrückt worden, aber den Initiatoren der Politik der zaristischen Regierung wie auch vielen Gutsbesitzern war es klar, daß das Dorf aus dem patriarchalischen, feudalen Konservatismus herausgewachsen war; daß es sich dank der Entwicklung bürgerlicher Verhältnisse von den Traditionen, von den lebensfeindlichen Einflüssen der feudalen Ideologie befreit hatte.

Den revolutionären Weg zur Lösung der Agrarfrage konnte der Zarismus selbstverständlich nicht beschreiten, da dies einem Selbstmord des Großgrundbesitzertums gleichgekommen wäre. Aber alles beim alten, alles ganz unverändert lassen, hätte wiederum bedeutet, eigenhändig den Funken in das Pulverfaß zu werfen. Viele Gutsbesitzer, die durch die Agrarrevolution in Mitleidenschaft gezogen worden waren, erklärten 1906/07, daß es nicht ungefährlich sei, auf dem flachen Lande die Bewirtschaftung zu führen, und daß es vielleicht besser wäre, das Land an die Bauern zu verkaufen, selbstverständlich zu einem „angemessenen Preise". Die Statistik über die Mobilität des Landbesitzes in den nachrevolutionären Jahren zeugt von dem Uebergang großer Teile des Gutsbesitzerlandes in

**Manifestation des „Verbandes des russischen Volkes" (Pogromorganisation) im Jahre 1907**

die Hände der Bauern. Wir geben nachstehend abgerundete Zahlen über die entsprechenden Transaktionen der Bauernbank.

| | 1906 | 1907 | 1908 | 1909 |
|---|---|---|---|---|
| | | in Deßjatinen | | |
| Von den Gutsbesitzern der Bauernbank zum Kauf angeboten | 7 665 000 | 2 981 000 | 1 536 000 | 420 000 |
| Verkauft an die Bauernbank oder durch Vermittlung derselben an die Bauern | 1 224 000 | 1 812 000 | 997 000 | 668 000 |

In den angeführten vier Jahren verkauften die Gutsbesitzer durch die Bauernbank über zehn Prozent ihres Landes zu ziemlich hohen Preisen. Das Land wurde in immer steigendem Maße von *einzelnen wohlhabenden Bauern* gekauft, *nicht von Genossenschaften*, wie dies früher der Fall gewesen war. Der Kenner der Agrarverhältnisse im nachrevolutionären Rußland, Professor Tjumenew, kommt darüber zu folgendem Schluß: „In den Jahren 1906/07 gelangten nur 2 bis 3 Prozent des gesamten, von den Banken verkauften Landes in die Hände von Einzelkäufern. In den Jahren 1910 bis 1913 dagegen wuchs der Anteil der Einzelkäufer auf 90 Prozent, d. h. er umfaßte fast alles Land, das die Bauern von der Bank erstanden. Die durchschnittliche Größe der Parzellen erreicht — gegen 10 Deßjatinen in den Jahren 1907/08 — im Jahre 1913 fast 18 Deßjatinen pro Käufer. Die große Masse der Bauern hört somit fast gänzlich auf, Land von der Bank zu kaufen. Gleichzeitig wächst auf ihre Kosten die Zahl der bäuerlichen Landeigentümer."

Der forcierte Verkauf von Gutsbesitzerland an die Bauern war also die erste Lüftungsklappe, die nach der Rechnung der Junker die Atmosphäre des von der bürgerlich-demokratischen Revolution erschütterten Dorfes reinigen sollte.

Die Banken verkauften jedoch das Land der Gutsbesitzer zu hochgetriebenen Preisen, so daß die radikale Dorfbourgeoisie auf diese Weise gezwungen wurde, den Gutsbesitzern einen hohen Tribut zu zahlen.

Die Sympathie dieser Dorfbourgeoisie mußte mit anderen Mitteln erkauft werden. Gerade diese Linie des Bündnisses mit der Dorfbourgeoisie befolgte die Stolypinsche Agrarreform, die ihren ersten Ausdruck im Gesetz vom 9. November 1906 über den Austritt aus der Dorfgemeinschaft fand.

Bis zur Revolution 1905 befanden sich ungefähr vier Fünftel der bäuerlichen Anteilländereien in den Händen der Dorfgemeinschaften, und nur ein Fünftel bestand aus Einzelhöfen, wobei noch ungefähr 75 Prozent der Dorfgemeinschaften die allgemeine Umteilung des Landes unter den Bauern kannte.

Der Zarismus hat die Dorfgemeinschaft lange Zeit gefördert und gestützt, da der Gemeinbesitz ihm die Möglichkeit sicherte, die Steuerrückstände der zahlungsunfähigen Bauern auf die ganze Dorfgemeinschaft zu übertragen. Der Gutsbesitzer betrachtete die Dorfgemeinschaft ebenfalls als ein bequemes Werkzeug zur Expropriation des *ganzen* Dorfes.

Selbstverständlich entwickelten sich die bürgerlichen Verhältnisse im Dorfe auch im Rahmen der Dorfgemeinschaft: dieser Prozeß wurde zu Ende des 19. Jahrhunderts durch G. Plechanow in seinem Buche „Unsere Meinungsverschiedenheiten", besonders ausführlich aber im Buche Lenins (W. Iljins) „Die Entwicklung des Kapitalismus in Rußland" analysiert. Die Gemeinschaftlichkeit des Bauernlandbesitzes hat jedoch durch die Erschwerung der warenmäßigen Mobilmachung des Grund und Bodens den Entwicklungsprozeß bürgerlicher Verhältnisse im Dorf ohne Zweifel gehindert, hat die rasche Entwicklung aufgehalten.

Die Bedingungen des Austritts aus der Dorfgemeinschaft und die Politik der Staatsorgane nach Inkrafttreten des Gesetzes vom 9. November hatten das

Resultat, daß der Austritt aus der Gemeinschaft nur einer kleinen Schicht reicher Bauern zugute kam, die sich auf Kosten der Masse armer Gemeinschaftsmitglieder wirtschaftlich festigte.

Die Stolypinsche Agrarreform führte zum intensiven Verfall der Dorfgemeinschaft. Zu Anfang des Krieges betrug der individuelle Landbesitz der Bauern in vierzig Gouvernements des europäischen Rußlands ungefähr 60 Prozent der gesamten bäuerlichen Anteilländereien.

Der soziale Sinn der Stolypinschen Agrarreform wird klar, wenn darauf hingewiesen wird, daß ungefähr 900 000 aus der Dorfgemeinschaft ausgetretene Bauern, also über 40 Prozent aller Bauern, die ihr Land als Privateigentum festgelegt hatten, kurz nach dieser Festlegung ihr Land verkaufen mußten. Dies bedeutet, daß ungefähr ein Viertel des gesamten in Privatbesitz übergegangenen Landes den Besitzer wechselte.

Und dies bedeutet wiederum, daß die Stolypinsche Reform der Proletarisierung großer Bauernmassen Vorschub leistete, die durch die Not zum Verkauf ihres Landbesitzes gezwungen wurden.

Aber die der Dorfgemeinschaft entzogenen Ländereien wurden nicht nur verkauft, sondern auch gekauft, wobei eine Reihe von Untersuchungen in verschiedenen Gouvernements ergab, daß das Ausmaß der Käufe das Ausmaß der Verkäufe um ein Mehrfaches übertraf. Dies bedeutet, daß als Resultat der durch das Gesetz vom 9. November 1906 hervorgerufenen eingreifenden Mobilisierung des bäuerlichen Landbesitzes das von armen, sich proletarisierenden Bauern veräußerte Land sich in den Händen der Dorfbourgeoisie konzentrierte.

Zarismus und Junkertum passen sich der bürgerlichen Entwicklung an und schlagen zwischen dem adligen Großgrundbesitz und der bäuerlichen Dorfbourgeoisie eine Brücke.

„Die Änderung der Agrarpolitik des Zarismus“, schrieb Lenin über die Stolypinsche Reform, „hat für ein bäuerliches Land wie Rußland eine außerordentlich große Bedeutung. Diese Änderung ist kein Zufall, keine Kursschwenkung sich ablösender Ministerien, kein Hirngespinst der Bureaukratie — nein, dies ist ein tiefgreifender Ruck in der Richtung des Agrarbonapartismus, in der Richtung einer liberalen (im wirtschaftlichen, d. h. bürgerlichen Sinne des Wortes) Politik in bezug auf die bäuerlichen Landbesitzverhältnisse. Der Bonapartismus ist ein Manövrieren der Monarchie, die ihre alte patriarchalische oder feudale einfache und ungebrochene Stütze verloren hat; einer Monarchie, die gezwungen ist, zu exquili-

**Ein sibirisches Dorf**
Stätte der Verbannung der politischen Verurteilten

**Eine Gruppe politischer Verbannter**
in der Mitte Genosse G. I. Petrowski, der jetzige Vorsitzende des Allukrainischen Exekutiv-Komitees

brieren, um nicht zu stürzen; anzubandeln, um regieren zu können; zu bestechen, um zu gefallen; es mit der Hefe der Gesellschaft, mit Dieben und Gaunern zu halten, um sich nicht nur durch Bajonette zu halten. Der Bonapartismus ist eine objektiv unvermeidliche, von Marx und Engels an einer ganzen Reihe von Tatsachen der jüngsten europäischen Geschichte untersuchte Entwicklung der Monarchie in jedem bürgerlichen Lande.

Der Agrar-Bonapartismus Stolypins, der ganz bewußt und unerschütterlich fest sowohl von der reaktionären Gutsbesitzerschaft wie von der oktobristischen Bourgoisie unterstützt wird, hätte gar nicht entstehen, geschweige denn sich zwei Jahre lang halten können, wenn sich in Rußland nicht die Dorfgemeinschaft selbst kapitalistisch entwickelt hätte, wenn nicht innerhalb der Dorfgemeinschaft fortwährend Elemente aufgetaucht wären, mit denen der Zarismus anbandeln konnte, denen er sagen konnte: „bereichert Euch, raubt die Gemeinschaft aus, aber unterstützt mich."

Darum wäre jede Bewertung der Stolypinschen Agrarpolitik unbedingt fehlerhaft, die einerseits ihre bonapartistischen Methoden und andererseits ihr bürgerlich (liberales) Wesen nicht in Betracht zöge.

Schließlich sprach sich die Partei der liberalen Bourgeoisie, die Kadetten*), auch nicht zufällig zugunsten der Stolypinschen Reform aus.

Die von einer verstärkten Proletarisierung der Bauernschaft begleitete Entwicklung bürgerlicher Verhältnisse im Dorfe sicherten dem Industrie- und Agrarkapital billige Arbeitskräfte. Die Geschichtsschreiber meinen, daß in den auf die erste Revolution folgenden Vorkriegsjahren im Dorf ungefähr 2½ Millionen Bauern zu Proletariern wurden, deren größter Teil, von der Stadt aufgesogen, sich in Industriearbeiter verwandelte.

Andererseits bedeutete die kapitalistische Entwicklung des Dorfes für die Industrie eine Erweiterung des Innenmarktes. Mit der Industrie stand es aber seit der Zeit der Revolution außerordentlich schlecht, was ohne weiteres aus der Dynamik der Produktion der wichtigsten Industriezweige ersichtlich ist.

Die Roheisenproduktion zeigte 1904 bis 1909 ein absolutes Sinken der Produktionsziffern. Die Produktion von Metallfabrikaten sinkt zwischen 1904 und 1908 absolut.

*) „Kadetten" oder K.-D., die Konstitutionell-Demokratische Partei, auch „Partei der Volksfreiheit" genannt, entstand im Oktober 1905. Die Hauptpunkte ihres Programms: 1. Parlamentarische Monarchie. 2. Die Ablösung eines Teiles des Grundherrnbesitzes zu einem gerechten „Preis". 3. Hebung der Lage der Arbeiter. In der Außenpolitik Unterstützung der chauvinistischen und aggressiven Bestrebungen der Zarenregierung.

Erst von 1909 an sehen wir wieder ein Steigen der Produktion; für Eisenbahnschienen absolute Verminderung von 1904 bis 1908, Steigen erst seit 1909; Formeisen von 1904 bis 1909 absolutes Sinken, Naphtha absolutes Sinken bis zu 1910. Die Produktion von Textilfabriken weist während derselben Zeit ein ganz unbedeutendes Steigen (nicht ganz 9 Prozent) auf.

Die Stolypinsche Politik versprach eine Erweiterung des Massenmarktes und führte dadurch eine Annäherung zwischen Bourgeoisie und Zarismus herbei.

Gutsbesitzer, Kapitalist und Dorfbourgeois,... dies waren die Kräfte, die sich unter der Devise des Zarismus gegen die Arbeiter- und Bauernrevolution zusammengeschlossen hatten, dies waren die sozialen Kräfte, von der sich die reaktionäre Politik des junkerlichen Absolutismus der nachrevolutionären Epoche nährte.

Die Arbeiterklasse stand in diesen Jahren den vereinten Kräften der Reaktion allein gegenüber. Die zersplitterte und in ihrer Masse unter dem Einfluß konstitutioneller Illusionen stehende Bauernschaft („mit der Revolution ist es nichts geworden, vielleicht wird die Duma helfen") hörte auf einige Jahre auf, eine aktive revolutionäre Kraft zu sein. Die Streikbewegung des Proletariats schwächte von Jahr zu Jahr ab. Wir geben an dieser Stelle die offiziellen Zahlen über Streiks und Streikende (Zahlen abgerundet):

| Jahr | Streiks | Streikende |
|---|---|---|
| 1905 | 14 000 | 2 900 000 |
| 1906 | 6 100 | 1 100 000 |
| 1907 | 3 600 | 740 000 |
| 1908 | unter 900 | 176 000 |

1909 betrug die Zahl der Streiks und der Streikenden noch weniger wie 1908. Wie sehr die relative Kraft des Proletariats im Klassenkampfe geschwächt worden war, kann man daraus ersehen, daß sich, während im Jahre 1905 zugunsten der Unternehmer nur 29,4 Prozent aller Streiks ausfielen, das Verhältnis im Jahre 1908 auf 68,8 Prozent und im Jahre 1909 auf 80 Prozent verschob. Bei der Schwächung des Proletariats spielte die Desorganisation der parteimäßig organisierten Avantgarde des Proletariats eine große Rolle.

Die Jahre der Reaktion waren die Jahre der Zerstörung der sozialdemokratischen Organisationen, der Verhaftung und Verbannung ihrer Führer, des Auffliegens illegaler Druckereien, der Unterbrechung der Verbindung der Partei mit den Arbeitermassen.

**Der Todeswagen**
Gefängniswagen, in dem die zum Tode Verurteilten transportiert wurden

Gleichzeitig machte sich auch eine quantitative Verminderung der Zahl der Organisationen, besonders derjenigen der Intellektuellen, bemerkbar. Die Intellektuellen hielten die schweren Kampfbedingungen der reaktionären Periode nicht aus, verloren sich in Mystizismus und religiösem Gottessuchertum; die schriftstellernden Intellektuellen stellten die sexuellen

Probleme in den Vordergrund, die in immer wachsendem Maße in pornographischer Form dargestellt wurden.

Wenn zu Ende der ersten russischen Revolution die Partei ungefähr 150 000 Mitglieder zählte, so sank diese Ziffer in den folgenden Jahren der Reaktion auf einen Bruchteil herab. Besonders stark war die Abwanderung während der Reaktionsjahre in der menschewistischen Fraktion, die sich niemals durch eine ideologische Geschlossenheit und organisatorische Festigkeit ausgezeichnet und die Dezentralisation und organisatorische Verwirrung immer zum Prinzip erhoben hatte („leben und leben lassen").

Dies müssen heute schon auch diejenigen zugeben, die lange Zeit behaupteten, daß die menschewistischen Organisationsprinzipien das Wachstum einer lebensfähigen Partei gewährleisten könnte. Wir führen eine Stelle der Ergänzung Th. Dans zur „Geschichte der russischen Sozialdemokratie" von Martow an. („Die Geschichte der russischen Sozialdemokratie" von J. Martow mit einem Nachtrag

**Zellenkorridor im Gefängnis der Peter- und Pauls-Festung in Petersburg**

von Th. Dan: Die Sozialdemokratie Rußlands nach dem Jahre 1908, Berlin, 1926, Verlag J. H. W. Dietz Nachf.). „Während der bolschewistische Teil der Partei sich in eine Kampfphalanx verwandelte, die durch eiserne Disziplin und einheitlichen leitenden Willen zusammengehalten wurde, griffen in ihrem menschewistischen Teil mehr und mehr organisatorische Zerrissenheit und Gleichgültigkeit um sich."

Seinen stärksten Ausdruck fand dieser Zerfallsprozeß des Menschewismus in dem Entstehen des sogenannten „Liquidatorentums", d. h. einer Richtung, die für die Liquidierung der illegalen Partei, für die Liquidierung der revolutionären Konspiration eintrat.

Zu einer Zeit, als die sozialdemokratischen Organisationen fortwährend ausgehoben wurden, als die Erhaltung illegaler Kristallisierungspunkte der Partei außerordentlich schwierig war, als fast ausschließlich offenkundig monarchistische oder halbmonarchistische Organisationen überhaupt legal bleiben konnten, sprachen die Liquidatoren, deren hervorragendste Vertreter Potressow, Tscherewanin, Dan, Axelrod und Maslow waren, und denen sich auch Martow anschloß, über die unfruchtbare Verschwendung der Kräfte auf konspirative Arbeit und über die Notwendigkeit, die Aufmerksamkeit auf die legale Arbeit zu konzentrieren.

Bei der überwiegenden Mehrheit der Menschewiki faßte die liquidatorische Stimmung festen Fuß. Ihre Ideologie war äußerst einfach. Einerseits neigten die Liquidatoren immer mehr zu der Schlußfolgerung, daß die illegale konspirative Arbeit unfruchtbar sei und daß die damit verbundenen Opfer die Errungenschaften nicht aufwiegen könnten. Andererseits betrachteten sie die Staatsduma als ein fast vollwertiges Parlament und erblickten in den Zugeständnissen des Absolutismus, in den erbärmlichen Arbeitsmöglichkeiten der Arbeiterorganisationen eine grundlegende Wendung der absolutistischen Politik, eine vollständige Umwandlung des Zarismus in eine bürgerliche Monarchie, ihren entscheidenden Übergang zu den Methoden des westeuropäischen Parlamentarismus.

Von diesen gänzlich unrichtigen Vorstellungen ausgehend, forderten die Liquidatoren die Arbeiter auf, sich durch die Romantik der Revolution nicht hinreißen zu lassen, sich mit der nüchternen Arbeit in den legalen Organisationen zu beschäftigen und sich innerhalb der Grenzen zu halten, die diesen Organisationen eine legale Existenz ermöglichten.

Es handelte sich hier um die Staatsduma, um die Gewerkschaften, Arbeiterklubs, um die legale Presse usw. Tatsächlich waren die Liquidatoren bestrebt, ihre ganze Tätigkeit auf die legale Arbeit zu beschränken, sie traten gegen die Konspiration, für den Übergang zur legalen Arbeit auf. In seinem „Abriß der Geschichte der russischen Sozialdemokratie nach dem Jahre 1908" bemerkt Th. Dan, daß die Menschewiki in ihrer überwiegenden Mehrheit für die Verlegung des Schwerpunktes in die legale Arbeit waren, und verschweigt dabei, daß sie im wesentlichen gegen die revolutionäre Konspiration auftraten.

„Aber alle diese sozialdemokratischen Gründungen und Unternehmungen — schließt Th. Dan — waren am meisten den Schlägen der Konterrevolution ausgesetzt."

Die Liquidatoren trachteten, die illegalen Stützpunkte der proletarischen Bewegung zu „liquidieren". Hier gelang es ihnen auch, der Sache der Arbeiterklasse in manchem zu schaden. Sie versuchten eine breite, legale Bewegung des Proletariats zur Entfaltung zu bringen. Dies aber gelang ihnen nach dem Zeugnis Th. Dans nicht.

In der Staatsduma fand das menschewistische Liquidatorentum seinen Ausdruck im Block mit der auf dem Boden der konstitutionellen Monarchie stehenden Kadettenpartei, wobei die Menschewiki einer Verständigung mit den Kadetten so eifrig nachjagten, daß sie sogar alle radikaleren Paragraphen aus der Plattform ihrer Partei ausmerzten. (Es kam z. B. vor, daß die Menschewiki, der „Einheitsfront" mit den Kadetten zuliebe, in ihren Dumareden die Forderung der entschädigungslosen Enteignung des junkerlichen Grundbesitzes unter den Tisch fallen ließen.)

Der liquidatorische Feldzug gegen die revolutionäre Konspiration war derart empörend und widersprach so kraß den revolutionären Traditionen der proletarischen Avantgarde, daß sich sogar unter den Menschewiki selbst Stimmen gegen das Liquidatorentum erhoben. Aus dem menschewistischen Lager sonderte sich die kleine Gruppe der „parteitreuen Menschewiki" ab, an deren Spitze G. Plechanow stand und die das „Sozialdemokratische Tagebuch" herausgab (das Organ der Liquidatoren hieß „Sozialdemokratische Stimme"). Plechanow wies die Liquidatoren darauf hin, daß die Geschichte der Sozialdemokratischen Partei Rußlands bereits eine opportunistische Richtung gekannt habe, die unter der Marke der Legalität auftrat (die sogenannten „legalen Marxisten" der 90er Jahre).

„Es genügt zu sagen“, schrieb Plechanow im Jahre 1910 im „Sozialdemokrat“, „daß die dem Legalismus zuneigenden „Kritiker“ Marx' sich bald in Ideologen der mehr oder weniger — eher weniger als mehr — fortschrittlichen Bourgeoisie verwandelten, während die nicht-legalen „Orthodoxen“ die Ideologen des revolutionären Proletariats waren . . . Die revolutionäre Konspiration wird jetzt sehr häufig gerade von jenen angegriffen, die zu jeder revolutionären Tätigkeit einfach unfähig sind: sie sind müde, sie wollen sich ausruhen, das schwere ununterbrochene Märtyrertum der selbstaufopfernden „unterirdischen“ Arbeiter übersteigt schon ihre Kräfte, sie fliehen aus dem „unterirdischen“ Kreis und wollen sich selbst und andere glauben machen, daß ihre Flucht kein Verrat an der Sache ist, sondern nur deren Übertragung auf eine weitere Basis.“

**Zar Nikolaus II. — der Traum vom Galgen**

Wenn er auch die revolutionäre Konspiration verteidigte, blieb Plechanow in taktischer Hinsicht doch Menschewik. Darum konnte seine Kritik des Liquidatorentums nicht konsequent genug sein, obwohl sie unzweifelhaft im Kampfe gegen das organisatorische Liquidatorentum gute Dienste leistete, während z. B. die Gruppe Trotzkis, die damals in Wien die populäre Zeitung „Prawda“ herausgab und versuchte, alle Kräfte des Menschewismus mit Einschluß der Liquidatoren zu vereinigen, dadurch nur dem Liquidatorentum Hilfe brachte.

Einer konsequent revolutionären Kritik wurde das Liquidatorentum nur durch die Bolschewiki unterzogen (in ihrem Organ „Proletarij“).

Die Bolschewiki behaupteten ganz richtig, daß man unter dem zaristischen Regime von den Möglichkeiten einer breiten Massenbewegung der Arbeiter innerhalb der Grenzen der Loyalität unmöglich sprechen könne. Sie betonten, daß der Zarismus im Grunde der reaktionäre Machtapparat des feudalen Großgrundbesitzes geblieben sei, daß die Entwicklung des Absolutismus in der Richtung einer bürgerlichen Monarchie in sehr langsamem Tempo vor sich gehe; daß nur die illegale, revolutionäre Tätigkeit die Arbeiterbewegung mit einer wirklich sozialistischen Ideologie befruchten und daß nur sie als die revolutionäre Seele der Arbeiterorganisationen auftreten könne.

Die illegalen Zentren der Bewegung sollten nach Ansicht der Bolschewiki den Kampf der Arbeiterklasse im Zeichen der drei unantastbaren revolutionären Parolen (der sogenannten drei Grundsteine) zusammenfassen: demokratische Republik; Enteignung des junkerlichen Grundbesitzes; achtstündiger Arbeitstag.

Die Bolschewiki führten die revolutionäre Arbeit im Geiste der Unterordnung der einzelnen Aktionen der Arbeiter unter den Kampf um diese allgemeinen Parolen.

Aber die von Lenin geführten Bolschewiki mußten in diesen schweren Jahren nicht nur mit dem menschewistischen Liquidatorentum kämpfen, sie mußten auch gegen das innerhalb der bolschewistischen Fraktion selbst entstandene „Liquidatorentum von links" Front machen.

Standen die menschewistischen Liquidatoren auf dem Boden der ausschließlich legalen Arbeit und verneinten die revolutionäre Konspiration, so standen die „Linksliquidatoren" auf dem Standpunkt ausschließlich illegaler Kampfmethoden und lehnten die revolutionäre Ausnützung legaler Möglichkeiten ab. (Der organisatorische Zusammenschluß der Linksliquidatoren fällt in das Jahr 1909, als sie die Gruppe „Wperjod" gründeten, an deren Spitze A. A. Bogdanow, Lunatscharski und Alexinski standen. Auch Gorki schloß sich ihnen an.)

Die Verschiedenheit des Standpunktes dieser drei sozialdemokratischen Richtungen in den Jahren der Reaktion ist besonders klar ersichtlich aus der Stellungnahme dieser Richtungen zur Staatsduma.

**Die zaristische Regierung organisierte Banden der „Schwarzhundert", die Judenpogrome veranstalteten, um die Unzufriedenheit der Massen abzulenken, und Jagd auf politisch Verdächtigte machten**

Das anonyme russische Bild aus dem Jahre 1906 zeigt einen Revolutionär meuchlings von den Banditen ermordet

An Stelle der von der Regierung aufgelösten ersten Staatsduma (April/Juli 1906), in der die Sozialdemokraten und die mit ihnen Sympathisierenden 18 Sitze innehatten, kam die zweite Duma (Februar/Juni 1907), in der die Mandatenzahl der Sozialdemokraten schon ungefähr 60 betrug.

Aber auch diese Duma wurde aufgelöst und die führenden sozialdemokratischen Abgeordneten in die Zuchthäuser und nach Sibirien verschickt.

Die dritte Duma, die am 1. November 1907 zusammentrat, wurde auf Grund des reaktionären Wahlgesetzes vom 3. Juli 1907 gewählt und hatte dementsprechend eine kraß reaktionäre Zusammensetzung (die Sozialdemokraten hatten hier nur 15 Sitze).

Trotz der geringen Anzahl sozialdemokratischer Abgeordneter in der Staatsduma war die politische Rolle der sozialdemokratischen Dumafraktion sehr bedeutend. In dieser Situation stellten sich die Menschewiki auf einen Standpunkt, der von den Vertretern des revolutionären Proletariats von jeher als parlamentarischer Kretinismus bezeichnet wurde.

Sogar in diesem Zwitterparlament wollten sie ein Allheil für alles Unheil erblicken. Anstatt die legalen Möglichkeiten des Parlaments zur Erweiterung und Vertiefung der außerparlamentarischen, revolutionären Massenbewegung des Proletariats auszunützen, betraten die Menschewiki die schiefe Ebene der parlamentarischen Machenschaften, der bürgerlich-parlamentarischen Geschäftemacherei, des Kompromißlertums mit der nichtrevolutionären Bourgeoisie.

Die Bolschewiki erklärten dagegen, daß man wohl in die Duma gehen müsse, aber nicht um dort Kompromisse zu machen, nicht um vor den Vertretern der Bourgeoisie zu kapitulieren.

Unter den Linksliquidatoren (den sogenannten „Otsowisten", die die sozialdemokratische Fraktion aus der Duma abberufen wollten, und die „Ultimatisten", die die Arbeit der sozialdemokratischen Fraktion der Duma durch Ultimata führen wollten) bildete sich eine ablehnende Stellungnahme gegenüber der Beteiligung am Parlament heraus, man stellte sich auf den Standpunkt des Boykotts gegenüber der Staatsduma.*)

1910 schrieb Lenin gegen die Otsowisten: „Wir sehen hier einen eigenartigen historischen Abschnitt mit eigenartigen Entstehungsbedingungen einer neuen Revolution. Man kann diese Eigenart nicht erfassen, man kann sich zu dieser neuen Revolution nicht vorbereiten, wenn man nur in althergebrachter Weise verfährt, wenn man es nicht versteht, die Duma-Tribüne usw. auszunützen . . . Dieser Abschnitt bildet zweifellos eine Übergangszeit zwischen zwei Wellen der Revolution. Um sich aber zur zweiten Revolution vorzubereiten, muß man unbedingt die Eigenart dieses Überganges erfassen, man muß es verstehen, seine Taktik und Organisation diesem schweren, schwierigen, dunklen, aber uns durch den Gang der „Kampagne" aufgezwungenen Übergang anzupassen.

---

*) Der Kampf gegen das Linksliquidatorentum verschärfte sich auch aus dem Grunde, weil die Ideologen der Wperjod-Gruppe ihre taktischen Abweichungen vom Marxismus durch eine Revision der philosophischen und theoretischen Grundlagen des Marxismus ergänzten. So revidierte A. A. Bogdanow in seinem empiriomonistischen Essay die Philosophie des Marxismus, indem er versuchte, dieser Ideen Machs beizumischen, während Lunartscharski wiederum den wissenschaftlichen Marxismus als Religionssystem zu interpretieren versuchte.

Lenin, der in allen theoretischen Fragen immer einen prinzipiellen Standpunkt einnahm und immer unterstrich, daß es ohne revolutionäre Theorie keine revolutionäre Bewegung geben könne, schrieb eine besondere Arbeit (Materialismus und Empiriokritizismus), in der er den philosophischen Revisionismus der Gruppe Wperjod einer gründlichen und erbarmungslosen Kritik unterzog. Zur Beurteilung dieser Abweichungen durch Lenin siehe auch den Briefwechsel Lenins mit Gorki, der auch in deutscher Sprache erschienen ist.

Die Ausnützung der Duma-Tribüne wie auch aller anderen legalen Möglichkeiten gehört zu jenen ganz und gar nicht erhabenen Kampfmethoden, die gar nichts Helles in sich tragen; aber eine Übergangsperiode ist gerade darum eine Übergangsperiode, weil ihre spezifische Aufgabe in der Vorbereitung und Sammlung der Kräfte, nicht in ihrer unmittelbaren entscheidenden Anwendung besteht. Die Aufgabe der Partei, die Aufgabe des Moments besteht darin, diese jedes äußeren Glanzes bare Tätigkeit richtig auszuüben und dafür alle halblegalen Institutionen auszunützen, die der Periode der rechtsradikal-oktobristischen Duma eigen sind, und auf diesem Boden alle revolutionären Traditionen der Sozialdemokratie, alle Parolen ihrer jüngsten heroischen Vergangenheit, den ganzen Geist ihrer Arbeit, ihre ganze Unversöhnlichkeit gegenüber Opportunismus und Reformismus zu wahren."

Die Bolschewiki gingen in die Duma, um dort den Zarismus und die Bourgeoisie zu entlarven, sie gingen hinein, um für die revolutionären Ideen, für die revolutionären Parolen Propaganda zu machen, die neue Revolution ideologisch vorzubereiten.

Die Boykottisten, die das Proletariat ihrer Ergebenheit in die revolutionäre Sache versicherten, wollten tatsächlich der Arbeiterklasse die außerordentlich wichtigen — gerade während der reaktionären Periode wichtigen — legalen Möglichkeiten der Vorbereitung einer neuen Revolution entziehen. Hinter ihren „linken" Phrasen steckte eine reaktionäre Taktik. Sie traten für eine Politik ein, die die Partei in eine isolierte, sektenhafte Organisation verwandelt hätte.

Indem sie das illegale organisatorische Skelett der Partei erhielten und festigten und die illegalen Zentren der revolutionären Bewegung zusammenschweißten, trachteten die Bolschewiki, jede legale Möglichkeit einer Verbindung mit den Massen zur Eroberung der Massen für die Sache der Revolution auszunützen.

„Jetzt, wo wir auf eine vollständige, abgeschlossene historische Periode zurückblicken, deren Zusammenhang mit den folgenden Perioden sich schon vollkommen offen zeigt, wird es besonders klar, daß die Bolschewiki nicht den festen Kern der revolutionären Partei des Proletariats in den Jahren 1908 bis 1914 hätten bilden, geschweige denn ihn befestigen, stärken, entwickeln können, wenn sie nicht im schärfsten Kampf die Verpflichtung verfochten hätten, die illegalen Formen des Kampfes mit den legalen zu vereinigen und sich unbedingt am reaktionärsten Parlament und an einer Reihe anderer mit reaktionären Gesetzen umgebenen Institutionen (Versicherungskassen und dergl.) zu beteiligen."

Bei allen Kongressen (Londoner Vereinigungskongreß der Bolschewiki und Menschewiki 1907, der mit einem Siege der Bolschewiki endete), Konferenzen (Pariser Konferenz, einberufen vom Zentralkomitee 1908), Plenarsitzungen des ZK. (Januar-Plenarsitzung des Zentralkomitees 1910) verstanden es die Bolschewiki, den Lehren Lenins folgend, dem Standpunkt der revolutionären Verflechtung illegaler und legaler Kampfmethoden im wesentlichen Geltung zu verschaffen.

Dies war das Pfand des Erfolges der revolutionären Bewegung in den auf die Jahre der Reaktion folgenden Jahren der Wiedererstarkung der Arbeiterbewegung (1911 bis 1914).

**Redaktion und Mitarbeiter der bolschewistischen Blätter „Swjesda" („Der Stern") und „Prawda" („Die Wahrheit") 1910—1914**

(Die mittlere Gruppe die Redaktion der „Swjesda")

## 2. DER AUFSTIEG DER ARBEITERBEWEGUNG VOR DEM KRIEGE

IM Jahre 1910 oder, wenn man die ersten Anzeichen schon in Betracht ziehen will, im Jahre 1909, setzt ein Aufstieg verschiedener Industriezweige ein, und 1911 verwandelt sich dieser partielle Aufstieg in einen allgemeinen Aufschwung, der bis zum Weltkrieg ununterbrochen fortdauert.

Die größte Rolle bei diesem industriellen Aufschwung spielte ohne Zweifel die Stolypinsche Agrarreform, die das Dorf von den Fesseln des Gemeinschaftseigentums und der feudalen Gebundenheit befreite und der Entwicklung bürgerlicher Verhältnisse im Dorfe Vorschub leistete. Als Ergebnis der Stolypinschen Reform und der darauffolgenden Umwandlung der inneren Verhältnisse des Dorfes wurden immer größere Massen proletarisierter Bauern als billige Arbeitskraft der Industrie zugeführt. Nach einigen Berechnungen sollen in den Jahren 1900 bis 1914 bis $2^1/_2$ Millionen Bauern zu Lohnarbeitern verwandelt worden sein.

Die wichtigste Voraussetzung des industriellen Aufschwungs war dies aber nicht. Billige Arbeitshände standen dem russischen Industriekapital auch schon früher zur Verfügung, die größte Schwierigkeit, mit der sie zu kämpfen hatte, bestand nicht hierin, sondern in dem Problem der Absatzmärkte.

Die Stolypinsche Reform erleichterte die Lösung dieses Problems. Wir haben schon darauf hingewiesen, daß die Stolypinsche Agrargesetzgebung dem Dorfe einen mächtigen Anstoß in der Richtung einer sozialen Differenzierung gegeben hatte, die immer die Erweiterung des inneren Industriemarktes im Gefolge hat. In diesen Jahren entfaltete sich die Industrie in immer größerem Maße nicht durch staatliche Aufträge, sondern durch die Erweiterung des inneren Verbrauchermarktes, insbesondere durch die Erweiterung der Kaufkraft des Dorfes.

Die Statistik verzeichnet hier u. a. ein ganz besonderes Steigen der Nachfrage für Gegenstände des spezifisch ländlichen Bedarfes. Die Erweiterung des inneren Marktes war also ohne Zweifel ein wichtiger Faktor des industriellen Aufschwungs, der noch bedeutender war als der kolossale Aufstieg der Industrie zu Ende des 19. Jahrhunderts. Wir geben untenstehend einige Ziffern über das prozentuelle Steigen der Industrieproduktion von 1909 bis 1913 in den wichtigsten Zweigen der Schwerindustrie, deren Entwicklung immer für die gesamte Industrie bezeichnend ist.

| | |
|---|---|
| Roheisen | +65,5 % |
| Metallfabrikate | +51,3 % |
| Eisenbahnschienen | +23,9 % |
| Formeisen | +61,3 % |
| Eisenblech | +20,4 % |
| Balken und Schwellen | +87,9 % |

Der ungeheure, durch die günstige Marktkonjunktur bedingte Aufschwung der Industrie hatte auch auf die Arbeiterbewegung einen belebenden Einfluß.

Die riesige Gewinne einheimsenden Kapitalisten hatten ein Interesse an der ununterbrochenen Entwicklung der Industrie und waren geneigt, diese Kontinuität der Entwicklung durch kleine Zugeständnisse an die streikenden Arbeiter zu erkaufen.

Die Belebung der Streikbewegung fängt 1910 an. Von 1910 bis 1914 wuchs die Zahl der Streikenden auf das Zwanzigfache und 1912 ergriff die Streikwelle weit über eine Million Arbeiter, 1913 streikten ungefähr 1½ Millionen und in der ersten Hälfte 1914 ungefähr 2 Millionen.

Als sehr wichtiges Moment ist hier zu verzeichnen, daß politische Streikanlässe eine immer größere Bedeutung erlangten. Sehr charakteristisch ist der Umstand, daß der Kampf wegen des sogenannten Lenaer Blutbades im April 1912 der Belebung der Massenstreikbewegung einen besonders starken Anstoß gegeben hat.

Auf den Goldfeldern der Lena in Sibirien, abseits von Eisenbahnen und größeren Städten, wo die kapitalistische Ausbeutung besonders brutale Formen annahm und wo als unentrinnbare Ergänzung des wirtschaftlichen Zwanges Gewalt und Willkür herrschten, wurde eine Demonstration streikender Arbeiter, die sehr bescheidene wirtschaftliche Forderungen aufgestellt hatten, durch Infanteriesalven auseinandergetrieben. Die Zahl der Opfer betrug mehrere Hunderte.

Die Arbeiterklasse Rußlands beantwortete dieses Blutbad mit Proteststreiks und mit einer Betonung des politischen Moments in der Streikbewegung der darauffolgenden Periode.

Jedes Jahr verzeichnete eine wachsende politische Aktivität des Proletariats, ein Eindringen revolutionärer politischer Parolen in das Bewußtsein der Arbeitermassen, eine Verstärkung der Bewegung und der Demonstration an historischen Tagen (22. Januar, 1. Mai usw.). Am 1. Mai 1914 streikten über eine Million Arbeiter. Der Kampf um die Arbeitermassen wurde im wesentlichen von zwei Richtungen geführt: von Bolschewiki und Liquidatoren.

Die Liquidatoren reduzierten ihr Programm auf den Kampf um die Koalitionsfreiheit und richteten ihr Hauptaugenmerk auf die Petitionsbewegung. Diesem schwächlichen Programm setzten die Bolschewiki, wie bereits gesagt, drei Parolen („drei Grundsteine“) entgegen: *Kampf um die demokratische Republik; Enteignung des junkerlichen Landbesitzes; Achtstunden-Arbeitstag.*

In seinem Buche über die Geschichte der russischen Sozialdemokratie (Martow-Dan: „Die Geschichte der russischen Sozialdemokratie“) muß der Menschewik Th. Dan zugeben, daß die Bolschewiki bei den Massen mehr Erfolg haben als die Liquidatoren:

„Der bolschewistische Standpunkt in der Frage des Kampfes um das Koalitionsrecht fand einen gewissen Widerhall in den Massen, die das Koalitionsrecht nicht zu schätzen verstanden, weil sie keinerlei organisatorische Erfahrung besaßen. Durch das Vorgehen der Bolschewisten wurde die Koalitionskampagne gesprengt, weil ihre demagogische Agitation in den Massen die Dumafraktion, die ihre Neutralität aufrechterhalten wollte, einschüchterte und weil andererseits die Anhänger der Koalitionskampagne von der unmittelbaren Agitation in den Massen abgelenkt und gezwungen wurden, sich mit den bolschewistischen Demagogen auseinanderzusetzen.“

Dan kann nicht begreifen und sich darüber klar werden, warum die Arbeiter unter dem absolutistischen Polizeiregime, als jede revolutionäre Aktion mit schweren Verfolgungen und Opfern verbunden war, doch die reformistischen Vorschläge der Liquidatoren ablehnten und den Bolschewiki Gefolgschaft leisteten, die zum revolutionären Kampf um die demokratische Republik aufriefen. Er konnte es nicht fassen, warum die Arbeiter genügend „Erfahrung“ hatten für diesen Kampf, nicht aber für den Kampf um das „Koalitionsrecht“. „Als Ergebnis“, bemerkte Dan, „sahen die Liquidatoren, die bisher der Ansicht gewesen waren, daß ihre zielbewußte Arbeit in den Jahren des Stillstandes ihnen bei der Wiederbelebung der Arbeiterbewegung eine Vorzugsstellung verschaffen würde, zu ihrem Erstaunen, daß ihre Monopolstellung von derselben illegalen bolschewistischen Partei erschüttert wurde, die sie als „lebende Leichname" betrachteten" . . .

Die Wurzel der Sache liegt darin, daß die Arbeiterklasse die Lehren der Revolution 1905 bis 1907 nicht vergessen hatte. Die Bolschewiki erschienen im Bewußtsein der Arbeiterklasse immer klarer als die wirklichen Revolutionäre. Die Arbeiterbewegung der ersten Revolution verlief im wesentlichen unter den Losungen des Bolschewismus. Der neue Aufschwung der Bewegung stellte die in der Periode der Reaktion geschwächte Verbindung zwischen den Arbeitermassen und ihrer Avantgarde wieder her, und zwar auf revolutionärer Grundlage.

Die Jahre 1911 bis 1914 waren Jahre der Bolschewisierung der Arbeiterklasse. Keine größere Aktion des Proletariats verlief in diesen Jahren ohne den führenden

Erschossene Arbeiter während des Lena-Streiks in Sibirien 1912

Einfluß der Bolschewiki auf die Arbeitermassen, ganz gleich, ob es sich um einen Streik wegen der Vergiftung von Arbeiterinnen in einer Gummifabrik handelte, oder um den mehr als hunderttägigen heldenhaften Kampf der Arbeiter in Baku kurz vor dem Kriege, oder um die Versicherungskampagne.

Am Vorabend des Krieges schuf der politische Massenkampf des Proletariats eine Atmosphäre, die stark an die Revolution des Jahres 1905 erinnerte.

Unmittelbar vor dem Kriege sahen die Straßen Petersburgs Barrikaden, bewaffnete Kämpfe.

Das bolschewistische Zentralkomitee vermerkt in seinem Manifest über den Krieg („Sozialdemokrat" Nr. 33, 1. November 1914): „Die gegen den Zarismus gerichtete revolutionäre Bewegung hat in den letzten Jahren in unserem Lande wieder ungeheure Maße angenommen. An der Spitze dieser Bewegung marschierte während der ganzen Zeit die russische Arbeiterklasse. Die Millionen umfassenden politischen Streiks der letzten Jahre verliefen unter der Parole der Niederwerfung des Zarismus und der Forderung der demokratischen Republik. Am Vorabend des Krieges konnte Poincaré, der Präsident der französischen Republik, bei seinem dem Zaren Nikolai II. erstatteten Besuche in den Straßen Petrograds von russischen Arbeiterhänden errichtete Barrikaden sehen."

Die Arbeiterklasse leistete den Liquidatoren keine Gefolgschaft. In immer größeren Massen strömte sie unter die Fahnen des Bolschewismus.

Die gegen die „Streikleidenschaft" auftretenden Liquidatoren wurden von dem gewaltigen Ansturm der Arbeiterbewegung hinweggefegt. Sie standen abseits von der anschwellenden revolutionären Welle, klammerten sich an einige Arbeiter-Aristokratengrüppchen, die ihre Gruppeninteressen höher anschlugen als die Interessen der ganzen Klasse.

Stalin Kamenew Swerdlow

**Eine Gruppe bolschewistischer Parteiarbeiter in der sibirischen Verbannung**

Der revolutionäre Aufschwung wurde durch den Krieg unterbrochen. Aber diese vorübergehende Störung tötete das Klassenbewußtsein des Proletariats nicht ab. Die durch die Erfahrungen der dem Krieg unmittelbar vorangehenden Bewegung ergänzten Erfahrungen der ersten Revolution sicherten das Fortleben der revolutionären Traditionen des Proletariats und bereiteten seinen Kampf gegen den Imperialismus, um den Sozialismus, bereiteten den Sieg im Kampfe um die Sowjetmacht vor. Die revolutionäre Bewegung der Epoche des Vorkriegsaufschwunges wies im Vergleich zur Bewegung der ersten Revolution auch einige neue, spezifische Züge auf. Wichtig und spezifisch in dieser Bewegung war der Umstand, daß die Arbeiterklasse sich der unmittelbaren Führung der bolschewistischen Partei unterordnete, die sich auch organisatorisch von den Opportunisten abgegrenzt hatte.

Der tägliche politische Kampf zwang die Bolschewiki und Menschewiki zu einer immer klareren Verschiedenheit der Stellungnahme. In allen Parteiorganisationen verstärkte sich der Prozeß der Abgrenzung, die Schaffung besonderer Komitees, besonderer Organisationen.

1912 fand die Konferenz der revolutionären Sozialdemokraten in Prag statt, wo ein bolschewistisches Zentralkomitee gewählt und dieses zum leitenden Organ der Sozialdemokratie erklärt wurde. So entstand eine besondere bolschewistische Parteileitung, was auf die sozialdemokratische Fraktion der Staatsduma nicht ohne Einfluß bleiben konnte.

1913 vollzog sich zwischen den sozialdemokratischen Abgeordneten der Staatsduma eine Spaltung. Auf der einen Seite standen sieben Anhänger des Opportunismus unter der Führung Tscheidses. Sie waren von sieben nichtproletarischen Bezirken mit 214 000 Arbeitern gewählt worden. Auf der anderen Seite blieben sechs Abgeordnete, sämtlich Vertreter von Arbeiterkurien, gewählt von den Industriezentren Rußlands mit einer Arbeiterzahl von 1 008 000.

Hauptsächlichster Gegenstand der Meinungsverschiedenheiten war die Frage: revolutionär-marxistische oder opportunistisch-reformistische Taktik. Die praktischen Abweichungen zeigten sich vor allem auf dem Gebiete der außerparlamentarischen Arbeit in den Massen. Diese Arbeit mußte in Rußland illegal geleistet werden, wenn diejenigen, die die Arbeit führten, auf revolutionärem Boden verbleiben wollten. Die Fraktion Tscheidse blieb die treueste Verbündete der Liquidatoren, die die illegale Arbeit verwarfen, und trat bei allen Versammlungen, in allen Unterhaltungen mit Arbeitern für diese ein. Die Folge war die Spaltung. Die sechs Deputierten bildeten die Fraktion der Russischen Sozialdemokratischen Arbeiterpartei. Ein Jahr der Arbeit bewies unwiderlegbar, daß die überwiegende Mehrheit der russischen Arbeiter hinter dieser Fraktion stand. (Siehe Broschüre Lenin und Sinowjew: „Der Sozialismus und der Krieg".)

Die Bolschewiki konnten in der Duma eine wirklich revolutionäre Arbeit leisten, weil sie mit den Menschewiki gebrochen hatten. Sie konnten sich von der Dumatribüne aus über die Köpfe der Abgeordneten hinweg mit einem ungeschmälerten revolutionären Programm an die Arbeitermassen wenden, weil sie die Abgrenzung gegenüber den Menschewiki vollzogen hatten. Die Menschewiki machten viel Geschrei wegen der Spaltung, die die Bolschewiki in die Arbeiterorganisationen getragen hatten. Diese Spaltung wurde aber eigentlich von denen verursacht, die die Arbeitermassen zum Kompromißlertum, zu kleinlichen Alltagskämpfen, zum Liquidatorentum hinzogen. Die Einigung auf revolutionärer Grundlage setzte ein vorheriges Abrücken von den Opportunisten voraus. Dieses Abrücken vollzog sich auch auf dem Gebiete der Parteipresse. Als Gegengewicht zur liquidatorischen „Nascha Saria" schufen die Bolschewiki die legalen Zeitungen „Swesda" und „Prawda", um die sich eine bedeutende Schicht aktiver, revolutionär gesinnter Arbeiter scharte.

In $2^1/_2$ Jahren, vom Frühjahr 1912 bis zum Herbst 1914, sammelten sich vier Fünftel der klassenbewußten Arbeiter Rußlands um die „Prawda", mit der die Deputierten der Dumafraktion der Russischen Sozialdemokratischen Arbeiterpartei sich voll solidarisierten. (Siehe Lenin im Artikel „Was beweist der Prozeß der russischen sozialdemokratischen Dumafraktion?" „Sozialdemokrat" Nr. 40, Jahrgang 1915.)*)

Die Abgrenzung zwischen Bolschewiki und Menschewiki spiegelte sich auch in den formell parteilosen Organisationen des Proletariats wider. Sehr charakte-

*) Die Grundlage für diese Schlußfolgerungen fand Lenin in den Ergebnissen einer Geldsammlung für die Arbeiterpresse, die bewiesen, daß vier Fünftel der Arbeiter die „Prawda", nicht aber die liquidatorische Presse unterstützten und daß diese letztere fast ausschließlich durch die Unterstützung Intellektueller und liberal-bürgerlicher Elemente erhalten wurde.

ristisch ist in dieser Hinsicht der Kampf des Bolschewismus gegen das Liquidatorentum in der Versicherungskampagne. Die Versicherungsgesetze des Jahres 1912 brachten die Arbeiter auch auf diesem Gebiet in volle Abhängigkeit von den Unternehmern und Bürokraten. Die menschewistischen Liquidatoren, die schon 1912 ihr eigenes Organ, „Arbeiterversicherung", besaßen, versuchten, die Bewegung in gesetzliche Bahnen zu leiten, d. h. in dem Rahmen zu halten, der ihr durch die zaristischen Gesetze vorgeschrieben war. Die Bolschewiki ihrerseits gaben seit 1913 ebenfalls ihr Organ, „Versicherungsfragen", heraus und behandelten darin die Versicherungsbewegung in Verbindung mit der allgemeinen politischen Bewegung des Proletariats.

Die zu dieser Zeit aus Zensurrücksichten in „Sa Prawdu" umgenannte „Prawda" schrieb am 22. Oktober 1913: „Die Arbeiter müssen ihre eigene Arbeiterpolitik in Versicherungsfragen durchsetzen. Jeden Schritt in der Versicherungspolitik müssen sie vom Standpunkt ihrer allgemeinen politischen Interessen bewerten. Nur unter dieser Bedingung können sie aus der Versicherung für sich selbst etwas herausschlagen."

Es ist sehr charakteristisch, daß die Bolschewiki auch auf diesem Gebiet einen Sieg über die menschewistischen Liquidatoren davontrugen. Die überwiegende Mehrzahl der Arbeiter stimmte bei den Krankenkassenwahlen u. ä. für das bolschewistische Programm.

Die organisatorische Zusammenfassung der Bolschewiki als selbständige Partei hatte für die darauffolgende Entwicklung der Arbeiterbewegung eine ungeheure Bedeutung.

Die durch den Schmelzofen des imperialistischen Krieges gegangenen Arbeiter fanden zu Anfang der Revolution in der bolschewistischen Partei eine revolutionäre Kampforganisation vor, die durch keinerlei kompromißlerische Elemente gebunden war und nicht nur ihre eigenen reformisten-feindlichen, ideologischen und politischen Traditionen besaß, sondern auch eigene organisatorische Grundsätze und eine eigene durchdisziplinierte Organisation.

Das westeuropäische Proletariat, das nach dem Weltkrieg in einer Reihe von Ländern in eine revolutionäre Periode eintrat, besaß keine herauskristallisierte, organisatorisch zusammengefaßte bolschewistische Vorhut. Zur Beseitigung dieses wesentlichen Mangels waren mehrere Jahre erforderlich, und noch dazu Jahre, während deren die objektiven Verhältnisse der Revolution sehr günstig waren.

Der durch enge Bande mit dem russischen Proletariat verbundene russische Bolschewismus hat eine große, reiche und ruhmreiche Geschichte. Die Periode des dem Krieg unmittelbar vorangegangenen Aufschwungs der Arbeiterbewegung ist in dieser Geschichte des Bolschewismus ein außerordentlich wichtiger Abschnitt, da in ihr die organisatorische Zusammenfassung des Bolschewismus als selbständige Partei vor sich ging.

Durch diese Zusammenfassung wurde sozusagen die Schlußfolgerung aus dem vorausgehenden zehnjährigen Kampfe zwischen Bolschewismus und Menschewismus gezogen.

DAS ZARISTISCHE RUSSLAND ZU BEGINN DES IMPERIALISTISCHEN KRIEGES

## 3. DER IMPERIALISTISCHE KRIEG UND DIE VORAUSSETZUNGEN DER REVOLUTION

RUSSLAND nahm an dem Weltkrieg an der Seite der Ententemächte teil. Dies läßt sich aus dem Charakter der kapitalistischen Entwicklung in Rußland nach der Revolution 1905/07 erklären.

Bei Ausbruch des Krieges stand das russische Reich als ein Land da, in dem neben naturalwirtschaftlich-patriarchalischen Produktionsverhältnissen die modernsten Formen kapitalistischer Produktionsverhältnisse einen hohen Entwicklungsgrad erreicht hatten. Der Industriekapitalismus ging bereits im Vorkriegsrußland ganz entschieden in den Imperialismus, in die Phase des Finanzkapitalismus über.

Zur Beleuchtung dieser Behauptung bringen wir an dieser Stelle einige zusammenfassende Angaben aus der Arbeit des russischen Forschers N. Wanag („Das Finanzkapital in Rußland am Vorabend des Weltkrieges", Moskau 1925). Besonders wichtig ist seine Feststellung, daß zu Ende des Krieges das europäische Bankkapital über drei Viertel des gesamten russischen Banksystems verfügte. In dieser Herrschaft über die russische Industrie spielte das Kapital der Ententemächte, insbesondere Frankreichs, die größte Rolle. Deutsches Kapital hatte nur in der Elektrotechnik und im Waggonbau eine ernsthafte Position, in den wichtigsten Zweigen der Schwerindustrie Rußlands lag das Finanzmonopol in den Händen des Bankkapitals der Entente. „An der Spitze der Monopolisierung der russischen Schwerindustrie", schreibt N. Wanag, „marschierte das Bankkapital der Entente (in erster Linie Frankreichs), in der Form eines bekannten Pariser Bankkonzerns unter Führung der „Banque de Paris et des Pays Bas". Die französischen Bankkonzerne waren am Vorabend des Krieges fast die alleinigen Monopolisten der russischen Metallurgie. Sie kontrollierten eine Reihe von Gesellschaften, deren Grundkapital 67,5 Prozent des Gesamtkapitals aller unter dem Einfluß der Banken stehender Unternehmungen ausmachte. Sie standen an der Spitze des gesetzwidrigen metallurgischen Trusts und des Syndikats „Prodamet". Die Pariser Banken herrschten unbeschränkt über die russische Kohlenindustrie, sie verfügten über Gesellschaften mit einem Grundkapital, das 75 Prozent des Kapitals aller unter der Kontrolle der Banken stehenden Unternehmungen ausmachte. Sie standen an der Spitze des Syndikats „Produgol" und hielten die Führung bei der Konzentration der Kohlenindustrie in ihren Händen. Auf dem Gebiete der Naphthaindustrie wirkten die französischen Banken in der bekannten „Russian General Corporation" mit den englischen zusammen und monopolisierten 1913 ungefähr 40 Prozent der gesamten Naphthagewinnung von Baku.

Das Monopolgebiet des englischen Bankkapitals erstreckte sich auf die russische Naphthaindustrie (die Naphthagewinnung der beiden Gesellschaften Standard Oil und Shell betrug 40 Prozent der gesamten russischen Naphthagewinnung) und auf die Kupferindustrie; hier beherrschten die englischen Finanzleute Gesellschaften, deren Grundkapital 51 Prozent aller bis zum Jahre 1913 in dieser Industrie investierten Kapitalien ausmachte."

Die Bedeutung dieser Angaben für die Beantwortung der Frage, warum Rußland in den Weltkrieg eingetreten ist, liegt klar zutage. Das Bankkapital der Entente war, was den wirtschaftlichen und folglich auch diplomatischen Einfluß auf die russische Bourgeoisie betrifft, eine entscheidende Kraft. Rußland trat in den Weltkrieg vor allem aus dem Grunde ein, weil dies der Wille der Finanzmagnaten Frankreichs und Englands war, die den russischen Kapitalismus beherrschten. Außerdem warf der russische Kapitalismus schon längst sehnsüchtige Blicke auf die Balkanländer, diese bequem gelegenen Märkte der russischen industriellen Produktion. Frankreich und England versprachen, die „Sehnsucht nach den Dardanellen" zu befriedigen, hinter dieser „Sehnsucht" aber steckte das imperialistische Bestreben der Verwandlung der Balkanländer in russische Kolonien oder Halbkolonien.

Der russische Zarismus war mit dem Programm der imperialistischen Bourgeoisie voll und ganz einverstanden, nicht nur weil der ökonomische Einfluß der Bourgeoisie auf den absolutistischen Staat sehr bedeutend war, nicht nur, weil das Ententekapital, insbesondere das französische, dem Zarismus wiederholt aus finanziellen Schwierigkeiten herausgeholfen, sondern auch darum, weil die Gutsbesitzerklasse selbst schon seit langer Zeit ähnliche räuberische Gelüste zum Ausdruck gebracht hatte.

Der Schlüssel zum Mittelmeer, die Dardanellen, konnte den russischen Agrariern eine Vorzugsstellung im Getreidehandel dieses Meeres sichern, er konnte ihnen die Möglichkeit geben, ihren wichtigsten Konkurrenten, den ungarischen Getreidehandel, ins Hintertreffen zu bringen.

Die Annexion Persiens, Galiziens, Armeniens und eine allgemeine „Abrundung" des russischen Besitzes erschien dem russischen Gutsbesitzer nicht weniger schön, als dem russischen Bourgeois. Insofern die Entente diese Pläne Rußlands zu unterstützen versprach, insofern wurde die Losung des Krieges an der Seite der Entente gegen Deutschland und Oesterreich „bis zum siegreichen Ende" zur maßgebenden Parole sowohl der Agrarier wie der Bourgeoisie.

Der russische Absolutismus war in dieser Hinsicht der Vertreter der gemeinsamen Bestrebungen der Agrarier und der Finanzkapitalisten, ebenso wie auch die deutsche Monarchie die gemeinsamen Bestrebungen des deutschen Finanzkapitals und des deutschen Junkertums vertreten hatte. Hierbei muß auch die Tatsache der wachsenden Konkurrenz zwischen russischen und deutschen Agrariern erwähnt werden, die den deutschen Staat dazu veranlaßten, das russische Getreide von den deutschen Grenzen durch eine Mauer hoher Getreidezölle fernzuhalten.*)

Die Kriegsziele Rußlands ließen soweit keine Zweifel bestehen: Der Zarismus trat mit einem imperialistischen Programm und mit einem Programm von Gebietsannexionen im Interesse der Agrarier auf. Wenn aber das Kriegsprogramm eines vom Standpunkte des fortgeschrittenen Kapitalismus verhältnismäßig rückständigen Landes, wie Rußland, den Stempel des Imperialismus trug, war es dann möglich, die imperialistischen Motive für den Eintritt solcher entwickelter kapitalistischer Länder, wie England, Frankreich und Deutschland, in den Krieg zu bezweifeln?

Konnte man leugnen, daß die Entente einerseits und Deutschland andererseits mit imperialistischen Zielen in den Krieg eingetreten war — und doch Marxist bleiben?**)

Konnte man annehmen, daß alle anderen, kleineren, die beiden Hauptgruppen der kämpfenden Großmächte ergänzenden Länder keine Werkzeuge der imperialistischen Politik waren? Und konnte die Frage wirklich von großer Bedeutung

*) Diese Seite der Angelegenheit wurde von dem russischen marxistischen Historiker M. Pokrowski sehr interessant und ausführlich beleuchtet.

**) Wir lassen hier die in der deutschen Literatur genügend beleuchtete Konkurrenz zwischen England und Frankreich einerseits und Deutschland andererseits außer Betracht.

sein, wer als erster „angefangen" hatte, wenn doch alle die Gewehre schußbereit hielten? Und doch unterstützten die „Sozialisten" der zweiten Internationale, die erst vor kurzem bei internationalen Kongressen für Resolutionen gestimmt hatten, deren Haupttext: „Krieg dem imperialistischen Kriege" lautete, bereits am Tage nach der Kriegserklärung die imperialistischen Regierungen des eigenen Landes

N. Lenin 1914

und suchten eifrig zu beweisen, daß gerade ihre Regierung, ihr Land einen „gerechten Verteidigungskrieg" führe.

Trotz der vorangegangenen Entschließungen der Kongresse der zweiten Internationale stimmten die Sozialisten Deutschlands, Frankreichs, Englands usw. für „*ihre*" Kriegskredite.

So brach die zweite Internationale zusammen. Die eingefleischtesten Chauvinisten wurden die Tonangeber der Sozialisten. Die verschiedenen Argumente

**Fünf bolschewistische Abgeordnete der Staatsduma, Kriegskreditverweigerer**
wegen Hochverrats zu lebenslänglicher Verbannung nach Sibirien verschickt

wiederholten sich mit entsprechenden Änderungen in den verschiedenen Ländern. Interessant ist eine Untersuchung der Stellungnahme der russischen Sozialdemokraten im Vergleich zu derjenigen der deutschen.

Bei diesen wie bei jenen ist die grundlegende Richtung die der offenen Sozial-Chauvinisten, der Apologisten des Krieges „bis zum siegreichen Ende". Die deutschen Südekums und Scheidemänner bewiesen, daß der Krieg ein „gerechter", ein „Freiheitskrieg" sei, weil einer der Hauptkriegsgegner Deutschlands, das zaristische Rußland, das Bollwerk der Weltreaktion sei. Ein Sieg des zaristischen Rußlands, sagten die Südekums, bedeutet den Sieg der Reaktion in Europa, die Knechtung Deutschlands, seine wirtschaftliche und soziale Rückentwicklung, die Schwächung der Kräfte des deutschen Proletariats, die Niederlage des Sozialismus.

Aber die „russischen Südekums" (Plechanow, Maslow, Potressow, Lewitzki u. a.) verwandten zum Beweis der Richtigkeit ihres Standpunktes buchstäblich ein und dieselbe „Methode" und kamen doch zu einem diametral entgegengesetzten praktischen Ergebnis. Plechanow bewies den russischen Arbeitern, daß der Sieg Deutschlands den Sieg des reaktionären Militarismus Wilhelms II. bedeute, daß im Falle eines deutschen Sieges die Wirtschaft Rußlands leiden, die Kräfte des Proletariats schwinden und die Aussichten des Sozialismus sich verschlechtern würden. Darum sprachen sie sich für die Unterstützung des „gerechten" von Nikolai II. geführten Krieges aus.

Diese sozialistische Beweisführung ergab zwei „Wahrheiten". Die eine „Wahrheit" bewies die Gerechtigkeit des von den Ententemächten und Nikolai II. geführten Krieges; die andere „Wahrheit" befand sich auf der Seite Wilhelms II.

Diese Theorie, die für die Sozial-Chauvinisten der Entente ebenso „passend" war wie für die Sozial-Chauvinisten Deutschlands, wurde von den „Zentristen" zur Verfügung gestellt, deren hervorragendster Vertreter in Deutschland Kautsky war. Dieser bewies in den Spalten der „Neuen Zeit", daß der moderne Kapitalismus zwar eine imperialistische Politik führen *könne*, aber nicht führen *müsse*, daß die imperialistische Politik keine zwangsläufige Begleiterscheinung des modernen Kapitalismus sei; daß endlich die Kapitalisten in unserer Zeit auch einen Verteidigungskrieg führen könnten.

Er war es auch, der von der Unmöglichkeit einer Revolution während des Krieges sprach. Er war es auch, der die wirre, unklare aber wachsende Empörung der Massen gegen den Imperialismus durch jene Pfaffen-Theorie des Ultra-Imperialismus zu beruhigen versuchte, die besagt, daß als Ergebnis des Krieges eine sich auf die ganze Welt erstreckende pazifistische Epoche des Weltimperialismus eintreten werde (d. h. „Ihr sollt einstweilen nur kämpfen, dann wartet Eurer später die Seligkeit"). Indem er sich von den groben Formen des Sozial-Chauvinismus abgrenzte, nährte und rechtfertigte Kautsky selbst durch seine theoretischen Sophismen denselben Sozial-Chauvinismus. Gerade infolge dieser ideologischen Verwandtschaft war er gegen die Spaltung, für die organisatorische Einheit mit den Sozial-Chauvinisten.

Kautsky nahe standen in der russischen Sozialdemokratie die russischen zentristisch-menschewistischen Internationalisten (Martow, Dan u. a.), die mit einer noch „linkeren" Phraseologie auftraten als Kautsky, im wesentlichen aber dieselbe ideologische Einstellung hatten.

Während sie die Sozial-Chauvinisten vom Typus Plechanow kritisierten, blieben die russischen „Zentristen" ebenso wie die deutschen im wesentlichen innerhalb der Grenzen des Sozial-Pazifismus stecken. Sie blieben bei den Phrasen vom „Kampf um den Frieden überhaupt", von der „Vorbereitung des Friedens", von der Vorbereitung von „Friedenskonferenzen" usw.

Gleichzeitig verteidigten die „Zentristen" die Sozial-Chauvinisten gegen die Kritik der Bolschewiki und verfochten die organisatorische Einheit mit ihnen.

„Die internationalen Menschewisten — schreibt Th. Dan —, die die Landesverteidigung und die Burgfriedenspolitik in der Internationale heftig bekämpfen, vertraten keineswegs die Forderung, daß diese Strömungen aus der Arbeiter-Internationale hinausgedrängt werden müßten."

Die Verteilung der Kräfte war folgende: Der absolutistische Staat führte einen Krieg mit einem imperialistischen und feudal-annexionistischen Programm. Die Sozial-Chauvinisten vom Typus Plechanow bezeichneten diesen Krieg als einen „gerechten Verteidigungskrieg", überredeten die Arbeiter zur „Selbstbeschränkung", zur Enthaltung von Streiks und Einstellung des Klassenkampfes in dieser schweren Zeit des „Vaterlandes".

Die „Internationalisten" vom Typus Martow kritisierten zwar an den krassen Chauvinisten herum, waren aber für die Einheit mit diesen. Dadurch unterstützten und deckten sie sie.

Trotzki hatte zu dieser Zeit eine eigene Gruppe, die zwar mit den von Lenin geführten Bolschewiki nicht zusammenging, sich von den Sozial-Chauvinisten aber

**Im Weltkrieg fielen 2½ Mill. russische Soldaten und ca. 5 Mill. wurden verwundet**

doch schroff abgrenzte. Im Laufe der Zeit näherte sich die Gruppe Trotzkis immer mehr dem Leninschen Standpunkt und überwand einige pazifistische Illusionen.

Nur die von Lenin, Sinowjew und anderen geführten Bolschewiki verurteilten und bekämpften proletarisch konsequent den Krieg.

Die Bolschewiki gaben eine marxistische Bewertung des Krieges, sie erklärten, daß es in diesem Kriege keinen sich verteidigenden Teil gäbe, daß alle Länder mit imperialistischen Programmen in den Krieg getreten seien, daß die Wurzeln des Krieges im imperialistischen Stadium des Kapitalismus selbst lägen, der um die Rohstoff- und Absatzmärkte und um die Anlagemöglichkeiten des Kapitals Kriege führen müsse.

Die Bolschewiki verurteilten schroff und entschieden alle Renegaten, die die Sache des Sozialismus verraten hatten und zu den imperialistischen Fahnen desertiert waren.

Die Bolschewiki riefen zum Krieg gegen die eigene Bourgeoisie auf, sie hießen die Waffen gegen den „eigenen" nationalen Imperialismus kehren, sie riefen auf zum Bürgerkrieg, zur Niederwerfung der Herrschaft der Bourgeoisie, denn nur so könne der Sieg des Proletariats und die Überwindung der den imperialistischen Krieg hervorrufenden Ursachen gesichert werden.

Der Parole der „Vaterlandsverteidigung" setzten die Bolschewiki die Parole des „Defaitismus" entgegen in enger Verbindung mit der Parole der Verwandlung des imperialistischen Krieges in den Bürgerkrieg.

„Die Revolution während des Krieges ist Bürgerkrieg, und die Überleitung des Krieges der Regierungen in den Bürgerkrieg wird einerseits durch die militärischen Mißerfolge („die Niederlage") der Regierungen erleichtert, andererseits ist es unmöglich, in der Tat eine solche Überleitung anzustreben, ohne damit die Niederlage zu fördern."

So kurz und doch schlagend klar begründete Lenin die Parole des Defaitismus im Artikel „Über die Niederlage der eigenen Regierung im imperialistischen Kriege."

„Die Umwandlung des imperialistischen Krieges in den Bürgerkrieg", „Defaitismus" in bezug auf das eigene imperialistische „Vaterland", die Schaffung einer dritten Internationale, — dies waren die hauptsächlichsten Parolen des Bolschewismus während des imperialistischen Weltkrieges, für deren Verwirklichung er kämpfte.

In Rußland stimmten die bolschewistischen Deputierten der Staatsduma, im Gegensatz zu den Sozial-Chauvinisten aller Länder, gegen die Kriegskredite.*)

Fünf bolschewistische Abgeordnete der Staatsduma, die Arbeiter *Petrowski*, *Muranow*, *Samoilow*, *Badajew* und *Schagow*, wurden wegen Hochverrats mit Genossen Kamenew und anderen Genossen zusammen zur lebenslänglichen Verbannung nach Sibirien verschickt.

Monat für Monat, Jahr für Jahr bereiteten die Bolschewiki die Niederlage des Zarismus im Kriege vor.

Sie führten eine revolutionäre Antikriegspropaganda sowohl unter den Arbeitern, wie in der Armee. Sie riefen die Arbeitermassen zur Offensive gegen den Zaris-

---

*) Die menschewistischen Deputierten, deren typischster Vertreter der Menschewik Tscheidse war, stimmten ebenfalls gegen die Kriegskredite, bezogen aber bald danach eine sozial-chauvinistische Position.

**Ein Kriegsdienstverweigerer** Russische Zeichnung

Erlogene Siegesmeldungen in Moskau

mus und Kapitalismus auf und lehnten jede Art patriotischer Arbeitsgemeinschaft zwischen Proletariat und Bourgeoisie ab.

Sehr interessant ist in dieser Hinsicht der Kampf um die sogenannten „Kriegsindustrie-Komitees“.

Die bürgerlichen Parlamentarier mit Gutschkow und Konowalow, den späteren Ministern der Provisorischen Regierung, an der Spitze, organisierten ein „Kriegsindustrie-Komitee“ zur Förderung des militärischen Sieges. Man beschloß, innerhalb dieses Komitees eine „Arbeitergruppe“ aus gewählten Arbeitervertretern zu organisieren.

Zweck dieser Arbeitergruppe war die Verwirklichung einer Arbeitsgemeinschaft zwischen Bourgeoisie und Proletariat auf dem Boden der Beihilfe für den imperialistische Krieg. Die imperialistische Bourgeoisie rechnete — nicht ohne Berechtigung — auf die Verwandlung dieser „Arbeitergruppe“ in eine Organisation, mit Hilfe derer ein imperialistischer Einfluß auf das Proletariat ausgeübt und ein Kampf gegen die Streikbewegung usw. geführt werden konnte.

Die Sozial-Chauvinisten traten für die Beteiligung an dem „Kriegsindustrie-Komitee“ ein.

Die Zentristen kritisierten ein wenig dieses Beginnen. „Dennoch sprach sich“ — gibt Th. Dan zu — „die Mehrheit der internationalen Menschewiki, die in Rußland tätig waren, für die Beteiligung an diesem Komitee aus.“

Die Bolschewiki führten unter den Arbeitermassen eine energische Agitation gegen die Teilnahme an dem Kriegsindustrie-Komitee.

Bei der beschlußfassenden Versammlung der Wahlmänner der Petersburger Arbeiter stimmte die Mehrheit gegen die Arbeitsgemeinschaft mit der Bourgeoisie in dem Kriegsindustrie-Komitee.

Nur durch polizeilichen Druck und dank der Machenschaften Gutschkows und anderer bürgerlicher Politiker des Kriegsindustrie-Komitees gelang es, nach der Vornahme „neuer Wahlen“ entsprechende „Vertreter“ zu bekommen.

Die Bolschewiki standen sowohl theoretisch wie praktisch auf dem Boden der Verwandlung des imperialistischen Krieges in einen Bürgerkrieg, nicht aber auf dem Boden der Arbeitsgemeinschaft mit dem Imperialismus. Ihre Arbeit in dieser Hinsicht war der Tätigkeit der Menschewiki aller Länder genau entgegengesetzt. Die letzteren propagierten und verwirklichten das „organische Hineinwachsen“ der Arbeiterorganisationen in das imperialistische System. Die offenen und versteckten Sozial-Chauvinisten aller Länder verfolgten die Linie des Verwachsens der Arbeiterorganisationen mit dem „eigenen“ Imperialismus und sind bis zum heutigen Tage noch immer stolz auf diese „sozialistische“ Tätigkeit der kompromißlerischen Arbeiterbürokratie.

Die Bolschewiki ihrerseits betonten, daß nur die Schaffung einer dritten Internationale, die nicht die Sozial-Chauvinisten einbezieht, sondern wirkliche proletarische Revolutionäre zusammenfaßt, die den Kapitalismus sprengen, nicht aber ihn zu reparieren und aufzubauen versucht, — daß nur eine solche Internationale die Einheit der Reihen des internationalen Proletariats herstellen könne. Diesem Zwecke diente auch die von Lenin geführte „linke“ Internationalistengruppe auf der Zimmerwalder (1915) und Kienthaler (1916) internationalen sozialistischen Konferenz.

Der Bolschewismus verfolgte *sowohl in der inneren wie in der äußeren Politik* eine revolutionär-proletarische Linie.

Dieselbe Linie verfolgten in Deutschland die Gründer des Spartakusbundes, deren ruhmbedeckte, heldenhafte Führer Karl Liebknecht und Rosa Luxemburg waren.

Der Krieg brachte eine Verschärfung der Klassengegensätze, deren Wurzeln in der Zerrüttung der Volkswirtschaft lagen.

Der militärische Wettstreit mit einem ökonomisch so hoch entwickelten Lande, wie Deutschland, forderte von Rußland eine außerordentlich große Anspannung der Kräfte, der es trotz der Unterstützung der Entente nicht gewachsen war, sowohl infolge seiner allgemeinen wirtschaftlichen Rückständigkeit und der Korruptheit des die Wirtschaft regelnden Absolutismus, wie auch infolge des wachsenden Widerstandes gegen den Krieg von seiten der an dem Siege des Zarismus nicht interessierten Massen.

Auf den ersten Blick hatte der Krieg eine große wirtschaftliche Belebung gebracht, die jedoch eine ungesunde und vorübergehende war.

**Anstellen um Lebensmittel**

Mit dem Anwachsen der Kapitalsinvestierungen in der Industrie, mit dem Anschwellen der Zahl der in der Industrie beschäftigten Arbeiter, mit der Vergrößerung der kapitalistischen Profite und der Aktiendividenden läuft parallel ein Sinken der Arbeitsproduktivität und der Produktion überhaupt. Diese Erscheinung zeigt sich vor allem in der vom militärischen Standpunkt besonders wichtigen Schwerindustrie.

Untenstehend geben wir einige charakteristische Angaben über die Produktion Gesamt-Rußlands.

| Produkte | Produktion in Pud 1914 | 1916 |
|---|---|---|
| Gold | 4 000 | 1 858 |
| Kupfer | 1 888 000 | 1 270 000 |
| Roheisen | 264 033 000 | 231 865 000 |
| Eisen und Stahl | 240 033 000 | 205 862 000 |
| Steinkohle | 2 200 052 000 | 1 954 680 000 |

Die Schwäche der Industrie bedingte die Schwäche der militärischen Versorgung der Armee sowohl mit Munition wie auch mit Ausrüstungsgegenständen für die Soldaten. Insbesondere der Munitionsmangel war es, der den Ausgang des Krieges ungünstig beeinflußte. In seinen „Skizzen zur Geschichte der revolutionären Bewegung in Rußland im 19. und 20. Jahrhundert" (Moskau 1924) schreibt M. Pokrowski: „Bereits Ende August verschossen unsere Batterien die dritte Reserve. Schon Ende August 1914 blickt in der Korrespondenz des damaligen Generalstabschefs Januschkewitsch mit dem Kriegsminister Suchomlinow die Besorgnis wegen des Munitionsmangels durch.

Unsere Artillerie war gezwungen, ihr Feuer einzudämmen, was außerordentlich demoralisierend auf die Armee wirkte.

Als im Mai 1915 die Mackensen-Offensive anhub, als Mackensen seine berühmte Artillerie-Phalanx in die Wagschale warf, konnte es nicht mehr verborgen bleiben und mußte vor der ganzen Welt bekannt werden, daß wir 3000 deutschen Schüssen kaum hundert entgegensetzen konnten.

Unter solchen Verhältnissen war es nicht nur nicht möglich, anzugreifen, es war auch nicht möglich, sich zu halten. Der Rückzug der russischen Armee aus Galizien fing an, mit seinen Millionenverlusten an Gefangenen, mit der Preisgabe der Festungen usw. Es war ein Debacle, ein vollständiger Zusammenbruch, und irgendeine Schlacht von Mukden im russisch-japanischen Kriege wurde zur bloßen Bagatelle im Vergleich zu dem, was im Sommer 1915 an der russischen Front vor sich ging."

Dem katastrophalen Rückgang in der Munitionsversorgung der Armee gesellte sich die Zerrüttung des Transportwesens. Der Krieg erforderte eine starke Belastung des Transports, das „Grundkapital" der Verkehrsbetriebe wurde stark abgenützt, während Bau und Reparatur von Eisenbahnmaterial stark zurückgingen. Die Produktion der größten russischen Lokomotivfabrik betrug 1913 — 117 Stück, 1914 — 107 Stück, 1916 nurmehr 64 Stück. Auch die Versorgung der Armee und der Städte mit Lebensmitteln verschlechterte sich zusehends.

**Der Mönch Rasputin (d. h. „Wüstling")**
der mächtige Mann hinter den Kulissen an dem korrupten Zarenhofe

1915 und 1916 hielten sich die mit der Eisenbahn beförderten Getreideladungen unter 60 Prozent der Vorkriegsmenge, also der im Jahre 1913 transportierten Mengen.

Auf dem Dorfe fehlten über die Hälfte der Arbeitshände, und noch dazu die besten. Die Bauernwirtschaften gingen zugrunde, das Vieh wurde zu Spottpreisen zur Befriedigung des Bedarfs der Armee requiriert, die Anbaufläche schrumpfte zusammen, die Lebenshaltungskosten stiegen unaufhörlich.

Die Arbeiter, die nominelle Zulagen zu ihren Arbeitslöhnen erhielten, spürten allzubald das unzweifelhafte und fortschreitende Sinken ihres Reallohnes. (So erhöhten sich z. B. in den ersten $1^1/_2$ Jahren des Krieges die Preise der wichtigsten Bedarfsartikel in Moskau um 50 Prozent, während die Arbeitslöhne bloß um 19 Prozent stiegen.)

Die revolutionäre antimilitaristische Agitation der Bolschewiki fand unter den Arbeitern einen immer günstigeren Boden, besonders in solchen Industriezentren, wie z. B. Petrograd, wo die Zahl der in den Großbetrieben (über 500 Arbeiter) beschäftigten Arbeiter außerordentlich stark angewachsen war. (Von 1914 bis 1917 stieg die Zahl dieser Arbeiter beinahe auf das Doppelte.) 1917 stehen die Arbeiter Petersburgs an der Spitze der antiimperialistischen Massenbewegung.

Russische Karikatur auf Rasputin

„Die politischen Streiks im Februar 1917" — schreibt Kritzmann in seiner Arbeit „Die russische Industrie vor dem Kriege" — „erfaßten eine größere Anzahl von Arbeitern, als der Oktoberstreik 1905. 250 000 Streikende, also fast zwei Drittel der Gesamtzahl entfallen auf Petrograd, und von dieser Zahl sind über die Hälfte Metallarbeiter."

Diese Bewegung der Arbeiter konnte nicht ohne Unterstützung seitens der Armee bleiben.

Bei der am 17. und 18. Dezember 1916 stattgefundenen Konferenz der Oberkommandierenden aller Fronten im Großen Hauptquartier mußten alle Generale die „moralische Zerrüttung" der Armee konstatieren. General Rußki, Oberkommandierender des nördlichen Frontabschnittes, erklärt u. a.: „Riga und Dwinsk, aber insbesondere Riga, sind das Unglück der Nordfront, es sind zwei ganz verhetzte Nester." General Brussilow (Westfront) führt eine charakteristische Einzelheit an: „Tatsächlich kam das 7. sibirische Armeekorps aus Riga in vollkommen verhetztem Zustand an, die Leute weigerten sich, zum Sturm vorzugehen. Es kamen sogar Meutereien vor. Ein Kompagniekommandant wurde erstochen. Es mußten scharfe Maßnahmen ergriffen, ein paar Mann erschossen und die Kommandanten abgelöst werden."

General Ewert gibt zu, daß der Mangel an Verpflegung und Ausrüstung auf Geist und Disziplin in der Armee verheerend wirkte usw. . . .

Die revolutionäre Stimmung verbreitete sich in um so größerem Maße, als Nachrichten in die Bevölkerung drangen von der Korruption am Zarenhof, von der Unfähigkeit der Regierung, mit den durch den Krieg und durch die eigene Prestigepolitik hervorgerufenen Schwierigkeiten fertig zu werden, von Bestechungen und Spionageaffären (Miassojedow), von den Schandtaten Rasputins, des Lieblings der Zarenfamilie, dessen Ermordung durch patriotisch gesinnte rechtsstehende Männer der Gesellschaft organisiert wurde (an der Ermordung nahm sogar der Großfürst Dimitrij Pawlowitsch teil).

Auf der einen Seite Unfähigkeit, Verantwortungslosigkeit, Korruption, Bestechungen, Luxus und die Sorglosigkeit des bei lebendigem Leibe verfaulenden Adels, hohe Kriegsprofite der Kapitalisten, die deren patriotische Stimmung nährten und sie zum Durchhalten bis zum siegreichen Ende begeisterten; auf der anderen Seite hungernde Arbeiter, bettelarme Bauern, eine barfüßige, hungrige, unbewaffnete Armee, Kanonenfutter, das zu Hunderttausenden niedergemäht wurde.

Die Revolution reifte heran, und zwar eine Revolution, die nicht auf dem halben Wege stehen bleiben konnte.

Die Vorhut der Arbeiterklasse, die bolschewistische Partei, rief die Massen zur Verwandlung des imperialistischen Krieges in den Bürgerkrieg auf. Aber diese Parole bedeutete nicht nur den Sturz der Gutsbesitzerklasse, sondern auch den Kampf gegen die Herrschaft der Bourgeoisie. Diese hatte durch ihre beiden wichtigsten Parteien (Kadetten und Oktobristen) in der vierten Staatsduma mit der vorwiegend aus Agrariern bestehenden Partei der Nationalisten ein Bündnis geschlossen. Die organisatorische Erscheinungsform dieses Bündnisses war der sogenannte „progressive Block", der von der Dumatribüne aus den Absolutismus (auf liberale Art) kritisierte und der im äußersten Falle nur zu einer Palastrevolution im Interesse der Fortsetzung und siegreichen Beendigung des imperialistischen Krieges bereit war. Das Proletariat wurde so zu einer Revolution aufgerufen, die sich in eine sozialistische verwandeln mußte. Rußland war freilich ein im Vergleich zu England, Frankreich und Deutschland rückständiges kapitalistisches Land, aber erstens war es doch ein Land, in dem der Kapitalismus die hochorganisierten Formen des Finanzkapitalismus bereits angenommen hatte; die Eroberung der ökonomischen Kommandohöhen konnte und sollte dem die Staatsmacht erobernden Proletariat die Möglichkeit einer entscheidenden Bestimmung der ganzen Volkswirtschaft sichern. Zweitens betrachteten die Bolschewiki die russische Revolution als einen Bestandteil der internationalen sozialistischen Revolution. Die Frist war hinausgeschoben, der Prozeß der sozialistischen Weltrevolution erwies sich als länger als man gedacht hatte, dies änderte aber nichts an der Tatsache, daß das russische Proletariat seinen Sieg als Vorhut des Weltproletariats durch die Unterstützung der Arbeitermassen der europäischen Länder festigen konnte. Es änderte nichts an der Tatsache, daß die Welt in die Periode des Zusammenbruches des Kapitalismus eingetreten war, in die Epoche der sozialistischen Revolutionen. Drittens vertrat das sozialistische Proletariat in Rußland nicht nur die eigenen Interessen, sondern auch die Interessen der unter seinem Einflusse stehenden und seine Staatsmacht unterstützenden breiten nichtproletarischen werktätigen Massen. Die Menschewiki reden jetzt sehr viel von dem bäuerlichen Charakter der russischen Revolution. Das russische Proletariat führte tatsächlich die bürgerlich-demokratische Revolution zu Ende und verstand es auch, die Bauernfrage auf radikalste Weise zu lösen. Dies war auch klar für die Menschewiki.

Was sie aber nicht verstehen können und nicht verstehen wollen, ist, daß die erfolgreiche Durchführung der bürgerlich-demokratischen Revolution, daß die Lösung der Bauernfrage in der russischen Revolution nicht erreichbar war ohne die Überführung der bürgerlich-demokratischen Revolution in eine sozialistische, ohne Errichtung einer sozialistischen Diktatur des Proletariats.

Breite Massen der Bauernschaft forderten bei Ausbruch der Februar-Revolution die Lösung dreier großer Probleme: die revolutionäre, „plebejische" Liquidierung des Feudalismus, die „Entkulakisierung" des Dorfes und den Abbruch des imperialistischen Krieges.

Hätte eine von den Menschewiki unterstützte bürgerliche Regierung diese Aufgaben der Revolution lösen können?

Die Bourgeoisie war gegen eine revolutionäre Lösung der Agrarfrage, denn das Land der Gutsbesitzer war in den Banken der Bourgeoisie verpfändet, wodurch die Bourgeoisie zur Mitbeteiligten an dem feudalen Grundbesitz wurde (man rufe sich die Politik der Kadetten in der Frage der Stolypinschen Reform ins Gedächtnis).

Die Lösung dieses Problems erforderte den Sturz der Regierung der Bourgeoisie und der Bourgeoislakaien.

Die Bourgeoisie war gegen die Entkulakisierung des Dorfes, weil sie eben Bourgeoisie ist.

Die Lösung dieser Aufgabe der Revolution erforderte den Sturz der Regierung der Kapitalisten und der Sozialverräter, die eine kapitalistische Politik führten.

Die Bourgeoisie und die Menschewiki — und das ist ganz besonders wichtig — waren gegen den revolutionären Abbruch des imperialistischen Krieges und verwandelten sich darum unvermeidlich in eine den breiten Massen der Bauernschaft feindliche Kraft.

Nur das sozialistische Proletariat, das die Macht in die eigenen Hände genommen hatte, konnte die revolutionären Forderungen der Bauernschaft erfüllen, nur das Proletariat hat diese auch erfüllt.

Unter den Verhältnissen der russischen Revolution mußte die Bauernrevolution unvermeidlich durch das sozialistische Proletariat geführt und durch die Diktatur des Proletariats vollendet werden.

Von Schritt zu Schritt begriff die Bauernschaft immer besser die „Klassenwahrheit" des Proletariats, die in der bolschewistischen Parole der Verwandlung des imperialistischen Krieges in den Bürgerkrieg ihren Ausdruck fand.

Die Entwicklung der gegenseitigen Beziehungen der Klassen und des Klassenkampfes bis zum Februar 1917 bildete somit die Voraussetzung nicht nur der Februar-Revolution, sondern auch des Oktober-Umsturzes. Die Triebfedern der Oktober-Revolution wirkten auch schon bei der Februar-Revolution mit. Nur auf Grund dieser Auffassung der Voraussetzungen der Revolution kann man den weiteren Gang des revolutionären Kampfes und Sieges des russischen Proletariats begreifen.

# III.

# DER FEBRUAR-(MÄRZ-)UMSTURZ 1917

# 1. DER AUFTAKT

An der Spitze der revolutionären Bewegung der Februartage marschierten die Petrograder Arbeiter.

Die Streikbewegung der Arbeitermassen hatte während der ganzen Dauer des Krieges nicht geruht. Vom Dezember 1916 bis Januar 1917 an aber stieg die Welle der Arbeiterbewegung ununterbrochen und nahm einen offenen revolutionären Charakter an. Als klar Zeugnis gebend von der politischen Einstellung der Hauptstadt können die vertraulichen Meldungen und Berichte betrachtet werden, die die Polizei und Gendarmerie (Ochrana) erstattete. Ein Bericht der Geheimpolizei vom 18. Januar 1917 besagt:

„Die Stimmung in der Hauptstadt ist *außerordentlich unruhig*, die wildesten Gerüchte zirkulieren sowohl über die Absichten der Regierung in bezug auf verschiedene reaktionäre Maßnahmen, wie auch über die Pläne der regierungsfeindlichen Gruppen und Bevölkerungsschichten in bezug auf mögliche und wahrscheinliche revolutionäre Unternehmungen und Exzesse. Man erwartet allgemein *irgendwelche besonderen Ereignisse und Aktionen* von beiden Seiten."

Die politische Situation erinnerte stark an den Vorabend des Jahres 1905. „Es ist sehr wahrscheinlich, daß Studentenunruhen ausbrechen, denen sich die Arbeiter anschließen werden und daß das alles durch terroristische Anschläge seine Vollendung findet." Dieser Bericht bezieht sich auf eine Zeit, ungefähr zwei Monate vor dem Februar-Umsturz. Anderthalb Wochen später, am 1. Februar, meldete der Chef der Petrograder Geheimpolizei, Globatschew, in einem „streng vertraulichen" Bericht, daß „die Bevölkerung alle Regierungsmaßnahmen offen (auf der Straße, in der Straßenbahn, in den Theatern und Kaufläden) und in unzulässig scharfem Tone kritisiert."

Weitere fünf Tage später wurde in einem Berichte der Geheimpolizei gemeldet, daß die Lebensmittelfrage von Tag zu Tag brennender werde, daß die Bevölkerung alle mit der Lebensmittelversorgung irgendwie im Zusammenhange stehenden Personen in nicht wiederzugebender Weise offen beschimpfe. Im Gefolge der neuen Preiserhöhung und des Verschwindens der lebenswichtigsten Bedarfsartikel vom Markte kam ein neuer Ausbruch der Unzufriedenheit auf, der sogar die konservativen Beamtenschichten ergriff. „Wenn bisher noch keine Hungerrevolten ausgebrochen sind, so bedeutet dies nicht, daß sie auch in Zukunft nicht stattfinden werden: die Empörung wächst und das Ende ist nicht abzusehen."

Die Geheimpolizei und die zaristischen Potentaten bemerkten wohl das Heranreifen der Revolution, erkannten aber doch nicht jene gigantische Kraft, mit der die Volksbewegung anschwoll. Vor dem traditionellen Streiktag, dem 22. Januar, zog der Chef der Petrograder Geheimpolizei, „die durchgreifende Verhetzung des Proletariats" konstatierend, folgende Schlüsse:

„Einige in letzter Zeit erfolgte Liquidierungen (gemeint sind Verhaftungen) haben die unterirdischen Kräfte in sehr bedeutendem Maße geschwächt. Nach erhaltenen Berichten sind zum diesjährigen 22. Januar nur vereinzelte, zersplitterte Streiks oder Versuche zur Organisierung von Streiks möglich, die aber alle keinen organisierten Charakter tragen werden."

Diese Worte wurden am 21. Januar geschrieben und am 22. *streikten* in Petrograd ca. *300 000 Arbeiter*. In allen Betrieben und Fabriken wurden Versamm-

**Putilow-Werke in Petrograd**

Die Arbeiter verlassen den Betrieb nach der Proklamation des Generalstreiks im Februar 1917 lungen abgehalten. In Moskau streikte ein Drittel sämtlicher Arbeiter, es wurden zwei Demonstrationen veranstaltet, an denen Tausende teilnahmen. In Charkow fanden Streiks und Versammlungen in den Betrieben statt, in Baku und Nischni-Nowgorod wurden unter den Arbeitern bolschewistische Flugblätter verbreitet. Am 23. Januar konnten folgende Petrograder bürgerliche Zeitungen nicht erscheinen: „Rjetsch", „Sowremennoje Slowo", „Djenj" usw.

Vom 31. Januar bis 5. Februar fand in Baku ein politischer Streik statt.

Angesichts der andauernden Unruhen verfügte die Regierung die Vertagung der Wiedereröffnung der Duma vom 25. Januar auf den 27. Februar.

Die Duma war begreiflicherweise weder politisch noch organisatorisch als ein Mittelpunkt der revolutionären Bewegung zu betrachten. Ihr Fehlen hinderte die Entwicklung der Massenbewegung in keiner Weise, während die Vertagung der Wiedereröffnung als Repressivmaßnahme aufgefaßt wurde und so nur Öl auf das in allen Betrieben und auf allen Straßen aufflammende Feuer goß.

Ferner wurden in der Nacht zum 12. Februar elf Mitglieder der Arbeitergruppe des „Kriegsindustrie-Komitees" verhaftet. In der am 12. Februar herausgegebenen Regierungsmitteilung wurde der Gruppe zur Last gelegt, sie hätte sich in eine „zentrale Organisation zur Erweiterung und Durchführung der Arbeiterbewegung im Reiche" verwandelt und sich das Endziel gesteckt, „Rußland in eine sozialdemokratische Republik zu verwandeln". All dies entsprach in keiner Weise

**Vertreter der Bourgeoisie 1917**
untere Reihe, der zweite von links, Rjabuschinski

den Tatsachen. Die „Arbeitergruppe" war und wurde keineswegs der Mittelpunkt der Arbeiterbewegung. Sie hatte sich im Gegenteil durch die Unterstützung, die sie dem Zarismus während des Krieges leistete, in den Augen der Massen gänzlich kompromittiert.

Die Verhaftung der „Arbeitergruppe" schwächte selbstverständlich die Arbeiterbewegung nicht im geringsten. Im Gegenteil hatte der Zarismus die Kräfte der Revolution ganz falsch beurteilt, er hatte weder in der Duma noch in den opportunistischen Elementen der Arbeiterklasse die eigenen, objektiv bedingten Verbündeten erkannt.

In Petrograd fanden fast täglich Versammlungen in den Betrieben statt. Die Regierung bereitete sich zum Kampfe vor. Sie rüstete die Polizei mit Maschinengewehren aus den Beständen der Armee aus. Am 27. Februar betrug die Zahl der Streikenden einige 10 000; es streikten 60 Betriebe. Die Arbeiter gingen mit revolutionären Fahnen unter dem Gesang revolutionärer Lieder auf die Straße. Mit den Parolen *„Brot!"*, *„Nieder mit dem Krieg!"* demonstrierten Arbeiter und Studenten auf dem Newski-Prospekt, der Hauptstraße Petrograds. Am selben Tage, dem 27. Februar, trat die Staatsduma zusammen. Die Menschewiki forderten die Arbeiter auf, zum Tagungsort der Duma, dem Taurischen Palast, zu ziehen.

Die Bolschewiki waren gegen diesen Aufmarsch, da sie die Entwicklung der revolutionären Bewegung in keiner Weise mit der Duma in Verbindung bringen wollten. Der Aufmarsch mißlang, vor dem Taurischen Palast fanden sich, alles in allem, ungefähr 500 Personen ein. Was die Straßendemonstrationen betrifft, so war die Parole „Nieder mit dem Krieg!", die an diesem Tage von den Arbeitern verschiedener Betriebe in die Masse geworfen wurde, ganz und gar keine menschewistische. Am 4. März verstärkten sich die Straßenunruhen, ganz besonders in der Nähe von Lebensmittelläden. Die Bevölkerung forderte Brot. In den Straßen sah man viel Frauen. Am 6. März wurden Bäcker- und Krämerläden in den Arbeiterbezirken von der Menge ausgeräumt.

**Beschießung der Polizeinester in Petrograd, Februar 1917**

## 2. DER KAMPF

DIE Petrograder Großbetriebe spielten in der ganzen revolutionären Bewegung eine besonders wichtige Rolle. So beschränkten sich die Arbeiter der Putilow-Werke (Maschinen- und Lokomotivbau, während des Krieges umgestellt auf die Herstellung von Artilleriematerial, einer der größten Betriebe Rußlands) seit Anfang Februar nicht mehr auf Streik oder Versammlungen, sondern gingen aktiv gegen die Polizei vor. Sie gingen mit roten Fahnen auf die Straße und führten ebenso wie die Arbeiter des Leßnerschen Betriebes die Parole „Nieder mit dem Krieg!“. Es erfolgte wieder ein Zusammenstoß mit der Polizei, wobei einige Arbeiter verhaftet wurden. Am 3. März fanden Versammlungen in sämtlichen

Barrikaden in der Litejnajastraße (Petrograd), Februar 1917

Werkstätten statt. Allgemeine politische Forderungen wurden mit wirtschaftlichen verbunden. Die Direktion drohte mit Entlassungen und mit Stillegung des Betriebes, mit Aussperrung. Am 6. März wieder Versammlungen in allen Werkstätten; am 7. März verhängte die Direktion die Aussperrung und legte den Betrieb auf unbestimmte Zeit still. Die revolutionären Putilow-Arbeiter übertrugen ihre ganze Energie auf den Kampf in den Straßen.

Der 8. März (23. Februar alten Stils) war der Tag der Frauen. Diesen Tag kann man als den ersten Tag der bereits ausgebrochenen Revolution betrachten. Die Bewegung war nicht mehr aufzuhalten. Ganz Petrograd war von Unruhe ergriffen. Es streikten ungefähr 50 Betriebe mit 90 000 Arbeitern. Die Kampfstimmung machte sich durch Demonstrationen und in Zusammenstößen mit der Polizei Luft. Eine dichte Menge von Arbeiterinnen und Arbeiterfrauen zog zum Rathaus und forderte Brot. An verschiedenen Punkten der Stadt tauchten

Mit den Demonstranten in Petrograd, Februar 1917, sympathisierende
Kosaken im Kampfe gegen die Polizei

Fahnen mit den Parolen „*Nieder mit der Selbstherrschaft*", „*Nieder mit dem Krieg*" auf. Gegen 4 Uhr nachmittags hielten die Arbeiter auf der Ingenieurstrasse, Sadowajastraße und auf dem Newski-Prospekt den Straßenbahnverkehr auf. Die Straßen waren voll von Polizei und berittenen Schutzleuten, die auf den Bürgersteig hinaufritten und mit ihren Nagaikas auf die Menge einhieben. Auf dem Newski-Prospekt jagten mit Piken bewaffnete Kosaken auf und ab.

An diesem Tage leerten sich die Straßen erst gegen 10 Uhr abends. Die Stadt begab sich zur Ruhe, nur um am nächsten Tage zu neuem Kampfe zu erwachen. Am 9. März streikten in Petrograd 200 000 Arbeiter. Auf den Straßen wurde geschossen, die Menge verjagte die Polizisten. An diesem Tage konnte man die ersten Schwankungen in der Haltung der Truppen verzeichnen. Die Kosaken, die sich dem Volke gegenüber sympathisierend verhielten, wurden von der Menge mit Hurrarufen begrüßt. Die in der Wohnung des Wehrkreiskommandanten Chabalow versammelten Behörden waren gezwungen, „eine Kavallerie-Formation den Kosaken des ersten Donregiments beizugeben, da diese der Menge nicht genügend energisch gegenübertreten", W. Kajurow, ein Arbeiter in der Fabrik Erikson, beschreibt in seinen Erinnerungen die bewegten Tage des Umsturzes.

Am 9. März morgens nahmen die Arbeiter des Betriebes Erikson (wie auch alle anderen Arbeiter des Wyborger Stadtteils, deren Zahl ungefähr 70 000 betrug) die Arbeit nicht auf. Sie nahmen an einer Versammlung im Betriebe teil und strömten dann, eine Menge von 2500 Mann, auf den Sampssomiewski-Prospekt hinaus, um auf den Straßen Petrograds mit der Parole „Gebt uns Brot" zu demonstrieren.

Der Prospekt ist an dieser Stelle sehr eng und war von der Masse der Erikson-Arbeiter buchstäblich verstopft. Mit Mühe gelang es, einen Zug zu formieren, dann setzte man sich in der Richtung der Litejnaja-Brücke in Bewegung. Dem Demonstrationszuge den Weg versperrend, in einer Entfernung von ungefähr hundert Metern, waren Kosaken aufgestellt . . .

Die Lage wurde unheimlich . . . Im Falle einer Attacke der Kosaken gab es kein Entrinnen. Die Blicke aller waren auf einen einzigen Punkt gerichtet. Es kamen immer neue und neue Arbeitermassen aus den Betrieben der Umgebung anmarschiert. Da ertönte das Kommando der Offiziere; die Kosaken stürzten sich mit gezogenen Säbeln auf unseren wehrlosen, unbewaffneten Zug.

Die Herzen krampften sich zusammen, in den Augen saß Entsetzen, die Gedanken arbeiteten fieberhaft: verteidigen können wir uns nicht, fliehen ebensowenig — was soll aus unserem Zuge werden?

Die Offiziere stürzten sich als erste in die Menge, mit blutunterlaufenen Augen, sich mit ihren Pferden den Weg bahnend; hinter ihnen sprengten in der ganzen Breite des Prospekts die Kosaken auf uns zu . . . Doch, o Freude! Die Kosaken schlängeln sich im Gänsemarsch durch das soeben von den Offizieren gebahnte Gäßchen, einige lächeln, und einer blinzelt mit den Augen auffällig den Arbeitern zu. Die Freude hatte kein Ende. Hochrufe auf die Kosaken ertönten aus Tausenden von Kehlen. Man hatte auch allen Grund zur Freude: Der erste Versuch war gut abgelaufen, ohne Opfer auf unserer Seite, die Straße war buchstäblich übervoll: Vorn die Arbeiter der Nobel-Werke und des Parwiainen-Werks, hinter ihnen eine Lücke, die die Kosaken gerissen hatten, und dann die Arbeiter des Neuen Leßnerschen Betriebs, des Aiwas-Betriebs und anderer.

Doch nun kam das zweite Kommando und eine zweite Attacke auf unseren schon größer gewordenen Zug. Diesmal wiederholte sich in umgekehrter Richtung dieselbe Geschichte wie das erstemal.

Und das dritte- und viertemal wiederholte sich dasselbe Spiel. Auf den Gesichtern der Offiziere spiegelte sich die Angst um die eigene Haut; die Kosaken schienen ernst, mit einem Funken der Freude in den Augen.

Weitere Attacken wurden nicht geritten, da die Offiziere deren Vergeblichkeit einsahen . . .

Die Kosaken standen wieder vor uns, die erste Reihe der Demonstrierenden kam eng an sie heran und fing mit ihnen Gespräche über Tagesereignisse an. Man wies auf den friedlichen Charakter unserer Forderungen hin. Aus den Seitenstraßen strömten inzwischen immer weitere und weitere Reihen verspäteter Arbeiter. Die Offiziere, als sie die friedlichen Gespräche zwischen Kosaken und Arbeitern sahen, versuchten noch einmal, der Demonstration den Weg zu versperren. Die Kosaken rührten sich jedoch nicht und verhinderten nicht das Durchschlüpfen der Arbeiter unter den Bäuchen ihrer Pferde. So kam man bis zur Litejnaja-Brücke, wo man sich mit den Arbeitern von Poljustrow und Groß-Ochta vereinigte. Es gelang jedoch nicht der ganzen Masse, über die Brücke zu kommen, da diese durch Polizei und Kosaken versperrt war.

Den Befehl über die Polizei führte ein alter, grauhaariger Polizeioffizier. Man verhandelte mit ihm wegen Freigabe des Übergangs über die Brücke. Er versuchte anfangs, davon abzureden, als er aber bemerkte, daß mit Hilfe des eben entdeckten „Durchschlüpfens" unter den Pferden ein Teil der Demonstranten, ungefähr 500 Leute, die Kette durchbrochen hatte, kommandierte er: „Nagaika heraus!" Die Polizei stürzte sich auf die Durchgeschlüpften und schlug zu. Die Geschlagenen machten den berittenen Polizisten Vorwürfe und beriefen sich auf die Neutralität der Kosaken. Die Schutzleute wurden sichtlich verwirrt, wohl nicht aus Gewissensgründen, sondern ausschließlich darum, weil sie die Kosaken fürchteten.

Diese Verwirrung ausnützend, überredete ich einige Genossen, einen alten, die Nagaika mit besonderem Schneid führenden Kerl vom Pferde zu ziehen. Einige Leute sprangen hinzu und faßten an, den zu Hilfe eilenden Polizisten gelang es jedoch, ihn aus unseren Händen zu befreien.

Zu dieser Zeit war die breite Nischegoroder Straße — soweit man von der Brücke aus sehen konnte — im buchstäblichen Sinne des Wortes von Arbeitern vollgestopft; die Läden waren alle geschlossen, die Angestellten auf der Straße. Die bewaffneten Schutzleute und Kosaken, die außerdem eine vorteilhafte Stellung besetzt hatten, zu überfallen, war für die unbewaffneten Demonstranten kaum möglich. Man wartete deshalb auf die Erfolge der Spitzengruppe, die unmittelbar vor der Polizei und den Kosaken stand. In der ganzen Masse der Demonstranten gab es nur einen Wunsch: in großer Masse in den Bourgeoisvierteln Petrograds zu demonstrieren. Das dieser Absicht gesetzte Hindernis machte die Menge nervös. Zu gleicher Zeit erblickten wir die vom anderen Ende der Brücke auf uns zulaufenden Genossen, die früher durchgeschlüpft waren und die erzählten, daß man von irgendwoher auf sie geschossen habe, wobei es Tote und Verwundete gegeben habe. Wir konnten uns nicht entschließen, allein weiter zu gehen, als jemand ausrief: „Genossen, über's Eis." Im Nu war das Eis von beiden Seiten der Brücke schwarz von Menschen, die wie Ameisen durcheinander liefen. Was weiter auf der Brücke geschah, weiß ich nicht, da auch ich über das Eis zum Newski-Prospekt weiterlief.

Auf dem Newski waren ziemlich viel Leute. Die Arbeiter formierten einen Zug und bewegten sich unter dem Gesang revolutionärer Lieder die Straße entlang. Die Polizei war vollständig verschwunden. Später änderte sich das Gesicht der demonstrierenden Menge ein wenig. Es tauchten in ihr schon die dunkelblauen Mützen der Studenten auf. Das spazierende Publikum sympathisierte mit uns. Aus einigen Krankenhäusern begrüßten uns die Soldaten durch Winken. Die Kosaken ritten ununterbrochen Attacken gegen uns, ihre Pferde waren von Schaum bedeckt; da die Vorgesetzten sich von der Zwecklosigkeit der Attacken noch einmal überzeugt hatten, wurden diese eingestellt und die Kosaken am Kasaner Dom aufgestellt. Da tauchten, unflätig schimpfend, halbbetrunkene Dragoner mit ihren Lanzen auf. Sie drangen in die Menge und schlugen mit ihren Lanzen auf die Köpfe der Demonstranten ein. Die revolutionäre Stimmung der Masse war so stark, daß sie standhielt und nicht auseinander lief.

Die folgende kleine Episode zeigt deutlich die Stimmung der Masse: Auf ein kleines Grüppchen, das auf der Brücke des Katharinen-Kanals stand und offensichtlich von den Demonstranten getrennt worden war, stürzten sich laut schimpfend einige Dragoner. Ein junger Dragoner sprang auf einen hochbejahrten Mann zu, der, nach meiner Ansicht, gar nicht wie ein Arbeiter aussah, und schrie: „Was suchst Du hier, Du alter Teufel." Der Greis verlor im ersten Augenblick vor Überraschung die Sprache, dann fing er an, dem Dragoner Vorwürfe zu machen, zeigte auf die beiseite stehenden Kosaken, auf ihr mustergültiges Benehmen und schloß dann, indem er, die Kleider aufreißend, seine Brust entblößte: „Du Grünschnabel, wenn Du das Blut eines hungernden Menschen brauchst, so nimm doch!" Der beschämte Soldat wandte sich verwirrt ab und ritt rasch davon.

Abends wurde die Menge der Demonstrierenden noch dichter. Es kamen Arbeiter aus anderen Bezirken; der Snamenski-Platz, wo zu dieser Zeit vom Denkmal Alexanders III. aus Redner sprachen, konnte die Masse nicht mehr fassen.

Weder am 9. noch am 10. März gelang es mir, irgendein Mitglied des Petrograder Komitees oder auch nur ein Mitglied der Bezirksleitung zu sprechen. Infolgedessen konnte ich mit niemandem über unser Verhalten reden. Es war dazu auch keine Zeit, man spürte, daß der Augenblick des Handelns gekommen war.

Ohne mich also mit irgend jemand beraten zu haben, versammelte ich einen Teil der Erikson-Parteizelle und schlug vor, rotes Tuch zu kaufen. Man machte zwei Fahnen mit Aufschriften: „Nieder mit der Selbstherrschaft!" und „Nieder mit dem Krieg!". Die erste Fahne gab ich Michael Poljakow, die zweite meinem Sohn Alexander, wobei ich ihnen sagte, daß die Fahnen erst gezeigt werden sollten, wenn eine große Menschenmenge versammelt sei. Dann machte ich mich auf den Weg zum Newski-Prospekt, wo eine ungeheure Menschenmenge versammelt war und vom Denkmal herab wieder Redner sprachen.

Endlich kamen die Fahnen an. Es wiederholt sich dieselbe Geschichte mit den Kosaken-Attacken. Die Fahnen wurden für kurze Zeit eingerollt, aber sobald die Kosaken und Dragoner die Menge durchquert hatten, wehten sie wieder über den Köpfen der Menge. Plötzlich entriß ein Kosak meinem Sohne die Fahne, ritt einige Meter weiter, hob sie hoch, riß sie dann von der Stange und steckte sie in die Tasche. Der Fahnenträger lief dem Kosaken nach und bat ihn, die Fahne zurückzugeben, was dieser auch tat, indem er sie, wahrscheinlich mit Rücksicht auf seine Vorgesetzten, unbemerkt aus der Tasche auf die Straße fallen ließ.

Indessen wurde die Menge auf dem Snamenski-Platz vor dem Denkmal immer dichter und dichter; die Redner sprachen. Ich hörte ihnen mit einem Genossen aus dem Leßnerschen Betriebe zu. Einige von ihnen riefen zur Unterstützung der Duma und ihrer Forderung nach einem verantwortlichen Ministerium auf. Jetzt erst fiel mir die Duma ein, fiel mir ein, daß irgendwo irgendwelche „Volksvertreter" tagten, auf unsere Unterstützung warteten und wahrscheinlich an sie glaubten. Da sprengte mit verhängten Zügeln berittene Polizei herbei, drang in die Menge ein und schlug zu. Die ganze Menge rannte in die Nebenstraßen. Es blieben bloß einzelne zurück, die Widerstand leisteten. Der Genosse aus dem Leßnerschen Betrieb und ich liefen nicht davon, nahmen die Mützen ab und gingen auf die Kosaken mit den Worten zu: „Brüder Kosaken, unterstützt die Arbeiter in ihrem Kampfe für friedliche Forderungen, Ihr seht doch, wie sie uns hungrige Arbeiter traktieren. Helft uns doch!"

Ich sah, wie die Kosaken einander sonderbar anblickten. Kaum waren wir weitergegangen, da stürzten sie sich in das Handgemenge. Anfangs dachte ich, daß sie der Polizei zu Hilfe eilten. Als aber die Polizei die Kosaken erblickte, gab sie Fersengeld, während die Kosaken sie verfolgte. Was dann zwischen ihnen vorging, konnte ich nicht sehen. Ich lief zum Bahnhofseingang und sah, daß dort die Menge einen Kosaken auf die Schultern gehoben hatte. Es zeigte sich, daß dieser einen Polizeioffizier, den man dann mit einer Schaufel erschlug, mit dem Säbel niedergehauen hatte.

Der Zusammenstoß zwischen Kosaken und Polizei hatte auf die Stimmung der Masse eine kolossale Wirkung: „Die Kosaken auf unserer Seite!", so beurteilte man das Verhalten der Kosaken. Diese aber standen wieder auf ihren früheren Plätzen, als ob nichts geschehen wäre. Ihre Offiziere hielten sich in einiger Entfernung und beratschlagten offensichtlich etwas. Die Polizei war ganz verschwunden, dafür erschienen aber Soldaten mit entsichertem Gewehr. Auf meine Frage: „Genossen, kommt Ihr denn wirklich der Polizei zu Hilfe?", antworteten die Soldaten: „Scher' Dich weg". Der zweite Versuch, ein Gespräch anzuknüpfen, endete ebenso. Ich ging um den Snamenski-Platz herum, holte auf dem Newski-Prospekt den Demonstrationszug ein und ging mit ihm bis zur Kasaner Kathedrale. Hier erschien von irgendwoher berittene Polizei, stürzte sich auf die Menge, es entstand ein Gedränge, Stimmen schrien durcheinander, Glas klirrte, man hörte Schüsse, — die Soldaten des Pawlowski-Regiments hatten auf die vor den Demonstranten flüchtenden Schutzleute geschossen. Der Zug bewegte sich dann wieder in der Richtung des Snamenski-Platzes weiter. Zugleich stellten sich Kordons bewaffneter Soldaten auf, die alle Straßen und Gassen absperrten. Besonders dicht standen die Reihen der Soldaten quer über der Sadowaja-Straße und rings um den großen Kaufhof am Newski herum.

Die Menge verfolgte diese Vorbereitungen mit fieberhafter Erregung, wollte aber vor lauter Begeisterung nicht glauben, daß die Soldaten schießen würden. Die Demonstration nahm hier gigantische Maße an. Die ersten Reihen kamen, durch den Massendruck von hinten nach vorn geschoben, immer näher an die Soldaten heran. Endlich kam es dazu, daß die Spitzen der Bajonette die Brust der in der ersten Reihe Stehenden berührten. Von hinten hörte man noch den Gesang revolutionärer Lieder, vorn herrschte schon Verwirrung, Frauen riefen, mit Tränen in den Augen, den Soldaten zu: „Genossen, nehmt Eure Bajonette weg, schließt Euch uns an!" Die Soldaten waren erregt, warfen rasche Blicke auf die eigenen Kameraden, noch ein Augenblick, ein Bajonett hebt sich langsam hoch, wird durch die Schultern der vorrückenden ersten Reihe harmlos in die Luft gehoben. Ein donnerndes Hurra erschütterte die Luft. Die triumphierende Menge begrüßte ihre in graue Soldatenmäntel gekleideten Brüder. Die Soldaten mischten sich in die Menge der Demonstranten.

An Stelle der verschwundenen Truppe erschienen zwei Züge gut ausgerüsteter Soldaten einer Militärschulformation. Sie schwärmten aus und versperrten den Newski-Prospekt in der Höhe des Rathauses, während ein anderer Teil sich ebenso auf der Brücke des Katharinen-Kanals aufstellte. Die Demonstranten waren noch weit vorn. Ich ging, die Stimmung dieser Soldaten auszukundschaften. Ungefähr 15 Arbeiter und ich fingen an, unter ihnen zu agitieren. Der kommandierende Offizier versuchte uns einige Male wegzujagen. Wir leisteten aber seinem Befehle keine Folge. Es gelang uns aber doch nicht, die Stimmung der Soldaten festzustellen. Indessen näherten sich die Demonstranten und man mußte entscheidende Maßnahmen ergreifen. Einige Genossen versuchten die Bajonette zu erfassen und fuhren fort, die Soldaten zu überreden, daß sie nicht schießen sollten. Man sagte uns aber: „Schert Euch fort" und begleitete diese Aufforderung mit Schimpfworten. Wir mußten weichen und nur von fern rufen: „Es ist nicht richtig, Genossen, was Ihr da tut." Endlich hörten wir von dem linken Flankenmann ein Flüstern: „Schafft den Offizier weg." Sofort umgaben zehn Leute den Offizier, der aber drehte sich, ich weiß nicht warum, um; unsere Absicht offensichtlich bemerkend, schwang er seine kleine Reitpeitsche und wandte sich mit einem freundlichen Lächeln an uns: „beunruhigt Euch nicht, beunruhigt Euch nicht", was uns veranlaßte anzunehmen, daß nicht geschossen werden würde, worauf wir weiter gingen. Der Demonstrationszug kam auf 50 Schritte heran. Man sah schon die Fahne und den Genossen Tschugurin mit auf der Brust geöffnetem Hemd und das Gesicht meines Sohnes, der neben ihm ging. Da knatterten die ersten

Gewehrverschlüsse, der Hornist blies, es krachte die erste Salve . . . die zweite . . . die dritte . . . Ich stand in einer Linie mit den Soldaten und konnte die Richtung der Gewehrläufe beobachten, sie zielten nach oben. Aber ich hatte mich vielleicht geirrt. Ich blickte auf die Menge, die, als die erste Salve krachte, sich in den Schnee niedergeworfen hatte, sah aber, daß alle unversehrt waren und sich rasch erhoben. Wieder ertönte ein donnerndes Hurra aus Tausenden von Kehlen. Da hörte man wieder Schüsse, Geschrei und Stöhnen. Die Menge lief in panischem Schrecken auseinander, nur einige Tapfere blieben zurück, um die Toten und Verwundeten — ungefähr 14 Mann — aufzuheben und mitzunehmen.

Die Demonstration war zu Ende, aber auf den Bürgersteigen wimmelte es von Menschen, die die Ereignisse des Tages besprachen.

Die Tatsache, daß die Soldaten auf das Volk geschossen hatten, übte eine starke Wirkung aus. Die Aufregung war so groß, daß ich trotz der späten Stunde noch in die Kaserne zu den Kosaken ging, um zu erfahren, ob keine neuen Befehle gegeben worden seien; auch wollte ich die Stimmung der Kosaken auskundschaften.

**Opfer des Kampfes in Petrograd, Februar 1917**

Am Eingang der Kaserne traf ich einen verwundeten Kosaken und fragte, was passiert wäre. Es erwies sich, daß jemand im Schreck seinem Pferde einen Schlag versetzt hatte, das Pferd hatte ihn daraufhin abgeworfen, so kam er zu seiner Verwundung. Er bat mich, den Arbeitern zu sagen, sie möchten sich auf jeden Fall davor hüten, die Kosaken anzurühren; sollten die Kosaken zum aktiven Vorgehen provoziert werden, würde es den Arbeitern schlecht ergehen. Selbstverständlich versprach ich, dies den Arbeitern zu übermitteln und fügte hinzu, daß die Arbeiter selbst gegen die Kosaken sicherlich nichts im Schilde führten; wenn irgend etwas ähnliches passiere, so wäre das nur Spitzelarbeit, mit solchen Spitzeln würden die Arbeiter schon fertig werden.

Am nächsten Tage gingen wir zum Newski-Prospekt und besprachen unterwegs die gestrigen Ereignisse am Rathaus. Wie würde es heute werden? Könnte es möglich sein, daß die Soldaten sich uns nicht anschließen würden? Plötzlich krachten Schüsse durcheinander, Maschinengewehre knatterten und uns entgegen liefen fliehende Menschen mit entsetzten Gesichtern. Auf dem Newski-Prospekt erwartete uns ein unheimliches Bild. Die Leute drückten sich auf den Bürgersteigen in der Richtung von der Sadowaja-Straße zur Kasaner Kathedrale. Von dieser bis zum Snamenski-Platz standen Polizisten und irgendwelche Leute, die mit Gewehren bewaffnet waren und in alle Richtungen schossen. Der Demonstrationszug war unbewaffnet und konnte den Regierungsmaßnahmen keine eigenen Maßnahmen entgegenstellen. Die Wagen der Rettungsgesellschaft schwirrten auf dem Newski-Platz herum und transportierten Tote und Verwundete ab. Das Publikum ging jedoch nicht auseinander, drückte sich an die Häuser, die Jüngeren versuchten von hinten an die Polizei heranzukommen. Mit großer Mühe gelang es, zur Ligowka und bis zum Nikolai-Bahnhof durchzukommen. Die Ansammlungen der Arbeiter waren dort ganz dicht. Auf die andere Seite der Straße hinüberzukommen, gelang nicht, da der Weg durch einen doppelten Kordon von Soldaten abgesperrt war. Einige baten die Soldaten, sie durchzulassen, worauf sie die Antwort erhielten, daß dort die Polizei schieße. An derselben Stelle, ganz in der Nähe des Soldaten-Kordons, fand eine Versammlung statt, noch weiter abseits bewegten sich die Demonstranten unter dem Gesange revolutionärer Lieder weiter. Wieder entstand eine Verwirrung. In der Masse brodelte es. Man hatte das Rollen und Knattern eines Panzerautos gehört. Nun kam es in Sicht und löste durch seinen Anblick und den entsetzlichen Lärm, den es machte, panischen Schrecken aus. Man hatte aber auch alle Ursache, Angst zu haben; hinter dem Kordon auf dem Newski wurden die Arbeiter erbarmungslos niedergeschossen. Hier aber spürte man noch den Atem der Revolution, den ungeheuren Andrang von Demonstranten, hörte den Gesang revolutionärer Lieder. Vor der Menge sprach ein Redner. Auf eine kurze Zeit war die fluchbeladene Wirklichkeit verschwunden. Man atmete auf, die Gedanken erhoben sich frei. Da weckte uns das unheilverkündende Donnern des Panzerautos wieder aus unserem Traum. Die grellen Farben des Traumgebildes verschwanden wieder und vor unseren Augen tauchte die finstere Wirklichkeit wieder auf. Mit dem Erscheinen des Panzerautos schienen alle Aussichten auf eine Revolution verschwunden. Wir standen hilflos da und konnten von nirgends Hilfe erwarten.

Ungefähr um 8 Uhr war der Newski-Prospekt schon leer. Ich ging nach Hause. Unterwegs kehrte ich wieder in die Kaserne bei den Kosaken ein, erfuhr aber bei ihnen nichts Neues. Als ich zu Hause ankam, richtete man mir aus, daß ich zu einer Versammlung der Bezirksleitung kommen sollte. Man beriet über die Tagesereignisse und über unser Verhalten am nächsten Tage. Es fielen skeptische Bemerkungen. Man fragte sich, ob es nicht Zeit wäre, die Masse zum Abbruch des Streiks aufzufordern. Die Bezirksleitung des Wyborger Stadtteils mußte über taktische Fragen beraten, die die ganze Petrograder Organisation betrafen, da das Petrograder Komitee in der Wohnung Kuklins verhaftet worden war, die — nach unserer Meinung — von dem Spitzel Muljin verraten worden war.

Während der Sitzung fiel mir ein neues Gesicht in einem Soldatenmantel auf. Auf die Frage, wer dies wäre, sagte man mir, es wäre ein Genosse aus der Panzerauto-Abteilung. Ich protestierte gegen seine Anwesenheit mit der Begründung, daß hier außerordentlich wichtige Fragen besprochen würden und daß zu solchen Sitzungen nur erprobte Genossen zugelassen werden könnten. Ich sagte dasselbe diesem Genossen selbst und bat ihn, uns zu verlassen. Indem ich mich von ihm verabschiedete, fragte ich: „warum helft Ihr uns nicht?" „Wir helfen doch", antwortete verwirrt der Genosse. „Wodurch?", fragte ich wieder.

Es stellte sich heraus, daß das auf dem Newski-Platz erschienene Panzerauto ihnen gehörte und daß sie nur in Ermangelung von Patronen und Gurten für ihre Maschinengewehre nicht auf die Polizei hatten schießen können.

„Warum seid Ihr dann unbewaffnet auf die Straße gekommen? Durch Euer Erscheinen habt Ihr die Polizei ermutigt und überflüssige Verwirrung in die Reihen der Arbeiter getragen. Und nun, was wollt Ihr morgen machen?"

Der Genosse erwiderte, daß man morgen in Kampfbereitschaft auffahren würde, da nunmehr alles vorbereitet sei. Eine verzweifelte Müdigkeit und der strenge Frost gestatteten uns nicht, die Beratung zu Ende zu führen. Es wurde beschlossen, am nächsten Morgen, früh um 8 Uhr, eine erweiterte Sitzung in meiner Wohnung abzuhalten. Es kamen ungefähr 40 Leute als Vertreter der Betriebe und Fabriken.

Die Mehrheit entschied sich für die Fortsetzung der Aktion. Einwände dagegen wurden fast nicht erhoben. Ganz zu Ende der Sitzung stürzte freudestrahlend der Genosse Schwedtchikow herein und erzählte uns, was in der Stadt vorging. Ihm folgten noch einige Genossen, die bereits aus dem Kresty-Gefängnis befreit worden waren. Die Freude war unbeschreiblich. Rasch ging man auseinander. Ich begab mich zu den Moskauer Kasernen. Die Kasernen wurden von allen Seiten durch die Arbeiter belagert. Die Soldaten leisteten keinen Widerstand. sprangen teils mit ihren Gewehren, teils mit leeren Händen über den Zaun und mischten sich unter die Arbeiter.

Ihre Ratlosigkeit bemerkend, beschloß ich, sie auszunützen. Ich fragte sehr schroff, warum sie hier herumstünden und sich nicht der Revolution anschlössen. Dann kommandierte ich: Achtung — —. Dieses magische Wort wirkte sofort. Sie standen still. Doch, o Malheur, weiter kannte ich keine Kommandoworte. Die Soldaten fühlten dies sofort, fingen an, untereinander zu flüstern, um sich über mich lustig zu machen. Aus dieser unbequemen Lage befreite mich ein heransprengender junger Fähnrich. Er fand die richtigen Kommandoworte, die Reihen bildeten sich und marschierten nach Leßnoje, um die Maschinengewehr- und Motorrad-Abteilungen aus den Kasernen herauszuholen. Ich aber blieb, durch meinen Mißerfolg äußerst verwirrt, bei den Arbeitern.

Am 12. März um die Mittagsstunde glich Petrograd einer belagerten Stadt. Überall hörte man Gewehrfeuer und das Knattern von Maschinengewehren, das Geschrei floß zu einem einzigen Brausen zusammen und die Rauchsäulen des brennenden Bezirksgerichts und der Polizeireviere hoben sich hoch gegen den Himmel.

Ich ging auf den Sampssonjewski-Prospekt hinaus und näherte mich den von Motorradfahrern besetzten Baracken. Am Eingang standen Soldaten, ich fragte sie: „Was steht Ihr da, Genossen?" Die Soldaten lächelten irgendwie böse und schwiegen. Die Offiziere forderten mich barsch auf, weiterzugehen. Ich wandte mich zu einer Gruppe von Arbeitern und Soldaten und sagte, daß Maßnahmen ergriffen werden müßten, um die Motorradfahrer herauszuholen. Ein Genosse beruhigte mich, indem er sagte, daß schon alles Nötige getan worden wäre, man habe um ein Panzerauto geschickt, anders ginge es nicht, da jene sich eingegraben und Maschinengewehre aufgestellt hätten. Aber der Masse wurde das Warten zu lange, sie machte sich daran, die Baracken zu belagern. Man hörte von beiden Seiten Schüsse, es schien jedoch nicht möglich, vorwärtszukommen, man beschloß daher, zunächst den Zaun umzulegen, was auch geschah, indem ein Teil des Zaunes umgelegt, ein anderer angezündet wurde. Den Motorradfahrern wurde es unmöglich, alle Baracken zu halten (es waren ungefähr 20), sie zogen sich rasch in zwei, drei Baracken zusammen und setzten sich dort fest; ein Teil der so freigewordenen Baracken wurde sofort von den

**Das zerstörte Haus des verhaßten Ministers des kaiserlichen Hofes, Graf Frederiks, Februar 1917**

Belagerern angezündet. Die lodernden Baracken, der umgelegte Zaun, das Maschinengewehr- und Gewehrfeuer, die erregten Gesichter der Belagerer, das heransausende, mit bewaffneten Revolutionären vollbesetzte Lastauto und das endlich herbeigeeilte Panzerauto mit den blanken Geschützläufen ergaben ein unvergeßliches Bild. Das Panzerauto gab zwei — drei Kanonenschüsse auf die eingenisteten Offiziere und Motorradfahrer ab, sie gleichzeitig mit einem heftigen Maschinengewehrfeuer überschüttend. Nach kurzem, erbittertem Feuergefecht ergaben sich die Belagerten . . .

Der Kommandant der Besatzung war tot, die übrigen Offiziere nahmen die Achselstücke ab und flohen durch die an die Baracken angrenzenden Gemüsegärten.

Nunmehr blieb auf der Wyborger Seite kein einziger gegenrevolutionärer Truppenteil, und nur die Schutzleute, die sich mit ihren Maschinengewehren auf den Dachböden der Häuser eingenistet hatten, störten noch den Triumph der aufständischen Masse.

Während des dreitägigen revolutionären Kampfes sah ich als Demonstrationsteilnehmer nur Arbeiter und eine kleine Gruppe Studenten aktiv auftreten; ja, noch mehr, man konnte konstatieren, daß die Fahne

**Nach dem Sturm**

Ein Petrograder Gefängnis, zerstört im Februar 1917

mit der Aufschrift: „Nieder mit dem Kriege!" bei den auf den Bürgersteigen des Newski-Prospekts spazierenden menschewistischen und sozialrevolutionären Führern durchaus keine Sympathie fand.

In diesen Tagen befürchtete ich am meisten jene Schwätzer, die als „Freunde" zu den Arbeitern und Soldaten kommen. Ob die Arbeiter wohl begreifen werden, wie gefährlich diese Freunde für sie sind? Das war es, was mir im Kopfe herumging, als ich morgens auf den Sampssonjewski-Prospekt hinauskam.

Gegenüber der Landrinschen Fabrik waren zwei Kompagnien älterer Soldaten, Pioniere, aufgestellt. Der Kommandant und noch einige Offiziere kamen hinzu. Der Kommandant begrüßte die Mannschaft und hielt dann eine Rede ungefähr folgenden Inhalts: „Ich beglückwünsche Euch, Brüder, zu dem großen Glück, das uns beschieden war. Die von allen gehaßte Regierung ist gestürzt. Eine provisorische Regierung hat sich gebildet, an deren Spitze der von allen Mitgliedern der Staatsduma verehrte Fürst Lwow steht. Jetzt bleibt nur eines übrig, den äußeren Feind zu besiegen." — „Die provisorische Regierung bittet Euch, Euch zu beruhigen, in Eure Kasernen zurückzukehren und Euren Vorgesetzten, den Herren Offizieren, ebenso wie früher, Gehorsam zu leisten. Jetzt bitte ich Euch, an Eure Plätze in die Kasernen zurückzukehren." Einige riefen: „Zu Befehl!", die meisten blickten ratlos drein. Die süßliche Rede dieses Abgesandten der „Freunde" des Volkes berührte mich wie ein elektrischer Funke. Ich rief: „Gestatten Sie mir ein Wort,

Herr Kommandant." Er gestattete mir zu reden. „Genossen, Soldaten!" fing ich an, „Ihr habt soeben von Eurem Kommandanten gehört, Ihr solltet in Eure Kasernen zurückkehren, Euch wieder Euren Offizieren unterwerfen und ruhig die Verfügungen der soeben gebildeten provisorischen Regierung und des Komitees der öffentlichen Sicherheiten erwarten, an deren Spitze die Gutsbesitzer Lwow und Rodsianko stehen. Genossen! haben denn die Arbeiter drei Tage lang auf den Straßen Petrograds Ihr Blut vergossen, nur damit der eine Gutsbesitzer durch den anderen Gutsbesitzer ersetzt wird? Sind Tausende proletarischer Kämpfer deswegen in den Tod gegangen? Nein! Das Proletariat Petrograds wird so lange nicht in die Betriebe zurückkehren, bis es nicht seine Rechte erkämpft, den Grund und Boden den Gutsbesitzern entrissen hat. Wir können uns nur dann beruhigen, wenn sich an die Stelle aller dieser „Wohltäter" des Volkes der Arbeiter und der Bauer selbst hinsetzen. Und jetzt, gestatten Sie, meine Herren Offiziere, daß ich mich an Sie wende. Wenn Sie wirklich das Wohl des Volkes wünschen, dann schließen Sie sich uns an. Ja oder Nein? Antworten Sie!" Schweigen.

„Genossen, Soldaten! Die Offiziere schweigen, d. h. sie verfolgen andere Zwecke. Ich schlage vor, die Offiziere zu verhaften und an ihre Stelle Eure Befehlshaber selbst zu wählen." Brausende Zustimmung wurde dieser Aufforderung zuteil. Es wurden sofort Kompagnie-Kommandanten gewählt, die Soldaten stellten sich kompagnieweise auf und führten unter Gesang revolutionärer Lieder ihre Offiziere ab. Aber wohin? Zur Duma . . . zu Rodsianko. Dem Zuge schlossen sich wenigstens ebensoviel Arbeiter an, darunter auch ein Mitglied des Petersburger Komitees, Genosse Schutko, der eine Rede hielt. Ich begleitete den Zug bis zur Duma und drang bis zum Katharinensaal vor, wo Rodsianko sich mit den Soldaten alle Mühe gab. Er lobte ihre altbewährte Kriegstüchtigkeit und Tapferkeit. Das alles war zu abgeleiert, ich begriff, daß hier keine Gefahr für die Revolution lag und ging zurück in den eigenen Bezirk. In den Betrieben gingen währenddessen die Wahlen zum Sowjet vor sich.

Soweit die Schilderung des aktiven Teilnehmers an dem Februar-Umsturz.

Am 10. März, als die Massen auf die Straßen gingen, als der Generalstreik proklamiert wurde, hielten in der Duma die Vertreter der Menschewiki und Trudowiki (Gruppe der „Werktätigen". Ihrer Dumafraktion gehörten auch die „Volkssozialisten" und einzelne mehr oder weniger revolutionäre Abgeordnete aus der Bauernschaft an. Der Wortführer der Fraktion war Kerenski, ein Advokat, während des Krieges Sozialpatriot. Die Trudowiki drückten die Stimmung des radikalen Kleinbürgertums, in erster Linie der mittleren Bauernschaft, aus), Skobelew (Menschewiki, Abgeordneter der Duma, während des Krieges Befürworter der Landesverteidigung und Sozialpatriot) und Kerenski Reden, in denen sie, anstatt zur Revolution aufzurufen, von der Notwendigkeit eines „verantwortlichen Ministeriums" sprachen. Eine Reihe bürgerlich-liberaler Redner (Schingariow und andere) sprachen gern ihre Solidarität mit diesen Ausführungen aus. Die *Russische Sozial-Demokratische Arbeiter-Partei (Bolschewiki)* erließ am 10. März folgenden Aufruf:

*Proletarier aller Länder, vereinigt Euch!*

Das Leben ist unerträglich geworden. Nichts zum Essen! Nichts zum Heizen! Keine Kleidung!

An der Front — Blut, Verkrüppelung, Tod. Aufgebot nach Aufgebot. Truppentransport nach Truppentransport. Wie Viehherden werden unsere Söhne und Brüder auf die Menschenschlachtbank geführt.

Schweigen ist nicht mehr möglich!

Brüder und Söhne zur Schlachtbank führen zu lassen, selbst aber vor Kälte und Hunger zugrunde gehen und dabei unablässig zu schweigen — das wäre eine undenkbare, verbrecherische, niederträchtige Feigheit.

Vergebens wollt Ihr Euch retten. Wenn nicht der Kerker — dann Schrapnell — dann Krankheit oder Hungertod!

Es ist unwürdig, den Kopf in den Sand zu stecken und nicht vorwärts zu schauen. Das Land ist verwüstet. Es gibt kein Brot. Die Hungersnot rückt heran. Noch Schlimmeres steht bevor. Wir gehen tödlichen Epidemien, wir gehen der Cholera entgegen . . .

Wenn wir Brot fordern, dann antwortet man mit Blei! Wer ist schuld? Schuld sind die Zarenmacht und die Bourgeoisie. Sie plündern das Volk an der Front ebenso aus wie im Hinterlande. Die Gutsbesitzer und die Kapitalisten bereichern sich an dem Kriege: Sie können ihren Profit kaum mehr zählen. Sie ziehen den Krieg ins Unendliche. Um des Kriegsgewinnes und um der Eroberung von Konstantinopel, Armenien und Polen willen treiben sie das Volk auf die Schlachtbank. Ihre bestialische Gier hat keine Grenzen.

Aus gutem Willen werden sie auf den Profit nicht verzichten und den Krieg nicht einstellen. Es ist höchste Zeit, die reaktionäre bürgerliche Bestie zu bändigen.

Die Liberalen und die Reaktionäre, die Minister und die Staatsduma, der Adel und die Semstwo-

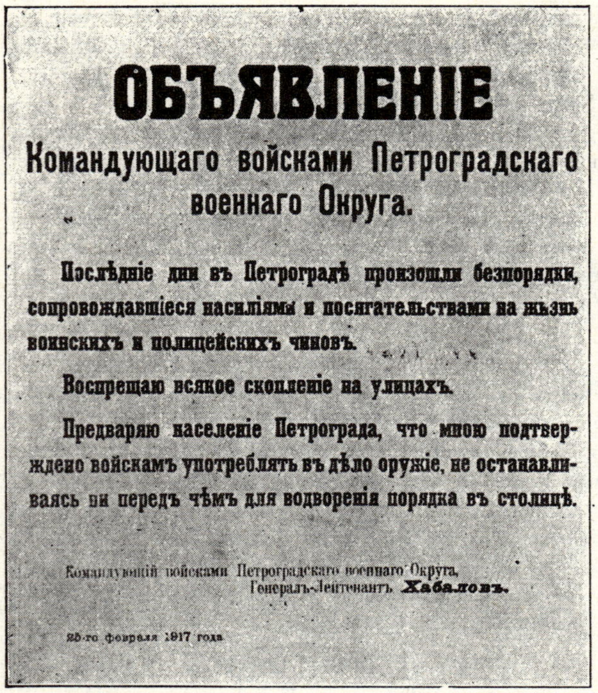

# ОБЪЯВЛЕНІЕ

Командующаго войсками Петроградскаго военнаго Округа.

Послѣдніе дни въ Петроградѣ произошли безпорядки, сопровождавшіеся насиліями и посягательствами на жизнь воинскихъ и полицейскихъ чиновъ.

Воспрещаю всякое скопленіе на улицахъ.

Предваряю населеніе Петрограда, что мною подтверждено войскамъ употреблять въ дѣло оружіе, не останавливаясь ни передъ чѣмъ для водворенія порядка въ столицѣ.

Командующій войсками Петроградскаго военнаго Округа,
Генералъ-Лейтенантъ **Хабаловъ.**

25-го февраля 1917 года

**Bekanntmachung des Kommandierenden des Petrograder Wehrkreises *)**

Verwaltung — alle haben sich während des Krieges zu einer blutgierigen Bande zusammengeschlossen.

Der Hof des Zaren, die Bankiers und die Pfaffen raffen das Gold zusammen. Eine nichtstuende Plündererschar nagt an den Knochen des Volkes, trinkt das Blut des Volkes. Und wir leiden. Wir gehen zugrunde. Wir hungern. Wir arbeiten uns krank. Wir sterben in den Schützengräben. Wir können nicht schweigen!

Alle auf zum Kampf! Auf die Straße! Für Euch selbst, für Eure Kinder und Brüder!

In Deutschland, in Oesterreich, in Bulgarien erhebt die Arbeiterklasse ihr Haupt. Sie kämpft dort gegen ihre blutgierige Bourgeoisie, für Frieden und Freiheit. Helfen wir ihr und uns selbst. Helfen wir durch einen Kampf gegen unsere eigenen Unterdrücker. Erhebt Euch! Organisiert Euch für den Kampf! Bildet Komitees der Russischen Sozialdemokratischen Arbeiterpartei in den Werkstätten, in den Fabriken, in den Bezirken, in den Städten, in den Distrikten, in den Kasernen, in ganz Rußland. Das werden Komitees des Kampfes, Komitees der Freiheit sein. Erklärt den Bauern, den Kleinbürgern, den Soldaten, daß ihre Rettung nur durch den Sieg der Sozialdemokraten möglich ist.

Die Zeit des offenen Kampfes ist gekommen. Streiks, Meetings, Demonstrationen schwächen die Organisationen nicht, sondern stärken sie. Nützt jede Gelegenheit, jeden geeigneten Tag aus! Immer und überall mit der Masse und mit den eigenen revolutionären Losungen!

Mögen die Helfershelfer des Kapitals unsere Handlungsweise „Hasardspiel mit dem Streik" und „Putschismus" nennen. Die Rettung liegt im sofortigen und ständigen Kampf und nicht in der Verschiebung des Kampfes auf lange Frist.

Ruft jeden zum Kampf! Besser im ruhmvollen Kampf um die Sache der Arbeiter zu sterben, als an der Front um den Profit des Kapitals das Leben zu lassen oder an Hunger und Überarbeitung zugrunde zu gehen. Einzelne Aktionen können sich zur Revolution in ganz Rußland auswachsen, die wiederum zur Revolution in anderen Ländern den Anstoß geben wird.

Ein harter Kampf steht uns bevor, aber ein wirklicher Sieg erwartet uns.

*Alle auf, unter das rote Banner der Revolution!*
*Nieder mit der zaristischen Monarchie!*
*Es lebe die demokratische Republik!*
*Es lebe der Achtstundentag!*
*Den ganzen Grund und Boden der Gutsbesitzer dem Volke!*
*Nieder mit dem Kriege!*
*Es lebe das brüderliche Bündnis der Arbeiter der ganzen Welt!*
*Es lebe die Sozialistische Internationale!*

In der Nacht zum 11. März wurden zirka 100 Personen verhaftet, als ob solche Maßnahmen die elementare Bewegung der Massen hätten aufhalten können.

Am 11. März waren die Fabriken und Betriebe geschlossen, die Arbeitermassen zogen aus allen Vorstädten in das Zentrum der Stadt. Die Stadt glich einem Heerlager. Es wurde aus Hinterhalten geschossen.

Die Regierung nahm nun ihre Zuflucht zu den Maschinengewehren. Zur Verstärkung der Polizei ließ sie Soldaten in Polizeiuniform einkleiden, was jedoch bei

*) *Bekanntmachung des Kommandierenden des Petrograder Wehrkreises.* In den letzten Tagen fanden in Petrograd Unruhen statt, bei denen Angriffe auf das Leben von Militär- und Polizeichargen vorkamen. Ich verbiete jede Ansammlung in den Straßen. Ich mache die Bevölkerung Petrograds darauf aufmerksam, daß das Militär von mir angewiesen wurde, von der Waffe Gebrauch zu machen und rücksichtslos alles zu unternehmen, um in der Hauptstadt die Ordnung herzustellen.

*Der Kommandierende des Petrograder Wehrkreises: General-Leutnant Chabalow.*

25. Februar 1917.

den Soldaten große Empörung hervorrief und den Anstoß zu ihrem Überlaufen auf die Seite des Volkes gab.

Ungefähr gegen 4 Uhr wurde Chabalow gemeldet, daß die 4. Kompagnie des Pawlowski-Reserve-Regiments aus der Kaserne ausgezogen sei und fordere, daß nicht mehr auf die Menge geschossen werde, daß sie auch selbst auf ein in der Nähe befindliches Bataillon berittener Polizei schieße.

Noch am Vortage, dem 10. März, telegraphierte der Zar aus dem Großen Hauptquartier an Chabalow: „Ich befehle, den Unruhen in der Hauptstadt, die in dieser schweren Zeit des Krieges gegen Deutschland und Österreich unzulässig sind, morgen ein Ende zu bereiten. Nikolai." Am 11. meldete Chabalow an den Zar, daß die Unruhen fortdauerten und daß er nicht imstande sei, den Befehl des Zaren auszuführen.

Am selben Tage telegraphierte der Vorsitzende der Staatsduma, Rodsianko (Gutsbesitzer), an den Zaren: „Lage ernst. In der Hauptstadt Anarchie. Regierung lahmgelegt. Lebensmittel- und Brennstoffbeförderung vollständig desorganisiert. Soziale Unzufriedenheit wächst. Auf den Straßen Schießereien. Truppenteile beschießen einander. Jemand, der das Vertrauen des Landes genießt, muß unbedingt mit Bildung neuer Regierung betraut werden. Es darf nicht gezögert werden. Größte Gefahr im Verzug. Ich flehe zu Gott, daß in dieser Stunde die Verantwortung nicht auf den Monarchen falle."

Der folgende Tag, der 12. März (27. Februar) ist der Tag des ausgesprochenen Sieges der Revolution.

Am Morgen schickte Rodsianko an den Zaren ein zweites Telegramm: „Lage verschlechtert. Sofort Maßnahmen ergreifen. Morgen zu spät. Letzte Stunde der Entscheidung für Land und Dynastie geschlagen."

Der Minister des kaiserlichen Hauses, Frederiks, erzählt, daß der Zar nach Erhalt dieses Telegramms zu ihm sagte: „Dieser dicke Kerl, der Rodsianko, schreibt mir schon wieder verschiedenen Unsinn, den ich gar nicht beantworten werde."

Inzwischen war an diesem Tage die Petrograder Garnison entschieden auf die Seite des Volkes getreten und hatte dadurch den Sturz der Selbstherrschaft endgültig besiegelt. Die ersten aufständischen Regimenter, die sich dem Volke anschlossen, waren die Regimenter Litowski, Wolinski, Pawlowski und Preobraschenski. Sie machten die Runde in den übrigen Kasernen und brachten auch dort die Soldaten heraus. Ein Teil der Offiziere schloß sich ebenfalls an. Die Kosaken verhielten sich von Anfang an neutral, trieben die Menge von Zeit zu Zeit auseinander, gingen aber nicht im Angriff vor; einzelne Abteilungen schlossen sich sogar den Arbeitern an. Die aufständischen Soldaten besetzten mit den Arbeitern gemeinsam das Arsenal und die Peter-Pauls-Festung, die in der Mitte der Stadt liegen, und befreiten die politischen Gefangenen aus den Gefängnissen.

W. N. Saleschski, Mitglied des Petrograder Komitees der Bolschewiki im Jahre 1915, beschreibt folgenderweise seine Befreiung aus dem Gefängnis in den Februar-Tagen:

Im Dezember 1915 wurde unser Petrograder Komitee, das die Fahne des Bolschewismus im ereignisreichen Herbst und Winter 1915 so würdig hochgehalten hatte, nach und nach von der Ochrana liquidiert.

Ich selbst wurde schon längst beobachtet, hatte schon längst keinen Paß und keine Wohnung mehr... Jeden Tag wechselte ich den Bezirk und bemerkte mit Besorgnis den fortschreitenden Dilettantismus und Partikularismus in der Arbeit der Bezirke. Bald aus dem einen, bald aus dem anderen Bezirk kamen Nachrichten über die Bildung irgendwelcher, dem Petrograder Komitee unbekannter „Initiativgruppen", die versuchten, einen technischen Apparat aufzuziehen, die Aufrufe herausgaben, und täglich kamen Nachrichten über „Hochgehen" solcher Dilettanten. Die Leitung war schwach, und es war natürlich, daß in den Bezirken alles drunter und drüber ging.

Ich machte einen Versuch, die Arbeit zusammenzufassen. Mit den übriggebliebenen Genossen organisierte ich auf der Wassiliewschen Insel eine „Meldestelle des Petrograder Komitees". Dahin brachten täglich die „Sekretäre" die Nachrichten über Leben und Arbeit der Bezirke. Wir versuchten von dort Richtlinien zu geben, die Arbeit planmäßig zu leiten. Der Provokateur Limonin (Schurkanow), dessen Berichte an die Polizei in den Februartagen dem Petrograder Komitee in die Hände fielen, schreibt über diese Zeit folgendes: „Der bekannte Wladimir entfaltet eine energische Tätigkeit. Er hat einen Stab von jungen Mädchen gebildet, die die Funktionen von Sekretären ausüben, so daß er dadurch die Möglichkeit hat, die Arbeit der Bezirke zu leiten, fast ohne sich überhaupt auf der Straße zu zeigen."

Endlich kam die Reihe auch an „Wladimir". Ich wurde auf dem Wassilewski-Ostrow, unweit der Meldestelle des Petrograder Komitees, verhaftet, als ich aus der Straßenbahn stieg.

Ich war sehr beunruhigt, als ich ins Gefängnis kam, denn es schien mir, daß jetzt niemand mehr in Freiheit blieb. Ich konnte mein Gedächtnis anstrengen, soviel ich wollte, um mir vorzustellen, wer ins neue Petrograder Komitee kommen und die Arbeit fortführen könnte . . . und fand niemanden. Dies war aber nur eine in dem Leben alter Berufsrevolutionäre recht gewöhnliche Sinnestäuschung. Wie oft schien es uns bei der Verhaftung, daß hinter uns vorläufig eine Lücke bleibe. Wie freute man sich nachher, wenn man erfuhr, daß die Arbeit der Organisation nicht nur nicht aufgehört, sondern sich oft sogar noch erweitert hatte. Von irgendwoher tauchten Leute auf, die die durch die Verhaftungen erledigten Posten mit Erfolg besetzten . . . So war es auch in diesem Falle. Nach ein — zwei Monaten erfuhr ich im Käfig der Gefängniskapelle von einem meiner Nachbarn, daß das Petrograder Komitee arbeite, und zwar sehr aktiv.

Die Februartage kamen so für mich vollständig unerwartet. Ich war psychologisch ganz und gar nicht darauf vorbereitet und hatte gar keinen Begriff über das Verhältnis der sozialen Kräfte im Februar 1917.

Am Sonntag, dem 10. März, klopfte jemand durchs Ofenrohr: „Mein Nachbar ging zu Gericht und kam erst heute zurück."

— Warum? — unterbreche ich mit Verwunderung.

— In der Stadt streiken die Arbeiter, die Straßen sind voll mit Menschen, die Begleitmannschaft fürchtete sich, ihn abends herüberzubringen.

Diese Nachricht traf mich wie ein Blitz aus heiterem Himmel. Leider wußte der Klopfende selbst nicht mehr.

Am Montag, dem 11. März, stand ich morgens ganz ruhig auf. Ich gab meine Bücher zum Umtausch in der Bibliothek ab und wartete mit Ungeduld auf das Mittagessen, da danach die Verteilung der neuen Bücher zu erfolgen pflegte. Das Mittagessen ging vorüber, die Ungeduld wuchs. Ich ging nervös in der Zelle auf und ab, lauschte von Zeit zu Zeit auf das sich nähernde Geräusch der sich öffnenden Gucklöcher. Ein Zeichen, daß die Bücher ausgeteilt wurden.

Plötzlich tönte von der Straße her ein undeutliches Brausen und Geschrei herauf. Ich stürzte zum Fenster, öffnete die Lüftungsklappe und hörte ein Chaos von Tönen, aus dem ich klar die Worte unterschied: „Genossen, schlagt die Türen ein! Hurra!"

Es überlief mich kalt, ich bekam sozusagen im Innern eine Gänsehaut und hörte, den Atem anhaltend, zu. Im Kopfe tauchte rasch ein Bild des Angriffs der Menge auf dasselbe Untersuchungsgefängnis im Oktober 1905 auf, an dem ich selbst auch teilgenommen hatte.

„In der Stadt ist doch Streik! Offenbar ist eine erregte Arbeitermenge wie damals, so auch jetzt, zum Gefängnis gekommen," dachte ich. „Wie hat man sie aber bis hierher gelassen?"

Meine Gedanken wurden durch ein fürchterliches Klopfen unterbrochen, die Wände schienen zu zittern, das Geschrei verwandelte sich in ein unartikuliertes Brüllen.

„Die Menge ist außer sich geraten", gehen meine Gedanken, „sie greift das Gefängnis an. Es war eine absichtliche Provokation, daß man sie so nahe an das Gefängnis heranließ. Gleich wird man auf sie schießen. Diese Schufte! . . ."

Ich biß die Zähne zusammen in der Angst, gleich die auf die Menge abgegebenen Schüsse zu hören, nahm meinen blechernen Trinkbecher, fing an damit wie toll an der Türe zu bollern. Ich schlage mit dem Becher, mit den Fäusten, mit den Füßen gegen die Tür. Das Chaos der Töne wächst. Mir scheint, daß alles rund herum wankt. Ich gerate selbst außer mir und schlage fast bewußtlos auf die Tür ein. Im Kopfe habe ich nur einen schmerzhaft klaren Gedanken: „Man wird sofort schießen." Ich will das nicht denken, ich will diese Schüsse nicht hören und trommle auf die Tür im instinktmäßigen Bestreben, den Lärm der kommenden Schüsse zu übertönen. Ich fühle, daß ich es nicht aushalten werde, diese Schüsse anzuhören . . .

Plötzlich eine vollständige Stille. Ich bleibe verdutzt stehen und lausche. Was soll das heißen? Ganz schwach höre ich in der Ferne das Geräusch sich öffnender Türen, das sich nähert. „Aha, man schleppt die Leute in den Karzer, die an den Türen gebollert haben. Ich gehe nicht mit, sollen sie mich mit Gewalt schleppen, sollen sie mich schlagen."

Ich stürze zum Bett, reiße das Leinentuch ab und wickle es um die Brust, um mich nach Möglichkeit vor Rippenbrüchen zu schützen. (Ich kenne die Methoden der Gefängnisprügel aus Erfahrung, zwei Mann halten die Hände fest und heben sie hoch, die übrigen schlagen unter die Achsel.) Über das Leinentuch ziehe ich den Brustwärmer. Ich bin fertig und warte.

Aber sonderbar, man hört weder die Schreie der Geschlagenen, noch das Geräusch des Widerstandes, ruhig schnappt Schloß nach Schloß auf, immer näher und näher. Ich höre die Tür des Nachbars gehen, jetzt schnappt das Schloß meiner eigenen Tür, und der Aufseher, meine Zelle aufschließend, geht weiter.

Die Gedanken des alten Gefängnishabitués, der schon manch Wunderliches gesehen hatte, sucht diese Erscheinung auf Grund alter Erfahrungen zu erklären:

„Aha, eine Provokation. Man hat also die Menge herangelassen, um einen Angriff auf das Gefängnis zu inszenieren, und jetzt öffnet man unsere Zellen, um im Gefängnis ein Massaker anzurichten."

Es hat keinen Sinn, in der Zelle zu bleiben, ich stürze in den Gang, sehe die verdutzten Gesichter meiner Nachbarn, die die Köpfe aus den halbgeöffneten Türen ihrer Zellen stecken. Weit und breit ist sonst nichts und niemand zu sehen. Ich biege um die Ecke, meine Zelle liegt an der Ecke, bei der Biegung des Korridors der 5. Etage läuft mir ein Oberaufseher, ein „guter" entgegen.

„Was ist los?", rufe ich ihm zu.

„Ich weiß nicht, Revolution. Man hat uns entwaffnet", wirft er fassungslos hin und läuft weiter. Ich bemerke sein erschrockenes Gesicht und das baumelnde Ende des abgerissenen Revolverriemens . . .

Ich glaube aber noch immer nicht an die Revolution. Es ist alles so unerwartet.

„Die Menge ist in das Gefängnis eingebrochen, man wird sie gleich umzingeln und jeden erschießen, der hier bleibt. Dann schon lieber in Freiheit sterben." Ich werfe meinen Überrock um und stürze Hals über Kopf den Gang hinunter. In der vierten Etage treffe ich Soldaten und Arbeiter mit Gewehren. Einer von ihnen schlägt ruhig mit dem Gewehrkolben auf eine aus irgendeinem Grunde verschlossen gebliebene Tür ein. Je weiter ich hinuntersteige, desto mehr bewaffnete Arbeiter treffe ich in den Gängen, so daß die Soldaten in der Masse ganz verschwinden. Im Gefängniskontor vollständiges Chaos. Der Boden ist von einer dicken Schicht zerrissener Akten bedeckt. In einer Ecke brennt ein Scheiterhaufen aus Mappen und Akten. Das Zeughaus ist erbrochen, eine Menge „Krimineller" kleidet sich hastig in Zivil um. Endlich komme ich in den äußeren Gefängnishof, die auf die Straße führenden Tore sind weit geöffnet.

Ein dichter Haufe bewaffneter Leute füllt den Hof. Arbeiter, Soldaten und Frauen . . . Eine Frau

**Durch die Revolution befreite politische Verbannte verlassen im Februar 1917 das Gefängnis in Tobolsk (Sibirien)**

blickt mich an und schreit auf: „Um Gotteswillen, wie haben sie den Menschen zugerichtet." Dann umarmt mich der Genosse „Fjodor" (Komarow), der mit seinem Bündel in der Hand dasteht und sich im Kreise umsieht. Wir küssen uns.

„Was heißt das, wohin jetzt?", frage ich. „Natürlich zu uns, nach Leßnoje, dort werden wir alles erfahren."

Wir konnten noch keine zwei Schritte gehen, als an der Ecke eine Abteilung Soldaten mit zwei jungen Offizieren an der Spitze auftauchten. Die Soldaten haben rote Fähnlein an den Bajonetten, die Offiziere und Offizierspferde sind auch rot geschmückt.

**Revolutionäre Soldaten im Lesesaal der Staatsduma**

„Hoch die Soldaten!" schreit die Menge. Die Abteilung geht in guter Ordnung die Spalernaja-Straße hinunter. „Sie gehen zur Duma", sagt man in der Menge. Eine wahnsinnige Freude erfüllt mein ganzes Wesen. Bewaffnete Arbeiter, Soldaten mit roten Fähnlein, hier ist die Revolution. Rasch in die Arbeiterbezirke! Fjodor und ich laufen beinahe.

Bei der Litejnaja-Brücke treffen wir eine neue Abteilung Soldaten. Wir fürchten uns aber nicht, es sind ja sicher Unsrige. Wir möchten ihnen einen Gruß zurufen, mit ihnen sprechen . . . Fjodor hält es nicht aus.

„Sind das revolutionäre Truppen?", fragt er den Offizier.

„Ja", erwidert der stolz, sein Pferd anhaltend.

„Kann man nach Lessnoje durchkommen?"

„Am finnländischen Bahnhof kommt Ihr nicht durch, dort stehen Regierungstruppen, macht einen Umweg über den Kai."

Wir laufen mit Fjodor am Kai entlang. Wir treffen Broide und Gwosdew, die Führer der Arbeitergruppe des Kriegs-Industrie-Komitees.

„Woher?", fragen sie uns.

„Aus dem Untersuchungsgefängnis."

„Und wir aus dem Kresty-Gefängnis."

„Wohin?" — Sie antworten: „In die Staatsduma."

„Schön, und wir in die Arbeiterbezirke", werfen wir hin und gehen weiter.

Diese Begegnung am ersten Tage der Freiheit fiel mir seither mehr als einmal ein. Es liegt darin etwas Symbolisches. Die durch die aufständischen Arbeiter befreiten Bolschewiki und die Liquidatoren gingen bereits bei den allerersten Schritten auseinander — die ersten begaben sich in die Arbeiterviertel, zur Masse, die letzteren zur Duma, die schon am nächsten Tage den Versuch machte, die aufständischen Arbeiter zur „Ruhe und Ordnung" zurückzurufen.

Am 12. März abends kam die Nachricht, daß sich auch Kronstadt, die wichtigste Seefestung, dem Volke angeschlossen hatte. Der Regierung blieb in der Hauptstadt und in der Umgebung keine ernsthafte Stütze mehr.

Es ist symbolisch, daß das Preobraschenski-Regiment eines der ersten war, das sich auflehnte. Gerade dieses „verläßlichste" Regiment wurde 1905 vom Zarismus zur Niederwerfung des Dezember-Aufstandes der Moskauer Arbeiter von Petersburg nach Moskau geschickt. Damals hatten die Soldaten des Preobraschenski-Regiments diese Arbeit auch verrichtet.

Die Polizei und die Behörden hielten sich in einzelnen Bezirken auch noch am 12. und 13. März; dies waren aber schon die letzten Todeszuckungen des alten Regimes.

# 3. DIE STAATSDUMA. DER SOWJET DER ARBEITER- UND SOLDATEN-DEPUTIERTEN

DIE Deputierten der Staatsduma, die am 12. März zur Sitzung gekommen waren, erfuhren durch Rodsianko von der Unterbrechung der Sitzungen der Staatsduma und des Staatsrats. Die Deputierten gingen aus dem Sitzungssaal der Staatsduma in ein Nebenzimmer hinüber und hielten eine Konferenz ab. Die Konferenz wurde von Rodsianko um 3.30 Uhr eröffnet. Er wies auf die Notwendigkeit hin, irgendwelche Entscheidungen zu treffen, bemerkte aber gleichzeitig, daß „wir keine bestimmten Äußerungen tun können, da wir das Verhältnis der Kräfte noch nicht kennen".

Das Wort erhielt der Kadett Nekrassow. Er sagte: „Wir haben jetzt keine Staatsmacht und darum muß eine solche unbedingt geschaffen werden. Ich denke, es wäre gut, diese Macht einem großes und allgemeines Vertrauen genießenden Manne mit einigen Vertretern der Staatsduma gemeinsam zu übergeben." Ein solcher Mann wäre nach seiner Meinung der General Manikowski. Der Fortschrittler Rschewski wies darauf hin, daß man „nicht zögern dürfe, das Volk warte, das Bezirksgericht sei eingenommen, man müsse unverzüglich handeln." Er schlug vor, ein Komitee zu bilden, das die Verbindung mit dem Volke und mit der Armee aufrechterhalten sollte. Der Trudowik Dsjubinski schlug vor, die Macht dem Ältestenrat der Duma zu übergeben. Kerenski bat die Versammlung, ihn und Tscheidse (Führer der Dumafraktion der Menschewiki) damit zu beauftragen, der aufständischen Armee zu erklären, daß die Duma mit ihnen solidarisch und bereit sei, sie zu unterstützen. Tscheidse unterstützte den Vorschlag Kerenskis und unterstrich

**Verhaftete Gendarmen und Polizisten (teilweise in Zivilverkleidung), bewacht durch revolutionäre Truppen in Petrograd, Februar 1917**

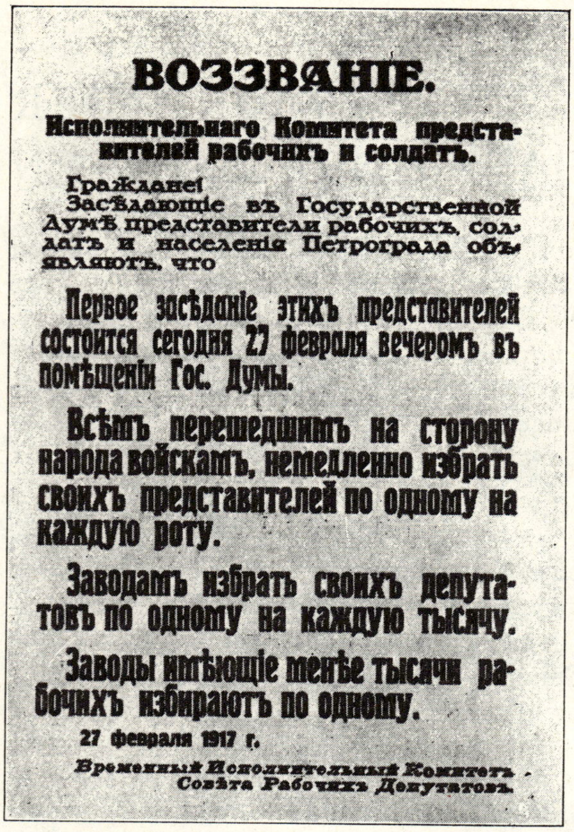

ВОЗЗВАНІЕ.

Исполнительнаго Комитета представителей рабочихъ и солдатъ.

Граждане!

Засѣдающіе въ Государственной Думѣ представители рабочихъ, солдатъ и населенія Петрограда объявляютъ, что

Первое засѣданіе этихъ представителей состоится сегодня 27 февраля вечеромъ въ помѣщеніи Гос. Думы.

Всѣмъ перешедшимъ на сторону народа войскамъ, немедленно избрать своихъ представителей по одному на каждую роту.

Заводамъ избрать своихъ депутатовъ по одному на каждую тысячу.

Заводы имѣющіе менѣе тысячи рабочихъ избираютъ по одному.

27 февраля 1917 г.

Временный Исполнительный Комитетъ Совѣта Рабочихъ Депутатовъ.

**Aufruf des provisorischen Vollzugsausschusses des Sowjets der Arbeiter-Deputierten *)**

die Notwendigkeit der Zerstörung der alten und der Schaffung einer neuen Macht. Der Kadett Schingarjow antwortet Tscheidse und bemerkte, daß es „ungewiß sei, ob das Volk die neue Macht anerkennen würde". Nun erhielt Miljukow (Professor, Führer der russischen liberalen Bourgeoisie, während des Krieges Vertreter der annexionistischen Großmachtspläne der Bourgeoisie, Anhänger des Krieges „bis zum siegreichen Ende") das Wort. In den Protokollen ist seine Rede wie folgt festgehalten: „Es liegen drei Vorschläge zur Frage der Staatsmacht vor:

1. Ein Komitee aus zehn Personen. Ich meinerseits könnte nicht zugeben, daß ein solches Komitee über alle, darunter auch über uns, diktatorisch herrschen solle.

2. Den Vorschlag Nekrassows halte ich ebenfalls für ungeeignet.

3. Der Vorschlag Tscheidse und Dsjubinski, d. h. die Schaffung einer neuen Macht, ist undurchführbar, da der Moment dazu noch nicht gekommen ist. Ich persönlich schlage nichts Konkretes vor. Was bleibt da noch zu tun übrig? Zu den Truppen fahren und sie beruhigen, wie es Kerenski vorschlägt? Das würde die Truppen schwerlich beruhigen. Man muß etwas Reelles finden." Aber was? In der Sitzung sagte der Parteiführer über diese Frage nichts, wie aus den Protokollen ersichtlich ist.

Es vergingen 40 Minuten. Die Sitzung wurde mit kleinen Unterbrechungen weitergeführt. Dsjubinski schlug vor, die Duma zur Konstituierenden Versammlung zu erklären. Der Oktobrist Sawitsch („Oktobristen" nannte man die Mitglieder des „Verbandes des 17. Oktober", Partei der reaktionären Großbourgeoisie und der rechten Kreise der Semstwo-Leute) widersprach dem: „Die Straße kann uns die Macht nicht geben. Die Duma ist die letzte Zuflucht des Volkes und wenn diese einen ungesetzlichen Schritt tut, so kann sie kein gesetzgebendes Organ mehr bleiben, dann ist sie keine Duma mehr." Schulgin unterstrich, daß „wir nicht in allem mit dem aufständischen Teil der Bevölkerung solidarisch sein können. Man stelle sich vor, daß die Aufständischen den Krieg beenden wollen. Darauf können wir doch nicht eingehen . . ." Rodsianko mahnt zur Eile. Er ist der Meinung,

*) *Aufruf des provisorischen Vollzugsausschusses des Sowjets der Arbeiter-Deputierten.*

Bürger! Die in der Staatsduma versammelten Vertreter der Arbeiter, Soldaten und der Bevölkerung Petrograds geben bekannt, daß die erste Sitzung der oben genannten Vertreter heute, am 27. Februar, abends in den Räumen der Staatsduma stattfindet, daß alle zum Volke übergetretenen Formationen unverzüglich ihre Delegierten zu wählen haben, einen Delegierten auf jeden Zug, daß alle Betriebe ihre Delegierten zu wählen haben, einen Delegierten auf jedes Tausend Belegschaft. Betriebe, die weniger als tausend Mann Belegschaft haben, wählen einen Delegierten.

27. Februar 1917.

*Der provisorische Vollzugsausschuss des Sowjets der Arbeiter-Deputierten.*

daß Gefahr im Verzuge sei. Die Konferenz endete mit dem Beschluß, daß die Mitglieder der Staatsduma Petrograd nicht verlassen sollten. Der Ältestenrat wurde beauftragt, ein provisorisches Komitee zu bilden und die weitere Rolle der Staatsduma bei den kommenden Ereignissen zu bestimmen.

Der Ältestenrat führte den Auftrag der Staatsduma durch und wählte ein provisorisches Komitee, das aus folgenden Mitgliedern bestand: Rodsianko, Schulgin (Nationalist), W. Lwow (Zentrum), Dmitrjukow (Oktobrist), Schidlowski (vom Progressiven Block), Karaulow (parteilos), Konowalow (Progressist), Kerenski (Trudowik), Rschewski (Progressist), Miljukow (Kadett), Nekrassow (Kadett), Tscheidse (Sozialdemokrat-Menschewik).

Während dieser Zeit entwickelten sich die Ereignisse außerhalb des Taurischen Palastes sehr schnell. Die ersten aufständischen Regimenter schlossen sich dem revolutionären Volke an. Die aufständischen Soldaten besuchten die Kasernen und holten die Soldaten aus ihnen heraus. Ein Teil der Offiziere schloß sich ebenfalls an. Die Kosaken verhielten sich weiter neutral, trieben die Menge von Zeit zu Zeit auseinander, gingen aber nicht weiter gegen die Aufständischen vor, einzelne Abteilungen schlossen sich sogar den Arbeitern an. Die aufständischen Soldaten stürmten mit den aufständischen Arbeitern gemeinsam das Arsenal, besetzten die Peter-Pauls-Festung und begaben sich zu den Gefängnissen, wo sie viele verhaftete Sozialisten befreiten, u. a. auch die Arbeitergruppe des Zentralen Kriegsindustrie-Komitees. Die Führer dieser Gruppe begaben sich unmittelbar aus dem Gefängnis in Begleitung von Soldaten und Arbeitern zum Taurischen Palast, wo sie mit den Vertretern der Gewerkschafts- und Genossenschaftsbewegung und den linken Mitgliedern der Duma ein „provisorisches Exekutivkomitee des Sowjets der Arbeiterdeputierten" bildeten, dessen Mitglieder waren: Gwosdew, Bogdanow, Kapelinski, Grynewitsch, Tscheidse, Skobolew und Frankorusski. Die unmittelbare Aufgabe dieses Ausschusses war die Einberufung des Protrograder Sowjets, die er auch sofort erfüllte, indem er in der Stadt einen Aufruf an die Arbeiter veröffentlichte und sie aufforderte, am selben Tage um 7 Uhr abends im Taurischen Palast zu erscheinen. Der Ausschuß beschränkte sich aber nicht nur auf die Einberufung des Sowjets, sondern traf außerordentliche Maßnahmen zur Sicherung der Nahrungsmittelversorgung der Aufständischen. Zu diesem Zwecke wurde eine provisorische Nahrungsmittelkommission gewählt und die Bevölkerung aufgerufen, zur Verpflegung der Soldaten mit beizusteuern. Außerdem wurden Maßnahmen zur Verteidigung der Revolution getroffen, indem ein militärischer Stab im Taurischen Palast organisiert wurde, um einen eventuellen Angriff zarentreuer Truppen abzuwehren. Dieser militärische Stab wurde durch einige Offiziere gebildet, darunter war auch der bekannte Sozialrevolutionär Mstislawski.

Punkt 9 Uhr abends wurde im Taurischen Palast die Sitzung des Arbeitersowjets eröffnet. Zu Anfang der Sitzung brachten verschiedene Soldatenvertreter Grüße von ihren Regimentern. Nach den Referaten wurde ein dahingehender Antrag einstimmig angenommen, die revolutionäre Armee und das revolutionäre Proletariat zu verschmelzen und eine einheitliche Organisation, genannt Sowjet der Arbeiter- und Soldaten-Deputierten, zu schaffen. Es wurde mitgeteilt, daß Kronstadt sich ebenfalls dem revolutionären Volke angeschlossen habe. Danach erhielt das Mitglied des provisorischen Nahrungsmittelausschusses Frankorusski das Wort zur Verpflegungsfrage. Er gab eine kurze Schilderung der Nahrungsmittellage in Petrograd und schlug vor, eine Nahrungsmittelkommission zu wählen, diese mit entsprechenden Vollmachten auszustatten und ihr den Auftrag zu geben, die Arbeit sofort zu beginnen. Die Kommission wurde gewählt, mit Groman an der Spitze, der sich

Ein Lastauto der Demonstranten unter der Fahne der Russ. Soz.-Dem. Arbeiterpartei (Bolschewiki) mit den Parolen:
**Es lebe die Internationale! Es lebe der Internationale Friede!**
**Es lebe der Achtstundentag!**

Versammlung der Soldaten und Matrosen in Petrograd, März 1917

mit den übrigen Mitgliedern der Kommission sofort entfernte, um an die Arbeit zu gehen.

Danach wurde die Frage der Verteidigung der Stadt aufgeworfen. Braunstein und Suchanow schlugen vor, durch die anwesenden Delegierten sofort alle Bezirke anzuweisen, in jedem Betrieb eine Miliz (100 Mann pro Tausend) zu organisieren, Bezirkskomitees zu bilden und in allen Bezirken bevollmächtigte Kommissare zu ernennen, die die Wiederherstellung der Ordnung und den Kampf gegen die Anarchie und gegen Pogrome zu leiten hätten.

Im Zusammenhange mit der Frage der Verteidigung der Stadt wurde auch die Herausgabe eines Aufrufes an die Bevölkerung im Namen des Sowjets beantragt und angenommen. Zur Verfassung des Aufrufs wurde eine literarische Kommission gewählt, deren Mitglieder Sokolow, Peschechonow, Steklow, Grynewitsch und Suchanow waren. Der Aufruf wurde am selben Abend geschrieben, vom Arbeiterrat bestätigt und am nächsten Morgen in Nr. 1 der „Istwestia" veröffentlicht.

Auf Antrag der Finanzkommission nahm der Sowjet folgenden Beschluß an:

1. Alle staatlichen Finanzmittel müssen sofort der Verfügung der alten Staatsmacht entzogen werden. Zu diesem Zwecke müssen die Staatsbank, die Finanzämter, die Münze und die Notendruckerei durch eine revolutionäre Wache besetzt werden.

2. Der Sowjet der Arbeiter- und Soldaten-Deputierten beauftragt das provisorische Komitee der Staatsduma mit der sofortigen Durchführung des obigen Beschlusses.

3. Bis zur Ernennung des Finanzministers der provisorischen Regierung sollen alle beschlagnahmten Geldmittel unter der Verwaltung der gegenwärtigen Beamten, jedoch unter Bewachung durch eine revolutionäre Wache verbleiben.

4. Der Sowjet der Arbeiter- und Soldaten-Deputierten und das provisorische Komitee der Staatsduma wählen zusammen ein Finanzkomitee mit folgenden Obliegenheiten: a) Ergreifung von Maßnahmen zur Verhinderung eines finanziellen Wirrwarrs im Lande; b) Aufsicht und Kontrolle über den normalen Gang aller Geld- und Kreditoperationen in allen Kreditinstituten.

5. Das Finanzkomitee ist berechtigt, die Bedürfnisse vorhandener oder in Zukunft entstehender revolutionärer Organe durch Anweisungen auf die staatlichen Finanzämter zu befriedigen.

6. Dem Finanzkomitee wird das Recht eingeräumt, im Bedarfsfalle die von der alten Macht eröffneten Kredite zu sperren.

7. Alle Vollzugsausschüsse des Sowjets der Arbeiter- und Soldaten-Deputierten legen ihre Budgets vor. Die Zusammenfassung dieser Einzelbudgets und die Bestimmung des für den Sowjet benötigten Gesamtkredits liegt der Finanzkommission ob.

8. Alle bei dem Sowjet eingehenden Summen werden der Finanzkommission übergeben.

Am 12. März abends erließ der Vollzugsausschuß der Staatsduma zwei Aufrufe und einen Befehl an die Truppen der Petrograder Garnison. Der eine Aufruf lautete: „Der provisorische Ausschuß der Staatsduma sah sich genötigt, in den schwersten Verhältnissen einer durch Maßnahmen der alten Regierung hervorgerufenen inneren Zerrüttung die Wiederaufrichtung der staatlichen und gesellschaftlichen Ordnung in seine Hände zu nehmen. Indem der Ausschuß sich der Verantwortung, die ihm durch diesen Beschluß zufällt, voll bewußt ist, hofft er, daß die Bevölkerung und die Armee ihm bei der schweren Aufgabe der Schaffung einer neuen Regierung, die den Wünschen der Bevölkerung entspricht und ihr Vertrauen genießen soll, helfen werden. Der Vorsitzende der Staatsduma M. Rodsianko." Im zweiten Aufruf fordert der Ausschuß die Einwohner Petrograds auf, „die staatlichen und gesellschaftlichen Institutionen und Einrichtungen zu schonen und keinerlei Anschläge auf Leben, Gesundheit oder Vermögen von Privatpersonen zuzulassen". Im Befehl an die Truppen wurde gesagt, daß 1. alle Mannschaftspersonen und alle Truppenteile sofort in ihre Kasernen zurückzukehren; 2. alle Offiziere zu ihren Formationen zurückzukehren und Maßnahmen zur Wiederherstellung der Ordnung zu treffen; 3. alle Kommandanten von Truppenteilen am 13. März, 11 Uhr früh, in der Staatsduma zur Entgegennahme der Befehle sich einzufinden haben.

Am 12. März abends wurde der frühere Minister Schtscheglowitow verhaftet und unter starker Eskorte nach dem Taurischen Palast eingeliefert. Es ist dies der erste Fall einer Verhaftung zaristischer Minister. Der Dumavorsitzende Rodsianko hätte auch diesen gern auf freien Fuß setzen lassen, ein diesbezüglicher Versuch gelang aber nicht. Am selben Tage um 6 Uhr abends schickte der „Ministerrat" dem Zaren ein Telegramm mit der Bitte, das Kabinett zu verabschieden und eine „allgemeines Vertrauen genießende" Persönlichkeit mit der Kabinettsbildung zu betrauen. Der Zar antwortete: „Halte Veränderung in der Zusammensetzung des Kabinetts unter gegebenen Umständen für unzulässig. Nikolai."

Abends sandte der Großfürst Michail, der Bruder des Zaren, mit Rodsianko und anderen zusammen ein Telegramm an den Zaren, in dem vorgeschlagen wurde, Michail zum Regenten und den Fürsten Lwow (den späteren Vorsitzenden der provisorischen Regierung) zum Ministerpräsidenten zu ernennen.

Am 12. März streikten die Moskauer Arbeiter. Im Laufe der Nacht wurde ein „provisorisches Revolutionskomitee" als Vertretung der Organisationen gewählt. Um 2 Uhr nachts versammelten sich am Rathaus viele Soldaten verschiedener Regimenter, die sich der Revolution angeschlossen hatten.

Am 13. März machte das Hauptquartier des Zaren den letzten Versuch zur Niederschlagung der Revolution. Von der Nord- und Westfront wurden an diesem Tage frühmorgens je zwei Infanterie- und zwei Kavallerieregimenter mit Maschinengewehr-Abteilungen nach Petrograd geschickt. Das Kommando führte der Generalstabschef Iwanow, der mit sehr weitgehenden Vollmachten als Militärkommandant von Petrograd ausgestattet war und dem sich auch die Minister unbedingt unterstellen sollten. Iwanow verließ Mogilew um 1 Uhr nachmittags. Am selben Tage telegraphierte der Zar an seine Frau in englischer Sprache: „Sind heute morgen um 5 Uhr abgefahren. In Gedanken immer bei Dir. Herrliches Wetter. Hoffe, Du fühlst Dich wohl und bist ruhig. Viel Truppen von der Front hingeschickt. Mit zärtlicher Liebe Niki."

In Petrograd wurden inzwischen die zaristischen Würdenträger nacheinander verhaftet, darunter der frühere Kriegsminister Suchomlinow und der Führer des „Verbandes des russischen Volkes" (der „Schwarzen Hundert"), Dr. Dubrowin; der frühere Innenminister Protopopow, eine der meistgehaßten Figuren des zaristischen Regimes, begab sich freiwillig in den Taurischen Palast und bat um seine Verhaftung.

Vor dem Taurischen Palast drängten sich den ganzen Tag Soldaten und Arbeiter. Rodsianko und Miljukow hielten Reden und forderten die Soldaten auf, in ihre Kasernen zurückzukehren, den Offizieren Gehorsam zu bewahren und nur den Verfügungen des Duma-Ausschusses Folge zu leisten.

Der Befehl der provisorischen Regierung vom Vortage und die Reden Rodsiankos und Miljukows riefen unter den Soldatenmassen große Beunruhigung hervor. In der Sitzung des Vollzugsausschusses des Sowjets der Arbeiter- und Soldaten-Deputierten erschien eine Gruppe von Soldaten und berichtete über die durch den Befehl und durch die Reden Rodsiankos hervorgerufene Erregung unter den Soldaten. Der Vollzugsausschuß versprach, die Angelegenheit zu klären.

Am 13. März wurde in den Straßen Petrograds noch immer geschossen. Spitzel, Polizisten, Gendarmen und Portiers (die im zaristischen Rußland durchweg im Dienste der Polizei standen) schossen von den Dächern auf die Demonstranten. Als Antwort stürmten Arbeiter- und Soldatenmassen die Polizeiwachen.

In den Stadtteilen wurden Schutzwehren gebildet. Hauskomitees und ver-

**Bewachung der verhafteten zaristischen Minister im Taurischen Palast, Februar 1917**

schiedene Selbsthilfeorganisationen, insbesondere zur Sicherung der Verpflegung für die Soldaten, wurden gebildet.

In Moskau verstärkte sich am 13. März die Streik- und Demonstrationsbewegung. Regimenter stellten sich der Revolution zur Verfügung, Schutzleute wurden entwaffnet, der Straßenbahnverkehr eingestellt. Das provisorische Revolutionskomitee erließ eine Proklamation, in der die Soldaten zur Besetzung des Arsenals und zur Bewaffnung des Volkes aufgerufen wurden. Auch wurden die Arbeiter und Soldaten aufgefordert, Vertreter in den Sowjet zu wählen.

Der Umsturz war in beiden Hauptstädten vollzogen. Die meisten der zaristischen Minister waren am 14. März bereits verhaftet, die wichtigsten Institutionen vom revolutionären Volk besetzt, ein Befehl über die Verhaftung aller uniformierten Polizisten und Geheimpolizisten und aller Gendarmen erlassen. Der zur Niederschlagung der „Unruhen" in Petrograd ausgesandte General Iwanow erreichte an diesem Tage abends mit einem Bataillon „Ritter des St.-Georgs-Ordens" den Ort Zarskoje-Selo, der ungefähr 20 Kilometer von Petrograd entfernt liegt. Hier erfuhr er die Verhaftung Chabalows und der Minister und erhielt die Mitteilung, daß in Petrograd „kein einziger Truppenteil den gesetzlichen Behörden zur Verfügung stehe". Er kehrte noch in derselben Nacht in der Richtung nach Wyriza um. Nach seiner Abfahrt erschienen auf dem Bahnhof und im Orte revolutionäre Truppen mit Maschinengewehren.

Am gleichen Tage begann der provisorische Duma-Ausschuß Verhandlungen zur Bildung einer neuen Regierung. Der Ausschuß sprach sich für eine monarchische Staatsform aus. Die Frage, was mit Nikolai II. geschehen solle, entschied er in dem Sinne, daß Nikolai zugunsten seines Sohnes Alexej abzudanken und seinen Bruder Michail zum Regenten zu ernennen habe. Zur Durchsetzung dieser Lösung beschloß der Ausschuß, eine Delegation zum Zaren zu schicken, die aus zwei Personen, dem Oktobristen Gutschkow und dem Nationalisten Schulgin bestehen sollte.

In der neuen Regierung sollte Tscheidse den Posten eines Arbeitsministers und Kerenski den Posten des Justizministers bekommen. Der Vollzugsausschuß des Sowjets verhandelte ebenfalls über die Frage der neuen Regierung. Er wollte in diesen Tagen die Macht nicht selbst in die Hand nehmen, obwohl er selbstverständlich sowohl die Kraft wie die Möglichkeit dazu gehabt hätte. Die Autorität des Sowjets bei den Massen war unvergleichlich größer als die Autorität der den Massen fernstehenden Duma. Die Führer im Sowjet waren jedoch Menschewiki, die den bürgerlichen Duma-Leuten den Weg zur Macht aus freien Stücken offen ließen.

Es tauchte die Frage auf: „Soll eine Koalition eingegangen werden? Soll der Sowjet seine Vertreter in die von der Duma gebildete Regierung schicken?" Acht Mitglieder des Vollzugsausschusses (Menschewiki, Vaterlandsverteidiger, Mitglieder der jüdischen sozialdemokratischen Partei „Bund", Narodniki) stimmten für die Koalition, dreizehn Mitglieder dagegen. Die formelle Beteiligung an der Regierung war somit abgelehnt, die ganze spätere Politik des Sowjets war jedoch tatsächlich eine Politik der Koalition.

Die Plenarsitzung des Sowjets bestätigte die vorläufigen Bedingungen, die an die Übergabe der Macht an die provisorische Regierung geknüpft worden waren. Die Vertreter des Vollzugsausschusses mit den Menschewiki Tscheidse und Skobelew an der Spitze begaben sich zur Duma, um den Handel abzuschließen. Nach langen Debatten machten die Vertreter des Sowjets in Verletzung der Beschlüsse der Plenarsitzung zwei weitgehende Zugeständnisse an die Duma-Leute. Sie stimmten erstens der Streichung der Wählbarkeit der Offiziere zu, obwohl das Plenum des Sowjets diese als Forderung aufgestellt hatte; zweitens strichen sie — was besonders charakteristisch ist — die vom Plenum angenommene Forderung, die provisorische Regierung solle sich aller Handlungen enthalten, die der Bestimmung der zukünftigen Staatsform Rußlands vorgreifen könnten. Die Vertreter des Sowjets gaben dadurch der provisorischen Regierung vollste Freiheit für ihre monarchistischen Intrigen.

Am Abend des 14. März fand die erste Sitzung des vereinigten Sowjets der Arbeiter- und Soldaten-Deputierten statt. Diese bestätigte die oben bereits geschilderten Bedingungen für die Unterstützung der provisorischen Regierung durch den Sowjet. Die ganze Sitzung stand im Zeichen der Unruhe. Die Soldaten forderten, daß im Zusammenhang mit der Rede Rodsiankos in der Versammlung vom 13. März und dem Versuch der Militärkommission der Duma, die Soldaten zu entwaffnen, der Duma-Ausschuß in die Schranken gewiesen werde. Es wurde beschlossen, daß die Waffen niemandem ausgeliefert werden dürften und daß sie unter der Kontrolle der Kompagnie- und Bataillonsausschüsse aufzubewahren seien. Ferner wurde beschlossen, daß die Soldaten in allen politischen Aktionen nur dem Rate unterständen, der Duma-Kommission nur insofern, als deren Verfügungen nicht im Widerspruch ständen zu den Beschlüssen des Sowjets der Arbeiter- und Soldaten-Deputierten. Über diese Beschlüsse sollte ein Befehl an die Truppen herausgegeben werden, und die zu seiner Redaktion bestimmte Kommission verfaßte noch am gleichen Tage den sogenannten „Befehl Nr. 1“, den wir an dieser Stelle im Wortlaut bringen, wie auch „Befehl Nr. 2“, der als Ergänzung aufzufassen ist:

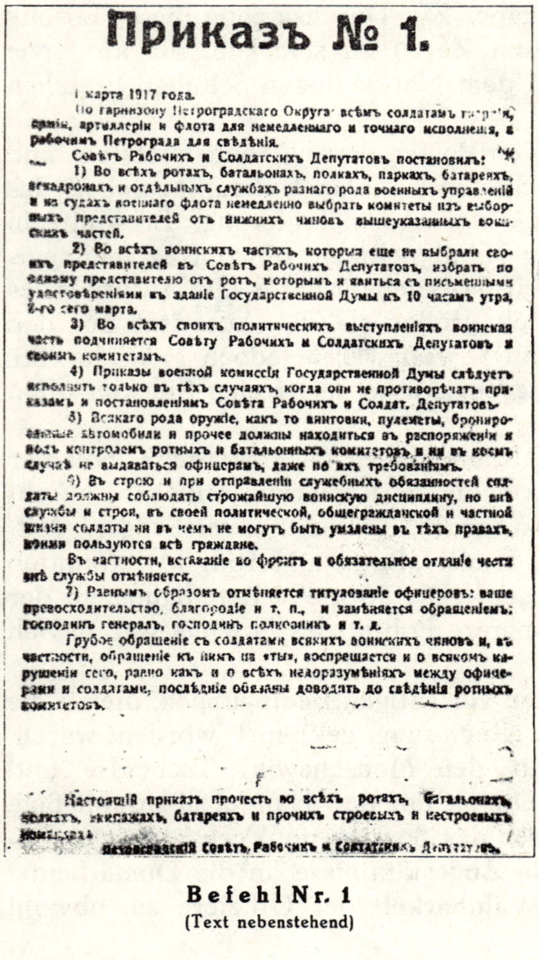

**Приказъ № 1.**

1 марта 1917 года.

По гарнизону Петроградскаго Округа всѣмъ солдатамъ гвардіи, арміи, артиллеріи и флота для немедленнаго и точнаго исполненія, а рабочимъ Петрограда для свѣдѣнія.

Совѣтъ Рабочихъ и Солдатскихъ Депутатовъ постановилъ:

1) Во всѣхъ ротахъ, батальонахъ, полкахъ, паркахъ, батареяхъ, эскадронахъ и отдѣльныхъ службахъ разнаго рода военныхъ управленій и на судахъ военнаго флота немедленно выбрать комитеты изъ выборныхъ представителей отъ нижнихъ чиновъ вышеуказанныхъ воинскихъ частей.

2) Во всѣхъ воинскихъ частяхъ, которыя еще не выбрали своихъ представителей въ Совѣтъ Рабочихъ Депутатовъ, избрать по одному представителю отъ ротъ, которымъ и явиться съ письменными удостовѣреніями въ зданіе Государственной Думы къ 10 часамъ утра, 2-го сего марта.

3) Во всѣхъ своихъ политическихъ выступленіяхъ воинская часть подчиняется Совѣту Рабочихъ и Солдатскихъ Депутатовъ и своимъ комитетамъ.

4) Приказы военной комиссіи Государственной Думы слѣдуетъ исполнять только въ тѣхъ случаяхъ, когда они не противорѣчатъ приказамъ и постановленіямъ Совѣта Рабочихъ и Солдат. Депутатовъ.

5) Всякаго рода оружіе, какъ то винтовки, пулеметы, бронированные автомобили и прочее должны находиться въ распоряженіи и подъ контролемъ ротныхъ и батальонныхъ комитетовъ и ни въ коемъ случаѣ не выдаваться офицерамъ, даже по ихъ требованіямъ.

6) Въ строю и при отправленіи служебныхъ обязанностей солдаты должны соблюдать строжайшую воинскую дисциплину, но внѣ службы и строя, въ своей политической, общегражданской и частной жизни солдаты ни въ чемъ не могутъ быть умалены въ тѣхъ правахъ, коими пользуются всѣ граждане.

Въ частности, вставаніе во фронтъ и обязательное отданіе чести внѣ службы отмѣняется.

7) Равнымъ образомъ отмѣняется титулованіе офицеровъ: ваше превосходительство, благородіе и т. п., и замѣняется обращеніемъ: господинъ генералъ, господинъ полковникъ и т. д.

Грубое обращеніе съ солдатами всякихъ воинскихъ чиновъ и, въ частности, обращеніе къ нимъ на «ты», воспрещается и о всякомъ нарушеніи сего, равно какъ и о всѣхъ недоразумѣніяхъ между офицерами и солдатами, послѣдніе обязаны доводить до свѣдѣнія ротныхъ комитетовъ.

Настоящій приказъ прочесть во всѣхъ ротахъ, батальонахъ, полкахъ, экипажахъ, батареяхъ и прочихъ строевыхъ и нестроевыхъ командахъ.

Петроградскій Совѣтъ Рабочихъ и Солдатскихъ Депутатовъ.

**Befehl Nr. 1**
(Text nebenstehend)

*Befehl Nr. 1.*

1. (14. neuen Stils) März 1917.

An die Garnison des Petrograder Wehrkreises.

An alle Soldaten der Garde, der Armee, der Artillerie und der Flotte zur sofortigen, genauen Durchführung.

An die Arbeiter Petrograds zur Kenntnisnahme.

Der Sowjet der Arbeiter- und Soldaten-Deputierten hat beschlossen:

1. In allen Kompagnien, Bataillonen, Regimentern, Kolonnen, Batterien, Eskadrons und allen Ämtern der verschiedenen Militärverwaltungen, wie auch auf allen Schiffen der Kriegsflotte sind aus gewählten Vertretern der Mannschaften der angeführten Formationen sofort Ausschüsse zu wählen.

2. In allen Truppenteilen, die noch keine Vertreter in den Sowjet der Arbeiter- und Soldaten-Deputierten gewählt haben, ist je Kompagnie ein Vertreter zu wählen. Diese Vertreter haben, mit schriftlichen Ausweisen versehen, am 2. März, 10 Uhr früh, im Gebäude der Staatsduma zu erscheinen.

3. In allen politischen Aktionen unterstehen die Truppenteile dem Sowjet der Arbeiter- und Soldaten-Deputierten und den eigenen Ausschüssen.

4. Den Befehlen der Kommission der Staatsduma ist nur in dem Falle Folge zu leisten, wenn diese den Befehlen und Beschlüssen des Sowjets der Arbeiter- und Soldaten-Deputierten nicht widersprechen.

Transport verhafteter Generale

N. Wladimirow

5. Alle Waffen, als: Gewehre, Maschinengewehre, Panzerautos usw., haben sich unter der Kontrolle und zur Verfügung der Kompagnie- und Bataillonsausschüsse zu befinden und sind unter keinen Umständen, auch nicht auf dahingehende Aufforderung, den Offizieren auszuhändigen.

6. In Reih und Glied und bei Erfüllung dienstlicher Pflichten haben die Soldaten strengste militärische Disziplin zu wahren. Außer Dienst können aber die Soldaten in ihrem politischen, staatsbürgerlichen und privaten Leben keineswegs bei der Ausübung der jedem Staatsbürger zustehenden Rechte benachteiligt werden.

Insbesondere ist das Frontmachen und die obligatorische Ehrenbezeigung außerhalb des Dienstes aufgehoben.

7. Zugleich wird die Anrede der Offiziere mit „Euer Exzellenz", „Euer Wohlgeboren" usw. abgeschafft und durch die Anrede „Herr General", „Herr Oberst" usw. ersetzt.

Ein grober Ton im Verkehr der Chargen mit den Soldaten und insbesondere die Anrede der Soldaten mit „Du" wird verboten. Von allen Verstößen gegen dieses Verbot, wie auch von allen Unstimmigkeiten zwischen Offizieren und Soldaten haben letztere den Kompagnieausschüssen Meldung zu erstatten.

Gegenwärtiger Befehl ist in allen Kompagnien, Bataillonen, Regimentern, Batterien und allen anderen Front- und Hilfstruppenteilen zu verlesen.

*Der Petrograder Sowjet der Arbeiter- und Soldaten-Deputierten.*

---

*Befehl Nr. 2.*

5. (18. neuen Stils) März 1917.

An die Truppen des Petrograder Wehrkreises.

An alle Soldaten der Garde, der Armee, der Artillerie und der Flotte zur genauen Durchführung.

Den Arbeitern Petrograds zur Kenntnisnahme.

In Ergänzung und Erläuterung des Befehls Nr. 1 hat der Vollzugsausschuß des Sowjets der Arbeiter- und Soldaten-Deputierten beschlossen:

1. Der Befehl Nr. 1 des Sowjets der Arbeiter- und Soldaten-Deputierten schreibt allen Kompagnien, Bataillonen und anderen Truppenformationen vor, in jedem Truppenteil entsprechende Ausschüsse zu wählen (Kompagnie-, Bataillons- usw. Ausschüsse). Im Befehl Nr. 1 wurde jedoch nicht bestimmt, daß diese Ausschüsse die Offiziere für jede Formation zu wählen haben. Die Ausschüsse sind zu dem Zwecke zu wählen, damit die Soldaten der Petrograder Garnison durch ihre Vertreter organisiert an dem allgemeinen politischen Leben des Landes teilnehmen können und insbesondere, damit sie die Möglichkeit erhalten, dem Sowjet der Arbeiter- und Soldaten-Deputierten ihre Ansichten über die Notwendigkeit irgendwelcher Maßnahmen mitzuteilen. Die Ausschüsse haben auch die sozialen Bedürfnisse jeder Kompagnie oder sonstigen Formation wahrzunehmen.

Die Frage, inwiefern die Interessen einer militärischen Organisation mit dem Rechte der Soldaten, ihre eigenen Vorgesetzten zu wählen, in Einklang gebracht werden können, ist einer besonderen Kommission zur Prüfung und Ausarbeitung übergeben worden.

Alle bisher durchgeführten Wahlen von Offizieren, die von den vorgesetzten Stellen bestätigt oder diesen zur Bestätigung vorgelegt worden sind, bleiben in Kraft.

2. Solange die Frage der Wählbarkeit der Vorgesetzten nicht endgültig entschieden ist, räumt der Sowjet der Arbeiter- und Soldaten-Deputierten den Ausschüssen der einzelnen Formationen das Recht ein, gegen die Ernennung bestimmter Offiziere Einspruch zu erheben. Solche Einsprüche sind an den Vollzugsausschuß des Sowjets der Arbeiter- und Soldaten-Deputierten zu richten, der sie dann an die Militärkommission weitergibt, in der neben anderen gesellschaftlichen Organisationen auch der Sowjet der Arbeiter- und Soldaten-Deputierten vertreten ist.

3. Im Befehl Nr. 1 ist der Sowjet der Arbeiter- und Soldaten-Deputierten als eine Institution bezeichnet, der die Führung aller politischen Aktionen der Petrograder Soldaten zusteht. Alle Soldaten haben sich diesem ihrem eigenen Wahlorgan in ihrem sozialen und politischen Tun zu unterordnen.

Was die einzelnen Truppenformationen betrifft, so haben sich die Soldaten allen Verfügungen ihrer Formationen in bezug auf den militärischen Dienst unterzuordnen.

4. Zur Beseitigung der Gefahr einer bewaffneten Gegenrevolution hat der Sowjet der Arbeiter- und Soldaten-Deputierten die Forderung aufgestellt, daß die Petrograder Garnison, die Rußland seine politische Freiheit erobert hat, nicht entwaffnet werden solle. Die provisorische Regierung hat die Verpflichtung übernommen, die Entwaffnung dieser Truppen nicht zuzulassen und dies auch in ihrer „Erklärung" öffentlich mitgeteilt.

Im Einklang mit dieser Erklärung sind die Kompagnie- und Batterieausschüsse verpflichtet, darüber zu wachen, daß die Waffen — wie dies im Befehl Nr. 1 bereits gesagt — den Soldaten nicht abgenommen werden.

5. In Bestätigung der in den §§ 6 und 7 des Befehls Nr. 1 enthaltenen Forderungen bemerkt der Vollzugsausschuß, daß einige dieser Forderungen von der provisorischen Regierung bereits durchgeführt werden.

Gegenwärtiger Befehl ist in allen Kompagnien, Bataillonen, Regimentern, Kolonnen, Batterien und sonstigen Front- und Hilfsformationen zu verlesen.

*Vollzugsausschuß des Petrograder Sowjets der Arbeiter- und Soldaten-Deputierten.*

Für die Richtigkeit der Abschrift:

*Der Vorsitzende der Militärkommission der provisorischen Regierung.*

In Moskau wurde in der Sitzung der Arbeiter-Deputierten ein Antrag über den Abbruch des Streiks in den Betrieben der Kriegsindustrie abgelehnt mit der Begründung, daß der Sieg der Revolution noch nicht genügend gesichert sei. An diesem Tage wurden die politischen Gefangenen aus dem Butyrka-Gefängnis befreit, das Post- und Telegraphenamt, das Gebäude der Geheimpolizei, die Polizeireviere, die Stadtkommandantur usw. besetzt.

Auch in der Provinz begann der Umsturz fühlbar zu werden. In Twer, Nischni-Nowgorod, Saratow usw. verbrüderten sich die Arbeiter mit den Soldaten; hinter ihrem Rücken schlich sich die Bourgeoisie in die Machtpositionen ein.

Am Abend telegraphierte der Zar, daß er „um der Rettung des Vaterlandes und des Glückes seines Volkes willen" mit der Bildung eines neuen Kabinetts mit Rodsianko an der Spitze einverstanden sei, sich aber vorbehalte, den Kriegsminister, Marineminister und Außenminister selbst zu ernennen.

Der 15. März ist der Tag der Abdankung des Zaren. Der Duma-Ausschuß schickte eine aus zwei Personen bestehende Delegation (Gutschkow und Schulgin) zum Zaren mit dem Auftrage, diesen zur Abdankung zugunsten seines Sohnes Alexei unter der Regentschaft Michails zu bewegen.

Interessant sind die Erinnerungen von Schulgin, veröffentlicht in „Ruskaja Mysl" 1923. Bd. 1. Er schreibt:

**Nieder mit dem Zarismus!**

Der Zarenadler — das Wappen der Despotie — wird gestürzt. Die rote Fahne der Revolution triumphiert!

„Es war um 4 Uhr nachts, glaube ich, als Gutscnkow das zweitemal wiederkam. Er war in großer Erregung. Man hatte soeben den Fürsten Wjasemski, der neben ihm im Automobil saß, getötet. Aus irgendeiner Kaserne hatte man auf den vorbeifahrenden „Offizier" geschossen . . .

Wir waren zu dieser Zeit nicht vollzählig beisammen. Anwesend waren Rodsianko, Miljukow, ich, auf die übrigen kann ich mich nicht entsinnen. Ich weiß aber, daß weder Kerenski, noch Tscheidse da waren. Wir waren also unter uns. Darum sprach Gutschkow auch ganz offen. Er sagte ungefähr folgendes: „Es muß irgendeine Entscheidung getroffen werden. Die Lage verschlechtert sich von Minute zu Minute. Man hat Wjasemski getötet, einzig und allein weil er Offizier war. Dasselbe geschieht selbstverständlich auch an anderen Orten . . . Und wenn es heute nicht geschieht, so geschieht es sicher morgen . . . Als ich hierher kam, sah ich in verschiedenen Zimmern der Staatsduma Offiziere: sie haben sich dort einfach versteckt . . . sie fürchten um ihr Leben. Sie flehen um Rettung. Man muß sich zu irgend etwas entschließen. Zu etwas Großem, das Eindruck machen und einen Ausweg schaffen würde, das mit den kleinsten Verlusten aus dieser schrecklichen Lage befreien könnte. In diesem Chaos muß man in allem, was unternommen wird, vor allem an die Rettung des Monarchen denken. Ohne Monarchie kann Rußland nicht leben. Aber der gegenwärtige Zar kann offenbar nicht länger regieren. Eine allerhöchste Kabinettsordre hat keine Wirkung mehr, sie wird nicht mehr durchgeführt. Ist es aber so, so können wir doch nicht ruhig und teilnahmslos warten, bis dieser ganze revolutionäre Wirrwarr anfängt, sich selbst einen Ausweg zu suchen und selbst mit der Monarchie abrechnet . . . Dies wird aber unvermeidlich der Fall sein, wenn wir die Initiative aus der Hand geben."

Rodsianko sagte: „Ich hätte heute morgen zum Zaren fahren sollen. Man hat es aber nicht erlaubt... Man hat mir erklärt, daß man den Zug nicht passieren lasse und forderte, ich solle mit Tscheidse und einem Bataillon Soldaten fahren . . ."

„Ich weiß", sagte Gutschkow, „darum muß man anders vorgehen. Man muß rasch und im geheimen handeln, ohne irgend jemand zu fragen, ohne irgend jemand zu Rate zu ziehen. Wenn wir mit „ihnen" im Einvernehmen handeln, so wird das sicher für uns am wenigstens vorteilhaft sein. Man muß „sie" vor eine vollendete Tatsache stellen. Man muß Rußland einen neuen Zaren geben. Unter dieser neuen Fahne muß alles gesammelt werden, was eben gesammelt werden kann. . . zur Abwehr. Dazu muß man aber rasch und entschlossen handeln."

„Bitte genauer! Was schlagen Sie konkret vor?"

„Ich schlage vor, sofort zu Seiner Majestät zu fahren und seine Abdankung zugunsten des Thronfolgers herbeizuführen."

**Revolutionäre Soldaten in Petrograd, Februar 1917 (auf der Fahne die Aufschrift: Nieder mit der Monarchie!)**

Rodsianko sagte: „General Rußki telegraphierte mir, daß er mit seiner Majestät schon darüber gesprochen habe. Alexejew hat auch die Oberkommandierenden der einzelnen Fronten befragt, ihre Antwort steht noch aus.“ „Ich glaube, man muß fahren“, sagte Gutschkow. „Wenn alle einverstanden sind und wenn Sie mich beauftragen, fahre ich. Es wäre mir aber angenehm, wenn noch jemand mitfahren würde.“

Wir blickten uns gegenseitig an. Es entstand eine längere Pause, dann sagte ich:

„Ich fahre mit Ihnen.“

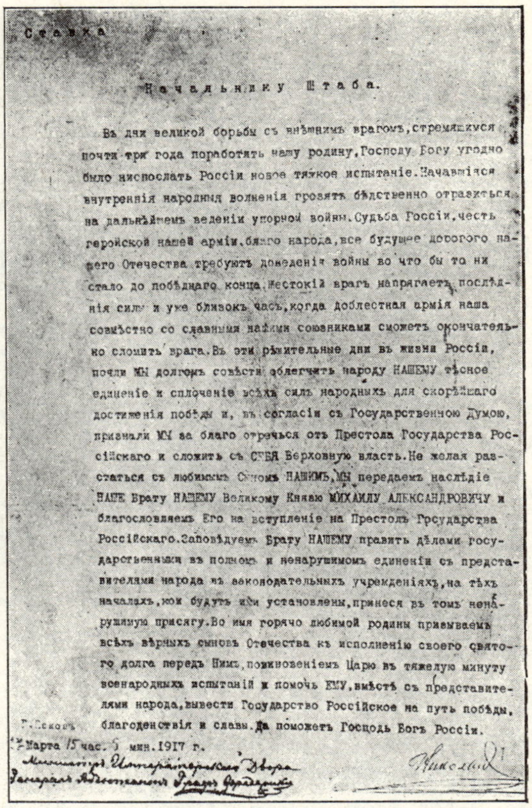
Ставка.

Начальнику Штаба.

Въ дни великой борьбы съ внѣшнимъ врагомъ, стремящимся почти три года поработить нашу родину, Господу Богу угодно было ниспослать Россіи новое тяжкое испытаніе. Начавшіяся внутреннія народныя волненія грозятъ бѣдственно отразиться на дальнѣйшемъ веденіи упорной войны. Судьба Россіи, честь геройской нашей арміи, благо народа, все будущее дорогого нашего Отечества требуютъ доведенія войны во что бы то ни стало до побѣднаго конца. Жестокій врагъ напрягаетъ послѣднія силы и уже близокъ часъ, когда доблестная армія наша совмѣстно со славными нашими союзниками сможетъ окончательно сломить врага. Въ эти рѣшительные дни въ жизни Россіи, почли МЫ долгомъ совѣсти облегчить народу НАШЕМУ тѣсное единеніе и сплоченіе всѣхъ силъ народныхъ для скорѣйшаго достиженія побѣды и, въ согласіи съ Государственною Думою, признали МЫ за благо отречься отъ Престола Государства Россійскаго и сложить съ СЕБЯ Верховную власть. Не желая разстаться съ любимымъ Сыномъ НАШИМЪ, МЫ передаемъ наслѣдіе НАШЕ Брату НАШЕМУ Великому Князю МИХАИЛУ АЛЕКСАНДРОВИЧУ и благословляемъ Его на вступленіе на Престолъ Государства Россійскаго. Заповѣдуемъ Брату НАШЕМУ править дѣлами государственными въ полномъ и ненарушимомъ единеніи съ представителями народа въ законодательныхъ учрежденіяхъ, на тѣхъ началахъ, кои будутъ ими установлены, принеся въ томъ ненарушимую присягу. Во имя горячо любимой родины призываемъ всѣхъ вѣрныхъ сыновъ Отечества къ исполненію своего святого долга передъ Нимъ, повиновеніемъ Царю въ тяжелую минуту всенародныхъ испытаній и помочь ЕМУ, вмѣстѣ съ представителями народа, вывести Государство Россійское на путь побѣды, благоденствія и славы. Да поможетъ Господь Богъ Россіи.

г. Псковъ

2 Марта 15 час. 5 мин. 1917 г.

Николай

Abdankungsurkunde Nikolaus II.

Die führenden Mitglieder der Generalität drängten ebenfalls zu diesem Schritt, als zum letzten Mittel zur Rettung der Monarchie überhaupt. Der Zar unterschrieb die Abdankungsurkunde, jedoch nicht zugunsten seines Sohnes, sondern unmittelbar zugunsten seines Bruders Michail. Die Abgesandten der Duma brachten die Urkunde selbst nach Petrograd.

*ABDANKUNGSURKUNDE*
*NIKOLAI ROMANOWS*

In den Tagen des großen Kampfes mit dem äußeren Feinde, der bereits fast drei Jahre unser teures Vaterland zu unterjochen strebt, hat es Gott dem Herrn gefallen, Rußland mit einer neuen schweren Prüfung heimzusuchen.

Die anhebenden inneren Unruhen drohen die Weiterführung des hartnäckigen Krieges unheilvoll zu beeinflussen. Die Geschicke Rußlands, die Ehre unserer heldenhaften Armee, das Wohl des Volkes, die Zukunft unseres teuren Vaterlandes fordern die Weiterführung des Krieges um jeden Preis bis zum siegreichen Ende.

Der unbarmherzige Feind spannt seine letzten Kräfte an und die Stunde ist nicht mehr fern, wo unsere tapfere Armee mit unseren glorreichen Verbündeten zusammen die Kraft des Feindes endgültig brechen wird. In dieser im Leben Rußlands entscheidenden Stunde haben wir es als Gewissenspflicht empfunden, unserem Volke den engen Zusammenschluß aller Kräfte zur raschesten Erkämpfung des Sieges zu erleichtern und haben im Einverständnis mit der Staatsduma es für richtig befunden, dem Thron des russischen Staates zu entsagen und die oberste Macht aus der Hand zu geben.

Da wir uns von unserem geliebten Sohne nicht zu trennen wünschen, übergeben wir die Thronfolge unserem Bruder, dem Großfürsten Michael Alexandrowitsch und erteilen ihm zu seiner Thronbesteigung unseren Segen.

Wir ermahnen unseren Bruder, die Staatsgeschäfte im vollen Einvernehmen mit den Volksvertretern der gesetzgebenden Körperschaften auf der Grundlage zu führen, die von diesen festgesetzt wird, und im Namen des heißgeliebten Vaterlandes einen unverletzbaren Eid in diesem Sinne zu leisten.

Wir rufen alle treuen Söhne des Vaterlandes auf, ihre heiligste Pflicht diesem gegenüber durch Unterwerfung unter den Willen des Zaren in diesem schweren Augenblick nationaler Prüfung zu erfüllen und ihm zu helfen, mit den Vertretern des Volkes gemeinsam den russischen Staat auf den Weg des Sieges, des Wohlstands und des Ruhmes zu führen. Möge Gott der Herr Rußland helfen.

Pskow, den 2. März 1917. gezeichnet *Nikolai.*

Am selben Tage wurde auch die endgültige Zusammensetzung der Regierung festgelegt. Die Oktobristen, Nationalisten und Kadetten besetzten die wichtigsten Ministerposten. Zum Vorsitzenden der Regierung und zum Minister des Innern wurde Fürst G. E. Lwow bestimmt (bisher Vorsitzender des Hauptausschusses des Allrussischen Semstwo-Verbandes), zum Außenminister Miljukow, zum Kul-

**Provisorischer Ausschuß der Staatsduma 1917**
Von links nach rechts, stehend: Schulgin, Dmitrjukow, Engelhardt, Kerenski, Karaulow.
Sitzend: Lwow, Schidlowski, Rschewski, Rodsianko

tusminister Manuilow (Professor, Kadett), zum Finanzminister Tereschtschenko (parteilos, zweiter Vorsitzender des Kriegsindustrie-Komitees), zum Handelsminister Konowalow (Progressist), zum Verkehrsminister Nekrassow (zweiter Vorsitzender der Duma, linker Kadett), zum Kriegsminister Gutschkow (Oktobrist, Vorsitzender des Kriegsindustrie-Komitees), zum Ackerbauminister Schingarjow (Kadett, Mitglied der Duma), zum Justizminister Kerenski (offiziell Trudowik, tatsächlich Sozialrevolutionär), zum Staatskontrolleur Godnew (Mitglied der Staatsduma und des progressiven Blocks), zum Prokuror des Synods W. N. Lwow (Mitglied der Staatsduma, Zentrum).

Am 15. März berichtete Steklow in der Sitzung des Petrograder Sowjets der Arbeiter- und Soldaten-Deputierten von dem Ergebnis der Verhandlungen der Vertreter des Vollzugsausschusses mit dem provisorischen Ausschuß der Staatsduma über die Bildung einer provisorischen Regierung. Der Vollzugsausschuß schlug dem Sowjet vor, das vorgeschlagene Manifest oder die Deklaration der neugebildeten Regierung zur Kenntnis zu nehmen und sich mit einem Aufruf an die Bevölkerung zu wenden, in dem zur Organisierung der Kräfte, zur Einstellung der Ausschreitungen und zur Unterstützung der provisorischen Regierung aufgefordert würde, insofern diese die Linie der Verwirklichung der vorgesehenen Aufgaben verfolge. Nach dem Bericht des Vollzugsausschusses nahm Kerenski das Wort und bat den Sowjet, dieser möge seinen Entschluß, die Obliegenheiten des Justizministers in der provisorischen Regierung auf sich zu nehmen, billigen und ihn gleichzeitig in seiner Funktion als zweiten Vorsitzenden des Sowjets belassen. Das Auftreten Kerenskis wurde mit stürmischem Beifall aufgenommen. Sich auf die ihm bereiteten Ovationen verlassend, verließ Kerenski die Tribüne und den Sitzungssaal, ohne einen formellen Beschluß des Sowjets abzuwarten. Nach seinem Abgang wurde über den Bericht diskutiert. In der Diskussion zeigte sich eine Strömung, die jede Möglichkeit einer Verbindung mit dem Duma-Ausschuß ablehnte und forderte, daß die provisorische Regierung vom Sowjet der Arbeiter- und Soldaten-Deputierten gebildet werde. Eine andere Richtung forderte demgegenüber die Entsendung von Vertretern des Sowjets in die provisorische Regierung. Diese beiden Richtungen bildeten jedoch eine Minderheit. Nach lebhafter Debatte wurden alle im Bericht des Vollzugsausschusses enthaltenen Vorschläge mit folgenden Zusätzen angenommen: 1. die provisorische Regierung betont ausdrücklich, daß die angeführten Maßnahmen trotz des Kriegszustandes durchgeführt werden; 2. das Manifest der provisorischen Regierung ist gleichzeitig mit der Unterschrift Rodsiankos und der provisorischen Regierung zu versehen; 3. in das Programm der provisorischen Regierung ist ein Punkt über die nationale und kulturelle Selbstbestimmung aller Nationalitäten aufzunehmen; 4. zur Überwachung des Verhaltens der provisorischen Regierung ist aus Mitgliedern des Sowjets der Arbeiter- und Soldaten-Deputierten ein Komitee zu bilden. Alle Vorschläge des Vollzugsausschusses wurden mit allen Stimmen (einige Hundert) gegen 15 angenommen.

Am Abend desselben Tages trat die Delegation des Sowjets wieder in Verhandlungen mit dem provisorischen Ausschuß der Staatsduma ein. Die Delegierten bestanden auf der Aufnahme folgenden Schlußsatzes in die Deklaration der provisorischen Regierung: „Die provisorische Regierung hat keineswegs die Absicht, den Kriegszustand zu irgendeiner Verzögerung der Durchführung der oben angegebenen Reformen und Maßnahmen auszunützen." Der Punkt über die nationale und kulturelle Selbstbestimmung wurde in die Deklaration der provisorischen Regierung nicht aufgenommen. Zu gleicher Zeit wurde auch der Text des Aufrufes des Vollzugsausschusses an die Bevölkerung endgültig ausgearbeitet. In diesem Aufrufe wurde unter anderem gesagt: „Im Interesse des Erfolges des revolutionären Kampfes muß Geduld gezeigt und Nachsicht geübt werden mit den unbedeutenden Verstößen gegen die Demokratie seitens jener Offiziere, die sich in dem entscheidenden letzten Kampfe gegen das alte Regime Euch angeschlossen haben."

Der Eintritt Kerenskis in die provisorische Regierung wurde am selben Tage von der Konferenz der Sozialrevolutionäre gutgeheißen. Nach Erörterung der aktuellen politischen Lage faßte die Konferenz unter anderem folgenden Beschluß: „Die Konferenz betrachtet eine Kontrolle der Tätigkeit der provisorischen Regierung seitens der werktätigen Massen als unerläßlich und begrüßt den Eintritt A. F. Kerenskis in die provisorische Regierung als Verteidiger der Interessen und der Freiheit des Volkes. Sie drückt ihr vollkommenes Einverständnis mit seinem, durch eine richtige Einschätzung der augenblicklichen Lage bedingten Verhalten in den Revolutionstagen aus."

**Eine Sitzung der „provisorischen Regierung" in Petrograd, März 1917**
Von links nach rechts: Nabokow, Schtschepkin, Manuilow, Godnew, Tereschtschenko, Kerenski, Fürst Lwow, Miljukow, Nekrasow, Schingarjow, Konowalow

Am 15. März hielt Miljukow, der Außenminister der provisorischen Regierung, in einer Versammlung im Katharinen-Saale des Taurischen Palastes eine Rede, in der er erklärte, daß der Thron von Nikolai an Michail übergegangen sei. Diese Mitteilung wurde von den Versammelten mit lärmenden Zurufen empfangen. Spät abends erschien im Taurischen Palast eine Gruppe erregter Offiziere, die erklärten, sie könnten nicht zu ihren Formationen zurückkehren, wenn nicht Miljukow seine Worte zurücknähme. Darauf log Miljukow, seine Worte sollten nur seine „persönliche Auffassung darstellen“ (obwohl der feste Entschluß, die Monarchie beizubehalten, von dem ganzen Duma-Ausschuß und der provisorischen Regierung geteilt wurde).

Die Revolution breitete sich in der Provinz weiter aus. Kiew, Pskow, Orel, Rybinsk, Jekaterinoslaw, Pensa, Kasan usw. folgten dem Beispiel der Hauptstädte.

**Begräbnis der Opfer der Februar-Kämpfe in Petrograd 1917**

Petrograder Sowjet der Arbeiter und Soldaten-Deputierten, März 1917

# 4. DIE PROVISORISCHE REGIERUNG

AM 16. März erschien folgende Erklärung der provisorischen Regierung und die Erklärung des Vollzugsausschusses des Sowjets der Arbeiter- und Soldaten-Deputierten über die Unterstützung der Regierung:

*Erklärung der provisorischen Regierung.*

Bürger!

Der aus Mitgliedern der Staatsduma gebildete provisorische Auschuß hat gegenwärtig durch die Sympathie und Beihilfe der Truppen und Bevölkerung der Hauptstadt solche Erfolge über die dunklen Gewalten des alten Regimes davongetragen, die ihm gestatten, zu einem festeren Aufbau der Exekutivgewalt zu schreiten.

Zu diesem Zwecke bestimmt der provisorische Ausschuß der Staatsduma folgende Personen zu Ministern, die sich durch ihre vergangene politische und gesellschaftliche Tätigkeit das Vertrauen des Landes gesichert haben: Vorsitzender des Ministerrats und Minister des Innern: Fürst G. E. Lwow, Außenminister: P. N. Miljukow, Kriegs- und Marineminister: A. I. Gutschkow, Verkehrsminister: N. W. Nekrassow, Handelsminister: A. I. Konowalow, Finanzminister: M. I. Tereschtschenko, Kultusminister A. A. Manuilow, Heiliger Synod: W. Lwow, Ackerbauminister: A. I. Schingarjow, Justizminister: A. F. Kerenski.

Das Kabinett wird sich in seiner Tätigkeit durch folgende Grundsätze leiten lassen: 1. sofortige Vollamnestie für alle politischen und religiösen Vergehen, darunter terroristische Attentate, Militäraufstände, Agrarrevolten usw.; 2. Redefreiheit, Pressefreiheit, Vereinigungs- und Versammlungs-, sowie Streikfreiheit, mit Ausdehnung der politischen Freiheiten auf die Angehörigen des Heeres im Rahmen der militärisch-technischen Möglichkeit; 3. Aufhebung aller ständischen, konfessionellen und nationalen Beschränkungen; 4. sofortige Vorbereitung der Einberufung einer konstituierenden Versammlung, die auf Grund des allgemeinen gleichen direkten geheimen Wahlrechts gewählt werden und die zukünftige Staatsform und Verfassung bestimmen soll; 5. Ersetzung der Polizei durch eine Volksmiliz mit gewählten Chargen, die den Organen der örtlichen Selbstverwaltung unterstellt sind; 6. Wahlen zur örtlichen Selbstverwaltung auf Grund des allgemeinen gleichen direkten geheimen Wahlrechts; 7. Belassung aller Truppenteile in Petrograd, die sich an der revolutionären Bewegung beteiligt haben, und ihre Nichtentwaffnung; 8. Aufhebung aller Einschränkungen der Bürgerrechte der Soldaten bei strengster Wahrung der militärischen Disziplin im Dienste.

Die provisorische Regierung hält es für ihre Pflicht, hinzuzufügen, daß sie keineswegs die Absicht hat, den Kriegszustand zu irgendeiner Verzögerung oben angegebener Reformen und Maßnahmen auszunützen.

gez.: Vorsitzender der Staatsduma: *N. Rodsianko*, Vorsitzender des Ministerrats: *Fürst Lwow*, die Minister: *Miljukow, Nekrassow, Manuilow, Konowalow, Gutschkow, Tereschtschenko, W. Lwow, Schingarjow, Kerenski.*

---

*Erklärung des Vollzugsausschusses des Sowjets der Arbeiter- und Soldaten-Deputierten.*

Genossen! Bürger!

Die neue, aus den gemäßigten Schichten der Gesellschaft geschaffene Staatsmacht hat heute eine Erklärung über alle Reformen abgegeben, die sie teils noch während des Kampfes mit dem alten Regime, teils nach Abschluß dieses Kampfes durchzuführen sich verpflichtet. Von diesen Reformen sind einige für weite demokratische Kreise begrüßenswert. Solche sind: die politische Amnestie, die übernommene Verpflichtung zur Vorbereitung der konstituierenden Versammlung, die Verwirklichung der Bürgerfreiheiten und die Beseitigung der nationalen Rechtsbeschränkungen. Wir glauben, daß insofern die entstehende Macht in der Richtung der Verwirklichung dieser Reformen und des rücksichtslosen Kampfes gegen das alte Regime handeln wird, sie von der Demokratie unterstützt werden muß.

Genossen und Bürger! Der volle Sieg des russischen Volkes über das alte Regime ist nahe, aber dieser Sieg benötigt noch eine gewaltige Kraftanstrengung, eine ungeheure Beharrlichkeit und Ausdauer. Zersplitterung und Anarchie dürfen nicht um sich greifen. Alle Ausschreitungen, Plünderungen, unbefugtes Eindringen in Privatwohnungen, Verschleppung und Zerstörung von Eigentum, zwecklose Besetzung öffentlicher Einrichtungen müssen sofort aufhören. Anarchie und Disziplinlosigkeit können die Sache der Revolution und der Volksfreiheit verderben.

Die Gefahr der militärischen Intervention gegen die Revolution ist noch nicht beseitigt. Um einer solchen vorzubeugen, ist es äußerst wichtig, daß die harmonische Zusammenarbeit der Soldaten mit den Offizieren gesichert wird. Die Offiziere, denen die Interessen der Freiheit und der fortschrittlichen Entwicklung des Vaterlandes teuer sind, müssen alles daransetzen, um eine reibungslose Zusammenarbeit mit den Soldaten herbeizuführen. Sie werden im Soldaten die Menschen- und Bürgerwürde ehren und das Ehrgefühl der Soldaten nicht verletzen. Die Soldaten ihrerseits werden nicht vergessen, daß die Armee nur durch das Bündnis der Soldaten mit den Offizieren stark ist und daß wegen des unrichtigen Verhaltens einzelner Offiziere nicht das gesamte Offizierskorps gebrandmarkt werden darf. Um des Erfolges des revolutionären Kampfes willen muß Geduld geübt und müssen unbedeutende Verstöße gegen die Demokratie solcher Offiziere vergessen werden, die sich dem entscheidenden letzten Kampf angeschlossen haben, den Ihr mit dem alten Regime führt.

*Vollzugsausschuß des Sowjets der Arbeiter- und Soldaten-Deputierten.*

Am selben Tage gab das ZK. der RSDAP. (Bolschewiki) eine Proklamation heraus, in der die Massen aufgerufen wurden, „jeden wie immer gearteten Versuch einer Wiederherstellung der monarchistischen Staatsform erbarmungslos zu bekämpfen".

Am Morgen desselben Tages versuchte Gutschkow in einer Eisenbahner-Versammlung für den neuen Zaren Michail zu sprechen, holte sich aber eine schroffe Abfuhr und rettete sich mit Mühe und Not vor Verhaftung und Prügeln. Zur Mittagszeit versammelten sich die Mitglieder der provisorischen Regierung und die führenden Geister der Duma im Palais Michails zur Beratung der Frage der Dynastie. Außer Gutschkow und Miljukow waren alle für eine Abdankung Michails. Miljukow meinte demgegenüber, „eine starke, zur Festigung des neuen Regimes unentbehrliche Staatsmacht benötigt die Stütze eines Machtsymbols, an das die Massen bereits gewöhnt sind, die provisorische Regierung allein ohne Monarchen sei nur ein leckes Boot, das im Ozean der Volksbewegung leicht untergehen kann" usw. Michail jedoch „erkannte für richtig" abzudanken, da er fühlte, daß die Geschichte mit der Monarchie nicht mehr klappen würde. Und seine Abdankungsurkunde lautete:

Eine schwere Last ist mir durch den Willen meines Bruders auferlegt worden, der mir den russischen Kaiserthron im Jahre eines beispiellosen Krieges und großer Volksunruhen übergab.

Mit dem ganzen Volke in dem Gedanken vereint, daß das Wohl unseres Vaterlandes allem voran geht, habe ich den festen Entschluß gefaßt, die oberste Macht nur dann zu übernehmen, wenn dies der Wille unseres großen Volkes ist, das durch allgemeine Abstimmung durch seine Vertreter in der konstituierenden Versammlung über die zukünftige Form der Regierung und die neue Verfassung des russischen Reiches zu entscheiden hat.

Darum bitte ich alle Bürger Rußlands, indem ich den Segen Gottes auf sie herabbeschwöre, sie möchten sich der durch die Initiative der Staatsduma entstandenen und mit allen Machtvollkommenheiten ausgestatteten provisorischen Regierung so lange unterordnen, bis nicht die auf Grund des allgemeinen direkten gleichen und geheimen Wahlrechts möglichst bald einzuberufende konstituierende Versammlung durch einen Beschluß über die Regierungsform den Willen des Volkes offenbart hat.

gezeichnet: *Michail.*

**Der Bürger Romanow (der letzte Zar) unter Bewachung in Zarskoje Selo bei Petrograd**

Die provisorische Regierung schickte ein Radiotelegramm ins Ausland, in dem es hieß: „Durch die Erregung der öffentlichen Meinung und der energischen Aktivität der linksstehenden politischen Organisationen ist eine ernste Komplikation entstanden. Es ist dem provisorischen Ausschuß jedoch gelungen, mit der einflußreichsten dieser Organi-

**Gesprengter Gang in den Kasematten der Schlüsselburger-Festung, Februar 1917**

sationen, dem Sowjet der Arbeiter-Deputierten, in Verbindung zu treten." Ferner heißt es: „Die Volksvertretung und die nationale Regierung sind fest entschlossen, alle Kräfte anzuspannen und alle Opfer zu bringen, um den endgültigen Sieg über den Feind (d. h. Deutschland) davontragen zu können."

Inzwischen wurde in Petrograd in vielen Arbeiterversammlungen der Beschluß gefaßt, die Tätigkeit der provisorischen Regierung aufs schärfste zu überwachen.

In Moskau entstand ein provisorisches Organisationskomitee des Sowjets der Soldaten-Deputierten. Bei einer Demonstration führte ein Teil der Demonstranten die Parole „Nieder mit dem Kriege".

In Kronstadt meuterten die Matrosen und Soldaten der Garnison. Die Offiziere, die sich hier durch ihre besondere Härte auszeichneten, wurden verprügelt, teils totgeschlagen, teils verhaftet. Der Flottenkommandant Wieren war eines der ersten Opfer. Die Soldaten und Matrosen wählten neue Vorgesetzte und außerdem auch Deputierte. Erst am 17. und 18. März trat in Kronstadt wieder Ruhe ein, nachdem Delegierte des Petrograder Komitees der Bolschewiki dort eingetroffen waren.

Ähnliches ging auch in Sveaborg und Helsingfors vor, wo der Admiral Nepeschin getötet wurde.

In den darauffolgenden Tagen breitete sich der Einfluß der Revolution, fast ohne Widerstand zu finden, auf das ganze Land und alle Fronten aus. Die Februar-Revolution ist zur vollendeten Tatsache geworden, ein neuer Geschichtsabschnitt beginnt: die acht Monate des „Koalitionsregimes".

## 5. RÜCKBLICK

NACH der Darstellung der Ereignisse des Februar-Umsturzes wollen wir diese Ereignisse noch einmal betrachten, um festzustellen, wie sich die verschiedenen Klassen der russischen Gesellschaft und ihre politischen Vertreter im Laufe des Umsturzes verhielten.

Der feudal-agrarische Absolutismus hatte mit seiner ganzen, vorhergehenden Politik jene vollständige Isolation vorbereitet, in der er sich im Februar 1917 befand.

Von den Kriegsverbündeten, den Ententemächten, isolierte ihn die ungeschickte Kriegsführung und die unter den Machthabern vorhandene Tendenz zum Abschluß eines Sonderfriedens mit Deutschland. Aus diesem Grunde hatte die englische und französische Diplomatie nichts dagegen, wenn die Regierung der Suchomlin, Schtscheglowitow und Protopopow durch eine Regierung der Lwow, Gutschkow und Miljukow abgelöst wurde. In den Jahren 1905 bis 1907 verhalf die französische Anleihe dem Zarismus zum Siege über die Revolution. Im Jahre 1917 überließen die Verbündeten die Romanow-Dynastie ihrem Schicksal.

Im Lande selbst legte der Absolutismus einen solchen Mangel an Verständnis für die eigenen Interessen, für die Interessen der Klasse, die er vertrat, an den Tag, daß er sogar während des Krieges keinerlei Schritte zur Zusammenfassung der bürgerlichen Öffentlichkeit unternahm. Während der Zarismus einen Krieg führte, der objektiv nicht nur den Interessen der russischen Agrarier und des Entente-Kapitals entsprach, sondern auch den Interessen der russischen Bourgeoisie, behandelte der Zarismus die bürgerliche Öffentlichkeit mit Verachtung und erblickte in ihr wahrhaftig eine „revolutionäre Gefahr", obwohl diese Bourgeoisie unzweifelhafte Beweise dafür geliefert hatte, daß sie bei der Organisation des wirtschaftlichen und politischen Lebens „um des Sieges willen" aktiven Anteil zu nehmen bereit war. Die Staatsduma und sogar die während des Krieges gebildeten verschiedenen bürgerlichen Organisationen (Städtebund, Kriegsindustrie-Komitee) waren in den Augen der hartnäckigsten und reinblütigsten Vertreter des zaristischen Regimes wahrhaftige Treibhäuser der Revolution. Aus dieser Auffassung folgte, daß bei dem Heranreifen der Revolution die Verteidigungsgeste des Absolutismus darin bestand, die Duma zunächst zu vertagen und dann aufzulösen. Daher auch der zähe Widerstand der zaristischen Bürokratie gegen jeden von der bürgerlichen Öffentlichkeit ausgehenden Versuch, bei der Organisation der Lebensmittelversorgung, dieser Achillesferse des zaristischen Regimes im Kriege, mitzuwirken. Alle Versuche der Organe der Kommunal-Autonomie (Städteverwaltungen), die Versorgung der Städte mit Lebensmitteln und die Verteilung der lebenswichtigen Bedarfsartikel unter die städtische Bevölkerung zu reorganisieren oder zu korrigieren, endeten ausnahmslos mit einem Zusammenbruch. Je näher die Gefahr eines militärischen Zusammenbruchs und eines Sieges der Revolution heranrückte, desto zügelloser wurde die zaristische Wirtschaft, die die letzten Gegner der reinen Repressivpolitik von sich stieß und der sogenannten Rasputinerei freien Lauf ließ. Dies ist die Logik des Untergangs einer durch und durch verfaulten und parasitischen Klasse. Die Zustände im Zarenpalast, wo die ganze hohe Politik von irgendwelchen Launen verschiedener Schwindler abhing, rief in sämtlichen Gesellschaftsschichten eine solche Welle der Empörung hervor, so daß sogar dem Throne nahestehende Persönlichkeiten sich in der Sorge um die Dynastie entschließen mußten, Rasputin zu erschlagen. Diese Tat wurde dann Mitte Dezember 1916 unter Beteiligung des Großfürsten Dimitrij Pawlowitsch Romanow und des bekannten rechts-radikalen Duma-Deputierten Purischkiewitsch vollbracht.

Der Zarismus vertraute blind auf die eigenen Kräfte und nahm an, daß es noch immer möglich sei, das Land durch nackte Gewalt und bürokratische Willkür zu beherrschen. Der Zar selbst, dieser dumme, aber „den Traditionen seiner großen Vorfahren" getreue Mann, leistete länger als alle anderen jeder Reform und jedem Zugeständnis hartnäckigen Widerstand. Am Tage des Umsturzes, am 12. März, wollte er nicht nur nichts von einer Verfassung wissen, sondern hielt auch jede Veränderung in der Zusammensetzung der Regierung „unter den gegebenen Umständen für unzulässig". Die einzige Sprache, in der der Zar mit dem aufständischen Volke zu sprechen geneigt war, war die Sprache der Maschinengewehre. Die zaristische Polizei beschoß noch einige Tage nach dem 12. März von den Hausdächern aus die Straßen Petrograds. „Viele Truppen von der Front hingeschickt" telegraphierte zur selben Zeit (am 13. März) der Zar an seine Frau. Und wenn er am 15. März abdankte, so geschah dies darum, weil die Polizei vollständig geschlagen und zum großen Teil verhaftet war, weil keine zarentreuen Truppen mehr übriggeblieben waren.

Im März 1917 endete die dreihundertundvierjährige Herrschaft der Romanow-Dynastie in Rußland. In wessen Hände ging formell die Staatsmacht über?

*In die Hände der Vertreter der Bourgeoisie und der verbürgerlichten Junker.* Trotz der Intoleranz des Absolutismus, trotz der Eifersucht, mit der dieser alle Vorrechte der Macht hütete, hatte die Bourgeoisie auch früher schon Zutritt zu gewissen Machtpositionen, wenn auch nicht zu den allergrößten, so jedenfalls zu den wirtschaftlichen und anderen Staatsorganen. Was auch nicht anders sein konnte, da die Bourgeoisie eine Klasse darstellte, in deren Händen viele Produktionsmittel konzentriert waren. Dieser Zutritt zu sekundären Machtpositionen war jedoch nur ein Zutritt über die Hintertreppe. Die Bourgeoisie besaß nicht den Einfluß, nicht das entscheidende Wort, in der Konstituierung und Ausübung der staatlichen Macht. Sogar in den kritischen Tagen der Revolution 1905, als der Absolutismus sich viel anpassungsfähiger zeigte als 1917, als der mit der Bourgeoisie liebäugelnde liberale Bürokrat Witte für kurze Zeit den Posten eines Ministerpräsidenten einnehmen konnte, sogar damals war der Verlust der Macht der Gutsbesitzer nur eine scheinbare. Tatsächlich war das Ganze nur ein taktisches Manöver der Gutsbesitzerklasse, die unter dem Drucke der Massen gezwungen war, sich eine Atempause zu schaffen, um dann vermittelst des Druckes des Manifestes vom 17. Oktober, ohne den Apparat der Armee und die Staatsmaschine aus ihren Händen zu geben, alle Kräfte zusammenzureißen und die erschütterte Klassenherrschaft der Gutsbesitzer wieder aufzurichten.

Der Absolutismus war eine Regierung der Gutsbesitzer, die im Bündnis mit der Bourgeoisie regierten. Das Klassenziel der Bourgeoisie war die Umkehrung dieses Kräfteverhältnisses innerhalb des regierenden Blocks. Sie wollte eine bürgerliche Regierung, die im Bündnis mit den Gutsbesitzern regiert, aber auch nichts mehr.

Dieses Bündnis mit den Agrariern war jedoch eine Bedingung, ohne die die russische Bourgeoisie sich die Übernahme der Macht gar nicht vorstellen konnte. Wirtschaftlich war dieses Bündnis durch den ganzen Entwicklungsgang des russischen Kapitalismus vorbereitet, während dessen Dauer diese beiden Ausbeuterklassen unzertrennlich miteinander verwachsen waren. Politisch wurde die Bourgeoisie durch die Angst vor einer proletarischen Revolution in die Arme der Gutsbesitzer gedrängt. Diese Angst war zu Anfang des Jahres 1917 ins unermeßliche gewachsen. Die Bourgeoisie erkannte in den Straßenunruhen den Anfang vom

Ende. Ihre Führer beobachteten von dem Taurischen Palast aus mit Haß und Schrecken die Bewegung in den Straßen Petrograds. Darum trafen sie alle Maßnahmen zur Rettung der Monarchie als der bequemsten Form der Schließung eines Regierungsblocks zwischen Bourgeoisie und Gutsbesitzer im Interesse der Herrschaft beider ausbeutenden Klassen.

**Demonstration in Moskau, Februar 1917**

Die führenden Geister der Duma versuchten, den Zaren und seine Minister zu überreden, das auflodernde Feuer der Revolution durch Zugeständnisse zu löschen. Sie forderten ein „verantwortliches Ministerium", die Erweiterung der Rechte der „Volksvertretung", d. h. der Duma, die Erweiterung der Rechte der Organe der lokalen Autonomie usw. Diese Überredung erfolgte sowohl von der Rednertribüne der Duma aus als auch hinter den Kulissen. Ein schönes Beispiel für ihren Stil bieten die Worte des Duma-Vorsitzenden Rodsianko, die er in einem seiner Referate bei einer Audienz gebrauchte: „Das unter den Schwierigkeiten des Lebens ächzende, durch die Mißstände in der Verwaltung zerquälte Land kann unter Umständen die Verteidigung seiner gesetzlichen Rechte in die Hand nehmen. Dies kann aber keineswegs zugelassen, muß vielmehr unter allen Umständen verhindert werden."

Als es klar geworden war, daß sich Nikolai II. nicht länger auf dem Thron halten konnte, setzten die Duma-Leute ihre Hoffnungen auf den „Regenten Michail". Die Einmütigkeit des progressiven Blocks in der Verteidigung der Monarchie war dabei so organisch, daß sich sogar die übliche Differenzierung in rechten und linken Flügel verwischte. Während die Mehrheit dieser „Männer der Öffentlichkeit" sich am 16. März angesichts der Unmöglichkeit einer Rettung der Dynastie bereits zugunsten der Abdankung auch Michails ausgesprochen hatten, verteidigte ein so links eingestellter Politiker wie der Kadett Miljukow noch immer die Monarchie (denn die Herde bedarf eines Hirten) und fordert, Michail möge die Krone annehmen. Mit Miljukow zusammen geht auch Gutschkow. Diese beiden sind die zentralen Figuren der ersten provisorischen Regierung.

Aus diesen Tatsachen ist unschwer ersichtlich, daß der „Republikanismus" der russischen Bourgeoisie, der im Frühjahr 1917 seinen Ursprung nahm (die Kadetten sprachen sich auf ihrer Parteikonferenz im Mai das erstemal für die Republik aus), zweifelhafter Natur war. Dieser Republikanismus war bloß ein Aushängeschild, unter dessen Schutze die Herren Gutschkow und Miljukow an der Wiederherstellung der Monarchie in Rußland weiter arbeiteten.

Die provisorische Regierung behütete in ihrer ganzen Politik sorgfältig das Bündnis mit den Gutsbesitzern und erblickte in den Anschlägen der Bauern auf das Land der Gutsbesitzer einen fatalen Präzedenzfall für das Verhalten der Arbeiter in den Städten gegenüber dem kapitalistischen Privateigentum.

Wenn es Miljukow und Gutschkow im Februar auch nicht gelungen war, die von ihnen erwünschte Regierungsform zu erhalten, so ließ jedenfalls der Klassenkern der neuen Regierung in dieser Hinsicht nichts zu wünschen übrig. Sie war eine bürgerliche Regierung, die im Bunde mit den Gutsbesitzern regierte.

Die Geschichte machte jedoch einen groben Strich durch diese Rechnung. Die bürgerliche Regierung entstand in Rußland historisch verspätet zu einer Zeit, als die entscheidende gesellschaftliche Kraft bereits die Arbeiterklasse geworden war, zu der breite Schichten der Kleinbourgeoisie in einer Reihe von Fragen offensichtlich hinneigten. Infolgedessen konnte die bürgerliche Regierung nur von Gnaden der werktätigen Masse existieren, oder besser gesagt, nur durch deren mangelndes Klassenbewußtsein, durch deren Vertrauensseligkeit, hauptsächlich aber durch das mangelnde Klassenbewußtsein und die ungenügende Organisiertheit der Arbeiterklasse. Alles in allem mußte die provisorische Regierung die Stunden ihres Bestehens zählen. Gleich am Anfang der Revolution entstand neben der provisorischen Regierung der Sowjet der Arbeiter-Deputierten, so daß nicht die ganze Macht in den Händen der Bourgeoisie konzentriert war, sondern sofort ein ganz eigenartiger Zustand einer Doppelregierung entstand.

Die provisorische Regierung versicherte den Allierten ihre Bereitschaft, den Krieg bis zum entscheidenden Siege fortzusetzen, schickte aber am 16. März ein Radiotelegramm ins Ausland, in dem es hieß, die linksgerichteten politischen Organisationen hätten ernste Komplikationen in dieser Frage verursacht, wenn es auch der Regierung gelungen sei, mit der einflußreichsten dieser Organisationen, dem Sowjet der Arbeiterdeputierten, in Verbindung zu treten.

**Vor der Stadtduma**

Der erste Tag der Februar-Revolution in Moskau

Ernsthafte Komplikationen waren tatsächlich schon allein durch die widerspruchsvolle Tatsache geschaffen, daß der Sowjet der Arbeiterdeputierten, obwohl er die reale Kraft zur Machtergreifung besaß, diese freiwillig einem Organ übergab, von dem dessen eigene Führer sagten, daß es vollkommen ohnmächtig sei. Miljukow schreibt z. B. jetzt, daß „zu jener Zeit, am 12. März, von der Duma als von einem politischen Faktor wahrscheinlich nur der Vorsitzende der Duma allein sprechen konnte." Ferner schreibt er: „Die Staatsduma, deren Name der Revolution auf der Stirn geschrieben stand, beteiligte sich als Institution an dieser Revolution überhaupt nicht und wäre dazu auch nicht fähig gewesen." Selbstverständlich werden solche Dinge erst jetzt, Jahre später, geschrieben, seinerzeit posaunten dieselben Herren aus, daß die Duma ein großer Faktor in der Revolution sei.

Auf jeden Fall ist es eine Tatsache, daß die Duma vollständig ohnmächtig war, und wenn das von ihr geschaffene Organ, die provisorische Regierung, die Macht in die Hände bekommen hatte, so nur darum, weil die Führer des ersten Sowjets der Arbeiter- und Soldaten-Deputierten freiwillig eine Lakaienrolle auf sich nahmen und das in der ersten Periode der Revolution unvermeidlich vorhandene Vertrauen der Masse mißbrauchten.

An der Spitze des Sowjets standen vom ersten Tage an die Menschewiki, was unter anderem dadurch zu erklären ist, daß die bolschewistischen Organisationen durch die Verfolgungen der Polizei während des Krieges viel stärker gelitten hatten, als die menschewistischen. Dies bezieht sich ebenso auf die legalen, wie auf die illegalen Organisationen. Während die menschewistische Dumafraktion unter Führung Tscheidses und Tseretellis weiter in der Öffentlichkeit auftreten konnte, befand sich die bolschewistische Dumafraktion seit 1914 in der Verbannung*). Außerdem besaßen die Menschewiki noch eine legale Organisation, die „Arbeitergruppe" des Kriegsindustriekomitees. Den Menschewiki gelang es erst nach wiederholten, geschobenen Wahlen, in diese Gruppe hineinzukommen, nachdem eine Delegiertenversammlung der Petrograder Arbeiter im Jahre 1915 sich kategorisch geweigert hatte, Vertreter in eine Organisation zu wählen, die mit dem Zarismus und der Bourgeoisie in Arbeitsgemeinschaft stand. Der opportunistische und antirevolutionäre Charakter dieser Arbeitergruppe war unverkennbar. Um einen Begriff von ihrer Rolle in der vorrevolutionären Zeit zu bekommen, führen wir die Meinung einiger Vertreter der Bourgeoisie über die Tätigkeit der Gruppe an.

W. Talin, ein der Kadettenpartei angehörender Literat, beschreibt in seinen Memoiren die Atmosphäre, in der sich die Tätigkeit der Arbeitergruppe abspielte: „Sie (d. h. die Arbeiter aus den Betrieben) kamen lärmend und erregt in die Arbeitergruppe und es war den erfahrenen Arbeitern außerordentlich schwer, festzustellen, was sie eigentlich fordern, warum sie streiken. Sehen konnte man nur, daß es Leute waren, die durch ungewohnte und schwere Arbeit grenzenlos zermürbt und verquält sind. Sie stellten die Arbeit ein, obwohl sie weder Forderungen (?) noch Führer (?) noch irgendwelche, wenn auch alleroberflächlichste Organisationen hatten." . . . „Zu der dünnen Schicht erprobter Arbeiter hatten sie kein Vertrauen, vielmehr haßten sie sie schon darum, weil sie irgendwie gleichmäßiger und ruhiger arbeiteten, genau als ob sie mit den Arbeitgebern unter einer Decke steckten. Im Lokale der Arbeitergruppe erloschen diese wutentbrannten Leute als Resultat der Überredung wieder und gingen verwirrt weg, nur um bei den Reden der bolschewistischen Demagogen wieder aufzuflammen."

*) Die bolschewistische Dumafraktion bestand aus Petrowski, Badajew, Muranow, Schagow und Samojlow. Mit dem Ausbruch des imperialistischen Krieges blieb sie mit der Partei der Bolschewiki treu den Prinzipien des revolutionären Sozialismus, wurde infolge des Verrates durch einen Provokateur im November 1914 während einer illegalen Konferenz über die Kriegsfrage verhaftet und nach Sibirien verbannt.

Dieser Feind des Bolschewismus, dieser Kadett, muß trotz aller Sympathie für die in der Arbeitergruppe sitzenden Menschewiki doch zugeben, daß die Arbeitermassen diese Arbeitergruppe als eine Art fremder Brotherrenorganisation betrachteten und spontan dem Bolschewismus zuneigten.

Daß die Arbeitergruppe tatsächlich mit den Arbeitgebern zusammen arbeitete, davon legen die Arbeitgeber selbst ein glänzendes Zeugnis ab. Wir kennen z. B. die sogenannten „Erläuterungen", die von den im Kriegsindustriekomitee sitzenden Bürokraten und Industriellen zusammengestellt und der Regierung vorgelegt worden waren. Das Schriftstück trug die Unterschrift des Zentralbüros des Kriegsindustriekomitees. Es heißt darin unter anderem: „In bezug auf ihre Ansichten näherten sich die Mitglieder der Arbeitergruppe vor allem den sogenannten Menschewiki; d. h. einer der gemäßigteren politischen Strömungen innerhalb der russischen Arbeiterschaft. Die Tätigkeit der Arbeitergruppe spielte sich offen ab und war entfernt von jenen Kampfmethoden, die die revolutionären Parteien zur Erreichung ihrer Ziele gewöhnlich anwenden. Das Zentralbüro des Kriegsindustriekomitees schätzte diese Beteiligung von Arbeiterelementen an ihrer Arbeit außerordentlich hoch. Die vollständige politische Isolierung der Arbeiter, ihre prinzipielle Enthaltsamkeit von jeder Berührung mit den sogenannten bürgerlichen Elementen stellt ohne Zweifel eine ernste Gefahr für die normale politische Entwicklung des Landes, für die Aufrechterhaltung der Ruhe im Innern, die für den Kampf mit dem äußeren Feinde so unentbehrlich ist, dar. Darum legt das Zentralbüro des Kriegsindustriekomitees schärfsten Protest gegen die Zerstörung der Arbeitergruppe ein, die zweifellos für die nationale Sache der Landesverteidigung ein schwerer Schlag ist und in den Volksmassen den letzten Glauben an die Fruchtbarkeit einer Beteiligung an der sozialen Arbeit der Vaterlandsverteidigung ersticken muß."

**Barrikade in der Litejni-Pereulok, Petrograd, Februar 1917**

Die hervorragendsten Vertreter der politischen Bourgeoisie äußerten sich wiederholt im selben Sinne über die Arbeitergruppe. Miljukow verzeichnete mit Genugtuung ihre Mäßigung. Der Nationalist Schulgin, später Mitglied der „Schwarzen Hundert", sagte: „Die Vertreter der Arbeitergruppe sind keine unterirdischen Agitatoren, die Zwiespalt und Verwirrung stiften . . . Sie haben ihre ganze Kraft der Sache der nationalen Verteidigung gewidmet und es gibt kein Opfer, das sie für das Glück des Vaterlandes nicht gebracht hätten". Rodsianko wies darauf hin, daß es der Gruppe zu verdanken war, daß die Unruhen in der Arbeiterschaft der Kriegsindustriebetriebe zurückgedämmt werden konnten.

**Es kam der Tag . . .**
Das gestürmte und niedergebrannte Bezirksgericht in Petrograd, Februar 1917

Durch die Verhaftung dieser Arbeitergruppe vor den Februartagen lieferte der Zarismus noch einen weiteren Beweis für seine selbstmörderische Isolierungspolitik.

Am 12. März, aus dem Gefängnis befreit, versuchten die Mitglieder der Arbeitergruppe, die Führung im Sowjet der Arbeiter- und Soldatendeputierten an sich zu reißen. Gerade sie waren es, die mit den menschewistischen Duma-Abgeordneten gemeinsam den Aufruf erließen, in dem die Arbeiterschaft aufgefordert wurde, Delegierte aus den Betrieben in den Taurischen Palast zu entsenden.

Es wäre jedoch unrichtig, wollte man die ersten Schritte des Sowjets als die genaue Durchführung der politischen Absichten der Menschewiki betrachten. Die Menschewiki versuchten wohl, das Element zu bezwingen, aber die revolutionären Elementarkräfte rissen sich fortwährend von der menschewistischen Führung los. Die ersten Schritte und Aktionen des Petrograder Sowjets der Arbeiter- und Soldaten-Deputierten trugen den Stempel der Zwiespältigkeit. Auf der einen Seite stand die Arbeiter- und Bauernmasse, die den Duma-Ausschuß und die von dieser geschaffene provisorische Regierung mit spontanem Mißtrauen betrachtete und, die eigene Übermacht empfindend, den ersten Aktionen des Sowjets einen revolutionären Stempel aufdrückte, ja dem Sowjet teils sogar den Charakter eines echten Machtorgans verlieh. Auf der anderen Seite sparten die „Führer" dieser spontan-revolutionären Masse keine Mühe, um den Sowjet zu neutralisieren und ihn in ein einfaches Anhängsel der bürgerlichen provisorischen Regierung zu verwandeln.

Eine solche aus den Tiefen der revolutionären Massenbewegung entsprungene Tat war die Ausgabe des berühmten Befehls Nr. 1, die in den bürgerlich-patriotischen Schichten eine Welle unversöhnlichen Hasses gegen den Sowjet auslöste. Formell richtete sich dieser Befehl nur an die Garnison des Petrograder Wehrkreises. Tatsächlich diente er aber der gesamten Armee als Richtschnur. Der Befehl Nr. 1 traf einen wunden Punkt nicht nur des zaristischen Regimes, sondern der bürgerlichen Ordnung in Rußland überhaupt. Er traf die Kampffähigkeit der alten imperialistischen Armee. Er war unmittelbar gegen das Offizierkorps gerichtet: „Jede Art von Waffen, als da sind Gewehre, Maschinengewehre, Panzerautos usw. sind zur Verfügung und unter der Kontrolle der Kompagnie- und Bataillonsausschüsse zu halten und sind den Offizieren unter keinen Umständen, auch nicht auf deren Aufforderung, auszuliefern". Es ist verständlich, daß die in diesem Befehl eingeflochtenen Worte von straffster, militärischer Disziplin neben einem solchen krassen Ausdruck des gegen die Offiziere gehegten politischen Mißtrauens ganz und gar nicht überzeugend wirkten.

Indessen drückte der Befehl Nr. 1 die Beschlüsse des Sowjets über die Grundlagen der Armeeorganisation noch gar nicht vollständig aus. Die Plenarsitzung am 14. März, die eine Kommission zur Ausarbeitung des Befehls bestimmt hatte, sprach sich zugunsten der Wählbarkeit der Befehlführenden in der Armee aus. Diese Forderung kam aus der Tiefe der Masse, und die das erstemal gemeinsam versammelten Arbeiter- und Soldaten-Delegierten mußten ihr unbedingt Ausdruck geben.

Nur dem sozialverräterischen Verhalten seiner Führer hat es der Sowjet zu verdanken, daß im Befehl Nr. 1 diese von der Plenarsitzung angenommene Forderung fehlte. In den mit dem Duma-Ausschuß geführten Verhandlungen strichen diese „Führer" hinter dem Rücken des Plenums die Forderung der Wählbarkeit der Offiziere aus den Bedingungen, die der Sowjet für die Unterstützung der provisorischen Regierung aufgestellt hatte. Selbstverständlich konnte eine Bourgeoisie, die den Krieg bis zum siegreichen Ende weiterführen wollte, sich mit der Wählbarkeit der Offiziere in der imperialistischen Armee nicht einverstanden erklären. Die Menschewiki hatten ein eigenes Prinzip, keinen Schritt ohne Genehmigung der Bourgeoisie zu tun.

Der Befehl Nr. 1 war trotz der Milderung, die er den Führern zu verdanken hatte, eine unmittelbare Reaktion der Massen auf den Versuch der Entwaffnung der Soldaten, der von der Militärkommission des Duma-Ausschusses unternommen wurde, eine direkte Reaktion auf den Befehl über die Rückkehr der Soldaten in die Kasernen, den die provisorische Regierung in den allerersten Stunden ihrer

Existenz am 12. März eiligst erlassen hatte, endlich eine direkte Reaktion auf die Rede Rodsiankos am 13. März. In den Sitzungen des Sowjets trat eine starke Unzufriedenheit mit diesem Vorgehen der provisorischen Regierung hervor. Der Befehl Nr. 1 enthielt einen bedeutsamen Absatz, in dem es hieß:

„Den Befehlen der Militärkommission der Staatsduma ist nur in dem Falle Folge zu leisten, wenn diese den Befehlen und Beschlüssen des Sowjets der Arbeiter- und Soldaten-Deputierten nicht widersprechen."

Unmittelbar nach der Herausgabe des Befehls Nr. 1 mußte der Vorsitzende der Militärkommission der Duma, Oberst Engelhardt, verbieten, daß den Soldaten die Waffen abgenommen würden.

Der Fall mit dem Befehl Nr. 1 ist außerordentlich interessant und charakteristisch für den inneren Mechanismus der nach den Februartagen entstandenen Doppelregierung. Obwohl in diesem Befehl von einer Wählbarkeit der Offiziere keine Rede gewesen war, wurde diese doch vielerorts spontan durchgeführt. Der Vollzugsausschuß des Sowjets sieht sich schon am 18. März genötigt, zur Erläuterung des Befehls Nr. 1 einen zweiten Befehl (Befehl Nr. 2) herauszugeben. Dieser Befehl Nr. 2 verfügt zwar, daß die bereits durchgeführten Wahlen von Offizieren in Kraft bleiben sollen, setzt aber im Hinblick auf die Zukunft auseinander, daß wohl die Kompagnie-, Bataillons- usw. -ausschüsse, nicht aber die Vorgesetzten, gewählt werden sollen, wobei den Ausschüssen allerdings ein Vetorecht gegen die Ernennung dieses oder jenes Vorgesetzten eingeräumt wird.

Die Vertreter des Sowjets legten diesen Befehl Nr. 2 zur Unterschrift dem Kriegsminister Gutschkow vor, der aber seine Unterschrift verweigerte. Letzten Endes wurde der Befehl Nr. 2 noch vor seiner Veröffentlichung annulliert, was tatsächlich zugleich auch die Annullierung des Befehls Nr. 1 bedeutete. Der General Potapow beschreibt den Besuch der Sowjetdelegierten bei Gutschkow am 19. März folgendermaßen:

„Die Sitzung verlief äußerst stürmisch. Gutschkow erklärte, daß die Forderung der Delegation für ihn unannehmbar sei, und verließ wiederholt das Zimmer mit der Erklärung, er würde sein Amt niederlegen. Nach seinem Abgang übernahm ich den Vorsitz. Es wurde ein Abkommen ausgearbeitet, dann wurde Gutschkow wieder hereingerufen, und das Ergebnis der Sitzung war ein Aufruf, der von seiten des Sowjets durch Skobelew, von seiten des Duma-Ausschusses durch mich und von seiten der Regierung durch Gutschkow unterschrieben war. Der Aufruf annullierte die Befehle Nr. 1 und 2. Der Kriegsminister versprach jedoch, in der Armee realere Formen, neue Regeln für die Beziehungen zwischen Offizierskorps und Mannschaften einzuführen."

Die Herren Skobelew, Gwosdew und Tscheidse konnten sich an stürmischen Sitzungen beteiligen, konnten Einwände machen und sogar Forderungen stellen, der Vertreter der bürgerlichen Regierung brauchte aber nur mit Amtsniederlegung zu drohen, und schon fiel den Führern der Demokratie das Herz in die Hosen und sie verloren die Sprache. Danach brauchte der bürgerliche Minister die Pille nur durch irgendein Versprechen zu verzuckern, und die Führer der Demokratie waren bereit, eine solche Errungenschaft der Massen, wie den Befehl Nr. 1, bereits am fünften Tage nach seiner Ausgabe aufzuheben.

Der Aufruf, in dem mitgeteilt wurde, daß die Befehle Nr. 1 und 2 für die im Felde stehende Armee und überhaupt außerhalb des Petrograder Wehrkreises keine Gültigkeit hätten, erschien in den Nachrichten des Sowjets am 21. März. Unmittelbar darnach machte sich die provisorische Regierung ans Werk, um die Autorität des gegenrevolutionären Offizierkorps in der Armee wieder herzustellen und die Kerle in grauen Mänteln wieder zu zügeln: „Hört nicht auf jene, die Zwiespalt säen", hieß es in einem Aufruf Gutschkows an die Bevölkerung und Armee, herausgegeben am 22. März. „Viel deutsche Spione haben sich in grauen Soldatenmänteln unter Euch eingeschlichen und tragen Unruhe und Verwirrung in Eure Reihen." Von dieser Zeit ab wird diese Regierungsfabel des Soldatenmantels als Attribut der deutschen Spione legalisiert und wird zum Gemeingut aller bürgerlichen, gelben und konterrevolutionären Boulevardblätter.

In diesem Zusammenhang bringen wir aus dem Bericht der Mitglieder der Staatsduma Januschkewitsch und Filonenko, die die Front bereisten, den Bericht des Duma-Abgeordneten Januschkewitsch, vorgetragen in der Sitzung des provisorischen Ausschusses der Staatsduma, am 26. März, der anschaulich die Lage in der Armee nach dem Februar-Umsturz darstellt:

**Die rote Fahne an der Front!**
Das Eintreffen der ersten Nachrichten von der Revolution

*Januschkewitsch:* Nachdem wir den Auftrag, an die Front zu fahren, erhalten hatten, befürchteten wir, daß wir dort manches sehen würden, was auf uns den denkbar schlechtesten Eindruck machen würde, daß wir dort ein niederdrückendes Bild zu sehen bekommen würden. Was wir aber in Wirklichkeit, gleich von Anfang unserer Reise an, als wir uns der Front näherten, sahen, rief bei uns einen ganz entgegengesetzten Eindruck hervor. Kaum hatten wir Petrograd verlassen, als wir bemerken konnten, daß sich auf jeder Station Menschenmassen, darunter viele Soldaten, versammelten, die von unserem Kommen gehört hatten und uns begrüßen wollten. Auf jeder Station verließen wir unseren Wagen und erwiderten die Grüße, so daß wir bereits heiser waren, als wir an der Front ankamen. In Reschiza wurden wir mit außerordentlich lebhaften Ovationen empfangen: Man ersuchte uns, in der Stadt einer Versammlung beizuwohnen. Es waren Truppen aufgestellt, die Militärmusik spielte, große Menschenmassen waren zusammengekommen. Man begrüßte uns, wir hielten Reden und blieben eine ziemlich geraume Zeit dort. Am selben Orte wurde im Lichtspiel-Theater eine Sitzung des Soldaten- und Offiziers-Sowjets abgehalten. Es gab auch einige Zwischenfälle. Unter anderem wurde der Kommandant des Sumski-Regiments getötet. Als man anfing, die Polizei zu entwaffnen und sich zur Versammlung zu begeben, fand sich eine besondere Gruppe Bewaffneter ein, die sich ziemlich unruhig verhielt. Da niemand wußte, weshalb sie gekommen war, wurde das Sumski-Regiment hinbefohlen. Inzwischen hatte sich aber das Gerücht verbreitet, daß dieses Regiment die Niederschlagung der Bewegung beabsichtige. Man drohte, schwere Artillerie einzusetzen, wenn das Regiment sich nicht über seine Absichten äußere. Die Soldaten schlossen sich an, mit den Offizieren entstand jedoch ein Mißverständnis, da diese sich in scharfen Ausdrücken über die Soldaten und die roten Schleifen geäußert hatten. Dabei wurde der Regimentskommandant getötet. Man sagte auch, er hätte sich selbst erschossen. Die Versionen waren unklar und der ganze Vorfall in Dunkel gehüllt. Außerdem wurde in Reschiza der Vorsitzende der Semstwo-Verwaltung verhaftet, ein äußerst unpopulärer Mann, der sich bei der Nahrungsmittelversorgung einen schlechten Ruf erworben hatte. Hier wurde für alte Sünden Abrechnung gehalten.

In der Soldaten- und Offiziers-Versammlung wurde eine Menge Fragen diskutiert. Unter anderem hatten wir den Befehl Gutschkows über die höflichen Umgangsformen im Heer in Händen. Wir machten darauf aufmerksam, wie sehr alle diese Fragen die Gesamtmasse der Soldaten angehen. Nachdem wir den Befehl verlesen hatten, fingen die Soldaten an, uns über die Prügelstrafe, über die Ehrenbezeugung usw. zu befragen. Wie denn die provisorische Regierung zu diesen Sachen stehe und was in dieser Hinsicht getan werden würde? Wir sagten, daß die Regierung wahrscheinlich alles in entsprechenden Befehlen festlegen würde. Als wir den Befehl Gutschkows verlesen hatten, ertönte ein donnerndes Hurra, jedoch wollten die Soldaten wissen, warum im Befehl nichts von der Ehrenbezeugung stehe. Es darf nicht unerwähnt bleiben, daß der Ortskommandant von Reschiza die Leistung der Ehrenbezeugung schon von sich aus abgeschafft hatte, indem er sie im Garnisonsbefehl als nicht obligatorisch bezeichnete. Wir beantworteten die Fragen, die uns gestellt wurden. Der Adelsvorsteher wurde über die Verhaftungen befragt, man ließ ihn jedoch erst nicht zu Worte kommen, beruhigte sich aber, als wir zur Ordnung riefen. Wir schlugen vor, keine willkürlichen Verhaftungen zuzulassen, erklärten, daß solche Verhaftungen Selbsthilfe wären und daß man solche Verhaftete freilassen müsse.

An der Front angekommen, übernachteten wir und begaben uns zu den Truppen, die in den vordersten Linien standen. Man empfing uns überall außerordentlich feierlich mit Musik — wir waren in großer Verlegenheit. Es zeigte sich, daß der Befehl Nr. 1 und alle möglichen Gerüchte in den „grünen" Truppenteilen, d. h. solchen, in denen Bauern standen, eine gewisse Desorganisation hervorgerufen hatte. In den anderen, mehr revolutionär gesinnten Truppenteilen machten sich keinerlei ähnliche Erscheinungen bemerkbar. In diesen kamen die Mannschaften auch sehr gut mit den Offizieren aus. Wir bemerkten eines: Obwohl eine provisorische Regierung da ist, obwohl der Umsturz eine vollendete Tatsache ist, gibt es unter den höheren Offizieren manche, die sich außerordentlich taktlos benehmen. Überall mußten wir Klagen darüber hören, daß rote Schleifen bald wieder abgerissen würden, ferner erklärten einige, daß sie die Zarenbilder nicht entfernen würden. Die Soldaten kommen und sehen, daß das Bild an der Wand hängt, und sind darüber empört. An einigen Orten hörten wir genaue Angaben darüber, daß mit Erschießen gedroht wurde für den Fall, wenn die Zarenbilder entfernt würden. Diese Taktlosigkeit schuf eine unhaltbare Atmosphäre. An anderen Orten wieder bat man uns, Maßnahmen zur Entfernung der Zarenbilder zu treffen, da die Truppe sehr erregt sei und Totschläge vorkommen könnten. Man kann aber immerhin konstatieren, daß die Soldaten eine gewisse Zurückhaltung zeigen, sie warten noch auf etwas und interessieren sich außerordentlich für alles, was vorgeht. Uns stellten sie Fragen aus den verschiedenen Gebieten. Wir hielten zunächst Begrüßungsreden und erklärten dann, daß alle grundlegenden Fragen von der konstituierenden Versammlung entschieden werden würden. Die provisorische Regierung habe ihrerseits für diese und jene Dinge zu sorgen. Die Offiziere kamen auch, wir baten sie aber, sich wieder zu entfernen. Wir unterhielten uns mit jedem einzelnen Truppenteil, man kam zu uns mit Klagen und Wünschen, wir versuchten, alles klarzustellen und die Soldatenmassen zu beruhigen.

**An der Front**
versuchten die Offiziere, die sich mit wenigen Ausnahmen schnell hinter die bürgerliche „Demokratie" gestellt hatten, die Soldaten zu gewinnen. Jedoch schon mit den ersten Nachrichten über den Februar-Umsturz begannen die Bauern- und Arbeitermassen in Soldatenuniform an der Front und im Hinterlande instinktiv zu verstehen, daß der Sturz der Zarenregierung sie nicht befreien würde aus Elend und Not. Die von den Bolschewiki erhobene Parole: Friede, Brot, Freiheit, Land, fiel auf fruchtbaren Boden

Es wurden noch Wünsche in bezug auf die Feldgerichte laut. Es wurde nicht bestritten, daß man an der Front ohne strenge Maßnahmen nicht auskommen könne. Man wünschte aber, daß in den Feldgerichten auch Soldatenvertreter als Beisitzer vorhanden sein sollten; dann würde man sich allen Strafen mit Bereitwilligkeit unterwerfen. Zurzeit wäre das Gericht eine reine Offiziersangelegenheit. Zu einem solchen Gericht hätte man kein Vertrauen. Man wandte sich dann mit der Bitte an uns, daß wir es möglich machen sollten, einen Vertreter irgendeines Truppenteils nach Petrograd senden zu können, um sich dort an Ort und Stelle über die Ereignisse zu informieren.

Eine brennende Frage ist auch die Frage der Urlaube. Nach den jüngsten Ereignissen wurden sofort alle Urlaube gesperrt; bei einigen Truppenteilen werden jetzt bereits wieder Urlaube erteilt, im allgemeinen beunruhigt aber diese Frage die Soldaten ungeheuer, sie trauen ihren Vorgesetzten nicht, obwohl es auch Truppenteile gibt, die Vertrauen zu ihrem Kommandanten haben; viele jedoch mußten davon überzeugt werden, daß es keine Rückkehr zum alten Regime geben könne. Aus den Gesprächen mit einzelnen Soldaten, mit einigen Gruppen und mit verschiedenen Soldatenvertretern ging hervor, daß das Kriegsministerium — so oder so — jedenfalls mit der Stimmung der Soldaten, mit ihrem Mißtrauen zu ihren Kommandanten rechnen muß. Nicht nur Soldaten, sondern auch Offiziere sagten uns: „Wir haben kein Vertrauen zu diesen Leuten, wir fürchten uns, mit ihnen zum Sturm vorzugehen, denn sie würden uns verraten." Manche Leute tun alles, um die Soldaten gegen sich aufzubringen, fast als ob sie es mit Absicht täten. Für jeden Fall besuchten wir fast alle Truppenteile der I. Armee und unterhielten uns mit den Soldaten jedes einzelnen Truppenteils eine bis zwei Stunden, wurden zwar sehr heiser, brachten aber eine gewisse Beruhigung in die Massen. Dessen können wir uns rühmen. Wir fingen unseren Rundgang um 8 Uhr morgens an und beendeten ihn um 1 Uhr nachts. Die Stimmung ist nicht schlecht, nur einige alte Soldaten baten, man möge ihnen die Heimkehr zu ihren Familien gestatten. Im allgemeinen ist die Stimmung kampflustig, was einen guten Eindruck auf uns machte, da wir etwas anderes erwartet hatten. Diszplin ist vorhanden, nur muß sie auf anderer Grundlage organisiert werden. Bei einigen Versammlungen sprachen wir auch mit Offizieren. Manche verstehen ihre jetzige Aufgabe ganz gut, andere aber wollen es gar nicht begreifen, daß sich ein epochemachender Bruch vollzogen hat und daß sie sich selbst auch ummodeln müssen. Solche fühlen sich furchtbar beleidigt, sind empört über die Befehle, u. a. auch über den Befehl Gutschkows über höfliche Umgangsformen, sie sagen, daß solche Befehle den Geist der Armee zerstörten, daß solche Sachen von Hinterlandmenschen gemacht würden, die mit der Armee nicht das geringste zu tun hätten. Bei einer Versammlung zogen wir in unseren Reden den Schluß, daß eine solche Stimmung gegenrevolutionär, gegen den vollzogenen Umsturz gerichtet sei. Es sprachen vorwiegend „grüne" Offiziere, Fähnriche, d. h., mit Verlaub, Grünschnäbel. Einer vergaß sich sogar so weit, daß er sich folgenden Ausspruch erlaubte: „Sie sind Zivilist und verstehen nichts vom Geiste der Armee!" Als wir aber klar und deutlich sagten, daß diese Maßnahmen notwendig seien, da sonst alles flöten ginge, stimmten sie zu und wiesen darauf hin, daß sie als disziplinierte Leute wünschten, die Befehle kämen von einer Zentralstelle, von einer Spitze, dann würden sie sich blind unterwerfen, sie könnten aber nicht zulassen, daß Befehle von anderer, nicht befugter Seite, ausgegeben würden, da in diesem Falle die obersten Stellen ihre Autorität verlieren müßten und die Truppen nicht zum Sturm geführt werden könnten. Was die Soldaten betrifft, so setzten wir diesen auseinander, es gäbe jetzt eine neue Regierung, die alle nützlichen Maßnahmen durchführen würde, daß aber, da der ganze Apparat noch der alte sei, alles stufenweise im Dienstwege weitergegeben werden müsse. Sie würden also von ihrem Kommandanten Erläuterungen bekommen. Ferner ist zu verzeichnen, daß sowohl Offiziere wie Soldaten übertriebene Hoffnungen auf das Hinterland setzen. Sie sagen, das Essen müsse auch gebessert werden, die Linsen wären allen zuwider geworden, sie erwarten Hilfe vom Hinterland, und wenn diese ausbliebe, so hieße das, daß im Hinterland etwas nicht in Ordnung sei. Die Soldaten beschuldigten in allen Stücken ihre eigenen Kommandanten, und es kostete viel Mühe, ihnen beizubringen, daß solche Mißstände durch das alte Regime verschuldet seien, nicht aber durch die einzelnen militärischen Vorgesetzten der Soldaten selbst.

Allgemeine Schlußfolgerungen: Die Stimmung ist nicht pessimistisch, die Disziplin hält sich, die Soldaten warten jedoch noch auf irgend etwas. Sie flehten uns an, um Gottes willen zu kommen oder jemanden zu schicken, um alle Mißverständnisse zu zerstreuen; nicht nur die Soldaten, auch die Offiziere baten uns, die einzelnen Truppenteile zu besuchen. Einige Formationen weigerten sich, den neuen Fahneneid zu leisten, und als wir fragten, aus welchem Grunde, sagten sie: Wenn uns die alten Vorgesetzten den Eid abnehmen, so wissen wir nicht, ob der Eid vielleicht auf die alte Regierung lautet. Wir sagten ihnen, nein, auf die neue Regierung, glaubt es uns. „Und warum müssen wir unsere Unterschrift geben?" Die Frage der Unterschrift ist eine sehr wichtige. „Früher brauchten wir ja nicht zu unterschreiben." Wir erklärten: „Jetzt seid Ihr Staatsbürger, jeder aufgeklärte Bürger muß unterschreiben, daß er bereit ist, zu dienen." Es tauchten eine Menge ähnlicher Fragen auf. Bei einigen Truppenteilen wandte man sich mit der Bitte an uns, uns mit irgendwelchen Stellen wegen der Säuberung des Offizierkorps in Verbindung zu setzen. Unter den Bittenden befanden sich auch Offiziere, die sagten: „Wir glauben unseren Kommandanten nicht, sie haben sich durch ihre vergangene Tätigkeit bei

Nach einem Gemälde von Kustodjew

**Moskau im Februar 1917**

den Soldaten so verhaßt gemacht, daß die Soldaten jetzt nach dem Umsturz ihnen nicht glauben. Das bringt aber Desorganisation und auch die Möglichkeit von Exzessen mit sich. Wir können nicht garantieren, daß die Truppen, geführt von solchen Kommandanten, mit Vertrauen in den Kampf gehen." Wir bemerkten, daß dort, wo die Offiziere versucht hatten, den Soldaten den erfolgten Umsturz begreiflich zu machen, ihnen sogar früher begangene Sünden verziehen wurden. Solche Offiziere gewannen sofort in den Augen der Masse; besonderes Mißtrauen entstand dort, wo man schwieg, keine Versammlungen veranstaltete, die Ereignisse nicht erläuterte oder tendenziöse Darstellungen gab. Bei solchen Formationen war das Mißtrauen grenzenlos. Das alte Mißtrauen der Soldaten zu den Vorgesetzten ist irgendwie schwächer geworden, das neue nach dem Umsturz entstandene Mißtrauen jedoch ist fürchterlich. Bei den Formationen, bei denen für die Soldaten Versammlungen veranstaltet worden sind und auf solche Weise die Ereignisse erörtert wurden, war das Vertrauen sofort hergestellt; sogar bei den Truppen, wo ein solches Vertrauen früher nicht vorhanden gewesen war. Solche Truppen würden durch Wasser und Feuer gehen.

Eine sehr ernste Frage für die Soldaten ist die Beteiligung oder Nichtbeteiligung an den Wahlen zur konstituierenden Versammlung. „Niemand kann an unserer Statt für uns Entscheidungen treffen." Wir wurden gefragt: „Werden die Soldaten teilnehmen können?" Wir antworteten auf eigene Gefahr: „In irgendeiner Form werdet Ihr selbstverständlich Euere Meinung sagen können." Man wollte auch wissen, ob es eine Republik oder eine Monarchie geben würde. Wir sagten, daß diese Frage von der Konstituante selbst zu lösen wäre. Ich muß offen sagen, daß, soweit ich feststellen konnte, die Stimmung durchweg republikanisch ist. Man fragte auch, ob Romanow mit seiner ganzen Familie verhaftet sei. Als wir eine bejahende Antwort gaben, rief man Hurra, hob uns auf die Schultern, usw. Dabei muß hervorgehoben werden, daß sich einige Kommandanten sehr taktvoll benahmen. Als der Umsturz, die Abdankung usw. erfolgt waren, entfernten solche Kommandanten unauffällig alle Zarenbilder, während man in anderen Truppenteilen diese Bilder demonstrativ hängen ließ. Als die Soldaten die Entfernung der Bilder forderten, lehnten die Kommandanten dies ab, und zwar nicht, weil sie der Meinung waren, die Bilder müßten hängen bleiben, weil das alte Regime dies erheische, sondern weil nach ihrer Meinung die Disziplin es nicht zuließe, daß die Soldaten fordern und die Kommandanten gehorchen sollen. Dadurch wurde ein Verhältnis geschaffen, das sehr bedenkliche Folgen zu zeitigen drohte. Einige Soldaten sagten uns gerade heraus: „Unser Kommandant ist der und der, wir werden ihn töten, wir haben schon alles organisiert." Zu solchen sagten wir: „Beruhigt Euch, macht keine Dummheiten. Die provisorische Regierung wird diese Fragen lösen, sie wird Maßnahmen treffen, damit Ihr die Vorgesetzten bekommt, die Ihr braucht. Aber von Selbsthilfe soll keine Rede sein. Jetzt muß gerechtes Gericht gehalten werden."

Die Soldaten interessierten sich auch für das Recht, Beschwerde zu führen: „Früher war es schlecht, man mißhandelte uns, und wenn wir uns bei der Obrigkeit beschwerten, kümmerte sich diese gar nicht darum. Wie soll es jetzt werden? Sollen wir uns wieder bei der Obrigkeit beschweren? Wenn aber die Obrigkeit die alte bleibt, wer soll dann unsere Stimme dorthin gelangen lassen, wo diejenigen sitzen, die uns jetzt regieren, die die Macht haben, die unsere Interessen vertreten?" Auf diese Frage war es schwer, eine Antwort zu geben.

Wir unterhielten uns mit vielen Offizieren, auch den höheren Kommandostellen. Viele sind über die Lage ganz und gar unorientiert und fragen uns, warum man die Armee nicht befragt hätte, bevor man Revolution machte? Wir antworteten, daß es eben so gekommen wäre. Sie selbst hätten eines Tages beim Erwachen Petrograd nicht wiedererkannt. Diese Offiziere können sich nicht vorstellen, wie alles so kommen konnte, sie sind unzufrieden, weil man sie nicht vorher befragt, weil man alles in Eile mit Zivilisten durchgeführt hat, die sie, die Offiziere, gar nicht beachteten. Manchmal verhalten sich solche Offiziere ablehnend zu allem, auch zu allen einlaufenden Befehlen. Die Soldaten sagen dann: „Das ist ein Feind des neuen Regimes". Ein Divisionskommandant erlaubte sich einen Ausspruch, der den Eindruck in mir weckte, daß er, wenn er auch kein Feind des neuen Regimes ist, so doch jedenfalls diesem allzu skeptisch gegenübersteht. Es war gut, daß das Gespräch unterbrochen wurde, denn ich hätte ihn sonst verhaften lassen müssen. U. a. sagte er: „Ich habe dieses Gesindel trotz allem geprügelt und werde es auch trotz allem weiterhin prügeln. Wenn einer muckst, kriegt er 50 aufgezählt." Unmittelbar vorher fand eine Soldatenversammlung statt, und ich sah, daß die Teilnehmer nach Schluß der Versammlung nicht auseinandergingen. Ich erkundigte mich nach dem Grund und erhielt die Antwort: „Na, nur so, wir gehen halt nicht auseinander." Später sagten sie mir aber, sie hätten sich gedacht, der Kommandant würde mich verhaften, er sei ein Anhänger des alten Regimes. „Er drohte gestern mit Erschießung wegen der Entfernung der Zarenbilder. Eine Eskadron Kosaken stand schon bereit, wir hätten diese gleich..."

Bei einem Truppenteil, zu dem wir gekommen waren, um zu sprechen, sagte der unbeliebte Kommandant zu den Soldaten: „Laßt Eure Gewehre zurück." Diese Aufforderung erweckte ungeheures Mißtrauen und alle kamen mit Gewehren zur Versammlung und fragten uns später: „Warum ohne Gewehre?" Wir sagten, es wäre ohne Gewehre bequemer, und sie beruhigten sich. Wenn auch jetzt alles ruhig ist, ist es doch sehr möglich, daß, wenn keine Maßnahmen ergriffen werden, manches Unerwünschte passieren kann. Insbesondere das Offizierskorps begreift das Vorgefallene schlecht. Sie erfassen das Wesen der Dinge nicht und glauben, daß die ganze Armee zerstört ist, daß ihr Geist vernichtet und die Grundlage, auf der sie aufgebaut war, verschwunden ist.

Soweit der Bericht des Abgeordneten Januschkewitsch.

Die Leute, die sich in den ersten Tagen der Revolution an die Spitze des Sowjets gestellt hatten, waren nicht imstande, die Revolution weiter zu führen. Im Gegenteil bremsten sie, was das Zeug hielt. Wie wenig die Menschewiki und Sozialrevolutionäre die Ereignisse begriffen, kann man aus der Tatsache ersehen, daß Skobelew (Menschewik) und Kerenski (Trudowik) am 10. März in der Duma unter dem Beifall der liberalen Deputierten noch die Parole der Kadetten von der verantwortlichen Regierung vertraten und dadurch selbst kundgaben, daß sie den Boden der konstitutionellen monarchistischen Forderungen noch nicht verlassen hatten.

Als diese tristen Führer die Bedingungen des Abkommens mit der provisorischen Regierung ausarbeiteten, nahmen sie da unter diese Bedingungen auch die Forderung der Ausrufung der demokratischen Republik oder überhaupt nur der Republik auf? Keineswegs. Diese Forderung fehlte. Die Menschewiki und Sozialrevolutionäre machten ein Kompromiß mit den krassesten Monarchisten und stellten absichtlich keine Forderungen auf, die sie von diesen Monarchisten trennen könnten.

Es kommt aber noch schöner. Als die Versuche der provisorischen Regierung zur Erhaltung der Monarchie und der Dynastie in den Massen Entrüstungen und Empörungen auslösten, als die Plenarsitzung des Sowjets in dieser für die Massen brennenden Frage (diese Frage ist sogar brennender als die Beziehungen zwischen Mannschaften und Offiziere, weil die Frage der Regierungsform die Interessen der Gesamtbevölkerung berührt) beschloß, der provisorischen Regierung jede Handlung zu verbieten, die der zukünftigen Regierungsform vorgreifen könnte, — was taten da Führer wie Skobelew und Tscheidse? Nachdem sie von den Vertretern des Duma-Ausschusses gehört hatten, daß dieser fest entschlossen sei, die Monarchie zu halten und eine Abdankung zugunsten Alexis zu forcieren, strichen die Herren Skobelew und Tscheidse aus den Beschlüssen des Sowjets den Punkt, der den Herren aus der Duma nicht genehm sein könnte! Dadurch gaben sie den Monarchisten freie Hand, ja stellten ihnen sogar die Unterstützung des Sowjets in Aussicht.

Auch hier beschwindelten die Führer die Massen. Sie verrieten ihre Interessen in intimen Verhandlungen mit der Bourgeoisie und durchbrachen die vom Sowjet erteilten Direktiven. So war der innere Mechanismus der Doppelregierung geartet. Die Widersprüche traten so klar zutage, daß nur in den ersten Tagen des revolutionären Siegesrausches die Arbeiter und Soldatenmassen diese Widersprüche nicht bemerken und sich mit ihnen aussöhnen konnten.

Selbstverständlich wäre die Herrschaft der Menschewiki und später auch der Sozialrevolutionäre in den Sowjets nicht möglich gewesen, ohne eine breite Welle des gutgläubigen Vaterlandsverteidigungsfimmels (der Ausdruck stammt von Lenin), die in den ersten Monaten der Revolution die kleinbürgerlichen und sogar proletarischen Massen überflutet hatte. Die gutgläubig auf Vaterlandsverteidigung eingestellte Masse begrüßte zum Beispiel den vom Petrograder Sowjet der Arbeiter- und Soldaten-Deputierten am 27. März angenommenen Aufruf, der an die Völker der ganzen Welt gerichtet war:

*Genossen, Proletarier, Werktätige aller Länder!*

Wir, die im Petrograder Rat der Arbeiter- und Soldaten-Deputierten vereinigten russischen Arbeiter und Soldaten senden Euch einen flammenden Gruß und benachrichtigen Euch von einem großen Ereignis: Die russische Demokratie hat die althergebrachte Zarentyrannei in den Staub gestürzt und tritt in Eure Mitte als vollberechtigtes Mitglied und als drohende Kraft im Kampf um unsere gemeinsame Befreiung. Unser Sieg ist ein großer Sieg der Weltfreiheit und der Weltdemokratie. Die Hauptstütze der Weltreaktion, der „Gendarm Europas", ist nicht mehr. Mag ihm die Erde auf seinem Grabe schwer sein wie Granit! Es lebe die Freiheit! Es lebe die internationale Solidarität des Proletariats und sein Kampf um den Endsieg!

Unser Werk ist noch nicht vollendet. Die Schatten des alten Regimes sind noch nicht zerstreut, — viele Feinde sammeln ihre Kräfte gegen die russische Revolution. Aber doch sind unsere Errungenschaften ungeheuer groß. Die Völker Rußlands werden ihren Willen durch die konstituierende Versammlung zum Ausdruck bringen, die in kürzester Zeit auf Grund des allgemeinen direkten gleichen und geheimen Wahlrechts zusammentreten wird. Schon jetzt kann man mit Bestimmtheit sagen, daß in Rußland die demokratische Republik triumphiert. Das russische Volk besitzt volle politische Freiheit, es kann jetzt sein Machtwort in der inneren Selbstbestimmung des Landes und in dessen auswärtiger Politik sprechen. Indem wir uns an alle, von diesem furchtbaren Krieg dezimierten und zugrunde gerichteten Völker wenden, erklären wir, daß die Zeit des Entscheidungskampfes gegen die räuberischen Gelüste der Regierungen aller Länder gekommen ist; für die Völker ist die Zeit gekommen, die Frage des Krieges und des Friedens in die eigenen Hände zu nehmen.

Im Bewußtsein ihrer revolutionären Kraft erklärt die russische Demokratie, daß sie mit allen Mitteln gegen die räuberische Politik der eigenen herrschenden Klassen ankämpfen wird, und ruft die Völker Europas zu einer gemeinsamen, entschlossenen Aktion für die Sache der Freiheit auf.

Wir wenden uns an unsere proletarischen Brüder im deutsch-österreichischen Bund und insbesondere an das deutsche Proletariat. Vom ersten Tage des Krieges an wollte man Euch glauben machen, daß Ihr, wenn Ihr die Waffen gegen Rußland erhebt, die europäische Kultur gegen den asiatischen Despotismus verteidigt. Viele von Euch erblicken hierin die Rechtfertigung der Unterstützung, die Ihr dem Kriege gewährt habt. Jetzt ist auch diese Rechtfertigung aus der Welt geschafft: das demokratische Rußland kann die Freiheit, die Zivilisation nicht mehr bedrohen.

Wir werden unsere Freiheit gegen alle reaktionären Eingriffe von außen und von innen standhaft zu verteidigen wissen. Die russische Revolution wird vor den Bajonetten der Eroberer nicht zurückweichen und wird sich von keinerlei militärischer Gewalt erdrücken lassen.

Wir fordern Euch auf, Eure halbabsolutistische Regierung zu stürzen, wie das russische Volk die Zarentyrannei abgeschüttelt hat. Weigert Euch, als Werkzeug des Raubes und der Gewalt in den Händen von Königen, Gutsbesitzern und Bankiers zu dienen, und wir werden mit vereinten Kräften das fürchterliche Gemetzel beenden, das die Menschheit schändet und die großen Tage der Geburt der russischen Freiheit verfinstert.

Werktätige aller Länder! Wir strecken Euch unsere brüderliche Hand über einen Berg von Leichen unserer Brüder, über einen Strom unschuldigen Blutes und Tränen, über rauchende Trümmer von Städten und Dörfern, über zerstörte Schätze der Kultur entgegen und rufen Euch auf zur Wiederherstellung und Befestigung der internationalen Einheit, denn darin liegt das Pfand zukünftiger Siege und der vollständigen Befreiung der Menschheit.

Proletarier aller Länder, vereinigt Euch!

*Petrograder Sowjet der Arbeiter- und Soldaten-Deputierten.*

All diese Wendungen schienen damals den Massen äußerst revolutionär, weil sie noch keinen Begriff davon hatten, *wie* „dem entsetzlichen Schlachten ein Ende gemacht" werden konnte und sollte. Die Niederwerfung des Absolutismus wurde als eine angebliche „Weigerung" des Volkes, weiter „imperialistischen Zielen zu dienen" ausgelegt. Die Tatsache, daß an Stelle des Zarismus die Bourgeoisie getreten war, mit dem festen Entschluß, den bewaffneten Kampf um die alten imperialistischen Ziele nicht nur weiterzuführen, sondern sogar zu vertiefen, — diese Tatsache war in das Bewußtsein der vertrauensseligen, von den Kapitalisten und ihren sozialdemokratischen Helfershelfern beschwindelten werktätigen Massen noch nicht eingedrungen. Darum hatte der Gedanke einer zweiten Revolution zur Niederwerfung des kapitalistischen Regimes und zur Entreißung der Macht aus den Händen der Bourgeoisie noch keine festen Wurzeln geschlagen, obwohl die Massen schon in den ersten Februartagen der Bourgeoisie gegenüber ein spontanes Mißtrauen hegten. Die Früchte dieses Mißtrauens reiften erst mehrere Monate später zu einer klassenbewußten Bewegung heran.

Die Massen legten sich keine Rechenschaft darüber ab, daß die eingetretene Freiheit gleichzeitig eine Übergabe der Macht an die Kapitalisten darstellte. Darum nahmen sie den Aufruf des Rats, die „Revolution gegen die Bajonette der Eroberer zu beschützen“ als zu recht bestehend auf. Es dauerte eine gewisse Zeit, wenn auch keine allzu lange, bis die Massen begriffen, daß sich hinter der Parole „Verteidigung der Revolution“ der Versuch zur Belebung der alten Annexionspolitik der russischen Imperialisten verbarg.

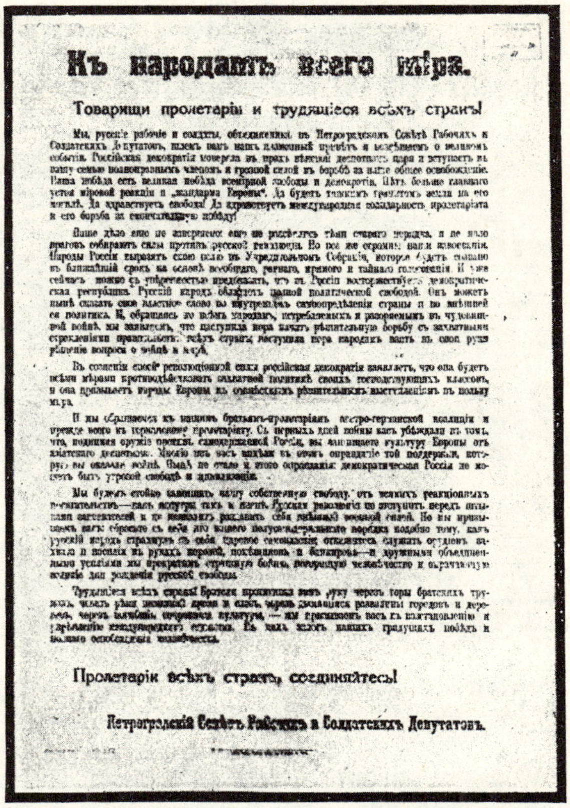

Къ народамъ всего міра.

Товарищи пролетаріи и трудящіеся всѣхъ странъ!

Пролетаріи всѣхъ странъ, соединяйтесь!

Петроградскій Совѣтъ Рабочихъ и Солдатскихъ Депутатовъ.

**Aufruf des Petrograder Sowjets der Arbeiter- und Soldaten-Deputierten an die Völker der ganzen Welt** Siehe Seite 139

„An die Völker der Welt“, wie es im Aufruf des Sowjets hieß, wandte sich das russische Volk, das die Kapitalisten noch nicht überwunden und die antiimperialistische Politik des eigenen Landes noch nicht gesichert hatte, und rief die anderen Völker nicht zur Niederwerfung des Kapitalismus, sondern nur zur Niederwerfung des „halbabsolutistischen Regimes“ auf, was wiederum den anderen Völkern gegen die Führung imperialistischer Kriege keine Sicherheit bot.

Freilich hatte auch dieser inkonsequente Aufruf für das Ausland eine revolutionäre Bedeutung als erster Aufruf zum Kampfe gegen den Krieg im Namen der ersten während des Krieges ausgebrochenen Revolution.

Selbstverständlich kann sich diese revolutionäre Bedeutung nicht mit dem revolutionisierenden Einfluß des späteren „Dekrets vom Frieden“ der Oktober-Revolution messen, wie überhaupt die ganze Februar-Revolution keineswegs die internationale Bedeutung der ihr folgenden Oktober-Revolution erreichen konnte.

Nur die Partei der Bolschewiki hielt ihren Kurs auf die Vollendung dieser zweiten, proletarischen Revolution. Nur sie vertrat richtig und konsequent die Interessen der Arbeiterklasse und der werktätigen Bauernmassen.

Jedoch war die bolschewistische Partei, die mit dem Ausbruche der Revolution eine ungeheure Aktivität entwickelte, zahlenmäßig genommen, infolge der Illegalität und polizeilichen Verfolgungen, schwach. Schelawin bringt in seiner Schrift: „Die Arbeiterklasse und die W. K. P. (Bol.) in der Februar-Revolution“ (Verlag Priboj, Leningrad, 1927, russisch) folgende Zahlen: Ende 1916 waren in der RSDAP. (Bolschewiki) organisiert: in Petrograd 1500 bis 2000 Parteimitglieder bei 450 000 Arbeitern, in Moskau 300 bis 500 Parteimitglieder, im Moskauer Gouvernement 60 bis 80 Parteimitglieder bei 400 000 Arbeitern, in Iwano-Wosnesensk 150 bis 160 Parteimitglieder bei 50 000 Arbeitern, in Nischnij-Nowgorod 150 bis 200 Parteimitglieder, in Samara 80 bis 100 Parteimitglieder, in Saratow 70 bis 80 Parteimitglieder, in Charkow 120 Parteimitglieder, in Kiew 200 Parteimitglieder, in Ekaterinoslaw 400 Parteimitglieder, in Lugansk 100 Parteimitglieder, in Makajewka 80 bis 100 Parteimitglieder, im Ural 900 Parteimitglieder, in Irkutsk 1000 Parteimitglieder, in Krasnojarsk 50 bis 60 Parteimitglieder.

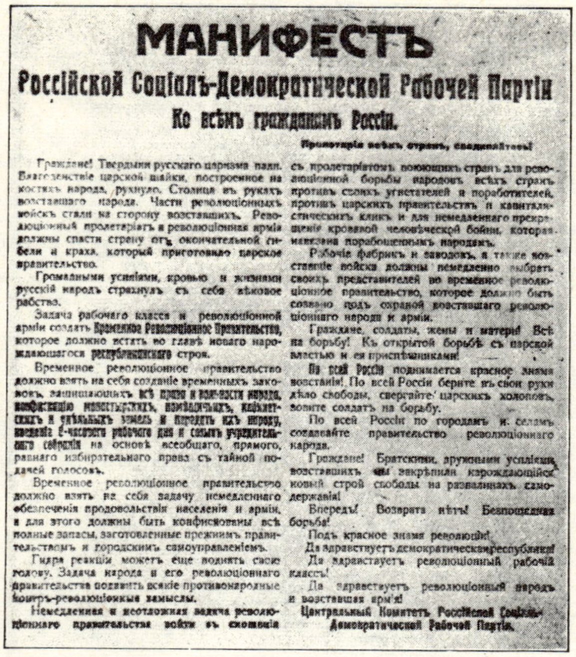

# МАНИФЕСТЪ

## Россійской Соціалъ-Демократической Рабочей Партіи

### Ко всѣмъ гражданамъ Россіи.

Пролетаріи всѣхъ странъ, соединяйтесь!

Граждане! Твердыни русскаго царизма пали. Благоденствіе царской шайки, построенное на костяхъ народа, рухнуло. Столица въ рукахъ возставшаго народа. Части революціонныхъ войскъ стали на сторону возставшихъ. Революціонный пролетаріатъ и революціонная армія должны спасти страну отъ окончательной гибели и краха, который приготовило царское правительство.

Громадными усиліями, кровью и жизнями русскій народъ стряхнулъ съ себя вѣковое рабство.

Задача рабочаго класса и революціонной арміи создать **Временное Революціонное Правительство**, которое должно встать во главѣ новаго нарождающагося **республиканскаго** строя.

Временное революціонное правительство должно взять на себя созданіе временныхъ законовъ, защищающихъ **всѣ права и вольности народа, конфискацію монастырскихъ, помѣщичьихъ, кабинетскихъ и удѣльныхъ земель и передать ихъ народу, введеніе 8-часового рабочаго дня и созывъ Учредительнаго Собранія** на основѣ всеобщаго, прямого, равнаго избирательнаго права съ тайной подачей голосовъ.

Временное революціонное правительство должно взять на себя задачу немедленнаго обезпеченія продовольствія населенія и арміи, и для этого должны быть конфискованы всѣ полные запасы, заготовленные прежнимъ правительствомъ и городскимъ самоуправленіемъ.

Гидра реакціи можетъ еще поднять свою голову. Задача народа и его революціоннаго правительства подавить всякіе противонародные контръ-революціонные замыслы.

Немедленная и неотложная задача революціоннаго правительства войти въ сношенія съ пролетаріатомъ воюющихъ странъ для революціонной борьбы народовъ всѣхъ странъ противъ своихъ угнетателей и поработителей, противъ царскихъ правительствъ и капиталистическихъ кликъ и для немедленнаго прекращенія кровавой человѣческой бойни, которая навязана порабощеннымъ народамъ.

Рабочіе фабрикъ и заводовъ, а также возставшіе войска должны немедленно выбрать своихъ представителей во временное революціонное правительство, которое должно быть создано подъ охраной возставшаго революціоннаго народа и арміи.

Граждане, солдаты, жены и матери! Всѣ на борьбу! Къ открытой борьбѣ съ царской властью и ея приспѣшниками!

**По всей Россіи** поднимается красное знамя возстанія! По всей Россіи берите въ свои руки дѣло свободы, свергайте царскихъ холоповъ, зовите солдатъ на борьбу.

По всей Россіи по городамъ и селамъ создавайте правительство революціоннаго народа.

Граждане! Братскими, дружными усиліями возставшихъ мы закрѣпили нарождающійся новый строй свободы на развалинахъ самодержавія!

Впередъ! Возврата нѣтъ! Беспощадная борьба!

Подъ красное знамя революціи!

Да здравствуетъ демократическая республика!

Да здравствуетъ революціонный рабочій классъ!

Да здравствуетъ революціонный народъ и возставшая армія!

Центральный Комитетъ Россійской Соціалъ-Демократической Рабочей Партіи.

**Manifest des Zentral-Komitees der Sozialdemokratischen Arbeiterpartei (Bolschewiki)** Siehe Seite 143

Bis zur Februar=Revolution bezeichneten die Bolschewiki die bevorstehende Revolution in Rußland als eine bürgerliche. Im Gegensatz zu den Menschewiki betrachteten sie die Übernahme der Macht durch die Bourgeoisie nicht als den einzig möglichen Ausgang der bürgerlichen Revolution in Rußland. Die Möglichkeit eines solchen Ausgangs zugebend, hielten sie auch noch einen anderen, für das Proletariat günstigeren Ausgang für möglich: die Übernahme der Macht durch das Proletariat und die Bauern im Prozeß der bürgerlichen Revolution. Die Bolschewiki kämpften denn auch für diesen zweiten Ausgang, für die „revolutionär=demokratische Diktatur", die der Entwicklung der sozialistischen Bewegung freiere Bahnen eröffnen und der Umwandlung der bürgerlichen Revolution in eine sozialistische die Wege bahnen sollte. Der Februar=Umsturz war eine bürgerliche Revolution. Den Bolschewiki gelang es nicht, die Februar=Ereignisse so zu beeinflussen, daß die Macht schon damals an die Arbeiter und Bauern fallen konnte. Gleichzeitig entstand jedoch eine ganz eigenartige Lage: neben der bürgerlichen provisorischen Regierung tauchte in noch nicht ausgereiften Formen eine zweite Regierung in Gestalt der Arbeiter= und Bauernsowjets auf (die Soldaten waren vorwiegend Bauern). Diese zweite, rudimentäre „Regierung" war noch bei weitem keine sozialistische, sondern nur eine bürgerlich=demokratische, und trat die Macht freiwillig der Bourgeoisie ab.

Diese Machtentsagung stand mit dem dogmatisch=opportunistischen Prinzip der Menschewiki im Einklang, wonach in der bürgerlichen Revolution die Bourgeoisie ein unantastbares Recht zur Macht besitzt. Dieses Prinzip verhinderte die Menschewiki nicht nur daran, Sozialisten zu sein, sondern auch daran, konsequente *Demokraten* zu sein. Es band sie an den Wagen der provisorischen Regierung und diktierte ihnen Verrat an der Sache des Proletariats sogar dort, wo es sich noch nicht um Sozialismus, sondern nur um rein demokratische Forderungen handelte.

Im Februar erwiesen sich die Menschewiki sogar als unfähig, ehrlich und konsequent für die Republik zu kämpfen: ihr Führer gab am 10. März in der Duma nur die Parole einer „verantwortlichen Regierung" aus. In den Bedingungen, die der provisorischen Regierung vorgelegt wurden, fehlte die Forderung der Ausrufung der Republik: die Arbeit der Monarchisten zur Rettung der Dynastie wurde so vom Sowjet legalisiert.

Alle einschneidenden Reformen wurden auf die lange Bank der Konstituante geschoben. Von der Konfiskation des Grund und Bodens zugunsten der Bauern war in den erwähnten Bedingungen keine Silbe enthalten, vom achtstündigen Arbeitstag kein Ton. So verrieten die Menschewiki im Februar alle hauptsächlichen demokratischen Forderungen, die im Programm der RSDAP. standen.

Nur die Bolschewiki kämpften in den Februartagen für ein konsequent demokratisches Programm. Ihr Manifest vom 12. März lautete:

Proletarier aller Länder, vereinigt Euch!

*An alle Bürger Rußlands!*

Mitbürger! Die Festungen des russischen Zarismus sind gefallen. Der aus dem Blute des Volkes errichtete Wohlstand der zaristischen Bande ist zusammengestürzt. Die Hauptstadt befindet sich in den Händen des aufständischen Volkes, revolutionäre Truppenteile stellen sich auf die Seite der Aufständischen. Das revolutionäre Proletariat und die revolutionäre Armee müssen das Land vor dem durch die zaristische Regierung vorbereiteten Niedergang und Zusammenbruch retten.

Durch ungeheure Anstrengungen, durch Opfer an Blut und Leben hat das russische Volk das Jahrhunderte alte Joch abgeschüttelt.

Aufgabe der Arbeiterklasse und der revolutionären Armee ist: eine *provisorische revolutionäre Regierung* zu schaffen, die sich an die Spitze der neuen, im Entstehen begriffenen *republikanischen* Ordnung zu stellen hat.

Die provisorische revolutionäre Regierung muß provisorische Gesetze annehmen, die *alle Rechte und Freiheiten des Volkes verteidigen, den Grund und Boden der Klöster, der Gutsbesitzer, die Kabinett- und Apanagengüter konfiszieren und sie dem Volke übergeben, den Achtstundentag einführen* und auf Grund des allgemeinen geheimen direkten und gleichen Wahlrechtes *die konstituierende Versammlung einberufen.*

Die provisorische revolutionäre Regierung muß die Aufgabe übernehmen, für die sofortige Nahrungsmittelversorgung der Bevölkerung und der Armee zu sorgen, und zu diesem Zwecke alle Vorräte, die die frühere Regierung und die Stadtverwaltungen gesammelt haben, konfiszieren.

Die Hydra der Reaktion kann noch ihr Haupt erheben. Es ist Aufgabe des Volkes und seiner revolutionären Regierung, jede volksfeindliche, konterrevolutionäre Machination zu unterdrücken.

Die provisorische revolutionäre Regierung muß sofort ohne jedes Zögern mit dem Proletariat der kriegführenden Länder in Verbindung treten im Interesse des revolutionären Kampfes der Völker aller Länder gegen ihre Unterdrücker, gegen die zaristischen Regierungen und kapitalistischen Cliquen und im Interesse der sofortigen Einstellung des blutigen Menschengemetzels, das den unterjochten Völkern aufgezwungen wurde.

Die Arbeiter der Fabriken und Werke und auch die aufständischen Truppen müssen sofort ihre Vertreter für die provisorische revolutionäre Regierung wählen, die unter dem Schutze des aufständischen revolutionären Volkes und der revolutionären Armee gebildet werden soll.

Mitbürger! Soldaten! Frauen und Mütter! Alle auf zum Kampf! Zum offenen Kampfe gegen die zaristische Macht und ihre Helfershelfer!

*In ganz Rußland* erhebt sich das rote Banner des Aufstandes. Nehmt in ganz Rußland die Sache der Freiheit in Eure Hände, stürzt die Zarenknechte, ruft die Soldaten zum Kampfe auf!

Arbeiter in ganz Rußland, in den Städten und Dörfern, vorwärts an die Schaffung der Regierung des revolutionären Volkes!

Mitbürger! Durch brüderliche, entschlossene Anstrengungen werden wir die der Freiheit entsprechende Ordnung auf den Trümmern der Willkürherrschaft befestigen.

Vorwärts! Es gibt kein Zurück! Schonungsloser Kampf!

Vorwärts unter dem roten Banner der Revolution!

Es lebe die demokratische Republik!

Es lebe die revolutionäre Arbeiterklasse!

Es lebe das revolutionäre Volk und die aufständische Armee!

*Zentralkomitee*
*der Sozialdemokratischen Arbeiterpartei*
*Rußlands (Bolschewiki).*

12. März 1917.

Die Konstituierung der provisorischen Regierung durch den Sowjet und nicht durch die Duma und die Verwirklichung aller Hauptforderungen des sozialdemokratischen Programms durch diese Regierung — dies ist das Wesen des hier dargestellten innerpolitischen Programms. Dies ist im Grunde ein Programm der „revolutionär-demokratischen Diktatur des Proletariats und der Bauern". Auf die monarchistischen Intrigen reagierte das ZK. der Bolschewiki sofort mit dem Aufruf zum „erbarmungslosen Kampf" gegen solche Tendenzen.

Die Februar-Ereignisse überholten jedoch rasch dies konsequent demokratische Programm der Diktatur des Proletariats und der Bauern, das die Bolschewiki seit 1905 verfochten hatten. Die Lage forderte bereits weitergehende Parolen.

Unter der Führung Lenins, der am 3. April (16. April neuen Stils) aus der Schweiz in Petrograd eintraf, fand die Partei die in den neuen Verhältnissen notwendige taktische Linie. Dies war die Linie der sofortigen Umwandlung der demokratischen Revolution in eine sozialistische.

Lenins Ankunft in Petrograd, die für die Revolution, für die Partei von ausschlaggebender Bedeutung war, beschreibt anschaulich *F. Raskolnikow:*

**Das Haus, in dem Lenin während seiner Emigration in Zürich wohnte**

— Wissen Sie schon, daß Lenin heute abend in Petrograd ankommt? — sagte zu mir Leonid Nikolajewitsch Stark am 3. April 1917.

Ich rief sofort telephonisch L. W. Kamenew an. Die Nachricht erwies sich als richtig, und zur festgesetzten Stunde fuhren wir mit Kamenew, Frau Kamenew und Genossen Teodorowitsch zum finnischen Bahnhof. Dort war es wie immer belebt und geräuschvoll.

Auf dem Wege erzählte Kamenew von Lenin und lachte über den Empfang, den ihm die Petrograder Arbeiter bereiten würden. „Man muß Lenin kennen, er haßt alle Feierlichkeiten." Im lebhaften Gespräch verging die Zeit ganz unbemerkt, und in der Abenddämmerung glänzten schon die Lichter der Grenzstation Beloostrow auf. In der Bahnhofswirtschaft hatten sich ziemlich viel Leute eingefunden, unter anderem Maria Uljanowa, die Schwester Lenins, Alexander Schljapnikow, Alexandra Kollontaj, alles in allem ungefähr 20 verantwortliche Parteiarbeiter. Alle waren in erregter, gehobener Stimmung. Für die meisten war die Ankunft Lenins ganz überraschend gekommen. Da wir wußten, welch unerhörte Schwierigkeiten der Rückkehr der extremen linken Emigranten nach Rußland durch die Entente-Regierungen in den Weg gelegt worden waren, ängstigten wir uns sehr um das Schicksal unserer Führer und, obwohl wir täglich die akute Dringlichkeit ihrer Heimkunft empfanden, söhnten wir uns doch gleichzeitig mit dem Gedanken aus, daß wir sie kaum so bald wieder in unseren Reihen sehen würden. Die geistreiche Idee einer Durchfahrt durch Deutschland war uns gar nicht gekommen, wir hatten uns zu sehr an den Gedanken der undurchdringlichen Schranken gewöhnt, die der Krieg zwischen den kriegführenden Staaten errichtet hatte. Und plötzlich zeigte sich, daß sich unseren Genossen eine reelle Möglichkeit der Rückkehr nach dem revolutionären Rußland geboten hatte, wo sie so nötig gebraucht wurden und wo ihre Plätze leerstanden.

Es standen jedoch damals nicht alle Parteigenossen dem Gedanken einer Durchreise durch Deutschland sympathisch gegenüber. Ich mußte an diesem Tage Stimmen hören, die diesen Entschluß aus taktischen Gründen verurteilten — diese Genossen sahen die ungeheure Kampagne der Lüge und Verleumdung voraus, die tatsächlich bald gegen unsere Partei entfesselt wurde.

Allerdings hätten unsere Feinde, wenn nicht diesen Anlaß, so sicherlich genügend andere gefunden.

Lenins Entschluß, um jeden Preis möglichst bald nach Rußland zu gelangen, war zweifellos richtig und entsprach unbedingt der Stimmung der Mehrheit der Partei, die ihren berufenen Führer schwer vermißte. Die schwierige politische Lage, die durch die nicht zu Ende geführte und sich fortwährend weiter entwickelnde Revolution entstanden war, forderte eine unerschütterlich feste und konsequente Linie, deren sich unsere Partei zu diesem Zeitpunkt leider nicht rühmen konnte.

Das erste Glockenzeichen ertönte, die Ankunft des Zuges anzeigend. Wir gingen alle auf den Bahnsteig . . . Hier warteten in lebhaftem Gespräch die Arbeiter der Sestrorezker Waffenfabrik mit einer großen roten Fahne ungeduldig auf den Zug. Sie waren einige Werst zu Fuß gekommen, um ihren Führer zu begrüßen. Endlich brauste der Zug heran. Die drei blendend weißen Lichter der Lokomotive blitzten, dann leuchteten die hellen Fenster der Personenwagen auf, immer langsamer wurde die Fahrt. Der Zug hielt an und wir erkannnten sogleich inmitten der Arbeitergruppe die Figur Lenins. Die Sestrorezker hoben ihn auf ihren Schultern hoch und trugen ihn in den Wartesaal des Bahnhofes. Hier drängten sich alle aus Petrograd gekommenen Genossen nacheinander an Lenin heran und beglückwünschten ihn herzlich zur Rückkehr nach Rußland. Wir alle, die Lenin das erstemal sahen, umarmten und küßten ihn ebenso wie seine alten Parteifreunde und Verwandten, als ob wir ihn schon längst gekannt hätten. Er war von einer ungetrübten Heiterkeit, das Lächeln verließ keinen Augenblick sein Gesicht. Man konnte sehen, daß ihm die Rückkehr in die von den Flammen der Revolution ergriffene Heimat eine unaussprechliche Freude bereitet. Wir hatten noch kaum Zeit gehabt, Lenin zu begrüßen, als der er-

N. Lenin

regte, von der Wiedersehensfreude ganz aufgewühlte Kamenew in den Wartesaal trat, den nicht weniger erregten Genossen Sinowjew an der Hand führend. Kamenew machte uns mit diesem bekannt und nach kräftigem Händedruck begaben wir uns alle, Lenin umringend, in dessen Wagen.

Kaum hatte Genosse Lenin sein Abteil betreten und sich hingesetzt, als er sich schon auf den Genosen Kamenew stürzte.

— Was für Zeug steht denn in Eurer „Prawda". Wir haben einige Nummern gesehen und tüchtig auf Euch geschimpft. . . — ertönte die väterlich rügende Stimme Lenins, die niemanden je verletzen konnte. Nun baten die Genossen aus Sestrorezk den Genossen Lenin, einige Worte zu sagen. Der aber war in das Gespräch mit Kamenew vertieft. Es mußte gegenseitig so vieles mitgeteilt und durchgesprochen werden.

— Soll Sinowjew sprechen, Ihr müßt ihn auffordern, Genossen, — sagte Lenin und setzte die unterbrochene politische Auseinandersetzung mit Kamenew fort.

Sinowjew begab sich auf den Bahnsteig und hielt eine kurze, leidenschaftliche Rede, die erste, die er auf revolutionärer russischer Erde hielt. Er war freudig gestimmt und erzählte, wie der Schweizer Sozialist Platten ihre Reise organisierte, wie sie durch Deutschland fuhren, wie die deutschen Sozialdemokraten versuchten, mit Lenin in Verbindung zu treten, von diesem aber kategorisch abgewiesen wurden. „Wir fuhren ins Gefängnis, machten uns auf eine sofortige Verhaftung beim Überschreiten der Grenze gefaßt", sagt er und geht dann zur Schilderung von Reiseeindrücken über.

Nach kurzer Zeit kam der Zug nach Petrograd. Unser Wagen war schon in die Bahnhofshalle eingefahren. Den Bahnsteig entlang, auf dem unser Zug einfuhr, hatten sich Matrosen der 2. Baltischen Flottendivision aufgestellt, in der Mitte des Bahnsteigs eine breite freie Gasse lassend. Der Kommandant der Matrosen-Abteilung, Maximow, ein junger Seekadett, der energisch „in revolutionärer Karriere machte", trat vor, verstellte Genossen Lenin den Weg und hielt eine Begrüßungsrede, die er durch den sonderbaren Wunsch beschloß, Lenin möge in die provisorische Regierung eintreten, worüber wir natürlich lächeln mußten. „Na", denke ich, „Lenin wird Euch schon einen Eintritt in die provisorische Regierung vormachen, daß Euch Hören und Sehen vergeht, wartet nur." Als dann Lenin am nächsten Tage sein Programm öffentlich vortrug, veröffentlichte dieser Maximow, ein Naseweis und ein politisches Kind, in der bürgerlichen Presse einen Brief an die Redaktion, in dem er sich für die Beteiligung am Empfang Lenins entschuldigte, und zwar damit, daß er von dessen Reise durch Deutschland nichts gewußt habe.

Die gemeinen Matrosen aber hatten keinen Grund zur Reue. Schon damals sahen sie in Lenin ihren berufenen Führer.

Als Antwort auf den Wunsch, er möge in die provisorische Regierung eintreten, warf Genosse Lenin die Kampfparole in die Menge: „Es lebe die sozialistische Revolution".

Auf dem Bahnhofe war viel Volk, meistens Arbeiter. Genosse Lenin begab sich in den Paradesaal des finnischen Bahnhofes, wo er von den Vertretern des Petrograder Sowjets begrüßt wurde. Er antwortete kurz und beendete seine Worte wieder mit dem Rufe: *„Es lebe die soziale Revolution!"*

Endlich wendete er sich mit derselben Parole an die tausendköpfige Menge, die sich auf dem Bahnhofsplatze versammelt hatte, um den alten Führer des russischen Proletariats zu begrüßen.

Diese Rede hielt Lenin von einem Panzerauto herab. Ein ganzes Geschwader dieser stahlgepanzerten Autos hatte sich am finnischen Bahnhof eingefunden. Die Strahlenkegel ihrer Scheinwerfer durchschnitten die Abendfinsternis und legten lange Lichtstreifen längs der Straßen des Wyborger Stadtteils. Lenin fuhr dann in die Hochburg der Bolschewiki, in das ehemalige Palais der Tänzerin Kschesinskaja, das nach der Revolution von den Spitzenorganen unserer Partei besetzt worden war. Vor dem Hause der Kschesinskaja stand eine riesige Masse, die aufmerksam einer leidenschaftlichen Rede zuhörte, die Lenin vom Balkon der zweiten Etage hielt. Er sprach von der Entwicklung und den Perspektiven der Weltrevolution.

Im Hause waren viele Parteimitglieder versammelt, unter denen man die maßgebenden Mitglieder der Petrograder Organisation und verschiedene aus der Provinz zugereiste verantwortliche Genossen erkannte. In allen Ecken des geräumigen Zimmers wurden lebhafte Gespräche geführt. Bald wurde Lenin wieder hinausgerufen, da die Kronstädter Genossen zu seiner Begrüßung erschienen waren. Genosse Roschall, der an diesem Tage in Kronstadt gewesen war, hatte alle Genossen versammelt, die Lenin zu begrüßen wünschten und hatte sie über das Eis nach Petrograd geführt. Das einsetzende Tauwetter war die Ursache ihrer ungewollten Verspätung gewesen.

Lenin hielt eine kurze Rede. Die Parole der sozialistischen Revolution kam den Kronstädtern ganz aus dem Herzen und wurde mit begeisterten Hurrarufen und einem Sturm von Beifall aufgenommen.

Alle kehrten nun wieder ins Zimmer zurück, wo sich ununterbrochen freudige Wiedersehensszenen zwischen alten Freunden abspielten, die, durch Gefängnis und Emigration getrennt, sich jetzt wieder zusammenfanden. Die Veteranen der Revolution und des Bolschewismus lernten die neue Parteiarbeitergeneration kennen, die in der Epoche der „Swesda" und „Prawda" herangewachsen war. Ich entsinne mich, wie der verstorbene Arkadij Alexandrowitsch Samoilow an Genossen Sinowjew herantrat, seinen Namen nannte und sich als Mitarbeiter der vorrevolutionären „Prawda" unter dem Pseudonym Juriew zu er-

Massendemonstration vor dem Taurischen Palast (Staatsduma) in Petrograd, März 1917, mit der Losung:
**Es lebe die Allrussische Sozialistische Republik!**

kennen gab. Sinowjew drückte ihm innig die Hand. Bald begaben sich alle Anwesenden nach unten in ein großes Zimmer, das früher der Tänzerin Kschesinskaja als Salon gedient hatte und jetzt zu Arbeiterversammlungen benutzt wurde. Hier fand die Feier der Rückkehr Lenins statt. Einer nach dem anderen sprachen die Redner, jeder drückte seine tiefe Freude über die Rückkehr des erprobten Führers der Partei nach Rußland aus.

Lenin saß da, hörte den Reden mit einem halben Lächeln zu und wartete ungeduldig auf das Ende. Als die Rednerliste erschöpft war, kam Lenin sofort wieder zu sich, stand auf und kam sofort zur Sache. Er griff die Taktik scharf an, die von den führenden Gruppen der Partei und von einzelnen Genossen bis zu seiner Ankunft angewendet worden war. Er verspottete beißend die berüchtigte Formel der Unterstützung der provisorischen Regierung „insofern. . . als" und gab die Parole aus: „Keinerlei Unterstützung der provisorischen Regierung", er rief die Partei zum Kampfe auf für die Übergabe der Macht an die Sowjets, für die soziale Revolution.

An einigen krassen Beispielen zeigte Lenin glänzend die ganze Falschheit der Politik der provisorischen Regierung, die schreienden Widersprüche zwischen Versprechungen und Taten, Worten und Tatsachen; er unterstrich unsere Pflicht, die in ihrem Wesen gegenrevolutionäre und antidemokratische Tendenzen und Handlungen dieser Regierung umbarmherzig zu entlarven. Die Rede dauerte ungefähr eine Stunde. Die Zuhörer erstarrten in gespannter, nicht erlahmender Aufmerksamkeit. Die hier vertreten waren, das waren die verantwortlichsten Funktionäre der Partei, doch auch für diese war die Rede Lenins eine wirkliche Offenbarung. Sie setzte zwischen die Taktik des gestrigen und die Taktik des heutigen Tages einen unauslöschbaren Trennungsstrich.

Lenin warf die Frage „Was tun?" klar und deutlich auf. Er forderte, daß man von der Halbanerkennung und Halbunterstützung der Regierung zur klaren Nichtanerkennung und zum unerbittlichen Kampf übergehe.

Den Endsieg der Sowjetmacht, der vielen nur in nebelhafter Ferne einer mehr oder weniger unbestimmten Zukunft vor Augen schwebte, versetzte er in die Sphäre der unaufschiebbaren und in nächster Zeit zu erreichenden Errungenschaften der Revolution. Diese Rede war im wahrsten Sinne des Wortes eine historische Tat. In ihr setzte Lenin das erstemal sein politisches Programm auseinander, das dann später in den allgemein bekannten Thesen seine Formulierung fand. Diese Rede vollbrachte einen Oktober-Umsturz im Bewußtsein der Führer der Partei und bildete die Grundlage zur gesamten darauffolgenden Arbeit der Bolschewiki.

Als Lenin seine Rede beendet hatte, die auf alle Anwesenden einen unauslöschbaren Eindruck hinterließ, wurden ihm laute, andauernde Ovationen bereitet. Kamenew faßte die allgemeine Stimmung in einigen Worten zusammmen:

„Wir können mit den Ansichten des Genossen Lenin einverstanden oder nicht einverstanden sein, wir können in der Beurteilung der einen oder anderen Situation von ihm abweichen, jedenfalls ist aber in der Person des Genossen Lenin der geniale und anerkannte Führer unserer Partei nach Rußland zurückgekehrt, mit dem zusammen wir vorwärts gehen werden, dem Sozialismus entgegen."

**Kamenew fand eine umfassende Formel, die auch für jene annehmbar war, die noch schwankten und sich in dem Strom neuer Gedanken nicht zurechtfanden. Die Anwesenden solidarisierten sich mit ihm durch lauten Beifall. Auf jeden Fall war trotz dieser oder jener Meinungsverschiedenheiten die Einheit der Partei gewahrt, unter der Führung ihres scharfsichtigen Führers durch Siege und unvermeidliche Niederlagen hindurch bis zum endlichen Triumph im heldenhaften Kampf um die Macht der Arbeiter und Bauern.**

In seinen sogenannten April-Thesen (vorgelegt auf einer Parteiversammlung am 5. April) formulierte Lenin klar und deutlich die Aufgabe des Übergangs der Revolution „in ihre zweite Etappe, die berufen ist, die Macht in die Hände des Proletariats und der ärmsten Bauernschichten zu legen". Die Form dieser Macht sind die Sowjets. Die Aufgabe: keine sofortige „Einführung" des Sozialismus, sondern Übergangsschritte dazu und daneben die Lösung der demokratischen Aufgaben, die im Februar ungelöst geblieben waren (vor allem die Konfiskation des Grund und Bodens und dessen Übergabe an die Bauern). Die Sowjetmacht muß außerdem das Land auf revolutionärem Wege aus dem Feuerkreis des imperialistischen Krieges herausführen und jede Interessengemeinschaft mit den Kapitalisten zerreißen.

Die Partei der Bolschewiki konzentrierte alle ihre Kräfte auf die „geduldige, systematische, zähe, sich besonders den praktischen Bedürfnissen der Massen anpassende Aufklärung" der Irrtümer dieser Massen, auf den ideologischen Kampf, auf die Verbreitung des einzig richtigen bolschewistischen Aktionsprogramms.

Die April-Thesen Lenins trugen dem Wesen der ganzen konkreten Dynamik der sich entwickelnden Revolution Rechnung. Darum wuchs ihr theoretischer Kern in der Praxis zu nie vorhergesehenen historischen Ereignissen aus, zur siegreichen ersten proletarischen Revolution, zur ersten proletarischen Diktatur der Welt, die den Sozialismus aufbaut.

Wir bringen an dieser Stelle zwei Arbeiten von *Lenin* über den Februar-Umsturz und über die Aufgaben des Proletariats: „Die erste Etappe der ersten Revolution" aus den „Briefen aus der Ferne", geschrieben unter dem Eindrucke der ersten Nachrichten über die Februar-Revolution in der Schweiz, veröffentlicht am 21./22. März 1917 in der „Prawda" und die bereits erwähnten April-Thesen über „Die Aufgaben des Proletariats in der gegenwärtigen Revolution", veröffentlicht am 7. April 1917 in der „Prawda". Abschließend bringen wir noch die Analyse des Februar-Umsturzes von *N. Bucharin.*

**Die Revolution an der Küste des Weißen Meeres**

**Massenversammlung der Arbeiter, Soldaten und Bauern in Murmansk beim Eintreffen der Nachrichten über den Februar-Umsturz 1917**

# 6. DIE ERSTE ETAPPE DER ERSTEN REVOLUTION

Ein Brief aus der Ferne

von

*N. Lenin*

DIE erste Revolution, das Produkt des imperialistischen Weltkrieges, ist ausgebrochen. Diese erste Revolution wird sicher nicht die letzte sein.

Die erste Etappe dieser ersten Revolution, nämlich der *russischen* Revolution vom 1. März 1917, ist, den spärlichen Nachrichten zufolge, über die der Schreiber dieser Zeilen in der Schweiz verfügt, abgeschlossen. Diese erste Etappe wird sicherlich nicht die letzte Etappe unserer Revolution sein.

Wie konnte das „Wunder" geschehen, daß in knapp acht Tagen — einer Zeitspanne, die Herr Miljukow in seiner prahlerischen Depesche an alle Vertreter Rußlands im Auslande hervorhob — die Monarchie aus dem Leim ging, die sich jahrhundertelang gehalten hatte und die auch in den drei Jahren der größten Volks- und Klassenkämpfe 1905 bis 1907 allen Anstürmen standhielt?

Wunder gibt es in der Natur und in der Geschichte nicht, aber jede jähe Wendung der Geschichte, auch jede Revolution liefert einen solchen Reichtum an Inhalt, entfaltet solche unerwartet eigentümlichen Kombinationen der Kampfformen und des Kräfteverhältnisses der Kämpfenden, daß dem Spießerverstande vieles als Wunder erscheinen muß.

Damit die Zarenmonarchie in einigen Tagen zusammenstürzen konnte, bedurfte es der Kombination einer ganzen Reihe von Bedingungen von historischer Weltbedeutung. Wir wollen die wichtigsten von ihnen nennen.

Ohne die drei Jahre der größten Klassenkämpfe und der revolutionären Energie des russischen Proletariats in den Jahren 1905 bis 1907 wäre eine so rasche — im Sinne der Vollendung ihrer *Anfangs*etappe in wenigen Tagen — zweite Revolution unmöglich gewesen. Die erste (1905) hat den Boden tief aufgelockert, die jahrhundertelangen Vorurteile ausgerodet, die Millionen Arbeiter und aber Millionen Bauern zum politischen Leben und politischen Kampf geweckt, hat einander — und der ganzen Welt — *sämtliche* Klassen (und alle wichtigen Parteien) der russischen Gesellschaft in ihrer wahren Natur, im wahren Wechselverhältnis ihrer Interessen, ihrer Kräfte, ihrer Arbeitsmethoden, ihrer nahen und fernen Ziele gezeigt. Die erste Revolution und die ihr auf dem Fuße folgende gegenrevolutionäre Epoche (1907 bis 1914) hat das ganze Wesen der zaristischen Monarchie offenbart, hat sie bis zum „letzten Strich" geführt, ihre ganze Morschheit und Niederträchtigkeit aufgedeckt: den ganzen Zynismus und die Verkommenheit der Zarenbande mit dem ungeheuerlichen Rasputin an ihrer Spitze, die ganze Vertiertheit der Familie Romanow — dieser Pogromhelden, die Rußland im Blute der Juden, der Arbeiter, der Revolutionäre ertränkt haben —, dieser „ersten unter gleichen" *Gutsbesitzern*, die *Millionen Deßjatinen* Land besitzen und zu allen brutalen Exzessen, zu allen Verbrechen, zu jeder Plünderung und Erwürgung einer beliebigen Anzahl von Staatsbürgern bereit sind, um nur das ihnen und *ihrer Klasse* „heilige Privateigentum" zu erhalten.

Ohne die Revolution 1905 bis 1907, ohne die Konterrevolution 1907 bis 1914 wäre eine so genaue „Selbstbestimmung“ aller Klassen des russischen Volkes und der Völker, die Rußland bewohnen, unmöglich, die Bestimmung des gegenseitigen Verhältnisses dieser Klassen zueinander und zu der Zarenmonarchie, wie sie sich in den acht Tagen der Februar-März-Revolution 1917 gezeigt hat. Diese achttägige Revolution wurde, wenn man sich bildlich ausdrücken darf, „gespielt“ wie nach zehn Haupt- und Nebenproben; die „Akteure“ kannten einander, kannten ihre Rollen, ihre Plätze, ihr Milieu durch und durch; von oben bis unten, bis zur letzten einigermaßen erheblichen Schattierung der politischen Richtungen und Handlungsmethoden.

Aber wenn die erste große Revolution 1905, die von den Herren Gutschkow und Miljukow und ihrem Gefolge als „großer Putsch“ verurteilt wurde, nach zwölf Jahren zu der „glänzenden“, „ruhmreichen Revolution“ des Jahres 1917 geführt hat, die die Gutschkow und Miljukow als „ruhmreich“ preisen, weil sie *(einstweilen)* ihnen die Macht gegeben hat, so bedurfte es eines großen, mächtigen, allmächtigen „Regisseurs“, der einerseits imstande war, in gewaltigem Ausmaß den Lauf der Weltgeschichte zu beschleunigen und andererseits Weltkrisen von unerhörter Kraft, ökonomische, politische, nationale und internationale Krisen zu erzeugen. Außer der ungewöhnlichen Beschleunigung der Weltgeschichte bedurfte es besonders jäher Wendungen der Geschichte, damit an einer dieser Wendungen der Karren der blutbesudelten und kotbespritzten Romanowschen Monarchie mit *einem Schlage* umkippen konnte.

Dieser allmächtige „Regisseur“, dieser mächtige Beschleuniger ist der imperialistische Weltkrieg gewesen.

Jetzt unterliegt es keinem Zweifel mehr, daß der Krieg ein Weltkrieg ist, denn die Vereinigten Staaten und China sind heute schon halb und werden morgen ganz in den Krieg verwickelt sein.

Es ist jetzt schon unzweifelhaft, daß der Krieg ein imperialistischer ist von *beiden* Seiten. Nur die Kapitalisten und ihre Schleppenträger, die Sozialpatrioten und Sozialchauvinisten, können diese Tatsache leugnen oder vertuschen. Die deutsche wie die englisch-französische Bourgeoisie führt den Krieg zwecks Ausplünderung der fremden Länder, zur Erdrosselung der kleinen Nationalitäten, um die finanzielle Herrschaft über die Welt, um die Teilung und Neuteilung der Kolonien, um die Rettung des untergehenden kapitalistischen Regimes durch Betörung und Trennung der Arbeiter der verschiedenen Länder.

Der imperialistische Krieg mußte mit objektiver Unvermeidlichkeit den Klassenkampf des Proletariats gegen die Bourgeoisie außerordentlich beschleunigen und unerhört zuspitzen, mußte sich in den Bürgerkrieg zwischen den feindlichen Klassen verwandeln.

Diese *Verwandlung hat begonnen* durch die Februar-März-Revolution 1917, deren erste Etappe den gemeinsamen Schlag gegen den Zarismus seitens zweier Mächte uns gezeigt hat: des gesamten bürgerlichen und gutsbesitzerlichen Rußland mit all seinen unbewußten Mitläufern und all seinen bewußten Lenkern in Gestalt der englisch-französischen Botschafter und Kapitalisten einerseits und des Sowjets der *Arbeiter- und Soldaten-Deputierten* andererseits.

Diese drei politischen Lager, die drei politischen Grundkräfte: 1. die Zarenmonarchie, das Haupt der feudalen Großgrundbesitzer, das Haupt des alten Beamtentums und der alten Generalität; 2. das bürgerliche gutsbesitzerlich-oktobristisch-kadettische Rußland, hinter dem das Kleinbürgertum hertrottete; 3. der Sowjet der Arbeiter- und Soldaten-Deputierten, der sich im ganzen Proletariat und in der ganzen Masse der ärmsten Bevölkerung Verbündete sucht, — diese drei politischen *Grundkräfte* haben sich mit absoluter Deutlichkeit schon in den acht Tagen der „ersten Etappe" offenbart, und zwar selbst für einen den Ereignissen fernstehenden Beobachter, wie den Schreiber dieser Zeilen, der gezwungen ist, sich auf die knappen Telegramme der ausländischen Blätter zu beschränken.

Doch bevor ich ausführlicher darauf eingehe, muß ich zu dem Teile meines Briefes zurückkehren, der einem Faktor allererster Kraft gewidmet ist, nämlich dem imperialistischen Kriege.

Der Krieg hat die kriegführenden Mächte, die kriegführenden Gruppen der Kapitalisten, die „Herren" des kapitalistischen Regimes, die Sklavenhalter der kapitalistischen Sklaverei mit *eisernen Ketten* aneinandergeschmiedet. Ein *einziger blutiger* Knäuel — das ist das gesellschaftlich-politische Leben des historischen Moments, den wir jetzt erleben.

Die Sozialisten, die sich zu Beginn des Krieges zur Bourgeoisie geschlagen haben, alle diese David und Scheidemann in Deutschland, Plechanow, Potressow, Gwosdew und Kompagnie in Rußland brüllten lange und aus voller Kehle gegen die „Illusionen" der Revolutionäre, gegen die „Illusionen" des Baseler Manifestes, gegen die „Farce" der Umwandlung des imperialistischen Krieges in den Bürgerkrieg. Sie lobpriesen in allen Tonarten die angeblich vom Kapitalismus offenbarte Kraft, seine Lebensfähigkeit und sein Anpassungsvermögen, *sie*, die den Kapitalisten halfen, die Arbeiterklasse der verschiedenen Länder „anzupassen", zu zähmen, zu narren, zu trennen!

Aber „wer zuletzt lacht, lacht am besten". Nicht lange gelang es der Bourgeoisie, die revolutionäre Krise, die durch den Krieg erzeugt wurde, hinauszuschieben. Sie wächst mit unaufhaltsamer Gewalt in allen Ländern, angefangen von Deutschland, das nach dem Ausdruck eines Beobachters, der kürzlich dort war, eine „genial organisierte Hungersnot" durchmacht, bis auf England und Frankreich, wo der *Hunger* ebenfalls heranrückt und wo die Organisation viel weniger „genial" ist.

Es ist natürlich, daß im zaristischen Rußland, wo die Desorganisation am ungeheuerlichsten war und wo das Proletariat am revolutionärsten ist (nicht dank seiner besonderen Eigenschaften, sondern infolge der lebendigen Traditionen des Jahres 1905), daß da die revolutionäre Krise am *frühesten* ausgebrochen ist. Diese Krise wurde durch eine Reihe schwerster Niederlagen beschleunigt, die Rußland und seine Alliierten erfahren haben. Die Niederlagen brachten den ganzen alten Regierungsmechanismus und das ganze alte Regime ins Wanken, erbitterten *alle* Klassen der Bevölkerung gegen diese, wiegelten die Armee auf, vernichteten in gewaltigem Ausmaß das alte Kommandopersonal mit seinem verknöcherten adligen und besonders morschen Beamtencharakter und ersetzten es durch junge, frische, meistenteils bürgerliche Elemente aus dem Mittelstand, aus dem Kleinbürgertum.

Aber wenn die Niederlagen im Kriege die Rolle eines negativen Faktors spielten, der den Ausbruch beschleunigt hat, so bildete die *Verbindung* des englisch-französischen Finanzkapitals, des englisch-französischen Imperialismus mit dem oktobristisch-kadettischen Kapital Rußlands den positiven Faktor, der diese Krise beschleunigt hat.

Diese so außerordentlich wichtige Seite der Sache wird aus begreiflichen Gründen von der englisch-französischen Presse verschwiegen und von der deutschen schadenfroh unterstrichen. Wir Marxisten müssen der Wahrheit nüchtern ins Auge schauen, ohne uns durch Lüge, durch die amtliche, süßlich diplomatische

Lüge der Diplomaten und Minister der ersten kriegführenden Gruppe der Imperialisten oder durch die Einflüsterung und das Zwinkern ihrer finanziellen und militärischen Konkurrenten der anderen kriegführenden Gruppe beirren zu lassen. Der ganze Gang der Ereignisse der Februar-März-Revolution zeigt deutlich, daß die englischen und französischen Gesandtschaften mit ihren Agenten und „Verbindungen", die schon längst die verzweifeltsten Anstrengungen machten, um die „separaten" Abmachungen und den Separatfrieden Nikolaus' des Zweiten (wir wollen aber hoffen und dafür sorgen, daß er der letzte ist) mit Wilhelm dem Zweiten zu durchkreuzen, unmittelbar nach einer *Absetzung* Nikolaus Romanows strebten.

Wir wollen uns keine Illusionen machen.

Wenn die Revolution so rasch gesiegt hat und — äußerlich auf den ersten, oberflächlichen Blick hin — so „radikal" gesiegt hat, so doch nur deshalb, weil kraft einer außerordentlich eigentümlich historischen Situation *ganz verschiedene* Strömungen, ganz verschiedenartige Klasseninteressen, ganz *entgegengesetzte* politische und soziale Bestrebungen zusammentrafen, und zwar merkwürdig „harmonisch" verschmolzen. Einerseits die Verschwörung der englisch-französischen Imperialisten, die die Miljukow, Gutschkow und Konsorten zur Machteroberung antrieben im Interesse der Kriegsverlängerer, im Interesse einer noch rabiateren und beharrlicheren Kriegführung, im Interesse der *Niedermetzelung* neuer *Millionen* Arbeiter und Bauern Rußlands, damit die Gutschkow — Konstantinopel, die französischen Kapitalisten — Syrien, die englischen — Mesopotamien erhalten usw. Dies einerseits. Und andererseits eine tiefgehende proletarische Massen- und Volksbewegung (der allerärmsten Bevölkerung in Stadt und Land) revolutionären Charakters um *Brot*, um *Frieden*, um die *wahre Freiheit*.

Die revolutionären Arbeiter und Soldaten haben die niederträchtige Zarenmonarchie vollständig zerstört, ohne Begeisterung und Illusionen darüber, daß in gewissen kurzen, der Konjunktur nach seltenen historischen Momenten ihnen zu *Hilfe* kam der Kampf der Buchanan*), Gutschkow, Miljukow und Kompagnie, die die Ersetzung des einen Monarchen durch einen anderen herbeiwünschten.

So und nur so verhielt sich die Sache. So und nur so kann ein Politiker denken, der sich vor der Wahrheit nicht scheut, der nüchtern das Wechselverhältnis der Gesellschaftskräfte in der Revolution erwägt, der jede gegebene Situation nicht nur vom Standpunkt ihrer gegebenen heutigen Originalität aus beurteilt, sondern auch vom Standpunkte der tieferen Triebfeder, eines tieferen Wechselverhältnisses der Interessen des Proletariats und der Bourgeoisie sowohl in Rußland als auch in der ganzen Welt.

Die Petersburger Arbeiter und Soldaten sowie die Arbeiter und Soldaten ganz Rußlands haben sich selbstlos gegen die Zarenmonarchie geschlagen, für die Freiheit, für das Land der Bauern, für den *Frieden*, gegen das imperialistische Gemetzel. Das englisch-französische imperialistische Kapital schmiedete im Interesse der Verlängerung und Verstärkung dieses Gemetzels Hofintrigen, inszenierte eine Verschwörung, hetzte und ermutigte die Gutschkow und Miljukow und *bereitete* eine neue *fix* und *fertige* Regierung vor, die auch nach den ersten Schlägen des proletarischen Kampfes gegen den Zarismus die Macht eroberte.

Diese Regierung ist keine zufällige Ansammlung von Personen.

Das sind Vertreter der neuen Klasse, die in Rußland zur politischen Macht emporgestiegen ist, der Klasse der kapitalistischen Gutsbesitzer und der Bourgeoisie, die schon längst unser Land ökonomisch *regiert* und die sowohl in der

*) Englischer Botschafter in Rußland.

Revolution 1905 bis 1907, als auch während der Konterrevolution 1907 bis 1914 und schließlich — und dabei besonders rasch — im Kriege 1914 bis 1917 sich politisch außerordentlich rasch organisiert hat und sowohl die lokale Selbstverwaltung als auch die Volksbildung, die Kongresse verschiedener Art, die Duma, die kriegsindustriellen Komitees usw. in die Hände genommen hat. Diese neue Klasse war schon vor 1917 „fast ganz" am Ruder; deshalb genügten die ersten Schläge gegen den Zarismus, damit er zusammenstürzte und der Bourgeoisie die Bahn freimachte. Der imperialistische Krieg, der eine ungeheure Kräfteanspannung verlangte, hat den Entwicklungsgang des rückständigen Rußland so beschleunigt, daß wir „mit einem Schlage" (in Wirklichkeit nur *scheinbar* mit einem Schlage) Italien, England, fast sogar Frankreich *einholten* und eine „Koalitionsregierung", eine „nationale" (d. h. für die Führung des imperialistischen Gemetzels und die Irreführung des Volkes zurechtgemachte) „parlamentarische" Regierung bekommen haben.

Neben dieser Regierung, die im Grunde genommen der einfache Kommis der Milliardenfirmen England und Frankreich ist, vom Standpunkte des gegenwärtigen Krieges, entstand eine neue, inoffizielle, noch unentwickelte, verhältnismäßig schwache *Arbeiterregierung*, die die Interessen des Proletariats und des ganzen ärmsten Teiles der Stadt- und Landbevölkerung zum Ausdruck bringt. Das ist der *Sowjet* der *Arbeiter-* und *Soldaten-Deputierten* in Petersburg.

Das ist die *wirkliche* politische Lage, die wir vor allem mit möglichst großer objektiver Genauigkeit feststellen müssen, um eine marxistische Taktik auf dem einzig festen Fundament aufzubauen, auf dem sie basieren muß, nämlich auf dem Fundament der *Tatsachen*.

Die Zarenmonarchie ist geschlagen, aber nicht zerschlagen.

Die oktobristisch-kadettische bürgerliche Regierung, die den imperialistischen Krieg „zu Ende" führen will, ist in Wirklichkeit ein Kommis der Finanzfirma „England und Frankreich" und ist *gezwungen*, dem Volke ein *Maximum* von Freiheiten und Almosen zu versprechen, die so eingerichtet sind, daß diese Regierung die Herrschaft über das Volk und die Möglichkeit der Kriegsverlängerung behält.

Der Sowjet der Arbeiter- und Soldaten-Deputierten, die Keimform der Arbeiterregierung, vertritt die Interessen der ganzen *ärmsten* Massen der Bevölkerung, d. h. die Interessen von neun Zehnteln der Bevölkerung, die *Frieden*, *Brot* und *Freiheit* erstreben.

Der Kampf dieser drei Kräfte bestimmt die Lage, die sich jetzt ergeben hat und einen *Übergang* von der ersten zur zweiten Etappe der Revolution bildet.

Zum wirklichen Kampfe gegen die Zarenmonarchie, zur wirklichen Sicherung der Freiheit nicht allein in Worten, nicht in Versprechungen der liberalen Maulhelden, müssen *nicht* die Arbeiter die neue Regierung unterstützen, sondern diese Regierung muß die Arbeiter „unterstützen"! Denn die einzige „Garantie" der Freiheit und restlosen Zerstörung des Zarismus ist die *Bewaffnung* des *Proletariats*, die Festigung, Erweiterung, Entfaltung der Rolle, der Bedeutung, der Macht des Sowjets der Arbeiter- und Soldaten-Deputierten.

Alles übrige ist Lug und Trug, ist Selbsttäuschung der Politikaster aus dem liberalen und radikalen Lager.

Helft bei der Bewaffnung der Arbeiter oder verhindert sie wenigstens nicht — und die Freiheit in Rußland wird unbesiegbar, die Monarchie unwiederherstellbar, die Republik gesichert sein.

Sonst wird das Volk geprellt werden. Versprechungen sind billig, Versprechungen kosten nichts. Mit Versprechungen haben alle bürgerlichen Politikaster in *allen* bürgerlichen Revolutionen das Volk abgespeist und genarrt.

Opfer der Barrikaden-Kämpfe in Petrograd, Februar 1917

**A l s   O p f e r   s e i d   I h r   g e f a l l e n . . .**

Unsere Revolution ist eine bürgerliche, *deshalb* müssen die Arbeiter die Bourgeoisie unterstützen — sagen die nichtswürdigen Politiker aus dem Lager der Liquidatoren.

*Unsere* Revolution ist eine bürgerliche, sagen wir Marxisten, *deshalb* müssen die Arbeiter dem Volke die Augen öffnen über den Betrug der bürgerlichen Politikaster, müssen sie lehren, den Worten nicht zu trauen, sich nur auf die *eigenen* Kräfte verlassen, auf die *eigene* Organisation, auf den *eigenen* Zusammenschluß, auf die *eigene* Bewaffnung.

Die Regierung der Oktobristen und Kadetten, der Gutschkow und Miljukow, kann weder *Frieden*, noch *Brot*, noch *Freiheit* geben — selbst wenn sie dies aufrichtig wollte.

Frieden — nicht, weil sie eine Kriegsregierung ist, eine Regierung zur Verlängerung des imperialistischen Gemetzels, eine *annexionistische* Regierung, die sich einstweilen noch mit keinem Wort von der zaristischen Politik der Annexion Armeniens, Galiziens, der Türkei, der Eroberung Konstantinopels, der Wiedereroberung Polens, Kurlands, Litauens usw. losgesagt hat. Diese Regierung ist an Händen und Füßen durch das englisch-französische imperialistische Kapital gebunden. Das russische Kapital ist bloß eine Filiale der Weltfirma, die *Hunderte* von *Milliarden* Rubel umsetzt und den Namen „England und Frankreich" trägt.

Brot — deshalb nicht, weil sie eine bürgerliche Regierung ist. Bestenfalls wird sie dem Volke, wie es Deutschland tat, eine „genial organisierte" Hungersnot geben. Aber das Volk wird die Hungersnot nicht dulden. Das Volk wird erfahren, und wahrscheinlich bald erfahren, daß es Brot gibt und daß es zu haben ist, aber nicht anders als durch Maßnahmen, *die vor der Heiligkeit des Kapitals und des Grundbesitzes nicht haltmachen.*

Freiheit — deshalb nicht, weil diese Regierung eine gutsbesitzerlich-kapitalistische ist, die sich vor dem Volke *fürchtet.*

Über die taktischen Aufgaben unseres nächsten Verhaltens gegenüber dieser Regierung wollen wir in einem anderen Artikel sprechen. Dort wollen wir zeigen, worin die Eigentümlichkeit des jetzigen Moments, des *Übergangs* von der ersten zur zweiten Etappe der Revolution besteht, warum die Losung, die „Aufgabe des Tages" in *diesem* Moment sein muß: *Arbeiter, Ihr habt Wunder an proletarischem, an Volksheroismus im Bürgerkriege vollbracht gegen den Zarismus, Ihr müßt Wunder an proletarischer, an Volksorganisation vollbringen, um Euern Sieg in der zweiten Etappe der Revolution vorzubereiten.* Wir beschränken uns *jetzt* auf eine Analyse des Klassenkampfes und des Kräfteverhältnisses der Klassenkräfte in dieser Etappe der Revolution und müssen noch einmal die Frage aufwerfen: wer sind die *Verbündeten* des Proletariats in *dieser* Revolution?

Es hat *zwei* Verbündete: erstens die breite, Millionen und aber Millionen zählende überwiegende Majorität der Bevölkerung, die Masse der halbproletarischen und zum Teil kleinbäuerlichen Bevölkerung Rußlands. Diese Masse *braucht* Frieden, Brot, Freiheit, Land. Diese Masse wird unweigerlich unter einem gewissen Einfluß der Bourgeoisie, insbesondere der Kleinbourgeoisie, zu der sie, ihren Lebensbedingungen nach, am meisten paßt, stehen, sie wird schwanken zwischen der Bourgeoisie und dem Proletariat. Die harten Lehren des Krieges, die *um so* härter ausfallen werden, je energischer die Gutschkow, Lwow, Miljukow und Konsorten den Krieg führen werden, müssen unbedingt diese Masse zum Proletariat stoßen und sie zwingen, ihm zu folgen. Diese Masse müssen wir jetzt, die Freiheit des neuen Regimes und die Sowjets der Arbeiter- und Soldaten-Deputierten ausnutzend, vor allem und am meisten suchen *aufzuklären* und *zu organisieren.* Sowjets der Bauern-deputierten, Sowjets der Landarbeiter — das gehört zu den dringendsten Aufgaben. Unser Bestreben muß dabei nicht nur dahin gehen, daß die Landarbeiter ihre eigenen Sowjets bilden, sondern auch dahin, daß die besitzlosen und ärmsten Bauern sich *getrennt* von den wohlhabenden Bauern organisieren. Über die besonderen Aufgaben und die besonderen Formen der jetzt erforderlichen Organisation im folgenden Briefe.

Zweitens ist der Verbündete des russischen Proletariats das Proletariat *aller* kriegführenden und überhaupt *aller* Länder. Momentan wird es in bedeutendem Maße durch den Krieg niedergehalten, in seinem Namen ergreifen allzuoft das Wort die Sozial-Chauvinisten, die sich, wie Plechanow, Gwosdew, Potressow in Rußland, auch in Europa zur Bourgeoisie geschlagen haben. Aber die Befreiung des Proletariats von ihrem Einfluß macht mit jedem Monat des imperialistischen Krieges Fortschritte. Die russische Revolution wird diesen Prozeß *unausweichlich* in gewaltigem Maße beschleunigen.

Mit diesen beiden Verbündeten kann und wird das Proletariat Rußlands, durch *Ausnutzung* der *Eigentümlichkeiten* des jetzigen Übergangsmomentes, zur Eroberung zuerst der demokratischen Republik und des vollen Sieges des Bauerntums über die Gutsbesitzer schreiten und dann zum *Sozialismus*, der allein dem vom Kriege gemarterten Volke bringen wird: *Frieden*, *Brot* und *Freiheit*.

**Erste Sitzung des Moskauer Sowjets der Arbeiter- und Soldaten-Deputierten**

# 7. ÜBER DIE AUFGABEN DES PROLETARIATS IN DER GEGENWÄRTIGEN REVOLUTION

von

*N. Lenin*

AM 3. April nachts in Petersburg eingetroffen, konnte ich natürlich nur in meinem eigenen Namen und unter ausdrücklichem Hinweis auf meine verhältnismäßig ungenügende Vorbereitung in der Versammlung vom 4. April mit einem Referat über die Aufgaben des revolutionären Proletariats vor die Öffentlichkeit treten.

Das einzige, was ich tun konnte, um mir — und *gewissenhaften* Opponenten — die Sache zu erleichtern, war die Ausarbeitung *schriftlich* formulierter Thesen. Ich habe sie vorgelesen und den Text dem Genossen Zeretelli übergeben. Ich habe sie sehr langsam und *zweimal* vorgelesen, zuerst in der Versammlung der Bolschewiki, dann in der gemeinsamen Versammlung der Bolschewiki und Menschewiki.

Ich veröffentliche nun diese meine persönlichen Thesen, nur mit allerkürzesten erläuternden Anmerkungen versehen, die ich in meinem Referat viel eingehender entwickelt habe.

### *Thesen*

1. In unserem Verhältnis zum Kriege, der seitens Rußlands auch unter der neuen Regierung Lwow und Kompagnie infolge des kapitalistischen Charakters dieser Regierung nach wie vor ein räuberischer, imperialistischer Krieg ist, darf der „revolutionären Landesverteidigung" auch nicht das geringste Zugeständnis gemacht werden.

Einem revolutionären Kriege, der eine revolutionäre Landesverteidigung wirklich rechtfertigen würde, kann das klassenbewußte Proletariat seine Zustimmung erteilen nur unter der Bedingung: a) des Überganges der Macht in die Hände des Proletariats und der sich ihm anschließenden ärmsten Schichten des Bauerntums; b) des Verzichtes auf alle Annexionen in Taten und nicht bloß in Worten und c) des völligen tatsächlichen Bruches mit all dem, was den Interessen des Kapitalismus dienlich ist.

In Anbetracht der zweifellos ehrlichen Überzeugung breiter Schichten von Massenvertretern der „revolutionären Landesverteidigung", jener Schichten, die den Krieg nur aus Zwang, nicht aber den Eroberungen zuliebe gelten lassen, in Anbetracht dessen, daß sie von der Bourgeoisie genarrt werden, muß man sie über ihren Irrtum besonders gründlich, hartnäckig und beharrlich aufklären, ihnen die unzertrennliche Verbindung des Kapitals mit dem imperialistischen Kriege klarmachen, beweisen, daß man den Krieg durch einen wahrhaft demokratischen — nicht Gewaltfrieden — ohne Sturz des Kapitals *nicht* beendigen kann.

Organisierung der breitesten Propaganda dieser Ansicht in der aktiven Armee. Verbrüderung.

2. Die Besonderheit der gegenwärtigen Lage Rußlands besteht in dem *Übergange* von der ersten Revolutionsetappe, die infolge ungenügenden Klassenbewußtseins und mangelhafter Organisation des Proletariats die Macht der Bourgeoisie in die Hände gespielt hat, *zur zweiten Etappe*, die die Macht in die Hände des Proletariats und der ärmsten Bauernschichten zu legen hat.

Dieser Übergang wird charakterisiert einerseits durch ein Maximum an Legalität (Rußland stellt *momentan* das freieste Land unter allen kriegführenden Ländern dar), andererseits durch das Nichtvorhandensein einer Gewalt über die Massen und endlich durch deren vertrauensvoll-unbewußtes Verhältnis der Regierung der Kapitalisten — der ärgsten Feinde des Friedens und des Sozialismus — gegenüber.

Diese Besonderheit erfordert unsererseits die Fähigkeit, uns den *speziellen* Bedingungen der Parteiarbeit in einem Milieu der gewaltigen, eben erst zum politischen Leben erwachten Massen des Proletariats anzupassen.

3. Keinerlei Unterstützung der provisorischen Regierung, Entlarvung der ganzen Verlogenheit aller ihrer Versprechungen, besonders über den Verzicht auf Annexionen. Entlarvung der Regierung, statt der unzulässigen, Illusionen züchtenden „Forderung", diese Regierung, die Regierung der Kapitalisten, solle *aufhören*, imperialistisch zu sein.

4. Anerkennung der Tatsache, daß in den meisten Sowjets der Arbeiter-Deputierten unsere Partei sich in der Minderheit, zurzeit sogar in einer schwachen Minderheit befindet, gegenüber dem *Block aller* kleinbürgerlichen, opportunistischen, dem Einfluß der Bourgeoisie unterliegenden und deren Einfluß im Proletariat zur Geltung bringenden Elemente, von den Volkssozialisten und Sozialrevolutionären angefangen bis zum Organisationskomitee (Tscheidse, Zeretelli u. a.), Steklow und anderen mehr.

Aufklärung der Massen darüber, daß die Sowjets der Arbeiter-Deputierten die *einzig* mögliche Form der Revolutionsregierung darstellen und daß daher, solange *diese* Regierung dem Einflusse der Bourgeoisie unterliegt, unsere Aufgabe nur die beharrliche, systematische, hartnäckige und sich den besonderen praktischen Bedürfnissen der Massen anpassende *Erläuterungen* ihrer Fehler und Taktik sein kann.

Solange wir in der Minderheit sind, leisten wir die Arbeit der Kritik und Aufhellung der Fehler dadurch, daß wir gleichzeitig die Notwendigkeit des Überganges der gesamten Staatsgewalt in die Hände der Sowjets der Arbeiter-Deputierten predigen, damit die Massen sich durch eigene Erfahrung ihrer Fehler entledigen.

5. Nicht parlamentarische Republik — eine Rückkehr von den Arbeiter-Deputiertensowjets zu ihr wäre ein Schritt rückwärts —, sondern eine das ganze Land umfassende Republik der Sowjets der Arbeiter-, Landarbeiter- und Bauern-Deputierten, aufgebaut von unten bis oben.

Beseitigung der Polizei und des Beamtentums.*)

Entlohnung aller Beamten, bei deren jederzeitigen Wählbarkeit und Absetzbarkeit, nicht über den Durchschnittslohn eines guten Arbeiters.

6. Im Agrarprogramm die Verlegung des Schwergewichts auf die Sowjets der Landarbeiter-Deputierten.

Enteignung alles Großgrundbesitzes.

Nationalisierung des *gesamten* Bodenbesitzes im Reiche, Übertragung des Verfügungsrechtes über ihn an die lokalen Sowjets der Landarbeiter- und Bauern-Deputierten. Aussonderung von Deputiertensowjets der ärmsten Bauern. Bildung von Musterwirtschaften auf allen großen Gütern (im Umfange von zirka 100 bis 300 Deßjatinen, unter Berücksichtigung der lokalen und sonstigen Verhältnisse und nach Schätzung der lokalen Institutionen) unter Aufsicht der Landarbeiter-Deputierten und auf Kosten der Allgemeinheit.

7. Sofortige Verschmelzung aller Banken des Landes zu einer allgemeinen Nationalbank und Übertragung der Kontrolle über sie an die Arbeiter-Deputiertensowjets.

---

*) Das heißt die Ersetzung des stehenden Heeres durch die allgemeine Volksbewaffnung.

Sehet: Wir haben mutig erhoben
Die Fahne des Kampfes wider die Drohnen,
Für ein anderes Land, für ein freies Geschlecht

Der 1. Mai in Petrograd 1917

8. Nicht „Einführung" des Sozialismus als unsere unmittelbare Aufgabe, sondern lediglich sofortige Übernahme der Kontrolle der gesellschaftlichen Produktion und Distribution aller Erzeugnisse durch die Arbeiter-Deputiertensowjets.

9. Aufgaben der Partei:

a) Sofortige Einberufung des Parteitages;

b) Änderung des Parteiprogramms, vor allem:

1. über den Imperialismus und den imperialistischen Krieg,

2. über das Verhältnis zum Staate und *unsere* Forderung eines „Kommune-Staates".*)

3. Verbesserung des rückständigen Minimalprogramms.

c) Namensänderung der Partei.**)

10. Erneuerung der Internationale.

Initiative zur Schaffung einer revolutionären Internationale, einer Internationale gegen die Sozial-Chauvinisten und das „Zentrum".***)

Damit der Leser versteht, warum ich genötigt war, als seltene Ausnahme den „Fall" gewissenhafter Opponenten besonders hervorzuheben, bitte ich ihn, die obigen Thesen mit folgendem Einwande des Herrn Goldenberg zu vergleichen: „Lenin hat die Fahne des Bürgerkrieges inmitten der revolutionären Demokratie aufgepflanzt (zitiert im „Jedinstwo" des Herrn Plechanow, Nr. 5).

Nicht wahr, eine Perle?

Ich schreibe, lese, zerkaue: „In Anbetracht der zweifellos ehrlichen Überzeugung *breiter* Schichten von *Massen*vertretern der revolutionären Landesverteidigung . . . in Anbetracht dessen, daß sie von der Bourgeoisie genarrt werden, muß man sie über ihren Irrtum *besonders* gründlich, hartnäckig und *beharrlich* aufklären . . ."

Die Herren von der Bourgeoisie aber, die sich Sozialdemokraten nennen, die aber *weder* zu den *breiten* Schichten noch zu den *Massen*vertretern der Landesverteidigung zählen, haben die Stirn, meine Ansicht mit den Worten wiederzugeben: „hat die Fahne (!) des Bürgerkrieges aufgepflanzt (!)" (davon befindet sich in den Thesen kein Wort, ebensowenig wie in meinem Referat!) „inmitten (!!) der revolutionären Demokratie . . ."

Was soll das? Wodurch unterscheidet sich das von einer Pogromagitation, von der „Rußkaja Wolja"?

Ich schreibe, lese, zerkaue: „Die Sowjets der Arbeiter-Deputierten stellen die *einzig mögliche* Form der Revolutionsregierung dar und daher kann unsere Aufgabe nur die beharrliche, systematische, hartnäckige und sich den besonderen praktischen Bedürfnissen der Massen anpassende Erläuterung ihrer Fehler und ihrer Taktik sein . . ."

Die Opponenten einer gewissen Sorte dagegen stellen meine Ansichten als einen Aufruf zum „Bürgerkrieg inmitten der revolutionären Demokratie" hin!!

Ich griff die provisorische Regierung an, weil sie weder einen baldigen noch überhaupt einen Termin zur Einberufung der Konstituierenden Versammlung fest-

*) D. h. eines Staates, dessen Vorbild in der Pariser Kommune gegeben ist.

**) Statt „Sozialdemokratie", deren offizielle Führer durch Übertritt zur Bourgeoisie (die „Vaterlandsverteidiger" und die schwankenden Kautskyaner) in der ganzen Welt den Sozialismus verraten haben, müssen wir uns *Kommunistische Partei* nennen.

***) „Zentrum" nennt man in der internationalen Sozialdemokratie die Richtung, die zwischen den Chauvinisten (Anhänger der „Vaterlandsverteidiger") und den Internationalisten hin und her pendelt, das sind: Kautsky & Co. in Deutschland, Longuet & Co. in Frankreich, Tscheidse & Co. in Rußland, Turati & Co. in Italien, Macdonald & Co. in England usw.

gesetzt und sich mit vagen Versprechungen herausgeredet hat. Ich bewies, daß *ohne* die Sowjets der Arbeiter- und Soldatendeputierten die Einberufung der Konstituierenden Versammlung nicht garantiert, der Erfolg der Einberufung unmöglich ist.

Man schiebt mir die Ansicht unter, als sei ich gegen die schnelle Einberufung der Konstituierenden Versammlung!!!

Ich wäre geneigt, dies als „Delirium" zu bezeichnen, hätten mich nicht Jahrzehnte politischen Kampfes gelehrt, Gewissenhaftigkeit der Opponenten als eine seltene Ausnahme zu betrachten.

G. Plechanow hat in seiner Zeitung meine Rede als „Delirium" bezeichnet. Sehr gut, Herr Plechanow! Doch, wie täppisch, wie verlegen und begriffsstutzig sind Sie in Ihrer Polemik! Wenn ich ganze zwei Stunden lang eine delirierende Rede hielt, warum duldeten denn Hunderte von Zuhörern dies „Delirium"? Ferner: Warum widmet Ihre Zeitung der Wiedergabe eines „Deliriums" eine ganze Spalte? Wahrlich, Ihnen ist die Sache gründlich vorbeigelungen!

Es ist natürlich viel leichter, zu schreien, zu schimpfen und zu zetern, als den Versuch zu machen, zu erzählen, zu erklären, sich dessen zu erinnern, *wie* Marx und Engels in den Jahren 1871, 1872 und 1875 über die Erfahrungen der Pariser Kommune urteilen und darüber, *was* für eines Staates das Proletariat bedürfe.

Herr Plechanow, der ehemalige Marxist, will anscheinend nicht gern an den Marxismus erinnert werden.

Ich zitiere die Worte Rosa Luxemburgs, die am 4. August 1914 die *deutsche* Sozialdemokratie einen „stinkenden Leichnam" genannt hat. Die Herren Plechanow, Goldenberg & Cie, aber fühlen sich „beleidigt" . . . für wen? — für die *deutschen* Chauvinisten, die ich Chauvinisten genannt habe!

Die armen russischen Sozial-Chauvinisten haben sich ganz verheddert, diese Sozialisten in Worten und Chauvinisten in der Tat.

**Eine Demonstration in den März-Tagen 1917 in Petrograd**

# 8. DER FEBRUAR-UMSTURZ

von

*N. Bucharin*

DER katastrophal schnelle Fall der Selbstherrschaft traf selbst die kämpfenden Klassen unerwartet. Die Schnelligkeit des Falls ward bedingt durch den ganzen Lauf der Ereignisse, das ungeheure Übergewicht der sozialen Kräfte, die gegen den Zarismus gerichtet waren. Sie überraschte nicht nur die zu Fall Gekommenen, sondern auch die, die diesen Fall hervorgerufen haben. Das revolutionäre Element hielt, von seinem eigenen Erfolg überrascht, für einen Augenblick inne.

Das *Proletariat*, das mit grenzenlosem Heroismus allen voranschritt, das seine Organisationen im geheimen hatte schaffen müssen, trat in seiner ganzen Masse an die Öffentlichkeit. Als am meisten organisierte und disziplinierte revolutionäre Kraft hatte es dennoch keine *Massen*organisationen.

In noch geringerem Maße konnte von einer Organisation des Kleinbürgertums die Rede sein, insbesondere der *Bauernschaft*. Auch das *Heer*, das fast einmütig gegen seinen Höchstkommandierenden und „vergötterten Führer" auftrat, *Zarendisziplin* und *-organisation* zerstörte, hatte noch keine revolutionäre Organisation zu schaffen vermocht.

Als einzige *von Anfang an organisierte* Kraft tauchte die *liberal-imperialistische Bourgeoisie* empor. Sie war wohl am wenigsten eine Triebkraft der Revolution. Im Gegenteil, ihr Führer Miljukow nannte das Banner der Revolution verächtlich einen „roten Lappen". Gerade er war der Autor der berühmten Losung: „Lieber Niederlage, als Revolution". Schon aus der Erfahrung des Jahres 1905 wußte die liberale Bourgeoisie, daß die Revolution in Rußland nicht nur für den Zarismus, sondern auch für „Bildung und Besitz" gefährlich sei. Deshalb war sie die „verantwortliche Opposition Seiner Majestät". Nun war die Frage auf die Spitze getrieben, ob sie direkt für die Regierung Nikolaus Partei ergreifen sollte oder nicht. Der Zusammenbruch des Zarismus war augenscheinlich. Den liberalen Bourgeois blieb nur übrig, „auf die Seite des Volkes überzugehen" und ihre früheren Organisationen — die Parteien des „progressiven Blocks" und vor allen Dingen die Partei der „Volksfreiheit", alle möglichen „unpolitischen" Organisationen und schließlich den Kern der *Reichsduma* — in Gang zu setzen.

*Äußerlich* fand eine allgemeine Verbrüderung statt. Die verstockten Monarchisten färbten sich eiligst in Republikaner; die Hausbesitzer nahmen die dreifarbigen Fahnen herunter und hingen an ihre Stelle die rote Fahne der Umwälzung heraus, die Kokarden der Staatsbeamten wurden durch rote Abzeichen ersetzt, und sogar die früheren Polizeibeamten stolzierten mit einem roten Bändchen im Knopfloch des in Eile umgeänderten Mantels einher.

„Revolution" wurde plötzlich ein magisches Wort, für das auch diejenigen Zärtlichkeit fühlten, die erst gestern zur Verhöhnung dieser Revolution nicht genug Schimpfworte fanden. Der Vorsitzende der ultrareaktionär-oktobristischen Duma, Rodsjanko, gestand, erfüllt von sentimental-„brüderlichen" Gefühlen fürs „Volk", daß er auf „Ehre und Gewissen" nichts gegen die Forderungen dieses Volkes einwenden könne. Der bekannte Organisator der schwärzesten Reaktionäre, Schulgin, ein erklärter Monarchist und Erwürger derselben „lebendigen Kraft", von der man jetzt nicht anders als voll Enthusiasmus zu reden begann, dieser Schulgin erklärte

**Der Kampf mit der Polizei in Petrograd, März 1917**

in bezug der Forderung nach der Wahl der Konstituante: „Wenn man mir vor zwei Tagen gesagt hätte, daß ich diese Forderung anhören und ihr nicht nur nicht widersprechen, sondern eingestehen würde, daß es keinen anderen Ausweg gibt, daß dieselbe Hand die Thronentsagung Nikolaus II. schreiben würde, vor zwei Tagen hätte ich denjenigen einen Wahnsinnigen genannt, der das gesagt hätte, und mich selbst hätte ich für irr gehalten. Aber heute kann ich nichts dagegen einwenden. Ja, eine Konstituierende Versammlung auf Grundlage des allgemeinen direkten gleichen und geheimen Wahlrechts." Alle diese Herren — von den Nationalisten bis zu den Linken der Kadetten einschließlich —, die im besten Fall eine kleine *Veränderung* bei Hofe und ein paar elende „Konstitutionsgarantien" wünschten, knirschten mit den Zähnen, doch „unter Menschen" machten sie nach rechts und links Bücklinge vor demselben „roten Lappen", der sie mehr erschreckte, als den Stier der Mantel des Toreador. So entsprach die idyllische Außenseite absolut nicht der realen Wirklichkeit, und der Klang der „allnationalen" *Phrase* konnte die *Tatsachen des Klassenkampfes* weder abschwächen, noch viel weniger vernichten.

Die besser organisierte Bourgeoisie schied aus ihrer Mitte als Zentralorgan ihrer Kräfte das *provisorische Dumakomitee* aus. In derselben Nacht, fast in derselben Stunde, entstand in Petrograd der *Sowjet der Arbeiter-Deputierten*, der sogleich unter den proletarischen und kleinbürgerlichen Massen eine leitende Stellung einnahm.

*Zwei Umstände* müssen hervorgehoben werden, um verständlich zu machen, warum die vom *Volke* eroberte Macht in die Hände der provisorischen Regierung *der imperialistischen Bourgeoisie* überging: erstens spielte hier die verhältnismäßig stärkere Organisiertheit dieser Bourgeoisie eine Rolle, zweitens war daran der

Opportunismus der Führer der Arbeiterklasse, richtiger ihres damals herrschenden Flügels, schuld. Dieselben „Führer", die später in das halb-imperialistische Ministerium traten, fürchteten sich, obgleich sie eine Pose unversöhnlicher Revolutionäre annahmen, die Macht zu ergreifen. Für sie war die russische Revolution vor allen Dingen eine Revolution der *Bourgeoisie;* für ihren feigen, spießbürgerlichen Gedankengang war jeder „überflüssige" Schritt abseits von der Herrschaft dieser Bourgeoisie eine Verletzung der heiligen Rechte der „bürgerlichen" Revolution; für sie galt das Einschüchtern der Arbeiter mit dem Gespenst des eingeschüchterten Bourgeois als unbedingte Pflicht eines Revolutionärs. Diese Taktik des kleinbürgerlichen „Sozialismus" war die Erbsünde der russischen Revolution.

So wurde die erste *provisorische Regierung* aus dem Schoße des reaktionär-kadettischen Dumakomitees geboren. Das Exekutivkomitee des Sowjets lehnte auch den Eintritt ins Ministerium ab, und nur der „Anhänger der Disziplin", Kerenski, handelte, sich den Weg zur Macht bahnend, zum zweiten Male dem Beschluß seiner Kollegen zuwider (das erstemal ging dieser „Sozialrevolutionär" zuwider der Entscheidung seiner Partei in die Duma). Deshalb war das Kabinett beinahe völlig eine Organisation der zeitgemäßen finanziell-kapitalistischen Bourgeoisie. Alexander Iwanowitsch *Gutschkow*, Führer der Oktobristen, Vertreter der Moskauer Kaufmannschaft, ein „Krieger in Zivil" — wie er sich selbst charakterisierte; derselbe Gutschkow, der zur Zeit des Moskauer Aufstandes dem Admiral Dubassow, der die Arbeiter niederschoß, die Miliz zum Beistand organisierte; Paul Nikolajewitsch *Miljukow*, Führer der Partei der Volksfreiheit, Ideologe des russischen Imperialismus, Anhänger des internationalen Raubes unter der Phrase der „Befreiung kleiner Völker", ein ergebener Freund und Sklave des englischen Kapitals, schlau, ungeniert, mit starkem Willen und professoraler Gelehrsamkeit in bezug auf die Niederträchtigkeit; *A. I. Konowalow*, der größte Fabrikant und Börsenmann, ein gestempelter Vertreter der Unternehmerorganisationen; Herr *Tereschtschenko* — ein Sprößling der Aktionäre der Zuckersyndikate — das waren die bedeutendsten Figuren der „revolutionären" Regierung, an deren Spitze Fürst *Lwow*, der Vertreter des gutsherrlichen Adels, stand; neben ihm fanden Platz Nekrassow, Godnew, der andere Lwow und obengenannter Bürger Kerenski.

Wie feige die Taktik des kleinbürgerlichen Sozialismus auch war, der sich damals als Organisator und Leiter der Mehrzahl des Petersburger Proletariats erwies, dennoch konnte die Struktur der Macht keine andere als nur eine auf *Kompromiß beruhende* sein, d. h. sie mußte die faktische Macht der Arbeiterklasse und des Kleinbürgertums widerspiegeln. Die provisorische Regierung bestand aus Bourgeois reinen Blutes. Aber daneben stand das Exekutivkomitee der Arbeiter- (später auch Soldaten-) Deputierten.

Petrograd herrschte über Rußland; die Arbeiter und Soldaten herrschten über Petrograd. Das Machtorgan der Petrograder Arbeiter und Soldaten wurde auf diese Weise neben der provisorischen Regierung zum *gesamtrussischen Zentrum der Macht*. Das Doppelzentrum der politischen Macht spiegelte den sozialen Widerspruch zwischen der Zensusbourgeoisie und den Grundherren einerseits, dem Kleinbürgertum, der Bauernschaft und dem Proletariat andererseits wider. Der Sowjet bestätigte die berühmte Formel der Unterstützung der Regierung „insofern-inwiefern": „insofern sie im Einverständnis mit dem Sowjet standhaft in Richtung der Festigung der Revolutionseroberungen und der Erweiterung dieser Eroberungen arbeitet." Der Kompromißtaktik wurde ein fester Grund gelegt.

Der erste Akt der provisorischen Regierung hätte die Proklamierung der *demo-*

*kratischen Republik* sein sollen. Aber die demokratische Republik proklamieren — das hieße auf einmal und unwiderruflich mit der Vergangenheit brechen. Kann man denn ein „ordentlicher Mensch" sein und „töricht und sinnlos" mit den „historischen Traditionen" brechen? Und kann man denn nicht in einer durch die Konstitution gemäßigten Monarchie den besten Schutz gegen das „tobende Element", die „Fanatiker" und die „Anarchie" finden? . . . Der Gegensatz zwischen der imperialistischen Bourgeoisie und der revolutionären Demokratie äußerte sich hier mit aller Kraft. Während der gemeinsamen Sitzung des Exekutivkomitees und des provisorischen Dumakomitees schlugen die ängstlichen Vertreter der Arbeiter und Soldaten vor, sich solcher Handlungen zu enthalten, die die „Regierungsform im voraus entscheiden könnten". Die Vertreter der Partei der Volksfreiheit schlugen vor (wahrscheinlich aus großer Achtung vor dieser Volksfreiheit), die *Romanowsche Monarchie* weiter existieren zu lassen. Das Mitglied des Exekutivkomitees Steklow sagte aus diesem Anlaß während der Beratung der Sowjets: „Ich muß kategorisch erklären, daß die Vertreter der Kadetten bis zum Schluß und als letzte diesen Punkt bestritten und nicht nur keinesfalls auf Proklamierung der demokratischen Republik eingehen wollten, was wir nicht gewaltsam aufzudrängen wünschten, sondern sogar nicht in unsere Formulierung einwilligen wollten . . . Wir wußten, daß sie uns, der siegreichen russischen Demokratie, die Romanowsche Monarchie aufdrängen wollten, nicht einfach eine Monarchie, aber gerade die Romanowsche, und besonders Miljukow bestand darauf, den Thronfolger Alexei als Kaiser zu proklamieren und den Großfürsten Michail Alexandrowitsch als Regenten. Umsonst erklärten wir, daß keine politische Gruppe das Recht habe, der Meinung des ganzen russischen Volkes vorzugreifen . . . Umsonst erklärten wir ihnen, daß wir unsere politische Besonnenheit (!) so weit erstrecken, daß wir ungeachtet der in unseren Händen ruhenden physischen Kraft sie nicht zwingen, diese Republik zu proklamieren und nur bitten (!!), die Monarchie nicht zu proklamieren . . . Ungeachtet alles dessen kam in diesem Punkte keine Einigung zustande."

Den „besonnenen" Führern der Arbeiterklasse und des Kleinbürgertums fehlte es „trotz der physischen Kraft" an Mut, ein *Dekret über die Republik* zu fordern! Die heuchlerischen Verteidiger der Volksfreiheit waren frech genug, am folgenden Tage, nach dem siegreichen Aufstand, die Wiedererrichtung der *Romanowschen Monarchie* zu verlangen!

Das Mitglied der provisorischen Regierung, der Oktobrist Gutschkow, und das Mitglied des Dumakomitees, der Ultrareaktionär Schulgin, begaben sich mit dem Segen des Kadetten Miljukow bereits ins Hauptquartier, um die „Heimat vor Anarchie zu bewahren", d. h. durch Verrat der Revolution und des Volkes einen Vertrag mit den Banditen des Zarismus zu schließen. Aber Michail Romanow erwies sich nicht als so tapfer wie Paul Miljukow. Ihm imponierte augenscheinlich doch die „physische Kraft", auf welche sich der Sowjet stützte. Das Geschäft des Zensusbourgeois mit den Bewohnern des Wespennestes der Romanows kam nicht zustande.

Das Übereinkommen des Sowjets und der provisorischen Regierung enthielt außer dem tatsächlich annullierten Punkt über die Regierungsform noch folgende acht Punkte: über die Amnestie, über die Freiheit des Wortes, der Presse, der Verbände, Versammlungen und Ausstände, über unverzügliche Maßnahmen zur Einberufung der konstituierenden Versammlung; über Ersetzen der Polizei durch gewählte Miliz; über lokale Selbstverwaltung auf Grund des allgemeinen Wahlrechts; über Abschaffung aller Einschränkungen des Standes, der Nationalität und des Glaubens; über Nichtabrüstung und Nichtversetzung der revolutionären Truppen aus Petrograd und schließlich über die Selbstverwaltung des Heeres.

Die provisorische Regierung veröffentlichte in diesem Sinne eine Deklaration. Ihre Mitglieder begannen schon damals die Taktik, die später als üppige Blume erblühte: die Taktik der *Sabotage*. Bald sah das Exekutivkomitee ein, daß die Herren Minister sich durchaus nicht beeilten, das verkündete Programm zu verwirklichen. Es stellte dann zwei Forderungen: die *unverzügliche Veröffentlichung des Amnestiegesetzes* und des *Dekrets gegen die reaktionären Generale*, die sichtlich eine reaktionäre Umwälzung vorbereiteten.

Das Amnestiegesetz wurde bald veröffentlicht. Es einfach ins Archiv zu geben — das hätte auch Herr Miljukow nicht gewagt. Denn schon die erste Reichsduma, der Sprößling der Kadetten, stellte diese Forderung! Man kann doch nicht auf einmal die Politik des Staatsanwalts Pawlow fortsetzen, dem sogar die Liberalen aus der ersten Duma einmütig zuriefen: „Nieder mit dem Henker!"

Die politischen „Verbrecher" erhielten Amnestie. Die Emigranten sollten auf Staatskosten ins neue Rußland zurückkehren. Aber die Niederträchtigkeit des russischen Imperialismus muß in unserer Zeit mit der Niederträchtigkeit des internationalen Imperialismus multipliziert werden.

*Lloyd George* und die Mitglieder der *englischen* Ochrana korrigierten die Anordnungen (wenigstens die *öffentlichen* Anordnungen) des russischen Ministers des Äußeren. Die russische Revolution drohte nicht nur, dem Zarismus einen Schlag zu versetzen, sie drohte, den Brand der *internationalen Revolution* zu entfachen, die heilige Einigkeit der Werktätigen mit den Ausbeutern und dem imperialistischen Raubstaat zu zerstören. Und wenn der russische Imperialismus sich noch schämte und sich fürchtete, die Vertreter des revolutionären Internationalismus beim Kragen zu fassen und gegen sie der Lakaien Abdul-Hamids würdige Methoden des Kampfes anzuwenden, so tat er das durch Vermittlung seiner *englisch-französischen* Kollegen und der Häscher der früheren *zaristischen* ausländischen Konsulate. Aus der Schweiz, aus Frankreich, aus England und Amerika wurde einer ganzen Reihe von Personen die Ausreise faktisch verboten. Viele russische Bürger wurden von den „verbündeten" Häschern verhaftet, indem diese ihr räuberisches Verfahren durch gemeine Verleumdung, zu der nur ein vor Wut sinnloser Bourgeois fähig ist, rechtfertigten.

Anläßlich seiner Verhaftung durch die englischen Behörden schrieb Trotzki: „Man kann nicht sagen, daß es der englischen Diplomatie im allgemeinen genommen weder an Vorsicht noch an dekorativem, rein äußerem „Gentlemanbenehmen" fehlt. Dennoch leidet die Erklärung des englischen Gesandten bezüglich der deutschen Subsidien, die wir angeblich erhalten hätten, sichtlich Mangel an diesen beiden Eigenschaften: sie ist niedrig und dumm im gleichen Maße. Das erklärt sich dadurch, daß die großbritannischen Politiker und Diplomaten zwei Manieren haben: eine — für „zivilisierte" Länder, die andere — für die Kolonien. Sir Buchanan (der englische Gesandte in Petrograd N. B.), der der beste Freund der Zarenmonarchie war, nun aber den Freunden der Republik zugezählt wird, fühlt sich in Rußland wie in Indien oder Ägypten und darum sieht er keine Gründe, sich zu genieren."

Das charakterisiert äußerst richtig die Beziehungen der Verbündeten. Es erwies sich, daß das berühmte „Selbstbestimmungsrecht der Völker", das mit solchem Pomp von den Imperialisten aller Länder *in Worten* verkündet wurde, tatsächlich weder von der französischen, noch von der englischen Regierung sogar in bezug auf *Rußland* anerkannt wurde! Es erwies sich, daß die militärische Reitpeitsche, mit der

England in seinen *Kolonien* operiert, auch die „unabhängigen" russischen Bürger peitscht! Es erwies sich, daß der englische Imperialismus, während sich die gepanzerte Faust der deutschen Imperialisten nur erst nach Rußland ausstreckt, dieses Rußland *schon* als erobertes Land betrachtet! *„Es lebe pénétration pacifique!"*)*

Unter dem Drucke der Organe der revolutionären Demokratie wurden die Verhafteten freigelassen. Anderen verweigerten die „Verbündeten" jedoch die Durchreise. Im Gegenteil, sie bereiteten die Befehle der Verhaftungen vor. So war eine Reihe Personen *gezwungen*, durch Deutschland zu reisen.

Wenn in der Angelegenheit der Rückkehr der amnestierten Emigranten sich deutlich eine Linie des Kontaktes zwischen den imperialistischen Regierungen der Verbündeten und den vorläufig geheimen Gelüsten der kaum aus dem Ei der Revolution gekrochenen, aber nichtsdestoweniger dennoch imperialistischen provisorischen Regierung andeutete, so äußerte sich die Natur dieser imperialistischen Regierung noch krasser in ihrem Verhalten zu der Forderung des Exekutivkomitees, die *reaktionären Generale für vogelfrei zu erklären.* Von allen Seiten trafen Nachrichten ein, daß das Hauptquartier das Zentrum der sich organisierenden Gegenrevolution sei. Die Soldaten waren empört über den reaktionären Geist der Offiziere. General Ewert erließ schon am 6. März im Namen von Nikolai Nikolajewitsch Armeebefehle, die den Aufruf, die Romanows zu unterstützen, enthielten. General Alexejew (derselbe, den der Bürger Kerenski später küßte) drohte den aus Petrograd kommenden „revolutionären Banden" (!) mit dem Feldgericht. General Iwanow, der in den kritischen Tagen Truppen zur Beruhigung der Petrograder Insurgenten herbeiführte, entwickelte seine Tätigkeit nach der Petrograder Affäre in Kiew!

Nichtsdestoweniger schob die provisorische Regierung die Sache unter dem Vorwand des Aufsuchens der entsprechenden Paragraphen des Kriminalkodex auf die lange Bank. Das Dekret wurde überhaupt nicht veröffentlicht. Das Exekutivkomitee des Sowjets begann selbst mehr oder weniger entschiedene Maßregeln zu treffen, sofern man überhaupt von entschiedenen Maßregeln seitens der opportunistischen Mehrheit reden kann.

Es begann die Epoche der *Selbstorganisation* der revolutionären Massen: des Proletariats, der Soldaten, der Bauern. Der Petrograder Sowjet konnte sich schon in bedeutendem Maße auf eine organisierte Kraft stützen. Die Autorität der Sowjets und insbesondere des Petrograder Sowjets erwuchs zu einer sehr bedeutenden Größe. In demselben Maße wuchs aber auch der dumpfe Widerstand gegen den Sowjet seitens der imperialistischen Bourgeoisie und ihres Organs — der provisorischen Regierung. Besonders unbeugsam war der Kriegsminister Gutschkow. Die Kommissäre des Exekutivkomitees fanden systematisches Entgegenwirken seitens der neuen „Behörden". Die Bourgeoisie fühlte in der wachsenden Macht der Sowjets deutlich eine Bedrohung der ganzen Grundlage ihrer eigenen Existenz. In der Tat, diese Plebejer nehmen eines schönen Tages alles in ihre Hände! Wo sind die Garantien dafür, daß ein einfacher Wechsel der politischen Form sie befriedigt?

Da es Herrn Miljukow nicht gelang, *sogleich* anstatt Nikolaus Alexei auf den Thron zu setzen, so mußte man für eine solche Möglichkeit in der Zukunft sorgen. Die provisorische Regierung begann, mit den gekrönten Verwandten Nikolaus' in

*) „Pénétration pacifique" — „friedliches Eindringen". So nennen die Imperialisten ihr Eindringen in schwache Länder, das die endgültige Unterjochung dieser Länder und ihre Unterwerfung durch Kriegsmacht vorbereitet.

England zu unterhandeln, um den früheren Zaren dorthin zu schicken. Als aber das Exekutivkomitee durch die Eisenbahnbeamten Nachricht erhielt, daß zwei Züge mit der Familie des Zaren schon nach Petrograd unterwegs seien, um weiter zur Grenze expediert zu werden, da mobilisierte es die Petrograder Garnison, besetzte alle Bahnhöfe, versandte überallhin den telegraphischen Befehl: „Aufhalten und verhaften!“ Es gelang nicht, die „heilige Familie“ zu retten.

Noch mehr als die Frage von der Form der *Staatsverfassung* beunruhigte die Bourgeoisie die Frage von dem Verhältnis zum *imperialistischen* Kriege. Wie die Bourgeoisie auch, hauptsächlich in der Person der Volksfreiheitspartei, gegen die politische Formulierung der Volksfreiheit, d. h. gegen die demokratische Republik, kämpfte, nichtsdestoweniger war diese Frage für sie eine nebensächliche. Auch bei republikanischer Staatsordnung kann man Raubpolitik führen. Man kann ja in dieser Beziehung einiges von dem „freien Amerika“ und vom „herrlichen Frankreich“ lernen! Das Säubern der Augiasställe des Zarismus versprach sogar ein sparsameres Führen des Krieges.

Auch die „*Verbündeten*“ verstanden das vortrefflich. In einer seiner Reden erklärte Lloyd George direkt anläßlich der Niederlage der zaristischen Truppen, daß die deutschen Kanonen die Ketten sprengen, die das russische Volk hindern, den Krieg zu führen. Ebenso wie die Imperialisten Rußlands nichts gegen eine „kleine Veränderung“ gehabt hätten, und sich, obwohl mit Zähneknirschen, aber dennoch auch mit der Republik zufrieden gegeben hätten, ebenso hätten die englischen und französischen Imperialisten diese Politik „anerkannt“. Ganz anders gestaltete sich die Sachlage, als die Kriegsfrage auf die Spitze getrieben wurde. Darin besteht der *wesentliche Inhalt* des Finanzkapitalismus. Gegen den Krieg

**Eine revolutionäre Versammlung in einem Dorfe, März 1917**

etwas im Schilde führen — das heißt auf den kapitalistischen Überprofit, auf das Recht der Ausplünderung der Welt einen Anschlag machen. Was kann aber heiliger sein als dieses Recht? Ein Vaterlandsverräter ist der, der zu protestieren wagt!

Mit *der imperialistischen Bourgeoisie* vereinigten sich um die Losung „Krieg bis zum Ende" alle Fraktionen der herrschenden Klassen. Die „Rechten" verschwanden von der Szene, als ob sie physisch vernichtet wären. Ihre zahlreichen Organisationen spezifischer Benennungen, ihre von der Zarenherrschaft subsidierten Blätter, ihre „Funktionäre" verloren ihren grell ausgeprägten Charakter schwärzester Reaktion. Dieser ganze Apparat, der formell halb aufgelöst war, ging faktisch in den Dienst des allgemein bürgerlichen Blocks über, dessen ideeller und politischer Vertreter die *Partei der Volksfreiheit war.* Wenn die *bürgerlichen Imperialisten* zu Zeiten des Zarismus im Namen des allgemeinen Interesses die Anhänger der Leibeigenschaft bedienten, so begannen die *Anhänger der Leibeigenschaft* nun die bürgerlichen Imperialisten zu bedienen. Der Block der „Gutsherren alten Schlages" und der „Progressisten" entstand aufs neue wie ein Phönix aus der Asche, die das Weltgemetzel auseinanderweht. Aber die Hegemonie ging in die Hände des Finanzkapitals mit seinen „europäischen" Methoden der Erwürgung der Welt über.

Das *Kleinbürgertum, die Bauernschaft* (und das aus Bauern bestehende *Heer)* stellten sich durchaus nicht imperialistische Eroberungsziele. Die russische Bauernschaft hatte sich noch nicht nach dem Typus des deutschen Großbauern formiert, deren Verbände eigentlich landwirtschaftliche Kartelle darstellen, die sich mit der Spitze ihrer hohen monopolistischen Preise gegen das Proletariat richten. Anstatt eines Blocks mit dem Agrarier haben wir einen Kampf gegen den Agrarier, den Kampf ums Land. Der Krieg sichert dem Bauer nicht nur keinen Gewinn, den er dem Finanzkapitalismus verheißt; er schadet der Bauernwirtschaft, indem er sie der Arbeitskräfte und des Arbeitsviehs beraubt. Der Bauer weiß, daß Land *bei der Hand* liegt: das ist das Land des Gutsherrn. Es ist unmöglich, den Bauern durch Verheißung irgendwelcher unbekannter Ländereien zu begeistern. In dieser Beziehung ist er ein beschränkter Empiriker. Und die ganze Kraft seines Gedankens ist auf ein nahes, ihm zugängliches Ziel gerichtet; auf das Land des Gutsherrn. Er hat es mit seinem Schweiß benetzt. Er hat es mit seinem elenden Pflug bearbeitet. Er hat dafür, selbst Hunger leidend, dem Gutsherrn so viel Geld gezahlt, er muß es um der Gerechtigkeit willen bekommen.

Ein wenig anders ist es um das städtische Kleinbürgertum bestellt. Ein Teil desselben, der durch das Band der *Mitarbeit* mit dem Finanzkapital verbunden ist, wiederholt, eigentlich eine Zugabe des Großkapitalisten bildend, alle Losungen des reinen Imperialismus. An diese schließen sich in bedeutendem Maße auch die sogenannten Intellektuellen an (Aerzte, Advokaten, Lehrer, mit einem Wort, Personen „freier Berufe"). Im Gegensatz dazu sind die halbproletarischen Schichten, die unmittelbar unter dem Kriege leiden, bereit, gegen das „verdammte Gemetzel" zu protestieren.

Eine erdrückende Mehrheit des Kleinbürgertums in der Stadt und auf dem Lande war also *gegen* den imperialistischen Krieg. Sie konnte sich aber organisch nicht den Standpunkt der *revolutionären Internationale* zu eigen machen. Sofern sich die Bauernschaft auf *eigenes Land* und auf Land, das sie sich zu *eigen* machen will, stützt, muß sie dieses Land gegen den „äußeren Feind" *verteidigen;* inwiefern sie sich nicht um Annexionen fremdländischer Besitzungen kümmert, insofern kümmert sie auch das nicht, daß ihr *Verteidigungskrieg* mit den *imperialistischen*

**Eine Sitzung des Sowjets der Arbeiter- und Soldaten-Deputierten. Petrograd, April 1917**
In der ersten Reihe von links nach rechts: Gwosdew, Filinowski, Kapelinski. Steklow, Bogdanow, Skobelew, Plechanow, Tscheidse, Zeretelli

Plänen der verbündeten Bankiers verknüpft sein kann und sich in der Tat in einen *Annexionskrieg* der ganzen Koalition verwandelt. Einerseits protestiert das Kleinbürgertum gegen den Imperialismus, andererseits unterstützt es ihn. Einerseits ist es bereit, den Militarismus zu bekämpfen, andererseits neigt es sich ehrerbietig vor der durchaus militärischen Staatlichkeit des Kapitals. Einerseits haßte es dieses Kapital, die Wucherer, die mit Menschen wie mit Pferden handeln, die Spekulanten, die Bankiers, die Fabrikanten, die Unternehmer, alle diese großen Diebe, die wie Raben aufs Aas zusammenfliegen; andererseits trifft es mit ihnen Verabredungen, der „allnationalen Angelegenheit" gedenkend. Der *Druck des Kapitals* zwingt es, von einem „Reich der Freiheit" zu träumen. Die *Fesseln des Eigentums* ziehen es herab. Seine Taktik kann wesentlich nicht anders als erbärmlich, bisweilen aber auch verräterisch sein. Seine Ideologie ist der spießbürgerliche Sozialismus, sozialistische *Phrasen* vor allen Dingen. Revolution — aber nicht „zu weit". Bekämpfung der Gegenrevolution — aber nicht die „Bourgeoisie einschüchtern". Sozialismus — aber „nach etwa zweihundert Jahren". Verbrüderung der Völker — aber nicht die verbündeten Bankiers kränken. Der Sozialismus der Sozialrevolutionäre ist der Ausdruck dieses kleinbürgerlichen Hin- und Herschwankens.

Die soziale Lage des *Proletariats* befreit es von den Fesseln, die das Eigentum ihm angelegt hat. Im Grunde genommen haben die Arbeiter kein Vaterland, sie haben nur die Ketten der Lohnsklaverei, in die dieses Vaterland sie schmiedet. Die *staatliche Organisation des Kapitals*, die unter einem solchen Pseudonym auftritt, flößt dem Arbeiter insofern Achtung ein, inwiefern er sich in ideologischer Gefangenschaft des Kleinbürgertums oder des Großkapitals befindet. Oft befindet sich die Arbeiterklasse in solcher Gefangenschaft. Aber nur sie als Klasse *kann* die Grenzen dieser Abhängigkeit überschreiten. Nur sie kann sich zu einem Standpunkt erheben, der das Interesse der internationalen Revolution höher stellt als das „ihres" Vaterlandes, d. h. der nationalstaatlichen Organisation des Kapitals. Nur sie kann daher eine konsequent revolutionäre, erbarmungslos kritische, standhaft internationale Klasse sein. Das Hin- und Herschwanken ist die *Natur* des Kleinbürgertums. *Fürs Proletariat ist es eine Krankheit.* Das Kleinbürgertum führt niemals eine konsequente und entscheidende Linie. Das Proletariat hat fast immer eine unbeugsame, revolutionäre Fraktion.

Die russische Arbeiterbewegung kann beide Fraktionen aufweisen: die sozialpatriotische und ihrer Ideologie nach kleinbürgerliche Fraktion der *Menschewiki*. Der sich sogleich andeutende Block der Sozialrevolutionäre und Menschewiki ist der Ausdruck ihrer kleinbürgerlichen Ideenverwandtschaft. „Gegen Annexionen, aber für Aufrechterhaltung der Verpflichtungen gegen die Verbündeten und für Verteidigung des Landes" — das mußte die Losung des Kleinbürgertums und eines Teiles der Arbeiter sein. „Gegen alle Bündnisse mit irgendwelchen Kapitalisten, gegen den Krieg, der im Bunde mit ihnen geführt wird" — das war die Position des revolutionären Proletariats.

Die *provisorische Regierung* stützte sich in sozialer Beziehung auf die imperialistische Bourgeoisie, sie wurde aber auch von dem englisch-französischen Kapital unterstützt, das in der Person Sir George Buchanans einen energischen Handlanger hatte, in Person Paul Miljukows aber einen getreuen Kontrahenten. Die eigentliche Linie der provisorischen Regierung war die Linie des *verbündeten Imperialismus*.

Der *Sowjet der Arbeiter- und Soldaten-Deputierten* stützte sich nicht nur auf die Arbeiterklasse, sondern in bedeutendem Maße auch auf das Kleinbürgertum (die Bauern und Soldaten). Der kleinbürgerliche Teil des Sowjets und ein Teil der Arbeiter, der sich noch an das Kleinbürgertum anschloß, bildeten die *Mehrheit im Sowjet*, die politisch durch die Sozialrevolutionäre und Menschewiki ausgedrückt wurde.

Das bestimmte die politische Linie des Sowjets: Am 14. März erschien der berühmte Aufruf: *„An die Völker der ganzen Welt!"*

Der Aufruf „An die Völker der ganzen Welt" war das erste offizielle Dokument, das die Volksmassen aller kriegführenden Länder über die wirkliche Lage der Dinge und die wirkliche Stimmung der Proletarier- und Bauernmassen Rußlands aufklärte. Bisher waren alle Nachrichten augenscheinlich Margarine. Die kapitalistischen Kreise der „Verbündeten" freuten sich anfangs über die Umwälzung, die Rußland vor dem Germanophilentum der nächsten Anverwandten Georg V. rettete. Anläßlich der Nachricht über die Entstehung der Sowjets wurde das Organ der Finanzoligarchie *„Times"* schon unruhig. Da beglückte die provisorische Regierung, um die aufgeregten, verfetteten Herzen der Herren aus der Londoner City zu beruhigen, die Welt mit süßlichen Mitteilungen, die vom Geiste ausgeprägtester knechtischer Unterwürfigkeit durchdrungen waren, was um so komischer wirkte, als diese Mitteilungen von den patentierten Vertretern der Idee der russischen Großmacht ausgingen. Die kadettischen Korrespondenten aber, die von der Behörde des Herrn Miljukow kontrolliert wurden, tanzten wie Schoßhündchen vor ihrer Besitzerin und zappelten ehrerbietig zu Füßen der englischen Imperialisten, die russische Revolution feige als ruhige Umwälzung darstellend, deren vollständige Gesetzlichkeit vielleicht nur die Existenz einiger Paragraphen des zaristischen Kriminalkodex stören könnte, die augenscheinlich aus Versehen sich eingeschlichen hatten. Wenn es dem „Aufruf" des Sowjets auch gelang, die

Sperre des russischen Imperialismus zu überwinden, so stieß er auf grausamen Widerstand seitens der „freiheitliebenden“ Verbündeten. Die Regierung *Frankreichs*, die noch von den Prozenten des Kapitals der großen Revolution lebt und in jedem bequemen und unbequemen Falle die Losungen dieser Revolution anruft, verbot das Manifest, und es erreichte das französische Volk als illegales Blättchen, herausgegeben von der sozialistischen Opposition.

Die Tatsache des Aufrufs selbst mußte imponieren. Während des Krieges wendet sich das revolutionäre Organ der Macht der Arbeiter und Soldaten an alle Völker, darunter auch an den „äußeren Feind“! Ist das denn kein Zusammenbruch der militärischen Barbarei?

Das Manifest litt jedoch an einem tiefen inneren Widerspruche. Einerseits rief es zur Einstellung des Krieges auf, zum Kampfe für einen demokratischen Frieden, andererseits machte es den Krieg als Verteidigungskrieg zur Pflicht, ungeachtet der Aufrechterhaltung der Geheimverträge mit den Verbündeten, Verträgen ausgeprägt annexionistischen Charakters; einerseits rief es die Völker — und insbesondere die Völker der Zentralmächte — zum Aufstand gegen ihre Regierungen auf, andererseits setzte es stillschweigend Burgfrieden mit seiner eigenen Bourgeoisie voraus, einen Frieden, der in der Unterstützung der imperialistischen provisorischen Regierung einen grellen Ausdruck fand. Mit einem Wort, es verkörperte dieselbe Doppelheit und Halbheit, die dem *kleinbürgerlichen „Sozialismus“* eigen ist. *In nuce enthielt es schon die Möglichkeit der Unterwerfung der Demokratie unter die annexionistischen Ziele der imperialistischen Haie.*

Es hob aber die Formel des Friedens ohne Annexionen und Kontributionen hervor. Es drückte den zweifellosen Wunsch nach diesem Frieden aus. Im großen und ganzen war es gegen den imperialistischen Krieg und appellierte an das sozialistische Proletariat. Das genügte vollkommen, um dem Sowjet einen wutschnaubenden — bis zur gelegenen Zeit aber verborgenen — Haß der Bourgeoisie zu garantieren.

Unter dem unmittelbaren ideellen Einflusse des „Aufrufs“ verliefen die *Frontkongresse:* in Minsk, Pskow u. a. Die Vertreter der Armee, der aktiven Kriegsmacht, äußerten sich einmütig gegen die annexionistische Politik. Die Losung der internationalen Verbrüderung erwarb, wie es schien, eine ungeheure Masse von Anhängern. Den Friedensdurst konnte sogar ein Blinder sehen. *Das Fraternisieren in den Schützengräben* diente als genügend krasser Beweis dessen.

# IV.

# DIE ERSTEN MONATE DER REVOLUTION

# 1. DIE KRIEGSZIELE

Unter der äußeren Hülle einer Einigkeit der Klassen wuchsen die inneren Widersprüche der Februar-Revolution. In den auf den Umsturz folgenden ersten vier Monaten traten diese Widersprüche von Tag zu Tag immer deutlicher und deutlicher zutage und führten zu offenen Zusammenstößen zwischen den Klassen.

Die erste und wichtigste Frage, an der der entscheidende Konflikt heranreifte, war *die Stellungnahme zum imperialistischen Kriege*.

Der Standpunkt der Sowjets war im „Manifest" vom 27. März niedergelegt. Seinem Wesen nach ein Kompromiß, konnte das „Manifest" weder das Proletariat, noch die Bourgeoisie befriedigen. Die Arbeitermassen folgten jedoch im ersten Augenblicke den revolutionären Phrasen, während die Bourgeoisie offiziell, d. h. durch ihre Regierung, sich wohl ausschwieg, in ihrer Presse jedoch eine Hetze gegen das Manifest eröffnete.

Am 11. April veröffentlichte die Regierung eine vom Fürsten Lwow unterschriebene Erklärung über die Kriegsziele. Die Erklärung lautete:

Nach Prüfung der militärischen Lage des russischen Staates hat sich die provisorische Regierung dafür entschieden, um ihrer Pflicht gegen das Land zu genügen, dem Volke offen und direkt die ganze Wahrheit zu sagen. Die jetzt gestürzte Regierung ließ die Landesverteidigung in einem Zustande schwerer Unordnung. Durch ihre sträfliche Untätigkeit und ihre ungeschickten Maßnahmen brachte sie Unordnung in unsere Finanzen, in das Verpflegungs- und Transportwesen und in die Munitionsversorgung der Armee. Sie hat unsere gute wirtschaftliche Organisation erschüttert. Die provisorische Regierung wird mit lebhafter, tätiger Unterstützung des ganzen Volkes alle Kräfte dazu verwenden, diese schlimmen Folgen des alten Regimes zu beseitigen, aber die Zeit drängt, das Blut zahlreicher Söhne des Vaterlandes ist in diesen langen zweieinhalb Kriegsjahren reichlich geflossen. Trotzdem steht das Land immer noch einem mächtigen Gegner gegenüber, der ganze Länder unseres Staates besetzt hält und uns gerade jetzt, in den Geburtstagen der russischen Freiheit, von neuem bedroht.

Die Verteidigung unseres eigentlichen nationalen Vaterlandes um jeden Preis und die Befreiung des Landes vom Feinde, der über unsere Grenzen gedrungen ist, bilden die hauptsächlichste, wichtigste Aufgabe unserer Krieger, die die Freiheit des Volkes verteidigen. Die provisorische Regierung überläßt es dem Willen des Volkes, in enger Verbindung mit unseren Verbänden alle den Weltkrieg und seine Beendigung betreffenden Fragen endgültig zu entscheiden, hält es aber für ihr Recht und ihre Pflicht, schon jetzt zu erklären, daß das freie Rußland nicht das Ziel hat, andere Völker zu beherrschen, ihnen ihr nationales Erbe wegzunehmen und gewaltsam fremdes Gebiet zu besetzen, daß es vielmehr einen dauerhaften Frieden auf Grund des Rechtes der Völker, ihr Schicksal selbst zu bestimmen, herbeiführen will. Das russische Volk erstrebt nicht die Vergrößerung seiner äußeren Macht auf Kosten anderer Völker, es hat nicht das Ziel, irgendein Volk zu unterjochen oder zu erniedrigen.

Im Namen der Gleichheit entfernte es die Ketten, die auf dem polnischen Volke lasteten. Aber das russische Volk wird nicht zugeben, daß sein Vaterland aus dem großen Kampfe erniedrigt und erschüttert in seinen Lebensbedingungen hervorgeht.

Diese Grundsätze werden die Grundlage der äußeren Politik der provisorischen Regierung bilden, die den Volkswillen unfehlbar zur Ausführung bringt und die Rechte unseres Vaterlandes schützt, wobei sie *die Verpflichtungen, die wir gegen unsere Verbündeten eingegangen sind, einhält.*

Die provisorische Regierung des befreiten Rußlands hat kein Recht, dem Volke die Wahrheit vorzuenthalten. Das Vaterland ist in Gefahr. Alle Kräfte müssen angespannt werden, um es zu retten. Möge das Land auf diese Wahrheit nicht mit unfruchtbarer Niedergeschlagenheit, nicht mit einem Zustande der Entmutigung antworten, sondern mit Schwung, um einen einheitlichen nationalen Willen zu schaffen. Das wird uns neue Kräfte für den Kampf verleihen und wird uns das Heil bringen. Möge die Stunde harter Prüfung das ganze Land kräftig genug finden, um die eroberte Freiheit zu sichern und um sich unermüdlicher Arbeit zu widmen zum Wohle des freien Rußlands. Die provisorische Regierung, die den feierlichen Eid abgelegt hat, dem Volke zu dienen, hat die feste Überzeugung, daß mit allgemeiner, bisher nie gewesener Unterstützung aller und eines jeden sie selbst in der Lage sein wird, ihre Pflicht zu erfüllen.

*Der Vorsitzende des Ministerrats, gez. Fürst Lwow.*

Die am 11. April eröffnete allrussische Konferenz der Arbeiter- und Soldaten-Sowjets maß der Erklärung der Regierung eine ungeheure Bedeutung bei und sah in ihr einen wichtigen Schritt zur Verwirklichung der demokratischen Prinzipien auf dem Gebiete der Außenpolitik. Die „Vaterlandsverteidiger" fuhren fort, kompromißlerische Illusionen über die bürgerliche Regierung zu verbreiten.

Bereits nach einigen Wochen richtete aber der Außenminister Miljukow durch die diplomatischen Vertretungen im Auslande folgende Note an die Ententemächte:

Am 11. April dieses Jahres veröffentlichte die provisorische Regierung ein Manifest an die Bürger des freien Rußlands, in dem die Ansichten der Regierung über die Aufgaben des gegenwärtigen Krieges dargelegt sind. Der Außenminister beauftragt mich, Ihnen das obenerwähnte Dokument zur Kenntnis zu bringen und folgende Bemerkungen daran zu knüpfen: Unsere Feinde haben in der letzten Zeit versucht, Zwietracht zwischen uns und unsere Verbündeten zu säen, indem sie die unsinnige Behauptung aufstellten, Rußland wäre bereit, einen Sonderfrieden mit den Zentralmächten zu schließen. Derartige Erfindungen werden am besten durch den Text des beigelegten Dokuments widerlegt. Sie werden daraus ersehen, daß die von der provisorischen Regierung ausgesprochenen allgemeinen Thesen vollständig jenen hohen Idealen entsprechen, die bis in die letzte Zeit hinein von vielen hervorragenden Staatsmännern der verbündeten Mächte oft ausgesprochen wurden und die von seiten unseres neuen Verbündeten, der großen transatlantischen Republik, in den Reden ihres Präsidenten einen besonders klaren Ausdruck fanden. Die Regierung des alten Regimes war freilich außerstande, diese Gedanken über den befreienden Charakter des Krieges, über die Schaffung fester Grundlagen für ein friedliches Zusammenleben der Völker, über die Selbstbestimmung der unterdrückten Nationalitäten usw. zu teilen und sich zu eigen zu machen. Das befreite Rußland kann aber heute eine Sprache führen, die für die fortschrittlichen Demokratien der modernen Menschheit verständlich ist, und sie beeilt sich, ihre Stimme mit der Stimme ihrer Verbündeten zu vereinigen. Die von diesem neuen Geiste der befreiten Demokratie durchdrungenen Erklärungen der provisorischen Regierung können selbstverständlich nicht den geringsten Anlaß zu dem Gedanken bieten, der vollzogene Umsturz hätte eine Schwächung der Rolle Rußlands im gemeinsamen Kampfe der Verbündeten nach sich gezogen. Ganz im Gegenteil hat sich das Bestreben des ganzen Volkes, den Weltkrieg bis zum entscheidenden Siege weiterzuführen, durch das Bewußtwerden der gemeinsamen Verantwortlichkeit aller nur gestärkt. Dieses Bestreben wurde dadurch noch wirksamer, daß es auf eine allen verständliche und naheliegende Aufgabe konzentriert wurde, auf das Zurückschlagen des Feindes, der in die Grenzen unseres Vaterlandes eingedrungen ist. Die provisorische Regierung wird selbstverständlich — wie dies im mitgeteilten Dokument auch gesagt wird — bei der Wahrung der Rechte unseres Vaterlandes restlos die Verpflichtungen beachten, die gegenüber unseren Verbündeten bestehen. Indem sie weiterhin die volle Überzeugung hegt, daß dieser Krieg in vollem Einvernehmen mit den Verbündeten siegreich beendet werden wird, glaubt die provisorische Regierung, daß die durch den Krieg aufgeworfenen Fragen im Geiste der Schaffung einer festen Grundlage für einen langandauernden Frieden ihre Lösung und die von gleichen Bestrebungen erfüllten fortschrittlichen Demokratien die Mittel finden werden, um jene Garantien und Sanktionen zu gewährleisten, die zur Verhinderung neuer blutiger Zusammenstöße in der Zukunft unerläßlich sind.

Dies war der erste heftige, ernüchternde Schlag gegen die gutgläubigen Vaterlandsverteidiger.

Das Zentralkomitee der RSDAP. (Bolschewiki) nahm am Tage der Veröffentlichung dieser Note in einer außerordentlichen Sitzung folgende Resolution über die Krise im Zusammenhange mit der Note der provisorischen Regierung an:

„Die Note der provisorischen Regierung hat die vollkommene Richtigkeit der Stellungnahme unserer Partei bewiesen, die in der Resolution der Petrograder Stadtkonferenz niedergelegt ist und besagt, daß: 1) die provisorische Regierung eine durch und durch imperialistische Regierung ist, die durch das englisch-französische und russische Kapital an Händen und Füßen gebunden ist; 2) alle Versprechungen, die diese Regierung gegeben hat oder geben könnte (bezüglich der Äußerung des Volkswillens zum Frieden usw.) nichts als Betrug enthalten können; 3) die provisorische Regierung, ganz unabhängig von ihrer personellen Zusammensetzung, auf Annexionen nicht verzichten kann, weil im gegenwärtigen Krieg und ganz besonders im gegebenen Moment die Kapitalistenklasse durch das Bankkapital gebunden ist; 4) diese Note entlarvt noch einmal jene kleinbürgerliche

**Ministerpräsident der provisorischen Regierung Lwow (links, in Zivil) und Kriegsminister Kerenski (rechts, in Zivil) mit dem Oberkommandierenden, General Alexejew (in der Mitte)**

Politik, die von den Narodniki, Menschewiki und der Mehrheit der Führer des gegenwärtigen Sowjets der Arbeiter-Deputierten befolgt wird und die der trügerischen Hoffnung Nahrung gibt, die Kapitalisten (d. h. die provisorische Regierung) durch „entsprechende Einwirkung" „bessern" zu können. Angesichts dieser Tatsache erklärte das Zentralkomitee: I) Jede Veränderung der personellen Zusammensetzung der gegenwärtigen Regierung (Demission Miljukows, Abberufung Kerenskis usw.) wäre nur eine Nachahmung der übelsten Gepflogenheiten des bürgerlich-demokratischen Republikanismus, der an Stelle des Klassenkampfes den Wettstreit der Cliquen und persönliche Schiebungen setzt. II) Die einzige Rettung für die kleinbürgerlichen, zwischen den Kapitalisten und der Arbeiterklasse hin- und herschwankenden Massen ist der bedingungslose Übergang dieser Massen auf die Seite des Proletariats, das allein die Fesseln des Finanzkapitals und der annexionistischen Politik zu sprengen vermag. Nur wenn das revolutionäre Proletariat und die revolutionären Soldaten mit Unterstützung der Mehrheit des Volkes durch die Sowjets der Arbeiter- und Soldaten-Deputierten die gesamte Staatsmacht übernimmt, kann es eine Regierung schaffen, der die Arbeiter aller Länder ihr Vertrauen schenken, und die allein imstande wäre, dem Kriege durch einen wahrhaft demokratischen Frieden ein Ende zu bereiten."

## 2. DIE REGIERUNGSKRISE

Am gleichen Tage nachmittags erschienen vor dem Marien-Palast Soldaten des 180. finnländischen Reserveregiments, des Moskauer Regiments, einiger einzelner Marschkompagnien und Marineabteilungen mit Plakaten: „Fort mit Miljukow!", „Nieder mit Miljukow!" Am Abend kamen Plakate auf mit der Aufschrift: „Nieder mit der provisorischen Regierung!" Die Soldaten wollten so lange nicht auseinandergehen, bis man ihnen nicht die Demission der provisorischen Regierung mitgeteilt hätte, und zerstreuten sich erst, nachdem eine Versammlung abgehalten wurde, bei der Redner verschiedener Richtungen sprachen. Abends zwischen 7 und 10 Uhr fanden am Schloßplatze stark besuchte Kundgebungen statt. Die Demonstranten trugen Plakate mit Aufschriften: „Nieder mit Miljukow!", „Nieder mit dem Kriege!" Die Kundgebungen verliefen in vollständiger Ruhe und Ordnung, man hörte die Mitglieder des Arbeiter- und Soldaten-Sowjets, die als Redner auftraten, ruhig an und ging ebenso ruhig auseinander. Am Schloßplatz erschien auch eine demonstrierende Menge, die Plakate trug mit der Aufschrift: „Vertrauen zur provisorischen Regierung!" und die rief: „Nieder mit Lenin!" Die Abwesenheit der Arbeitermassen ausnützend, verhaftete man noch einige Arbeiter. Auf dem Newski-Prospekt gab es einen Zusammenstoß zwischen zwei Demonstrationszügen; der eine bestand aus Arbeitern, Soldaten und Matrosen mit Plakaten: „Nieder mit Miljukow!", „Fort mit Miljukow!", „Den Frieden ohne Annexionen und Kontributionen!", der andere aus bürgerlichem Publikum mit weißen Plakaten: „Es lebe Miljukow!" In dem entstandenen Geplänkel wurde das weiße Plakat zerrissen, worauf das bürgerliche Publikum sich langsam zerstreute. Zum ersten Male seit den Februartagen wurde in den Straßen Blut vergossen. Die Illusion von der Wolkenlosigkeit des revolutionären Himmels war zerstreut.

Während des ganzen darauffolgenden Tages fanden in Petrograd Kundgebungen, Versammlungen und Demonstrationen statt, wobei es auch zu bewaffneten Zu-

Eine Versammlung der Offiziere unter der Fahne: „Gleich sind Soldaten und Offiziere"

**Eine Massenversammlung in Petrograd. Abstimmung**

sammenstößen kam. Die Reihe der Demonstrationen wurde im Zentrum der Stadt durch die Anhänger der provisorischen Regierung eröffnet. Man trug Plakate mit der Aufschrift: „Es lebe die provisorische Regierung!", „Es lebe Miljukow!", „Nieder mit Lenin!", „Verhaftet Lenin!". Es wurden Flugblätter der Partei der Volksfreiheit angeklebt und verteilt, die zu Vertrauenskundgebungen für die provisorische Regierung aufriefen. Die Demonstrationen gegen die provisorische Regierung fingen um die Mittagszeit an. Gegen 3 Uhr nachmittags versammelte sich an der Ecke des Newski-Prospekts und des Katharinen-Kanals eine große Menschenmenge, die die Ereignisse besprach. Bald kam es zu Zusammenstößen, es fielen Schüsse, es gab Tote und Verwundete. Ungefähr um 4 Uhr erfolgte in der Kasaner Straße ein blutiger Zusammenstoß zwischen zwei feindlichen Demonstrationszügen, wobei zwei Soldaten und eine Frau schwer verletzt wurden. Gegen 8 Uhr abends bewegte sich eine ungefähr 15 000köpfige Arbeitermenge vom Marineamt, wo der Sowjet der Arbeiter- und Soldaten-Deputierten tagte, zum Newski-Prospekt. Sie sangen Kampflieder und trugen Fahnen, unter anderen auch mit den Aufschriften: „Es lebe die III. Internationale!", „Es lebe der Sozialismus!", „Nieder mit der provisorischen Regierung!", „Es lebe die Macht der Sowjets der Arbeiter- und Soldaten-Deputierten!" Als der größte Teil der Demonstranten bereits in die Sadowajastraße eingebogen war, schoß man aus dem Hause Ecke Sadowaja und Newski in die Menge hinein. Aus der Menge wurde zurückgeschossen. Es blieben einige Tote und Verwundete auf dem Platze. Der Oberkommandierende des Petrograder Wehrkreises, Kornilow, schickte den telephonischen Befehl in die Artillerieschule, mit den beiden Batterien der Schule zum Schloßplatz auszurücken. Eine Versammlung der Offiziere und Soldaten der Schule beschloß jedoch nach Kenntnisnahme dieses Telephonogramms, dem Befehle des Generals Kornilow keine Folge zu leisten und die Geschütze nicht auszuliefern. Man beschloß auch, eine Delegation zu entsenden, um festzustellen, ob Kornilow mit Einverständnis des Petrograder Sowjets gehandelt habe. Es stellte sich heraus, daß der Befehl ohne Zustimmung des Vollzugsausschusses erteilt worden war. Nach zwei Stunden lief in der Schule ein zweiter schriftlicher Befehl des Generals Kornilow ein, in dem der erste Befehl aufgehoben wurde.

Um 5 Uhr nachmittags wurde der Text der Erläuterung zu Miljukows Note im Ministerrate beraten, Zeretelli vorgelegt und von diesem gutgeheißen. In der Erläuterung heißt es, daß angesichts der entstandenen Zweifel in bezug auf die Deutung der Note des Außenministers, die als Begleitschreiben der Deklaration über die Kriegsziele vom 11. April den verbündeten Mächten übergeben wurde, die provisorische Regierung es für notwendig erachte, zu erklären, daß die Note des Außenministers den Gegenstand sorgfältiger und eingehender Beratung in der provisorischen Regierung gebildet habe und daß der Text dieser Erklärung einstimmig angenommen worden sei. „Es versteht sich von selbst, daß diese Note, wenn sie von einem entscheidenden Sieg über die Feinde spricht, darunter die Erreichung jener Ziele versteht, die in der Deklaration vom 11. April enthalten sind." Unter den in der Note erwähnten Sanktionen und Garantien eines dauernden Friedens versteht die provisorische Regierung die Einschränkung der Rüstungen, Errichtung eines internationalen Gerichtshofes usw. Die Erläuterung wird den verbündeten Mächten vom Außenminister überreicht werden. Der Vollzugsausschuß des Petersburger Sowjets der Arbeiter- und Soldaten-Deputierten nahm nach Einsichtnahme in den Text der Erläuterung zur Miljukowschen Note mit 34 Stimmen gegen 19 eine Resolution an, in der es hieß: Der Zwischenfall mit der Note ist als erledigt zu betrachten, es sind sofort entscheidende Maßnahmen zur Verstärkung der Kontrolle über die Tätigkeit der provisorischen Regierung, insbesondere des Außenministers, zu ergreifen und darauf zu dringen, daß keinerlei wichtiges politisches Dokument ohne vorherige Verständigung mit dem Vollzugsausschuß ausgegeben und die Zusammensetzung der diplomatischen Vertretungen Rußlands radikal umgewandelt werde.

Die Plenarsitzung des Petrograder Sowjets der Arbeiter- und Soldaten-Deputierten nahm mit allen Stimmen gegen 13 die vom Vollzugsausschuß vorgeschlagene Resolution an und übermittelte den Gruß der revolutionären Demokratie Petrograds, die durch ihre Versammlungen, Demonstrationen und Resolutionen die gespannte Aufmerksamkeit, mit der sie die Fragen der Außenpolitik verfolgt und ihre Unruhe wegen einer möglichen Entgleisung dieser Politik auf die alte Linie des annexionistischen Imperialismus bekundet hat. In der Resolution heißt es unter anderem, daß die neue Erläuterung der provisorischen Regierung, die zur allgemeinen Kenntnisnahme veröffentlicht und vom

**Tscheidse, Führer der Menschewiki, Anhänger der Koalition mit der Bourgeoisie, spricht in einer Versammlung der Matrosen, März 1917**

Außenminister den verbündeten Mächten überreicht wurde, jede Möglichkeit nimmt, die Note in einem den Interessen und Forderungen der revolutionären Demokratie zuwiderlaufenden Sinne auszulegen. Es sei als eine bedeutende Errungenschaft der Demokratie zu betrachten, daß der erste Schritt getan ist, um die Frage des Verzichts auf gewaltsame Annexionen zur internationalen Diskussion zu stellen. Zum Schluß ruft die Resolution das ganze revolutionäre Rußland auf, sich enger um ihre Sowjets zu scharen, und drückt die feste Zuversicht aus, daß die Völker aller kriegführenden Staaten den Widerstand ihrer Regierungen brechen und sie zwingen werden, auf der Grundlage des Verzichts auf Annexionen und Kontributionen in Friedensverhandlungen einzutreten.

Auch in Moskau fanden im Zusammenhange mit den Petrograder Ereignissen Demonstrationen statt. Die Arbeiter verließen unter Gesang revolutionärer Lieder in Massen die Betriebe, zogen zum Zentrum der Stadt und hielten dort Versammlungen ab. Die Redner forderten zum Kampf gegen die provisorische Regierung auf. Auf ihre Fahnen schrieben die Demonstranten die Parolen: „Nieder mit der provisorischen Regierung!“, „Nieder mit Gutschkow und Miljukow!“, „Nieder mit der bürgerlichen Regierung!“ Besonders häufig waren Plakate mit der Aufschrift: „Nieder mit Miljukow!“ Unter Gesang der Marseillaise bewegte sich der Demonstrationszug zum Gebäude des Moskauer Sowjets der Arbeiter- und Soldaten-Deputierten. Vom Erker des Hauses riefen die Mitglieder des Vollzugsausschusses die Arbeiter zur Ruhe und forderten sie auf, bereit zu sein, um im Notfall organisiert in Aktion zu treten.

Als Ergebnis dieser Vorfälle kam die erste Regierungskrise.

Die Regierung beschloß, eine Koalition mit den Sozialisten einzugehen. Der Kriegsminister Gutschkow reichte am 13. Mai seine Demission ein. Miljukow, der aufgefordert wurde, das Portefeuille des Außenministers mit dem Portefeuille des Kultusministers zu vertauschen, weigerte sich kategorisch und demissionierte („ich wurde gegangen“, wie er selber später sagte). Nach Abgang Gutschkows und Miljukows wurde Kerenski zum Kriegs- und Marineminister ernannt. Die Sozialisten erhielten außerdem noch folgende Ministerposten: Landwirtschaft (Tschernow, Sozialrevolutionär); Justiz (Perewersew, Sozialrevolutionär); Ernährung (Peschechonow, Volkssozialist); Arbeit (Skobelew, Sozialdemokrat); Post und Telegraph (Zeretelli, Sozialdemokrat). Diese zweite Regierung, die am 6. Mai ihre Regierungserklärung abgab, ist unter dem Namen „erste Koalitionsregierung“ bekannt. Die Sozialisten waren in ihr in der Minderheit.*)

Die April-Ereignisse zeigten deutlich die Doppelherrschaft und die keimende Krise der Macht. In einem Aufsatze vom 15. Mai in der „Prawda“ schreibt *Lenin:*

Ganz Rußland erinnert sich noch der Tage des 19. bis 21. April, als auf den Straßen Petrograds der Bürgerkrieg auszubrechen drohte.

Am 21. April gab die provisorische Regierung ein neues Beruhigungsschreiben heraus, worin sie über ihre Räubernote vom 18. April Aufklärung geben wollte.

Darauf erklärte die Mehrheit des Vollzugsausschusses der Sowjets der Arbeiter- und Soldaten-Deputierten, daß „der Zwischenfall beigelegt“ sei.

Es vergingen einige Tage und es tauchte die Frage der Koalitionsregierung auf. Der Vollzugsausschuß teilte sich in dieser Frage beinahe in zwei Hälften:

*) Die am 14. Mai stattgefundene außerordentliche Sitzung des Vollzugsausschusses revidierte seinen früheren, gegen die Koalitionsregierung gefaßten Beschluß und beschloß mit 44 gegen 19 Stimmen bei 2 Stimmenthaltungen, ihre Vertreter in die Regierung zu entsenden. Für diesen Beschluß stimmten die Menschewiki und der größte Teil der SR., dagegen die Bolschewiki, die Internationalisten und die linken SR.

23 Stimmen gegen die Koalitionsregierung und 22 dafür. Der Zwischenfall war nur auf dem Papier „beigelegt".

Es vergingen wieder einige Tage und wir standen vor einem neuen „Zwischenfall". Einer der großen Köpfe der provisorischen Regierung, der Kriegsminister Gutschkow, erklärte seine Demission. Man spricht darüber, daß die ganze provisorische Regierung zurückgetreten sei (in dem Moment, da wir dies schreiben, wissen wir noch nicht, ob der Rücktritt der Regierung vollzogen ist). Wieder ereignet sich ein „Zwischenfall" — einer, der alle früheren in den Schatten stellt.

Woher die vielen „Zwischenfälle"? Gibt es nicht eine Grundursache, die unvermeidlich von „Zwischenfall" zu „Zwischenfall" führt?

Es gibt eine solche Ursache. Das ist die sogenannte Doppelherrschaft, das Fehlen des Gleichgewichts, das Resultat des Kompromisses zwischen dem Sowjet der Arbeiter- und Soldaten-Deputierten und der provisorischen Regierung.

Die provisorische Regierung ist die Regierung der Kapitalisten. Sie kann auf Eroberungen (Annexionen) nicht verzichten, sie kann den räuberischen Krieg nicht durch einen demokratischen Frieden beenden. Sie muß die Herren ihrer Klasse beschützen (d. h. die Klasse der Kapitalisten), sie muß den Grundbesitz der Grundherren schützen.

Der Sowjet der Arbeiter- und Soldaten-Deputierten vertritt andere Klassen. Die Mehrheit der Arbeiter und Soldaten im Sowjet will nicht den räuberischen Krieg, sie ist an den Gewinnen der Kapitalisten nicht interessiert, noch an den Privilegien der Grundbesitzer. Aber gleichzeitig bringt der Sowjet der provisorischen Regierung der Kapitalisten Vertrauen entgegen. Er will sich mit ihr verständigen, er will mit ihr die Verbindung aufrechterhalten.

**„Krieg für die Freiheit bis zum siegreichen Ende"**

Unter dieser verlogenen Losung demonstrieren im März 1917 die Offiziersschüler (sogen. Junker) in Petrograd für den Krieg

ПРАВДА

**„Prawda" („Die Wahrheit"), Zentralorgan der Kommunistischen Partei der UdSSR.**
Die erste Nummer der Zeitung ist am 5. Mai 1912 in Petersburg erschienen. Die hier reproduzierte Nummer ist vom 5. März (alten Stils) 1917 und bringt auf der ersten Seite das Manifest der Russ. Sozialdemokratischen Arbeiter-Partei (Bolschewiki)

Der Sowjet der Arbeiter- und Soldaten-Deputierten ist ein Keim der Macht. Zugleich mit der provisorischen Regierung bemühen sich auch die Sowjets, in verschiedenen Fragen ihre Macht zu verwirklichen. Es entsteht eine Doppelherrschaft, das heißt das, was man jetzt Krise der Macht nennt.

Das kann nicht lange hingezogen werden. Unter solchen Umständen werden wir jeden Tag einen neuen „Zwischenfall" und neue Komplikationen haben. Man kann auf das Papier schreiben: Der Zwischenfall ist beigelegt. Aus dem einfachen Grunde, da es keine „Zwischenfälle", keine Zufälle, keine Kleinigkeiten sind. Das ist die äußere Erscheinungsform der tiefen inneren Krise. Das ist die Folge davon, daß die ganze Menschheit in eine Sackgasse getrieben worden ist. Aus diesem Räuberkriege herauszukommen ist nur möglich, wenn man zu Maßnahmen greift, wie sie die Internationalisten vorschlagen.

Dem russischen Volke werden drei Wege vorgeschlagen, um die Krise der Macht zu lösen. Die einen sagen: Laßt alles beim alten, bringt der provisorischen Regierung noch mehr Vertrauen entgegen. Möglicherweise droht sie mit ihrem Rücktritt nur deshalb, um den Sowjet zu veranlassen, ihr entgegenzurufen: Wir wollen Euch noch mehr vertrauen. Die provisorische Regierung kämpft, damit man sie ruft: Kommt und regiert, denn ohne Euch geht es nicht.

Der andere Weg ist die Koalitionsregierung. Laßt uns die Ministersessel mit Miljukow und Konsorten teilen, wir wollen einige unserer Leute in die Regierung schicken, dann bläst ein anderer Wind.

Der dritte Weg ist der, den wir vorschlagen: Eine Umwandlung der ganzen Politik der Sowjets. Kein Vertrauen zu den Kapitalisten. *Übergang der ganzen Macht in die Hände der Sowjets der Arbeiter- und Soldaten-Deputierten.* Der Wechsel von *Personen* führt zu nichts, man muß die Politik wechseln. Es ist notwendig, daß die Macht von einer anderen Klasse ausgeübt wird. Der Regierung der Arbeiter und Soldaten wird die ganze Welt vertrauen, denn jeder begreift, daß die Arbeiter und armen Bauern keine Eroberungen wollen. Nur dies kann das Ende des Krieges näherbringen, nur dies erleichtert uns, den wirtschaftlichen Verfall zu überwinden.

*Alle Macht den Sowjets der Arbeiter- und Soldaten-Deputierten! Kein Vertrauen der Regierung der Kapitalisten!*

Jeder „Zwischenfall", jeder Tag, jede Stunde wird die Richtigkeit unserer Parole beweisen.

In einem Artikel vom 9. April über die Doppelherrschaft („Prawda", Nr. 28) untersuchte *Lenin* folgendermaßen das Kräfteverhältnis und das Wesen der Doppelherrschaft:

Die grundsätzliche Frage einer jeden Revolution ist die Frage der Herrschaft im Staate. Ohne Klarheit über diese Frage kann von irgendeiner bewußten Teilnahme an der Revolution, geschweige denn deren Führung, nicht die Rede sein.

Eine außerordentlich merkwürdige Eigentümlichkeit unserer Revolution besteht darin, daß sie eine *Doppelherrschaft* erzeugt hat. Über diese Tatsache muß man sich vor allem klar werden; ohne sie begriffen zu haben, kann man nicht weiterkommen. Die alten „Formeln", z. B. des Bolschewismus, muß man ergänzen und korrigieren, denn sie waren, wie es sich herausgestellt hat, im allgemeinen richtig, aber ihre konkrete Verwirklichung *erwies sich* als verändert. An Doppelherrschaft hat *niemand* früher gedacht und konnte niemand denken.

**Die Mitglieder des Moskauer Komitees der Russischen Sozialdemokratischen Arbeiter-Partei (Bolschewiki) im Jahre 1917**

Worin besteht die Doppelherrschaft? Darin, daß neben der provisorischen Regierung, der Regierung der *Bourgeoisie*, sich noch eine schwache, erst in Keimform vorhandene, aber dennoch unzweifelhaft existierende und wachsende *andere Regierung* herausgebildet hat, nämlich die Sowjets der Arbeiter- und Soldaten-Deputierten.

Welches ist der Klasseninhalt dieser anderen Regierung? Das Proletariat und die Bauernschaft (in Soldatenuniformen gekleidet). Was ist der politische Charakter dieser Regierung? Sie ist die revolutionäre Diktatur, d. h. die Macht, die sich unmittelbar auf die revolutionäre Eroberung, auf die unmittelbare Initiative der Volksmassen von unten stützt und *nicht auf das Gesetz*, das von der zentralisierten Staatsgewalt diktiert wurde. Das ist eine ganz andere Macht, als überhaupt die Macht in der parlamentarischen, bürgerlich-demokratischen Republik zu sein pflegt, wie wir sie bisher in den fortgeschrittenen Ländern Europas und Amerikas kannten. Oft vergißt man diesen Umstand, zuweilen denkt man nicht darüber nach, worin sein Wesen besteht. *Diese* Macht ist eine Macht *desselben Typus*, wie es die Pariser Kommune 1871 war. Die Grundmerkmale dieses Typus: 1. Der Ursprung der Macht ist nicht das Gesetz, das vorerst vom Parlament beraten und gutgeheißen wird, sondern die direkte Initiative der Volksmassen unten und im Reiche, die direkte „Machteroberung", um den landläufigen Ausdruck zu gebrauchen. 2. Die Ersetzung der Polizei und der Armee als Institutionen, die vom Volke getrennt und dem Volke entgegengestellt werden, durch die direkte Bewaffnung des gesamten Volkes; die Staatsordnung wird dabei von den bewaffneten Arbeitern und Bauern *selbst*, vom bewaffneten Volke *selbst* geschützt. 3. Das Beamtentum und die Bürokratie werden entweder durch die unmittelbare Herrschaft des Volkes selbst ersetzt oder zumindest unter eine besondere Kontrolle gestellt, verwandeln sich in Körperschaften, die nicht nur wählbar, sondern auf die erste Forderung des Volkes hin *absetzbar* sind, werden zu einfachen Beauftragten; sie verwandeln sich aus der privilegierten Schicht mit ihren hohen, bürgerlichen, gutbezahlten Ämtern in Arbeiter einer besonderen „Waffengattung", die *nicht höher* besoldet werden, als ein guter Arbeiter Arbeitslohn erhält.

Darin und *nur* darin besteht das *Wesen* der Pariser Kommune als besonderen Typus des Staates. Dieses Wesen haben die Herren Plechanow (die direkten Chauvinisten, die den Marxismus preisgegeben haben) und Kautsky (die „Zentrums"-Leute, d. h. die zwischen Chauvinismus und Marxismus Schwankenden), wie überhaupt alle momentan herrschenden Sozialdemokraten, Sozialrevolutionäre usw. vergessen und entstellt.

Man redet sich mit Phrasen heraus, man schweigt sich aus, macht Ausflüchte, man gratuliert einander tausendmal zu der Revolution, man will nicht darüber *nachdenken, was* die Sowjets der Arbeiter- und Soldaten-Deputierten sind. Man will die offensichtliche Wahrheit nicht sehen, daß inwieweit diese Sowjets bestehen, *insoweit* sie die Regierung sind, insoweit in Rußland ein Staat vom *Typus* der Pariser Kommune besteht.

Ich betone: „insoweit". Denn das ist bloß eine Regierung in Keimform. Durch direktes Abkommen mit der bürgerlichen provisorischen Regierung sowie durch eine Reihe von faktischen Zugeständnissen *gab* und *gibt* sie selber ihre Positionen der Bourgeoisie preis.

Warum? Etwa darum, weil die Tscheidse, Zeretelli, Steklow und Konsorten einen „Fehler" begehen? Unsinn. So denken kann nur ein Spießbürger, nicht ein Marxist. Die Ursache ist in dem *mangelnden Bewußtseinsgrade* und der ungenügenden Organisiertheit der Proletarier und Bauern zu suchen. Der „Fehler" der genannten Führer besteht in ihrer kleinbürgerlichen Stellungnahme, darin, daß sie das Bewußtsein der Arbeiter *verdunkeln* und nicht aufhellen, daß sie kleinbürgerliche Illusionen *einflößen* und nicht zerstreuen, daß sie den Einfluß der Bourgeoisie auf die Massen stärken und nicht die Massen von diesem Einflusse freimachen.

Daraus sollte es klar werden, warum so viele Fehler auch von unseren Genossen begangen werden, die die Frage „einfach" stellen: soll man sofort die provisorische Regierung stürzen?

Ich antwortete: 1. man muß sie stürzen, denn sie ist eine obligatorische, eine bürgerliche Regierung, keine Volksregierung, sie *kann nicht* Frieden, Brot und volle Freiheit bringen; 2. man kann sie nicht sofort stürzen, denn sie hält sich durch das direkte und indirekte, formale und faktische *Übereinkommen* mit den Sowjets

Demonstration in Petrograd, Juli 1917

**Nieder mit der Konterrevolution! Nieder mit den zehn kapitalistischen Ministern! — Alle Macht dem Sowjet der Arbeiter-, Soldaten- und Bauern-Deputierten! — Wir verlangen die Einberufung der Konstituante!**

der Arbeiter-Deputierten und vor allem mit dem wichtigsten, dem Petersburger Sowjet; 3. man kann sie überhaupt nicht wie sonst üblich „stürzen", denn sie beruht auf der „*Unterstützung*" der Bourgeoisie durch die *zweite* Regierung, den Sowjet der Arbeiter-Deputierten, und diese Regierung ist die einzig mögliche revolutionäre Regierung, die direkt das Bewußtsein und den Willen der Mehrheit der Arbeiter und Bauern zum Ausdruck bringt. Einen höheren, besseren Regierungstypus als die Sowjets der Arbeiter-, Landarbeiter-, Bauern- und Soldaten-Deputierten hat die Menschheit bis jetzt nicht zustande gebracht und kennen wir bisher nicht.

Um eine Regierung zu werden, müssen die klassenbewußten Arbeiter die Majorität für sich gewinnen: *solange* die Gewalt über die Massen fehlt, gibt es keinen anderen Weg zur Macht. Wir sind nicht Blanquisten, nicht Anhänger der Machteroberung durch eine Minorität. Wir sind Marxisten, Anhänger des proletarischen Klassenkampfes gegen den kleinbürgerlichen Wahn, gegen den Chauvinismus der Vaterlandsverteidigung, gegen die Phrase der Abhängigkeit von der Bourgeoisie.

Wir wollen eine proletarische Kommunistische Partei schaffen; ihre Elemente haben die besten Anhänger des Bolschewismus bereits geschaffen; wir wollen uns zum proletarischen Klassenwirken zusammenschließen, und von den Proletariern, den *ärmsten* Bauern wird eine immer größere Anzahl zu uns stoßen. Denn das *Leben* wird täglich die kleinbürgerlichen Illusionen der „Sozialdemokraten" Tscheidse, Zeretelli, Steklow usw., der „Sozialrevolutionäre", der noch „reineren" Kleinbürger usw. usw. zunichte machen.

Die Bourgeoisie ist für die Alleinherrschaft der Bourgeoisie.

Die klassenbewußten Arbeiter sind für die Alleinherrschaft der Sowjets der Arbeiter-, Landarbeiter-, Bauern- und Soldaten-Deputierten, — für die Alleinherrschaft, die durch die *Klärung* des proletarischen Bewußtseins, die Befreiung vom Einfluß der Bourgeoisie und nicht durch Abenteuer erreicht wird.

Das Kleinbürgertum — die „Sozialdemokratie", die Sozialrevolutionäre usw. usw. — schwankt und *hindert* diese Klärung, diese Befreiung.

Das ist das faktische *Klassenverhältnis* der Kräfte, durch das unsere Aufgaben bestimmt werden.

# 3. DIE ALLRUSSISCHE APRIL-KONFERENZ DER BOLSCHEWIKI

Bereits am 21. April, unmittelbar nach der Februar-Revolution, schrieb Lenin in dem Zentralorgan der Partei, in der „Prawda", daß im Laufe von über zwanzig Jahren von den besten Elementen des Bolschewismus eben nur die Grundlagen zu einer kommunistischen Massenpartei geschaffen werden konnten. Die Allrussische Konferenz der Bolschewiki im April, die in Petrograd vom 24. bis 29. April (7. bis 12. Mai neuen Stils) tagte, hatte für die Schaffung und Festigung einer solchen Partei eine ganz besondere Bedeutung.

In den ersten Monaten der Revolution wuchsen die bolschewistischen Organisationen sehr rasch an. Die Allrussische Konferenz gab der Partei vor allem Gelegenheit, ihre Kräfte zu überblicken, ihren Einfluß auf die Massen abzuschätzen und die bisherigen Ergebnisse ihrer Arbeit zu summieren. Das zahlenmäßige Wachstum der Partei war offenkundig; auf der April-Konferenz waren vertreten 79 204 Parteimitglieder (76 577 mit Stimmrecht, 2627 mit beratender Stimme). Auf einzelne Städte und Gebiete entfallen folgende Zahlen der organisierten Parteimitglieder: Petrograd zirka 14 600, Kronstadt zirka 3000, Helsingfors zirka 3000, Wyborg zirka 560, Peterhof zirka 50, Moskauer Gouvernement zirka 7000, Iwano-Wosnesensk über 3500, Tula über 300, Kostroma über 400, Sormowo über 2000, Kanawino über 500, Samara über 2700, Saratow zirka 1000, Kasan zirka 400, Ekaterinoslaw zirka 1500, Lugansk zirka 1500, Makejewka zirka 1500, Ural zirka 16 000, Tiflis zirka 500, Ekaterinodar zirka 200. Wenn man die Mitgliederzahl mit der der Kriegszeit vergleicht, so ist die Parteiorganisation in Petrograd in den zwei Revolutionsmonaten 15- bis 16mal, in Iwano-Wosnesensk 30mal usw. stärker geworden. Ungeachtet jedoch der großen Anfangserfolge in der Eroberung der Arbeiterklasse ging deren Mehrheit noch nicht mit den Bolschewiki. Die Arbeit der Partei im Heere entwickelte sich stellenweise sehr gut (in Petrograd zählte die militärische Organisation der Bolschewiki ungefähr 6000 Mitglieder), aber an der Westfront und der rumänischen Front war die Lage sehr schlecht. Wenn die Partei auch nach und nach anfing, die fortschrittlichsten Schichten der Bauernschaft, die Soldaten, zu erobern, so entwickelte sich doch die Arbeit im Dorfe selbst außerordentlich schwach.

Am 8. Mai stellte Lenin in der „Prawda" die Bolschewiki vor die Aufgabe, eine Organisation zu schaffen, die fähig wäre, „wie ein einziger Mann" zu handeln, eine Organisation, in der von den Bezirken, Betrieben und Truppenformationen unmittelbare Fäden zum Zentralkomitee führen sollten, und zwar „so starke, ständig gefestigte und kontrollierte Fäden, daß sie eine Überrumpelung seitens des Feindes ausschlössen". Indessen kann man vor der April-Konferenz von einer zentralisierten Führung der Partei nur in sehr bedingtem Sinne sprechen.

In Moskau wurde die Bezirksleitung als ein „Vollzugsorgan" (und nicht als leitendes Organ) der Bezirksmitgliederversammlung betrachtet. In Petrograd wurden bei der Stadtkonferenz Auffassungen laut, nach denen das Petrograder Komitee sein Vorgehen mit dem Zentralkomitee „koordinieren" sollte. Aber auch um diese „Koordinierung" stand es schlecht. In den Apriltagen 1917 rief z. B. der Sekretär des Petrograder Komitees und das Petrograder Komitee selbst, entgegen dem Beschlusse des Zentralkomitees, die Arbeiter auf die Straße. Der organi-

**Das Zentralkomitee der Russischen Sozialdemokratischen Arbeiter-Partei (Bolschewiki), gewählt auf der Allrussischen April-Konferenz 1917**

satorische Aufbau der Partei war damals noch so verschwommen, daß an einigen Orten noch gemeinsame Organisationen der Bolschewiki und Menschewiki existierten und z. B. die Organisation von Tula die Thesen Lenins ablehnte und keinen Vertreter zur Konferenz schickte. Zwar eroberten Lenins Thesen vom April 1917 sehr rasch eine Reihe großer Parteiorganisationen, aber daneben bestanden unter den Parteimitgliedern noch verschiedene Meinungsabweichungen, die auch auf der Konferenz zum Ausdruck kamen.

Die April-Konferenz schloß die Partei sowohl organisatorisch wie ideologisch im Zeichen der grundlegenden Leninschen Prinzipien zusammen.

Die Abstimmungsergebnisse der Allrussischen Parteikonferenz beweisen klar und deutlich, daß, trotz einer Reihe abweichender Meinungen, trotz des Auftretens von Kamenew als Korreferent gegen Lenin, die Konferenz in den grundlegenden Fragen eine seltene Einmütigkeit zutage treten ließ. Die wichtigsten Beschlüsse, die Resolutionen über den Krieg, über die Agrarfrage, über die provisorische Regierung, wurden einstimmig angenommen mit 7 bis 11 Stimmenthaltungen bei mehr als 140 Delegierten. Die meisten Meinungsverschiedenheiten bestanden in der Nationalitätenfrage, wobei für die Resolution des Zentralkomitees 56, dagegen 16 Stimmen abgegeben wurden, neben 18 Stimmenthaltungen.

Die auch in seinem Korreferat und früher schon in seinen „Prawda"-Artikeln zutagetretenden Fehler des Genossen Kamenew entsprangen vor allem seinem Unverständnis gegenüber der Leninschen Theorie des Hinüberwachsens der demokratischen Revolution in die sozialistische. Nach Kamenews Ansicht wird zuerst die bürgerliche Revolution zu Ende geführt und dann erst fängt die sozialistische Revolution an. Dabei ließ er deutlich die Überzeugung durchblicken, daß die sozialistische Revolution von dem Proletariat allein im Gegensatze zur gesamten übrigen Bevölkerung durchgeführt werden würde. Die Leninsche Fragestellung brachte dem Proletariat gerade deshalb den Sieg, weil diese es der Arbeiterklasse zur Aufgabe machte, die Mehrheit der werktätigen Bevölkerung zu erobern; während die Auffassung von Kamenew das Proletariat den ungeheuren kleinbürgerlichen Massen von Stadt und Land gegenüberstellte, ohne jegliche Hoffnung darauf, daß das Proletariat seine Führerrolle auch im Laufe der sozialistischen Revolution behalten würde. Dieser „linke" Standpunkt in der Frage der *zweiten (zukünftigen)* Etappe der Revolution ging mit opportunistischen Ansichten bei der Wertung der Klassenkräfte in der *gegenwärtigen* Etappe der Revolution Hand in Hand. So sprach man z. B. von der Fähigkeit der Kleinbourgeoisie, eine von der Bourgeoisie *selbständige* Diktatur zu schaffen, von der Unvermeidlichkeit von Zusammenstößen zwischen Kleinbourgeoisie (und folglich auch ihren Parteien, den Menschewiki und Sozialrevolutionären) und der imperialistischen Bourgeoisie usw. In Wirklichkeit bewiesen die unmittelbar auf den April folgenden Monate des Jahres 1917 das gerade Gegenteil. Die April-Thesen des Genossen Kamenew verdunkelten nur das Bewußtsein des Proletariats und stellten die Rolle und Bedeutung der Kleinbourgeoisie und ihrer Parteien ganz falsch dar.

Der Standpunkt des Genossen Kamenew fand auf der Konferenz nur bei *Einzelnen* Anklang, ebenso wie auch andere unrichtige Ansichten, wie z. B. die Erklärung des Genossen Rykow, daß „die Parole der proletarischen Revolution nicht in dem rückständigsten, kleinbürgerlichen Land ausgegeben werden könne" und daß „der Ansturm zur sozialen Revolution vom Westen kommen müsse".

Der „linke" Standpunkt bei der Entscheidung der Nationalitätenfrage (dessen Vertreter auf der Konferenz Genosse Pjatakow war) litt an dem Grundfehler aller ultralinken Lehren: er bestimmte falsch die Aufgaben des Proletariats bei der

Eroberung der Mehrheit der Werktätigen und glitt in der praktischen Politik zum Kleinbürgertum hinüber. Genosse Pjatakow trat mit seiner ganzen Energie gegen jene ganz richtige Feststellung auf, daß „allen zu Rußland gehörenden Nationen das Recht der freien Selbstbestimmung und der Bildung selbständiger Staaten eingeräumt werden müsse". Dieses Recht bestreiten, hätte in Wirklichkeit die Schwächung des Einflusses der russischen Arbeiterklasse auf die breiten Massen der Werktätigen Polens, der Ukraine usw. bedeutet. Es mußte eben durch Taten demonstriert werden, wie die russische Arbeiterklasse die Frage der Selbstbestimmung der Nationen auffaßt, um dadurch zu erreichen, daß die früher vom großrussischen Zarismus unterdrückten Nationen sich freiwillig dem neuen Sowjetstaat anschlössen. In Wirklichkeit fiel das „linke" Projekt des Genossen Pjatakow in Rußland mit der Linie der Opportunisten zusammen, die schon damals anfingen, die „Großmachtrechte" des russischen Staates zu verteidigen.

Sogar die menschewistische „Chronik der Februar-Revolution" (Petrograd 1924, „Byloje" S. 272) bezeugt, daß auf der Konferenz „der ideologische Einfluß Lenins unbestritten war" und daß „das Referat Lenins über den Krieg die einmütige Zustimmung der Konferenz fand". Die Resolution über den Krieg ist der wichtigste Beschluß der Konferenz. Wir führen sie nachstehend vollständig an:

*Resolution über den Krieg*

*(Angenommen mit allen Stimmen bei 7 Stimmenthaltungen.)*

I.

Der gegenwärtige Krieg ist für beide kriegführenden Mächtegruppen ein imperialistischer Krieg, d. h., die Kapitalisten führen ihn um die Verteilung der aus der Beherrschung der Welt stammenden Profite, um die Märkte, um das Finanz-(Bank-)Kapital, um die Unterwerfung schwächerer Völker usw. Jeder Tag des Krieges dient zur weiteren Bereicherung der Finanz- und Industriebourgeoisie und erschöpft und zerstört immer mehr die Kräfte des Proletariats und der Bauernschaft aller kriegführenden, aber auch aller neutralen Staaten. In Rußland bedeutet die Verlängerung des Krieges außerdem noch eine große Gefahr für die Errungenschaften der Revolution und für ihre weitere Entwicklung.

Der Übergang der Staatsmacht in die Hände der provisorischen Regierung — einer Regierung von Gutsbesitzern und Kapitalisten — konnte diesen Charakter und diese Bedeutung des Krieges für Rußland nicht verändern.

Diese Tatsache kam mit besonderer Anschaulichkeit darin zum Vorschein, daß die provisorische Regierung, die zwischen dem früheren Zaren Nikolai II. und den kapitalistischen Regierungen Englands, Frankreichs usw. geschlossenen Geheimverträge nicht nur nicht veröffentlichte, sondern ohne Befragung des Volkes diese den russischen Kapitalisten die freie Ausplünderung Chinas, Persiens, der Türkei, Österreichs usw. versprechenden Verträge auch formell bestätigte. Durch die Verheimlichung der Verträge wird das russische Volk über den wahren Charakter des Krieges im Irrtum gehalten.

Darum kann eine proletarische Partei weder den gegenwärtigen Krieg, noch die gegenwärtige Regierung, noch deren Anleihen unterstützen, ohne vollständig mit dem Internationalismus zu brechen, d. h. mit der brüderlichen Solidarität der Arbeiter aller Länder im Kampfe gegen das Joch des Kapitals.

Die Versprechen der gegenwärtigen Regierung, auf Annexionen, d. h. auf die Eroberung fremder Gebiete oder gewaltsame Zurückhaltung irgendwelcher Nationalitäten im russischen Staatsverbande zu verzichten, verdienen nicht das geringste Vertrauen. Denn erstens können die Kapitalisten, die durch tausend Fäden mit dem Bankkapital verbunden sind, in diesem Kriege nicht auf Annexionen verzichten, ohne gleichzeitig auf die Profite aus den Milliarden ebenfalls zu verzichten, die in Anleihen, Konzessionen, kriegsindustriellen Betrieben usw. angelegt sind; zweitens erklärte die neue Regierung, die zur Täuschung des Volkes auf jede Annexion verzichtete, durch ihr Sprachrohr Miljukow am 9. April 1917 in Moskau, daß sie auf Annexionen nicht verzichtet. Die Note vom 18. April und die dazu am 22. April gegebene Erläuterung bestätigen diese annexionistische Richtung der Politik der Regierung.

Die Konferenz warnt das Volk vor den leeren Versprechungen der Kapitalisten und erklärt, daß man einen Verzicht auf Annexionen auf dem Papier streng unterscheiden muß von dem Verzicht auf Annexionen in der Tat, der gegeben wäre, durch die sofortige Veröffentlichung und Annullierung aller räuberischen Geheimverträge und die sofortige Einräumung des Rechtes für alle Nationalitäten, durch freie Abstimmung zu entscheiden, ob sie einen unabhängigen Staat zu bilden oder in den Verband eines bereits bestehenden beliebigen Staates aufgenommen zu werden wünschen.

II.

Das sogenannte „revolutionäre Verteidigertum", das sich jetzt in Rußland aller Narodniki-

Parteien (die Volkssozialisten, Trudowiki, Sozialrevolutionäre) und der opportunistischen Partei der Menschewiki (Tscheidse, Zeretelli und andere) wie auch der Mehrheit der parteilosen Revolutionäre bemächtigt hat, vertritt einerseits seiner klassenmäßigen Bedeutung nach die Interessen und den Standpunkt der Groß- und teilweise auch der Mittelbauern, die ebenso wie die Kapitalisten aus der Vergewaltigung der schwächeren Völker ihren Nutzen ziehen. Andererseits ist das revolutionäre Verteidigertum ein Ergebnis des Betrugs, den die Kapitalisten an einem Teile des städtischen Proletariats und Halbproletariats der Stadt geübt haben, obwohl diese ihrer Klassenlage entsprechend an den Profiten der Kapitalisten und damit an dem imperialistischen Kriege nicht mitinteressiert sind.

Die Konferenz erachtet jedes Zugeständnis an das „revolutionäre Verteidigertum" als unbedingt unzulässig und als tatsächlich gleichbedeutend mit einem vollen Bruche mit dem Internationalismus und dem Sozialismus. Was die verteidigerischen Stimmungen breiter Volksmassen betrifft, so wird unsere Partei gegen diese Stimmungen durch die unermüdliche Wiederholung jener Wahrheit ankämpfen, daß jede nicht klassenbewußte, jede vertrauensselige Einstellung zur Kapitalistenregierung im gegenwärtigen Augenblick eines der hauptsächlichsten Hindernisse auf dem Wege der schleunigen Beendigung des Krieges ist.

III.

In bezug auf jene wichtigste Frage, wie dieser Krieg der Kapitalisten möglichst bald und dabei nicht gewaltsam, sondern durch einen wahrhaft demokratischen Frieden beendet werden kann, beschließt die Konferenz folgendes:

Dieser Krieg kann weder dadurch beendet werden, daß die Soldaten nur der einen kriegführenden Seite die Fortsetzung des Krieges verweigern, noch durch die einfache Einstellung der militärischen Operationen nur durch eine der kriegführenden Parteien.

Die Konferenz protestiert wiederholt gegen die niederträchtige Verleumdung, die die Kapitalisten gegen unsere Partei ausstreuen, nämlich, daß wir für einen Sonderfrieden mit Deutschland seien. Wir halten die deutschen Kapitalisten für ebensolche Räuber wie die russischen, englischen, französischen usw. und den Kaiser Wilhelm für einen eben solchen gekrönten Räuber wie Nikolai II. und die englischen, rumänischen, italienischen und alle anderen Monarchen.

Unsere Partei wird dem Volke geduldig, aber hartnäckig immer wieder die Wahrheit auseinandersetzen, daß die Kriege von den Regierungen geführt werden, daß sie mit der Politik bestimmter Klassen immer unzertrennlich verbunden sind und daß der jetzige Krieg nur dann durch einen demokratischen Frieden beendet werden kann, wenn die gesamte Staatsmacht wenigstens in einigen kriegführenden Staaten in die Hände jener Klasse der Proletarier und Halbproletarier übergeht, die tatsächlich fähig ist, das Joch des Kapitals zu zerbrechen.

Die revolutionäre Klasse würde, wenn sie in Rußland die Staatsmacht ergriffe, Maßnahmen zur Brechung der wirtschaftlichen Herrschaft der Kapitalisten treffen, die zu deren vollständiger politischer Unschädlichmachung führen würden; sie würde allen Völkern sofort und offen einen demokratischen Frieden anbieten und auf jegliche Annexionen und Kontributionen verzichten. Solche Maßnahme und dieses offene Friedensangebot würde das volle gegenseitige Vertrauen zwischen den Arbeitern der kriegführenden Staaten herstellen und unvermeidlich zu Aufständen des Proletariats gegen jene imperialistischen Regierungen führen, die der Annahme des Friedensangebots Widerstand entgegensetzen.

Solange aber die revolutionäre Klasse in Rußland die Staatsmacht noch nicht in ihre Hände genommen hat, wird unsere Partei mit allen Kräften jene ausländischen proletarischen Parteien und Gruppen unterstützen, die schon während des Krieges — nicht mit Worten, sondern mit Taten — einen revolutionären Kampf gegen die eigene imperialistische Regierung und gegen die eigene Bourgeoisie geführt haben. Namentlich wird die Partei die beginnende Massenverbrüderung der Soldaten aller kriegführenden Staaten an der Front unterstützen und versuchen, diese spontane Äußerung der Solidarität der Unterdrückten in eine bewußte und möglichst organisierte Bewegung zu verwandeln, die gerichtet ist auf den Übergang der gesamten Staatsmacht in die Hände des revolutionären Proletariats in allen kriegführenden Staaten.

Eine ebenso große Bedeutung hatte auch die Resolution über die Agrarfrage; denn gerade an diesem Punkte wurde die Grundfrage der Revolution entschieden, die Frage des Auftretens der Bauernschaft unter der Führung des Proletariats als dessen Verbündete. Die Resolution lautet:

*Resolution zur Agrarfrage*

*(Angenommen mit allen Stimmen, bei 11 Stimmenthaltungen.)*

Das Bestehen des gutsherrlichen Grundbesitzes in Rußland bildet die materielle Stütze der Macht der feudalen Gutsherren und eine Garantie für eine eventuelle Wiederherstellung der Monarchie. Dieser Grundbesitz verurteilt unvermeidlich die erdrückende Mehrheit der Bevölkerung Rußlands — das heißt die Bauernschaft — zur Verelendung, Knechtschaft und dumpfer Verzweiflung und das ganze Land zur Rückständigkeit auf allen Gebieten des Lebens.

Der Landbesitz der Bauern in Rußland, sowohl der zugewiesene (als Gemeinde- und Einzelbesitz), wie der privat erworbene (das Pachtland und das gekaufte Land), ist durch und durch, von oben bis unten, von alten, aus der Zeit der Leibeigenschaft stammenden Beziehungen und Gewohnheiten durchflochten, wie Einteilung der Bauern nach Rängen, Streuländereien usw.

Die Notwendigkeit, mit allen diesen veralteten und schädlichen Überlieferungen zu brechen, die Notwendigkeit, das Land zu „entzäunen" und die Beziehungen des Landbesitzes und des Ackerbaues in Anpassung an die neuen Bedingungen der russischen und der Weltwirtschaft neuzugestalten, das alles ist die materielle Basis für die Bestrebungen der Bauernschaft, das ganze Land im Staate zu nationalisieren.

So kleinbürgerlich die Utopien auch sein mögen, in die alle Narodniki-Parteien und -Gruppen den Kampf der Bauernmassen gegen den feudalen Grundbesitz und gegen alle Fesseln der Leibeigenschaft im Grundbesitz und in der Landnutzung in Rußland kleiden, so bedeutet dieser Kampf doch an und für sich ein vollkommen bürgerlich-demokratisches, unbedingt fortschrittliches und ökonomisch notwendiges Bestreben, alle diese Schranken zu durchbrechen.

Die Nationalisierung von Grund und Boden, als bürgerliche Maßnahme, bedeutet die denkbar höchste und mögliche Stufe der Freiheit des Klassenkampfes in der kapitalistischen Gesellschaft und die Befreiung der Bodennutznießung von allen bürgerlichen Anhängseln. Außerdem würde die Nationalisierung von Grund und Boden als Aufhebung des Privatgrundbesitzes in der Praxis dem auf alle Produktionsmittel ausgedehnten Privateigentum einen so mächtigen Schlag zufügen, daß die Partei des Proletariats einer ähnlichen Umgestaltung ihre Hilfe in jeder Form angedeihen lassen muß.

Andererseits sind aus der begüterten Bauernschaft Rußlands schon längst Elemente der Bauernbourgeoisie entstanden, und die Stolypinsche Agrarreform hat sicher diese Elemente verstärkt, vermehrt und gefestigt. Am anderen Pole der Landbevölkerung verstärken und vermehren sich dementsprechend die Landlohnarbeiter, die Proletarier und die ihnen nahestehende Masse des halbproletarisierten Bauerntums.

Je entschlossener und konsequenter die Niederwerfung und die Beseitigung des gutsherrlichen Grundbesitzes, je entschlossener und konsequenter die bürgerlich-demokratische Umgestaltung der Agrarverhältnisse in Rußland überhaupt sein wird, um so mächtiger und schneller wird die Entwicklung des Klassenkampfes des Landproletariats gegen das begüterte Bauerntum (die Bauernbourgeoisie) vor sich gehen.

Davon, ob es dem Stadtproletariat gelingen wird, die Dorfproletarier mitzureißen und mit ihnen zugleich die Masse der Dorfhalbproletarier: oder ob diese Masse der Bauernbourgeoisie folgen wird, die zum Bündnis mit Gutschkow, Miljukow, den Kapitalisten, den Gutsbesitzern und der Gegenrevolution überhaupt neigt, davon werden das Schicksal und der Ausgang der russischen Revolution abhängen, sofern die beginnende proletarische Revolution in Europa auf unser Land ihren unmittelbaren machtvollen Einfluß nicht ausüben sollte.

Von dieser Klassensituation und diesem Kräfteverhältnis ausgehend, beschließt die Konferenz:

1. Die Partei des Proletariats kämpft mit allen Kräften für die sofortige und absolute Beschlagnahme des gutsherrlichen Grundbesitzes in Rußland (auch der Domänen, der Apanage-, Kloster- und Kirchengüter usw.).

2. Die Partei ist entschieden für den sofortigen Übergang des ganzen Grund und Bodens in die Hände der Bauernschaft, die sich in den Sowjets der Bauern-Deputierten oder in anderen, wirklich vollkommen demokratisch gewählten und von Gutsbesitzern und Beamten gänzlich unabhängigen Organen der lokalen Selbstverwaltung organisiert.

3. Die Partei des Proletariats fordert die Nationalisierung aller Ländereien im Staate. Die Nationalisierung bedeutet die Übertragung der Eigentumsrechte am gesamten Grund und Boden auf den Staat und überträgt damit das Recht der Verteilung des Landes auf die demokratischen Lokalinstanzen.

4. Die Partei muß einen entschiedenen Kampf gegen die provisorische Regierung führen, die durch Schingarew und durch kollektive Proklamationen den Bauern die „freiwillige Verständigung" mit den Gutsbesitzern, d. h. eine im Interesse der Gutsherren liegende Reform aufzwingt, und den Bauern Strafe für „eigenmächtige Selbsthilfe", also die Gewaltanwendung seitens der Minderheit der Bevölkerung (der Gutsbesitzer und der Kapitalisten) gegen die Mehrheit androht; ebenso muß die Partei gegen das kleinbürgerliche Schwanken der Mehrzahl der Narodniki und der Menschewiki ankämpfen, die den Bauern abraten, sich vor der Einberufung der konstituierenden Versammlung des Bodens zu bemächtigen.

5. Die Partei empfiehlt den Bauern, sich des ganzen Bodens planmäßig zu bemächtigen, ohne die geringste Schädigung der Werte zuzulassen, und für die Steigerung der Produktion Sorge zu tragen.

6. Alle Agrarumgestaltungen können überhaupt nur bei einer völligen Demokratisierung des Staates erfolgreich und dauerhaft sein, das heißt einerseits nach Beseitigung der Polizei, des stehenden Heeres und des tatsächlich privilegierten Beamtentums, und andererseits bei weitestgehender lokaler Selbstverwaltung, die gänzlich unbehelligt bleiben muß von der Kontrolle und Vormundschaft von oben.

7. Es muß unverzüglich und überall zu einer gesonderten und selbständigen Organisierung des Landproletariats, sowohl in Form von Deputiertensowjets der Landarbeiter (wie auch von Deputierten-

sowjets der halbproletarischen Bauernschaft), geschritten werden, wie auch zur Organisierung proletarischer Gruppen oder Fraktionen in gemeinsamen Sowjets der Bauern-Deputierten in allen Organen der lokalen und städtischen Verwaltung usw.

8. Die Partei muß das Beginnen jener Bauernkomitees unterstützen, die in vielen Gegenden Rußlands das gutsherrliche lebende und tote Inventar in die Hände der zu solchen Komitees organisierten Bauernschaft zum Zwecke einer gemeinsam regulierten Verwendung für die allgemeine Landbebauung legen.

9. Die Partei des Proletariats muß sämtlichen Proletariern und Halbproletariern empfehlen, auf jedem Gute die Einrichtung einer ausreichend großen Musterwirtschaft zu fordern. Die Wirtschaft muß auf öffentliche Kosten durch die Sowjets der Landarbeiter-Deputierten unter Anleitung von Agronomen und unter Anwendung der besten technischen Hilfsmittel geführt werden.

In den Grundfragen wurden die berühmten Thesen Lenins vom 4. April vollständig angenommen. Klar und deutlich wurde die Partei vor die Aufgabe gestellt, durch die Eroberung der Mehrheit der Werktätigen die Macht zu erobern und eine demokratische proletarisch-bäuerliche und nicht bürgerlich-parlamentarische Republik zu schaffen. Dies ergab auch in Verbindung mit den Übergangsmaßnahmen zum Sozialismus, mit der Organisierung und Bewaffnung des Proletariats usw. die Notwendigkeit der Schaffung eines neuen Staatstypus.

In bezug auf die internationale Zusammenarbeit beschloß die Partei auf der April-Konferenz, die Initiative bei der Schaffung einer dritten Internationale zu ergreifen, die mit den Opportunisten endgültig brechen und auch gegen die Zwitterpolitik des Zentrums einen energischen Kampf führen sollte (man dachte dabei an die damalige Lage der Parteien, die auf den Konferenzen in Zimmerwald-Kienthal vertreten waren). Die Konferenz beschloß auch eine Revision des Parteiprogramms, präzisierte das Verhältnis zu den Menschewiki (d. h. verfügte den unbedingten Austritt der Bolschewiki aus den gemeinsamen Organisationen) und wählte das erste Zentralkomitee der Partei. Die April-Konferenz vollendete die Periode der Umorientierung der Partei (März/April 1917); die Partei ging aus ihr geschlossen hervor und gruppierte sich einheitlich um die von Lenin aufgestellten Thesen. Die Konferenz war eine unerläßliche Etappe in dem Entstehungsprozeß einer echten kommunistischen Massenpartei und ihres weiteren Wachstums und Erstarkens.

Juli 1917 in Petrograd

## 4. DIE ARMEE. DIE JUNI-JULI-OFFENSIVE

EIN starker von der Bourgeoisie gegen die Arbeiterklasse geführter Schlag war die Offensive der russischen Armee an der deutschen Front, die mit einem Mißerfolg und einem Rückzug endete. In unserer Darstellung des März-Umsturzes brachten wir den offiziellen Bericht des Duma-Abgeordneten Januschkewitsch über die Lage an der Front (S. 134). Bevor wir eine zusammenhängende Darstellung der Juni/Juli-Offensive von *A. Schlapnikow* bringen, wollen wir *N. Krylenko* über die Armee an der Front berichten lassen:

Wir beschränken unsere Skizze auf die Analyse der ersten Periode der Revolution (Februar/Juli), weil gerade sie das Problem des Klassencharakters der Bauernarmee am anschaulichsten vor Augen führt. In dieser Periode wirkte die Armee bereits als eine revolutionäre Massenkraft, aber eher als eine potentielle, denn als eine reelle Kraft, als eine Kraft, um die die bereits gebildeten und auskristallisierten politischen Gruppen noch untereinander kämpften. Darum äußerte sich in dieser Periode das historisch-soziale Wesen dieser Armee mit größerer Deutlichkeit als in der Periode Juli bis Oktober, — wo sie schon als eine politisch herausgebildete Kraft wirkte, die bestimmten politischen Einflüssen unterworfen war — oder in der Periode Oktober bis März, wo sie bereits tatsächlich zersetzt und politisch kampfunfähig war.

Diese ihrem Wesen, ihrer Zusammensetzung und ihrer Ideologie nach bäuerliche Armee kann in diesem Zusammenhang als eine bewaffnete und organisierte Bauernmasse betrachtet werden, die sich selbst überlassen ist; mit anderen Worten, als eine durch eine gemeinsame Organisation vereinigte Bauernschaft, die in die politische Arena tritt. Eine solche Zusammenfassung der Bauern in eine einzige Massenorganisation ist bekanntlich eine in der Geschichte äußerst selten vorkommende, man könnte sogar sagen, fast einzig dastehende Erscheinung. Gerade von diesem Gesichtspunkt aus wollen wir eine politische Analyse des Auftretens der Armee in der Periode der Februar-Revolution geben. Wir denken dabei nur an die Armee im Felde, die sich an der Front, in den Schützengräben befindet; die Armee, die im Hinterlande steht, stellt eigentlich keine Armee im vollsten Sinne des Wortes dar. Die Armee des Hinterlandes setzte sich entweder aus teilweise revolutionierten, politisch aufgeklärten Regimentern der Garnisonen in den Hauptstädten zusammen, die keineswegs geeignet waren, als Vertreter der politischen Stimmung der Gesamtarmee als Ganzem zu gelten, oder aber aus sogenannten Reserveregimentern, die aus Genesenden-Abteilungen und aus „Landsturmleuten zweiter Kategorie", den sogenannten „Vierzigjährigen" (d. h. älteren Bauern) formiert und ergänzt wurden. Diese brachten eine spezifische Ideologie und Psychologie mit, die in erster Linie für die Dörfer des Hinterlandes, nicht aber für die Armee als solche charakteristisch waren. Im Gegenteil dazu war die Frontarmee schon darum ein einheitlicherer politischer Körper, weil sie, obwohl sie in ihrer politischen Ideologie alles enthielt, was für die Bauernmassen als Ganzes charakteristisch war, doch frei war von jenen spezifischen Zersetzungs- und Desorganisationsmomenten, die für das bäuerliche Hinterland und mit ihm für die Reserveformationen bezeichnend war.

Wie war also diese Armee als Ganzes, in der der Februar-Revolution unmittelbar vorangehenden Periode? Zur Charakterisierung der Stimmungen dieser Periode gestatte ich mir hier zwei Begebenheiten anzuführen, die sich unmittelbar vor meinen Augen abspielten und sich in meinem Gedächtnis festsetzten. Die erste dieser Begebenheiten ist eine Truppenparade, die im Dezember 1916 bei einem im besetzten österreichischen Gebiete befindlichen Regimente der Südwestfront abgehalten wurde, also sozusagen auf fremdem Boden, inmitten einer fremden Bevölkerung, unter denen sich das russische Offizierskorps als Sieger fühlen mußte. Die zweite Episode ereignete sich bald darauf, als das Regiment unmittelbar in der Feuerlinie befindliche Stellungen bezog.

Vor dem bataillonsweise aufgestellten Regimente hielt der Regimentskommandeur eine Rede über das Sonderfriedensangebot, das Deutschland Rußland gemacht hatte. Der Regimentskommandeur berichtete mit Entrüstung von diesem Angebot und erzählte mit Begeisterung, daß der russische Zar sich geweigert hätte, über diese Frage Verhandlungen zu führen, darum müsse der Krieg jetzt bis zum siegreichen Ende weitergeführt werden. Er schloß seine Rede mit dem traditionellen Hoch auf den Zaren und auf die Armee. Entgegen aller Erwartung waren die Antwortrufe der Mannschaften außerordentlich spärlich; jedenfalls war es nicht jenes donnernde Hurra, das gewöhnlich auf Befehl oder aus alter Gewohnheit jede ähnliche Aufforderung der Offiziere zu begleiten pflegte. Der allgemeine Eindruck war so niederschlagend, daß er in ziemlich starkem Maße auch auf die Offiziere übergriff. In den Unterständen, wohin sich die Mannschaften in der Kälte und mit der Aussicht zerstreut hatten, bald wieder in die vordersten Stellungen geschickt zu werden, gab es nur eine Stimmung und nur ein Gesprächsthema: tiefe Empörung gegen den Zaren und ein einmütiger Protest gegen die Fortsetzung des Krieges. Dieser Protest war so einmütig, daß sich die Soldaten in den Ausdrücken, mit denen sie den Zaren und das Offizierskorps charakterisierten, keinerlei Zwang antaten.

Die zweite Episode ereignete sich, wie ich bereits gesagt habe, in den vordersten Stellungen. Wir standen damals am Stochod, an jenem verwünschten Flüßchen, an das sich wohl jeder erinnert, der den Herbst und Winter 1916 dort verbringen mußte. Vom Stab war der Befehl gekommen, um jeden Preis Gefangene einzubringen, da man den Aufenthaltsort und die Zusammensetzung der feindlichen Truppenteile feststellen wollte. Nach dem sonderbaren Tarife der alten Armee wurde dabei ein Gefangener aus polnischen Truppenteilen auf 5 Rubel, ein Deutscher aber auf 20 Rubel eingeschätzt. Als ich dienstlich die Runde in den vordersten Schützengräben machte, fand ich im Unterstand eines Kompagniekommandanten eine soeben zurückgekehrte Patrouille vor, die zwei gefangene Österreicher mitgebracht hatte. Der Kompagniekommandant freute sich sehr, versprach den „Prachtkerlen" Georgskreuze und schrieb sofort, vor dem Feuer sitzend, einen Bericht über den Vorfall. Im Berichte hieß es, daß die „Prachtkerle" zwischen den Schützengräben und Drahthindernissen auf eine feindliche Patrouille gestoßen waren, die Österreicher sozusagen mit bloßen Händen gefangen und sie ohne einen einzigen Schuß in unsere Stellungen getrieben hatten. Als der Bericht fertiggestellt war, übergab ihn der Kompagniekommandant der Patrouille und schickte sie mit den Gefangenen zum Regimentsstabe.

Wir hatten gemeinsamen Weg, und ich schloß mich ihnen an. Die Patrouille erzählte mir unterwegs ganz und gar nicht das, was im Berichte geschrieben stand. In Wirklichkeit hatte unsere Patrouille, als sie auf die Österreicher stieß, gar nicht daran gedacht, diese anzugreifen, oder auf sie zu schießen. Die Frage wurde viel einfacher und klarer gestellt: „Sollen wir zu Euch, oder wollt Ihr zu uns?" Nach reifer Überlegung wurde beschlossen, daß es „bei uns" besser sei, und die Österreicher begaben sich gemeinsam mit ihren „Überwindern" in die russischen Linien. Solche Verhältnisse konnten überall beobachtet werden. Die Offiziere wunderten sich oft, warum zwischen den Schützengräben trotz der Nähe feindlicher Kräfte nicht geschossen würde, und man sprach unter den Offizieren oft davon, warum eigentlich der Gegner sich in keiner Weise bemerkbar mache. Die Lösung des Rätsels war sehr ein- fach. Der Stillstand setzte als Regel auf Grund gemeinsamer Vereinbarung der Soldaten beider Armeen ein, wobei die gegen- seitigen Patrouillen gute Dienste leisteten. Besonders war dies der Fall, wenn Polen oder Österreicher uns gegenüberstanden.

Unter dem Einflusse der eingetroffenen Nachrichten über die siegreiche Revolution verlassen die russischen Soldaten die Front

Diese beiden Begebenheiten sind in der Beziehung charakteristisch, daß sie klar und genau die politische Stimmung der Armee am Vorabend der Februar-Revolution widerspiegeln. Die gesamte Armee als Ganzes wollte und dachte nur an eines: den Frieden. Sie war kriegsmüde, war den Offizieren feindlich gesinnt, ohne die Fragen der politischen Umwandlung überhaupt aufzuwerfen. Im ganzen war dies eine passive Bauernmasse, die die Teilnahme am Krieg als ein schweres Kreuz betrachtete, das wohl getragen werden müsse, aber von dem man sich gern bei der ersten Gelegenheit befreit hätte. Die charakteristische Äußerung des Zustandes der Armee in dieser Periode war jedoch die Passivität.

Ich entsinne mich eines Bildes, das ich bei sogenannten „Nachtarbeiten" selbst oft beobachtet habe. Von Zeit zu Zeit gingen einzelne Kompagnien in der Nacht bis zu den vordersten Linien vor, um dort Drahthindernisse auszubessern, neue Schützengräben aufzuwerfen usw. Die Arbeit wurde nachts verrichtet (während des Tages wurde die Arbeit durch den Feind unmöglich gemacht), obwohl Raketen und Scheinwerfer das zwischen den beiderseitigen Gräben liegende Gelände taghell erleuchteten und verirrte Kugeln ständig ihre langgezogenen Klagelieder summten. In der Regel mußte die Kompagnie im Gänsemarsch geführt werden, man schleppte Pflöcke, Balken, Draht und andere „Produktionsmittel" und „Arbeitsmittel" auf den Schultern. In der Regel mußte man, wenn die Kompagnie zu den vordersten Linien kam, entweder ganz ohne Deckung übers offene Feld gehen, oder unmittelbar unter den Drahthindernissen arbeiten. Ich konnte im Anfange nicht begreifen, warum die Soldaten sich den Kugeln gegenüber so seelenruhig verhielten, warum sie sich nicht bückten, wenn diese um ihre Ohren pfiffen, warum sie mit stumpfer Gleichgültigkeit und ohne jede Deckung minutenlang im Feuer stehenblieben, als herrsche rundherum stille, ungestörte, friedliche Nacht. Auf meine Fragen antworteten sie entweder: „die Kugel kann ja nicht jeden treffen", oder: „werde ich verwundet, komme ich schneller nach Hause." In diesem letzten Satz ist auch der Schlüssel zu einem solchen Verhalten zu suchen.

So war die Stimmung der Armee im Felde vor der Revolution. Eine dumpfe Unzufriedenheit war schon da, sie äußerte sich aber noch nicht in irgendeiner Form des Protestes. Der bloße Gedanke des Aufbegehrens war den Massen noch fremd, die Stellung politischer Fragen war schon allein darum unmöglich, weil die Zeitungen nicht bis an die Front gelangten (und denen, die doch hingelangten, schenkten die Soldaten keinen Glauben) und revolutionäre Organisationen nicht vorhanden waren. Was die Offiziere betrifft, so zeichneten sich sogar die aus den liberal gesinnten intellektuellen Kreisen hervorgegangenen Fähnriche und Leutnants in den Ruhetagen selten durch etwas anderes als durch ewiges Kartenspielen, durch Träume vom Urlaub und durch Gerede über militärische Auszeichnungen aus. Diese Schicht bestand hauptsächlich entweder aus Militärbeamten oder aus gewesenen Telegraphisten, Postbeamten und ähnlichen Elementen, die das Glück gehabt hatten, im Hinterland eine Offiziersschule absolvieren zu können. Es waren dies jedenfalls nicht jene Intellektuellen, die in den ersten Kriegsjahren als Reservefähnriche in die Armee gekommen und entweder bereits tot oder zu Hauptleuten befördert waren.

Dessenungeachtet stellte die Armee potentiell doch eine riesige unzufriedene Masse dar, die nur auf irgend etwas wartete, aber noch nicht wußte, in welcher Form sich ihre Unzufriedenheit in der nächsten Zeit ergießen würde. Ihre Forderung war: Frieden, Frieden um jeden Preis!

Die Februar-Revolution traf die Armee in dieser Stimmung. Wir erhielten von den Ereignissen mit großer Verspätung Kenntnis (am 18. März). Am 13. März (28. Februar), am selben Tage, an dem die Arbeiter Leningrads mit den revolutionären Truppen zusammen auf den Barrikaden der Hauptstadt standen, mußte unser Regiment gegen einen unsichtbaren Feind kämpfen, der uns, als wir neue Stellungen bezogen, mit Giftbomben belegte. Das Bataillon, das ich führte, verlor ungefähr 60 Mann, als es ein vom Feinde beschossenes offenes Gelände durchkreuzen mußte. Die nächsten Tage vergingen mit der Retablierung der erschütterten Formationen und mit der Herrichtung der Unterstände. Bereits am 16. März konnte man aber schon spüren, daß etwas passiert war. Vor allem verschwanden aus den Schützengräben die Bataillonskommandanten, die zum Regimentsstabe befohlen wurden und von dort lange Zeit nicht zurückkehrten. Vom Train aus sickerten mit dem warmen Essen zugleich allerlei Gerüchte in die Unterstände ein. Unserer Kompagnie und überhaupt dem ganzen Grabenabschnitt, den sie besetzt hielt, wurden die Gerüchte von unserem Offiziersdiener überbracht, der sie durch folgenden Satz uns zur Kenntnis gab: „Der Zar ist durchgegangen und sein Söhnchen auch.“ Die Soldaten flüsterten in allen Ecken. Die erste klare Nachricht brachte uns ein deutsches Flugzeug, das in geringer Höhe über unseren Stellungen vorüberflog und Flugblätter in die Gräben hinabwarf. Diese Flugblätter hatten folgenden russischen Text: „In Petrograd ist Revolution. Alle Minister sind im Gefängnis. Die Garnison von 30 000 Mann ging auf die Seite der Aufständischen über.“ Die Deutschen brachten uns die ersten Nachrichten über die Revolution, von den Deutschen erfuhr die russische Armee über den revolutionären Umsturz und den Sturz des alten Regimes. Das Flugblatt wurde selbstverständlich sofort den Vorgesetzten übergeben, aber die Stimmung wurde noch unruhiger und drohender, bis dann der offizielle Befehl aus dem Regimentsstab anlangte, der in den Kompagnien vorzulesen war, und der die Abdankung Nikolaus', die Bestimmung Michails zum Thronfolger und die Weigerung Michails enthielt, vor dem Zusammentreten der Konstituante den Thron zu besteigen. Diese offizielle Mitteilung löste allen die Zunge und man hörte in den Schützengräben zum erstenmal offen geführte politische Gespräche.

Die ersten Ergebnisse der Revolution kamen für das Offizierskorps vollständig unerwartet. Dieses Ergebnis war eine stillschweigende, aber doch die ganze Kette der tausende Werst langen Front durchlaufende Einmütigkeit der Soldaten, „unter keinen Umständen eine Offensive mitzumachen“. Die passive, stillschweigende Sabotage des Krieges war die erste Antwort der Bauernarmee auf die Nachricht von der Revolution. Nicht mit der Parole der revolutionären Aktion, auch nicht mit der Parole der Niederwerfung der neuen Regierung, sogar nicht mit dem Versuche, sich das Vorgefallene begreiflich zu machen, antwortete die Armee, sondern mit der typischen, spezifisch bäuerlichen Formel des passiven Protestes, „die Front halten, keine Offensive mitmachen", wobei der Ton selbstverständlich auf der zweiten Hälfte des Satzes lag.

Von diesem Augenblick an war die Disziplin der alten Armee als einer dem Taktstock des Offizierskorps gehorsam folgenden Kraft erschüttert. Von diesem Augenblick an hörte die alte zaristische Armee auf, zu existieren und verwandelte sich in eine ihre eigene Kraft bereits begreifende Bauernmasse, die nur eines wußte: daß sie, diese Masse, den Krieg nicht will und zu keiner Offensive zu haben ist.

So vollzog sich in der Armee die erste Schicksalswende. Die unmittelbar auf den Eingang der Nachricht über die Revolution folgende Zeit verbrachte ich selbst nicht mehr in den Schützengräben, ich wurde ins nähere Hinterland kommandiert, in die chemische Schule, die ungefähr zehn Werst von den Schützengräben entfernt eingerichtet war. Ich sollte dort „chemische Fertigkeit" erwerben, was mir die Möglichkeit gab, die Entwicklung der Ereignisse in größerer Freiheit zu beobachten und die Zeit für eine ausgedehnte Agitation in den umliegenden Truppenteilen auszunützen. Bei einer größeren Versammlung sprach ich nur einmal, und zwar vor der chemischen Truppe. Ich gab eine Darstellung der jüngsten Ereignisse. Die Kunde von dieser Versammlung verbreitete sich rasch, und von allen Truppenteilen kamen Delegationen zu mir mit der Bitte, auch bei ihnen über dasselbe Thema zu sprechen. Die politische Lage war mir damals keineswegs klar, namentlich hatte ich keine Verbindung mit den zentralen Parteiorganen, ich mußte also weitgehend auf eigene Faust handeln. So ging es bis zum Mai, als ich das erstemal von der Front nach Petrograd fahren konnte. Eines war aber von vornherein klar: das politische Gesicht der Bauernarmee hatte bereits endgültige Form angenommen, und zwar die Form, von der ich oben sprach. Keinerlei Anstrengungen des Offizierskorps konnten die Soldaten von der Notwendigkeit einer Offensive und der Fortsetzung des Krieges bis zum siegreichen Ende überzeugen und ihre hartnäckige, endgültige Stellungnahme verändern. Die Armee war bereit, noch einige Zeit geduldig zu warten und die Front zu halten, aber auch nicht mehr.

In den Fragen des Verhaltens gegenüber der provisorischen Regierung kannte sich die Armee nicht aus. Die herrschende Parole war hier wie im Hinterlande die Formel: „Unterstützung der provisorischen Regierung, insofern sie die Interessen der werktätigen Massen nicht verrät." An der Front konnte die Frage, daß eine solche Regierung auf keine Weise die Interessen der werktätigen Massen vertreten kann, vorläufig nicht aufgeworfen werden. Ein diesbezüglicher Versuch meinerseits hatte ein mehr negatives als positives Ergebnis.

Es sah so aus, als ob ich an Stelle der erhofften Erleichterungen neue Schwierigkeiten prophezeite. Obwohl ich von der Truppe, in der ich arbeitete, eine Adresse erhielt, in der geschrieben stand, die Truppe teile meine Auffassung, daß der politische Horizont stark bewölkt sei und der schwierigste Kampf noch bevorstehe, und daß sie sich feierlich verpflichte, in den Kämpfen an der Spitze des revolutionären Volkes zu marschieren, — war der Eindruck doch niederschlagend, und auch diese Versprechungen flößten mir keine besonderen Hoffnungen ein.

Scharf gestellt war in dieser ersten Periode der Revolution in der Armee nur die Frage der Wechselbeziehungen zwischen Mannschaften und Offizieren. Die Periode März/Mai kann als die Periode des allmählichen Auseinandergehens der Armee und der Offiziere bezeichnet werden. Die alte Disziplin, die alte Angst vor den Vorgesetzten schwand immer mehr, es häuften sich die Fälle ausgesprochen feindlichen Verhaltens der Soldaten gegenüber den Emissaren der provisorischen Regierung, während die revolutionäre Verbrüderung mit dem Feinde in den Schützengräben immer weitere Kreise zog.

Diese letztere Erscheinung war die zweite politische Ausdrucksform der politischen Selbsttätigkeit der Bauernarmee. Die Verbrüderung ging fast überall spontan und unorganisiert vor sich. Charakteristisch in dieser Beziehung war die Nacht zum 27. April, d. h. zu Ostern, als mir die Soldaten mitteilten, daß man ruhig sein könne, die Deutschen ließen zwar die Minenwerfer spielen, keiner würde aber dadurch Schaden nehmen, und nach Mitternacht würden auch diese schweigen und vollständige Stille herrschen. So kam es auch in Wirklichkeit. Am nächsten Morgen konnte man auf dem Gelände, das zwischen unseren und den österreichischen Schützengräben lag, ein typisches Bild gutmütiger Gespräche, Gelächter, Gerede über politische Themen und darüber, wie man dem Kriege ein Ende machen könnte, beobachten. Ich ging mit den Soldaten zusammen zu den Deutschen hinüber und fand dort eine ebenso freundliche Aufnahme, bis der herbeieilende deutsche Offizier seine Leute auseinanderjagte und mir mit der Drohung, schießen zu lassen, befahl, mich zu entfernen.

Die einzige Konzession, die er machte, war, so lange nicht zu schießen, bis ich bei unserem Drahtverhau angelangt wäre. Als ich zu meiner Truppe kam, wurde ich sofort zum Regimentsstabe befohlen und erhielt eine strenge Rüge, worauf die Soldaten eine Deputation zum Regimentskommandeur schickten und drohten, den ganzen Stab niederzumachen, sollten Repressivmaßnahmen gegen mich ergriffen werden. Dies war schon eine glatte Drohung, ein direkter Übergang zu revolutionären Handlungen.

Von dieser Zeit an hörte in unserem Regimente das Offizierskorps auf, als Machtorgan zu existieren. Die Armee ging an die Schaffung eigener Organisationen, die spontan und selbständig in den verschiedensten Formen und Arten, auf Grund der mannigfaltigsten Wahlnormen entstanden und nur in seltenen Fällen ein streng durchgeführtes allgemeines usw. Wahlrecht kannten. In der Regel wurden die verständigsten oder der Masse nahestehenden Offiziere gewählt, die in den meisten Fällen liberale, menschewistische oder rechtssozialrevolutionäre Intellektuelle waren. Aktive Offiziere wurden überhaupt nicht gewählt. Hier schaffte sich auch die soziale Zusammensetzung und das psychologische Gesicht der Bauernarmee Geltung. Es war dies nur eine eigenartige Widerspiegelung dessen, was in derselben Zeit im Hinterlande vor sich ging, wo in den Sowjets der Arbeiter-Deputierten Menschewiki und Sozialrevolutionäre die Herrschaft führten. In der Armee waren diese Richtungen auch überwiegend. Die Bolschewiki waren nur an der Westfront stark, wo die verstorbenen Genossen Miasnikow und Skljanski arbeiteten, schwächer im Norden; in kleine Gruppen zerstreut im Südwesten und fast nur einzeln vorhanden an der rumänischen Front, während an der kaukasischen sich anscheinend überhaupt keine befanden.

Allmählich klärte sich aber das politische Antlitz der Armee. Die Bauernmasse ging zu den Bolschewiki über und kämpfte nicht nur gegen die Regierung Gutschkow, sondern auch gegen den rechtssozialrevolutionär-menschewistischen Block.

Charakteristisch war in dieser Beziehung einerseits der erste Armeekongreß der 11. Armee mit einer sozialrevolutionär-menschewistischen Mehrheit, den ich selbst mitmachte und wo ich infolge der mangelnden Klarheit der allgemeinen politischen Linie der Delegierten sogar zum Vorsitzenden des Armeekomitees gewählt wurde — andererseits jene Stimmungen, die in den Massen bereits vorherrschend waren, zu denen man nach dem Armeekongreß hinabsteigen mußte. Zur Versammlung meiner Division am 1. Mai, wo ich als Vertreter des Armeekomitees zugegen war, erschienen alle Regimenter mit weißen Fahnen, nur mein Regiment kam mit einer roten Fahne, die die Inschrift trug: „Es lebe die Internationale! Es lebe der Klassenkampf und die soziale Revolution!". Praktisch war aber auch bei dieser Versammlung nicht von der Parole der sozialen Revolution, sondern von der Parole des Separatfriedens die Rede. Die im Hinterland aktuelle und verständliche Parole des Kampfes gegen die provisorische Regierung war hier ganz und gar nicht aktuell. Die Frage der Weltrevolution war hier an der Front ebenfalls eine bloß akademische. Für die breiten Bauernmassen war die Parole des Separatfriedens die einzig verständliche. Man konnte diese aber aus politischen Gründen nicht ausgeben, da diese Parole damals auch von der bolschewistischen Partei nicht aufgestellt worden war. Unter solchen Verhältnissen konnte der Soldatenmasse keine eindeutige und genaue Antwort auf die Frage gegeben werden, ob ein Separatfrieden geschlossen oder nicht geschlossen werden solle. Indessen wollte die Masse diese Frage ganz konkret beantwortet haben. Die Forderung, die revolutionäre Regierung möge sich sofort an alle Regierungen mit einem allgemeinen Friedensangebot wenden, war der Masse restlos verständlich, während die Parole: „Fort mit den kapitalistischen Ministern aus der Regierung!" sie ganz und gar nicht befriedigte. Die Armee wollte nur eine Parole: den Frieden um jeden Preis, und sei es auch ein Sonderfrieden.

**Nieder mit dem Kriege!**
Überfüllte Züge brachten die Masse der müden und den Frieden ersehnenden Soldaten von der Front

Die konkreten Forderungen der Masse einerseits und die politische Notwendigkeit einer abwartenden Stellungnahme andererseits legten die Aktivität der revolutionären Organisationen lahm und führten zu einer Krise in den Armeekomitees, wo ich selbst mit einer kleinen Gruppe von Anhängern in Opposition gehen mußte. Zum ersten Sowjetkongreß der 11. Armee im Juni erschienen bereits zwei Delegationen, eine Mehrheitsdelegation, bestehend aus dem sozialrevolutionär-menschewistischen Block, und eine Minderheitsdelegation aus bolschewistisch gesinnten Elementen.

So war die Stimmung der Armee in der Periode Mai/Juni. Auf dem Kongreß der Delegationen der Feldarmee im Mai traten jedoch die Frontsoldaten in der Versammlung im Taurischen Palast bereits offen mit der Forderung des Sonderfriedens auf.

Die einzige Parole, die zu dieser Zeit von der Bauernschaft als Klasse, als soziale Gruppe, als soziale Schicht, als eine in der politischen Arena selbständig auftretende Kraft verstanden werden konnte, war somit die Parole des Friedens, die jedoch für die Bourgeoisie unannehmbar war und objektiv zu einem Konflikt zwischen Bourgeoisie und Armee führen mußte. Nur die Arbeiterklasse, unter der Führung der Bolschewiki, konnte ein wirklicher Verbündeter der Bauernschaft bei der Lösung dieser Frage werden. So wuchs jene soziale Kraft, die berufen war, die Ziele der Revolution zu verwirklichen. Obwohl beim ersten Sowjetkongreß im Juni die Gruppe der Bolschewiki eine Minderheit von kaum hundert

Köpfen darstellte, besaß sie objektiv schon damals die Mehrheit nicht nur in Petrograd, sondern auch in der ganzen Bevölkerung und in der Armee. Gerade im Vertrauen auf diese noch nicht vollkommen auskristallisierte Mehrheit wagte es Lenin, Kerenski auf seine Frage, ob es gegenwärtig eine politische Partei gäbe, die den Mut besäße, die Macht in die Hände zu nehmen, ins Gesicht zu schleudern: „Ja, es gibt eine solche Partei, unsere Partei der Bolschewiki."

Hier könnte unsere kurze Schilderung der Armee während der ersten Periode der Revolution ihr Ende finden. Wir gestatten uns jedoch, noch einen charakteristischen Zug aus dem Leben der Armee anzuführen. Ich denke hier an die Bewegung der sogenannten „Vierzigjährigen", jener älteren Bauern, die vom Zarismus in letzter Reihe mobilisiert wurden. Als man sie an die Front schickte, stellten sie in der Regel immer nur die einzige Forderung auf, „man möge ihnen neue Fußlappen geben", und versprachen, unter dieser Bedingung an die Front zu gehen. Selbstverständlich wären sie auch bei Erfüllung dieser Forderung nicht in die Schützengräben gegangen, die Fußlappen waren hier nur eine Abart jener Sabotage des Krieges, die von der ganzen Armee geübt wurde.

Noch klarer trat dieses Moment bekanntlich in den auf den Juli-Aufstand folgenden Tagen zum Vorschein, als die Unfähigkeit der Bauern, eine selbständige Politik zu führen, in der bekannten Tatsache der Offensive vom 1. Juli (18. Juni) ihren Ausdruck fand. Die Armee unternahm auf Aufforderung Kerenskis diese Offensive, um dann nach dem ersten Mißerfolge sofort auseinanderzustieben und in panischem Schrecken zu flüchten.

Soweit N. Krylenko als Augenzeuge der Ereignisse an der Front und aktiver Teilnehmer an der Revolutionierungsarbeit in der Armee. Über die Juli-Offensive berichtet jetzt *A. Schlapnikow* auf Grund der Archivmaterialien:

Die allgemeinen Berichte des Hauptquartiers über die Lage in der Armee zwischen dem 23. und 30. Juni ergaben in bezug auf das Verhalten der Armee zur Offensive folgendes Bild:

„*Nordfront.* Man verhält sich der vorgesehenen Offensive gegenüber passiv. In einigen Formationen erheben sich Stimmen gegen die Offensive. Infolgedessen geht die Umgruppierung der Truppen nicht überall reibungslos vor sich, da nicht nur ganze Regimenter, sondern auch Divisionen zuerst von der Notwendigkeit einer Aktion und der Besetzung neuer Stellungen überzeugt werden müssen. Die erregteste Stimmung herrscht im 1. Korps, so daß Armeekommandant 5 um die Ernennung eines Kommissars ersucht hat und um die Entsendung von Delegierten der Sowjets der Arbeiter- und Soldaten-Deputierten für die ganze Dauer der vorbereitenden Operationen bittet.

*Westfront.* Bei den Formationen, in denen die Stimmung schwankend ist, kann man nicht mit Sicherheit annehmen, daß die Truppen dem Befehle zur Offensive Folge leisten werden. Im Regiment Nr. 700 der 175. Division sprach man sich gegen die Offensive aus und sagte, daß die Befehle der Regierung nicht verpflichtend seien, man drohte auch, im Falle eines Mißerfolges, sich an den Offizieren zu rächen. Nach Mitteilung des Vorsitzenden des Divisionskomitees wirkt in diesem Regiment eine kleine ungenügend aufgeklärte Gruppe, darunter auch einige vor kurzem zum Regiment gekommene Deserteure.

*Südwestfront.* In vielen Formationen der Front macht sich ein Verlangen der Soldaten nach einer baldigen Offensive bemerkbar, vorläufig ist aber dieser Bereitwilligkeit gegenüber Vorsicht am Platze. In den ankommenden Reserven gibt es viele Leute, die den Krieg nicht fortsetzen wollen und die Schaffung einer kampffähigen Armee hindern. Ein besonders scharfer Protest gegen die Offensive ist nirgends zu beobachten, die Armeekomitees und die Offiziere müssen sich aber viel Mühe geben, um den Kampfgeist zu erhalten, und müssen manchmal ganze Formationen überreden und überzeugen.

*Rumänische Front.* Irgendein Wunsch nach einer Offensive kann in den meisten Formationen nicht beobachtet werden. Aufforderungen, zur Offensive überzugehen, werden mit Zurückhaltung aufgenommen. Im 2. und 36. Armeekorps verhält man sich kritisch zur Offensive, fordert große Reserven und eine starke Vorbereitung durch schwere Artillerie. Die Mehrheit der Soldaten will ins Hinterland. Es besteht keinerlei Sicherheit, daß einem Angriffsbefehl auch Folge geleistet werden würde."

Am 1. Juli begann die vom ganzen bürgerlichen Rußland sehnlichst erwartete,

**Albert Thomas,**
Führer der französischen Sozialpatrioten, während des Krieges Munitionsminister (gegenwärtig Direktor des Arbeitsamtes des „Völkerbundes"), hält an der russischen Front eine Rede für den Krieg „bis zum siegreichen Ende"

von der 7. und 11. Armee vorbereitete Offensive. Die Veränderung der Stimmung der Soldaten und ihr verändertes Verhalten gegenüber der Offensive kann man aus dem Bericht ersehen, der vom Hauptquartier in der Zeit zwischen dem 1. und 8. Juli auf dem Höhepunkte des Erfolges der Offensivoperationen ausgegeben wurde:

„In den Armeen der Nordfront ist das Verhalten gegenüber der Offensive noch immer ungünstig, insbesondere in einigen Formationen der Armee. In der 1. und 12. Armee macht sich in dieser Beziehung eine gewisse Besserung bemerkbar. Einzelne Formationen der Feldarmee beglückwünschten den Oberbefehlshaber zu den Erfolgen an der Südwestfront und gaben dem Wunsche Ausdruck, in die Todes-Bataillone eingereiht zu werden. Ausschreitungen und Zwischenfälle wurden, mit Ausnahmen in der 22. Division, nirgends beobachtet. Von einem Regimente dieser Division erschienen am 5. Juli 500 Mann mit einem Offizier in einer Versammlung des Petrowski-Regiments. Sie trugen ein Plakat mit der Aufschrift: „Nieder mit der Offensive!" und verprügelten zwei Redner, die die Durchführung des Befehls zur Offensive gefordert hatten. Der Vorfall wird jetzt untersucht. Die Lage der Offiziere ist unverändert schwierig, ihr Auftreten wird manchmal in beleidigender Form verhindert. Die Arbeit der Truppenkomitees ergibt vorläufig noch nicht die erwünschten Resultate infolge der Unstetigkeit ihrer Organisation."

An der Westfront fanden die Kommandeure, daß im Zusammenhange mit den Erfolgen im Süden das Verlangen nach einer Offensive zweifellos gewachsen sei, wie lange sich aber dieser Stimmungsumschwung halten werde, sei schwer vorauszusehen.

„Die Truppenteile geben oft dem Wunsche Ausdruck, in Aktion zu treten, verweigern aber gleichzeitig die Durchführung des Befehls über die Besetzung der vordersten Stellungen. (Sibirische Regimenter Nr. 1

und 8, Regiment Nr. 218 der 55. Division, die ganze 2. kaukasische Grenadier-Division und die ganze 169. Division, die 16. sibirische Schützendivision, das Regiment Nr. 203 der 51. Division und 246 der 62. Division, die sibirischen Schützenregimenter 51, 62 und 63.) Die Gründe der Weigerung sind sehr verschieden; sie erfolgt gewöhnlich unter gleichzeitiger Stellung der verschiedenen Forderungen, die oft vollkommen unsinnig sind. Im Regiment Nr. 675 faßte die Regimentsversammlung einen Beschluß, in dem ein Gehaltsausgleich gefordert wurde (für Fähnriche 25 Rubel und je 5 Rubel Zuschlag für jede weitere Rangklasse; außerdem die Rückkehr des früheren Divisionskommandanten und seine Zuteilung zum Dienst in der Ersatzkompagnie des Regiments). Oft wird das Ausrücken in die Stellungen verweigert mit der Begründung, diese wären in zu schlechtem Zustand, oder es wäre zu wenig Artillerie da.

Im sibirischen Regiment Nr. 63 verweigerten die Soldaten kategorisch die Arbeit in den Stellungen und faßten gleichzeitig einen Beschluß, den ihnen zugewiesenen Frontabschnitt nicht zu besetzen — infolge des schlechten Zustandes der Stellungen. Die Versammlung, die diesen Beschluß gefaßt hatte, wurde durch das bloße Erscheinen eines deutschen Flugzeuges in die Flucht gejagt. Die Kompagnie- und Regimentskomitees zeigten sich in vielen Regimentern nicht auf der Höhe ihrer Aufgaben und faßten, anstatt die Soldaten zu beruhigen, Beschlüsse, in denen die Offensive abgelehnt wurde (sibirische Schützenregimenter Nr. 61 und 368 usw.). In vielen Regimentern wurde in der letzten Zeit gar kein Dienst mehr gemacht. Die Truppen haben sich die Offensivtechnik kaum angeeignet, der ankommende Nachschub ist schlecht ausgebildet, endlich ist der Ausbau der Stellungen der Infanterie und Artillerie entweder überhaupt nicht oder nur zu 20 bis 30 Prozent durchgeführt.

Bei der Beurteilung der Möglichkeit einer Offensive ist äußerste Vorsicht am Platze, da es unsicher ist, ob eine heute kampffähige Formation auch morgen noch kampffähig sein wird. Die Arbeit der bolschewistischen Agitatoren trägt rasche Früchte, während die Autorität der Offiziere und sogar der Truppenkomitees ungenügend ist."

An der rumänischen Front stand die Sache der Offensive ganz und gar schlecht. Aus dem Stabe teilte man mit:

„Volle Gewähr für die Durchführung des Befehls zur Offensive gibt es nicht. Die Agitation der Bolschewiki hat einzelne Truppenteile erfaßt. Man denkt hauptsächlich an die Erhaltung des eigenen Lebens. In der 78. Division sagten die Soldaten, wenn ein Befehl zur Offensive käme, würden sie ihre Vorgesetzten niedermachen. Die Autorität der Offiziere ist überhaupt schwach, und die Tätigkeit der Komitees schlägt bei weitem nicht immer die gewünschte Richtung ein. Besondere Ausschreitungen sind nicht beobachtet worden. Die Lage der Offiziere ist unverändert schwer, bei einigen Formationen hält sie nur das Pflichtgefühl an ihren Posten.

Es steht zu hoffen, daß der Erfolg an der Südwestfront die Stimmung der Truppen verbessern und eine günstige Wirkung auf ihre Kampffähigkeit ausüben wird."

Der Plan der Frühlingsoffensive 1917 wurde bereits im Dezember 1916 entworfen. Nach einem Kriegsrat im Großen Hauptquartier vom 17. bis 30. Dezember befahl Nikolaus II., als oberster Befehlshaber, die Frühlingsoffensive mit dem Hauptvorstoß im Abschnitt der 11. und 7. Armee in der Richtung Lemberg zu führen und an den übrigen Fronten weitere Vorstöße zu unternehmen. Der Zeitpunkt des Angriffs wurde mit dem Anfang der Offensivoperationen an der englisch-französischen Front in Einklang gebracht, oder besser gesagt, diesen untergeordnet. Die revolutionären Ereignisse im März vereitelten die Absichten des russischen und französischen Hauptquartiers.

Nachdem die provisorische Regierung die Offensive mit den Sozialisten vereinbart und den Widerstand der Arbeiter und Soldaten niedergekämpft hatte, tauchte der im Dezember entworfene Plan der Offensive wieder an die Oberfläche. Zur Durchführung des Vorstoßes im Abschnitt der 11. und 7. Armee wurden an diesem Frontabschnitte zwischen Swischin und Tepelich (65 Werst) 31 Divisionen konzentriert, d. h. 312 Bataillone, 270 000 Bajonette, ungefähr 800 leichte, 158 mittlere und 370 schwere Geschütze.

Bei der Beratung der Oberkommandierenden vom 1. bis 14. Mai im Großen Hauptquartier und später in Petrograd bei der gemeinsamen Beratung mit der provisorischen Regierung wurde eine Offensive nur nach Beseitigung der Lebensmittelkrise und nach Sanierung der Armee für möglich befunden. „Unsere Verpflichtungen gegen unsere Verbündeten zwangen uns, ein aktives Vorgehen nicht vollkommen zu verweigern", heißt es in einem Berichte des Großen Hauptquartiers. Derselbe Bericht besagt weiter: „Das starke Überwiegen unserer Kräfte auf dem vorgesehenen Abschnitte, das sich im allgemeinen durch das Verhältnis 4 : 1 ausdrücken läßt, und das große Übergewicht unserer Artillerie, darunter auch der schweren, über die feindlichen Kräfte gab eine gewisse Hoffnung auf Erfolge auch im Fall eines ganz kurzen Vorstoßes." So war es mit der technischen Seite der Vorbereitungen zur Offensive bestellt.

Zur moralischen Vorbereitung wurde eifrig eine Einheitsfront gebildet, die von den Sozialopportunisten bis zu den Kadetten und anderen bürgerlichen Parteien reichte. Die Armeekomitees, die Kommissare, die Delegierten und Beauftragten des Petrograder Sowjets und des Zentralvollzugsausschusses beschäftigten sich alle mit der Agitation zugunsten der Offensive. Außerdem agitierten alle sozialistischen Parteien, mit der einzigen Ausnahme der Bolschewiki, für die Offensive.

Die Sozialrevolutionäre und die Menschewiki beschlossen, den am 16. Juli zusammentretenden allrussischen Sowjetkongreß für die Unterstützung der Offensive auszunützen. Diese Absicht offenbarte sich bereits am 13. Juni bei einer interfraktionellen Sonderberatung aller sozialdemokratischen Kongreßdelegierten. Als Vertreter der Bolschewiki nahm Lenin das Wort und erläuterte die Bedeutung der Verbrüderung als ein Mittel der revolutionären Propaganda gegen den Krieg und gegen die imperialistische Bourgeoisie. Anhänger unserer Partei gab es bei dieser Beratung sehr wenige. Darum wurde die Frage des Krieges und der Offensive im bejahenden Sinne entschieden und ihre Unterstützung beschlossen.

Während der Tagung des Kongresses versuchten unsere Genossen wiederholt, die Frage der Offensive zur Debatte stellen zu lassen. Dieser Versuch wurde jedesmal von der Mehrheit abgelehnt.

Nach der ursprünglichen Absicht des Großen Hauptquartiers sollten die Truppen am 23. Juli zur Offensive bereitstehen, die endgültige Entscheidung sollte aber die provisorische Regierung treffen. Die provisorische Regierung handelte in dieser Frage im Einvernehmen mit den „Vaterlandsverteidiger"-Sozialisten, die beabsichtigten, die Frage der Offensive durch den Allrussischen Kongreß entscheiden zu lassen. Der General Brussilow drängte Kerenski zur Abreise an die Front, dieser antwortete aber, daß er, angesichts der Notwendigkeit, beim Allrussischen Kongreß der Sowjets der Arbeiter- und Soldaten-Deputierten bis zur Annahme der Resolution über den Krieg persönlich anwesend zu sein, nicht vor dem 12. abreisen könne.

Die Bearbeitung des Kongresses ging erfolgreich vor sich. Unserer Gesinnungsgenossen gab es auf diesem Kongreß noch wenige, aber unter den Arbeiter- und Soldatenmassen außerhalb des Kongresses erstarkte der Einfluß unserer Partei von Tag zu Tag immer mehr. Auch den Opportunisten war dies bewußt, sie gingen wütend gegen uns, gegen unsere Parolen und Vorschläge vor. Die Stimmung war auf dem Kongresse restlos feindlich gegen uns.

Die Debatte zog sich hin und vereitelte fast die vom General Brussilow vorbereitete Offensive. Am 24. Juni teilte Kerenski General Brussilow mit, er beabsichtige „persönlich an die Front zu fahren. Ich halte es zur moralischen Unterstützung und um dem Angriffsbefehl Gewicht zu verleihen, für vollkommen unerläßlich, daß der Allrussische Kongreß des Sowjets der Arbeiter- und Soldaten-Deputierten sich ausdrücklich über seinen Standpunkt gegenüber Krieg und Offensive äußere. Nach der Stimmung urteilend, bezweifle ich nicht, daß die Resolution des Kongresses günstig sein wird. Ich kann nur dann fahren, wenn ich diese Resolution in Händen habe und bitte darum, im äußersten Falle den Befehl zur Offensive zurückzuhalten. Ich glaube, daß der entsprechende Beschluß in den nächsten Tagen gefaßt werden wird."

Auf diesen Vorschlag antwortete das Große Hauptquartier:

„Ein Aufschub ist nur um zwei Tage möglich. Eine weitere Verzögerung könnte den Erfolg der Operationen allzusehr beeinträchtigen. Der Gegner spürt schon deutlich unsere Vorbereitungen und fängt, um diese zu stören, bereits an, Feuerangriffe zu führen. Im Frontabschnitt einer der als Stoßtruppe vorgesehenen Armeen versuchte der Gegner nach artilleristischer Vorbereitung selbst offensiv vorzugehen. Wahrscheinlich werden auch Reserven zusammengezogen. Darum bestimme ich als endgültige Frist für den Anfang der artilleristischen Vorbereitung den 16. Juni und bitte eindringlichst, zu dieser Zeit an der Front einzutreffen. gez. *Brussilow.*"

Die Erwartungen der Bourgeoisie erfüllten sich. Der Kongreß nahm alle opportunistischen Anträge an und Kerenski fuhr, mit der Resolution des Allrussischen Kongresses der Sowjets der Arbeiter- und Soldaten-Deputierten in der Tasche, an die Front. Diese Beschlüsse brauchte er nur als Sporen, um die Soldaten zur Offensive anzutreiben. Die im Allrussischen Kongreß verkörperte „revolutionäre Demokratie" wandte sich an die Armee mit einer Begrüßungsproklamation folgenden Inhalts:

Soldaten! Offiziere! Die provisorische Regierung des revolutionären Rußlands ruft Euch zum Angriff auf. In dem Feuer der Revolution gestählt und auf demokratischer Grundlage organisiert, seid Ihr tapfer in den Kampf gegangen.

Eure in dieser Offensive bewiesene organisierte Kraft wird der Stimme des revolutionären Rußlands Gewicht verleihen, wenn es sich an die kriegführenden, neutralen und verbündeten Länder wendet und das Ende des Krieges näherbringt.

Alle unsere Gedanken weilen bei Euch, den Söhnen der revolutionären Armee.

Soldaten und Offiziere des Hinterlands, geht auf den ersten Befehl in Marschkompagnien und ganzen Regimentern an die Front.

Bürger, entsinnt Euch alle Eurer Pflicht. Keiner soll in diesen Tagen wagen, sich der Erfüllung seiner Pflicht gegen das Vaterland zu entziehen.

Die Sowjets der Arbeiter-, Soldaten- und Bauern-Deputierten halten über die Freiheit Rußlands Wacht.

Soldaten und Offiziere! Mögen Eure Herzen keine Zweifel kennen. Ihr kämpft für die Freiheit und das Glück Rußlands, Ihr kämpft für den herannahenden allgemeinen Frieden.

Seid gegrüßt, Brüder!

Es lebe die Revolution! Es lebe die revolutionäre Armee!

*Allrussischer Kongreß der Sowjets der Arbeiter- und Soldaten-Deputierten.*
*Vollzugsausschuß des Allrussischen Kongresses der Bauerndeputierten.*

Die provisorische Regierung richtete einen besonderen Aufruf an die Bürger, in dem sie sie aufforderte, alle Kräfte, den ganzen Willen anzuspannen und alles Trennende beiseite zu schieben.

Die provisorische Regierung und die gesamte Bourgeoisie erwarteten mit Spannung die Nachrichten über den Gang der Offensive. Am 1. Juli rief der Ministerpräsident, Fürst Lwow, General Brussilow telephonisch an und versuchte, von ihm die Ergebnisse der Offensive zu erfahren. Das Große Hauptquartier hatte aber selbst noch keine zusammenfassende Nachrichten. Man wußte nur, daß es gelungen war, an Ort und Stelle befindliche Truppenteile in den Kampf zu werfen. Dieses Ereignis wurde telegraphisch nach allen Ecken und Enden Rußlands ausposaunt.

„Der heutige Tag ist ein Tag des Triumphes der Revolution. Am 1. Juli ging die russische revolutionäre Armee mit ungeheurer Begeisterung zur Offensive über und brachte Rußland und der ganzen Welt den Beweis ihrer rückhaltlosen Ergebenheit an die Sache der Revolution und ihrer Freiheits- und Vaterlandsliebe. Die unbedeutenden Gruppen Kleinmütiger mit Verachtung im Hinterlande zurücklassend, beweisen die freien russischen Krieger durch ihre Offensive das Vorhandensein einer neuen, auf dem staatsbürgerlichen Pflichtgefühl beruhenden Disziplin. Was immer noch kommen mag, der heutige Tag hat den böswilligen und verleumderischen Angriffen gegen die auf demokratischer Grundlage aufgebaute Organisation der russischen Armee ein Ende bereitet. Ich bitte dringend um die Erlaubnis, den an den Kämpfen vom 18. Juni (1. Juli) beteiligten Regimentern im Namen des befreiten Volkes die roten Fahnen der Revolution zu überreichen, die auch schon jetzt während des Kampfes aus eigener Initiative der angreifenden Regimenter über diesen wehten, und allen Regimentern, die die Offensive eröffneten, den Namen: „Regiment des 18. Juni" beizulegen. gez. *Kerenski*."

Aber bereits einige Tage nach den Siegesnachrichten mit Aufzählung der Gefangenen und Trophäen kamen aus dem Großen Hauptquartier andere Berichte. Schon am 19. Juli teilte Kerenski der provisorischen Regierung telegraphisch mit:

„Die militärischen Operationen entwickeln sich viel weniger erfolgreich, als man nach der Wucht der artilleristischen Vorbereitung und der Menge der konzentrierten Truppen erhoffen konnte. Die langsame Entwicklung der Operationen schreibe ich den folgenden Gründen zu: 1. Die wichtigsten Punkte der angegriffenen Stellungen sind von Deutschen, nicht von Österreichern besetzt. Außerdem übernehmen die Deutschen auch die Verteidigung jener Abschnitte, wo es uns gelungen war, die Österreicher zu schlagen. 2. Der Gegner wirft Truppen von der Westfront auf unsere Front hinüber. Es ist bekannt, daß drei Divisionen von der französischen Front nach dem Osten gebracht worden sind. 3. Der Operationsplan einer unserer Armeen erwies sich als nicht richtig ausgearbeitet (der Armeekommandant ist abgelöst). 4. Die technische Vorbereitung der Offensive unsererseits war ungenügend, hauptsächlich weil die Soldaten sich weigerten, Armierungsarbeiten auszuführen. 5. Die Truppen waren ungenügend in der Angriffstechnik ausgebildet, da eine regelmäßige Ausbildung der Soldaten ausgeschlossen war. Außer all diesen Ursachen wirkte sich auch der allgemeine Zustand unserer Armee aus, die auf der neuen Basis noch nicht vollständig durchorganisiert und gefestigt ist. Durch eine ungeheure Anspannung aller moralischen Einwirkungsmöglichkeiten gelang es, die Armee zum Sturm zu führen und in den ersten Tagen eine frohe und begeisterte Stimmung zu schaffen. In vielen Fällen erwies sich diese Stimmung als vorübergehend, so daß nach den ersten Tagen (hie und da schon nach den ersten Stunden) des Gefechtes ein depressiver Stimmungsumschwung eintrat. Anstatt die ersten Erfolge weiter zu treiben, faßten die an der Offensive beteiligten Truppen Beschlüsse mit der Forderung, zum Retablissement ins Hinterland zurückgezogen zu werden, so daß es kaum gelang, die Soldaten zum Verharren auf ihren Posten zu bringen, geschweige denn sie weiter vorgehen zu lassen. Außer in der allgemeinen Kriegsmüdigkeit ist diese Wandelbarkeit der Stimmungen auch im Unverständnis von Sinn und Zweck des Krieges und in der mangelnden Einigkeit zwischen Armee und Hinterland begründet. Die Soldaten beschweren sich besonders oft wegen des unwürdigen Verhaltens der Ersatzformationen, die keinen Nachschub schicken und sich straflos weigern, an die Front zu gehen. Eine solche Massenweigerung kann sich zu einer großen Gefahr auswachsen, da sie sich oft mit den ideologischen Fahnen des Bolschewismus bedeckt. So zog sich ein ganzes Grenadier-Regiment, ein Bataillon des Pawlowski-Regiments und ein Teil des finnländischen Regiments ohne Erlaubnis unter der Führung eines bolschewistischen Offiziers ins Hinterland zurück und das zu einer Zeit, als das ganze erste Gardekorps sich anschickte, zum Sturm vorzugehen. Die durch diese Desertion hervorgerufene Unruhe und Verwirrung machte das ganze Korps absolut kampfunfähig, so daß es zu seiner Schmach die ihm zugewiesene Aufgabe nicht erfüllen konnte. Im allgemeinen wechseln in der Masse der Soldaten die Zeichen einer Gesundung mit gefahrdrohenden Symptomen weiterer Zersetzung ab, so daß man schwer sagen kann, was die nächste Zukunft birgt. Die Notwendigkeit eines bewaffneten Kampfes an zwei Fronten (z. B. der Fall mit dem Grenadier-Regiment) vernichtet alle Hoffnungen auf irgendeinen bedeutenderen Erfolg der Operationen. Große Schwierigkeiten erwachsen auch aus dem Zustande des Offizierskorps. In seiner Mehrheit konnte es sich an die neuen Verhältnisse nicht anpassen und faßte die Demokratisierung der Armee als persönliche Beleidigung auf. Die Vernichtung der Befehlsgewalt und die Verantwortungslosigkeit der höheren Kommandostellen gibt nur selten Gelegenheit, eine glückliche Paarung militärischer Talente mit der Liebe zum befreiten Vaterlande zu beobachten. Ich mußte oft sehen, wie Mißerfolge in der Schlacht mit schlecht verborgener Schadenfreude oder mit erbitterten Angriffen gegen die neuen Zustände in der Armee aufgenommen wurden. Zur Hebung der Stimmung in der Armee wird alles getan, was nur möglich ist, aber der niedrige Bewußtseinsgrad der Soldaten, die gute Gelegenheit, die eigene Feigheit und niedrigen Instinkte durch die perversen Parolen des Bolschewismus zu maskieren, die Straflosigkeit der Anstiftung zur Gehorsamsverweigerung, die sich unter der Maske einer ideellen Agitation verbirgt, die Unfertigkeit und Formlosigkeit der Soldatenorganisationen und die schlechte Eignung des Offizierskorps machen die Arbeit in der Armee unendlich schwierig."

Während der dreiwöchigen Offensive machten die russischen Truppen 36 000 Gefangene und erbeuteten über 90 Geschütze und 400 Maschinengewehre. Aber bereits in den ersten Tagen war es klar, daß die Truppen nicht durchhalten würden. Im Bericht des Großen Hauptquartiers über die Offensive heißt es:

„Am 29. Juni fing an der Südwestfront die artilleristische Vorbereitung an, die zwei Tage lang dauerte. Am dritten Tage gingen die Truppen nach kurzem Trommelfeuer zum Sturm vor und besetzten die feindlichen Stellungen an den verschiedenen Abschnitten in ungleicher Tiefe.

Nach diesem ersten Erfolge machte sich jedoch leider die mangelnde Standhaftigkeit der Truppen bemerkbar, die ihre Disziplin und die Gewohnheit des Gehorsams gegen ihre Vorgesetzten eingebüßt hatten. Im Abschnitt der 7. Armee, wo wir hauptsächlich deutschen Truppen gegenüberstanden, zogen sich unsere Truppen infolge feindlichen Artilleriefeuers und bei den ersten Versuchen eines feindlichen Gegenangriffs fast auf der ganzen Front in ihre ursprünglichen Stellungen zurück, ohne daß es gelungen wäre, im Laufe der ganzen darauffolgenden Zeit den Angriff noch einmal zu wiederholen.

Im Abschnitt der 11. Armee hielten sich viele Formationen außerordentlich tapfer und eroberten die Stellungen des Gegners, konnten aber diesen Erfolg nicht ausnützen, da die vorgehenden Truppen rasch ermüdeten und sich zur Weiterführung der Operation gänzlich unfähig zeigten, während die Truppen, die diese ablösen und ihre Stellungen als Ausgangspunkt einer weiteren Offensive besetzen sollten, gewisse beim Militär vollständig unzulässige Erscheinungen aufwiesen. So ließen sich z. B. diese Truppen, anstatt den erhaltenen Befehl rasch, genau und widerspruchslos auszuführen, auf eine Diskussion darüber ein, inwiefern dieser Befehl durchzuführen sei. Die teure Zeit ging verloren, während der Gegner sich umgruppierte und seine Stellungen festigte.

Am 18. Juli griff die 8. Armee mit Erfolg an, mußte aber, nachdem sie Halitsch und die Linie der Lomnitza erobert hatte, ebenfalls stehen bleiben. Ohne Verstärkungen konnte sie den Vormarsch nicht weiter fortsetzen.

Da nunmehr die völlige Kampfunfähigkeit der 7. Armee vollkommen klar war, im Abschnitt der 8. Armee andererseits ein bedeutsamer Erfolg zu verzeichnen war, wurde beschlossen, eine Umgruppierung vorzunehmen, die 8. Armee auf Kosten der 7. zu verstärken und mit der 11. und 8. Armee einen Vorstoß zu unternehmen, wobei die 11. Armee in der Richtung nach Zloczew und die 8. in der Richtung nach Rogatin vorgehen sollte. Die Umgruppierung wurde jedoch durch dieselben Ursachen, d. h. durch die Weigerung der Truppen, neue Stellungen zu beziehen, verzögert, und die von Tag zu Tag aufgeschobene Operation mußte endgültig aufgegeben werden, da am 19. Juli die Deutschen zum Gegenangriff übergingen.

Im Laufe unserer Offensive erlitten die 11., 7. und 8. Armee ziemlich bedeutende Verluste: 1222 Offiziere und 37 500 Soldaten, d. h. 14 Prozent des Gesamtbestandes, und zwar zweifellos die besten Elemente."

Bereits in den ersten Julitagen gingen die Deutschen zur Gegenoffensive über, erzielten einen Durchbruch und zwangen die russischen Truppen zum Rückzug. Die gegen den Willen der Arbeiter und Soldaten mit großem Tamtam aufgezogene Offensive brachte die Truppen in eine schwierige Lage. Nach dem Mißerfolge der Juni- und Juli-Offensiven ging die provisorische Regierung und ihr Kriegsminister Kerenski zum Angriff gegen die ungehorsamen Soldaten und — mit der gesamten bürgerlichen Konterrevolution zusammen — gegen die Arbeiter und gegen die Partei der Bolschewiki vor. In diesem Kampfe fand der Held des 18. Juli den politischen Tod.

Durch die Juli-Offensive konnte die Masse jetzt erkennen, was die Bourgeoisie und ihre Regierung erstrebte: Die Fortsetzung des Krieges, die Erfüllung der Bündnisverträge mit der Entente, den berüchtigten „Endsieg". Miljukow „wurde gegangen", aber nur wegen seiner allzu aufrichtigen Worte, nur, um der Bourgeoisie die Möglichkeit zu geben, später ihre Politik mit einer Begleitung demokratischer Phrasen in die Tat umzusetzen. Wenn die Ernennung Kerenskis zum Kriegs- und Marineminister der Gipfelpunkt seiner Volkstümlichkeit bei der gutgläubigen, patriotisch gestimmten Masse bedeutete, so erschütterte die Juli-Offensive und ihr Mißerfolg ernstlich seine Autorität in der Armee.

Das revolutionäre Petrograd antwortete sehr bald wieder mit einer Welle offener Empörung auf das militärische Abenteuer der Regierung der Kapitalisten und Sozialverräter. Diese Welle schwoll im Juli zusehends an und brach sich entschieden in den Tagen vom 16. bis 18. Juli.

Petrograder Proletariat demonstriert mit der Losung: Nieder mit der Bourgeoisie! Alle Macht dem Sowjet der Arbeiter- und Soldaten-Deputierten!

# 5. DER ERSTE ALLRUSSISCHE KONGRESS DER SOWJETS DER ARBEITER- UND SOLDATEN-DEPUTIERTEN. DIE ERSTE KONFERENZ DER PETROGRADER FABRIKKOMITEES

Am 16. Juni trat der Erste Allrussische Kongreß der Sowjets der Arbeiter- und Soldaten-Deputierten zusammen. Nach dem Berichte der Mandatsprüfungskommission waren 1090 Delegierte, hiervon 822 mit beschließender Stimme. 777 Delegierte machten über ihre Parteizugehörigkeit folgende Angaben: 285 Sozialrevolutionäre, 248 Menschewiki, 105 Bolschewiki, 32 Internationalisten, 73 außerfraktionelle Sozialisten. Die absolute Mehrheit hatten die Sozialrevolutionäre und die Menschewiki, denen sich auch Vertreter kleinerer politischer Gruppen anschlossen. Für Sonntag war eine Demonstration der Arbeiter und Soldaten geplant, die von den Bolschewiki mit folgenden Losungen angesetzt war: Nieder mit der Konterrevolution! Nieder mit der Vierten Staatsduma und dem Staatsrat! Nieder mit den zehn kapitalistischen Ministern! Nieder mit den „verbündeten" Imperialisten, die hinter der sich organisierenden Konterrevolution stehen! Nieder mit den Kapitalisten, mit der Sabotage der Produktion und den verhüllten Aussperrungen! Alle Macht den Sowjets der Arbeiter-, Soldaten- und Bauern-Deputierten! Es lebe die Kontrolle der Arbeiter über Produktion und Verteilung der Produkte! Nieder mit den antidemokratischen Punkten der Deklaration der Rechte der Soldaten! Gegen die Auflösung der revolutionären Regimenter! Gegen die Entwaffnung der Arbeiter! Es lebe die Bewaffnung des ganzen Volkes und vor allem der Arbeiter! Keinen Sonderfrieden mit Wilhelm, keine Geheimverträge mit den englischen und französischen Kapitalisten! Sofortige Veröffentlichung wirklich gerechter Friedensbedingungen durch den Sowjet! Gegen die Politik der Offensive! Brot! Frieden! Freiheit!

Der Kongreß, bestürzt über die möglichen Folgen einer solchen Demonstration, beschloß, sie zu verbieten.

Das Zentralkomitee der Bolschewiki unterwarf sich dem Beschlusse und blies die Demonstration ab, wobei es mit knapper Mühe gelang, die Arbeiter und Soldaten zurückzuhalten. In den Betrieben und Kasernen wurden überall Versammlungen abgehalten, bei denen die Bolschewiki mit Beifall begrüßt und die Redner des Kongresses mit den Ausrufen unterbrochen wurden: „Verräter!" „Kompromißler!" usw.

Der Sowjetkongreß setzte nunmehr selbst eine große, allgemeine Demonstration in Petrograd an, an der ungefähr eine halbe Million Menschen teilnahmen. Das Überwiegen bolschewistischer Losungen bei dieser Demonstration stach ins Auge. Kein einziger Betrieb und kein einziges Regiment trug auf seinen Fahnen die provisorische Koalitionsregierung unterstützende Parolen. Einige solcher Fahnen, die von einzelnen Gruppen mitgeführt wurden, mußten unter den „Nieder"-Rufen der Menge eingerollt werden. Eine von einer Kosakengruppe mitgeführte ähnliche Fahne wurde von der Menge zerrissen. Die kompromißlerischen „Istwestija" sahen sich veranlaßt, wegen der Menge leninistischer Losungen der Demonstranten, Alarm zu schlagen.

Diese machtvolle Demonstration des Petrograder Proletariats, bei der die

Losungen: „Alle Macht den Sowjets!", „Fort mit den zehn kapitalistischen Ministern!", „Weder Separatfrieden mit den Deutschen, noch Geheimverträge mit den englischen und französischen Kapitalisten!" dominierten, charakterisiert *Lenin* als „eine Demonstration der Kräfte und der Politik des revolutionären Proletariats, das die Richtung der Revolution angibt, das den Ausweg aus der Sackgasse zeigt".

Der Erste Allrussische Sowjetkongreß tagte bis zum 7. Juli. Vor dem Kongresse stand die von Lenin formulierte Frage: entweder Auflösung der Sowjets und ihr Untergang, oder die ganze Macht den Sowjets. Der Kongreß erklärte sich in seiner menschewistischen und sozialrevolutionären Mehrheit gegen das revolutionäre Proletariat. In den Tagen der Massendemonstrationen standen sich der Kongreß und das proletarische Petrograd gegenüber. Der Kongreß, der die angesetzte Demonstration für eine konterrevolutionäre Kundgebung erklärte und die Entwaffnung des Proletariats sanktionierte, war gezwungen, eine neue Demonstration festzusetzen, die unter bolschewistischen Losungen stattfand. Der erste Sowjetkongreß erklärte sich für das Bündnis mit der Bourgeoisie, für die Offensive an der Front. Die Mehrheit des Kongresses wandte sich gegen die Bolschewiki, gegen das Proletariat. Das Kleinbürgertum, die Kleinbourgeoisie trat gegen das Proletariat auf. Auf diesem ersten Kongreß der Sowjets hielt *Lenin* eine programmatische Rede, die wir an dieser Stelle bringen:

*Genossen!* In der kurzen Spanne Zeit, die mir zur Verfügung steht, kann ich mich nur (was ich auch für zweckmäßiger halte) mit den wichtigsten prinzipiellen Fragen beschäftigen, die der Berichterstatter des Vollzugsausschusses und die ihm folgenden Redner aufgeworfen haben. Die erste und wichtigste Frage, der wir gegenüberstehen, ist die Frage: wo befinden wir uns? Was sind eigentlich diese Sowjets, die hier zu einem allrussischen Kongreß versammelt sind, was ist eigentlich die revolutionäre Demokratie, von der man hier so unendlich viel spricht, nur um dadurch die Verständnislosigkeit gegenüber dieser Demokratie und ihre restlose Preisgabe zu maskieren. Denn es ist recht sonderbar, wenn man vor dem allrussischen Sowjetkongreß von der revolutionären Demokratie spricht, dabei das Wesen dieser Institution, ihre Klassenzusammensetzung und ihre Rolle in der Revolution verwischt, von all dem keinen Ton sagt und doch den Namen „Demokraten" für sich beansprucht. Man zeichnet uns hier das Programm einer bürgerlichen parlamentarischen Republik vor, wie diese in ganz Westeuropa vorkommt, man zeichnet uns das Programm von Reformen vor, die heute bereits von allen bürgerlichen Regierungen anerkannt sind — darunter auch von der unseren — und dabei redet man von revolutionärer Demokratie, und vor wem? Vor den Sowjets. Nun frage ich Euch: Gibt es ein Land in Europa, ein bürgerliches, demokratisches, republikanisches Land, wo es irgend etwas diesen Sowjets Ähnliches gäbe? Ihr müßt dies verneinen. Eine ähnliche Institution existiert nirgends und kann auch nirgends existieren; denn hier gibt es nur ein Entweder — Oder. Entweder eine bürgerliche Regierung mit den „Reformplänen", die uns hier dargelegt wurden und die in allen Ländern schon hundertmal vorgeschlagen wurden und immer auf dem Papier blieben, oder aber jene Institution, an die man jetzt appelliert, jener neue Typus einer Regierung, den die Revolution geschaffen hat und dessen Urbilder nur in den Zeiten des größten revolutionären Aufschwungs zu finden sind, in den Jahren 1792 und 1871 in Frankreich und im Jahre 1905 in Rußland. Die Sowjets sind eine Institution, die in keinem bürgerlich-parlamentarischen Staate als üblicher Typus existiert und neben einer bürgerlichen Regierung auch nicht existieren kann. Die Sowjets sind der neue, demokratische Staatstypus, den wir in den Resolutionen unserer Partei eine bäuerlich-proletarische demokratische Republik nannten und in dem die Macht einzig und allein den Sowjets der Arbeiter- und Soldaten-Deputierten gehören kann. Es wäre unrichtig, zu glauben, daß dies eine theoretische Frage sei, man versucht vergeblich, die Frage so darzustellen, als ob sie umgangen werden könnte, man redet sich auch vergeblich damit aus, daß zurzeit diese oder jene Institution mit den Sowjets der Arbeiter- und Soldaten-Deputierten doch gleichzeitig vorhanden sei. Ja, sie existieren nebeneinander. Aber gerade diese Tatsache zeitigt unerhört viel Mißverständnisse, Konflikte und Reibungen. Diese Tatsache verursacht den Übergang der russischen Revolution von ihrem ersten Aufschwung, von ihrer ersten Vorwärtsbewegung zu jener Stagnation, zu jenem Rückschritt, den wir jetzt bei unserer Koalitionsregierung, in deren ganzer Innen- und Außenpolitik im Zusammenhang mit der bevorstehenden imperialistischen Offensive beobachten können. Eins von beiden: entweder haben wir die übliche bürgerliche Regierung, dann sind aber die Bauern-, Arbeiter-, Soldaten- und sonstigen Sowjets überflüssig und werden von jenen gegenrevolutionären Generalen auseinandergejagt werden, die die Armee in den Händen halten und sich um die Beredsamkeit des Ministers Kerenski nicht im geringsten kümmern, oder aber sie werden eines ruhmlosen Todes sterben. Einen anderen Weg gibt es für diese Institutionen nicht, die weder zurückgehen, noch stehenbleiben können, die nur existieren, wenn sie vorwärtsschreiten. Das ist jener Staatstypus, den sich nicht die Russen ausgedacht haben, sondern den die Revolution hervorgebracht hat, weil eine Revolution anders nicht siegen kann. Es ist unvermeidlich, daß innerhalb des allrussischen Sowjets Reibungen entstehen, ein Machtkampf der Parteien stattfindet. Aber das wird eine Überwindung möglicher Fehler und Illusionen sein, die durch die eigene politische Erfahrung der Massen bewirkt wird (Lärm), nicht aber durch die Referate, die die Minister hier halten und in denen sie sich darauf berufen, was sie gestern sagten, morgen schreiben und übermorgen versprechen werden. Von dem Gesichtspunkte jener Institution aus gesehen, die von der russischen Revolution erschaffen und jetzt vor die Frage des Seins oder Nichtseins gestellt ist, ist dies lächerlich, Genossen. So, wie sie bisher existiert haben, können die Sowjets nicht weiter existieren. Erwachsenen Leuten, Arbeitern und Bauern wird zugemutet, sich hier zu versammeln, Resolutionen anzunehmen und Referate anzuhören, die durch keinerlei dokumentarische Beweise belegt werden können! Die Sowjets sind der Übergang zu einer Republik, die eine gefestigte Herrschaft schaffen wird ohne Polizei, ohne stehendes Heer, nicht in Worten, sondern in Wirklichkeit, eine Herrschaft, die in Westeuropa nicht existieren könnte, eine Herrschaft, ohne die es keinen Sieg der russischen Revolution im Sinne eines Sieges über den Imperialismus geben kann. Ohne eine solche Macht können wir diesen Sieg nicht erringen, und je mehr wir auf das uns hier empfohlene Programm, auf die Tatsachen, vor die wir gestellt werden, eingehen, desto greller treten die grundlegenden Widersprüche zutage. Der Referent und andere Redner haben uns hier gesagt, daß die erste provisorische Regierung schlecht gewesen ist. Als aber die unglückseligen Bolschewiki sagten: „Keinerlei Unterstützung, keinerlei Vertrauen für diese Regierung", wie hat man uns da mit Beschuldigungen überhäuft, wie hat man geschrien, wir seien für die Anarchie. Jetzt sagen alle, daß die frühere Regierung schlecht gewesen sei. Worin unterscheidet sich aber die jetzige Koalitionsregierung mit den „beinahe-sozialistischen" Ministern von der früheren? Hat man nicht schon genug über Programme und Projekte geschwatzt? Haben wir es nicht satt, ist es nicht Zeit, zur Sache zu kommen? Seit dem 6. Mai, seitdem die Koalitionsregierung zustande kam, ist schon ein Monat verstrichen. Betrachtet doch die Tatsachen, betrachtet die Zerrüttung, die in Rußland und in allen in den imperialistischen Krieg miteinbezogenen Ländern herrscht. Was ist die Ursache dieser Zerrüttung? Die Raffgier der Kapitalisten! Hier ist die wirkliche Anarchie. Hier ist sie: Nach Informationen — die nicht durch unsere, noch Gott behüte durch irgendeine bolschewistische Zeitung veröffentlicht wurden, sondern durch die ministerielle „Rabotschaja Gazeta" — sind die Industriepreise für Kohlenlieferungen von der „revolutionären Regierung" *heraufgesetzt* worden. Unter der Koalitonsregierung hat sich in dieser Hinsicht auch nichts geändert. Man fragt uns, ob man in Rußland den Sozialismus einführen, ob man überhaupt eine durchgreifende Umwandlung des Landes durchführen könne. Das ist alles leeres Gerede, Genossen. Die Lehre Marx' und Engels' besteht, wie sie selbst immer erklärten, aus dem folgenden: Unsere Lehre ist kein Dogma, sondern eine Anleitung zur Tätigkeit.

Einen reinen Kapitalismus, der in einen reinen Sozialismus übergeht, gibt es nirgends in der Welt und kann es im Kriege nirgends in der Welt geben. Aber es gibt ein Mittelding, etwas Neues und Unerhörtes, weil hunderte Millionen Menschen, die in den verbrecherischen Krieg zwischen den Kapitalisten hineingerissen worden sind, zugrunde gehen. Es geht hier nicht um irgendwelche Reformversprechungen, das sind nur leere Worte. Die Rede ist hier von jenem Schritte, den wir jetzt brauchen und der getan werden muß. Wenn Ihr Euch auf die *„revolutionäre"* Demokratie berufen wollt, so unterscheidet diesen Begriff von der *reformistischen* Demokratie mit kapitalistischem Ministerium, weil es endlich an der Zeit ist, von den Phrasen über die „revolutionäre Demokratie", von den gegenseitigen Beglückwünschungen aus Anlaß der „revolutionären Demokratie" überzugehen zur *klassenmäßigen* Charakteristik dieser Erscheinung, wie wir es im Marxismus und überhaupt im wissenschaftlichen Sozialismus gelernt haben. Das, was hier vorgeschlagen wird, ist ein Übergang zur reformistischen Demokratie mit kapitalistischem Ministerium. Vom Standpunkte der gebräuchlichen Muster Westeuropas kann das alles großartig sein, jetzt aber stehen eine ganze Anzahl Länder am Rande des Verderbens. Die praktischen Maßnahmen, die not tun und die angeblich so kompliziert sind, daß man sie schwer einführen kann, daß man sie besonders ausarbeiten muß, wie mein Vorredner, der Herr Postminister, sagte — diese Maßnahmen sind sehr klar. Der Herr Minister hat gesagt, daß es in Rußland keine politische Partei gäbe, die bereit wäre, die Macht ganz zu übernehmen. Ich antworte: es gibt eine solche Partei, keine einzige Partei darf sich weigern, die Macht zu übernehmen, und unsere Partei weigert sich auch nicht. Sie ist in jedem Augenblick bereit, die gesamte Macht zu übernehmen (Applaus und Heiterkeit.). Sie können lachen so viel Sie wollen. Stellt uns aber der Bürger Minister mit einer rechtsstehenden Partei zusammen vor diese Frage, so wird er die gebührende Antwort bekommen. Keine Partei darf sich da weigern, und solange noch Freiheit herrscht, solange die Drohungen mit Verhaftung und Verbannung (Drohungen, die von den Konterrevolutionären in einer Körperschaft ausgesprochen wurden, in der sie mit unseren beinahe-sozialistischen Ministern zusammensitzen) — eben nur Drohungen bleiben, sagt eine jede Partei: „gebt uns Euer Vertrauen und wir werden Euch unser Programm geben." Unsere Konferenz vom 29. April hat ein solches Programm auch gegeben. Leider zieht man dieses Programm nicht in Betracht und nimmt es nicht zur Richtschnur, offenbar bedarf es noch einer volkstümlichen Erläuterung. Ich will versuchen, dem Bürger Postminister eine solche volkstümliche Erläuterung unserer Resolution und unseres Programms zu geben. Mit Bezug auf die wirtschaftliche Krise besteht unser Programm aus folgendem: Es sollen sofort jene unerhörten, 500 bis 800 Prozent erreichenden Profite öffentlich mitgeteilt werden, die die Kapitalisten jetzt einheimsen, nicht wie Kapitalisten auf dem freien Markt im „reinen" Kapitalismus, sondern bei Heereslieferungen. Das kann gleich jetzt ohne jede Verzögerung gemacht werden. Hier ist der Punkt, wo die Arbeiterkontrolle unerläßlich und möglich ist. Diese Maßnahme müßt Ihr, wenn Ihr den Namen „revolutionäre Demokraten" beansprucht, im Namen der Sowjets durchführen. Das kann von heute auf morgen geschehen. Es ist dies kein Sozialismus, Ihr öffnet damit nur dem Volke die Augen und zeigt ihm die wirkliche Anarchie, das wirkliche Spiel mit dem Imperialismus, das Spiel mit dem Volksvermögen und mit dem Leben Hunderttausender, die morgen sterben müssen, weil wir Galizien auch weiter drosseln wollen. Veröffentlicht die Profite der Herren Kapitalisten, verhaftet 50 oder 100 Millionäre. Man brauchte sie nur einige Wochen zu behalten — sei es auch unter denselben günstigen Bedingungen wie Nikolai Romanow — und sie zwingen, all die Fäden und Schwindelmanöver, all den Schmutz und die Eigennützigkeit aufzudecken, die unser Land auch unter der neuen Regierung täglich Tausende oder Millionen kosten. Hier liegt die wirkliche Ursache der Anarchie und der Zerrüttung, und darum sagen wir, daß alles beim alten geblieben ist, das Koalitionsministerium hat nichts geändert, es hat nur einen Haufen überflüssiger Deklarationen hinzugefügt. Die Mitglieder dieser Regierung können noch so aufrichtige Leute sein, sie können das Wohl der Werktätigen noch so sehr im Herzen tragen, es hat sich nichts geändert, *dieselbe Klasse* ist an der Macht geblieben. Die Politik, die geführt wird, ist keine demokratische Politik. Man spricht hier von „einer Demokratisierung der zentralen und örtlichen Verwaltung". Wißt Ihr denn nicht, daß diese Worte nur für Rußland eine Neuigkeit darstellen? Daß in anderen Ländern Dutzende von „beinahe-sozialistischen" Ministern sich mit ähnlichen Versprechungen an ihr Land gewandt haben? Was haben diese Worte zu bedeuten, wo wir doch eine lebendige, konkrete Tatsache vor uns haben? Die Bevölkerung wählt eine Verwaltung, aber gleich werden die Anfangsgründe der Demokratie dadurch verletzt, daß das Zentrum das Recht der Ernennung oder Bestätigung dieser örtlichen Verwaltungen für sich beansprucht. Die Plünderung des Volksvermögens durch die Kapitalisten wird fortgesetzt. Der imperialistische Krieg wird fortgesetzt, uns aber verspricht man Reformen, Reformen und wieder Reformen, die in diesem Rahmen überhaupt nicht verwirklicht werden können, weil der Krieg alles bestimmt und alles erdrückt. Warum seid Ihr nicht mit denen einverstanden, die behaupten, der Krieg würde nicht wegen der kapitalistischen Profite geführt? Wo ist hier das Kriterium? Vor allem darin, welche Klasse an der Macht ist, welche Klasse weiter herrscht, welche Klasse weiter an Finanz- und Bankoperationen Hunderte von Milliarden verdient? Noch immer ist es dieselbe kapitalistische Klasse. Darum wird auch der imperialistische Krieg weiter fortgesetzt. Weder die erste provisorische Regierung, noch die Regierung der „beinahe-sozialistischen" Minister hat daran irgend etwas geändert. Die Geheimverträge sind Geheimverträge geblieben. Rußland kämpft um die Meerengen, um die Fortsetzung der Liachowschen Politik in Persien usw.

Ich weiß, daß Ihr das nicht wollt, daß die Mehrheit unter Euch das nicht will, daß auch die Minister es nicht wollen, weil man so etwas nicht wollen kann, weil das die Ermordung von hundert Millionen Menschen bedeutet. Aber betrachtet einmal die Offensive, von der Miljukow und Maklakow so viel sprechen. Sie wissen sehr genau, was gespielt wird. Sie wissen, daß diese Frage mit der Frage der Macht, mit der Frage der Revolution zusammenhängt. Man sagt uns, wir müßten die politischen und strategischen Fragen auseinanderhalten. Es ist lächerlich, die Frage überhaupt so zu stellen. Die Kadetten begreifen sehr wohl, daß die Frage politisch gestellt ist.

Daß der anhebende revolutionäre Kampf um den Frieden zu einem Sonderfrieden führen könnte, ist eine pure Verleumdung. Der erste Schritt, den wir tun würden, wenn wir die Macht hätten, wäre, die führenden Kapitalisten zu verhaften und alle Fäden ihrer Intrigen zu zerreißen. Ohne diese Maßnahmen sind alle Phrasen über den „Frieden ohne Annexionen und Kontributionen" nichts als leere Worte. Unser zweiter Schritt wäre, den Völkern über die Köpfe ihrer Regierungen hinweg zu erklären, daß wir alle Kapitalisten für Banditen halten, sowohl Tereschtschenko, — der um kein Haar besser ist als Miljukow, nur etwas dümmer, — wie die französischen, englischen und alle anderen Kapitalisten.

Eure eigenen „Iswestija" haben sich verirrt; anstatt den „Frieden ohne Annexionen und Kontributionen" zu fordern, schlagen sie vor, den status quo zu belassen. Nein, so ist unsere Auffassung vom Frieden ohne Annexionen nicht. Da kommt sogar der Bauernkongreß der Wahrheit näher, der von einer föderativen Republik spricht und damit dem Gedanken Ausdruck gibt, daß die russische Republik kein einziges Volk, weder auf neue, noch auf alte Weise, unterdrücken will; daß sie weder mit unserem Volke, noch mit Finnland, noch mit der Ukraine (die dem Kriegsminister so viel zu schaffen macht und mit der unzulässige und unerlaubte Konflikte geschaffen werden), auf der Basis der Gewalt zusammenleben will. Wir wollen eine einige unteilbare russische Republik mit einer gefestigten Macht, aber diese gefestigte Macht muß entstehen durch die freiwillige Zustimmung der Völker. „Revolutionäre Demokratie", das sind große Worte, aber sie werden auf eine Regierung angewandt, die durch erbärmliche Schikanen die ukrainische und finnländische

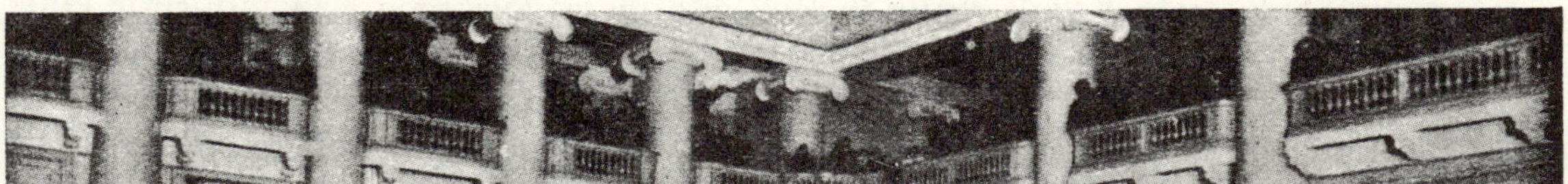

Der erste Kongreß der Sowjets der Arbeiter- und Soldaten-Deputierten

Frage verschärft, obwohl diese Völker sich gar nicht losmachen wollen, sondern nur verlangen, daß die Anwendung der Anfangsgründe der Demokratie nicht bis zur Konstituante aufgeschoben werde. Man kann keinen Frieden ohne Annexionen und Kontributionen schließen, bevor man nicht die eigenen Annexionspläne aufgegeben hat. Über dieses lächerliche Spiel lacht in Europa jeder Arbeiter. Er sagt: schöne Reden führen können sie, sie rufen die Völker auf, die Bankiers zu verjagen, ihre eigenen Bankiers schicken sie aber in die Regierung. Verhaftet sie, entlarvt den Schwindel, deckt die Fäden auf! Das tut Ihr nicht, obwohl Ihr mächtige, unwiderstehliche Organisationen besitzt. Ihr habt die Jahre 1905 und 1917 erlebt, Ihr wißt, daß Revolutionen nicht auf Bestellung gemacht werden, daß die Revolution auch in anderen Ländern durch den schweren und blutigen Weg der Aufstände verwirklicht werden mußte; in Rußland gibt es aber keine Gruppe, keine Klasse, die sich der Macht der Sowjets widersetzen könnte. In Rußland ist die Revolution ausnahmsweise auf friedlichem Wege möglich, und wenn diese Revolution heute oder morgen allen Völkern den Frieden durch endgültigen Bruch mit allen Kapitalistenklassen vorschlägt, so werden in kürzester Zeit sowohl Frankreich wie auch Deutschland durch die Stimme ihrer Völker zustimmen, weil diesen Ländern Vernichtung droht, weil die Lage Deutschlands hoffnungslos ist, weil es sich nicht retten kann und weil Frankreich . . .

*Der Vorsitzende:* Die Redezeit ist um.

*Lenin:* In einer halben Minute mache ich Schluß . . .

(Lärm, Zuruf: „Weitersprechen", Protestrufe, Applaus).

*Der Vorsitzende:* Ich teile dem Kongreß mit, daß das Präsidium vorschlägt, die Redezeit zu verlängern. Wer ist dagegen? Die Mehrheit ist für die Verlängerung der Redezeit.

*Lenin:* Ich habe gesagt, daß, wenn in Rußland die revolutionäre Demokratie eine Demokratie der Taten und nicht der Worte wäre, sie zur Vorwärtstreibung der Revolution und nicht zu Kompromissen mit der Bourgeoisie streben würde; sie würde nicht von Frieden ohne Annexionen und Kontributionen reden, sondern die Annexionen Rußlands aufgeben und unumwunden erklären, daß sie jede Annexion für ein Verbrechen, für einen Raub hält. Dann könnte man auch die imperialistische Offensive vermeiden, die Tausende, Millionen wegen der Aufteilung Persiens oder des Balkans zu verderben droht. Dann wäre der Weg zum Frieden offen. Es ist dies kein einfacher Weg — das behaupten wir nicht —, sondern ein Weg, der die Möglichkeit eines revolutionären Krieges nicht ausschließt. Wir stellen die Frage nicht so, wie Basarow sie in der „Nowaja Schisn" stellt, wir sagen nur, daß Rußland sich zu Ende des imperialistischen Krieges in einer Lage befindet, in der seine Aufgaben leichter sind als man meinen könnte. Die geographischen Verhältnisse in Rußland sind derart, daß die Mächte, die es wagen würden, sich auf die räuberischen Interessen des Kapitals stützend, gegen die russische Arbeiterklasse und das mit ihr verbündete Halbproletariat, d. h. die ärmsten Bauern, vorzugehen — wenn sie dies wagen würden, sie einer außerordentlich schwierigen Aufgabe gegenüberstehen würden. Deutschland steht am Rande des Abgrundes, und nach der Einmischung Amerikas, das Mexiko verschlucken will und morgen wahrscheinlich einen Krieg gegen Japan anfangen wird — nach dieser Einmischung ist die Lage Deutschlands hoffnungslos, es wird vernichtet werden. Frankreich, das infolge der geographischen Verhältnisse am meisten gelitten hat, hat die Grenze der Erschöpfung erreicht. Obwohl Frankreich weniger gehungert hat als Deutschland, hat es doch unvergleichlich mehr Menschenmaterial verloren. Hättet Ihr von Anfang an den Profit der russischen Kapitalisten beschnitten, ihnen jede Möglich-

**Die Sturmbataillone vor der Abreise an die Front**
Die provisorische Regierung wirft die Truppen an die Front, um im Namen der verlogenen Phrase: „Für die Freiheit bis zum siegreichen Ende!" eine neue Offensive zu beginnen

keit genommen, Millionenprofite einzuheimsen, hättet Ihr *allen* Völkern einen gegen die Kapitalisten *aller* Länder gerichteten Frieden angetragen und unumwunden erklärt, daß Ihr Euch mit den deutschen Kapitalisten oder mit ihren direkten oder indirekten Parteigängern auf keinerlei Verhandlungen oder Beziehungen einlaßt, daß Ihr aber auch mit den französischen und englischen Kapitalisten nichts zu tun haben wollt, — dann hättet Ihr sie vor den Arbeitern anklagen können. Dann hättet Ihr die Erteilung eines Passes an Macdonald nicht als Sieg gefeiert, denn dieser Macdonald hat niemals einen revolutionären Kampf gegen das Kapital gekämpft; er darf reisen, weil er weder den Ideen, noch den Prinzipien, noch der Praxis, noch den Erfahrungen jenes Kampfes gegen die englischen Kapitalisten jemals Ausdruck gegeben hat, wegen denen unser Genosse Maclean und noch Hunderte von englischen Sozialisten im Gefängnis sitzen, wegen denen unser Genosse Liebknecht im Zuchthaus sitzt, weil er gesagt hat: „Deutsche Soldaten, richtet die Gewehre gegen Euren Kaiser!" Wäre es nicht richtiger, die Kapitalisten, die Imperialisten in jene Zuchthäuser zu stecken, die uns von der Mehrheit der provisorischen Regierung und der eigens zu diesem Zweck einberufenen dritten Duma — oder ist's die vierte, ich weiß es nicht — tagtäglich versprochen und vorbereitet werden, und für die im Justizministerium schon neue Gesetzvorlagen entworfen werden. Maclean und Liebknecht, das sind die Sozialisten, die den Gedanken des revolutionären Kampfes gegen den Imperialismus in die Tat umsetzen. Das muß man allen Regierungen sagen. Um einen Kampf für den Frieden zu führen, muß man die Regierungen vor ihren Völkern anklagen. So würdet Ihr alle imperialistischen Regierungen in eine verzwickte Lage bringen.

Jetzt seid aber Ihr selbst in einer verzwickten Lage. Ihr habt am 14. März einen Aufruf über den Frieden an die Völker gerichtet und gesagt: „Vertreibt Eure Könige, Kaiser und Bankiers!", während wir, die wir eine zahlenmäßig so starke, an Erfahrungen so reiche Organisation besitzen, wie es der Sowjet der Arbeiter- und Soldaten-Deputierten ist, uns mit unseren eigenen Bankiers zu einem Block zusammenschließen, eine „beinahe-sozialistische" Koalitionsregierung bilden und Reformprojekte verfassen, die man in Europa schon seit Jahrzehnten immer verfaßt hat. In Europa lächelt man über diese Art „Kampf um den Frieden". Dort wird man den Kampf nur begreifen, wenn die Sowjets die Macht ergreifen und revolutionär auftreten. Ein einziges Land der Welt ist zurzeit imstande, im Klassenmaßstabe gegen die Kapitalisten ohne Blutvergießen Schritte zur Beendigung des imperialistischen Krieges zu unternehmen. Dieses Land ist Rußland, und Rußland wird dieses Land auch bleiben, so lange der Sowjet der Arbeiter- und Soldaten-Deputierten existiert. Lange aber kann er neben einer provisorischen Regierung des gewohnten Typs nicht existieren, und er wird es in der gegenwärtigen Form auch nur so lange bleiben, solange diese Offensive nicht zur Wirklichkeit wird. Der Übergang zur Offensive ist ein Wendepunkt der ganzen Politik der russischen Revolution, d. h. er ist der Übergang vom Warten, von der Vorbereitung des Friedens durch einen revolutionären Aufstand — zur Erneuerung des Krieges; zugleich aber der Übergang von der Verbrüderung an einer Front — zur Verbrüderung an allen Fronten, von der spontanen Verbrüderung, wo man mit dem hungrigen deutschen Proletarier ein Stück Brot gegen ein Taschenmesser eintauschte und dafür das Zuchthaus riskierte, — zur bewußten Verbrüderung. Dies ist der Weg, der sich uns eröffnet. Wenn wir die Macht ergreifen, werden wir die Kapitalisten an die Kandare nehmen, und dann wird der Krieg ein anderer sein, als der jetzt geführte; denn der Charakter des Krieges wird durch die Klasse bestimmt, die ihn führt, und nicht dadurch, was in den Akten geschrieben steht. In den Akten kann man schreiben, was einem beliebt. Solange aber die Kapitalistenklasse mit einer Mehrheit in der Regierung vertreten ist, könnt Ihr schreiben, was Ihr wollt, könnt Ihr noch so schöne Worte machen, könnt Ihr was immer für eine Auswahl „beinahe-sozialistischer" Minister zusammenstellen, der Krieg bleibt ein imperialistischer Krieg. Das wissen und sehen alle. Das Beispiel Albaniens, Griechenlands, Persiens beweist so klar und anschaulich dasselbe, daß es mich wundern muß, warum alle so heftige Angriffe gegen unsere schriftliche Deklaration über die Offensive richten, keiner aber ein einziges Wort über diese konkreten Beispiele verliert. Projekte zu machen ist nicht schwer, die konkreten Maßnahmen werden aber fortwährend aufgeschoben. Eine Deklaration über den Frieden ohne Annexionen läßt sich leicht schreiben, aber die Beispiele Albaniens, Griechenlands, Persiens kamen schon nach dem Amtsantritt der Koalitionsregierung. Die „Dielo Naroda", — kein Organ unserer Partei, ein offizielles Organ, ein Organ der Minister — schrieb ja seinerzeit, man verhöhne die russische Demokratie, wenn man Griechenland erdrossele. Derselbe Miljukow, den Ihr hier als Gott weiß was darstellen wollt, — er ist ein einfaches Mitglied seiner Partei — Tereschtschenko unterscheidet sich von ihm nicht im geringsten, — dieser Miljukow schrieb, daß die Entente-Diplomatie Griechenland erdrücke. Der Krieg bleibt ein imperialistischer Krieg, und Ihr könnt den Frieden noch so herbeisehnen, mit den Werktätigen noch so aufrichtig sympathisieren, den Frieden noch so aufrichtig wünschen — ich bin vollkommen überzeugt, daß dieser Wunsch in der Masse aufrichtig sein muß —, Ihr seid doch ohnmächtig, weil der Krieg einzig und allein durch die weitere Entwicklung der Revolution beendet werden kann. Als in Rußland die Revolution anfing, fing auch der revolutionäre Kampf von unten um den Frieden an. Hättet Ihr die Macht ergriffen, wäre die Macht in die Hände der revolutionären Organisationen zum Kampf gegen die russischen Kapitalisten übergegangen, hätten die Werktätigen der anderen Länder Euch geglaubt; dann hättet Ihr den Frieden anbieten können. Dann wäre unser Frieden von wenigstens zwei Seiten gesichert gewesen, wenigstens von zwei Völkern, die verbluten und deren Sache hoffnungslos ist, Deutschland und Frankreich. Hätten uns dann die Verhältnisse einen revolutionären Krieg aufgezwungen, — das kann man nicht wissen, wir leugnen diese Möglichkeit nicht —, so würden wir sagen: „Wir sind keine Pazifisten, wir verneinen den Krieg nicht, wenn die revolutionäre Klasse an der Macht ist, wenn sie wirklich jeden Einfluß der Kapitalisten auf den Gang der Ereignisse, auf die Vertiefung jener Zerrüttung ausgeschaltet hat, die ihnen gestattet, Millionen zu verdienen." Die revolutionäre Regierung hätte allen Völkern ohne Ausnahme klargemacht, daß alle Völker frei sein sollen, daß ebenso wie Deutschland nicht wegen Elsaß-Lothringen den Krieg führen darf, auch das französische Volk nicht für die eigenen Kolonien Krieg führen dürfte. Denn kämpft Frankreich für seine Kolonien, so hat auch Rußland Chiwa und Buchara, das sind auch so etwas wie Kolonien, und wenn die Aufteilung der Kolonien einmal anfängt, wo ist dann die Norm, nach der die Teilung geschehen soll? Die Gewalt? Die Machtverhältnisse ändern sich aber, die Lage der Kapitalisten läßt keine andere Lösung als den Krieg zu. Wenn ihr aber die revolutionäre Macht ergreift, wird Euch ein revolutionärer Weg zum Frieden offenstehen. Ihr könnt Euch mit einem revolutionären Aufruf an die Völker wenden und die zu befolgende Taktik an dem eigenen Beispiel demonstrieren. Dann wird sich Euch ein Weg zur Welt öffnen, die von der Revolution erobert ist, und Ihr werdet mit großer Wahrscheinlichkeit Tod und Verderben Hunderttausender vermeiden können. Dann könnt Ihr sicher sein, daß das deutsche und französische Volk sich auf Eure Seite stellen wird. Und sollten dann die englischen, amerikanischen und japanischen Kapitalisten den Krieg gegen die revolutionäre Arbeiterklasse auch wollen, so würden sie mit 99 Prozent Wahrscheinlichkeit einen Krieg nicht führen können. Die Kräfte der Arbeiterklasse verzehnfachen sich aber, wenn die Kapitalisten gezügelt und ausgeschaltet sind und die Kontrolle in die Hände der Arbeiterklasse übergeht. Es würde genügen, wenn Ihr erklären würdet, daß Ihr keine Pazifisten seid, daß Ihr Eure Republik gegen alle deutschen, französischen und anderen Kapitalisten verteidigen werdet — und der Frieden wäre gesichert.

Dies sind die Gründe, aus denen wir unserer Erklärung zur Offensive eine so grundlegende Bedeutung beimessen. Wir sind an einem Wendepunkt der Geschichte der russischen Revolution angelangt. Die russische Revolution begann mit der Hilfe der imperialistischen Bourgeoisie Englands, die meinte, Rußland sei so etwas ähnliches wie Indien oder China. Anstatt dessen entstanden — neben der Regierung, in der jetzt eine Mehrheit von Gutsbesitzern und Kapitalisten sitzt — die Sowjets: diese Volksvertretung von nie dagewesener Kraft, die Ihr durch Eure Beteiligung an der Koalitionsregierung der Bourgeoisie zugrunde richtet. Anstatt dessen erreichte die russische Revolution, daß der revolutionäre Kampf von unten gegen die kapitalistische Regierung in allen Ländern verdoppelte, verdreifachte Sympathien findet. Die Frage ist jetzt: Vorstoßen oder sich zurückziehen? In revolutionären Perioden kann man nicht auf einem Flecke stehen bleiben. Darum bildet die Offensive einen Wendepunkt in dem Gange der russischen Revolution, nicht im strategischen, sondern im politischen und wirtschaftlichen Sinne. Die Offensive bedeutet die Fortsetzung des imperialistischen Massenmords, den Tod von Hunderten, Tausenden, Millionen, und zwar objektiv — d. h. unabhängig von dem Willen oder Bewußtsein irgendeines Ministers — wegen der Erdrosselung Persiens und anderer kleiner Völker. Der Übergang der Macht in die Hände des revolutionären, von den armen Bauern unterstützten Proletariats bedeutet den Übergang zum revolutionären Kampf für den Frieden in der gesichertesten, schmerzlosesten Form, den Übergang zur Erhärtung des Sieges und der Macht der revolutionären Arbeiter in Rußland und in der ganzen Welt.

---

Die *erste Konferenz der Petrograder Fabrikkomitees*, die am *12. Juni* (30. Mai alten Stils) 1917 im Taurischen Palais eröffnet wurde, war eine der wichtigsten Etappen im Kampfe des Petrograder Proletariats, der zum Siege im Oktober führte. Die Konferenz mit ihren 568 Delegierten, *zu drei Vierteln bolschewistisch*, hatte schon im Mai einen kleinen Vorsprung sowohl vor dem Sowjet der Arbeiter-Delegierten, als auch vor den Gewerkschaften, wo noch im August-September keine bolschewistische Mehrheit bestand. Dieser besondere Radikalismus der ersten Konferenz der Fabrikkomitees kann nur dadurch erklärt werden, daß die in den ersten Tagen der Februar-Revolution entstandene Organisation der Fabrikkomitees die gesamte Arbeitermasse Petrograds sogleich *organisch* in ihre Reihen hineingezogen hatte. Die Konferenz war ihrer Zusammensetzung nach fast hundertprozentig (abgesehen von einigen Referenten und Vertretern der Parteiorganisationen und der Presse) eine *reine Arbeiterkonferenz:* hier schuf der Arbeiter, der sich soeben von der Werkbank losgemacht hatte, um im Fabrikkomitee zu arbeiten, oder der sich nur für die Zeit der Konferenz von der Werkbank entfernt hatte, mit seinem eigenen Verstande, seinem eigenen Willen seine revolutionäre Wirtschaftsorganisation.

Die außergewöhnliche Bedeutung dieser Konferenz besteht nicht nur darin, daß sie in dem auf der Konferenz gewählten Zentralrat eine Vereinigung der gesamten Petrograder Fabrikkomitees schuf; das Grundlegende, das die Konferenz brachte, — das war die klar und präzis bolschewistisch formulierte Losung der *Arbeiterkontrolle über Produktion und Verteilung*. Diese Losung war zuerst von Lenin schon in seinen April-Thesen aufgestellt worden, wo er schrieb: „Nicht die „Einführung" des Sozialismus als unsere *unmittelbare* Aufgabe, sondern im Augenblick nur der Übergang zur *Kontrolle* der Produktion und der Verteilung der produzierten Güter durch die Sowjets der Arbeiter- und Soldaten-Deputierten." Diese Losung fand den lebhaftesten Widerhall unter den Arbeitern und es wurde gleich bei den ersten Schritten der Revolution mit ihrer Verwirklichung begonnen. Doch nicht die Sowjets der Menschewiki und der SR. waren dazu berufen, diese Losung damals zu verwirklichen. Bevor die Sowjets selbst bolschewisiert waren, war, damit die revolutionäre Arbeiterkontrolle durchgeführt wurde, eine andere Organisation erforderlich, die das notwendige Bindeglied zwischen der Partei und der Arbeitermasse zur Verwirklichung dieser Losung bildete. Eine solche Organisation konnten damals auch nicht die Gewerkschaften sein, denen noch die Traditionen des Zunftwesens und des Arbeiteraristokratismus in hohem Maße anhafteten. Die Organisation wurde spontan in der Revolution selbst geboren — und zwar als Organisation der Fabrikkomitees. Schon im März und dann im April und Mai fanden einzelne Konferenzen und Beratungen der Fabrikkomitees der Marine- und Artillerie-Werkstätten statt, in denen die ersten Fabrikkomitees entstanden waren; diese waren von den allgemeinen Arbeiterversammlungen gewählt worden, gleich nachdem diese Staatsbetriebe von ihren verhaßten militärischen Leitern be-

**Es lebe der Bund der Fabrikkomitees!**
**Es lebe die Bewaffnung der Arbeiter!**

freit und damit ohne jede Leitung geblieben waren. In den Fabrikkomitees der Marine-Werkstätten und deren Vereinigungen hielten sich lange Zeit die Menschewiki und die SR., in denen der Artillerie-Werkstätten und ihren Vereinigungen hatten die Bolschewiki sofort die Oberhand gewonnen. Von ihnen ging auch sofort die *Initiative* zur Einberufung einer Konferenz und zur Schaffung eines Organisationsbüros derselben aus.

Lenin erkannte sofort die Rolle und Bedeutung der Fabrikkomitees. *In aktivster Weise förderte er die Einberufung der ersten Konferenz* und trat auf ihr zum Berichte Sinowjews über die Kontrolle der Produktion und der Verteilung der produzierten Güter als Redner auf. Bedauerlicherweise wurde von dieser Rede kein Stenogramm aufgenommen. Wir besitzen nur von einem Sekretär aufgezeichnete Notizen, die wir hier wörtlich wiedergeben.

„N. Lenin wendet sich gegen die Rede und die Resolution des Genossen Awilow. Er sagt, diese Resolution vergesse vollkommen den Klassenstandpunkt. In seiner Resolution habe sich B. W. Awilow gleichsam zum Ziele gemacht, alle Mängel, die den Resolutionen kleinbürgerlicher Parteien eigen sind, zu sammeln und zu konzentrieren.

Zu Beginn seiner Resolution stellt Awilow die These auf, die heute einem jeden Sozialisten als unbestreitbar gilt, nämlich, daß die Raubwirtschaft der Kapitalisten Rußland zum vollständigen wirtschaftlichen und industriellen Zusammenbruch geführt habe; weiter aber stellt er eine weitschweifige Formel der Kontrolle durch die „Staatsgewalt“ unter Beteiligung breiter Massen der Demokratie auf.

Gegenwärtig wird allenthalben viel von Kontrolle gesprochen; selbst Leute, die früher bei dem Worte „Kontrolle“ bereit waren, um Hilfe zu rufen, erkennen heute an, daß die Kontrolle notwendig ist.

Vermittelst dieses allgemeinen Wortes „Kontrolle“ will man diese jedoch faktisch illusorisch machen.

Die Koalitionsregierung, der zurzeit „Sozialisten“ angehören, hat für die Verwirklichung dieser Kontrolle nichts getan, und es ist deshalb vollkommen verständlich, daß die Fabrikkomitees eine wirkliche Arbeiterkontrolle und keine papierene wollen.

Bei der Erläuterung des Begriffes „Kontrolle" wie der Frage, wann und durch wen diese Kontrolle verwirklicht werden wird, darf man keinen Augenblick den Klassencharakter des modernen Staates außer acht lassen, der lediglich eine Organisation der Klassenherrschaft bildet. Die gleiche Klassenanalyse muß auch gegenüber dem Begriffe „revolutionäre Demokratie" angewandt werden. Bei dieser Analyse muß man von dem realen Verhältnis der gesellschaftlichen Kräfte ausgehen.

Die Resolution Awilows, die damit anfing, daß sie alles zu geben versprach, endete damit, daß sie im letzten Grunde alles beim alten zu lassen vorschlägt. In seiner ganzen Resolution ist auch keine Spur vom revolutionären Geiste.

In revolutionärer Zeit muß mehr denn je die Frage vom Wesen des Staates überhaupt analysiert werden, wie z. B., — wessen Interessen durch ihn geschützt werden und wie er aufgebaut werden muß, damit er wirklich die Interessen der Werktätigen schütze. Und das ist eben in der Resolution Awilows ganz und gar nicht geklärt.

Warum hat unsere neue Koalitionsregierung, der auch „Sozialisten" angehören, während dreier Monate die Kontrolle nicht verwirklicht, und nicht nur nicht verwirklicht, sondern auch im Konflikte zwischen den Grubenherren Südrußlands und den Arbeitern offen für die Kapitalisten Partei ergriffen?

Wenn die Kontrolle über die Industrie zu einer wirklichen Kontrolle ausgestaltet werden soll, so muß sie eine Arbeiterkontrolle sein, damit in allen verantwortlichen Institutionen eine Arbeitermehrheit besteht und die Betriebsverwaltung über ihre Handlungen allen autoritativen Arbeiterorganisationen Rechenschaft ablegt.

Arbeitergenossen, erkämpft Euch eine wirkliche Kontrolle und keine fiktive, und lehnt alle Resolutionen und Vorschläge einer solchen fiktiven, papierenen Kontrolle in entschiedenster Weise ab."

Lenins Rede verlieh der ganzen Konferenz einen scharf unterstrichenen *Ton* und deren Arbeit eine bestimmte *Richtung*. Bei den Anwesenden fand sie den lebhaftesten Widerhall; durch Vermittlung der mehr als 500 Delegierten dieser Konferenz trug Lenin in die Massen eine der wichtigsten Losungen des Oktobers hinein, die in der Folge die reichsten Früchte brachte. Darin liegt eine der größten Errungenschaften der bolschewistischen Partei in jener Periode.

Die Arbeiterkontrolle erhielt in der zum Bericht Sinowjews angenommenen Resolution ihre Verfassung, ihre Organisation, ihre reale Verkörperung. Die Hauptpunkte dieser *historischen* Resolution, die mit 297 Stimmen gegen 21 bei 44 Stimmenthaltungen angenommen wurde, sind folgende:

„3. Die Rettung des Landes vor einer Katastrophe erfordert, daß der Arbeiter- und Bauernbevölkerung nicht nur durch Worte, sondern durch die Tat das volle und unbedingte Vertrauen darauf eingeflößt werde, daß die lokalen wie zentralen leitenden und ausschlaggebenden Institutionen nicht davor zurückschrecken werden, den größten Teil der Gewinne, des Einkommens und des Vermögens der größten und großen Banken, der Finanz-, Handels- und Industrie-Magnaten der kapitalistischen Wirtschaft in die Hände des Volkes zu legen.

4. Der Weg zur Rettung vor der Katastrophe führt allein über die Schaffung einer wirklichen Arbeiterkontrolle der Produktion und der Verteilung der produzierten Werte. Um diese Kontrolle zu verwirklichen, ist es notwendig, daß 1. in allen zentralen Institutionen, die dafür in Betracht kommen, eine Mehrheit der

Arbeiterorganisationen, der Gewerkschaften, der Arbeiterdeputierten-Sowjets und des Zentrums der Fabrikkomitees von mindestens zwei Drittel aller Stimmen gesichert würde, — unter unbedingter Hinzuziehung der noch beim Betriebe verbliebenen Unternehmer — wie des wirtschaftlich gebildeten und des technischen Personals; 2. daß die Fabrikkomitees wie die Gewerkschaften das Recht erhalten, sich an der Kontrolle jedes Unternehmens zu beteiligen und die Vorlegung aller Handels- und Bankbücher, wie die Erläuterung aller Angaben zu fordern.

5. Die Arbeiterkontrolle muß mit den gleichen Rechten auch auf alle Finanz- und Bankoperationen ausgedehnt werden, damit in die Finanzlage eines jeden Unternehmens hineingeleuchtet werden kann.

6. Die in einer ganzen Anzahl von Konfliktsfällen von den Kapitalisten schon anerkannte Arbeiterkontrolle muß durch eine Reihe sorgfältig überlegter, jedoch ohne jede Verzögerung durchgeführter Maßnahmen sofort in eine vollkommene Regulierung der Produktion und Verteilung der produzierten Güter durch die Arbeiter umgewandelt werden.

10. Eine planmäßige und erfolgreiche Durchführung aller angeführten Maßnahmen ist nur bei Übergang der gesamten Staatsgewalt in die Hände der Sowjets der Arbeiter-, Soldaten- und Bauern-Deputierten möglich."

## 6. DIE JULI-EREIGNISSE

NACH den tragischen Ereignissen an der Front brach die spontane Bewegung der Massen aus. Die Massen versuchten, entgegen dem Beschlusse der bolschewistischen Partei, die Macht mit der Waffe in der Hand zu erobern. Da die Kommunistische Partei die Bewegung nicht aufhalten konnte, schloß sie sich dieser an, um ihr einen organisierten und friedlichen Charakter zu geben, ein überflüssiges Blutvergießen zu vermeiden und die Schwere der unter den gegebenen Umständen unvermeidlichen Niederlage zu mildern. Petrograd stand fast isoliert da, es hatte noch nicht die Unterstützung der Armee, noch waren die Dörfer, noch war die Provinz nicht erwacht.

Auf dem VI. Kongreß der RSDAP. (Bolschewiki) im August 1917 hat *Stalin* den Bericht über die Juli-Ereignisse erstattet, indem er folgendes ausführte:

Das Juni-Ende und der Juli-Anfang stehen im Zeichen der Offensivpolitik. Gerüchte über die Wiedereinführung der Todesstrafe, über die Auflösung vieler Regimenter, über Mißhandlungen an der Front sind im Umlaufe. Die Delegierten, die von der Front kommen, bringen Nachrichten über Verhaftungen und Mißhandlungen. Ähnliche Mitteilungen laufen von den Grenadier- und Maschinengewehr-Regimentern ein. All dies bereitet den Boden für eine neue Aktion vor. Ich gehe nun zu den Ereignissen vom 3. bis 5. Juli (alten Stils) über, die uns am meisten interessieren.

Der 3. *Juli* (alten Stils). Es war am 3. Juli um 3 Uhr nachmittags. In der Villa der Kschessinskaja tagte um diese Zeit die Stadtkonferenz, die über kommunale Fragen beriet. Plötzlich stürzten zwei Delegierte des Maschinengewehr-Regiments herein und erklärten außerhalb der Tagesordnung: „Man will unser Regiment auflösen, man verhöhnt uns, wir können nicht länger warten und haben beschlossen, in Aktion zu treten und haben schon unsere Delegierten an die Betriebe und andere Regimenter abgesandt." Der Vorsitzende der Stadtkonferenz, Wolodarski, erklärte, daß die Partei einen Beschluß gegen die Aktion gefaßt habe. Dem ZK. war es klar,

Blutige Juli-Tage 1917 in Petrograd

daß sowohl die Bourgeoisie, wie die Monarchisten uns gern zu einer Aktion provoziert hätten, um die Verantwortlichkeit für das Abenteuer der Offensive auf uns abwälzen zu können. Wir hatten beschlossen, die Offensive abzuwarten und dieser Zeit zu lassen, sich in den Augen der Massen endgültig zu kompromittieren, auf keine Provokation einzugehen und solange die Offensive dauerte, auf keinen Fall in Aktion zu treten, sondern abzuwarten und der provisorischen Regierung Zeit zu lassen, bis ans Ende ihres Lateins zu kommen. Der Genosse Wolodarski antwortete den Delegierten, daß ein Beschluß der Partei gegen die Aktion bestehe und daß die Parteimitglieder ihres Regiments sich diesem Beschlusse fügen müßten, worauf sich die Vertreter des Regiments unter Protest entfernten.

Um 4 Uhr fand eine Sitzung des ZK. im Taurischen Palast statt, auf der beschlossen wurde, keine Aktion zu unternehmen. Im Auftrage des ZK. erklärte ich in der Sitzung des Büros des Zentralvollzugsausschusses, daß unsere Partei beschlossen habe, eine Aktion zu unterlassen. Ich teilte alle Tatsachen mit, verschwieg auch nicht, daß die Delegierten des Maschinengewehr-Regiments Delegierte in die Betriebe und Fabriken geschickt hätten. Ich beantragte, das Büro möge Maßnahmen treffen, damit die Aktion unterbleibe. Dieser Antrag wurde auf unsere Forderung protokollarisch festgelegt. Die Herren Sozialrevolutionäre und Menschewiki, die uns jetzt der Vorbereitung dieser Aktion beschuldigen, haben diesen Umstand vergessen. Um 5 Uhr beschloß die Stadtkonferenz, nicht in Aktion zu treten. Alle Teilnehmer der Konferenz zerstreuten sich in die Bezirke und Betriebe, um die Massen von der Aktion zurückzuhalten. Um 7 Uhr abends erschienen vor der Villa der Kschessinskaja, zwei Regimenter mit Fahnen und den Parolen: „Alle Macht den Sowjets!" Zwei Genossen, Laschewitsch und Kurajew, sprachen zu den Soldaten und versuchten sie zu überreden, die Aktion zu unterlassen und in ihre Kasernen zurückzukehren. Sie wurden mit Niederrufen empfangen, was noch niemals vorgekommen war. Gleichzeitig erschien ein Demonstrationszug von Arbeitern mit der Parole: „Alle Macht den Sowjets!" Es wurde nunmehr allen klar, daß die Aktion nicht mehr aufgehalten werden könne. Eine Teilkonferenz einiger Mitglieder des Petersburger Komitees beschloß, sich unter die Demonstranten zu mischen und die Soldaten und Arbeiter aufzufordern, organisiert vorzugehen, friedlich zum Taurischen Palast zu ziehen, Delegierte zu wählen und durch diese ihre Forderungen vorbringen zu lassen. Dieser Beschluß wurde von den Soldaten mit einem Beifallssturm und dem Absingen der Marseillaise entgegengenommen. Um 10 Uhr versammelten sich in der Villa der Kschessinskaja die Mitglieder des ZK., die Teilnehmer der Stadtkonferenz und die Vertreter der Regimenter und Betriebe. Es wurde für notwendig befunden, den früheren Beschluß zu revidieren, in die bereits losgebrochene Bewegung einzugreifen und sich ihrer zu bemächtigen. Es wäre ein Verbrechen seitens der Partei gewesen, in diesem Augenblick abseits zu bleiben. Nach diesem Beschlusse begab sich das ZK. zum Taurischen Palast, da die Soldaten und Arbeiter dorthin gezogen waren. Um diese Zeit fand eine Sitzung des Arbeitersektors des Petrograder Sowjets statt. Sinowjew sprach und warf die Frage der bereits losgebrochenen Bewegung auf. Unter

dem Drucke der Umstände beschloß der Arbeitersektor, in die Bewegung einzugreifen und ihr einen organisierten Charakter zu geben, da die Masse ohne Führung leicht auf irgendeine Provokation hereinfallen könnte. Bei dieser Frage spaltete sich der Sektor, die Minderheit (1/3) verließ die Sitzung, die Mehrheit (2/3) blieb da, wählte ein provisorisches Komitee aus 15 Personen und beauftragte es, aktiv vorzugehen. Gegen 11 Uhr nachts kehrten fortwährend Agitatoren und Delegierte aus den Bezirken zurück. Man beriet darüber, ob für den 4. Juli eine Demonstration angesetzt werden solle. Der Antrag, von einer Demonstration abzusehen, wurde mit überwiegender Mehrheit als rein utopistisch abgelehnt. Es war allen klar, daß eine Aktion jedenfalls stattfinden würde. Das ZK. und das Petrograder Komitee setzten für den 4. Juli eine friedliche Demonstration an. Die am 3. Juli an die „Prawda" gegebene Notiz über den Beschluß, auf eine Aktion zu verzichten, wurde zurückgezogen, eine andere Notiz einzusetzen erwies sich als unmöglich, und die „Prawda" erschien am 4. mit einem weißen Fleck auf der ersten Seite. Es wurde ein Flugblatt, dessen Inhalt wahrscheinlich allen bekannt ist, herausgegeben. Aus allem ist ersichtlich, daß keine Machtergreifung, kein Auseinanderjagen der Sowjets beabsichtigt war. Es wäre unvernünftig und unlogisch, uns zu beschuldigen, daß wir, die wir alle Macht den Sowjets übergeben wollen, die Macht mit der Waffe in der Hand selbst zu ergreifen versuchten. Es ist charakteristisch, daß alle Vertreter der sogenannten revolutionären Demokratie zugeben, daß unsere Partei am Aufstand keinen Anteil hat. Dies hat der offizielle Vertreter des Vollzugsausschusses, Wojtinski offen erklärt (der Referent verliest einen Auszug aus der Zeitung „Iswestija" vom 4. Juli). Dasselbe wird auch im Aufruf des allrussischen Sowjetkongresses an die Soldaten und Arbeiter gesagt.

Nebenbei, was Lenin betrifft. Er war abwesend, fuhr am 29. Juni weg und kam erst am 4. Juli morgens nach Petrograd zurück, nachdem der Beschluß über das Eingreifen in die Bewegung bereits gefaßt war. Der Beschluß wurde von Lenin gebilligt.

*4. Juli* (alten Stils). Wenigstens 500 000 kamen auf die Straße. Die Gerüchte, als ob die Demonstranten die Minister verhaften wollten oder sie verprügelt hätten, sind unrichtig. Kein einziger Versuch zur Besetzung irgendeiner Institution wurde unternommen, wenn man nicht die Ausschreitungen von Hooligans und Kriminalverbrechern als solche betrachten will. Am 4. Juli, als der Demonstrationszug friedlich vorbeimarschierte, wurde an der Ecke des Newski-Prospekts und der Sadowaja auf die Demonstranten geschossen. Eine Anzahl Delegationen erklärte, daß der einzige Ausweg aus der entstandenen Lage die Übernahme der Macht durch die Sowjets sei. Der Zentralvollzugsausschuß antwortete ablehnend, worauf ein Teil der Soldaten seine Aufgabe als erledigt betrachtete und sich entfernte, während andere dablieben. Den Wendepunkt bildet die Veröffentlichung der „Dokumente" über den „Verrat Lenins". Es stellte sich heraus, daß dieses „Material" längst beim Stabe vorlag. Es wurde nunmehr klar, daß durch die Veröffentlichung dieser „Dokumente" die Soldaten gegen die Bolschewiki aufgehetzt werden sollten. Man hatte hier offensichtlich auf die Psychologie der Soldaten spekuliert, auf die freilich die Nachricht, Lenin sei ein deutscher Spion, die größte Wirkung haben mußte. Der Minister Zeretelli rief telephonisch an und ersuchte die Zeitungen, unkontrollierte Mitteilungen nicht zu veröffentlichen, aber „Schiwoje Slowo" druckte trotzdem diese „Dokumente" ab.

Eine zweite Tatsache sind die von der Front einlaufenden Gerüchte über die beginnende Offensive, wovon nur die Führer des Sowjets der Arbeiter- und Soldaten-Deputierten wissen. Diese Tatsache machte auf die Führer einen überwältigenden

Eindruck. Im Zusammenhange damit veränderte sich auch das Verhalten der Menschewiki und Sozialrevolutionäre uns gegenüber. Leute, die bisher mit uns wie mit Genossen gesprochen hatten, riefen plötzlich Truppen zur Verteidigung des Taurischen Palastes herbei, erklärten, wir hätten einen bewaffneten Aufstand hervorgerufen und bezeichneten uns als Verräter an der Revolution. Also ein sofortiger Frontwechsel, obwohl wir bereits beschlossen hatten, am morgigen Tage die Demonstration einzustellen, da wir der Meinung waren, daß die Demonstranten ihrem Willen genügend Ausdruck gegeben hatten.

*6. Juli* (alten Stils). Keinerlei Demonstrationen. In den Straßen defilieren frisch von der Front herbeigerufene Truppen. Aus der Umgebung Petrograds sind Offiziersschüler eingetroffen. In den Straßen wimmelt es von Agenten der Gegenspionage, Pässe werden kontrolliert und kreuz und quer Verhaftungen vorgenommen. In der Nacht vom 5. auf den 6. beschließen die Menschewiki und Sozialrevolutionäre die Ausrufung der Diktatur und die Entwaffnung der Arbeiter und Soldaten. Der geistige Vater dieser Maßnahme war, wie sich zeigte, Zeretelli. Er wollte bereits am 10. Juni dasselbe tun, damals wurde aber sein Antrag auf Widerspruch Martows verworfen, der sagte, mit der Waffe könne jeder Idiot regieren. Am 6. Juli führten unsere Genossen Kamenew und Sinowjew Verhandlungen mit Liber über den Schutz der Parteimitglieder und Parteiorganisationen vor den Angriffen von Hooligans, über die Wiederherstellung der Redaktion der „Prawda" usw. Die Verhandlungen endeten mit einem Vertrag, in dem es hieß, daß die Panzerautos von der Villa der Kschessinskaja abgerufen, die Brücken zusammengeschoben werden, die zurückgebliebenen Matrosen nach Kronstadt zurückkehren, die Truppenteile, die in der Peter-Pauls-Festung geblieben, ungehindert abziehen und für das Palais der Kschessinskaja eine Bewachung gestellt werden sollte. Dieser Vertrag wurde jedoch nicht eingehalten, weil hinter dem Rücken des Zentralen Vollzugsausschusses, der die Diktatur ausgerufen hatte, die militärische Clique in Aktion trat. Dies wurde bald allen klar. Von dem Befehlshaber des

**Nieder mit der Macht des Kapitals! Tod den Tyrannen!**

Juli-Demonstration der Bolschewiki in Petrograd 1917

**Nieder mit dem Kapitalismus! Alle Macht den Sowjets der Arbeiter-, Bauern- und Soldaten-Deputierten!**

Juli-Demonstration in Petrograd 1917

Petrograder Wehrkreises, Kusmin, kam die Aufforderung, das Palais der Kschessinskaja sofort zu räumen. Ich begab mich zum Zentralen Vollzugsausschuß mit dem Vorschlage, die Sache ohne Blutvergießen beizulegen. Auf meine Frage: „Was wollt Ihr denn? Auf uns schießen? Wir sind doch nicht gegen die Sowjets", antwortete mir Bogdanow, man wolle ein Blutvergießen verhindern. Wir gingen zum Stab. Die Offiziere empfingen uns schlecht, sagten, der Befehl sei bereits erteilt. Ich hatte den Eindruck, daß diese Herren um jeden Preis einen Aderlaß ins Werk setzen wollten.

Dies ist die Rolle, die unsere Partei in jenen Tagen gespielt hat. Die Partei wollte keine Aktion, die Partei wollte warten, bis die Politik der Offensive diskreditiert sein würde. Dessenungeachtet entstand eine spontane, durch die Zerrüttung im Lande, durch die Befehle Kerenskis, durch die Entsendung von Truppen an die Front hervorgerufene Bewegung. Die Partei hielt es für ihre Pflicht, in diese Bewegung einzugreifen und nicht bloßer Zuschauer zu bleiben. Was wäre das für eine Massenpartei, die in einer solchen Massenbewegung teilnahmslos beiseite stände? Unsere Partei ging immer mit den Massen zusammen. Zeretelli u. a., die uns dessen beschuldigen, daß wir in die Bewegung eingriffen, unterschreiben gerade dadurch ihr eigenes Todesurteil. Man spricht viel von Blutvergießen, aber auch dieses wäre viel furchtbarer und gefährlicher gewesen, hätte nicht unsere Partei in die Aktion eingegriffen. Die Partei spielte die Rolle eines Regulators. Das ist alles, was ich von der politischen Tätigkeit des ZK. sagen wollte. Unsere Partei war die einzige Partei, die im Kampfe der Massen gegen die Konterrevolution bei den Massen blieb. Wir haben alles getan, um in Ehren aus der entstandenen Lage herauszukommen. (Beifall.)

Die Ausführungen Stalins ergänzen wir durch einen Abschnitt aus den Erinnerungen von *A. Lunatscharski:*

Einen außerordentlich starken Eindruck machte das Auftreten der Arbeiterdelegation in der Sitzung des zentralen Vollzugsausschusses. Für uns, die wir der Arbeiterbewegung sehr nahestanden, waren die meisten Leute, die die Welt der Arbeiter aus ihrer innersten Tiefe heraus erwählt hatte, doch neu. Uns kaum bekannte Tiefen der Gesamtheit der Arbeiter kamen in Bewegung und spielten uns eine Szene vor, deren Vorläuferin es war, als die Pariser Bezirke vor den Schranken des Konvents erschienen. Ich entsinne mich eines alten Mannes, wenn ich mich nicht irre aus den Putilow-Werken, mit einem von tiefen Runzeln durchfurchten Gesicht, bebrillt und weißhaarig, von den Jahren gebeugt, der in seinem finsteren, in allen Ecken des Saales hörbaren Baß eine drohende, von revolutionärer Energie durchdrungene Rede hielt. Ich entsinne mich eines jugendlichen Arbeiters von ungefähr 17 Jahren in einer Arbeiterbluse, der unbedingt mit dem Gewehr in der Hand auf die Tribüne steigen wollte, und von Tscheidse kaum zu bewegen war, die Waffe während seiner Rede aus der Hand zu legen. Genosse Trotzki, der neben mir saß, wies mit der Hand hinauf, wo in ziemlicher Höhe auf irgendwelchen Geländern proletarische Jünglinge saßen, die Füße herabhängen ließen und mit nachlässig selbstbewußter Pose eifrig zuhörten. „Schauen Sie", sagte Trotzki, „erinnert Sie das nicht an einen alten Stich aus der Zeit der großen französischen Revolution?" Ja, es erinnerte ganz genau daran. Ich wiederhole, es war hier eine Vermischung des Stils der ersten französischen Kommune mit dem ersten drohenden Aufblitzen der Petrograder Kommune. Die den Palast umgebende Menge war außerordentlich unruhig. Zwei Vorfälle bildeten den Gipfelpunkt: der Versuch Kronstädter Matrosen (Anarchisten), Tschernow zu verhaften und der Empörungsschrei der Putilow-Arbeiter: „Gebt uns Zeretelli heraus, daß er uns Rede und Antwort stehe!" Die Kommunisten mußten diese Ausbrüche der Volksleidenschaft dämpfen. Die Massen führten schon damals die Parole, die im Oktober logisch richtig war, indessen sie für die Machtergreifung dieser selben Tschernows und Zeretellis demonstrierten.

Als der Menschewik Dan, nicht ohne Pose, aber sicher aufrichtig erklärte, daß seine Genossen lieber unter den Kugeln der Aufständischen fallen, als die Parole der Juli-Demonstration übernehmen würden, war dies im wahrsten Sinne des Wortes tragikomisch. Es lag eine gewisse Tragik darin, es lag darin wirkliche Tapferkeit; ich bezweifle nicht, daß Dan und einige seiner Genossen in diesem Augenblicke wirklich bereit waren, heldenhaft zu sterben. Ihr Heldentum bestand darin (hier zeigte sich die revolutionäre Schule dieser Männer, die vor so kurzer Zeit noch unsere Genossen in der unterirdischen Arbeit waren), daß sie tatsächlich bereit waren, für ihre Überzeugung zu sterben; die Komik aber darin, daß sie diesen Märtyrertod aus Angst vor der revolutionären Macht, die die Volksmassen in ihre Hände legten, auf sich nehmen wollten. Sie waren bereit, auf ihrem Posten zu sterben, den Gedanken der Koalition mit der Bourgeoisie verteidigend, bis zum letzten Atemzuge kämpfend gegen die Parole „Nieder mit den kapitalistischen Ministern".

Die revolutionäre Energie der Menschewiki und Sozialrevolutionäre stellte eine Gegenströmung dar. Unter ihrem sicheren Schutze lachten sich die kapitalistischen Minister ins Fäustchen, wenn auch nicht ganz ohne Unruhe, aber doch in der sicheren Hoffnung, daß die Menschewiki und Sozialrevolutionäre sie irgendwie retten und ihnen die Möglichkeit verschaffen werden, in einer mehr oder weniger nahen Zukunft die Rache an dem entschlossenen Flügel der Revolutionäre auszukosten.

Das Schicksal entschied jedoch anders. Die Juli-Welle, durch die innere Unstimmigkeit der Arbeitermasse und der Petrograder Garnison selbst zerschlagen, legte sich nicht, sie schwoll weiter an, und ihre linken Elemente assimilierten in immer rascherem Tempo die noch Schwankenden.

Wir verließen die Gefängnisse, in denen uns das Kerenski-Regime festgesetzt hatte, um sofort einen viel größeren Einfluß auf die staatlichen und sozialen Geschäfte zu erlangen, als wir vor den Juli-Ereignissen je gehabt hatten. Nach der Krise der Kornilow-Affäre erstarkten wir sofort, so daß wir, bereits am Vorabend des Vorparlaments, fest beschließen und klar bestimmen konnten: ungefähr in den zwanziger Tagen des Oktober werden wir die Kerenski-Regierung bitten, abzutreten, und tut sie es nicht, werden wir sie davonjagen. Und das haben wir auch getan.

Wenn im Juli die menschewistische Liber-Dan-Richtung mit lauter Stimme behauptete, daß unser Sieg die gänzliche Vernichtung aller Hoffnungen der Revolution bedeutet, so behauptete sie auch im Oktober ganz genau dasselbe.

Derselbe Dan, der sich an die Brust schlug und erklärte, lieber den Tod als die Macht zu wählen, lag am 26. Oktober frühmorgens in halbohnmächtigem Zustand auf einem der Ruhebetten des Taurischen Palastes und sagte mir: „Ihr habt es also doch erreicht, Ihr habt die russische Revolution vernichtet. Ich bin nicht so sehr empört gegen Euch, als ich Euch bemitleide. Ihr werdet ja doch in einigen Wochen alle auf ruhmloseste Art zugrunde gehen." Dan war schon damals ein ebenso schlechter Prophet, wie er es seither geblieben ist.

In der Hauptsache gelang es der bolschewistischen Partei, die Aufgabe, die sie sich im Juli gestellt hatte, zu erfüllen. Selbstverständlich kam es aber doch an verschiedenen Orten zum Blutvergießen. Die bürgerlich-kompromißlerische Presse und die Regierung machten für dieses Blutvergießen die Partei verantwortlich, die an der Spitze der Bewegung stand; eine unerhört wilde Hetze wurde gegen sie entfesselt. Ihre Führer wurden verfolgt und verhaftet, ihre Zeitungen („Prawda"

**Konterrevolutionäre Demonstration in Petrograd, Juli 1917, unter den Losungen: Das Vaterland ist in Gefahr! Unser vergossenes Blut ruft zum Kriege bis zum Siege! Genossen! Soldaten! Geht sofort in die Schützengräben! Schickt dem Wilhelm den Lenin zurück!**

usw.) verboten, ihre Redaktionen zerstört. Unter Beteiligung des sozialrevolutionären Ministers Perewersew ergoß sich aus dem Justizministerium ein übelriechender Strom gemeinster Verleumdung in die Boulevardpresse. Es wurde behauptet, daß die Bolschewiki mit der deutschen Regierung in Verbindung ständen, man schrie von Verrat, von Spionage, und spielte das in allen Ländern übliche, niederträchtige, abgekartete Spiel, in der Hoffnung, die revolutionäre Empörung der Massen dadurch zurückzudämmen.

An der Front wurde die Todesstrafe eingeführt. Die Reaktion triumphierte auf der ganzen Linie. Gleichzeitig — so scherzt manchmal die Geschichte — wuchs der formelle Einfluß der Sozialisten in der Regierung.

Ebenso wie im April der Druck der Arbeiterklasse das Regierungsgebäude erschütterte, die erste Regierungskrise der Revolutionsmonate und die Bildung der „ersten Koalition" verursacht hatte, rief jetzt im Juli der Druck der Massen eine neue Krise hervor und veranlaßte die Bildung der zweiten Koalition mit sozialistischer Mehrheit.

Diese zweite Juli-Krise bedeutete jedoch eine entschiedenere, schärfere und bezeichnendere Wendung, als es die im April gewesen war.

Während der Periode März/Juli ging eine ununterbrochene Differenzierung der verschiedenen Klassenlager vor sich. Die Bourgeoisie, noch zu schwach, den entstandenen Zustand einer Doppelherrschaft in für sie günstigem Sinne zu überwinden, organisierte angestrengt ihre eigenen Kräfte. In den ersten Monaten der Revolution fand eine ganze Reihe aller möglichen bürgerlichen Kongresse statt:

**Juli-Demonstration in Petrograd 1917 unter der Losung: Wir haben gegen den äußeren Feind gekämpft und werden auch den inneren Feind besiegen**

Kadettenkongreß, Handel- und Industriekongreß, Offizierskongreß usw. Gleichzeitig existierte die alte Staatsduma weiter und gab fortgesetzt Lebenszeichen von sich. Sogar der alte Staatsrat, der aus zaristischen Beamten bestand, war nicht tot. All dies ging als unzertrennlicher Bestandteil in die neue „demokratische" Öffentlichkeit ein.

Am anderen Pole trat die klassenmäßige Organisiertheit des Proletariats immer klarer und fester zutage. Die bolschewistische Partei, die bei ihrem Auftauchen aus der Illegalität alles in allem bloß 10 000 Mitglieder gezählt hatte, besaß zur Zeit der April-Konferenz 1917 bereits 80000 und beim Juli-(August)-Kongreß 150000 Mitglieder. Schon im Juni eroberte die Partei die Mehrheit im Arbeitersektor des Petrograder Rates.

Eine der wichtigsten Erscheinungen der ersten Periode der Revolution (März-Juli) ist der beginnende Bankrott der gutgläubig-verteidiglerischen Stimmungen der Masse. Die Massen entzogen sich immer mehr dem Einflusse der kleinbürgerlichen revolutionären „Vaterlandsverteidiger", der Menschewiki und Sozialrevolutionäre, und unterwarfen sich dem Einflusse der proletarischen Partei, die fest und entschlossen eine konsequente, gegen den imperialistischen Krieg gerichtete Stellung eingenommen hatte.

Die Verteidiger verbreiteten die Illusion, die bürgerliche oder Koalitionsregierung könne auf die Fortführung der imperialistischen Politik verzichten. Die Bolschewiki behaupteten, daß ein solcher Verzicht nur von einer Macht der Arbeiter-, Soldaten- und Bauernsowjets geleistet werden könne. Die Tatsachen bestätigten die Richtigkeit des bolschewistischen Standpunktes.

Koalition mit der Bourgeoisie oder Sowjetmacht? So stand die Frage. In allen taktischen Forderungen kommt dieser Unterschied der Stellungnahme zur Machtfrage bei der Taktik der kleinbürgerlichen Parteien einerseits und der proletarischen Partei andererseits zum Vorschein.

Zum Beispiel in der Frage des Achtstunden-Arbeitstages gaben die Menschewiki und die Sozialrevolutionäre die Parole heraus, die provisorische Regierung müsse ein Gesetz über den achtstündigen Arbeitstag ausarbeiten und erlassen. Die Bolschewiki sagten den Arbeitern vom ersten Tage der Revolution an: „Wartet keinerlei Gesetze ab, führt selbst den achtstündigen Arbeitstag als vollendete Tatsache ein." Zum Schluß hatte die provisorische Regierung bis zu ihrem Sturze kein Gesetz für den achtstündigen Arbeitstag geschaffen, und wo dieser eingeführt wurde, geschah es von unten her durch selbständige Aktion der Arbeiter.

In der Frage der Produktionskontrolle, einer Frage, die angesichts der herannahenden wirtschaftlichen Katastrophe und der Sabotage der ihre Betriebe stilllegenden Unternehmer außerordentlich scharf gestellt war, erhoben die Menschewiki die Forderung nach staatlicher Kontrolle. Die Bolschewiki dagegen sagten: Keine Kontrolle von seiten des gegenwärtigen bürgerlichen Staates, sondern eine Arbeiterkontrolle tut not und muß auch verwirklicht werden, wenn die Macht in die Hände der Sowjets übergeht.

Die Menschewiki und Sozialrevolutionäre empfahlen den Bauern, geduldig zu warten, bis die Konstituante die Landfrage lösen würde. Die Bolschewiki riefen die Bauern auf: Grund und Boden der Gutsbesitzer zu besetzen und unter die Verwaltung der Bauernsowjets zu stellen.

Die Menschewiki und Sozialrevolutionäre unterstützten die von der Regierung im April herausgegebene „Freiheitsanleihe", durch die die bürgerliche Regierung die zur Fortführung des Krieges nötigen Mittel aus der Bevölkerung herauszupumpen hoffte. Die Bolschewiki traten dieser Anleihe energisch entgegen und forderten zum Boykott und ähnlichen Maßnahmen auf.

So mobilisierten die Bolschewiki auf der ganzen Linie die Arbeiter und Bauern für die Niederwerfung der Kapitalisten und Gutsbesitzer, für die Zerstörung ihres Staatsapparates und für die Eroberung der Macht für die Sowjets.

# V.

# VON DEN JULI-TAGEN BIS ZUR OKTOBER-REVOLUTION

## 1. NACH DEN JULI-EREIGNISSEN

DIE Juli-Offensive gegen die Arbeiterklasse war der Auftakt zur Bildung einer neuen „autoritativen" Koalitionsregierung. Am 21. Juli genehmigte die provisorische Regierung das Demissionsgesuch des Fürsten G. Lwow und beauftragte A. Kerenski mit der Bildung der Regierung. Die Bourgeoisie hielt es für bequemer, ihre gegenrevolutionäre Politik von einer Regierung vertreten zu lassen, deren Mehrheit aus „Sozialisten" bestand. Am 7. August wurde die Zusammensetzung der dritten provisorischen (Koalitions-)Regierung veröffentlicht. Kerenski wurde Ministerpräsident unter Beibehaltung der Leitung des Kriegsministeriums. Die übrigen Ministerposten wurden folgendermaßen besetzt: Finanzminister (gleichzeitig Stellvertreter des Ministerpräsidenten): Nekrassow (Kadett), Außenminister: Tereschtschenko (Kadett), Justizminister: Sarudny (rechter „Sozialist"), Kultusminister: Oldenburg (Kadett), Handels- und Industrieminister: Prokopowitsch (rechter „Sozialist"), Landwirtschaftsminister: Tschernow (Sozialrevolutionär), Post und Telegraph: Nikitin (rechter Sozialdemokrat), Arbeitsminister: Skobelew (Menschewik), Ernährungsminister: Peschechonow (rechter „Sozialist"), Wohlfahrtsminister: Jefremow (bürgerlich), Verkehrsminister: Jurenew (Kadett), Oberprokuror des Heiligen Synods: Kartaschew (bürgerlich), Staatskontrolleur: Kokoschkin.

In seiner Geschichte der zweiten russischen Revolution (Band 1, S. 45) schreibt Miljukow über diese Zusammensetzung der Koalitionsregierung mit dem „Sozialisten" Kerenski an der Spitze: „Trotz des unbedeutenden nominellen Übergewichts der Sozialisten überwogen in diesem Kabinett ohne Zweifel die Anhänger der bürgerlichen Demokratie. Dies war der Zug, der das Kabinett des 25. Juli (7. August neuen Stils) vom Kabinett des 6. Mai unterschied."

Das Leiborgan Miljukows, die „Rjetsch", verkündete dies auch damals urbi et orbi: „Die Forderungen der Kadetten", schrieb dieses Blatt, „bildeten ohne Zweifel die Grundlage der gesamten Tätigkeit der Regierung... Gerade deshalb, da doch die Grundforderungen der Kadetten erfüllt worden waren, hielt es die Partei nicht für angebracht, die Diskussion wegen spezifisch parteimäßiger Meinungsverschiedenheiten weiter fortzusetzen." Die Form jedoch, in die sich der tatsächliche Sieg der Konterrevolution ergoß, war nicht eine reine Kadettenregierung, sondern die Einführung des *bonapartistischen Regimes Kerenskis.*

Miljukow hatte in diesem Falle recht. Die dritte provisorische (Koalitions-) Regierung mit ihrem „nominellen" Übergewicht nomineller „Sozialisten" verteidigte die Interessen der Bourgeoisie noch besser, als die zweite (Koalitions-) Regierung.

Der Monat Juli geht im Zeichen der Unterdrückung der revolutionären Kräfte des Landes vorbei. Eine zügellose Verleumdungskampagne wird gegen die Vorhut des revolutionären Proletariats, gegen die bolschewistische Partei losgelassen. Lenin wird zum deutschen Spion erklärt. Die führenden Bolschewiki werden verhaftet, die bolschewistische Presse zerstört; die provisorische Regierung gibt einen Erlaß über das Verbot der bolschewistischen Presse in der Armee aus. Unter dem Drucke der Generalität wird die Todesstrafe an der Front eingeführt. Die Arbeiter werden entwaffnet und den konterrevolutionären Kräften günstige Bedingungen zur Vorbereitung eines bewaffneten Aufstandes gegen die Revolution geschaffen. In diesen schwarzen Tagen der Reaktion ist die bolschewistische Partei gezwungen, ihre Aufklärungsarbeit illegal zu führen. Lenin befindet sich in der Illegalität. Diese Zeit des illegalen Aufenthaltes von Lenin und Sinowjew in der Nähe von Petrograd beschreibt in seinen Erinnerungen *N. Jermeljanow*, ein Arbeiter der Waffenfabrik in Sestorezk:

Genosse Sof kam zu mir und teilte mit, daß das Zentralkomitee der Partei mich beauftragte, Wladimir Iljitsch Lenin und Grigori Jewsejewitsch Sinowjew zu verbergen. Wir verabredeten eine Stelle an der Strogonow-Brücke, wo wir uns treffen sollten. Ich wollte dort den Genossen Stalin erwarten, nach ihm sollten dann Sinowjew und Lenin mit einer Droschke ebenfalls hinkommen. In Petrograd besorgte ich inzwischen die Fahrkarten und wartete am verabredeten Orte. Nach einiger Zeit erschien Genosse Stalin und nach ihm kamen in einem geschlossenen Wagen die Genossen Lenin und Sinowjew. In einigen Minuten waren wir schon am Bahnhof, nahmen auf der Plattform des letzten Waggons Platz und fuhren bis zur Station Rasliw. Dort spürten wir bereits, daß die größte Gefahr vorüber sei. In einigen Minuten erreichten wir den ersten Unterschlupf, es war dies der Heuboden einer Scheune, wo sich Lenin und Sinowjew in der ersten Zeit aufhalten sollten.

Das erste, was erledigt wurde, war die Veränderung des Aussehens der Genossen Sinowjew und Lenin. Nadeschda Kondratjewna Jermeljanowa schor ihnen sofort die Haare. Die Situation war keine angenehme. Rundum wohnten Sommerfrischler. Selbstverständlich hätten sie mit Vergnügen Spitzelarbeit geleistet. Man mußte sich manches Geschwätz von solchen Sommergästen anhören, die sich damals für die Festnahme der plötzlich verschwundenen Lenin und Sinowjew außerordentlich interessierten, da alle Zeitungen nur davon schrieben, daß die Genossen Spione seien und angeblich nach Deutschland geflohen seien. Man mußte diesen Reden sogar noch zustimmen, um jeden Verdacht abzulenken.

Der Heuboden hatte jedoch auch seine guten Seiten, namentlich war er ein ausgezeichneter Aussichtspunkt. Da in der ersten Zeit gar keine Verbindung bestand, war der Heuboden in gewissen Fällen ein außerordentlich bequemes Hilfsmittel. Kam irgendein Genosse, fragten wir nach seinem Namen, es kam z. B. Genosse Soundso und fragte nach Wladimir Iljitsch. Solche Gäste wurden in die Ecke des Hofes geführt, indessen konnten Wladimir Iljitsch und Grigori Jewsejewitsch sie durch die zahlreichen Ritzen des Bodens beobachten. Dann wurde der Gast sich selbst überlassen, während Wladimir Iljitsch das Resultat seiner Beobachtung mitteilte. Nach dieser Zeremonie hatte dann der Genosse die Möglichkeit, die sich Verbergenden zu sprechen.

Eines Tages ereignete sich folgender Vorfall: Genosse N. kam und teilte mit, daß er unbedingt Wladimir Iljitsch sehen müsse. Unglücklicherweise erkannten weder Wladimir Iljitsch noch Grigori Jewsejewitsch diesen Genossen, der aber ließ nicht locker und sagte, er müsse unbedingt vorgelassen werden. Wir hielten Kriegsrat und beschlossen, gegebenenfalls zum äußersten zu greifen. Zum Glück erwies sich der Genosse doch als zu uns gehörend. So mußten die Genossen in der ersten Zeit unter ständiger Gefahr des Besuchs ungebetener Gäste empfangen werden. Trotzdem verloren weder Lenin noch Sinowjew ihre Geistesgegenwart und ertrugen alle Unbequemlichkeiten sehr kaltblütig.

Waren aber die Vorzüge des Heubodens noch so groß, die Lage war doch nicht besonders angenehm. Jeden Augenblick konnte ein Unberufener etwas bemerken; man mußte darum für einen sichereren Ort sorgen. Es war die Zeit der Heuernte, und wir überlegten, ob Wladimir Iljitsch und Grigori Jewsejewitsch vielleicht als Schnitter auf die Wiese übersiedeln würden, um so mehr, da sie nach der Veränderung ihres Äußeren und nach dem neuen Haarschnitt Schnittern sehr ähnlich sahen. Die Idee war gut, Lenin und Sinowjew billigten sie. Auch gefiel es ihnen wohl im Heuboden auf die Dauer nicht besonders gut. Die Wiese befand sich hinter dem „Rasliw", einem kleinen See. Zu Wasser waren es ungefähr vier Werst und dann noch ungefähr 1½ Werst durch den Wald. Hier herrschte schon eine andere Atmosphäre. Die ständigen Einwohner waren Werktätige, Schnitter, die den sich verbergenden Führern der Arbeiterbewegung nicht nachschnüffelten. An die Stelle des Heubodens trat eine andere Wohnung, noch kleiner als die erste, eine aus Zweigen gebaute Hütte, die oben mit Heu eingedeckt war. Diese Hütte könnte eigentlich das „Stabsquartier der Revolution" genannt werden, weil hier Wladimir Iljitsch und Grigori Jewsejewitsch ganz ruhig arbeiten, Pläne schmieden, die Kräfte der Arbeiter erwägen und in dieser friedlichen Umgebung ruhig und überlegt alle Fragen lösen konnten.

Die Genossen, die von auswärts kamen, mußten so eine richtige Reise machen. Zuerst fuhren sie auf der vorsintflutlichen Eisenbahn, dann per Kahn über den „Rasliw", um den Rest des Weges zu Fuß zurückzulegen.

Wir hatten folgende Methode vereinbart: Die Genossen kamen vorwiegend nachts, begaben sich zur alten Wohnung und wurden von dort von dem jungen Jermeljanow zur Hütte begleitet.

**Lenin in der Illegalität, verkleidet**
Nach den Juli-Tagen in Petrograd war Lenin gezwungen, sich versteckt zu halten und die Partei durch einen illegalen Apparat zu leiten

Der Weg, den man zurücklegen mußte, war ziemlich originell. Vielen Genossen machte eine solche Reise viel Vergnügen. Man sah in der Finsternis überhaupt nichts. Man stieß vom Ufer ab und lenkte den Kahn in das Dunkel. Vergeblich strengte man die Augen an, um auch nur die Umrisse des Ufers zu erblicken, es war, als ob man in eine unendliche Ferne führe. Nach einer knappen Stunde erst bemerkte man das Ufer, indem das Boot aufstieß. Dann führte der Weg durch den Wald, in lautlose Stille, man hörte nur das Zirpen der Grillen. Nach einer Viertelstunde erreichte man die Wiese und erfuhr, daß man an Ort und Stelle angekommen sei.

Lenin und Sinowjew lasen täglich sämtliche damals erscheinenden Zeitungen. Die Zeitungen erhielten sie auf dem oben geschilderten Wege. Ich kann mich entsinnen, daß die Zeitungen öfter Notizen über die Art und Weise der Flucht Wladimir Iljitsch' und Grigori Jewsejewitsch' ins Ausland brachten. Bald waren es Unterseeboote, bald Flugzeuge. Wladimir Iljitsch lachte aus vollem Halse, wenn er solche Notizen las, und nannte die Herausgeber bürgerlicher Zeitungen ausgemachte Narren.

Die Bourgeoisie war empört, Wladimir Iljitsch aber schrieb einen Artikel nach dem anderen auf seinem Lieblingsplätzchen hinter einem großen Weidenbusch. Alle Manuskripte wurden dem Genossen Alilujew übergeben. Wladimir Iljitsch und Grigori Jewsejewitsch ließen auch keine Gelegenheit vorübergehen, sich mit physischer Arbeit zu beschäftigen. Ich erinnere mich, wie sie beide, hinter den erfahrenen Arbeitern nicht zurückstehend, große Haufen Heu zusammentrugen, wie sie Heuschober bauten; ich erinnere mich, wie Wladimir Iljitsch geschickt mit der Heugabel das Heu warf und endlich einen großen Heuschober zuwegebrachte. Zur Abendzeit gingen sie oft mit den Kindern Fische fangen. Die Kinder, bis zu den Hüften im Wasser, zogen gewöhnlich das Zugnetz und fingen so nach und nach genug Fische für eine Suppe. Dann kamen sie vom See zurück und machten sich an das Abkochen von Fischsuppe und Tee. Nach dem Abendessen und Teetrinken saßen wir alle am Feuer, ringsherum Finsternis, Stille, die nur vom Zirpen der Grillen oder vom Piepen irgendeines Vögelchens unterbrochen wurde. Wir saßen ziemlich lange so, man erzählte sich dies und jenes, aber dann kam der Schlaf, als erste schliefen die Kinder am Feuer ein, und auch wir fingen schon an, zu blinzeln. Wir gingen in die Hütte, wo es wohl ein wenig eng war, aber dies bedeutete uns nichts, hätte man sich nur vor den unerträglichen Mücken retten oder, im Falle eines Unwetters, vor Wind und Regen schützen können.

Allmählich wurde es kälter, und man mußte daran denken, daß der weitere Aufenthalt bald unerträglich werden müßte. Es mußte unbedingt ein anderer, dem Herbstwetter besser angepaßter und auch sicherer Unterschlupf gefunden werden. Genosse Schottmann schlug vor, Wladimir Iljitsch sollte nach Finnland übersiedeln, was auch beschlossen wurde. Es wäre für Wladimir Iljitsch gefährlich gewesen, hier zu bleiben, da ihn jeder erste beste Bourgeoisjüngling erkennen konnte. In bezug auf Grigori Jewsejewitsch aber wurde beschlossen, daß er nach Petrograd übersiedeln und dort bleiben sollte. Mit der Unterbringung Wladimir Iljitsch' in Finnland wurde der Genosse Schottmann betraut, mir aber wurde aufgetragen, ihm die nötigen Papiere zu verschaffen. Ich machte mir den Umstand zunutze, daß in der Waffenfabrik Sestroretzk Grenzscheine für die in der Fabrik arbeitenden und in Raiwol wohnenden Arbeiter ausgestellt wurden. Solche Grenzscheine verschaffte ich. Nun mußten Wladimir Iljitsch und Grigori Jewsejewitsch nur noch photographiert und die Bilder auf die Grenzscheine aufgeklebt werden. Ein Genosse kam mit einem photographischen Apparat, um die Aufnahme zu machen. Wladimir Iljitsch und Grigori Jewsejewitsch wurden geschoren und mit Perücken maskiert, aber die Aufnahmen gelangen infolge der Unerfahrenheit des Photographen nicht. Als zweiter kam Genosse Litschenko, der die Aufnahmen auch besorgte. Die Dokumente waren fertig. Es blieb nur mehr die Frage übrig, auf welche Weise man sich an den neuen Aufenthaltsort begeben sollte. Es wurde beschlossen, zu Fuß durch den Wald nach Dibuni zu gehen und von dort nach Petrograd zu fahren.

Am Bahnhofe trafen wir eine Abteilung der „Spionageabwehr". Es waren dies Studenten, Portiers und sonstiges Gesindel. Da ich wußte, daß Wladimir Iljitsch und die anderen Genossen von diesen Strolchen verhaftet werden könnten, beschloß ich, sie aufzuhalten und ihre Aufmerksamkeit auf mich zu lenken, was mir auch gelang. Ein Fähnrich fragte mich: „Wer bist Du?" Ich gab absichtlich einen falschen Namen an. „Ich bin der Arbeiter Iwanow von der Waffenfabrik Sestroretzk." „Was machst Du hier?" — „Ich wollte Wasser trinken." „Woher kommst Du? Wie bist Du hierher geraten?" „Ich komme vom Felde, habe Holz gehackt." Er fragte weiter: „Kennst Du Gretsch in der Waffenfabrik Sestroretzk?" „Ja, das ist der Arzt", antwortete ich „und es wäre schwer einen niederträchtigeren zu finden". Nun geriet der Fähnrich in Wut. „Weißt Du, wer ich bin. Ich bin der Neffe von Dr. Gretsch." Ich sah, daß meine Absicht in Erfüllung ging. Es standen schon ungefähr zwanzig Leute um uns herum. „Weißt Du, wer die Bolschewiki sind?" „Ja." „Wer denn?" „Man sagt, es sind gute Kerle." „Bist Du auch ein Bolschewik?" „Nein". „Paß auf, die Bolschewiki erschießen wir, wo wir sie treffen". „Bitte schön, erschießt nur, Ihr habt wahrscheinlich schon Übung darin." Hier geriet der Fähnrich schon ganz außer sich. Der Petrograder Zug fuhr inzwischen ein, der Führer der ganzen Spionageabwehr-Abteilung, der den Zug zu kontrollieren hatte, war mit mir so beschäftigt, daß er diesmal die Kontrolle unterließ und den Genossen keine Gefahr mehr drohte. Bald kam auch der andere Zug, der aus Petrograd eintraf, und ich wurde zum Zug geführt. Meine Begleiter waren so wütend, daß der eine, als ich mich umsehen wollte, mir den Revolver in den Rücken stieß und mit drohender Stimme rief: „Ich schieß' Dich tot, Du Schweinehund! Du sollst Dich nicht umdrehen!" Mich beunruhigte die Frage, ob es den Genossen gelungen war, in den Zug einzusteigen. Ich wurde in den Eisenbahnwagen gebracht und saß allein im verschlossenen Waggon bis Bjeloostrow. Hier wurde der Zug gewöhnlich kontrolliert. Zu meinem Glücke war der kontrollierende Unteroffizier der Genosse Smirnow, früher Mitglied des Sowjets in Sestroretzk, ein mit den Bolschewiki sympathisierender alter Bekannter aus der Zeit des Waffenschmuggels aus Finnland. Als er mich erblickte, riet er mir, mich möglichst schnell aus dem Staube zu machen, was ich auch tat. Nach ungefähr einem Monat mußte Nadeschda Konstantinowna Uljanowa über die Grenze zu Wladimir Iljitsch nach Finnland fahren. Sie fuhr auf demselben Wege über die Grenze mit Papieren auf den Namen einer gewissen Agata Atamanowa, wohnhaft im Dorfe Raiwol.

Über den historischen Wendepunkt nach den Juli-Ereignissen schreibt *Lenin* im Juli 1917: ...

Allem Anscheine nach sind sich nicht alle Anhänger der Losung „Alle Macht den Sowjets" genügend darüber im klaren, daß dies eine Losung der friedlichen Vorwärtsentwicklung der Revolution ist. Der friedlichen nicht allein in dem Sinne, daß niemand, keine Klasse, keine ernsthafte Kraft damals (vom 27. Februar bis zum 4. Juli) sich der Übergabe der Macht an die Sowjets widersetzen und sie verhindern konnte. Das ist noch nicht alles. Die friedliche Entwicklung wäre damals möglich gewesen, ja sogar in der Hinsicht, daß der Kampf der Klassen und Parteien *innerhalb* der Sowjets damals — bei einer rechtzeitigen Übergabe der gesamten Staatsgewalt an sie — möglichst friedlich und schmerzlos sich hätte vollziehen können.

Diese letzte Seite der Sache wird auch nicht genügend beachtet. Die Sowjets waren ihrer Klassenzusammensetzung nach Organe der Arbeiter- und Bauern-Bewegung, waren eine fertige Form ihrer Diktatur. Hätten sie über die ganze Macht verfügt, so würde der Hauptfehler der kleinbürgerlichen Schichten, ihre Hauptsünde, die Vertrauensseligkeit gegenüber den Kapitalisten in der Praxis, verschwinden, durch die Erfahrungen ihrer eigenen Maßnahmen kritisiert werden. Die Ablösung der Klassen und Parteien, die an der Macht sind, hätte sich innerhalb der Sowjets auf dem Boden ihrer Allein- und Allherrschaft friedlich abwickeln können. Die Verbindung aller Sowjet-Parteien mit den Massen hätte fest und ungeschwächt bleiben können. Man darf keinen Augenblick lang außer acht lassen, daß allein diese engste und frei in die Breite und Tiefe wachsende Verbindung der Sowjet-Parteien mit den Massen hätte helfen können, die Illusionen des kleinbürgerlichen Paktierens mit der Bourgeoisie zu liquidieren. Der Übergang der Macht an die Sowjets hätte an sich das Klassenverhältnis nicht geändert und hätte es auch nicht ändern können; im kleinbürgerlichen Bauerntum hätte er nichts geändert. Aber er hätte rechtzeitig einen bedeutenden Schritt getan zur Trennung der Bauern von der Bourgeoisie, zu deren Annäherung und daraufhin zur Verbindung mit den Arbeitern.

Das hätte der Fall sein können, wenn die Macht rechtzeitig an die Sowjets übergegangen wäre. Das wäre für das Volk am leichtesten, am vorteilhaftesten gewesen. Ein solcher Weg wäre der schmerzloseste gewesen, und daher hätte man für ihn am tätkräftigsten kämpfen sollen. Aber jetzt ist dieser Kampf, der Kampf um die rechtzeitige Übergabe der Macht an die Sowjets zu Ende. Der friedliche Entwicklungsweg ist unmöglich geworden. Ein unfriedlicher, recht schmerzvoller Weg hat begonnen.

Der Staatsstreich des 4. Juli besteht eben darin, daß nach ihm die objektive Lage sich kraß verändert hat. Die schwankende Haltung der Regierung ist zu Ende, die Gewalt an entscheidender Stelle ist in die Hände der Konterrevolution übergegangen. Die Parteientwicklung auf dem Boden der Vereinbarungen der kleinbürgerlichen Parteien der Sozialrevolutionäre und der Menschewiki mit den gegenrevolutionären Kadetten hat dazu geführt, daß diese beiden kleinbürgerlichen Parteien sich als tatsächliche Beteiligte und Helfershelfer des konterrevolutionären Henkersdienstes erwiesen haben. Die unbewußte Vertrauensseligkeit der Kleinbürger zu den Kapitalisten hat sie durch den Entwicklungsgang des Parteikampfes zur bewußten Unterstützung der Gegenrevolutionäre geführt. Der Entwicklungskreis der Parteibeziehungen ist vollendet. Am 27. Februar standen alle Klassen zusammen gegen die Monarchie. — Nach dem 4. Juli hat die gegenrevolutionäre Bourgeoisie, Hand in Hand mit den Monarchisten und Schwarzen Hundert, die kleinbürgerlichen Sozialrevolutionäre und Menschewiki an sich angeschlossen, nachdem sie sie zum Teil eingeschüchtert hatte, und hat faktisch die Staatsgewalt in die Hände der Cavaignacs gelegt, in die Hände der Militärkamarilla, die die Meuternden an der Front erschießt und die bolschewistischen Organisationen in Petersburg zertrümmert.

Die Losung „Alle Macht den Sowjets!“ würde sich jetzt wie eine Donquichotterie oder wie ein Hohn ausnehmen. Diese Losung wäre objektiv eine Irreführung des Volkes, eine Erweckung der Illusion, als ob die Sowjets auch *jetzt* bloß die Macht zu erobern wünschen, oder es zu beschließen brauchten, um die Macht zu bekommen, — als ob im Sowjet noch Parteien wären, die sich durch Helfersdienste für die Henker nicht besudelt haben, als ob das Geschehene ungeschehen gemacht werden könnte.

Es wäre der tiefste Irrtum, wollte man glauben, das revolutionäre Proletariat könnte sozusagen aus „Rache“ gegen die Sozialrevolutionäre und Menschewiki, wegen der Unterstützung der Hetze gegen die Bolschewiki durch diese, der Erschießungen an der Front und der Entwaffnung der Arbeiter, es „ablehnen“, sie gegen die Konterrevolution zu unterstützen. Eine solche Auffassung würde erstens bedeuten die Übertragung kleinbürgerlicher Moralbegriffe auf das Proletariat *(denn zum Nutzen der Sache* wird das Proletariat stets nicht nur die schwankende Kleinbourgeoisie, sondern auch die Großbourgeoisie unterstützen), zweitens — und das ist das Wichtigste — würde sie den kleinbürgerlichen Versuch bedeuten, durch „Moralisieren“ den politischen Kern der Angelegenheit zu vertuschen.

Dieser Kern besteht darin, daß man jetzt die Macht schon nicht mehr friedlich ergreifen kann. Man kann sie bekommen erst nachdem man im Endkampfe die wahren Träger der Macht in diesem Momente besiegt hat, nämlich die Militärkamarilla, die Cavaignacs, die sich auf die nach Petersburg gebrachten reaktionären Truppen, auf die Kadetten und die Monarchisten stützen.

Das Wesen der Sache besteht darin, daß diese neuen Träger der Staatsgewalt nur von den revolutionären Massen des Volkes besiegt werden können. Die Bedingung für deren Bewegung ist nicht allein der Umstand, daß sie vom Proletariat geleitet werden, sondern auch, daß sie den Parteien der Sozialrevolutionäre und der Menschewiki, die an der Sache der Revolution Verrat geübt haben, den Rücken kehren.

Wer in die Politik kleinbürgerliche Moral hineinträgt, der argumentiert folgendermaßen: Angenommen, die Sozialrevolutionäre und Menschewiki haben einen „Fehler" begangen, indem sie die Cavaignacs unterstützt, das Proletariat und die revolutionären Regimenter entwaffnet haben; — aber man muß ihnen die Möglichkeit geben, ihren Irrtum zu „korrigieren", man soll ihnen die Verbesserung ihres „Fehlers" nicht erschweren, das Abschwenken des Kleinbürgertums zu den Arbeitern erleichtern. Eine derartige Argumentierung wäre kindische Naivität oder einfach Dummheit, wenn nicht gar ein neuer Betrug des Volkes. Denn das Abschwenken der kleinbürgerlichen Massen zu den Arbeitern würde nur und namentlich nur darin bestehen, daß diese Massen den Sozialrevolutionären und Menschewiki den Rücken kehren. Die Verbesserung des „Fehlers" durch die Parteien der Sozialrevolutionäre und Menschewiki könnte jetzt nur darin bestehen, daß diese Parteien die Zeretelli und Tschernow, Dan und Rakitnikow (Zeretelli, Menschewik;

**Lenin im revolutionären Petrograd**

Am 16. April 1917 in Petrograd eingetroffen und von der begeisterten Masse der revolutionären Arbeiter, Soldaten und Matrosen empfangen, spricht Lenin von dem Verdeck eines Panzerautos und erhebt den Ruf: Es lebe die soziale Revolution!

Tschernow, Sozialrevolutionär; Dan, Menschewik; Rakitnikow, Sozialrevolutionär. Anm. d. Herausg.) für Helfershelfer der Henkersknechte erklären. Wir sind durchaus und unbedingt für eine solche „Verbesserung" des Fehlers.

Die Grundfrage der Revolution ist die Frage der Regierungsgewalt, sagten wir; man sollte hinzufügen: gerade Revolutionen zeigen uns auf Schritt und Tritt die Vertuschung der Frage, *wo* die wirkliche Gewalt ist, zeigen uns ein Auseinandergehen zwischen der formalen und der realen Gewalt. Namentlich darin besteht eine der Haupteigentümlichkeiten einer jeden revolutionären Epoche. Im März und April 1917 wußte man nicht, ob sich die reale Macht in den Händen der Sowjets oder in den Händen der Regierung befand.

Jetzt ist es von besonderer Wichtigkeit, daß die klassenbewußten Arbeiter nüchtern die Grundfrage der Revolution erwägen: in wessen Händen liegt momentan die Staatsgewalt? Denkt nach, welche ihre materiellen Erscheinungen sind, nehmt nicht Phrasen für bare Münze hin, und ihr werdet ohne Schwierigkeiten die richtige Antwort finden.

Der Staat sind vor allem die Abteilungen Bewaffneter mit materiellen Anhängseln in der Art der Gefängnisse — schrieb Friedrich Engels. Jetzt sind es die Fähnriche und die reaktionären Kosaken, die speziell nach Petrograd gebracht worden sind; es sind die, die Kamenew und die anderen hinter Schloß und Riegel halten, die die Zeitung „Prawda" verboten haben; die die Arbeiter und einen bestimmten Teil der Soldaten entwaffnet haben; die einen ebenso bestimmten Teil der Soldaten erschießen. Diese Henker, sie sind die reale Regierungsgewalt. Die Zeretelli und Tschernow sind Minister ohne Gewalt, Puppenminister, Führer von Parteien, die die Henker unterstützen. Das ist eine Tatsache. Und diese Tatsache ändert sich nicht dadurch, daß Zeretelli und Tschernow persönlich die Henkersdienste gewiß „nicht billigen", daß ihre Zeitungen schüchtern dagegen Einwände erheben; eine solche Veränderung der politischen Staffage ändert nichts am Wesen der Sache.

Das Verbot des Organs von 150 000 Petrograder Wählern, die Ermordung des Arbeiters Woinow (6. Juli) durch die Fähnriche wegen der Entfernung des „Listok Prawdi" (Prawda-Blatt) aus der Druckerei — ist das nicht Henkertum? Ist das nicht das Werk der Cavaignacs? Man wird uns sagen, weder die Regierung, noch die Sowjets „sind schuld" daran.

Um so schlimmer für die Regierung und für die Sowjets, antworten wir, denn dann sind sie also Nullen; sie sind Drahtpuppen, sie verfügen über keine reale Macht.

Das Volk muß vor allem und am meisten die *Wahrheit* erfahren, muß wissen, in wessen Händen in Wirklichkeit die Staatsmacht liegt. Man muß dem Volke die ganze Wahrheit sagen: die Regierungsgewalt liegt in den Händen der Militärclique der Cavaignacs (Kerenskis, mancher Generale, Offiziere usw.), die von der Bourgeoisie als Klasse unterstützt wird, mit der Partei der Kadetten an der Spitze, und mit allen Monarchisten, die durch ihre stockreaktionären Zeitungen, wie die „Nowaja Wremja", „Schiwoje Slowo" usw. usw. wirken.

Diese Macht muß gestürzt werden. Sonst sind alle Phrasen über den Kampf gegen die Konterrevolution hohles Gerede, „Selbstbetrug und Volksbetrug".

Diese Macht wird momentan unterstützt sowohl von den Ministern Zeretelli und Tschernow, als auch von ihren Parteien: es gilt, dem Volke ihre Scharfrichterrolle zu zeigen und die Unvermeidlichkeit eines solchen „Finale" dieser Parteien nach ihren „Fehlern" vom 21. April, 5. Mai, 9. Juni, 4. Juli, nach ihrer Billigung der Offensivpolitik, der Politik, die zu neun Zehnteln die Politik der Cavaignacs im Juli vorausbestimmt hat.

Die ganze Agitation im Volke muß so umgestellt werden, daß sie die konkreten Erfahrungen namentlich der jetzigen Revolution und insbesondere der Juli-Tage berücksichtigt, d. h., daß sie den wahren Volksfeind nennt: die Militärkamarilla, die Kadetten und Schwarzen Hundert, und daß sie eindeutig jene kleinbürgerlichen Parteien, die Parteien der Sozialrevolutionäre und Menschewiki entlarvt, die die Rolle der Helfershelfer der Henker spielten und spielen.

Къ населенію Петрограда!

Къ рабочимъ! Къ солдатамъ! Ко всѣмъ честнымъ гражданамъ!

Клевета должна быть разоблачена! Клеветниковъ подъ судъ!

Центральный Комитетъ Р. С.-Д. Р. П.

Aufruf des Zentralkomitees der RSDAP. (Bolschewiki) *)

Die ganze Agitation im Volke muß so umgebaut werden, daß die völlige Hoffnungslosigkeit der Landzuteilung an die Bauern klar wird, solange die Macht der Militärkamarilla nicht gestürzt ist, solange die Parteien der Sozialrevolutionäre und Menschewiki nicht entlarvt und des Volksvertrauens beraubt sind. Unter „normalen" Umständen der kapitalistischen Entwicklung wäre das ein sehr langwieriger und schwieriger Prozeß gewesen, aber der Krieg sowie der ökonomische Ruin beschleunigen die Sache kolossal. Das sind „Beschleuniger", die einen Monat oder gar eine Woche einem Jahre gleichmachen können.

Man könnte wahrscheinlich gegen das oben Gesagte zwei Einwände anführen: den ersten, daß jetzt vom Endkampfe reden, hieße, die Einzelaktionen ermutigen,

*) *An die Bevölkerung Petrograds!*
*An die Arbeiter! An die Soldaten! An alle ehrlichen Bürger!*

Die Verleumdung muß enthüllt werden! Die Verleumder vor Gericht! Gegen den Genossen *Lenin* wurde eine ungeheure Beschuldigung erhoben: er soll für seine Agitation aus deutschen Quellen früher und jetzt Gelder erhalten haben. Die Presse hat bereits diese unglaubliche Verleumdung aufgegriffen. Schon werden illegale Flugblätter mit dem Hinweis auf den ehemaligen Deputierten Alexinskij veröffentlicht. Schon hört man Aufforderungen zur Ermordung der Bolschewiki. Schon zirkulieren unter den betrogenen Soldaten die Listen der Personen, die erschossen werden sollen.

Der Weg ist klar: Die Konterrevolution will mit diesem einfachen Mittel der Revolution ihre Führung rauben, sie will Verwirrung in die Massen säen und sie gegen die populärsten Führer, gegen die verdienstvollsten Kämpfer der Revolution aufhetzen.

Wir erklären: Lüge und Verleumdung ist alles, was man über die finanziellen oder sonstigen Verbindungen des Genossen Lenin mit den Regierungskreisen Deutschlands behauptet.

Der Urheber der Verleumdung ist Alexinskij, ein bekannter Verleumder, der eine Reihe von Persönlichkeiten beschuldigte, daß sie von den Deutschen Gelder erhalten hätten. Er ist bereits wegen unehrenhafter Handlungen vom Verband der russischen, englischen, italienischen und neutralen Journalisten in Frankreich verurteilt worden. Er ist wegen vorbedachter Verleumdung aus allen demokratischen Organisationen in Paris ausgeschlossen worden und wurde nicht zum Petrograder Sowjet der Arbeiter- und Soldaten-Deputierten zugelassen.

*Von der provisorischen Regierung und vom Zentral-Vollzugsausschuß der Sowjets der Arbeiter- und Soldaten-Deputierten fordern wir sofortige und öffentliche Untersuchung dieser niederträchtigen Verschwörung der Pogromleute und käuflichen Verleumder gegen die Ehre und das Leben der Führer der Arbeiterklasse.*

Es ist nötig, die ganze Angelegenheit hell zu beleuchten. Und das ganze Volk wird durch diese Untersuchung sich überzeugen, daß die revolutionäre Ehre des Genossen Lenin keinen Flecken aufweist.

Vor Gericht mit den Verleumdern und mit den Verbreitern der Verleumdung! An den Pranger mit den Pogromleuten und Lügnern!

*Zentralkomitee der Russischen Sozialdemokratischen Arbeiterpartei.*

die namentlich der Konterrevolution Vorschub leisten würden; den zweiten, daß der Sturz der Konterrevolution eine Übergabe der Macht wiederum an die Sowjets bedeutet.

In Beantwortung des ersten Einwandes sagen wir: Die Arbeiter Rußlands sind genügend bewußt, um nicht auf die Provokationen in einem für sie ausgemacht ungünstigen Augenblicke hereinzufallen; daß eine sofortige Aktion eine Vorschubleistung für die Konterrevolution bedeuten würde, ist unzweifelhaft, daß der Endkampf bloß bei einem neuen Aufschwunge der Revolution in den tiefsten Massen möglich ist, ist ebenfalls unzweifelhaft. Aber es genügt nicht, vom Aufschwung und von der Flut der Revolution, der Hilfe der westeuropäischen Arbeiter usw. überhaupt zu reden, man muß auf Grund unserer Vergangenheit eine bestimmte Schlußfolgerung ziehen, man muß unsere Lehren beherzigen. Und diese Lehren werden gerade die Losungen des Endkampfes gegen die Konterrevolution, die die Macht an sich gerissen hat, ergeben.

Der zweite Einwand läuft ebenfalls auf ein Ersetzen konkreter Wahrheiten durch allzu allgemeine Betrachtungen hinaus. Den Sturz der bürgerlichen Konterrevolution kann nichts, keine Macht herbeiführen, außer dem revolutionären Proletariat. Gerade das revolutionäre Proletariat muß nach den Erfahrungen des Juli 1917 selbständig die Staatsgewalt in seine Hände nehmen — ohne diesen Schritt kann es *keinen* Sieg der Revolution geben. Die Macht in den Händen des Proletariats, die Unterstützung des Proletariats durch die ärmste Bauernschaft oder die Halbproletarier — das ist der einzige Ausweg, und wir sagten bereits, durch welche Umstände er außerordentlich beschleunigt werden kann.

Sowjets können in dieser neuen Revolution entstehen, und werden entstehen müssen, aber *nicht* die jetzigen Sowjets, nicht die Organe des Paktierens mit der Bourgeoisie, sondern Organe des revolutionären Kampfes gegen sie. Daß wir auch dann für den Aufbau des ganzen Staates nach dem Typus der Sowjets sein werden, trifft zu. Das Ganze ist nicht eine Frage der Sowjets überhaupt, sondern eine Frage des Kampfes gegen die *gegebene* Konterrevolution und den Verrat der *gegebenen* Sowjets.

Der Ersatz des Konkreten durch Abstraktes gehört zu den Hauptsünden, zu den gefährlichsten Sünden in der Revolution. Die gegebenen Sowjets sind durchgefallen, haben Schiffbruch erlitten wegen der Vorherrschaft der Sozialrevolutionäre und der Menschewiki in ihnen. Momentan gleichen diese Sowjets Hammeln, die zur Schlachtbank gebracht werden, sich vor dem Beile sehen und kläglich blöken. Die Sowjets sind *jetzt* kraftlos und ohnmächtig angesichts der siegenden oder siegreichen Gegenrevolution. Die Losung der Machtübergabe an die Sowjets kann verstanden werden als „einfacher" Appell zur Machtübernahme durch die bestehenden Sowjets, aber dies sagen, dazu aufrufen, würde heißen: das Volk betrügen. Es gibt nichts Gefährlicheres als Betrug.

Der Entwicklungskreis des Klassen- und Parteikampfes in Rußland vom 27. Februar bis zum 4. Juli ist geschlossen. Es beginnt ein neuer Kreislauf, dem nicht die alten Klassen, nicht die alten Parteien, nicht die alten Sowjets angehören, sondern solche, die im Feuer des Kampfes erneuert, gestählt, geschult, durch den Lauf des Kampfes umgeformt sind. Man soll nicht rückwärts, sondern vorwärts schauen. Man darf nicht mit den alten, sondern muß mit den neuen Klassen- und Parteikategorien der Nach-Julizeit operieren. Man muß am Anfange des neuen Kreislaufes von der siegreichen bürgerlichen Konterrevolution ausgehen, die gesiegt hat infolge des Paktes mit den Sozialrevolutionären und Menschewiki, und die besiegt werden kann allein durch das revolutionäre Proletariat. In diesem neuen Kreislaufe wird es natürlich noch vielgestaltige Etappen vor dem Endsiege der Gegenrevolution und nach der endgültigen (kampflosen) Niederlage der Sozialrevolutionäre und Menschewiki und vor dem neuen Aufschwunge der neuen Revolution geben. Doch darüber wird man erst später reden können, wenn diese Etappen im einzelnen Umrisse bekommen werden . . .

*N. Bucharin* charakterisiert folgendermaßen die Zeit und die Personen der Periode der schwarzen Reaktion:

Es ist kaum verwunderlich, daß, als das Finanzkapital einen Strohmann brauchte, seine Wahl auf Kerenski fiel; dieser vereinigte in sich alle Eigenschaften, die erforderlich waren, damit die Geldaristokratie leutselig diesem „Demokraten" den Stempel der Erkenntlichkeit und Billigung aufdrückte. Ein Held der Frühjahrsrevolution mit ihren Anfällen von Sentimentalitäten, mit ihrer Verbrüderung zwischen Bauern, Soldaten und dem Großgrundbesitzer Rodsianko; ein Schauspieler und Phrasendrescher bis auf die Knochen, der weinen und lachen, tragisch sich die Haare raufen und die Erde küssen kann — so wie es die Umstände erfordern, ein Liebling des großen Publikums und ein zu den schönsten Hoffnungen berechtigender Abenteurer; ein Spezialist der Prostituierung der Revolution, der den imperialistischen Raubzug mit der roten Fahne geschickt verdeckt; ein Feigling, der seine politischen Gegner tapfer „Feigling" schilt; ein Mitglied der sozialistischen Partei, der auf Schritt und Tritt die Beschlüsse seiner Partei mit Füßen tritt; der Auserwählte „bevollmächtigter Organe", der in tiefster Seele auf diese Organe pfeift; der Mann, der Nikolai Romanow vor der Todesstrafe rettete, aber „aus demokratischen Rücksichten" die Todesstrafe für die Soldaten einführte; ein Anhänger der Revolution, der dieser Revolution ins Gesicht schlug; ein Kämpfer gegen den deutschen Imperialismus, der die Leiber der russischen Soldaten mit „revolutionärer Soße" dem englischen Imperialismus verkaufte und hinter den Kulissen der Geheimdiplomatie vor dem Ententekapital auf den Knien rutscht; endlich der berufsmäßige „Retter des Vaterlandes", der dessen Namen mit ehrfürchtigem Flüstern ausspricht; der Magier und Wundertäter, der mit den Atributen der Zarenherrlichkeit zarte Anspielungen auf den Weg der Rettung macht; — wie sollte dies nicht der richtige Mann sein für die vereinigten Industrie- und Grubenbarone, Schieber und Spekulanten, Empfänger von Heereslieferungen und hohen Dividenden, für die Großrentner und Großgrundbesitzer, Hausbesitzer und Kokotten, die Schwindler der Börse und die Erzbischöfe der orthodoxen Kirche?

Die bonapartistische Herrschaft Kerenskis sollte als Übergangsbrücke zur Rettung des kapitalistischen Profites und der Grundrente vor den Anschlägen der Arbeiter und Bauern dienen. Sie trat in der Rolle des Schiedsrichters zwischen dem Volke und dem Block der großen Eigentümer in der Rolle der „nationalen Staatsmacht" auf, sie gab an, über den Klassen zu stehen, und machte in den intimen Gemächern der Ministerien gute Geschäfte mit den offenen Feinden des Volkes. Die Spitzen der Bankokratie meinten, über diese Brücke des Kerenski-Regimes bald zur Festigung der eigenen unerschütterlichen Herrschaft übergehen zu können. Einen Umstand hatten sie jedoch nicht in Betracht gezogen, der diese frühreife Frucht des russischen Bonapartismus von ihren westeuropäischen Urbildern wesentlich unterschied. *Im Westen entstand der Bonapartismus erst, als die von der Revolution aufgeworfenen Probleme bereits gelöst waren, während der hausbackene Bonapartismus Kerenskis in einer Periode auftauchte, als fast sämtliche Aufgaben der Revolution noch auf ihre Lösung harrten.* Die Geduld der Bauern, die kein Land erhalten hatten, ging bereits zur Neige. Die Arbeiter, alle armen Leute litten schwer unter der Zerrüttung der Wirtschaft. Die unteren Volksschichten in Stadt und Land sehnten den Frieden ebenso herbei, wie die Masse der Soldaten. Mit einem Worte: Weder die subjektiven Bestrebungen der breiten Volksmassen, noch die objektive Lage der Dinge konnten durch jene Methoden Lösung und Erfüllung finden, die Kerenski und dem über seine Schulter blickenden Dardanellen-Miljukow zur Verfügung standen. Die Katastrophe dieser Politik war unvermeidlich und trat früher ein, als man erwarten konnte.

Die „unabhängige" Regierung proklamierte feierlichst den Burgfrieden und, wie dies den Prostituierten der Revolution geziemt, erklärte sie, die gesamte unbesiegbare Wucht der russischen Revolution solle der Rettung Rußlands und der Wiederherstellung ihrer durch Kleinmütigkeit und schmähliche Feigheit befleckten Ehre gewidmet werden.

Unter „Rettung Rußlands" verstanden diese Herren die Liebedienerei vor dem Kapital, unter „schmählicher Feigheit" den revolutionären Geist der Soldaten, die trotz Todesstrafe gegen ihre Henker aufmarschierten; unter „Wucht der Revolution" die wütenden Attacken der gegenrevolutionären Räuberbande. Wie sollten die bürgerlichen Drahtzieher sich nicht einen Schirm in Form einer solchen braven „revolutionären Macht" vorschieben.

Kampf gegen die Revolution unter der Flagge des Kampfes gegen die Konterrevolution, — dies war der Sinn der Politik der „unabhängigen" Regierung. Die bürgerliche Presse und ihre „hochqualifizierten" Soldschreiber predigten neben der Theorie der „Spionage" in allen Tonarten auch die Theorie der „Konterrevolution von links", indem sie die flinken Lakaien mit den Ministerportefeuilles bald lobend anfeuerten, bald unwillig anschrien. Die Zeitung der Moskauer Millionäre, „Russkoje Slowo", schrieb: „Die Konterrevolution kam in unseren Tagen nicht aus der Richtung, aus der sie nach Gewohnheit und Theorie erwartet wurde, sie kam nicht von rechts, sondern von links, nicht von den Bourgeois, sondern von dem äußeren linken Flügel der russischen Revolution." Darum, es lebe der Kampf gegen diese „Konterrevolution"!

Solche Direktiven waren es, die die Macher der Banken, der Syndikate und der Börse der „unabhängigen" Regierung erteilten. Beim Handels- und Industriekongreß in Moskau trat der bekannte Millionär und Mäzen Rjabuschinski offen mit einem zynischen Programm der räuberischen Erdrosselung der Revolution, der Auseinanderjagung der Sowjets und der Aushungerung der Arbeiterklasse auf.

„Unsere provisorische Regierung," erklärte Rjabuschinski, „befand sich unter dem Einfluß außenstehender Personen. Es hat sich ein Häuflein Charlatane bei uns eingenistet. Die Regierung unterstützt die handel- und gewerbetreibenden Klassen nicht. Der Staat muß sich unbedingt, wenn auch in geringem Maße, auf den Standpunkt der handel- und industrietreibenden Klassen stellen. Die Regierung muß bürgerlich denken und bürgerlich handeln. Vielleicht wird ein Ausweg aus dieser Lage nur durch die Knochenhand des Hungers, durch das Elend des Volkes geschaffen, die die falschen Freunde des Volkes, die demokratischen Sowjets und Ausschüsse an der Gurgel faßt." Leidenschaftlicher Beifall der dicken Geldsäcke begrüßte diese wahrlich kannibalische Rede, und die bonapartistische Regierung schöpfte aus ihr ihre Inspiration.

Wenn in der Periode der „abhängigen Regierungen" die finanzkapitalistische Bourgeoisie zur organisierten Sabotage griff, so beschloß sie jetzt, wo der Staatsapparat faktisch in ihre eigenen Hände geraten war, mit gleichzeitigen Schlägen auch in der wirtschaftlichen Sphäre die restlose Erhärtung ihres Sieges zu sichern. Noch im Juli fand ein Kongreß der dreizehn größten Unternehmerorganisationen statt. Petroleum- und Zuckerkönige, Kohlenbarone und Holzhändler, Eisenbahnmagnaten und Ledermonopolisten, Kapitäne der Metallurgie und Baumwollfabrikanten, alle kamen einstimmig zum Ergebnis, daß eine Zusammenfassung der Kapitalsinteressen im allrussischen Umfange notwendig sei. So entstand der „Hauptausschuß der vereinigten Industrie“ alias „Komitee zur Verteidigung der Industrie“.

Die „Verteidigung der Industrie“ bestand bei näherer Prüfung aus einem Angriff auf die Arbeiter. Nach der Juli-Attake gegen die proletarische Partei kostete das Großkapital bereits den Vorgeschmack einer Restauration der Selbstherrschaft in den Betrieben und Fabriken aus, wo die Organisationen der revolutionären Arbeiter die eigenen ehemaligen „Herren“ an die Kandare genommen hatten. Das Programm des Finanzkapitals war in seinem offiziellen Organ „Industrie und Handel“ kurz und klar formuliert: „Wiederherstellung der Ordnung in den Fabriken und Betrieben“, „eiserne Disziplin im Hinterland und im Felde“. Auf Grund dieses „Unterbaues“ hofften die Herren Industriellen, auch den entsprechenden „Überbau“ zu errichten, den Arbeitslohn herabzusetzen, sich selbst möglichst große Dividenden zu sichern, für die Arbeiter eine obligatorische Sträflingsarbeit einzuführen und ihnen zu fühlen zu geben, daß wieder „eine feste Staatsmacht errichtet sei“. Die gelehrten und weniger gelehrten Speichellecker der herrschenden Klassen, die vom Kapital ausgehalten werden und sich dabei so wohl fühlen wie ein rechtgläubiger Jude in Abrahams Schoß, ergänzten und begründeten dieses Programm. Der Fürsprecher der Gutsbesitzerinteressen, Professor Migulin, derselbe Mann, der in seinem Büchlein „Zum 300jährigen Bestehen des Hauses Romanow“ der Reihe nach die Stiefel sämtlicher Vertreter dieses „Hauses“ — mit Verlaub zu sagen — zu lecken sich befleißigte, schmückte die Spalten des „Neuen Volkswirt“ mit der Forderung nach militärischer Disziplin auf den Eisenbahnen und mit Apologien des „grundlegenden Rechtes des Menschen und Bürgers“, des Eigentumsrechtes. Die Tagespresse arbeitete indessen schon die konkreten Pläne für die Bestrafung und Zügelung der Massen aus.

Die provisorische Regierung entsprach diesem Programme mit ziemlichem Erfolg, obwohl sie aus dem Zustande permanenter Niedergeschlagenheit nicht herauskam, dessen ständiger Charakter keineswegs ihrem eigenen provisorischen Charakter entsprach. Fast eine jede Kabinettssitzung endete tragisch: es erschienen Delegationen von der Front, ihr Bericht machte einen „niederschlagenden Eindruck“; Nachrichten über Holzfällungen durch die Bauern liefen ein, die Regierung ist „niedergeschlagen“, die Bolschewiki haben Erfolge, die Regierung ist „niedergeschlagen“; die Bauern forderten Land, die Regierung ist „niedergeschlagen“; die Arbeiter streikten, auf die Regierung wirkt das „niederschmetternd“. Alle Berichte über Kabinettsitzungen klangen unbedingt mit diesen Worten aus. Wäre es nicht eine Komödie gewesen, hätte es eine Tragödie sein können, denn die „Niedergeschlagenheit“ der Regierung verhinderte diese sonderbarerweise keineswegs daran, gegen die Massen so vorzugehen, wie es das Kapital und der Großgrundbesitz verlangten.

Gegen die Bauern führte die Regierung Kerenski einen Feldzug von Verhaftungen, Strafexpeditionen und Strafprozessen. Man machte Prozesse wegen der Verletzung der alten Fronverträge und wegen der Durchführung der Agrar-Instruktionen von Tschernow. Man sperrte die einfachen Bauern ebenso wie die Mitglieder der Landausschüsse ein; man ergriff die einfachen Komiteemitglieder ebenso wie die Vorsitzenden. Die einen wie die anderen kamen auf die Anklagebank und erhielten von der neuen „Majestät“ unentgeltliche Wohnungen zugewiesen. So geschah es im Gouvernement Pskow, Mohilew, in Podolien und anderswo, offenbar im Hinblick auf die Forderung der Sozialisierung des Landes, die im Programme jener Partei enthalten ist, an deren Spitze Kerenski stand. Hier zeigte sich besonders kraß der soziale Sinn der bonapartistischen Herrschaft. Nach außen hin eine „Muschiken-Regierung", die Regierung eines bäuerlichen Sozialisten, in Wirklichkeit die raffende Faust des Wucherkapitals. In Worten: „Land und Freiheit", in der Tat: bewaffneter Schutz des Eigentums der Gutsbesitzer. Im Prinzip: ungehemmte Selbständigkeit der bäuerlichen Organisationen; in Wirklichkeit: die Zwangsjacke, das Strafgericht und die Tyrannei der Provinzsatrapen.

Gegen die Arbeiter wurde eine Politik geführt, die von den vereinigten Industriellen vorgeschrieben war. Das Proletariat an der Gurgel packen konnte man noch nicht, aber fast alle Erzeugnisse der gesetzgeberischen Schöpfungsarbeit auf wirtschaftlichem Gebiete bezogen sich auf alle möglichen Hindernisse, die die imperialistische Staatsmacht jenen illoyalen Arbeitern in den Weg legte, die es gewagt hatten, die Hand gegen das geheiligte „jus utendi et abutendi" zu erheben.

Noch offenherziger war der Angriff auf die politischen Organisationen des Proletariats, auf ihre Rechte und Freiheiten. Die Presse wurde für vogelfrei erklärt. Die Freiheit der Versammlungen hing von der Willkür zweier Minister, des Kriegsministers und des Innenministers, ab. Die proletarische Partei wurde in den Schraubstock des Ausnahmezustandes gezwängt, der um so schlimmer ist, je willkürlicher die eifrigen Administratoren vorgehen. Als letztes Ergebnis der beispiellosen Kriecherei vor den Schlachtenbummlern des Weltkrieges und des Triumphes des knechtischen Byzantinismus verkündeten die Gesetzgeber des Winterpalais urbi et orbi ein neues Gesetz über die „Beleidigung ausländischer gekrönter Häupter und deren Vertreter", das die Aufdeckung der Triebfedern des internationalen Raubzuges mit Gefängnis bestrafte.

Die bäuerliche Armee teilte das Schicksal des gesamten Volkes, sie wurde vom Demokraten Kerenski auf Gnade und Ungnade den Zaren-Generalen ausgeliefert, die im Großen Hauptquartier den Generalstab der bewaffneten Konterrevolution organisierten. Eiserne Disziplin, d. h. rücksichtsloses Vorgehen gegen die Soldaten, militärische Schnellfeuer-Kriegsgerichtsjustiz, die die Verräter der Revolution mit eiserner Stirn frech eine revolutionäre zu nennen wagten, ein von demselben Hauptquartier organisiertes System der niederträchtigsten Verleumdung, all dies ballte sich zu einem schmutzig-blutigen Klumpen zusammen, an dem der revolutionäre Geist der Armee ersticken sollte.

Die imperialistische Diktatur, die in der Person eines „Abenteurers der Revolution" ihren blutigen Stiefel auf das ganze Land setzte, machte sich auch in den Grenzmarken fühlbar. Wie hätte man auch das „hehre Recht der Selbstbestimmung der Nationen" vergessen können? Zur Demonstrierung dieses Rechtes jagten die demokratischen Gauner den finnischen Landtag unter Androhung von Waffengewalt auseinander und schickten in der Ukraine als Argument Kürassiere vor, die den Triumph der Freiheit und der Revolution vor Augen führten.

Während der russische Imperialismus so seinen Kolonien die Zähne zeigte, trieben Kerenski und Tereschtschenko unter dem Deckmantel des diplomatischen Geheimnisses ein niederträchtiges Spiel. Sie verkauften ihre sozialistische Vergangenheit, indem sie mit Lloyd George ein Abkommen bezüglich der Liquidierung der internationalen Konferenz der Sozialpatrioten in Stockholm trafen. Nachdem er hinter den Kulissen der Staatsgeheimnisse das unglückselige Beginnen der Sozialisten unmöglich gemacht hatte, erklärte Lloyd George im Namen der vier Ententemächte, daß für die Stockholmer Konferenz keine Pässe ausgestellt werden würden, da „gerade im Augenblicke, wo in Rußland die ersten Schritte zur Wiederherstellung der Disziplin und zur Verhinderung der Verbrüderung an der Front getan sind, nichts schädlicher sein könnte, als diese Konferenz, an der sich auch feindliche Staatsbürger beteiligen sollten".

Die „provisorische" russische Stimme des britischen Imperialismus erklärte dazu feierlichst, daß die Entscheidung der Frage von Krieg und Frieden ausschließlich ihr zukomme, — selbstverständlich im Einvernehmen mit den Regierungen der verbündeten Mächte.

Verkörperte schon die zentrale Staatsmacht selbst die imperialistische Diktatur, so wurde durch sie außerdem ein breiter Raum für die Mobilisierung aller gegenrevolutionären Kräfte geschaffen. Insofern der alte zaristische Apparat (die Ochrana, — die jetzt in „Gegenspionage" umgenannt war, — die Richter, Beamten, die ganze sogenannte Verwaltung, die Generalität und das Offizierskorps) noch vorhanden, insofern er von der Frühjahrsrevolution nicht in Trümmer geschlagen war, fing er wieder an, Blüten zu treiben, nachdem er den lebenspendenden Saft der Reaktion in sich aufgenommen hatte. Ihm zu Hilfe eilten Freiwillige aus der Bourgeoisie, es kamen die Presse, die sich vermehrenden gegenrevolutionären Zellen, die mannigfaltigsten Kongresse und Konferenzen, monarchistische Organisationen, die nach der Republik und republikanische Zirkel, die nach der Monarchie schrien, es kamen Verschwörungen der Generale und Kirchenväter, der Georgkreuzritter und Industriemagnaten, der grauhaarigen Großgrundbesitzer und der Stürmerinnen aus dem „Bataillon des Todes", der Fahnenjunker und Bankiers, der mit Hämorrhoiden behafteten Würdenträger und der tapferen Kosakenschaft.

## 2. DER VI. KONGRESS DER RUSSISCHEN SOZIALDEMOKRATISCHEN ARBEITER-PARTEI (BOLSCHEWIKI)

DER vom 26. Juli bis 3. August 1917 stattgefundene VI. Kongreß der bolschewistischen Partei (an dem Lenin nicht teilnehmen konnte, weil er gezwungen war, sich vor der sein Leben bedrohenden Konterrevolution zu verbergen) schätzte die Umschichtung der Klassenkräfte nach den Juli-Ereignissen ebenso ein, wie Lenin z. B. in seiner Juli-Broschüre: „Zu den Losungen". Auf dem Kongresse waren 187 Delegierte mit beschließender und 107 mit beratender Stimme.

Der Kongreß konstatierte, daß die menschewistisch-sozialrevolutionäre Führung die Sowjets in ein Anhängsel der gegenrevolutionären Staatsmacht verwandelt hatte. Darum hielt es der Kongreß für angebracht, die Parole der Übergabe der Macht an die Sowjets vorübergehend von der Tagesordnung abzusetzen und die revolutionären Proletarier, Soldaten und werktätigen Bauern zur Vorbereitung der bewaffneten Niederwerfung der konterrevolutionären Staatsmacht aufzurufen.

Als aber nach kurzer Zeit die Linksschwenkung der Massen das politische Gesicht der Sowjets verändert hatte, gesellten die Bolschewiki der Parole des bewaffneten Aufstandes wieder die alte Parole „Alle Macht den Sowjets" bei.

Die wichtigsten Beschlüsse des Kongresses lauteten:

*Die gegenwärtige Lage und der Krieg.*

1. In der letzten Zeit nimmt der Krieg die Dimensionen eines allumfassenden Weltkampfes an. Ein neuer Titan des Imperialismus und ein neuer Prätendent auf die Welthegemonie — Amerika — ist auf den Plan getreten. Unter dem Drucke Amerikas und der Entente tritt China in den Krieg. Der Kampf der imperialistischen Großmächte zieht

**Präsidium des VI. Kongresses der Russischen Sozialdemokratischen Arbeiter-Partei (Bolschewiki)**

Obere Reihe: Das vom Kongreß gewählte Ehrenpräsidium, dessen Mitglieder damals verhaftet waren absolut alle Länder hinein. Neben der Erweiterung des Umfanges des Krieges trägt auch der Kampf der Weltbourgeoisie gegen die heranreifende proletarische Revolution mittels der Aufrechterhaltung der Militärdiktatur und der Zersplitterung der internationalen proletarischen Kräfte zur Kriegsverlängerung bei.

2. Der gefährlichste Faktor für die Imperialisten aller Länder ist die russische Revolution, die als erste Aktion der Massen droht, sich im Laufe des Krieges zur unmittelbaren Massenaktion gegen den Krieg und gegen den Imperialismus auszuwachsen und die proletarischen Massen anderer Länder in diesen Kampf hineinzureißen.

3. Gleich mit Beginn der Revolution eröffneten die Imperialisten der Ententeländer gegen sie eine Kampagne (das Liebäugeln mit dem gestürzten Nikolaus, die Hetze gegen die Sowjets, die Verhaftungen russischer Internationalisten usw.). Diese Kampagne ging in einen direkten Sturmlauf gegen die Revolution über, der in dem offenen Bündnis zwischen den Ententebankiers und den konterrevolutionären Kräften in Rußland, in der Finanzierung derselben durch das englische Kapital, in der direkten Einmischung der Ententeregierungen in die inneren Angelegenheiten Rußlands, schließlich in der Forderung einer Offensive, zu der die russische Armee in keiner Weise vorbereitet war, seinen Ausdruck fand.

4. Der Sieg der Anhänger der Offensivpolitik in Rußland rief in allen Ländern einen neuen Aufschwung des Chauvinismus, die Stärkung der imperialistischen Diktatur und die Erschwerung der Arbeit der internationalen Sozialisten hervor.

5. Die oberen Schichten des Kleinbürgertums und der Bauernschaft, sowie ein Teil der Arbeiter, die noch nicht mit den kleinbürgerlichen Illusionen gebrochen haben, welche Schichten von den Parteien der Sozialrevolutionäre und der Menschewisten vertreten sind, stellten sich auf den Standpunkt der Offensive und verschrieben sich dadurch mit Leib und Seele der imperialistischen Großbourgeoisie.

Auf der Grundlage der gemeinsamen Kriegsaufgaben bildete sich ein enges Bündnis zwischen ihnen und den Sozialimperialisten Westeuropas heraus, das sich mit Naturnotwendigkeit in ein Bündnis der aktiven Unterstützung des Ententeimperialismus verwandelte.

6. Die russische kleinbürgerliche Demokratie, in der Gestalt der sozialrevolutionären und der menschewistischen Partei, wurde in das Fahrwasser der gemeinsamen imperialistischen Politik hineingerissen. In dieser Beziehung trat eine vollkommene Vereinheitlichung der Politik der Sozialpatrioten aller Länder ein, die sich auch in Rußland in direkte Agenten des Imperialismus verwandelten. In dieser Weise halfen die Menschewisten und Sozialrevolutionäre dem konterrevolutionären Finanzkapital nach, die Bedeutung Rußlands als Herd der internationalen Revolution abzuschwächen.

7. Die weitere Kriegsverlängerung beschleunigt einerseits den Zerfallsprozeß der Produktivkräfte, führt andererseits zur außerordentlichen Konzentration der Produktion und zu deren Zentralisierung in der Hand des Militärstaates. Gleichzeitig führt die Kriegsverlängerung, indem sie die Zwischenschichten in einer beispiellosen Weise proletarisiert, die Proletarier in die Leibeigenen des imperialistischen Staates verwandelt, zur vollkommenen Verelendung der Arbeiterschaft beiträgt, sie den Polizeirepressalien ausliefert usw., unvermeidlich zum Anwachsen der Elemente der proletarischen Revolution.

8. Die Friedensaktion mittels des „Druckes" auf die Ententeregierungen und der Verständigung mit den Sozialimperialisten, die von den Sowjets, die einen vollen Bruch mit dem Imperialismus ablehnten, unternommen wurde, konnte nicht umhin, einen vollkommenen Bankrott zu erleiden. Dieser Bankrott bestätigte den Standpunkt der revolutionären Sozialdemokratie, daß nur der revolutionäre Massenkampf gegen den Imperialismus in allen Ländern, die internationale proletarische Revolution einen demokratischen Frieden herbeizuführen imstande ist.

9. Die Aufgabe der Liquidierung der imperialistischen Herrschaft erlegt der Arbeiterklasse jenes Landes, die die Diktatur der Proletarier und Halbproletarier zuerst verwirklichen wird, die Pflicht auf, das kämpfende Proletariat anderer Länder in jeder Weise (bis zur bewaffneten Mitwirkung) zu unterstützen. Insbesondere wird diese Pflicht Rußland erwachsen, falls, was höchstwahrscheinlich ist, der neue, unvermeidliche Aufschwung der russischen Revolution die Arbeiter und die ärmsten Bauern noch vor dem Umsturz in den kapitalistischen Ländern Westeuropas ans Ruder bringt.

10. Das einzige Mittel, dem Kriege durch einen wirklichen demokratischen Frieden ein Ende zu setzen, ist für das internationale Proletariat die Eroberung der politischen Macht, in Rußland dagegen deren Eroberung durch die Arbeiter und die ärmsten Bauern. Nur diese Klassen werden imstande sein, mit den Kapitalisten aller Länder zu brechen und das Wachstum der proletarischen Weltrevolution tatsächlich zu fördern, die nicht nur dem Kriege, sondern auch der kapitalistischen Sklaverei ein Ende machen muß.

*Die politische Lage.*

1. Die Entwicklung des Klassenkampfes und die Klassenverhältnisse im imperialistischen Kriege führten, im Zusammenhange mit der Krise an der

Front und mit der wachsenden Abhängigkeit Rußlands vom Ententekapital, zur Diktatur der konterrevolutionären imperialistischen Bourgeoisie, die sich auf die kriegslüsternen höheren Militärkreise stützt und in den Führern des kleinbürgerlichen Sozialismus eine „revolutionäre" Schirmwand findet.

2. Nach dem Sturze des Zarismus ist die politische Macht übergegangen auf die Bourgeoisie als der wirtschaftlich kräftigsten und politisch wohlorganisiertesten Klasse. Da aber die Bourgeoisie die Kriegsverlängerung und den Schutz der hohen Raubprofite des Kapitals und des junkerlichen Grundbesitzes anstrebt, kann sie bei der von der Revolution geschaffenen politischen Freiheit und der Bewaffnung der Massen die Macht nicht behalten. Das Proletariat und die Bauernschaft, organisiert in den Arbeiter-, Soldaten- und Bauern-Sowjets, mußten danach streben, dem imperialistischen Völkermorden für die Kapitalsinteressen ein Ende zu machen, das kapitalistische Schmarotzertum, vor allem bei Kriegslieferungen, zu zügeln und die junkerlichen Ländereien den Bauern zu übergeben.

Gleich die erste Krise, die am 20. bis 21. April ausbrach, würde den unvermeidlichen Sturz der bürgerlichen provisorischen Regierung und einen friedlichen Machtübergang in die Hände der Sowjets zur Folge gehabt haben, hätten nicht dessen Führer, die Sozialrevolutionäre und Menschewisten, die Kapitalistenregierung durch die Verknüpfung der Sowjets mit ihrem Weiterbestehen unter der Form des Koalitionsministeriums gerettet.

3. Die Vorherrschaft der kleinbürgerlichen Parteien der Menschewisten und Sozialrevolutionäre unter den Vertretern der Bauernschaft und der Kleinproduzenten überhaupt und auch unter einem Teile der noch in bürgerlichen Begriffen befangenen Arbeiter, ergab sich naturgemäß aus dem kleinbürgerlichen Charakter der vorwiegenden Bevölkerungsmehrheit Rußlands. Bei der unbewußt vertrauensvollen Haltung dieser Masse den Kapitalisten gegenüber war es eine Zeitlang nur natürlich, wenn diese sich durch die Träume über die Ersetzung des scharfen Klassenkampfes durch eine friedliche Verständigung der Arbeiter mit den Kapitalisten, der Bauern mit den Junkern verführen ließen.

4. Unter der Herrschaft dieser Parteien glitten die Sowjets unvermeidlich immer tiefer hinab, sie hörten auf, sowohl die Organe des Aufstandes wie die der politischen Macht zu sein, und ihre Entscheidungen verwandelten sich in machtlose Resolutionen und fromme Wünsche. Zu derselben Zeit verschleppte die Bourgeoisie, mit „sozialistischen" Ministern spielend, die Wahlen zur Nationalversammlung, hemmte die Übernahme des Bodens durch die Bauern, sabotierte jeden Kampf gegen die Zerrüttung, bereitete — unter Billigung der Sowjetmehrheit — die Offensive an der Front, d. h. die Erneuerung des imperialistischen Krieges vor, was im Gesamtergebnis die Organisierung der konterrevolutionären Kräfte bedeutete.

5. Das Anwachsen der Unzufriedenheit der Massen infolge der Teuerung, der Zerrüttung, der Kriegsverlängerung fand ihren Ausdruck in der Verschärfung des Kampfes zwischen der Bourgeoisie und dem Proletariat, das die Revolution vorwärts trieb und dem imperialistischen Kriege unversöhnliche Feindschaft bewahrte. Angesichts dieser Verschärfung des Klassenkampfes gingen die Sozialrevolutionäre und Menschewiki, die sich in ihrer Politik des Kompromisses mit der Bourgeoisie und der Unterstützung der Offensivpolitik verstrickten, naturnotwendig zur Unterstützung der konterrevolutionären Kadetten gegen das Proletariat über.

Schon während der Krise vom 9. Juni schlug Zeretelli vor, die Petrograder Arbeiter und die revolutionären Regimenter zu entwaffnen. Die Manifestation vom 18. Juni zeigte besonders anschaulich, daß die Sozialrevolutionäre und Menschewiki endgültig aufhörten, die Bestrebungen der Massen auszudrücken. Und als die spontane Bewegung vom 3. bis 4. Juli ausbrach, als die Partei des Proletariats sich in Erfüllung ihrer revolutionären Pflicht auf die Seite der mit Recht entrüsteten, empörten Massen stellte, wurden die Sozialrevolutionäre und Menschewisten endgültig vor die Notwendigkeit eines Bruches mit der Bourgeoisie gestellt, den sie aber am meisten fürchteten. Sie gingen zum offenen Kampfe gegen das revolutionäre Proletariat und revolutionäre Truppen über, riefen unaufgeklärte Truppen nach Petrograd, billigten die Demolierung der Redaktionen und die Verbote der internationalistischen Blätter, die Todesstrafe an der Front, die Verhaftungen der Bolschewiki usw. usw.

6. Dieser Gang der Ereignisse brachte die Gewalt tatsächlich in die Hände der konterrevolutionären Bourgeoisie, die durch die Kriegsclique unterstützt wird. Gerade diese imperialistische Diktatur führte und führt auch jetzt die oben geschilderte Politik der Zerstörung der politischen Freiheit, der Vergewaltigung der Massen und der unerbittlichen Verfolgung des internationalen Proletariats durch, und zwar unter voller Macht- und Tatlosigkeit der Zentralinstanz der Sowjets, — des zentralen Vollzugskomitees.

Die Sowjets erleiden eine qualvolle Agonie, einen Zerfallsprozeß, weil sie die politische Macht nicht rechtzeitig übernahmen.

7. Die Losung der Machtübernahme durch die von der ersten Revolutionswelle erzeugten Sowjets, diese von unserer Partei verkündete Losung, zeigte einen Weg zur friedlichen Entwicklung der Revolution, zum schmerzlosen Machtübergange von der Bourgeoisie an die Arbeiter und Bauern, zur all-

mählichen Überwindung der Illusionen des Kleinbürgertums.

Zur gegenwärtigen Zeit wurde die friedliche Entwicklung und der schmerzlose Machtübergang in die Hände der Sowjets bereits unmöglich, denn die Macht ging schon tatsächlich in die Hände der konterrevolutionären Bourgeoisie über.

Die einzige richtige Losung für die gegenwärtige Lage ist der Sturz der Diktatur der konterrevolutionären Bourgeoisie. Nur das revolutionäre Proletariat ist imstande, wenn es von der Bauernschaft unterstützt wird, diese Aufgabe, die die Aufgabe des neuen revolutionären Aufschwungs ist, zu erfüllen.

8. Der Erfolg dieses Umschwungs hängt davon ab, ob die Mehrheit des Volkes genügend bald und dauernd zum Bewußtsein gelangt, daß alle auf das Kompromiß mit der Bourgeoisie gesetzten Hoffnungen, die von den Parteien der Sozialrevolutionäre und der Menschewiki ausgesprochen und unterstützt werden, verderblich sind. Der Gang der Ereignisse macht diese Hoffnungen gründlich zunichte.

Die Partei muß die Rolle des Vorkämpfers gegen die Konterrevolution übernehmen; sie muß alle Freiheiten und alle tatsächlich eroberten Rechte energisch verteidigen: alle Massenorganisationen (die Sowjets, Fabrikkomitees, Soldaten- und Bauern-Komitees) und vor allem die Arbeiter-, Soldaten- und Bauern-Sowjets gegen alle konterrevolutionären Anschläge verteidigen: die in diesen Organen durch den internationalen Flügel eroberten Positionen mit allen Mitteln wahren und festigen, um den Einfluß innerhalb dieser Massenorganisationen energisch kämpfen, und um sich herum die Elemente organisieren, die die Position des unentwegten Kampfes gegen die Konterrevolution beziehen.

9. Das Proletariat darf sich nicht von der Bourgeoisie provozieren lassen, die sehnlichst wünscht, es im gegenwärtigen Zeitpunkte zum vorzeitigen Kampfe herauszufordern. Es muß alle seine Anstrengungen darauf konzentrieren, die Kräfte jetzt zu organisieren und vorzubereiten, wo die allgemeine Krise und der tiefgehende Massenaufschwung die günstigen Bedingungen für den Übergang der armen Volksschichten in Stadt und Land auf die Seite der Arbeiter gegen die Bourgeoisie geschaffen haben.

10. Die Aufgabe dieser revolutionären Klassen wird es dann sein, alle Kräfte für die Übernahme der Staatsgewalt anzuspannen und die letztere im Bunde mit dem revolutionären Proletariat der vorgeschrittensten Länder, für den Frieden und für den sozialistischen Umbau der Gesellschaft zu verwenden.

*Die wirtschaftliche Lage.*

1. Die Grundursache der wirtschaftlichen Zerrüttung ist das Mißverhältnis zwischen dem Zustande der Produktivkräfte und den vom imperialistischen Kriege gestellten Anforderungen. Besonders kraß tritt dieses Mißverhältnis in Rußland auf, infolge der niedrigen Entwicklungsstufe der Produktivkräfte und der Unvollkommenheit ihrer wirtschaftlich-technischen Organisation.

Nach drei Kriegsjahren bietet die wirtschaftliche Lage Rußlands folgendes Bild: eine vollkommene Erschöpfung in der Sphäre der produktiven Arbeit und die Desorganisation der Erzeugung, eine allseitige Zerrüttung und Zerfall des Transportnetzes, ein dem endgültigen Bankrott sich nahender Zustand der Staatsfinanzen und, als die Folgen von alledem, eine an die Hungersnot grenzende Ernährungskrise, ein absoluter Mangel an Heizmitteln und überhaupt an Produktionsmitteln, eine fortschreitende Teuerung, eine ungeheure Verelendung der Massen usw. Das Land sinkt bereits in den Abgrund des endgültigen Zerfalls und des Untergangs.

2. Diese sich mit jedem Tage verschärfende Krise wird von der Politik des Bürgertums gesteigert, die, da sie mit der politischen Macht auch die Macht über die organisierte Produktion zu verlieren fürchtet, die Produktion nicht nur nicht organisiert, sondern eine Sabotagepolitik treibt, zu versteckten Aussperrungen, zur Einstellung der Produktion usw. greift, das ökonomische Chaos wissentlich steigert, um es für die Sache der Konterrevolution auszunützen.

3. Eine ähnliche Wirtschaftspolitik treiben die Vertreter von „Handel und Industrie" im Ministerium. Die Taktik der Sabotage der Staatsgewalt und jeder auf die Regulierung der Produktion hinzielenden Arbeit, ebenso wie die hartnäckige Bekämpfung jedweder Selbsthilfeorganisationen, die das Wirtschaftsleben bis zu einem gewissen Grade ordnen, konnte nicht umhin, in der Praxis die Zerrüttung zu steigern. Es wurde keine ernste Reform auf dem Gebiete der sozialen, wie auf dem der staatlichen Wirtschaft durchgeführt.

4. Die Kriegsverlängerung, die chronische Regierungskrise, die sich aus der Kompromißpolitik der kleinbürgerlichen Parteien ergibt, und die Angst der Bourgeoisie vor dem wachsenden Ansturme des Proletariats machen selbst die militaristische staatskapitalistische Wirtschaftsorganisation unmöglich, die die Arbeiterklasse zugunsten des imperialistischen Staates versklavt.

5. Infolgedessen ist der einzige Ausweg aus der kritischen Lage die Beendigung des Krieges und die Organisierung der Produktion nicht für den Krieg, sondern für den Wiederaufbau der von dem Kriege zerstörten Wirtschaft, und zwar nicht im Interesse einer Handvoll Finanzoligarchen, sondern in dem der Arbeiter und der Kleinbauern.

Eine derartige Regulierung der Produktion in Rußland kann nur durch eine von den Proletariern und Halbproletariern beherrschte Organisation durchgeführt werden, was den Übergang auch der Staatsgewalt in ihre Hände voraussetzt. Dabei ist es notwendig, eine Reihe von entschiedenen revolutionären Maßnahmen durchzusetzen.

6. Es ist notwendig, zwecks planmäßiger Regulierung der Erzeugung und Verteilung ins Gebiet der Produktion einzugreifen, dann die Nationalisierung und Zentralisierung des Bankwesens, sowie die Nationalisierung einer Reihe von syndizierten Unternehmungen (z. B. in der Petroleum-, Steinkohlen-, Zucker- und Metallindustrie, sowie des Transports).

7. Es ist notwendig, in Anlehnung an die Genossenschaften und die Ernährungskomitees einen regelmäßigen Austausch zwischen Stadt und Land zu organisieren, um die Stadt mit den notwendigen Erzeugnissen der Landwirtschaft und das Land mit notwendigen Fabrikaten, landwirtschaftlichen Geräten, Maschinen usw. zu versorgen.

8. Es muß eine wirkliche Arbeiterkontrolle eingesetzt werden. Zu den Kontrollorganen müssen vorwiegend die Vertreter der Arbeitersowjets, der Gewerkschaften und der Fabrikkomitees abgeordnet werden. Auch müssen zu den Kontrollorganen die Vertreter des technisch ausgebildeten Personals herangezogen werden.

9. Die Arbeiterkontrolle muß durch die allmählich verwirklichten Maßnahmen zur vollkommenen Produktionsregelung entwickelt werden.

10. Für die Durchführung der Kontrolle muß als vorbereitende Maßnahme die Abschaffung des Geschäftsgeheimnisses durchgeführt werden: die Geschäftsbücher der Kaufleute, der Industriellen, der Banken müssen den Kontrollorganen zugänglich gemacht werden. Die Verheimlichung der Dokumente muß mit strafrechtlicher Verfolgung bedroht werden. Es muß periodisch die Revision der Vorräte mit der Veröffentlichung ihrer Menge und ihrer Besitzer stattfinden.

Zum Kampfe gegen die versteckten und offenen Aussperrungen muß ein Gesetz erlassen werden, das die Stillegung der Fabriken oder die Produktionsbeschränkung ohne Erlaubnis der Arbeitersowjets der Gewerkschaften und der zentralen Fabrikkomitees verbietet.

11. Für die Bekämpfung der Finanzkrise sind folgende Maßnahmen notwendig: eine sofortige Einstellung der weiteren Papiergeldemissionen, die Nichtigerklärung der äußeren wie der inneren Staatsanleihen, wohlgemerkt unter Wahrung der Interessen der kleinen Zeichner, die Reform des ganzen Steuersystems durch die Einführung der Besitzsteuer, der Wertzuwachssteuer und der hohen indirekten Steuern für Luxusgegenstände, die Reform der Einkommensteuer und eine wirkliche zentrale und lokale Kontrolle der Abschätzung der Einkommen und des Besitzes.

12. Auf dem Gebiete der Hebung der Produktivkräfte ist es notwendig, die Arbeitskräfte richtig zu verteilen: sie aus der Kriegsindustrie in die Industrie zu überführen, die für die Befriedigung des Volksbedarfes arbeitet.

13. Nach der Erfüllung der angegebenen Bedingungen und unter der Voraussetzung der Übernahme der Staatsmacht durch die Proletarier und Halbproletarier ist für die richtige Verteilung der Arbeitskräfte und für die Hebung der Produktion die Einführung des allgemeinen Arbeitszwanges notwendig. Nur unter dieser Voraussetzung wird der allgemeine Arbeitszwang die höchste Hebung der Produktivkräfte ermöglichen und nicht ein neues Mittel der Versklavung der Arbeiter werden.

14. Die Arbeiterorganisationen (Gewerkschaften, Fabrikkommitees, Arbeitersowjets) müssen sich die Aufgabe stellen, die Maßnahmen dieser Art im ganzen Lande anzuregen, die Initiative in dieser Richtung zu entwickeln, dieselben Maßnahmen im Reichsmaßstabe zu beschleunigen und zu verallgemeinern.

15. Die Durchführung und Verwirklichung aller hier angegebenen Maßnahmen ist nur dann möglich, wenn die Arbeiter, unterstützt durch die arme Bauernschaft, alle ihre Kräfte anspannen, um diese Maßnahmen zu verwirklichen im Kampfe gegen die Regierungspolitik der imperialistischen Bourgeoisie und ihrer konterrevolutionären Vorstöße.

*Die Aufgaben der gewerkschaftlichen Bewegung.*

(Als Material zur Überweisung an das Zentralkomitee)

1. Die Entwicklung des Klassenkampfes in der Epoche des erbitterten Ringens der imperialistischen Bourgeoisie um die Eroberung der Weltmärkte stellt uns, ohne die Grundaufgabe der gewerkschaftlichen Bewegung — die Führung des Lohnkampfes des Proletariats als einer Form seines Klassenkampfes — beiseite zu schieben — neue und komplizierte Probleme, deren radikale Lösung nur durch die Ersetzung der kapitalistischen Ordnung durch die sozialistische möglich ist.

2. Der dreijährige brudermörderische Krieg und die verbrecherische Politik der herrschenden Klassen aller Länder haben eine wirtschaftliche Katastrophe hervorgerufen, die unter der konterrevolutionären Diktatur des kadettisch - sozialchauvinistischen Blocks die Arbeitermassen Rußlands mit besonders schweren Folgen bedroht.

3. Die Arbeitslosigkeit, gesteigert durch die von der Bourgeoisie zum Zwecke des Kampfes mit den revolutionären Errungenschaften der Arbeiterklasse veranstalteten offenen und versteckten Aussperrungen, bedroht, im Zusammenhange mit der herannahenden Demobilisierung der Industrie und der Armee, das Bestehen selbst der Gewerkschaften und der Revolution.

4. Die unerträglichen Arbeitsverhältnisse, die in der Kriegszeit durch die tatsächliche Aufhebung der noch vor dem Kriege errungenen jämmerlichen Eroberungen auf dem Gebiete des Arbeiterschutzes geschaffen wurden, stellen uns vor die Aufgabe des Kampfes um eine umfassende allseitige Arbeitsgesetzgebung.

5. Die Gewerkschaften, die durch die Logik des Kampfes immer mehr in den Kampf um den Sozialismus hineingerissen werden, müssen sich in allen ihren Aktionen von den Grundsätzen des konsequenten Klassenkampfes leiten lassen, die allgemeinen Interessen der Arbeiterklasse energisch und planmäßig verteidigen, indem sie jegliche Versuche ablehnen, die Gewerkschaftsbewegung einzuengen und sie den Interessen des Krieges und der herrschenden Klassen dienstbar zu machen.

6. Die Gewerkschaften, deren Lebensinteresse als Kampforganisationen der Arbeiterklasse die restlose Durchführung der Revolution durch die revolutionäre Partei des Proletariats ist, müssen die ökonomische und politische Abwehr der Konterrevolution organisieren, die die wirtschaftliche Zerrüttung zur völligen Versklavung der breiten Volksmassen ausnutzt.

7. Um den wirtschaftlichen Zerfall des Landes, der von der anwachsenden Konterrevolution verschärft wird, zu bekämpfen und die Revolution bis zum siegreichen Ende zu führen, müssen die Gewerkschaften die staatliche Einmischung in die Organisation der Produktion und ihrer Verteilung fordern, ohne dabei zu vergessen, daß diese Maßnahme nur unter einem neuen Aufschwunge der revolutionären Welle und unter der Diktatur des auf die ärmeren Bauernschichten gestützten Proletariats im Interesse der breiten Volksmassen durchgeführt werden können.

Angesichts des obigen erklärt der Parteitag folgendes:

All diese verantwortlichen Aufgaben können von den Gewerkschaften Rußlands nur dann erfüllt werden, wenn sie die kampfbereiten Klassenorganisationen bleiben und ihren Kampf in der engsten Zusammenwirkung mit der politischen Partei des Proletariats führen werden; wenn sie in den Wahlen zur Nationalversammlung energisch um den Sieg der sozialistischen Partei kämpfen werden, die die Klasseninteressen des Proletariats unentwegt verficht und für die baldigste Beendigung des Krieges durch den revolutionären Massenkampf gegen die herrschenden Klassen aller Länder eintritt; wenn sie, um dem Kriege baldmöglichst ein Ende zu machen und die Internationale zu schaffen, unverzüglich mit allen Gewerkschaften in Verbindung treten, die in verschiedenen Ländern einen Krieg gegen den Krieg führen, und gemeinsam mit ihnen einen gemeinsamen Plan des Kampfes gegen das internationale Massenmorden und um den Sozialismus ausarbeiten; wenn sie ihren täglichen Kampf um die Besserung der materiellen Lage des Proletariats stets mit der von uns durchlebten Epoche der sozialen Riesenkämpfe in Verbindung setzen werden, und wenn sie schließlich in allen ihren Aktionen betonen werden, daß die Lösung der dem russischen Proletariat von der Geschichte gestellten Aufgaben nur im Weltmaßstabe möglich ist.

Der internationale revolutionäre Sozialismus — gegen den internationalen Imperialismus!

## Der VI. Kongreß der Russischen Sozialdemokratischen Arbeiter-Partei (Bolschewiki) wandte sich an die Proletarier Rußlands mit folgendem Manifest:

*Manifest der Russischen Sozialdemokratischen Arbeiterpartei (Bolschewiki).*

An alle Werktätigen, an alle Arbeiter, Soldaten und Bauern Rußlands!

Genossen!

Fünf Monate sind vergangen, seitdem das revolutionäre Proletariat und die revolutionären Truppen die Herrschaft der Knute und des Stockes gestürzt und Nikolai Romanow hinter Schloß und Riegel gesetzt haben. Die Arbeiter warfen die Ketten ab, in die sie das Polizeiregime geschmiedet hatte. Die Soldaten wurden zu freien Bürgern. Inmitten der allgemeinen Barberei und Vertierung ertönte die schallende Stimme der russischen Revolution: „Frieden und Brüderschaft allen Völkern!"

Den revolutionären Kämpfern voran schritt das Proletariat. Von Anfang an hatte das russische Proletariat begriffen, daß zum Siege der russischen Revolution, zum Siege der Sache des Friedens und der Freiheit die gegenseitige Unterstützung der Arbeiter aller Länder, der internationale Aufstand der geknechteten, verblutenden Proletarier Europas unerläßlich ist. Sein Schlachtruf war die Parole „Es lebe die internationale Revolution!"

Das internationale Kapital beantwortete diesen Ruf mit einer Verschwörung gegen die russische Revolution. Die russische Revolution bedeutete für das Kapital einen Durchbruch der imperialistischen Front. Die russische Revolution drohte, den Weltbrand eines allgemeinen Aufstandes zu entfachen, die Herrschaft des Kapitals zu erschüttern und zu stürzen und das goldene Kalb zu Staub zu zermalmen. Die internationalen Börsenwölfe und die Faiseure der Banken waren vor die Aufgabe gestellt, die russische Revolution um jeden Preis zu erdrosseln, ihre Kräfte zu zerstören, das internationale Proletariat führerlos zu machen, seine Partei auszurotten.

Die russischen Räuber gingen mit dem internationalen Kapital ein enges Bündnis ein und verbanden sich mit ihm durch geheime Fäden. Schon in den allerersten Tagen der Revolution schloß die russische Finanzbourgeoisie und ihre Partei, die sogenannte Partei der Volksfreiheit, einen Vertrag mit den Räubern des westeuropäischen Imperialismus ab. Die russische Bourgeoisie hatte gegen die Vernichtung der zaristischen Selbstherrschaft nichts einzuwenden, weil diese Selbstherrschaft sogar die Führung des Krieges unmöglich gemacht hatte (durch die Korruption der zaristischen Minister), aber der weitere Gang der Revolution drohte der Bourgeoisie mit unermeßlichen „Schrecken": die Revolution sollte das Land den Bauern geben, das Kapital an die Kandare nehmen, die Arbeiter bewaffnen, der Annexionspolitik ein Ende machen. In den schmutzigen Geheimverträgen des Blutzaren hatten die verbündeten Bankiers der gemeinsamen Sache der räuberischen Annexionen und der Erdrosselung der Revolution Treue geschworen. Der Eintritt Amerikas in den Krieg ermutigte die verbündeten Imperialisten noch weiter. Sie kannten ganz genau den Wert dieser großen Demokratie, die die Sozialisten im elektrischen Stuhle hinrichtet, die kleinen Völker mit Waffengewalt drosselt und durch den Mund ihrer in frechem Zynismus unerreichten Diplomaten vom ewigen Frieden faselt. Die amerikanischen Milliardäre, die ihre Gewölbe mit Gold anfüllen, das aus dem Blute der auf den Schlachtfeldern des verwüsteten Europas Sterbenden gemünzt worden ist, schlossen sich mit ihren Waffen, ihren Finanzen, ihrer Spionageorganisation und ihren Diplomaten nicht nur darum dem allgemeinen Gemetzel an, um ihre deutschen Kollegen im Geschäfte der internationalen Plünderung zugrunde zu richten, sondern auch, um die drosselnde Schlinge um den Hals der russischen Revolution fester zuzuziehen.

Die russische Bourgeoisie war mit den Kapitalisten Europas und Amerikas verbunden, sowohl durch ihre gemeinsamen Ziele, wie auch durch die schwere goldene Kette, deren Enden in den Bankhäusern Londons und Neuyorks sich zum Ringe schließen. So wurde der kapitalistische Block gegen die Revolution organisiert.

Die Kleinbürger Rußlands, die Spitzen der Bauernschaft, ein Teil der vom Kapital betrogenen Arbeiter und armen Bauern erkannten nicht die große ihnen von seiten der kapitalistischen Verschwörung drohende Gefahr oder wollten sie nicht erkennen. Ihre Parteien, die Menschewiki und Sozialrevolutionäre, die die Mehrheit in den Sowjets hatten, folgten der Führung der Großbourgeoisie. Sie stellten sich auf den Standpunkt der Vaterlandsverteidigung und begriffen nicht, daß die Bourgeoisie aller Länder die Arbeiter mit diesem Worte nur betört, von Verteidigung sprechend, wo sie an Gebietsraub denkt. Sie konnten sich nicht entschließen, die Macht in die eigenen Hände zu nehmen und überließen sie im Vertrauen der Bourgeoisie. Sie begrüßten gastfreundlich die sozialpatriotischen Agenten des westeuropäischen Kapitals, diese Volksbetrüger und Volksvergifter. Von Tag zu Tag verstrickten sie sich immer mehr in den Netzen, die vom internationalen Kapital ausgebreitet wurden.

Nur das von den ärmsten Bauern und von den Soldaten unterstützte revolutionäre Proletariat und dessen Partei schlugen Alarm. Die Partei des proletarischen Sozialismus, die Partei der internationalen Revolution, zog den imperialistischen Räubern unentwegt und konsequent die lügnerische Maske der Friedensliebe vom Gesicht. Sie entlarvte alle Ränke der Bourgeoisie und kritisierte die Feigheit, Unentschlossenheit und Unbeholfenheit der menschewistisch-sozialrevolutionären Taktik. Sie forderte mit allem Nachdruck den Übergang der Macht in die Hände der Demokratie, den Bruch mit den Kapitalisten aller Länder und die Veröffentlichung aller Geheimverträge. Sie forderte die sofortige Übergabe des Grund und Bodens an die Bauern, die Kontrolle der Produktion durch die Arbeiter und den allgemeinen, von den Völkern selbst geschlossenen Frieden. „Brot, Frieden, Freiheit!" stand auf ihren roten Fahnen geschrieben.

Im ganzen Lande, das sich unter der eisernen Faust des dreijährigen Krieges wand, schwoll eine nie dagewesene wirtschaftliche und finanzielle Krise lawinenartig an. Der erbarmungslose Hammer des Krieges zerschlug die übriggebliebenen Reste der aufgespeicherten Arbeit des Volkes zu Staub. Das Land glich von Tag zu Tag mehr und mehr einem Gelähmten. Die Zerstörung der Produktivkräfte, der barbarische Raubbau an ihnen führte zur Katastrophe. Der Krieg sog wie ein ungeheurer Vampir dem Lande alle Säfte aus, entzog ihm alle Kräfte. Es fehlte an Brennstoff, an Rohstoff, an Brot. Das Gespenst des Hungers erhob das Haupt in den Städten, in den Wohnstätten der Armut. Ein bodenloser Abgrund des Verderbens öffnete sich vor dem Lande.

Das Kapital drängte das Volk absichtlich diesem Abgrunde zu.

Die Großbourgeoisie verschärfte die Krise, vergrößerte die Anarchie, indem sie die Betriebe stillegte, die Produktion desorganisierte. Während sie von Patriotismus und von Vaterland faselten und die revolutionären Arbeiter zu Schurken stempelten, bremsten die vereinigten Trustmagnaten beharrlich und systematisch nach in ihren geheimen Konventikeln festgelegten Plänen den Gang der Produktion, um Chaos und Verwirrung zu schaffen, um die Schuld daran den Arbeitern in die Schuhe zu schieben und endlich die Macht wieder in die eigenen Hände zu nehmen. Auf den Ruinen der von den Zuckungen des Krieges geschüttelten Volkswirtschaft, über der Schädelstätte unzähliger kleiner, zugrunde gegangener Landwirte verfolgten die Hyänen des Großkapitals ihre freche Angriffspolitik gegen die Arbeiterklasse, strichen gierig märchenhafte Gewinne bei Kriegslieferungen ein und spekulierten auf die Hungerqualen der verelendenden Massen. Unten aber brodelte dumpfe Unzufriedenheit und Empörung gegen das Kapital und seine Minister. Das Murren der Millionenarmee der Arbeit wurde immer lauter.

Die Antwort darauf war die Politik der Offensive. Das vereinigte Kapital der Verbündeten zog seine Kräfte zum Sturmangriff gegen die russische Revolution zusammen. Die englischen und amerikanischen Kapitalisten, die in ihrer Eigenschaft als Gläubiger zu Herren des russischen Lebens wurden, stießen zu ihren treuen russischen Lakaien und beschlossen, die offenkundig unvorbereitete Armee in einen Kampf hineinzutreiben. Der Ausgang dieses Kampfes war gleichgültig, wichtig war die Sprengung des Waffenstillstandes, die Wiederaufnahme der Kriegsoperationen, die Stärkung der Macht der Kommandostellen. Die gepeinigte Armee sollte wieder vor den Schlachtwagen des Krieges gespannt werden. Das Brüllen der Kanonen sollte den Donnerhall des Klassenkampfes und der Revolution übertönen.

Die Sozialrevolutionäre und Menschewiki billigten die Politik der Offensive und lieferten so sich selbst und die Revolution mit Haut und Haaren dem Gegner aus. Durch ihre ewigen Zugeständnisse an die Imperialisten, durch den Mangel jeder Spur von Entschlossenheit begaben sie sich in die Gefangenschaft der kapitalistischen Räuber. Mit ihren eigenen Händen übergaben sie die Macht der konterrevolutionären Militärclique. Jetzt werfen die triumphierenden Magnaten der Bank und der Börse der Demokratie frech den Handschuh hin und bekunden offen ihre Absicht, den Krieg bis ans Ende weiterzuführen, d. h. ohne Ende, d. h. so lange, bis die Schatzgewölbe der amerikanischen Morgan und Genossen nicht unter der Last des Goldes bersten, so lange die Fluren der verwüsteten Erde nicht durch und durch mit Blut getränkt sind.

Die Bourgeoisie hat vorläufig ihre Ziele erreicht. Wo ist der stolze Appell an die Brüderschaft aller Völker? Wo sind die fliegenden Fahnen der Weltrevolution? Diesen Appell haben die Sozialrevolutionäre und Menschewiki durch den Aufruf zur Fortsetzung des Krieges ersetzt. Diese Fahnen haben die Bourgeoisknechte befleckt und beschmutzt, sie haben sie von den Generalen schänden lassen, sie haben sie in den Staub getreten.

Wachsende Empörung und Entrüstung waren die Antwort des Proletariats und der aufgeklärteren Soldaten auf diese Politik. Der stürmische, spontane Ausbruch dieser Entrüstung führte die Arbeiter und Soldaten auf die Straße, als die Kadettenminister, im Besitze geheimer Berichte über den Zusammenbruch der Offensive, in aller Eile zurücktraten und die gesamte Verantwortung auf ihre „sozialistischen" Handlanger abwälzten. Die Tage des 3. und 4. Juli stellten die Führer des kleinbürgerlichen „Sozialismus", die Mehrheit des Sowjets vor die ungeheure historische Frage, an wessen Seite sie kämpfen wollten, mit dem Proletariat gegen die Konterrevolution oder mit der Konterrevolution gegen das Proletariat? In diesen Tagen mußte man sich entscheiden, man mußte klar und bestimmt wählen. Die Regierungssozialisten zögerten nicht, ihre Wahl zu treffen. Sie fiel gegen die Arbeiter und Soldaten aus, die auf ihre Fahnen die Losung geschrieben hatten: „Alle Macht den Sowjets!" Die Führer der Sowjets riefen Truppen „zur Herstellung der Ordnung" herbei. In ihre opportunistische Zusammenarbeit mit der Konterrevolution verstrickt, unterstützten sie diese Konterrevolution so weit, daß sie sogar Gewehre gegen die Arbeiterbataillone, gegen die Blüte der revolutionären Kräfte, gegen die Partei des Proletariats, richten ließen. Nur diese Partei, unsere Partei, verharrte auf ihrem Posten, nur sie verließ in dieser Todesstunde der Freiheit die Arbeiterbezirke nicht; nur sie versuchte, der Aktion einen friedlichen und organisierten Charakter zu geben, indem sie mit den Massen zusammen marschierte. Es war dies ihre revolutionäre Pflicht, dies forderte ihre revolutionäre Ehre.

Die Menschewiki und Sozialrevolutionäre taten nach dem Willen der Bourgeoisie, entwaffneten die Revolution und bewaffneten die Konterrevolution. Die Bourgeoisie überließ es ihnen, die schmutzige Arbeit der Niederschlagung und Zerstörung zu verrichten. Mit ihrem stillschweigenden Einverständnis wurden die wütenden Kettenhunde niederträchtigster bürgerlicher Verleumdung gegen die ruhmreichen Führer unserer Partei losgelassen. Sie waren es, die einen schmachvollen, schändlichen Handel mit den Köpfen der proletarischen Führer trieben und sie nacheinander der wutentbrannten Bourgeoisie auslieferten. Sie waren es, die das Herz der Revolution, das für die ganze Welt schlug, die Hauptstadt Rußlands, auf Gnade und Ungnade den Offiziersschülern und Kosaken auslieferten. Mit ihrer Hilfe wurde die „Prawda"-Redaktion zerstört und der erbarmungslose Feldzug gegen den linken Flügel der Revolution geführt.

Die Juli-Tage eröffneten einen neuen Abschnitt der Geschichte. Die Konterrevolution trug vorläufig einen entscheidenden Sieg davon, die Macht ging in die Hände der Bourgeoisie und des Militärs über. Bis dahin hatte eine Doppelherrschaft existiert; bis dahin war eine ungeheure Macht in den Händen der Sowjets konzentriert. Hinter den Sowjets standen die bewaffneten Soldaten- und Arbeitermassen, das befreite Volk. Jetzt hatten die Sowjets sich selbst zur Ohnmacht verdammt. Indem sie die Arbeiter entwaffneten, die revolutionären Regimenter auflösten, die Kosaken in die Hauptstadt brachten, fesselten sie sich selbst an Händen und Füßen und verwandelten sich in ein Anhängsel der bürgerlichen Regierung. Die „sozialistischen" Minister wurden mundtot gemacht und von ihren bürgerlichen Kollegen an die Kette gelegt. Man benützte sie, wenn „beruhigt" werden mußte, man bespie sie, wenn sie zu protestieren versuchten.

Nachdem die Führer des Kleinbürgertums, die Sozialrevolutionäre und Menschewiki, die Macht in die Hände der Konterrevolution gegeben hatten, fingen sie an, fast alle konterrevolutionären Maßnahmen der Regierung zu unterschreiben. Die rote Flagge der Freiheit ist gestrichen. An ihrer Stelle weht die schwarze Fahne der Todesstrafe. Erschießungen von Soldaten und Arbeitern, Zensur, gerichtliche Verleumdung, Spionageaffären, Verhaftungen, Wiedereinführung der verhaßten Paragraphen der Zarenzeit gegen die politischen Verbrechen, schmutzige Verleumdung seitens der Geheimpolizei, alle Schönheiten des alten Regimes erblühen unter der neuen „Regierung zur Rettung der Revolution" zu neuem Leben. Diese „Regierung zur Rettung der Revolution" verhaftet Revolutionäre und setzt zaristische Minister und Provokateure in Freiheit, schiebt die Einberufung der Konstituierenden Versammlung hinaus und beruft an ihre Stelle heute die gegenrevolutionäre Moskauer Konferenz der Industrie- und Handelsmagnaten ein. Nachdem sie ihre Position innerhalb des Landes gefestigt hat, kehrt die Konterrevolution im übrigen zu den alten Methoden zurück. Gegen die Ukrainer wird eine Attacke geritten, nicht nur durch Ministerialerlasse, sondern auch durch Kürassiere. Der finnische Sejm wird aufgelöst, man bedroht mit bewaffneter Hand dasselbe Selbstbestimmungsrecht, das in den offiziellen Erklärungen so feierlich verkündet wurde. Regierungsemissäre spinnen dunkle Intrigen gegen die Zusammenkunft sogar der allergemäßigsten „Sozialisten" in Stockholm.

Die Formel „Frieden ohne Annexionen" ist ad acta gelegt und an ihre Stelle tritt die Miljukow-Gutschkowsche Parole des „Krieges bis zum endgültigen Siege". Kerenski gibt das Schlagwort aus: „Vernichtung der Bolschewiki!" und schickt im Namen des russischen Volkes ein Telegramm an den nächsten Verwandten Wilhelm Hohenzollerns und Nikolai Romanows, an den englischen König Georg V. Die Parole der Revolution: „Friede den Hütten, Krieg den Palästen!" wird ersetzt durch die Parole: „Friede den Palästen, Krieg den Hütten!".

Aber die Gegenrevolution feiert voreilig ihren Sieg. Die Hungrigen kann man nicht mit Kugeln speisen, die Tränen der Mütter und Frauen nicht mit der Kosakenpeitsche wegwischen, ein Meer von Leiden nicht mit dem Henkerstrick austrocknen, mit Bajonetten kann man die Völker nicht beruhigen und die Zerrüttung der Industrie nicht durch den Kommandoruf der Generale aufhalten.

Die unterirdischen Kräfte der Geschichte wühlen weiter. Im tiefen Schoße der Arbeitermassen reift dumpfe Unzufriedenheit heran. Die Bauern brauchen Land, die Arbeiter brauchen Brot, beide brauchen den Frieden. Sturmvögel fliegen über die ganze Erde. In England treten die Arbeiter bereits in einen offenen Kampf für die Einschränkung der Macht des Kapitals, in Frankreich agitieren die Soldaten für den Frieden und für die Revolution, in Deutschland herrschen ununterbrochen Unruhen und Streiks, in Amerika geht die Bourgeoisie zur Erschießung der Sozialisten über, die die Fahne des Krieges gegen den Krieg erheben. Spanien steht in den Flammen des revolutionären Klassenkrieges. Die Finanziers aller Länder versammeln sich schon auf geheimen Konferenzen, um die gemeinsamen Probleme des herannahenden Sturmes zu diskutieren. Sie hören schon den eisernen Gleichschritt der Arbeiterrevolution; sie sehen schon das Unvermeidliche kommen.

Unsere Partei geht mit entrollten Fahnen in diesen Kampf und hält sie fest in der Faust. Sie hat sie weder vor der Gewalt, noch vor der schmutzigen Verleumdung, noch vor den Verrätern der Revolution und den Knechten des Kapitals gesenkt. Sie wird auch weiter diese Fahnen hochhalten im Kampfe für den Sozialismus und für die Brüderschaft aller Völker, denn sie weiß, daß eine neue Bewegung im Anzug ist und daß die Todesstunde der alten Welt nicht mehr fern ist.

Kampfgenossen! Bereitet Euch zu neuen Schlachten vor. Seid fest, unerschrocken und ruhig, laßt Euch nicht provozieren, spart Eure Kräfte, sammelt Euch zu Kampfkolonnen unter den Fahnen der Partei, Ihr Proletarier und Soldaten. Schart Euch um unsere Fahne, Ihr Unterdrückten des Volkes! Es lebe das revolutionäre Proletariat! Es lebe das Bündnis der Arbeiter und der Dorfarmut! Nieder mit der Konterrevolution und ihrer Moskauer Konferenz! Es lebe die Arbeiter-Weltrevolution! Es lebe der Sozialismus! Es lebe die Russische Sozialdemokratische Arbeiterpartei (Bolschewiki)!

Petrograd, 12. August 1917.

Der VI. Kongreß der Russischen Sozialdemokratischen Arbeiterpartei (Bolschewiki).

---

Demonstration in Petrograd, Juli 1917, unter bolschewistischen Losungen:

**Nieder mit den 10 kapitalistischen Ministern! Alle Macht dem Sowjet der Arbeiter- und Soldaten-Deputierten!**

## 3. DIE REAKTION AN DER MACHT

DIESEM bolschewistischen Kurs auf Vertiefung der Revolution, auf Niederwerfung der konterrevolutionären Macht, auf die bewaffnete Niederwerfung der imperialistischen Diktatur setzten die Opportunisten eine Politik der Festigung und Konsolidierung der Kräfte der Gegenrevolution entgegen.

Noch am 21. Juli wandte sich die provisorische Regierung mit folgender Deklaration an die Bevölkerung:

*Deklaration der provisorischen Regierung vom 21. Juli.*

Bürger! Die Stunde der Gefahr hat geschlagen. Die Truppen des deutschen Kaisers haben die Front der russischen revolutionären Volksarmee durchbrochen. Dieses furchtbare Ereignis wurde durch den Leichtsinn und den blinden Fanatismus der einen und durch den Verrat der anderen erleichtert. Die einen wie die anderen drohten die Grundpfeiler des neuen freien Rußlands zu erschüttern und zu zerstören. In dieser Schreckensstunde, in der die bisher verborgenen Kräfte der Gegenrevolution, die allgemeine Verwirrung ausnützend, wieder wirksam werden können, empfindet die umgebildete provisorische Regierung das volle Gewicht der schweren Verantwortlichkeit, die auf ihren Schultern lastet. Aber die Regierung ist von unerschütterlichem Glauben an die Kräfte des großen russischen Volkes erfüllt. Sie glaubt an die rasche Gesundung des politischen Lebens im Lande, nachdem in einer scharfen Krise, die den Volkskörper untergrabende tückische Krankheit an die Oberfläche getreten ist. Die provisorische Regierung glaubt, daß diese Krise zur Gesundung und nicht zum Tode führt.

Fest in diesem Glauben ist die provisorische Regierung zur Aktion bereit. Sie wird mit der Energie und Entschlossenheit handeln, die die außerordentlichen Umstände der gegenwärtigen Zeit erfordern.

Als ihre erste und wichtigste Aufgabe betrachtet die provisorische Regierung die Anspannung aller Kräfte zum Kampfe gegen den äußeren Feind und zur Verteidigung der neuen Staatsordnung gegen alle anarchistischen und gegenrevolutionären Anschläge. Sie wird in diesem Kampf auch vor den äußersten Maßnahmen nicht zurückschrecken. Gleichzeitig bestätigt sie durch ihre Außenpolitik immer wieder, daß die revolutionäre Armee mit dem festen Glauben in den Kampf ziehen kann, daß kein einziger Tropfen Blut eines einzigen russischen Soldaten für Ziele vergossen würde, die dem Rechtsempfinden jener russischen Demokratie widersprechen, die ihre Friedensparolen vor dem Angesicht der ganzen Welt kundgegeben hat.

Zu diesem Zwecke beabsichtigt die provisorische Regierung in Durchführung der in der Regierungserklärung vom 6. Mai enthaltenen außenpolitischen Prinzipien, den Verbündeten vorzuschlagen, im Laufe des Monats August eine Konferenz der Verbündeten einzuberufen, um dort die allgemeine Richtung der Außenpolitik der Verbündeten festzulegen und ihr Vorgehen bei der Durchführung der von der russischen Revolution aufgestellten Prinzipien untereinander zu koordinieren. An dieser Konferenz wird sich Rußland neben den Vertretern des diplomatischen Ressorts auch durch die Vertreter der russischen Revolution beteiligen.

Die Aufbauarbeit auch auf anderen Gebieten gemäß der Regierungserklärung vom 19. Mai fortsetzend, hält es die provisorische Regierung für unerläßlich, eine Reihe konkreter Schritte zur Verwirklichung der erwähnten Prinzipien zu tun.

Die provisorische Regierung wird alle Maßnahmen treffen, um die Wahlen zur Konstituierenden Versammlung zum festgesetzten Termin stattfinden lassen zu können (17. September) und die vorbereitenden Maßnahmen zur Sicherung der Gesetzmäßigkeit und Freiheit der Wahlen rechtzeitig zu beenden. Auf dem Gebiete der inneren Politik ist die baldmöglichste Einführung der städtischen Selbstverwaltung und der Semstwo-Autonomie mit allgemeinem, direktem, gleichem und geheimem Wahlrecht eine der ersten Aufgaben der Regierung. Der Schaffung örtlicher, das Vertrauen der gesamten Bevölkerung genießender Selbstverwaltungsorgane besondere Bedeutung beimessend, will die provisorische Regierung gleich jetzt die Vertreter der gemeinnützigen Organisationen heranziehen, um durch ihre Hilfe kollegiale Verwaltungsorgane in der Provinz zu schaffen, die eine Reihe von Gouvernements umfassen sollen.

Im Bestreben, die Prinzipien der Gleichheit aller Staatsbürger konsequent zu verwirklichen, wird die provisorische Regierung in allernächster Zeit einen Erlaß über die Abschaffung der Stände, der bürgerlichen Rangstufen und Orden, mit Ausnahme der Kriegsauszeichnungen, herausgeben. Zwecks energischer Bekämpfung der wirtschaftlichen Zerrüttung und zur Durchführung weiterer Arbeiterschutzmaßnahmen werden der neu organisierte Volkswirtschaftsrat und das Hauptwirtschaftskomitee sofort an die Verwirklichung ihrer Aufgaben gehen, die darin bestehen, einen allgemeinen Organisationsplan für die Volkswirtschaft und die Arbeit, Gesetzentwürfe und allgemeine Maßnahmen zur Regelung des

**Kriegsminister Kerenski mit seinem Stabe** Petrograd, Juli 1917

Wirtschaftslebens und zur Kontrolle der Industrie auszuarbeiten und diese planmäßig durchzuführen. Auf dem Gebiete der Arbeitspolitik sind bereits Gesetzentwürfe über Koalitionsfreiheit, Arbeitsnachweise und Schlichtungskammern ausgearbeitet, die in den nächsten Tagen ins Leben treten werden. Gesetzentwürfe über den achtstündigen Arbeitstag, über durchgreifenden Arbeiterschutz, über die Einführung aller Arten von Sozialversicherung für alle Kategorien von Lohnarbeit befinden sich im Stadium der Bearbeitung.

Die Maßnahmen der provisorischen Regierung in bezug auf die Landfrage werden nach wie vor von der Überzeugung bestimmt, daß im Einklange mit den grundlegenden Bedürfnissen unserer Volkswirtschaft, mit den wiederholt zum Ausdruck gekommenen Wünschen der Bauernschaft und mit den von allen demokratischen Parteien des Landes veröffentlichten Programmen die kommende Agrarreform auf der Basis des Übergangs von Grund und Boden in die Hände der Werktätigen aufgebaut wird. Auf Grund dieses Prinzips wird auch der Gesetzentwurf für die Agrarreform ausgearbeitet, der der Konstituierenden Versammlung vorgelegt werden soll.

Die nächsten Maßnahmen der provisorischen Regierung werden sein:

1. Vollkommene Liquidierung der verwerflichen und desorganisierenden früheren Landpolitik.

2. Die Sicherung vollkommener Verfügungsfreiheit der Konstituierenden Versammlung über Grund und Boden unseres Landes.

3. Die Ordnung der Landbesitzverhältnisse entsprechend den Interessen der Landesverteidigung und Lebensmittelversorgung durch Erweiterung und Festigung eines Netzes von Landkomitees, die, vom Staat organisiert, mit genauen, gesetzlich festgelegten Vollmachten zur Erledigung der aktuellen Fragen der landwirtschaftlichen Politik ausgestattet werden, ohne indessen die ausschließlich zur Kompetenz der Konstituierenden Versammlung gehörende Entscheidung der Grundfrage des Eigentumsrechtes an Grund und Boden vorwegzunehmen.

4. Durch diese gesetzliche Regelung der Landbesitzverhältnisse Beseitigung jener ernsten Gefahr, die dem Staat und der kommenden Agrarreform durch die gewaltsame Besetzung von Land und ähnliche Formen willkürlicher lokaler Befriedigung des Landhungers droht und die dem Prinzip einer gesamtstaatlichen Regelung durch die kommende Agrarreform widerspricht.

Indem die provisorische Regierung diese ihre Absichten kundgibt, glaubt sie, in ihrer schweren und verantwortlichen Arbeit mit Recht auf die rückhaltlose und begeisterte Hilfe aller lebendigen Kräfte des Landes rechnen zu dürfen. Sie fordert alle auf, mit opferfreudiger Bereitwilligkeit ihre Kräfte, ihr Vermögen, ja, sogar ihr Leben für die große Sache der Rettung des Landes hinzugeben, das aufgehört hat, seinen Bewohnern eine strenge Stiefmutter zu sein und das bestrebt ist, seine Völker auf Grund des Prinzips vollkommener Freiheit und Gleichberechtigung zu vereinen.

Der von uns bereits zitierte *N. Bucharin* schreibt über den inzwischen formierten Block der bürgerlichen Reaktion, über den Block der Eigentümer, über diese „vereinigte Partei der Ordnung", die in geschlossener Formation gegen die Partei des proletarischen Aufstandes vorging:

Der geschäftsführende, organisatorische Mittelpunkt dieser Clique war die sogenannte „Konferenz der Moskauer Männer der Öffentlichkeit", deren Führer die Millionäre Rodsianko und Rjabuschinski waren und als deren wissenschaftliche Berater ein ganzer Kranz von Berühmtheiten fungierte, u. a.: der Autor des ersten sozialdemokratischen Manifestes, Professor Peter Struve, der Spezialist für idealistische Philosophie, Professor Nowgorodzew, der Kants kategorischen Imperativ den Henkern Kerenskis und den Kassenschränken Rjabuschinskis dienstbar zu machen wußte. Professor Bulgakow, der aus einem Marxisten zu einem gelehrten Pfaffen geworden war und nur aus Versehen keinen Talar trug; Herr Berdjaiew, der den Dienst der himmlischen Aphrodite sehr geschickt mit dem Dienste eines ganz und gar irdischen Metalls zu vereinigen verstand. Mit einem Worte traten „Bildung und Besitz", „der Bund der Wissenschaft mit der Industrie" als Bollwerk des vorbereiteten entscheidenden Angriffs auf. Als militärische Macht gesellten sich ihnen die Generale des Zaren und die Spitzen der Kosakenschaft zu. Als ideologischer und politischer Generalstab der Gegenrevolution dienten die Zentralinstanzen der Partei der Volksfreiheit, dieser klassischen Partei des Finanzkapitals und des russischen Imperialismus.

Über Syndikate und Börse, über Handel und Industrie herrscht jetzt die Bank. Ebenso wie die Kleinproduktion jetzt von der Großproduktion abhängt und beide zusammen von den Banken abhängen, ebenso wie die Hausbesitzer und Kleinbürger, Gutsbesitzer und Fabrikanten, Trustmagnaten und Börsenwölfe alle der Hegemonie des Finanzkapitals unterstehen, ebenso verwandelten sich auch ihre politischen Gruppierungen zum bloßen Hilfsapparat der herrschenden Partei der Besitzenden, der Partei der Volksfreiheit. Die grüne Fahne der Hoffnung auf Erhaltung der kapitalistischen Ordnung stand der roten Fahne des Sozialismus gegenüber.

Der entscheidende Schlag, den die Reaktion der Revolution versetzen wollte, sollte unter einer „gesamtnationalen" Fahne geführt werden. Die Errungenschaften des Kapitals mußten mit einer Soße „à la Ordnung und Vaterland" übergossen werden. Man mußte den Anschein einer „gesamtnationalen" Billigung des kommenden entscheidenden Umsturzes, der Restauration, der Wiederkehr der Monarchie erwecken, die die Republikaner Martowschen Schlages herbeisehnten, wie der Fisch das Wasser. Endlich mußte man sich auch eine feste organisatorische Basis schaffen. So entstand der Gedanke der „Moskauer Staatskonferenz", wo die Leichen aus der längst verstorbenen Staatsduma der russischen Revolution zu Leibe gehen sollten.

Je mehr die Bourgeoisie erstarkte, desto mehr wuchs auch ihr Appetit. Die Führer der Bourgeoisie fanden die Politik Kerenskis und seiner Clique nicht mehr ausreichend. Wohl führte Kerenski die Diktatur der Bourgeoisie durch, aber er war doch ein Hergelaufener, einer, der sich zur Bourgeoisie verirrt hatte. Wohl diente Kerenski dem Kapital, nicht für Sold, sondern um seines Gewissens willen, — aber er hatte doch gewisse Jugendsünden; wohl war er bereit, dem Kapital die Stiefel zu lecken, — aber er war doch ein Held der Phrase, nicht ein Mann der Tat. Seine eigene Bestimmung hatte er schon erfüllt, er half dem Kapital durch die Juli-Offensive, die Volksmassen an den imperialistischen Streitwagen zu binden. Durch den Juli-Angriff auf das Proletariat hatte er dem Kapital geholfen, die Arbeiter und Soldaten zu bezwingen, auch hatte er die Todesstrafe an der Front eingeführt. Dabei hatte er aber seine alte Volkstümlichkeit fast vollkommen aufgebraucht. Indem er alle Forderungen der Bourgeoisie erfüllte, verlor er allen Kredit bei den Massen; indem er seine Bestimmung, den Interessen der Industriekapitäne zu dienen, erfüllte, hatte er seinen Namen beim Proletariat und bei den Soldaten verhaßt gemacht. Er wurde zur ausgequetschten Zitrone, zu einem lächerlichen bloßen Phrasendrescher; er fuhr fort, im Namen der Revolution zu sprechen, aber schon schleuderte man ihm aus der Masse den Vorwurf des Verrates an der Revolution ins Gesicht. Seine Beschwörungen wirkten nicht, seine Figur imponierte nicht mehr. Hinter dem äußeren Glanz und dem tragischen Geflüster, hatten die Massen den vulgären Komödianten erkannt.

Die Bourgeoisie brauchte jetzt einen Militärdiktator. Kerenski aber war alles in allem bloß ein Zivilist und Schwätzer.

So entstand der Boden für das Auftreten eines neuen Prätendenten für die historische Rolle eines „Retters des Vaterlandes". Zu dieser Rolle bestimmten die Geldaristokratie, die Handels- und Industrieführer und die Latifundienbesitzer den General Kornilow. Die „Moskauer Konferenz" sollte ihn, den „Befreier". zum Diktator ausrufen.

Und die revolutionäre Demokratie? Sie befand sich in einem Zustande vollständiger Verwirrung und Ohnmacht. Die Sowjetorgane mit dem Zentralexekutivausschuß an der Spitze wiederholten zwar weiter die Parole „Sammlung aller Kräfte", blickten aber, durch die Schlagworte Rjabuschinskis beunruhigt, bereits furchtsam nach allen Seiten um sich. Sie versuchten, eine „Abwehrkonferenz" einzuberufen, deren einziges Ergebnis jedoch nur Ausfälle gegen die Bolschewiki waren. Man versuchte, Rjabuschinski zu kritisieren, diese Kritik blieb aber bloß das erbärmliche Stottern eines feigen Sklaven. Indem sie die Bolschewiki wegen ihres „unpatriotischen Verhaltens" aus der Delegation ausschlossen, schlossen sie sich praktisch den „gesamt-nationalen" Parolen der Regierung an, die vor der Revolution nach Moskau geflohen war.

Das Proletariat hielt jedoch treue Wacht. Es sah, daß die drohende Gefahr immer näher heranrückte, und mobilisierte seine Kräfte.

## 4. DIE MOSKAUER STAATSKONFERENZ

AM 25. August wurde auf Veranlassung Kerenskis die Moskauer Staatskonferenz einberufen.

Diese Konferenz, deren Zusammensetzung von der provisorischen Regierung bestimmt worden war, hatte eine gegenrevolutionäre Mehrheit. Es genügt, zu erwähnen, daß, während die Zentralausschüsse der Sowjets der Arbeiter-, Soldaten- und Bauern-Deputierten je hundert Sitze erhielten, den vier längst toten und begrabenen Staatsdumas der Gutsbesitzer und Bourgeois 300 Plätze gesichert wurden. Die übrigen Plätze wurden in ihrer überwiegenden Mehrheit gegenrevolutionären Organisationen zugewiesen.

Die Konferenz selbst, bei der solche gegenrevolutionäre Größen, wie Kornilow und Kaledin, mit Ovationen empfangen und begleitet wurden, war ohne Zweifel der Auftakt zur Kornilowschen Rebellion. Hier wurden hinter den Kulissen die Abmachungen zwischen den Kadetten und Kornilow getroffen, hier erörterte man Programm und Methoden der gegenrevolutionären Aktion Kornilows.

Die sogenannte revolutionäre Demokratie hat durch Tscheidse am 27. August der Konferenz eine umfangreiche Deklaration eingereicht, aus der wir folgende Stellen anführen:

. . . In einer Zeit, in der das Blut des Volkes in Strömen fließt und das Volksvermögen in nichts zerrinnt, ist die Demokratie im Interesse der Rettung des Landes und der Revolution zu allen Opfern bereit. Vor den höheren Interessen des Landes müssen die Interessen der Bevorrechteten und Besitzenden zurücktreten, für die drei Jahre lang das grenzenlose Elend des Krieges eine Quelle zur maßlosen Bereicherung gewesen ist. Auf Grund des Gesagten erkennt die vereinigte revolutionäre Demokratie, daß die Lebensinteressen des Landes und der Revolution gebieterisch die sofortige Durchführung folgender Maßnahmen fordern:

**General Kornilow,**
der militärische Abenteurer, begrüßt bei seiner Ankunft zur Staatskonferenz in Moskau die Bourgeoisie, die in ihm den zukünftigen Diktator, den „Retter", sieht

### *I. Lebensmittelversorgung.*

Die Versorgung der Armee und der Bevölkerung mit Lebensmitteln als eine der wichtigsten Aufgaben betrachtend und die Notwendigkeit einer einheitlichen Lebensmittelpolitik der Regierung anerkennend, glauben wir, daß 1. das Getreidemonopol und die festen Preise für landwirtschaftliche Produkte, trotz der Opfer, die dadurch für die Bauernschaft entstehen, erhalten bleiben müssen. Eine Rückkehr zum freien Handel oder auch nur zur Möglichkeit von Schwankungen in den Preisen landwirtschaftlicher Produkte wären unter den gegenwärtigen Umständen verderblich und würden zur unvermeidlichen Zersetzung des wirtschaftlichen Lebens führen; 2. andererseits fordert eine solche Methode der Versorgung der Armee und der Bevölkerung mit Lebensmitteln ein System von Maßnahmen zur Sicherung der tatsächlichen Versorgung der ländlichen Bevölkerung mit Industrieprodukten, soweit dies unter den gegenwärtigen Umständen möglich ist. Dabei ist die Bestimmung fester Preise für alle Industrieprodukte und eine Regelung des Arbeitslohnes unbedingt erforderlich. Nur unter dieser Bedingung werden die festen Getreidepreise die Bauernwirtschaft besonders in der Periode der Geldentwertung nicht zugrunderichten; 3. eine erfolgreiche Durchführung dieser Maßnahmen der Lebensmittelpolitik und der Versorgung der Bevölkerung mit Industrieprodukten ist undenkbar ohne die Beteiligung aller genossenschaftlichen Organisationen unter der allgemeinen Leitung der staatlichen Lebensmittelorgane sowohl an der Beschaffung, wie an der Verteilung der landwirtschaftlichen und Industrieprodukte; 4. neben der allgemeinen Heranziehung der Genossenschaften zur Lebensmittelversorgung muß nach Maßgabe der Möglichkeit und Notwendigkeit auch der vorhandene Apparat des Privathandels ausgenützt werden, da dies unter der Bedingung einer besonders strengen Kontrolle durch die staatlichen Lebensmittelorgane dem Staate zum Nutzen gereichen und der Entwicklung des Schiebertums Einhalt gebieten würde.

### *II. Handel und Industrie.*

1. Die Interessen und die Aufgaben der Landesverteidigung und der Organisation der Versorgung erfordern energischste Maßnahmen zur Regelung des Transportwesens und zur Steigerung der Produktivität der Industrie; 2. die Hebung der Produktivität erfordert vor allem die Einsetzung einer staatlichen Produktionskontrolle und eine Einmischung des Staates in die Leitung der Betriebe (staatliche Syndizierung, Vertrustung und Monopolisierung); 3. eine solche Produktionskontrolle und Regelung der Industrieproduktion im Einklange mit den wirklichen Interessen des ganzen Landes und nicht den Interessen einzelner Gruppen, ist nur unter der Bedingung einer großzügigen Beteiligung der demokratischen Organisationen an der Kontrolle möglich; 4. die sofortige Verwirklichung einer solchen Regelung und Kontrolle der Industrie ist die Hauptbedingung der Steigerung der Produktivität, deren Fallen aus dem niedrigen technischen Niveau der vorhandenen Ausrüstungen, aus der äußersten Abnutzung der

Produktionsmittel, aus der Desorganisation des Transportwesens und der Rohstoffversorgung und aus der Verschlechterung des Ernährungszustandes der Arbeiter zu erklären ist; 5. insofern der Niedergang der Produktivität durch die Arbeitsunlust der Arbeiter und durch das niedrige Bewußtseinsniveau der Arbeitermassen hervorgerufen wird, werden die Arbeiterorganisationen den Krieg gegen diese Erscheinungen mangelnden Klassenbewußtseins, die der allgemeinen Zerrüttung Vorschub leisten und so die Sache der Revolution gefährden, in Zukunft mit noch größerer Energie führen; 6. die Regierung darf die Verwirklichung der unaufschiebbaren Arbeiterschutzmaßnahmen nicht länger aufschieben, da diese zur Hebung der Arbeitsproduktivität beitragen werden. Gleichzeitig muß ein Netz von Arbeitsnachweisen zur Registrierung und Verteilung der Arbeitskräfte geschaffen, ein Netz von Schlichtungskammern ins Leben gerufen und die unbedingte Wahrung des Koalitionsrechtes für die Arbeiter sämtlicher Branchen gesichert werden. Die Arbeiterorganisationen müssen ihrerseits im Interesse der Rettung der Revolution und des Landes aktiv zur Hebung der Arbeitsproduktivität beitragen. Zu diesem Zwecke müssen sie: a) in jedem Betrieb ein den technischen Möglichkeiten eines jeden Betriebes angepaßtes Produktionsminimum ausarbeiten, b) die Einhaltung des achtstündigen Arbeitstages streng überwachen und Überstunden nur dort zulassen, wo in der betreffenden Branche keine Arbeitslosigkeit vorhanden ist und die Überstunden im Interesse des Landes und der Revolution notwendig sind, c) zur Beseitigung von Konflikten durch Schlichtungsverfahren überall beitragen und nur dann zur Waffe des Streiks greifen, wenn alle anderen Möglichkeiten einer Beilegung des Konflikts erschöpft sind. Dabei müssen die Arbeiterorganisationen alle Gewalttätigkeit gegenüber den Mitgliedern von Betriebsleitungen verwerfen und sich für die Überweisung aller Konflikte zwischen den Arbeitern und dem administrativen und technischen Personal an die Schlichtungskammern einsetzen, d) die Arbeiterorganisationen müssen mit allen Kräften den Abschluß kollektiver Tarifverträge als unerläßliche Vorbedingung der normalen Arbeit in den Betrieben anstreben; 7. die oben geschilderte Regelung der Produktion und der Versorgung wie auch die Festsetzung von Maximalpreisen müssen von einer Regelung der Wechselbeziehungen zwischen Kapital und Arbeit, — des Arbeitslohnes und der Arbeitszeit — begleitet sein. Im Bedarfsfalle kann die Arbeitspflicht eingeführt werden, die sich auf alle Klassen der Bevölkerung zu erstrecken und ausschließlich den Interessen des Landes zu dienen hat. Keinesfalls darf diese Arbeitspflicht die Form einer Militarisierung der Arbeit annehmen, die letzten Endes zur Zerstörung unserer Volkswirtschaft führen könnte; 8. indem sie ihre ganzen Kräfte zur Wahrung der Interessen der Landesverteidigung sammelt, muß die Regierung gleichzeitig Vorbereitungsmaßnahmen zu einer allmählichen, schmerzlosen Demobilisierung der Volkswirtschaft und zur Linderung der unvermeidlichen katastrophalen Arbeitslosigkeit treffen; insbesondere muß schon jetzt ein Plan der öffentlichen Arbeiten geschaffen werden, deren Aufgabe der Wiederaufbau der vom Kriege zerstörten Wirtschaft zu sein hat.

### *III. Finanzen.*

1. Neben der restlosen Durchführung der jüngsten Gesetze der provisorischen Regierung über die Einkommen- und Kriegsgewinnsteuer ist außerdem eine Reform der Erbschaftssteuer, der Wertzuwachssteuer und der Luxussteuer vorzunehmen; 2. zur Abwendung einer Finanzkatastrophe müssen in der nächsten Zeit außerordentliche Maßnahmen getroffen werden. Als einzig mögliche Quelle der Deckung außerordentlicher Staatsausgaben ist eine einmalige, hochbemessene Vermögensabgabe durchzuführen; 3. insofern die Besteuerung der besitzenden Klasse und die Anleihen zur Deckung der außerordentlichen Bedürfnisse des Staates nicht ausreichend sind, müssen die bestehenden Massenverbrauchssteuern erhöht und neue eingeführt werden, wobei diese vorwiegend in der Form von Finanzmonopolen zu verwirklichen sind. Die Genossenschaften und andere Organisationen sind zur Verteilung der Monopolartikel weitgehend heranzuziehen; 4. zur erfolgreichen Einführung aller Steueränderungen müssen alle Steuerveranlagungsmethoden geändert und Kontrollmaßnahmen zur Verhinderung aller Arten von Steuerflucht getroffen werden; 5. in bezug auf die Freiheitsanleihe muß der Staat energische Maßnahmen zur zwangsweisen Unterbringung treffen; 6. neben all diesen finanziellen Maßnahmen muß die Emission von Darlehnsscheinen möglichst verlangsamt und durch die Festsetzung von Maximalpreisen für alle lebenswichtigen Produkte, durch Normierung der Profite und Arbeitslöhne herabgesetzt werden. Diese Maßnahmen sollen mit der allgemeinen Regelung des gesamten wirtschaftlichen Lebens, mit der strengsten Sparsamkeit in allen fiskalischen Ausgaben und Ausschaltung aller unproduktiven Auslagen parallel vorgenommen werden; 7. zwecks Vermehrung der fiskalischen Ressourcen müssen Maßnahmen getroffen werden, um der Kasse der Staatsbank Geldmittel zuzuleiten. Die Staatsbank ist umzuorganisieren. Außerordentlich wichtig ist die Heranziehung von Spareinlagen weiter Bevölkerungskreise, was am besten durch die Mitarbeit der Spar- und Darlehnskassen und anderer Genossenschaftsorganisationen und deren Verbände durchgeführt werden kann. Die privaten Geldinstitute sind einer strengen Kontrolle zu unterwerfen, damit ihre Kreditpolitik nicht den Interessen des Staates zuwiderlaufe; 9. die vereinigte Demokratie

hält es ihrerseits für notwendig, alle Maßnahmen der Regierung im Sinne einer erfolgreichen Eintreibung der Steuern und Unterbringung der Freiheitsanleihe tatkräftig zu unterstützen.

### *IV. Agrarfrage.*

Bis zur Revolution war die Landnutzung durch keine genauen gesetzgeberischen Bestimmungen geregelt und wurde von den Interessen der besitzenden Klassen mit Unterstützung der zaristischen Regierung bestimmt, so daß bis zum Sturze des alten Regimes die Landbesitzverhältnisse gesetzlich vollkommen ungeregelt waren. Das Bestreben der werktätigen Bauern, ihren Landhunger zu befriedigen, äußerte sich infolgedessen in verschiedenen Maßnahmen, die die repressiven Formen einer immer mehr um sich greifenden spontanen Bewegung annahmen. Diese Maßnahmen komplizieren einerseits die Landbesitzverhältnisse und rufen Zusammenstöße, Mißverständnisse und Streitigkeiten wegen des Grund und Bodens hervor, andererseits verursachen sie Schwierigkeiten in der Versorgung des Landes mit lebenswichtigen Produkten und hindern endlich die planmäßige Regelung der Landfrage durch die Konstituierende Versammlung. Darum ist eine energische zweck- und planmäßige Regelung der Landbesitzverhältnisse unerläßlich. Als Grundlage einer solchen Regelung müssen in der gegenwärtigen Übergangszeit bis zum Zusammentritt der Konstituierenden Versammlung folgende Prinzipien dienen: 1. jede Art gewaltsame Landbesetzung, sei es durch Einzelpersonen, sei es durch Gruppen von Personen, ist abzulehnen; 2. mit der unmittelbaren Regelung der Landbesitzverhältnisse sind die örtlichen Landausschüsse zu betrauen, in deren Kompetenz alle in landwirtschaftlicher Nutzung stehenden Länder ohne Verletzung der existierenden Formen des Landbesitzes zum Zwecke ihrer vollständigen Ausnützung im Interesse der Bewahrung der Volkswirtschaft vor einer endgültigen Zerrüttung überzugehen haben. Dementsprechend müssen von der zentralen Macht sofort Gesetze und Instruktionen herausgegeben werden, die die Rechte und Pflichten der Landesausschüsse und die Formen ihrer Tätigkeit bestimmen sollen, wobei diese Gesetze sowohl die Interessen der landwirtschaftlichen Bevölkerung in bezug auf den Landbesitz, wie auch die Interessen der Lebensmittelversorgung und der landwirtschaftlichen Produktion überhaupt allseitig wahren müssen.

### *V. Armee.*

In Erkenntnis dessen, daß im gegenwärtigen Augenblicke das Schicksal des Landes und der Revolution von der Wiedergeburt der Kräfte der Armee abhängt, besteht die Demokratie auf der Durchführung folgender Maßnahmen in bezug auf die Organisation der Armee:

1. Die Rechte und Pflichten der Kommandostellen, der Offiziere und der Armeeorganisationen müssen genau und bestimmt unterschieden werden: a) den Kommandostellen muß vollkommene Selbständigkeit in der operativen Arbeit und eine entscheidende Bedeutung auf dem Gebiete der Ausbildungsarbeit und Kampfvorbereitung gesichert werden; b) die Kommissare haben die einheitliche revolutionäre Politik der provisorischen Regierung und derjenigen Organe durchzuführen, deren Aufgabe es ist, die revolutionäre Gesetzlichkeit in der Armee zu wahren; die Tätigkeit der Kommissare muß mit der Arbeit der Armeeorganisationen in engster Verbindung stehen. Die Armeeausschüsse müssen als Organe der Soldatenmassen und als Führer im sozialen und politischen Leben dieser Massen eine gesetzliche Erhärtung ihrer Rechte erhalten, die aus ihrer tatsächlichen Rolle im Leben der Armee entspringt.

2. Die nur unter außerordentlichen Umständen anzuwendenden besonderen Maßnahmen revolutionärer Einwirkung dürfen nur im Einklange mit den Kommissariaten durchgeführt und unter keinen Umständen auf die gesunden Elemente der Armee ausgedehnt werden; jeder Mißbrauch des Systems der Nötigung und der Repressalien zerstört den Kampfgeist und die Schlagkraft der Armee. Deshalb ist die Wiederherstellung der persönlichen Disziplinarbefugnisse der Vorgesetzten unzulässig. Zur Hebung der Autorität der Kommandostellen müssen aus diesen alle Personen entfernt werden, die sich offen als Konterrevolutionäre zu erkennen gegeben haben. Solche sind durch Subalternoffiziere zu ersetzen, die in ihrer Mehrheit Schulter an Schulter mit der Soldatenmasse alle Härten des Krieges standhaft und selbstlos ertragen haben. Die zur Befriedigung der Bedürfnisse der Soldatenmassen geleistete Arbeit des Hinterlandes muß gesteigert werden. Dabei ist die unbedingte Pflicht des Staates und der Gesellschaft zur allseitigen Unterstützung der Kriegsbeschädigten und ihrer Familien und eine im Rahmen der finanziellen Möglichkeiten bessere Versorgung aller zum Heeresdienst Einberufenen anzuerkennen.

### *VI. Lokale Selbstverwaltung und Verwaltung.*

Auf dem Gebiete der örtlichen Verwaltung und Selbstverwaltung:

1. Eine möglichst baldige Organisation der lokalen Selbstverwaltung und Verwaltung ist sowohl im Interesse der Festigung der revolutionären Ordnung wie auch im Interesse einer planmäßigen Durchführung verschiedener Maßnahmen der provisorischen Regierung unerläßlich.

2. Die auf Grund des allgemeinen Wahlrechts gewählten örtlichen Selbstverwaltungsorgane müssen die Funktionen eines örtlichen staatlichen Verwaltungsorgans erfüllen, wobei ihnen keine anderen Organe örtlicher Selbstverwaltung entgegengestellt werden dürfen. Die Vertreter der zentralen Macht haben lediglich die Gesetzlichkeit der Maßnahmen dieser lokalen Selbstverwaltungen zu beaufsichtigen.

3. Dementsprechend müssen die Verordnungen über die Städte und Semstwos und über die Miliz dringend umgearbeitet und einander koordiniert werden. Die Kompetenzen der örtlichen Selbstverwaltungen in den Fragen der öffentlichen Ordnung und Sicherheit, der Finanz- und Arbeitsgesetzgebung usw. sind zu erweitern.

4. Die in der Provinz gewählten und im Zentrum zu bestätigenden Kommissare der provisorischen Regierung sind administrative Verwaltungsorgane, deren Befugnisse nur für die revolutionäre Übergangszeit gelten.

5. Während der Wahlen zu den Semstwo-Selbstverwaltungsorganen verlieren die Vollmachten des Vollzugsausschusses der gemeinnützigen Organisationen im entsprechenden Gebiet ihre Gültigkeit.

6. Die von der Demokratie energisch geforderte schwere und verantwortliche Arbeit des Staatsaufbaues, die Rettung des Landes und der Revolution verlangen die Anspannung aller lebendigen schöpferischen Kräfte aller Völker Rußlands. Als mächtiges Werkzeug dieses Aufbaues dienen die nationalen Bestrebungen der Völker Rußlands. Dadurch, daß breite Massen zu einem organisierten und freien nationalen Leben erweckt werden, werden für lange Jahre feste Stützen der revolutionären Macht geschaffen. Indem wir anerkennen, daß die Lösung der nationalen Frage in die Kompetenz der Konstituierenden Versammlung gehört, halten wir es für unerläßlich, die Einheit der revolutionären Kräfte der Demokratie zu wahren und sprechen uns gegen alle Versuche der Lösung der nationalen Fragen durch Schaffung fertiger Tatsachen, durch den Abfall einzelner Teile Rußlands vom Mutterland aus. Gleichzeitig fordert die Demokratie die sofortige Durchführung jener Bestimmungen des demokratischen Nationalitätenprogramms durch die Regierung, die alle Tagesbedürfnisse der in Rußland angesiedelten Völker befriedigen und sie zu einer einzigen gewaltigen Waffe der Revolution zusammenschmieden können. Namentlich hält die Demokratie folgendes für unerläßlich:

1. Ausgabe einer Regierungserklärung über die Anerkennung des vollen Selbstbestimmungsrechtes aller Nationalitäten, das durch eine Verständigung mit der Allrussischen Konstituierenden Versammlung zu verwirklichen ist.

Petrograd, Juli 1917

**Tscheidse, Vorsitzender des Petrograder Sowjets, hetzt die Soldaten zur Offensive**

(Rechts von ihm: V. Tschernow, Sozialrevolutionär, Minister für Landwirtschaft)

2. Ausgabe eines Dekrets über die Gleichberechtigung der Sprachen. Allen Nationalitäten ist das Recht und die Möglichkeit zu sichern, bei der Ausübung ihrer politischen und Bürgerrechte in der Schule, vor Gericht, in den örtlichen Selbstverwaltungsorganen, bei jeder Berührung mit der Staatsmacht usw. sich ihrer Muttersprache zu bedienen.

3. Die Bildung eines Rates für Nationalitätenfragen bei der provisorischen Regierung. Aufgabe des Rates ist die Vorbereitung von Materialien über die Nationalitätenfrage für den Gebrauch der Konstituierenden Versammlung und die Ausarbeitung von Methoden zur Regelung der Nationalitätenverhältnisse. Dieser Rat soll Vertreter aller Nationalitäten Rußlands in sich aufnehmen

## Die bolschewistischen Fraktionen haben der Moskauer Staatskonferenz folgende Deklaration vorgelegt:

Tödliche Gefahr droht der Sache der Revolution. Die Gutsbesitzer und die bürgerlichen Parteien bereiten eine blutige Abrechnung mit den Arbeitern, Soldaten und armen Bauern vor. Sie wollen die schrankenlose Unterdrückung und Vergewaltigung der Volksmassen wiederherstellen, die Macht über sie restlos wiedererobern.

In dieser Stunde wendet sich die Regierung, die sich eine „Regierung zur Rettung der Revolution" nennt, nicht gegen die Konterrevolution, gegen die Parteien, die die Wiederherstellung der feudal-bürgerlichen Fron und die Fortsetzung des räuberischen Krieges fordern. Sie ruft im Gegenteil die eingefleischtesten Gegenrevolutionäre zu einer „staatlichen Konferenz" nach Moskau zusammen, verschafft ihnen dort eine erdrückende Mehrheit, bereitet endgültige Abmachungen mit ihnen vor und stützt sich in ihrer zukünftigen Arbeit offen auf diese Elemente. Die erklärten Feinde des Volkes stempelt die provisorische Regierung öffentlich zu Rettern des Vaterlandes. Die Totengräber der Revolution bezeichnet sie als deren lebende Kräfte. So zieht die provisorische Regierung die letzten Schlüsse aus ihrer auf den Kampf gegen die Arbeiterschaft eingestellten Politik, gegen die Arbeiter, deren Zeitungen und Organisationen diese provisorische Regierung zerstört, gegen die Soldaten, die sie mit der Wiedereinführung der Todesstrafe bedacht hat, gegen die Bauern, denen sie kein Land zukommen läßt.

Die provisorische Regierung ist selbst zu einem Werkzeuge der Gegenrevolution und der internationalen Reaktion geworden. Sie hat die Moskauer Konferenz einberufen, um aus ihr zum neuen Feldzuge gegen alle Errungenschaften der Revolution neue Kräfte zu schöpfen.

Die durch diese sie begünstigende Politik ermutigten Feinde des Volkes, die Gutsbesitzer, Bankiers und Fabrikanten, haben sich zur Rettung ihrer Kriegsgewinne, Rittergüter und Kapitalien um die Partei der Kadetten geschart. Die Moskauer Konferenz liefert diesen gegenrevolutionären Henkern eine bequeme Möglichkeit, sich zusammenzufinden, gibt eine bequeme Deckung für die Organisation einer allrussischen gegenrevolutionären Verschwörung ab. Die Vorberatung der Kadetten hat bereits eine ständige politische Zentrale für die Konterrevolution geschaffen, die sich auf die bewaffnete Hilfe der höheren Kommandostellen der Armee und des reaktionären Teiles der Kosakenschaft stützt.

Die Moskauer Konferenz ist eine krasse Schiebung, eine krasse Verfälschung des Volkswillens. Während diese Konferenz zusammentreten kann, wird die Einberufung einer echten Volksvertretung, der Konstituierenden Versammlung, wieder für zwei Monate aufgeschoben, und zwar auf Veranlassung der Bourgeoisie, die unbeirrt das Ziel verfolgt, die Konstituierende Versammlung überhaupt nicht einberufen zu lassen und sie durch eine andere Institution zu ersetzen, in der die Bourgeoisie eine sichere Mehrheit besitzen könnte.

Während die bürgerliche Konterrevolution ihre Minen gegen die Konstituierende Versammlung legt, setzt sie gleichzeitig die Moskauer Konferenz offen den Sowjets der Arbeiter- und Soldaten-Deputierten entgegen. Die Konterrevolution hofft, mit Hilfe der Moskauer Konferenz gegen jene Organe einen tödlichen Schlag zu führen, denen die Arbeiterklasse die Pflicht der Verteidigung der Interessen der Revolution, die Pflicht des Kampfes um den Frieden, um Grund und Boden, um das tägliche Brot auferlegt hat. Die Parteien der Sozialrevolutionäre und Menschewiki, die heute die Mehrheit im Allrussischen Zentralvollzugsausschuß bilden, haben der Einberufung der Moskauer Konferenz trotzdem keinen Widerstand entgegengesetzt, sie haben keinen Versuch gemacht, dieses Beginnen zu bekämpfen, das augenscheinlich der Gegenrevolution Hilfe bringen soll; sie konnten es auch nicht bekämpfen, weil sie selbst für ein Kompromiß waren, weil sie selbst mit der Koalition der Bourgeoisie und der Gutsbesitzer zusammenarbeiten wollten, weil sie selbst fortwährend dieser Koalition Zugeständnisse machten, gegen die Machtergreifung durch die Arbeiter, Soldaten und Bauern Stellung nahmen und die Macht mit der bürgerlichen Konterrevolution teilen wollten.

Die Moskauer Konferenz zeigt den breitesten Schichten der städtischen und ländlichen Armut, daß ein energischer Kampf gegen die Konterrevolution not tut. Die Arbeiterklasse, dieser treue Wächter und diese feste Burg der Revolution, legte als erste offenen Protest gegen die von der provisorischen Regierung veranstaltete Moskauer Truppenschau der gegenrevolutionären Streitkräfte ein.

Der Generalstreik des Moskauer Proletariats gibt dem Gedanken und dem Willen des gesamten klassenbewußten russischen Proletariats Ausdruck, das das Spiel der Konterrevolution richtig durchschaut hat. Dem Schlachtrufe der mobilmachenden Bourgeoisie setzt die Arbeiterklasse die Parole der proletarisch-bäuerlichen Revolution entgegen. Die Mitglieder der revolutionären Partei des Proletariats sind hier erschienen, nicht um Verhandlungen mit den Feinden der Revolution zu pflegen, sondern um im Namen der Arbeiter und armen Bauern gegen die Einberufung eines konterrevolutionären Parlaments zu protestieren und um den wahren Charakter dieser Versammlung vor dem ganzen Lande zu entlarven. Man beschloß, uns mundtot zu machen, und dieser Beschluß ist mit Hilfe der Sozialrevolutionäre und Menschewiki, der Sowjet-Mehrheit, durchgeführt worden. Trotzdem sind wir überzeugt, daß die Stimme unseres Protestes die großen Massen des Volkes erreichen wird, die sich immer enger um uns, um die revolutionäre Partei des Proletariats scharen. Im Namen dieser Massen erklären wir, daß das Proletariat den Triumph der bürgerlichen Unterdrücker verhindern wird.

Das Proletariat wird die Revolution zu Ende führen, den Bauern Grund und Boden und dem Volke Frieden, Brot und Freiheit sichern.

Das russische Proletariat wird Schulter an Schulter mit dem internationalen Proletariat der Herrschaft des Kapitals über die geknechtete Menschheit ein Ende machen.

*Die bolschewistischen Delegierten der städtischen Selbstverwaltungen,*
*die bolschewistischen Delegierten der Gewerkschaften,*
*die bolschewistischen Delegationsmitglieder der Arbeitergenossenschaften,*
*die bolschewistischen Vertreter des Komitees der gemeinnützigen Organisationen,*
*die bolschewistischen Delegierten des Verbandes städtischer Angestellten,*
*die bolschewistischen Delegierten der Armee- und Flottenausschüsse,*
*die bolschewistischen Delegationsmitglieder des Allrussischen Zentralvollzugsausschusses der Sowjets,*
die zur Konferenz nicht zugelassen worden sind.

Das Moskauer Proletariat begrüßte die von allen Seiten herbeiströmenden „Vertreter des Volkes", die im Frack, in Generalsuniform und im erzbischöflichen Ornat erschienen waren, mit einem Proteststreik der Empörung und der Verachtung.*)

„Es lebe der Generalstreik; unsere erste ernste Warnung an die Herren Gegenrevolutionäre", schrieb das Moskauer Organ der proletarischen Partei, der „Sozialdemokrat". 41 Gewerkschaften beschlossen mit erdrückender Stimmenmehrheit den Streik; allerdings beeilten sich die feigen „Revolutionäre" des Moskauer Sowjets, die Menschewiki und Sozialrevolutionäre, die, obwohl sie sich die Vertreter der Massen nannten, doch nichts so sehr befürchteten als eine Aktion der Massen, sofort den Streik abzublasen. Sie faßten eine Resolution, in der der Streik als „für die Revolution verderblich" bezeichnet wurde. Aber das Moskauer Proletariat hielt an seinem Beschlusse fest. 400 000 Arbeiter übernahmen wie ein Mann die Parole ihrer Klassenorganisation. Und während der Vorsitzende der reaktionären Duma, Rodsianko, täglich Berge von Glückwunschtelegrammen verschiedener Börsenausschüsse, Gutsbesitzervereinigungen, Handels- und Industrieorganisationen erhielt, liefen zugleich von allen Seiten Nachrichten über Streiks und Demonstrationen des revolutionären Proletariats ein.

So prallte das gesellschaftliche Bewußtsein der bürgerlich-militärisch-junkerlichen Spitzen auf das schärfste mit dem gesellschaftlichen Bewußtsein des Proletariats zusammen. „Es lebe die Militärdiktatur!" rief die Zensurbourgeoisie; „Nieder mit der Gegenrevolution!" antwortete entschlossen das Proletariat.

Die bürgerlich-monarchistische Clique wollte auf zweierlei Art vorgehen: durch parlamentarische Aktionen bei der staatlichen Konferenz und durch die außenparlamentarische Aktion der Militärschüler, Kosaken und Offiziere, mit der reaktionären Generalität an der Spitze, unter der persönlichen Diktatur Kornilows. Der Boden für eine solche Aktion wurde fieberhaft vorbereitet. Nach Moskau wurden Kosakenregimenter beordert. Die Georgs-Kreuz-Ritter mobilisierten

*) *Dieser und folgende Abschnitte 5. und 6. stammen aus der Feder von N. Bucharin.*

schleunigst ihre gegenrevolutionären Zellen. Die Kommandanten der Militär-Akademie machten ihre Maschinengewehre kampffertig und riefen die Militärschüler zum Kampfe auf. Und für die städtischen Kleinbürger, für die kleinen Händler, für die zahllosen kleinen Beamten und Putzmacherinnen, für die Intellektuellen, Rechtsanwälte und Journalisten, Lehrer und Professoren, Pfaffen und früheren Reviervorsteher, Winkeladvokaten und Ingenieure, Schauspielerinnen und Doktoren der Medizin, bereitete man den feierlichen Einzug Kornilows vor, der unter Triumphbögen durchreiten, nach Muster der Zaren sich vor der iberischen Gottesmutter niederwerfen, durch die Spaliere der aufgestellten, dem Befreier der bürgerlichen Welt ein begeistertes Hurra zurufenden Truppen an dem ihm Blumen auf den Weg streuenden Publikum vorbeiziehen sollte.

Der Spießbürger, der früher Kerenski zujubelte und im März Tränen der Rührung über den „ersten Revolutionär" Rodsianko vergoß, dieser an den Streitwagen des Imperialismus gefesselte Kleinbürger, lechzte förmlich nach „Ordnung" und nach einer „festen Macht". Ihn empörte restlos alles, ihn empörten die Soldaten, die ohne zu zahlen auf den Trittbrettern der Straßenbahnen hingen, und er freute sich aufrichtig, wenn sie herunterfielen und sich die Köpfe blutig schlugen; ihn empörten die Stubenmädchen und Portiers, die mit zehn Rubel im Monat schon nicht mehr zufrieden waren und beanspruchten, ein menschenwürdiges Dasein führen zu können; ihn empörten die Sowjets, die die Hausbesitzer „ausraubten", d. h. leerstehende Lokale wegrequirierten.

Eifrig schnappte der Spießer jedes gegen die Revolution umlaufende Gerücht auf und vertausendfachte es in Flugblättern, Zeitungen, Aufrufen, lauten und geflüsterten Gesprächen. In rührender Einmütigkeit fanden sich hier die speckige Joppe des Schweineschlächters und das elegante Kostüm der Primaballerina zusammen.

Dieser Spießer sollte also die Rolle des „Volkes" mimen und mit der Staatskonferenz gemeinsam jenen neuen Messias krönen, der die „anständigen Leute" von der Tyrannei der „nicht kämpfenden Soldaten und nicht arbeitenden Arbeiter" retten sollte. Die Moskauer Konferenz, bereits in „Staatskonferenz" umbenannt, zeigte sich als historische Komödie allerersten Ranges. Es wäre schwer, Beispiele schlimmerer Heuchelei zu finden, als jene Szenen, die im Opernsaale des Großen Theaters nach Noten vorgespielt wurden. Alles, was dort vorging, war ein abgekartetes Spiel in Form eines Kampfes, dessen Zweck war, jenen Kampf zu vermeiden, der mit einem abgekarteten Spiel keine Ähnlichkeit mehr haben würde.

Die Konferenz war ein Geschäft der kleinbürgerlichen Führer mit Zensusbourgeoisie. Gleichzeitig war sie ein Geschäft zwischen zwei Diktatoren: dem einen, der schon da war, und dem anderen, der erst kommen sollte.

„Die Ausrichtung der Front wurde im Sinne der Parolen der Partei der Volksfreiheit durchgeführt", schrieb das offiziöse Organ der Kadetten, die „Rjetsch", als es die Schlußfolgerungen aus der vorgespielten Komödie zog. Somit erfüllte diese Partei, wie es schien, mehr oder weniger ihre Aufgabe.

Die Konferenz sprach im Namen der „Nation". In Wirklichkeit waren die Grundpfeiler der Nation, das Proletariat und die arme Bauernschaft, aus ihren Reihen ausgeschlossen und dafür alle Nuancen des Blocks der Besitzenden vertreten. Man machte die Rechnung ohne den Wirt, wodurch sie aber nicht aufhörte, eine Rechnung zu sein.

Das anmaßende „staatsmännische" Gekläff Kerenskis, der dem Proletariat Eisen und Blut in Aussicht stellte, war nur der Auftakt zu den widerlichen Verbrüderungszenen zwischen den geschniegelten und gestriegelten kapitalistischen Drahtziehern und den kleinbürgerlichen Helden des Verrats, zwischen dem Bonaparte aus dem Rechtsanwaltsstand und dem Diktator im Kosakengeneralsrang.

Die Kommandeure der konterrevolutionären „wilden Division"

Kerenski wußte, daß Kornilow Truppen zusammenzog, um einen bewaffneten Umsturz herbeizuführen, und feierte ihn unter dem Triumphgeheul der Börsenhyänen als den „ersten Soldaten der Republik". (Inzwischen machte man „für alle Fälle" Gegenvorbereitungen, und beide Rivalen begaben sich in kluger Vorsicht für die Nacht in ihre ständig zur raschesten Abfahrt bereiten Salonwagen.) Zeretelli wußte wohl, daß die Demokratie von der mit Volldampf sich entwickelnden Reaktion nichts Gutes zu erwarten hatte, drückte aber doch dem Führer der Finanzclique, Bublikow, in rührender Freundschaft die Hand und flehte ihn an — wie es später in den „Iswestija" dieses Zentralvollzugsausschusses zu lesen war — vorübergehend die „Klassenmißverständnisse" auszuschalten.

Das Triumvirat Alexejew-Kornilow-Kaledin entwickelte dann vollständig das Henkerprogramm des Finanzkapitals. Abrechnung mit der Revolution, Vernichtung der Sowjets und Ausschüsse, Unschädlichmachung oder Vertilgung der Armeeorganisationen, so lautete das von der Fabrik, dem Rittergut, der Bank und der Börse gutgeheißene Programm der Generale. Doch nicht nur diese hatten ihre Zustimmung gegeben. Der Verfasser der von Kornilow verlesenen Programmrede war Filonenko, der Gehilfe Kerenskis, derselbe Filonenko, der mit Sawinkow den Entwurf zur Wiedereinführung der Todesstrafe für Kerenski aufgesetzt hatte. Selbstverständlich entsprach auch die Linie Miljukows und Rjabuschinskis der Linie ihrer militärischen Freunde.

Die sogenannte „Demokratie", d. h. die Führer der Sowjets, die Vertreter der Munizipalitäten, die Angestellten der Genossenschaften, die unter dem Decknamen „Revolutionäre" auftraten, kamen zur Konferenz mit einer Deklaration, die die schon ohne dies verstümmelte Plattform der Vaterlandsverteidiger noch mehr verstümmelte. Der Kampf um den Frieden fiel vollkommen unter den Tisch. (Nicht umsonst hatte das Blatt der Ochranaleute, die „Nowoje Wremja" geschrieben, Rußland habe gezeigt, daß es kein internationales Gesindel sei.) Alles war auf die gesamtnationale Parole der Verteidigung gestellt. Nüchternheit und reales Denken auf der ganzen Linie. Kein Schritt ohne Genehmigung des Herrn und Gebieters, der schon: Ruhe da unten! schrie. Sogar das Organ des gemäßigten Revolutionärtums und der revolutionären Mäßigung, die „Nowaja Shisn" rief bei der Besprechung der Deklaration Tscheidses erstaunt aus: Vor zwei Monaten hätten sich Miljukow und Gutschkow in ihren zügellosesten Phantasieträumen nichts Besseres wünschen können!

Der Appetit der Bourgeoisie wuchs jedoch von Stunde zu Stunde. Die Kapitulanten der „Demokratie" hatten von ihr keine Dankbarkeit zu erwarten. Als Tschernow, dieser nichtswürdige politische Hochstapler, der seine Feigheit mit ethischen

Spekulationen maskierte, Kaledin zu applaudieren anfing, als dieser dagegen protestierte, daß die Kosaken der konterrevolutionären Gesinnung beschuldigt würden, schlug ihn der tapfere General mit seiner Antwort ins Gesicht, indem er erklärte, „für Defaitisten sei kein Platz in der Regierung". Man mochte noch so viel von „Opfern", „gegenseitigen Zugeständnissen" und „gesamtnationalen Aufgaben" sprechen, mochte der „edle" Zeretelli noch so viel Tränen vergießen oder der „Parteiführer a. D." Plechanow noch so viel Anekdoten erzählen, der staatenlose Verehrer der staatlichen Konferenz, Fürst Kropotkin mit allen Großmütterchen und Großväterchen der russischen Revolution zusammen noch so viel gute Lehren spenden, die Kapitalisten und ihre Ideologen verharrten bei ihrem Standpunkt und setzten ihn im wesentlichen auch durch. Die „Demokratie" erwies sich als recht gehorsam, man konnte sie mit bloßen Händen fangen.

Aber der kleine Krämer faselt auch dann von seinem Siege, wenn er gerade eine Maulschelle bekommen hat. Er hat ja noch eine Backe, die ja auch hätte geschlagen werden können. Ganz ähnlich betrachteten die „demokratischen" Führer jede Niederlage als einen Sieg. Einige von ihnen gaben allerdings zu, daß die Demokratie im Rückzuge begriffen sei. „Aber gerade darum" schrieb das „Organ des sozialistischen Gedankens", die „Djen", die diesen „Gedanken" zum Prostituierten des Bankkapitals gemacht hatte — „gerade weil sie (d. h. die Demokratie) stark war, hatte sie den Wagemut, sich zurückzuziehen." Dieser „Wagemut des Rückzugs" war eben der „Wagemut" der Herren Zeretelli und Tscheidse.

War das Ergebnis der Moskauer Konferenz ein *Ruck nach rechts*, so entsprach dies nicht nur den vaterländischen Reaktionären, sondern entsprach auch den Interessen des *internationalen Kapitals*. Die Ententebotschafter, die die Zarenloge anfüllten, begrüßten niemanden so herzlich wie das blutrünstige Triumvirat der Generale. Kein Wunder, daß „eines der nächsten Resultate der Moskauer Konferenz die Möglichkeit war, im Auslande eine 5-Milliarden-Anleihe aufzunehmen". Dies war um so eher „möglich", als General Kornilow offen mit der Aufgabe Rigas drohte und die Todesstrafe für das Hinterland forderte. Diese Drohung wurde später von ihm auch verwirklicht.

Die „Staatliche Konferenz" verwandelte sich nicht in ein Langes Parlament, wie dies die Herren von der „Nowoje Wremja" gehofft hatten. Es erfolgte aber auch kein äußerer Umsturz, den die Bourgeoisie aller Schattierungen so sehnlichst erwartete. Allerdings war der „Name" des „Helden" schon in aller Munde. Dieser militärische Abenteurer, dieser „ehrliche Degen", dieser nicht allzu kluge aber geradlinige Kerl, dieser stämmige General mit der Kalmückenphysiognomie, der fest entschlossen war, die Straßen der Städte mit Arbeiterblut zu überschwemmen und die revolutionären Soldaten durch Massenhinrichtungen zu erledigen, war der rechte Mann für Miljukow und Rjabuschinski. Man kam zur Audienz beim General mit Vorträgen, wie man früher zu „allerhöchsten Persönlichkeiten" zu kommen pflegte. Putilow und Rjabuschinski, der zweifelhafte Diplomat Aladjin, der Führer der Kadettenpartei Miljukow, alle machten sie nach der Reihe den Kniefall vor dem Henker.

Aber so gern die Anhänger der Militärdiktatur es auch gesehen hätten, wenn die Moskauer Konferenz einen Staatsstreich genehmigt hätte, ein Umsturz erfolgte nicht. Die Herren Generale hatten gesehen, daß das *Proletariat*, das die sich versammelnden Banditen mit einem Generalstreik begrüßte, zur Abwehr bereit stand. Man mußte also abwarten, man mußte die militärischen Kräfte der Gegenrevolution gründlich mobilisieren, um die rebellierenden Arbeiter mit einem entscheidenden Schlage niederzuwerfen.

*Die Verschwörung war aufgeschoben, aber nicht aufgehoben.*

# 5. DER PUTSCH DES GENERALS KORNILOW

DER wichtigste Schritt zur Vorbereitung des Putsches war die ungeheuerliche Provokation an der Front. Kornilow *gab Riga* im Tausche gegen die Todesstrafe auf. Absichtlich wurden die besten Regimenter der lettischen Schützen, lauter Bolschewiki, abteilungsweise ins sichere Verderben vorgeschickt. Kornilow spielte ohne Risiko: Verweigerten sie die Ausführung des Befehls, so konnte man die Schuld der Niederlage ihnen zuschieben, sie dem Henker ausliefern und die Todesstrafe im ganzen Lande einführen. Führten sie aber den Befehl durch, so fielen sie durch deutsche Kugeln. Die lettischen Schützen unterwarfen sich, um den Abenteurern der Gegenrevolution keinen Vorwand zur Verleumdung der Bolschewiki zu liefern. Sie starben, aber ihr Verderben bewahrte die Bolschewiki nicht vor Verleumdungen. Während Kornilow durch geheime Mitteilungen über die wirklichen Ursachen der Aufgabe Rigas die verbündeten Räuber „beruhigte", verbreitete er vom Großen Hauptquartier aus die niederträchtigsten Verleumdungen gegen die Soldaten. Vergeblich protestierten die Armeeorganisationen, vergeblich protestierten sogar die Kommissare der provisorischen Regierung, vergeblich schwor Woytinski, der in den Juli-Tagen zur Niederschießung der Arbeiter aufgefordert hatte, „vor dem Angesicht der Nation", die Soldaten hätten sich wie Helden betragen. Das Große Hauptquartier log ununterbrochen von Nichtbefolgung der Befehle, vom eigenwilligen Verlassen der Stellungen, von deutschen Agenten. Eine neue, trübe Welle unerhörter Lügen und verräterischer Hetznachrichten gegen die Soldaten überschwemmte das ganze Land. Die „hochpatriotischen" Zeitungen der Kapitalmagnaten stellten die Armee als feiges, erbärmliches Gesindel, als eine zügellose Horde von Banditen hin. Und als Antwort auf die von russischen Höchstkommandierenden ausgehenden offiziellen Nachrichten kam der Widerhall der gesamten kapitalistischen Presse Westeuropas und Amerikas. „Matin" und „Times", „Temps" und „Daily Chronicle" wimmelten nur so von Beschimpfungen der von den Generalen und von der Bourgeoisie verratenen Armee. „Kampflose Flucht", „Nichtbefolgung der Befehle", „unsinnige Armeeausschüsse", „der in den russischen Truppen das Haupt erhebende Verrat", „Wiederherstellung der eisernen Disziplin", mit einem Worte, die Verbündeten hatten sich die russische Terminologie der Ochranaleute aus der „Nowoje Wremja" und der Imperialisten aus der „Rjetch" sehr gut angeeignet, obwohl sie im geheimen über alles genau informiert waren und Miljukow nur bei der Erreichung des erstrebten Zieles: der Einführung der Todesstrafe, behilflich sein sollten.

Und die „Demokratie"? Das opportunistische Aufgebot führte seine Politik weiter. Die durch das Geschrei von der „Anarchie" eingeschüchterte erbärmliche, geschlagene „Demokratie" Tscheidses und Zeretellis, Libers und Dans fand gerade noch Mut genug, um gegen die Bolschewiki loszuziehen, die eine energische Kampagne gegen Erschießungen und Hinrichtungen führten. Es kam so weit, daß die „Nowoje Wremja" mit voller Berechtigung schreiben konnte: „Lest nur in den „Iswestija" nach." Was die „Nowoje Wremja" im April druckte, füllte mit einer Verspätung von zwei Monaten die Spalten dieses Regierungsorgans.

Beschäftigte sich aber der Block der kleinbürgerlichen Parteien, die das Vertrauen der Massen verloren hatten, nur mit der permanenten Kapitulierung vor den Kräften der Gegenrevolution, so fuhr seinerseits der gegenrevolutionäre Block fort, die Aktion vorzubereiten und zu organisieren. Im Hinterland und an der Front, in den Hauptstädten und im Dongebiete wurden Kampfzentralen der Gegenrevolution geschaffen. Der „Höchstkommandierende", der „erste Soldat der Revolution", gruppierte mit fieberhafter Eile die Truppen um, indem er die revolutionären Soldaten aus den revolutionären Zentren entfernte und diese mit „verläßlichen" Kavallerieformationen belegte.

Diese ganze Vorbereitungsarbeit wurde unter der von den Kadetten und den Generalen erfundenen provokatorischen Parole des *„Kampfes gegen die bolschewistische Verschwörung"* geführt. Indem man die Verschwörung der Gutsbesitzer und Kapitalisten organisierte, schrie man von einer Verschwörung der Arbeiter; indem man die Truppen von der Front zurückzog, beschuldigte man die Partei des Proletariats des Verrates; indem man die Konterrevolution organisierte, jammerte man über die gegenrevolutionäre Einstellung der Arbeiter und Soldaten; indem man den Bürgerkrieg vorbereitete, posaunte man Nachrichten über die Bürgerkriegsvorbereitungen des Proletariats in die Welt; indem man die Profite des Kapitals mit der Waffe in der Hand verteidigte, erklärte man, die Parole der *Arbeiter* wäre die Parole der französischen Bourgeoisie, das berüchtigte: „Bereichert Euch!"

Für jeden Tag „setzten" die kapitalistischen Zeitungen einen bolschewistischen Aufstand „an"; jeden Tag schrieben sie über die kommenden „Pogrome", die die Bolschewiki veranstalten wollten. So hetzte man den Spießer auf, der seiner Natur nach furchtsam ist, aber blutdürstig wird, sobald er sich in Sicherheit wähnt. Die Falschspieler des Großkapitals „machten Stimmung" für den entscheidenden Schlag.

„Wenn man die Lage nüchtern betrachtet", telegraphierte vertraulich der Direktor der diplomatischen Kanzlei im Großen Hauptquartier, Trubetzkoi, an den Außenminister, „muß man zugeben, daß das ganze Stabsoffizierskorps, der überwiegende Teil des Offizierskorps und die besten Formationen der Feldarmee hinter Kornilow stehen. Im Hinterlande werden sich die ganze Kosakenschaft, die Mehrzahl der Militär-Akademien und die besten kriegstüchtigen Formationen der Armee ihm anschließen. Zu dieser physischen Macht muß man noch die moralische Unterstützung aller nichtsozialistischen Bevölkerungsschichten und die Gleichgültigkeit der untersten Schichten hinzurechnen, *die sich jedem Peitschenhieb unterwerfen.* Es unterliegt keinem Zweifel, daß ein *großer Teil der März-Sozialisten sofort auf seine Seite übergehen wird.* Davon, daß Kornilow den Triumph Wilhelms II. vorbereitet, kann jetzt nicht die Rede sein, wo doch die deutschen Truppen *gegenwärtig nur noch räumliche Hindernisse zu überwinden haben.*"

So schätzten die gegenrevolutionären Verschwörer das „reale Kräfteverhältnis" ein.

Das gegenrevolutionäre Komplott umfaßte eigentlich drei Sphären. Der äußere Kreis schloß auch die provisorische Regierung mit *Kerenski* an der Spitze mit ein. Es war dies ein zwischen zwei Diktatoren abgeschlossenes, gegen die Revolution gerichtetes Geschäft, ein Übereinkommen, das in zahlreichen Verhandlungen hinter den Kulissen erhärtet wurde und das nicht nur vor den Augen des Volkes verborgen blieb, sondern auch vor den Führern jener „Demokratie", die Kerenski noch immer Gefolgschaft leistete. Der zweite, engere Kreis umfaßte die eigentliche Verschwörung Kornilows. Hier waren alle verläßlichsten Kräfte der Gegenrevolution mit der reaktionären Generalität an der Spitze mobilisiert. Die dritte Sphäre endlich, ein Komplott im Komplott, war die monarchistische Verschwörung eines Häufleins früherer Höflinge des Zaren Nikolai II., das unter der Führung einiger Senatoren, hochadliger Gardeoffiziere, der ehemaligen Hofdame Margarete

Durnowo, einiger Großfürsten und verschiedener Schwindler und Schelme der Hofclique stand.

*Kerenski,* der sehr wohl begriff, daß die Bourgeoisie nicht ihn, sondern Kornilow brauchte, paßte sich immer mehr dem gegenrevolutionären Kurs an. Dazu benötigte er aber wenigstens des Anscheins einer Verbindung mit den Massen. Seine Lage war eigentlich dieselbe, wie die eines Spitzels, der sich in den Netzen der Geheimpolizei verfangen hat. Verrät er keinen, wird er entlassen. Entlassen wird er aber auch dann, wenn er von den Revolutionären, die er verraten hat, entlarvt wird. Kerenski hatte bereits fast allen Kredit bei den Massen eingebüßt. Zur Erfüllung seiner ehrbaren Funktion mußte er aber noch drohende *Gesten* nach rechts machen, um *in Wirklichkeit* gegen die Linke vorgehen zu können.

Ein offenes Auftreten gegen Kornilow hätte den Bruch mit der Finanzclique und den Generalen bedeutet, sich offen mit ihnen verbünden, andererseits die Vernichtung der letzten Reste des einst genossenen Vertrauens zu seiner eigenen Person, deren Ansehen sowieso deutlich wahrnehmbar gelitten hatte. Unter diesen Umständen blieb ihm nur eins übrig: die Komödie eines Scheinkampfes vorzuspielen und gleichzeitig hinter den Kulissen zu paktieren, d. h. *in Wirklichkeit sich an der Verschwörung gegen die Revolution zu beteiligen.* Dies war für Kerenski um so leichter, als seine sämtlichen Gehilfen eingefleischte Kornilow-Anhänger waren. Sawinkow, Filonenko, Burzew, geschweige denn die Mitglieder der Kadettenpartei waren alle eifrige Anhänger eines Staatsstreiches zugunsten des adligen Gutsbesitzes und des Bankkontors. Darum wurden die ersten Vorbereitungen zum Kampfe (und zwar zum Kampfe nicht nur gegen die „Bolschewiki“, sondern auch gegen die sozialrevolutionär-menschewistischen Sowjets) auf Veranlassung der bonapartistischen Komödianten gemacht. Sawinkow beorderte mit Einverständnis Kerenskis das 3. Kavaleriekorps nach Petrograd, um dieselbe revolutionäre Demokratie zu erledigen, für deren Anhänger er sich ausgab.

Am 26. *August* schickte Kornilow durch den Fürsten Lwow, einen der Minister

**Das Präsidium des Kosaken-Kongresses mit Ataman Dutow (in der Mitte), Juni 1917**

der ersten revolutionären Regierung, sein Ultimatum ab. Kerenski ließ Lwow „verhaften". Kornilow, in dessen Hauptquartier die „Männer des öffentlichen Lebens" ihre Zelte aufgeschlagen hatten, wendete sich in einem feierlichen Manifest „an das russische Volk" und erklärte, daß die Regierung in den Händen von Deutschen und Bolschewiki sei. Die „militärischen Operationen" fingen an.

Während Gutschkow, Rodsianko, Nabokow und andere Führer der „liberalen" und reaktionären Bourgeoisie einen räuberischen Ausfall aus dem Hauptquartier organisierten, sprengten die Kadettenminister die Regierung von innen, um ihre sozialistischen Kollegen, die Einfaltspinsel, unschädlich zu machen. Das Kabinett fliegt mit Blitz und Donner auf. Unter den „Spitzen" bricht eine unheimliche Konfussion aus. Nach vielem Geschwätz, Verhandlungen, Drohungen und Bitten tauchte inmitten eines Netzes schmutzigster Intrigen die neue Regierung *Kerenski-Kischkin* auf.

Die *Börse* beantwortete die Aktion Kornilows mit einer allgemeinen Hausse. Das *internationale Kapital* beklatschte in seiner Presse mit seltener Einmütigkeit den „Retter Rußlands". Nicht nur die Organe der Entente-Bankokratie, die „Times" und „Temps" und die Soldschreiber der amerikanischen Trusts, auch die deutsche imperialistische Presse zollte dem neuen Helden lauten Beifall. Die englische Regierung stellte Kornilow Panzerautos zur Verfügung, damit er mit dem roten Petrograd leichter fertig werde. *Waffen und Finanzen* richteten sich gegen die Arbeiter und Bauern.

Die Truppen Kornilows rückten gegen Petrograd vor. Das Ultimatum der Gegenrevolution wurde gleichzeitig durch die Drohung ergänzt, den *Deutschen die Front zu öffnen.* Die rechte Hand Kornilows, der General Lukomski, erklärte, die Front würde geöffnet und ein Sonderwaffenstillstand geschlossen werden, um die Truppen zur Veranstaltung eines Blutbades in die Hauptstadt werfen zu können. Diese Erzpatrioten, die vereidigten Hüter des „nationalen Stolzes", diese St.-Georgs-Ritter mit dem schwarzen Herzen und dem roten Mantelfutter, diese Generale waren bereit, sich demütig vor den preußischen Bajonetten zu ducken, nur um einen Teil ihrer Truppen gegen Proletarier vorschicken zu können.

Ein Sturmwind brauste über das Land. Das *Proletariat,* das fortwährend auf der Hut gewesen war, das die kleinbürgerliche Demokratie vergeblich vor der Todesgefahr gewarnt hatte, regte sich. Die Arbeiter der Hauptstadt und der Provinz griffen zur Waffe. Wo es nur irgend möglich war, Waffen zu erhalten, bewaffneten sich die Proletarier. Petrograd schuf im Handumdrehen eine Rote Garde. Die Arbeiter der Waffenfabriken erhöhten im Nu die Produktion auf das doppelte und lieferten Maschinengewehre, Geschütze und Geschosse für den Abwehrkampf gegen den Klassengegner. Die *Partei des Proletariats,* die Bolschewiki, gab die Parole aus: „Kampf bis zum letzten Tropfen Blutes, Kampf nicht für Kerenski, sondern für die Revolution." Durch den Gang des Kampfes wurde in diesem kritischen Augenblick auf alle gefährlichen Posten die Arbeiterklasse und ihre Partei vorgeschoben.

In tödlichem Schrecken wandten sich *die Sowjets und die kleinbürgerliche Demokratie* hilfesuchend an die Proleten. Die bolschewistischen Matrosen Kronstadts, die bis dahin so oft verleumdet, die so oft Gegenrevolutionäre und Feinde der Freiheit genannt worden waren, wurden jetzt als die tapfersten Verteidiger der Freiheit gepriesen und eiligst nach Petrograd berufen. Die Arbeiter, gegen die im Juli „verläßliche" Kavallerie-Regimenter und „Sturmtruppen" vorgeschickt worden waren, hießen jetzt „das Bollwerk der Revolution". Die Partei des Proletariats, die früher als ein Gesindel von Verbrechern, Spitzeln und Spionen bezeichnet wurde, war in 24 Stunden rehabilitiert und zum erwünschten Verbündeten erklärt.

Die kleinbürgerlichen Führer begriffen jetzt, daß die Gegenrevolution eine eigene Logik hat. Sie wußten, daß die siegreiche Kornilowsche Bande nicht nur die Bolschewiki, sondern auch alle Opportunisten wegfegen würde. Sie sahen, daß die Reaktion bereit sei, auf Forderung Miljukows und Rjabuschinskis, alle „Sowjets und Komitees“ zu vernichten. An allen Gliedern schlotternd, erhoben sie ein erbärmliches Gejammer von der „Einheit der revolutionären Front“.

Der Druck der *Massen* war außerordentlich stark. Buchstäblich alle Arbeiterorganisationen erhoben sich. Trotz der opportunistischen Mehrheit pulsierte in den Sowjets ein neues, kampffrohes Leben. Überall, in den Hauptstädten wie in den gottverlassenen Provinzstädtchen, wurden revolutionäre Machtorgane geschaffen. In Petrograd und Moskau trat das bewaffnete Volk wieder auf die Szene. Und überall, wo nur von einer Mobilisierung der Kräfte, von einem Einfluß auf die Garnison, von verantwortlicher Kampfgemeinschaft die Rede war, erwies sich *die Partei des Proletariats* als die beweglichste, wagemütigste, entschlossenste und kampffähigste Organisation.

Der Putsch des Generals Kornilow welkte ab, ohne geblüht zu haben. Die militärischen Kräfte Kornilows, die, von ihren Generalen betrogen, gegen Petrograd marschierten, zersetzten sich bei der ersten Berührung mit den Truppen, die nicht so sehr von dem bloß die Komödie eines Scheinkampfes vorspielenden Kerenski gegen sie ausgeschickt worden waren, als von den Sowjetorganen, die die militärische Führung faktisch übernommen hatten. In den Städten, wo die Georgs-Kreuz-Ritter, die Stürmer und Stürmerinnen, die Offiziere und Generale so viel von dem großen kommenden „Tag“ geschwatzt und mit so viel „Courage“ Kornilow-Abzeichen getragen hatten, um ihre souveräne Verachtung für den „entfesselten Pöbel“ zu dokumentieren — wagten diese Helden überhaupt nicht, in Aktion zu treten. Sie kannten ganz genau den Wert ihres Verbündeten, jener Spießermasse, die nur dann mutig ist, wenn keine Gefahr droht. Die Unterstützung des Generals *Kaledin,* der vom Süden her vorrücken und die Getreidezufuhr nach dem Norden abschneiden sollte, machte sich nur dadurch bemerkbar, daß einige Tage lang in Moskau anstatt Waggons mit Getreide, Waggons mit Wassermelonen und Sonnenblumen ankamen. Der Räuberüberfall auf das Volk war ein Mißerfolg. Die Verschwörer hatten die eigenen Kräfte stark überschätzt, aber auch die Kräfte der Revolution unterschätzt. Der „städtische Pöbel“ hatte nicht nur keine Neigung gezeigt, sich dem „Schlag mit der Reitgerte“ zu unterwerfen, wie dies die Kapitalsbanditen gehofft hatten, dieser Pöbel hatte die Aktion der Generale mit dem einstimmigen Ruf: „Sieg oder Tod“ beantwortet und sich mit einem Enthusiasmus, der nur einer werktätigen, begeisterten, die eigenen großen historischen Aufgaben begreifenden jungen und heroischen Klasse eigen ist, in die vordersten Linien der Bürgerkriegsfront gestürzt.

Die Verbrüderungsbewegung war die hauptsächlichste Methode, die zur Zersetzung der Kornilowschen Truppen angewandt wurde. Sogar die halbwilden Kaukasier, aus denen der tapfere General Elitekohorten zur Rettung der bürgerlichen Zivilisation aufgestellt hatte, sogar diese „Wilden“, die man zur Niederwerfung der Hunenhorden des „Sozialismus, Kommunismus und Anarchismus“ dressieren zu können dachte, vergaßen ihre knechtische Ergebenheit. Der militärische Vormarsch auf der inneren Front, der in den vornehmen Salons der russischen Mäzene vorbereitet wurde und den die bürgerliche Presse mit einem feierlichen Glockengeläute eingeläutet hatte, schrumpfte plötzlich zusammen wie eine angestochene Blase, und der finstere Held der Bourgeoisie stand als eigensinniger Dummkopf da, der sich durch alles eher auszeichnet, als durch die Genialität eines Triumphators.

# 6. DIE DEMOKRATISCHE KONFERENZ

DER Putsch des Generals Kornilow öffnete die Augen nicht nur den rückständigen Arbeitern, nicht nur den Bauern, nicht nur dem Hinterlande, sondern auch den Soldaten an der Front. Er verursachte eine durchgreifende Umgruppierung der Kräfte und zog eine außerordentliche Stärkung der Position der revolutionären proletarischen Partei nach sich.

Die *opportunistische Regierung*, die dem siegreichen Einzug der Gegenrevolution Tür und Tor offen gelassen hatte, konnte nur auf dem Boden des *mangelnden Klassenbewußtseins* der Massen, ihres Vertrauens zum Kapital und ihres „*gutgläubigen Verteidigertums*" entstehen und sich halten. Aus denselben Gründen konnten die Massen auch die Sozialrevolutionäre und Menschewiki als ihre Führer anerkennen. Die sentimental-naive, freudige Rührung der März-Revolution, dieser „gesamtnationalen" Revolution, in der sogar die ausgekochtesten Schelme der Finanzoligarchie die Gerührten spielten und schneeweiße Taschentücher zu ihren von Fett verschwollenen Äuglein führten, das Vertrauen der betrogenen Massen zu den zentnerschweren „Führern der Revolution" im Frack, von der Art Rodsiankos und Lwows, zerfloß wie Nebel. Der Lauf des Klassenkampfes zerschlug alle Illusionen, riß alle Schleier ab, zog all den Schwindelhelden die Maske vom Gesicht und zeigte den Massen das wirkliche Antlitz, die tierische Fratze dieser „Volksbeglücker". Die bürgerlichen Imperialisten und die sozialverräterische Presse, zu der man früher so viel Vertrauen gehabt hatte, daß es der Bourgeoisie in den Juli-Tagen gelungen war, den Belagerungszustand gegen die Partei des Proletariats einzuführen und ihre Mitglieder wie wilde Tiere zu hetzen, verloren jetzt endgültig und unwiderbringlich das Vertrauen der Massen.

Die *Arbeiterklasse*, die zur Zeit der Moskauer Konferenz in ihrer Mehrheit bereits der revolutionären Sozialdemokratie Gefolgschaft leistete, überwand rasch alle Reste kleinbürgerlicher Illusionen, die sich in ihren rückständigeren Schichten erhalten hatten.

Die *Bauernschaft* erblickte in der Aktion des Generals Kornilow einen Angriff von seiten der Gutsbesitzer und eine handgreifliche Bedrohung der eigenen Träume von Grund und Boden. Wenn sich die Bauern früher zur großen Freude aller Großgrundbesitzer „geduldet" hatten und die Entscheidung der Landfrage bis zur „Einberufung der Konstituante" verschoben, was die Herren Sozialrevolutionäre keine geringe Mühe kostete, so war ihnen jetzt auch die Geduld gerissen. Im Anschluß an die „Kornilowsche" Bewegung der Gutsbesitzer brach eine starke Bauernbewegung aus, die an manchen Orten in regelrechte *Bauernaufstände* überging. Die kapitalistische Presse verzeichnete dies mit Entsetzen und teilte die „Agrarunruhen" in die Rubrik „Anarchie und Pogrome" ein. In Wirklichkeit war die Agrarbewegung ein Zeichen der *Entwicklung* des Klassenbewußtseins der Bauern, die sich mit ewigen Versprechungen nicht mehr begnügen wollten. Die „eigenmächtige Besetzung", die der Bourgeoisie so verhaßt ist, wurde zur alltäglichen Erscheinung. Grund und Boden entglitt rasch den Händen der Gutsbesitzer und ging in die Hände der Bauern über.

Die *Armee*, die einst Kerenski blinden Glauben schenkte, die für die schmachvolle Juli-Offensive sich hergegeben hatte, ergriff jetzt nach dem Schlage der Henkerknute ein wilder Haß gegen das ganze Offizierskorps bis hinunter zu den Frontoffizieren. Das Offizierskorps, das mit Herz und Seele an Kornilow hing, das die Todesstrafe eingeführt hatte, das die Soldaten verleumdete und gegen sie hetzte, sie auf Schritt und Tritt verriet und das „graue heilige Vieh" wie verächtliches Gesindel behandelte, — dieses Offizierskorps fühlte plötzlich den starren, haßerfüllten Blick der ganzen Millionenarmee auf sich gerichtet. Der Klassenkampf, der das ganze Gebäude der Gesellschaft erschüttert hatte, übertrug sich mit nie gesehener Gewalt auch auf die Front. Die Armee befreite sich ein für allemal vom Drucke der Imperialisten.

Der Kornilow-Putsch spitzte endlich auch die *Nationalitätenfrage* außerordentlich zu. Dieser Putsch war nichts anderes als ein verzweifelter Vorstoß des russischen Großmächte-Imperialismus. Unter der falschen Parole des „einigen und unteilbaren Rußlands", die von den Patrioten spielenden Generalen und den General spielenden Patrioten aus den „Handels- und Industrieklassen" aufgestellt wurde, steckte die altgewohnte Erdrosselungspolitik der imperialistischen Hals-

Die Bauern, denen die provisorische Regierung außer wohlklingenden Versprechungen — nichts gab, die nach wie vor für die nationalistische Phrase bluten sollten, plünderten die Landhäuser und Schlösser der verhaßten Großgrundbesitzer abschneider, deren sie sich schon in der Zeit des seligen Zarismus befleißigt hatten. Und wenn die Generale mit und ohne Nagaika die Parole des „einigen und unteilbaren" Rußlands aufstellten, so bedeutete dies, daß alle sogenannten „Fremdstämmigen" allen Grund hatten, nach Hilfe zu schreien. Kornilow-Abenteuer und dessen Niederlage riefen somit ein Anwachsen der separatistischen Bestrebungen der Nationalitäten und die Zersetzung des russischen Imperialismus hervor.

Die *politische* Entwicklung des Klassenbewußtsein breiter Volksmassen fand im vollständigen Fiasko der opportunistischen Parteien ihren Ausdruck.

Die *Menschewiki*, die sich weitgehend auf rückständige, von kleinbürgerlichen Vorurteilen, Illusionen und Einbildungen angesteckte Schichten der Arbeiterklasse stützten, verschwanden als Partei fast vollständig von der politischen Szene, da die Zerstörung der Illusionen gerade beim Proletariat außerordentlich rasch vor sich ging; diese Illusionen verschwanden mit fast katastrophaler Geschwindigkeit.

Bei den *Sozialrevolutionären* kam eine Periode innerer Zersetzung. Die Partei zerfiel immer deutlicher in Ideologen des Kulakentums und in Ideologen der armen Bauernschaft. Dieser Prozeß fand seinen Ausdruck in der Entstehung eines linken Flügels in der Partei der Sozialrevolutionäre, der mit jedem Tage stärker wurde. Die *Partei des Proletariats* endlich schwoll wie ein Schneeball an. Das Land zerfiel immer mehr in *zwei* feindliche Lager. Auf der einen Seite stand das *revolutionäre Proletariat und seine Partei;* in diesem Lager standen alle Werktätigen, es war das Lager des „Volkes", und auf der anderen alle Fraktionen der herrschenden Klassen, von der ehemaligen Hofdame bis zum kleinen Mehlhändler und Dorfwucherer. Die Führer dieses Lagers waren das Finanzkapital und die Partei des *Volksverrats*.

Der Gang der Ereignisse stellte die bürgerliche Kamarilla vor die Aufgaben des direkten Bürgerkrieges. Das verschwundene Vertrauen der Massen zum Kapital, die vollständige Zersetzung der opportunistischen Parteien, das fieberhaft rasche Anwachsen der Partei des Proletariats, alles zwang die Bourgeoisie, sich auf den Bürgerkrieg zu orientieren. Man konnte nicht mehr mit Betrug, Schmeichelei und Kompromissen, mit der Hilfe „sozialistischer" Verräter weiter regieren, es wurde unmöglich, noch weiter den Demokraten zu spielen und zugleich den Dolch der Todesstrafe gegen das Volk zu erheben. Übrig blieben nur noch neue Versuche einer bewaffneten Gegenrevolution.

Bevor es aber zum Entscheidungskampfe kam, zwang die Geschichte das Land noch einmal, durch den Theatertriumphbogen einer allrussischen Komödie hindurchzugehen. Der Titel dieser Komödie war: „Demokratische Konferenz".

Nach dem Kornilow-Putsch stellte die „Regierung" ein wahrhaft tragikomisches Gebilde dar. Eine Krise jagte die andere. Auf dem Boden der allgemeinen politischen Korruption der Spitzen machte sich dort eine Bande bonapartistischer Aasvögel breit, in der die verschiedensten Elemente zusammengewürfelt waren, von denen aber alle erste Geigen spielen wollten: Sawinkow, ehemaliger Terrorist, später Urheber der Wiedereinführung der Todesstrafe; Filonenko, ein Kerl, der nach eigenem Eingeständnis „ohne mit der Wimper zu zucken" Todesurteile gegen Soldaten vollstrecken konnte, ein „Sozialist", der die Aphorismen von Kornilow mit einem gut Stück eigenen sadistischen Kram zu verbessern dachte; und nicht zuletzt Kerenski selbst mit seiner Plejade von „Gehilfen", wirklichen Kadetten oder Kadettisierenden, die an der Schwelle standen und sehnsüchtige Blicke hineinwarfen. Endlich entstieg dem schmutzigen Schaum gegenseitigen Betrugs und gegenseitiger Hintertreppenabkommen jenes in jeder Hinsicht verdächtige „russische Direktorium", das einerseits von Zeretelli und Gotz und andererseits von den

Die Koalitionsregierung versuchte im Juli 1917 mit allen Mitteln frische Truppen an die Front zu werfen, um eine neue Offensive zu beginnen. Die chauvinistische Propaganda brachte auch Frauen in die Armee, die in besonderen Formationen die deutsche Front durchbrechen sollten. Ihr Kampfwert war gleich dem der müden, vorübergehend aufgeputschten Soldaten

Helden der Kadettenpartei, die lieber hinter den Kulissen bleiben wollten, aus der Taufe gehoben wurde. Der „Rat der Fünf" wies keine glänzenden Namen auf. An der Spitze stand selbstverständlich Kerenski, der vier andere nach „seinem eigenen Ebenbilde Geschaffene" weihte: Tereschtschenko, Werchowski, Werderowski und Nikitin, wobei Werchowski und Werderowski eine „technische Rolle" zugewiesen wurde.

So wurde das Direktorium zusammengesetzt, das offensichtlich nur einen Übergang zum Konsulat bilden sollte. Ein einfältiges Mitglied der Trudowiki-Partei, Bulat, gab offen die Handfertigkeit des Bürgers Kerenski zu: „Während wir dasaßen und beratschlagten, wurde ohne uns eine Regierung geschaffen. Wer weiß, vielleicht werden wir uns hier überhaupt nicht mehr zusammenfinden (d. h. im Zentral-Exekutiv-Komitee). Der Ausnahmezustand ist eingeführt. Man kann kommen, sich auf irgendeinen Paragraphen berufen und uns auseinanderjagen."

Die Regierung hatte somit eine höchst einfache Struktur. Sie wurde von Kerenski bestimmt, von Kerenski bestätigt und Kerenski verantwortlich gemacht. Kerenski als einzige Quelle der unabhängigen Macht; Kerenski als einziges Gefäß der Gnade, das sich noch von der ersten Koalitionsregierung her ergoß; Kerenski als „allgemein anerkanntes Haupt" des „russischen Staates". So schien es wenigstens zu sein und war auch in der Tat so. Eigentlich war aber das Ganze nur die letzte Anstrengung einer Verräterclique, der Clique, die die Demokratie verraten hatte und nunmehr immer mehr in der Luft hing, nachdem sie jeden Halt von links bereits verloren hatte und trotz aller Anstrengungen auch den Halt von rechts in raschem Tempo zu verlieren im Begriffe war.

Die Bildung eines Direktoriums bedeutete eigentlich nichts anderes als einen *blutlosen Sieg des Generals Kornilow*. Sie war die legale Frucht des illegalen Geschäfts zwischen dem Helden der Nagaika und dem Abenteurer der Zunge. Der Plan Kornilows bestand ja eben in der Schaffung eines Direktoriums. Zwar ist es wahr, daß Kerenski im entscheidenden Augenblicke Kornilow nicht unterstützte, da doch in diesem Falle das Haupt des Direktoriums Kornilow und nicht er, Kerenski, geworden wäre, aber diese in fünf Diktatoren verkörperte und von allen Fünfen — außer einem Oberdiktator — unabhängige Macht bedeutete eben nichts anderes als den vollen Sieg des Standpunktes der Generale.

Der *Inhalt* entsprach dieser *Form* vollkommen. „Die Liquidierung" der Kornilowschen Rebellion wurde zu einer wahren Verhöhnung der Massen. Zunächst wurde der feierlich zum Verräter erklärte Kornilow auf dem Posten des tatsächlichen Oberkommandierenden „bis zur Ablösung" belassen. Dann beförderte Kerenski sich selbst zum Oberkommandierenden, ernannte aber zu seinem Generalstabschef, d. h. wiederum zum tatsächlichen Oberkommandierenden, den General Alexejew — einen zaristischen Henker und intimen Freund Kornilows, der an der Verschwörung direkt mitbeteiligt und Verbindungsmann zwischen Kornilow, Rjabuschinski und Miljukow gewesen war — denselben Alexejew, der zu Anfang der Revolution die „aus Petrograd kommenden revolutionären Banden" zu erschießen drohte; denselben Alexejew, den er selbst in den ersten Monaten der Revolution unter dem Drucke der allgemeinen Wut und Empörung davonjagen mußte; denselben Alexejew, der in der „engeren Konferenz" der Moskauer Faiseure „goldene Worte" gesprochen hatte, die er nachher bei der „Staatlichen Konferenz" wiederholte und die auf Veranlassung Miljukows von Rjabuschinski auch in Druck herausgegeben wurden. Dieses Subjekt wurde also dazu bestimmt, die Armee von der Gegenrevolution zu säubern. Dieser Teilnehmer der Verschwörung erhält den Auftrag, die Untersuchung in der Komplottaffäre zu führen. Der selbst im Schmutz erstickende Kerenski beauftragt seinen Helfershelfer, die Angelegenheit ihres gemeinsamen Kompagnons zu untersuchen.

Der als Verräter gebrandmarkte Oberkommandierende gelangte auf diese Weise anstatt auf das Schafott in ein Hotel ersten Ranges, wo ihn ihm ergebene Truppenteile „bewachten". Der Kadett Balschinski wird zum Überwachungsdienst in Petrograd bestimmt. Die reaktionärsten Generale, die nur aus Trägheit nicht rechtzeitig offen auf die Seite Kornilows übergegangen waren (oder sich aus Feigheit zurückhielten), verblieben in ihren Ämtern oder wurden befördert. Die in den Tagen des Kornilow-Putsches entstandenen revolutionären Komitees, die die militärischen Operationen gegen Kornilow geleitet hatten, wurden für vogelfrei erklärt. Sie, die die Republik und die Revolution gerettet hatten, wurden zu „Feinden der Republik" erklärt.

„Willkürliches Vorgehen", heißt es im Befehle vom 4. September, „wird im weiteren nicht geduldet werden, die provisorische Regierung wird gegen solche Erscheinungen, die der Republik schädlich sind, ankämpfen". Und dies zu einer Zeit, wo der Kampf gegen Kornilow in die Hände einer Rotte Kornilow-Abenteurer gelegt wurde. Zugleich werden offizielle Verhandlungen mit der Kadettenpartei geführt über den Eintritt der bei der Beteiligung an der Verschwörung ertappten Führer dieser Partei in die Regierung. Gleichzeitig bekommt Maklakow einen Botschafterposten im Auslande.

Aber für die Massen mußte doch eine gewisse „Deckung" geschaffen werden.

Diese Deckung fand man, indem man gegen die Gardeoffiziere und gegen die frühere Hofdame loszog. Die Verschwörung als solche konnte nicht mehr verheimlicht werden. — So sollte eben die Hofdame das Ganze ausbaden, — dachte die ehrbare Gesellschaft, die gern eine Gruppe beinahe — Gleichgesinnter ausgeliefert hätte, um selbst mehr oder weniger trockenen Fußes aus der Patsche zu kommen. Man schritt zu einer lächerlichen „Liquidierung der Verschwörung", man räumte den „Doppeladler" in Kiew aus, verhaftete die Mitglieder der Gesellschaft „Russki Bogatyr" (um sie sofort wieder freizulassen) und auch ein paar frühere Großfürsten, ließ aber mit kluger Vorsicht die Seelen der *wirklichen*, nicht der Operettenverschwörung, Miljukow und Gutschkow, Rodsianko und Rjabuschinski, Putilow und Wischnegradski, Kornilow und Kaledin, das Zentralkomitee der Partei des Volksverrats und die „engere Konferenz" der Verschwörer, mit einem Worte alle, die gemeinsam mit Kerenski den Plan einer „kollektiven Diktatur" von Blut und Eisen vereinbart hatten, wohlweislich laufen.

Die kapitalistischen Blätter, die in den Tagen des großartig sein sollenden Kornilowschen Aufmarsches blutrünstig die Zähne fletschten und in den Tagen seiner Niederlage sich in die Lippe bissen, erhoben aufs neue das Haupt und gingen wieder zur Offensive über. Die offiziellen Persönlichkeiten der Staatsanwaltschaft wuschen Kornilow mit derselben Frechheit weiß, mit der sie früher die Partei des Proletariats angeschwärzt hatten. In einer Einheitsfront mit dem reaktionären Staatsanwalt Alexandrow erklärte der „Demokrat" Stahl, indem er auf die Bolschewiki hinwies: „Ich denke, daß die Verschwörung von rechts und von links ein gleiches Verbrechen gegen das Land darstellen". Die dienstfertigen Juristen der Zeitungen erklärten dazu, daß Kornilow kein Verbrechen „gegen die bestehende Ordnung" begehen konnte, weil „es gegenwärtig in Rußland überhaupt keine Ordnung gäbe". Die sogenannten qualifizierten Intellektuellen, d. h. die Geschichtsschreiber, Rechtsanwälte, Dichter, Gelehrten, Dilettanten, gingen wieder zum Sturm gegen die Arbeiter vor. Ein Beinahe-Marxist, Professor Wipper, vergaß vollständig seine Theorie der historischen Erkenntnis und erzählte im Blatte Rjabuschinskis, die ganze russische Revolution sei bloß ein Ergebnis der Böswilligkeit der deutschen Generale. Sein Redaktionskollege Balmont, der einst den bewaffneten Aufstand der Arbeiter besungen hatte, verfaßte jetzt begeisterte Oden an Kornilow, in denen er diesen Träger einer stumpfen asiatischen Physiognomie den „stolzen Schwan" der russischen Zivilisation benamste.

Aber die Herren Kapitalisten waren doch äußerst unzufrieden mit dem Verhalten Kerenskis, von dem sie ein energischeres Vorgehen oder eine Abdankung zugunsten Kornilows erwartet hatten. In den Plänen der Verschwörer war das letztere vorgesehen gewesen. Kerenski hatte aber im kritischen Augenblick Kornilow nicht mit bewaffneter Hand unterstützt, sondern im Gegenteil, — wenn auch nur als Komödie, wenn auch nur zum Schein —, einen Kampf gegen ihn geführt, was aber dem Geschmack der Textil- und Metallkönige nicht ganz entsprach. Sie fingen eine energische Kampagne gegen Kerenski an und entlarvten rücksichtslos das Doppelspiel dieses „Demokraten". Die Kampagne wurde im Blatte Rjabuschinskis „Utro Rossii" eröffnet. Die Beteiligung Kerenskis an der Ausarbeitung der Pläne einer militärischen Diktatur wurde dokumentarisch bewiesen; wie sein Bestreben, Petrograd und Kronstadt niederzuschlagen, sein Anteil an der Beorderung des 3. Armeekorps nach Petrograd, an der Provokation der „bolschewistischen Verschwörung", an der Vorbereitung zur Aushebung der Sowjets, wurden alle entlarvt. Ein ganzes Wespennest von Intrigen, Schwindeleien und gegenseitigen Verrats tauchte an die Oberfläche. Jeder Tag brachte Sensationsnachrichten. Es wurde jedem klar, daß neben der *Kornilow-Affäre* auch eine *Kerenski-Affäre* vorhanden war und daß sich diese von der ersten nur durch ihre Doppelzüngigkeit und Feigheit „prinzipiell" unterschied.

So sehr sich das Direktorium Kerenski bemühte, seine gegen die Bourgeoisie begangenen Sünden wettzumachen, die Bourgeoisie ging doch, nachdem sie Kornilow gerettet hatte, nunmehr aufs ganze. Zwar hatte Kerenski die Republik ausgerufen, um zu beweisen, daß es in Rußland „eine Ordnung gäbe", dafür verbot er aber in Petrograd die beiden Blätter „Rabotschij" und „Nowaja Shisn", bereitete unter dem Vorwande des Kampfes gegen die Anarchie in aller Eile eine Strafexpedition gegen den Arbeiter- und Soldatensowjet von Taschkent vor und verhandelte mit den Moskauer Größen Konowalow, Burischkin, Tschetwerikow, Tretjakow und Smirnow, d. h. mit der Blüte der Moskauer „engeren Konferenz". Er versuchte auch die „Flottenzentrale" aufzulösen und ernannte Klembowski, einen offenen Anhänger Kornilows, zum Mitgliede des Kriegsrats. Trotz allem schonte aber die Bourgeoisie diesen ihren „jungen Mann" nicht mehr, sie brauchte einen anderen.

Während oben weiter dieselbe Lotterie mit Ministersesseln gespielt wurde, die für das zaristische Regime so charakteristisch war, und mit deren Hilfe, d. h. durch Personenwechsel, man die klaffenden Lücken der eigenen Klassenbeschaffenheit zuzustopfen hoffte, ging unten in den Massen eine rasche Linksschwenkung vor sich. Dieser Prozeß fand auch in der veränderten Stellungnahme der führenden Sowjets ihren Ausdruck. Die sozialrevolutionär-menschewistischen Führer versuchten ihren Einfluß durch allerlei bürokratische Schranken zu festigen und sich so vor allen „Anschlägen" der Masse zu schützen. In je rascherem Tempo jedoch „das Land" nach links ging, in desto stärkerem Maße wurden die Sowjets wieder

Revolutionäre Matrosen vom Kreuzer „Aurora"

zu Organen des Klassenkampfes der Proletarier und Soldaten gegen die imperialistische Staatsmacht und warfen die Funktion, einfache Ressorts dieser Staatsmacht zu sein, immer mehr von sich ab. Die Neuwahl einzelner Mitglieder und die Linksschwenkung anderer führte zu einem Abmarsch des Petrograder Sowjets ins Lager der Bolschewiki. Das Präsidium des Zentralvollzugsausschusses mit Tscheidse und Dan an der Spitze mußte abdanken. Dem Beispiel Petrograds folgend, gab auch der Moskauer Sowjet der Arbeiterdeputierten die Mehrheit seiner Stimmen der Partei des revolutionären Proletariats. Vergeblich faßte der Zentralvollzugsausschuß eine Vertrauensresolution für das bonapartistische Quintett. Es war klar, daß die Führung den Händen dieser politischen Leichname entgleiten und *auf die revolutionären Sowjets beider Hauptstädte übergehen* mußte.

Die kleinbürgerlichen Führer verloren in immer wachsendem Maße sogar die eigene Klassenbasis. Hatten sie früher mit ziemlichem Erfolge die Unentschlossenheit des Kleinbürgertums, der Bauern, der städtischen Armen und der rückständigen Schichten der Arbeiterklasse ausgedrückt, so schwenkten sie jetzt ziemlich scharf nach rechts. Während *die Masse des Kleinbürgertums* einen Zug zum Proletariat durchmachte, zeigten *ihre Führer* einen noch heftigeren Zug in der Richtung des Großkapitals. Die bürokratisierte Spitze des Zentralvollzugsausschusses, die unter dem Drucke der Massen ihre reaktionäre Leidenschaft und ihren knechtischen Eifer etwas gemäßigt hatte, eilte jetzt wieder mit Volldampf einem Blocke mit der Großbourgeoisie entgegen. Zu feige, um offen ihre Bewunderung für die durch die Kornilow-Affäre vollständig kompromittierten Kadetten zu bekennen, nötigte sie diese zum Eintritt in die Regierung unter der Maske „sachlicher Kandidaturen“, einer Maske übrigens, die ständig von allen politischen Schwarzkünstlern und Berufs-

Petrograd, Juli 1917

**Die von den bürgerlichen Regierungstruppen entwaffneten Soldaten des I. Maschinengewehr-Bataillons, das mit seinen Offizieren geschlossen zu den Bolschewiki übertrat**

schwindlern gern benützt wird. Unter solchen Umständen mußten diese Herrschaften, die sich in ihrer Angst vor der bolschewistischen Verseuchung zur Hälfte bereits mit der Großbourgeoisie geeinigt und sich selbst zu „Bonapärtchen" verwandelt hatten, einen neuen sozialen Stützpunkt an Stelle des alten suchen. Außerdem mußten sie angesichts der schnellen Bolschewisierung nicht nur des Landes, sondern auch der Sowjetorgane dieser Entwicklung irgendeine, „auch-demokratische" — und dabei allrussische Kraft entgegensetzen. Die Sowjets zurückdrängen, die Koalition sanktionieren, eine Organisation der starken Mittelbourgeoisie schaffen, um durch diese die Finanzoligarchie regieren zu lassen und endlich den Ansturm der Bolschewiki durch Schaffung einer festen demokratischen Schranke gegen die revolutionäre Anarchie abzuwehren, dies war der Plan der Menschewiki Liber und Dan, deren Namen schon zum Sinnbild des Typus „Sozialverräter" geworden waren.

Solchen Bedürfnissen entsprach der Gedanke der „Demokratischen Konferenz". Das Ziel, das sich die Spitzen des Zentralvollzugsausschusses gesetzt hatten, bestand in der Schaffung einer Margarine-Demokratie. Kein Wunder, daß dieses Ziel nur auf dem Wege der Fälschung und des Betrugs erreicht werden konnte. Mußte die Moskauer „Staatskonferenz" seinerzeit die Stimme der „Nation" verfälschen und an Stelle dieser Nation Henker mit und ohne Achselstücke unterschieben, so mußte jetzt die „Demokratische Konferenz" die Stimme der Demokratie verfälschen, indem sie an Stelle der Bauern, Soldaten und Arbeiter wohlhabende Mittelbauern und für Kornilow schwärmende Intellektuelle unterschob.

Den Sowjets, diesen einzigen Vertretern der revolutionären Demokratie, war eine Rolle dritten Ranges zugedacht. An erste Stelle stellte man die Vertreter der Semstwos, der Städte und der Genossenschaften, zu denen sich ein ganzer Rattenschwanz von Standes- und Intellektuellen-Organisationen gesellte. *Die Semstwos* konnten den blamierten Führern der „Demokratie" um so eher als neue Basis dienen, da in vielen von ihnen überhaupt keine neuen Wahlen stattgefunden hatten, so daß sie mit dem alten, zaristischen Stempel auf der Stirne zur Durchführung jedes wie immer gearteten Schwindels zu haben waren, wenn nur er ihnen verständlich war. *Die Stadtdumen* waren bereits der Ausdruck des gestrigen Tages der Revolution. Die aus Rechtssozialrevolutionären und Kadetten bestehende Mehrheit der städtischen Dumen, die die Hinrichtungen gebilligt hatten, entsprachen keineswegs mehr den Stimmungen breiter Massen der städtischen Bevölkerung. Endlich waren die *Angestellten der Genossenschaften*, die von den Bauern gewählt worden waren, damit sie mit Heringen, Seife und Zündhölzern handelten, die aber keineswegs irgendwelche politische Vollmachten hatten, für den Bürger Zeretelli verläßlich genug. Die Trabantin der Genossenschaftspolitiker, Frau Kuskowa, erklärte auf dem Genossenschaftskongreß unter dem Beifallsgeheul ihrer Gesinnungsgenossen aus dem Kadettenlager,daß sie sich eher die Hand abhauen ließe, als daß sie einen Wahlzettel mit den Kandidaten jener Partei abgeben würde, zu der die kampfesmutige Genossenschaftlerin selbst gehörte. Sogar die Menschewiki Liber-Danscher Färbung kamen der Guten allzu rot vor.

Ihrem Wesen nach als Ganzes eine Fälschung, konnte die „Demokratische Konferenz" nicht umhin, während ihrer ganzen Tätigkeit Fälschung auf Fälschung zu begehen. Kerenski, der bereits von vornherein durch die Presse die Konferenz als private bezeichnet hatte (fehlten ja doch, um der Konferenz den privaten Charakter zu nehmen, Rjabuschinski und Kaledin!), „gab den Ton" für die hochverehrte Versammlung an, indem er erklärte, daß Kornilows Putsch von Anfang bis zu Ende von ihm, d. h. von Kerenski, unterdrückt worden wäre. (Dies wurde gerade in einem Augenblicke gesagt, als die zur Untersuchung des Putsches eingesetzte Kommission coram publico erklärt hatte, daß sie keine maßgebende Unterstützung finde, um den General Kornilow verhören zu können.)

Auf der Konferenz floß ein unendlicher Redestrom ehemaliger und gegenwärtiger Minister und zahlloser Vertreter zahlloser Organisationen dahin. Tschernow erzählte, wie er im Koalitions-Ministerium jeder Arbeitsmöglichkeit beraubt worden sei und sprach sich dann für ein Koalitions-Ministerium aus. Skobelew, der seinerzeit versprochen hatte, der Bourgeoisie hundert Prozent wegzunehmen, stotterte unartikuliert von den Schwierigkeiten der Arbeit und sprach sich dann für die Koalition aus. Sarudni unterhielt das Publikum mit faulen Anekdoten aus dem Leben der Minister, erklärte, daß er nichts verstanden habe und auch jetzt nichts verstünde, und sprach sich für die Koalition aus. Mit einem Worte, alle Minister, die sich an die Bequemlichkeit der Kompromisse gewöhnt hatten, verteidigten diese mit ihrem eigenen Leibe. Und die „Masse", durch Spezialitäten der Schwindelei kunstvoll zusammengeführt, gab 766 Stimmen für die Koalition und 688 dagegen ab. Die Sowjets stimmten überwiegend dagegen. In noch stärkerem Umfange stimmten dagegen die Vertreter der Gewerkschaften, restlos dagegen stimmte die Flotte, sogar die alten Armeeorganisationen lehnten zur Hälfte die Koalition ab. Die Anhänger der Koalition brachten ihre Mehrheit durch die Stimmen der Semstwo-Leute, Stadtverordneten, Genossenschaftler und der Sozialverräter zusammen, denen sie schon im voraus wohlweislich eine Majorität gesichert hatten. Als aber die Frage des Zusammengehens mit den Kadetten gestellt wurde, wagte es sogar diese zusammengeschobene Mehrheit nicht, für die Partei des Volksverrats, für die Partei Kornilows zu stimmen. Die sozialverräterischen Nachtigallen sangen vergeblich wunderschön, die Sache wollte nicht klappen. Als es aber klar wurde, daß eine Koalition mit der Bourgeoisie ohne Kadetten ein Unsinn sei, als die Menschewiki und Sozialrevolutionäre sich vor die Aufgabe gestellt sahen, eine sozialistische, „bourgeoisfreie" Regierung zu schaffen, schraken sie entsetzt vor einer solchen Perspektive zurück und stimmten geschlossen gegen die Resolution.

Das Ergebnis war, daß die „Demokratische Konferenz" ihre eigene Resolution durchfallen ließ und in ihrer ganzen erbärmlichen Blöße und Nichtigkeit dastand.

In diesem Augenblicke traten aber die berufsmäßigen Schwarzkünstler auf die Szene, als erster der „edle Zeretelli". Fast gelang es durch einen glatten Betrug, eine schändliche Resolution durchzubringen, in der beantragt wurde, ein Organ zu schaffen, das auch vom kleinen Bonaparte „sanktioniert" werden konnte und der Regierung bei der Schaffung einer stabilen Macht „behilflich" wäre. Die Bolschewiki, mit Trotzki an der Spitze, dessen glänzende, mutige Reden alle Knechtsseelen aus der Fassung brachten, verließen demonstrativ die Versammlung als Antwort auf eine solche Schmach. Die von Zeretelli vorgeschlagenen Zusätze wurden zurückgezogen. Aber die tatsächliche Politik, das Ergebnis des Abkommens zwischen Kerenski, Zeretelli, Gotz und Co., zwischen den Genossenschaftlern und der Großbourgeoisie, hinter der die verhaßte Partei des Volksverrats stand, diese Politik wurde von den Helden der Konferenz weiter verfolgt. In den angenommenen Resolutionen hieß es, daß bei der Schaffung der Regierungsmacht „die Verwirklichung des Programms vom 14. August gefordert" werden solle, jenes Programms, das Tscheidse bei der „Moskauer Konferenz" in Anwesenheit Kaledins und in Abwesenheit des Proletariats so leidenschaftlich vertreten hatte.

Wir bringen an dieser Stelle *Trotzkis* Rede auf der Demokratischen Konferenz, nach dem Berichte der „Iswestija" vom 20. September 1917:

Genossen und Bürger! Wir möchten nicht gute Ratschläge, sondern einen Rechenschaftsbericht hören. Sogar Peschechonow hat hier an Stelle eines Berichts eine Art Gedicht in Prosa über die Vorzüge der Koalition vorgelesen. Er erzählte, daß die Kadettenminister in der Koalitionsregierung keine Sabotage getrieben hätten, behüte Gott; sie hätten bloß gesessen, gewartet und gesagt: „wir wollen zuschauen, wie Ihr Sozialisten Euch blamiert". Und als ich sagte, daß es eben Sabotage wäre, wenn eine politische Partei, eine bürgerliche, sehr einflußreiche Partei in einer allerkritischsten Geschichtsepoche nur deswegen in die Regierung eintritt, um „von innen" beobachten zu können, wie sich die Vertreter der Demokratie blamieren, während dieselbe Partei „von außen" Kornilow die Hand reicht, versprach der Bürger Peschechonow, mir zu erklären, worin der Unterschied zwischen Politik und Sabotage läge. Er vergaß jedoch, dieses Versprechen zu halten. Ein anderer Minister einer anderen Partei, ein Kadett, zog ebenfalls Schlüsse aus seinen Erfahrungen als Minister, aber in bestimmteren politischen Ausdrücken. Ich meine Kokoschkin. Dieser begründete seinen Austritt damit, daß die Kerenski gewährten außerordentlichen Vollmachten die übrigen Minister zu einfachen ausführenden Organen der Vorschriften des Ministerpräsidenten machten, er aber die Rolle eines bloßen ausführenden Organs für sich nicht für annehmbar hielte.

Ich sage aufrichtig, daß ich, als ich diese Zeilen las, in meinem Herzen unserem Feind Kokoschkin Beifall zollen mußte. Er führte hier eine Sprache der politischen und menschlichen Würde. Zwischen uns bestehen gegenwärtig große Meinungsverschiedenheiten in bezug sowohl auf das abtretende wie auf das kommende Koalitonsministerium. Aber ich frage Sie, gibt es zwischen uns auch Meinungsverschiedenheiten in bezug auf die Regierung, die jetzt im Amte ist und im Namen Rußlands spricht? Ich habe hier keinen einzigen Redner gehört, der die wenig beneidenswerte Ehre für sich beansprucht hätte, den Fünferkopf, das Direktorium oder dessen Vorsitzenden Kerenski zu verteidigen (Unruhe, Applaus und Protestzurufe: „Es lebe Kerenski").

Sie werden sich vielleicht alle entsinnen, wie ein anderer ehemaliger Minister, Zeretelli, als außerordentlich vorsichtiger Mensch und Diplomat auf dieser Tribüne von persönlichen Momenten sprach und sagte, die Demokratie sei selbst an allem schuld, denn sie hätte selbst eine Einzelperson in eine solche Höhe erhoben, daß sie Schwindel erfassen müßte. Zwar nannte er diese Person nicht, aber Sie werden mir alle glauben, daß er nicht Tereschtschenko gemeint hatte.

In seiner hier vor Ihnen gehaltenen Rede sagte Kerenski in Beantwortung unserer Bemerkungen über die Todesstrafe: „Sie können mich verurteilen, wenn ich ein einziges Todesurteil unterschreibe."

War die Todesstrafe, dieselbe Todesstrafe, die Kerenski selbst einst abgeschafft hatte, notwendig, so frage ich, wie es Kerenski möglich ist, der demokratischen Konferenz zu sagen, er werde von der Todesstrafe unter keinen Umständen Gebrauch machen. Und wenn er uns sagt, daß er es für möglich hält, sich der Demokratie gegenüber zur Nichtanwendung der Todesstrafe zu verpflichten, so sage ich, daß er durch diese Erklärung die Einführung der Todesstrafe in einen Akt des Leichtsinns verwandelt, der die Grenzen des Verbrechens streift. (Zurufe: Sehr richtig!)

In dieser Tatsache spiegelt sich die ganze Erniedrigung, in der sich gegenwärtig die russische Republik befindet. Diese Republik hat weder eine bevollmächtigte Volksvertretung, noch eine verantwortliche Regierung. Und wenn wir alle, die wir in vielen anderen Fragen verschiedener Meinung sind, in irgend etwas einig sind, so darin, daß es eines großen Volkes überhaupt, geschweige denn eines

**Eine patriotische Demonstration in Petrograd, Juli 1917**
In der Mitte: G. Plechanow, der dritte von links in der Mittelgruppe: Deutsch

Volkes, das eine große Revolution durchmacht, unwürdig ist, eine Macht über sich zu dulden, die in einer einzigen, vor dem eigenen Volke nicht verantwortlichen Person konzentriert ist. (Beifall.)

Genossen, wenn hier viele Redner davon sprachen, wie schwer, wie drückend die Last der Regierungsmacht in der gegenwärtigen Epoche sei, wenn sie die junge, unerfahrene russische Demokratie davor warnten, diese Last auf ihre kollektiven Riesenschultern zu nehmen, so frage ich, was soll man dann sagen von einer einzelnen Person, die jedenfalls keinerlei besondere Talente, weder als Heerführer, noch als Gesetzgeber aufzuweisen hat? (Unruhe, Zurufe: Genug! Fortsetzen!)

Genossen — antwortet Trotzki — ich bedauere sehr, daß der Standpunkt, der jetzt in diesem Saal in diesen Protestrufen so stürmisch geäußert wird, bisher von dieser Tribüne noch keinen politisch artikulierten Ausdruck gefunden hat. (Unruhe, Applaus.)

Kein einziger Redner ist auf diese Tribüne getreten und hat uns gesagt: „Warum streitet Ihr über die frühere Koalition, wozu denkt Ihr über die zukünftige Koalition nach, Ihr habt ja Alexander Kerenski, und das kann Euch genügen!“ Das hat keiner gesagt.

(Die Worte Trotzkis rufen einen neuen Proteststurm und Zurufe: *Genug!* hervor.)

Ich werde schweigen, solange die Ruhe im Saale nicht wieder hergestellt ist — erklärt Trotzki mit fester, entschiedener Stimme.

Dem Vorsitzenden gelingt es mit großer Mühe, die Ruhe herzustellen.

Unsere Partei hat niemals dazu geneigt, die Verantwortung für das gegenwärtige Regime dem bösen Willen irgendeiner einzelnen Person auferlegen zu wollen. Schon im Mai, als ich im Petrograder Sowjet der Arbeiter- und Soldaten-Deputierten sprach, sagte ich: „Ihr, die kämpfenden Parteien, schafft selbst künstlich das Regime, in dem die größte Verantwortlichkeit tragende Person, vom eigenen Willen unabhängig, mechanisch zum Ausgangspunkt des zukünftigen russischen Bonapartismus werden muß (Unruhe und Zurufe: Lüge, Demagogie).

Genossen, hier kann es keinerlei Demagogie geben, denn was hier in ganz sachlichen Ausdrücken gesagt wird, ist nur, daß aus gewissen politischen Kombinationen unvermeidlich die Tendenz zum autokratischen Regime folgt.

Was sind nun diese Kombinationen? Wir formulieren sie so: In der modernen Gesellschaft findet ein ernster, erbitterter Kampf statt. Bei uns in Rußland, in einer Epoche der Revolution, wo die aus der Tiefe aufsteigenden Massen sich das erstemal subjektiv als Klasse fühlen, als eine Klasse, die schwere, im Laufe von Jahrhunderten geschlagene, soziale Wunden trägt, die das erstemal sich selbst als politisches Subjekt, als juridische Person empfindet und die Grundfesten des Privateigentums zu belagern anfängt — in einer solchen Epoche nimmt der Klassenkampf die gespanntesten, leidenschaftlichsten Formen an. Die Demokratie — was wir Demokratie nennen — ist die politische Ausdrucksform dieser werktätigen Volksmassen, der Arbeiter, Bauern und Soldaten. Die Bürokratie und der Adel verteidigten die Festung des Privateigentums. Zwischen diesen beiden Parteien ist der Kampf jetzt unvermeidlich, Genossen, nachdem die Revolution — um sich des Ausdrucks der besitzenden Klassen zu bedienen — die unteren Volksschichten entfesselt hat. Der Kampf zwischen diesen Parteien, mag er die eine oder andere Form annehmen, wird immer schärfer und vollendet so jenen gesetzmäßigen Zyklus der Entwicklung, den keinerlei Beredsamkeit und keinerlei Programme aufhalten können.

In einer solchen Epoche, Genossen, nachdem die Triebkräfte der Revolution sich differenziert haben, bedeutet eine Koalitionsregierung entweder den höchsten Grad politischer Sinnwidrigkeit, die sich nicht halten kann, oder aber den höchsten Grad der Hinterlist der besitzenden Klassen, die darauf ausgehen, die Volksmassen führerlos zu machen, indem sie die besten, einflußreichsten dieser Führer in eine politische Falle locken, um dann die Massen — oder wie sie sagen, „die entfesselten Elemente" — sich selbst zu überlassen oder aber im eigenen Blute zu ersticken.

Genossen! Die Anhänger der Koalition sagen, daß eine rein bürgerliche Regierung unmöglich sei. Warum ist eine solche Regierung unmöglich? Minor hat uns hier auseinandergesetzt, daß ein sozialistisches Ministerium ebenso kurzlebig und unfruchtbar sein würde wie eine Koalitionsregierung. Das ist allerdings weder für das Koalitionsministerium, noch für ein sozialistisches Ministerium ein besonderes Kompliment. Ich frage Euch: Warum könnte man dann die Regierung nicht ganz der Bourgeoisie überlassen? Man sagt uns, dies wäre unmöglich. Genosse Zeretelli hat einige Male vollkommen richtig behauptet, daß dies einen Bürgerkrieg hervorrufen würde. Die Beziehung zwischen den Massen und den besitzenden Klassen ist also derart gespannt, daß die Übernahme der Regierung durch die besitzenden Klassen mit dem unvermeidlichen Bürgerkrieg gleichbedeutend ist. So scharf, so gespannt und stark sind, ganz unabhängig vom bösen Willen der Bolschewiki, die Gegensätze zwischen den Klassen!

In einer solchen Epoche, in einem historischen Interregnum, wo die besitzenden Klassen die ganze Macht nicht ergreifen können und die Organe des Volkes die Macht zu ergreifen nicht wagen, wird die Idee eines Schiedsrichters, eines Diktators, eines Bonaparte, eines Napoleon geboren. Darum konnte Kerenski den Platz besetzen, den er jetzt besetzt hält. Die Schwäche und Unentschlossenheit der revolutionären Demokratie hat diese Vakanz für Kerenski geschaffen. (Applaus.)

Wenn Ihr das Experiment der Koalition jetzt noch einmal wiederholt, nachdem es seine natürliche Bahn schon vollendet hat, nachdem die Kadetten zweimal in die Koalition eingetreten und dann wieder ausgetreten sind — wobei, Genossen, zu bemerken ist, daß die Kadetten zum gleichen Zweck aus- und eintreten, nämlich zum Zwecke der Sabotage der Arbeit der revolutionären Regierung — nachdem Ihr die Erfahrungen der Kornilow-Affäre hinter Euch habt, würde, glaube ich, eine neue Einladung an die Kadetten nicht bloß die Wiederholung des alten Experiments bedeuten.

Allerdings wird hier gesagt, daß man die Partei der Kadetten als solche nicht der Beteiligung an der Kornilowschen Rebellion beschuldigen könne. Wenn ich mich nicht irre, war es Genosse Snamenski, der uns Bolschewiki sagte, — und das nicht das erstemal: „Ihr habt protestiert, als wir Eure ganze Partei als Partei für die Bewegung des 5. Juli verantwortlich machten. Wiederholt also nicht den Fehler, den einige von uns gemacht haben, macht nicht alle Kadetten für die Rebellion Kornilows verantwortlich." Dieser Vergleich hinkt nach meiner Meinung ein wenig; denn als man die Bolschewiki — ob mit Recht oder mit Unrecht, ist eine andere Frage — beschuldigte, sie hätten die Bewegung vom 3. bis 5. Juli hervorgerufen oder gar provoziert, so war nicht von einer Einladung zum Eintritt in die Regierung die Rede, sondern von einer Einladung zum Eintritt in das Kresty-Gefängnis (Heiterkeit).

Dies, Genossen, ist ein kleiner Unterschied, den, hoffe ich, auch der Bürger Sarudni nicht abstreiten wird. Wir sagen: Wollt Ihr die Kadetten wegen des Kornilow-Aufstandes ins Gefängnis werfen, so tut dies nicht wahllos, sondern untersucht die Angelegenheit eines jeden einzelnen Kadetten von allen Seiten (Heiterkeit und Zurufe: Bravo!).

Aber, Genossen, wenn Ihr die eine oder die andere Partei zum Eintritt in die Regierung auffordern würdet, z. B., sagen wir, um des Paradoxes willen — nur des Paradoxes willen — die Partei der Bolschewiki . . . (Lärm, Heiterkeit.)

Also, wenn Ihr ein Ministerium braucht, dessen Aufgabe die Entwaffnung des Proletariats und die Entfernung der revolutionären Garnison oder die Herbeiholung des Kavalleriekorps Nr. 3 wäre, so würde ich sagen, daß die Bolschewiki, die in die Bewegung des 3. bis 5. Juli ganz oder teilweise mit verwickelt sind, zu dieser Aufgabe der Entwaffnung Petrograds, der Garnison und der Arbeiter, als Partei, als Ganzes absolut nicht taugen (Heiterkeit). Denn, Genossen, obwohl wir am 3. bis 5. Juli die Arbeiter nicht auf die Straße gerufen haben, waren alle unsere Sympathien doch auf der Seite der Soldaten und Arbeiter, die später entwaffnet und auseinandergetrieben wurden, wir waren mit ihren Parolen einverstanden, wir haßten, was sie auch haßten und liebten, was sie auch liebten...

(Sie haben Tschernow verhaftet, wird gerufen.) Der Redner antwortet: Wenn ich mich nicht irre — Tschernow ist hier, er kann es bestätigen — (Tschernow nickt zustimmend mit dem Kopf) — gingen die Gewalttätigkeiten gegen Tschernow nicht von den demonstrierenden Massen, sondern von einer kleinen Gruppe offensichtlich krimineller Subjekte aus, deren Führer ich im Kresty-Gefängnis als gemeinen Verbrecher wiederfand. (Lärm.)

Aber, Genossen, die Frage steht anders. Wäre nur von der Kadettenpartei die Rede, von ihrem Eintritt in das Ministerium, so wäre für uns nicht der Umstand entscheidend, daß das eine oder andere Mitglied der Kadettenpartei hinter den Kulissen mit Kornilow unter einer Decke steckte, nicht, daß Maklakow am Telephon stand, als Sawinkow mit Kornilow verhandelte, nicht, daß Roditschew ins Dongebiet fuhr, um mit Kaledin politische Unterredungen zu führen — nicht das ist das wesentliche, sondern wesentlich ist, daß die gesamte bürgerliche Presse in allen Zungen der Lüge den Gedanken, Gefühlen und Wünschen der bürgerlichen Klassen Ausdruck verlieh. Darum sage ich, daß uns keine Kontrahenten für eine Koalition zur Verfügung stehen.

Zwar ist Viktor Tschernow sehr optimistisch gestimmt und sagt, wir werden warten, aber erstens ist die Frage der Macht *heute* gestellt, und zweitens sagt er, auf Grund der marxistischen Lehre — die jetzt durch die Ironie des Schicksals ins Arsenal der Sozialrevolutionäre aufgenommen wurde, wobei dieser Marxismus gerade jener Marxismus ist, der die Sozialrevolutionäre den Zeretelli und Dan angleicht — also auf Grund dieses Marxismus sagt er, man müsse warten, vielleicht würde sich in der Revolution eine neue demokratische Partei entwickeln. Ich persönlich habe aus dem Marxismus gelernt, daß, wo das Proletariat als selbständige Kraft auftritt, jeder seiner Schritte die bürgerliche Demokratie nicht stärkt, sondern abtötet, indem er die breiten Arbeitermassen dem bourgeoisen Einfluß entreißt.

Man schlägt uns hier vor, die Wiedergeburt und die Erstarkung der bürgerlichen Demokratie abzuwarten, um dann mit ihr einen Block einzugehen. Das ist die größte Utopie, die es geben kann.

Wir wollen, Genossen, nicht darauf unsere Hoffnungen setzen, daß die bürgerliche Demokratie in der Form, in der sie in der alten kapitalistischen Ordnung existiert, bei uns auferstehen wird.

(Genosse Trotzki gibt die Deklaration der bolschewistischen Fraktion bekannt. Während der Verlesung der Deklaration werden bei den Sätzen über die Notwendigkeit der sofortigen Bewaffnung der Arbeiter von den Bänken der rechten Seite Zurufe hörbar: Wozu?

Der Redner gibt auf diese Zurufe eine würdige Antwort.)

Trotzki: Erstens dazu, damit ein wirkliches Bollwerk gegen die Konterrevolution, gegen einen neuen, stärkeren Kornilow geschaffen werde; zweitens, wenn eine wirkliche Diktatur der revolutionären Demokratie errichtet, wenn diese neue Regierung einen ehrenhaften Frieden anbieten würde und wenn dieses Angebot zurückgewiesen werden würde, so erkläre ich im Namen unserer Partei und der ihr Gefolgschaft leistenden proletarischen Massen, daß die bewaffneten Arbeiter Petrograds und Rußlands das Land der Revolution gegen die Heere des Imperialismus mit einem Heldenmut verteidigen werden, den die russische Geschichte bisher nicht gekannt hat. (Die letzten Worte des Redners verlieren sich im Beifallssturm.)

***Deklaration der Fraktion der Bolschewiki auf der Demokratischen Konferenz***

Die Revolution ist am kritischsten Punkte angelangt. Was jetzt folgt, kann nur ein neuer Aufstieg — oder der verderbliche Verfall sein. Das Volk ist durch den Krieg erschöpft, aber vielleicht mehr noch ist es abgequält durch die Unentschiedenheit, aufgewühlt durch das Schwanken in der Politik der führenden politischen Parteien. Nach mehr als sechs Monaten seit dem Sturze des Zarismus, nach einer Reihe von Versuchen, die revolutionäre Gewalt auf dem Fundament der Koalition der Vertreter der Demokratie mit jenen der Zensus-Bourgeoisie aufzubauen, nach den kläglichen Akten des persönlichen Regimes, das geradewegs zum Kornilow-Abenteuer führte, ersteht vor den treibenden Kräften der Revolution aufs neue unausweichlich die Machtfrage.

Jede neue Regierungskombination wurde mit der Verkündigung eines Programms der Regierungsmaßnahmen eingeleitet, um nach wenigen Wochen ihre vollkommene Unfähigkeit zu erweisen, auch nur einen einzigen ernsten Schritt vorwärts zu machen. Immer nur neue und neue Geschäftchen mit den Zensusleuten, auch dann noch, als die Verderblichkeit der Koalition augenfällig geworden war, das muß Zweifel, Beunruhigung und Trauer im Bewußtsein aller werktätigen und geknechteten Klassen des Landes wecken. Nicht nur der städtische Arbeiter, nicht allein der durch drei Jahre in den Schützengräben abgequälte Soldat, auch der Bauer des stumpfesten und rückständigsten Dorfes, sie alle begreifen sehr wohl, daß man die Bodenfrage unmöglich auf dem Wege des Kompromisses mit den Lwow und Rodzjanko lösen kann.

N· Lenin

Man kann unmöglich die Demokratisierung der Armee von den Generalen und Anhängern der Leibeigenschaft aus dem alten Regime, den Kornilow und Alexew, die Kontrolle der Industrie durch die Minister-Industriellen, die Finanzreform durch die Bankiers und Kriegsmarodeure oder ihre Betrauten, die Konowalows, Paltschinskis, Tretjakows oder Burischkins, erwarten. Man kann endlich unmöglich auch nur eine einzige ernste Maßnahme zwecks Regulierung des Verpflegungswesens und des Transports ins Leben rufen, nicht eine einzige Reform auf dem Gebiete des Gerichtswesens oder der Schule etc. durchführen, wenn man in der Epoche dieser riesenhaften Erschütterungen in den Hauptstädten wie auf dem Lande den alten Beamtenapparat und die Zusammensetzung der Behörden mit ihrem volksfeindlichen Geist und stumpfem Bürokratismus unangetastet läßt.

Ungeachtet aller Anstrengungen der Regierung, die Sowjets beiseite zu drängen und zu schwächen, trotz der selbstmörderischen Politik der offiziellen sozialpatriotischen Führerclique der Sowjets, haben diese ihre ganze Unzerstörbarkeit erwiesen, die durch ihre revolutionäre Macht und die Initiative der Volksmassen in der Periode der Unterdrückung der Meuterei Kornilows zutage trat; in jener Periode, in welcher vor dem Richterstuhle des Volkes und der Geschichte die provisorische Regierung für ewige Zeiten schuldig gesprochen wurde; jene Regierung, deren einer Teil aus direkten Helfershelfern Kornilows bestand, während der andere Teil seine Bereitwilligkeit zeigte, die Errungenschaften der Revolution in Kornilows Hände zu legen. Nach diesen neuen Erfahrungen, welche nichts mehr aus dem Bewußtsein der Arbeiter, Soldaten und Bauern auslöschen kann, ist der Ruf: „Alle Macht den Sowjets — in den Hauptstädten wie auf dem Lande!", den wir seit Beginn der Revolution ausgestoßen haben, zur Stimme des gesamten revolutionären Landes angeschwollen.

Nur eine Macht, die sich unmittelbar auf das Proletariat und die Dorfarmut stützt, eine Macht, die alle materiellen Reichtümer des Landes und dessen wirtschaftliche Möglichkeiten in Rechnung zieht, ohne vor den eigensüchtigen Interessen der besitzenden Klasse haltzumachen, die alle wissenschaftlich gebildeteten, technisch-wertvollen Kräfte mobilisiert, nur eine solche Macht wird fähig sein, das Maximum der jetzt erzielbaren Planmäßigkeit in die zerfallende Wirtschaft zu tragen, der Bauernschaft und den Landarbeitern dabei zu helfen, die vorhandenen landwirtschaftlichen Produktionsmittel auf das nutzbringendste auszunützen, die Gewinne zu begrenzen, den Arbeitslohn festzusetzen und in Übereinstimmung mit der Regulierung der Produktion die wahre Arbeitsdisziplin zu sichern, welche auf der Selbstverwaltung der Werktätigen, auf deren zentralisierter Kontrolle der Industrie gegründet sein soll, und endlich die Demobilisierung der ganzen Wirtschaft mit möglichst geringen Erschütterungen zu gewährleisten.

In Anbetracht dessen, daß die konterrevolutionäre Partei der Kadetten, welche nichts so sehr fürchtet, als den Übergang der Macht an die Sowjets, beständig darauf aus ist, die weniger bewußten Elemente der Demokratie mit dem Gespenst des bewaffneten Aufstandes der Bolschewiki zu verwirren, halten wir es für notwendig, neuerlich und dem ganzen Lande vernehmlich zu erklären, daß unsere Partei in ihrem Kampfe für die Verwirklichung ihres Programms weder in der Vergangenheit noch in der Gegenwart dahin gestrebt hat, die Macht gegen den organisierten Willen der Mehrheit der werktätigen Massen zu ergreifen. Der Übergang aller Macht an die Sowjets würde weder den Klassenkampf noch den Parteienkampf im Lager der Demokratie beseitigen. Aber, bei voller und unbeschränkter Agitationsfreiheit und bei beständiger Erneuerung der Sowjets von unten auf, würde der Kampf um den größeren Einfluß und die Macht sich im Rahmen der Sowjetorganisationen abspielen. Die Fortsetzung jedoch der jetzigen Politik der Gewalt und Repressalien gegen die Arbeiterklasse, die revolutionären Elemente der Armee und Bauernschaft zum Zwecke der Hemmung der weiteren Entwicklung der Revolution, führen unausweichlich und vollkommen unabhängig vom Willen der revolutionären Organisationen zu einem Zusammenstoß von einem Ausmaße, wie ihn die Geschichte noch nicht oft sah.

Unter den gegebenen Verhältnissen ist eine Koalitionsregierung unausweichlich eine Regierung der Gewalt und Repressalien der Oberschichten gegen die niederen. Nur, wer den Bürgerkrieg um jeden Preis will, um sodann die Verantwortung auf die Arbeitermassen und unsere Partei abzuwälzen, kann nach all den Erfahrungen der Vergangenheit der Demokratie ein neues Bündnis mit der konterrevolutionären Bourgeoisie vorschlagen.

Das Volk dürstet nach Frieden. Die Koalitionsregierung bedeutet die Verlängerung des imperialistischen Krieges. Die Zusammensetzung der provisorischen Regierung hat sich bisher den Forderungen der „Verbündeten"-Imperialisten, den Todfeinden der russischen revolutionären Demokratie, angepaßt. Die verderbliche Offensive vom 18. Juni, gegen welche unsere Partei mit solchem Nachdruck auftrat, die Maßnahmen Kornilows zur Bändigung der Armee, an welchen die Kompromiß-Minister direkten Anteil hatten, all dies war direkt oder indirekt die Frucht der Einflüsterungen der „Verbündeten"-Imperialisten. Auf diesem Wege hat die russische Revolution schon einen großen Teil ihrer moralischen Autorität vergeudet, ohne im geringsten ihre physische Kraft zu stärken. Es wird immer deutlicher, daß die „Verbündeten"-Imperialisten, so systematisch die innere Kraft der russischen Revolution unterwühlend, nicht davor zurückschrecken werden, Frieden auf Rechnung des russischen Volkes zu schließen. Gleichzeitig gibt das weitere, willenlose Hinausziehen des Krieges, ohne Vertrauen des Volkes in die Kriegsziele noch zur kriegführenden provisorischen Regierung, einen überlegenen Trumpf in die Hände der Gegenrevolution, welche ihr Spiel wegen eines Separatfriedens mit dem räuberischen deutschen Imperialismus fortspinnen kann. Die Errichtung der Sowjetmacht hingegen bedeutet vor allem den direkten, offenen, entschiedenen Vorschlag eines ehrenhaften, gerechten, demokratischen Friedens an alle Völker. Die revolutionäre Armee könnte die Fortführung des Krieges nur in dem Falle als unvermeidlich anerkennen, wenn ein solcher Friedensvorschlag abgelehnt würde. Doch alles spricht dafür, daß dieser Vorschlag einer revolutionären Regierung ein so machtvolles Echo bei den abgequälten Arbeitermassen aller kriegführenden Länder fände, daß die Fortführung des Krieges zur Unmöglichkeit würde. Die Sowjetmacht bedeutet den Frieden.

Genug der Schwankungen! Schluß mit der Politik der Willenlosigkeit und Kleinmütigkeit! Man kann nicht ungestraft die Bauernschaft ein halbes Jahr mit Versprechungen von Land quälen und plagen, wenn man in der Tat die sofortige, entschädigungslose Abschaffung des privaten Grundbesitzes, dessen Übergabe an die lokalen Bauernkomitees bis zur Konstituierenden Versammlung ablehnt.

Genug des Wankens! Schluß mit der zweideutigen Politik, die die Führer der Sozialrevolutionäre und Menschewiki bis jetzt geführt haben. Schluß mit den Verschleppungen! Genug der Worte! Die Stunde der letzten Entscheidung ist gekommen.

Als Grundlagen der Tätigkeit der revolutionären Macht müssen folgende Maßnahmen dienen, die von zahllosen maßgebenden revolutionären Organisationen, an ihrer Spitze der Petrograder und der Moskauer Sowjet der Arbeiter- und Soldaten-Deputierten, in den Vordergrund gestellt werden:

1. Abschaffung des Privateigentums der Gutsbesitzer an Boden ohne Ablösung und Übergabe desselben an die Bauernkomitees bis zur Beschlußfassung der Konstituierenden Versammlung, bei Versorgung der ärmeren Bauern mit Inventar.

2. Einführung der Arbeiterkontrolle im Reichsmaßstabe in bezug auf Produktion und Verteilung; Zentralisation des Bankwesens, Kontrolle der Banken und Nationalisierung der wichtigsten Zweige der Industrie, wie: Petroleum, Steinkohle, Metallurgie etc.; allgemeine Arbeitspflicht; sofortige Maßnahmen zwecks Demobilisierung der Industrie und Organisation der Versorgung des Dorfes mit Industrieprodukten zu festen Preisen. Erbarmungslose Besteuerung der großen Kapitalien und Besitztümer und Konfiskation der Kriegsgewinne zum Zwecke der Errettung des Landes vom wirtschaftlichen Ruin.

3. Ungültigkeitserklärung der geheimen Verträge und sofortiger Vorschlag eines allgemeinen demokratischen Friedens an alle Völker der kriegführenden Staaten.

4. Sicherung des Selbstbestimmungsrechtes für alle Nationalitäten, die Rußland bewohnen; sofortige Abschaffung aller Repressivmaßnahmen gegen Finnland und die Ukraine.

Als sofortige Maßnahmen müssen dekretiert werden:

1. Abschaffung aller Repressalien, die sich gegen die Arbeiterschaft und ihre Organisationen richten; Abschaffung der Todesstrafe an der Front und Wiederherstellung der vollen Agitationsfreiheit und aller demokratischer Organisationen in der Armee; Reinigung der Armee von konterrevolutionärem Bestand.

2. Die Bestellung der Kommissare und anderer Amtspersonen durch Wahl.

3. Allgemeine Bewaffnung der Arbeiterschaft und der Organisationen der Roten Garde.

4. Auflösung des Staatsrates und der Duma.*) Sofortige Einberufung der Konstituierenden Versammlung.

5. Abschaffung aller Adels- und anderer Vorrechte. Volle Gleichberechtigung für alle Bürger.

6. Festsetzung des Achtstundentages für die Arbeiter und Einführung der allseitigen Sozialversicherung.

*

Angesichts der außerordentlichen Maßnahmen, welche zwecks Gesundung der politischen Atmosphäre und der Öffnung der Geschwüre der Gerichtsbehörden notwendig sind, fordern wir die sofortige Ernennung einer für die Demokratie autoritativen Untersuchungskommission zur allseitigen Untersuchung der Ereignisse vom 3. bis 5. Juli und zur Überprüfung der Handlungen aller Gerichtsbehörden, der Agenten des alten Regimes, in deren Händen jetzt die Untersuchung gegen das Proletariat vereinigt ist.

Die sofortige Freilassung aller verhafteten Revolutionäre und die schleunigste Ernennung eines öffentlichen Gerichts für alle im Gange befindlichen Angelegenheiten.

Wir halten es für nötig, auszusprechen, daß der Einberufung der jetzigen Versammlung vollkommen willkürliche Kriterien betreffs der Mandate zugrunde gelegt sind, welche in ihrer Gesamtheit dahin führen, daß den wenigst revolutionären, kompromißlerischen Elementen der Demokratie eine Bedeutung zufällt,

*) So seltsam es klingt: die Duma wurde vor den Oktober-Tagen weder formell noch tatsächlich aufgelöst. Ungeachtet des energischen Druckes der Bolschewiki und der Massen — beim ersten Sowjetkongreß und später — unternahmen weder die Regierung noch die „Führer" der Sowjets irgendwelche Maßnahmen zur Liquidierung dieser konterrevolutionären Nester. Dabei stellten diese Organisationen in der Periode des verschärften Kampfes eine direkte Bedrohung der Revolution dar.

auf die sie, nach ihrer tatsächlichen politischen Rolle, durchaus keinen Anspruch haben. Die Armee ist vollkommen unzureichend vertreten und überdies lediglich durch die Oberschicht, die den Massen der Soldaten sehr fernsteht und seit einem halben Jahre sich keiner Neuwahl unterworfen hat. Die Dumen und die Semstwos, nur zur Hälfte reformiert, sind schon auf Grund ihrer speziellen Bestimmung in sehr unvollkommener Weise geeignet, den politisch-revolutionären Versuch der Demokratie und ihre Ansichten widerzuspiegeln; in noch höherem Maße trifft das auf die Genossenschaften zu, wo die Auslese der führenden Personen nur in äußerst lockerer Verbindung mit den politischen Ansichten der demokratischen Massen und mit der Entwicklung in ihrer Gesinnung steht. Im Verhältnis zur Vertretung der Dumen, Semstwos und Kooperativen ist die Vertretung der Sowjets äußerst verkürzt. In Wirklichkeit aber drücken gerade diese Organisationen den politischen Willen der Arbeiter, Soldaten und Bauern zutreffender aus. Gerade die Sowjets waren es, die allen Situationen gewachsen waren, an vielen Orten bildeten sie auch die einzige Macht in den kritischen Tagen des Kornilow-Putsches. Das ist es, weshalb wir glauben, daß nur jene Beschlüsse und Vorschläge der gegenwärtigen Versammlung den Weg der Verwirklichung finden können, die auf die völlige Abschaffung des persönlichen Regimes Kerenskis abzielen und die Genehmigung des Allrussischen Kongresses der Arbeiter-, Bauern- und Soldaten-Deputierten erhalten. Die unaufschiebbare Einberufung dieses Kongresses ist die wichtigste Aufgabe des Augenblicks.

War die Moskauer Konferenz im großen Theater die Hebamme des Kornilowschen Komplotts gewesen, so gebar der Berg der Demokratischen Konferenz vor allem die lächerliche Maus des „Vorparlaments". Als Ergebnis der Diskussion über die Macht ergab sich ein ohnmächtiges, gesetzverkündendes Organ an Kerenskis Seite, eine traurige Kanzlei, in der das abgebaute Personal der Konferenz durch eine ziemliche Portion Großbourgeois, mit den Kadetten an der Spitze, ergänzt wurde, gegen die die Konferenz seinerzeit gestimmt hatte. Die gestellte Aufgabe, die Abschaffung der Verantwortungslosigkeit des kleinen Bonaparte wurde gelöst, indem ein Organ geschaffen wurde, das gerade demjenigen verantwortlich war, dessen Unverantwortlichkeit es aus der Welt schaffen sollte.

Die Demokratische Konferenz erwies sich als unfruchtbar, wie der Feigenbaum der Bibel. Während aber die Herren Kadetten über die „Ohnmacht der Demokratie" frohlockten, begriffen sie sehr gut, daß ihre Schadenfreude grundlos sei. Sie wußten sehr gut, daß die Ohnmacht der von Zeretelli zustande gebrachten und von Kerenski gebilligten Versammlung herzlich wenig mit jener Demokratie zu tun hatte, die *außerhalb der Mauern des Alexander-Theaters* von Tag zu Tag an Kraft gewann.

Das Organ der Banken, die „Russkaja Wolja", schrieb aus Anlaß der Eröffnung der Demokratischen Konferenz folgendes: „Als Resultat der Ereignisse, die die Periode zwischen der Niederlage an der Front und der Niederlage der Konterrevolution ausfüllen, erhob der demagogische Bolschewismus das Haupt, und die „organisierte Demokratie" Petrograds wurde zur Gefangenen der Leninisten. Ein solches politisches Resultat des sechsten Monats der Revolution kann „erschütternd" genannt werden, wenn seine Bedeutung auch relativ ist. Unter der niederschmetternden Wirkung dieser Ereignisse wurde die Konferenz der demokratischen Organisationen eröffnet..."

Das unaufhaltsame Wachstum der Partei des Proletariats, die — wie Frau Bereschkowskaja mit der Geste einer Lady-Patronesse erklärte — „unsere guten, treuherzigen Arbeiter, Bauern und Soldaten verdirbt", dieses Anschwellen der Armee der Werktätigen brachte die Bourgeoisie in eine wahrhaft kritische Lage. Im Lande reifte Konflikt auf Konflikt heran. Der Streik der Eisenbahnarbeiter, die sich vermehrenden Bauernunruhen, die Mobilisierung der Kräfte der Sowjets, all dies zeigte klar und deutlich, daß die Wogen des Bürgerkriegs den armseligen Bau des Vorparlaments hinwegschwemmen würden. Der historische Moment des bewaffneten Aufstandes, der zur Errichtung der Sowjetmacht im Oktober führen sollte, nahte heran.

# VI.

# OKTOBER

# 1. RÜCKBLICK

IM Oktober 1917 war die Lage im Lande für die Machtergreifung des Proletariats bereits reif geworden. Die objektiven Faktoren zur Machtergreifung waren vorhanden. Es bedurfte nunmehr der subjektiven Anstrengungen der Arbeiterklasse, des Ansturms der Massen und ihrer richtigen Führung durch die bolschewistische Partei.

Zur Beleuchtung der Situation, in der sich Rußland vor dem Oktober befand, bringen wir an dieser Stelle eine zusammenfassende Schilderung der ökonomischen Lage des Landes, eine Darstellung der Agrarbewegung im Jahre 1917, wie auch ergänzend eine Reihe von Originaldokumenten, die die politische Situation vor dem Oktober charakterisieren:

Im September 1917 schreibt *Lenin* („Die drohende Katastrophe und wie soll man sie bekämpfen?"):

„Rußland steht vor einer unabwendbaren Katastrophe. Das Transportwesen ist schon unglaublich zerrüttet und wird immer mehr zerrüttet. Die Eisenbahnen werden stillstehen. Die Zufuhr von Rohmaterial und Kohle wird aufhören. Die Getreidezufuhr wird aufhören. Die Kapitalisten sabotieren (verderben, halten an, bremsen) wissentlich und unentwegt die Produktion, hoffend, daß die unerhörte Katastrophe zum Sturze der Republik, der Demokatie, der Sowjets und überhaupt der proletarischen und Bauernorganisationen führen wird, indem sie die Rückkehr zur Monarchie und die Wiederaufrichtung der Allherrschaft der Bourgeoisie und des Großgrundbesitzes fördern.

Eine Katastrophe von unausdenkbaren Dimensionen und der Hunger stehen vor der Türe. Darüber wurde schon in allen Zeitungen unzählige Male berichtet. Unglaubliche Mengen von Resolutionen sind sowohl von den Parteien wie von den Bauern-, Arbeiter- und Soldaten-Sowjets angenommen worden. In diesen Resolutionen wird festgestellt, daß die Katastrophe unabwendbar ist, daß sie immer näher heranrückt, daß man gegen sie mit allen, aber auch allen Mitteln ankämpfen muß, daß nur durch „herorische Anstrengungen" des Volkes der Untergang aufgehalten werden könnte usw. Alle sagen das. Alle erkennen das an. Alle haben das beschlossen.

Und nichts wird getan.

Ein halbes Revolutionsjahr ist vergangen. Die Katastrophe ist näher herangerückt. Es ist zur Massenarbeitslosigkeit gekommen. Man bedenke: Das Land ist ohne Waren, das Land leidet unter dem Mangel an Lebensmitteln, dem Mangel an Arbeitskräften, obwohl genügend Getreide und Rohmaterial vorhanden sind, und in einem solchen Lande entstand in solch einem kritischen Moment die Massenarbeitslosigkeit. Was braucht man noch für Beweise dafür, daß nach einem halben Jahre der Revolution in einer demokratischen Republik, bei einer Fülle von Verbänden, Ämtern und Einrichtungen, die sich stolz „revolutionär-demokratisch" benennen, in der Tat absolut nichts Ernstes gegen die Katastrophe, gegen den Hunger unternommen worden ist? Wir gehen dem Zusammenbruch immer schneller entgegen, denn der Krieg wartet nicht und der durch ihn bedingte Zusammenbruch aller Seiten des Volkslebens wird immer offenkundiger."

Wo war der Knotenpunkt der ökonomischen Maßnahmen der provisorischen Regierung?

Der Einfluß des Krieges wirkte verheerend auf die russische Wirtschaft.*) Alles traf in einem Brennpunkte zusammen: im Kriege. Der Verzicht der Bourgeoisie auf den Krieg würde für diese zugleich den Verzicht auf die Gewinne, den Bruch mit dem europäischen Kapital, in dessen vollkommener Abhängigkeit sich die russische Bourgeoisie befand — den Verzicht auf die im Falle des Sieges noch wachsenden Gewinne bedeuten. Und deshalb mußte die Bourgeoisie für den Krieg „bis zum siegreichen Ende" sein, die „Sozialisten" aber, die gegen den Krieg auftraten, kamen bald zu der Losung der „Verteidigung so lange, als uns der bewaffnete Feind gegenübersteht."

Die Kriegsausgaben dauerten an, neue freiwillige Mobilisierungen wurden durchgeführt, der Transport aber verfiel im Zeichen der „willkürlichen" Demobilisierung.

Ein zweiter Drehpunkt der Wirtschaftspolitik war — die Aufhebung des Feudalismus im Dorfe, die Übergabe des Bodens an die Bauern, die Verhinderung des Ausverkaufs des Bodens und der Bodenspekulation.

Was sagten darüber die menschewistisch-sozialrevolutionären Sowjetdeputierten?

Auf der Versammlung von 82 Sowjets, anfangs April in Petrograd, wurde eine Resolution über die Bodenfrage gefaßt:

Einerseits: „Die Versammlung erachtet es als unabweislich, in der entschiedensten Weise in der Konstituierenden Versammlung die unentgeltliche Konfiskation des Bodens der Gutsbesitzer zwecks Übergabe an das werktätige Volk zu unterstützen."

Andererseits: Die Versammlung anerkennt, daß „die endgültige Lösung der Bodenfrage der Konstituierenden Versammlung zukommt und . . . und legt den lokalen Komitees die Verpflichtung auf, jederlei Versuchen einer willkürlichen lokalen Lösung der Bodenfrage entgegenzutreten . . ."

Der dritte Angelpunkt war: Der 8-Stunden-Arbeitstag.

Die gleiche Versammlung fördert folgende Resolution zutage:

Einerseits: „Der 8-Stunden-Arbeitstag bildet die ökonomische Grundforderung des Proletariats der ganzen Welt und wird eine große Rolle im Befreiungskampfe der russischen Arbeiter in der nächsten Periode spielen.

Die Notwendigkeit der Wiederherstellung der Kräfte der Arbeiter, welche in der außerordentlichen Anspannung der Arbeit während der Kriegsjahre erschöpft wurden, die Notwendigkeit, jetzt schon für die Linderung der Schrecken der wachsenden Arbeitslosigkeit und für die Erleichterung der Arbeitssuche für jene, welche nach Beendigung des Krieges aus dem Heere ausscheiden, vorzusorgen, die Notwendigkeit endlich — die mit dem Übergange Rußlands zum demokratischen System von der Arbeiterklasse mit besonderer Schärfe erfaßt wird —, am gesellschaftlich-politischen und kulturellen Leben des Landes teilzunehmen — all dies zwingt die Arbeiterklasse unwiderstehlich zum Kampfe für die Verkürzung des Arbeitstages. Die Versammlung hält die gesetzliche Festlegung des 8-Stunden-Arbeitstages überall und für alle Arbeitszweige — bei Einstellung der Überstunden — für unumgänglich und schlägt der provisorischen Regierung vor, ein Gesetz über die Einführung des 8-Stunden-Arbeitstages zu erlassen."

Andererseits: „Für die Dauer des Krieges soll jedoch dieses Gesetz die Möglichkeit von Überstunden in Unternehmungen, welche für die Landesverteidigung arbeiten oder Bedarfsartikel von größter Dringlichkeit herstellen, vorsehen."

---

*) Diesen Abschnitt entnehmen wir gekürzt dem Buche *W. Sarabjanow:* Die Ökonomik und die ökonomische Politik der UdSSR. S. 455 (Moskau, Staatsverlag, 1926), russisch.

Noch eine Kernfrage: Die Organisation der Arbeiter in ihrem Kampfe mit der Bourgeoisie.

Die gleiche menschewistisch-sozialrevolutionäre Versammlung sagt:

Einerseits: „In Anbetracht dessen, daß sowohl im Interesse der Verteidigung und Festigung der Revolution, wie im Interesse der Verbesserung der ökonomischen Lage der Arbeiter in den Kriegszeiten eine gewisse Ökonomie der Kräfte der Arbeiterschaft im Kampfe mit dem Kapital notwendig ist, ist die Versammlung der Ansicht, daß es eine unaufschiebbare Aufgabe der Arbeiterpolitik ist, überall Schlichtungskammern zwecks Beilegung der Konflikte zwischen den Arbeitern und Unternehmern aus den Vertretern der Arbeiterschaft und der Leitung des Unternehmens auf paritätischer Grundlage zu gründen."

Es wurden zugleich proletarische und revolutionär-agrarische Ziele proklamiert, jedoch Mittel gewählt, mit deren Hilfe man genau das Entgegengesetzte oder gar nichts erzielen konnte.

Die Fahne eines Moskauer Betriebes, März 1917, mit den Losungen: Proletarier aller Länder, vereinigt Euch! Es lebe die demokratische Republik! Die Verbrüderung der Völker! Der Achtstunden-Arbeitstag!

Nehmen wir zum Beispiel die Verpflegungsfrage: Die Hauptstädte und die industriellen Zentren standen die ganze Zeit vor der Gefahr einer Einstellung der Zufuhren des Getreides; unter dem Drucke der werktätigen Massen verkündet die provisorische Regierung, wenn auch nur zeitweilig, das Getreidemonopol, wonach die Regierung zum Eigentümer allen Getreides wird, mit Ausnahme gewisser Mengen für Verpflegung, Fütterung und Saatgetreide, die Bauernwirtschaften aber — werden die verantwortlichen Verwahrer des Getreides, welches unter der Kontrolle der lokalen Verpflegungskomitees steht.

Das Monopol wurde wohl proklamiert, aber nicht durchgeführt, denn die Verordnung vom Getreidemonopol ließ einen Punkt von außerordentlicher Wichtigkeit offen: das Preisniveau. Hier konnten die Vertreter der Sowjets zu keiner Verständigung mit den bourgeoisen Sphären gelangen. Groman beklagte sich über den Kadetten Schingarew, „daß der Minister für Landwirtschaft, der von der Revolution auf seinen Posten gestellt wurde, sich vorbereitet, neuerlich die Festpreise des Getreides zu erhöhen."

Das Getreide wurde von den Gutsbesitzern geliefert, welche die Erhöhung der Festpreise forderten, es wurde jedoch auch von den Bauern verkauft, welche durch die niedrigen Festpreise großen Schaden hatten, weil die Preise für Industrieprodukte hoch waren und unaufhörlich wuchsen.

Eine Gruppe von Volkswirtschaftlern des Petrograder Sowjets, die aus Menschewiken, Sozialrevolutionären, Internationalisten bestand, entwickelte den Gedanken, daß die Frage der Verpflegung nicht isoliert gelöst werden könne. „Aus voller Überzeugung und Kenntnis der Dinge wiesen sie nach, daß letzten Endes alle Maßnahmen fruchtlos bleiben werden, wenn die Frage der Getreideversorgung nicht in ein alleiniges System der staatlichen Versorgung überhaupt eingefügt wird . . . Die Regulierung des gesamten Warenaustausches und folglich die Regulierung auch der Industrie des gesamten volkswirtschaftlichen Lebens durch die Regierung ist der einzige aussichtsvolle Weg im Kampfe mit dem Verfall des Verpflegungswesens" (Suchanow).

So, im Wesen richtig, beurteilten die menschewistischen und sozialrevolutionären Volkswirtschaftler die Frage, praktisch aber hing die Verwirklichung der „staatlichen Regulierung" davon ab, in den Händen welcher Klasse sich die Macht befand.

Die Klassengegensätze verschärften sich, traten immer mehr hervor, die Fabrikanten sabotierten und brachten die Produktion zum Stocken.

In der Armee und unter den Bauern wurde eine rasende Agitation gegen die Arbeiter entfesselt, deren Hauptinhalt das bekannte Hauptthema bildete:

Die Soldaten liegen 24 Stunden in den schmutzigen Schützengräben, die Arbeiter aber bummeln und führen den 8-Stunden-Arbeitstag durch.

In der Sammlung von Dokumenten, zusammengestellt von Lwow-Rogatschewski („Die Sozialisten über die gegenwärtige Lage") lesen wir:

„Die beste Antwort auf die verleumderischen Angriffe der bürgerlichen Presse, die darin gipfeln, daß die angeblich vom Freiheitsrausch besessenen Arbeiter nicht arbeiten wollen und dadurch das industrielle Leben Rußlands desorganisieren, geben die Resultate der Untersuchung der Kommission des „Zentralen Komitees für die Wiederherstellung und Aufrechterhaltung des normalen Arbeitsgangs in den industriellen Unternehmungen". Das Komitee, das aus Vertretern bürgerlicher Organisationen (in Person des Vorsitzenden der Gesellschaft der Unternehmer und Fabrikanten, der Ingenieur-Verbände, der republikanischen Offiziere, der Semstwo- und Stadtverbände) sowie Vertretern der Sozialdemokraten und Sozialrevolutionäre zusammengesetzt war, untersuchte den Stand der Dinge im „Vulkanwerk" und im Betriebe „Arthur Koppel".

Im „Vulkanwerk" ist die Arbeit ausschließlich deshalb nicht im vollen Gange, weil nicht genügend Heiz- und anderes Material vorhanden ist. Das Fabrikkomitee „Vulkan" hat sich bisher mit der Frage der Lohnerhöhung nicht befaßt, sondern ausschließlich mit der Suche nach Heizmaterial und Rohstoffen. Es gibt allerdings Reibungen zwischen der Administration und der Arbeiterschaft, vor allem wegen der Entfernung einiger Mitglieder der Administration, welche die Arbeitermassen gegen sich aufbrachten; diese Reibungen verursachten aber keinesfalls eine Stillegung oder Verkürzung der Arbeit. Genau so auch auf dem Werke „Arthur Koppel". Sämtliche Bestellungen sind bereits vollständig ausgeführt, und die beschränkte Produktivität des Unternehmens erklärt sich jetzt, wie vor der Revolution, aus dem Mangel an Steinkohle und Rohstoffen. Die Arbeiter dieses Unternehmens beschlossen, am Donnerstag und Freitag der Karwoche zu arbeiten und Ostermontag schon die Arbeit wieder aufzunehmen. d. h. die Arbeiter selbst haben die gewohnte Feiertagspause auf mehr als die Hälfte verkürzt" . . .

Deputationen, welche von der Armee kamen, um das Verhalten der Arbeiter gegenüber den Kriegsaufträgen zu untersuchen, konstatierten fast überall „Über"-Fleiß der Proletarier und die Nichtversorgung der Unternehmen mit Kohle und Rohstoffen.

Die Großbourgeoisie hält den Kurs unerschütterlich auf die „Knochenhand des Hungers", in Verteidigung der „privaten Unternehmungslust" gestattet sie auch nicht einmal einen Hinweis auf staatliche Regulierung, woran die Arbeiter teilnehmen könnten: die Geheimnisse der kolossalen Kriegsgewinne aufdecken, — das würde doch nicht bloß eine Verstärkung des Druckes des Proletariats bedeuten, sondern einen Sturm des Unwillens bei den Kleinbürgern in Stadt und Dorf erwecken.

Die Großbourgeoisie wünschte auch kein Getreidemonopol, denn diese Klasse stützte sich ja auf den konterrevolutionären Teil der Armee, deren beherrschende Posten der Gutsbesitzeradel innehatte, sowie auf den reichen Bauer. Sowohl der Gutsbesitzer als auch der reiche Bauer waren an den hohen Getreidepreisen interessiert. Aus diesen Kompromissen, dieser Unentschlossenheit und Rücksichtnahme war kein Ausweg.

Die Zerstörung und Zerrüttung ging weiter.

Im Mai verbot das Zentral-Verpflegungskomitee das Backen von „französischen Wecken" und Gebäck mangels Butter, Zucker und Mehl. Im Norden verschwindet das weiße Brot. Das schwarze Brot wird von Tag zu Tag teurer. Die Arbeiter fordern Lohnerhöhung, da sie beim jetzigen Lohne nicht einmal satt werden können, von der Befriedigung ihres Bedarfes an Schuhen, Kleidern etc. gar nicht zu sprechen.

Die Bourgeoisie macht ihre Hetzjagd auf das Proletariat.

In der größten Kadettenzeitung, dem „Rjetsch", heißt es im Leitartikel vom 13. Mai:

„Es werden kaum zwei, drei Wochen vergehen und die Fabriken und Werke werden eins nach dem anderen schließen. Dies ist der Schrecken, welcher sich uns in dem Augenblicke nähert, in welchem, wie es scheint, der Geist der Armee sich wieder ein wenig aufrichtet . . . Was wird die Armee, was die Bauernschaft sagen, wenn sie von den Forderungen, welche die Arbeiter aufstellen, erfährt. Fordern sie doch, daß die Regierung jetzt zwei bis drei Millionen Arbeiter aushält, indem sie jedem von ihnen den Lohn um 200 Rubel monatlich erhöht. Wir rollen rasch dem Abgrunde zu. Es ist Zeit, sich zu besinnen und haltzumachen."

Und was sagten die Menschewiki und Sozialrevolutionäre?

Sie wandten sich sowohl an die Arbeiter, als auch an die Industriellen mit dem Vorschlage, Opfer zu bringen. Unter dem Drucke des wachsenden Verfalls einigten sie sich sogar auf ein fast „bolschewistisches Programm". Und tatsächlich kam der Vollzugsausschuß des Petrograder Sowjets zu einem interessanten Beschlusse:

„Die provisorische Koalitionsregierung als Ausdruck des Sinnes und Willens der revolutionären Demokratie kann nicht anders, als sich jene Aufgaben stellen, welche der Krieg und seine Folgen in den Vordergrund geschoben haben, — die Aufgaben der planmäßigen Organisierung der Volkswirtschaft und Arbeit, deren Nichterfüllung das alte Regime zu Fall brachte. Die Durchführung dieser Aufgaben muß auf zwei parallelen Wegen vor sich gehen: 1. Durch Bildung von Organen, welche die wirtschaftliche Lage in ihrem ganzen Umfange zu untersuchen haben; 2. die Bildung von ausführenden Organen, welche die planmäßige Regulierung des wirtschaftlichen Lebens verwirklichen. Eine solche Regulierung darf nicht in behördlicher Isolierung verwirklicht werden, was zum Mißerfolg verurteilt wäre, sondern durch ein zielbewußtes System von Maßnahmen, welche unter der Leitung der vereinigten staatlichen Organe durchgeführt werden. Die beratenden Organe, in der Hauptstadt wie auf dem Lande, müssen zusammengesetzt sein aus den Vertretern der Sowjet-, Klassen- und wissenschaftlichen Organisationen unter Teilnahme der Regierungsbehörden. Der Zentrale Vollzugsausschuß muß den Sitz bei der provisorischen Regierung haben.

Die gesamte wirtschaftliche Tätigkeit in Fragen der Verpflegung, Aufbringung und Verteilung der Produkte für die Armee und die Bevölkerung, sowohl der monopolisierten als auch der einer Regulierung unterliegenden, muß im „Versorgungskomitee" konzentriert werden, das sich aus dem Verpflegungsminister sowie allen Organen zusammensetzt, welche mit der Aufbringung und Verteilung der Produkte sich befassen... Es ist an der Zeit, von der Produktions-Anarchie, von den privaten Syndikaten jetzt zur Arbeit des volkswirtschaftlichen Organismus überzugehen, nach Aufgabe der Regierung, unter ihrer Kontrolle und sogar unter ihrer direkten Leitung. Die Privatunternehmer und Händler müssen in die Sphäre des Entzuges an Gewinn und selbst der Richtung ihrer privatwirtschaftlichen Wirksamkeit begrenzt werden. Bei vielen Zweigen der Industrie ist die Zeit für ein staatliches Handelsmonopol herangereift (Getreide, Fleisch, Salz, Häute), andere sind reif für von der Regierung regulierte Trusts (Kohle, Naphtha, Metalle, Zucker, Papier), und endlich, fast für alle Zweige der Industrie, fordern die gegenwärtigen Bedingungen die regulierende Teilnahme der Regierung an der Verteilung der Rohstoffe und Fertigfabrikate, wie auch an der Festsetzung der Preise. Gleichzeitig damit muß man auch alle Kreditinstitute unter die Kontrolle der staatlich-gesellschaftlichen Macht stellen . . . Der gesamte Handel mit ausländischer Valuta muß unter der Kontrolle der Regierung stehen. Alle Emissionen von Aktien und Obligationen der Handels-Industriegesellschaften können nur mit Zustimmung des zentralen ökonomischen Organs zugelassen werden. Gleichzeitig müssen . . . die entschiedensten Maßnahmen zur Bekämpfung des Nichtstuertums, bis zur Einführung der Arbeitspflicht, ergriffen werden. . . Das Land befindet sich bereits inmitten der Katastrophe". . .

Lenin schrieb in der „Prawda" (14. Mai 1917, Nr. 57) aus Anlaß dieses Programmes folgendes:

„Sowohl Kontrolle, als auch Verstaatlichung der Trusts, sowohl der Kampf mit der Spekulation, als auch Arbeitspflicht, gestatten Sie gütigst, wo ist hier der Unterschied von dem „entsetzlichen" Bolschewismus? Was wollten denn die „entsetzlichen Bolschewiki mehr? Das ist ja der Kern der Sache, das trifft ja den Nagel auf den Kopf, das ist es ja eben, was die Kleinbürger und Philister aller Schattierungen durchaus nicht verstehen wollen: das Programm dieses „entsetzlichen" Bolschewismus *muß* man erkennen, denn es kann kein anderes Programm einen Ausweg aus dem wirklich drohenden, wirklich furchtbaren Krache zeigen. Aber, aber, die Kapitalisten anerkennen dieses Programm, *um es nicht durchzuführen.* Und die Narodniki und Menschewiki „vertrauen" den Kapitalisten und lehren das Volk, ihnen zu vertrauen. Dies ist der eigentliche Kern der ganzen politischen Lage. Die Zerstörung droht. Die Katastrophe marschiert. Die Kapitalisten führten und führen alle Länder an den Abgrund. Es gibt nur eine Rettung: revolutionäre Disziplin, revolutionäre Maßnahmen der *revolutionären Klasse,* der Proletarier und Halbproletarier, der Übergang aller Staatsmacht in die Hände dieser Klasse, welche in der Tat gerade eine solche Kontrolle einzuführen vermag, tatsächlich siegreich den „Kampf mit dem Nichtstuertum" durchführen kann."

Das menschewistische Programm war revolutionär, aber es war nur ein Programm, es waren nur Worte, die Taten aber blieben die alten, wie sie von der Großbourgeoisie diktiert wurden. Sie beschlossen, die „Verstaatlichung der Industrie" durchzuführen, und in der Tat kam es auf ein schmachvolles Treiben hinaus: sie liefen auf die Meetings und riefen die Arbeiter zur „Selbstbeschränkung" auf, als es schon nichts mehr zum Einschränken gab. Sie schrieben vom Getreidemonopol, vom Brot, besonders für die Arbeiter Petrograds, und forderten von den Arbeitern, den revolutionären Arbeitern, das letzte.

Die Sozialrevolutionäre hörten nicht auf, vom „der Boden dem Volke“ zu sprechen, von der Notwendigkeit, den Verkauf des Bodens einzustellen, aber in ihren Handlungen gab es nur eines: die wirkliche Entscheidung in der Agrarfrage aufhalten, hinausschieben. Sogar der Bauernkongreß, der sich aus vermögenden Bauern und der Dorfintelligenz zusammensetzte —, selbst dieser forderte „die Übergabe allen Bodens ohne Ausnahme in die Verwaltung der Bodenkomitees, welchen das Recht zustehen solle, das Programm der Bearbeitung, der Saat, der Aufräumung der Felder, des Grasmähens etc. festzusetzen. . .“, selbst dieser Kongreß anerkannte die Notwendigkeit von „allerentschiedensten Schritten zwecks Requisition und allseitiger Ausnützung aller landwirtschaftlichen Maschinen und Werkzeuge auf gesellschaftlicher und kooperativer Grundlage“.

Und die Gutsbesitzer verkauften inzwischen ihren Besitz zu „Vorzugsbedingungen“ aus, indem sie das Volkseigentum ausplünderten, und der Sozialrevolutionär Perewerzew traf die Verfügung, daß man im Lande der Abwicklung der Bodengeschäfte keinerlei Schwierigkeiten mache.

Wohin führte die Politik der Großbourgeoisie, welche die Menschewiki und Sozialrevolutionäre durchführten?

In den Dörfern begann die Besitzergreifung des Bodens der Gutsbesitzer durch die Bauern, es wiederholten sich die Brandstiftungen in den adeligen Herrensitzen, die Bauern konnten nicht länger auf die Konstituierende Versammlung warten.*) „Vierzigjährige“ Soldaten demonstrierten in den Städten mit den Losungen: „Im

*) Siehe Wermenischew: Die Agrarbewegung im Jahre 1917.

Der 1. Mai 1917 in Moskau

Dorfe gibt es keine Arbeitshand." „Unser Boden ist nicht angebaut." „Unsere Familien im Dorfe hungern" . . .

Die Arbeiter traten in eine elementare breite Streikbewegung ein.

Sie streikten viele Wochen lang, es streikten alle, die industriellen Arbeiter, die Verladungsarbeiter, die Wäscherinnen, die Kommis, die städtischen Arbeiter; die Eisenbahner drohten mit dem Generalstreik.

Die Kapitalisten antworteten mit einer wilden Hetze und Aussperrungen. Die Fabriken blieben stehen, die Tore der Verkaufshäuser fielen zu.

Die Großbourgeoisie beschloß, das Proletariat durch die Knochenhand des Hungers niederzuringen. Sie konnte warten: sie hatte in der Kriegszeit ungeheure Kapitalien angehäuft.

Der Arbeiter konnte nicht warten: er hungerte.

Sie hatten nur an eines nicht gedacht: die Rettung durch den Oktober. Es wurde eine bolschewistische Zentrale der Fabrik- und Werkkomitees gebildet, die Teilneuwahlen der Sowjetdeputierten brachten den Bolschewiki immer größere Erfolge bei den Arbeitern und Soldaten. Die Bourgeoisie bildete eine Aussperrungs-Organisation mit eiserner Disziplin und gleichzeitig erließ sie durch die provisorische Regierung ein Papierchen mit dem Versprechen, das Steuersystem dahin zu ändern, daß die Bourgeoisie sich selbst mit 90 Prozent Gewinnsteuer belegt.

Der Arbeitsminister, der Sozaldemokrat Skobelew, hielt klingende Reden über die „strenge Besteuerung der großen Einkommen und Kriegsgewinne". „Es ist notwendig", so sagt er, „die Lage der werktätigen Massen zu verbessern und dazu muß man den Gewinn aus der Kasse der Unternehmer und Banken herausholen. Man muß die Steuersätze der vermögenden Klassen bis zu 100 Prozent der Gewinne erhöhen. Wir müssen die Herren Aktionäre zur Unterordnung unter die Regierung zwingen, auch für sie gilt die Pflicht." *Lenin* enthüllte in der „Prawda" vom 16. und 17. Mai 1917 diese Phrasen:

„Das Programm an sich ist nicht nur großartig und mit dem bolschewistischen Programm zusammenfallend, sondern geht in einem Punkte noch darüber *hinaus*, nämlich in dem Punkte, wo versprochen wird, „den Gewinn aus den Kassen der Banken hervorzuholen" im „Ausmaße von 100 Prozent des Gewinns". Unsere Partei ist viel bescheidener. Sie fordert in ihrer Resolution weniger, nämlich nur die Einführung der Kontrolle über die Banken und allmählichen (hört, hört! Die Bolschewiki sind für die Allmählichkeit!) Übergang zu einer gerechteren progressiven Besteuerung der Einkünfte und des Vermögens". Unsere Partei ist gemäßtigter als Skobelew. Skobelew macht unmäßige und sogar maßlose Versprechungen, *ohne die Bedingungen zu schaffen, unter welchen ihre tatsächliche Verwirklichung möglich ist.* Dies ist der Kern der Sache. . . Als Skobelew nach Ministerart in seiner Rede in Schwung kam und sich bis zur Wegnahme von 100 Prozent des Gewinnes der Kapitalisten verstieg, sahen wir das Muster einer effekthascherischen Phrase vor uns. Mit solchen Phrasen betrügen sie beständig in den bürgerlichen parlamentarischen Republiken das Volk."

Die Ereignisse entwickelten sich inzwischen weiter. Es kamen die Juli-Tage, die Vorläufer des Oktober. Die Juli-Tage wurden von der Reaktion abgelöst.

Die Gefängnisse sind von Bolschewiki überfüllt, auf dem Lande gehen die Verhaftungen der Bauernkomitees, welche den Boden aufteilen, vor sich.

In den Städten herrscht Mangel an Brot, es gibt kein Fleisch, keine Eier, keine Butter. Die Märkte verwaisen, die Preise steigen rasend. In Petrograd besteht die Verpflegungskarte für physisch Arbeitende aus anderthalb Pfund (1 russ. Pfund

= 400 Gramm) Brot täglich, 3 Pfund Grütze monatlich, 1 Pfund Fleisch wöchentlich, $^3/_8$ Pfund Butter wöchentlich, 5 Eiern wöchentlich. „Aber auch hier — bezeugt Suchanow — war es wiederum nur bloße Theorie, welche sich weitaus nicht mit der Wirklichkeit deckte", d. h. die Karte wurde nicht im vollen Umfange eingelöst.

Es ist die erbarmungslose Regulierung der Wirtschaft notwendig. „Die Besprechungen über diese Themen in den Regierungsbehörden galten vorzüglich der Organisierung der *Versorgung des Dorfes*, welches sonst aufhört, Getreide herzugeben. Da dies eine aussichtslose Sache war, das Dorf aber wehklagte, verfiel der sozialrevolutionäre landwirtschaftliche Minister Tschernow auf einen „fruchtbaren" Gedanken: die Veranstaltung eines „Eisernen Tages" für das Dorf. Tschernow verlautbarte, daß alle, denen die Interessen des Vaterlandes teuer sind, an einem bestimmten Tag und Ort Nägel, Hufe, Türschließen und Eisengerümpel aller Art herbeischaffen sollten. All dies zur Linderung der Not des Dorfes! . . . Auch dies war eine „Regulierung der Industrie!"

Der Verfall aber wuchs. Die Petrograder Brotkarte war schon auf ein halbes Pfund gefallen. In ganz Rußland gab es Hungerrevolten. Die industrielle Produktion starb ab. Der Transport verfiel und die Regierung ordnete „Warenwochen" an, in der Absicht, den Warenverkehr durch Verkürzung der Verkaufszeit zu regulieren. Die Finanzen sind zerrüttet. Die Emission des Papiergeldes wuchs.

Die Politik der Bourgeoisie vom Februar zum Oktober fand ihren Ausdruck darin, keine Verletzung der „Eigentumsprinzipien" der kapitalistischen Gesellschaft zuzulassen. Als der Bourgeoisie klar wurde, daß das Proletariat in seinem Wachstum der unvermeidlichen Schlacht um die Macht immer näher rückte, entwickelte die Wirtschaftspolitik der Großbourgeoisie alle Aktivität in der Richtung der Zerstörung mit allen Mitteln der Hauptproduktivkraft des Landes — der Arbeiterklasse. „Die Knochenhand des Hungers" — dies war das Hauptgeschütz der Großbourgeoisie. Aussperrungen, Einstellung der Produktion und der Verteilung — dies waren die Mittel zur Verwirklichung des „Hungerknochen"-Programms.

Das Proletariat blieb nicht stumm. Mit dem Wachstum der Klassengegensätze hielt auch die Organisation der Arbeiterklasse Schritt, begleitet von der „Versammlungswut" bei Tag und bei Nacht.

Die Revolution eröffnete ein Konto für ihre Spesen. Die Konterrevolution hatte dies schon früher getan. Der Krieg unterhielt ein solches schon das vierte Jahr.

Die volkswirtschaftliche „Bilanz" geben wir in den nachfolgenden Tabellen und Ziffern wieder.

Die Ausbeute an *Steinkohle* fällt von 33,8 Millionen Tonnen im Jahre 1916 auf 30,9 Millionen Tonnen im Jahre 1917, d. h. um 9 Prozent.

*Naphtha*

| Jahre | Ausbeute in Millionen Anglotons | In Prozenten |
|---|---|---|
| 1913 | 8,98 | — |
| 1914 | 9,57 | — |
| 1914 | 9,79 | — |
| 1915 | 10,40 | 100 |
| 1916 | 8,36 | 80,4 |
| 1917 | | |

*Eisen*

| | Gegossen und angefertigt in Millionen Pud | | |
|---|---|---|---|
| | 1916 | 1917 | In Proz. zu 1916 |
| Gußeisen . . . . . . | 231,9 | 190,4 | 82,1 |
| Halbfabrikate . . | 260,9 | 216,6 | 83 |
| Fertigfabrikate . | 205,9 | 155,5 | 75,5 |

Dort, wo der Klassenkampf sich in besonders scharfen Formen abspielt, wo sowohl die Bourgeoisie als auch das Proletariat am meisten organisiert sind, dort fällt auch die Produktion bedeutender, als in anderen Rayons. So zum Beispiel vermindert sich die Produktion von Eisen- und Stahlprodukten im Jahre 1917 im Ural um 5 Prozent, im Süden um 25 Prozent, im Norden um 50 Prozent.

Der *Bau von Lokomotiven* und *Waggons* geht stark zurück:

| Jahre | Fertiggestellte Lokomotiven | |
|---|---|---|
| | Gewöhnliche | Kriegs-Feldlokomotiven |
| 1916 | 616 | 215 |
| 1917 | 410 | 69 |
| In Proz. von 1916 | 66,6 | 32,1 |

Die sieben größten Waggonbaufabriken bauten *Waggons:*

| Jahre | Passagier- | Güter- | Tramway- |
|---|---|---|---|
| | Waggons | | |
| 1916 | 551 | 13 907 | 64 |
| 1917 | 293 | 8 732 | 17 |
| In Proz. v. 1916 | 53,1 | 62,9 | 26,6 |

Für die wichtigsten Zweige der Industrie, welche zum Fundament für das gesamte wirtschaftliche Leben des Landes dienen, können solche Sprünge nach abwärts unmöglich anders als katastrophal bezeichnet werden.

Auch die *Erzgewinnung* geht zurück:

| | Ausbeute in 1000 Tonnen | | |
|---|---|---|---|
| | 1916 | 1917 | In Proz. v. 1916 |
| Eisenerz (in Mill. Pud) | 345 | 320 | 94,2 |
| Manganerz | 487 | 429 | 88,1 |
| Kupfererz | 20,5 | 15,7 | 76,6 |

Die *Bruttoproduktion* der *gesamten Industrie* in 58 Gouvernements des europäischen Rußlands (in den Grenzen der jetzigen USSR.), im Kaukasus, Sibirien und Turkestan beträgt in Millionen Vorkriegsrubel:

| Industriezweige | 1913 | 1916 | 1917 | 1917 in Proz. von 1916 |
|---|---|---|---|---|
| Förderung und Bearbeitung von Steinen, Erden und Ton | 154,3 | 89,3 | 65,8 | 72,6 |
| Bergwerks- und verwandte Industrien | 1 003,9 | 941,3 | 528,1 | 56,1 |
| Metallverarbeitende Industrie | 628,1 | 1 888,4 | 1 212,9 | 64,2 |
| Holzverarbeitung | 171,2 | 106,3 | 93,3 | 87,8 |
| Chemische Industrie | 337,7 | 853,6 | 564,1 | 66,1 |
| Nahrungsmittel, Getränke und Narkotika | 1 505,8 | 1 176 | 734,8 | 62,5 |
| Verarbeitung von Festmaterialien tierischer Herkunft | 184,6 | 182,5 | 128,9 | 70,6 |
| Baumwollindustrie | 1 090,3 | 892,5 | 596,4 | 66,8 |
| Wollindustrie | 195,1 | 187,2 | 134,4 | 71,8 |
| Seidenindustrie | 49,2 | 38,9 | 21,8 | 56 |
| Leinen- und Flachsindustrie | 115,3 | 130,6 | 90,7 | 60,4 |
| Produktion für Verarbeitung diverser und nicht genau bezeichneter Fasersachen | 44,6 | 146 | 27,2 | 18,6 |
| Papierverarbeitung und polygraphische Produktion | 152 | 126 | 99,2 | 78,7 |
| Erzeugung und Abgabe von Kraftstrom und Wasserleitung | 38,7 | 72,9 | 46,5 | 63,8 |
| Insgesamt | 5 620,8 | 6 831,4 | 4 344,1 | 63,6 |
| In Prozenten von 1913 | 100 | 121,5 | 77,3 | — |

So also fiel die industrielle Produktion in einem einzigen Jahre um 34 Prozent, von einem Produktenwerte von 6,8 Milliarden Rubel fiel sie auf 4,3 Milliarden Rubel, d. h. auf einen Betrag, der um 23,7 Prozent niedriger ist als der des Jahres 1913.

Der Arbeitslohn der Arbeiter in der Mehrzahl der Industriezweige verringerte sich bedeutend, besonders scharf war das der Fall bei den Industrie-Angestellten als den minder organisierten und daher zu kräftigem Widerstande gegen den Druck der Bourgeoisie unfähigen Elementen.

| Industriezweige | Monatsverdienst in Warenrubeln | | | |
|---|---|---|---|---|
| | Arbeiter | | Angestellte | |
| | 1916 | 1917 | 1916 | 1917 |
| Förderung und Bearbeitung von Steinen | 14,9 | 10,8 | 30,5 | 17,9 |
| Bergwerke und Bergwerksindustrie | 20,8 | 12,8 | 55,1 | 27,4 |
| Metallindustrie | 39,5 | 28,1 | 90,1 | 36,8 |
| Holzbearbeitung | 24 | 15,3 | 43,4 | 27 |
| Chemische | 31,5 | 33,5 | 90,9 | 48,8 |
| Nahrungsmittel | 17,3 | 15,8 | 61,7 | 33,3 |
| Bearbeitung von Festmaterialien tierischer Herkunft | 25,1 | 19 | 55 | 32,5 |
| Leder und Pelz | 24,3 | 16,6 | 77,9 | 39,4 |
| Textil | 15,7 | 16,9 | 61,6 | 39,7 |
| Kleidung und Toiletteartikel | 28,7 | 25,9 | 70,9 | 36,4 |
| Papierverarbeitung | 14,8 | 15 | 60,2 | 35,1 |
| Polygraphische | 32,9 | 32 | 66,6 | 37,6 |
| Kunst und angewandte Kunst | 33,6 | 29,4 | 101,9 | 47,3 |
| *Im Mittel für die gesamte Industrie* | 24,7 | 21,2 | 69,8 | 38 |

So war also das Jahr 1917 ein Jahr des scharfen Abstiegs für die Industrie.

Nicht in so starkem Maßstabe ging der Abstieg der *Landwirtschaft* vor sich. Die Anbaufläche des Jahres 1917 war wohl im ganzen die gleiche wie im Jahre 1916, aber die Spezialkulturen kamen zu kurz. Die Anbaukurve von Flachs war: 1913: 100, 1916: 106, 1917: 96,9; das gleiche Bild zeigt der Hanf: 1913: 100, 1916: 97,6, 1917: 86,7.

Aber es kommt nicht bloß auf die Anbaufläche an, sondern auf den Ertrag. Die Bearbeitung des Bodens war außerordentlich schlecht, weil es an Arbeitskraft fehlte. Wenn wir den Ertrag der Deßjatine (= 2400 Quadratmeter = 109,25 Ar) des bäuerlichen Bodens für Winterroggen und -weizen nehmen und ebenso jenen auch nur für Hafer, so ergibt sich fast für alle Rayons ein auffallender Unterschied zwischen 1916 und 1917. Man muß freilich auch den Umstand berücksichtigen, daß das Jahr 1917 für die Landwirtschaft auch in klimatischer Beziehung ungünstig war. Die Tatsache jedoch, daß eben alle Rayons, mit geringen Ausnahmen, eine starke Verminderung des Ertrags zeigen, die klimatische Ungunst aber gewöhnlich bestimmte (diese oder jene) Rayons trifft, läßt den bestimmten Schluß zu, daß der Rückgang des Ertrags in großem Maße von sozialen Ursachen verursacht war.

| Gouvernements | Ertrag in Pud per Deßjatine | | | | | |
|---|---|---|---|---|---|---|
| | Winterroggen | | Winterweizen | | Hafer | |
| | 1916 | 1917 | 1916 | 1917 | 1916 | 1917 |
| Kiew | 89 | 66 | 95 | 67 | 75 | 62 |
| Charkow | 90 | 64 | 91 | 63 | 80 | 44 |
| Poltawa | 89 | 67 | — | — | 78 | 67 |
| Kursk | 77 | 49 | 79 | 60 | 69 | 45 |
| Orlowsk | 68 | 55 | 90(?) | 79 | 54 | 42 |

| Gouvernements | Ertrag in Pud per Deßjatine | | | | | |
|---|---|---|---|---|---|---|
| | Winterroggen | | Winterweizen | | Hafer | |
| | 1916 | 1917 | 1916 | 1917 | 1916 | 1917 |
| Tula | 61 | 49 | — | — | 63 | 38 |
| Saratow | 57 | 24 | 49 | 40 | 24 | 20 |
| Nischegorod | 64 | 35 | — | — | 45 | 26 |
| Cherzon | 61 | 47 | 59 | 49 | 69 | 62 |
| Donbezirk | 55 | 20 | 56 | 29 | 55 | 25 |
| Samara | 44 | 24 | 35 | 13 | 38 | 15 |
| Mogilew | 60 | 43 | 71 | 52 | 62 | 60 |
| Wladimirsk | 52 | 34 | — | — | 51 | 39 |
| Moskau | 59 | 49 | — | — | 60 | 47 |
| Jaroslaw | 58 | 53 | — | — | 69 | 57 |
| Kostromsk | 52 | 37 | — | — | 51 | 30 |
| Wjatka | 57 | 36 | — | — | 50 | 30 |
| Perm | 54 | 61 | — | — | 59 | 41 |
| Jenissei (Sibirien) | 69 | 59 | — | — | 82 | 62 |

Der Nordkaukasus und Sibirien geben im ganzen einen erhöhten Ertrag.

*Der mittlere Ertrag für ganz Rußland war folgender:*

| | 1916 | 1917 |
|---|---|---|
| Winterroggen | 63 | 43 |
| Winterweizen | 68 | 50 |
| Sommerweizen | 49 | 40 |
| Hafer | 56 | 42 |
| Gerste | 57 | 45 |
| Buchweizen | 50 | 43 |
| Hirse | 48 | 42 |
| Kartoffeln | 465 | 421 |
| Flachs | 24 | 21 |
| Hanf | 30 | 25 |

In bezug auf die Spezialkulturen war das Jahr 1917 ein Jahr starken Rückganges.

Der Bruttoertrag zum Beispiel von Tabak fiel im Rayon Kuban von 2,1 Millionen Pud im Jahre 1916 auf 1,5 in 1917; die Baumwoll-Anbaufläche in Turkestan ging von 714 000 Deßjatinen in 1916 auf 425 000 in 1917 zurück; an Rohfaser war der Ertrag statt 48 Millionen Pud in 1916 jetzt nur 26 Millionen Pud in 1917; der Anbau von Zuckerrüben umfaßte 613 000 Deßjatinen in 1916, 539 000 Deßjatinen in 1917.

Auch in bezug auf die Viehzucht ergab sich eine bedeutende Veränderung zum schlechteren, sowohl in bezug auf Pferde, Großhornvieh, Schafe und Ziegen im ganzen sowie auch betreffs beider Viehgruppen — erwachsenem und jungem Vieh.

Wenn wir die Viehzahl von 1916 mit 100 annehmen, erhalten wir für 1917 folgende Zahlen:

| | Rußland | | Für ganz Rußland |
|---|---|---|---|
| | europäisches | asiatisches | |
| Arbeitspferde | 99,9 | 84,1 | 95,1 |
| Füllen | 84,1 | 68,9 | 77,6 |
| Hengste | 100,3 | 87,4 | 95 |
| Alle Pferde | 98,3 | 82,9 | 93 |
| Ochsen und Stiere | 92,3 | 93,2 | 92,7 |
| Kühe | 98,2 | 95,6 | 97,4 |
| Junge Kühe | 94,7 | 92,3 | 93,8 |
| Kälber | 94,9 | 97,5 | 95,6 |
| Insgesamt großes Hornvieh | 96,1 | 95,1 | 95,8 |
| Schafe | 94,2 | 95,5 | 94,7 |
| Ziegen | 74,4 | 95 | 86,3 |
| Schweine | 117,8 | 93 | 111,3 |

**Eine Gruppe der Soldatensektion des Petrograder Sowjets der Arbeiter- und Soldaten-Deputierten, April 1917**

Selbstverständlich war das Jahr 1917 für die Landwirtschaft auch ein schweres Jahr in bezug auf Düngemittel, landwirtschaftliche Geräte und Maschinen. Schon im Jahre 1916 wurden an Düngemittel nur 1,6 Millionen Pud gegen 34,3 Millionen Pud in 1913 eingeführt. Im Jahre 1917 wurde auch nicht ein einziges Pud eingeführt. Allerdings wurden an landwirtschaftlichen Geräten und Maschinen 1,7 Millionen Pud importiert, was gegenüber 1916 eine Steigerung auf das Viereinhalbfache bedeutet, aber auch dies kommt nur dem sechsten Teile der Vorkriegseinfuhr gleich.

Aber die Hauptsache ist, daß unter der provisorischen Regierung, mit ihren „bauernfreundlichen" Ministern Kerenski und Tschernow, die Fabriken, welche landwirtschaftliche Geräte und Maschinen anfertigten, nicht nur keinerlei Begünstigung zur Entwicklung ihrer Produktion erhielten, sie konnten sich nicht einmal auf dem Niveau von 1916 halten (das heißt 20 Prozent der Vorkriegsnorm), indem sie die Produktion auf 15 Prozent derselben sinken ließen, was gegenüber 1916 einen Rückgang um 25 Prozent bedeutet.

Die Bauern lebten in der angespanntesten Erwartung der Verwirklichung der Losung „Boden und Ochsen!".

Vom ersten Tage der Februar-Revolution an bis zum letzten Tage der Kerenski-Regierung teilen die Bauern in Gedanken und Worten schon den Boden der Gutsbesitzer auf.

Aufmerksam verfolgen sie die Ernte und den Anbau eines jeden Häuflein Bodens. Und in Erwartung dieser realen, vor ihnen liegenden Erde führen sie leidenschaftliche Diskussionen über das Programm der Aufteilung.

Schon hier werden die Gegensätze zwischen den Kulaken und der Dorfarmut sichtbar.

Aber der Kulak duselt nicht. Der Gutsbesitzer beeilt sich, in Voraussicht der Bauern-Revolution und in Angst um sein Leben und Gut, sich seines Besitzes vorteilhaft zu entledigen. Er verkauft den Boden, der Käufer aber ist der städtische Spekulant, der am folgenden Tage weiterverkauft — an den Kulaken.

Die Bauernmasse fordert das Verbot des Bodenverkaufes, die Delegierten des Bauern-Kongresses drängen bei „ihrer Bauernpartei" (den Sozialrevolutionären) auf die Erlassung eines Gesetzes, das diese Geschäfte verbietet.

Die provisorische Regierung stimmt in Worten zu, aber das Gesetz wird nicht erlassen, und Perewerzew verschickt sogar Verordnungen, daß man dem Bodenhandel keine Schwierigkeiten mache. Die Bauern greifen an Ort und Stelle „willkürlich" ein, indem sie nicht zulassen, daß der gekaufte Boden eingezäunt, bearbeitet wird, indem sie von Zeit zu Zeit jene erschlagen, die „den Willen der Bauern nicht achten".

Der Kampf auf dem Lande nimmt einen noch schärferen Massencharakter dort an, wo zu den Klassengegensätzen auch die nationalen und territorialen hinzutreten.

Die von den begüterten Bauern im Gebirge bedrängten, unterdrückten kleinen Nationalitäten (Kaukasus), wie jene in den Sandsteppen (Kalmücken) führen ihren Klassenkampf (Dorfarmut) auch unter nationalen Losungen. In den Kosakenbezirken des Kreises Stawropol tritt das zugewanderte Element, arm an Boden und Vieh, gegen die „bodenständige" Bevölkerung, im Wesen gegen die bodenständigen Kulaken auf.

Der Verfall des Jahres 1917 zerschichtete die Bauernschaft noch stärker, so wie jede Mißernte, jede Not letzten Endes die reiche Bauernschaft ökonomisch stärkt, den Mittelbauer um einige Stufen zurückfallen läßt und die Armut des bodenarmen oder bodenlosen Teiles der Bevölkerung verschärft.

Daher auch der gierige Bodenhunger, die Bereitschaft, das Leben für ihn hinzugeben.

Die Welle der Ansiedlung fällt. Der Bauer wartet auf Boden. Die „vierzigjährigen" Soldaten strömen ins Dorf, um an der Bodenaufteilung teilzunehmen, um als richtige Wachhunde dabei zu sein.

Von 1911 bis 1915 zählte man 1,2 Millionen Ansiedler, darunter 286 000 „Bauerngänger". Im Jahre 1916, in der Zeit der angespannten Kriegstätigkeit, gab es natürlich keine Neu-Ansiedlung: die Väter und Söhne waren an der Front — oder versteckten sich vor der Front. Im Jahre 1917 wird von neuem die Möglichkeit gegeben, „bessere Plätze zu suchen", aber die Zahl der Ansiedler beiderlei Geschlechts erreicht nur 6000, Bauerngänger nur 137, aber auch diese, sehr möglicherweise, auf der Flucht vor der Justiz.

Der Bauer ist auf der Wacht, und wehe dem, der sich ihm auf dem Wege entgegenstellt. Er will nicht länger warten, er beginnt schon selbst das Land aufzuteilen. Es nähert sich der Oktober, nicht nur der proletarische, auch der Oktober der Bauern.

Es wäre noch zu erwähnen die faktische Demobilisierung der Armee im Jahre 1917, das, was man damals in der Zeit von Kerenski, die „schmähliche Desertion" nannte.

Aus den Waggons wurden Wohnungen, man fuhr in den Waggons und auf den Waggons, aus den Bahnschwellen wurden Scheiterhaufen gemacht, die Transportmittel gingen zugrunde.

Der *Warenverkehr* verminderte sich im Vergleich zum Jahre 1916 um 2,5 Milliarden Pud.

Auch der *Umsatz im Außenhandel* ging zurück:

| | Wert in Millionen Rubel | |
|---|---|---|
| | Einfuhr | Ausfuhr |
| 1916 | 2451 | 577 |
| 1917 | 2317 | 464 |

Viel höher war der Rückgang dem Gewichte nach:

| | Millionen Pud | |
|---|---|---|
| | Einfuhr | Ausfuhr |
| 1916 | 307 | 148 |
| 1917 | 208 | 63 |
| In Prozenten von 1916 | 68 | 43 |
| In Prozenten von 1913 | 22 | 4 |

Der Charakter der Ausfuhr und Einfuhr, der sich in den Kriegsjahren zum schlechteren gewandelt hatte, setzte diese Tendenz fort.

Rußland hörte fast auf, Lebensmittel und Fabrikate auszuführen, vergrößerte dagegen die Ausfuhr von Rohstoffen und Halbfabrikaten: die kapitalistische Welt plünderte in verstärktem Maße das „demokratische" Rußland aus.

| | Ausfuhr in Millionen Rubel | |
|---|---|---|
| | 1916 | 1917 |
| Lebensmittel | 175,8 | 51,5 |
| Rohstoffe und Halbfabrikate | 326 | 383,8 |
| Lebendes Vieh | 0,4 | 9 |
| Fabrikate | 75,1 | 28,7 |

Der Import diente dazu, das Loch zuzustopfen, das infolge der Reduzierung der industriellen Produktion entstanden war: wir führten zu kolossalen Preisen Fertigfabrikate an Konsummitteln (keine Produktionsmittel!) ein.

| | Einfuhr in Millionen Rubel | |
|---|---|---|
| | 1916 | 1917 |
| Lebensmittel | 261,4 | 127,8 |
| Rohstoffe und Halbfabrikate | 994,1 | 628,8 |
| Lebendes Vieh | 18,4 | — |
| Fabrikate | 1177,3 | 1560 |

Nach dem Oktober schrie die Bourgeoisie in allen Gassen, daß die Bolschewiki Rußland ausverkaufen. Wie wir sehen, war es eben diese Bourgeoisie, welche Rußland ausverkaufte, indem sie die wertvollsten Rohstoffe und Gold ins Ausland warf (im Austausch gegen Fertigfabrikate), um der industriellen Sabotage willen.

Die *Finanzen* Rußlands befanden sich in einem raschen und unaufhörlichen Zerstörungsprozeß.

Obwohl die provisorische Regierung nicht in der Lage war, Krieg zu führen, hielt sie eine kolossale Armee unter Waffen und wälzte auf die Schultern der Bevölkerung die nicht weniger kolossalen Kriegsausgaben.

Die bourgeoise Regierung, die Aug' in Auge den ungeheuren Kriegsgewinnen der Industriellen, Intendantur-Lieferanten, Bankiers gegenüberstand, rührte natürlich nicht an die Gelder der Bourgeoisie und beschränkte sich auf Heulereien von 90- und 100prozentiger Besteuerung.

Das Budget wies ein immer größeres Defizit auf.

Schon im Jahre 1916 betrug das Defizit 76 Prozent sämtlicher Ausgaben, im Jahre 1917 wuchs es auf 82 Prozent an.

| | In Milliarden Rubel | | |
|---|---|---|---|
| | Ausgaben | Einnahmen ohne Kriegsanleihen u. Emission | Defizit |
| 1916 | 18,1 | 4,3 | 13,8 |
| 1917 | 27,6 | 5 | 22,6 |

Das Defizit wurde durch Emissionen gedeckt, welche sich in sehr raschem Tempo steigerten.

So wurden im Jahre 1916 monatlich 286,1 Millionen Rubel Papiergeld emittiert, in den acht Monaten der provisorischen Regierung betrug die monatliche Emission schon 1175 Millionen Rubel, das ist viermal so viel. Die provisorische Regierung brachte in den acht Monaten ihres Bestehens 8,3 Milliarden Rubel in Umlauf, genau so viel, als von Kriegsanfang bis zum 1. März 1917 emittiert worden war, also in 32 Monaten.

Am 1. März 1917 waren 9,9 Milliarden Rubel im Umlauf, am 23. Oktober 1917 — 18,9 Milliarden. Das Resultat war: starkes Fallen des Wertes des Papierrubels, Steigerung der nominellen Warenpreise. In Moskau war, nach den Daten des Finanzkommisariats, der Warenindex im Mittel für 1917 gleich 8.7.

Die *Indexkurve* wurde wie folgt festgestellt:

| | In Moskau | In 39 Gouvernements Rußlands |
|---|---|---|
| 1913/14 | 1,— | 1,— |
| April 1917 | 3,33 | 2,42 |
| Oktober 1917 | 7,50 | 5,25 |

Und inmitten eines solchen Verfalls rief die regierende Partei der Menschewiki die Bevölkerung auf, zu den größten Opfern bereit zu sein, als ob die werktätigen Massen nicht alles „geopfert“ hätten, als ob diesen noch etwas zu „opfern“ übrig geblieben wäre, von der Nationalisierung der Industrie und Banken sagte diese Partei nichts, sie beschränkte sich auf „fruchtbare“ Redereien von hohen Besitzsteuern. Sie schrieb: „Die Sozialdemokraten halten es für ihre Pflicht, in der Konstituierenden Versammlung alle Klassen und Gruppen der Bevölkerung darauf vorzubereiten, daß bei der Armut und industriellen Rückständigkeit Rußlands, bei der ungeheuren Verschuldung selbst das gesamte Volksvermögen nicht hinreicht, um alle unumgänglichen Ausgaben zu decken, und daß daher alle Klassen der Bevölkerung zu den größten Opfern, den schwersten Entbehrungen, besonders in der ersten Zeit, bereit sein müssen; sie müssen alle ihre Energie und alle ihre Kräfte anspannen sowie alle ihre Zahlungsmittel, um Rußland aus dem Morast herauszuführen, in den es das alte Regime und der Krieg geführt haben. Bei alledem aber werden die Sozialdemokraten durchsetzen, daß die Hauptschwere der Staatsausgaben auf die besitzenden Klassen fällt. Zu diesem Zwecke fordern die Sozialdemokraten außer der Konfiskation des Bodens die Einführung einer gleichzeitigen hohen Besitzsteuer und werden bestrebt sein, die indirekten Steuern gänzlich abzuschaffen und durch beständige progressive Einkommensteuern auf alle Einkommen und Erbschaften zu ersetzen.“

Die Menschewiki und Sozialrevolutionäre verstanden das Reden immer gut, aber das Auditorium, das auf sie achtete und ihnen aufs Wort glaubte, wurde immer kleiner und kleiner.

Im Oktober kamen die Widersprüche zwischen Wort und Tat zur Entscheidung: das revolutionäre Wort der wahrhaft Revolutionären wandelte sich in die wahrhaft revolutionäre Tat, die konservative Tat aber, Menschewiki und Sozialrevolutionäre, paarte sich bei den letzteren mit dem konservativen, konterrevolutionären Wort.

Die *Agrarbewegung* des Jahres 1917 zerfällt in drei Etappen.*)

Die erste Etappe — die Bewegung unmittelbar nach der Februar-Revolution — ihr Beginn, einzelne, elementare, individuelle Ausbrüche von Zerstörungen, vorzugsweise in den zentralen Gouvernements.

Die zweite Etappe — das Anwachsen der Bauernbewegung von April bis Juli — ihre Ausdehnung auf fast das gesamte Gebiet Rußlands. Die Bewegung dehnte sich von Monat zu Monat aus, ergriff immer neue Rayons: der allgemeine Charakter — das ist der planmäßige Angriff auf die Gutsbesitzer, die planmäßige Besitzergreifung des Bodens der Gutsbesitzer, welche zu bedeutendem Teile organisierten Charakter trug. In dieser Periode entwickelte sich in vollem Maße die organisatorische Rolle der Bezirks- und Bauern-Komitees, in der Mehrheit aus Bauern zusammengesetzt. Die verschiedenen bäuerlichen Organisationen entwickelten eine intensive Tätigkeit.

Der Monat August nimmt eine Übergangszeit ein. Dieser Monat läßt sich vor

*) Dieser Abschnitt stammt aus der Feder von I. Wermenitschew. Die im Texte angeführten Zitate sind entnommen den Dokumenten des Archivs der Oktober-Revolution im Leningrader Zentralarchiv.

**Konterrevolutionäre, die im Juli 1917 die Redaktion der bolschewistischen „Prawda" zerstörten**

allem charakterisieren durch eine *allgemeine* Abnahme der einlaufenden Mitteilungen von agrarischen Bewegungen, und zweitens durch den Beginn von Zerstörungs-Bewegungen in einzelnen Gouvernements (Tambowsk, Rjasan usw.). Die vorher verhältnismäßig friedlichen Charakter tragende Bewegung erhebt sich mitunter bis zu Zerstörungen der höchsten (im Sinne der Intensität, Erbitterung) Form des bäuerlichen Kampfes um den Boden.

Die dritte Periode — September und Oktober — ist die Periode des Bauern-Aufstandes, der sich auf einen bedeutenden Teil des europäischen Rußlands ausdehnt und mit besonderer Heftigkeit in den Gouvernements Rjasan, Pensa, Tula, Saratow, Tambowsk, Orlowsk, Samara, Podolsk, Nischegorod usw. ausbricht. In der letzten Periode trug die Bewegung elementaren Charakter; die Grundformen waren Verwüstungen und Brandstiftung; die Wirtschaften der Gutsbesitzer wurden vollkommen zerstört. Diese Voroktober-Welle der Bauernbewegung brachte den letzten Pfeiler der Gutsbesitzerherrschaft zu Falle, sie begann die endgültige Liquidation des Bodenbesitzes der Gutsbesitzer.

Die Februar-Revolution fand den Bauern erdrückt von Krieg und Verwüstung. Politische Aktivität gab es im Dorfe nicht. Diese Aktivität wurde an der Front geschmiedet, in den Regimentern, Rotten, Bataillonen. Dort, in den Schützengräben, überwanden die Bauern ihre Zersplitterung und organisierten sich zu einer Kraft, die den Zarismus und dann, in den Oktober-Tagen, auch die Bourgeoisie zerbrach; dort bereiteten sich die Kaders der Führer und Organisatoren der Bauernrevolution vor.

Mit der Ankunft der Soldaten im Dorfe setzte sie sich in Bewegung; die wirkliche Agrarbewegung begann auch erst zu wachsen, als an der Spitze der Bauern die Soldaten erschienen, was schon im Laufe der ersten Monate nach der Februar-März-Revolution, von April an erfolgte. Nichtsdestoweniger führte auch schon die bloße Tatsache der Revolution, als die Kunde von ihr ins Dorf drang, zu einzelnen, isolierten Ausbrüchen in einigen Gouvernements. Der Charakter dieser Ausbrüche — Verwüstungen und Brandstiftungen der Gutsbesitzerherrschaften (38 Prozent der Gesamtzahl der Berichte über Bauernbewegung im März, welche bei der Hauptverwaltung der Miliz der provisorischen Regierung registriert sind) und Holzfrevel (31 Prozent). Diese Ausbrüche erfolgten besonders in Gegenden, in denen im Jahre 1905 und den folgenden Jahren die Zarenregierung mit besonderer Grausamkeit mit den Bauern abgerechnet hatte. Eine zweite Besonderheit der Bewegung im Anfang der Revolution war die Nachgiebigkeit der Gutsbesitzer; erschreckt von der kommenden Revolution machten sie freiwillig Zugeständnisse: eine Reihe von Mitteilungen bezeugt, daß sie nicht erst das aktive Auftreten der Bauern abwarteten, sondern aus eigener Initiative den Bauern die Ermäßigung der Pacht antrugen, größere Heuplätze und ähnliches. Diese unbedeutenden Zugeständnisse machten die Gutsbesitzer natürlich nur zeitweise, in der stillen Hoffnung, daß die Revolution ohnehin in einiger Zeit niedergeschlagen würde. Ein solches offenes Zugeständnis macht z. B. der Verband der Simbirskischen Bauernwirtschaften (lies: Gutsbesitzer):

„Wir rechneten damit, daß, wenn die Regierung erstarkt und im Volke der erste Freiheitsrausch verfliegt, die provisorische Regierung selbst mit starker Hand zur Verteidigung unserer niedergetretenen Rechte aufsteht, in Erkenntnis dessen, daß ihr als Aufgabe nicht der Schutz der Interessen einer einzelnen, sondern aller Klassen, welche den Staat bilden, obliegt."

Welche waren die ersten Schritte der neuen revolutionären Regierung in der

Agrarfrage, dem „Traumvermächtnis vieler Generationen", wie sie sich ausdrückte?

Am 19. März wurde die erste Deklaration veröffentlicht, in welcher die Bauernschaft ermahnt wurde, die Lösung der Bodenfrage durch die Konstituierende Versammlung geduldig abzuwarten; einstweilen konstituierte sich das Bodenkomitee, welchem die Aufgabe auferlegt wurde, die Materialien zur Beschlußfassung durch die Konstituierende Versammlung vorzubereiten. Auch dort wurden die Bauern gewarnt vor „dem gröbsten und gefährlichsten Mittel im Bereiche der ökonomischen Verhältnisse", der Besitzergreifung.

So lautete die Deklaration, aber insgeheim bereitete die Regierung die realen Möglichkeiten zum Kampfe mit den Bauern vor. Schon am 9. März (alten Stils) wurden auf der Sitzung der provisorischen Regierung nach Behandlung der Frage der im Gouvernement Kasan ausgebrochenen Agrarbewegung zwei Beschlüsse gefaßt: 1. „über die rascheste Organisation der Polizei" und 2. „über die Bestätigung an die prokuratorische Aufsicht betreffs der Notwendigkeit, die Bodenaufteiler zur kriminellen Verantwortlichkeit zu ziehen". Die Frage der Verwendung der bewaffneten Macht wurde ablehnend entschieden, statt dessen empfahl man, sich an die lokalen gesellschaftlichen Organisationen zu wenden mit der Bitte, mitzuwirken bei der Belehrung und Beruhigung der Bauern.

Aber die Grundbesitzer waren im Rechte, als sie darauf rechneten, daß die Regierung schließlich und endlich Maßregeln zum Schutze ihrer Interessen, ihres Eigentums ergreifen werde. Nach Verlauf eines Monats nach diesem Beschlusse, am 8. April, wurde neuerlich in der Regierung die Frage der Unterdrückung der „Agrarunruhen" besprochen in Verbindung mit dem Vorschlage des Generalstabes wegen Verleihung des Rechtes an die Bezirksmilitärkommandanten, „militärische Kommandos nach Aufforderung an Ort und Stelle zu entsenden zur Beteiligung an der Bekämpfung von Unruhen".

Die provisorische Regierung teilte dem Generalstabe mit, daß entsprechende „Anweisungen an die Gouvernements-Kommissare ergangen sind, von welchen es im Bedarfsfalle abhängen wird, sich unmittelbar mit der betreffenden Militärbehörde in Verbindung zu setzen".

Die Regierung trat als Agent der Gutsbesitzer auf. Doch sie war vollkommen machtlos. Reale Kräfte, verläßliche Truppenteile, auf die sie sich hätte stützen können, waren nicht vorhanden. Die Regierung konnte weder Militärabteilungen schicken — die Soldaten könnten für die Bauern Partei nehmen, wie dies teilweise auch wirklich in der weiteren Entwicklung der Fall war; noch kann man die Anstifter verhaften — weil es keine Polizei gab; noch Übergabe an die Gerichte — die alten Gerichte waren nach der Revolution verschwunden; die Regierung war machtlos.

„Bei der Bildung der Bezirks- und Kreis-Exekutivkomitees im Monat März hatte die Intelligenz die Majorität, dann aber erhoben sich gegen dieselbe Stimmen, und schon Mitte April waren die Komitees allüberall ausschließlich aus Bauern zusammengesetzt, deren Absichten betreffs des Bodens offensichtlich nicht gesetzmäßig waren und die die Bevölkerung zur Besitzergreifung ermunterten." (Aus den Mitteilungen der Bodenverwaltung, Gouvernement Pensa.)

Das Mißtrauen der Bauern gegenüber der Intelligenz verbreitete sich rasch.

Aus dem Gouvernement Tambowsk schrieb man:

„Jedes Wort, das man hier sagt, steht unter dem Verdachte: man kann ihm nicht glauben, weil er Gutsbesitzer ist; dem anderen nicht, weil er Kaufmann ist; der wieder, wie bekannt, ist Jurist, alle insgesamt „Bourgeois" und „altes Regime".

Die Intelligenz (besonders die Bourgeoisie) ermahnte, auf die Konstituierende Versammlung zu warten; die Bauern aber konnten mit der Lösung der Bodenfrage nicht warten, und sie hätten auch vergeblich gewartet.

„Die Agitation der Studenten für Beruhigung bis zur Konstituierenden Versammlung hat keinen Erfolg" —, so lautete die lakonische Meldung aus dem Gouvernement Rjasan.

Unter solchen Verhältnissen blieb die provisorische Regierung ohne jede reale Einflußmöglichkeit auf das Dorf. Sie mußte balancieren zwischen den Forderungen der Bauern und jenen der Gutsbesitzer, indem sie völlig überflüssige, niemand befriedigende Deklarationen erließ. Inzwischen aber bereitete sie den Widerstand vor.

Die zweite Periode in der Entwicklung der Agrarbewegung erhält ihre Charakteristik durch das Wachstum der Bewegung von Monat zu Monat; täglich ergriff sie immer neue Rayons, und im Juni/Juli blieb buchstäblich fast kein Rayon übrig, in dem nicht in diesem oder jenem Maße bäuerliche Bewegungen gegen die Gutsbesitzer vorgekommen wären. Die Bauernbewegung dehnte sich aus, erstarkte.

Der Fürst Lwow, Ministerpräsident der provisorischen Regierung, schreibt in seinem Bericht über die Agrarbewegung der drei Revolutionsmonate:

„Im April waren die ersten Zeichen eines Umschwungs im Rechtsbewußtsein der Bauern in bezug auf die Lösung der Bodenfrage bemerkbar und gleichzeitig begannen die ersten entsprechenden Mitteilungen in Telegrammform von auswärts einzulangen. Offensichtlich begann das Dorf die Ideen und Programme, die in den städtischen Zentren ausgearbeitet und gutgeheißen wurden, zu erwägen und aufzunehmen."

Und in einem anderen schriftlichen Berichte (in diesen Berichten forderte Lwow entschiedene Maßnahmen gegen die Bewegung) führt er ein Verzeichnis der Gouvernements an, die von der Bewegung ergiffen sind.

„Es muß unbedingt hervorgehoben werden, daß, wie aus den von auswärts einlangenden Berichten ersichtlich, die Unruhen nicht nur nicht als liquidiert betrachtet werden können, sondern umgekehrt, von Tag zu Tag immer neue Plätze ergreifen. Am 12. Mai liefen Meldungen von Unruhen ein aus den Gouvernements Wladimirsk, Mogilew und Smolensk; am 16. Mai traten hinzu die Gouvernements Nischegorod, Nowgorod, Orlowsk und Rjasansk, am 17. Mai Kursk und Moskau, am 19. Petrograd, am 20. Kasansk, am 23. Bessarabien, Kaluschsk, Kostromsk und Tambowsk, am 24. Minsk, Podolsk, Saratow, Witebsk und Wolinsk, am 30. Samarsk, am 31. Pensa, am 1. Juni Perm und Pskowsk, am 2. Tula, am 3. Tugajsk, am 5. Poltawa und Estland, am 6. Charkow, am 7. Woronesch und Lifland, am 8. Simbirsk, am 9. Tschernigowsk, am 10. Wjatka, am 12. Podolsk, am 13. Grodnensk und Irkutsk, am 15. Wilensk, am 16. Jenisejsk und Rjasan und am 17. Wologodsk und Orenburg."

Die Bauernbewegung verstärkt sich im April, macht einen Sprung nach vorwärts und dehnt sich dann unaufhaltsam aus, immer neue Rayons ergreifend.

In der zweiten Periode, wie bereits erwähnt, zeichnete sich die Bewegung durch die verhältnismäßig größte Organisiertheit aus. Die Hauptverwaltung der Miliz registrierte die einzelnen Anzeigen über das Hervortreten der Bezirks- und Bauern-Komitees, wie auch der Bauern unter mittelbarer oder unmittelbarer Führung sowohl dieser Komitees als auch verschiedener bäuerlicher Organisationen.

Wenn wir den Prozentsatz der organisierten Bewegung der Gesamtzahl aller Mitteilungen über agrarische „Unruhen" berechnen, so erhalten wir das folgende Bild:

*Prozentsatz der organisierten Bewegungen innerhalb der Gesamtzahl der Berichte nach Perioden*

| März | April und Mai | Juni, Juli und August | September | Oktober 20 Tage | In der ganzen Zeit |
|---|---|---|---|---|---|
| 4 Prozent | 30 Prozent | 43 Prozent | 20 Prozent | 12 Prozent | 31 Prozent |
| | 37 Prozent | | 16 Prozent | | |

Diese Daten zeigen, daß die Bewegung im März elementar war und dann in den folgenden Monaten immer mehr organisierten Charakter trägt. Das Auftreten der Bauern erfolgt unter der Führung ihrer Organe, welche eine besondere Aktivität in den Sommermonaten zeigen, wo 43 Prozent der Gesamtzahl der Berichte entfällt auf „Unruhen", angestiftet durch Bauernkomitees, im Wesen Organen der bäuerlichen Gewalt in dcn Bezirken und Dörfern. In der dritten Periode sodann, in der Periode der formierten Bauernaufstände, zeigt sich ein Bild elementaren, unaufhaltsamen Druckes der Bauern auf die Gutsbesitzer, die Führung von seiten der Organisation tritt ins Hintertreffen. Es tritt die Masse auf den Plan, die sengend und zerstörend die Nester der Gutsbesitzer ausräuchert; deshalb war auch in dieser Periode die Verwüstung die vorherrschende Form. Die Angaben über die Verwüstungen und Brandlegungen bestätigen diese Annahme. Nimmt man die Gesamtzahl der Mitteilungen über Zerstörungen innerhalb 7 Monaten und 20 Oktober-Tagen (die Hauptverwaltung für Angelegenheiten der Miliz beim Ministerium des Innern registrierte die Meldungen für die erste Hälfte Oktober — zirka 20 Tage —; die weitere Registrierung wurde nach dem Oktober-Aufstand in Petrograd eingestellt) der Revolution mit 100 an, so ergibt sich folgende Tabelle der auf die einzelnen Monate entfallenden Zerstörungen:

Monatlicher Anteil in Prozenten an der Gesamtzahl der Zerstörungen:

| März | April | Mai | Juni | Juli | August | September | Oktober (20 Tage) | Insgesamt |
|---|---|---|---|---|---|---|---|---|
| 8 Proz. | 3 Proz. | 3 Proz. | 2 Proz. | 1 Proz. | 5 Proz. | 36 Proz. | 42 Proz. | 100 Proz. |

Parallel mit dem Wachstum der Organisiertheit fällt die Zahl der Zerstörungen. In den Monaten Juni und Juli, als die organisierte Bewegung auf 43 Prozent stieg, ist der Prozentsatz der Zerstörungen der niedrigste; elementare Bewegung machte sich im März, unmittelbar nach der Februar-Revolution und in der Voroktober-Welle der Bauernbewegung bemerkbar. Der Charakter der Bewegung im Sommer: vorzugsweise Besitzergreifung und Verteilung des Gutsbesitzerbodens, der Wiesen und Heuplätze, der Ernte, des Inventars, landwirtschaftliche Streiks usw. Diese Formen nehmen gerade in den Sommermonaten den größeren Prozentsatz ein.

Nehmen wir den Prozentsatz der Meldungen über die Hauptformen der Bauernbewegung, der auf diese oder jene Periode entfällt. Wir erhalten dann das folgende Bild der Verteilung dieser Formen auf die einzelnen Perioden:

*Verteilung der Bewegungsformen auf die Perioden in Prozenten der Gesamtzahl der Meldungen über die eine oder andere Form*

| Bewegungsformen | März | April/Mai | Juni/Juli August | September 20 Tage Okt. | Zusammen |
|---|---|---|---|---|---|
| 1. Besitzergreifung von Kulturboden.. | 1 | 11 | 58 | 30 | 100 |
| 2. Wiesen und Heuplätze............ | — | 3 | 81 | 16 | 100 |
| 3. Inventar .......................... | — | 6 | 71 | 23 | 100 |
| 4. Ernte.............................. | — | — | 55 | 45 | 100 |
| 5. Verjagung der landwirtschaftlichen Arbeiter von der Arbeit.......... | 1 | 23 | 63 | 13 | 100 |
| 6. Besitzergreifung von Wäldern und Holzfrevel.......................... | 3 | 8 | 39 | 50 | 100 |
| 7. Verwüstungen und Brandstiftungen. | 8 | 6 | 8 | 78 | 100 |

Und so ist für März — die erste Periode — charakteristisch das Überwiegen von Verwüstungen; die zweite Periode haben wir auf zwei Teile aufgeteilt: die Frühlings- und die Sommermonate. Für den ersten ist der große Prozentsatz der Verjagung der landwirtschaftlichen Arbeiter von der Arbeit bei den Gutsbesitzern (die Frühjahrs-Anbauarbeiten), für die Sommermonate — Juni, Juli und August — die Saisonform der Bewegung charakteristisch: Besitzergreifung der Wiesen und Heuplätze sowie der Ernte. Gleichzeitig entfällt auf diese auch das Maximum der Besitzergreifung von Boden und Inventar, sowie die Verjagung der landwirtschaftlichen Arbeiter von der Arbeit (Sommerarbeiter) — den organisiertesten Formen der Bewegung (es wurde Boden in Besitz genommen und aufgeteilt, das Inventar davongetragen und die landwirtschaftlichen Arbeiter von der Arbeit verjagt nach Verordnung und Beschluß der Bauern-Organisation); die Herbstmonate, die Vor-oktober-Welle, sind am meisten charakterisiert durch die organisierten Formen, Massenbewegungen, an welchen das ganze Dorf teilnahm oder ganze Gruppen von Dörfern, sehr häufig — der ganze Bezirk in voller Zahl. — Dies waren die Verwüstungen und Brandlegungen (78 Prozent) und auch die Beschlagnahme von Wäldern und Holzfrevel (50 Prozent).

Im Jahre 1917 war die Bauernbewegung im Wesen gegen die Gutsbesitzer gerichtet, auf die Liquidation ihres Bodenbesitzes, auf die Vernichtung der Leibeigenschaftsformen der Exploitation, auf die Liquidation der Reste der feudal-leibeigenschaftlichen Beziehungen. Die Formen des Kampfes waren vielfältig und variierten je nach den Verschiedenheiten im Charakter der einzelnen Rayons, je nach dem Vorhandensein oder der Abwesenheit dieser oder jener Besonderheiten der agrarischen Beziehungen. Noch eine andere Tendenz der Bewegung hatte ernste Bedeutung: der Kampf mit den Parzellen- und Vorwerksbauern. Der zwiespältige Prozeß, der im Dorfe vor sich ging, der Aufstieg der Dorfbourgeoisie und der Ruin der niedrigsten Gruppen der Bauernwirtschaften — verschärfte sich zweifellos im Kriege. Der stumme Kampf zwischen diesen Gruppen ging die ganze Zeit weiter; der Prozeß der Aufteilung als Resultat der Stolypinschen Reform war nicht ohne Zusammenstöße abgelaufen. Die Verschärfung des Klassenkampfes im Dorfe, des Kampfes zwischen Bauern stieg vor dem Kriege bis zu beträchtlicher Erbitterung und war weit verbreitet, besonders in den Rayons, in denen der Prozentsatz der Beteiligten am größten war. In Verbindung mit dem allgemeinen Aufschwunge der agrarischen Bewegung nach der Februar-Revolution erreichte die Bewegung gegen die Eigenbauern, Parzellen- und Vorwerksbauern die höchste Spannung und unterschied sich nur wenig von der Bewegung gegen die Gutsbesitzer.

Nichtsdestoweniger nahm dieser „intra-bäuerische" Kampf im Jahre 1917 nicht die Form eines Klassenkampfes gegen die Dorfbourgeoisie an, trotz der Schärfe, die er mancherorts gewann. Der innere Dorfkampf im Jahre 1917 war das Vorspiel zu den sich nach der Oktober-Revolution entwickelnden Klassenkämpfen der „Dorfarmut" mit der Dorfbourgeoisie.

Die Grundformen des Kampfes mit den Parzellen- und Vorwerksbauern waren: die Forderung nach Eintritt in die „Obschtschina" und Übergabe des Bodens an den „gemeinsamen Kessel", ihre zwangsweise Einteilung in die „Gemeinschaft", Aufteilung des Bodens, Unterpflügen, Abweiden, Nichtzulassung ihres Viehes auf den gemeinsamen Weideplatz, Gewalttätigkeiten gegen sie und endlich Zerstörung und Brandstiftung an ihren Häusern. Der Haß gegen die Parzellen- und Vorwerksbauern stieg oft bis zu den äußersten Grenzen.

Nachrichten von Bewegungen gegen die Parzellen- und Vorwerksbauern liefen häufig ein aus den Gouvernements Kasansk, Simbirsk, Pensa, Rjasansk, Saratowsk,

Permsk, Nischegorodsk, Orlowsk, Kursk etc.

In die zweite Periode der Entwicklung der Bewegung fällt das Aufblühen der Tätigkeit der Bauernsowjets, oder, wie sie meist hießen, der Sowjets der Bauern-Deputierten in den Kreisen und Gouvernements. Meist überwogen in den Bauernsowjets die Sozialrevolutionäre, besonders anfangs. Man kann sagen, daß die ganze Bauernschaft sozialrevolutionär war. Doch mit der Entwicklung der Bewegung verloren die Sozialrevolutionäre immer mehr ihren Einfluß. Die Sozialrevolutionäre zeigten sich nicht fähig, die Bodenfrage zu lösen, welche sie selbst auf die Tagesordnung gestellt hatten. Mehr noch; indem sie die provisorische Regierung unterstützten, unterstützten sie auch ihren Kampf mit der Bauernbewegung, d. h. sie unterstützten die Maßnahmen der Regierung, welche *gegen die Bauern, für die Gutsbesitzer* gerichtet waren, für die Verteidigung des Bodenbesitzes der Gutsbesitzer. Solcherart erwiesen sie sich unfähig, die Grundfrage der bürgerlichen Revolution zu lösen — die Liquidation der Reste der feudal-leibeigenschaftlichen Beziehungen. Die unvermeidliche Folge einer solchen Politik war der vollständige Verlust des Einflusses der Sozialrevolutionäre auf das Dorf. Im Innern der Partei wuchs die Bewegung der linken Sozialrevolutionäre, welche denn auch schließlich und endlich die Führer der Bauernsowjets im Lande waren. Schon seit dem Monat Mai begannen Meldungen einzulaufen, daß hier und dort die Bauernsowjets Beschlüsse fassen, daß der gesamte Boden den Bauern zu übergeben sei, ohne die Konstituierende Versammlung abzuwarten; dann wieder Beschlüsse über die Beschlagnahme des Gutsbesitzerbodens, des Inventars, über die Regulierung der Pachtverhältnisse etc. Beschlüsse über die Übergabe des Bodens an die Bauern noch vor der Konstituante faßten z. B. die Sowjets der Bauern-Deputierten der Gouvernements Kasan, Pensa, Samar, Nischegorod (etwas später) und andere. Die Kreis-Kongresse der Bauern-Deputierten faßten solche Beschlüsse weit häufiger und lösten die Bodenfrage radikaler. Je enger sie mit den Massen verbunden waren, um so revolutionärer war die Stimmung der Sowjets. Der Allrussische Bauern-Kongreß, welcher im Mai und Juni in Petrograd stattfand, stand unter dem ausschließlichen Einflusse der rechten Sozialrevolutionäre vom Schlage Awksentjew. Die Entscheidungen des Kongresses, ungeachtet der Großrednerei, zeichneten sich

**Offiziersaspiranten, die im Juli 1917 in Petrograd die Redaktion der bolschewistischen Zeitung ‚Soldaten-Prawda' verwüsteten**

durch Zweideutigkeit und Unbestimmtheit aus, und es ist bemerkenswert, daß im Lande die Bauern die fadenscheinigen Entschließungen und Resolutionen des Kongresses nicht verstehen wollten. Vielfache Anzeigen der Gouvernements-Kommissare weisen darauf hin, daß die Entschiedenheit der Bewegung gerade nach Rückkehr der Deputierten vom Kongreß anwuchs. Die Resolutionen des Kongresses, welche im Wesen die Entscheidung der Bodenfrage bis zur Konstituierenden Versammlung hinausschieben wollten, spielten gerade die entgegengesetzte Rolle, die man ihnen angewiesen hatte.

„Die Besitzergreifungen nahmen entschiedenen Charakter an nach den Resolutionen des Allrussischen Bauern-Kongresses". (Gouvernement Simbirsk).

„So ging es fort bis Mitte Juni, wo sich das Bild schroff änderte: in dieser Zeit kehrten ins Gouvernement die Teilnehmer des in Petrograd stattgefundenen Allrussischen Kongresses der Bauern-Deputierten zurück, welche bezeugten, daß die im Lande selbst durch die Bauern beschlossenen Lösungen der Bodenfrage vom Kongreß gebilligt werden und dem Programme des Ackerbauministeriums nicht entgegenstehen. (!) Die entsprechenden Ideen, welche in dieser Hinsicht auf dem Gouvernements-Kongreß der Bauern-Deputierten ausgesprochen wurden und später auf den gleichartigen Kreis-Kongressen wiederholt wurden, fanden inmitten der bäuerlichen Bevölkerung sehr günstigen Boden, und die Agrarbewegung, welche von jetzt an einen planmäßigen und organisierten Charakter trug, umfaßte das ganze Gouvernement." (Aus dem Berichte des Gouvernements-Kommissars in Mogilewsk.)

Noch ein interessantes Beispiel sei angeführt. Am 29. und 30. Mai fand eine Beratung der Deputierten und Bevollmächtigten der Bezirke, Orte und Dörfer des Spasker Kreises, Gouvernement Kasan, statt. Einer der Punkte der Beschlüsse dieser Beratung lautete:

„Es wird beschlossen, sich dem Beschlusse des Allrussischen Kongresses der Bauern-Deputierten in Petrograd anzuschließen, sowie dem Beschlusse des Gouvernements-Sowjets der Bauern-Deputierten in Kasan in bezug auf die sofortige Wegnahme, bis zur Einberufung der Konstituierenden Versammlung, allen Bodens sowohl bei den Gutsbesitzern als auch bei den großen Eigenbauern und anderen, und die Übergabe desselben zur kostenlosen Benutzung an das Volk im Wege der Boden- und Bezirkskomitees der gesellschaftlichen Sicherheit, welche den weggenommenen Boden, Wälder und Wiesen unter die Bevölkerung zu verteilen haben."

Die Bewegung belebte sich, trotz der Beschlüsse der Sozialrevolutionären Partei; je näher zum Oktober, um so kräftiger. Seit September flogen die Forderungen auf sofortige Übergabe des Bodens von allen Seiten heran, die Beschlußfassungen über die Wegnahme des Bodens bei den Gutsbesitzern und deren Übergabe an die Bodenkomitees wuchsen zur Massenerscheinung heran.

Inzwischen entfachte die Regierung Lwow einen energischen, aber wenig erfolgreichen Kampf mit der Agrarbewegung und den Bezirks- und Dorfkomitees. Aus den Ministerien für Ackerbau und des Inneren, insbesondere aber aus dem Ministerpräsidium des Fürsten Lwow wurden täglich dutzendweise Telegramme in das Land verschickt.

In allen Telegrammen und Zirkularverordnungen wurde den Gouvernements-Kommissaren vorgeschrieben, „die entschiedensten Maßnahmen zur Liquidation der erwähnten Erscheinungen zu ergreifen, welche das Land desorganisieren, und zur Sicherstellung normaler Lebensbedingungen." (Zirkulartelegramm Lwows an alle Gouvernements-Kommissare). „Besitzergreifungen sind der Sache der Revolution schädlich . . . Einstellen und Ordnung schaffen." (Lwow.)

„Die selbständige Lösung der Bodenfrage ohne Gesetz der Gesamtregierung ist unzulässig. Die Selbstverwaltung führt zur Ohnmacht der Regierung" (Schingarew.) Die Verordnung der Bauern-Sowjets, welche den Übergang des Bodens in die Hände der Bezirks- und Bodenkomitees festsetzte und auch Maßnahmen zur wenigstens teilweisen Regulierung der Pachtzahlungen etc. vornahm, wurden sofort telegraphisch aufgehoben, die Urheber zur Verantwortung gezogen.

Aber die Anstrengungen der Regierung blieben nutzlos, im Lande entschloß man sich häufig nicht einmal dazu, die drohenden Telegramme aus dem Zentrum zu veröffentlichen, wie dies z. B. mit der Aufhebung der Verordnungen des Gouvernements-Bauern-Kongresses in Pensa der Fall war. Auf Lwows Telegramm mit folgender Instruktion: „Entschiedene Maßnahmen ergreifen zwecks Verhinderung der Durchführung dieser Verordnungen an Ort und Stelle; Personen, welche Besitzergreifung welcher Art immer, von fremdem Eigentum, Inventar, Getreide oder Boden zulassen, werden zur gerichtlichen Verantwortung gezogen. Sorget für weiteste Verbreitung dieser Verfügung der Regierung", war der Gouvernements-Kommissar genötigt zu antworten, daß die Veröffentlichung dieses Telegrammes unerwünschte Folgen herbeiführe, weshalb er von „weiter Verbreitung" des Inhaltes der Regierungsverfügung abzusehen gezwungen sei." Der Sowjet der Bauern-Deputierten in Kasan telegraphierte als Antwort auf eine ähnliche Verfügung: „Die Verordnung vom 13. Mai d. Js. ist in einem großen Teile des Gouvernements durchgeführt und wird im weiteren Teile durchgeführt; eine Aufhebung durch Zirkular aus dem Ministerium ist unmöglich. Die Verordnung vom 13. Mai d. Js., welche der Sowjet als Ausdruck des Volkswillens betrachtet, aufzuheben, lehnen wir ab, und Drohungen mit Gefängnis und Strafen für die Erfüllung des Volkswillens wird den Sowjet nicht aufhalten, den Volkswillen bis zum Ende auszuführen."

Die Regierung, und mit ihr auch die Führer der Sozialrevolutionäre, erklärten den organisierten Kampf mit den Gutsbesitzern, die Überleitung der Bauernbewegung durch die Bauern-Sowjets in den Kanal der planmäßigen, aber sofortigen Entscheidung der Bodenfrage als Willkür, für welche man unbedingt zur gerichtlichen Verantwortung gezogen werden müsse.

Der Kampf der Regierung mit der Bauernbewegung wurde nach Abgang des Fürsten Lwow durch die sozialistischen Minister fortgeführt. Der Menschewik Zeretelli, Verwalter des Ministerium des Innern, erließ eine Reihe von Zirkularen mit der Forderung, die Intensität des Kampfes mit der Bewegung zu erhöhen: die Macht der Gouvernements- und Kreis-Kommissare wurde erhöht, große Vollmachten wurden ihnen erteilt im Kampfe gegen die „Willkür". Nach Unterdrückung des Juli-Aufstandes wuchs die Entschlossenheit der provisorischen Regierung.

Für die neue Periode war charakteristisch, daß die Bourgeoisie ihr Programm durch die Kompromißparteien verwirklichte.

Das unbedeutende Zugeständnis an die Sozialrevolutionäre — das Gesetz vom 12. Juli betreffs des Verbotes von Bodenhandel —, auf dessen Wirkung die Sozialrevolutionäre so große Hoffnungen gesetzt hatten, kam vor allem vollkommen verspätet und machte auf die Bauern keinerlei Eindruck. Die Forderung nach Verbot von Kauf und Verkauf von Boden war eine Forderung der ersten Monate, als die Gutsbesitzer sich darauf verlegten, ihren Boden zu verkaufen, vorzugsweise an Ausländer. Im ferneren aber ging die Bewegung schon viel zu weit, als daß die Bauern sich mit diesem Gesetze hätten zufrieden geben können. Das Gesetz wurde illusorisch durch den einsetzenden entschiedenen Kurs der Regierungspolitik in bezug auf die Agrarbewegung. In Wirklichkeit wurde jetzt der Gutsbesitz schon viel realer verteidigt: Militär wurde an Ort und Stelle beordert, hier und dort wurde Miliz organisiert, der Staatsanwalt und die Gerichte gingen an die Arbeit. Deshalb war es überflüssig, daß der Verband der Bodenbesitzer (Gutsbesitzer) sich in Bewegung setzte und die Aufhebung des Gesetzes forderte; es ist bezeichnend, daß diese Forderungen bald verstummten, auch die Gutsbesitzer vergaßen bald das Gesetz und es machte ihnen keine Sorge mehr. Die Repressalien der Regierung, Verhaftungen, Auslieferung der Führer der Bauernorganisationen, der Mitglieder der Bezirks- und Dorfkomitees an das Gericht, welches „Willkür" und „Ungesetzlichkeit" feststellte, zeugen von dem „starken Kurs" der neuen Koalitionsregierung. Als im September und Oktober die Verwüstungen begannen, unterschied die provisorische Regierung sich schon in keiner Weise vom Zarismus in der grausamen Unterdrückung und Bändigung der Bauern.

Anzeichen einer Umwandlung des Charakters der Bewegung nach der Richtung der größten Erbitterung und Intensität machten sich bereits im Monat August bemerkbar. Der Monat August schmiegt sich einerseits der zweiten, andererseits der dritten Periode an, der Voroktober-Welle. Wenn man eine gewisse allgemeine Abnahme der Zahl der Meldungen über die Agrarbewegung im August als Erfolg der provisorischen Regierung bei der Unterdrückung auslegen kann, so muß man dieser auch das häufigere Auftreten der Verwüstungen und Brandstiftungen, dieser im Sinne der Erbitterung höheren Massenform der Bewegung, zuschreiben.

Im Gouvernement Kursk verjagte während der Verhandlung wegen Beschlagnahme von Boden die Menge der Bauern das „Gericht und den Kläger."

„Im Dorfe Ipjagach, im Spaßer Kreise herrscht Anarchie: Die Bauern stürmen die Gärten, Gemüsegärten und nehmen willkürliche Durchsuchungen vor. Dem Kommissar, der mit 50 Soldaten erschien, wurde Widerstand entgegengesetzt. Die flüchtenden Besitzer bitten um Schutz". (Anzeigen aus dem Gouvernement Tambowsk.)

Weiter liefen Mitteilungen ein von der Zerstörung der Meierei, des Gartens und Besitzes des Fürsten Wjazemski (Kreis Usmansk, Gouvernement Tambowsk), wo die Bauern „im Sturm in einer Menge von 5000 Mann sich ansammelten, die Kulturen des Fürsten zerstörten, den Fürst selbst verhafteten, worauf dieser unter dem Schutze von drei durch die Menge bestimmten Milizsoldaten zur Station Grjazi gebracht und dort von Soldaten tierisch erschlagen wurde; nunmehr ging die Menge daran, die benachbarten Kulturen Weljaminowitsch zu zerstören. Die Ortsgarnison ist unverläßlich, die aus Tambowsk entsandten Dragoner ungenügend, die Unruhen sind im Anwachsen. (Bericht des Kreiskommissars 25. 8.)

Im September kamen Meldungen über den Beginn von Verwüstungen aus den Gouvernements Tambowsk, Rjasan, Saratow, Orlowsk, Pensa, Podolsk, zum Teil auch Kursk, Samara. Im Oktober kamen hinzu: Tula, Kursk, Woronesch, Nischegorod, Kasan, Samara, Wolinsk, Charkow, Witebsk, Minsk, Twersk usw.

Die stärksten Bewegungen, die in Bauern-Aufstände übergingen, ereigneten sich in den Gouvernements: Tambowsk, Rjasan, Tula, Nischegorod, Saratow, Pensa, zum Teil auch Kursk, Podolsk, Samara, Orlowsk usw.

Der Aufstand selbst begann in diesen oder jenen Bezirken oder Kreisen und ergriff dann rasch den ganzen Rayon. Aus dem Gouvernement Tambowsk telegraphierte man: „Im Bezirke Koslow hat sich die Lage seit dem 8. September verschärft. Brand und Raub auf den Besitztümern. Entschlossene Maßregeln unabweislich", und sodann griff die Welle rasch um sich. Am 12. September meldete man aus dem Gouvernement Rjasan:

„In Rjaschsk verstärken sich die Unruhen; zur Herstellung der Ordnung 50 Soldaten dorthin entsandt.“

„Unter dem Einflusse der Tambowsker Ereignisse in den Bezirken Dankowsk, Rjaschsk und Ranenburg unruhig.“

Und sodann kamen Anzeigen:

„Im Bezirke Ranenburg rauben die Bauern im Besitze Kaufman; zur Wiederherstellung der Ordnung eine Rotte Soldaten entsandt“.

**Rotgardisten, Oktober 1917**

„Im Bezirke Rjaschsk verstärken sich die Unruhen; ein Kommando, auf den Besitz Skobelew entsandt, erwies sich als ungenügend, weshalb nunmehr eine Rotte dorthin dirigiert wurde.“

„Im Bezirke Zaposchsk begannen Bauernunruhen; bewaffnete Macht hinkommandiert.“

Unter den Bauern verbreitet sich das Gerücht, daß es zu spät sein würde, wenn sie nicht bis zum 20. September die Gutsbesitze zerstört hätten. Die an einem Ort ausbrechenden Verwüstungen greifen rasch auf andere Bezirke, Kreise, Gouvernements über. Die in Tambowsk ausgebrochenen Unruhen greifen auf Rjasansk über, von Saratowsk zündet es nach Pensa, Nischegorod usw. Im Oktober brechen die Zerstörungen mit neuer Gewalt im Gouvernement Rjasansk aus, verbreiten sich auf Tula, Orlowsk, Pensa usw.

„Im Bezirke Efremow fallen der vollen Zerstörung 10 bis 20 Besitztümer am Tage zum Opfer.“ (Gouvernement Tula, Mitteilung vom 2. 10.)

„Die stärksten Unruhen werden aus Ranenburg gemeldet, wo bis zur Ankunft der Strafexpeditionen von Staal und Wrangel an 40 Besitztümer zerstört wurden. Während des Aufenthaltes der dorthin abgeordneten Moskauer Gerichtsorgane wurden täglich 3 bis 5 Meiereien zerstört.“ („Ruskoje Slowo“.)

„Im Kreise Narowtschatsk wurden 8 Besitztümer zerstört. Zwecks Liquidierung Kavallerie entsandt.“ (Pensa 13. 10.)

„Im Gouvernement breiten sich die Pogrome aus. Im Kreise Saransk begannen massenhafte Zerstörungen der Besitze. Aus Tambow Eskadron kommandiert.“ (Pensa 21. 10.)

Unter 75 Kreisen der Zentral-Gouvernements waren 35 von den stärksten Zerstörungsbewegungen ergriffen.

Vor den Zerstörungsexpeditionen wurde gewöhnlich von den Bauern festgesetzt, gewisse Meiereien, die für den allgemeinen Bedarf notwendig waren, die Schule usw. zu schonen, doch die Masse, wie elektrisiert, räumte alles bis zum letzten auf. Die Erbitterung des Kampfes stieg aufs äußerste.

Die Regierung mobilisierte alle Kräfte. Die Gouvernements wurden unter Kriegsgesetz gestellt. In den Gouvernements und Kreisen wurden besondere Komitees zum Kampfe mit der Bewegung gebildet, in welche die Chefs der höchsten Gerichtsbehörden am Orte eintraten.

„Die erwähnten Komitees müssen ein autoritatives, beratendes Organ darstellen, auf welches die Gouvernements-Kommissare, im Falle der Erklärung des Kriegszustandes aber die bewaffnete Macht sich stützen können, indem sie unter voller Verfügung über alle in ihrer Macht befindlichen Mittel die notwendigen Maßnahmen ergreifen zur Unterdrückung der Bauernunruhen."

Es wurden Strafexpeditionen mit erfahrenen Befehlshabern und Gerichtspersonen entsandt, und die Abrechnung begann.

„Am 15. September kam die Abteilung des Kapitäns Mironowitsch an zwecks Unterdrückung der Unruhen. Im Gouvernement wurde der Kriegszustand erklärt. Versammlungen verboten." (Tambowsk.)

„Nach den Orten, wo Unruhen ausgebrochen sind, wurden sofort Truppen entsandt, welche energisch eingreifen. Die Schuldigen wurden verhaftet, das geraubte Gut abgenommen. Die Ordnung in allen Kreisen wieder hergestellt. Die lokalen Garnisonen unverläßlich."

„In Ranenburg ist jetzt der Staatsanwalt des Moskauer Kammergerichts angekommen mit einer Untersuchungskommission, bestehend aus seinem Stellvertreter, Baron Wrangel, drei weiteren Staatsanwälten und fünf Untersuchungsrichtern der Moskauer und Rjasaner Bezirksgerichte. Von Tambow kam eine Eskadron Kavallerie, welche in drei Kolonnen in die Kreise einmarschierte, mit Vertretern der Untersuchungsbehörden, der Staatsanwaltschaft und der administrativen Organe bei jeder Kolonne." (Rjasansk 13. 10.)

„In den südlichen Kreisen beträchtliche Agrarunruhen. Zur Verfügung der Kreiskommissare Kosaken eingetroffen." (Tula.)

Kosaken eingetroffen! So vollendete die provisorische Regierung, unterstützt von der sozialrevolutionären und menschewistischen Partei die Februar-Revolution!

---

Die Regierung, die durch den Kornilow-Putsch vollkommen bloßgestellt war, hatte keine Macht mehr, die wachsende Bewegung der proletarischen Massen zu bekämpfen. Wir haben in den vorhergehenden Kapiteln das wahre Gesicht dieses konterrevolutionären Putsches und seine Folgen aufgezeigt. Der hier folgende Brief des Generals *Alexejew* an *Miljukow* beweist nochmals, was für ein Spiel hinter den Kulissen getrieben wurde:

Mogilew, 12. September 1917.

Sehr geehrter Pawel Nikolajewitsch!

Vor meiner Abreise aus Petrograd am 31. August hatte ich keine Möglichkeit, Sie zu sehen. Jetzt, da ich mein Amt übergeben habe, kann ich nicht nach Petrograd kommen und muß mit einem Brief Ihre Zeit in Anspruch nehmen. Ihre Hilfe, die Hilfe anderer Männer der Öffentlichkeit, aller, die nur irgend etwas tun können, tut sofort Not, und diese Hilfe muß energisch und durchgreifend sein.

Die Grundursache meiner Demission ist eine durchgehende Opposition gegen die Wendung, die die Angelegenheit Kornilows und insbesondere Denikins und der mit ihnen zugleich zur Verantwortung gezogenen Personen genommen hat.

Die Persönlichkeiten, aus denen die Regierung zusammengesetzt ist, sind bestrebt, ganz Rußland davon zu überzeugen, daß die Ereignisse vom 27. bis 31. August nichts anderes sind, als eine Rebellion, ein Abenteuer eines Häufleins meuternder Generale und Offiziere, die die bestehende Staatsordnung stürzen und sich selbst an die Spitze der Verwaltung stellen wollten. Man versucht, den Anschein zu erwecken, als handelte es sich hier um die einfache, unkomplizierte Angelegenheit, daß ein Häuflein Rebellen, das sich auf keine Sympathie oder Hilfe irgendwelcher Bevölkerungskreise stützt, das Vaterland verraten und gemeutert hat. Darum müsse dieses Häuflein Rebellen rasch vor das primitivste aller Gerichte, vor ein militärisches Revolutionstribunal gestellt und zum wohlverdienten Tode verurteilt werden.

Durch dieses rasche Gerichtsverfahren sollte in diesen Gräbern die ganze Wahrheit über die Bewegung, über ihre Ziele und über die Beteiligung der Mitglieder der Regierung an ihr mitbegraben werden.

**Bolschewistischer Sturmtrupp in Petrograd, Oktober 1917**

Um diesen Zweck leichter zu erreichen, nimmt man zu unwürdigen Methoden Zuflucht. Man nimmt die Angelegenheit der in Berditschew verhafteten acht Personen, Denikin, Markow, Elsner, Erdeli, Wanowski und von noch dreien, deren Namen mir entfallen sind, und will, auf die abgeschlossene Untersuchung gestützt, diese Personen an Ort und Stelle vor ein militärisches Revolutionstribunal stellen.

Die Leidenschaften sind durch den Kommissar Jordanski, durch seine Gehilfen und durch den Armeeausschuß künstlich bis zum Siedepunkt aufgepeitscht; man fordert offen die Todesstrafe. Wie es scheint, ist die Regierung nicht stark genug, um die Angeklagten aus Berditschew wegzuschaffen, die ganze Angelegenheit zu vereinigen (in Berditschew gibt es nur Teilnehmer zweiten Ranges) und das Gericht dort abzuhalten, wo es frei sein kann von dem Einflusse der aufgepeitschten rohen Menge und ihrer Anstifter, unter denen, wie es scheint, auch der Militärprokuror der südwestlichen Front, General Batok, ein unwürdiges Spiel gespielt hat. Es heißt, man hätte auf seinen Rat gerade acht Personen verhaftet, weil eine kleinere Anzahl keine Handhabe zur Erhebung einer Anklage wegen Meuterei bieten würde.

Wenn den Leuten in Berditschew, die auf die rohen Leidenschaften des Pöbels bauen, mißlingt, ein Militärgericht in Berditschew abhalten und ein Todesurteil fällen zu lassen, so steht ihnen noch immer die Lynchjustiz der verletzten Demokratie zur Verfügung. Gericht und Todesurteil sollen aber auch dem Schicksal Kornilows und seiner Genossen präjudizieren.

Pawel Nikolajewitsch! Ein empörendes Spiel wird hier getrieben, aber das öffentliche Gewissen schläft, und die Privatpresse schweigt und weckt dieses Gewissen nicht. Sollte sie nur über den Gräbern der ehrlichsten Russen, der gewandtesten und tapfersten Generale weinen können, die Rußland lieben und nur um dieser Liebe willen ihren guten Namen und ihr Leben auf eine einzige Karte gesetzt haben?

Ist es nicht an der Zeit, die Stimme laut zu erheben und dem russischen Volke klarzumachen, worin die Affäre Kornilow eigentlich besteht? Ich glaube, dies wäre die Pflicht der ehrlichen Presse. Die Sache Kornilows ist nicht die Sache eines Häufleins Abenteurer, sondern wurzelt in den Sympathien und in der Hilfe weiter Kreise unserer Intellektuellen, auf denen die Leiden unseres durch die ungeschickte Auswahl der Minister an den Rand des Ruins gebrachten Vaterlandes allzuschwer lasteten.

Niemand kann beweisen, daß die Bewegung vom 27. bis 31. August gegen die bestehende Staatsordnung gerichtet war, sie war einzig und allein gerichtet gegen die Personen, die nacheinander ins Kabinett einund rasch wieder austraten, keine feste, starke Macht schaffen konnten und den Staat dem Ruin entgegenführten. Der Zweck der Bewegung war nicht die Änderung der bestehenden Staatsordnung, sondern eine Auswechslung der Personen, das Einsetzen solcher, die Rußland retten könnten.

Die Aktion Kornilows war für die Mitglieder der Regierung kein Geheimnis gewesen. Die ganze Frage wurde mit Sawinkow, Filolenko und durch sie mit Kerenski besprochen. Nur ein primitives Revolutionstribunal kann es unterlassen, die Beteiligung dieser Personen an den Vorbesprechungen und Verabredungen aufzudecken. Sawinkow mußte diesen Tatbestand in der Presse bereits zugeben. Die Rolle Filolenkos wird auch geklärt werden. Er beanspruchte für sich den Posten des Außenministers in dem zu bildenden Kabinett und gab sich am nächsten Tage großmütig auch mit dem Portefeuille des Innenministers zufrieden.

Die Beteiligung Kerenskis ist unabstreitbar. Warum diese Leute gekniffen haben, als die Aktion losging, warum sie ihre Worte zurücknahmen, weiß ich nicht.

Die Bewegung des dritten Kavalleriekorps nach Petrograd erfolgte auf die durch Sawinkow übermittelte Weisung Kerenskis. In welchem Grade das Abkommen (das in der erwarteten Aktion der Bolschewiki begründet war) ausgearbeitet und festgelegt war, kann Ihnen das folgende kurze Telegramm vor Augen führen:

„27. August, 2.30 Uhr. Petrograd. Dem Leiter des Kriegsministeriums. Das Korps wird am 28. August in der Umgebung Petrograds zusammengezogen sein. Ich bitte, über Petrograd am 29. August den Belagerungszustand zu verhängen. 6394. General Kornilow."

Ich denke, ich brauche die Bedeutung dieses Telegramms nicht weiter zu erläutern. Die Mitglieder der Regierung, die sich an der Sache beteiligt hatten und sich im entscheidenden Augenblick aus irgendeinem Grunde zurückzogen, beschlossen in der Nacht vom 26. bis 27. August, d. h. Stunde auf Stunde fast zur selben Zeit, als Kornilow sein Telegramm Nr. 6394 schrieb, ihn vom Posten des Höchstkommandierenden zu entheben. Damals war es aber schon unmöglich, die bereits eingeleiteten Truppenverschiebungen aufzuhalten und die ganze Aktion einzustellen. Was General Lukomski in seinem an Kerenski gerichteten Telegramm 6406 vom 27. August auch mitteilte: „Die Ankunft Sawinkows und Lwows, die dem General Kornilow auch in Ihrem Namen einen Vorschlag machten, veranlaßte den General, einen endgültigen Beschluß zu fassen und im Einklange mit Ihrem Vorschlag endgültige Verfügungen zu treffen, die es jetzt bereits zu spät ist, rückgängig zu machen." Das Telegramm ist umfangreich. Ich zitiere nur diese eine Stelle, die für die Bestätigung meiner Behauptung am wichtigsten ist.

Aus diesem Auskneifen Kerenskis, Sawinkows und Filolenkos vor der Aktion, deren Zweck die Schaffung eines neuen Kabinetts war, aus der Tatsache der Amtsenthebung Kornilows folgten alle Schwierigkeiten des 27. bis 31. August. Das Beginnen mißlang, die sichtbaren Beteiligten sind zu Abenteurern, Verrätern und Rebellen gestempelt. Die unsichtbaren Beteiligten sind entweder Lenker und Führer der Untersuchung oder ziehen sich von allem zurück, nachdem sie 30 Männer der Schande, dem Tribunal oder dem Schafott ausgeliefert haben.

Bis zu einem gewissen Grade ist Ihnen bekannt, daß bestimmte Kreise unserer Gesellschaft nicht nur alles wußten, nicht nur ideell sympathisierten, sondern Kornilow auch nach Kräften unterstützten.

Kornilow strebte nicht nach eigener, persönlicher Macht. Sein Ziel war die Schaffung einer festen, stabilen Regierung, bestehend aus Männern, die Rußland sicher auf den Weg der Rettung führen könnten. Dies aber ist der gemeinsame Wunsch, das gemeinsame Bestreben aller, die ehrlich ihr Vaterland lieben.

Warum müssen sich also nur 30 Generale und Offiziere verantworten, deren größter Teil überhaupt keine Verantwortung trägt? Vielleicht zu Nutz und Frommen der allmächtigen Demokratie und zur Rettung von Beteiligten, die ihre Beteiligung verbergen wollen? Es ist an der Zeit, eine Pressekampagne in dieser himmelschreienden Affäre zu beginnen.

Kornilow hat keinen Anschlag gegen die Staatsordnung unternommen, er versuchte unter Mitwirkung einzelner Mitglieder der Regierung, deren Zusammensetzung zu ändern, aktive und energische Männer in sie zu bringen.

Das ist kein Verrat und keine Rebellion. Man findet hier keinerlei Merkmale des Verbrechens, das im § 110 des Militärstrafgesetzbuches angeführt ist. Es wäre sogar kaum möglich, den § 100 anzuwenden. Man möge meinetwegen mit einer kleinen Rechtsbiegung diese Tat unter § 100 bringen. Dieser Paragraph sieht kein militär-revolutionäres Gericht vor.

Ein solches Gericht kann nicht stattfinden. Das Gericht muß ein ordentliches sein, muß die Beteiligung des Staatsanwalts, eines Berufsjuristen als Vorsitzenden und der Verteidiger, die entsprechende Ausdehnung der Untersuchung sicherstellen, dann wird es für die Herren Filolenkos auch ein Stück Arbeit geben, sie werden sich nicht damit begnügen können, den Hut vor dem Grabhügel Kornilows zu lüften. („Ruskoje Slowo" vom 10. September Nr. 207 S. 3). Sie werden neben Kornilow auf der Anklagebank Platz nehmen müssen.

In die Untersuchung einbezogen sind auch Mitglieder des Hauptausschusses des Offiziersverbandes, die in keiner Weise an der Sache selbst beteiligt waren und nur nach dem Aufrufe des Generals Kornilow vom 27. August einen eigenen Aufruf an die Mitglieder des Verbandes erlassen hatten. Weshalb sind diese festgenommen? Warum droht man ihnen mit dem Revolutionstribunal?

Der General Denikin und seine Genossen, die sich in den Händen Jordanskis und des Frontausschusses der Südwestfront befinden, sind schuldig: erstens des telegraphischen Ausdrucks ihrer Solidarität mit den Ideen des Generals Kornilow und zweitens der Verbreitung der Aufrufe des Generals Kornilow. Mögen die Juristen bestimmen, auf Grund welcher Gesetzesparagraphen gegen diese Generale Anklage erhoben werden kann; mögen sie laut und autoritativ ihr Wort sprechen: a) ob man diese acht Personen vom General Kornilow gesondert von einem ungerechten und übereilten Gericht aburteilen kann? b) ob der Kommissar der Südwestfront und der Oberkommandierende befugt ist, diese Mitbeteiligten zweiten Ranges vor ein Gericht zu stellen, wenn die Hauptbeteiligten durch die Zentralregierung selbst dem Gericht übergeben werden?

Ich versichere Sie, daß die Leidenschaften, der Haß der rohen Menge und der Soldaten von der unglückseligen, unsauberen Figur Jordanskis und von dem korrumpierten, demagogischen Komitee künstlich hervorgerufen wurden. Das Komitee hatte mit Denikin und Markow ein Hühnchen zu rupfen, weil diese einen Riegel vorgeschoben hatten, als das Komitee die Klauen allzu tief in den ärarischen Geldsack versenken wollte. Und Jordanski selbst, ein kleinlicher, rachsüchtiger und geistig tiefstehender Mensch, hatte mit Denikin und Markow verschiedentlich Zusammenstöße. Soll Rußland dies nicht wissen und auch nicht erfahren? Kann die Stimme aller, die in Rußland ehrlich sind, die Regierung nicht zwingen, die acht Angeklagten von Berditschew kommen zu lassen und ihre Angelegenheit mit der Angelegenheit der anderen zu vereinigen? Ist eine solche Schlappheit der Regierungsmacht zulässig?

Ich habe noch eine Bitte. Ich kenne die Adressen der Herren Wischnegradski und Putilow und anderer nicht. Die Familien der verhafteten Offiziere hungern. Um sie zu retten, müssen 300 000 Rubel gesammelt und dem Komitee des Offiziersverbandes übergeben werden. Ich bitte diese Herren inständig um ihre Hilfe. Sie werden doch wohl nicht auch noch die hungernden Familien derjenigen ihrem Schicksal überlassen, mit denen sie durch eine gemeinschaftliche Idee und durch die gemeinsame Vorbereitung der Verwirklichung dieser Idee verbunden waren. Ich bitte Sie sehr, diese Mühe auf sich zu nehmen und das Ergebnis mir mitzuteilen. Wir Offiziere sind an dieser Frage sehr interessiert.

Es muß gesagt werden, daß, wenn die ehrliche Presse nicht sofort mit der energischen Beleuchtung dieser Angelegenheit anfängt und nicht beharrlich Wahrheit und Gerechtigkeit in dieser Sache fordert, so werden wir in 5 bis 7 Tagen mit einem Revolutionstribunal zu tun haben, das eingesetzt wird, um durch die unvollkommenen Formen des Verfahrens die Wahrheit, den ganzen Gang dieser Angelegenheit zu verbergen. Dann wird General Kornilow gezwungen sein, vor dem Gericht alle Vorbereitungen, alle Verhandlungen mit einzelnen Personen und Gruppen und deren Beteiligung aufzudecken und dem russischen Volke zu zeigen, mit wem er zusammenging, welches die wirklichen Ziele waren, die er verfolgte, und wie er in der schweren Stunde, von allen verlassen, mit einer kleinen Anzahl Offiziere vor diesem Schnellgericht erscheinen mußte, um für das zugrunde gehende Vaterland mit dem eigenen Schicksal zu bezahlen.

Das ist das Wesen meiner Bitte an Sie. Helfen Sie, unterstützen Sie.

Ihr aufrichtig ergebener *Michael Alexejew.*

Die Wirkung des Kornilow-Putsches in der Armee charakterisiert *W. Stankewitsch* in seinen „Erinnerungen 1914 bis 1919“:

„Die Bolschewiki erhoben plötzlich ihr Haupt und fühlten sich ganz als Herren der Armee: ‚Haben wir nicht immer gesagt, daß man den Generalen und Offizieren nicht trauen darf?‘ Die unteren Komitees begannen sich in bolschewistische Zellen umzuwandeln. Alle Neuwahlen im Heere zeitigten einen erstaunlichen Zuwachs der bolschewistischen Stimmen.

Die Autorität des Kommandostabes war auf immer vernichtet. Die Masse der Soldaten fühlte sich, als sie sah, wie ein General, der Oberkommandant, gegen die Revolution marschierte, von allen Seiten von Verrat umgeben, sah in jedem Menschen, der Achselstücke trug, einen Verräter. Und, wer sie vom Gegenteil überzeugen wollte, erschien ihr gleichfalls — als Verräter.“

Die Kerenski-Regierung, die für „die Notwendigkeit der Freiheit des Wortes und der Presse entschieden ist“, versucht, mit allen Mitteln die Arbeiterpresse mundtot zu machen. In der Zeit vom Juli bis September wurden von der Regierung folgende Blätter verboten:

1. „Prawda“, Zentralorgan der Russischen Sozialdemokratischen Arbeiterpartei (die Redaktion wurde zerstört); 2. „Soldaten-Prawda“, Organ der militärischen

Organisation der Russischen Sozialdemokratischen Arbeiterpartei; 3. „Goloß Prawdy" (Stimme der Wahrheit), Organ des Kronstädter Komitees; 4. „Wolna" (Die Welle), Blatt des Helsingforser Komitees; 5. „Der Kampf", Zaryzin; 6. „Die Kuban-Prawda", Jekaterinodar; 7. „Der Arbeiter", Kasan; 8. die „Schützengraben-Prawda", Organ der militärischen Organisation beim Rigaer Komitee; 9. „Der Woronescher Arbeiter"; 10. der „Stern", Minsk (die Druckerei wurde versiegelt); 11. „Die Uraler Prawda" (Druckerei versiegelt); 12. „Der Arbeiter und der Soldat"; 13. „Der Freie Schütze", das Blatt der lettischen Schützen; 14. „Der Proletarier", das Zentralorgan der Russischen Sozialdemokratischen Arbeiterpartei; 15. „Morgen der Wahrheit", Reval; 16. der „Hammer", Minsk (Druckerei beschlagnahmt); 17. der „Arbeiter", Zentralorgan der Russischen Sozialdemokratischen Arbeiterpartei.

Für den heranreifenden Oktober war die internationale Lage günstig. Die größten imperialistischen Räuber unterhielten noch den Scheiterhaufen des Krieges, in Westeuropa war der Entscheidungskampf zwischen Deutschland und der Entente noch im Gange. So konnte keine der kämpfenden imperialistischen Gruppen Westeuropas der russischen Bourgeoisie in ihrem Kampfe gegen die proletarische Revolution zu Hilfe eilen, um so mehr als von den beiden imperialistischen Lagern das Rußland geographisch näherliegende Deutschland durch die Front des Weltkrieges von der russischen Bourgeoisie getrennt war. Außerdem blitzte im Innern Deutschlands gerade im Herbst 1917 das erste Wetterleuchten auf, das der Vorbote des revolutionären Gewitters von 1918 war, der Aufstand in der Kriegsflotte.

Die russische Gegenrevolution mußte die Oktoberschlacht 1917 mit der russischen Revolution allein aufnehmen. Der Ausgang des Kampfes wurde durch das Kräfteverhältnis im Inlande entschieden. Die Koalitionsregierung hatte während der acht Monate ihres Bestehens den wirtschaftlichen Zerrüttungsprozeß nicht nur nicht zum Stehen gebracht, sondern in jeder Richtung vertieft. Dies beschleunigte selbstverständlich das Heranreifen der Vorbedingungen der proletarischen Revolution.

Im Herbst 1917 folgte die überwiegende Mehrheit der russischen Arbeiterklasse bereits der Führung der Bolschewiki. An der Spitze marschierten die beiden Hauptstädte: Petrograd und Moskau. Hier war der bolschewistische Einfluß bereits lange vor dem Umsturze vorherrschend. Es genügt hier, an die Juni-Konferenz der Fabrikkomitees und an die Juli-Tage in Petrograd und an den Protestgeneralstreik während der Tagung der „Staatskonferenz" in Moskau zu erinnern. Bereits 1½ bis 2 Monate vor dem Umsturze machten sich die Sowjets der Arbeiter-Deputierten in Petrograd und Moskau auch formell die Plattform des Bolschewismus zu eigen: sie nahmen bolschewistische Anträge an und veranstalteten Neuwahlen ihrer Leitungen im entsprechenden Sinne. Dieselben Erscheinungen können wir auch in der Provinz beobachten; in kleinen und abseits gelegenen Städten mit einiger Verspätung, in anderen, wie zum Beispiel in Zaryzin, Jaroslaw, Kronstadt usw., etwas früher. Dabei gingen in einigen Städten auch die Organe der kommunalen Selbstverwaltung in die Hände der bolschewistischen Partei über.

So nahm zum Beispiel im September der Petrograder Sowjet mit erdrückender Mehrheit folgende Resolution über die Lage an:

Der Petrograder Sowjet der Arbeiter- und Soldaten-Deputierten erklärt:

Nach den Erfahrungen der Meuterei des Generals Kornilow, welche bewies, daß alle Zensus-Elemente Rußlands im Lager der Konterrevolution stehen, bedeutet jeder Versuch einer Koalition nichts anderes als die volle Kapitulation der Demokratie vor den Kornilow-Leuten.

Als Ausdruck dieser Kapitulation ist die Zusammensetzung des in Bildung begriffenen Ministeriums zu betrachten, in welchem der entscheidende Platz den Händlern und Industriellen zufällt, den unversöhnlichen Feinden der Arbeiter-, Soldaten- und Bauerndemokratie.

Die sogenannten demokratischen Minister, die niemandem und für nichts verantwortlich sind, sind unfähig, den volksfeindlichen Charakter der neuen Regierung zu brechen oder zu mildern, die in die Geschichte der Revolution als die Regierung des Bürgerkriegs eingehen wird.

Der Petrograder Sowjet der Arbeiter- und Soldaten-Deputierten erklärt:

Eine Gruppe bolschewistischer Matrosen, Oktober 1917

Der Regierung der bourgeoisen Allmacht und der konterrevolutionären Gewalttätigkeit gewähren wir, die Arbeiter und die Garnison Petrograds, keinerlei Unterstützung. Wir drücken die unerschütterliche Überzeugung aus, daß die Nachricht von der neuen Regierung in allen Kreisen der revolutionären Demokratie nur eine Antwort findet: Demission! Und, gestützt auf diese einhellige Stimme der wahren Demokratie wird der Allrussische Kongreß der Sowjets der Arbeiter- und Soldaten-Deputierten die wahre revolutionäre Macht begründen.

Zugleich ruft der Petrograder Sowjet der Arbeiter- und Soldaten-Deputierten die proletarischen und Soldatenorganisationen zur verstärkten Arbeit auf, die Reihen um die Sowjets zu schließen, indem sie sich aller Sonderaktionen enthalten.

Und folgende Resolution wurde vom Petrograder (Ende August) und Moskauer Sowjet (September) angenommen:

Angesichts der konterrevolutionären, verräterischen Aktion des Generals Kornilow, welche von den Parteien und Gruppen vorbereitet und unterstützt wurde, deren Vertreter an der provisorischen Regierung teilnehmen — mit der Kadettenpartei an der Spitze —, erachtet der Vollzugsausschuß es für notwendig, zu verkünden, daß von nun an jedes Schwanken in der Organisierung der Macht entschieden abgewiesen werden muß. Nicht allein die Vertreter der Kadetten, die offen in die Aktion verwickelt waren, müssen aus der Regierung entfernt werden, sondern auch die Vertreter der Zensus-Elemente schlechthin; jede Politik des Kompromisses und der Unverantwortlichkeit, welche erst die neue Möglichkeit schuf, das Oberkommando aus einem Apparat der Regierungsmacht in einen Herd und ein Werkzeug der Verschwörung gegen die Revolution umzuwandeln, muß ein Ende haben. Auch die außerordentlichen Vollmachten und die Verantwortungslosigkeit der provisorischen Regierung können nicht länger geduldet werden. Als einziger Ausweg bleibt — die Bildung einer entschlossenen Macht des revolutionären Proletariats und der Bauernschaft; deren Tätigkeit müssen folgende Maßnahmen zugrunde liegen: Die Dekretierung der demokratischen Republik, die sofortige Abschaffung — ohne Entschädigung — des Privateigentums an Gutsbesitzerboden und die Übergabe desselben in die Verwaltung der Bauernkomitees.

Bis zur Entscheidung durch die Konstituierende Versammlung: sofortiger Friedensvorschlag an alle Völker, Abschaffung der Todesstrafe und der übrigen Repressalien. Die Durchführung aller angeführten Forderungen ist nur nach Bruch mit der Politik der Kompromisse und der Versöhnlichkeit mit der Bourgeoisie und durch entschlossenen Kampf der breiten Volksmassen um die Macht möglich.

Das Übergewicht der Bolschewiki in den Sowjets der Arbeiter- und Soldaten-Deputierten trat klar zutage als bereits nicht nur die Delegierten der Arbeiter, sondern auch die Delegierten der Soldaten in Massen in die bolschewistischen Fraktionen einzutreten begannen. Diese Massenerscheinung war in den Juli-Tagen, ja sogar in den Tagen des Kornilow-Abenteuers noch nicht vorhanden, machte sich aber bereits nach dem Mißerfolge des Kornilowschen Unternehmens und im Oktober deutlich bemerkbar.

An der Spitze marschierte die Petrograder Garnison, die sich zum förmlichen

Dorn im Auge der Bourgeoisie entwickelte. Die Regierung beschloß bereits im Laufe des Sommers, die in Petrograd stationierten Truppenteile abzuschieben und durch andere zu ersetzen, die der Regierung noch treu geblieben waren und diese im Falle eines Arbeiteraufstandes unterstützen konnten. Es war jedoch leichter, einen solchen Beschluß zu fassen, als ihn durchzuführen. Die Petrograder Arbeiter und Soldaten erhoben wuchtigen Protest gegen die Entfernung der revolutionären Truppen aus der Hauptstadt. Gerade die Frage der Abkommandierung dieser Truppen wurde im Oktober zum Zankapfel, durch den der offene Konflikt zwischen dem Petrograder Sowjet und der provisorischen Regierung entbrannte. Der Sowjet faßte einen Beschluß gegen die Entfernung der Truppen, bildete ein eigenes revolutionär-militärisches Komitee (zuerst „Verteidigungskomitee" genannt), das dem Wehrkreisstabe die Kommandogewalt über die Garnison entriß.

Die Resolution des Petrograder Sowjets (angenommen am 9. Oktober) lautete:

In der Minute der tödlichen Gefahr für das Volk und für die Revolution erklärt der Petrograder Sowjet der Arbeiter- und Soldaten-Deputierten: Die Regierung Kerenski richtet das Land zugrunde. Nachdem sie ihre vollkommene Unfähigkeit gezeigt hatte, den Krieg zu führen, entschließt sie sich nicht, ein Friedensangebot zu machen. Zusammen mit der Bourgeoisie schickt sich Kerenski an, Petrograd, die Hauptfeste der Revolution, den Deutschen zu überlassen. Die verbündeten Imperialisten leisten dem Vorrücken Wilhelms gegen Petrograd deutlich Vorschub. Die zugrundegehenden heldenhaften Matrosen erblicken, nach ihren eigenen Worten, in dem Bonapartisten Kerenski nicht einen Freund, sondern einen Feind. Der Petrograder Sowjet der Arbeiter- und Soldaten-Deputierten kann vor der Armee keine Verantwortung für die sogenannte Strategie der provisorischen Regierung und insbesondere für die Verlegung der Truppen aus Petrograd auf sich nehmen. Die Sowjets müssen allen Völkern einen sofortigen Waffenstillstand vorschlagen und bis zum Abschluß des Friedens die Sicherung der Kampffähigkeit der Armee, der Verteidigung Petrograds und des Landes in ihre eigenen Hände nehmen. Gleichzeitig fordert der Petrograder Sowjet der Arbeiter- und Soldaten-Deputierten die Garnison Petrograds auf, unverzüglich alle Maßnahmen zur Entwicklung und Festigung ihrer Kampfbereitschaft zu treffen. Der Petrograder Sowjet beauftragt den Vollzugsausschuß, gemeinschaftlich mit der Soldaten-Sektion und den Vertretern der mit Petrograd verbundenen Garnisonen ein revolutionäres Verteidigungskomitee zu organisieren, das alle auf die Verteidigung Petrograds und seiner Zugänge bezüglichen Mittel in seinen Händen konzentrieren, alle Maßnahmen zur Bewaffnung der Arbeiter treffen und sowohl die revolutionäre Verteidigung Petrograds, wie auch den Schutz des Volkes vor dem sich offen vorbereitenden Angriff der militärischen und zivilen Kornilow-Anhänger sichern soll.

Die Regimentskomitees der Petrograder Garnison nahmen zu der Resolution des Petrograder Sowjets Stellung und erklärten:

„Indem die Garnison von Petrograd die Bildung des Militär-Revolutionären Komitees *) beim Petrograder Sowjet der Arbeiter- und Soldaten-Deputierten begrüßt, verspricht sie demselben ihre volle Unterstützung bei allen Schritten, welche dazu führen, die Front mit dem Hinterland enger im Interesse der Revolution zu verbinden."

Die in den Fabriken herrschende Kampfbereitschaft des Proletariats illustriert zum Beispiel folgende Resolution der Putilow-Werke (vom 11. Oktober):

1. Wir Arbeiter der Putilow-Werke fordern die Übergabe aller Macht an die Sowjets der Arbeiter-, Soldaten- und Bauern-Deputierten.

2. Wir fordern Vorfrieden an allen Fronten.

3. Wir fordern den Vorschlag eines Friedens auf demokratischen Prinzipien an alle kriegführenden Mächte.

4. Wir fordern die sofortige Übergabe des Bodens der Gutsbesitzer, des Kronen- und Apanagenbesitzes, der Kirche an die Bauernkomitees.

5. Wir fordern die sofortige Kontrolle der Produktion.

6. Wir fordern den sofortigen Zusammentritt des Allrussischen Sowjetkongresses.

7. Wir fordern die sofortige Freilassung aller von den Regierungskommissaren verhafteten Mitglieder der Bauernkomitees.

---

*) Das Militär-Revolutionäre Komitee bestand aus Antonow-Owsejenko, Podwojski und Tschudowski.

8. Wir fordern die Freilassung aller politischen Häftlinge, welche aus Anlaß des 3.—5. Juli verhaftet wurden und nun in den republikanischen Gefängnissen schmachten.

9. Wir protestieren gegen das Herausziehen von Truppen der Petrograder Garnison, fordern, daß die Petrograder Garnison mit Waffen jeder Art ausgerüstet wird und verlangen die Bewaffnung der gesamten revolutionären Arbeiterklasse zur Abwehr der inneren Feinde der Revolution, sowie gegen den äußeren Feind, den deutschen „Kaiser".

10. Und wir schließen uns vollinhaltlich allen Entschließungen des Sowjets an.

*Es leben die Sowjets! Alle Macht den Sowjets!*

## 2. DIE PARTEI DER BOLSCHEWIKI

DIE Arbeiter- und Bauernmassen nahmen an dem Oktober-Umsturz einen so aktiven Anteil, wie in keiner anderen Revolution. Und der Erfolg dieser Revolution hing von der richtigen Führung dieser Massen ab.

Im September 1917 gab *Lenin* in einem Brief an das Zentralkomitee der Partei folgendermaßen die Analyse der Situation und die taktischen Weisungen:

Zu den boshaftesten und fast am meisten verbreiteten Verdrehungen des Marxismus durch die vorherrschenden „sozialistischen" Parteien gehört die opportunistische Lüge, die Vorbereitung eines Aufstandes, die Behandlung des Aufstandes als Kunst überhaupt sei „Blanquismus".

Der Führer des Opportunismus, Bernstein, hat sich bereits traurigen Ruhm erworben, indem er den Marxismus des Blanquismus bezichtigte, und die heutigen Opportunisten, die über Blanquismus schreiben, „bereichern" und erneuern eigentlich nicht um ein Deut die kümmerlichen „Ideen" Bernsteins.

Die Marxisten des Blanquismus bezichtigen wegen ihrer Behandlung des Aufstandes als Kunst! Kann es denn eine empörendere Verdrehung der Wahrheit geben, da ja kein Marxist je leugnen wird, daß gerade Marx aufs entschiedenste, genaueste und unanfechtbarste sich diesbezüglich geäußert hat, als er den Aufstand gerade als *Kunst* bezeichnete, als er sagte, der Aufstand müßte als Kunst behandelt werden, man müßte den ersten Erfolg *erkämpfen* und von Erfolg zu Erfolg schreiten, ohne *die Offensive* gegen den Feind zu unterbrechen, seine Kopflosigkeit ausnutzend, usw. usw.

Damit der Aufstand erfolgreich sein kann, muß er sich nicht auf eine Verschwörung, nicht auf eine Partei stützen, sondern auf die fortgeschrittene Klasse. Dies — erstens. Der Aufstand muß sich auf den revolutionären Elan des Volkes stützen. Dies — zweitens. Der Aufstand muß sich auf einen solchen *Wendepunkt* in der Geschichte der wachsenden Revolution stützen, wo die Aktivität der Vorhut des Volkes am größten ist, wo die *Schwankungen* in den Reihen der Feinde und in den *Reihen der schwachen, schwankenden, unentschlossenen Freunde der Revolution* am stärksten sind. Dies — drittens. Durch diese drei Bedingungen in der Frage des Aufstandes unterscheidet sich der *Marxismus vom Blanquismus.*

Liegen aber diese drei Bedingungen vor, so ist der Verzicht auf die Behandlung des Aufstandes als *Kunst* gleichbedeutend mit dem Verrat an der Revolution.

Um zu beweisen, warum gerade der Moment, den wir jetzt erleben, als solcher anzusprechen ist, wo die Partei den *Aufstand unbedingt* als durch den Gang der objektiven Ereignisse auf die Tagesordnung gestellt betrachten und als Kunst behandeln muß, um das zu beweisen, ist vielleicht die Methode des Vergleichs am besten anzuwenden und der 3. und 4. Juli mit den September-Tagen zu vergleichen.

Am 3. und 4. Juli konnte man, ohne gegen die Wahrheit zu verstoßen, die Frage so stellen: Es wäre richtiger, die Macht zu erobern, denn unsere Feinde werden uns ja ohnehin des Aufstandes bezichtigen und uns als Aufständische behandeln. Aber daraus läßt sich noch nicht folgern, daß es damals notwendig gewesen wäre, die Macht zu ergreifen, denn damals fehlten die objektiven Bedingungen für den Sieg des Aufstandes.

1. Wir hatten noch nicht die Klasse hinter uns, die die Vorhut der Revolution darstellt.

Wir verfügten noch nicht über die Majorität unter den Arbeitern und Soldaten der Hauptstädte. Jetzt ist sie in den beiden Sowjets da. Sie wurde *allein* durch die Geschichte des Juli und August, durch die Erfahrung der „Erledigung" der Bolschewiki und die Erfahrung der Kornilow-Affäre geschaffen.

2. Damals fehlte der allgemeine revolutionäre Elan des Volkes. Jetzt, nach der Kornilow-Affäre, ist er da. Die Provinz sowie die Machtergreifung durch die Sowjets an vielen Orten beweist das.

3. Es gab damals keine *Schwankungen* im ernsten, allgemeinen, politischen Maßstab unter unseren Feinden und dem schwankenden Kleinbürgertum. Jetzt sind die Schwankungen gewaltig: unser Hauptfeind, der Imperialismus der Alliierten und der internationale Imperialismus *pendelt* zwischen dem Kriege bis zum siegreichen Ende und einem Separatfrieden gegen Rußland. Unsere kleinbürgerlichen Demokraten, die offensichtlich die Majorität im Volke verloren haben, sind gewaltig ins Schwanken geraten und haben auf den Block, d. h. auf die Koalition mit den Kadetten, verzichtet.

4. Ein Aufstand am 3. und 4. Juli wäre deshalb falsch gewesen: wir hätten weder physisch noch politisch die Macht behaupten können. Physisch, trotzdem Petersburg momentweise in unseren Händen war, denn unsere Arbeiter und Soldaten hätten um den Besitz Petersburgs nicht *kämpfen*, nicht *sterben* mögen. Es fehlte noch die „Wut", es fehlte der kochende Haß *sowohl* gegen Kerenski *als* auch gegen die Zeretelli und Tschernow, unsere Leute waren noch nicht gefeit durch die Erfahrung der Bolschewikiverfolgungen unter Beteiligung der Sozialrevolutionäre und Menschewiki.

Politisch hätten wir am 3. und 4. Juli die Macht nicht behaupten können, denn die Armee und die Provinz konnten vor der *Kornilowiade* auf Petersburg marschieren, und hätten es getan.

Jetzt ist das Bild ein ganz anderes.

Die Majorität der Klasse, der Vorhut der Revolution, der Vorhut des Volkes, die imstande ist, die Massen mit fortzureißen, folgt uns.

Wir haben die *Majorität* des Volkes hinter uns, denn Tschernows Abdankung ist keineswegs das einzige, aber es ist das sichtbarste, krasseste Anzeichen dafür, daß die Bauern vom Block der Sozialrevolutionäre (und von den Sozialrevolutionären selber) *kein Land bekommen werden*. Das ist der springende Punkt des allrussischen Charakters der Revolution.

Wir haben den Vorzug der Lage in der Partei, die genau ihren Weg kennt, während der *ganze Imperialismus* und der ganze Block der Menschewiki mit den Sozialrevolutionären unsagbar schwanken.

Uns ist der *sichere Sieg* beschieden, denn das Volk ist schon der Verzweiflung nahe, und wir weisen dem gesamten Volke den sicheren Ausweg, nachdem wir den Wert unserer Leitung dem ganzen Volke „in den Tagen Kornilows" gezeigt, daraufhin den Blockleuten ein Kompromiß *angeboten* und *von ihnen eine Absage erhalten* hatten bei fortwährendem Schwanken ihrerseits.

Es wäre der größte Fehler, zu meinen, daß unser Kompromißangebot *noch* nicht abgelehnt ist, daß die „demokratische Konferenz" es *noch* akzeptieren kann. Das Kompromiß wurde von der *Partei* den *Parteien* angeboten; anders konnte es nicht angeboten werden. Die *Parteien* lehnten es ab. Die Demokratische Konferenz ist bloß eine *Konferenz*, nichts mehr. Man darf das eine nicht vergessen: auf ihr ist die *Majorität* des revolutionären Volkes, die ganz arme und erbitterte Bauernschaft, nicht vertreten. Es ist eine Konferenz der *Minorität des Volkes*, — man darf diese offenkundige Wahrheit nicht vergessen. Es wäre unsererseits der größte Fehler, der größte parlamentarische Kretinismus, wenn wir die demokratische Konferenz als Parlament behandeln wollten, denn selbst *wenn* sie sich als Parlament und als souveränes Parlament der Revolution proklamiert hätte, sie würde auch so über nichts entscheiden: die Entscheidungen liegen *außerhalb ihres Bereiches*, in den Arbeitervierteln von Petersburg und Moskau.

**F. E. Dzerschinski** (ein Gefängnisbild)

Geboren 1877. Besuchte das Gymnasium in Wilna. Im Jahre 1895 Beitritt zur Litauischen Sozialdemokratischen Partei. 1897 verhaftet und auf drei Jahre nach Sibirien verbannt. Flucht. Rückkehr zur revolutionären Tätigkeit. 1900 verhaftet. Im Gefängnis bis 1902, Verbannung auf fünf Jahre nach Sibirien. Flucht während des Transportes. Aufenthalt in Berlin und Krakau. Parteitätigkeit in Polen. 1906 verhaftet. Unter Kaution freigelassen, 1908 verhaftet und 1909 nach Sibirien verbannt. Flucht ins Ausland. 1912 Rückkehr nach Warschau, Verhaftung und Verurteilung zu drei Jahren Zuchthaus. 1916 nochmaliger Prozeß wegen der Parteitätigkeit in den Jahren 1910/12 und Verurteilung zu weiteren sechs Jahren Zuchthaus. 1917 aus dem Moskauer Gefängnis befreit. Auf dem VI. Parteitage der Bolschewiki ins Zentralkomitee der Partei gewählt. Mitglied des Militär-Revolutionären Komitees, Organisator und Vorsitzender der We - Tsche - Ka. 1919 Volkskommissar des Innern. 1921 Volkskommissar für das Transportwesen. 1923 Vorsitzender des Obersten Volkswirtschaftsrates. Gestorben 20. Juli 1926.

Wir haben alle objektiven Voraussetzungen eines erfolgreichen Aufstandes vor uns. Wir haben die außerordentlichen Vorzüge der Situation, da *nur* unser Sieg im Aufstande den Schwankungen, die das Volk zermartert haben, den Schwankungen, diesem qualvollsten Ding in der Welt, ein Ende machen würde; da *nur unser* Sieg im Aufstande das Spiel mit dem Separatfrieden gegen die Revolution *erledigen* würde, — dadurch erledigen würde, daß offen ein vollständigerer, gerechterer, näherer Friede, ein Friede *zugunsten* der Revolution angeboten werden würde.

Nur unsere Partei *kann* schließlich, nachdem sie im Aufstande gesiegt haben wird, Petersburg retten, denn wenn unser Friedensangebot abgelehnt wird und wir nicht einmal einen Waffenstillstand erhalten, dann werden *wir* zu „Vaterlandsverteidigern" werden, dann werden wir uns an die *Spitze der Kriegsparteien* stellen. Wir werden zu der „kriegerischsten" Partei werden, wir werden den Krieg wahrhaft revolutionär führen. Wir werden den Kapitalisten das ganze Brot und alle Stiefel wegnehmen. Wir werden ihnen Brotkrumen zurücklassen, wir werden sie in Bast=

schuhe kleiden Wir werden das ganze Brot und das ganze Schuhzeug an die Front schicken.

Und so werden wir dann Petersburg behaupten.

Sowohl die materiellen als auch die geistigen Hilfsquellen eines wirklich revolutionären Krieges sind in Rußland noch unermeßlich groß. 99 Chancen von 100 sprechen dafür, daß die Deutschen uns wenigstens einen Waffenstillstand gewähren werden. Und jetzt einen Waffenstillstand bekommen, heißt bereits *die ganze Welt* besiegen.

Nachdem wir die absolute Notwendigkeit des Aufstandes der Arbeiter von Petersburg und Moskau für die Rettung der Revolution und die Rettung vor einer „separaten" Aufteilung Rußlands durch die Imperialisten der beiden Koalitionen erkannt haben, müssen wir erstens unsere politische Taktik in der Konferenz den Verhältnissen des wachsenden Aufstandes anpassen und müssen zweitens beweisen, daß wir nicht bloß ein Lippenbekenntnis zu Marx' Gedanken über den Aufstand als Kunst ablegen.

Wir müssen unverzüglich die Fraktion der Bolschewiki in der Konferenz zusammenschließen, ohne nach numerischer Stärke zu haschen, ohne uns zu scheuen, die Schwankenden im Lager der Schwankenden zurückzulassen: *dort* sind sie für die Sache der Revolution nützlicher als im Lager der entschlossenen und selbstlosen Kämpfer.

Wir müssen eine kurze Deklaration der Bolschewiki verfassen und aufs entschiedenste betonen, wie unangebracht lange Reden, „Reden" überhaupt sind, wie notwendig eine unverzügliche Aktion zur Rettung der Revolution, wie absolut notwendig der völlige Bruch mit der Bourgeoisie, die vollkommene Absetzung der ganzen jetzigen Regierung, der völlige Bruch mit den Vorbereitern einer „separaten" Aufteilung Rußlands durch die englischen und französischen Imperialisten ist, wie notwendig die sofortige Übergabe der ganzen Macht an die *revolutionäre Demokratie ist, an deren Spitze das revolutionäre Proletariat steht.*

Unsere Deklaration muß eine ganz kurze und scharfe Formulierung dieser Schlußfolgerung im Zusammenhange mit den Programmentwürfen sein: Friede den Völkern, Land den Bauern, Beschlagnahme der skandalösen Profite und Zügelung der skandalösen Schädigung der Produktion durch die Kapitalisten.

Je kürzer, je schärfer die Deklaration ausfallen wird, um so besser. Es müssen noch zwei sehr wichtige Punkte in ihr klar hervorgehoben werden: das Volk ist zermartert durch die Schwankungen, das Volk ist durch die Unentschlossenheit der Sozialrevolutionäre und Menschewiki zerquält; wir brechen endgültig mit diesen *Parteien,* denn sie haben die Revolution verraten und verkauft.

Noch eins: indem wir einen Frieden ohne Annexionen anbieten und sofort mit den alliierten Imperialisten und allen übrigen Imperialisten brechen, erreichen wir, daß wir entweder sofort einen Waffenstillstand bekommen, oder daß das ganze revolutionäre Proletariat sich auf die Seite der Landesverteidigung schlägt und die revolutionäre Demokratie unter seiner Leitung einen wahrhaft gerechten, wahrhaft revolutionären Krieg führt.

Nachdem wir diese Deklaration abgegeben und aufgerufen haben werden, zu *entscheiden* und nicht zu reden, zu *handeln* und nicht Resolutionen zu verfassen, müssen wir unsere ganze Fraktion in die *Betriebe* und *Kasernen* werfen: dort ist ihr Platz, dort ist der Lebensnerv, dort ist der Rettungsquell der Revolution, dort ist der Motor der „Demokratischen Konferenz".

Dort müssen wir in glühenden, leidenschaftlichen Reden unser Programm entwickeln und die Frage so stellen: entweder *vollkommene* Annahme durch die Konferenz, oder Aufstand. Ein Drittes gibt es nicht. Man kann nicht warten. Die Revolution geht zugrunde.

Durch eine solche Fragestellung, durch Konzentration der ganzen Fraktion in den Betrieben und Kasernen werden wir den *Moment für den Beginn des Aufstandes richtig erfassen.*

Um den Aufstand marxistisch, d. h. als Kunst anzufassen, müssen wir zugleich, ohne eine Minute zu verlieren, einen *Stab* von Insurgententruppen organisieren, die Kräfte verteilen, die zuverlässigen Regimenter auf die wichtigsten Punkte stellen, das Alexander-Theater umzingeln, die Peter-Pauls-Festung besetzen, den Generalstab und die Regierung verhaften, gegen die Offiziersaspiranten und die wilde Division solche Truppen schicken, die bereit sind, in den Tod zu gehen, aber den Feind nicht nach dem Zentrum der Stadt vorrücken lassen; wir müssen die bewaffneten Arbeiter mobil machen, sie zum letzten, verzweifelten Endkampfe aufrufen, müssen sofort den Telegraph und das Telephon besetzen, *unseren* Stab im Telephonzentralamt postieren, mit ihm telephonisch alle Betriebe, alle Regimenter, alle Punkte des bewaffneten Kampfes usw. verbinden.

All das ist natürlich bloß zur *Illustrierung* dessen gesagt, daß man im gegenwärtigen Moment dem Marxismus und der Revolution nicht treu bleiben kann, ohne den *Aufstand als Kunst zu behandeln.* — Soweit Lenin.

Die Führung der Bewegung lag in den Händen der kampferprobten bolschewistischen Partei. Diese in der Erfahrung vergangener Kämpfe gestählte Partei machte im Oktober *keinen einzigen* irgendwie bedeutsamen Fehler (wenn man die allzu große Nachsichtigkeit gegenüber den politischen Machern der Bourgeoisie und der Generalität nicht als bedeutsamen Fehler betrachtet, da von diesen Leuten viele in Freiheit Gelassene später mit ausländischem Geld einen Feldzug nach dem anderen gegen Sowjet-Rußland unternahmen). Die politischen Parolen der Partei waren richtig, genau auf die Bedürfnisse der Massen eingestellt und sammelten diese um die Fahnen der Partei. *Lenin* schrieb Anfang Oktober an das Petrograder und Moskauer Komitee der Partei:

Werte Genossen!

Die Geschehnisse schreiben uns so klar unsere Aufgabe vor, daß Saumseligkeit geradezu zum *Verbrechen* wird.

Die Bauernbewegung schwillt an. Die Regierung steigert die brutalen Repressalien. Im Heere wachsen die Sympathien für uns (99 Prozent der Soldaten in Moskau sind für uns), die finnischen Truppen und die Flotte sind gegen die Regierung (Dubassows Aussage über die Front überhaupt*).

In Deutschland ist der Ausbruch der Revolution offensichtlich, besonders nach der Erschießung der Matrosen. Die Wahlen in Moskau — 47 Prozent Bolschewiki — sind ein gewaltiger Sieg. Zusammen mit den linken Sozialrevolutionären die *offenkundige* Majorität *im ganzen Lande.*

Die Eisenbahner und Postbeamten stehen in einem Konflikt mit der Regierung. Die Liberdans**) reden statt von dem Kongreß am 20. Oktober von einem Kongreß *um den 20. herum* usw. usw.

Unter solchen Umständen „warten", wäre ein Verbrechen.

Die Bolschewiki haben nicht das Recht, auf den Sowjet-Kongreß zu warten,

*) Dubassow, reaktionärer Zarengeneral, berüchtigt durch die blutige Niederwerfung revolutionärer Aufstände.

**) „Liberdans", Spitzname für die Menschewiki Liber und Dan.

sie müssen die Regierungsgewalt *sofort* ergreifen. Dadurch werden sie sowohl die Weltrevolution retten (denn sonst droht ein Pakt der Imperialisten aller Länder, die nach den Erschießungen in Deutschland einander entgegenkommen und *sich gegen uns vereinigen* werden) als auch die russische Revolution (sonst kann die Welle der Anarchie *stärker* werden als wir) und das Leben von Hunderttausenden im Kriege.

**J. W. Stalin**

Geboren 1879. Besuchte das Lehrerseminar. 1898 Ausschluß aus dem Seminar wegen revolutionärer Tätigkeit. 1898 Beitritt zur Partei. 1902 verhaftet. 1903 auf drei Jahre nach Sibirien verbannt. Flucht. Parteitätigkeit. 1908 verhaftet. Auf drei Jahre nach Sibirien verbannt. 1909 Flucht nach Baku. Verhaftung und sechs Jahre Verbannung. Nach einem Jahre Flucht und Parteitätigkeit in Petersburg. Bald darauf verhaftet und wiederum auf drei Jahre verbannt. Flucht im Jahre 1911. Verhaftung und Verbannung im Jahre 1912. Flucht nach Petersburg. 1913 verhaftet und verbannt nach dem sibirischen Dörfchen Kurejka im Polarkreis. Rückkehr nach der Februar-Revolution. Redakteur an Parteiblättern. 1919/20 Volkskommissar der Arbeiter- und Bauerninspektion. 1920/23 Mitglied des Militär-Revolutionären Sowjets der Republik. Sekretär des Zentralkomitees der Partei.

Es wäre ein Verbrechen, zu zaudern. Auf den Sowjet-Kongreß warten, wäre eine kindische Formalitätsspielerei, eine schändliche Formalitätsspielerei, ein Verrat an der Revolution.

Wenn man die Macht ohne Aufstand nicht ergreifen kann, so muß man sofort *in den Aufstand treten*. Es kann wohl sein, daß man gerade jetzt ohne Aufstand die Macht ergreifen kann, z. B. wenn der Moskauer Sowjet sofort die Macht ergriffe und sich (zusammen mit dem Petersburger Sowjet) als Regierung proklamierte. In Moskau ist der Sieg gesichert, *niemand kann Krieg führen*. In Petersburg kann man *abwarten*. Die Regierung kann nichts tun, sie ist verloren, sie wird kapitulieren.

Denn der Moskauer Sowjet wird, wenn er die Regierungsgewalt, die Banken, die Fabriken, das „Rußkoje Slowo"*) einnimmt, eine gewaltige Basis und Macht erlangen, wenn er vor ganz Rußland agitiert und die Frage so stellt: wir werden *morgen Frieden* anbieten, falls der Bonapartist Kerenski kapituliert (wenn er nicht kapituliert, werden wir ihn stürzen). *Sofort Land* den Bauern, *sofort* Entgegenkommen den Eisenbahnern, Postbeamten usw.

Man muß nicht unbedingt mit Petersburg „anfangen". Wenn Moskau unblutig „anfängt", wird es bestimmt unterstützt werden: 1. durch die Sympathien der Armee an der Front, 2. durch die Bauern überall, 3. dadurch, daß die Flotte und die finnischen Truppen nach Petersburg marschieren.

Selbst wenn Kerenski vor Petersburg ein bis zwei Kavalleriekorps hat, muß er kapitulieren. Der Petersburger Sowjet kann abwarten und für die Moskauer Sowjetregierung agitieren. Losung: Macht den Sowjets, Land den Bauern,

*) „Rußkoje Slowo", eine sehr verbreitete liberale Moskauer Zeitung, wurde vom Moskauer Sowjet am Tage nach der Oktober-Revolution verboten.

Frieden den Völkern, Brot den Hungrigen.

Der Sieg ist gesichert, und zu neun Zehnteln die Aussicht, daß er unblutig wird.

Warten wäre ein Verbrechen vor der Revolution.

Gruß *N. Lenin.*

Der Parteiapparat durchdrang alle Massenorganisationen der Arbeiter und Soldaten, später auch der Bauern, und bildete sozusagen das stählerne Gerüst dieser Organisationen. Die ganze Organisation der militärischen Kräfte des Umsturzes in Petrograd wurde mit Hilfe einer besonders dazu geschaffenen militärischen Organisation von der Partei vorbereitet und geführt. Die oberste organisatorische Leitung des Aufstandes lag nicht nur bei dem Militär-Revolutionären Komitee, also einem Sowjetorgane, sondern auch in den Händen der *Partei*, die zur organisatorischen Führung des Aufstandes eine aus Stalin, Swerdlow, Dzerschinski, Bubnow und Uritzki bestehende Leitung gebildet hatte.

**G. E. Sinowjew**

Geboren 1883. Besuchte das Gymnasium. Beitritt zur Partei im Jahre 1901. Aufenthalt und Studium im Auslande. 1905 in Petersburg. Mitglied des Parteikomitees. Verhaftung. Emigration. 1907 auf dem Parteitag ins Zentralkomitee der Partei gewählt. 1908 verhaftet und verbannt nach Elisawetgrad. Flucht ins Ausland. 1909 einer der Redakteure des Zentralorgans der Partei „Sozial-Demokrat". Vertritt mit Lenin die Partei auf der Kienthaler Konferenz 1916. Nach dem Februar-Umsturz Rückkehr nach Rußland. Nach der Oktober-Revolution Vorsitzender des Petrograder Sowjets. Während des Bürgerkrieges Mitglied des Militär-Revolutionären Sowjets der 7. Armee, Vorsitzender des Komitees der Verteidigung der Republik.

In der Sitzung des Zentralkomitees vom 10. Oktober (alten Stils) wird u. a. die Frage des bewaffneten Aufstandes behandelt. Wir bringen an dieser Stelle den Text des Protokolls dieser Sitzung:

*Anwesend:* Lenin, Sinowjew, Kamenew, Stalin, Trotzki, Swerdlow*), Uritzki**), Dzerschinski, Kollontai, Bubnow, Sokolnikow, Lomow.

Vorsitzender: Swerdlow. *Tagesordnung:* 1. Die rumänische Front. 2. Konferenz der „Litauer"-Regimenter in Moskau. 3. Minsk und die Nordfront. 4. Die gegenwärtige Lage. 5. Bezirkskongreß. 6. Das Herausziehen von Truppen.

1. *Die rumänische Front.* Es berichtet Genosse Swerdlow: An der rumänischen Front fand eine sozialdemokratische Konferenz aller Richtungen statt. Es wurde eine gemischte Liste ausgearbeitet. Erschienen im ZK. der Einheitler. Erhielten Zustimmung. Fragen, wie sich hierzu unser ZK. stellt. Unter 20 Kandidaten wurden 4 Bolschewiki aufgestellt.

*Beschluß:* Dem Beschlusse des Kongresses Rechnung tragend, werden keinerlei „Blocks" zugelassen.

2. *„Die Litauer".* Es referierte Genosse Swerdlow: Die Litauer hielten in Moskau eine Konferenz ab, auf welcher konstatiert wurde, daß häufig Sozialpatrioten im Namen der Partei auftreten. Um dies zu verhindern, wurde beschlossen, eine provisorische Leitung zu wählen, welche sich gemeinsam mit der ganzen Konferenz unter das Banner der Bolschewiki stellt. Diese Leitung muß bestätigt werden. — Genosse Lomow: Glaubt, daß man bestätigen soll. Doch muß man beachten, daß dort auch sozialpatriotische Organisationen teilgenommen haben. — *Beschluß:* das provisorische Büro wird bestätigt.

3. *Minsk und die Nordfront.* Es referiert Gen. Swerdlow: Es sind die Vertreter einiger Armeen der

*) Gestorben 1919.
**) Von den Sozialrevolutionären am 30. August 1918 ermordet.

Nordfront hierhergereist, welche angeben, daß an dieser Front sich eine Aktion in Verbindung mit dem Abmarsch von Truppen vorbereite. Aus Minsk wird mitgeteilt, daß dort eine neue „Kornilowiade" im Entstehen sei. Minsk ist in Anbetracht des Charakters der Garnison von Kosaken-Abteilungen umgeben. Irgendwelche verdächtige Verhandlungen werden geführt zwischen den Stäben und dem Hauptquartier. Unter den Ossetinen und einzelnen Truppenteilen wird gegen die Bolschewiki agitiert. An der Front ist die Stimmung für die Bolschewiki — sie wird mit uns gegen Kerenski marschieren. Keinerlei Dokumente. Man kann sich in ihren Besitz setzen, wenn man den Stab besetzt, was in Minsk technisch durchaus möglich ist; dabei kann die Garnison von Minsk den ganzen Ring der Truppen entwaffnen. Die ganze Artillerie ist in die Pinsker Sümpfe gejagt. Man kann aus Minsk ein Korps nach Petrograd schicken.

4. *Die gegenwärtige Lage.* Das Wort erhält . . .*) Er konstatiert, daß seit Anfang September eine gewisse Gleichgültigkeit zur Frage des Aufstandes bemerkbar sei. Indeß ist dies unzulässig, wenn wir die Losung von der Ergreifung der Macht durch die Sowjets ernstlich aufstellen. Deshalb hätte man längst schon die Aufmerksamkeit der technischen Seite der Frage zuwenden müssen. Jetzt ist, offensichtlich, viel Zeit verloren. Nichtsdestoweniger steht die Frage sehr scharf und der entscheidende Augenblick ist nahe. Die internationale Lage ist eine solche, daß die Initiative auf unserer Seite sein muß. Was man mit der „Räumung bis Narwa und Petrograd" vorhat, zwingt uns noch mehr zu entschlossenen Handlungen. Auch die politische Lage wirkt erhöht in dieser Richtung. Am 3. und 5. Juli wären entschiedene Handlungen von unserer Seite daran gescheitert, daß wir die Mehrheit nicht hinter uns hatten. Seither macht unser Aufstieg gigantische Fortschritte. Den Absentismus und die Gleichgültigkeit der Massen kann man dadurch erklären, daß die Massen der Resolutionen und Worte müde sind. Jetzt steht die Mehrheit hinter uns. Die politische Lage ist vollkommen reif für die Übernahme der Macht. — Auch die Agrarbewegung zielt nach dieser Seite, denn es ist klar, daß heroische Kräfte notwendig wären, um diese Bewegung zu unterdrücken. Die Losung von der Übergabe allen Bodens ist zur allgemeinen Losung der Bauernschaft geworden. — Die politische Lage ist reif. Man muß über die technische Seite sprechen. Das ist die Hauptsache. Demgegenüber sind wir, nach dem Beispiele der Sozialpatrioten, geneigt, die systematische Vorbereitung des Aufstandes als eine Art politischer Sünde zu betrachten. Auf die Konstituierende Versammlung, die zweifellos nicht mit uns gehen wird, zu warten, ist unsinnig, denn das hieße unsere Aufgabe komplizieren. — Man muß den Bezirkskongreß und den Vorschlag aus Minsk zum Beginn entscheidender Handlungen benützen.

Genosse Lomow ergreift das Wort zwecks Information über die Haltung des Moskauer Bezirksbüros und des Moskauer Komitees sowie auch über die Lage in Moskau überhaupt. —

Genosse Uritzki konstatiert, daß wir nicht nur in technischer Hinsicht, sondern auch in allen anderen Teilen unserer Arbeit schwach sind. — Wir haben eine Menge Resolutionen zur Annahme gebracht, entschiedene Maßnahmen — keinerlei. Der Petrograder Sowjet ist desorganisiert, wenige Versammlungen etc. — Auf welche Kräfte stützen wir uns? Die Petrograder Arbeiter haben 40 000 Gewehre, aber das entscheidet die Sache nicht; das ist — nichts. Die Garnison kann nach den Juli-Tagen keine großen Hoffnungen einflößen. — Auf jeden Fall aber, wenn wir auf den Aufstand lossteuern, dann muß man auch tatsächlich etwas in dieser Richtung machen. Man muß sich zu bestimmten Handlungen entschließen. — Genosse Swerdlow berichtet darüber, was ihm von der Lage der Dinge in ganz Rußland bekannt ist.

Es wird die unten angeführte Resolution angenommen. — Es stimmen mit Ja — 10, dagegen 2.

Sodann wird die Frage der Bildung eines Politischen Büros des ZK. aufgeworfen. Es wird beschlossen, ein siebenköpfiges Büro zu bilden: Lenin, Sinowjew, Kamenew, Trotzki, Stalin, Sokolnikow, Bubnow.

*Resolution, angenommen am 10. Oktober 1917.*

*„Das ZK. stellt fest, daß sowohl die internationale Lage der russischen Revolution (Aufstand in der deutschen Flotte als schärfster Ausdruck des Anwachsens der internationalen sozialistischen Revolution in ganz Europa, sodann die Gefahr eines Friedens der Imperialisten zwecks Erwürgung der Revolution in Rußland) als auch die Kriegslage (die zweifellose Entschlossenheit der russischen Bourgeoisie und der Kerenski & Co., Petrograd den Deutschen auszuliefern) — als auch die Gewinnung der Mehrheit in den Sowjets durch die proletarische Partei — all das in Verbindung mit den Bauernaufständen und der Zuwendung des Volksvertrauens an unsere Partei (Wahlen in Moskau), endlich die offene Vorbereitung zu einer zweiten Kornilowiade (Herausziehung der Truppen aus Petrograd, die Heranführung von Kosaken nach Petrograd, die Umzingelung von Minsk durch Kosaken etc.) —, daß all dies den bewaffneten Aufstand auf die Tagesordnung stellt.*

*In Einsicht dessen, daß auf diese Art der bewaffnete Aufstand unausweichlich und vollkommen herangereift ist, empfiehlt das ZK. allen Organisationen der Partei, sich dementsprechend zu verhalten und von diesem Gesichtspunkt aus alle praktischen Fragen (Sowjet-Kongreß des Norddistriktes, Abzug von Truppen aus Petrograd, die Moskauer und Minsker Aktionen etc.) zu prüfen und entscheiden."*

---

*) Der Name ist sorgfältig durchgestrichen, aber es ist unschwer zu erraten, daß es — Lenin war.

Was war nach der Auffassung der im Oktober-Umsturz die Führerrolle spielenden bolschewistischen Partei der *geschichtliche Sinn* dieses Umsturzes und welche *Strategie* befolgt dabei die Partei?

Der Oktober war nach der Auffassung der Bolschewiki die erste *proletarische* Revolution, die die Ketten des imperialitischen Krieges zerriß und in die kapitalistische Gesellschaft eine zur sozialistischen Gesellschaft führende Bresche schlug. Indem es im Oktober die Macht ergriff und die *ersten Schritte zum Sozialismus* tat, löste gleichzeitig das Proletariat die *demokratischen Aufgaben*, die die vorhergehenden Revolutionen unerfüllt gelassen hatten. Wenn auch das Proletariat bei der Lösung der demokratischen Aufgaben *mit der ganzen* Bauernschaft zusammenging und breite Schichten nicht nur der armen, sondern auch der mittleren Bauernschaft zur Ablehnung des imperialistischen Krieges mit sich riß, hatte es im verschärften *Kampfe um die Macht* und bei den ersten Schritten in der Richtung des Sozialismus innerhalb des Landes nur die *ärmste* Bauernschaft als seinen nächsten und verläßlichsten Verbündeten, während der Mittelbauer neutral und der Großbauer in wachsendem Maße feindlich der Entwicklung gegenüberstand. Erst später, nach Festigung der Sowjetmacht und der Grundlagen der sozialistischen Wirtschaft, ging die Mittelbauernschaft ein festes Bündnis mit dem Proletariat ein.

**L. D. Trotzki**

Geboren 1879. Besuchte die Realschule. Nimmt teil an der revolutionären Jugendbewegung. 1898 verhaftet. Verbannung auf zwei Jahre nach Sibirien. 1902 Flucht ins Ausland. Aufenthalt in Wien und London. Literarische Tätigkeit an der marxistischen Zeitschrift „Iskra" („Der Funke"). 1905 Mitglied des Vollzugsausschusses des Petersburger Sowjets. Verhaftung. Verbannung nach Sibirien. 1907 Flucht ins Ausland. Aufenthalt in Wien. Gibt während des Krieges in Paris die Zeitung „Nasche Slowo" („Unser Wort") heraus. Kampf gegen Sozialpatriotismus. Teilnahme an den Zimmerwalder und Kienthaler Konferenzen. 1916 ausgewiesen aus Frankreich nach Spanien. In Spanien verhaftet und ausgewiesen, geht nach Amerika. 1917 Rückkehr nach Rußland (englische Behörden verhaften ihn unterwegs, internieren ihn in Kanada und erlauben erst die Weiterreise unter dem Drucke des Petrograder Sowjets). Nach den Juli-Tagen 1917 durch die Kerenski-Regierung verhaftet. Auf dem VI. Parteitag ins Zentralkomitee der Partei gewählt. Im September 1917 Vorsitzender des Petrograder Sowjets. Im Oktober Vorsitzender des Petrograder Revolutionären Komitees, dann Volkskommissar des Auswärtigen. In den Jahren des Bürgerkrieges Volkskommissar für Armee- und Flottenangelegenheiten und Vorsitzender des Revolutionären Kriegs-Sowjets der Republik. Im Jahre 1925 Vorsitzender des Konzessionskomitees, Mitglied des Präsidiums des Obersten Volkswirtschaftsrates.

Die Prinzipien der Strategie der Partei im Oktober waren: Erhaltung und Festigung des Bündnisses mit dem Proletariat und der Bauernschaft, Erhaltung der Führung des Proletariats in diesem Bunde und gleichzeitige Weitertreibung der Revolution auf dem Wege des *Hineinwachsens der demokratischen Revolution in eine sozialistische*, Steigerung der revolutionären Energie der Massen bis zur äußersten Grenze der Möglichkeit, mit gleichzeitiger Ablehnung der Politik eines „Überspringens" der historisch-notwendigen Entwicklungsstufen der Revolution.

*Kann das Proletariat in einem „rückständigen" Bauernlande die Macht behalten und der Verwirklichung des Sozialismus näherkommen?* Eine zehnjährige Erfah-

**N. I. Bucharin**

Geboren 1888. Studierte nach Absolvierung des Gymnasiums an der Moskauer und Wiener Universität. Beitritt zur Partei im Jahre 1906. 1908 Mitglied des Moskauer Komitees der Partei. 1910 verhaftet. Nach einem Jahre Gefängnis Verbannung nach Sibirien. Flucht ins Ausland. Bis 1917 in der Emigration. Nimmt aktiven Anteil an der internationalen Arbeiterbewegung, insbesondere an der Bewegung in Deutschland, Oesterreich und Amerika. Parteischriftsteller und Theoretiker des Marxismus. 1917 Rückkehr nach Rußland. Auf dem VI. Parteitage der Bolschewiki gewählt ins Zentralkomitee der Partei. Redakteur des Zentralorgans der Partei, „Prawda"

rung gibt auf diese Frage nunmehr eine gewichtige, bejahende Antwort. Aber im Jahre 1917 gab nur die bolschewistische Theorie diese bejahende Antwort, während alle „pseudosozialistischen" und einfach bürgerlichen Theoretiker und Mitläufer heftige Angriffe und eine erbitterte Hetze gegen diese Theorie richteten. Die Frage der Möglichkeit oder Unmöglichkeit eines Sieges der sozialistischen Revolution in einem Bauernlande ist die Frage der Beziehungen der Bauernschaft zu dieser Revolution. Ist es dem Proletariat möglich, die Bauern durch eine richtige Politik auf die Seite des Sozialismus hinüberzuziehen, oder liegen unüberwindliche Hindernisse für eine solche Lösung in der sozialen Natur der Bauernschaft?

*Nur* die bolschewistische, leninistische Theorie gab auf diese Frage eine bejahende Antwort. Darum unternahmen auch die Bolschewiki ohne Zweifel und Schwankungen die Führung der proletarischen Revolution in Rußland. Alle anderen Parteien beantworteten diese Frage negativ.*)

In der bolschewistischen Partei selbst gab es auch kleine, unbedeutende Gruppen, die sich der Möglichkeit eines Bündnisses zwischen Proletariat und Bauernschaft bei der Verwirklichung der Aufgaben der *sozialistischen* Revolution gegenüber skeptisch verhielten. Zu dieser gehörte auch die Gruppe Trotzkis, die erst im Juli 1917 offiziell in die Partei eintrat. Trotzki war der Auffassung, daß

*) Es wird manchmal versucht, eine angeblich vorhandene Ähnlichkeit zwischen der Theorie des Bolschewismus und der Ideologie jener Partei festzustellen, die im Oktober von den Bolschewiki von den Machtpositionen verjagt wurde, nämlich der Partei der Sozialrevolutionäre. Die einen und die anderen glauben angeblich an einen „Bauernsozialismus". Wie geschah es jedoch, daß diese beiden Parteien im Laufe der Geschichte der Revolution in den erbittertsten Formen gegeneinander kämpften? Tatsächlich ist der Unterschied zwischen den Auffassungen dieser beiden Parteien ungeheuer. Er besteht darin, daß die Sozialrevolutionäre die Führerrolle des Proletariats gegenüber den Bauern und überhaupt in der Revolution nicht anerkennen und die Diktatur des Proletariats ablehnen, d. h. sie lehnen Ideen ab, die zu den *Grundlagen* des Bolschewismus gehören. Darum blieb bei den Sozialrevolutionären das Gerede vom Sozialismus, von der „Sozialisierung des Grund und Bodens" usw. immer ein Geschwätz ohne Basis, unter dessen Deckung sie ein Bündnis der Bauernschaft nicht mit dem Proletariat, sondern mit der *Bourgeoisie* zu verwirklichen suchten. Die Ideologie der Sozialrevolutionäre war dem alten Narodnikitum des 19. Jahrhunderts entwachsen, das sogar die Obschtschina der russischen Bauern als „sozialistisch" betrachtete, obwohl diese in den Händen der Gutsbesitzer nur dazu diente, aus den Bauern Steuern und Abgaben herauszupumpen und billige Arbeitskräfte im Dorfe zurückzuhalten.

das Proletariat Rußlands die eroberte Macht wirklich nur dann behalten könnte, wenn die proletarische Revolution auch in anderen, fortgeschritteneren Ländern siegen würde und die siegreichen Arbeiterklassen dieser Länder dem russischen Proletariat zu Hilfe kämen. Ohne solche Hilfe hielt er den Untergang der proletarischen Macht infolge der inneren Widersprüche im Lande, infolge des unabwendbaren Zusammenstoßes zwischen Proletariat und Bauernschaft für unvermeidlich.

**W. A. Antonow-Owsejenko**

Geboren 1883. Absolvierte die Offiziersschule. 1902 Beitritt zur Partei. 1905 verhaftet, bald freigelassen. Mitglied des Petersburger Komitees der Partei als Vertreter der Militärorganisation. 1906 verhaftet und wegen Organisation des Militäraufstandes in Sewastopol zum Tode verurteilt. Umwandlung der Todesstrafe in 20 Jahre Zuchthaus. Flucht aus dem Zuchthause. Parteitätigkeit in Moskau, insbesondere im Buchdrucker-Verband. 1910 verhaftet. Flucht ins Ausland. Aufenthalt in Paris. 1917 Rückkehr nach Rußland. Nach der Oktober-Revolution Kommandeur des Petrograder Militärkreises. Im Bürgerkriege Kommandotätigkeit an verschiedenen Fronten.

Den im Oktober errungenen Sieg verdankt die bolschewistische Partei dem Umstande, daß sie gleich von den ersten Monaten der Revolution an nicht nur den menschewistischen Kuhhandel mit der Bourgeoisie, sondern auch die Parole der „Arbeiterregierung“ ablehnte, die die Arbeiter von den Bauern isoliert und diese der Hegemonie der Bourgeoisie preisgegeben hätte. Lenin wählte die Parole *„Alle Macht den Sowjets“*. In den Sowjets bildeten nicht Arbeiter, sondern Bauern die Mehrheit (wenn man die Soldaten zu den Bauern zählt). Diese Wahl „versicherte“, wie sich Lenin ausdrückte, die Bolschewiki vor einem „Überspringen“ der Bauernrevolution.

Es wäre falsch, zu denken, daß die Parole der „Sowjetmacht“, die im April auftauchte, in den Augen der Bolschewiki mit der Parole der „Arbeiterregierung“, der „reinen“ Diktatur des Proletariats *zusammenfiel*. Dem war nicht so. Bis zu den Juli-Tagen hielt Lenin eine Entwicklung der Ereignisse für nicht ausgeschlossen, bei der die Menschewiki und Sozialrevolutionäre, die die Mehrheit in den Sowjets besaßen, die Regierungskoalition mit der Bourgeoisie abbrechen und die Macht im Namen der Sowjets in die eigenen Hände nehmen würden. Dies wäre wohl eine Sowjetmacht gewesen, aber noch keine sozialistische Diktatur des Proletariats, sondern bloß eine *demokratische* Diktatur des Proletariats. Dies hätte bedeutet, daß die Kleinbourgeoisie noch vor dem Übergange der Revolution in die sozialistische Phase mit der Großbourgeoisie gebrochen hätte und die Aufgaben der demokratischen Revolution selbständig verwirklichen wollte.

Erst später, nach Eroberung der Mehrheit der Sowjets durch die proletarische Partei hätte eine solche demokratische Diktatur in eine sozialistische hinüberwachsen können.

Bis zu den Juli-Tagen bedeutete die Parole „Alle Macht den Sowjets" konkret nur eine *an die opportunistische Mehrheit der Sowjets gerichtete* Aufforderung zur Machtergreifung. Als sich die Lage im Juli änderte und es klar wurde, daß die letzte Möglichkeit einer Loslösung der Opportunisten von der Bourgeoisie und eines „friedlichen" Überganges der Macht in die Hände der Sowjets verschwunden war, zogen die Bolschewiki vorübergehend die Parole der Sowjetmacht zurück, um sie zwei Monate später mit *neuem Inhalt* wieder aufzustellen.

Auch nach den Juli-Tagen gab es jedoch einen Augenblick, eine rasch vorübergehende revolutionäre Situation, in der die Bolschewiki die Parole: „Alle Macht den Sowjets" in ihrer alten Bedeutung wieder aufstellten, die Menschewiki und Sozialrevolutionäre zur friedlichen Machtergreifung mit Hilfe der Sowjets aufforderten und einen solchen friedlichen Ausgang auch für möglich hielten. Wer dazu neigt, die Taktik der Bolschewiki im Jahre 1917 als eine direkte, umweglose Durchbruchsoffensive mit der Parole der proletarischen Diktatur zu schildern, muß auf den Leninschen Artikel „Über die Kompromisse" verwiesen werden, der in dem Blatt „Rabotschij Putj" vom 3. September erschienen ist.

Es war dies der Augenblick, als die Roten Garden und die revolutionären Truppen trotz der verräterischen Politik der Kornilow heimlich unterstützenden provisorischen Regierung einen Sieg über Kornilow davongetragen hatten. Die bürgerliche Konterrevolution war aufs Haupt geschlagen, das Proletariat verspürte einen neuen Kräftezustrom und begann auch gleichzeitig, sich die Waffen zurückzuerobern, die ihm in den Juli-Tagen abgenommen worden waren.

Im oben erwähnten Artikel schreibt *Lenin:*

„Wir sind jetzt bei einer solch scharfen und originellen Wendung der russischen Revolution angelangt, daß wir als Partei in der Lage sind, wohl nicht unserem direkten und hauptsächlichen Klassenfeinde, der Bourgeoisie, aber unseren nächsten Gegnern, den „führenden" kleinbürgerlichen Parteien, den Sozialrevolutionären und Menschewiki, ein freiwilliges Kompromiß vorzuschlagen. Wir können diesen Parteien nur ausnahmsweise, nur in Anbetracht der besonderen Lage, die offenbar nur sehr kurze Zeit bestehen wird, dieses Kompromiß vorschlagen und wir sollen, wie es mir scheint, es tun. Ein solches Kompromiß ist von unserer Seite die Rückkehr zur Forderung des Vor-Juli: *„Alle Macht den Sowjets, eine den Sowjets verantwortliche Regierung von Sozialrevolutionären und Menschewiki."*

„Ohne die Beteiligung an der Regierung zu beanspruchen", — erläutert Lenin — „würden die Bolschewiki die sofortige Aufstellung der Forderung nach dem Übergang der Macht an das Proletariat und an die ärmste Bauernschaft unterlassen. Die selbstverständliche und den Sozialrevolutionären und Menschewiki nicht neue Bedingung wäre die vollkommene Agitationsfreiheit und die Einberufung der Konstituante ohne weitere Verzögerung oder sogar mit verkürzter Frist."

Warum schlug Lenin am 3 September ein solches Kompromiß vor? Er schlug es vor „im Namen der friedlichen Entwicklung der Revolution; einer in der Geschichte außerordentlich seltenen und wertvollen Möglichkeit, einer ausnehmend seltenen Möglichkeit . . ."

Die Menschewiki und die Sozialrevolutionäre hätten dadurch die Möglichkeit gewonnen, das Programm ihres Blocks restlos zu verwirklichen, sich dabei auf die überwiegende Mehrheit des Volkes stützend und sich die „friedliche" Ausnützung ihrer Sowjetmehrheit sichernd.

Dies war das Angebot das die opportunistischen Parteien ablehnten, obwohl es sie in die Lage versetzt hätte, ihr Programm zu verwirklichen. Selbstverständlich wäre bei voller Agitationsfreiheit die Eroberung der Mehrheit in den Sowjets durch die Bolschewiki nur eine Frage der Zeit gewesen, weil das Programm des menschewistisch-sozialrevolutionären Blocks die Massen nicht hätte befriedigen können. Angesichts dieser Perspektive zogen die Sozialopportunisten wieder den Block mit der Bourgeoisie, den Block mit den Bolschewiki, die bürgerliche Regierung der Sowjetregierung vor.

So konnte der Übergang der Macht in die Hände der Sowjets nur verwirklicht werden, indem die Bolschewiki die Macht eroberten. Die Parole der Sowjetmacht war bereits vor dem Oktober die Formel für die Aufgabe der unmittelbaren Eroberung der *sozialistischen* Diktatur gewesen; die demokratische Diktatur als geschichtliche Entwicklungsstufe war bereits überholt, als sie dank der sozialverräterischen Haltung der Menschewiki und Sozialrevolutionäre in der unentwickelten und unvollkommenen Form der „Doppelregierung" der Periode April/Juni verwirklicht wurde.

Wenn man das Wesen der Leninschen Taktik von 1917 begreifen will, ist es außerordentlich wichtig, diese Veränderung des klassenmäßigen Inhalts der Parole „Alle Macht den Sowjets!" zu verstehen. Um die Macht im Oktober selbst ergreifen zu können, mußten die Bolschewiki von April bis Juli unbedingt den Übergang der Macht an die Menschewiki und Sozialrevolutionäre fordern. Die Weigerung dieser Letzteren, die Macht zu übernehmen, entlarvte sie so klar und deutlich wie nur möglich. Hätten sie aber die Macht ergriffen, so wäre die Entlarvung eben durch ihre Politik geschehen. In beiden Fällen ging Lenins Kurs auf die *Überwindung* der kleinbürgerlichen Illusionen der Massen durch die *eigene Erfahrung, nicht* aber auf das „Überspringen" dieser Illusionen.

Im Jahre 1917 gab es aber auch noch eine andere Strömung innerhalb der bolschewistischen Partei, die, ähnlich dem Trotzkismus, die Möglichkeit eines Blocks zwischen Proletariat und Bauernschaft bei der Verwirklichung *sozialistischer* Aufgaben leugnete. An der Spitze dieser Richtung, die eine kleine Gruppe alter Bolschewiki umfaßte, stand Kamenew. Sowohl bei der April-Konferenz wie auch in der „Prawda" trat er gegen die Thesen Lenins auf, behauptete, daß die Revolution nicht über die Grenzen der demokratischen Revolution in eine sozialistische hinüberwachsen dürfe, weil sonst die Bauernschaft mit dem Proletariat brechen und es niederwerfen würde. Die Differenzen der Partei mit dieser Gruppe traten im Oktober in der Praxis sehr klar zum Vorschein, als eine Reihe führender Parteiarbeiter (der Gruppe Kamenew schloß sich zu dieser Zeit auch Sinowjew an) gegen den Aufstand sich aussprachen, ihre Plattform in der internationalistisch-menschewistischen Zeitung „Nowaja Shisn" veröffentlichten und aus dem Zentralkomitee, einige auch aus dem Rate der Volkskommissare — austraten. In der Partei fanden sie keinen Anhang und in den folgenden Monaten kehrten sie auf ihre Posten zurück.

# 3. DAS MILITÄR-REVOLUTIONÄRE KOMITEE

von

*N. Podwojski*

DIE Strömung im Proletariat für die Organisation seiner bewaffneten Macht, das Streben der Klasse nach Selbstschutz waren in Rußland schon seit 1905 erwacht; die blutigen Bilder dieses Jahres hatten im klassenbewußten Proletariat das Bestreben gefestigt, immer gerüstet und bereit zu sein, und aus diesem Pflichtbewußtsein heraus sicherten sich die Arbeiter sozusagen instinktiv in den Tagen des Februar-Umsturzes vor allem die Waffen, und schon im Monat März 1917 funktionierten in vielen Betrieben Kampfgruppen, zusammengeschweißt durch die gemeinsame Entschlossenheit, den gemeinsamen Enthusiasmus bewaffneter Arbeiter.

Diese Kampfgruppen hatten keinen gemeinschaftlichen Namen und führten an den verschiedenen Orten verschiedene Bezeichnungen: „Arbeitergarde", „Rote Garde", „Rote Wache", welche man jedoch nicht mit der Arbeitermiliz verwechseln darf. Im Petrograder Rayon bestand im Monat Mai kurze Zeit eine Organisation, welche ihre Mitglieder mit Ausweisen mit der Aufschrift „Rote Arbeiterarmee" versah.

Auf der Petrograder Stadtkonferenz der Arbeitergarde entstanden Meinungsverschiedenheiten in bezug auf die Benennung: Arbeitergarde oder Rote Garde. Im Monat Juni rief diese Frage nicht wenig Debatten hervor, welche damit abschlossen, daß als allgemeine Bezeichnung gewählt wurde: „Rote Arbeiter-Armee". Aber diese kräftige und ausdrucksvolle Bezeichnung bedeutete keineswegs, daß es sich tatsächlich um eine „Garde" handelte, die auch nur einigermaßen einer regulären militärischen Formation ähnlich gesehen hätte. Es war einfach eine Menge bewaffneter Arbeiter, welche keinen Begriff von militärischem Aufbau, noch von militärischer Ausbildung hatten, so wenig als von den Eigenheiten des Gewehrs, das sie in Händen hielten und das sie oft überhaupt nicht handhaben konnten. Und nur die Arbeit der Kampforganisation der bolschewistischen Partei im Anfang März, vor allem aber die April-Demonstrationen, die zu blutigen Zusammenstößen führten, öffneten dem Proletariat die Augen über die Notwendigkeit der Kampfbereitschaft und des richtigen Aufbaues aller bewaffneten Kräfte, und machten ihm klar, daß es nicht genüge, ein Gewehr in der Hand zu halten, daß man auch verstehen müsse, es zu gebrauchen.

Die Arbeit der Kampforganisation in bezug auf die Rote Garde ging anfangs nach zwei Richtungen: Die Rote Garde formierte sich entweder unter der unmittelbaren Leitung der Kampforganisation oder im Wege der revolutionären Initiative der aktivsten und scharfsichtigsten Gruppen der Arbeiter. Doch gewöhnlich gerieten auch die außerhalb der Kampforganisation gebildeten Kampfeinheiten sogleich unter die Kontrolle oder Leitung der Bezirkskomitees der bolschewistischen Partei und sodann der Kampforganisation selbst.

Wer ging in die Rote Garde?

Freiwillige — die Arbeiter der großen und kleinen Fabriken und Unternehmungen, Eisenbahnen und kommunalen Unternehmungen. Die Geburtsstätte der rotarmistischen Abteilungen war inmitten des Proletariats selbst. Sie entstanden und schossen auf wie die Schwämme nach Regen. Die Proletarier, die ihr

Leben lang emsig über den Maschinen und Werktischen saßen, ohne den Gedanken des Heroismus, entdeckten in sich den hohen Beruf, die Waffen zu ergreifen und unter die Fahnen zu treten. Es waren die opferfreudigsten, uneigennützigsten, mannhaftesten Glieder der großen Familie der Arbeiterschaft, die Verkörperung der revolutionären, proletarischen Aktivität, wahrhafte Soldaten, Freiwillige der sozialen Revolution, der Stolz und die Schönheit des Proletariats. Die ganze Herrlichkeit ihres Geistes, die Schönheit ihrer Seele, die Selbstverleugnung und der Heroismus ihrer Taten offenbarten sich überall, wo diese Kraft für die Interessen der proletarischen Revolution auf den Plan trat.

Die Bourgeoisie fühlte die Rolle und Bedeutung der Roten Garde voraus und war überall darauf aus, die Soldatenmassen gegen die Rote Garde und die Arbeiter aufzuhetzen, die Wut anzufachen gegen die Versuche der Bolschewiki, sich eine feste, bewaffnete Basis zu schaffen.

Die Bourgeoisie flüsterte den Soldaten ein, daß das Proletariat sich nur deshalb bewaffne, um sein „Bummeln" und „Nichtstun" zu schützen, daß es sich mit deutschem Gelde „bewaffne", durch deutsche „Spione" und „Spionageorganisationen" (so wurde die Parteiorganisation der Bolschewiki genannt), und um die Soldaten in den Schützengräben verfaulen zu lassen; die Bolschewiki seien „Vaterlandsverräter", die durch ihr „Nichtstun" in den Fabriken und Werkstätten die Produktivität der Rüstungsindustrie beeinträchtigten. Die Soldaten wurden auf die Arbeiter als „Verräter der Revolution", der „Freiheit" und des „Vaterlandes" gehetzt.*)

Ungeachtet dieser Hetze führte zwei Monate Arbeit der Kampforganisation bis zum Juli-Aufstand in vielen Bezirken zum Aufbau der rotgardistischen Organisationen.

Die Rote Garde mußte, statt zum Aufstand zu schreiten, konspirieren, Waffen verbergen, damit sie nicht in die Hände der Weißen fielen, und mäuschenstill in den Labyrinthen der Fabriken hocken.

Im Oktober besaß die Rote Garde bereits erprobte Kadres von Kämpfern und hatte feste Wurzeln im Proletariat und in den Soldatenmassen geschlagen und besaß eine tiefgehende Organisation. Das mächtige Netz der rotgardistischen Organe umspannte das ganze Petrograd. Es gab kein einziges Werk, keine Fabrik, wo keine Rote Garde existiert hätte. In allen Arbeitervierteln bildeten sich zum Oktober schon Stäbe der Roten Garde. Die Aufgabe des Tages lag in der Vereinigung aller rotgardistischen Organisationen der Stadt. Die Notwendigkeit einer solchen Vereinigung lag schon längst zutage. Die Zersplitterung der Verwaltung und Leitung verhinderte bedeutendere Resultate, es war unvermeidlich, eine gleichartige Form der Organisation zu schaffen, eine systematische Verteilung der Waffen und Ausnützung der bewaffneten Kräfte durchzuführen. Dies wurde durch die Stadtkonferenz der roten Arbeitergarden von Petrograd erreicht, welche im Oktober durch die Kampforganisation einberufen wurde.

Am 22. Oktober vertrat nach dem Statut der Organisationskommission ein Delegierter 200 Wähler. Die anwesenden zirka 100 Delegierten vertraten sonach 20 000 organisierte Rotgardisten. Die Konferenz trug einen durchaus sachlichen Charakter und ging in beschleunigtem Tempo vor sich. Die Umstände luden nicht zu festlichen Sitzungen ein und die Delegierten zeigten keine Neigung zum Schwatzen und Debattieren. Die Konferenz bestätigte die Satzungen der Roten Arbeiter-

*) Die gleiche Feindseligkeit gegen die Organisation der Roten Garde zeigten die rechten sozialistischen Parteien. Zeretelli forderte schon auf dem ersten Sowjetkongreß entschieden die Entwaffnung der Arbeiter. Den gleichen Ton schlugen die Zentralorgane der Kompromiß-Sowjets an.

**Petrograder Militärorganisation der Bolschewiki im Jahre 1917**
Stehend: Galkin, Kedrow, Panjuschkin. Sitzend: Orlow, Mechenoschin, Newski, Podwojski, Daschkewitsch, Raskolnikow

garde und behandelte eine Reihe laufender Angelegenheiten. Eine zentrale Stadtleitung wurde nicht gewählt, denn die Konferenz hatte beschlossen, daß diese Zentrale (Zentralkommandantur der Roten Garde) sich aus unmittelbar durch die Rayons zu wählenden Vertretern, je einer pro Rayon, zu konstituieren habe. Späterhin wurde die umständliche Bezeichnung „Büro der Zentralen Kommandantur" durch den kürzeren und prägnanteren Titel ersetzt: „Generalstab" der Roten Garde.

*Statut der Roten Arbeitergarde, angenommen auf der Petrograder Stadtkonferenz der Arbeitergarde am 23. Oktober 1917.*

Aufgaben und Pflichten.

I.

1. Die Rote Arbeitergarde ist eine Organisation der bewaffneten Kräfte des Proletariats für den Kampf gegen die Konterrevolution und für die Verteidigung der Errungenschaften der Revolution.

2. Die Rote Arbeitergarde wird aus Arbeitern zusammengestellt, die von den sozialistischen Parteien, den Fabrikkomitees und den Gewerkschaften empfohlen werden.

II.

3. Jedes Mitglied der Roten Arbeitergarde ist verpflichtet, sich der Disziplin der Organisation zu unterwerfen, allen Punkten des Statuts Folge zu leisten, alle ihm von der Organisation auferlegten Pflichten zu erfüllen und ebenso die Übungsstunden und Versammlungen der Arbeitergarde pünktlich zu besuchen.

*Anmerkung:* Wer den Übungsstunden und Versammlungen ohne triftige Gründe dreimal nacheinander fernbleibt, wird aus der Arbeitergarde ausgeschlossen.

4. Die strenge Beobachtung der Disziplin und die unbedingte Unterordnung unter die gewählten Institutionen gründet sich nicht auf blinden Gehorsam, sondern auf das Bewußtsein der außerordentlichen Wichtigkeit und Verantwortlichkeit der Aufgaben der Arbeitergarde, und ebenso auf die Tatsache der vollkommen freien und unabhängigen demokratischen Organisation.

5. Eine der wichtigsten Pflichten der Mitglieder der Roten Arbeitergarde besteht darin, das ihm von der Organisation anvertraute Gewehr sauber und in vollkommener Gefechtsbereitschaft zu halten.

6. Die Benutzung des Gewehres ohne Genehmigung der Organisation, besonders aber für nicht zulässige Zwecke, ist das *größte Verbrechen*, das mit Ausschluß aus der Arbeitergarde, Boykotterklärung usw. bestraft wird.

7. Wegen Verletzung des Statuts und Mißachtung der Organisationsdisziplin unterliegen die Mitglieder der Arbeitergarde dem Kameradschaftsgerichte.

III.

8. Zur Erhaltung der revolutionären Ordnung übernimmt die Arbeitergarde in unruhigen Zeiten den Schutz der Straßen, der staatlichen und öffentlichen Institutionen und Privatgebäude, unterdrückt jede Möglichkeit von Pogromen und provokatorischer Tätigkeit dunkler Kräfte.

9. Der Schutz der revolutionären Ordnung wird von der Kommandantur der Arbeitergarde nach dem Plane und unter der allgemeinen Leitung des Sowjets der Arbeiter- und Soldaten-Deputierten durchgeführt.

10. Die Kampfoperationen der Arbeitergarde und die Vorbereitung zu denselben werden nach einem Plane und unter der allgemeinen Leitung der Zentralkommandantur der Roten Arbeitergarde ausgeführt.

11. Als Ausweis für die Zugehörigkeit zur Roten Arbeitergarde werden von der Zentralkommandantur numerierte Erkennungsmarken ausgegeben.

IV.

Verwaltung.

12. Die Rote Arbeitergarde steht zur Verfügung des Petrograder Sowjets der Arbeiter- und Soldaten-Deputierten und ist unmittelbar der Zentralkommandantur der Roten Arbeitergarde untergeordnet.

13. Die Zentralkommandantur der Arbeitergarde besteht aus je einem Vertreter der Rayons und je einem Vertreter folgender Organisationen:

1. des Petrograder Vollzugsausschusses,
2. der militärischen Abteilung des Vollzugsausschusses,
3. der gemeinschaftlichen Bezirkskonferenz,
4. des Zentralrats der Fabrikkomitees,
5. des Zentralrats der Gewerkschaften.

14. Zu den Pflichten der Zentralkommandantur gehört die allgemeine Leitung und Beobachtung der Tätigkeit der Bezirkskommandanturen, die Versorgung der Bezirke mit Waffen und den erforderlichen Mitteln.

15. Zur Erledigung der laufenden Arbeit bildet die Zentralkommandantur ein Büro, bestehend aus fünf Vertretern der Zentralkommandantur, einem Vertreter des Petrograder Vollzugsausschusses und einem Vertreter der militärischen Abteilung des Vollzugsausschusses.

16. Beim Büro der Zentralkommandantur wird eine Instruktionsabteilung gebildet, die die Gesamtleitung der Ausbildung der Arbeitergarde in den Bezirken innehat und die Heranbildung des Kommandostabes und der technischen Spezialisten leitet.

17. In den Bezirken befindet sich die Arbeitergarde unter der Leitung des Bezirkssowjets der Arbeiter- und Soldaten-Deputierten und ordnet sich den Kommandanturen unter, die zu einem Drittel aus gewählten Bezirkssowjets bestehen und zu zwei Dritteln in einer allgemeinen Versammlung oder in der Bezirkskonferenz der Roten Arbeitergarde des gegebenen Bezirks gewählt werden.

*Anmerkung:* Der Bezirkssowjet hat das Recht zu einer motivierten Entlassung des Leiters der Roten Arbeitergarde.

18. Zu den Pflichten der Bezirkskommandanturen gehört sowohl die allgemeine Aufsicht über die Tätigkeit der Roten Garde im Bezirk, wie auch die unmittelbare praktische Arbeit zur Organisierung und Leitung der täglichen Beschäftigung der Roten Arbeitergarde.

V.

19. Die Rote Arbeitergarde wird nach Betrieben gebildet, wo sie den gewählten Fabrikkommandanten untersteht. Die Arbeiter kleinerer Betriebe vereinigen sich zu Gruppen einer Bezirkskommandantur.

*Anmerkung:* Wenn aus dem Bestande der Roten Arbeitergarde ein Fabrikschutz hervorgeht (Betriebs-Arbeitermiliz), so wird dieser einem besonderen Kommissar der Arbeitermiliz unterstellt. Es ist erforderlich, daß der Bestand dieses Betriebsschutzes ein fließender ist, d. h., daß die Mitglieder der Arbeitergarde diesen Dienst der Reihe nach versehen.

20. Die Rote Arbeitergarde ist eingeteilt: In Schützen-Abteilungen (Gruppen, Züge, Drushinen [Kompagnien] usw.) und in einzelne technische Kommandos (Spreng-, Kraftfahr-, Telegraphen-, Maschinengewehr-, Artillerie-Kommandos usw.)

21. Die Grundkampfeinheit bildet die Gruppe, die aus 13 Mann besteht; 4 Gruppen bilden einen Zug

(53 Mann), 3 Züge = 1 Drushina (160 Mann); 3 Drushinen = 1 Bataillon in Stärke von 480 Mann und unter Ergänzung durch Spezialtruppen in Stärke von 500 und 600 Mann.

22. Alle Bataillone eines Bezirks bilden die Bezirkstruppe. Bei einer großen Anzahl von Bataillonen kann die Bezirkstruppe in Regimenter geteilt werden. Bei großen Werken können Kolonnen gebildet werden, die der Bezirkstruppe beitreten, selbst unter Führung einer eigenen Bezeichnung (z. B. „Putilower").

23. Der gesamte Kommandobestand (Gruppen-, Zug- und Kompagnieführer usw.) wird gewählt. Wünschenswert ist, daß Genossen gewählt werden, die eine spezielle Vorbildung besitzen, andernfalls ist eine *obligatorische* Ausbildung des Kommandobestandes unter Leitung des Büros der Zentralkommandantur erforderlich. Genossen, die keine spezielle Prüfung für die Kommandostellen vor der Zentralkommandantur bestanden haben, werden in den Kommandostellen nicht bestätigt.

Das ursprüngliche System der Auffüllung der Roten Garde war auf individuellem und gruppenweisem (fabrikweise) Beitritt von Freiwilligen fundiert. Doch als der Kampf sich in die Länge zog, ermüdeten allmählich die Arbeiter bei dieser alltäglichen, monotonen Werktagsarbeit des Rotgardistendienstes; so entstand die Notwendigkeit, die Dauer des Verbleibens in der Roten Garde irgendwie zu begrenzen, eine Ablösung für die Rotgardisten zu schaffen. Dieses Ablösungssystem war auch schon deshalb notwendig, weil ja als Ideal der rotgardistischen Organisationen „das bewaffnete Proletariat" galt, die Ausbildung aller Arbeiter im Kriegshandwerk. Systematisch einen solchen Austausch im Dienste durch Werbung Freiwilliger durchzuführen, war möglich. Damit die Bewaffnung in der Tat eine allgemeine werde, damit nicht privilegierte Gruppen entstünden, damit die Lasten des Kriegsdienstes gleichmäßig auf alle Fabriken und Werke verteilt seien, mußte das Proletariat eine Heerschau seiner Kräfte durchführen, die Norm für die Bewaffnung festsetzen und alle einberufenen Kämpfer nach den einzelnen Unternehmungen verteilen. Auf diese Art legte sich das Petrograder Proletariat eine Art rotgardistischen „Naturaldienst" auf. Man ging über vom System des individuellen zum kollektiven Freiwilligen.

Die geänderte Form der Rekrutierung der Roten Garde änderte nichts an der Form der Entlohnung für diese Arbeit. Wie vorher, so erhielt auch jetzt der Rotgardist sein Gehalt von jenem Unternehmen, von dem er beigestellt war, und zwar im Ausmaße seines mittleren Arbeitsverdienstes. Selbstverständlich wurde dadurch, daß der rotgardistische Freiwillige für seinen Dienst bezahlt wurde, sein Dienstverhältnis zu keinem Lohnverhältnis und die Rotgardisten waren keineswegs Söldner, wie dies die durch Revolution zu tiefst gekränkte Bourgeoisie in ohnmächtigem Haß ausschrie. Der Arbeiter, der unter Waffen stand, mußte genau so essen, wie jener, der am Werktisch stand. Das Proletariat beurteilte die Sache so, daß die Rotgardisten nur eine neue, produktive Funktion erfüllen — den Schutz der Arbeiterklasse und deren Existenzmittel, daß die Tätigkeit der Rotgardisten gesellschaftlich genau so notwendig sei im neuen revolutionären Produktionssystem, wie die Tätigkeit jedes anderen Industriearbeiters.

Die Tatsache, daß die Rotgardisten ihr Gehalt von „ihrem" Werke bezogen, welches ihnen die Verpflichtung zum Schutze des Werkes auferlegte, und eine Reihe anderer Bande, die sie ihrem Werke verknüpften, — all dies wirkte auch bestimmend auf die Art der Formierung der rotgardistischen Abteilungen. Sie wurden nach Unternehmungen formiert. Kleine Unternehmungen, welche nicht imstande waren, taktische Einheiten selbst aufzustellen, vereinigten sich gruppenweise zu einer solchen Einheit.

Die Einteilung der Roten Garde näherte sich ungefähr jener der vorrevolutionären Armee, obwohl die ziffernmäßige Stärke der gleichnamigen Abteilungen durchaus verschieden war, nicht nur in den einzelnen Rayons, sondern auch in den einzelnen Unternehmungen des gleichen Rayons. Die Grundeinheit war die Rotte

**Der erste Kongreß der Delegierten der Flotte, November 1917**

Auf der Fahne die Aufschrift: „ES LEBE DIE INTERNATIONALE". Die Delegation der Allrussischen Flotte

(Hundertschaft, Drushina), welche in 3 bis 4 Zehnerschaften untergeteilt war. In den großen Unternehmungen wurden einige 3 bis 4 Rotten zu einem Bataillon vereinigt. Das allgemeine Kommando sowie die Verwaltung innerhalb der Rayons wurde in den Händen des Rayonstabes konzentriert, dessen Mitglieder genau so wie der ganze Kommandostab gewählt wurden. Im weiteren Verlaufe wurden in die Rayonstäbe die Vertreter der Rayonsowjets einbezogen, als Kommandanten oder Kommissare. Unter die Aufgaben der Rayonstäbe fiel: Die Aufgabe der Rekrutierung der Roten Garde, das Mobilisierungs-Rechnungswesen, die Formierung, die Bewaffnung, Bekleidung, Munitionsbeschaffung, Verproviantierung; die Ausbildung, Organisierung des inneren und Garnisonsdienstes und die Leitung der aktiven Operationen innerhalb der Rayons. Dementsprechend zerfiel der Stab in spezielle Unterabteilungen, die unter der gemeinsamen Leitung des gewählten Stabs-Chefs oder des durch den Sowjet ernannten Kommandanten standen. Außerordentlich kompliziert gestaltete sich die Einberufung der Rotgardisten: die riesige Arbeit der Registrierung der gesamten Arbeiterschaft, die Einteilung der Einberufenen auf die Unternehmungen, Branchen, Werkstätten, die Führung genauer Listen etc. Die Aufgabe der Evidenz und Mobilisierung der Rayons führte der Stab mit Unterstützung der Fabrikkomitees, auf welchen die eigentliche Schwere der Aufgabe bei der Evidenz- und Mobilisierungsarbeit lag. Die Fabrikkomitees stellten die Listen der Einberufenen zusammen, ebenso hatten sie die komplizierten Abrechnungen, nach den im Rayonstabe angefertigten Verzeichnissen über die Zahl der Dienststunden durchzuführen.

Die Komitees übten die Kontrolle aus, dirigierten die Tätigkeit der Rayonstäbe hinsichtlich der Organisation des Schutzes der Unternehmungen und der Ausbildung der Rotgardisten. Die Aufgabe der Bildung, Organisation, Instruktion der Roten Garde, war die Sache der militärischen Organisation der bolschewistischen Partei, welche die Rayons mit Instruktoren und Hilfsmitteln versah. Sie war es, die aus der Armee Kräfte zur Ausrüstung der Roten Garde heranzog, mit ihrer Hilfe den Instruktionsapparat in allen Rayonstäben in Ordnung brachte und deren Arbeit bis zu jenem Zeitpunkte leitete, in welchem der Generalstab der Roten Garde entstand. Als dieser letztere selbst eine Abteilung für die Formierung und Ausbildung aufstellte, wurde dort die gesamte Leitung aller Angelegenheiten der Instruktion der Roten Garde konzentriert, die Ausarbeitung der Leitung und Instruktion durch die Rayonstäbe wie die Bildung der Kaders von Instruktoren.

Damit war die Angelegenheit der Organisation der Roten Garde endgültig auf eine feste Grundlage gebracht, so daß, als die Oktober-Revolution ihr eine zweifache Mission auferlegte, den Schutz der revolutionären Ordnung und die Unterdrückung konterrevolutionärer Unruhen, die Rote Garde diese beiden Aufgaben ehrenvoll erfüllte, ungeachtet dessen, daß sie unter unwahrscheinlich schwierigen Bedingungen zu arbeiten hatte. Der Schutz der revolutionären Ordnung zerfiel in den allgemeinen Schutz, jenen für Beruhigung bei Hungerpogromen, den Kampf mit dem Verbrechertum und die polizeilichen Funktionen. Nach dem Umsturze lief die alte Miliz zum Teil auseinander, zum anderen Teile wurde sie davongejagt, jedenfalls aber gab sie keinerlei Lebenszeichen von sich. So wurde die Stadt zur schutzlosen Beute pogromlustiger Elemente, der Hooligans, der Pogromagitation und der Messerjustiz. Das waren die trüben Wasser, in welchen die Konterrevolution leicht fischen und das Antlitz der Revolution mit Schmutz beschmieren konnte. Die Rote Garde mußte daher den Posten der Miliz beziehen, die Strolche einfangen, die Lager bewachen, die Warentransporte durch die Stadt geleiten, auf jeden Hilferuf herbeifliegen, den Weinkellern nachspüren und sie vernichten, mit Kolbenschlägen die Nüchternheit unter den bummelnden Petrogradern verbreiten.

Einst werden die Leute staunend von dieser heroischen Weinepoche lesen, von diesem beispiellosen Kampf eines Häufleins mit einem ganzen Ozean von Weindunst.

Es war notwendig, die vieltausendköpfige Menge von der Verstumpfung und von Säuferpogromen abzuhalten, mit eigener Brust die Hunderte gigantischer Weinkeller zu decken, angesichts der wütend andrängenden Menge Millionen Eimer von Wein und Spiritus zu vernichten. Die Rote Garde erschöpfte sich in übermenschlichen Anstrengungen zum Schutz der revolutionären Ordnung. Auch die Absperrung der Weinkeller verlangte große Anstrengungen. Es gab Tage, an denen das Tagesaufgebot zum Schutze der Stadt 12000 Mann erreichte. Und die unter solchen Umständen durch die Verteidigung der Roten Hauptstadt vor Anarchie und Besoffenen-Aufruhr erschöpfte Rote Garde durfte auch ihre Hauptaufgabe nicht vergessen, den Kampf mit der bewaffneten Macht der Gegenrevolution. Die Revolution forderte von der Roten Garde den Ausmarsch nach allen vier Weltrichtungen, zahllose Fronten erwarteten Verstärkungen, das Proletariat Petrograds, Moskaus, Tulas, der Wolga-Rayons mußte seine Anstrengungen organisieren, immer neue und neue Kaders mobilisieren und seine Rote Garde auf den Schlachtfeldern einsetzen. Von der Oktober-Operation bei Zarskoje Selo an bis in die letzte Zeit mußten die Rotgardisten von Petrograd, Moskau, aus dem Ural, nicht nur sich schlagen, sondern auch Propaganda treiben, die Bevölkerung organisieren auf allen Schauplätzen des revolutionären Kampfes. Sie haben in der Tat auf den Spitzen ihrer Bajonette die hohen Wahrheiten des Kommunismus von einem Ende Rußlands zum anderen getragen. Ihr Blut düngte die fernen Gebiete des Urals, Turkestans, des Kaukasus, Finnlands, am Weißen Meere, in der Ukraine. Ihre Gebeine bleichen jetzt an allen Grenzen der Sowjetrepublik.

**F. F. Raskolnikow**
Mitglied der Militärorganisation der Bolschewiki im Jahre 1917, Matrose der baltischen Flotte

Die Petrograder, Moskauer, die Uraler Rotgardisten wurden die Pioniere des bewaffneten Kampfes für den Kommunismus.

Die Neuwahlen in den Moskauer Sowjet, nach der Moskauer Beratung, Ende August, ergaben eine Mehrheit für die Bolschewiki. Auch in anderen Städten erhielten die Bolschewiki bei den Neuwahlen die Mehrheit. Durch die September-Neuwahlen des Petrograder Sowjets endlich wurden auch hier die Bolschewiki an die Spitze des Proletariats gestellt, ein Beweis dafür, daß die Verwirklichung des ersten Aktes der Weltrevolution, die Ergreifung der Macht in dem ungeheueren Lande mit seiner Viel-Millionen-Bevölkerung möglich geworden war.

Auch in der Provinz waren die Wahlresultate annähernd die gleichen. So entstand die Frage, diese fast gleichartigen Sowjets zu vereinigen, die Frage einer im Geiste ebenbürtigen Zentralgewalt, die Machtfrage also schlechthin innerhalb der Republik.

Auf diese Art wurde die Frage der Einberufung des zweiten Sowjetkongresses aktuell, dem die Entscheidung obliegen würde.

Die Sowjets von Petrograd und Moskau ergriffen, trotz des Widerstandes des kompromißlerischen Allrussischen Zentralen Vollzugsausschusses, tatsächlich die Initiative zur Einberufung des II. Kongresses, der berufen war, eine große historische Rolle zu spielen.

Nach allen Richtungen der Republik entsandten die Petrograder und Moskauer Sowjets sowie die bolschewistischen Organisationen ihre Emissäre, welche den schon heranreifenden Stimmungsumschwung der Massen für den Bolschewismus vollendeten und gleichzeitig studierten Das Zentralkomitee der Kommunistischen Partei beschloß, unter dem stärksten und unausgesetzten Drucke Lenins, das Proletariat praktisch zum Aufstande vorzubereiten. Infolgedessen stand in jener Zeit in der Partei die Frage des Aufstandes auf der Tagesordnung, als Frage, die zur unmittelbaren Entscheidung drängte.*)

Und im Augenblicke, in dem der Gedanke des Aufstandes laut wurde, war dieser nicht nur schon im Werden, sondern er setzte eigentlich auch schon ein, denn die weiteren Ereignisse entwickelten sich mit unwahrscheinlicher Geschwindigkeit in so beschleunigtem Tempo, daß von allem Anfange Konflikte mit der Regierung und dem kompromißlerischen Vollzugsausschusse sich entwickelten und zum Aufstande führten.

Der Konflikt brach aus anläßlich des Versuches, die Petrograder Garnison aus der Stadt zu entfernen.

Gegenüber diesem Plane der Kerenski-Regierung, auf solche Art dem Petrograder Sowjet das Blut abzuzapfen, ihn seiner aktiven Kraft zu berauben,**) faßte dieser am 9. Oktober in der Frage der Verteidigung Petrograds einen Beschluß — auf Vorschlag der Bolschewiki —, worin die Unabweislichkeit der Bildung eines eigenen militärrevolutionären Stabes als Gegengewicht gegen den Stab des Petrograder Militärbezirks, welchem zu mißtrauen die Bevölkerung alle Ursache hatte, dargelegt wurde.

Die nächste geschlossene Sitzung des Sowjets am 12. Oktober war schon technischen Fragen gewidmet, im Zusammenhange mit der Organisation dieses revolutionären Stabes; ungeachtet der Proteste der Menschewiki wurden die diesbezüglichen Bestimmungen sowie seine Benennung als „Militär-Revolutionäres Komitee“ festgesetzt und am 16. wurden, trotz der wütenden Agitation der

*) Lenin, der damals sich illegal verborgen halten mußte, drängte die ganze Zeit zum Aufstande, dessen Aktualität und Notwendigkeit er nachwies, und tadelte die Unentschlossenheit der Partei.

**) Der Gedanke, die Petrograder Garnison zu verschicken, kam auf und fast auch zur Ausführung anläßlich des Durchbruches der deutschen Flotte, wobei unsere Minenfelder passiert und die Inseln Ösel und Dago von den Deutschen besetzt wurden, was schon einer unmittelbaren Bedrohung Petrograds gleichkam, weshalb der Plan auftauchte, die Hauptstadt zu evakuieren und nach Moskau zu verlegen; die Zugänge nach Petrograd sollten verteidigt werden, wozu die Petrograder Garnison benutzt werden sollte. Die bolschewistische Partei aber hatte allen Grund, neben den strategischen auch politische Gesichtspunkte zu vermuten, das heißt, den Wunsch der Regierung, sich bei der Gelegenheit auch der bolschewistisch gesinnten Regimenter zu entledigen; deshalb legte die Partei den entschiedensten Protest ein und erreichte auch ihr Ziel. Gleichzeitig legte das Mißtrauen gegen den Stab auch den Gedanken nahe, einen eigenen Stab beim Petrograder Sowjet zu bilden, wofür allerdings die Menschewiki und Sozialrevolutionäre nicht das geringste Verständnis bezeugten, indem sie sich hinter den Gefahren eines angeblichen Doppelregimes verschanzten, das die Verteidigung schädigen könne.

Menschewiki, welche das Militär-Revolutionäre Komitee den „Stab zur Ergreifung der Macht“ benannten, vom Plenum des Petrograder Sowjet die Satzungen und die Organisation desselben gutgeheißen.

So war die Bildung des revolutionären Stabes der bewaffneten proletarischen Kräfte — des Militär-Revolutionären Komitees — vollzogen.

Derselbe war wie folgt zusammengesetzt: je zwei Vertreter des Zentralen Komitees der Bolschewiki und der Sozialrevolutionäre, zwei von deren Militärorganisationen, je zwei von den Soldatensektionen des Petrograder Sowjets, zwei vom Garnisonsowjet. Persönlich wurden dem Stabe zugezogen: die Genossen Lazimir, Newskij, Trotzki (als Vorsitzender des Petrograder Sowjets) Dzerschinski, Antonow-Owsejenko, Kudinski, Kozuibinski, Laschewitsch, Mechonoschin usw. Zum Vorsitzenden wurde zunächst Genosse Lazimir, späterhin Podwojski, zum Sektretär Antonow-Owsejenko gewählt.

Die in 19 Punkten zusammengefaßten Satzungen des Militär-Revolutionären Komitees, welche auf dessen erster Sitzung gutgeheißen wurden, bestimmten als seine erste konkrete Aufgabe, die faktische Leitung der Garnison in seine Hände zu nehmen. Das Komitee war berufen, die Losung von der Herrschaft des Petrograder Sowjets innerhalb der Petrograder Garnison zu verwirklichen. Im Sinne der beschlossenen Satzungen durfte auch nicht ein einziger Truppenteil aus Petrograd fortgeführt, aber auch nicht einmal aus den Kasernen hinausgeführt werden ohne die vorherige Zustimmung des Militär-Revolutionären Komitees.

Dem Stabe des Militärbezirkes wurden in bezug auf die Garnison alle operativen Befugnisse entzogen.

Zwecks Verwirklichung dieses letzten Beschlusses des Militär-Revolutionären Komitees entsandte dieses seine bevollmächtigten Delegierten in das Oberkommando, an der Spitze den Genossen Lazimir; ihre Mission blieb aber erfolglos, denn sie konnten mit dem Stabe des Militärbezirkes zu keinerlei Einigung gelangen.

Zur tatsächlichen Verwirklichung seiner Herrschaft innerhalb der Garnison entsandte dasselbe in jeden Truppenteil Petrograds und dessen Umgebung seine Kommissare, welche die Weisung hatten, gestützt auf unsere Organisationen innerhalb der einzelnen Truppenteile, die Regierungskommissare abzusetzen und selbst die Macht in die Hand zu nehmen. Bei der Durchführung dieses wichtigsten, entscheidenden Aktes des Aufstandes fiel allein der Militärorganisation eine kolossale Aufgabe zu. Dieselbe lieh dem Aufstande ihren fertigen, erfahrenen Apparat, ihre besten Kampfgenossen, die zu diesem größten Akt des Aufstandes bevollmächtigt waren. Im Ernennungsdekret der Kommissare waren die Punkte enthalten, welche die ausschließliche Befehlsgewalt des Militär-Revolutionären Komitees, die Gehorsamsverweigerung gegenüber den Befehlen des Petrograder Bezirks-Kommandanten, die Vorbereitung endlich der Garnisonsteile zum bewaffneten Aufstande festlegten. Die Kommissare hatten die Verpflichtung, gestützt auf die Parteizellen in den Regimentern, den Erfolg des Aufstandes sicherzustellen.

Am 21. Oktober nachts wurden die Kommissare des Militär-Revolutionären Komitees in die Regimenter der Petrograder Garnison entsandt.

Die Weigerung des Kommandierenden des Petrograder Militärbezirks, sich dem Willen des Petrograder Sowjets unterzuordnen, führte zur Verlautbarung folgenden Befehls:

In der Versammlung vom 21. Oktober hat sich die Petrograder Garnison um das Militär-Revolutionäre Komitee des Petrograder Sowjets der Arbeiter- und

Soldaten-Deputierten als um sein leitendes Organ geschart. Ungeachtet dessen hat der Stab des Petrograder Militärbezirkes in der Nacht zum 22. Oktober das Militär-Revolutionäre Komitee nicht anerkannt, indem er es ablehnte, die Arbeit gemeinsam mit den Vertretern der Soldatensektion des Sowjets zu führen. Damit hat der Stab den Bruch mit der revolutionären Garnison und dem Petrograder Sowjet der Arbeiter- und Soldaten-Deputierten vollzogen. Indem der Stab mit der organisierten Garnison der Hauptstadt bricht, wird er zum direkten Werkzeug der konterrevolutionären Kräfte. Das Militär-Revolutionäre Komitee weist jede Verantwortung für die Handlungen des Stabes des Petrograder Militärbezirkes von sich.

Soldaten Petrograds! Der Schutz der revolutionären Ordnung vor konterrevolutionären Attentaten wird Euch, unter Leitung des Militär-Revolutionären Komitees, auferlegt. Keinerlei die Garnison betreffenden Verfügungen sind gültig, die vom Militär-Revolutionären Komitee nicht unterzeichnet sind. Alle Verfügungen des Petrograder Sowjets bis zum heutigen Tage, dem Tage des Petrograder Sowjets der Arbeiter- und Soldaten-Deputierten, bleiben in voller Kraft. Jedem Soldaten der Petrograder Garnison wird Wachsamkeit, Ausdauer und unbeugsame Disziplin zur Pflicht gemacht. Die Revolution ist in Gefahr. Es lebe die revolutionäre Garnison!

Dieser Befehl war der tatsächliche Beginn des bewaffneten Aufstandes, weil dadurch der Konflikt zwischen der provisorischen Regierung und dem Militär-Revolutionären Komitee offenbar wurde, jedenfalls müssen die Entsendung der Kommissare in die Regimenter, die Präsentierung der Forderungen des Militär-Revolutionären Komitees an den Militärbezirksstab als aktive Handlungen zur Verwirklichung der Idee der Sowjetmacht*) gelten, die konsequenterweise den aktiven Widerstand des Militärbezirksstabes herausforderten.

Das Militär-Revolutionäre Komitee mußte im Augenblick, in dem es die tatsächliche Gewalt in seine Hand nahm, Petrograd gegen jedmöglichen Rückenangriff sichern; im Innern, so wurde beschlossen, würde man zunächst nicht zum Angriff übergehen, sondern den Angriff von seiten der Regierung abwarten. Die Regimentskommissare des Militär-Revolutionären Komitees erhielten sodann den Befehl, sofort Bericht über den Zustand in den von ihnen übernommenen Regimentern in revolutionärer Hinsicht zu erstatten. In den am 21. und 22. einlaufenden Berichten meldete ein beträchtlicher Teil der Kommissare, daß ihre Regimenter gänzlich und entschieden auf der Seite des Petrograder Sowjets stehen und beschlossen hätten, der Kerenski-Regierung die Gewalt aus den Händen zu reißen, um sie dem Petrograder Sowjet zu übergeben. Nach Einlauf aller dieser Meldungen gab das Militär-Revolutionäre Komitee, das jetzt eine Übersicht über seine Kräfte hatte, den

*) Dies trotz der Erklärung Trotzkis vom 23. Oktober in der Sitzung des Petrograder Sowjets, daß das Militär-Revolutionäre Komitee nicht als Organ des Aufstandes, sondern zur Selbstverteidigung der Revolution gebildet wurde: „Die Aufgabe der Garnison und des Proletariats — das ist, dem Kongreß der Sowjets eine bewaffnete Macht zur Verfügung zu stellen, an welcher die Provokation der Regierung zerschellen muß."

Eine gleiche Erklärung gab offiziell auch das MRK. ab: „Entgegen allen Gerüchten und Schwätzereien erklärt das MRK., daß es keineswegs zu dem Zwecke gegründet wurde, um die Ergreifung der Macht vorzubereiten und zu verwirklichen, sondern ausschließlich zur Verteidigung der Interessen der Petrograder Garnison und der Demokratie gegenüber konterrevolutionären und Pogromanschlägen."

Mit dem Umstande jedoch rechnend, daß die provisorische Regierung auf die Maßnahmen des MRK mit bewaffneten Handlungen erwidern würde, erklärte Trotzki in der erwähnten Sitzung weiter:

„Wenn aber die provisorische Regierung die 24 oder 48 Stunden, welche ihr noch übrig bleiben (d. h. bis zum zweiten Sowjetkongreß), dazu benützen wollte, um dem Proletariat den Dolch in den Rücken zu stoßen, so erklären wir schon jetzt, daß die Avantgarde der Revolution Schlag um Schlag erwidern, dem Eisen Stahlhärte entgegensetzen wird."

Truppen Direktiven, zunächst defensiven Charakters, insbesondere den Schutz der Zugänge zum Smolny, in der Annahme, daß der Feind selbst als erster zum Angriff übergehen würde; die Verteidigung sollte so organisiert werden, daß die Regierungsanhänger sich den Schädel an den Streitkräften der revolutionären Macht einrennen. Zu diesem Zwecke wurden verstärkte Patrouillen in der ganzen Stadt verteilt, jedem Truppenteile befohlen, sein Rayon zu schützen, durch Aufstellung von Panzerautos an den strategischen Punkten jede Aktion der rückständigen Soldatenmassen — vor allem der Kosaken — unmöglich zu machen, aus den verläßlichen Kavallerietruppen Patrouillen auszuwählen zwecks Durchstreifung der Stadt. Durch alle diese Maßnahmen verwandelte das Militär-Revolutionäre Komitee ganz Petrograd in ein Kriegslager, schmiedete es in den Ring der revolutionären Kräfte. Die Rote Garde, welche noch vor den regulären Truppen auf Kriegsbereitschaft gebracht worden war, besetzte alle wichtigeren Punkte, sie löste die früheren Verteidigungstruppen des Smolny ab und nahm in den Rayons alle städtischen und öffentlichen Gebäude unter ihren Schutz.

Am 22. und 23. Oktober begann die Vorbereitung. Jedes Atom der revolutionären Streitkräfte wurde in Bewegung gesetzt und auf bestimmte verantwortungsvolle Posten gestellt. Aus Kronstadt und Helsingfors wurden die baltischen Matrosen herbeigerufen; aus Kronstadt wurden die Kriegsschiffe herbeordert. Die bei Petrograd stehenden Schiffe: die Kreuzer „Aurora", „Zarja Swobodi" (Morgenröte der Freiheit) wurden in das Operationsnetz einbezogen. Die Matrosen der „Aurora", welche den Winterpalast bewachten, wurden nochmals instruiert.

Die provisorische Regierung, welche mit ihren Verheißungen, die Bolschewiki zu vernichten, nur die Luft erschütterte, machte sich an die Mobilisierung ihrer Kräfte. Schon einige Tage vorher hatte die provisorische Regierung aus Peterhof und Oranienbaum Offiziersaspiranten (Junker) herangeholt, die sie im Winterpalast unterbrachte. Auch die Offiziersaspiranten der Petrograder Kriegsschulen wurden in Kriegsbereitschaft versetzt und zum Teil in den Winterpalast überführt. Am 22. Oktober wurde die Fähnrichwache im Winterpalast durch Abteilungen der Michailowschen, Wladimirschen und Pawlowschen Kriegsschulen verstärkt. Am Platze wurden englische Panzerautomobile, unter englischer Bedienung, konzentriert. Am 22. weigerte sich die Wache der Matrosen der „Aurora", die Kerenski-Regierung noch weiter zu verteidigen und wurde durch Fähnrichwache abgelöst. Es wurde ein Zug Artillerie der Michailowschen Kriegsschule, mit Gewehren ausgerüstet, abkommandiert.

Der kompromißlerische Vollzugsausschuß verlor derart den Kopf, daß er alle Fäden der Führung, Verwaltung und Kontrolle seinen Händen entgleiten ließ. Tscheidse und Dan sah man im Smolny zum letzten Male am 24. Oktober mit vor Schreck und Kopflosigkeit verzerrten Gesichtern, sinnlos umherschwankend.*)

Man beachtete sie nicht mehr. So verloren die Militärgewalt und die Regierung,

*) Der kompromißlerische Vollzugsausschuß entschloß sich freiwillig im letzten Augenblick zu Konzessionen an die Forderungen der Massen. Auf der außerordentlichen Sitzung in der Nacht vom 24. auf den 25. Oktober sagte Dan: „Es hat sich gezeigt, daß die Massen des Volkes schon allzu abgequält sind, hart an der Grenze der äußersten Verzweiflung, und daß sie nicht mehr fähig sind, die Möglichkeit der Verwirklichung eines Friedens abzuwarten. Von jetzt an müssen wir einen anderen Weg, einen kürzeren Weg im Kampf um den Frieden einschlagen. In unserer Instruktion für unseren Delegierten bei der Verbündetenkonferenz stellten wir die Forderung nach sofortigem Beginn von Friedensverhandlungen auf. Im Rate der Republik haben wir heute mit den Stimmen aller linken Fraktionen eine Resolution durchgebracht, in welcher die Regierung aufgefordert wird, ein Dekret über den Übergang des privaten Gutsbesitzes in die Hände der Bodenkomitees zu erlassen und weiter die Verbündeten zum Beginn sofortiger Friedensverhandlungen aufzufordern angesichts der Verwirklichung der proletarischen Herrschaft."

die ohne jede Unterstützung seitens des Vollzugsausschusses blieben, auch die letzte moralische und gesellschaftliche Stütze. Sie waren aber so mit Blindheit geschlagen, daß sie den fast schon zur Tatsache reifenden Aufstand des Proletariates als vereinzelten Ausbruch von Gruppen betrachteten, der bei den Truppen, welche der Regierung zur Verfügung stehen, keine Unterstützung finden würde; in Wirklichkeit aber gab es damals schon gar keine solchen Truppen mehr, mit Ausnahme jener wenigen Bataillone und Kriegsschulen, die im Winterpalast zusammengezogen wurden.

Das MRK. tagte im Smolny in Permanenz, denn es galt eine Unmenge Fragen zu entscheiden, die in Verbindung mit dem Aufstande waren; man mußte sogleich für die Verpflegung in den Tagen des Aufstandes vorsorgen, für den Transport usw. Eine endlose Kette von Genossen meldete sich, um Befehle, Instruktionen, Ratschläge einzuholen. Auch der Stab der Roten Garde wurde dahin beordert. Dieser erhielt den Befehl, die Bewaffnung des gesamten Proletariats von Petrograd durchzuführen. Unsere Kommissare wurden in die Artilleriedepots entsandt. Sämtliche Waffen- und Artilleriedepots sowie die Festung Petrograd waren auf Befehl des MRK. von den Zellen der Militärorganisation zu besetzen, welche um sich den aktivsten, revolutionärsten Teil der Soldaten zu sammeln hatten. Diese waren es in erster Reihe, die den strengen Schutz der Munitions- und Pulvermagazine organisierten; alle Zugänge zur Peter-Paul-Festung sowie die Artilleriemunitionsdepots waren in den Händen der Militärorganisation.

Zwei Tage der Herrschaft des MRK. hatten gezeigt, daß zur Verfügung der Regierung nur sehr geringe Streitkräfte standen und daß daher das MRK. seinen ursprünglichen Beschluß ändern müsse: Nicht den Angriff abwarten, sondern selbst mit den zur Verfügung stehenden Mitteln die Regierung entfernen. So wurde ein Plan zur Besetzung des Winterpalastes und zur Verhaftung der Regierung ausgearbeitet.

Zur Ergänzung der Ausführungen von Podwojski lassen wir eine kurze persönliche Erinnerung des Rotgardisten *Rakitow* folgen:

Anfangs August 1917 begannen in unserer Granatenwerkstätte die Anmeldungen in die Rote Garde. Ich war einer der ersten, der in die Garde eintrat. Ende August ging die Eintragung schon langsam, es war fast niemand mehr einzuschreiben, nur ein Teil der Sozialrevolutionäre und Menschewiki hatten sich nicht eintragen lassen. Die Werkstätte verwandelte sich in ein Lager. Wenn Du die Werkstätte betrittst, stehen wohl die Dreher hinterm Werktisch, aber sie haben den Packsack umgehängt, die Gewehre an die Drehbank gelehnt. In der Schlosserei steht im Winkel ein Haufen Gewehre, auch die Schlosser haben den Rucksack um; und rundherum lungern die Sozialrevolutionäre und Menschewiki, insgeheim zischelnd, nicht wagend, offen aufzutreten. Unsere Garde bleibt unbekümmert, arbeitet fröhlich und kühn, im Bewußtsein ihrer Kraft, wissend, daß die Waffen in ihrer Hand sind. Etwa eine Stunde vor Arbeitsschluß kommen die Zehnerführer oder die Leute aus dem Kollektiv zu uns und zeigen uns, wo jedermanns Posten ist. Wenn Du auf den Hof trittst, haben sie sich schon eingereiht und erwarten den Instruktor. Jetzt ist er gekommen. Die Ausbildung beginnt. Sieh nur, wie vielfältig die Arbeitertruppen sind. In einer Reihe bärtige Arbeiter mit Lehrlingen, alle aufmerksam dem Instruktor lauschend. Wie viel an Wünschen, Entschlossenheit und Kühnheit in ihren Augen! Mit welcher Lust marschieren sie, kloppen die Gewehrgriffe nach dem schweren Arbeitstage. Die Ausbildungsstunde ist vorbei, fast alles versammelt sich im „Roten Bau", dem Versammlungsraum. Man hört die Zurufe der Zehnerführer: Erste Zehnerschaft schafft Patronen in das Bezirkskomitee, die fünfte ins Exekutivkomitee, andere Zehnerschaften auf Patrouille, Posten usw. Die Befehlsausgabe ist beendet, es bleiben ein oder zwei Zehnerschaften zur Postenablösung beim Werk und den Lagerräumen zurück. Eine Stunde ist vergangen, Patrouillen kommen heran, berichten, bekommen Aufklärungen, legen Dokumente zur Prüfung vor, schleppen einen Dieb oder Besoffenen heran — das Kollektiv macht Ordnung und dirigiert weiter. Gleichzeitig geht auch die Eintragung auf den anderen Werken unseres Rayons vonstatten. Zur Aufrechterhaltung der Verbindung entsenden wir in andere Betriebe Rotgardisten zum Dienst und umgekehrt. Es werden gemeinsame Versammlungen der rotgardistischen Kollektive des Rayons veranstaltet, wo einstimmig beschlossen wird, einen Stab der Roten Armee zu wählen.

Petrograd, Oktober 1917

**Unter dem Schutze des Kreuzers „Aurora" lassen die bolschewistischen Matrosen die Brücken nieder, die die provisorische Regierung aufziehen ließ, um die Arbeiterbezirke vom Zentrum abzusperren**

# 4. DER GANG DER EREIGNISSE*)

## PETROGRAD

*24. Oktober (6. November), Dienstag.*

DIE provisorische Regierung beginnt mit der Durchführung der in der Nacht zum 24. Oktober gefaßten Beschlüsse. — Alle Offiziersaspiranten(Junker)schulen werden in Kampfbereitschaft gesetzt. — Der auf der Newa ankernde Kreuzer „*Aurora*" mit einer bolschewistisch gestimmten Besatzung erhielt in der Nacht den Regierungsbefehl, in See zu gehen. — Der Justizminister Maljantowitsch veranlaßte die Gerichtsbehörden, die offizielle Untersuchung der Tätigkeit des Militär-Revolutionären Komitees des Petrograder Sowjets der Arbeiter- und Soldaten-Deputierten einzuleiten. Mit der Voruntersuchung wurde nach Mitteilung der „Nowaja Shisn" der Untersuchungsrichter für besondere Angelegenheiten, Gudilowitsch, beauftragt. Die „Nowaja Shisn" teilte mit, daß „in der Sitzung der provisorischen Regierung — in der Nacht zum 24. — von einigen Ministern der Antrag eingebracht wurde, das Militär-Revolutionäre Komitee zu verhaften. Maljantowitsch habe sich dagegen ausgesprochen und sei hierbei von zwei Mitgliedern der provisorischen Regierung unterstützt worden. Dann wurde beschlossen, daß A. F. Kerenski sich um Unterstützung an den Rat der Republik wenden solle. Die Frage der Verhaftung war damit zunächst von der Tagesordnung abgesetzt." — Nach der Mitteilung desselben Blattes „ließ der Justizminister durch einen besonderen Kurier dem Untersuchungsrichter der Strafkammer S. W. Kartschewski, einen Befehl zukommen, der das Einstellungsverfahren gegenüber jenen Bolschewiki, die an den Ereignissen vom 3. und 5. Juli teilgenommen hatten, und nach ihrer auf eine Kaution erfolgten Entlassung sich irgendeine verbrecherische agitatorische Tätigkeit zuschulden kommen ließen, aufhebt. Der Minister befahl dem Staatsanwalt, alle Personen unverzüglich wieder zu verhaften." — Auf Verfügung der provisorischen Regierung wurden folgende Zeitungen verboten: „Rabotschi Putj" (Der Arbeiterweg), das Organ des ZK. der RSDAP. (Bolsch.); „Der Soldat", das Blatt der Militärorganisation des ZK. der RSDAP. (Bolsch.), und die reaktionären Zeitungen „Das neue Rußland" und „Das lebendige Wort". Um 5 Uhr 30 Minuten morgens erschien in der Druckerei der Zeitung „Rabotschi Putj" der Kommissar des dritten Bezirks mit einer Abteilung von Offiziersaspiranten der zweiten Oranienbaumer Schule. Nach Besetzung aller Ausgänge legte der Kommissar dem Hauswart einen Befehl Polkownikows, des Oberstkommandierenden des Petrograder Militärbezirks, über die sofortige Schließung der beiden Zeitungen „Rabotschi Putj" und „Der Soldat" und der Druckereien vor. Der Hauswart erklärte, daß er keinerlei Befehle, woher diese auch kommen mögen, ohne Zustimmung des Militär-Revolutionären Komitees des Petrograder Sowjets anerkenne und weigerte sich, die Order anzunehmen. Darauf wurden die Druckplatten zerstört, die Druckerei und 8000 gedruckte Exemplare der Zeitung beschlagnahmt.

Vom Stabe des Militärbezirks wurden Befehle ausgegeben und veröffentlicht: die Kommissare des Petrograder Sowjets abzusetzen und unter Anklage zu stellen, den Truppen der Garnison das Verlassen der Kasernen ohne Befehl des Bezirksstabes zu verbieten, Automobile dem Bezirksstabe zur Verfügung zu stellen. — Vom Kommissar des Petrograder Militärbezirks wurde ein Aufruf mit der Mahnung zur Ruhe veröffentlicht. — An die Gouvernementskommissare der provisorischen Regierung wurde vom Innenminister Nikitin ein Telegramm gerichtet, jegliche Versuche zur Ergreifung der Macht zu unterdrücken.

Um 12 Uhr mittags traf im Winterpalais ein Freiwilligenbataillon von Frauen ein. Gegen 3 Uhr nachmittags rückte vor dem Palais leichte Artillerie auf. Abteilungen von Offiziersaspiranten besetzten die Regierungsgebäude, die Bahnhöfe und die Newa-Brücken; an den Kreuzungen der großen Straßen wurden Posten aufgestellt, die den Befehl bekamen, Automobile zu requirieren. — Am Tage wurden auf Befehl des Oberstkommandierenden des Bezirks alle Newa-Brücken, die die Außenbezirke mit dem Zentrum der Stadt verbinden, aufgezogen und die Telephone des Petrograder Sowjets im Smolny ausgeschaltet; beim Aufziehen der Brücken erfolgten einzelne Zusammenstöße zwischen Offiziersaspiranten und Abteilungen von Rotgardisten. Infolge der erregten Stimmung in der Stadt wurden die Arbeiten in den städtischen Institutionen um 2½ Uhr nachmittags unterbrochen. — Im Gebäude des Stabes des Militärbezirks wurden Räume für die Unterkunft der Sozialrevolutionäre und der Sozialdemokraten aus dem Vollzugsausschuß bereitgestellt.

---

*) Zwecks besserer Übersicht bringen wir in knapper Form die Darstellung der Ereignisse am 24. Oktober (6. November) und 25. Oktober (7. November) in Petrograd und eine Schilderung der Kämpfe um die Macht in Moskau. In den folgenden Kapiteln werden wir den Aufstand, die Kämpfe und den Sieg des Proletariats ausführlich darstellen.

Das Militär-Revolutionäre Komitee hob das von der provisorischen Regierung ausgesprochene Verbot der Zeitungen „Rabotschi Putj" und „Der Soldat" auf; auf Befehl des Militär-Revolutionären Komitees übernahm ein Posten des Litauischen Regiments und des 6. Reserve-Bataillons den Schutz der Druckerei und der Redaktion; die beschlagnahmten Exemplare der Zeitungen wurden darauf in den Straßenhandel gebracht.

Im Laufe des Tages wurden in allen Teilen der Garnison Meetings abgehalten. Am Abend fanden Meetings in den Straßen statt. Es wurden Resolutionen über die Unterstützung des Militär-Revolutionären Komitees angenommen. Außerdem schlug eine Resolution von 4500 Arbeitern der Putilow-Werke dem Militär-Revolutionären Komitee vor, Maßnahmen für die schleunigste Entwaffnung der Offiziersaspirantenschulen zu treffen; die Arbeiter des 11. Sektors der Putilow-Werke forderten die Bewaffnung der Arbeiter; das Plenum des Komitees des 3. Reserve-Infanterie-Regiments zeichnete für den Sowjet 5000 Rubel.

Die Kraftfahrer-Abteilung, die das Winterpalais, wohin sie von der Front beordert war, seit dem Juli bewachte, wurde um 4 Uhr nachmittags abgelöst und erklärte, daß sie den Schutz des Palais nicht wieder übernehmen würde. — Das 5. Kraftfahrer-Bataillon, das die provisorische Regierung von der Front herbeordert hatte, blieb auf der Station Peredolskaja liegen und forderte telegraphisch Aufklärung vom Petrograder Sowjet, da es nicht wisse, zu welchem Zweck es herbeordert werde. Der Petrograder Sowjet erwiderte dem Bataillon mit einem brüderlichen Gruß und schlug ihm vor, an Ort und Stelle zu bleiben und nur seine Vertreter nach Petrograd zu schicken. — Auf Verlangen des Petrograder Sowjets beriefen die durch die provisorische Regierung nach Petrograd kommandierten Offiziersaspiranten eine Konferenz ein; hier erfolgte eine Spaltung: es setzten sich insgesamt 175 Offiziersaspiranten in Bewegung, die unterwegs durch die Truppen des Militär-Revolutionären Komitees aufgehalten wurden. — Ein Teil der von der Regierung von der nördlichen Front herbeorderten Truppenteile weigerte sich zu kommen und blieb an seinem Standorte.

Nachdem der Kommissar des Militär-Revolutionären Komitees das Telephonamt aufgesucht hatte, wurden die Telephone des Smolny aufs neue angeschlossen — um 5 Uhr nachmittags besetzten die Kommissare des Militär-Revolutionären Komitees, Pestkowski und Leschtschinski, das Telegraphenamt, um 9 Uhr abends besetzte der Kommissar des Militär-Revolutionären Komitees, Stark, mit einer Matrosen-Abteilung die Petrograder Telegraphen-Agentur. — In der Nacht verhängte Bontsch-Brujewitsch die Zensur über die „Iswestija" des Vollzugsausschusses und die „Istwestija" des Sowjets der Bauern-Deputierten und verbot die Veröffentlichung der Befehle des Bezirksstabes. Das Militär-Revolutionäre Komitee sandte an die revolutionären Truppen Kronstadts ein Telephonogramm mit dem Befehl, am Morgen des 25. Oktobers in Petrograd zum Schutze des Sowjetkongresses einzutreffen. Nach Helsingfors wurde ein verabredetes Telegramm bezüglich der Entsendung von Truppenabteilungen nach Petrograd zur Unterstützung des Aufstandes geschickt.

Um 12 Uhr 25 Minuten in der Nacht zum 25. Oktober wurde unter Vorsitz von Gotz eine vereinigte Sondersitzung des Vollzugsausschusses der Sozialrevolutionäre und Sozialdemokraten und des ZK. des Allrussischen Bauern-Deputierten-Sowjets unter Beteiligung der Delegierten des Allrussischen Sowjetkongresses abgehalten.

Es wurde eine Resolution angenommen, in der die Arbeiter und Soldaten Petrograds aufgefordert wurden, volle Ruhe zu bewahren und den Aufrufen zu bewaffneten Aktionen, die notgedrungen zum Verderben führen müßten, keine Folge zu leisten.

### *25. Oktober (7. November), Mittwoch.*

*In der Nacht zum 25. Oktober ging das Militär-Revolutionäre Komitee zum offenen Angriff über.*

Die Führer beschlossen, daß die Truppen in der Nacht zum 25. Oktober gegen das Winterpalais vorgehen sollten; die unvermeidlichen Verzögerungen, die improvisierte Leitung der Truppen, die mangelnden Verbindungen und viele andere Umstände erlaubten jedoch den ersten Vorstoß der Truppen gegen das Winterpalais erst um 6 bis 7 Uhr morgens zu beginnen.

2 Uhr nachts. Die Truppen des Militär-Revolutionären Komitees besetzten den Nikolai-Bahnhof, den Baltischen Bahnhof, die Kraftwerke und verschiedene Brücken.

3 Uhr nachts. Eine Wache des Pawlow-Regiments hält auf der Millionaja am Winterpalais ein Lastauto mit Offiziersaspiranten auf, die der Bezirksstab zum Schutze des Komitees der Georg-Ritter entsandt hatte; sie wurden nach dem Smolny geleitet. — Der Kommissar des Kexholmer Regiments forderte telephonisch vom Leiter des Telephonamtes die sofortige Ausschaltung der Telephone des Winterpalais und des Bezirksstabes. — Aus Helsingfors setzte sich auf Anforderung des Militär-Revolutionären Komitees die erste Staffel der Matrosen in Bewegung.

3½ Uhr nachts. Der Kreuzer „Aurora" kommt zurück und wirft an der Nikolai-Brücke Anker. Die die Brücke bewachenden Offiziersaspiranten ziehen sich zurück; die Brücke wird von Matrosen besetzt; Panzerautos fahren auf.

**Alle Macht den Sowjets!** Petrograd, Oktober 1917

5 Uhr morgens. Aus Helsingfors setzt sich die zweite Matrosen-Abteilung in Bewegung.

6 Uhr morgens. Ein Kommando der Garde-Marine von 40 Mann besetzt die Reichsbank, ohne Widerstand seitens des Bankschutzes und des wachhabenden Zuges des Semjonow-Regiments zu finden.

Beim Morgengrauen treffen die Torpedoboote aus Helsingfors ein und fahren die Newa hinauf.

Die Petrograder Kosaken-Regimenter, denen ein Angriffsbefehl Kerenskis zugegangen war, fragten an, ob mit ihnen gleichzeitig auch die Infanterie in Aktion treten werde und erklärten dann, daß sie es ablehnen, allein vorzugehen und lebende Zielscheiben zu sein. — Ebenso weigerten sich einige Offiziersaspirantenschulen vorzugehen und blieben in ihren Quartieren: so erklärte beispielsweise die Pawlower Schule, sie könne nicht vorgehen, da sie das Grenadier-Regiment fürchte.

7 Uhr morgens. Eine Abteilung des Kexholmer Regiments besetzt das Telephonamt; zahlreiche Telephonanschlüsse des Stabes und des Winterpalais werden ausgeschaltet. — Die Palais-Brücke wird besetzt.

8 Uhr morgens. Der Warschauer Bahnhof wird besetzt.

Kerenski und Konowalow begeben sich auf die Nachrichten von den Erfolgen des Militär-Revolutionären Komitees hin aufs neue in den Bezirksstab, wo bereits Panik herrscht. Eine Delegation der das Palais bewachenden Offiziersaspiranten berichtet über die ihnen vom Militär-Revolutionären Komitee zugegangene ultimative Forderung, das Palais zu verlassen, und bittet um Direktiven, „wobei sie erklärt, daß die Mehrzahl der Kameraden bereit sei, ihre Pflicht bis zum letzten zu erfüllen, wenn nur eine Hoffnung auf das Eintreffen irgendwelcher Verstärkung bestünde". — Kerenski begab sich darauf in Begleitung von Offizieren im Automobil (eines derselben, das der amerikanischen Botschaft — fuhr unter amerikanischer Flagge) aus Petrograd nach Gatschina, den herbeorderten Truppen entgegen.

10 Uhr morgens. Vom Militär-Revolutionären Komitee wird folgende Bekanntmachung veröffentlicht:

*An die Bürger Rußlands!*

*Die provisorische Regierung ist abgesetzt. Die Staatsgewalt ist in die Hände des Militär-Revolutionären Komitees, des Organs des Petrograder Sowjets der Arbeiter- und Soldaten-Deputierten, der an der Spitze des Petrograder Proletariats und der Garnison steht, übergegangen.*

*Die Sache, für die das Volk gekämpft hat: das sofortige Angebot eines demokratischen Friedens, die Aufhebung der gutsherrlichen Eigentumsrechte am Grund und Boden, die Kontrolle der Produktion durch die Arbeiter, die Bildung einer Sowjetregierung, alles das ist gesichert.*

*Es lebe die Revolution der Arbeiter, Soldaten und Bauern!*

*Das Militär-Revolutionäre Komitee des Sowjets der Petrograder Arbeiter- und Soldaten-Deputierten.*

*25. Oktober 1917, 10 Uhr morgens.*

Nach 12 Uhr mittags begannen die Truppenteile des Militär-Revolutionären Komitees das Marienpalais (das Vorparlament) zu umzingeln; an der Ecke des Wosnezenski-Prospekts nahm das Panzerauto „Oleg" des Militär-Revolutionären Komitees Aufstellung.

Gegen 1 Uhr mittags besetzten Truppen des Ismailow-Regiments, der Garde-Marine und des Kreuzers „Polarstern" das Marienpalais und forderten die zur Sitzung versammelten Mitglieder des Vorparlaments auf, die Räume unverzüglich zu verlassen. Eine schnell improvisierte Versammlung des Ältestenrates mit den Vertretern der Fraktionen und Gruppen beschloß, „einen entschiedenen Protest gegen die Vergewaltigung durch unverantwortliche Elemente einzulegen, die unter Drohung mit dem Bajonett die Tätigkeit des provisorischen Rates der russischen Republik verhindern, und diesen Protest in allen Blättern zu veröffentlichen". Inzwischen hatte ein Teil der Mitglieder des Vorparlaments das Gebäude verlassen. Die Zurückgebliebenen erklärten die Sitzung des Vorparlaments (die letzte) als eröffnet, nahmen den Antrag des Ältestenrates an und verließen ebenfalls das Gebäude. Der Vorsitzende des Vorparlaments, Awksentjew, erklärte bei Schließung der Sitzung, daß die Mitglieder des Vorparlaments über den Tag der nächsten Sitzung schriftlich benachrichtigt werden würden.

Das Pawlow-Regiment besetzte den Newski-Prospekt und die Verbindungsstraßen; es wurden Posten mit Panzerautos und Geschützen auf der Brücke des Katharinen-Kanals, auf der Moika und der Morskaja aufgestellt.

Die Arbeiten in den Regierungs-, Gemeinde- und Privatbetrieben wurden unterbrochen.

Gegen 2 Uhr nachmittags trafen aus Kronstadt die Schiffe „Amur", „Habicht" u. a. mit 5000 Kronstädter Matrosen ein und nahmen neben dem Kreuzer „Aurora" Aufstellung. Antonow-Owsejenko begrüßte die eingetroffenen Matrosen und übergab ihnen den Befehl des Militär-Revolutionären Komitees, an der Belagerung des Winterpalais teilzunehmen. Die Ausschiffung der Matrosen begann. — Das Panzerschiff „Sarja Swobody" setzte an der Station Spassatjelnaja ein Detachement an Land, das die baltische Eisenbahn besetzte und die Offiziersaspiranten in Oranienbaum und Peterhof entwaffnete; darauf nahm das Panzerschiff am Morskoi-Kanal Aufstellung zwecks Beschießung der baltischen Eisenbahnstrecke.

Um 2 Uhr 35 Minuten nachmittags wurde unter dem Vorsitz Trotzkis eine Sondersitzung des Petrograder Sowjets der Arbeiter- und Soldaten-Deputierten eröffnet. Unter stürmischem Applaus erklärte *Trotzki:*

*Im Namen des Militär-Revolutionären Komitees erkläre ich, daß die provisorische Regierung aufgehört hat zu existieren. Einige Minister befinden sich in Haft. Die anderen werden in den nächsten Tagen oder Stunden verhaftet werden. Die revolutionäre Garnison, die zur Verfügung des Militär-Revolutionären Komitees steht, hat die Versammlung des Vorparlaments aufgelöst. Man hatte uns gesagt, daß der Aufstand der Garnison im gegenwärtigen Augenblicke zu Pogromen führen und die Revolution in Strömen von Blut ersäufen würde. Uns ist auch nicht ein einziges Opfer bekannt. Ich kenne in der Geschichte kein anderes Beispiel einer Revolution, in welche so ungeheure Massen einbezogen waren und welche so unblutig verlaufen wäre. Die Macht der provisorischen Regierung, mit Kerenski an der Spitze, war tot und harrte nur des Gnadenstoßes des Besens der Geschichte, welcher sie wegfegen sollte. Der Heroismus und die Selbstaufopferung der Petrograder Soldaten und Arbeiter darf nicht unerwähnt bleiben. Wir haben hier die ganze Nacht gewacht und am Telephondraht verfolgen können, wie die Abteilungen der revolutionären Soldaten- und Arbeitergarden geräuschlos ihre Sache erledigt haben. Der Spießbürger hat friedlich geschlafen und wußte nicht, daß inzwischen eine Macht die andere ablöste. Die Bahnhöfe, Post, Telegraph, die Petrograder Telegraphenagentur, die Staatsbank — sie sind besetzt. Der Winterpalast ist noch nicht genommen, aber sein Geschick entscheidet sich in den nächsten Minuten. Der Petrograder Sowjet der Arbeiter- und Soldaten-Deputierten kann mit Recht auf die Soldaten und Arbeiter stolz sein, auf die er sich stützt, die er in den Kampf und zum herrlichen Siege geführt hat. Die Besonderheit der bourgeoisen und kleinbürgerlichen Regierungen besteht darin, die Massen zu täuschen. Vor uns — den Sowjets der Soldaten-, Arbeiter- und Bauern-Deputierten — steht im gegenwärtigen Augenblicke die in der Geschichte unerhörte Aufgabe der Bildung einer Macht, welche keinen anderen Zweck kennen soll, als die Erfüllung der Bedürfnisse der Soldaten, Arbeiter und Bauern. Die Regierung muß ein Werkzeug der Massen im Kampfe für ihre Befreiung von jeder Versklavung sein. Die Arbeit kann nicht außerhalb des Einflusses der Sowjets vor sich gehen. Die besten Kräfte der bürgerlichen Wissenschaft werden begreifen, daß unter den Sowjets der Arbeiter-, Soldaten- und Bauern-Deputierten die Arbeitsbedingungen für sie bessere sind. Es ist unabweislich, daß sofort die Produktionskontrolle eingeführt wird. Die Bauern, Arbeiter und Soldaten müssen fühlen, daß die Volkswirtschaft ihre Wirtschaft ist, dies ist das Grundprinzip des Aufbaues der Macht. Die Einführung der allgemeinen Arbeitspflicht ist eine der nächsten Aufgaben der echten revolutionären Macht.*

Darauf tritt *Lenin*, von stürmischen Ovationen empfangen, mit folgender Rede über die Aufgaben der Sowjetregierung zum ersten Male nach der Illegalität öffentlich auf:

*Genossen! Die Arbeiter- und Bauern-Revolution, von deren Notwendigkeit die Bolschewiki all die Zeit gesprochen haben, ist vollzogen.*

*Welche Bedeutung hat diese Arbeiter- und Bauern-Revolution? Die Bedeutung dieses Umsturzes liegt vor allem darin, daß wir jetzt eine Sowjetregierung haben werden, unser eigenes Machtorgan, ohne irgendwelche Beteiligung der Bourgeoisie. Die geknechteten Massen selbst bilden die Macht. Der alte Staatsapparat wird an der Wurzel gefällt und es wird ein neuer Verwaltungsapparat in Form der Sowjet-Organisationen aufgebaut.*

*Von jetzt beginnt ein neuer Abschnitt in der Geschichte Rußlands, und die jetzige dritte russische Revolution muß im Endresultate zum Siege des Sozialismus führen.*

*Eine unserer Tagesaufgaben bildet die sofortige Liquidierung des Krieges. Aber es ist allen klar, daß, um diesen Krieg zu beenden, der eng mit dem jetzigen kapitalistischen System verbunden ist, unbedingt das Kapital selbst bekämpft werden muß.*

*In diesem Kampfe wird uns jene Arbeiterbewegung der ganzen Welt zu Hilfe kommen, welche jetzt schon in Italien, England und Deutschland sich zu entfalten beginnt.*

*Ein gerechter, sofortiger Friede, welchen wir der internationalen Demokratie vorschlagen, wird überall in den internationalen proletarischen Massen ein leidenschaftliches Echo finden. Um dieses Vertrauen des Proletariats zu festigen, ist es notwendig, sofort alle geheimen Verträge zu veröffentlichen.*

*Im Inneren Rußlands hat ein ungeheurer Teil der Bauernschaft gesagt: Genug des Spiels mit den Kapitalisten, wir gehen mit den Arbeitern. Wir erwerben das Vertrauen der Bauern durch ein einziges Dekret, welches das Eigentum der Gutsbesitzer zunichte macht. Die Bauern verstehen, daß nur im Bündnis mit den Arbeitern die Rettung der Bauernschaft liegt. Wir werden eine wirkliche Arbeiterkontrolle der Produktion einführen. Jetzt haben wir es erlernt, einmütig zu arbeiten. Davon zeugt die eben vor sich gegangene Revolution. Wir besitzen jene Kraft der Massenorganisation, welche alles besiegt und das Proletariat zur Weltrevolution führen wird.*

*In Rußland müssen wir sofort mit dem Aufbau des proletarischen sozialistischen Staates beginnen.*

*Es lebe die sozialistische Weltrevolution!*

Um 3 Uhr 15 Minuten nachmittags besetzt eine Abteilung des Pawlow-Regiments die Polizeibrücke und sperrt den Verkehr auf dem Newski-Prospekt; auf der Brücke nimmt ein Panzerauto mit Maschinengewehren und ein Automobil mit einem dreizölligen Geschütz Aufstellung.

Um 3 Uhr 45 Minuten wird der Kasanplatz von Truppen des Militär-Revolutionären Komitees besetzt.

Gegen 5 Uhr nachmittags werden die Räume des Kriegsministeriums und die dort befindliche direkte Leitung zum Hauptquartier von einer Abteilung des Kexholmer Regiments besetzt.

Um 5 Uhr 30 Minuten verbreitet sich das Gerücht, daß eine Armee mit Kerenski an der Spitze aus Pskow gegen Petrograd vorrücke.

Im Laufe des Tages werden in der Peter-Paul-Festung Geschütze zur Beschießung des Winterpalais aufgestellt. — Auf Befehl Antonow-Owsejenkos nehmen die Torpedoboote zur Beschießung des Winterpalais hinter der Nikolai-Brücke Aufstellung.

Im Sowjet des Verbandes der Kosakentruppen fanden einige Sitzungen unter Beteiligung der Vertreter der Regimentskomitees der Kosakentruppenteile statt, in denen die Mitglieder des Sowjets (Filatow, Sawinkow u. a.) die Kosakenregimenter Petrograds aufforderten, die Verteidigung der provisorischen Regierung aufzunehmen; in der angenommenen Resolution wendet sich der Sowjet des Verbandes der Kosakentruppen an die Kosaken Petrograds mit dem Aufruf, die provisorische Regierung zu unterstützen und deren Befehle in ihrem Kampfe gegen die Aufständischen und die Verräter des Vaterlandes, — für die Errungenschaften, die die Revolution dem russischen Volke gebracht hat, streng auszuführen.

Am Tage trafen am Winterpalais die Offiziersaspiranten der Michailow-Artillerieschule mit sechs Geschützen ein.

Im Winterpalais fehlt es vollkommen an Lebensmitteln für die innerhalb des Palais befindlichen Truppen. Ein zum Palais fahrendes Lastautomobil mit Brot wird durch die Truppen des Militär-

**Die Rote Garde des Betriebes „Elektrokraft". Petrograd 1917**

Revolutionären Komitees aufgehalten. Die Truppen im Palais bleiben ohne Mittag. Von den sechs daselbst befindlichen Panzerautos gehen fünf auf die Seite des MRK. über und nur eines, der „Achtyrez", bleibt für den Schutz des Palais zurück.

Um 6 Uhr abends wird das Winterpalais von Truppen des MRK. eingeschlossen.

Auf dem Platze vor dem Palais erscheinen Panzerautos des MRK.; eines von ihnen fährt bis an das Hauptportal des Palais, entwaffnet die dort aufgestellten Offiziersaspiranten und entfernt sich dann unbehindert.

Auf einen unter dem Drucke des MRK. ausgegebenen Befehl des Schulleiters verläßt ein großer Teil der Offiziersaspiranten der Michailow-Artillerieschule mit vier Geschützen von insgesamt sechs das Winterpalais und begibt sich in ihre Schule zurück. Am Newski-Prospekt werden sie von den Posten des Pawlow-Regiments verhaftet, zwei der ihnen abgenommenen Geschütze werden an der Brücke der Moika aufgestellt und gegen das Winterpalais gerichtet.

Um 6½ Uhr abends treffen im Bezirksstabe aus der Peter-Paul-Festung zwei Motorradfahrer ein und übergeben ein Ultimatum, das von Antonow-Owsejenko und vom Kommissar der Peter-Paul-Festung, Blagonrawow, unterzeichnet ist und die Forderung enthält, die provisorische Regierung solle sich ergeben und ihre Truppen entwaffnen lassen; in dem Ultimatum wurde auch darauf hingewiesen, daß für den Fall, daß die Regierung sich nicht ergebe, aus den Geschützen der Peter-Paul-Festung und der auf der Newa aufgestellten Kriegsschiffe (Aurora u. a.) das Feuer gegen das Palais eröffnet werden würde; es wurden 20 Minuten Bedenkzeit gegeben. Nach Ablauf dieser Frist von 20 Minuten wurde auf Veranlassung des Stabes einer der eingetroffenen Delegierten mit dem Ersuchen um eine weitere Frist von 10 Minuten zur Festung zurückgesandt; bis dahin sollte Poradjelow aus dem Winterpalais eine endgültige Antwort erhalten. Nach Ablauf der neuen Frist begab sich eine Abteilung von Rotgardisten, Matrosen und Soldaten, die am Tore des Stabes unter dem Kommando eines Leutnants des Pawlow-Regiments Aufstellung genommen hatte, ins Innere des Schlosses, besetzte ohne Widerstand den Stab und verhaftete Poradjelow.

7 Uhr abends. Stadt Ostrow. Der Kommandierende des 7. Kavalleriekorps, General Krassnow, sagt in seinem Befehle zum Vorgehen der 1. Donkosaken-Division („Abteilung des Obersten Popow" in einer Stärke von 20 Hundertschaften mit 16 Maschinengewehren und 14 Geschützen) gegen Petrograd: „zur Unterdrückung der Unruhen mit Waffengewalt hat die provisorische Regierung die 44. Inf.-Division,

Panzerauto der konterrevolutionären Stoßtruppen

Kraftfahrerbataillone, die 5. kaukasische Kosakendivision, das 23. und 43. Kosakenregiment und noch einige an der Front entbehrliche Truppenteile herbeordert, die in Eilmärschen gegen Petrograd vorrücken."

9 Uhr abends. Da von der provisorichen Regierung auf das Ultimatum keine Antwort eingegangen war, wurde nach einem blinden Signalschuß aus der Peter-Paul-Festung aus einem 6-zölligen Geschütz des Kreuzers „Aurora" gleichfalls ein blinder Schuß abgegeben. Gleich darauf setzte (unter Beteiligung der Panzerautos) das Gewehr- und Maschinengewehrfeuer gegen das Winterpalais ein, das bis 10 Uhr abends dauerte. Die Offiziersaspiranten antworteten von ihren aus Holz errichteten Barrikaden.

Im Laufe des Abends trafen zur Unterstützung des Militär-Revolutionären Komitees fünf Kampfschiffe der operierenden Baltischen Flotte in Petrograd ein (der Kreuzer „Oleg", zwei „Nowik" und zwei Torpedoboote).

Die die provisorische Regierung verteidigenden Truppenteile begannen das Winterpalais zu verlassen. Außer der Batterie der Michailow-Artillerieschule entfernten sich auch die Kosaken; gegen 10 Uhr abends verließ ein großer Teil der Offiziere das Palais.

10 Uhr abends. Das Frauen-Bataillon, das an der Verteidigung des Winterpalais teilnahm, kann dem Feuer nicht standhalten und ergibt sich; darauf läßt das Feuergefecht um das Winterpalais bis 11 Uhr abends nach.

Um 10 Uhr 40 Minuten abends wurde im Smolny der Zweite Allrussische Kongreß der Sowjets der Arbeiter-, Soldaten- und Bauern-Deputierten eröffnet. Der den Kongreß im Namen des Präsidiums des Vollzugsausschusses der SR. und SD. eröffnende Dan begnügte sich mit dem Hinweis auf die besonderen Umstände, unter denen sich der Kongreß versammle, und schlug die Wahl des Präsidiums vor. Entsprechend der Zahl der Delegierten wurden ins Präsidium gewählt: 14 Bolschewiki (Lenin, Sinowjew, Trotzki, Kamenew, Skljanski, Nogin, Krylenko, Kollontai, Rykow, Antonow-Owsejenko, Rjasanow, Muranow, Lunatscharski und Stutschka), 7 linke SR. (Kamkow, M. Spiridonowa, Kachowskaja, Mstislawski, Sachs, Karelin, Gutman). Die rechten SR. (die zusammen mit den linken SR. — sieben Plätze innehatten) und die Menschewiki (drei Plätze) erklärten, daß sie sich weigern, am Präsidium teilzunehmen; die Menschewiki-Internationalisten (ein Platz) erklärten, daß sie sich bis zur Aufklärung gewisser Umstände der Beteiligung am Präsidium enthalten würden; das Präsidium wurde durch den Vertreter der Ukrainischen Sozialistischen Partei ergänzt. Der Vorsitz ging auf Kamenew über, der die vom alten ZEK. entworfene Tagesordnung — Fragen der Macht, des Krieges und der Nationalversammlung — zur Verlesung brachte. Auf Vereinbarung der Büros aller Fraktionen wurde beschlossen, zunächst den Bericht des Vertreters des Petrograder Sowjets der Arbeiter- und Soldaten-Deputierten entgegenzunehmen und dann zur Regierungsfrage überzugehen. — Einstimmig wurde der Vorschlag Martows angenommen, — vor allem die Frage einer friedlichen Lösung der eingetretenen Krise zu diskutieren. — Nun gaben die Vertreter der rechten Gruppen des Kongresses (Charrasch vom Armeekomitee der 12. Armee, Kutschin im Namen der Frontgruppe, Chintschuk von der Fraktion der Menschewiki, Hendelmann von der Fraktion der rechten SR. und Abramowitsch vom Bund) außerordentliche Protesterklärungen gegen die Usurpierung der Macht durch die Bolschewiki ab und verließen zusammen mit einem Teile ihrer Fraktionen und Gruppen den Kongreß. — Martow (von der Fraktion der Menschewiki-Internationalisten) schlug dem Kongresse vor, eine Entschließung anzunehmen, die die Notwendigkeit einer friedlichen Lösung der eingetretenen Krise durch Bildung einer gesamtdemokratischen Regierung betont, ferner eine Delegation zwecks Verhandlungen zu ernennen und bis zur Bildung einer einheitlichen demokratischen Regierung die Arbeiten des Kongresses auszusetzen. Von Trotzki wurde eine Resolution vorgeschlagen, die eine scharfe Verurteilung der nach sieben Monaten zusammengebrochenen Tätigkeit der kompromißlerischen Parteien und ihrer Versuche, durch ihren Weggang den Kongreß zu sprengen, ferner eine Begrüßung des sieghaften Aufstandes der Soldaten, Arbeiter und Bauern sowie den Vorschlag enthielt, die Arbeiten des Kongresses fortzusetzen. — Die linken SR. sprachen sich gegen die Resolution Trotzkis und für die Schaffung einer einheitlichen revolutionären Front aus; die Vereinigten Internationalisten erklärten: obwohl sie die Handlungsweise der Menschewiki und der SR. als beschämend ansähen, so schlügen sie doch vor, keine scharfe Resolution aus diesem Anlasse anzunehmen, sondern einfach ihren Weggang zu ignorieren. — Die Menschewiki-Internationalisten und die sich ihnen anschließenden Poale-Zionisten verließen den Kongreß. — Es wurde darauf eine Pause zur Beratung der Resolution gemacht. Auf dem Kongresse verblieben die Bolschewiki, die linken SR., die Vereinigten Internationalisten, die PPS., ein großer Teil der Frontgruppe und die Vertreter der Bauernsowjets.

Vor Eröffnung des Kongresses fanden Fraktions-Konferenzen statt. Bei der Eröffnung des Kongresses war schon der Beschluß der rechten Gruppen, den Kongreß zu verlassen, bekannt geworden. In der Fraktionssitzung der SR. erhielt die von Hendelmann im Namen des ZK. eingebrachte Resolution, die die Usurpierung der Macht verurteilte, insgesamt 60 Stimmen gegen 93 Stimmen (der linken SR.).

11 Uhr abends. Die Beschießung des Winterpalais wurde wieder aufgenommen. Von der Peter-Paul-Festung wurde Maschinengewehr- und Geschützfeuer gegen das Palais eröffnet; es wurden 30 bis 35 Schüsse abgegeben, von denen nur zwei Treffer waren, die auf das Gesims des Palais schlugen, wobei ein Granatsplitter ein Fenster durchschlug und in ein Zimmer fiel, ohne jemand zu verletzen; die anderen Geschosse gingen über das Palais hinweg. — Darauf drangen einzelne Gruppen von Soldaten und Rotgardisten in das Palais ein, wurden aber von den Offiziersaspiranten entwaffnet; als dann größere Abteilungen von Truppen des Militär-Revolutionären Komitees ins Palais eindrangen, wurden die Offiziersaspiranten entwaffnet.

Kerenski war abends im Automobil in Pskow (Pleskau) eingetroffen. Der Oberstkommandierende der Nordfront, Tscheremissow, erklärte Kerenski, er könne der provisorischen Regierung keinerlei Hilfe leisten und riet, nach Mogilew (ins Quartier des Oberstkommandierenden) zu fahren, — wenn Kerenski seinen Widerstand noch weiter fortzusetzen gedenke. Kerenski beschloß, zusammen mit Krassnow nach Ostrow zu fahren, um von dort her mit Kosaken gegen Petrograd vorzugehen.

In den Straßen Petrograds hörte der Verkehr bis in die späte Nacht nicht auf (mit Ausnahme des Stadtteils um das Winterpalais); Theater und Lichtspiele waren geöffnet.

In der Nacht begab sich eine Delegation aus der Stadtverordnetenversammlung ins Winterpalais, bestehend aus Stadtverordneten, aus den Menschewiki und SR., die den Sowjet-Kongreß verlassen hatten, und aus Mitgliedern des Vollzugsausschusses des Sowjets der Allrussischen Bauern-Deputierten. Am Kasan-Platz wurde die Delegation von einem Posten des Militär-Revolutionären Komitees aufgehalten und mußte umkehren.

Um 1 Uhr 50 Minuten nachts besetzten Truppen des Militär-Revolutionären Komitees „die Galerie 1812" im Winterpalais.

Um 2 Uhr 10 Minuten nachts wurde das ganze Winterpalais besetzt. Durch das Mitglied des Militär-Revolutionären Komitees, Antonow-Owsejenko, wurde die provisorische Regierung verhaftet (der stellvertretende Ministerpräsident Konowalow, der Spezialbevollmächtigte für öffentliche Ordnung in der Hauptstadt, und Wohlfahrtsminister Kischkin, dessen Gehilfen — Paltschinski und Rutenberg, der Außenminister Tereschtschenko, der Vorsitzende der Sonderkonferenz für die Verteidigung, Tretjakow, der Reichskontrolleur Smirnow, der Kultusminister Kartaschew, der Finanzminister Bernatzki, der Marineminister Werderewski, der Leiter des Kriegsministeriums General Manikowski, der Verkehrsminister Liwerowski, der Minister für Volksbildung, Salaskin, der Landwirtschaftsminister S. Masslow, der Arbeitsminister Gwosdjew, der Postminister und Innenminister Nikitin, der Justizminister Maljantowitsch und der General für besondere Aufträge, Borissow. Die Verhafteten wurden in der Trubezkoi-Bastion der Peter-Paul-Festung interniert. Die anderen Offiziere und Offiziersaspiranten wurden entwaffnet und auf das ehrenwörtliche Versprechen, gegen die Sowjet-Herrschaft nicht kämpfen zu wollen, entlassen. Darauf wurde der Schutz des Winterpalais und des Bezirksstabes organisiert. — Im Laufe der Nacht wurde auch ein provisorischer Stab zur Leitung der Truppen im Reichsmaßstabe gebildet.

In der nach der Pause wieder aufgenommenen Sitzung des Sowjet-Kongresses wurde die Besetzung des Winterpalais, die Verhaftung der provisorischen Regierung, der Übertritt des von Kerenski nach Petrograd entsandten dritten und fünften Kraftfahr-Bataillons auf die Seite des Militär-Revolutionären Komitees, die Bewachung der Zugänge nach Petrograd durch die Garnison von Zarskoje Selo, die Bildung eines Militär-Revolutionären Komitees der Nordfront und die Verabschiedung des Frontkommissars Woytinski mitgeteilt. — Vom Kongreß wurde ein Aufruf an die „Arbeiter, Soldaten und Bauern" angenommen, der die Eröffnung des Sowjet-Kongresses, den Übergang der Macht in dessen Hände, die Verhaftung der provisorischen Regierung mitteilte, den Übergang der gesamten Macht in der Provinz auf die Sowjets der Arbeiter-, Soldaten- und Bauern-Deputierten dekretierte und das Programm der Sowjetmacht auseinandersetzte. — Die Fraktion der Menschewiki-Internationalisten — erklärte, daß sie endgültig den Kongreß verlasse. Die PPS. erklärte, daß sie auf dem Kongreß verbleiben und an seinen Arbeiten teilnehmen wolle. — Den Vertretern der örtlichen Bauernsowjets wurde eine beschließende Stimme eingeräumt. — Die Sitzung des Kongresses wurde um 6 Uhr morgens geschlossen.

Um 3 Uhr nachts wurde im Magistratsgebäude, nach der Rückkehr der Delegation, die auf dem Wege zum Winterpalais umzukehren gezwungen wurde, eine Sitzung der Vertreter aller Organisationen abgehalten, die auf dem Standpunkte des Kampfes gegen die Usurpierung der Macht standen. Um $3^1/_2$ Uhr nachts wurde eine Entschließung angenommen bezüglich der Bildung eines Komitees zur Rettung des Vaterlandes und der Revolution, dem je drei Vertreter der Stadtverordnetenversammlung, des Vollzugsausschusses, der SR. und SD., des Vollzugsausschusses des Allrussischen Sowjets der Bauern-Deputierten, der den Sowjet-Kongreß boykottierenden Fraktionen der SR. und der Menschewiki, der Zentralkomitees der Parteien der Menschewiki und der SR., des Vorparlaments und der Frontorganisation angehörten. Es wurde beschlossen, sich an das Land mit einem Aufrufe gegen die Bolschewiki und für die Wiederherstellung der provisorischen Regierung zu wenden.

Um diese Zeit klärte sich auch das Verhältnis der verschiedenen Organisationen und Gruppen zur „Usurpierung" der Macht und zum Sowjet-Kongreß.

Die linken SR. sind für die Machtergreifung, für eine einheitliche revolutionäre Front, jedoch gegen eine scharfe Verurteilung der Schwankenden; sie beteiligten sich am Militär-Revolutionären Komitee und an den Arbeiten des Sowjet-Kongresses (stellten Vertreter für das Präsidium des Kongresses).

Die SD.-Internationalisten — sind für die Schaffung einer einheitlichen sozialistischen Regierung; sie verbleiben auf dem Kongreß. — Die PPS. bleibt auf dem Kongreß.

Die Menschewiki-Internationalisten (Martow-Gruppe) — sind gegen die Ergreifung der Macht, da „dieser Umsturz Blutvergießen und Bürgerkrieg" hervorzurufen drohe; sie sind für die friedliche Lösung des Konfliktes, für „eine Verständigung zwischen dem aufrührerischen Teile der Demokratie und den anderen demokratischen Organisationen bezüglich der Bildung einer demokratischen Regierung, die von der ganzen revolutionären Demokratie anerkannt und der die Gewalt der provisorischen Regierung schmerzlos übergeben werden könnte"; sie erklärten zweimal ihren Weggang vom Kongresse, — das zweite Mal den endgültigen (die Erklärung bezüglich des Wegganges wurde in der Sitzung des Kongresses vom 26. Oktober wiederholt).

Die Menschewiki (und der Bund) — sind gegen die Usurpierung der Macht — für Verhandlungen mit der provisorischen Regierung über die Bildung einer Macht, die sich auf alle Schichten der Demokratie stützt; sie beriefen ihren Vertreter aus dem Petrograder Sowjet ab, entfernten sich vom Sowjet-Kongreß und traten dem „Komitee zur Rettung des Vaterlandes und der Revolution" bei. Das Petrograder Komitee der Menschewiki („Oboronzen") erließ einen Aufruf, in dem es die Bürger aufforderte, sich um die provisorische Regierung zusammenzuschließen und sie zu verteidigen.

Die rechten SR. sind gegen die Usurpierung der Macht, für die Organisierung der Kräfte „in Voraussehung eines Ausbruches des Volksunwillens, der infolge des zwangläufigen Zusammenbruches der bolschewistischen Versprechungen eintreten müsse . . ., um bei der kommenden Katastrophe das Schicksal des Landes in die Hand zu nehmen"; sie entfernten sich vom Kongreß und traten dem „Komitee zur Rettung des Vaterlandes und der Revolution" bei. Das ZK. der SR. schlug den Mitgliedern der Partei vor, aus dem Militär-Revolutionären Komitee auszutreten.

Die Volkssozialisten und die sozialdemokratische Gruppe „Einheit" (Plechanow-Gruppe) traten dem „Komitee zur Rettung . . ." bei.

Das ZEK. des Allrussischen Eisenbahnerverbandes „beschloß, den Vollzugsausschuß der SR. und der

SD. sowohl in seinem jetzigen Bestande, wie auch in seinem zukünftigen, vom Sowjet-Kongreß zu wählenden, allseitig zu unterstützen", „hält aber den Terror und die Vergewaltigung seitens irgendeiner Partei gegenüber der Mehrheit der Demokratie für unzulässig".

Zentroflott (Zentralausschuß der Flotte) antwortete auf eine Anfrage der Marinetruppen, daß gemäß der vor einiger Zeit gefaßten Entschließung „alle bewaffneten Aktionen vom Zentroflott kategorisch verurteilt werden; was aber die Beteiligung einzelner Personen und Truppenteile an der Bewegung anbelange, so hält der Zentroflott diese, sofern sie es für möglich ansehen, an der Bewegung teilzunehmen, von ihrem Vorhaben nicht ab."

Das EK. des Post- und Telegraphenverbandes fertigte im Auftrage der provisorischen Regierung deren Telegramme ab und trat dem „Rettungskomitee" bei.

Die Stadtverordnetenversammlung nahm aktiven Anteil an der Gründung des „Komitees zur Rettung des Vaterlandes und der Revolution".

Das ZEK. der SR. und SD. trat dem „Rettungskomitee" bei und wandte sich dann mit einer Kundgebung an „alle Sowjets der Arbeiter- und Soldaten-Deputierten und Armee-Komitees", in der es den II. Sowjet-Kongreß als nicht stattgefunden und dessen Beschlüsse für die örtlichen Sowjets und Armee-Komitees als nicht verpflichtend erklärt.

Das EK. des Allrussischen Sowjets der Bauern-Deputierten trat mit einer Kundgebung „an alle Bauern, Soldaten und Arbeiter" unter der Losung: „Alle Macht der Nationalversammlung" und mit dem Aufrufe hervor, „dem Petrograder Sowjet der Arbeiter- und Soldaten-Deputierten und den ihm unterstellten Organen keinen Glauben zu schenken"; es beschloß auch, zum Sowjet-Kongreß einen Vertreter mit einer Protesterklärung gegen die Einberufung des Kongresses zu entsenden; es trat auch dem „Rettungskomitee" bei.

---

Die Stimmung unter den Arbeitern im Oktober wird illustriert durch die hier folgende Erinnerung des Arbeiters *Skorinko:*

Unter den in Petrograd stationierten Truppen, welche am Juli-Aufstand teilnahmen, kam es infolge Unzufriedenheit mit der provisorischen Regierung beinahe täglich zum Aufruhr.

Petrograd, Oktober 1917

**Regierungskavallerie reitet in die aufständische Stadt**

Offen kehrten sich von der Unglücksregierung, deren Verteidiger und Schutzwehr sie eben erst gewesen waren, die Wilna-Regimenter, die Radfahrer und die Kosaken ab.

Zur Illustration der Stimmung eines Teiles der Soldaten führe ich folgende Szene an:

Eine der Kompagnien des Ismailschen Regimentes, in der sich einige Sozialrevolutionäre befanden, war schon lange den revolutionären Arbeitern und Soldaten mißliebig durch ihre „patriotische" und antirevolutionäre Gesinnung. An den Abenden versammelten sich also die Arbeiter bei ihren Kasernen, machten ihnen in ihrer einfachen Sprache den ganzen Sinn, der sich abspielenden Ereignisse, sowie die Rolle der Soldaten bei der Verteidigung der Interessen der Arbeiter und Bauern klar.

In der ersten Zeit fuhren sie die Arbeiter an:

„Na, raus hier!"

Aber, von Tag zu Tag wurden sie weicher.

„Bürger! Genossen! Geht doch! Es ist vergebens!"

„Laßt uns in Ruhe, Genossen!"

Doch die Arbeiter blieben hartnäckig und nach einiger Zeit sprachen die Soldaten sich friedlich mit den Arbeitern aus, in ihrer Einfalt ganz erstaunt darüber, wie die Menschewiki und Sozialrevolutionäre sie an der Nase herumgeführt hatten.

Und eines Tages kehrte nach alter Gewohnheit ein Intelligenzler bei ihnen ein, der offensichtlich nichts ahnte von dem Umschwung in den Ansichten und in der Stimmung der Kompagnie.

Er sammelte die Soldaten um sich und begann, da er offenbar sehr temperamentvoll war, gleich mit hysterischem Geschrei: „Kampf den Deutschen an der Front und im Hinterlande, bis zum Endsieg!"

„Du sagst also, Herr, ‚Krieg bis zum Sieg'? So denken auch wir" sagte, das Lachen kaum verhaltend, ein Soldat von kolossalem Wuchse.

„So ist es recht", predigte erfreut der Patriot. „Ich kann keineswegs daran glauben, daß die Bolschewiki, die Wilhelm in die Hände spielen, Euer Vertrauen genießen."

„So ist es; natürlich! Wir haben in unserer Kompagnie die Bolschewiki wie die Wanzen ausgetrieben. Wir sind wie ein Mann: Krieg bis zum Sieg! Alles an die Front!", setzte unter allgemeinem Lärm der Riese hinzu.

„Ach, ach, wie bin ich glücklich, solche Worte zu hören! Das Vaterland wird Euch nicht vergessen!", flüsterte gerührt und entzückt der Plechanow-Jünger.

„Na, also los mit ihm", und die Soldaten packten den Patrioten bei den Schultern.

„Wohin? Warum?", fragte der verblüfft.

„Wer also wird kämpfen? Wir, was? Wir haben genug davon. Wenn schon bis zum siegreichen Ende, dann braucht man auch Dich", sprachen jetzt schon in anderem Tone die Soldaten zu dem erschreckten Patrioten.

„Aber, meine Herren, erlauben Sie! Bürger, ich bin ja nicht einberufen! Ich arbeite im „Kriegsdienst"!"

„Welcher Jahrgang? 1886! Einberufen! Tauglich! Vorwärts, Kinder, in die Kaserne mit ihm! Morgen schicken wir ihn an die Front!" — so flogen um den erbleichenden Patrioten die Scherzworte, aber auch unheilverkündende Zurufe.

Unter allgemeinem Gelächter der ihn Umringenden wurde er in einen langen Mantel gesteckt und in die Kaserne gezogen, mit dem Versprechen, daß man ein ganzes Bataillon solcher Herren für die Front anwerben werde.

Und erst nach langem, demütigem Flehen wurde der „Vaterlandsverteidiger" mit einem kräftigen, soldatischen Fußtritt unterhalb des Kreuzes zur Kaserne hinausbefördert.

Vielen verging bei solchem Verhalten der Soldaten für immer die Lust zur patriotischen Agitation.

Im Zentrum der Stadt jedoch, besonders am Newski-Prospekt, war das Bild ein vollkommen anderes.

Dort konnte man so abscheuliche Szenen ansehen, daß man nicht geglaubt hätte, daß die Intelligenz in der Person von Sozialrevolutionären und Menschewiki daran beteiligt sei.

Zur selben Zeit, wo das Grollen der Unzufriedenheit bei den Arbeitern vom Lärm und Krachen der sausenden und wertschaffenden Maschinen begleitet war, strichen am Newski vom frühen Morgen bis zum späten Abend in Menge die Beschäftigungslosen herum, Lüge und Verleumdung über die revolutionäre Partei und ihre Führer aussprengend.

Mit herausfordernder Miene stolzierten dort genügend seltsame „Soldaten" umher, die Finger reich mit Ringen geschmückt. Oft genug kam es vor, daß ein solcher Soldat um die Ecke bog oder unterm Haustor verschwand, und mit umgedrehten Achselstücken als Oberleutnant oder Kapitän wieder erschien.

Ich selbst konnte häufig genug solche Verwandlungen der „Bauernsoldaten", wie sie sich nannten, beobachten. Dort spielten sich auch, dank Beteiligung dieser „Krieger", die empörendsten Bolschewikihetzen ab.

Ich erinnere mich an einige solcher Fälle. Nach der Februar-Revolution gewöhnte sich die revolutionäre Jugend der Putilow-Werke daran, allabendlich im Bezirkssekretariate sich zu Versammlungen zusammenzufinden. Dort kamen wir nach dem öden Gepolter der Maschinen zusammen. Wir unterhielten uns über verschiedene Themen, besprachen die Ereignisse des Tages und träumten gemeinsam von der kommunistischen Gesellschaft; und nach Gesang witzelten wir, lachten.

Und eines schönen Abends, als von den Klängen der mächtigen „Internationale" die Fenster erzitterten, kam ein junger Arbeiter ins Zimmer gelaufen, zerzaust, verschwitzt, mit einem geschwollenen Auge.

Wir mußten über sein seltsames Aussehen lachen.

Er wurde verwirrt und murmelte:

„Das habe ich am Newski erwischt! Für Lenin!"

„Wieso für Lenin? Was soll das heißen?"

„Am Newski schimpft man den Genossen Lenin einen Spion . . . wer für ihn eintritt, den verhauen sie. Na, . . . mich auch . . ." antwortete aufatmend unser Pechvogel von einem Verteidiger.

Unser jugendlicher Eifer flammte empört und tollkühn auf.

Wie, da draußen prügelt man unsere Genossen — und wir entladen hier, nichtsahnend, unseren Enthusiasmus in Gesang!

„Auf, zum Newski! Für Lenin!", ertönte der Kriegsruf der Jugend; und flink stürmte eine Gruppe zur Straßenbahn.

Wie wir am Newski ausstiegen, hörten wir undeutliche Rufe, dann Applaus und nach einiger Zeit sahen wir einen gewichtig daherkommenden, mit Laub und Fahnen geschmückten Lastwagen, welcher von einer Menge Gymnasiasten mit Plakaten „Krieg bis zum siegreichen Ende!" besetzt war.

Als wir die hassenswerten Herrensöhnlein sahen, verständigten wir, die „Köchinnen-Kinder", uns stumm durch Blicke: die vertrockneten, verschmierten Finger in den Mund und — pfeifen! Sogleich war in meinem Rücken der Schall einer Backpfeife zu hören und der gedämpfte Schrei: „Schurke!"

Ich sah mich um und erblickte meinen Freund aus der Werkstatt, einen 16jährigen Jungen, der sich vergebens bemühte, etwas zu sagen. Er schnappte nach Luft wie ein Fisch und war nicht imstande, einen Laut von sich zu geben. Große Tränen rollten aus seinen Augen. Neben ihm stand ein Riesenlümmel von der Matrosen-Garde oder Gardemarine, der Verwünschungen ausstieß und im Eifer ein zweites Mal die Hand erhob. Außer mir vor Entrüstung und Wut warf ich mich auf ihn . . . Doch man kam mir zuvor. Ein Soldat, der offenbar alles mitangesehen hatte, schlug den Seemann mit dem Handrücken ins Gesicht und ließ einen Tritt vor den Bauch folgen.

Der Klotz faßte sich an den Leib und blieb wehrlos an der Mauer lehnen, der Soldat aber, die Verwirrung benützend, sprang auf eine vorüberfahrende Straßenbahn.

Auch wir liefen auseinander.

Beim Restaurant „Quisisana" erblickte ich eine Menge, in deren Mitte ein hitzig gestikulierendes elegantes Subjekt weitspurig Vorträge hielt. Aus Neugierde blieb ich stehen, um zuzuhören.

„. . Und da kommt dieser unglückliche Lenin aus Deutschland im plombierten Waggon . . ."

„Halt", denke ich mir, „ich werde den Naiven spielen".

„Und warum reiste er durch Deutschland?", fragte ich einfältig, indem ich in die Mitte trat.

Der Elegant sah nachlässig nach mir, zog eine verächtliche Grimasse, als er meine Jugend bemerkte und wollte sich offenbar wieder abwenden, als einige Leute (Arbeiter und Soldaten) meine Frage aufnahmen.

„Ja, richtig, weshalb ist er so gefahren?"

Nicht zu antworten paßte dem „Referenten" wohl nicht; er drehte ein paarmal den Hals im Kragen, wonach ich ihn als Advokaten schätzte und schrie gereizt:

„Weil man ihm verboten hat, durch Frankreich zu reisen."

„Und warum das?" fragte ich mit dem naivsten Gesicht und sah auf einigen Gesichtern ein Lächeln.

„Was ist denn das für ein Lausejunge!", brach der Elegant aus. „Deshalb, weil er ein Spion ist."

„Und die Beweise?", schrie ich empört los, mich kaum zurückhaltend, ihm eins in den Kneifer zu versetzen. „Genosse Lenin hat niemals sein Gewissen für Geld verkauft!"

„So, Du Grünschnabel, da hast Du Beweise!", rief jemand ärgerlich aus, indem er eine wohlgepflegte, doch ganz respektable Faust meiner Nase entgegenstreckte.

„Hm", ich brachte dieser Art von Argumenten wenig Vertrauen entgegen; ich unterdrückte das gelinde Zittern, das die solide Faust unwillkürlich weckte und antwortete:

„Wenn die Arbeiter zum Schutze ihres Führers zu dieser Art von Beweisen Zuflucht nehmen, dann werden Sie sich anders einri..."

Ich war aber nicht zu Ende mit meinem Satze, als ich schon einen heftigen Schmerz von einem Faustschlag in der Brust fühlte und an die Wand flog.

Im Fallen schlug ich so heftig mit dem Genick an die Wand, daß die Leute, die Straße, die Häuser sich ein paarmal um mich herumdrehten und dann langsam schaukelnd wieder zur Ruhe kamen.

Ich hätte beinahe geweint vor ohnmächtiger Wut und Kränkung. Aber weinen, damit sie noch frohlocken, ein Leninist — niemals!

„Schurken!", sagte ich laut und versuchte aufzustehen, aber vor dumpfem Schmerz im Genick fiel ich gleich wieder zurück. Ich weiß nicht, beobachtete mich jemand oder nicht; wenn ja, dann sicher nur ein Mensch, der Feingefühl und Mitleid als verächtliche Eigenschaften ansah.

So saß ich ein paar Minuten und niemand war mir behilflich, aufzustehen. Heute freilich, nach den vielen Jahren Bürgerkrieg, in denen ich Gelegenheit hatte, die gepriesene Humanität der Bourgeosie näher kennenzulernen, kommt mir das alles als Lappalie vor. Doch in jener Zeit, in der der Bürgerkrieg noch nicht so heftig und grausam war, einen 16jährigen Jungen verprügeln und interessiert seinen Qualen zusehen, das schien mir unmenschlich und empörend.

Und erst zwei Prostituierte, die des Weges kamen, zeigten rührende Bekümmertheit.

„Armer Junge!", sagte liebevoll die eine von ihnen und, sich der Menge empört zuwendend, rief sie aus: „Lumpen!"

Mit ihrer Hilfe erhob ich mich und schleppte mich in den Hof des Restaurants, wo sie mir dringend zuredeten, mit einem Wagen nach Hause zu fahren, wofür sie selbst aufkommen wollten.

Doch zu ihrer Enttäuschung lehnte ich, innigst dankend, ab. Als Arbeiter ist mir Sentimentalität fremd, doch das Verhalten der Mädels rührte mich zutiefst auf, bis zu Tränen.

Welche Ironie! Jene, von denen die Bourgeoisie mir einen Begriff gegeben hatte wie vom Abschaum der Gesellschaft, als verfallen der Sinnlichkeit und Sittenverderbnis, entfremdet der Menschheit und würdig bloß der Verachtung, bewiesen hier, um wie vieles höher sie an Schönheit der Seele stehen, in ihrem Verhältnis zur Menschheit als diese Hämorrhoiden-Heuchler, die mit ihren etagenhohen Mühen um die Moral und Humanität prahlen . . .

Gegen den 20. Oktober war es für niemand mehr ein Geheimnis, daß der große, schreckliche, freudige Tag heranbrach. In Mengen marschierten Rotgardisten, jetzt in disziplinierte Kompagnien und Bataillone geordnet, stattlich durch die Arbeiterviertel, an den öffentlichen Gebäuden, an den Brücken und Werken Wachen aufstellend.

Bei den Stäben der Roten Garde wurden geheime Erkundungskommandos gebildet, welche alle verdächtigen Orte auszuspüren hatten.

Ahnend, daß der Nachwuchs der Aristokratie, der sich in der Nikolaewschen Offiziersschule befand, einen gegenrevolutionären Aufstand planen würde, gab der Stab der Rotgardisten der Putilow-Werke mir und noch zwei Rotgardisten den Auftrag, dieses Gebäude unauffällig zu beobachten.

Anfangs war die Lage hier für uns ohne Wichtigkeit. Das Soldatenkommando, das die Schule bediente, setzte sich ausschließlich aus Bauern zusammen, und unsere Agitation fand keinen Widerhall. Außerdem spielten beim Mißerfolg unserer Agitation auf ihrer Seite auch egoistische Motive mit.

Die Soldaten des Kommandos bekamen von den Ritterjunkern oft Trinkgelder, weil sie ihnen den Hof machten und irgendwelche Dienste leisteten. Um den guten Posten nicht zu riskieren, wagten sie nicht, sich als „Linke" zu zeigen. Doch bald konnten wir aus vielen Gründen ihre Stimmung nach unserer Seite lenken. Wir knüpften mit vielen der Soldaten gute Beziehungen an, erhielten die notwendigen Nachrichten. Die Erkundung klappte ideal, jeder Schritt der Offiziersaspiranten gelangte zur Kenntnis unseres Stabes.

Unter anderem erhielten wir vor der Oktober-Revolution und in ihrem Verlaufe Nachrichten darüber, daß bei den Offiziersaspiranten eine besonders starke Bewegung bemerkbar sei. Einige von ihnen behielten selbst schlafend die Waffen um. Es zeigte sich, daß dies durch eine Provokation hervorgerufen war.

Die Vertreter des Stabes des Petrograder Armeebezirkes und die Sozialrevolutionäre erklärten auf einer der Versammlungen, daß die Arbeiter sich angeblich verschworen hätten, bei Nacht alle Offiziersaspiranten niederzumetzeln. Das beunruhigte sie und steigerte ihren Haß gegen die Arbeiter . . .

Als ich am Morgen des 23. Oktober erwachte, sah ich im Zimmer ein genug seltsames Bild. Am schmutzigen Boden saß mein Vater, der offenbar von der Arbeit zurückgekehrt war und reinigte sorgsam mein Gewehr. Sein Gewehr lag schon geputzt beiseite

Aus seinen Augen rollten schwere Tränen, die er wohl selbst nicht bemerkte. Die Mutter stand neben ihm, ihn mit empörtem Mitleid betrachtend. Ich begann aufmerksam zu werden.

. . . Der Vater hatte sich auf seine alten Tage unter die „Brauseköpfe" eintragen lassen. Und jetzt — er putzt die Gewehre . . . „Wen willst Du denn erschlagen?", fragte die Mutter boshaft.

„Geh fort, dummes Weib!", mit diesen Worten schob er sie ruhig zur Seite.

„Du bist selbst ein Dummkopf, draußen lachen Dich alle aus."

Und durch das Zimmer ging eine Flut der schönsten Kollektion von ausgesuchten Schimpfworten.

„Er schimpft", dachte ich. Also ist Väterchen mit den politischen Ereignissen nicht übermäßig zufrieden. Wenn der Vater so aus sich herausging und böse schimpfte, konnte es nur aus politischen Gründen sein . . .

„Was schimpfst Du so, Genosse Vater?" — fragte ich ihn scherzhaft, wobei ich den Ausdruck „Genosse" anwandte, welcher tatsächlich bei uns verwandtschaftlich-genossenschaftliches Gefühl ausdrückte.

„Bist schon auf? Gut! Nimm das Gewehr und geh zum Stab. Das Gesindel hat unsere Zeitung „Rabotschi Putj" (Der Weg des Arbeiters) geschlossen und droht uns mit Entwaffnung. Das gibt es nicht! Komm!"

Unter Weinen und Wehklagen der Mutter und den spöttischen Blicken der Hausbewohner gingen der Vater und ich, die Gewehre geschultert, zum Stab, der ungewöhnlich belebt war.

Im Stabe sahen wir, wie eine Menge Arbeiter, die früher nur das Interesse an der Familie gekannt hatten, an den Tischen mit Sorgfalt die Gewehre putzten, kaum zurückzuhalten waren davon, gleich in das Zentrum zu marschieren, dort die Arbeitermacht aufzurichten.

Unter den Hunderten von Rotgardisten, unter denen sich auch vereinzelt Sozialrevolutionäre und Menschewiki befanden, herrschte an diesem Tage eine solche Einmütigkeit der Interessen, daß mein Vater, mich umarmend, sagte:

„Heute ist in mir gehörige Kühnheit. Wenn es bei allen so ist, da werden wir morgen die Sowjetmacht, unsere Macht, errichten."

„Und wenn wir sie nach einem Tage wieder verlieren?" scherzte im Vorbeigehen ein Genosse.

„Niemals! Aber, zum Teufel, sei es auch nur ein Tag, doch er wird unser sein", rief mein Vater, das Gewehr schwingend, unter dem Enthusiasmus der Anwesenden aus.

„Wir sollen nur einen Tag da oben sitzen, und wir wollen schon zeigen, wie wir unser Eigen hüten."

# MOSKAU

von

*M. Olminski*

Im Moskauer Sowjet der Arbeiter- und Soldaten-Deputierten herrschten die Bolschewiki lediglich durch das Übergewicht der Arbeiterstimmen über jene der Soldaten vor.

Doch der Sowjet der Soldaten-Deputierten existierte daneben selbständig, hatte sein eigenes Präsidium und hier überwogen die Gegenrevolutionäre.

Die Masse der Soldaten war eigentlich der Mehrheit nach revolutionär gesinnt, aber sie war weder organisiert noch bewaffnet. In den Händen der Konterrevolution hingegen gab es nicht nur Waffen, sie hatten auch die organisierten Offiziersaspiranten-Abteilungen.

Nichtsdestoweniger mußte man zur Tat schreiten, um Petrograd zu unterstützen.

Im bolschewistischen „Sozialdemokrat" vom 26. Oktober erschienen nähere Mitteilungen darüber, was sich in Petrograd zugetragen hatte. Und im Leitartikel wurde darauf hingewiesen, daß die „entscheidenden Tage gekommen sind", daß die Petrograder Arbeiter und Soldaten den Gegner niedergeschlagen haben, daß dies aber erst der erste Schritt des Bürgerkrieges sei: die Bourgeoisie wird das Feld nicht ohne Kampf räumen, sie ist überall daran, bewaffnet den Arbeitern entgegenzutreten.

In diesem Sinne waren in der gleichen Nummer der Zeitung besondere Aufrufe an die Soldaten, Bauern, Eisenbahner, Post- und Telegraphen-Angestellten enthalten.

Am Mittwoch, dem 25. Oktober, wurde in der gemeinsamen Sitzung des Sowjets der Arbeiter- und Soldaten-Deputierten ein Militär-Revolutionäres Komitee gewählt zwecks Organisierung der Unterstützung Petrograds. Für die Wahl stimmten 394 Deputierte, dagegen 106 (Menschewiki und Parteilose), 25 enthielten sich der Stimme (linke Menschewiki und Internationalisten). Nichtsdestoweniger traten sie in das Komitee mit ein, aber nicht, um in den Reihen des Proletariats zu kämpfen, sondern um die Umwandlung des Revolutionären Komitees in ein „alldemokratisches Organ" zu betreiben

Die Sozialrevolutionäre lehnten es ab, sich an der Abstimmung zu beteiligen.

Am Freitag, dem 27. Oktober, brachte „Iswestija" folgende Erklärung des Militär-Revolutionären Komitees:

*„Die revolutionären Arbeiter und Soldaten Petrograds haben unter Führung des Petrograder Sowjets der Arbeiter- und Soldaten-Deputierten den entschiedenen Kampf mit der die Revolution verratenden provisorischen Regierung begonnen. Es ist Pflicht der Moskauer Soldaten und Arbeiter, die Petrograder Genossen in diesem Kampfe zu unterstützen. Zur Leitung dieses Kampfes hat der Moskauer Sowjet der Arbeiter- und Soldaten-Deputierten das Militär-Revolutionäre Komitee gewählt, welches bereits die Ausübung seiner Funktionen begonnen hat. Das Militär-Revolutionäre Komitee ordnet an: 1. die gesamte Moskauer Garnison muß sofort auf Kriegsbereitschaft gebracht werden. Jeder Truppenteil muß bereit sein, in Aktion zu treten auf den ersten Befehl des Militär-Revolutionären Komitees. 2. Keinerlei Befehle oder Verfügungen, die nicht vom Militär-Revolutionären Komitee ausgehen oder nicht seine Genehmigungsklausel tragen, dürfen ausgeführt werden."*

Als Gegengewicht gegen den konterrevolutionären Sowjet der Soldaten-Deputierten wurde am 26. Ok-

Moskau, Oktober 1917

**Vor der Beschießung des von Offiziersaspiranten besetzten Kreml**

tober eine Konferenz der Vertreter sämtlicher Truppenteile der Moskauer Garnison einberufen; sie beschloß mit 116 gegen 18 Stimmen, dem Militär-Revolutionären Komitee das Vertrauen auszudrücken.

Darauf entsandten auch das Zentralbüro der Gewerkschaften von Moskau, das Zentrale Exekutivkomitee des Allrussischen Verbandes der Eisenbahner und die Sozialrevolutionäre-Internationalisten ihre Vertreter in das Komitee.

Bei solcher Zusammensetzung konnte das Militär-Revolutionäre Komitee nicht besonders aktionsfähig sein, insbesondere mit Rücksicht auf die Anwesenheit der Menschewiki, welche in ihrer Erklärung sagten, daß sie in das Komitee eintreten, „nicht deshalb, um mitzuwirken an der Ergreifung der Macht durch die Sowjets", sondern „um alle Folgen dieses Versuchs zur Machtergreifung und des Abenteurertums der bolschewistischen Führer möglichst schmerzlos zu liquidieren".

Offensichtlich ermutigt durch die bunte Zusammensetzung des Komitees trat der Militärkommandant Oberst Rjabzew mit einem Ultimatum hervor: das Komitee sofort aufzulösen, die bolschewistische Wache sofort aus dem Kreml zurückzuziehen und die dem Arsenal entnommenen Waffen wieder abzuliefern.

Zur Antwort schlug das Militär-Revolutionäre Komitee vor, seinen Bestand durch Heranziehung neuer konterrevolutionärer Vertreter zu ergänzen: aus dem Sowjet der Bauern-Deputierten, der früher in den Händen der Sozialrevolutionäre war; aus der Stadtduma, dem Semstwo usw. usw. Aber die Sozialrevolutionäre und die Bourgeoisie, denen es gelungen war, sich im „Komitee der gesellschaftlichen Sicherheit" zu organisieren, lehnten es ab, in irgendwelche Verhandlungen vor Erfüllung des Ultimatums Rjabzews einzutreten.

Von dieser Weigerung der Konterrevolutionäre, in Verhandlungen einzutreten, berichtete die menschewistische Zeitung „Wperjed" (Vorwärts) vom 28. Oktober. In der gleichen Nummer erschien auch der Aufruf der menschewistischen Organisationen; alle Schuld am Blutvergießen wird darin den Bolschewiki zugeschoben, gleichzeitig wird das Ausscheiden der Menschewiki aus dem Militär-Revolutionären Komitee mitgeteilt.

Mit ihrem Austritte erleichterten die Menschewiki natürlich dem Militär-Revolutionären Komitee seine Arbeit; sie setzten zwar ihre Agitation in Wort und Schrift fort, doch die Arbeiter hörten nicht mehr auf sie.

Während im Militär-Revolutionären Komitee die diplomatischen Verhandlungen und Diskussionen anhielten, bereitete Moskau sich eilig zum Kampfe vor.

Rjabzew zog in der Stille die Offiziersaspiranten und Kosaken in das Stadtzentrum (die letzteren weigerten sich bald, in Aktion zu treten, und wurden im Hofe der Alexandrowschen Schule eingeschlossen). An die Offiziersaspiranten schlossen sich Weißgardisten an, vorzugsweise Studenten und Gymnasiasten, sowie die Offiziere der schwarzen Hundertschaften. Nur die erste Offiziersaspirantenschule, die sich aus früheren Truppensoldaten zusammensetzte, weigerte sich, zu kämpfen. Hingegen zeigte sich bei Kriegsschulen, die sich aus früheren Studenten zusammensetzten, eine besonders bestialische Stimmung.

Der Kreml befand sich in den Händen der bolschewistischen Wache; die Soldaten schenkten der

Mitteilung Glauben, daß das Militär-Revolutionäre Komitee den Kampf aufgegeben habe; die irregeführten Soldaten ergaben sich ohne einen einzigen Schuß. Nichtsdestoweniger wurden viele von ihnen auf der Stelle erschossen.

Und die Gegenrevolutionäre verkündeten die Besetzung des Kreml als Sieg, fast als die Vernichtung der Bolschewiki.

Das ganze Zentrum der Stadt, mit Ausnahme eines Teiles der Twerskaja-Straße, war in den Händen der Offiziersaspiranten; das gleiche galt von den Bahnhöfen, der elektrischen Zentrale der Straßenbahnen, der Telephonzentrale. Das Militär-Revolutionäre Komitee war plötzlich von den Rayons fast abgeschnitten, die Rayons, die wiederum untereinander nur mangelhafte Verbindung hatten, trugen auf ihren Schultern die ganze Schwere des Kampfes, ohne zu wissen, was im Zentrum vorging.

Die Isolierung der Zentrale von den Rayons (die Verbindung wurde nur über den Strastnaja-Platz irgendwie unterhalten) setzte diese jede Minute der Gefahr der Vernichtung aus. Die Panzerautos der Offiziersaspiranten zeigten sich sogar auf dem Skobelew-Platze. Es gab Augenblicke, in denen es schien, als ob der Zentrale nichts übrigbliebe, als zu flüchten. Diese Umstände färbten natürlich stark auf die Stimmung des Militär-Revolutionären Komitees ab, machten dieses geneigt zu Verhandlungen über einen Präliminarfrieden und zu Konzessionen.

Und ganz andere Stimmung herrschte in den Arbeiterbezirken. Wohl war am ersten Tage der Bewaffnung auch hier noch Schlaffheit zu spüren. Die Betriebe arbeiteten, weil das Militär-Revolutionäre Komitee den argen Fehler begangen hatte, nicht den Generalstreik auszurufen. Die Soldaten verließen die Kasernen nur ungern. In die Rote Garde ließ sich nur die Arbeiterjugend eintragen, aber selbst für diese waren nicht genügend Waffen vorhanden.

Jetzt erhoben sich die Betriebe und Fabriken. Die Arbeiterviertel belebten sich. Die Offiziersaspiranten wurden gegen das Stadtzentrum abgedrängt und rasch herrschte Siegesstimmung. Deshalb wurde die Nachricht von einem Vorfrieden mit Unzufriedenheit aufgenommen.

Der Vorfriede wurde Sonntag, den 29. Oktober, abends, auf 24 Stunden abgeschlossen. Es wurde eine neutrale Zone vereinbart und am Morgen des 30. Oktober sollte eine Kommission zur Ausarbeitung fester Vereinbarungen zusammentreten.

Die Gegenrevolution hoffte Zeit zu gewinnen und erwartete Verstärkungen. Vom Süden sollten Kosakenregimenter zu den Gegenrevolutionären stoßen, auf der Brjansker Strecke Stoßtruppen.

Einige Stunden nach Inkrafttreten des Vorfriedens kam am Brjansker Bahnhof die erste Abteilung der Stoßtruppen an. Die Offiziersaspiranten schöpften sogleich Mut und gingen am Nikitski-Tor zum Angriff über.

Mit dem Wiederbeginn der kriegerischen Tätigkeit gestaltete sich die Lage der Konterrevolutionäre von Stunde zu Stunde schlechter, die Arbeiter und Soldaten erhielten Verstärkungen, und der Glaube an den sicheren Sieg wurde stärker. Bald war in den Händen der Offiziersaspiranten fast nur der Kreml geblieben; von dort aus richteten sie ihr Feuer nach allen Richtungen.

Das Militär-Revolutionäre Komitee hatte von allem Anfang fast die gesamte Moskauer Artillerie in seinen Händen. Doch ließ man diese nicht ins Gefecht treten, um überflüssige Zerstörungen in der Stadt zu vermeiden. Erst nach langem Schwanken, als sich die Entscheidung aufdrängte, zwischen Menschenopfern und Beschädigung der Kremlgebäude zu wählen, begann das Geschützfeuer auf den Kreml.

Die Lage der Konterrevolution war schon hoffnungslos, und so nahm sie die Beschießung des Kreml zum erwünschten Vorwand ihrer Kapitulation, um diese mit einer schönen Phrase aufzuputzen: Am 2. November wandte sich der Vorsitzende des Komitees der „gesellschaftlichen Sicherheit", W. Rudnew, an das Militär-Revolutionäre Komitee mit dem Ersuchen, die Bedingungen für die Einstellung der Feindseligkeiten mitzuteilen. Rudnew begründete seinen Schritt mit dem Wunsche, angeblich „die historischen Denkmäler und Heiligtümer" zu retten und „das Schlachten der friedlichen Einwohner" zu beenden.

Das Militär-Revolutionäre Komitee nahm den Vorschlag an. Es wurden Bedingungen vereinbart und um 9 Uhr abends wurde mit der Unterschrift von Usjewitsch ein Befehl an „alle Truppen des Militär-Revolutionären Komitees" verlautbart:

*„Die revolutionären Truppen haben gesiegt. Die Offiziersaspiranten und die weiße Garde liefern ihre Waffen ab. Alle Kräfte der Bourgeoisie sind auf das Haupt geschlagen und kapitulieren auf Grund unserer Bedingungen. Alle Macht befindet sich in den Händen des Militär-Revolutionären Komitees. Die Moskauer Arbeiter und Soldaten haben um schweren Preis die Macht in Moskau erkämpft. Alle auf zum Schutze der neu errungenen Arbeiter-, Soldaten- und Bauern-Macht! Der Feind hat sich ergeben! Das Militär-Revolutionäre Komitee ordnet die Einstellung aller Kampfhandlungen an. Die Truppen der Sowjets bleiben bei Einstellung der kriegerischen Aktionen auf ihren Plätzen bis zur Ablieferung der Waffen der Offiziersaspiranten und weißen Garden. Bis auf besondere Weisung des Militär-Revolutionären Komitees bleiben die Truppen versammelt."*

Dieser Befehl sowie die Nachrichten überhaupt über den Vertrag mit den Offiziersaspiranten machten in den Arbeiterbezirken einen sehr ungünstigen Eindruck. So veröffentlichte der „Sozialdemokrat" vom 4. November den „Protest der Roten Garde":

„Dadurch, daß das Militär-Revolutionäre Komitee die Offiziersaspiranten aus der Haft befreit, gibt es diesen die Möglichkeit, neuerlich gegen das Volk sich zu erheben. Wir fordern, daß alle gefangenen Offiziersaspiranten und das übrige Bourgeois-Gesindel dem berufenen revolutionären Gericht übergeben werden."

Es waren genügend Gründe für eine solche Forderung vorhanden. Als die Offiziersaspiranten ihre Waffen ablieferten, sagten sie beim Abschied vor der Abreise aus Moskau ganz unverhohlen:

„In einem Monat treffen wir uns am Don."

Im weiteren waren alle Anstrengungen der Führer darauf gerichtet, die Soldaten von willkürlicher Justiz an den Offiziersaspiranten und Offizieren zurückzuhalten.

Die Offiziersaspiranten und Offiziere antworteten, wie bekannt, damit, daß sie gar bald am Don zusammentrafen und dann dort Massenerschießungen unter den in ihre Hand fallenden Soldaten und Arbeitern der Roten Armee vornahmen.

Die Unvollkommenheit des Sieges in Moskau war ausschließlich auf die Handlungen des Militär-Revolutionären Komitees zurückzuführen. Wenn trotzdem der Sieg errungen wurde, sind wir dafür allein dem elementaren Schwung der Massen verpflichtet, wie auch der Standhaftigkeit und Energie der Bezirksleiter, welche all die Zeit inmitten der Massen blieben, mit ihnen Schritt hielten.

## 5. DER AUFSTAND

AM 7. November 1917 veröffentlichte das Zentralorgan der bolschewistischen Partei, „Prawda", folgende „Ratschläge eines Unbeteiligten" von N. Lenin:

*Ich schreibe diese Zeilen am 8. Oktober und setze wenig Hoffnung darauf, daß sie schon am 9. in die Hände der Petersburger Genossen gelangen. Es ist möglich, daß sie zu spät kommen, denn der Kongreß der nördlichen Sowjets ist auf den 10. Oktober angesetzt. Aber immerhin will ich versuchen, mit meinen „Ratschlägen eines Unbeteiligten" aufzutreten für den Fall, daß die wahrscheinliche Aktion der Arbeiter und Soldaten Petersburgs und des ganzen „Kreises" bald zustande kommen wird, aber noch nicht zustande gekommen ist.*

*Daß die ganze Macht auf die Sowjets übergehen muß, ist klar. Ebenso unzweifelhaft muß es für jeden Bolschewik sein, daß der revolutionär-proletarischen (oder bolschewistischen — das ist jetzt ein und dasselbe) Regierung die größte Sympathie und die selbstloseste Unterstützung aller Werktätigen und Ausgebeuteten in der ganzen Welt überhaupt, insbesondere in den kriegführenden Ländern, unter dem russischen Bauerntum ganz speziell, gesichert sind. Bei diesen allzu bekannten und längst erwiesenen Wahrheiten verlohnt es sich nicht zu verweilen.*

*Es gilt bei dem zu verweilen, was wohl kaum allen Genossen ganz klar ist, nämlich: daß die Übergabe der Macht an die Sowjets jetzt in Wirklichkeit den bewaffneten Aufstand bedeutet. Es könnte den Anschein haben, dies sei offenkundig, aber nicht alle haben sich darüber Gedanken gemacht und sind sich darüber im klaren. Jetzt den bewaffneten Aufstand abschwören, würde heißen, der Hauptlosung des Bolschewismus („Alle Macht den Sowjets") und den ganzen revolutionären proletarischen Internationalismus überhaupt abschwören.*

*Doch der bewaffnete Aufstand ist eine besondere Form des politischen Kampfes, die besonderen Gesetzen unterliegt und über die man genau nachdenken muß. Außerordentlich plastisch hat diesen Gedanken Karl Marx ausgedrückt, als er schrieb, daß der „Aufstand ebenso wie der Krieg eine Kunst" ist.*

*Von den Hauptregeln dieser Kunst leitete Marx ab:*

*1. Niemals mit dem Aufstand spielen, und wenn er angefangen ist, genau wissen, daß man bis zu Ende gehen muß.*

*2. Man muß ein bedeutendes Kräfteübergewicht sammeln am entscheidenden Orte, im entscheidenden Moment, denn sonst wird der Feind, der über eine bessere Vorbereitung und Organisation verfügt, die Aufständischen vernichten.*

*3. Hat der Aufstand einmal begonnen, so muß man mit der größten Entschlossenheit handeln und unabänderlich und bedingungslos zur Offensive übergehen. „Die Defensive ist der Tod des bewaffneten Aufstandes."*

*4. Man muß suchen, den Feind zu überrumpeln und den Moment zu packen, solange seine Truppen zerstreut sind.*

*5. Man muß danach streben, täglich irgendwelche kleinen Erfolge zu erzielen (man könnte sagen, stündlich, wenn es sich um eine einzelne Stadt handelt) und um jeden Preis das „moralische Übergewicht" aufrechtzuerhalten.*

*Marx rekapitulierte die Lehren aller Revolutionen hinsichtlich des bewaffneten Aufstandes mit den Worten des „größten Meisters der Revolutionstaktik in der Geschichte", Danton: „Kühnheit, Kühnheit und noch einmal Kühnheit."*

*In Anwendung auf Rußland und auf den Oktober des Jahres 1917 bedeutet dies: gleichzeitiger, möglichst plötzlicher und rascher Vorstoß gegen Petersburg, sowohl von innen wie von außen, sowohl aus den Arbeitervierteln wie aus Finnland, aus Reval, aus Kronstadt, eine Offensive der ganzen Flotte, Anhäufung eines gigantischen Übergewichtes an Streitkräften über die 15 000 bis 20 000 (und vielleicht auch mehr) unserer „bürgerlichen Garden" (die Offiziersaspiranten), unserer „Vendéetruppen" (ein Teil der Kosaken) usw.*

*Unsere drei Hauptkräfte: die Flotte, die Arbeiter und die Truppenteile so kombinieren, daß besetzt und um den Preis beliebig großer Verluste gehalten werden: a) die Telephonzentrale, b) das Telegraphenamt, c) die Bahnhöfe, d) die Brücken vor allem.*

*Die entschlossensten Elemente (unsere „Stoßtruppen" und die Arbeiterjugend sowie die besten Matrosen) in kleinen Trupps aussondern zur Besetzung der wichtigsten Punkte und zur Beteiligung an allen wichtigsten Operationen, z. B.:*

*Petersburg umzingeln und abschneiden, es durch eine kombinierte Attacke der Flotte, der Arbeiter und des Heeres erobern, — das ist eine Aufgabe, die Kunst und dreifache Kühnheit erfordert.*

*Trupps der besten Arbeiter mit Gewehren und Bomben bilden zur Attackierung und Umkreisung der „Zentren" des Feindes (Offiziersaspirantenschulen, Telegraphen- und Telephonämter usw.) mit der Losung: selbst wenn alle zugrunde gehen, der Feind darf nicht durchkommen.*

*Wir wollen hoffen, daß, falls die Aktion beschlossen wird, die Leiter mit Erfolg die großen Gebote Dantons und Marx' anzuwenden wissen.*

*Der Erfolg sowohl der russischen als auch der Weltrevolution hängt ab von zwei bis drei Tagen Kampf.*

---

Am 24. Oktober erläßt das Militär-Revolutionäre Komitee folgenden Befehl:

Dem Petrograder Sowjet der Arbeiter- und Soldaten-Deputierten droht Gefahr. Ich ordne an, daß das Regiment auf volle Kriegsbereitschaft gebracht werde und weitere Weisungen abwarte. Jede Verzögerung und Nichtausführung des Befehls wird als Verrat an der Revolution angesehen.

Für den Vorsitzenden: *Podwojski.* Der Sekretär: *Antonow.*

Der Kampf begann. Die Masse ging unter den Parolen der Bolschewiki auf die Straßen. Die Roten Garden, die revolutionären Truppen rückten vor. Wir haben bereits den Gang der Ereignisse am 24. und 25. Oktober in knapper Form dargestellt. Aus den weiteren hier folgenden Schilderungen von Teilnehmern werden wir das Bild der Kämpfe erhalten. Wir lassen vorerst durch *Blagonrawow* den Plan des Aufstandes und den Aufstand darstellen:

Gegen 12 Uhr begab ich mich im früheren Auto der Kommandantur in den Smolny in der festen Absicht, dem Militär-Revolutionären Komitee einen Angriffsplan, die Attacke auf den Winterpalast, in welchem die provisorische Regierung, unter dem Schutze der Offiziersaspiranten und Stoßtruppen, ihren Sitz hatte, vorzulegen. Der erste, der mir beim Betreten des zweiten Stockwerks begegnete, war Genosse Antonow-Owsejenko. Er führte mich in das Zimmer des MRK., wo die Genossen Podwojski und Tschudnowski vor einem mit Fähnchen bedeckten Plane Petrograds lebhaft diskutierten. Mein Vorschlag eines Angriffs auf den Winterpalast war nichts Neues, da die Genossen selbst schon vorher darauf verfallen waren. Wir begannen eilig, den Plan der militärischen Operationen auszuarbeiten und nahmen eine annähernde Schätzung unserer Kräfte vor. Den Hauptstützpunkt und die Basis sollte die Peter-Paul-Festung bilden, welche sich mit den benachbarten Truppen und dem Kreuzer „Aurora" in Verbindung zu setzen hatte. (Antonow begab sich auf die „Aurora".) Die Militärtruppen hatten von der Richtung der Millionajastraße, dem Newski und anderen, um den Winterpalast liegenden Straßen denselben durch einen dichten Gürtel zu isolieren und sodann auf das erste Signal allmählich den Gürtel um den Palast enger zu schließen. Gegen voraussichtliche Aktionen der unverläßlichen Kosakenabteilungen und der Offiziersaspirantenschulen wurden von den benachbarten bolschewistischen Truppen und Fabriken Abteilungen bereitgestellt. Ihre Aufgabe war es, einen etwaigen Stoß in den Rücken unserer auf den Winterpalast vorrückenden Truppen aufzufangen. Die Verwirklichung dieses Planes mußte sofort erfolgen. Der allgemeine Angriff und die Beschießung des Winterpalastes hatten heute abend spätestens um 9 Uhr, wenn alles bereit war, auf ein besonderes Signal aus der Festung zu beginnen. Die Einzelheiten des Planes hatten ich und Antonow an Ort und Stelle in der Festung auszuarbeiten. Nachdem wir untereinander die Truppenabschnitte und deren Führung

Eingang zum Smolny — Petrograd, Oktober 1917

verteilt hatten, eilten wir an unseren Bestimmungsort, denn jede Minute war kostbar und beunruhigende Nachrichten über den Anmarsch von Kerenski ergebenen Truppen auf Petrograd liefen immer häufiger und häufiger ein. Antonow fuhr sofort auf die „Aurora", welche an der Nikolajewskbrücke lag, und ich eilte zusammen mit Tschudnowski im Automobil in die Festung. An der Troitzki-Brücke verabschiedete ich mich von Tschudnowski, der sich zum Pawlowschen Regiment begab, das er beim Angriff auf den Winterpalast zu führen hatte. Tschudnowski versprach, von seinem Regiment eine Feldwache auf das Marsfeld an das Ende der Troitzki-Brücke auszusenden, während ich meinerseits dauernd Patrouillen zur Verbindung mit dieser Feldwache in Gang zu setzen und Maschinengewehre für die Längsbestreichung der Brücke zu stellen hatte (als Vorbeugung etwaiger Versuche, die Verbindung zu unterbrechen).

Mit den Artilleristen stand es schlecht. Die in der Festung untergebrachte Rotte konnte nicht als verläßlich betrachtet werden. In den letzten Tagen erschienen die Offiziere der Rotte und ein Teil der Soldaten, die Petrograder Einwohner waren, nicht zum Dienst. Aber wir hatten keine Auswahl. Ungern beauftragten wir den Genossen Pawlow, einige der verläßlichsten Artilleristen und einen Kommandanten für die Bedienung der Geschütze zu bestimmen und sie sofort zwecks Besichtigung der Geschütze und des von uns gewählten Standortes auszuschicken. Bald darauf erschienen bei mir Delegierte der Festungsrotte und ihr Kommandant (seinen Namen habe ich vergessen), ein junger Fähnrich. Sie erklärten mir, daß sie von der allgemeinen Rottenversammlung beauftragt seien, uns mitzuteilen, daß die Rotte, so wie in den Tagen des 3. und 5. Juli, neutral bleiben wolle und es deshalb ablehne, Artilleristen zur Bedienung der Geschütze zu stellen, sowie überhaupt mit bewaffneter Hand, auf welcher Seite es immer sei, auf den Plan zu treten. Die Lage wurde kritisch, — andere Artilleristen gab es nicht. Wir begaben uns sofort in die Kasernenräume der Festungsrotte. Dort waren alle versammelt, offenbar warteten sie auf die Antwort ihrer Delegierten. Ich erklärte den Versammelten, daß ihre Stellungnahme unter jeder Kritik sei, forderte namens des Petrograder Sowjets Unterordnung unter meine Verfügungen und warnte vor den sehr unerwünschten Folgen im Falle der Nichterfüllung. Diese Erklärungen machten einen tiefen Eindruck. Die durch mich jetzt wiederholten Befehle wegen Entsendung der notwendigen Zahl von Artilleristen zur Besichtigung der Geschütze und wegen der Beschießung des Winterpalastes wurden nach einigem Schwanken ausgeführt und eine Gruppe von Artilleristen begab sich unter Führung des Rottenkommandanten zu den Geschützen. In diesem Augenblicke erhielt ich Meldung über die Ankunft des Genossen Antonow mit Matrosen der „Aurora". Antonow teilte mir seine Absicht mit, die „Aurora" noch näher an die Nikolajewsk-Brücke und, wenn möglich, hinter der Brücke ganz nahe an die Festung heranzubringen. Zur Verbindung der Festung mit der „Aurora" wurde ein Dampfkutter entsandt. Wir setzten eilig die Einzelheiten des weiteren Aktionsplanes fest. Wir beschlossen, daß, sowie wir die Kampfbereitschaft aller Truppen fesgestellt hätten, die den Winterpalast belagerten, und die Geschütze auf den besprochenen Platz gebracht hätten, auf dem Festungsmaste ein rotes Signal, ein Signal der Bereitschaft aufgehen solle. Die „Aurora" sollte sodann das Geschützfeuer eröffnen, zunächst in die Luft schießend, im Falle der Unnachgiebigkeit der provisorischen Regierung sollte die Beschießung durch die Festung mit scharfer Munition beginnen. Und nur dann, wenn der Winterpalast auch weiter hartnäckig bleiben würde, sollte auch die „Aurora" mit scharfem Feuer ihrer Geschütze einsetzen. Wir stellten ein Ultimatum an die provisorische Regierung zusammen, gaben ihr für die Kapitulation eine Bedenkfrist von 20 Minuten von der Einhändigung des Ultimatums.

Das Ultimatum unterzeichneten Antonow und ich. Die Zustellung übernahm ein freiwilliger Motorradfahrer. Antonow konnte endlich fortgehen. Der Kutter für die Verbindung mit der „Aurora“ war rechtzeitig eingetroffen. Es dunkelte. Ein unvorhergesehener und kleiner Umstand störte unseren Plan: es fand sich keine Laterne für das Signal. Nach langem Suchen fand man endlich eine, aber sie am Maste so anzubringen, daß sie gut sichtbar war, machte große Schwierigkeiten, und Tregubowitsch, der dies auf sich genommen hatte, wurde von den wiederholten erfolglosen Versuchen fürchterlich nervös. Inzwischen begab ich mich zu den Geschützen; die Oktober-Nacht trat in ihre Rechte; die Laternen dämmerten in trübem Schimmer und ihre Strahlen schwankten in den dunklen Wellen der Newa; das Leben in der Stadt nahm seinen gewöhnlichen Gang; die Straßenbahn zog mit grellem Läuten und Gepolter in langen Zügen über die Troitzki-Brücke, Automobile und die kleinen Figuren der Fußgänger tauchten auf; nichts kündigte den Oktober-Kampf an. Das Häuflein Artilleristen drängte sich um die Stämme der riesigen Weiden, welche der Herbstfrost schon der Blätter entblößt hatte. Einige Schritte weiter lag die schwarze, unbewegliche Masse der Geschütze da. Mir schien, als ob die Artilleristen, als wir uns näherten, plötzlich verstummten, und als ob etwas nicht in Ordnung sei. Wir traten näher. Der Fähnrich kam uns entgegen und berichtete, daß man mit den Geschützen nicht schießen könne, sie seien vernachlässigt, verrostet, in den Kompressoren sei kein Tropfen Öl, und beim ersten Schusse könnten sie in die Luft fliegen. Ich hegte den Verdacht böser Absicht. Furchtbarer Zorn stieg mir zu Kopf, unwillkürlich fühlte die Hand nach dem Revolver, aber ich hielt mich rechtzeitig zurück. Ich fragte die Leute aus. Der Feuerwerker und die Artilleristen bestätigten einstimmig die Tatsachen. Ich verstand nichts von Geschützen und war deshalb machtlos, etwaige Lügen aufzudecken. Ich erinnerte mich, daß Pawlow irgend etwas mit Geschützen zu tun gehabt hatte, entschloß mich, ihn zu beauftragen, die Geschütze nochmals zu untersuchen und, wenn sich die Meldung über ihre Unbrauchbarkeit als unwahr erweisen sollte, gegen die Schuldigen mit aller Strenge vorzugehen. Diese Erwägungen teilte ich auch den Artilleristen mit. Sie hörten mich an und nahmen meine Mitteilung über die Beauftragung Pawlows zur Vornahme der Untersuchung der Geschütze augenscheinlich ruhig, sogar freudig entgegen. Beim Abschied sagte mir der Offiziersaspirant: „Sie glauben mir natürlich nicht, aber ich gebe Ihnen mein Wort, daß ich die reine Wahrheit rede, mit diesen Geschützen zu schießen ist höchst gefährlich.“ Inzwischen hörte man vom Winterpalast her das erste Gewehrfeuer, anfangs vereinzelt, dann häufiger und häufiger. An der Verbindungsstelle teilte man mir mit, daß die Truppen des Pawlow-Regimentes mit den im Palast konzentrierten Offiziersaspiranten im Feuergefecht lägen. Aus dem Smolny läutete man mich wiederholt an und drängte auf sofortiges Losschlagen. Ich wurde erregt. Trotzdem noch nicht alles fertig war, sandte ich das Ultimatum durch den hierzu bestimmten Genossen nach dem Winterpalast ab. Plötzlich wurde die Tür des Wachzimmers weit aufgerissen und Antonow, in furchtbarer Erregung, stürzte herein. Er überschüttete mich mit Vorwürfen, daß mein Losschlagen sich so lange verzögerte. Ich erklärte ihm kurz die Situation und schlug ihm vor, zu den Geschützen zu kommen, wo Pawlow schon arbeitete. Die Finsternis draußen hatte sich noch verstärkt. Vom Regen, der kürzlich niedergegangen war, standen riesige Pfützen, durch welche wir jämmerlich hindurchlatschten. Vom Winterpalast her war starkes Gewehrfeuer zu hören, mitunter das Ticken von Maschinengewehren. Auch die Unseren schossen von den Festungswällen ziellos gegen die Nabrezschna und den Park des Winterpalasts, von wo aus die Offiziersaspiranten mit spärlichem Feuer erwiderten. Antonow, der recht schlecht sah, stürzte prompt in eine Pfütze: der Dreck spritzte wie aus einem Springbrunnen nach allen Seiten hoch, Antonow und mich mit Schlamm bedeckend. In der fürchterlichen Finsternis verloren wir den Weg und irrten einige Zeit in den Winkelgängen der Festung umher. Besonders deutlich haftet ein Moment dieser unglückseligen Reise in meinem Gedächtnis. Bei einer der trübe dämmernden Laternen an der Festungsmauer blieb Antonow plötzlich stehen und sah mich forschend, fast hilfesuchend über die Brillengläser an. Ich las in seinen Augen die verborgene Unruhe. Endlich kamen wir zu den Geschützen. Pawlow und Kondakow bestätigten mir alles, was die Artilleristen gesagt hatten. Selbst beim Scheine von Petroleumlampen hatten sie große Roststellen auf den Geschützteilen konstatiert, wie auch das Fehlen von Öl in den Kompressoren: Schießen wäre zweifellos mit ungeheuerer Gefahr verbunden gewesen. Was tun? Werden sich Genossen finden, die schießen können und ihr Leben für die Revolution opfern wollen? In der Ferne irgendwo klatschten die Füße eines laufenden Menschen durch den Dreck, jetzt hörte man, daß er gestolpert und gefallen ist, kräftiges Schimpfen und ein fröhlicher Ruf: „Genosse Blagonrawow, wo sind Sie?" Freude erstickte die Stimme. Eine überwältigende Nachricht: „Der Winterpalast hat kapituliert und die Unseren sind dort eingezogen!"

Zurück ins Wachzimmer. Bald traten zwei Matrosen an mich heran, die ein Schreiben mit der Unterschrift des Genossen Laschewitsch vorwiesen, des Inhalts, daß die beiden Artilleristen seien und zu meiner Verfügung ständen.

„Jetzt ist es schon zu spät, Genossen", sagte ich ihnen, „ja, wenn Ihr zwei Stunden eher gekommen wäret, hätten wir Euch sehr gut brauchen können."

Ich erzählte die Geschichte von den Geschützen. Sie sagten, sie seien zwar nicht bei Feldgeschützen ausgebildet, nichtsdestoweniger glaubten sie, daß sie auf Dreizölligen, wenn auch mit einem gewissen Risiko, schießen könnten. Ich entschloß mich, selbst in den eroberten Palast zu fahren.

Die Nachricht von der Eroberung des Winterpalastes war unwahr, es war nur das Gebäude des Stabes, der auf dem Palastplatze gegenüber dem Palast untergebracht war, genommen worden. Wir beschlossen, sofort ein heftiges Feuer von der Festung aus zu eröffnen. Sofort nach meiner Rückkehr erklärte ich den Matrosen die Situation und was von ihnen gefordert würde. Gleichzeitig ordnete ich die Eröffnung konzentrierten Maschinengewehrfeuers längs des Ufers und auf den Palast an. Bald überzeugte mich das Knattern der Schüsse, daß meine Befehle pünktlich ausgeführt wurden. Auch die Geschütze waren rasch bereit; die Matrosen führten schon die Munition ein und warteten auf das Kommando zum Schießen; eine Schützenkette unter dem Befehle des Genossen Popel wurde zum Schutze der Geschütze am Ufer postiert (obwohl ein Angriff vom Wasser her auch auf Booten schwerlich zu erwarten war).

Auf das Kommando eröffneten die Matrosen ohne das geringste Schwanken Schnellfeuer auf den Palast. Wenn das Feuer auch wenig Zerstörungen anrichtete, so war die moralische Wirkung doch ungeheuer. Auch die „Aurora" ließ ihre Geschütze sprechen. Es begann ein wirklicher Artilleriekampf. Die Verteidiger des Winterpalastes fühlten sich unbehaglich. Die Lichter im Palast waren längst verlöscht, um keine Ziele zu bieten. Ab und zu pfiff eine verirrte Kugel über den Köpfen. So verging eine halbe Stunde — dann meldete Tschudnowski telephonisch die Einnahme des Winterpalastes.

Lenin, der Führer der bolschewistischen Partei, die geschlossen in den Kampf ging, war bereits illegal in Petrograd. Interessant sind für diese Zeit die persönlichen Erinnerungen von *Rachja:*

Im September 1917 war die Stimmung in Petrograd schon eine gespannte. Die Arbeiter verrieten in ihrem Auftreten viel Kühnheit. Die Aktivität der Massen steigerte sich. Man fühlte das Nahen ernster Ereignisse.

Ich erhielt durch Nadeshda Konstantinowna Krupskaja (Frau Lenin) von Wladimir Iljitsch aus Wyborg, wo er in der Wohnung des Genossen Latuka sich aufhielt, ein Schreiben mit der Aufforderung, nach dort zu kommen und für einen sicheren Weg nach Petrograd Sorge zu tragen.

Ich traf alle erforderlichen Maßnahmen und wir trafen mit Wladimir Iljitsch wohlbehalten in Petrograd ein.

Die Wohnung, in der er in Petrograd untergebracht wurde, hatte Nadeshda Konstantinowna mit Wissen Wladimir Iljitsch ausfindig gemacht, — im Hause eines Straßenbahndepot-Angestellten an der Wyborger Chaussee. Die Wohnungsinhaber waren mir unbekannt. Aus konspirativen Gründen fragte ich natürlich nicht, wer sie waren. Ich sah einige Male eine ganz alte Frau, die auf ein verabredetes Klopfzeichen von mir die Tür öffnete und auf meine Frage, ob Konstantin Petrowitsch (Wladimir Iljitsch) zu Hause sei, mich in die Wohnung ließ.

Wladimir Iljitsch ging nach seinem Eintreffen in Petrograd fieberhaft an die Arbeit. Er schrieb eine enorme Zahl von Aufsätzen für die „Prawda", empfing einige Genossen und hatte vor allem Unterredungen mit dem Genossen Stalin.

Er besuchte einige auf seine Veranlassung einberufene Versammlungen. Es fanden Zusammenkünfte statt mit den Mitgliedern des ZK. und auch eine Versammlung in Leßnoje, in den Räumen der Bezirks-Duma, an der neben den Mitgliedern des ZK. auch viele verantwortliche Genossen teilnahmen. In dieser Versammlung stellte Wladimir Iljitsch kategorisch die Frage der Machtergreifung. Ich begleitete ihn zu allen Versammlungen als seine „Leibwache".

Die Ereignisse überstürzten sich. Am 23. Oktober besorgte ich ein Schreiben Wladimir Iljitschs, das für die Verbreitung in den Bezirken bestimmt war. Im Wyborger Bezirk übergab ich den Brief Genja Jegorowa, die ihn auf der Schreibmaschine vervielfältigte und nach den Bezirken versandte.

Ich hatte es gar nicht leicht, da die Aufträge Wladimir Iljitschs wegen der schlechten Verkehrsmittel manchmal überaus schwer zu erledigen waren; erledigt mußten sie aber werden, sonst fuhr mich Wladimir Iljitsch höflich, aber sehr eindringlich an.

In seinem Auftrage besuchte ich Fabriken und Versammlungen, lernte da die Stimmung der Arbeiter kennen und brachte ihnen Kopien der gefaßten Resolutionen mit. Auch die Kasernen besuchte ich zu dem gleichen Zwecke; abends fragte mich Wladimir Iljitsch eingehend über alles von mir Gesehene und Gehörte aus.

Endlich, am 25. Oktober, erfuhr ich, daß die Regierung Kerenskis die Absicht habe, alle Newabrücken aufzuziehen. Die Patrouillen in der Stadt wurden verstärkt, die Brücken wurden von Soldatentrupps bewacht.

Ich beschloß, mich sogleich in die Wohnung Wladimir Iljitschs zu begeben. Dort berichtete ich ihm von den bevorstehenden Ereignissen; wenn es den Truppen Kerenskis gelingen sollte, die Brücken aufzuziehen, dann würde ein Bezirk nach dem anderen gesondert niedergeschlagen werden. Nur auf der Wyborger Seite war die Macht wirklich in den Händen der Roten Garde, die, wenn auch nicht besonders gut, so doch immerhin bewaffnet und genügend zusammengeschlossen war. Es war sogar ein leitender Stab vorhanden. Wladimir Iljitsch hörte mich an und erklärte: „Ja, heute muß es beginnen."

Plötzlich erklärte er mir, man müsse Stalin finden, und zwar so schnell als möglich. Ich erwiderte ihm darauf, dies sei unmöglich, da ich nicht davon überzeugt sei, daß man ihn in der Redaktion der „Prawda" antreffen könne. Es sei möglich, daß er im Smolny sei. Der Weg nach dem Smolny und zurück — würde aber mehrere Stunden erfordern, da aller Wahrscheinlichkeit nach die Straßenbahn nicht mehr verkehre; man müßte zu Fuß gehen. Nach meiner Berechnung könnte Stalin nicht vor Mitternacht eintreffen.

Nach Anhören meiner Erwägungen erklärte Wladimir Iljitsch: „Dann wollen wir zum Smolny gehen." Ich versuchte, ihn von seinem Plane abzubringen, indem ich ihm auf jede Weise klarmachte, welch großer Gefahr er sich aussetze, wenn er von jemand erkannt würde. Wladimir Iljitsch war mit meinen Einwänden nicht einverstanden und erklärte kategorisch: „Wir gehen zum Smolny."

Der Sicherheit halber wurde jedoch beschlossen, sich zu maskieren. Soweit es möglich war, wechselten wir Iljitschs Anzug, legten um sein Gesicht eine ziemlich schmutzige Binde, als wenn er Zahnschmerzen hätte, und setzten ihm eine alte Mütze auf den Kopf. Ich hatte für alle Fälle zwei Passierscheine für den Smolny in der Tasche. Diese waren sehr grob gefälscht — die früheren Aufschriften waren ausradiert und an deren Stelle zwei nicht existierende Namen von Mitgliedern des Petrograder Sowjets gesetzt;

die Tinte war dabei zerflossen, so daß die Fälschung sofort in die Augen sprang. Aus Mangel an besserem wurde aber beschlossen, mit diesen Passierscheinen den Zutritt zum Smolny zu versuchen.

Es war schon gegen 8 Uhr abends, als wir aus dem Hause gingen. Nach etwa 10 Minuten holte uns die Straßenbahn, die nach dem Park fuhr, gerade an der Haltestelle ein. Sie war fast leer. Wir stiegen auf den Hinterperron des Anhängers und kamen wohlbehalten bis zur Ecke der Botkinstraße, wo die Straßenbahn abbog, um nach dem Parke zu fahren. Wir gingen zu Fuß weiter. An der Liteinaja-Brücke standen Rotgardisten in beträchtlicher Zahl. Wir passierten die Wache; niemand hielt uns an. Als wir bis zur Mitte der Brücke kamen, wurden wir am anderen Ende Kerenski-Soldaten gewahr. Es war auch eine Wache, die von den Passanten Passierscheine verlangte. Wir hatten natürlich keine Passierscheine.

Bald sammelten sich Arbeiter um die Soldaten, die mit ihnen in lebhafte Debatten gerieten. Wladimir Iljitsch sah, daß man die Arbeiter nicht über die Brücke lassen wollte, beschloß aber, es zu versuchen, hier durchzukommen. Wir traten nun zu der Gruppe der Streitenden. Die Soldaten forderten Passierscheine, die Mehrzahl hatte, ebenso wir wir, keine bei sich. Die Soldaten behaupteten, man hätte sich im Stabe mit einem Passierscheine versehen müssen; die Arbeiter waren entrüstet und schimpften auf die Soldaten, was das Zeug hielt. Wir machten uns den Zank zunutze und schlüpften an den Wachen vorbei auf den Liteinaja-Prospekt, bogen dann in die Schpalernaja ein und gingen zum Smolny.

Wir hatten schon eine ziemliche Strecke in der Schpalernaja zurückgelegt, als uns zwei berittene Offiziersaspiranten entgegenkamen. Als sie vor uns standen, kommandierten sie: „Halt! Passierscheine!" Ich flüsterte Wladimir Iljitsch zu, „gehen Sie weiter, ich werde mit ihnen schon selbst fertig." Ich hatte in der Tasche zwei Revolver. In ziemlich derber Art begann ich mich mit ihnen auseinanderzusetzen, erklärte, daß

**Der revolutionäre Kreuzer „Aurora" in der Nacht zum 7. November 1917**

es niemandem bekannt sei, daß Passierscheine eingeführt seien und deshalb hätten wir uns auch nicht rechtzeitig mit solchen versehen können. Jetzt machte sich Wladimir Iljitsch ganz leise von uns los. Die Offiziersaspiranten drohten mir mit den Nagaiken und verlangten, ich sollte ihnen folgen. Ich weigerte mich entschieden. Sie hatten aber vermutlich zu guter Letzt beschlossen, sich mit uns Vagabunden nicht weiter einzulassen. Wir sahen ja auch wirklich wie typische Strolche aus. Sie ritten weiter.

Ich holte nun Wladimir Iljitsch, der schon eine ganze Strecke Wegs vorwärts gekommen war, ein, und wir gingen zusammen weiter.

Wir kamen zum Smolny. An der Tür ein Gedränge. Es stellte sich hier heraus, daß die bisherigen weißen Passierscheine der Mitglieder des Petrograder Sowjets gegen rote ausgetauscht worden waren. Das war nun ein schlimmes Hindernis, und zu unserem Pech war unter der harrenden Menge kein einziger von unseren Genossen. Die Wartenden entrüsteten sich darüber, daß sie nicht in den Smolny gelassen wurden. Ich entrüstete mich mehr und lauter als alle, schimpfte und fuchtelte mit meinen Passierscheinen in der Luft herum und schrie, wie es möglich sei, daß man mich, ein vollberechtigtes Mitglied des Petrograder Sowjets, nicht hineinließe. Den vorn Stehenden rief ich zu, sie sollten die Kontrolle nicht beachten und weitergehen, im Smolny selbst werde sich schon alles finden. Nach dem Beispiele von Taschendieben verursachte ich dann ein Gedränge. Die Folge war, daß die Kontrolleure buchstäblich zur Seite geworfen wurden. Wir gelangten in den Smolny und gingen in die zweite Etage. Am Ende des Korridors, am Fenster, gleich bei der Aula, blieb Wladimir Iljitsch stehen und schickte mich, Stalin und Trotzki zu holen.

Da es nicht angebracht war, auf dem Korridor zu verweilen, gingen wir alle in ein an die Aula anstoßendes Zimmer. In der Mitte stand ein Tisch mit einigen Stühlen. Wladimir Iljitsch setzte sich an das Ende des Tisches mit dem Gesicht zur Tür der Aula. Trotzki setzte sich rechts von ihm, Stalin und ich links. Stalin und Trotzki informierten Wladimir Iljitsch über die Ereignisse.

Während des Gespräches traten aus der Aula, in der eine Sitzung der Sowjets stattfand, drei Personen in unser Zimmer — Elite der Menschewiki, die Führer ihrer Partei: Dan und Liber und mit ihnen, wie ich glaube, Gotz. Einer von ihnen (wer es war, weiß ich nicht mehr) nahm aus einem hier hängenden Überzieher ein Paket und lud die mit ihm Gekommenen ein, mitzuessen, da er Weißbrot, Butter, Wurst und Käse da hätte. Sie unterhielten sich und beachteten uns gar nicht. Das aus dem Überzieher genommene Paket wurde am anderen Ende des Tisches ausgebreitet, an dem Wladimir Iljitsch saß. Nun streifte der Paketinhaber Wladimir Iljitsch mit einem Blick und erkannte ihn trotz der Binde. Er war sehr bestürzt, packte schnell seine Sachen zusammen und alle drei verließen, äußerst zugeknöpft, das Zimmer und gingen in die Aula. Dies versetzte Wladimir Iljitsch in fröhliche Stimmung; er mußte von Herzen lachen. Wir verließen auch bald das Zimmer und gingen in einen anderen Raum, wohin bald viele Genossen aus der Parteileitung kamen, die ohne überflüssige Worte an die Besprechung der entstandenen Lage gingen.

---

Lassen wir jetzt *A. Schenewsky* den Kampf gegen die Offiziersaspiranten schildern:

Im Oktober war ich, auf Befehl des Militär-Revolutionären Komitees des Petrograder Sowjets, als Kommissar der Reservegarde des Grenadierregiments und gleichzeitig des chemischen Bataillons tätig. Kerenski hatte diese beiden Abteilungen nicht an die Front kommandiert, sie waren es, die den ersten Schlag zur Unterdrückung des Aufstandes der Offiziersaspiranten der Wladimirschen Kriegsschule zu führen, an dessen Unterdrückung aktiven Anteil zu nehmen berufen waren.

Die Wladimirsche wie auch die in ihrer Nähe befindliche Pawlowsche Kriegsschule befanden sich die ganze Zeit unter meiner Kontrolle.

Der Umsturz war kaum erfolgt, die Sowjetregierung noch kaum befestigt, an der Front erfolgte der Angriff Kerenskis, und diese beiden Lehranstalten, die der provisorischen Regierung als dauernde Stützen gedient hatten, waren sonach als Herde von durchaus natürlichen Möglichkeiten gegenrevolutionärer Unternehmungen zu betrachten. Ich hatte besonders die Pawlowsche Kriegsschule als gefährlich angesehen, weil die Wladimirsche, nach meinen Informationen, in der Zusammensetzung der Offiziersaspiranten und des vortragenden Personals einen mehr demokratischen Charakter hatte. Aber die Ereignisse belehrten mich eines anderen, der Hauptschlag wurde gerade von seiten der „demokratischen" Wladimirschen Kriegsschule geführt.

Die Beobachtung des Wladimirschen Instituts war dadurch erleichtert, daß sich innerhalb desselben außer den Offiziersaspiranten auch ein zur Dienstleistung bestimmtes Soldatenkommando befand, an Zahl wohl sehr gering, aber umso verläßlicher in der revolutionären Gesinnung. Mit diesem Kommando stellte ich denn auch von allem Anfange den engsten Kontakt her, was mich in die Lage versetzte, über alles, was im Institute vorging, informiert zu werden.

Ich erinnere mich an den Abend des 23. oder 24. Oktober, an dem zu mir ins Grenadierregiment, ganz außer Atem, ein Soldat des erwähnten Kommandos gelaufen kam und mir aufgeregt meldete, daß die Offiziersaspiranten sich anschickten, etwas zu unternehmen. Es war dies in dem Augenblick, in dem die im Winterpalast sitzende provisorische Regierung in dem Gefühle, auf brennendem Boden zu stehen, sich anschickte, alle ihr nur einigermaßen ergebenen Truppenteile zusammenzuziehen. Auch die Pawlowsche Kriegsschule hatte einen dahingehenden Befehl erhalten. Ich entschloß mich, sofort an Ort und Stelle die Lage zu prüfen, nahm zwei Mitglieder des Regimentskomitees mit mir, den Fähnrich Hahn und noch einen Genossen, und wir machten uns auf den Weg ins Institut.

Als wir uns dem Institut näherten, sah ich Gruppen schwer bewaffneter Soldaten. An einer Stelle stand auf dem Pflaster inmitten der Straße ein Maschinengewehr. Es war in der Dunkelheit des Herbstabends, die von nur spärlicher Gasbeleuchtung durchbrochen war, ein seltsamer und banger Anblick. Bei näherem Zusehen zeigte es sich dann, daß es Soldaten des chemischen Bataillons waren. Sie begrüßten mich freudig und erklärten, daß sie das Pawlowsche Institut bewachten, bereit, sogleich den Kampf mit den Offiziersaspiranten aufzunehmen, wenn diese die Absicht zeigen sollten, zwecks Unterstützung der provisorischen Regierung einzugreifen.

Im Lokal, in dem das Soldatenkommando der Pawlowschen Kriegsschule untergebracht war, traf ich auf große Bewegung. Das kleine Zimmerchen, das von einer kleinen elektrischen Pendellampe nur kärglich beleuchtet war, war übervoll von Soldaten, die lärmend miteinander diskutierten. Der Vorsitzende des Komitees, ein Soldat mit vernünftigem, energischem Gesichtsausdruck, orientierte mich sogleich über die Ereignisse, die sich eben im Institut abspielten. Es stellte sich heraus, daß die Offiziersaspiranten, als sie den Befehl der provisorischen Regierung erhielten, sofort bereit waren, abzumarschieren, aber das Soldatenkommando hatte ihnen kategorisch erklärt, daß die Soldaten ihren Abmarsch nicht zulassen, sondern sich ihm mit bewaffneter Hand entgegenstellen würden. Sie umstellten sodann gemeinsam mit Abteilungen der Roten Garde aus der Fabrik „Dukat" und den „Chemikern" das Gebäude und brachten die Maschinengewehre in Stellung. Der Vorsitzende des Komitees zeigte mir den auf einem Fetzen Papier aufgezeichneten Dislokationsplan der Abteilungen, aus dem die Aufstellung der Maschinengewehre ersichtlich war. Alles war gut überlegt und trug organisierten Charakter. Auf den Gesichtern der Führer dieses kleinen Häufleins Wagemutiger, welche sich dem ganzen Institut entgegenstellen wollten, las ich Entschlossenheit und Kühnheit. „Wir lassen nicht zu, daß die Offiziersaspiranten etwas unternehmen", erklärte mir leidenschaftlich der Vorsitzende des Soldatenkomitees; „eher sind wir entschlossen, sie bis zum letzten Mann niederzumachen." Ich versprach ihm die vollste Unterstützung sowohl von seiten der Chemiker als auch der Grenadiere.

Als ich erfuhr, daß gerade jetzt eine Sitzung des Komitees der Kriegsschule stattfinde, in welcher die Frage zur Diskussion stehe: Aktiv hervortreten oder nicht, eilte ich ohne Aufschub mit den mich begleitenden Genossen zur Sitzung. Unser Erscheinen im Saale, in dem das Komitee tagte, erregte einige Bewegung unter den Teilnehmern. Alle sahen uns erstaunt an, neugierig, wer wir seien, was wir hier wollten. Gerade hatte ein eigens zu dieser Versammlung delegiertes Mitglied des in den letzten Zügen liegenden menschewistischen Zentralen Vollzugsausschusses der Sowjets, irgendein Offizier, dessen Namen ich vergessen habe, das Wort. Anfangs drängte er auf sofortige Durchführung des Befehls der provisorischen Regierung, als er aber sah, daß die Versammlung ihn keineswegs einmütig unterstütze, legte er eine Kompromißresolution vor, deren Sinn folgender war: „Das Komitee der Pawlowschen Kriegsschule hält im gegenwärtigen Augenblicke den Aufmarsch der Offiziersaspiranten auf der Straße nicht für wünschenswert, wenn aber die provisorische Regierung dennoch darauf besteht und den Befehl zum Aufmarsch wiederholt, so wird das Pawlowsche Institut dem Befehle sofort Folge leisten."

Als er geendet hatte, bat ich um das Wort. Der Vorsitzende der Versammlung, dem ich auf sein Befragen sagte, daß ich der Vertreter des Grenandierregimentes sei, hielt es für notwendig, zunächst die Versammlung zu befragen, ob sie einverstanden sei, mir das Wort zu erteilen. Die Zustimmung wurde erteilt. Ich war sehr aufgeregt, denn ich wußte, daß, wenn es mir nicht gelang, sie durch Worte zu überzeugen, es im buchstäblichen Sinne des Wortes die Waffen tun müßten. Dies sagte ich ihnen auch offen und unverblümt bei den ersten Worten. Ich sagte ihnen, daß, wenn jetzt die Gefahr des Bürgerkriegs über uns schwebe, ihr Hervortreten den ersten Schritt des Bürgerkriegs bedeuten würde. Das Grenadierregiment sei in Bereitschaft. Wir könnten und würden nicht zugeben, daß die Offiziersaspiranten auf der Straße aufmarschierten.

Nach mir ergriffen die Genossen vom Grenadierregiment das Wort. Sie wiesen darauf hin, daß, wenn die gesamte Petrograder Garnison den bestimmten Beschluß gefaßt habe, auf den Ruf der provisorischen Regierung nicht auf die Straße zu gehen, ein isoliertes Vorgehen der Offiziersaspiranten unkameradschaftlich, desorganisierend sein würde. Es würde sie in eine besondere Lage gegenüber den anderen Truppenteilen bringen.

Fast unmittelbar nach unseren Ansprachen wurde zur Abstimmung geschritten, deren Resultat sehr charakteristisch für das Schwanken und die Untentschlossenheit der Versammlung war. Drei Stimmen waren für das aktive Vorgehen, fünf dagegen und 18 enthielten sich der Stimme. Es wurde eine nochmalige Abstimmung versucht, doch auch diesmal ergab sich ein ähnliches Resultat. So wurde denn beschlossen, das Abstimmungsresultat als definitiv gelten zu lassen.

Als ich das Gebäude verließ, riet ich dem Soldatenkommando der Kriegsschule, die Verbindung mit dem in der Nähe befindlichen Reservebataillon der Flammenwerfer-Chemiker aufrecht zu erhalten, dem Komitee des letzteren wiederum befahl ich, die Schule beständig unter Beobachtung zu halten und bereit zu bleiben, dem Soldatenkommando jederzeit die notwendige Unterstützung zu leisten. Diese Verbindung wurde auch aufrechterhalten. Als am nächsten Tage der Aufstand der Offiziersaspiranten der Wladimirschen Kriegsschule ausbrach, verhaftete das Soldatenkommando der Pawlowschen Schule mit Unterstützung der Chemiker die Offiziersaspiranten und führte die Verhafteten zu mir ins Grenadierregiment.

Ich sehe, als wäre es heute, den Abend des regnerischen Herbsttages und die lange Kolonne der Verhafteten vor mir, umgeben von der Begleitmannschaft, wie sie zaghaft vor sich hinschauten und einer ungewissen Zukunft entgegenschritten.

Mag sein, daß manche von ihnen auch darauf gefaßt waren, daß wir in dieser oder jener Art an ihnen Justiz üben würden. Doch erfuhren sie eine ganz anständige Behandlung, und als wir sie fünf Tage später, infolge der Umgestaltung der Verhältnisse, auf freien Fuß setzen konnten, erschien bei mir eine eigens gewählte Delegation, um mir im Namen aller Verhafteten für die gute, kameradschaftliche Behandlung zu danken.

Mit dem Wladimirschen Institut stand die Sache viel komplizierter.

Gerade am Tage des Aufstandes telephonierte mir der vom Petrograder Sowjet ernannte Kommissar der Wladimirschen Kriegsschule, daß im Institut eine gewisse Gärung sich bemerkbar mache; er bat, ihm auf jeden Fall eine Abteilung Chemiker zu schicken. Ich traf sofort die entsprechenden Verfügungen; es wurde eine Abteilung Chemiker in die Schule abgesandt; und, wie ich nachher erfuhr, war es diese Abteilung, welche den ersten Hieb der Aufständischen auffing.

Ich denke noch heute an die unruhige Nacht, als die Offiziersaspiranten sich zum Aufstand erhoben. Ich schlief, wie all diese Zeit, sozusagen nur mit einem Auge, natürlich in den Kleidern. Das Geräusch von Schritten weckte mich und ich sprang rasch aus dem Bette. Ein Soldat des Chemikerbataillons war mit der Meldung gelaufen gekommen, daß die Offiziersaspiranten soeben den Versuch gemacht hatten, die Chemiker-

**Eine Abteilung Roter Garde am Eingange zum Smolny** Petrograd, Oktober 1917

abteilung beim Institut zu entwaffnen, daß diese aber sich widersetzt hätte und daß jetzt Gewehrfeuer zwischen ihnen im Gange sei. Zur Unterstützung der Chemiker sei noch eine Abteilung des Bataillons herbeigeeilt, allein die Offiziersaspiranten seien stärker.

Ich brachte sofort die diensttuende Hälfte des Regiments auf die Beine. Alles in allem 200 Mann. An die Spitze der Abteilung stellte ich den einzigen kommunistischen Offizier des Regiments, den kühnen Leutnant Nikonow. Auf die linken Sozialrevolutionäre wollte ich mich nicht verlassen.

Der Tag dämmerte noch kaum, als die Abteilung auf die Straße trat.

Aus den Meldungen erfuhr ich, daß die Abteilung, kaum daß sie bei der Wladimirschen Kriegsschule angelangt war, mit den Offiziersaspiranten in Kampf geriet.

Anfangs wollte Nikonow frontal die Fassade des Gebäudes angreifen; als er jedoch erkannte, daß dies außerordentlich schwer wäre, ließ er vor dem Eingange nur eine kleine Abteilung zurück, er selbst aber marschierte mit der Haupttruppe in die Flanke, um durch das Nachbarhaus die Offiziersaspiranten im Rücken zu fassen.

Um persönlich die Kampflage übersehen zu können, begab ich mich zusammen mit dem Vorsitzenden des Regimentskomitees, dem linken Sozialrevolutionär Fedorow, auf den Kampfplatz.

Als ich dort anlangte, waren auf unserer Seite bereits Panzerautos da, und ein imposantes Geschütz, welches schließlich die Offiziersaspiranten zur Waffenniederlegung zwang, gab eben den ersten Schuß ab. Auf dem Kampfplatze befand sich auch der vom Petrograder Sowjet ernannte Stadtkommandant, der linke Sozialrevolutionär Fähnrich Nesterew.

Nachdem wir die Lage geprüft und uns überzeugt hatten, daß die Abteilung keine Verstärkung brauche, kehrten wir in die Kaserne zurück.

Inzwischen übte das einzige Geschütz, das die Belagerer zur Verfügung hatten, auf die Offiziersaspiranten seinen Einfluß aus und sie ergaben sich. Eine Abteilung der Grenadiere betrat als erste die Räumlichkeiten der Wladimirschen Kriegsschule, und der Kommandant der Grenadiere, Nikonow, wurde zum Kommandanten der Schule ernannt.

Als ich die Meldung von der Übergabe erhielt, eilte ich sofort zur Kriegsschule, fürchtend, daß die Gefangenen vielleicht Opfer einer Selbstjustiz würden. Auf dem „Großen Prospekt" der Petrograder Seite sah ich folgendes Bild: In der Mitte der Straße bewegten sich die Offiziersaspiranten, umgeben von der Begleitmannschaft, doch ringsum eine lärmende und erregte Menge, welche die sofortige Hinrichtung der Gefangenen forderte. Die Empörung der Masse war so groß, daß bei der Tutschkower Brücke der weitere Transport schon gefährlich schien; man mußte halten, die Offiziersaspiranten in den Petrowski-Park abführen, an der Brücke einen starken Posten aufstellen und fortfahren, die Menge zu beruhigen.

## 6. DIE VERTEIDIGUNG DES WINTERPALASTES*)

Am 25. Oktober 10.45 Uhr war der riesige Speisesaal mit Offiziersaspiranten gefüllt, unter denen die Chargen des Ersatzdetachements eine geschlossene Gruppe bildeten.

Die Sitzung fing mit dem Bericht des Kommandanten über die Stellungnahme des Schulrates zu den aktuellen Ereignissen an. Der Bericht forderte eine Klärung des Verhaltens der Schule zur provisorischen Regierung und zu den Kampfmaßnahmen gegen Lenin und gegen die von ihm gepredigte Ideologie, von der die grauen Arbeitermassen Petrograds und die Truppen immer mehr mitgerissen wurden.

Der Schulrat hatte ohne Schwankungen den festen, prinzipiellen Entschluß gefaßt, alle Maßnahmen der bis zur Eröffnung der Konstituante existierenden Regierung zu unterstützen und empfahl den Ausschüssen der Offiziersaspiranten und des Ersatzdetachements die Veranstaltung einer gemeinsamen Sitzung zur Beratung der von dem Schulrate bereits behandelten Fragen. Der Ausschuß des Ersatzdetachements lehnte die Veranstaltung einer solchen Sitzung ab und delegierte zu Informationszwecken seinen Vorsitzenden, den rangältesten Korporal Sidorow. Die Versammlung billigte den Beschluß des Schulrates und beschloß, eine allgemeine Versammlung der Schule einzuberufen, um die angenommenen Beschlüsse zu beraten. Nach dem Berichte folgte die Verlesung der Resolution über die zur Verhandlung kommenden Fragen. Während des Berichts herrschte im Saale, in dem ungefähr 800 Personen versammelt waren, eine unheimliche, gespannte Stille. Die Verlesung war zu Ende. Die Diskussion wurde eröffnet; die Chargen des Ersatzdetachements verließen einzeln den Saal. Der Korporal Sidorow sagte etwas mit geneigtem Kopfe.

---

*) Oberleutnant *Sinegub*, nach dessen Erinnerungen wir die Verteidigung des Winterpalastes darstellen, war einer der aktiven Verteidiger der provisorischen Regierung. Die ganze Ohnmacht dieser Verteidigung, die Desorganisation und Desorientierung der gänzlich abgewirtschafteten Regierung sprechen klar aus dieser Schilderung.

Vom Balkon her ertönte plötzlich eine schallende Stimme: „Die Genossen Soldaten des Ersatzdetachements haben beschlossen, Neutralität zu wahren. Da aber von dieser Versammlung die Frage des Brudermordes, des Kampfes auf der Seite des Kapitals gegen die Freiheit des arbeitenden, werktätigen Volkes, gegen unseren Fürsprecher Wladimir Iljitsch Lenin und gegen die von ihm gebildete echte Volksregierung entschieden wird, haben wir, die Mitglieder des Ausschusses des Ersatzdetachements, beschlossen, Sie, meine Herren, allein zu lassen. Wir haben nicht denselben Weg. Genossen Soldaten, fort von hier. Schaut nicht auf den Genossen Sidorow, der dort auf der Tribüne Tränen vergießt, er ist ein Feind des Proletariats, er hat sich der Bourgeoisie verkauft", schloß die unerwartete Stimme.

In diesem Augenblicke stürzte der Offiziersaspirant X. in den Saal, trat auf die Tribüne und sagte:

„Meine Herren, ich komme soeben von Rodsianko. Er bittet uns, die provisorische Regierung gegen die Anschläge zu verteidigen, die gegen sie und gegen den Wohlstand des Volkes von den Gästen aus den plombierten Waggons unternommen werden."

Der Sprecher verließ die Tribüne. Im Saale herrschte vollständiges Chaos. Endlich gelang es dem Schulkommandanten, die Aufmerksamkeit des Saales zu gewinnen. Er teilte sowohl den Befehl des Hauptquartiers mit, sofort aktionsfertig vor dem Winterpalais zu erscheinen, als auch den Aufruf der provisorischen Regierung, im Moment der größten Spannung, in einem Moment, wo der neu entstandene Rat der Republik tagt, die Pflicht gegen das Vaterland zu erfüllen.

Eine halbe Stunde später führte Oberleutnant Sinegub ein Bataillon Offiziersaspiranten in der Richtung des Litejni-Prospekts.

Auf der Straße war es still. Nichts verkündete das kommende Gewitter, und wenn in der Schule nicht drei Offiziersaspiranten geblieben wären, die sich geweigert hatten, mitzumachen (zwei ohne Angabe von Gründen und der dritte, der Offiziersaspirant Vigdortschik, nachdem er dem Schulkommandanten offen seine Zugehörigkeit zur Kommunistischen Partei seit der Vorkriegszeit mitgeteilt hatte), wären sie noch sorgloser drauflosmarschiert.

Als das Bataillon an der Serjiewskaja-Straße anlangte, erhielt Sinegub vom Bataillonskommandanten die Weisung, ein Abriegelungsdetachement mit Patrouillen vorauszuschicken, denen befohlen wurde, beim Anblick des Feindes den Kampf sofort aufzunehmen. Sinegub stellte sich an die Spitze des ersten Zuges der 2. Kompagnie und ging im Eilmarsch ein ziemliches Stück vor. Kaum waren sie unterwegs, als ein zweiter Befehl kam, nicht zum Marsfelde zu marschieren, sondern zum Newaquai, da nach Kundschafterberichten auf dem Marsfelde eine Versammlung der Mannschaften des Pawlowski-Regiments im Gange sei. Bei der Brücke angelangt, fanden die Patrouillen hier eine von der Garnison der Peter-Paul-Festung gestellte Wache, die die Öffnung der Schwingbrücke verhindern sollte. Auf die Frage Sinegubs nach der Haltung der Soldaten des Pawlowski-Regiments antwortete die Schildwache, man hätte zuerst eine Versammlung abgehalten und sich dann in die Kaserne zurückgezogen. Es wurde beschlossen, Neutralität zu wahren. Die Offiziersaspiranten setzten ihren Weg fort und bogen bald zum Platze vor dem Winterpalais ein.

Der Platz war leer. „Was soll das heißen, warum ist es hier so leer?" — entfuhr es Sinegub unwillkürlich. Die Offiziersanspiranten schwiegen. Die leichte Blässe ihrer Gesichter, ihre suchenden Blicke sprachen beredsam genug und ließen erkennen, was in ihrem Innern vorging.

In diesem Augenblick überquerte eine Patrouille der Oranienbaumer Offiziersschule Nr. 2 den Weg. Der Patrouillenführer meldete sich bei Sinegub.

Im Gespräch sagte er:

„Im Palais sagte man, daß Kosaken und Truppen aus Gatschina hierher unterwegs sind, aber vorläufig standen hier zuerst nur einzelne Wachposten. Dann aber kam eine Gruppe von Arbeitern, die sie entwaffnete und zwei von ihnen verprügelte. Darum besorgen wir jetzt den Wachdienst."

Bald langte das Bataillon auf dem Platze an. Aus dem Gebäude des Generalstabes kam eine Gruppe von Personen mit dem Schulkommandanten in ihrer Mitte und näherte sich dem Bataillon. Der Schulkommandant teilte mit, daß der Militärkommissar bei der Obersten Heeresleitung, Stankewitsch, die Offiziersaspiranten zu begrüßen wünsche.

In seiner Begrüßungsrede drückte der Militärkommissar die Überzeugung aus, daß die Genossen Bürger Offiziersaspiranten ebenso heldenhafte Verteidiger der Sache der Revolution sein würden, wie jene Frontoffiziere, die dieselbe Schule absolviert hatten.

Auf Befehl des Schulkommandanten wurde Sinegub mit einer halben Kompagnie Offiziersaspiranten zur Verfügung des Militärkommissars kommandiert. Dieser befahl, zum Marien-Palast zu marschieren, um dort dem gerade tagenden Vorparlament als Wache zu dienen. Unterwegs befahl der Militärkommissar Sinegub, die Offiziersaspiranten so aufzustellen, daß sie ihn alle hören könnten, ohne daß er die Stimme zu erheben brauchte.

„Teufel noch mal, schon wieder Geschwätz. Wir müssen uns doch beeilen." — empörte sich leise Sinegub.

„Zu Befehl!" — antwortete er laut und stellte seine halbe Kompagnie im Viereck auf.

Der Militärkommissar fing an zu reden:

Oktober 1917 — März 1918

Petrograder Militär-Revolutionäres Komitee

„Meine Herren! In der gegenwärtigen für die Revolution und für das ganze Land so außerordentlich schweren Zeit hat sich ein Ereignis von ungeheurer historischer Wichtigkeit vollzogen. In den Sälen des Marien-Palastes tagt gegenwärtig die Blüte unserer Gedanken und der Stolz unserer Sehnsucht, der Rat der Republik. Und siehe da, Genossen — Bürger, in diesem Augenblicke schickt sich die demagogische, von Lenin ausgestreute und von den Feinden der Revolution und des Landes zum Brand entfachte Bosheit an, die Revolution zugrunde zu richten. Die von dieser Demagogie trunkene Hefe der Arbeiterwelt will die gegenwärtige Tagung des Rates der Republik sprengen. Euch, werte Genossen, ist die hohe Ehre zuteil geworden, über die ruhige Arbeit des Rates der Republik zu wachen. Ich freue mich, daß ich Euch zur Bestimmung als Wache für den Marien-Palast beglückwünschen kann und bin überzeugt, daß es nicht zum Waffengebrauch kommen wird, denn die Massen des Straßenpöbels werden beim bloßen Anblick Eurer Wachposten auseinanderlaufen."

Nachdem die Offiziersaspiranten Brot gefaßt hatten, meldete Sinegub dem Kommissar, er könne keine Patronen bekommen, die Truppe sei mit den Patronen sehr knapp versorgt, es fehlen Maschinengewehre und Handgranaten.

„Das ist ja alles überflüssig. Zum Feuergefecht kann es ja nicht kommen. Führen Sie die Kompagnie geraden Weges über die Morskajastraße. Im Palast angekommen, geben Sie, bitte, den Befehl aus, das Feuer nur im äußersten Notfalle zu eröffnen. Sollte aber Mob zum Marien-Palast ziehen, so wird der bloße Anblick der bewaffneten Wachposten der Offiziersaspiranten genügen, um ihn zu beruhigen. Aber im Palast selbst muß man gut aufpassen. Ich fürchte, daß jemand im Sitzungssaale Obstruktion machen und eine Panik hervorrufen könnte."

In Begleitung des Militärkommissars bewegten sich die Offiziersaspiranten, jeder mit einem Laib Brot unter dem Arme, die Morskajastraße entlang.

Beim Fernsprechamt angelangt, gab der Militärkommissar seiner Absicht Ausdruck, hineinzugehen und zu versuchen, die dortige Wache abzulösen, da diese nach erhaltenen Nachrichten zu den Leninisten übergegangen war. Bald stand er aber wieder neben Sinegub.

„Sie weigern sich, freiwillig das Fernsprechamt zu räumen, und ich habe beschlossen, die Ablösung mit Gewalt vorzunehmen. Lassen Sie die Hälfte der Offiziersaspiranten unter dem Kommando eines Offiziers mit dem Befehle hier zurück, die Fenster und Tore zu beobachten; mit der anderen Hälfte gehen Sie selbst vor und beobachten das Tor von der anderen Seite. Geben Sie mir einige Offiziersaspiranten, ich werde versuchen, mit ihnen einzudringen. Sehen die Kerle, daß man Ernst macht, werden sie schon klein beigeben. Der Wachkommandant dort ist irgendein Fähnrich, der die anderen offenbar aufgehetzt hat." — meinte der Militärkommissar.

Sinegub führte die gewünschte Umgruppierung durch.

Aus den Offiziersaspiranten, die keine Gewehre hatten, wurde eine Verbindungsabteilung gebildet. Unterdessen war der Militärkommissar mit der ersten Abteilung des ersten Zuges an das Tor der Telephonzentrale angelangt, das aber bereits verschlossen war.

„Tak-tak-tak", ertönte plötzlich das Rattern eines Maschinengewehrs. Von den Offiziersaspiranten war keiner gefallen. Der Kommissar erschien wiederum: „Tut nichts, das sind Lappalien, bringen Sie mehr Ordnung in die Aufstellung der Offiziersaspiranten und setzen Sie die Belagerung fort. Eröffnen Sie das Feuer so lange nicht, bis die Belagerten nicht selbst zu schießen anfangen. Ich werde einen Teil der Offiziersaspiranten an die Ecke des Newski-Prospektes führen, um zu verhindern, daß eine rotgardistische Abteilung diesen hier Hilfe bringt. Ich bin überzeugt, daß in der Zentrale jetzt Verwirrung herrscht, da sie drin ja nicht wissen können, wer das Feuer eröffnet und wer die Oberhand behält. Wenn sie sehen, daß hier Offiziersaspiranten stehen, werden sie eher glauben, daß ihre Sache schlecht steht und werden sich ergeben."

Nach einigen Minuten hörte das Feuer auf. Bald erschienen auf der Straße Neugierige und zufällige Passanten.

Endlich öffnete sich eine im großen Tor befindliche kleine Tür und ein Kopf erschien in der Spalte. Der Kopf wandte sich in der Richtung der Offiziersaspiranten, die nach vorn drängten, und zeigte ein paar Schultern mit den Achselklappen eines Fähnrichs.

„Kommen Sie heraus, Fähnrich. Die Offiziersaspiranten werden nicht schießen" — schlug Sinegub liebenswürdig vor, als er sah, wie die Augen des Fähnrichs bald rechts, bald links auf die Gewehre der Offiziersaspiranten schielten.

„Das möchte ich sehen, wie Ihr schießt, schert Euch lieber nach Hause, solange es noch nicht zu spät ist, sonst wird es schlimm", rief der Fähnrich.

Sinegub drückte sein Bedauern darüber aus, daß ein Fähnrich die Offiziersepauletten durch den Bruch des Fahneneides besudele.

„Das ist nicht wahr, ich breche meinen Fahneneid nicht, ich gehe mit dem Volke, während Ihr Euch an die in ein sozialistisches Gewand gehüllten Knechte des Kapitals verkauft habt; Ihr seid es, die das

Volk zugrunde richten. Aber wozu mit Euch überhaupt reden. Ich gebe Ihnen 15 Minuten Bedenkzeit, und wenn Sie sich innerhalb 15 Minuten nicht mit Ihren Offiziersaspiranten entfernen, so haben Sie sich die Folgen selbst zuzuschreiben", sagte der Fähnrich und verschwand hinter der Tür.

Der Militärkommissar trat hinzu.

„Die Lage ist nicht besonders gut", teilte er mit. „Viele Formationen wahren Neutralität. Einige sind zu den Aufständischen übergegangen. Die Arbeiter der Putilow- und Obuchow-Werke ziehen in die Stadt. Die Telephonzentrale muß möglichst schnell eingenommen werden."

In diesem Augenblick erschien unser Verbindungsmann und meldete, daß auf dem Newski irgendwelche Patrouillen aufgetaucht seien und daß auf der Moika bei den Brücken die Arbeiter Barrikaden errichteten.

Der Militärkommissar hörte die Meldung an und wurde plötzlich betriebsam. „Versuchen Sie weiter, die Leute zur Übergabe zu bringen, ich gehe, um mich zu erkundigen, was los ist", überstürzte er sich.

Er wiederholte, daß die Offiziersaspiranten nicht als erste das Feuer eröffnen sollten, sonst würde man ihnen nachsagen, daß sie den Fußspuren der Gendarmen des alten Regimes folgten, und auf das Volk schössen. Dann ging er mit raschen Schritten in der Richtung des Newski-Prospektes davon. Nach einigen Minuten ertönte aus einem Fenster der Telephonzentrale abermals die Stimme des Fähnrichs:

„Hören Sie mal, schauen Sie, daß Sie weiterkommen, wir haben von Ihrer Gegenwart genug, wenn Sie in drei Minuten noch hier sind, schießen wir Sie wie Hunde nieder..."

Plötzlich erschien vom Newski her ein Panzerauto. In der Höhe der Telephonzentrale angelangt, blieb das Panzerauto stehen; aus dem Tore kam der Fähnrich hervor, lief zum Panzerauto und sprach durch das seitliche Guckloch mit den Leuten, die sich im Innern befanden. Das Tor öffnete sich und das Panzerauto fuhr in die Toreinfahrt hinein. In diesem Augenblick erfüllte die Morskaja das hysterische Geschrei der durchs Tor der Telephonzentrale herausströmenden Frauen.

„Herr Offizier", wandte sich eine der Telephonistinnen an Sinegub, „die ganze Telephonzentrale ist voll von ihnen. Sie kommen durch irgendeine Hintertüre von der Moika her hinein. Und was sie nicht alles mit den Leitungen anstellen! Viele Truppenteile wissen nicht, in wessen Händen die Telephonzentrale ist. Wir aber durften nicht sprechen, hinter einer jeden Telephonistin stand ein Soldat. Irgendeine Truppe verlangt den Generalstab oder den Kommandanten oder den Winterpalast, sie aber verbinden mit ihrem Stab. Ich habe selbst gehört, wie sie darüber gelacht haben, daß sie einer Militärakademie weisgemacht haben, Lenin und Genossen wären schon verhaftet, man könne den Offiziersaspiranten Stadturlaub geben. Gehen Sie sofort von hier weg und retten Sie Ihre Leute. Sie werden sowieso hier nichts ausrichten. Diese Kerle haben Rußland verraten", schloß das Fräulein schluchzend und lief weiter.

An Sinegub trat der Sekretär des zweiten Attachees der französischen Botschaft heran und machte ihn darauf aufmerksam, daß den Offiziersaspiranten im Rücken Gefahr drohe. Auf der Gorochowaja-Straße und auf der Moika stünden an der Staatsbank viele Arbeiter, sie wären dabei, die Barrikaden zu besetzen, die ihre Genossen an der zur Gorochowa führenden Moika-Brücke gebaut hätten. Auch Maschinengewehre ständen dort.

Sinegub ersuchte den Sekretär, das ihm soeben Mitgeteilte auch dem Offizier an der Ecke des Newski-Prospekts zu übermitteln und ihm aufzutragen, im Winterpalais und dem Militärkommissar entsprechende Meldung zu machen.

In diesem Augenblicke kam vom Marienplatze her ein Lastauto mit Arbeitern heran.

„Halt, oder ich schieße!", mit diesen Worten warfen sich Sinegub und ein Fähnrich dem Lastauto entgegen, das anhielt. Die Arbeiter stiegen, ohne Widerstand zu leisten, aus.

Die Offiziersaspiranten brachten das riesige Lastauto auf den Bürgersteig hinauf und verbarrikadierten damit den Eingang zur Telephonzentrale.

Plötzlich tauchte ein zweites Lastauto auf, das ebenso rasch wie das erste vor dem Eingang aufgestellt wurde.

In diesem Augenblick erschien jedoch von dem Marienplatze her ein in raschem Tempo fahrendes Panzerauto. Aus den Schießscharten des Doppelturmes blickten Maschinengewehrläufe. An der Absperrung der Offiziersaspiranten angelangt, machte es halt. Ihm folgte vom Newski her ein zweites Panzerauto; drei Mann sprangen heraus und begaben sich zum ersten und verhandelten dort. Zwei Mann gingen zum Tore hinein und kamen nach einiger Zeit wieder heraus.

„Hallo! Offiziersaspiranten, laßt die Chauffeure frei, aber etwas schneller, riefen sie. Die Chauffeure liefen sofort zu ihren Lastautos hin. Im nächsten Augenblicke verschwanden die Lastautos in der Richtung des Newski-Prospekts. Die Panzerautos blieben eine Zeitlang da, dann fuhr das eine zum Newski.

Auf dem Bürgersteig erschien die Gestalt des Militärkommissars.

„Sammeln Sie die Offiziersaspiranten und stellen Sie sie auf, aber möglichst rasch. Ich habe die Aufhebung der Belagerung zugesagt und habe dafür freien Abzug für die Offiziersaspiranten erreicht", sagte der Kommissar, ohne Sinegub anzublicken. Bald richtete sich der Zug Sinegubs bereits an der Gorochowaja-

Straße aus. Von den Barrikaden der Moika-Brücke blickten Maschinengewehre. Die Gogol-Straße überquerend stießen die Offiziersaspiranten auf eine Matrosenabteilung, die mit schußbereiten Gewehren quer über der Straße stand. Auf dem Platze selbst fuhren zwei Panzerautos an die Offiziersaspiranten heran. Auf die Frage, was sie hier täten und auf wessen Seite sie wären, antworteten sie, sie hielten Neutralität, wären aber in die Stadt gefahren, um Zusammenstöße zwischen den beiden Parteien zu verhindern.

„Die Truppen sollen sich nicht untereinander schlagen. Die Regierung und der Stab Lenins sollen sich entweder ausgleichen oder sich selbst untereinander schlagen. Ihr könnt ins Winterpalais gehen, aber wenn Ihr als erste angreifen werdet, werden wir gegen Euch sein."

Am Winterpalais angelangt, führte Sinegub die Offiziersaspiranten in den Hof hinein und vereinigte sich dort mit einem Bataillon. Es herrschte ein großes Stimmengewirr, alle redeten durcheinander, die Pferde wieherten. Ein Verbindungsmann sagte Sinegub, man müsse dem Hauptmann Galiewski eine Meldung machen.

„Und wo sind die Herren Offiziere?" fragte dieser. — „Die Herren Offiziere sind mit einigen Offiziersaspiranten im weißen Saale bei einer Versammlung." — „Was ist das für eine Versammlung?" Sinegub sprang wie von einer Tarantel gestochen auf.

„Jawohl, eine echte Versammlung. Zur Verteidigung der provisorischen Regierung fanden sich im Palais die Offiziersschulen Oranienbaums und Peterhofs, ein Zug der Konstantin-Artillerieschule und unsere Schule ein. Die Ankunft von Kosaken wird erwartet. Im Anfang ging alles gut. Aber die Untätigkeit und die eingedrungenen Agitatoren, dazu die ständig wachsenden Erfolge der Aufständischen riefen Unruhe unter den Oranienbaumern und Peterhofern hervor. Ihre Komitees veranstalteten eine Beratung und verlangten, ein Mitglied der provisorischen Regierung sollte ihnen den Zweck ihres Hierseins und die aktuelle Lage erklären. Nachdem Minister Paltschinski entsprechende Erklärungen gegeben hatte, drückten sie ihre Unzufriedenheit mit diesen aus und riefen deshalb eine allgemeine Versammlung der gesamten Garnison des Winterpalais zusammen. Diese Versammlung tagt schon seit einer Stunde im weißen Saale, alle Mitglieder der provisorischen Regierung mit Konowalow an der Spitze befinden sich ebenfalls dort. Dort fand ich ein so schändliches Bild vor", meldete erregt der Portepeefähnrich, „daß ich davonlief. Keiner hört dem anderen zu, alles johlt und pfeift durcheinander. Das sind keine Offiziersaspiranten, keine zukünftigen Offiziere, sondern eine blöde Hammelherde. Stumpfsinnig, dumm und brutal. Schon an ihrem Äußeren kann man erraten, daß das alles Bauern, Halbanalphabeten, unwissende Tiere sind", schloß der Jüngling mit zitternder Stimme, vor Empörung das Schluchzen kaum zurückhaltend.

„Zuerst sprach Konowalow, der Vorsitzende des Ministerrats der provisorischen Regierung. Mag diese Regierung wie immer sein, sie ist doch die Regierung des Volkes. Und was geschieht? Er spricht und wird in einem fort unterbrochen, so daß er den Versuch, zu sprechen, aufgeben muß. Dann kam Maslow, ein alter Revolutionär; dann versuchte es Tereschtschenko. Dieser sprach schön und richtig, der Erfolg aber war derselbe, keinerlei Respekt vor irgend jemandem. Man raucht, man kaut Brot, man knabbert an Sonnenblumenkernen." Sinegub hörte mit geschlossenen Augen zu. Er schwankte, ihm wurde übel, seine Gedanken verwirrten sich. Sich endlich zusammennehmend, erkundigte er sich nach Kerenski.

„Gott weiß, zunächst verheimlichte man sogar die Ankunft der provisorischen Regierung und sagte, diese hätte eine Sitzung im Generalstabe. Dann sagte man, daß die Regierung sich hier befände und daß beschlossen worden wäre, den Winterpalast zu verteidigen, da die Aufständischen ihn besetzen wollten, wie sie bereits die ganze Stadt besetzt hätten. Natürlich spricht man davon nicht, lügt im Gegenteil fortwährend absichtlich, es seien Truppen im Anmarsch, die Vorhut der Nordarmee, die Kosakenabteilungen des Armeekorps des Generals Krassnow seien bereits in die Stadt eingerückt. Erst sagte man, der Nikolajewski-Bahnhof und der Bahnhof von Zarskoje Selo seien besetzt und die Truppentransporte aus Bologoje und Dno könnten einlaufen. Dann sagte man um 3 Uhr nachmittags, die Kosaken seien schon auf dem Newski und hätten sich bloß an der Kasanschen Kathedrale etwas aufgehalten. Während Sie, Herr Oberleutnant, bei der Telephonzentrale standen, glaubten wir noch an die Wahrheit dieser Mitteilungen, als aber die zu Ihrer Verstärkung geschickte Halbkompagnie sah, daß an der Ecke des Newski und der Morskaja ein Zusammenstoß stattfand, wurde es uns klar, daß die Aufständischen siegen und daß man hier bloß den Gesetzen der Trägheit folgend weiterlügt."

Indessen löste eine Abteilung Petrograder Offiziersaspiranten die Wache am Ausgange des Palais ab. Von Hauptmann Galiewski erhielt Sinegub den Befehl, die Kompagnien nach dem vom Schulkommandanten ausgearbeiteten Verteidigungsplan an die für sie bestimmten Plätze zu führen. Er selbst sollte die erste Etage links vom Ausgang besetzen, und zwar so, daß von dem Eckfenster aus, wohin später ein Maschinengewehr gebracht werden sollte, die Millionaja in ihrer ganzen Länge beschossen werden konnte. Dieses Eckfenster sollte den linken Flügel bilden, während der rechte Flügel mit dem linken Flügel des Oberleutnants Skorodinski Fühlung halten sollte. Auf diese Weise konnte der ganze Platz beobachtet und mit Maschinengewehrfeuer bestrichen werden.

Die Hauptaufgabe der Verteidigung dieses Abschnitts der ersten Etage des Palastes wurde Sinegub übergeben. Feuer sollte nur in dem Falle eröffnet werden, wenn ein Bandenangriff erfolgen sollte und

**Der Kreuzer „Aurora“ beschießt den Winterpalast**

die Banden schießen würden. Bei der Aufstellung der Offiziersaspiranten wurde auch die Höhe der Fensterbretter in Betracht gezogen, da man mit der Möglichkeit rechnete, daß Handgranaten in die Zimmer geworfen werden könnten. Es wurden noch einige Weisungen erteilt und dann befohlen, die Stellungen zu besetzen und den Platz genau zu beobachten.

Nach einiger Zeit erhielt Sinegub die Meldung, daß Kosaken zur Unterstützung der provisorischen Regierung schon eingetroffen wären und sich in den Korridoren und Zimmern verteilt hätten. Die Korridore waren von Kosaken überfüllt und immer neue drängten sich noch hinein.

Ihre Disziplin war vollständig verschwunden, ihre Monturen waren in einem jämmerlichen Zustande. Junge Leute gab es fast gar keine unter ihnen. Ihr Fähnrich erklärte:

„Obwohl bei der großen Sitzung der Vertreter des Kosaken-Kongresses davon gesprochen wurde, man solle sich der Unterstützung der provisorischen Regierung enthalten, solange Kerenski, der uns viel geschadet hat, in dieser verbleibt, haben wir und unsere Eskadron beschlossen, der Regierung zu Hilfe zu kommen. Aber nur die alten Leute machten mit, die jungen wollten nicht und erklärten ihre Neutralität.“

Auf die Frage, wo denn ihre Offiziere sich befänden, antwortete der Fähnrich, diese, fünf an der Zahl, seien mit zwei Eskadronskommandanten zum Palastkommandanten gegangen.

Jetzt versammelten sich auf Befehl des Schulkommandanten alle Offiziere der Schulen und Truppen im Zimmer des Kommandanten, der eine kleine Rede hielt:

„Der provisorischen Regierung hat es beliebt, mich durch den Generalstab zum Kommandanten des Winterpalastes ernennen zu lassen. Ich habe Sie zusammengerufen, um Ihnen folgendes zu sagen: Bei den Ihnen untergeordneten Truppen muß vollständigste Ordnung gewahrt werden. Ferner müssen Sie Ihren Leuten erklären, daß der Minister Paltschinski ein Telegramm erhalten hat, in dem mitgeteilt wird, daß die Kosaken des Generals Krassnow auf Petrograd marschieren. Unsere Aufgabe besteht zurzeit aus der Ergreifung von Maßnahmen gegen den vorbereiteten Angriff auf den Palast. Ich bitte darum die Kommandanten der einzelnen Formationen, in den Plan des Winterpalastes Einsicht zu nehmen.“ — Der Schulkommandant breitete den Plan auf dem Tische aus. Die Offiziere umringten diesen und der Kommandant wies allen auf dem Plane die Plätze an. Nach Übernahme der Befehle ging man auseinander.

Kurz nachher erschien ein Offizier des Artilleriezuges der Konstantin-Offiziersschule und meldete dem Kommandanten, daß die Geschütze dieses Zuges wieder auf die Lafetten gestellt seien und daß der Zug gemäß einem vom Schulkommandanten der Konstantin-Schule erhaltenen und durch den Batteriekommandanten übermittelten Befehl wieder in die Schule zurückkehre.

Hinter dem Offizier erschienen einige Konstantin-Schüler, die unentschlossen auf der Schwelle stehen blieben.

Der Kommandant und die dagebliebenen Offiziere sprangen von ihren Sitzen auf und schauten verwundert auf den Meldung erstattenden Offizier.

„Was soll das heißen?“ — schrie der Kommandant — „der Zug soll sofort zurückgehalten werden!“ „Zu spät“ — antworteten die Offiziersaspiranten — „der Zug ist schon unterwegs.“ Wir baten, dazubleiben, der Zugskommandant erklärte aber, daß er sich nur seinem Batteriekommandanten unterordne. Wir und noch einige Offiziersaspiranten sind geblieben. Der Zug wollte nicht abgehen, aber der Zugskommandant bedrohte ihn mit gezogenem Revolver.“

„Aber, was ist denn das, sind Sie denn verrückt geworden!" — schrie der Kommandant den Offizier an. — „Ist der Zug einmal hier, steht er unter meinem Kommando. Holen Sie den Zug sofort zurück." — befahl er einem der Offiziere. „Sie aber sind verhaftet", — wandte er sich dann zu dem Artilleristen.

„Ich bin ja nicht schuld daran. Herr Oberst" — sagte der Offizier — „ich kann nicht hierbleiben, ich habe den Befehl, zurückzukommen" und sprang mit einer schnellen Wendung zur Tür hinaus. Einige Offiziere sprangen, nach ihren Revolvertaschen greifend, von ihren Plätzen auf, aber der Kommandant winkte ab.

„Er soll nur gehen. Die Leute schaden sich ja nur selbst. Sie kommen nicht bis zur Schule, sie haben sich provozieren lassen und werden für diesen Verrat teuer bezahlen müssen."

„Und Sie" — wandte sich der Kommandant an die Offiziersaspiranten — „schließen sich an die Ingenieurschule an. Ich danke Ihnen für Ihre Pflichttreue. Gehen Sie jetzt." Er wollte mit dem Plan in der Hand in den weißen Saal hinübergehen, als ein weiblicher Offizier in das Zimmer trat.

„Eine Sturmkompagnie des Todesbataillons der Frauen meldet sich zur Verfügung des Kommandanten der Verteidigung. Die Kompagnie steht unten im Hofe. Was befehlen Sie zu tun?" — meldete der weibliche Offizier, militärische Haltung einnehmend und salutierend.

„Danke, sehr erfreut. Besetzen Sie mit den Kriegsbeschädigten gemeinsam die erste Etage."

Nach einiger Zeit kamen allmählich die Verbindungsleute der einzelnen Abteilungen an. Sinegub ging, um den Speisesaal zu suchen. Ein dicker würdevoller Lakai machte ihm die Tür auf. Er trat in einen blendenden Lichtkreis und blieb stehen. Rauchwolken stiegen auf, Schnapsgeruch stach in die Nase, in seinem Munde wurde es bitter, als er ein Saufgelage irgendwelcher Offiziere vor sich sah, von denen einige sich fast nicht mehr auf den Stühlen halten konnten. Er hielt den Anblick nicht aus und lief trotz Hungers und Durstes eilig aus dem Zimmer.

Neuigkeiten gab es keine. Die Zeit des qualvollen Wartens verging langsam.

Da knarrte die Tür und der Hauptmann Galiewski trat ein. Er war sehr blaß und abgespannt; er hatte sein äußerstes getan, um die Kosaken zurückzuhalten, die, nachdem sie erfahren hatten, daß die Artillerie fort sei, nun ihrerseits ebenfalls den Palast verlassen wollten.

„Hören Sie mal, Alexander Petrowitsch," — wandte er sich an Sinegub — „gehen Sie zu Ihrer Kompagnie und besetzen Sie mit ihr die Barrikaden vor dem Tore. Die Infanterieschüler haben das noch nicht getan und die Aufständischen sind schon in der Nähe. Dann überreden Sie die Kosaken, ihre Maschinengewehre hier zu lassen und stellen Sie diese Maschinengewehre auf den Barrikaden auf. Suchen Sie unter den Offiziersaspiranten Maschinengewehrschützen aus."

Sinegub lief, um die Lage zu retten. Die Offiziersaspiranten der eigenen Schule fand er im Hofe an der alten Stelle, wohin man sie hinausgeschickt hatte, um den Kosaken — die jetzt daran waren, fortzugehen — den Kriegsbeschädigten und den weiblichen Sturmtruppen Platz zu machen. Die Aspiranten waren aufgeregt.

„Kompagnie, ausrichten! Achtung! Meine Freunde, Euch wird die Ehre zuteil, als erste auf die Barrikaden zu steigen. Ich beglückwünsche Sie. Das Gewehr über, vorwärts, marsch!"

Die Kompagnie marschierte im festen Gleichschritt. Sinegub öffnete das Tor und verteilte in der Finsternis die Kompagnie auf die Barrikade.

Die Offiziersaspiranten gingen daran, die Barrikaden auszubauen und bequeme Schießpositionen zu suchen. Man wählte Maschinengewehrschützen aus und die Zugskommandanten bestimmten die Stellen, an denen die Maschinengewehre aufgestellt werden sollten. Den Feldwebel Nemirowski als seinen Stellvertreter zurücklassend, eilte dann Sinegub mit einigen Offiziersaspiranten zu den Kosaken.

Diese packten mit finsteren Gesichtern ihre Tornister und schickten sich an, zu gehen. Sinegub stieg auf eine Kiste und fing an, die Kosaken zu überreden, ihre Kameraden doch nicht zu verlassen und zu verraten. Im ersten Augenblicke schienen die Kosaken noch zu überlegen, als aber jemand an den Abzug der Artilleristen erinnerte, erhob sich ein Gemurmel und man setzte sich wieder in Bewegung. Sinegub wandte sich an den Fähnrich: „Gott mag Euer Richter sein, geht nur. Aber laßt die Maschinengewehre hier, sonst stehen wir mit leeren Händen da."

„Nehmt sie" — sagte finster, ohne ihn anzublicken, der Fähnrich. „Helf Euch Gott!" — fügte er hinzu — „Verzeiht uns!"

Im Zimmer des Kommandanten fand Sinegub den Hauptmann Galiewski vor, der ihn mit noch einer Neuigkeit überraschte.

„Die Sache steht bös, noch schlimmer aber ist die Kopflosigkeit der Regierung. Soeben hat der Kreuzer „Aurora", der auf der Newa dem Palais gegenüber liegt, ein Ultimatum geschickt. Die Matrosen fordern die Übergabe des Palastes, sonst würden sie ein Artilleriefeuer gegen das Gebäude eröffnen. Die Peter-Paul-Festung hat ihre Neutralität erklärt. Hören Sie mal an, was die Leute aus dem abgegangenen Artilleriezuge melden" — wies er mit der Hand auf drei Offiziersaspiranten. „Die Lage ist arg, die Infanterieschulen sind wieder in Aufregung und die Regierung will allen, die es wünschen, freien Abzug aus dem Palais gestatten, während sie selbst hier bleibt und die Übergabe verweigert" — teilte weiter der Hauptmann mit.

Der Hauptmann und Sinegub gingen hinaus, um die Barrikaden zu inspizieren. Diese waren beleuchtet. Beim Abschreiten der Barrikade fand der Hauptmann, daß die Zahl der Verteidiger zu klein und daß sie selbst zu müde seien und befahl darum, sie durch die 1. Kompagnie ablösen zu lassen.

Kaum hatten die Offiziersaspiranten ihre Plätze auf den Barrikaden eingenommen, als das Feuer gegen den Palast eröffnet wurde, die Lampen ausgingen und die Verteidiger im Finstern zurückblieben.

Der Hauptmann wählte Leute als Kundschafter aus. Plötzlich wurde es wieder taghell. Wieder knatterten Schüsse und Kugeln schlugen in die Mauern des Palastes ein.

„Licht aus!" — rief der Hauptmann. Ein Schalter war nirgends zu finden und Sinegub ging, den Monteur zu holen. Er dachte, es wäre am besten, in den Speisesaal zu gehen, wo es alte Hoflakaien gab, die wissen müßten, wie diese Lampen auszulöschen seien. Auf seine Frage, wo denn der Schaltraum des Palastes sei, antwortete ein Lakai mit zynischem Lächeln, er wisse es nicht, es wäre jetzt niemand da, alle seien davongelaufen und nur die Herren Offiziere beliebten, sich zu amüsieren.

„Du spottest noch, Du Schwein!" — rief Sinegub und schlug ihm ins Gesicht — „wo ist der Schaltraum, schnell" — und richtete seinen Revolver auf den Diener.

Sofort, sofort! Euer Gnaden!

Sie kamen zum Schaltraum, wo Sinegub den Monteur zwang, das Licht an dem auf den großen Platz führenden Tor auszuschalten, dann forderte er die Schlüssel ab, schloß den Schaltraum und führte den Monteur in das Zimmer des Kommandanten. Dieses war überfüllt, alle sprachen und schrien durcheinander. Ein Kreis von weiblichen Stürmern, Kriegsbeschädigten und Offiziersaspiranten der Pauls-Militär-Akademie umringten den Kommandanten.

Alle regten sich auf und forderten mit blitzenden Augen, der Kommandant solle einen Ausfall zum Generalstab unternehmen, wo nach ihrer Meinung die Schreiber auf die Seite Lenins übergegangen seien und die Offiziere entwaffnet, einen Teil umgebracht und den General Alexejew verhaftet hätten. Der Kommandant willigte ein, da er sah, daß seine Versicherungen, General Alexejew sei nicht im Generalstab, erfolglos blieben. Er gestattete jedoch nur den weiblichen Stürmern, den Ausfall zu unternehmen, während die Kriegsbeschädigten zur Verteidigung der ersten Etage dableiben sollten.

Sinegub lief hinaus zu den Barrikaden. Im selben Augenblick leuchteten die ausgelöschten Lampen wieder auf, er sah die aufgestellte Sturmkompagnie der Frauen, die sich mit der Front zum Hof und den rechten Flügel in der Richtung der Millionnaja aufgestellt hatte.

„Ein Panzerauto kommt!" — rief man von der Barrikade.

„Maschinengewehrschützen! Fertig!" — kommandierte Galiewski. — „Alexander Petrowitsch, löschen Sie die Lichter." — rief er und schoß in die Lampe hinein. Die Lampe ging aus, aber der Schuß in die zweite Lampe ging fehl und Sinegub rannte wieder in den Palast hinauf.

Mit dem Monteur im Schaltraum angelangt, fanden sie das ganze Schaltbrett ausgeschaltet. Sie riefen im Elektrizitätswerk an, das aber schon von Matrosen besetzt war, in deren Händen jetzt die ganze Lichtversorgung lag.

Im Korridor der ersten Etage stand auf einer Kiste eine Gestalt im Soldatenmantel und rief etwas. Die ihn umringenden Offiziersaspiranten der Infanterieschule regten sich auf und murrten. Sinegub hörte die Worte des Redners, der sagte, die „Aurora" würde in fünf Minuten wieder das Feuer eröffnen. Wer jetzt die Waffen niederlegte und den Palast verließe, dem würde nichts geschehen.

Den Oberleutnant überlief es kalt. Er hob den Lauf seiner Armeepistole vorsichtig über die Schultern der vor ihm Stehenden, zielte auf den Kopf des Redners und spannte den Hahn.

„Du bist wohl verrückt geworden" — flüsterte ihm eine Stimme ins Ohr. Zugleich legte sich eine Hand auf seine rechte Hand. Es war der Kommandant.

„Oberleutnant, Sie gehen sofort in die Kommandantur und erwarten mich dort, Hören Sie? Ich befehle Ihnen."

Sinegub ging in das Kommandantenzimmer. Bald kam auch der Kommandant in Begleitung irgendwelcher Offiziere und einiger Zivilpersonen.

„Oberleutnant" — wandte sich der Kommandant an ihn — „gehen Sie zur provisorischen Regierung und melden Sie, daß der von den Stürmerinnen unternommene Ausfall zu ihrer Aufreibung geführt hat und daß der Generalstab von den Aufständischen besetzt ist. Melden Sie auch, daß die Lage sich verschlimmert und daß der Palast von Agitatoren wimmelt. Die provisorische Regierung werden Sie hinter dem weißen Saale finden. Aber nehmen Sie jedenfalls auch diesen Verbindungsmann mit" — und er wies auf einen eleganten Jüngling in Zivil.

In den langen Korridor einbiegend, fingen der Oberleutnant und sein Verbindungsmann zu laufen an. Zwei Etagen höher steigend, kamen sie zu einem Korridor, an dessen Ende sie rechts in die Porträtgalerie einbogen.

„Hier wurde vor einer Stunde von in den Palast eingedrungenen Bolschewiki eine Bombe geworfen und die provisorische Regierung ist aus diesem Saal in einen anderen hinübergegangen. Ich werde Sie gleich dorthin führen." — erzählte der Verbindungsmann, während sie die Porträtgalerie überquerten, wo man wegen den auf dem Boden herumliegenden Matratzen der Oranienbaumer Offiziersaspiranten nicht laufen konnte. Die Galerie war zu Ende. Sie kamen in einen Riesensaal, in dem viele Offiziere auf- und abgingen. Alle bestürmten Sinegub mit Fragen, ob denn die erste Etage schon besetzt sei.

Sie gingen weiter.

„Hier ist es, klopfen Sie" — der Führer machte bei einer Tür halt, vor der ein Offiziersaspirant Wachposten stand.

Der Oberleutnant erklärte ihm, er begebe sich zur provisorischen Regierung auf Befehl des Kommandanten. Die Schildwache klopfte an der Tür und ließ Sinegub passieren.

„Was wünschen Sie?" — fragte ihn ein alter Herr in Admiralsuniform, der links von der Tür in einem Lehnstuhle saß.

Sinegub meldete den Zweck seines Kommens.

Zwei im Zimmer auf- und abspazierende Minister näherten sich ihm.

In dem einen erkannte er Tereschtschenko, im anderen Konowalow.

„Ich stehe zu Ihren Diensten, was haben Sie zu berichten?" — fragte der Stellvertreter des Ministerpräsidenten.

„Reden Sie, reden Sie schnell!" — drängte Tereschtschenko.

In kurzen Worten richtete Sinegub die ihm anvertraute Mitteilung aus, den Mut der Offiziersaspiranten erwähnend, die noch immer auf den Barrikaden ständen.

„Danken Sie ihnen in unserem Namen und übermitteln Sie ihnen unseren festen Glauben, daß sie sich bis morgen früh halten werden" — sagte der Ministerpräsident.

„Frühmorgens werden Truppen kommen" — warf Tereschtschenko ein.

„Verstehen Sie? Nur bis zum Morgen muß man sich halten" — versetzte jemand hinter seinem Rücken mit besonderer Betonung.

„Jawohl, ich verstehe, für unsere Schule kann ich einstehen, Herr Ministerpräsident."

„Danke" — sagte Konowalow — „teilen Sie bitte dem Kommandanten mit, daß die Regierung häufige und ausführliche Berichte von ihm erwartet."

„Besser wäre es, wenn er selbst zu uns kommen könnte" — warf Tereschtschenko ein.

Als Sinegub in das Vorzimmer hinausging, näherte sich ihm rasch der aus dem Sitzungssaale kommende Paltschinski.

„Soeben hat man telephonisch aus dem Rathaus angerufen und mitgeteilt, daß die Notabilitäten, Kaufleute und Geistliche, an der Spitze des Volkes hierher unterwegs sind und bald eintreffen und den Palast entsetzen müssen. Teilen Sie das auf den Barrikaden mit und geben Sie es auch allen Verteidigern des Palastes bekannt. Sorgen sie auch selbst für die Verbreitung dieser Nachricht, sie wird sicherlich den Kampfgeist der Leute heben."

Sinegub und sein Begleiter eilten freudestrahlend zurück.

In der Porträtgalerie angekommen, schrie Sinegub den Offiziersaspiranten die Neuigkeit zu und lief unter allgemeinem Jubel weiter, vor jeder Gruppe haltmachend und die freudige Nachricht mitteilend.

Zur selben Zeit ertönten von der Newa wiederum die Kanonen des Kreuzers „Aurora".

Sinegub erreichte im Gespräch mit seinem jugendlichen Begleiter den Korridor der ersten Etage. Hier wurde er plötzlich von einem Offiziersaspiranten angehalten, der ihm meldete, daß der Mann im Halbpelz, an dem er soeben vorbeigegangen sei, ein Bolschewik zu sein scheine, daß er unter dem Halbpelze Granaten versteckt hielte und daß er hier auf irgend jemand warte.

„Gut, ausgezeichnet, paßt nur gut auf, ich werde es gleich feststellen" — sagte Sinegub und drehte sich um.

„Hören Sie mal, sagen Sie, was tun Sie hier?" — fragte er, rasch an den Mann im Halbpelz ganz nahe herantretend, ihm mit schneller Bewegung den Halbpelz am Halse aufreißend und über die Arme ziehend, so daß er den Unbekannten wehrlos machte.

Die so aufgedeckten Achseln wiesen die Achselklappen des Semjonowschen Regiments auf, im Gürtel steckten zwei Revolver und hingen einige Handgranaten. Der Mann wurde sofort entwaffnet. In seiner Tasche fand man einen Geldbeutel mit einer Quittung über ein vom Genossen Sidor Jewdokimow erhaltenes Paket Nr. 17 vom 25. Oktober. Einen Stempel trug die Quittung nicht und die Unterschrift war unleserlich.

Vor Müdigkeit sich kaum auf den Beinen haltend, wankte Sinegub weiter, sich mit dem Gedanken abquälend, daß die endlosen Korridore unbewacht seien und die Bolschewiki leicht durch irgendeinen Hintereingang, wie der, durch den die Kosaken abgezogen waren, in den Palast eindringen könnten.

Ein Kriegsfreiwilliger wurde gerufen, um ihn zum Kommandanten zu führen.

„Ja, ja, gehen wir nur, Ihr bleibt hier und sagt jedem, daß das Volk hierher zieht", sagte er zu einer Gruppe der Offiziersaspiranten und wiederholte die Nachricht, die er gebracht hatte.

„Gestatten Sie, daß ich Sie unterfasse?" sagte der Führer, nachdem sie um die Ecke gebogen waren.

„Danke, aber bitte von links", bat der Oberleutnant rasch.

Ein Gefühl des Mißtrauens gegen seinen Weggenossen erfüllte ihn. Er fand es verdächtig, daß ihm der andere so eilig seine Dienste anbot, auch hatte er bei der Mitteilung der Nachricht, daß die Stadtväter zum Palast zogen, allzu eifrig zugehört. Tatsächlich benahm sich sein Weggenosse immer verdächtiger, je mehr sie sich ihrem Ziele näherten. Endlich blieb er in einem halbdunklen Korridor stehen und griff mit der rechten Hand in die Tasche, in der offenbaren Absicht, den Revolver zu ziehen. In Sinegubs Schläfen hämmerte es. „Wer macht es schneller?" fuhr es ihm durch den Kopf. Plötzlich ging eine Tür auf und fünf Offiziersaspiranten kamen einer nach dem anderen heraus.

„Schauen Sie, was ich für einen Revolver habe, ich trenne mich niemals von ihm", sagte verlegen der Kriegsfreiwillige, indem er die Hand aus der Tasche nahm und sie mit dem darin festgehaltenen Browning unentschlossen in die Höhe hob.

„Schon gut, aber spielen Sie damit nicht, mit der Waffe spielt man nicht", sagte mit lauter Stimme der Oberleutnant, und ergriff mit der linken Hand die den Revolver haltende rechte Hand des anderen, während er die eigene Waffe in der rechten Hand hielt.

Die Offiziersaspiranten standen daneben und der Oberleutnant befahl ihnen, den Kriegsfreiwilligen zu verhaften und ihn in die Porträtgalerie abzuführen.

In der Porträtgalerie herrschte eine ungeheure Aufregung. Die Offiziersaspiranten standen herum. Paltschinski schrie dem Oberleutnant Lochwitzki empört etwas zu, der seinerseits Paltschinski anschrie. An der hölzernen Scheidewand der Bude stand der Oberleutnant Skorodinski und zwei Offiziersaspiranten Wache. Hinter der Wand hörte man laute, derbe Ausrufe und Gelächter.

„Herr Oberst, ich befehle, diesen Bolschewiki verhaften zu lassen!" ereiferte sich der Minister, mit der Hand auf Lochwitzki weisend. „Weiß der Teufel, was das heißen soll. Der zweite Offizier entpuppt sich als Bolschewik", schloß Paltschinski seine Worte, wandte sich vom Oberleutnant ab und den Offiziersaspiranten zu, um die Aufstellung dieser in eine ordnungsmäßige Formation zu beschleunigen.

„Ach, Sie sind da, das ist gut. Hier, Herr Minister, ist ein Offizier, für den ich haften kann", sagte der Kommandant, auf Sinegub weisend.

Der Oberleutnant trat an den Kommandanten heran und erstattete Meldung über die Lage im unteren Stockwerk und über die Verhaftung eines Kriegsfreiwilligen — in dem Sinegub einen Matrosen vermutete —, wegen verdächtigen Verhaltens.

Der Kommandant befahl dem Oberleutnant Skorodinski, den Verhafteten in Empfang zu nehmen und zu verhören, und dem Oberleutnant Sinegub, das Kommando über den Offiziersaspirantenzug zu übernehmen und mit ihm jenen Teil des Palastes, der an die Eremitage angrenzt, von den Bolschewiki zu säubern, da diese von dort den ganzen Palast überfluteten.

Der Minister bat den Kommandanten, Sinegub einen Führer zu geben. Man wandte sich an den Hauskommandanten, es erwies sich aber, daß dieser auch nicht Bescheid wußte.

„Weiß der Teufel, was das heißen soll", ereiferte sich der Minister und beschloß, selbst mit dem Zuge mitzugehen. Dieser setzte sich in Bewegung.

„Wieviel Leute haben Sie?" fragte der Minister. „27 Mann!"

„Das genügt; diese Strolche sind sehr feige. Wichtig ist das Moment der Überraschung", sagte der Minister. Er kannte die Durchgänge auch nicht und führte darum zum Frontalangriff, anstatt eine flankierende Bewegung zu machen.

Im Palast trieben sich die Offiziersaspiranten in Gruppen und einzeln zwecklos herum. Nur in der ersten Etage hielten die zur Besinnung gekommenen Oranienbaumer eine gewisse Ordnung aufrecht. An einigen Stellen standen Doppelposten und vor dem Ausgange unter dem Torbogen eine Abriegelung.

Vor dem Ausgange machte der Zug halt, während sich der Minister über die Lage auf den Barrikaden informierte.

Die Barrikaden waren in unseren Händen, aber dort weiter war fast alles in den Händen der Bolschewiki.

Der Widerhall des Gewehr- und Maschinengewehrgeknatters vermischte sich mit dem pfeifenden Geräusche der Kugeln.

„Geradeaus, einzeln im Laufschritt!" kommandierte der Oberleutnant und rannte durch den Torbogen zu der gegenüberliegenden Tür der ersten Etage des anderen Palastflügels.

Der Übergang gelang ohne Verluste. Im Vorraume hielt eine Gruppe Offiziersaspiranten irgendeine Beratung ab. Von diesen erfuhren sie, daß die Bolschewiki sich hier im übernächsten Saale bei der Treppe versammelten. Den Offiziersaspiranten zurufend, sie sollten sich dem Zuge anschließen, rannte der Minister weiter. Der Oberleutnant lief nebenher. Man erreichte den Saal und die Treppe. Im Saale lagen in einzelnen Gruppen bis an die Zähne bewaffnete Soldaten und Matrosen.

Mit dem Rufe „Ergebt Euch!" lief Sinegub zur Treppe, um die Rückzugslinie der Bolschewiki zu versperren. Zwei Offiziersaspiranten folgten ihm und mit ihnen der Minister. Die mit schußfertigen Gewehren hereinstürmenden Offiziersaspiranten überrumpelten die Gruppe, unter der im ersten Augenblicke Verwirrung entstand.

„Wir sind wenig, sie sind viele, sie sind zerstreut und wir kommen nur von einer Seite", ging es Sinegub durch den Kopf. Er drehte sich um und schrie seinen Leuten laut die Kommandoworte zu, als ob hinter ihm eine Brigade stünde.

Die Matrosen und Soldaten rannten auf die Treppe zu. Sinegub stürzte hinterdrein und schrie fortwährend. Vor dem Treppenansatz hielten sich einige Offiziersaspiranten und der Oberleutnant etwas auf, um ein paar erwischte Matrosen zu entwaffnen und von der Treppe hinunterzuziehen. Es gelang auch, drei von den Matrosen verhaftete Offiziere und eine Gruppe Offiziersaspiranten zu befreien und sie mit den den Matrosen abgenommenen Gewehren und Handgranaten zu bewaffnen.

„Die befreiten Offiziersaspiranten und Offiziere hierher!" schrie Paltschinski und warf Sinegub hin: „Weiter, beeilen Sie sich!"

Mit einem Fähnrich und fünf Offiziersaspiranten lief Sinegub in den nächsten Saal, wo sich dieselbe Geschichte wiederholte, nur daß hier die gefangenen Offiziersaspiranten beim Erscheinen ihrer Kameraden selbst zu den herumliegenden Waffen griffen und bei der Verhaftung und Entwaffnung ihrer früheren Wachen, die die Flucht ergriffen, mithalfen. Nach einigen Minuten führten bereits fünf Offiziersaspiranten elf gefangene Matrosen und Soldaten nach unten.

Sinegub erteilte an die Abgehenden den Befehl, sofort alle Offiziersaspiranten, die sie treffen würden, heraufzuschicken, da er nur selbdritt im Saale blieb. Einer mußte als Bewachung für die Handgranaten und als Reserve dableiben, die anderen gingen in den Korridor hinaus, um einen Ausgang zu suchen und diesen zu verbarrikadieren.

Einige Türen, die sie probierten, waren verschlossen. Ein Fähnrich öffnete eine weitere Tür und schrie auf. Ein Matrose steckte den Kopf durch, faßte ihn am Bein und beide verschwanden sofort über die Schwelle, hinter der sich auf der Treppe ein Hinterhalt befand. Sinegub schoß, man hörte Geschrei und Getrampel. „Sie reißen aus, vorwärts!" rief Sinegub und rannte mit einem Offiziersaspiranten in der Finsternis weiter. Sie warfen eine Handgranate in den Treppenschacht und hörten ein Geschrei und das Zuschlagen von Türen, dann wurde alles still.

Sie tappten einige Zeit im Dunkeln herum, den Ausgang suchend. Endlich entdeckten sie, daß sie sich im Zwischenstocke befanden, liefen die Treppe hinauf und kamen zu einer offenen Tür, die in einen beleuchteten Korridor führte. Im Korridore lag neben einem Tisch ein Haufen Handgranaten auf dem Boden. Sinegub eilte weiter in die erste Etage. Im Vorraume hielten sich eine Gruppe Offiziersaspiranten und noch irgendwelche Leute auf. Er lief zu den Offiziersaspiranten und befahl ihnen, sofort zu ihren zurückgebliebenen Kameraden zu gehen. Auf seine Frage, warum sie ohne Gewehre seien und was für Leute sie bei sich hätten, antwortete der Offiziersaspirant finster, der Palast hätte sich ergeben.

„Lüge, das kann nicht sein", schrie Sinegub und rannte zur Tür unter dem Torbogen. Unter dem Torbogen rauschte, brauste und wimmelte es. Von dem Wirbel menschlicher Körper erfaßt, fand er sich vor der Treppe, die zum Zimmer des Kommandanten führte und die dicht von Leuten besetzt war.

Er fing an einzusehen, daß tatsächlich etwas passiert sein müsse.

„Aha, da bist Du ja, halt!" wurde er angeschrien und eine schwielige Hand griff mit breiten Fingern in sein Gesicht. Entsetzen packte ihn, er wich aus und setzte den Fuß auf die erste Stufe der Treppe. Jetzt erst bemerkte er, daß der Kommandant ebenfalls auf der Treppe stand und neben ihm ein Freiwilliger des Pawlowski-Garderegiments. Als er den Kommandanten erblickte, nahm er noch einen Anlauf und erreichte ihn. Der Kommandant beugte sich zu ihm.

„Sanja, ich war gezwungen, den Palast zu übergeben. Brause nicht so auf. Es ist zu spät. Diese hier sind Parlamentäre. Laufe zur provisorischen Regierung und warne sie. Sage, daß den Offiziersaspiranten das Leben versprochen ist. Das ist alles, was ich erreichen konnte. Man muß die Regierung retten. Über sie wollen diese hier nicht verhandeln."

Sinegub wandte sich um und lief. Als er um die Ecke bog, traf er zwei Offiziersaspiranten, die ihm mitteilten, daß hinter der Glastür am Ende des Korridors mit einem Maschinengewehre bewaffnete Bolschewiki stünden. Die Offiziersaspiranten standen absichtlich da, damit man denken sollte, alles wäre in Ordnung, sie wären Schildwachen.

**Sturm auf den Winterpalast** Petrograd, Oktober 1917

„Richtig, bleibt nur weiter stehen." Er wollte weiterlaufen, als er die abziehenden Oranienbaumer bemerkte.

„Offiziersaspiranten, halt!", rief er und fing an zu reden. Er sprach von den Traditionen der Schule, sprach von der Schande, mit der sie ihre Achselklappen bedeckten, appellierte an ihre kameradschaftlichen Gefühle. Die Offiziersaspiranten hörten ihm mit finsterer Miene zu. Als er sich ausgeschrien hatte, setzten sie sich still und wortlos wieder in Bewegung. Einige liefen zu ihm hin und baten ihn mit Tränen in den Augen um Verzeihung wegen ihres Abgangs. Sie sagten, sie könnten ohne Offiziere nichts tun. „Verzeihen Sie, wir müssen laufen, sonst bleiben wir ohne unseren Kameraden zurück und es wird noch schlimmer sein" . . . und sie liefen der abziehenden Kompagnie nach.

Wieder leere Korridore, die Treppe und endlich die Porträtgalerie.

Hinter der Portiere standen zwei Offiziersaspiranten. Sinegub fragte sie, wo sich die provisorische Regierung aufhielte.

„Hier, Herr Oberleutnant", ertönte eine Stimme aus einer kleinen dunklen Nische.

Sinegub rannte hin. In der Nische lagen und standen einige Offiziersaspiranten mit Gewehren in den Händen herum. Es war dies die Wache der Regierung. Man zeigte ihm eine Tür. Er trat ein, erstattete an Konowalow Meldung, ging dann in die Galerie hinaus und setzte sich auf ein kleines Sofa.

Plötzlich kam Paltschinski heraus, ihm folgte Tereschtschenko.

„Nein, das ist unannehmbar, ich behaupte kategorisch" . . . sagte die Stimme Paltschinskis. „Die

Offiziersaspiranten müssen zurückgeholt werden. Hören Sie mal, laufen Sie und holen Sie die Offiziersaspiranten zurück."

„Ach, das soll ja mich angehen", dachte Sinegub und wollte aufstehen, konnte aber nicht.

„Ich kann hier sterben, aber laufen, wieder laufen kann ich nicht", sagte er und wandte sich ab. Er schämte sich wegen seiner Weigerung.

„Ich werde selbst gehen", sagte Paltschinski zu Tereschtschenko, „gehen Sie zurück."

Paltschinski ging. Einige Minuten vergingen, dann wurde plötzlich Stimmengewirr hörbar, das sich näherte. Paltschinski tauchte an der Tür auf, hinter ihm eine kleine Gestalt mit scharfem Gesicht, in dunklem Anzug, mit einem alten Künstlerhut mit breiter Krempe auf dem Kopfe: Antonow-Owsejenko, und hinter ihm noch einige Gestalten. Sinegub erhob sich, war aber zu schwach, um weiterzugehen. Er stand an der Tür und lehnte sich an den Rahmen. Paltschinski ging an ihm vorbei und begab sich ins Arbeitszimmer.

Die Galerie füllte sich mit Bolschewiki. Der Künstlerhut feuerte sie jetzt nicht mehr an, sondern hielt sie zurück.

„Haltet Disziplin, Genossen", mahnte seine scharfe durchdringende Stimme. „Dort stehen Offiziersaspiranten."

Paltschinski kam heraus und winkte mit der Hand. Der Künstlerhut ging zur Tür. Die Menge drängte ihm nach.

„Halt!" — schrie Paltschinski — „wenn sie so drängen, werden die Offiziersaspiranten schießen."

Die Menge machte halt.

Der Künstlerhut forderte noch einmal mit lauter Stimme auf, revolutionäre Disziplin zu halten, ging auf die Nische zu und trat mit dem Minister ins Arbeitszimmer hinein. Auf der Wendeltreppe zeigten sich neue revolutionäre Streitkräfte, Banditen, einer abstoßender als der andere.

„Warum verhandelt man so lange?" — dachte Sinegub. — „Begreift man denn dort nicht, daß jede Minute teuer ist, daß sich die Umstände so gestalten können, daß man sogar nicht mehr in der Lage sein wird, ehrenvoll zu sterben?"

„Jemand soll hineingehen und um die Erlaubnis bitten, das Feuer zu eröffnen. In einigen Minuten wird dazu keine Möglichkeit mehr vorhanden sein" — befahl er im Flüstertone den Offiziersaspiranten.

„Zu Befehl!" — hörte er die Antwort. Die Offiziersaspiranten waren mit seinem Entschuß einverstanden.

„Ziel: die Matrosen. Die erste Reihe zielt auf die nächsten, die zweite Reihe auf die übrigen. Bei dem Kommando „Feuer" Salve abgeben. Ohne Kommando nicht schießen. Handgranaten zuerst in der Richtung der Treppe, dann nach links werfen. Handgranaten nur stehend werfen."

In diesem Augenblick öffnete sich die Tür und der Künstlerhut und Paltschinski kamen heraus. Die Masse, von ihren neu ankommenden Kameraden immer weiter vorwärts gedrängt, näherte sich den Offiziersaspiranten auf 25 Schritte. Die Luft in der Galerie war schwül und stickig.

Der Künstlerhut ging an Sinegub vorbei. Als die Masse ihn erblickte, erhob sich ein Stimmengewirr, ein Geschrei, man winkte mit Gewehren und Handgranaten und stürzte auf den Führer zu.

„Ruhe bewahren, Genossen! Ruhe bewahren!" — rief der Künstlerhut, indem er die Arme ausbreitete und sich auf die Zehenspitzen erhob. „Genossen! Es lebe das Proletariat und die revolutionären Sowjets. Die kapitalistische Macht, die Macht der Bourgeoisie liegt zu Euren Füßen, Genossen, zu den Füßen des Proletariats. Jetzt aber, Genossen, Proletarier, müßt Ihr die Festigkeit der revolutionären Disziplin der Proletarier des roten Petrograds zeigen, um dadurch den Proletariern aller Länder ein Beispiel zu geben. Genossen, ich fordere Ruhe und Gehorsam gegenüber den Genossen aus dem Operativkomitee des Sowjets."

Indessen teilte der Minister Paltschinski den Offiziersaspiranten den Beschluß der Regierung mit, sich bedingungslos zu ergeben, um dadurch auszudrücken, daß man nur vor der Gewalt weiche und daß man den Offiziersaspiranten vorschlage, ein Gleiches zu tun.

Der stellvertretende Ministerpräsident Konowalow wandte sich ebenfalls an die Offiziersaspiranten mit der leidenschaftlichen Aufforderung, den weiteren Widerstand aufzugeben und das eigene Leben zu retten.

Der Künstlerhut ging ins Arbeitszimmer, nach ihm noch einige Mann, hinter diesen drängte sich auch Sinegub durch, der sich am Fenster aufstellte und beobachtete. Die teils sitzenden, teils stehenden Mitglieder der provisorischen Regierung blickten auf den triumphierenden Künstlerhut. Das Arbeitszimmer füllte sich mit Menschen. Die Mitglieder der provisorischen Regierung sammelten sich in der entgegengesetzten Ecke. Um den Admiral drängten sich Matrosen und Arbeiter und stellten Fragen an ihn. In diesem Augenblicke rief Antonow in die Porträtgalerie hinaus, 25 bewaffnete Genossen möchten hereinkommen und die Knechte des Kapitals, die sich ergeben hätten, zum weiteren Verhör abführen.

„Wo sind die Offiziersaspiranten?" — fragte Sinegub einen Fähnrich, der hinter der Tür an der Wand stand.

„Einen Teil hat man in den großen Saal abgeführt, einige befinden sich auf der anderen Seite des Schrankes an der Wand" — antwortete dieser. Auf die Frage, was er zu tun gedenke, meinte er, er würde mit der provisorischen Regierung bleiben.

„Mit der provisorischen Regierung werden sie nicht viel Geschichten machen" — sagte Sinegub und rief dem Offiziersaspiranten zu, sich ihm anzuschließen und zu versuchen, aus dem Palast hinauszukommen.

„Kommen Sie hierher heraus!" — rief Antonow den Mitgliedern der provisorischen Regierung zu.

Sinegub begab sich zur Nische und fand dort an den Türrahmen angelehnt ein Männlein, das wie ein Kleinbürger, ein kleiner Handwerker aussah.

„Hören Sie mal" — wandte sich Sinegub leise und rasch an ihn — „hier haben Sie Geld, führen Sie mich und diesen da" — er wies auf den Offiziersaspiranten hin — „von hier durch den Palast zum Hinterausgang."

„Gehen Sie hinaus und warten Sie auf mich, wenn man es nicht bemerkt, werde ich versuchen, hinauszukommen, um Sie hinauszuführen." — willigte der Handwerker ein.

Sinegub zupfte den Offiziersaspiranten am Ärmel und sie gingen. Sinegub mußte jedoch vor Erregung wieder stehenbleiben und konnte sich kaum bis zum kleinen Sofa schleppen, um sich hinzusetzen. Der Offiziersaspirant setzte sich neben ihn, Menschen gingen und liefen an ihnen vorbei, sie aber saßen da. Endlich trat der Handwerker wieder an Sie heran.

„Man hat sie abgeführt" — sagte er — „gehen wir. Ich weiß zwar nicht, was draußen wird, man hat dort unten Euresgleichen tüchtig die Jacke ausgeklopft."

Sie kamen langsam vorwärts, wurden oft aufgehalten und ausgefragt, kamen aber endlich zum Korridor, dann zur Treppe, wo eine Gruppe Soldaten des Pawlowski-Regiments sie einem Verhör unterwarf. Nachdem es sich aber erwies, daß sie keine Waffen bei sich hatten, ließ man sie weitergehen.

Plötzlich fiel dem Handwerker etwas ein, er lief den sich entfernenden Soldaten nach und kehrte bald mit einem Soldaten zurück. Sich an Sinegub wendend, sagte er, daß dieser Soldat sie weiterbegleiten würde, er selbst aber jetzt umkehren müsse.

Man erreichte die Millionnaja, auf dem Marsfelde ratterten die Maschinengewehre, hinter ihnen brauste das Stimmengewirr der Menge, die Scheinwerfer der Panzerautos leuchteten. Sie gingen mitten auf dem Fahrdamm.

Eine Gruppe von drei Menschen kam ihnen entgegen, es waren drei Soldaten des Preobraschenski-Regiments. Der Begleiter Sinegubs und des Offiziersaspiranten erkundigte sich bei ihnen nach dem Regimentskomitee, wo er seine Weggenossen ins Nachtquartier bringen wolle.

„Das Regiment ist neutral und das Regimentskomitee hat die Aufrechterhaltung der Ordnung übernommen, es wird auch Sie aufnehmen." — sagte ihr Begleiter. Endlich führte er sie in eins der Häuser der Millionnajastraße.

Ein kleines Zimmer, Tabaksqualm, zwei Köpfe erhoben sich von irgendeinem Schriftstück und zwei müde Gesichter blickten auf die Ankommenden.

„Wer sind Sie?" — fragte der eine, ein Offizier.

Die Eintretenden antworteten, sie wären aus dem Winterpalast, wo sie die provisorische Regierung verteidigt hätten. Der Offizier weigerte sich, sie aufzunehmen und riet, sich an das Pawlowski-Regiment zu wenden.

Ihr Begleiter erklärte sich bereit, sie dorthin zu führen.

Unterwegs entgingen sie mit knapper Not einem Matrosen. Der Offiziersaspirant blieb zurück und Sinegub setzte den Weg mit seinem Begleiter allein fort.

„Hier sind unsere Patrouillen" — sagte der Soldat. „Ich werde Sie ihnen übergeben, damit Sie sie weiterführen. Aber sagen Sie nicht, Herr Leutnant, daß Sie aus dem Palast kommen. Ich werde ihnen sagen, Sie seien aus der Stadt gekommen."

Die Patrouille machte halt. Der Begleiter Sinegubs ging an sie heran, in einer Minute befanden sie sich schon auf einem der Korridore der Kaserne des Pawlowski-Regiments.

„Woher?" — fragte ein im Korridor herumstehender Soldat.

„Von draußen" — antwortete die Patrouille einstimmig.

„Gut. Durch diese Tür, wenn von draußen."

Im Zimmer, in das Sinegub geführt wurde, war es schmutzig und leer. Hinter der Tür an der linken Wand hörte man irgendwelche Geräusche. Er ging zur Tür, stieß sie auf und blieb verwundert stehen.

Das erste, was ihm ins Auge fiel und ihn überraschte, war ein großer weißgedeckter Tisch. Auf dem Tische standen Blumen, Flaschen und offene Kartons mit Schokolade und Konfekt.

Auf dem Boden, auf Stühlen, Sofas und Feldbetten schliefen Offiziere.

Endlich erriet er, daß er sich in der Offiziersmesse des Regiments befinde. Er näherte sich dem Obersten und rief ihn leise. Der hob den Kopf und schaute ihn mit stieren Augen an. Sinegub bat um Erlaubnis, dazubleiben und sich auszuruhen.

„Unsinn, wenn Sie einmal hier sind, tun Sie, was Sie wollen, aber stören Sie die anderen nicht" — antwortete der Oberst, sein Kopf senkte sich wieder auf seine Arme.

„Mein Gott, was soll das heißen? So viel Offiziere hier, schlafen . . . Blumen . . . Konfekt . . ., dort aber . . ." Und die Bilder seiner Erlebnisse liefen zu einem kinematographischen Bildstreifen zusammen. Er nahm seinen Mantel ab, legte ihn als Kissen unter den Kopf und schlief unter dem Tische ein.

# 7. GATSCHINA

Von

*A. F. Kerenski*)*

AM 24. Oktober war es bereits klar, daß der Aufstand unvermeidlich war, ja, daß er bereits begonnen hatte. Ungefähr 11 Uhr vormittags begab ich mich in die Sitzung des Rates der Republik und ersuchte den Vorsitzenden Awksentjew, mir als dem Vorsitzenden der provisorischen Regierung sofort das Wort zu einer dringenden Mitteilung, die ich dem Rate der Republik machen müsse, zu erteilen. Ich erhielt das Wort und erklärte, ich besäße untrügliche Beweise dafür, daß Lenin und seine Anhänger einen Aufstand gegen die revolutionäre Regierung organisierten. Ich erklärte, daß alle möglichen Maßnahmen zur Unterdrückung des Aufstandes von der provisorischen Regierung ergriffen worden seien und noch ergriffen würden, daß die Regierung gegen die Verräter an der Revolution und an dem Vaterlande bis zum äußersten kämpfen, daß sie ohne Zaudern zur Anwendung von Waffengewalt greifen würde, daß aber die Regierung zur erfolgreichen Führung des Kampfes unbedingt die Mitwirkung aller im Rate der Republik vertretenen Parteien und Gruppen, die Hilfe des gesamten Volkes benötige. Ich forderte von dem Rate der Republik Vertrauen und Unterstützung. Um sich die Atmosphäre jener Zeit, die Stimmung der Versammelten vorstellen zu können, brauche ich nur darauf hinzuweisen, daß die Mitglieder des Rates der Republik während meiner Rede, sich wiederholt von ihren Plätzen erhebend, mit besonderer Begeisterung ihre volle Solidarität mit der provisorischen Regierung und mit ihrem Kampfe gegen die Feinde des Volkes bekundeten.

In der sicheren Annahme, daß die Vertreter der Nation die ganze Schwere und Verantwortlichkeit der Lage restlos begriffen hatten, wartete ich die Abstimmung nicht ab und kehrte zu den unterbrochenen dringenden Arbeiten in den Stab zurück, fest überzeugt, daß noch keine Stunde vergehen würde, bis ich über die Beschlüsse und praktischen Vorschläge des der Regierung zu Hilfe kommenden Rates der Republik Mitteilung erhalten würde.

Nichts dergleichen geschah. Der durch innere Widersprüche und unversöhnliche Gegensätze zerrissene Rat konnte bis zur späten Nachtstunde keinerlei Beschluß fassen. Die Führer aller antibolschewistischen und demokratischen Parteien verbrachten diesen ganzen Tag und den ganzen Abend mit endlosen und zwecklosen Debatten, anstatt schnell die Kräfte ihrer Partei zum schweren Kampfe gegen die Verräter zu organisieren.

Niemals werde ich die folgende wahrhaft historische Szene vergessen. Es war in der Nacht zum 25. Oktober um Mitternacht. In einer Pause der Kabinettssitzung der provisorischen Regierung fand in meinem Arbeitszimmer eine ziemlich stürmische Auseinandersetzung zwischen mir und einer Delegation der sozialistischen Gruppen des Rates der Republik statt. Gegenstand der Auseinandersetzung war der Beschluß über die Bekämpfung des Aufstandes, den ich am selben Morgen gefordert hatte und der endlich von der linken Mehrheit des Rates angenommen worden war. Diese damals schon vollkommen überflüssige, unendlich lange und komplizierte, für gewöhnliche Sterbliche kaum verständliche Resolution enthielt an Stelle des verlangten Vertrauensvotums und des Versprechens einer Unterstützung der Regierung, wenn auch nicht gerade das Gegenteil, so doch jedenfalls eine ganz eindeutige Abgrenzung der linken Mehrheit des Rates der Republik von der Regierung und deren Kämpfen. Empört erklärte ich, daß die Regierung nach dieser Resolution bereits morgen früh demissionieren würde. Die Autoren dieser Resolution und diejenigen, die dafür gestimmt hatten, müßten die ganze Verantwortung für die kommenden Ereignisse übernehmen, obwohl sie offensichtlich kaum einen Begriff von diesen hätten. Auf diese meine erregte

*) Diesen Abschnitt entnehmen wir gekürzt den Erinnerungen Kerenskis: „Aus der Ferne". Der „Retter des Vaterlandes", der letzte „sozialistische" Minister der ruhmlosen Koalitionsregierung und der willige Diener der russischen Bourgeoisie zeigt uns hier, wenn auch stellenweise mit der ihm eigenen Schwatzhaftigkeit und Verlogenheit, den Versuch, dem unüberwindlichen Ansturme der proletarischen Massen sich entgegenzustellen und den kläglichen Zusammenbruch dieser, einer der ersten, Aktion der Konterrevolution im Oktober.

Philippika antwortete ruhig und bedachtsam Dan, der damals nicht nur ein Führer der Menschewiki, sondern auch der Vorsitzende des Allrussischen Zentralvollzugsausschusses war. Ich kann hier selbstverständlich diese historische Erklärung Dans nicht mit seinen eigenen Worten wiederholen, garantiere aber für die genaue Wiedergabe des Sinnes. Vor allem erklärte mir Dan, sie seien viel besser informiert als ich; ich übertriebe die Ereignisse unter dem Einflusse meines „reaktionären Stabes". Danach teilte er mit, daß die „der Eitelkeit der Regierung" unangenehme Resolution der Mehrheit des Rates der Republik für den „Stimmungsumschwung in den Massen" außerordentlich nützlich und wesentlich sei; daß sich ihre Wirkung „bereits zeige" und daß jetzt der Einfluß der bolschewistischen Propaganda „rasch sinken" würde.

Zur Vervollständigung dieses Bildes muß man hinzufügen, daß gerade zur Zeit, als Dan mir diese interessanten Mitteilungen machte, bewaffnete Abteilungen der Roten Garde ein Regierungsgebäude nach dem anderen besetzten, und fast unmittelbar, nachdem Dan und Genossen den Winterpalast verlassen hatten, wurde der von der Kabinettssitzung heimkehrende Kultusminister Kartaschew auf der Millionnajastraße verhaftet und in dasselbe Smolny-Institut abgeführt, in das auch Dan zur Weiterführung friedlicher Gespräche zurückkehrte.

Man muß zugeben, daß die Bolschewiki damals mit großer Energie und nicht geringer Geschicklichkeit vorgingen.

Kaum hatte ich das Gespräch mit Dan und Genossen beendet, als eine Delegation der in Petersburg stationierten Kosaken-Regimenter bei mir erschien, die, soweit ich mich entsinnen kann, aus zwei, drei Offizieren und ebenso vielen gemeinen Kosaken bestand. Die Delegation teilte vor allem mit, daß die Kosaken zu wissen wünschten, welche Kräfte mir zur Unterdrückung der Revolte zur Verfügung stünden, ferner erklärte sie, daß die Kosaken-Regimenter die Regierung nur in dem Falle verteidigen würden, wenn sie von mir persönlich die Versicherung erhielten, daß diesmal das Kosakenblut nicht vergeblich vergossen würde wie im Juli, als ich angeblich keine genügend energischen Maßnahmen gegen die Rebellen ergriffen hätte. Endlich unterstrichen die Delegierten besonders, daß sich die Kosaken nur auf meinen persönlichen Befehl schlagen würden.

Als Antwort wies ich die Kosaken vor allem darauf hin, daß solche Erklärungen im Munde von Heeresangehörigen unzulässig seien, ganz besonders im gegenwärtigen Augenblick, wo dem Staate schwere Gefahren drohten und jeder von uns ohne Bedenken seine Pflicht bis zu Ende tun müsse. Ferner fügte ich hinzu: „Ihr wißt genau, daß ich während des ersten Aufstandes der Bolschewiki, also vom 3. bis 6. Juli, an der Westfront war, wo damals die Offensive anfing; Ihr wißt, daß ich am 6. Juli die Front sofort verließ, nach Petersburg kam und sofort die Verhaftung aller bolschewistischen Führer verfügte; Ihr wißt auch, daß ich den Wehrkreiskommandanten, General Polowzew, gerade wegen seiner Unentschlossenheit während dieses Aufstandes seines Postens entheben ließ." Als Ergebnis dieses Gespräches erklärten mir die Kosaken kategorisch, daß alle in Petersburg stationierten Kosaken-Regimenter ihre Pflicht tun würden. Ich schrieb sofort einen besonderen Befehl an die Kosaken, sich unverzüglich zur Verfügung des Wehrkreisstabes zu stellen und dessen sämtliche Befehle widerspruchslos auszuführen. In diesem Augenblick, also am 25. Oktober, um 1 Uhr nachts, bezweifelte ich nicht im geringsten, daß diese drei Don-Kosaken-Regimenter ihrem Fahneneide treu bleiben würden. Ich schickte sofort einen meiner Adjutanten zum Stab und ließ mitteilen, daß man auf die Kosaken unbedingt rechnen könne.

Wie morgens im Rate der Republik, hatte ich mich wieder gewaltig geirrt. Ich wußte nicht, daß, während ich mit den Regimentsdelegierten verhandelte, der Sowjet der Kosakentruppen in einer die ganze Nacht dauernden Sitzung sich entschieden für die *Nichteinmischung* der Kosaken in den zwischen der provisorischen Regierung und den aufständischen Bolschewiki entbrannten Kampf ausgesprochen hatte.

Nach meinem Gespräch mit Dan und den Kosaken kehrte ich in die Sitzung der provisorischen Regierung zurück. Man kann sich leicht jene nervös geladene Atmosphäre vorstellen, die in dieser nächtlichen Sitzung herrschte, insbesondere, nachdem die Nachricht eingelaufen war, daß die Rote Garde das Zentral-Telegraphenamt, das Hauptpostamt und noch einige andere Regierungsgebäude besetzt hätte. Weder bei mir noch bei den anderen tauchte jedoch auch nur der Gedanke einer Möglichkeit irgendwelcher Verhandlungen oder einer Verständigung mit den im Smolny eingenisteten Verrätern auf. In dieser Hinsicht herrschte unter den Mitgliedern der provisorischen Regierung vollkommenes Einverständnis. Dagegen kritisierten einige sogenannte rechte Mitglieder der Regierung sehr scharf die „Unentschlossenheit" und „Passivität" der höheren Militärbehörden, ohne zu bedenken, daß wir ständig zwischen dem Hammer der Rechtsbolschewiki und dem Amboß der Linksbolschewiki stehend handeln mußten. Übrigens wiesen diese strengen Kritiker nicht die geringste Neigung auf, an der Organisation des Kampfes gegen den aufflammenden Aufstand aktiven Anteil zu nehmen oder mich auch nur einigermaßen energisch darin zu unterstützen.

Indessen entwickelte sich der Aufstand in der Stadt mit unwahrscheinlicher Geschwindigkeit. Bewaffnete Abteilungen der Bolschewiki umgaben den Winterpalast und das Gebäude des Wehrkreisstabes in einem sich immer enger zusammenziehenden Ringe. Die Soldaten des Pawlowski-Regiments stellten in ihrer Kaserne an der Ecke der Millionnaja und des Marsfeldes eine regelrechte Falle auf und verhafteten alle Verdächtigen, die aus der Richtung des Winterpalastes kamen. Auf diese Weise geriet auch Kartaschew und der Geschäftsleiter der provisorischen Regierung, A. Halpern, in Gefangenschaft. Den Winterpalast verteidigten nur Offiziersaspiranten und eine kleine Abteilung Panzerautos.

Sofort nach dem Schluß der Kabinettssitzung erschien bei mir der Wehrkreiskommandant mit seinem Stabschef und schlug mir vor, mit allen der provisorischen Regierung treugebliebenen bewaffneten Kräften, darunter auch den Kosaken, eine Expedition zur Überrumpelung des Hauptquartiers der Bolschewiki, des Smolny-Instituts, zu organisieren. Diesen Plan genehmigte ich sofort und bestand auf sofortige Durchführung. Während dieses Gespräches beobachtete ich mit großer Aufmerksamkeit das sonderbare und zweideutige Verhalten des Obersten Polkownikow und verfolgte sorgfältig die schreienden Widersprüche zwischen seinen außerordentlich optimistischen und beruhigenden Mitteilungen und der mir bereits bekannten traurigen Wirklichkeit. War es ja bereits mehr als klar, daß seine sämtlichen Meldungen der letzten zehn — zwölf Tage über die Stimmung der Truppen und über den Grad der Vorbereitung seines eigenen Stabes zum Entscheidungskampf mit den Bolschewiki vollkommen falsch gewesen waren.

Während der Besprechung mit dem Wehrkreiskommandanten erschien der Regierungskommissar bei der Stadthauptmannschaft, Rogowski, und brachte außerordentlich beunruhigende Nachrichten, die mit den soeben mir vorgetragenen Mitteilungen des Obersten Polkownikow ganz und gar nicht zusammenfielen; u. a. erfuhren wir von Rogowski, daß eine ziemliche Anzahl Einheiten der baltischen Flotte in Gefechtslinie in die Newa eingefahren, daß einige dieser Schiffe bis zur Nikolai-Brücke vorgedrungen seien und daß diese Brücke durch aufständische Abteilungen besetzt sei, die sich in der Richtung der Palastbrücke weiter bewegten. Rogowski machte uns besonders darauf aufmerksam, daß die Bolschewiki ihre Pläne in vollster Ordnung durchführten und daß ihnen von seiten der Regierungstruppen nirgends Widerstand entgegengesetzt würde. Mir teilte Rogowski noch außerdem besonders mit, daß der Stab des Petersburger Wehrkreises die Ereignisse mit vollkommener Gleichgültigkeit und Passivität beobachte, ohne irgendwelche Maßnahmen zu ergreifen.

Eine Gegenüberstellung der Meldung des Obersten Polkownikow mit dem Bericht Rogowskis ergab nicht mißzuverstehende Schlüsse. Es galt, keinen Augenblick weiter zu verlieren, alles stehen und liegen lassen und zum Stabe eilen.

In Begleitung unserer Adjutanten begaben wir, Konowalow und ich, uns in den Stab. Es ging über endlose, fast unbeleuchtete Gänge und Säle des Palastes, wo die wachhabenden Offiziersaspiranten bereits dabei waren, sich schlafen zu legen. Das Gebäude des Generalstabes war von Offizieren jeden Alters und jeden Ranges und von Delegierten aller möglichen Truppenteile überfüllt. In dieser Menge von Soldaten schlüpften ständig irgendwelche allen unbekannte Zivilpersonen hin und her. Ich eilte sofort in die dritte Etage ins Arbeitszimmer des Wehrkreiskommandanten und veranlaßte den Obersten Polkownikow, sofort eine ausführliche Meldung über die Lage zu erstatten. Die Meldung überzeugte uns — Konowalow und mich — endgültig davon, daß man sich auf den Obersten Polkownikow und die Mehrheit der Offiziere seines Stabes nicht mehr verlassen könne. Wir mußten sofort — und sei es in der letzten Stunde — alle Pflichtgetreuen um uns versammeln; wir mußten sofort die Befehlsgewalt in die eigenen Hände nehmen, aber nicht mehr, um gegen die Aufständischen offensiv vorzugehen, sondern um die Regierung bis zum Eintreffen frischer Truppen von der Front und bis zur neuen Organisierung der Regierungskräfte in der Hauptstadt selbst zu verteidigen.

Im Wehrkreisstabe selbst gab es einige höhere Offiziere, auf die ich mich unbedingt verlassen konnte. Dies war aber offenbar viel zu wenig. Ich verfügte die telephonische Herbeirufung aller Personen, deren Anwesenheit mir besonders notwendig schien, und beschloß außerdem, die militärischen Organisationen der Parteien, insbesondere die ziemlich starken Organisationen der Sozialrevolutionären Partei, heranzuziehen.

Die Stunden dieser Nacht zogen sich qualvoll in die Länge. Wir erwarteten von allen Seiten Verstärkungen, die sich jedoch hartnäckig nicht einfinden wollten. Mit den Kosaken-Regimentern wurden ununterbrochen telephonische Verhandlungen geführt. Die Kosaken blieben unter verschiedenen Vorwänden standhaft in ihren Kasernen sitzen und sagten fortwährend, sie würden jetzt schon in einer Viertelstunde „alles geklärt" haben und nunmehr „anfangen, die Pferde zu satteln". Andererseits hatten sich die militärischen Kräfte der regierungstreuen Parteien nicht nur nicht im Stab eingefunden, sondern entwickelten auch in der Stadt keinerlei Aktivität. Diese auf den ersten Blick rätselhafte Tatsache fand eine sehr einfache Erklärung. Die Zentralen der Parteien, in ihre endlosen Verhandlungen mit dem Smolny-Institut vertieft und sich vielmehr auf die Autorität der „Revolution" als auf die Kraft der Bajonette verlassend, hatten nicht daran gedacht, rechtzeitig entsprechende Verfügungen zu treffen.*)

---

*) Die Gewalt der Bajonette ist selbstverständlich eine viel nützlichere Sache als die endlosen Verhandlungen. Aber bevor man in bezug auf diese Bajonette irgendwelche Verfügung treffen kann, muß man sie wohl erst wirklich haben. In dieser Hinsicht stand es aber mit den „Parteizentralen" keineswegs besser, als mit Kerenski selbst, was ebenfalls nicht wenig zur „rätselhaften" Tatsache beitrug, daß die mythischen „bewaffneten Kräfte der Partei" sich in keinerlei Weise bemerkbar machten. (Anm. d. Herausg.)

Je näher der Morgen heranrückte, desto unerträglicher und gespannter wurde die Atmosphäre im Stabe. Einer der treu ergebenen und ehrlichen Offiziere, die ich zur Arbeit herbeigerufen hatte, kam, nachdem er festgestellt hatte, was im Stabe vorging, und insbesondere, nachdem er das Verhalten des Obersten Polkownikow beobachtet hatte, in großer Erregung zu mir und erklärte, er könne alles Vorgefallene nicht anders als einen Verrat nennen. Tatsächlich benahmen sich die in großer Anzahl im Stabe versammelten Offiziere der Regierung und insbesondere selbstverständlich mir gegenüber immer herausfordernder. Wie ich später erfuhr, wurde unter ihnen auf Anstiften des Obersten Polkownikow selbst eine Agitation zugunsten meiner Verhaftung geführt. Zunächst wurde davon nur geflüstert, aber gegen Morgen sprach man schon ganz laut davon, fast ohne sich an der Anwesenheit „fremder" Elemente zu stoßen. Ein unsinniger Gedanke erfüllte damals viele Köpfe: ohne Kerenski könnte man schneller und leichter die Bolschewiki erledigen und könnte endlich ohne Schwierigkeiten diese sogenannte „starke Macht" errichten. Es unterliegt keinerlei Zweifel, daß der Oberst Polkownikow und einige Offiziere seines Stabes während dieser Nacht mit den in der Stadt große Aktivität entwickelnden regierungsfeindlichen Rechtsorganisationen in ständiger Verbindung standen, u. a. mit dem Rate des Bundes der Kosakentruppen, mit dem Bunde der Georgskreuzritter, mit der Sankt Petersburger Ortsgruppe des Offiziersbundes und ähnlichen zivilen und militärischen Vereinigungen.

Gegen 7 Uhr früh, nachdem wir noch einmal mit dem Hauptquartier des Kommandanten der Nordfront gesprochen und die schleunige Absendung regierungstreuer Truppen nach Petersburg eindringlich verlangt hatten, begab ich mich mit Konowalow — ohne auf die Kosaken zu warten, die noch immer „ihre Pferde sattelten" —, von den Eindrücken dieser Nacht zerschlagen und übermüdet, in den Winterpalast zurück, um wenigstens etwas schlafen zu können. Ich kann mich entsinnen, wie wir unterwegs wiederholt von Gruppen erregter Offiziersaspiranten aufgehalten wurden, die wir beruhigen mußten und denen wir alle die für den Staat verderblichen Folgen eines Erfolges der Bolschewiki auseinandersetzten.

Ich verabschiedete mich von Konowalow, traf einige unaufschiebbare Verfügungen „für alle Fälle", blieb allein und warf mich, ohne mich auszukleiden, auf das in meinem Arbeitszimmer stehende Sofa . . . Einschlafen konnte ich nicht. Ich lag mit geschlossenen Augen, halb schlafend, halb ohnmächtig. Es verging kaum eine Stunde, als ich aus diesem Zustande von einem Feldjäger aufgescheucht wurde, der mit einer dringenden Meldung ins Zimmer kam: Die Bolschewiki hätten das zentrale Fernsprechamt besetzt und unsere sämtlichen Telephonverbindungen mit der Außenwelt seien unterbrochen; die Palastbrücke „unter den Fenstern meiner Zimmer" sei von Patrouillen bolschewistischer Matrosen besetzt; der Platz vor dem Palast läge vollkommen leer und verlassen da und von den Kosaken sei keine Spur, was übrigens zu erwarten gewesen war.

Es vergingen keine zehn Minuten, als Konowalow und ich mit allen unseren Adjutanten in den Wehrkreisstab zurückeilten. Während der zwei Stunden unserer Abwesenheit hatte sich hier nichts verändert. Übrigens doch; es waren inzwischen einige wesentliche Motorteile der Panzerautos „verschwunden", so daß sie für die Verteidigung ungefähr so tauglich waren wie Wasserfässer. Die Zugänge zum Palast und zum Generalstabsgebäude waren durch nichts und niemanden bewacht oder verteidigt. Keinerlei Nachrichten über die von der Nordfront geschickten Truppentransporte waren eingelaufen, obwohl diese bereits in Gatschina sein mußten. Nun brach eine Panik aus. Das seit dem Abend überfüllte Generalstabsgebäude leerte sich rasch. Kaum war ich im Stabe angelangt, als mich eine Deputation der den Palast verteidigenden Offiziersaspiranten aufsuchte. Es stellte sich heraus, daß die Bolschewiki ein formelles Ultimatum geschickt und mit der Androhung rücksichtsloser Repressalien die Räumung des Winterpalastes gefordert hatten. Die Delegierten baten um Instruktionen, wobei sie erklärten, daß die Mehrheit ihrer Kameraden bereit sei, ihre Pflicht bis zu Ende zu erfüllen, wenn die geringste Hoffnung auf die Ankunft irgendwelcher Verstärkungen vorhanden sei . . . Unter diesen Umständen war es klar, daß die Lage nur durch ein tatsächliches Erscheinen von Verstärkungen, und zwar in allerkürzester Zeit, gerettet werden konnte.

Wie aber diese Verstärkungen erhalten? Es blieb nur eines übrig: unverzüglich den Truppentransporten entgegenzufahren, die irgendwo bei Gatschina steckengeblieben waren, und sie allen Hindernissen zum Trotz bis Petersburg zu bringen. Nachdem ich mich mit den Ministern Konowalow und Kischkin, die herbeigeeilt waren, beraten und mit einigen ihrem Fahneneid treugebliebenen Offizieren des Generalstabes eine Unterredung geführt hatte, beschloß ich, alle bolschewistischen Barrieren zu durchbrechen und selbst zum Empfang der Truppen hinauszufahren, die, wie wir dachten, bereits vor den Toren Petersburgs standen.

Vor allem mußte ich zu diesem Zwecke bei hellichtem Tage durch die ganze Stadt fahren, ohne den Verdacht der überall verstreuten bolschewistischen Truppenabteilungen und Wachtposten der Roten Garde zu erwecken.

Ich befahl, mit meinem ausgezeichneten offenen Tourenauto vorzufahren. Der mir als Chauffeur dienende Soldat war ein außerordentlich tapferer und treuer Mann. Einer meiner Adjutanten erklärte ihm die Aufgabe, die er zu erfüllen hätte; ohne einen Augenblick zu zaudern, willigte er ein. Zu unserem Pech hatten wir aber weder genügend Benzin für einen langen Weg, noch einen einzigen Reservereifen. Wir zogen aber vor, lieber ohne Benzin und Reifen zu bleiben, als durch lange Vorbereitungen die Aufmerksamkeit auf uns zu lenken. Außer meinen beiden Adjutanten nahm ich noch den Hauptmann Kusmin, den Gehilfen des Wehrkreiskommandanten und seinen Stabschef auf den Weg mit. Die Nachricht von meiner Abreise erreichte auf mir unbekannte Weise die Ententebotschaften. Im Augenblick, als mein Wagen im Ausfahren begriffen war, erschienen bei mir die Vertreter der englischen und — soweit ich mich entsinnen kann — der amerikanischen Botschaft und teilten mit, die Vertreter der Verbündeten Mächte wünschten, daß mich ein Automobil mit der amerikanischen Flagge auf meinem Wege begleite. Obwohl es mehr als offenkundig war, daß die amerikanische Flagge uns, wenn der Durchbruch mißlang, keineswegs retten würde, andererseits aber während der Durchfahrt durch die Stadt eine ganz und gar nicht erwünschte Aufmerksamkeit auf uns lenken könnte, nahm ich diesen Vorschlag doch mit Dankbarkeit an als den Beweis der Aufmerksamkeit und der Solidarität, die die Verbündeten Mächte der Regierung erwiesen.*)

Nachdem ich Kischkin, der für die Zeit meiner Abwesenheit die Leitung der Verteidigung der Hauptstadt auf sich genommen hatte, ein letztes Mal die Hand geschüttelt hatte, ging ich mit meinen Begleitern mit sorglosem Gesicht in den Hof des Stabsgebäudes hinunter und setzte mich in den Wagen. Hier kam uns das amerikanische Auto schon sehr gelegen, da einer der Offiziere keinen Platz mehr in unserem Wagen hatte, er fuhr also gesondert im amerikanischen Wagen unter der Bedingung, sich innerhalb der Stadt mit seiner amerikanischen Flagge in einer „respektvollen Entfernung" von uns zu halten. Endlich fing unsere interessante Reise an. Die übrigen äußeren Umstände meiner täglichen Ausfahrten waren bis in die Einzelheiten hinein beibehalten worden. Ich setzte mich wie immer auf meinen Platz, auf die rechte Seite des hinteren Sitzes und trug meinen halbmilitärischen Anzug, an den sich die Bevölkerung und die Truppen schon so sehr gewöhnt hatten. Das Auto fuhr in seinem gewöhnlichen städtischen Tempo. Am Anfang der Morskaja, bei der Fernsprechzentrale fuhren wir an dem ersten bolschewistischen Wachtposten vorbei. Am Hotel Astoria, am Marienpalast, überall standen die Patrouillen und Abteilungen der Roten. Überflüssig zu sagen, daß die ganze Straße, sowohl die Passanten wie die Soldaten mich sofort erkannten. Die Soldaten machten Front, als ob wirklich nichts geschehen wäre. Ich antwortete auf die Ehrenbezeugungen wie immer, ein wenig lässig und mit einem leisen Lächeln. Sicherlich konnte eine Sekunde nach meiner Vorbeifahrt kein einziger von diesen Leuten erklären, wie es geschehen war, daß er diesen „Gegenrevolutionär", diesen „Feind des Volkes" nicht nur durchgelassen, sondern ihm auch noch die Ehrenbezeugung geleistet hatte.

Durch die zentralen Stadtteile glücklich hindurchgekommen, fuhren wir durch die Arbeiterviertel, und als wir uns der Moskauer Barriere näherten, schalteten wir eine größere Geschwindigkeit ein. Endlich fuhren wir in einem schwindelerregenden Tempo. Ich kann mich entsinnen, daß, als wir aus der Stadt hinausfuhren, die wachestehenden Rotgardisten von allen Seiten zur Landstraße rannten, als sie unser Automobil erblickten. Wir sausten jedoch vorbei, so daß sie uns nicht nur nicht aufhalten, sondern auch gar nicht feststellen konnten, wer wir seien.

In Gatschina fuhren wir geraden Weges durch das Palasttor zur Einfahrt des Kommandanten. Während dieser wahnsinnigen Hetzjagd waren wir bis ins Mark durchgefroren. Zu unserem größten Erstaunen erfuhren wir, daß keinerlei Truppentransporte von der Front in Gatschina eingetroffen wären und daß niemand von solchen auch nur gehört habe. Wir beschlossen, sofort bis Luga und, wenn nötig, auch bis Pskow zu fahren. Einen solchen weiten Weg ohne Reservereifen und ohne Benzin auf den herbstlichen Landstraßen zu unternehmen, war jedoch undenkbar. Darum beschlossen wir, auf eine halbe Stunde in die Wohnung des Kommandanten zu gehen, uns zu erwärmen und eine Tasse Tee zu trinken, während sich unsere Autos aus der Garage der hiesigen Automobil-Abteilung alles Nötige holen sollten. Kaum waren wir aber in die Wohnung des Kommandanten eingetreten, als mir sein Benehmen höchst sonderbar vorkam. Er strengte sich an, so laut wie möglich zu sprechen und hielt sich in der Nähe einer ins Nachbarzimmer führenden offenen Tür, von wo aus irgendwelche Soldaten uns außerordentlich aufmerksam musterten. Wie einer inneren Stimme gehorchend, befahl ich plötzlich, mein Auto zurückzuhalten, und schlug meinen Begleitern vor, uns ohne Teetrinken sofort auf den Weg zu machen. Nur das Automobil, das die amerikanische Flagge führte, fuhr mit einem Offizier in die Garage, um alles Nötige zu holen.

Wir waren noch gerade rechtzeitig abgefahren. Fünf Minuten nach unserer Abfahrt sauste ein mit roten Fahnen geschmücktes Auto in den Hof des Palastes: Die Mitglieder des Militär-Revolutionären Komitees von Gatschina kamen, um mich zu verhaften. Wie es sich später erwies, hatten sich in Petersburg im Generalstabe Verräter gefunden, die das Smolny-Institut von meiner Abreise nach Gatschina verständigt hatten. Aus dem Smolny traf dann hier die Verfügung ein, mich sofort festzunehmen. Unserem Automobil gelang es aber doch, glücklich aus der Stadt zu entkommen. Dafür geriet unser zweites Auto in eine ernste Lage. Es irrte über eine Stunde lang in den Straßen Gatschinas umher, zwei Barrieren gelang

*) Tatsächlich verhielt es sich anders als Kerenski hier erzählt. Das amerikanische Auto wurde Kerenski nicht zur Verfügung gestellt, sondern von seinem Adjutanten gewaltsam gekapert. Ebenfalls mit Gewalt wurde auch die amerikanische Flagge beschafft, unter deren Deckung Kerenski aus Petrograd floh. (Siehe das Buch von David Francis: „Rußland aus den Fenstern der amerikanischen Botschaft gesehen.") (Anm. d. Herausg.)

es ihm glücklich zu durchbrechen, wenn es auch nicht ohne Schüsse abging, aber bei der dritten durchlöcherte eine Kugel den Reifen und eine andere verletzte den Chauffeur an der Hand. Mein Offizier mußte das Auto mit samt der amerikanischen Flagge stehen lassen und sich zu Fuß in aller Eile in den Wald retten. Übrigens erfuhren wir diese ganze Geschichte erst am nächsten Tage, als wir von der Front nach Gatschina zurückkehrten.

Damals aber, als wir aus Gatschina hinausfuhren, dachten wir an gar nichts, zählten bloß die Minuten und erzitterten bei jedem Stoß aus Angst um den Reifen, den wir nicht hatten ersetzen können. Es ist zwecklos, unsere wahnsinnige Hetzjagd nach den unauffindbaren Truppentransporten zu beschreiben, die wir auch nirgends vorfanden, obwohl wir bis Pskow hinausfuhren. Als wir — soweit ich mich entsinnen kann — um 9 Uhr abends in Pskow einfuhren, hatten wir keine Ahnung, was hier vorging, ob man von den Petersburger Ereignissen bereits unterrichtet sei, und wenn ja, was sie hier für einen Eindruck hervorgerufen hatten. Darum beschlossen wir, mit größter Vorsicht vorzugehen und nicht unmittelbar ins Hauptquartier des Oberkommandierenden der Nordfront, des Generals Tscheremissow, zu fahren, sondern in die Privatwohnung seines Generalquartiermeisters Baranowski, des früheren Chefs meiner Militärkanzlei. Hier erfuhr ich, daß die Nachrichten aus Petersburg die denkbar schlimmsten seien, daß in Pskow selbst bereits ein bolschewistisches Militär-Revolutionäres Komitee in Aktion getreten sei und daß sich bei diesem Komitee bereits ein vom Fähnrich Krylenko und vom Matrosen Dybenko unterschriebenes Telegramm befände mit dem Befehl, mich, wenn ich in Pskow auftauchen würde, sofort zu verhaften. Außer dieser Nachricht erhielt ich noch eine schlimmere, namentlich, daß Tscheremissow selbst auf jede Weise die Gunst des Revolutionskomitees suche und keinerlei Maßnahmen zum Abtransport von Truppen nach Petersburg treffen würde, da er eine solche Aktion für zwecklos und schädlich halte.

Bald erschien auf meine Einladung der Oberkommandierende selbst. Wir hatten eine außerordentlich peinliche Auseinandersetzung. Der General verheimlichte nicht, daß er keineswegs gesonnen sei, seine eigenen Truppen in irgendeiner Hinsicht mit dem Schicksal der dem Verderben geweihten Regierung zu verbinden. Er versuchte außerdem zu beweisen, daß ihm keinerlei Truppen, die er von der Front nach Petersburg hätte schicken können, zur Verfügung stünden und erklärte auch, daß er für meine persönliche Sicherheit während meines Aufenthaltes in Pskow keinerlei Garantie übernehmen könne. Im Anschluß daran teilte Tscheremissow auch mit, daß er seinen gemäß meiner Forderung früher erteilten Befehl über die Sendung von Truppen nach Petersburg — darunter auch des dritten Kavalleriekorps — bereits wieder zurückgenommen habe. „Haben Sie den General Krassnow gesprochen? Teilt er Ihre Ansicht?" — „General

Die Schaluppe des revolutionären Kreuzers „Samson" im Oktober 1917

Krassnow muß jeden Augenblick aus Ostrow eintreffen und bei mir vorsprechen." — „In diesem Falle schicken Sie ihn sofort zu mir, Herr General." — „Zu Befehl!".

Der General ging, nachdem er noch gesagt hatte, daß er sofort zur Sitzung des Militär-Revolutionären Komitees sich begeben wolle, um die Stimmung der Truppen der Garnison auszukundschaften und daß er dann zur Berichterstattung zu mir zurückkehren würde. Die Unterredung mit diesem klugen, fähigen, sehr ehrgeizigen, aber vollkommen pflichtvergessenen Manne hinterließ bei mir einen abstoßenden Eindruck. Viel später erfuhr ich, daß der General, nachdem er mich verlassen hatte, nicht nur zur Sitzung des Militär-Revolutionären Komitees ging, sondern auch versuchte, den Kommandierenden der Westfront, den General Balujew, telephonisch zu überreden, er solle der Regierung nicht zu Hilfe kommen.

Tscheremissow blieb unendlich lange fort. Indessen war jede Minute teuer, da jede Verspätung nicht mehr gutzumachende Ereignisse in Petersburg hervorrufen konnte. Es war 11 Uhr nachts. Wir konnten damals in Pskow wahrhaftig nicht wissen, daß zu dieser selben Zeit der Sitz der provisorischen Regierung, der Winterpalast, das Bombardement und die letzten Sturmangriffe der Bolschewiki über sich ergehen lassen mußte! Erst um 1 Uhr nachts erschien endlich der General Tscheremissow, aber nur, um zu erklären, daß er der Regierung keinerlei Unterstützung gewähren könne. Wenn aber — fuhr der General fort — ich die Überzeugung hege, daß ein Widerstand notwendig sei, so müßte ich sofort nach Mogilew fahren, da hier in Pskow meine Verhaftung unvermeidlich sei. Von Mogilew sprechend, verschwieg mir jedoch der General Tscheremissow, daß der Generalstabschef des Höchstkommandierenden, der General Duchonin, bereits zweimal versucht hatte, unmittelbare telephonische Verbindung mit mir zu bekommen, und daß ihn Tscheremissow, ohne mich zu fragen, zweimal abgewiesen hatte. „Und Krassnow?" fragte ich — „Er war hier und ist schon wieder nach Ostrow zurückgefahren." — „Aber gestatten Sie doch, General, ich hatte Sie ja gebeten, Krassnow zu mir zu schicken! ..." Soweit ich mich entsinnen kann, erhielt ich darauf keine Antwort. Jedenfalls kann ich mich nicht an eine solche erinnern. War es auch nicht ganz gleichgültig, was der General antwortete? Seine verbrecherische Weigerung, seine Pflicht zu tun, war offenbar und ich beeilte mich, ihn loszuwerden. Ich schwankte keinen Augenblick. Ich mußte nach Petersburg zurückkehren und wenn auch nur mit einem einzigen Regiment. Nachdem ich die Lage mit dem General Baranowski und meinen jungen Begleitern besprochen hatte, beschloß ich, sofort nach Ostrow ins Hauptquartier des dritten Kosaken-Kavalleriekorps zu fahren, und sollte ich dort nichts ausrichten können, meinen Weg ins Große Hauptquartier nach Mogilew fortzusetzen. Ich mußte auf mein Auto warten und legte mich ein wenig zur Ruhe. In der nächtlichen Stille schien es, als ob man den eifrigen Lauf der Sekunden hören konnte, und das Bewußtsein, daß ein jeder verlorene Augenblick alles in den Abgrund stoßen konnte, war schlechthin unerträglich. Niemals hatte ich noch dieses sinnlose Weiterlaufen der Zeit so gehaßt ... Plötzlich klingelte es am Haupteingange. Es war Krassnow mit seinem Generalstabschef. Er wünschte mich sofort zu sprechen. Mit einem Satz war ich im Saale, wo mich beide Offiziere erwarteten. Es stellte sich heraus, daß Krassnow, nachdem er vom General Tscheremissow in meinem Namen den Befehl zur Einstellung der eingeleiteten Truppenverschiebungen nach Petersburg bekommen hatte, Zweifel über die Echtheit des Befehls bekommen hatte und daß er, anstatt nach Ostrow zurückzufahren, sich in der Nacht aufmachte, um mich zu suchen. „Und ich, Herr General, war eben im Begriff, zu Ihnen nach Ostrow zu fahren, da ich auf Ihr Korps rechnete und ohne Rücksicht auf irgendwelche Hindernisse auf Petersburg marschieren wollte."

Es wurde beschlossen, sofort zusammen nach Ostrow zu fahren, um noch am selben Morgen mit allen vorhandenen Kräften auf die Hauptstadt zu marschieren. . . Um die folgenden verhängnisvollen Ereignisse besser verstehen zu können, müssen wir uns hier einen Augenblick aufhalten und die Vergangenheit des dritten Kavalleriekorps in Erinnerung rufen, mit dem das Schicksal meinen letzten Versuch zur Rettung des Staates vor der bolschewistischen Zerstörung verband. Das dritte Kavalleriekorps war das berühmte Korps, das General Kornilow am 25. August unter dem Befehle des Generals Klymow, mit der „wilden Division" an der Spitze, gegen die provisorische Regierung geworfen hatte. Nach dem „Mißerfolg" wurden die demoralisierten Formationen dieses Korps auf der ganzen Nordfront zerstreut. Darum fand ich in Ostrow an Stelle eines Korps bloß einige Regimenter. Andererseits hatte die Beteiligung an dem Feldzuge Kornilow den Geist des Korps stark beeinträchtigt, die militärische Disziplin in bedeutendem Grade gelockert und den gemeinen Kosaken ein tiefes Mißtrauen gegenüber den Offizieren eingeflößt. Die Offiziere konnten sich ihrerseits mit dem Zusammenbruch des Unternehmens Kornilow nicht abfinden und haßten alle Gegner Kornilows, ganz besonders natürlich mich ... General Krassnow selbst benahm sich in seinem Verkehr mit mir mit großer, aber korrekter Zurückhaltung. Er war überhaupt die ganze Zeit sehr vorsichtig und auf seinen eigenen Vorteil bedacht. Ich hatte aber doch sofort den Eindruck, daß er persönlich zu allem bereit sei, was zur Unterdrückung der bolschewistischen Revolte dienen könnte. Nicht umsonst hatte das Schicksal Krassnow zu mir geführt, um mir die Fortsetzung des Kampfes zu ermöglichen.*)

---

*) „Dem Schicksal gefiel es" . . . „das Schicksal führte" . . . Neben Kerenskis Hellsichtigkeit muß man offenbar auch noch die besondere Sorge der Vorsehung um ihn beachten. Von unserem grob

Spät nachts fuhren wir nach Ostrow und kamen dort in der Morgendämmerung an. Der Befehl von der Einstellung des Feldzuges wurde zurückgenommen und der Marsch gegen Petersburg mitgeteilt. Wir wußten damals nicht, daß die Regierung, der wir zur Hilfe eilen wollten, sich schon in den Händen der Bolschewiki befand und daß die Minister selbst in der Peter-Paul-Festung festgesetzt waren. Wir konnten aber mit eigenen Augen beobachten, mit welcher Geschwindigkeit die Petersburger Ereignisse die Front beeinflußten und die Disziplin und die nach der Kornilow-Affäre kaum wieder hergestellte Ordnung zerstörten. Wir waren kaum in Ostrow angekommen, als man schon überall davon sprach, daß die dortige Garnison beschlossen habe, die Kosaken mit Gewalt an dem Verlassen der Stadt zu hindern. Als ich am Morgen auf Ersuchen des Generals Krassnow bei einer Versammlung der Garnisons- und Kosaken-Delegierten zugegen war, konnte ich mich tatsächlich selbst davon überzeugen, daß jede weitere in der Stadt verbrachte Stunde die Möglichkeit des Abzuges des Korps aus Ostrow immer zweifelhafter machte. Allmählich sammelte sich um das Gebäude des Stabes des dritten Korps eine ständig wachsende, erregte und teils auch bewaffnete Soldatenmasse.

Endlich um 10 Uhr früh teilte man vom Bahnhof aus mit, daß die Züge für die Truppentransporte bereit seien. Unsere Automobile fuhren zu dem Bahnhof, begleitet von einer Kosaken-Eskorte und von dem Gebrüll und den Drohungen der losgelassenen Soldateska. Am Bahnhof erwarteten uns neue ernste Schwierigkeiten: Pskow gab unter verschiedenen Vorwänden für unsere Züge keine Gleise frei, um so mit einem Schlag unser ganzes Beginnen zu vereiteln. Nur meine persönliche Anwesenheit bei den Truppen beseitigte letzten Endes alle offenen und verborgenen Hindernisse.

Die hauptsächliche Schwäche unseres Planes bestand darin, daß ich, als ich mir mit den Kosaken durch alle Hindernisse einen Weg bahnte, in meinem Rücken alle gefährlichen Punkte in den Händen regierungsfeindlicher Kräfte zurückließ und jede Verbindung mit dem Hinterlande verlor, aus dem man Verstärkungen hätte nachziehen können. Erst bei Luga, am Abend desselben Tages, erhielt ich im Zuge die erste Nachricht von der Einnahme des Winterpalastes. Ein besonderer Kurier brachte mir diese Nachricht aus Pskow von dem General Baranowski, der seinerseits diese Mitteilung durch einen Offizier meiner Militärkanzlei unmittelbar von der Telegraphenstation des Winterpalastes bekommen hatte. Es schien, als ob die Nachricht von der Katastrophe aus keiner einwandfreien Quelle käme; — wie dies im Leben oft geschieht — kam uns das Allerglaubwürdigste unwahrscheinlich und der Sendbote aus Pskow selbst verdächtig vor.

Hatten wir doch in unserem Zug einen Offizier, der Petersburg am Morgen des 26. Oktober verlassen hatte und der erklärte, daß sich die Regierung zu dieser Zeit noch im Palaste gehalten hätte und daß in der Stadt die Widerstandskraft gegen die Bolschewiki im Wachsen begriffen sei. Bei der Gegenüberstellung dieser Darstellung eines „Augenzeugen" mit dem Inhalt des aus Pskow gegebenen Telegramms drängte sich einem unwillkürlich der Gedanke auf, daß die tragische Nachricht von bolschewistischen Agenten zu dem Zwecke fabriziert worden sei, um in den Reihen der regierungstreuen Kräfte Verwirrung und Demoralisation zu stiften. Und wenn die Lage in Petersburg zur Zeit unserer Abreise, also am Morgen des 25. noch so schwer, ja fast hoffnungslos gewesen war, es kam uns doch unwahrscheinlich vor, daß die Herren Bolschewiki am 26., 2 Uhr morgens, sich bereits zu Herren des Winterpalastes und des Generalstabes gemacht haben konnten.

Im Morgengrauen des 27. näherte sich unsere Abteilung Gatschina, das sich um diese Zeit bereits in der Gewalt der Bolschewiki befand, d. h. in der Macht des örtlichen Militär-Revolutionären Komitees. Die Stadt war voll von verschiedenen bolschewistischen Truppen, von Infanterie und Artillerie der Garnison, von Matrosen aus Kronstadt, von Panzerautos aus Petersburg usw. Trotz der überwältigenden zahlenmäßigen Überlegenheit des „Feindes" beschlossen wir, die Stadt sofort zu besetzen. Die Truppen wurden auswaggoniert und die militärischen Operationen in Angriff genommen. Diese endeten ebenso rasch wie glänzend. Fast ohne Schuß, und, soweit ich mich entsinnen kann, ohne Opfer wurde Gatschina durch die Regierungstruppen besetzt, die „revolutionären" Truppen rissen nach allen Seiten aus oder ergaben sich mit allen ihren Gewehren, Maschinengewehren, Handgranaten usw. Beim überstürzten Rückzuge blieb sogar ein Panzerauto, von seiner Besatzung verlassen, einfach zurück. Ungefähr 4 Uhr nachmittags ging ich mit meinen Begleitern wieder in dieselbe Wohnung des Kommandanten, die ich weniger als 24 Stunden früher so rechtzeitig und glücklich verlassen hatte.

Bei der Vorbereitung der weiteren militärischen Operationen nahm ich selbstverständlich die militärisch-technische Leitung nicht auf mich, sondern ernannte den General Krassnow zum Kommandanten der gesamten bewaffneten Kräfte des Petersburger Wehrkreises. Auf diese Weise dachte ich, läge mir nur ob,

materialistischen Standpunkt aus kann man allerdings diese „Mysterien" bedeutend einfacher erklären: Das „Unternehmen" Kerenskis war seinem Wesen nach eine Fortsetzung des Kornilow-Feldzuges. Sein Bündnis mit dem Kornilow-Anhänger Krassnow und mit einer Kornilow-Abteilung war natürlich nicht zufällig. (Anm. d. Herausg.)

den General Krassnow allseitig zu unterstützen, ganz besonders in den Fällen, wo sich seine persönliche Autorität als ungenügend erweisen würde.*)

Die erste, unerläßliche Bedingung eines Erfolges unserer Abteilung war der dringende Nachschub von Verstärkungen, besonders von Infanterie von der Front. Vom Augenblick meiner Ankunft in Gatschina an schickte ich Telegramme auf Telegramme in alle Richtungen mit der Forderung, Truppen zu schicken. Von allen Seiten antwortete man, die Truppen wären schon abgegangen oder würden abgeschickt. Nach unseren auf offizielle Angaben beruhenden Berechnungen sollte der erste Infanterie-Truppentransport am Abend des 27. jedenfalls in Gatschina sein. Ein besonders starkes Bedürfnis nach Infanterie bestand bei uns nicht nur darum, weil es außerordentlich schwierig war, unsere militärischen Operationen ausschließlich mit Kavallerie und Artillerie durchzuführen. Die Kosaken des dritten Korps hatten die bitteren Erfahrungen des Kornilowschen Feldzuges nicht vergessen und forderten eindringlich, daß nicht nur „fremde", d. h. russische Offiziere, sondern auch russische Soldaten mit ihnen gemeinsam kämpfen sollten. Unser Erscheinen in Gatschina hatte nämlich eine große Anzahl Offiziere dorthin gelockt, was unserem Lager ein ziemlich eigenartiges Gepräge verlieh und die Kosakenmasse bedenklich stimmte, um so mehr, als sie von dieser Offiziersmasse tatsächlich aus der Zeit des alten Regimes stammende Gespräche und Ausdrücke zu hören bekamen. Ich glaube, daß gerade diese nervöse und mißtrauische Stimmung der gemeinen Kosaken gegen ihre Offiziere Krassnow und seinen Stab dazu bewegte, den Besiegten viel größeres Entgegenkommen zu zeigen, als dies, um die Wahrheit zu sagen, notwendig gewesen wäre. Übrigens zog es General Krassnow sowohl in Gatschina wie später in Zarskoje Selo in der Regel vor, eine Zuflucht nicht zur Waffengewalt, sondern zu Reden, Verhandlungen und Ermahnungen zu nehmen. Außerdem wurden keinerlei Maßnahmen zur Säuberung der besetzten Städte von bolschewistischen Elementen getroffen. Diese Unterlassung ausnützend, drangen die bolschewistischen Agenten überall ein, stifteten überall Verwirrung, störten und sabotierten. Sie streuten ununterbrochen Paniknachrichten aus und drangen endlich auch in die Reihen der Kosaken ein, wo sie eine geschickte Propaganda gegen die Offiziere führten und mich als „Reaktionär", als einen „zweiten Kornilow" darstellten. Für diese ganze Lage der Dinge bin ich selbstverständlich selbst verantwortlich, aber ich befolgte die Regel, mich nicht in die Verfügungen von Personen einzumischen, denen ich die Erfüllung irgendeiner Aufgabe anvertraut hatte . . .

So verschwindend klein auch unsere Kräfte waren, beschlossen wir, unseren Marsch auf Petersburg nicht in Erwartung von Verstärkung von der Front aufzuhalten. Wie ich bereits gesagt habe, waren wir vor allem überzeugt, daß die ersten Truppentransporte am Abend des 27. oder im äußersten Falle frühmorgens am 28. Oktober in Gatschina sein würden. Zweitens mußte man den demoralisierenden Eindruck restlos ausnützen, den meine rasche Rückkehr von der Front und die Besetzung Gatschinas auf die Aufständischen gemacht hatte. Kannte ja doch niemand die tatsächliche Anzahl der Bajonette und Geschütze, die uns zur Verfügung standen.

Ganz Petersburg, Freund wie Feind, war überzeugt, daß die Zahl der „Truppen Kerenskis" in Tausenden anzugeben sei. Schließlich war die Taktik des raschen Nachstoßens von der allgemeinen Lage im Lande und ganz besonders an der Front gebieterisch diktiert. Die Hauptkarte des bolschewistischen Spiels war der Frieden, der sofortige Frieden. Nachdem sie in der Nacht auf den 26. das Gelände des Haupttelegraphenamtes in Petersburg und die stärkste Funkstation Rußlands, die in Zarskoje Selo, besetzt hatten, fingen die Herren Bolschewiki sofort an, die ganze Front mit ihren Aufrufen zu überschütten, mit denen sie die ermüdeten Soldaten provozierten, sie zur spontanen Demobilisierung, zur Fahnenflucht in ihre Heimat, zur Verbrüderung und zur schmachvollen kompagnie- und zugweisen „Befriedung" drängten. Es mußte unbedingt versucht werden, die Verbindung zwischen den Petersburger Bolschewiki und der Front zu unterbrechen, um den Strom vergifteter Propaganda aufzuhalten, der durch die Leitungen und Aufnahmeapparate von Telegraph und Radio sich überallhin ergoß. In acht bis zehn Tagen wäre es schon zu spät gewesen. Die Front würde gesprengt sein und das Land überflutet von einem Meer fahnenflüchtiger Soldateska. Einen anderen Ausweg gab es nicht, wir mußten Ungeheures wagen, aber sofort handeln.

In diesem Zusammenhange muß ich sagen, daß die Legende, als ob die provisorische Regierung, die Regierung der großen Februar-Revolution, inmitten einer allgemeinen Gleichgültigkeit von der Erdoberfläche verschwunden wäre, den Tatsachen nicht vollständig entspricht. In Wirklichkeit flammte in den Tagen unseres Feldzuges gegen Petersburg der Bürgerkrieg auf, der im ganzen Lande und an der Front entbrannte. Der heldenmütige Aufstand der Offiziersaspiranten in Petersburg am 29. Oktober, die Straßenkämpfe in Moskau, Saratow, Charkow usw., die Kämpfe zwischen den revolutionstreuen und aufständischen

*) Ein sehr charakteristisches Eingeständnis. Wenn man den prahlerischen Ton außer acht läßt, ist der Sinn dieses Satzes der, daß nicht Krassnow für Kerenski arbeitete, sondern Kerenski für Krassnow. „Das Schicksal wollte es", daß die Rolle der „sozialistischen Demokratie" sich ausschließlich auf die „allseitige Unterstützung" der reaktionären Generale reduzierte in allen Fällen, wo die „persönliche Autorität ungenügend war". (Anm. d. Herausg.)

Truppenteilen an der Front, sie alle bezeugen zur Genüge, daß wir in unserem letzten Kampfe für die Ehre, die Würde und das Bestehen unseres Vaterlandes nicht ganz allein geblieben waren.*)

Moskau, Oktober 1917
**Barrikade vor dem Zentraltelephonamt**

Der Pessimismus und die Kleinmütigkeit, die die Spitzen der revolutionären Kreise ergriffen hatten; das fast allgemeine, vollkommene Unverständnis für den verhängnisvollen Sinn der sich entwickelnden Ereignisse; mangelnde Erkenntnis der unzertrennlichen Verbindung zwischen dem Schicksal der Februar-Revolution selbst und dem Schicksal der aus ihrem Schoße geborenen Regierung bei den einen; die heimliche Befürchtung, daß eine allzu rasche Niederlage der Bolschewiki zum Triumph der „Reaktion" führen könnte bei den anderen; die Hoffnung Dritter, durch die Hände der Bolschewiki der verhaßten Demokratie den Garaus zu machen; und endlich ein ganzer Wirbel persönlicher Intrigen und Ambitionen — dieser ganze Komplex von Zersetzungsprozessen in den Spitzen der revolutionären Gesellschaft machten alle damaligen Versuche zunichte, einen Zusammenbruch abzuwehren, der übrigens vielleicht unvermeidlich war.

Nachdem wir uns also am Morgen des 27. in Gatschina festgesetzt hatten, berechneten wir alle unsere vorhandenen Kräfte und möglichen Verstärkungen und beschlossen, am 28. frühmorgens gegen Zarskoje Selo zu marschieren und diesen Ort bis Mittag desselben Tages zu besetzen. General Krassnow selbst war voller Vertrauen und guten Mutes und war der Meinung, daß er Verstärkungen hauptsächlich erst nach der Besetzung Zarskoje Selos für die im engen Sinne genommenen Operationen gegen Petersburg benötige. Auch die Stimmung der Kosaken war an diesem Tage, dem 27., noch vollkommen zufriedenstellend. Am 28., in der Morgendämmerung, verließen die Kosaken Gatschina, und bald bevölkerten ihre Regimenter in feldmäßiger Marschordnung die Chaussee nach Zarskoje Selo. Am selben Morgen erhielten wir die erste Verstärkung, einen tadellosen Panzerzug, mit Maschinengewehren und Schnellfeuergeschützen gut ausgestattet. Aber bereits an diesem Morgen waren wir von der Langsamkeit stark beunruhigt und erregt, mit der die Truppentransporte von der Front sich in unserer Richtung bewegten. Diese Langsamkeit wurde mit der Zeit nachgerade sonderbar und rätselhaft. Später erhielten wir eine Lösung dieses Rätsels; einerseits „sabotierten" uns einige Stäbe, z. B. der früher bereits erwähnte Tscheremissow, und andererseits wandten die bolschewistischen Eisenbahner und Telegraphisten den in der Richtung Gatschina abgehenden Truppenzügen gegenüber passive Resistenz an. Ungefähr drei Stunden nach Abmarsch unserer Abteilung fuhr ich ihr nach, fand aber die Kosaken ganz und gar nicht dort vor, wo ich sie erwartet hatte. Leider bewegte sich die Abteilung keineswegs mit der Geschwindigkeit, die vorgesehen war, bald stellte sich endgültig heraus, daß die Kosaken unter keinen Umständen zu Mittag in Zarskoje Selo sein könnten . . .

Der ein für allemal aufgestellten Regel folgend, mich niemals in rein militärische Operationen einzumischen, blieb ich ungefähr auf halbem Wege zwischen Gatschina und Zarskoje Selo im Gebäude des meteorologischen Observatoriums zurück, von dessen Turm aus das ganze „Operationsfeld" mit dem Feldstecher wie auf der Handfläche überblickbar war. Hier oder vielleicht schon etwas früher erfuhr ich, daß es den Bolschewiki angeblich gelungen sei, bei Zarskoje Selo den Widerstand gegen uns zu organisieren und daß General Krassnow nur nach einiger artilleristischer Vorbereitung die Stadt angreifen würde.

Tatsächlich hörten wir einige Zeit nach unserer Ankunft im Observatorium ein kurzes Bombardement, dann wurde alles still. Die Zeit verstrich rasch. Die Stille wurde durch nichts unterbrochen. Von General Krassnow kamen keinerlei Nachrichten. Endlich wurde ich des Wartens und Nichtstuns überdrüssig und fuhr selbst an die Stelle, wo die Regierungstruppen konzentriert waren. General Krassnow meldete, daß die Verzögerung durch die Verteidigung Zarskoje Selos, die besser war, als er vorausgesetzt hatte, und außerdem durch die allzu kleine Truppenzahl unserer Abteilung zu erklären sei. Im Laufe dieses Gesprächs merkte ich eine gewisse Veränderung in dem Verhalten Krassnows mir gegenüber. Am Ende des Gesprächs bat er

*) Es wird hier also dokumentarisch festgestellt, daß der Bürgerkrieg aus der Initiative Kerenskis selbst und seiner Kampfgenossen „aufflammte und entbrannte". Noch ein wertvolles Eingeständnis, das wir Kerenskis Vorliebe für Prahlerei und Ausschmückung der Tatsachen zu verdanken haben. (Anm. d. Herausg.)

mich, plötzlich stockend, nicht auf dem Schlachtfelde zu bleiben, und erklärte mir nicht besonders deutlich, daß meine Gegenwart die Operationen störe oder die Offiziere beunruhige oder etwas Ähnliches in dieser Art. All dies schien mir sehr sonderbar und nicht ganz verständlich, solange ich nicht einige mir allzu gut bekannte Gestalten aus dem „Rat des Bundes der Kosaken" in seiner Umgebung bemerkte. Es stellte sich heraus, daß der Rat eine besondere Delegation zu dem General Krassnow geschickt hatte. Der neue Ton und das neue Benehmen des Generals wurden mir nunmehr nur allzu verständlich. Allzu frisch blieb noch in meinem Gedächtnis das Verhalten der Kosakenregimenter in Petersburg in der Nacht auf den 25. Oktober, ihre verdächtige Neutralität, das Resultat der Agitation dieses selben Rates. Das Auftauchen der Politikanten und Intriganten des Bundes der Kosaken in meiner Abteilung machte sich bereits fühlbar und verkündete nichts Gutes. Meine Aufmerksamkeit wurde noch mehr aufgestachelt, als ich im Observatorium, wohin ich mich nach dem Gespräch mit General Krassnow zurückbegeben hatte, von Sawinkow eingeholt wurde.

Sawinkow in meiner Abteilung als Delegierter des Rates des Bundes der Kosakentruppen?! Es war damals und blieb mir noch lange Zeit ein vollständiges Rätsel, durch welche Mittel und Wege Sawinkow — der auf sein eigenes Drängen von mir zum Kommandanten der Verteidigung Petersburgs gegen die Kornilow-Truppen ernannte Sawinkow, der als erster in seinem Aufrufe den aufständischen General einen Verräter genannt hatte —, auf welche Weise dieser Herr das Vertrauen des Rates der Kosakentruppen, einer Organisation, die Kornilow unbedingt ergeben war, für sich erworben hatte. Alle diese Dutows, Anisimows und sonstigen Politikanten der Kosaken waren doch die erbittertsten Feinde der ganzen provisorischen Regierung und ganz besonders von mir.

Im Augenblick, als dieser eigentümliche „Kosake" in dem kleinen Zimmerchen des Observatoriums erschien, in dem ich saß, begriff ich blitzartig die ganze neue Lage meiner Truppen. Sofort fühlte ich mehr als ich verstand, daß das Auftreten dieser „Delegation" für den Erfolg meines Unternehmens nicht belanglos sei. Ich kann mich jetzt nicht mehr aller Einzelheiten dieser kurzen Unterredung mit Sawinkow erinnern, ich kann mich nur entsinnen, daß dieser „Kosak" bestrebt war, besonders mysteriös und tragisch zu sprechen, daß er in einem eigentümlich warnenden Tone mich befragte, ob ich ihm irgendeine offizielle Funktion zugedacht hatte. Ich lehnte jedes wesentliche Gespräch mit ihm ab, wir trennten uns ...*)

Die Zeit verging. Die Sonne neigte schon zum Westen. Ich fuhr noch rasch wegen verschiedener eiliger Angelegenheiten nach Gatschina, aber von einem entscheidenden Ansturm auf Zarskoje Selo war nichts zu hören. Darauf fuhr ich wieder zur Abteilung, dieses Mal fest entschlossen, mich auch in die militärischen Operationen einzumischen. Ich hegte keine Zweifel mehr, daß die plötzliche Lähmung, die alle Teile des dritten Kavalleriekorps betroffen hatte, nicht militärisch-technischen, sondern rein politischen Ursprungs sei. Ich fand die Abteilung Krassnows bereits in der Vorstadt, bemerkte aber keinerlei Anzeichen irgendwelcher militärischer Operationen, im Gegenteil fanden zwischen den „Belagernden" und den „Belagerten" irgendwelche endlose Verhandlungen über freiwillige Unterwerfung, Auslieferung der Waffen usw. statt. Nachdem ich an Ort und Stelle die Lage geklärt hatte, schickte ich dem General Krassnow ein oder zwei (ich kann mich nicht mehr entsinnen) schriftliche Befehle, die militärischen Operationen gegen Zarskoje Selo sofort anzufangen und das Bombardement zu eröffnen. Der General antwortete, daß ihn die ungenügende Zahl der Truppen und auch die schwankende und außerordentlich erregte Stimmung der Kosaken zwänge, entscheidende Maßnahmen zu unterlassen. Es war offenbar, daß Krassnow keine Eile hatte. Ich bin bis zum heutigen Tage tief davon überzeugt, daß bei entsprechendem guten Willen der Führung, wenn keine Intrigen dazwischen gekommen wären, wir Zarskoje Selo am Morgen, also zwölf Stunden früher als es tatsächlich geschah, eingenommen hätten, so daß wir auch die folgende Operation 24 Stunden früher, d. h. vor der Niederschlagung des Aufstandes der Offiziersaspiranten hätten anfangen können. Wie später ersichtlich sein wird, war diese absichtliche Verzögerung bei Zarskoje Selo der letzte verhängnisvolle Schlag für unseren ganzen Feldzug.

Als es Abend wurde, meldete mir General Krassnow, der tatsächlich eine Beschießung unterlassen hatte, daß er die Truppen etwas zurückzunehmen und die Besetzung Zarskoje Selos bis zum nächsten Morgen aufzuschieben beabsichtige. Das war zuviel. Ich konnte unter keinen Umständen meine Einwilligung dazu geben: Erstens sah ich keinerlei Hindernisse im Wege der sofortigen Besetzung Zarskoje Selos, zweitens hielt ich es für unzulässig, durch unsere eigenen Handlungen den Eindruck von Schwäche und mangelndem Selbstvertrauen hervorzurufen. Der gerade um diese Zeit in Petersburg eingetroffene Kommissar der Nordfront, Stankiewitsch, kam mir bei dieser Meinungsverschiedenheit mit General Krassnow zu Hilfe. Stankewitsch machte Mitteilungen über die Lage in der Hauptstadt und ganz besonders über die dortigen zu unserer Unterstützung bereiten Streitkräfte und drängte zur Beschleunigung unseres Marsches auf Petersburg. Endlich wurde beschlossen, Zarskoje Selo sofort zu besetzen. Unsere Abteilung besetzte die

*) Krassnow erwähnt in seinen Memoiren keinerlei „Delegierten" des Bundes der Kosakentruppen. Was Sawinkow betrifft, so kam dieser offenbar in eigener Sache hin. So viel steht jedenfalls fest nach der Wiedergabe Krassnows, daß Sawinkow ihm an Stelle Kerenskis seine Dienste anbot, nachdem letzterer abgesetzt und verhaftet werden sollte. (Anm. d. Herausg.)

Stadt, wie dies auch zu erwarten war, ohne irgendwelche Schwierigkeiten, ohne daß ein Schuß fiel, wie man zu sagen pflegt. Mit demselben Erfolge hätte man dasselbe bereits zwölf Stunden früher machen können.

Mit den finstersten Gedanken im Kopfe fuhr ich nach Gatschina, um dort zu übernachten. Die Erfahrungen dieses Tages ließen keinen Zweifel mehr darüber bestehen, daß die Leitung der Abteilung bereits in einem Netze verschiedener Intrigen verstrickt und daß die Sorge um das Wohl des Staates bereits in vielen Köpfen verblaßt sei.*) Als einziger Ausweg aus dieser Sackgasse erschien mir die baldmögliche Ergänzung des Kerns der Kosakentruppen durch Linien-Infanterie, Artillerie usw. Ich hoffte fest, in Gatschina frische Truppen vorzufinden, die ich sofort nach Zarskoje Selo hätte schicken können. Tatsächlich fand ich aber in Gatschina bloß Telegramme vor. Indessen hatte sich während des Tages unserer Abwesenheit die Stimmung hier stark verschlechtert, besonders durch den Einfluß der auf unserem rechten Flügel (in der Richtung auf Oranienbaum und Krassnoje Selo) aufgetauchten und einen immer stärker werdenden Druck ausübenden bolschewistischen Kräfte, die hauptsächlich aus Matrosenabteilungen bestanden.

Moskau, Oktober 1917

**Bolschewik Nogin spricht zu den Massen**

Die ungeklärte Lage, der Mangel genauer Nachrichten, die Masse absurder Gerüchte schufen in der Stadt, besonders abends, eine außerordentlich erregte Stimmung, die sich jeden Augenblick in eine Panik verwandeln konnte. Gerade in dieser Nacht zum 29. und am Morgen des folgenden Tages spielte sich in Petersburg ein tragisches und blutiges Mißverständnis ab. In dieser Zeit gab es in der Petersburger Garnison, sowohl in den Regimentern wie in den Spezialtruppen, noch genügend viel organisierte antibolschewistische Elemente, die bei der ersten Gelegenheit bereit waren, mit der Waffe in der Hand gegen die Bolschewiki aufzutreten. Wenn man dazu noch die Militärakademien rechnet, die sich damals fast alle zum Aufstand vorbereiteten, und die drei Kosaken-Regimenter, so gab es in Petersburg eine sehr ernst zu nehmende antibolschewistische „Faust", die im gegebenen Augenblick einen entscheidenden Schlag gegen den Rücken der bolschewistischen Truppen hätte führen können, die bei Pulkow mit der Front gegen meine Abteilung Stellungen bezogen hatten. Außerdem waren zu dieser Zeit alle Kampforganisationen der Partei, insbesondere der Partei der Sozialrevolutionäre bereits mobilisiert. Durch zufällige, noch nicht genügend geklärte Umstände und auch durch den bösen Willen der Verräter und Provokateure wurden jedoch alle kampfbereiten antibolschewistischen Kräfte zu früh in den Kampf geführt, bevor wir sie hätten unterstützen können oder wenigstens bevor wir den Aufstand in Petersburg zum Angriff auf die bolschewistischen Truppen bei Pulkow ausnützen konnten.

Selbstverständlich wären wir, wenn wir rechtzeitig von den Ereignissen in der Hauptstadt Kenntnis erhalten hätten, sofort zu Hilfe geeilt, wenn uns die Nachricht von dem Aufstand auch noch so unvorbereitet getroffen hätte. Der Schrecken der Lage bestand gerade darin, daß nicht nur der provozierte Aufstand vorzeitig entbrannte, sondern daß wir in Zarskoje Selo den ganzen Tag nichts davon wußten. Erst gegen 4 Uhr nachmittags, als alles schon zu Ende war, rief man mich aus dem Michael-Palast ans Telephon und teilte mir die Niederschlagung des Aufstandes mit und auch, daß die am Leben gebliebenen Aufständischen um Hilfe bäten. Was konnte ich aber jetzt schon tun? Wie konnte Petersburg ohne jede Verbindung mit uns den Aufstand wagen? Diese Frage brachte mich in Wut und Verzweiflung.

Spät abends kamen aus Petersburg einige meiner politischen Freunde nach Gatschina und brachten eine fürchterliche Antwort auf diese quälende Frage. Es zeigte sich, daß nach dem Plane der Verschwörer der Aufstand im richtigen Augenblick entsprechend dem Gange der militärischen Operationen meiner Abteilung ausbrechen sollte. In der am 28. Oktober abends stattgefundenen Sitzung des Kriegsrats war keinerlei Beschluß über einen sofortigen Aufstand gefaßt worden. Nachdem die Sitzung zu Ende und ein großer Teil der Anwesenden bereits fortgegangen war, erschienen im Sitzungssaale des Rates einige Militärpersonen mit außerordentlich beunruhigenden, aber schwerlich zutreffenden Nachrichten. Die Bolschewiki

*) Wie sein Mitkämpfer Dan richtig bemerkt, sieht Kerenski immer und überall Intrigen, die persönlich gegen ihn, Kerenski, gerichtet sind. Es ist dies ein ausgesprochener Größenwahn, durch Verfolgungswahn kompliziert. Es ist selbstverständlich kompletter Unsinn, Krassnow der bewußten Verzögerung der Aktion zu beschuldigen. (Anm. d. Herausg.)

hätten von den sich vorbereitenden Ereignissen Kenntnis erhalten und beschlossen, am 29. alle Militärakademien zu entwaffnen. Man könne deswegen nicht länger warten und müßte es bereits morgen wagen... Tatsächlich fing am Morgen ein Bombardement an, dessen Ursprung anfangs der Mehrheit der Zivil- und Militärführer der antibolschewistischen Bewegung in Petersburg unverständlich blieb. Die Provokation gelang und erreichte vollkommen ihren Zweck. Die antibolschewistischen Streitkräfte wurden in der Hauptstadt rechtzeitig aufs Haupt geschlagen, und ich mit meiner Abteilung konnte in Petersburg auf keine Unterstützung mehr rechnen. Demgegenüber wurde die Stimmung der bolschewistischen Truppen stark gehoben.

Der ganze 29. Oktober verging in Zarskoje Selo mit Kampfvorbereitungen, der Kampf sollte am Montag, den 30., bei Sonnenaufgang beginnen. Die Front der Bolschewiki stand auf den Höhen von Pulkowo. Ihr rechter Flügel stützte sich auf Krasnoje Selo, von wo aus sie eine flankierende Bewegung auf Gatschina unternehmen konnten. Nach den Meldungen unserer Aufklärer standen uns nicht weniger als 12 000 bis 15 000 Mann aller Waffengattungen gegenüber. Die Höhen von Pulkow waren von Kronstädter Matrosen besetzt, die, wie es sich zeigte, von deutschen Instruktoren ausgezeichnet ausgebildet worden waren.*)

Wir verfügten über einige hundert (600 bis 700) Kosaken, über eine ausgezeichnete, aber kleine Artillerie, einen Panzerzug und ein aus Luga angekommenes Infanterie-Regiment. Nicht viel! Es ist wahr, daß wir außerdem noch einen ganzen Berg von Telegrammen mit Nachrichten über kommende Truppentransporte besaßen. Ungefähr 50 Militärzüge schlugen sich trotz aller Hindernisse von den verschiedenen Fronten nach Gatschina durch. Weiter zu warten und zu zögern war aber unmöglich. Die bolschewistische Führung sammelte mit fieberhafter Eile ihre Kräfte und konnte jeden Augenblick die Offensive ergreifen . . Am 30. Oktober morgens begann die Schlacht bei Pulkow. Im allgemeinen entwickelte sie sich für uns günstig. Ein großer Teil der bolschewistischen Truppen (der Petersburger Garnison) verließ seine Stellungen sofort zu Anfang der artilleristischen Beschießung oder bei dem kleinsten Druck der Kosaken. Der rechte Flügel der Bolschewiki hielt sich aber gut. Hier schlugen sich die Kronstädter Matrosen und ihre deutschen Instruktoren. In der Meldung, die mir am Abend desselben Tages von General Krassnow erstattet wurde, wurde ausdrücklich erwähnt, daß die Matrosen nach allen Regeln der deutschen Taktik kämpften und daß unter ihnen auch Leute gefangengenommen wurden, die kein Wort russisch sprachen oder eine deutsche Aussprache hatten.**) Die Schlacht bei Pulkow endete am Abend mit einem Erfolge für uns, aber der Erfolg konnte weder durch Verfolgung des Feindes ausgenützt, noch infolge der Kleinheit unserer Kräfte gefestigt werden.***) Der General Krassnow zog sich „in voller Ordnung" bis Gatschina zurück. Ungefähr 8 Uhr abends fuhr Krassnow mit seinem Stabe, von seinen ermüdeten und erregten Regimentern begleitet, bereits zum Tor des Schlosses ein.

Diese Bewegung war wahrscheinlich vom militärischen Standpunkte ganz und gar erklärlich und vernünftig. In der gespannten, schwankenden politischen Atmosphäre jener Zeit rief dieser Rückzug in den Reihen der Regierungstruppen vollkommene Zersetzung hervor, es war dies der Anfang vom Ende.

Bevor ich diese letzten 36 Stunden unserer Agonie schildere, komme ich auf die Stimmung der Truppen während ihres Aufenthaltes in Zarskoje Selo zurück. Dann wird auch die Psychologie der letzten Ereignisse in Gatschina verständlicher sein. Unglücklicherweise entfalteten sich alle negativen Seiten unseres Aufenthaltes in Gatschina hier in Zarskoje Selo zur üppigen Blüte. Unser Häufchen Kosaken ging in der Masse der örtlichen Garnison vollkommen auf. Keinerlei Maßnahmen zu ihrem Schutze, zu ihrer Isolierung oder auch nur zur Aufrechterhaltung der äußeren Ordnung wurden getroffen. Überall, auf den Spazierwegen des Parkes, in den Straßen, vor den Toren der Kasernen wurden Versammlungen abgehalten, Gruppen rotteten sich zusammen, Agitatoren schlüpften aus und ein, die unsere Kosaken „bearbeiteten". Wie auch früher war der „Hauptschlager" der Propaganda ein Vergleich meines Feldzuges mit dem Feldzuge Kornilows. „Schon wieder will man Euch, Genossen, so wie zur Zeit des Zaren und Kornilows dazu mißbrauchen, die Bauern und Arbeiter niederzuschlagen, um den Gutsbesitzern, Bourgeois und Generalen wieder zur Macht zu verhelfen." Die gemeinen Kosaken blieben dieser Demagogie gegenüber nicht lange gleichgültig und maßen die eigenen Vorgesetzten mit immer finstereren Blicken. Zur selben Zeit vergaßen die Vorgesetzten — von den Spitzen des Generalstabes bis hinunter zu dem letzten Kornett fast ohne Ausnahme — ihre Pflicht und gaben sich immer deutlicher einem zweifelhaften Politikantentum

*) Eine kleine Imitation der großen Verleumdung des „deutschen Spions" Lenin. An Unsinnigkeit tritt sie aber hinter dem Original nicht zurück. Man möchte fragen, woher plötzlich diese „deutschen Instruktoren" aufgetaucht sind und wann sie die Zeit gefunden hätten, die Kronstädter Matrosen „auszubilden" und noch dazu „ausgezeichnet". (Anm. d. Herausg.)

**) Krassnow, der in seinen Memoiren die Standhaftigkeit der Matrosen entsprechend würdigt, erwähnt dort nichts dergleichen. (Anm. d. Herausg.)

***) Kompletter Unsinn. Die Schlacht endete mit einem Rückzuge der Krassnow-Abteilung unter dem Drucke der offensiv vorgehenden Matrosen und Rotgardisten. Vergleiche die Memoiren von Krassnow. (Anm. d. Herausg.)

hin. Zugereiste und örtliche „unversöhnliche Kornilow-Anhänger" fingen ganz offen unter den Offizieren zu „arbeiten" an, säten Verwirrung, stifteten Haß gegen die provisorische Regierung und forderten meine Erledigung. Krassnow selbst warf die Maske seiner „Loyalität" immer entschiedener ab.

In der Nacht auf den 30. Oktober beschloß ich, sofort den ankommenden Truppenzügen entgegenzufahren. Ich hoffte durch meine persönliche Gegenwart sie ebenso bis zu Zarskoje Selo durchzubringen, wie ich auch das Kosakenkorps durch Pskow durchgebracht hatte, damit die Infanterie nicht allzu spät Krassnow zu Hilfe kommen sollte. Soweit ich mich entsinnen kann, schickte ich am 30. Oktober frühmorgens einen Zettel mit der Mitteilung meiner Abreise nach Zarskoje Selo an den General Krassnow. Groß war mein Erstaunen, als nach kurzer Zeit eine Delegation des Sowjets der Kosakentruppen und mit ihnen auch Herr Sawinkow erschien und mir im Namen der ganzen Abteilung erklärte, daß meine Abreise zurzeit äußerst wenig wünschenswert sei, daß sie die Psychologie der gemeinen Kosaken und dadurch den Erfolg des Kampfes schlecht beeinflussen könnte, und daß endlich die Kosaken mit mir hierhergekommen wären und unser Schicksal nunmehr verbunden sein müsse. Als Antwort setzte ich den Herren Delegierten den Zweck meiner Reise auseinander und unterstrich, daß ich die Reise nur darum für nötig hielte, weil das gestrige Verhalten Krassnows und seines Stabes in mir die Überzeugung hätte reif werden lassen, daß ich hier vollkommen überflüssig sei. Sollte dies aber nicht der Fall sein, erklärte ich, und wenn meine Abreise den Erfolg des Kampfes beeinträchtigen könnte, so würde ich selbstverständlich bleiben, hoffte aber, daß dafür auch die Kosaken bis zu Ende mit der provisorischen Regierung ausharren würden. Die Unterredung war zu Ende. Ich blieb in Gatschina. Am Abend kehrte, wie ich schon erwähnt habe, die ganze Abteilung hierher zurück.

In Gatschina selbst verbreitete sich lange vor dem Eintreffen der Kosaken die Nachricht über den „Rückzug der Truppen Kerenskis" mit blitzartiger Geschwindigkeit in der ganzen Stadt, bei den einen eine panische Stimmung hervorrufend und die Energie und den Mut anderer verdoppelnd. Vor der Rückkehr Krassnows erschien bei mir am Abend aus Petersburg eine Delegation des sogenannten „Wikschel" (Allrussischer Vollzugsausschuß des Verbandes der Eisenbahner) mit dem frechen Ultimatum, Friedensverhandlungen mit den Bolschewiki anzuknüpfen, da sonst ein Eisenbahnerstreik ausgerufen würde. Das Ultimatum war mit einigen Stunden befristet, die genaue Zeit habe ich vergessen. Eine stürmische Szene fand statt. Besonders empörend war die Tatsache, daß der gemäßigte und korrekte Viktor de Planson, ein Petersburger Advokat, mit dieser Gesellschaft gemeinsame Sache machte. Der Verrat der Eisenbahner gestaltete unsere Lage geradezu tragisch, da ein Eisenbahnerstreik die Lage der bereits in Petersburg konzentrierten Streit-

Moskau, Oktober 1917

**Von den Rotgardisten errichtete Barrikade im Kreml**

kräfte der Bolschewiki nicht im geringsten beeinflußt, uns aber von allen Fronten und von allen unterwegs befindlichen Reserven abgeschnitten hätte.

Sei dem wie ihm wolle, man konnte keine Zeit mehr verlieren, man mußte dringend die Verteidigung Gatschinas für den Fall eines jetzt schon möglichen plötzlichen Angriffs aus der Richtung Krassnoje Selo und Oranienbaum organisieren. Dies zu tun war allerdings fast unmöglich, trotzdem in der Stadt eine große Anzahl Offiziere konzentriert waren. Diese zogen vor, die Zeit im Schlosse in den Räumen des Stabs zu verbringen, die Lage zu besprechen, zu diskutieren und hauptsächlich alles und alle zu kritisieren. Der Kommandant des Ortes hatte vollkommen den Kopf verloren und jeder machte, was und wie er wollte. Als General Krassnow zu mir kam, teilte ich ihm im Laufe des Gespräches das Ultimatum der Eisenbahner mit, warnte ihn, daß diese Geschichte noch eine Fortsetzung haben würde und bat um seine Meinung. Aus den Worten des Generals ging hervor, daß es unter den gegebenen Verhältnissen zwecks Zeitgewinnung vielleicht besser wäre, Verhandlungen über einen Waffenstillstand anzuknüpfen, was die Kosaken beruhigen (die ihren Vorgesetzten gegenüber immer zurückhaltender wurden) und die Möglichkeit geben würde, Verstärkungen abzuwarten.

Diese Verstärkungen, diese Infanterie betrachteten die Kosaken einfach als Märchen. Vergeblich zeigten wir ihnen einen Haufen Telegramme über die Bewegung der Truppenzüge, vergeblich bewiesen wir ihnen, daß diese Bewegung tatsächlich stattfand und daß sie nicht mehr lange zu warten hätten. Alles war vergeblich. Die Kosaken hörten die Reden der Agitatoren mit stets wachsender Aufmerksamkeit an, glaubten unseren Worten und Dokumenten immer weniger und zeigten ein stets wachsendes Mißtrauen gegenüber den Offizieren.

Am selben Abend des 30. Oktober benützte ich einen Besuch meiner Freunde aus Petersburg dazu, um „für alle Fälle" einen Brief an Awksentjew zu schicken, in dem ich dem Vorsitzenden des Rates der Republik die Befugnisse und Obliegenheiten des Ministerpräsidenten übergab und ihm empfahl, die provisorische Regierung sofort entsprechend zu ergänzen.

Ich hielt es für unerläßlich, diesen Brief zu schreiben, um die lückenlose, formelle Rechtskontinuität der obersten Macht zu erhalten, die der provisorischen Regierung unmittelbar von dem letzten gesetzlichen Vertreter der gestürzten Dynastie übergeben worden war.*) Kaum hatte ich diese Sache erledigt, als man mit der Mitteilung zu mir kam, eine Versammlung der in Gatschina befindlichen Offiziere wünsche unbedingt, daß der frühere Leiter des Kriegsministeriums, Sawinkow, zum Chef der Verteidigung der Stadt ernannt werde. Die Offiziere hätten zu ihm Vertrauen und würden sofort die Organisierung der Verteidigung in Angriff nehmen. Ich ernannte Sawinkow, was selbstverständlich einen „Ausbruch der Empörung" von links gegen mich hervorrief und noch in derselben Nacht von den Bolschewiki als ein neuer Beweis meiner „konterrevolutionären Gesinnung" ausgelegt wurde.

Am Morgen des 31. Oktober rief ich einen Kriegsrat zusammen. Anwesend waren der General Krassnow, sein Stabschef, Oberst Popow, der stellvertretende Wehrkreiskommandant des Petersburger Wehrkreises, Hauptmann Kusmin, der Chef der Verteidigung Gatschinas, Sawinkow, der Kommissar der Nordfront, Stankewitsch, und noch irgend jemand aus dem Stabe des Armeekorps. Ich eröffnete die Sitzung und gab eine kurze politische Übersicht der Ereignisse, selbstverständlich soweit sie mir bekannt waren; dann forderte ich den Stabschef auf, die militärische Lage und die Bewegungen der Truppen zu schildern. Hernach stellte ich dem Kriegsrate die Frage, ob man den Vorschlag über Waffenstillstandsverhandlungen annehmen oder diesen kategorisch ablehnen und den Kampf fortsetzen sollte? Die Stimmen wurden in der Reihenfolge des Ranges abgegeben, beim niedrigsten Range anfangend. Nur zwei Stimmen, meine und Sawinkows, waren für die unbedingte Ablehnung von Verhandlungen. Alle Soldaten waren ohne Ausnahme darin einig, daß man zwecks Zeitgewinnung sofort Verhandlungen anbahnen müsse, da man sonst für das Verhalten der Kosaken keinerlei Gewähr übernehmen könne. Die Meinung der Mehrheit war also klar und offensichtlich. So sehr es mir auch widerstrebte, so schwer es mir wurde, gab es keinen anderen Ausweg, man mußte durch Verhandlungen Zeit gewinnen. Außerdem konnte ich es nicht zulassen, daß Krassnow und sein Stab den Kosaken mit Recht sagen konnten: „Wir waren für den Frieden, Kerenski aber befahl zu kämpfen." Ich bestätigte die Meinung der Mehrheit**) und der Kriegsrat ging zur Beratung der Technik dieser Verhandlungen selbst über. Es wurde beschlossen, daß Stankewitsch auf einem Umwege nach Petersburg fahren und dort dem „Komitee zur Rettung des Vaterlandes und der Revolution" meine Waffenstillstandsbedingungen überreichen sollte. Ich kann mich leider nicht auf den Text dieses Schriftstückes besinnen, dessen Abschrift ich nicht aufbewahren konnte. Die Bedingungen waren jedenfalls für die Bolschewiki unannehmbar, da diese nach unserem Rückzug aus Zarskoje Selo wohl kaum Zweifel über den eigenen Sieg hegten . . . Zwei meiner Bedingungen habe ich aber nicht vergessen: Erstens sollten die Bolschewiki sofort

*) Diesen „revolutionär-sozialistischen" Standpunkt gegenüber der obersten Macht im Staate kann man durch eine Paraphrase der Heiligen Schrift kurz formulieren: Es gibt keine gesetzliche Macht, die nicht von der Dynastie Romanow stammt. Bei einer solchen Fragestellung wird die Ungesetzlichkeit der Sowjetmacht allerdings ganz offenbar. (Anm. d. Herausg.)

**) Eine solche „allerhöchste Bestätigung" war wohl kaum nötig. Krassnow erwähnt sie wenigstens überhaupt nicht. (Anm. d. Herausg.)

die Waffen niederlegen und sich der neugebildeten provisorischen Regierung unterwerfen; zweitens sollte die Zusammensetzung und das Programm dieser Regierung auf Grund eines Einvernehmens zwischen der bestehenden provisorischen Regierung, den Vertretern aller politischen Parteien und dem „Komitee zur Rettung des Vaterlandes und der Revolution" festgelegt werden.

Ungefähr 4 Uhr nachmittags fuhr der Kommissar Stankewitsch nach Petersburg ab. Zugleich organisierte der General Krassnow eine Delegation, die nach Krassnoje Selo fahren sollte, um dort an der Front einen sofortigen bis zum Bekanntwerden der Ergebnisse der Mission Stankewitsch dauernden Waffenstillstand abzuschließen. Erst abends fuhren die Parlamentäre ins Hauptquartier der bolschewistischen Kräfte ab. Die Delegation bestand ausschließlich aus Kosaken, da der stellvertretende Wehrkreiskommandant Petersburgs, Hauptmann Kusmin, sich trotz der Vorhaltungen Krassnows kategorisch weigerte, an der Delegation teilzunehmen. Noch früher, gegen Mittag, kurz nach Schluß der Beratung, kam Sawinkow mit einem Schriftstück in der Hand zu mir. Ich meinte, sein Kommen stände mit irgendeiner dringenden Frage der Verteidigung Gatschinas in Verbindung. Ich hatte mich geirrt. Im Schriftstück hieß es, daß Vorzeiger dieses, Boris Sawinkow, vom Ministerpräsidenten und Höchstkommandierenden Kerenski ins Hauptquartier kommandiert würde zwecks Beschleunigung der Transporte von Verstärkungen nach Gatschina. „Unterschreiben Sie dieses Papier, Alexander Feodorowitsch. Ich will fahren." — „Sie wollen fahren, fahren Sie nur" — antwortete ich und gab ihm das unterschriebene Papier zurück, obwohl seine Fahrt ins Hauptquartier vollkommen sinnlos war und obwohl er hier einen mit ungeheuerlicher Verantwortlichkeit verbundenen Posten im Stiche ließ, den er erst vor kurzem übernommen und zu dessen Erfüllung er noch nichts getan hatte. Der Sinn seiner Abreise war uns beiden klar, so daß eine jede Auseinandersetzung sich erübrigte. Die „weise Vorsicht" Sawinkows unterstrich nur die Atmosphäre, von der ich umgeben war. Nur ein Wunder, nur die heldenhafte Selbstaufopferung der wenigen Verteidiger Gatschinas konnte jetzt die Lage retten. Aber auch die unabwendbar drohende Gefahr konnte keine Einigkeit schaffen und die schlummernde Energie und Initiative erwecken. Im Gegenteil zersetzte und vergiftete sie endgültig im ganzen Umkreise alles. Im Bewußtsein der überwiegenden Mehrheit trat die Frage der persönlichen Selbsterhaltung in den Vordergrund. Die Kosaken blickten immer wütender auf ihre Vorgesetzten, da sie in ihnen die Urheber ihres Verderbens sahen. Die Offiziere fühlten sich immer unbehaglicher im Feuer der feindlichen Blicke der bolschewistischen Soldaten und ihrer eigenen Kosaken und dachten immer öfter daran, um welchen Preis sie, wenn Gatschina fallen würde, das eigene Leben von den Bolschewiki erkaufen könnten. Die Kosaken, da sie die versprochene Infanterie, die von der Front einlangen sollte, noch immer nicht sahen, hielten sich aufrichtig für betrogen. Die Offiziere hielten es nicht mehr für notwendig, ihren mir gegenüber empfundenen Haß zu verbergen, da sie fühlten, daß ich sie vor der Wut der Menge nicht mehr würde schützen können.

Moskau, Oktober 1917

**Nikolai-Palast im Kreml**

Hauptstützpunkt der Offiziersaspiranten, von den bolschewistischen Truppen im Sturm genommen

So war der Anfang der Nacht zum 1. November. Keinerlei Nachrichten von den „an die Front" geschickten Parlamentären, keinerlei Nachrichten aus Petersburg. In den düsteren, halbdunkeln, endlosen Korridoren des alten Palastes des Kaisers Paul drängten sich mißtrauische und erboste Menschen. In der durch Furcht vergifteten Atmosphäre verbreiten sich allerlei unwahrscheinliche und ungeheuerliche Gerüchte. Überall wurde geflüstert, „wenn die Kosaken Kerenski freiwillig ausliefern, können sie frei zu ihrem stillen Don nach Hause zurückkehren" . . . Die Versuchung ist allzu groß. Der Gedanke des Verrats bemächtigt sich der Gehirne und verwandelt sich unmerklich in Wirklichkeit . . . Die lange Herbstnacht nimmt kein Ende. Die Minuten werden zu Stunden. Die Ratten fliehen vom sinkenden Schiff. In meinen gestern noch überfüllten Zimmern keine Seele. Die Ruhe und die Stille des Todes herrscht ringsum. Wir sind allein. Wir sind wenige, in diesen letzten Monaten unzertrennlich durch ein gemeinsames Schicksal verbunden. In der Ruhe und Stille stört uns niemand in unseren Gedanken an die Zukunft . . . Es dämmerte schon, als ich, nachdem ich alle Dokumente und Briefe vernichtet hatte, die ich nicht „in fremde Hände" fallen lassen konnte, mich aufs Bett legte und einschlummerte mit dem einzigen Gedanken: Werden morgen die Truppenzüge kommen?

Ungefähr 10 Uhr morgens wurde ich plötzlich mit einer ganz unerwarteten Neuigkeit geweckt: die Kosakenparlamentäre waren mit einer Matrosendelegation, mit Dybenko an der Spitze, zurückgekehrt. Die Hauptbedingung der Matrosen sei die bedingungslose Auslieferung Kerenskis an die bolschewistischen Machthaber. Die Kosaken seien bereit, diese Bedingungen anzunehmen.

Die Mitteilung kam ziemlich unerwartet. Ungeachtet aller verdächtigen Symptome und finsteren Vorahnungen hatten wir bis zur letzten Minute eine solche Niedertracht nicht für möglich gehalten; aber nun war die Tatsache da.

Es blieb eines zu tun: sich in bezug auf Krassnow selbst und seinen Stab reinen Wein einzuschenken. Wir mußten klären, ob sie selbst in diesem Verrate mitverwickelt waren. Ich schickte sofort um den General. Er kam, allzu korrekt, allzu ruhig. Ich fragte ihn, ob er wüßte, was zurzeit unten vorgehe. Ich bat ihn, zu erklären, wie er die Anwesenheit von Matrosen im Schlosse selbst dulden könne, wie es möglich sei, daß er mich davon gar nicht verständigt habe? Krassnow fing mit überflüssiger Umständlichkeit zu erklären an, daß diese Beratung mit den Matrosen eigentlich gar keine besondere Wichtigkeit hätte, daß er durch ihm treu ergebene Leute alles, was dort vorgehe, genau beobachte und daß er diese Verhandlungen für uns sogar sehr günstig finde. „Sollen sie sprechen, was sie wollen" — meinte er. „Der Tag vergeht in Gesprächen und Debatten, bis zum Abend wird sich die Lage klären, die Infanterie kommt an und wir ändern den Ton." Was meine Auslieferung anbelange, würde er niemals so etwas annehmen, ich könne vollkommen ruhig sein. Es schiene ihm aber, als ob es vielleicht nützlich wäre, wenn ich selbst, persönlich, selbstverständlich unter entsprechender Eskorte — er würde sie schon stellen — nach Petersburg führe, um dort mit den Parteien und vielleicht sogar mit dem Smolny unmittelbar zu verhandeln. Ja, es sei wohl ein sehr gewagtes Unternehmen, aber sollte man sich nicht im Namen der Rettung des Staates doch dazu entschließen?... So redete in meiner Gegenwart der General Krassnow. Es war dies mein letztes Zusammentreffen mit ihm. Seine Nervosität, die die äußere Ruhe der ersten Minuten abgelöst hatte, seine herumirrenden Augen, sein sonderbares Lächeln ließen keine Zweifel übrig. Der Kuhhandel um den Preis meines Kopfes, der unten vor sich ging, war keineswegs so unschuldig, als er ihn darzustellen trachtete.

Der General ging. Ich teilte denen, die noch mit mir verblieben waren, die ganze Wahrheit mit. Was tun? Alle Fäden, die mich mit dem dritten Kavalleriekorps verbanden, waren von den Kosaken selbst zerrissen. Es wäre einfach unvernünftig gewesen, mich weiter mit denen, die mich bereits verraten hatten, verbunden zu fühlen. Es gab aber keinen Ausweg. Ich hatte keinerlei Maßnahmen zu meinem persönlichen Schutze getroffen, keinerlei Vorbereitungen für den Fall einer Abreise aus Gatschina waren getroffen. Zu einem bewaffneten Kampfe war unsere Zahl zu klein, kaum zehn Mann. Das Schloß zu verlassen, war unmöglich. Das von Paul I. in der Form eines geschlossenen Rechtecks errichtete Gebäude hatte einen einzigen Ausgang, der bereits von einer gemischten Wache aus Kosaken und Matrosen besetzt war. Während wir überlegten, wie wir aus dieser Sackgasse, aus dieser Mausefalle entkommen könnten, kam einer der höheren Palastbeamten uns zu Hilfe. Infolge seiner dienstlichen Obliegenheiten sei ihm ein geheimer unterirdischer Gang bekannt, der in den Park außerhalb der Mauern dieser Festung münde. Um aber zu dem geheimen Gange zu gelangen, müßten wir die Dämmerung abwarten. Gut. Passierte bis dahin nichts, so würden wir auf diesem geheimnisvollen Wege aus der Falle entkommen, aber wenn . . . Ich bat meine Gefährten, keine Zeit zu verlieren und sich einzeln sofort zu retten, jeder wie er könne.

Was mich persönlich und meinen jungen Adjutanten betraf, der sich in dieser Stunde weigerte, mich zu verlassen, so faßten wir über unser eigenes Schicksal einen sehr einfachen Beschluß. Wir würden hier in diesen Zimmern bleiben, aber uns den Verrätern nicht lebend ergeben. Das war alles. Während die eindringende Bande von Matrosen und Kosaken uns in den ersten Zimmern suchen würde, würden wir Zeit genug haben, uns in den letzten Zimmern einschließend, mit dem Leben abzurechnen. Damals, am Morgen des 1. November 1917, schien diese Lösung so einfach, logisch und unvermeidlich. Die Zeit verging. Wir warteten. Unten verhandelte man. Plötzlich rannte gegen 3 Uhr derselbe Soldat ins Zimmer, der uns am Morgen die Nachricht über Dybenko gebracht hatte. Sein Gesicht war von Entsetzen entstellt. Der Handel sei abgeschlossen, erklärte er. Die Kosaken hätten ihre Freiheit und das Recht des bewaffneten Abzugs in ihre Heimat um den Preis eines einzigen Kopfes erkauft. Zur Durchführung des angenommenen Beschlusses, d. h. zu meiner Verhaftung und Auslieferung an die Bolschewiki, hatten die

Feinde von gestern in freundschaftlicher Weise eine gemischte Kommission gewählt. Jeden Augenblick konnten die Matrosen und Kosaken hier eintreffen . . .

Wie war die Rolle Krassnows in dieser ganzen Angelegenheit? Im Archiv des Hauptquartiers des Oberkommandierenden muß eine kurze und beredte Antwort auf diese Frage enthalten sein. Am 1. November erhielt General Duchonin von General Krassnow ein Telegramm: „Habe Verhaftung Höchstkommandierenden befohlen. Es gelang ihm, zu entfliehen." Diejenigen, die damals mit General Duchonin sprachen, erzählen, daß er nach Erhalt dieses Telegrammes überzeugt war, der Befehl zu meiner Verhaftung wäre durch meine Absicht, mich mit den Bolschewiki zu verständigen, hervorgerufen worden . . . Die Verständigung der Kosaken mit den Matrosen entschied scheinbar die Sache endgültig und machte meine Lage aussichtslos. Aber . . . es geschah wahrhaftig ein Wunder!

Ich halte mich noch nicht für berechtigt, meine Flucht aus dem Schlosse Gatschina ausführlich zu erzählen. Die Bolschewiki sind noch an der Macht, die Mitbeteiligten sind noch am Leben. Ich verließ das Schloß zehn Minuten bevor die Verräter in meine Zimmer einbrachen. Ich ging, eine Minute früher noch nicht wissend, daß ich gehen würde. Ich ging in absurder Verkleidung unter der Nase der Feinde und der Verräter vorbei. Ich befand mich noch auf den Straßen in Gatschina, als die Verfolgung bereits anfing. Ich ging mit denen, die mich gerettet hatten, die ich nicht kannte und damals das erstemal im Leben sah. Sie zeigten in diesen Minuten eine Selbstzucht, Tapferkeit und Aufopferung, die ich niemals vergessen werde. Meinen im Palast verbliebenen Begleitern gelang es allen, sich zu retten. Die einen entkamen in der Verwirrung, die anderen durch den unterirdischen Ausgang, alle verließen glücklich das allzu gastfreundliche Schloß. Als ich im Automobil die Chaussee nach Luga entlang raste, langten von dort die Züge mit der lang erwarteten Infanterie in Gatschina ein.

## 8. DIE FRONTARMEEN, DIE ETAPPE UND DAS LAND*)

MITTE August begann die halblegale „Organisation der Bolschewiki des 6. Taurischen Grenadierregiments" in Baranowitschi ihre Tätigkeit. Infolge großen Andranges von Mitgliedern zur Organisation (von den ersten Tagen an bis 60 Mann) wurde die Organisation derart aufgebaut, daß in jeder Rotte, jedem Kommando usw., entsprechend den Bestimmungen des Frontkongresses, eine eigene Zelle gebildet wurde und an der Spitze der ganzen Organisation wieder das „Regimentskomitee" der Bolschewiki stand. In das letztere wurden Kaganowitsch, ich und noch einige Genossen aus den Rotten entsandt.

Im Regiment bestand noch aus den Frühlingstagen 1917 das sogenannte „Gesamtregiments"-Komitee. Dieses wurde gebildet durch Delegierte der allgemeinen Versammlung der Rotten, Kommandos usw. Zur Zeit der „Frühjahrs-Hochflut", nach der Februar-Revolution, wo die Sozialrevolutionäre im Trüben so erfolgreich fischten, gelang es ihnen, dieses Komitee ausschließlich mit ihren Parteigängern zu besetzen. Auch die Parteilosen, besonders die Offiziere, die in das Gesamtregiments-Komitee Eingang gefunden hatten, hatten Eile, sich sozialrevolutionär anzustreichen. Wir hatten auch nicht einen einzigen Bolschewik in diesem Komitee, nur zwei Sympathisierende.

Im Oktober wurden einige Sitzungen des Parteikomitees sowie zwei allgemeine Versammlungs-Meetings veranstaltet, auf welchen vor allem Kaganowitsch und ich auftraten. Der Erfolg war ein außerordentlicher.

Das Offizierskorps verhielt sich ruhig. Obwohl hinter den Kulissen rührig, zeigten die Offiziere nach außen vollkommene Loyalität. Nur irgendwo, in der Gegend der Kommandantur, versuchten zwei Fähnriche unter sozialrevolutionärer Flagge gegen uns aufzutreten, doch legten sie ein allzu großes politisches Unwissen an den Tag und fanden, mit wenigen Ausnahmen, bei den Soldaten keinerlei Rückhalt.

Anfangs Oktober entschloß das Regiments-Parteikomitee sich, mit Rücksicht auf den Stimmungsumschwung der Soldatenmasse nach der bolschewistischen Seite, eine Kampagne für Neuwahlen in das „Gesamtregiments-Komitee" zu beginnen. Das Parteikomitee veranstaltete eine Reihe von Versammlungen, Kandidaten wurden von den Rotten und Kompagnien aufgestellt, der feste Plan für die Neuwahlen wurde festgesetzt. Schon im Stadium der Vorbereitung war es klar, daß wir alle Aussicht auf den Sieg hatten:

*) Wir bringen an dieser Stelle eine ausführliche Darstellung der Oktober-Ereignisse an den Hauptfronten, in der Etappe und in der Provinz. Um das Gesamtbild zu erhalten, lassen wir nicht nur die Ereignisse vor und in den ersten Tagen des Oktobers darstellen, sondern wir gehen insbesondere im Bericht über das Gesamtarmee-Komitee im Hauptquartier, über die feindlichen Schritte des Hauptquartiers mit dem General Duchonin an der Spitze, wie auch in dem Schlußbericht über die Nord- und zentralen Rayons chronologisch über die erste Zeit des Umsturzes hinaus. Die Aufsätze des Kapitels wurden verfaßt von *N. Petrow, W. Leikina* und *W. Wladimirowa.*

fast in jeder Rotte gab es eine bolschewistische Zelle, und die Stimmung der Massen war uns sehr genau bekannt.

Aber die Ereignisse entwickelten sich in jener Zeit so sprunghaft, daß sie alle unsere erfolgreiche Arbeit, alle unsere Pläne überflügelten. Am 25. Oktober traf im Regiment die Aufforderung des Armeekomitees der zweiten Armee (damals zu dreiviertel aus Sozialrevolutionären zusammengesetzt) ein, einen Delegierten zur Armeeversammlung zu entsenden. Am 26. oder 27. Oktober wählte das Gesamtregiments-Komitee, unbekümmert darum, daß seine Tage gezählt waren, daß die Neuwahlen vor der Tür standen, auf seiner Sitzung einen kriegsfreiwilligen Sozialrevolutionär zum Delegierten, der sogleich nach seiner Wahl eine große Rede im Geiste der Landesverteidigung losließ.

Das Präsidium unseres Parteikomitees hielt eine außerordentliche Sitzung ab, in welcher beschlossen wurde, „alle Schritte zur Neuwahl des Delegierten zur Armeeversammlung zu unternehmen, zu welchem Zwecke sofort die Neuwahlen des Gesamtregiments-Komitees durchzuführen sind." Rasch wurde der Plan für die Agitation entworfen, die Agitatoren verteilten sich auf die einzelnen Rotten, am gleichen Abend wurden überall Rottenversammlungen veranstaltet.

Ähnlich dem Gesamtregiments-Komitee gab es in jeder Rotte und jedem Kommando ein Rottenkomitee von drei bis fünf Mann, in welchem von Amts wegen auch der Rottenkommandant seinen Sitz hatte. Die Rottenkomitees, die den Massen näherstanden, veränderten leichter und häufiger ihre Zusammensetzung als das Gesamtregiments-Komitee, ab und zu gab es in den Rottenkomitees auch schon Mitglieder unserer Partei. Die Rottenkomitees zeigten uns fast überall volle Unterstützung. Ungeachtet der sehr späten Stunde gelang es überall, die Wahlversammlungen abzuhalten und fast überall endeten diese mit einem Erfolge für uns. Unsere Resolutionen „Die Macht den Sowjets" und unsere Kandidaten gingen einstimmig durch, ausgenommen, glaube ich, bei der 9. Rotte. Kaganowitsch und ich mußten in dieser Nacht fast bei jeder Rotte erscheinen, was keine leichte Sache war, da die Rotten ziemlich weit voneinander untergebracht waren.

In der 6. Rotte veranstalteten wir absichtlich einen „Zweikampf". Wir riefen einen Sozialrevolutionär herbei und veranstalteten einen öffentlichen Disput. Der Erfolg blieb auf unserer Seite. Die Rotte wählte einen neuen Kandidaten ins Regimentskomitee — diesmal schon einen Bolschewik.

Im ganzen Regimente gingen die Wahlversammlungen schnell und ohne Einmischung der Befehlsstellen vor sich. Nur an einer Stelle versuchte das Regimentskommando, uns die Einberufung der Versammlung zu verbieten, es hatte jedoch damit keinen Erfolg. Am Morgen fand die erste Sitzung des neu gewählten Regimentskomitees statt. Sogleich wurden alle Organe gewählt und das Mandat für die Armeeversammlung mir übertragen. Gleichzeitig wurde eine allgemein-politische Resolution beschlossen, in welcher den Divisions-, Korps- und Armeekomitees wegen ihrer kompromißlerischen Haltung für die Landesverteidigung das Mißtrauen ausgesprochen, eine Neuwahl gefordert wurde.

Unerwartet erfolgte ein Versuch, mich des Mandats auf der Armeeversammlung zu berauben. Der Regimentskommandant hatte, wie sich zeigte, noch rechtzeitig die Transferierung „unruhiger Elemente" in einen anderen Truppenteil besorgt. Am 28. Oktober händigte man mir einen alten, offensichtlich in Vorrat angefertigten Befehl ein: „Sofort einzurücken zum Dienst im 7. Ural-Kosakenregiment; die Vollziehung des Befehles melden."

Damals aber existierte schon irgendein Erlaß, der die Abkommandierung und Versetzung der Mitglieder der von den Soldaten gewählten Organisationen untersagte, ohne Zustimmung der letzteren. Ich meldete dem Regimentskomitee, daß man versuche, mich aus dem Regiment zu verschicken, und nachdem ich mir hier die Unterstützung sichergestellt hatte, begab ich mich am Morgen des 29. Oktober auf den Weg zur Armeeversammlung in der Stadt Neswisch. Noch im letzten Augenblick, als ich schon das zweirädrige Wägelchen bestieg, kam auf meine Erdhütte eine Ordonnanz herangetrabt und übergab mir ein Kuvert mit der kategorischen Wiederholung des Befehls: „Einrücken an den Dienstort, den Vollzug melden." Ich aber meldete, daß ich gemäß dem Mandate des Gesamtregimentskomitees zur Armeeversammlung reise.

Das Armee-Exekutivkomitee befand sich in der Stadt Neswisch und war im Schlosse des Fürsten Radziwill einquartiert. Ich betrat das Radziwillsche Schloß, das einen feindseligen, aristokratischen Eindruck hervorrief, mit eigenartigen Gefühlen. Es waren erst sehr wenige Delegierte angekommen und die Eröffnung der Versammlung wurde daher auf den 31. Oktober verlegt. Am Tore war eine Ankündigung vom Fraktionsbüro der Bolschewiki ausgehängt, in welcher die bolschewistischen und sympathisierenden Delegierten zu einer Fraktionsversammlung eingeladen wurden. Von Seite der anderen Parteien gab es eine derartige Ankündigung nicht.

Nach langem Suchen fanden wir die Mandatskommission und erhielten unsere Mandate. Ich belegte eine Matte im gemeinsamen Quartier, d. h. im gleichen Zimmer, in dem die Fraktionssitzung anberaumt war. Bald machte ich die Bekanntschaft der bolschewistischen Mitglieder des Armeekomitees: Kowatsch, Tichmenew Grschelschtschak, Proligin u. a. Auch mit den Genossen Berzin, Popow, Konobeew, Tschutschaew, Rogozinski, Kiselew, Ter-Waganjan und anderen machte ich mich bekannt. Da wir den Saal, in den die Fraktionsversammlung verlegt wurde, etwas früher betraten, konnten wir noch einen Vortrag des Genossen Rogozinski über die Parteigeschichte mit anhören, welchen er für die Teilnehmer eines kleinen Kursus hielt. Nach ihm hielt Genosse Popow ein Referat über die Agrarfrage.

Der Kursus ging zu Ende, die Fraktionsversammlung begann. Es waren gegen 50 Genossen anwesend. Es wurde die Tagesordnung festgesetzt, um sie namens der Fraktion dem Kongreß vorzuschlagen; wir wählten das Büro der Fraktion. Es wurde beschlossen, daß auf dem Kongreß Fraktionsdisziplin zu gelten habe, wobei den Novizen lang und eingehend die Bedeutung derselben erklärt wurde. Das Büro der Fraktion setzte sich folgendermaßen zusammen: Vorsitzender: Grschelschtschak; Mitglieder: Kowatsch, Berzin, ich, Tichmenew, Rogozinski, Popow. In das Präsidium des Kongresses wurde Genosse Tichmenew nominiert.

Die Armeeversammlung wurde am folgenden Tage mit einiger Verspätung eröffnet, weil die Fraktionsversammlungen sich lange hinzogen. Es ergab sich, daß ungefähr 200 Delegierte zusammengekommen waren, von denen 80 bis 85 Bolschewiki waren, eine unerwartet beträchtliche Zahl. Die Mehrzahl der übrigen Delegierten neigte zu den Sozialrevolutionären. Man muß dabei beachten, daß die Delegierung zur Versammlung derart erfolgte, daß auf jedes Regiment ein, auf die Divisions- und Korpskomitees (die größtenteils kompromißlerisch gesinnt waren) je zwei Mann entfielen. Auf diese Art hatten die Sozialrevolutionäre sich eine künstliche Mehrheit verschafft.

Zum Vorsitzenden der Versammlung wurde der Sozialrevolutionär Titow gewählt, zu seinem Stellvertreter unser Genosse Tichmenew, zum Sekretär ein früherer Anarchist, der Sibirier Pasinkow; der Rest des Präsidiums setzte sich aus drei Sozialrevolutionären und einem Menschewiki zusammen. Auch eine „Fraktion der Menschewiki-Internationalisten", bestehend aus zwei Mitgliedern, machte sich auf dem Kongreß bemerkbar.

Die Platzanordnung war folgende: die Bolschewiki nahmen die Sitze rechts vom Präsidium ein, die übrigen schlossen sich links an. In den vordersten Bänken nahmen die Redner und das Büro der Fraktion Platz. Was gleich ins Auge fiel, waren die glänzenden Achselstücke bei den Sozialrevolutionären, die an 30 Offiziere in ihren Reihen zählten, während in der bolschewistischen Fraktion kaum ein bis zwei Offiziere, ein bis zwei Beamte und zwei Ärzte zu zählen waren, alle übrigen waren ausschließlich Soldaten. Überraschend war die Bedeutungslosigkeit der Menschewiki, übrigens nicht nur auf dieser Versammlung, sondern überall an der Front.

Als erster Punkt stand auf der Tagesordnung „Die gegenwärtige Lage". Als Referenten hatten die Sozialrevolutionäre nicht ohne demagogische Verschlagenheit ein ungebildetes, langweiliges, langatmiges Bäuerlein bestellt, das in seinem „Vortrage" nicht wenig zusammenquatschte; offensichtlich demonstrierten die Sozialrevolutionäre so einerseits die „Demokratie" in ihrer Partei, hielten aber andererseits ihre eigentlichen Redner bis zum Schlusse in Reserve. Wir hatten wenig Rednerkräfte. Als erster und Hauptredner trat Genosse Grschelschtschak auf, der aber diesmal nicht besonders geschickt sprach.

Die weiteren Verhandlungen gestalteten sich sehr lebhaft, insbesondere infolge polemischer Zwischenrufe. Als man zur Abstimmung über die Resolution schritt, da stimmten etwa 90 Delegierte mit uns, d. h. mehr als zwei Fünftel der Teilnehmer. Die sozialrevolutionäre Resolution, die aber doch stark revolutionär gefärbt war, erhielt die Mehrheit, denn die Stimmung selbst dieser gesiebten Versammlung war klar, und die Sozialrevolutionäre hatten kein allzu großes Vertrauen in die Disziplin ihrer Fraktion.

Auch bei allen anderen Punkten gingen ausschließlich die sozialrevolutionären Resolutionen durch, die man noch in erhöhtem Maße schmackhaft machen mußte. In der Resolution „vom Boden" z. B. gingen die Sozialrevolutionäre weit über ihre damalige Plattform hinaus: sie verkündeten die sofortige, unentgeltliche Übergabe allen Bodens an die Bauern, ohne die Entscheidung der Konstituierenden Versammlung abzuwarten. Das gleiche demagogische Spiel trieben sie auch bei allen anderen Resolutionen. Als ich späterhin diese sozialrevolutionären Resolutionen auf den Meetings zu besprechen hatte, wollten meine Gegner häufig nicht glauben, daß der Resolutionstext echt sei.

Es gab noch einige interessante Vorfälle auf dieser Versammlung. Ein Redner, ein menschewistischer „Landesverteidiger", der die kompromißlerische Resolution unterstützte, erkühnte sich, „im Namen des Grenadierkorps" aufzutreten. Gegen diesen Versuch protestierten wir zunächst durch laute Zurufe, dann aber reichten wir einen schriftlichen Protest ein, indem wir die Entfernung dieses Menschewiks vom Präsidium forderten. Der Protest wurde von 18 Genossen Grenadieren unterzeichnet. Er wurde sogleich vom Sekretär Genossen Pasinkow verlesen. Jedoch die Sozialrevolutionäre erklärten, daß die Bolschewiki beim Protest wahrscheinlich geschwindelt hätten, daß ihn nicht bloß Grenadiere, sondern auch „Tote" unterschrieben haben dürften. Ich schlug vor, die Unterschriften sogleich hier auf der Versammlung zu prüfen. Die Sozialrevolutionäre begannen also unter Grabesstille der Reihe nach die Namen der Unterschriften zu verlesen; die Genossen hatten von ihrem Platze aus bei der Verlesung laut anzugeben, welchen Truppenteil sie vertraten. Ganz unerwartet schlug die Verlesung in eine recht mächtige und den Sozialrevolutionären höchst unangenehme Demonstration um: einer nach dem anderen erhoben sich die bolschewistischen Delegierten von ihrem Platze und gaben mit erhobener Stimme die Regimenter an, die hinter ihnen standen. Auf diese Art wurde es augenfällig, daß die kompromißlerischen Divisions-

und Korpsdelegierten schon nicht mehr die Stimmung ihrer Wähler widerspiegelten und auch nicht berechtigt waren, in ihrem Namen zu reden, und daß tatsächlich der Sieg der bolschewistischen Partei zufallen würde.

Am Ende des Kongresses hielt der Armeekommissar Grodzski ein Referat. Ein gewandter Schwindler, geschickter Redner und Händler, begann er die Gehirne mit tönenden Phrasen, gefälschten Angaben etc. einzusalben. Unsere Fraktion brachte es nicht fertig, ihn ruhig anzuhören, begann ihn zu unterbrechen und verließ dann den Saal. Grodzski konnte sich auch jetzt eine Schurkerei nicht versagen, indem er tat, als halte er den Auszug der Bolschewiki für ein Manöver einzelner, besonders des Genossen Kowatsch; nichtsdestoweniger machte unser Auszug seiner Rede und der ganzen Sitzung ein Ende. —

Durch zwei Nächte, am 1. und 2. November, gingen die Beratungen im Büro unserer Fraktion über die Ausarbeitung der Resolutionen und die Fixierung der nächsten Aufgaben fort.

Als wenn es jetzt wäre, sehe ich noch den Genossen Rogozinsky vor mir, wie er um 2 oder 3 Uhr morgens mit einem von uns diskutierte; mit dem Tage kam er offensichtlich nicht aus. Er setzte uns allen und jedem einzelnen seine Ansicht auseinander, daß wir jetzt die Arbeit in den Komitees, in denen wir ohnehin zur ohnmächtigen Minderheit verurteilt waren, einstellen müßten; daß wir zu unseren Truppenteilen reisen und dort die Neuwahl aller Komitees erwirken müßten, von unten bis zu den Armee- und Frontkomitees; daß wir jetzt auf revolutionärem Wege vorgehen müßten. Nach seiner Rechnung mußte es möglich sein, auf die nächsten Tage einen neuen Armeekongreß, diesmal schon mit zweifelloser bolschewistischer Mehrheit, einzuberufen, denn „das 50. Korps ist fast ganz bolschewistisch, das 3. sibirische Korps wird in wenigen Tagen so weit sein" usw.

Auf dem Armeekongreß waren 10 Delegierte für den 2. Allrussischen Sowjetkongreß gewählt worden. Von unserer Fraktion reisten dahin: die Genossen Grschelschtschak, Ter-Waganjan und zwei andere. Wegen der Überlassung eines Mandates an die Uralkosakendivision entstand ein Zwischenfall. Die Division hatte die ganze Zeit mit den Kompromißlern gestimmt, diese aber hatten den Kosaken nicht ein einziges Mandat überlassen, sondern erklärten, daß die Bolschewiki dies tun müßten. Es gelang uns jedoch, den Kosaken die Augen zu öffnen; die Sozialrevolutionäre wurden schließlich gezwungen, eines ihrer Mandate einem parteilosen Delegierten zu überlassen.

Am Abend des 1. November fand unter meiner Leitung eine Besprechung unserer Fraktion, insbesondere der „Gemeinen" aus den vordersten Schützengräben statt. Eine der interessantesten Fragen war jene der „Verbrüderung" mit den Deutschen, sowie der Taktik, die wir zu wählen hatten, wenn die Macht in unsere Hände überginge. In jener Zeit war es äußerst schwer, zu entscheiden, welche Taktik wir in dieser Hinsicht wählen sollten. Zum Schlusse resümierte ich die Meinung der Versammlung wie folgt: Im Falle der Bildung einer revolutionären Regierung der Sowjets mit überwiegend bolschewistischem Einschlag wird die Frage der Einstellung des Krieges die wichtigste, aber auch die schwierigste sein. Die Sowjetregierung wird in diesem Falle nicht den üblichen Apparat für Friedensverhandlungen in Händen haben — den Apparat des Ministeriums des Äußeren und die auswärtigen Gesandtschaften. Die Front selbst wird also die Rolle der Diplomatie übernehmen müssen, welche demnach mit entsprechendem Takt und Selbstbewußtsein die Verbindungen mit dem „Ausland" anzuknüpfen und „Friedensverhandlungen zu führen" hat. Eine der ursprünglichen Formen der Revolutionierung der deutschen Armee muß die „Verbrüderung" sein, der man jetzt schon weiten Raum zuweisen muß.

Die Genossen aus einigen Regimentern hatten Bedenken und wiesen auf eine Reihe enttäuschender Erscheinungen hin, die sich bei der „Verbrüderung" gezeigt hatten: Verkauf von Schnaps durch die Deutschen, Spionage, Provokationen der Offiziere u. a. Aber die überwiegende Mehrheit teilte meine Ansicht. Die Armeeversammlung endete mit der Wahl einiger Ergänzungsmitglieder des Armeekomitees an Stelle der Ausscheidenden; von unserer Fraktion wurden gewählt: Tschutschaew, ich, Popow, Ter-Waganjan und andere. Jetzt verfügte unsere Fraktion über ein Drittel der Mandate, obwohl im Verhältnisse zur Fraktionsstärke auf der Armeeversammlung uns zwei Fünftel der Mandate gebührt hätten.

Nach Schluß der Versammlung und der Bildung des neuen Präsidiums des Armee-Komitees wurde festgesetzt, daß die neu gewählten Mitglieder auf vier Tage zu ihren Truppenkörpern reisen könnten, um dort Rechenschaftsberichte zu erstatten und ihre persönlichen Angelegenheiten zu ordnen, und daß die nächste Sitzung auf den 6. November anberaumt sei. Am 2. November, als bereits viele schon abgereist waren, erschien unerwartet im Fraktionsbüro der eben aus Minsk kommende Genosse Freiman vom Bezirks-Parteikomitee; er berief eine außerordentliche, geheime Sitzung des Fraktionsbüros ein; im Namen des Bezirkskomitees der Partei wurde die Frage der Vorbereitung der realen Kräfte für den Fall des bewaffneten Aufstandes auf die Tagesordnung gestellt.

Nach einer längeren Diskussion wurde eine Reihe von Maßnahmen beschlossen, deren wichtigste war, das 31. Schützenregiment auf „revolutionärem Wege", d. h. durch die Parteiagitatoren, nach Neswisch zu berufen; das Regiment befand sich zu dieser Zeit in der Reserve des 3. Korps und war, in 5 Werst Entfernung von der Stadt, in den umliegenden Dörfern, in der Armeereserve, einquartiert.

Ich brachte sodann den Antrag ein, jetzt schon ein Organ zu bilden, das die uns zufallenden Aufgaben der Armeeverwaltung, Versorgung etc. vorbereiten solle, und zu gleicher Zeit neben dieser Riesenaufgabe den Kampf mit der Gegenrevolution; diese äußerst wichtigen Fragen würden wir sonst nicht bewältigen können. Alle waren einverstanden; einige entwickelten meinen Gedanken weiter; zur Durchführung aber kam es nicht, denn es blieb keine Zeit mehr, uns mit dem Studium der Kräfte und Bedingungen zu befassen, es wurde notwendig, jetzt schon unmittelbar mit der Revolution selbst zu beginnen. Die Ereignisse überholten uns all' die Zeit.

Vom Augenblicke dieser Versammlung an verwandelte sich das Fraktionsbüro tatsächlich in ein Militär-Revolutionäres Komitee, in dessen Namen im weiteren Verlaufe die Aktionen erfolgten, Aufrufe erlassen wurden und dies bis zum Zeitpunkte des 2. Armeekongresses am 14. November.

Als wir am nächsten Tage nach unseren verschiedenen Bezirken zurückreisten, war uns allen durchaus klar, daß die Armeeversammlung, trotz ihrer sozialrevolutionären Mehrheit, in Wirklichkeit nur die Überlegenheit unserer Kräfte und die Richtigkeit unserer Taktik veranschaulicht und uns überzeugt hatte, daß die Revolution herangereift — und die Masse mit uns war. Mit dem bevorstehenden, am 7. November stattfindenden Allrussischen Sowjetkongreß verband jeder von uns den Gedanken des Umsturzes, wenn auch die Mehrheit von uns irgendwie eher daran dachte, daß der Umsturz erst nach dem Kongreß, unter dessen Sanktion vor sich gehen werde.

Am 3. November begab ich mich zu meinem taurischen Regiment zur Berichterstattung und Abwicklung meiner Angelegenheiten zurück. Unterwegs hielt ich mich, auf Befehl des Büros der Armeefraktion, bei der 2. Grenadier-Artilleriebrigade auf, die etwa 8 Werst südlich stand. Ich hatte dort ein Meeting abzuhalten und die Wahl des Brigadekomitees zu veranlassen. Ich mußte mich davon überzeugen, daß die Artilleristen als Ganzes weit rückständiger und konservativer waren als die Infanteristen, hier stieß die bolschewistische Agitation noch auf starken Widerstand bei einem Teile der Offiziere und auch der Soldaten. Doch wir hatten bereits unsere Organisation in der Brigade und so wurden fast bei allen Batterien die Delegierten nach unseren Listen gewählt.

Mein Regiment traf ich bereits in den Stellungen an. Ich erstattete in einer eigens einberufenen Versammlung des Regimentskomitees den Bericht über die Armeekonferenz. Es zeigte sich, daß das Regimentskomitee es verstanden hatte, sich inzwischen gut zu organisieren; die früheren Delegierten bei den Divisions-Korpskomitees waren abberufen und an ihre Stelle stramme Bolschewiki gewählt worden. Das Regimentskomitee hieß die Tätigkeit der bolschewistischen Fraktion auf der Armeekonferenz gut und betonte in einer Resolution, daß „alle Bajonette des Grenadierkorps auf den Ruf der Fraktion bereitstehen".

Nachdem ich durch den Genossen Baranow die Verbindung mit dem Regimentskomitee des 5. Moskauer Grenadierregiments in der Person des Vorsitzenden desselben, des Genossen Konobaew, hergestellt hatte, kehrte ich nach Neswisch zurück. Doch die für den 6. November angesetzte Sitzung des Armeekomitees fand erst am folgenden Tage statt. Es war fühlbar, daß die „herrschende" Partei der Sozialrevolutionäre, trotz ihrer Mehrheit im Armeekomitee, irgendwie gelähmt war und daß ihre Arbeit nicht recht klappte.

Es gab Gerüchte und Diskussionen darüber, ob die vorauszusehende Mehrheit der Bolschewiki auf dem bevorstehenden 2. Allrussischen Sowjetkongreß die Sowjetmacht ausrufen werde oder nicht. Auch innerhalb unserer Fraktion waren die Meinungen über die zu erwartenden Ereignisse geteilt. Jedenfalls bereiteten wir uns vor, sammelten unsere Kräfte.

Am Morgen des 8. November brachte jemand — ich glaube, es war Genosse Kowatsch — die ersehnte und uns allen jetzt doch überraschende Nachricht: *„Die Herrschaft der Sowjets ist ausgerufen!"*

Das Telegramm lag beim sozialrevolutionären Präsidium, welches es unter verschiedenen Vorwänden zurückhielt; sie versprachen, „nur eine Kopie anzufertigen und uns das Telegramm dann sofort zu übergeben" etc. Dieses „sofort" zog sich anderthalb bis zwei Stunden hin.

Endlich war das Telegramm in unseren Händen. Eilig veranstalteten wir eine Fraktionsversammlung, besprachen, was zu tun sei. Wir beschlossen, die sofortige Einberufung einer allgemeinen Armeeversammlung zu fordern und setzten die Richtlinien fest.

In diesem Augenblicke wurde unsere Fraktion das Opfer eines abscheulichen Manövers der Sozialrevolutionäre.

Um Zeit zu gewinnen und telephonisch bei ihren Zentralstellen Informationen einholen zu können, schickten sie einige Leute zu uns, die mitteilten, daß in Neswisch ein „blutiger Bruderkampf", ein Zusammenstoß zwischen der Ural-Kosakendivision und dem 31. sibirischen Schützenregiment sich vorbereite. Das letztere habe den Aufruf der Bolschewiki, in die Armeereserve überzugehen, (das hatten die Sozialrevolutionäre schon herausgeschnüffelt) angeblich mißverstanden und sei willkürlich nach Neswisch marschiert, um die Kosaken zu verjagen.

Mit Tränen in den Augen redeten die Sozialrevolutionäre uns zu, das Blutvergießen nicht zu dulden; man müsse augenblicklich sich an den Ort des Zusammenstoßes begeben und die Katastrophe abwenden. Leider ließ unsere Fraktion sich täuschen, delegierte zunächst einige Mitglieder nach der Stadt und auf das Betreiben der Sozialrevolutionäre begaben sich alle auf Automobilen, die vorsorglich vom Kommissar bereitgestellt worden waren, dahin, mit alleiniger Ausnahme von mir und noch zwei Genossen, die wir von Telephongesprächen in Anspruch genommen waren.

Nachdem unsere Genossen vier Stunden vergeblich den „Kampfort" gesucht hatten, kamen sie aufs tiefste empört zurück. Es zeigte sich, daß beim 31. sibirischen Schützenregiment nicht nur keine Spur einer Absicht eines Kampfes mit den Kosaken bestand, sondern daß auch die zusammen mit unseren Genossen fahrenden Sozialrevolutionäre, die allerdings nur „Gemeine" waren, von ihren Führern irregeführt worden waren. Allein, der Zweck der Sozialrevolutionäre war erreicht: wir hatten Zeit verloren, die anberaumte Sitzung des Armeekomitees war verhindert worden und konnte erst spät abends abgehalten werden.

Auf unserer Fraktionsversammlung wurden neuerlich lebhaft die weiteren Schritte beraten. Mit schwerer Mühe gelang es mir, meinen Antrag durchzusetzen, daß unsere Fraktion im Plenum des Armeekomitees ultimativ die Anerkennung des „Befehls Nr. 1" des Militär-Revolutionären Komitees (oder des Petrograder Sowjets der Arbeiter — ich weiß das nicht mehr genau) mit allen sich daraus ergebenden Konsequenzen zu fordern habe.*) Im Falle eines ablehnenden Beschlusses hätten wir uns zu bemühen, die Sitzung, aber auch alle übrige Arbeit des Armeekomitees, zu unterbinden; wir selbst begaben uns zu unseren Truppenteilen und riefen diese namens der Partei auf, die Macht der Sowjets in der Armee aufzurichten, die Regiments-, Divisions-, Korps- und Armeekomitees neu zu wählen usw. Mein Vorschlag wurde mit Majorität angenommen, ich wurde beauftragt, im Plenum namens der Fraktion des Wort zu führen.

Schon bei Eröffnung der Sitzung des Armeekomitees machte sich die gespannte Atmosphäre fühlbar. Nach Verlautbarung des „Befehls Nr. 1" wurde namens der Fraktion die Unterordnung unter diesen Befehl gefordert. Die kompromißlerische Mehrheit befand sich in großer Unruhe: offenbar hatten sie, trotz aller List, während des ganzen Tages bei ihren Zentralen sich nicht darüber belehren lassen können, wie sie sich jetzt verhalten sollten; eine Zeitlang schien es, daß sie, mit allerhand Ausflüchten, dennoch die „vollendeten Tatsachen" anerkennen wollten. Eine lange Zeit wollten sie uns mit unbestimmten Antworten verwirren. Von unserer Seite sprach, um die Einheitlichkeit zu wahren, außer mir fast niemand. Endlich stellte ich ultimativ die Forderung auf Unterwerfung unter den „Befehl Nr. 1" auf, wobei ich darauf verwies, daß die Nichtanerkennung des Befehls die darin gleichfalls enthaltene Qualifikation als „Verräter der Revolution" mit allen Konsequenzen nach sich ziehe.

Endlich schritten wir zur Abstimmung; genau ein Drittel der Stimmen (unsere Fraktion) erhob sich für die Unterordnung unter den Befehl, die übrigen zwei Drittel stimmten dagegen. Kaum war das Resultat der Abstimmung verlautbart, als wir auch schon geschlossen den Sitzungssaal verließen mit der Erklärung, daß wir das Armeekomitee verlassen, weil wir nicht an einer verbrecherischen Arbeit teilnehmen wollen.

Auf der sofort zusammentretenden Fraktionssitzung wurde uns klar, daß wir unsere Abreise beschleunigen müßten, da die Gefahr bestand, daß der Kommissar mit Unterstützung des Präsidiums trachten würde, uns zu verhaften. Wir erhielten Nachrichten, daß Kosaken in das Schloß eingerückt seien und daß auf den Straßen Patrouillen sich befänden.

Wir rafften unsere Sachen zusammen, die Literatur, Kopien der letzten Telegramme, und begaben uns fast vollzählig zur Station Zamir, 13 Werst von Neswisch entfernt. Um nicht „zufällig" arretiert zu werden, wählten wir den Weg durch abgelegene Straßen und Gemüsegärten. Auf jeden Fall ließen wir „zur Verbindung" in Neswisch drei Genossen, darunter den Genossen Tichmenew, zurück. Wie wir später erfuhren, waren sie keinen besonderen Verfolgungen ausgesetzt.

*) Der Verfasser meint folgenden Aufruf vom 25. Oktober:

*An alle Armeekomitees der operativen Armeen!*
*An alle Sowjets der Soldaten-Deputierten!*

Die Petrograder Garnison und das Proletariat haben die Regierung Kerenskis, die sich gegen die Revolution und das Volk erhoben hatte, niedergerungen. Der Umsturz, der die provisorische Regierung beseitigte, verlief unblutig. Der Petrograder Sowjet der Arbeiter- und Soldaten-Deputierten hat den vollzogenen Umsturz festlich begrüßt und hat, bis zur Bildung der Regierung der Sowjets, die Macht des Militär-Revolutionären Komitees anerkannt. Indem das MRK. hiervon die Armee an der Front und im Hinterlande verständigt, ruft es die revolutionären Soldaten auf, wachsam das Verhalten des Kommandostabes zu verfolgen. Die Offiziere, welche sich direkt und offen der vollzogenen Revolution nicht angeschlossen haben, müssen sofort als Feinde verhaftet werden. Das Programm der neuen Macht erblickt der Petrograder Sowjet in dem sofortigen Vorschlag eines demokratischen Friedens, in der sofortigen Übergabe des Bodens der Gutsbesitzer an die Bauern, in der Übergabe aller Macht an die Sowjets und in der ehrlichen Einberufung der Konstituierenden Versammlung.

Die Revolutionäre Volksarmee darf keine Transporte unverläßlicher Truppenteile von der Front nach Petrograd zulassen. Greift durch Wort und Überredung ein, wo dies aber nicht hilft, verhindert die Transporte durch erbarmungslose Gewaltanwendung. Der gegenwärtige Befehl ist sofort vor den Truppenabteilungen aller Waffenarten zu verlautbaren. Die Verheimlichung dieses Befehls vor den Soldatenmassen durch die Armee-Organisationen kommt dem schwersten Verbrechen an der Revolution gleich und wird mit aller Strenge des revolutionären Gesetzes bestraft.

**Soldaten! Für Frieden! Für Brot! Für Boden und die Macht des Volkes!**

*Das Militär-Revolutionäre Komitee.*

Um die Unannehmlichkeiten einer langen Nachtwanderung zu vermeiden, begaben wir uns auf den Rat des Genossen Tschutschaew, der mit dem Armee-Automobilkommando Verbindungen hatte, auf ein nahes Vorwerk, wo wir freudig empfangen wurden. Während man die Autos für uns vorbereitete, hielt ich vor dem eben versammelten Komitee des Autokommandos einen Bericht über die Lage und machte von den zwei oder drei Telegrammen über die Petrograder Ereignisse, die sich bereits in meinen Händen befanden, Mitteilung. Die Stimmung des Komitees war zweifellos für uns, trotz der Anwesenheit von zwei Offizieren, welche die Soldaten als „Demokraten" bezeichneten.

Unterwegs wurde besprochen, wie wir nacheinander die Divisions- und Korpskomitees für uns gewinnen und ihre reale Unterstützung durch die Massen sicherstellen wollten und wie wir untereinander die engste Verbindung herstellen müßten. Es wurde besprochen, die Richtung auf das 3. sibirische Korps zu nehmen, welches, nach den Erklärungen des Genossen Rogozinsky, als das revolutionärste zu gelten habe. In dem zu erwartenden Kampfe mit den im Schlosse Radziwill unter dem Schutze der Kosaken hausenden Sozialrevolutionären erschien es uns unvermeidlich, eine neue Armee-Zentralstelle zu bilden, sei es anfangs auch nur in Form des Komitees des 3. Korps.*)

Auf der Station Zamir mußten wir uns trennen: ein Teil begab sich nach Luninetz, andere reisten nach dem Städtchen Mir, Genosse Tschutschaew und ich fuhren nach dem Posten Chwoew. Genosse Tschutschaew hatte, wie sich zeigte, auch hier feste Verbindungen. Wir wollten hier nächtigen und konnten schon aus den ersten Worten hören, daß die Stimmung bei den Soldaten hier vorzüglich war. Nach einigen Tagen mußte der Panzerzug am bewaffneten Kampf in der Eigenschaft der ersten Kampfeinheit, die zur Deckung des Rückens der Stadt Minsk ausgesandt wurde, teilnehmen; in Minsk versuchte das konterrevolutionäre Komitee zur Rettung des Vaterlandes und der „Revolution", die Sowjetmacht zu erwürgen. Unter dem Befehle des Mitgliedes unseres Armeekomitees, des Bolschewiken Genossen Proligin, begab sich der Panzerzug auf Order des Militär-Revolutionären Armeekomitees nach Minsk, passierte glücklich das von den Sozialrevolutionären gelegte Minenfeld und entschied durch sein Erscheinen vor der Stadt sogleich das Kräfteverhältnis zu unseren Gunsten. —

Am Morgen des 9. November gingen wir mit Tschutschaew ins nahe Dorf zum Divisionskomitee des Grenadierkorps. In der Versammlung erstatteten wir von den Petrograder Ereignissen Bericht, die Anwesenden verhielten sich offenkundig sympathisierend, nicht eine einzige Einwendung wurde laut. Im Komitee gab es schon einige Parteigenossen. Es wurde eine Resolution beschlossen, die Sowjetmacht mit allen Kräften zu unterstützen. Nach der Sitzung begab sich Genosse Tschutschaew zu seiner ersten Grenadierdivision, während ich zu Fuß zu meinem taurischen Regiment ging, das vollzählig in den Stellungen lag.

In einem der Unterstände der dritten Linie, unweit vom Stabe, versammelte sich rasch das Gesamtregimentskomitee, um den Bericht über den Umsturz anzuhören. Nach der Sitzung, auf welcher neuerlich eine Resolution für die Unterstützung der Sowjetmacht angenommen wurde, rief ich den Parteigenossen Baranow zu mir und besprach mit ihm, daß er sich sofort wieder zum 5. Moskauer Grenadierregiment begeben solle, um einen noch engeren Kontakt mit unserer Organisation herzustellen. Er erfüllte diese Aufgabe vortrefflich, ordnete die Verbindung und sicherte uns die weitere Unterstützung des Moskauer Regiments.

Am Morgen des 10. November wurde auf Forderung der Truppen und Drängen der Vertreter des Armeekomitees ein außerordentlicher Kongreß der 2. Grenadierdivision einberufen. Anfangs versuchte das alte Divisionskomitee, unsere Forderung zu sabotieren. Wir erklärten darauf, daß wir genötigt sein würden, den Kongreß aus Initiative der Regimentskomitees auf „revolutionärem Wege" einzuberufen. Die Kompromißler gaben aber rasch nach und schickten selbst die Einladungen zum Kongreß.

Die Delegierten versammelten sich in einem nach Kriegsweise rasch „erbauten" Gebäude, einer Art Gasthaus. Es erschienen 200 Mann, die kaum Platz fanden. Zu einer Fraktionsversammlung blieb weder Zeit noch Raum: auf der Straße strömender Regen, Finsternis, ein anderes Gebäude gab es im ganzen Dorfe nicht. Wir mußten uns damit begnügen, die Zahl unserer Parteigänger so festzustellen, daß sie einfach alle auf einer Seite konzentriert wurden. Schon diese grobe Zählung ergab, daß die überwiegende Mehrheit des Kongresses auf unserer Seite war.

Nach der Wahl eines ziemlich farblosen Präsidiums hielt ein Sozialrevolutionär das Referat im Namen des alten Komitees über das Thema: Die augenblickliche Lage. Zur Entgegnung nahm ich das Wort. Meine ziemlich lange Rede wurde mit gespannter Aufmerksamkeit angehört und erreichte ihr Ziel. Leicht und beinahe ohne Debatte brachten wir die Resolution durch, in welcher den Kompromißlern das Mißtrauen ausgesprochen, die bewaffnete Unterstützung der Sowjetmacht und die Neuwahl des ganzen Divisionskomitees beschlossen wurde.

---

*) In beiden Richtungen zeigten sich unsere Annahmen später als irrig. Das 3. sibirische Korps erwies sich in den nächsten Tagen als das rückständigste der ganzen zweiten Armee und „bolschewisierte" sich später als alle anderen; der Kampf mit dem Armeekomitee, wiederum, endete sehr rasch -- und unblutig — mit unserem vollen Siege.

V e r b r ü d e r u n g
Russischer Soldat bringt den österreichischen Kriegsgefangenen die erste Nachricht über den Sieg der Sowjets

Unmittelbar vor den Neuwahlen versuchten die Sozialrevolutionäre durch Manöver, uns den Erfolg zu entreißen, indem sie listig forderten, wir möchten erklären, ob wir garantieren, daß morgen der Friede mit den Deutschen geschlossen würde. Die Antwort gab in erstaunlich geschickter Weise ein Soldat des Kiewer Regiments, Baranow, der auch ein Arbeiter war, offensichtlich parteilos; in der Sprache eines einfachen, ungelehrten Menschen führte er aus, wie das Proletariat und die Soldaten sich zu den Bolschewiki stellen müßten, was man von diesen verlangen könne und was nicht und warum man eigentlich mit ihnen gehen müsse: „Man darf nicht denken, daß die Bolschewiki den Frieden nur so aus der Tasche ziehen, uns gleich Brot und billige Preise geben werden; nein, sie zeigen uns nur den rechten Weg zu Frieden und Brot, sie — und sonst niemand."

Als wir nun zu den Wahlen kamen, weigerten sich die Menschewiki (es gab ihrer nur ein paar Mann), die Sozialrevolutionäre und die mit diesen Sympathisierenden, insgesamt 35 von 210 Mann, an den Wahlen teilzunehmen, weil sie angeblich keine Möglichkeit einer Zusammenarbeit mit den gewalttätigen Bolschewiki sähen. In das Divisionskomitee wurden ausschließlich unsere Parteigenossen gewählt. Genosse Kaganowitsch, Baranow, ich und noch einige Genossen begaben uns trotz der finsteren Nacht und des Regens zu Fuß auf das Vorwerk, zum Korpskomitee, wo uns bereits einige Genossen erwarteten, die als provisorische Mitglieder an Stelle der Abberufenen von den „bolschewistischen Regimentern" in das Korpskomitee delegiert worden waren.

Nach einem Acht-Werst-Marsche durch unwegbare, morastige Pfade kamen wir nach langem Umherirren, erfroren, hungrig, müde, endlich zum Sammelquartier der Komiteemitglieder. Es war ungefähr 1 Uhr nachts. Kaum daß wir einen Bissen Brot und Wasser hinuntergeschlungen hatten, versuchten wir zu schlafen, aber auf dem Boden war wegen der eisigen Kälte an keinen Schlaf zu denken.

Im Korpskomitee beeilten die Sozialrevolutionäre sich, uns durch irreführende Telegramme, die sie erhalten hatten, und durch ebensolche an Ort und Stelle fabrizierte Neuigkeiten anzuschwindeln. Um 2 Uhr nachts rief man mich zum Telephon und teilte mir aus dem Präsidium mit, „daß Petrograd von Kerenski genommen sei"; wenige Minuten später brachte man sogar ein Telegramm mit derselben Nachricht. Wir waren hier von der ganzen Welt abgeschnitten und hatten keinerlei Möglichkeit, die Meldungen zu kontrollieren. Doch schenkten wir dem Telegramme von der Einnahme Petrograds durch Kerenski keinen Glauben und begannen noch in der Nacht, einen Aufruf an die Soldaten zusammenzustellen, um ihre revolutionäre Stimmung aufrechtzuerhalten.

Der Aufruf begann mit den Worten: „Genossen! In jeder großen Revolution gibt es Teilerfolge und Teilniederlagen" . . . und endete mit der Versicherung, daß die revolutionäre Einigkeit der Arbeiter und Soldaten endgültig das System der Bourgeoisie hinwegfegen würde. Es war Genosse Kaganowitsch, der die flammendsten Worte für den Aufruf fand.

Einige Tage lang erhielten wir weder bolschewistische Zeitungen noch irgendwie ehrliche Nachrichten, eine Verbindung mit anderen Truppen bestand fast nicht, und wir mußten nach unserem eigenen Kopf unser Verhalten einrichten. Am 12. November frühmorgens begab ich mich auf einem Bauernfuhrwerk in das Städtchen Mir, von wo aus Genosse Rogozinsky jemand von uns zum Kongreß berufen hatte. Die Fuhre kam nur langsam vom Fleck, und zehn Werst vor Mir mußten wir aussteigen und weiter marschieren. Plötzlich, etwa fünf Werst vor Mir, trafen wir einen berittenen Artilleristen irgendeiner Brigade des 3. sibirischen Korps. Es zeigte sich, daß ihr Komitee beschlossen hatte, überallhin Patrouillen auszuschicken, um der Möglichkeit konterrevolutionärer Aktionen zuvorzukommen. Der Artillerist fragte mich und meinen Begleiter lange und eingehend aus (ich erinnere mich nicht mehr, wer mit mir reiste): wer wir seien, wohin wir wollten usw.; er beruhigte sich aber erst dann, als wir ihm die Mitgliedskarte der RSDRP. (Bolschewiki) vorwiesen.

In der Ortssynagoge befand sich der Kongreß schon auf dem Höhepunkte. Es zeigte sich, daß trotz der Erwartungen des Genossen Rogozinski, den Bolschewiki auf dem Korpskongreß nur die Hälfte der Sitze zufiel — die andere Hälfte den Kompromißlern. Es war ein „Koalitionspräsidium" gewählt worden mit einem Bolschewik als Vorsitzenden, der seine Sache sehr schlecht machte. Lange kam der Kongreß nicht vom Fleck; ohne irgendeine Einigung ging er auseinander, nachdem er ein paritätisches Korpskomitee gewählt hatte. Wie sich nachher zeigte, waren vor dem Kongreß fast in keinem einzigen Regimente Neuwahlen vorgenommen worden. So mußten wir mit dem Genossen Schtschukin, der aus Minsk gekommen war, den Rückweg antreten.

Im Morgengrauen des 12. November waren wir endlich an der Endstation, marschierten noch acht Werst und gerieten zufällig in das Versammlungszimmer der Delegierten zum Korpskongreß. Dieser war für 12 Uhr des 12. November angesetzt, wurde aber erst um 5 Uhr eröffnet, aber auch dann mußte man sich sputen, die Leute fast herbeiholen und den Kongreß in Abwesenheit des alten Korpskomitees eröffnen.

Beinahe wäre der Kongreß im letzten Augenblicke durch einen Angriff der Deutschen auf die Positionen der 2. Grenadierdivision unterbrochen worden. Um 3 Uhr telephonierte man uns aus dem Divisionsstabe, daß die Deutschen, die Windrichtung auf unsere Stellung ausnützend, Gas abzublasen begannen. Im Verlauf einer Stunde ließen sie drei Wellen los, damit aber war der Gasangriff auch schon beendet, denn der Wind schlug unerwartet um. Um 4 Uhr setzte ein fürchterliches Artilleriefeuer ein. Um 5 Uhr meldet der Stab, daß der deutsche Infanterieangriff beginne . . . Unter dem Drucke solcher Meldungen mußten wir uns mit dem Kongreß beeilen, um ihn nicht vollkommen abbrechen und nicht die Delegierten zurückhalten zu müssen.

Die bolschewistische Fraktion hatte schon am Morgen das Präsidium, die Tagesordnung und die Resolutionen festgesetzt. An dieser Fraktionssitzung nahm unter anderen auch ein linker Sozialrevolutionär, ein ordentlicher Demagoge, der aber mit uns stimmte, teil.

Der Korpskongreß wurde im geräumigen Unterstand unter dem Donner der nahenden Kanonade eröffnet, mit kriegerischen Vorsichtsmaßregeln — in Anwesenheit von 90 Delegierten. Der sozialrevolutionäre Vorsitzende des alten Komitees eröffnete die Sitzung und legte seine Vollmachten nieder Die Kompromißler hatten auch nicht einen einzigen Anhänger, alle, ohne Ausnahme, waren für uns. Einer der Redner wies treffend auf die „glänzende Abwesenheit der glänzenden Achselstücke" hin.

Alle waren erregt. Der erste Punkt, über die augenblickliche Lage, wurde unter allgemeiner Erregung besprochen. Die Sozialrevolutionäre und Menschewiki des alten Komitees versuchten, diese nervöse Gereiztheit für sich auszunützen. Sie spekulierten auf die schwierige Frontlage und den deutschen Angriff und schlugen uns vor, eine „demokratische Einheitsfront" zu bilden, im neuen Korpskomitee ihnen die Hälfte der Sitze zu überlassen.

Der Kongreß lehnte einstimmig und einmütig den Vorschlag der Kompromißler ab und nahm ebenso einstimmig, nach kurzen Reden Schtschukins und anderer, unsere kurze Resolution an. Gleichzeitig wurde namens des Kongresses ein Aufruf an die Soldaten im Schützengraben beschlossen: gegen die Deutschen sich zu halten, solange nicht der Friede auf organisiertem Wege abgeschlossen sei. Zur Redigierung dieses Aufrufes wurde eine Kommission bestimmt, die sich aus Konobaew, mir und dem erwähnten linken Sozialrevolutionär zusammensetzte.

In das Korpskomitee wurden ausschließlich Bolschewiki und Sympathisierende sowie der eine linke Sozialrevolutionär gewählt. Sodann schloß man, kaum noch andere Fragen behandelnd, eilig den Kongreß, damit die Delegierten so rasch als möglich zu ihren Truppenteilen zurückkehren und auch moralisch die in den Schützengräben zurückgebliebenen Kameraden unterstützen könnten.

Bei Tagesende verstummte die Schießerei an der Front der 2. Grenadierdivision und nachts erfuhren wir, daß die Deutschen versucht hatten, durch ganz energischen Druck unsere Front zu durchbrechen, wenn auch nicht mit großen Truppenmassen. (Sie hatten keine Infanteriereserve.) Nach der in Reserve stehenden deutschen Kavallerie und der Wahl des Frontteiles für den Angriff (eine große Straße), hatten sie offensichtlich damit gerechnet, daß die Oktober-Revolution unsere Front zerbröckelt hatte, daß sie daher mit schwächeren Kräften einen tiefen Kavalleriedurchbruch und eine Panik erzielen könnten.

Es glückte den Deutschen aber nur, einen Teil der ersten Linie der Schützengräben, eine Sappe, zu besetzen und zwei Regimenter in Unordnung zu bringen, bei 1500 Toten, Verwundeten und Vergifteten. Unsere Soldaten schlugen sich ganz tapfer. Der deutsche Angriff von 12. November 1917 war, so glaube ich, der letzte in diesem Jahre, dem unsere Armee zu widerstehen hatte. Von jetzt an begannen die Deutschen, ihre Truppen an die Westfront zu werfen.

Am Morgen des 13. November gingen wir mit dem Genossen Schtschukin zusammen zum Posten Chwoew, von hier mit der Eisenbahn nach Zamir. Hier konnten wir das bereits ausgehängte „Dekret vom Frieden" lesen, wie auch jenes „vom Boden". Aus den Gesprächen der Soldaten, aus den Antworten, zu denen wir sie anregten, konnten wir uns überzeugen, daß die breiten Massen der Soldaten mit uns waren und unsere Handlungen guthießen.

Nach zwei Tagen erhielten wir dann die Mitteilung, daß unsere Genossen den gesamten Frontstab besetzt hatten. —

Die Soldatenmassen der Nordfront (5. und 12. Armee) und der Westfront (2., 3. und 10.) schlossen sich als erste dem Umsturze, der den Frieden bringen sollte, an, indem sie die patriotischen Armeekomitees neu wählen ließen und auf zahlreichen Kongressen sich als feste Schutzwehr des Bolschewismus erklärten. Das Armee-Exekutivkomitee der 5. Armee sandte sofort nach Bekanntwerden der Petrograder Ereignisse eine Abteilung der Nordfront zur Verteidigung der Revolution. Am 9. November trat in Wenden ein Armeekongreß der 12. Armee zusammen, auf welchem sich ein charakteristischer Kampf um die Leitung der Armee entwickelte. Für diesen Kongreß waren verstärkte Vorbereitungen erfolgt. Schon im Oktober hatten die Kongresse der Sowjets Lettlands, Estlands, der lettischen Schützenregimenter und der Arbeiter-Deputierten der 12. Armee (es gab in der Armee an 100 000 Arbeiter) stattgefunden, die bolschewistische Resolutionen faßten. Die Armee, welche fast das ganze Territorium von Lettland und Estland einnahm, stand im engsten Kontakt mit der Bevölkerung, und nicht selten leitete diese durch ihre revolutionären Organisationen, wie den Vollzugsausschuß der Sowjets Lettlands, oder den Vollzugsausschuß des Sowjets der Arbeiter-Deputierten der 12. Armee die Arbeit in der Armee. Die Soldatenkomitees bis Oktober stellten ein ganz unnützes Anhängsel bei den Stäben der Truppen und nichts anderes dar. Zum überwiegenden Teile bestanden sie aus Offizieren und intellektuellen Soldaten, gewesenen Lehrern, Schreibern, Kommis usw., die formell häufig als Sozialrevolutionäre, Menschewiki und Nationalsozialisten gezählt wurden, — trotzdem aber unentwegte politische Analphabeten waren. Die Frage der Neuwahl der Komitees nahm entscheidende Bedeutung an: es war notwendig, die neu zu wählenden Komitees den heranreifenden Erwartungen und Forderungen der breiten Massen näherzubringen und sie zu echten und einzigen Organen der gesamten lokalen Gewalt zu gestalten.

Der alte, patriotische Vollzugsausschuß der Soldaten der 12. Armee verlegte den Zusammentritt des Armeekongresses, welcher für den 2. November festgesetzt war, auf den 9., wodurch er die formale Möglichkeit erlangte, auf dem Allrussischen Sowjetkongreß als Vertreter der revolutionären Frontsoldaten aufzutreten.

Als erste Frage stand auf dem Kongreß das Verhalten zu den Oktober-Ereignissen. Die Resolution für die Unterstützung des Rates der Volkskommissare erhielt 248 Stimmen, dagegen stimmten 243 des „Sozialistischen (rechten) Blocks".

Es wurde sodann beschlossen: auf den 28. November einen außerordentlichen Kongreß (Großer Sowjet) der 12. Armee einzuberufen, einen provisorischen Vollzugsausschuß der Soldaten auf paritätischer Grundlage zu wählen (vom rechten und linken Block), wobei alle Voroktober-Mitglieder ausschieden; auf dem Territorium der Armee die Tätigkeit des „Rettungskomitees" abzustellen.

Ungeachtet des Widerstandes des alten Vollzugsausschusses, der sich in Walk befand, gingen zwei Drittel des außerordentlichen Kongresses, der in Wenden am 9. November eröffnet wurde, mit dem linken Block (Bolschewiki und linke Sozialrevolutionäre). Zum Vorsitzenden wurde der Kommissar der lettischen Bataillone, S. Nachimson, gewählt und der Kongreß begrüßte die Sowjetregierung durch eine Kundgebung.

In der Etappe der Nordfront, in Pskow, bildete sich am 7. November das Nordwestliche Militär-Revolutionäre Komitee zum Kampfe mit der Gegenrevolution. Anfangs traten demselben auch die „Sozialisten" bei, das Verhalten gegen die Zentralregierung war abwartend, das Komitee trat mit dem Kommandierenden der Front, General Tscheremissow, in Verbindung. Doch die Soldaten, auf welche sich das MRK. stützte, befreiten sofort 206 politische Gefangene, welche unter Kerenski verhaftet worden waren, und am 8. November beschloß der Sowjet von Pskow, die Kosaken, die auf Petrograd marschierten, aufzuhalten. Neuwahlen brachten den Bolschewiki zwei Drittel der Sitze im Sowjet. Am 23. November wurde ein neuer

Vollzugsausschuß gewählt und am 4. Dezember wurde der 3. Kongreß der Sowjets der nördlichen Gebiete eröffnet, auf welchem die Bolschewiki die absolute Mehrheit hatten und der Bolschewik Pozern den Vorsitz führte.

In Dwinsk fand am 8. November eine Sitzung des Vollzugsausschusses statt, auf welcher die Vorgeladenen: der Garnisonskommandant, der Kommandant der Miliz und der Kommissar der provisorischen Regierung die Macht des Sowjets anerkannten.

Witebsk war gleichzeitig ein Front- und Etappenzentrum. Dort waren, außer den Truppen, die Armeebehörden, die Operationsbasis, Werkstätten und auch viele lettische Flüchtlinge vereinigt. Die Bolschewiki stützten sich auf die proletarischen, technischen Elemente der Garnison und auf die Letten. Der Sowjet von Witebsk war, entsprechend dem Handwerkscharakter der städtischen Industrie, menschewistisch, und der Einfluß der Menschewiki unter diesen Arbeitern war sehr groß. Die Gründung des MRK. im Oktober erfolgte daher ohne Wissen des Sowjets. Nach einer Reihe von Versammlungen unter den Truppen bildeten die Vertreter der Garnison den revolutionären Sowjet der Soldatendeputierten, welcher am 9. November dem Parteikomitee vorschlug, ein MRK. zu delegieren und die Macht im Gouvernement zu übernehmen. Das MRK. stellte die Verbindungen mit jenen von Smolensk, Orschansk und Pskow sowie den lokalen Parteiorganisationen her und ließ keinerlei Truppen durch, die von der Front auf Petrograd marschieren wollten. Am 7. November gingen die Neuwahlen des Sowjets vor sich und die Bolschewiki drangen durch.

In Minsk konzentrierte sich der Kampf um die Macht an der westlichen Front. Hier bestand neben dem bolschewistischen Sowjet ein sozialrevolutionärer Vollzugsausschuß der Westfront, der noch in der ersten Periode der Revolution gewählt worden war und zum Hauptquartier hielt. Die Bezirkskonferenz der Sowjets unterstützte schon am 29. Oktober den Allrussischen Kongreß, und der Sowjet von Minsk entwickelte sich zum organisatorischen Zentrum des Aufstandes in Weiß-Rußland, geleitet von der bolschewistischen Militärorganisation. Am 7. November erfolgte der wohlvorbereitete und organisierte, friedliche Umsturz. Der Sowjet erließ seinen „Befehl Nr. 1", der den Übergang der Macht ankündigte, ernannte seine Kommissare bei den Behörden und besetzte die wichtigen Posten mit verläßlichen Truppen. Es war dies das „1. revolutionäre Regiment des Sowjets zu Minsk", das schon früher aus verhafteten Bolschewiki, welche an diesem Tage befreit wurden, formiert worden war.

Das Frontkomitee stellte sich der neuen Macht entschieden entgegen und bildete ein „Komitee zur Rettung der Revolution". Der Frontkommandant, General Balujew, und der Kommissar Schdanow versuchten, nachdem sie von Kerenskis Versuch zum Widerstand erfahren hatten, von der Front Truppen, die dem Stabe ergeben waren, heranzuziehen. Am 8. November wurde das MRK. des westlichen Rayons gebildet, das aus Bolschewiki des Minsker Sowjets und solchen, die unter Führung von Genossen Mjasnikow aus dem Frontkomitee ausgeschieden waren, bestand. Seine Hauptaufgabe war es, keinerlei Truppen von der Front nach Petrograd durchzulassen. Am 19. November kamen auf den Ruf des Stabes Kosaken und Kavallerie. Doch dem MRK. gelang es, einen Zusammenstoß zu vermeiden, indem er mit dem Frontkomitee folgendes Übereinkommen schloß: Die Gewalt im Rayon der Westfront liegt in den Händen des „Komitees zur Rettung" unter der Bedingung, daß keine Truppen nach Petrograd und Moskau durchgelassen werden. Damit war Zeit gewonnen und jetzt gelang es dem MRK., sich auf die Frontmassen zu stützen, welche auf ihren Divisions-, Korps- und Armeekongressen sich auf die Seite der neuen Macht stellten. In den ersten Novembertagen fanden die Kongresse der 2., 3. und 10. Armee statt, wo revolutionäre Komitees organisiert wurden und die Macht des Sowjets der Volkskommissare anerkannt wurde. In dieser Zeit wurde, mit der Ankunft eines Panzerzuges in Minsk, der Sowjet dort zur tatsächlichen Macht, das „Komitee der Rettung" verschwand und General Balujew unterordnete sich dem provisorischen MRK. der Westfront. Dieses MRK. ergänzte sich noch aus Vertretern der neu gewählten Armee-Revolutionären Komitees und zählte am 10. November bereits 25 Mitglieder.

Am 3. Dezember verwandelte der Frontkongreß, welcher gleichzeitig mit dem Bezirkskongreß der Sowjets der Arbeiter- und Soldaten-Deputierten und dem Kongreß der Soldaten- und Bauern-Deputierten der Westfront stattfand, die Westfront endgültig in eine Zitadelle des Bolschewismus. Zum Kommandanten der Front wurde der Bolschewik Mjasnikow gewählt. Als Resultat dieser drei Kongresse wurde im Dezember ein Vereinigter Vollzugsausschuß der Sowjets der Arbeiter-, Soldaten- und Bauern-Deputierten der westlichen Rayons und Front gebildet, welcher aus seinem Schoße den Sowjet der Kommissare der Westdistrikte bildete, an dessen Spitze der Bolschewik Lander gestellt wurde. Die erste Aufgabe der neuen Gewalt war die Liquidierung der Westfront und die Organisierung der lokalen Regierungsgewalt.

In Mogilew war der Sitz des Hauptquartiers, und dort spiegelte sich der Kampf wider, welcher sich an der südwestlichen Front abspielte und dessen Ergebnis war, daß die Mehrheit der Armeekomitees zu den Bolschewiki neigte. Wir führen hier zwei telegraphische Berichte des Generals Duchonin an Kerenski an:

Am 29. Oktober war die Lage an den Fronten die folgende: *Nordfront:* Im Abschnitt der 12. Armee verließen die Letten ihre Stellungen und besetzten im Hinterlande die Städte Walk, Wolmar und Wenden. Obwohl in Reval keine Aktionen stattfanden, konnten die Donregimenter Nr. 13 und 15 nicht nach Petrograd transportiert werden, da die Bolschewiki durch Drohungen die Zusammenstellung von Eisenbahnzügen verhinderten. Die Regimenter selbst zeigten aus mir unbekannten Ursachen keine Neigung, die Abfahrt auch nur bis zur nächsten Station zu erzwingen, um sich dann außerhalb des Revaler Gebiets einwaggonieren zu können. Die Komitees der 5. Armee wollten zur Unterstützung der Bolschewiki Truppen nach Petrograd schicken, während die Komitees der 1. Armee im allgemeinen eine passive Stellung einnahmen. In Pskow selbst ist die Lage unbestimmt, das Revolutionskomitee, das gebildet worden ist, zeigt keine Neigung, aktiv gegen die Bolschewiki vorzugehen. Die allgemeine Stimmung der Fronttruppen gegenüber den aktuellen Ereignissen ist eher passiv; jedenfalls zeigen sie keine Neigung, die Regierung im Kampfe gegen den das Land immer mehr beherrschenden bolschewistischen Einfluß mit Entschlossenheit zu unterstützen. An der Westfront ist das tatsächliche verfügende Organ das in Minsk gebildete „Komitee zur Rettung der Revolution", ohne dessen Zustimmung keine einzige Truppenformation zur Unterdrückung der bolschewistischen Bewegung irgendwohin geschickt werden kann. Ausschreitungen kamen bisher in den Armeen nicht vor, aber die Stimmung der Massen ist nervös und abwartend, teils auch gegenüber der Arbeit der bolschewistischen Bewegung passiv. Im Hinterlande dieser Front hat die bolschewistische Bewegung fast in allen Städten und Eisenbahnknotenpunkten die Oberhand gewonnen, sie reißt die Verwaltung und das Verfügungsrecht an sich. Jede Bewegung der Bolschewiki verläuft entweder mit aktiver Beteiligung der Garnisonen oder unter einer vollkommen passiven Unterordnung der Massen unter den Willen eines Häufleins von Führern oder gar einzelner Personen. An der Südwestfront ist die Stimmung im allgemeinen für die Regierung am günstigsten, dort fanden aber auch Zusammenstöße und Blutvergießen statt. In Winnitza fand ein hartnäckiger Kampf statt, an dem von beiden Seiten sogar Panzerautos und Flugzeuge beteiligt waren. Auf der Seite der Regierungstruppen griffen vorüberfahrende Kompagnien der 3. finnländischen Division ein, deren Ankunft in Petrograd dadurch verzögert wurde. Am Abend des 30. Oktober ergriffen die Bolschewiki die Flucht, die Verluste und die Ermüdung der Regierungstruppen verhinderten jedoch eine Verfolgung der Meuterer, die sich in die Umgebung zerstreuten und voraussichtlich die Anarchie hinter der Front weiterverbreiten werden. In Kiew ist die Lage außerordentlich kompliziert. Von dem entstandenen ukrainischen Revolutionskomitee spaltete sich am 29. Oktober die „Rada" ab. Diese gab gegen die Bolschewiki gerichtete Parolen aus. Das Revolutionskomitee erteilt seinerseits Befehle an die ukrainischen Truppen und erschwert den Kampf gegen die Bolschewiki innerhalb und außerhalb Kiews. In Kiew fanden vorläufig nur einzelne Zusammenstöße statt, die Vorbereitungen zu einer ernsteren Aktion der Bolschewiki machen sich aber bereits bemerkbar. Die von der Südwestfront sich nähernde und für die strategische Reserve im Rayon Polezk bestimmte ukrainisierte 156. Infanterie-Division erhielt vom ukrainischen Revolutionskomitee den Befehl, zur Verteidigung der Rada nach Kiew abzubiegen. Infolgedessen weigerten sich Kompagnien dieser Division, in Orscha und Slobin weiterzufahren und forderten Umleitung der Züge nach Kiew. Allen Anstrengungen ist es in zwei Tagen nicht gelungen, die Division zur Abreise zu bringen. In Orscha schloß sich außerdem ein Teil der Mannschaften des Regiments Nr. 623 an die Bolschewiki an und ermöglichte ihnen so die Besetzung dieser Stadt. An der rumänischen Front ist die Stellungnahme zur Bewegung mehr eine passive, es ist bisher noch nicht gelungen, eine Abteilung zur Abfahrt nach Moskau zusammenzustellen, da die Frage, trotz wiederholter Mahnungen, von den Komitees verschleppt wird. Odessa steht vorläufig im Zeichen allgemeiner Passivität. In Moskau ist die Lage schwer, die heldenhaft kämpfenden Regierungstruppen spannen ihre letzten Kräfte an. Zwar ist es gelungen, den Mittelpunkt der Stadt zu besetzen, doch sind alle Vorstädte und Bahnhöfe in den Händen der Bolschewiki, der Rotgardisten und des betrunkenen Pöbels. Die Kräfte der regierungstreuen Truppen schmelzen im Straßenkampf zusammen, und wenn in den nächsten zwei Tagen keine Hilfe kommt, so werden die gesetzlichen Machtorgane gezwungen sein, zu kapitulieren. Charkow, Woronesch und Kursk befinden sich in den Händen der Bolschewiki. Bei den in den vordersten Stellungen befindlichen Truppen ist die bolschewistische Bewegung bisher nur in den etwas häufigeren Fällen von Verbrüderung an den Tag getreten; Ausschreitungen sind nicht vorgekommen. Die aus dem Hinterlande kommende Welle des Bolschewismus nähert sich jedoch allmählich der Front, und ich halte es für meine Pflicht, zu melden, daß, wenn sich die Krise noch zwei, drei Tage verzögert, für die Ruhe in den vordersten Stellungen nicht garantiert werden kann. Die Stimmung der Massen ist veränderlich, was mit der häufigen Änderung ihrer Ansichten über die Lage im Zusammenhange steht. So geschah es auch bei der Abkommandierung der Infanteriebrigade des 17. Armeekorps, wo Truppenteile, die sich ursprünglich freiwillig zum Aufmarsch gegen Petrograd gemeldet hatten, bei der Einwaggonierung die Abfahrt verweigerten. Am 31. Oktober sollen andere Truppen abgeschickt werden, die heute einen diesbezüglichen Wunsch geäußert haben. Ich tue alles, was unter den gegenwärtigen Verhältnissen zur Unter-

**Appell der Rotgardisten vor dem Smolny, Oktober 1917**

drückung der bolschewistischen Bewegung und zu Ihrer Unterstützung möglich ist, und versuche hartnäckig, alle unerwartet entstehenden Hindernisse im Wege der Durchführung entsprechender Maßnahmen zu beseitigen. *Duchonin.*

Lage am 31. Oktober. *Nordfront.* 12. Armee. Das Verhalten der Letten trägt einen offen staatsfeindlichen Charakter, wobei wir es nicht nur mit einzelnen eigenwillig vorgehenden Brigaden zu tun haben, sondern auch mit der gesamten Bevölkerung dieses Gebietes, die den russischen Soldaten feindlich gesinnt ist. Nach dem Berichte des Kommandanten der 12. Armee ist die Lage katastrophal. Unter diesen Umständen war es nicht möglich, die 17. Kavallerie-Division und die Panzerauto-Abteilung nach Gatschina zu schicken.

In der 5. Armee gelang es dem Armeekommandanten mit großer Mühe und durch Gewaltandrohung, die Armee davon zurückzuhalten, eine Maschinengewehr-Abteilung zur Unterstützung der Petrograder Bolschewiki nach Petrograd zu delegieren. Die zu Ihnen kommandierte Panzerauto-Abteilung wurde in Retschiza von der bolschewistischen Garnison aufgehalten. Die Verbrüderung macht starke Fortschritte. *Westfront.* Im Abschnitt Skrobowo entwickelte sich die Aktivität des Gegners nicht weiter. Der Versuch, Truppen von der Front nach Gatschina und Moskau zu schicken, scheiterte daran, daß das „Komitee zur Rettung der Revolution" eine Abkommandierung von Truppen von dem eigenen Frontabschnitte nicht gestattete, obwohl es andere von der Südwestfront kommende Truppen unbehindert weiterfahren ließ. In Smolensk fanden gestern Unruhen statt, wobei die Stadt von der bolschewistischen schweren Artillerie beschossen wurde. Ein ausführlicher Bericht liegt noch nicht vor. Die Verbindung mit Moskau ist unterbrochen. *Südwestfront.* Die bolschewistische Aktion in Winnitza ist liquidiert, dafür ist aber die Lage in Kiew sehr kompliziert, da die Rada, nach vorläufig noch privaten Nachrichten, die Diktatur ausgerufen und die Entfernung des Wehrkreisstabes gefordert hat. Die von der Südwestfront nach Kiew kommandierten Truppen sind unterwegs von den Streikkomitees der Eisenbahner aufgehalten worden. Nach meinen Informationen verläßt der Kosakenkongreß Kiew und begibt sich in das Dongebiet. An der *rumänischen* Front dauert die Sabotage aller Verfügungen des Großen Hauptquartiers an, insofern sich diese auf die Unterdrückung der bolschewistischen Bewegung beziehen. In Odessa ist dem Anscheine nach alles ruhig. Kaledin berichtet, er habe zur Unterdrückung der bolschewistischen Bewegung eine Kosakenabteilung nach Woronesch geschickt. Die Truppenverschiebungen sind durch die Verfügungen des Eisenbahnerverbandes in bezug auf die Möglichkeit von Streiks stark gehemmt. Als Ergebnis dieser Verfügungen weigern sich schon einige Stationen der südwestlichen Eisenbahnlinien, Truppen einzuwaggonieren oder durchzulassen. Dadurch wird auch die Möglichkeit der Abkommandierung der 1. finnländischen Division nach Gatschina in Frage gestellt.

*Duchonin.*

---

Nach der Flucht Kerenskis aus Gatschina machten die sozialrevolutionären Führer, auf der Suche nach einer Organisation, auf die sie sich stützen könnten, sich nach Mogilew auf. Dort befand sich das patriotische Gesamtarmee-Komitee beim Hauptquartier, dort befand sich auch das konterrevolutionäre militärische Hauptquartier mit dem Oberkommandierenden Duchonin an der Spitze. Außerdem besaßen vorläufig auch der Sowjet und das Gouvernements-Bauern-Exekutivkomitee von Mogilew patriotische Majoritäten.

Wie die politische Stellungnahme des Gesamtarmee-Komitees war, erhellt aus folgendem Telegramm, welches es am 12. November an den Eisenbahnerverband sandte: „Wir, die Vertreter der Armee, die wir uns beim Hauptquartier im Gesamtarmee-Komitee organisiert haben, treten ohne Schwanken, mit der Waffe in der Hand, gegen den Versuch der Bolschewiki auf, dem Lande ihren Willen zu diktieren. Der Gewalt antworten wir mit Gewalt. Truppen marschieren auf Petrograd, alle Truppentransporte, alle Ernennungen auf Kommandostellen, alle Maßnahmen, welche das Hauptquartier unternimmt, erfolgen unter unserer Kontrolle. Wir wollen kein Blutvergießen: Im Augenblick, in dem die Bolschewiki die Waffen niederlegen, im Augenblick, in dem sie sich dem Beschlusse des bevollmächtigten Organs der Demokratie, dem Allrussischen Komitee zur Rettung des Vaterlandes und der Revolution, unterwerfen, rufen wir die Truppen zurück . . . Wir bitten um Euer Vertrauen: Verhindert keine Truppenbewegungen, welche nach unseren Anweisungen erfolgen. Mit Freuden nehmen wir in unser leitendes Organ Euren Vertreter zur gemeinsamen Tätigkeit für die Rettung des Vaterlandes auf . . ."

Auf diese Art stand das Gesamtarmee-Komitee von allem Anfang vollkommen auf der Linie des „Komitees zur Rettung des Vaterlandes und der Revolution". Aber der Sieg der Roten Truppen wirkte auf dasselbe ernüchternd, weshalb es sich schon am 13. November auf den Standpunkt des Eisenbahnerverbandes stellte und eine Resolution annahm, in der es hieß: „daß um der Erhaltung der Ruhe und Einigkeit an der Front willen das Gesamtarmee-Komitee die Bildung einer Einheitsregierung von den Volkssozialisten bis zu den Bolschewiki unterstützt."

Die sozialrevolutionären Führer planten nach ihrer Niederlage in Petrograd und Gatschina, jetzt in Mogilew eine neue Seite im Buche der Konterrevolution zu beginnen und Mogilew als konterrevolutionären Mittelpunkt, der sich außerhalb des Einflusses der Petrograder Arbeiter, Soldaten und Matrosen befand, zu benützen. Sie hofften, daß das Gesamtarmee-Komitee zusammen mit den Offizieren des Hauptquartiers und den Truppen, welche diese vertraten, eine ausreichende bewaffnete Macht zur Unterstützung eines neuen Abenteuers, diesmal schon mit Tschernow an der Spitze, beistellen könne.

An der Verwirklichung dieses Planes arbeiteten die sozialrevolutionär-menschewistisch-kadettistischen Führer, die in Mogilew zusammengekommen waren. Gotz, Tschernow, Awksentiew, Znamenskij (von den Volkssozialisten), Skobelew (Menschewik), Stankewitsch, Werchowskij, Herstein (Sozialrevolutionär, Mitglied des ZK.), die Mitglieder des ZK. der Kadettenpartei: Miljukow, Winawer und andere überredeten, vermittelten, waren geschäftig auf den Sitzungen des Gesamtarmee-Komitees, welche fast jeden Tag stattfanden. An diesen Sitzungen nahm auch eine Delegation des Petrograder Eisenbahnerverbandes teil, welche am 13. November entsandt wurde und „aus hervorragenden Führern der Parteien, der Stadtduma und der demokratischen Verbände bestand".

Im Ergebnis der gemeinsamen Anstrengungen nahm das Gesamtarmee-Komitee am 20. November eine Resolution an, welche auch an alle Armee-Organisationen ausgesandt wurde. Dort hieß es: . . . Das Gesamtarmee-Komitee hat . . . alle Anstrengungen zur raschesten Beendigung der Krise und zur Aufrichtung einer Macht im Lande gemacht, welche geeignet wäre, die Grundforderungen des Volkes zu erfüllen. Die Bolschewiki, welche die Macht in Petrograd und anderen Städten an sich gerissen und ein Übereinkommen mit den anderen sozialistischen Parteien abgelehnt haben, zeigten sich ohnmächtig, die allstaatlichen Notwendigkeiten zu befriedigen. Wir schlossen ein Übereinkommen mit dem Allrussischen Eisenbahnerverband, wir entsandten unsere Delegierten in die ZK. aller sozialistischen Parteien, bisher aber waren unsere Versuche nicht von Erfolg gekrönt, hauptsächlich durch die Schuld des unversöhnlichen Standpunktes, den die Führer des extremsten Bolschewismus einnehmen — Lenin nämlich und Trotzki . . . Die Fruchtlosigkeit unserer Anstrengungen diktiert uns den einzigen Ausweg aus der sich ergebenden Situation: Wir schlagen der operativen Armee vor, in Person ihrer Front- und Armeekomitees die Initiative zur Bildung einer Regierung zu ergreifen . . . Wir schlagen vor, uns, das Gesamtarmee-Komitee, zu beauftragen, im Namen der gesamten Armee uns an alle sozialistischen Parteien und demokratischen Organisationen mit dem Vorschlage zu wenden, sofort an die Organisierung einer Regierung von den Bolschewiki bis zu den Volkssozialisten zu gehen.

„Zwecks Beschleunigung der Regierungsbildung schlägt das Gesamtarmee-Komitee allen Armeeorganisationen vor, einen Kandidaten für den Posten des Ministerpräsidenten zu nominieren. Das Gesamtarmee-Komitee seinerseits schlägt für diesen Posten den Führer der Sozialrevolutionäre, Viktor Michailowitsch Tschernow, vor. Genossen, sammelt um diesen Namen Eure Macht, und die Krise wird gelöst sein. Wir erwarten Eure unverzügliche Antwort. Das Gesamtarmee-Komitee."

Zur gleichen Zeit zogen die Macher des Hauptquartiers bei Mogilew nach ihrer Meinung verläßliche Truppen zusammen: zwei Hundertschaften Orenburger Kosaken, das 4. sibirische Kavallerie-Regiment und Stoßtruppen. Jedoch ging das 4. sibirische Kosaken-Regiment sofort auf die Seite der Bolschewiki über, nachdem es sich bei ihnen über die politische Lage informiert hatte, und die Stoßtruppen, 290 Mann, sangen monarchistische Hymnen und sympathisierten keineswegs mit der „sozialistischen" Phraseologie des Gesamtarmee-Komitees.

Inzwischen begann dieses den Druck der Soldatenmassen sehr deutlich zu fühlen. Diese hielten es mit den Bolschewiki und forderten voll Haß und Wut die Neuwahl des Gesamtarmee-Komitees.

Über die Stimmung der Soldaten schrieb damals der Kriegskorrespondent der Kadettenzeitung „Rußkij Wjedomostij", Karzschanskij, in seinen Erinnerungen: „Das Komitee war in seiner großen Mehrheit für die Landesverteidigung, während eine Armee nach der anderen bolschewistisch wurde, aus den bolschewisierten Armeen kamen schon die Bolschewiki angereist und es war klar, daß die Wellen des Bolschewismus auch das Gesamtarmee-Komitee rasch hinwegspülen würden."

Отъ Военно-Революціоннаго Комитета при Петроградскомъ Совѣтѣ Рабочихъ и Солдатскихъ Депутатовъ.

**Къ Гражданамъ Россіи.**

Временное Правительство низложено. Государственная власть перешла въ руки органа Петроградскаго Совѣта Рабочихъ и Солдатскихъ Депутатовъ Военно-Революціоннаго Комитета, стоящаго во главѣ Петроградскаго пролетаріата и гарнизона.

Дѣло, за которое боролся народъ: немедленное предложеніе демократическаго мира, отмѣна помѣщичьей собственности на землю, рабочій контроль надъ производствомъ, созданіе Совѣтскаго Правительства — это дѣло обезпечено.

ДА ЗДРАВСТВУЕТЪ РЕВОЛЮЦІЯ РАБОЧИХЪ, СОЛДАТЪ И КРЕСТЬЯНЪ!

Военно-Революціонный Комитетъ при Петроградскомъ Совѣтѣ Рабочихъ и Солдатскихъ Депутатовъ.

25 октября 1917 г. 10 ч. утра.

**Aufruf des Militär-Revolutionären Komitees über die Eroberung der Macht** (Text siehe S. 358)

Es ist unbekannt, ob irgendwelche Armeekomitees ihre Vollmacht zur Bildung der „Tschernowschen" Regierung gaben. Jedenfalls steht fest, daß die 1., 3., 5. und 10. Armee es ablehnten, solche Direktiven zu geben, wie aus der Erklärung des Armeekomitees selbst hervorgeht. Im „Bulletin" 15, welches die Patrioten in Mogilew herausgaben, hieß es, daß „das Armeekomitee infolge der veränderten Kräfteverhältnisse in den Armeekomitees beschlossen habe, sich der aktiven Anteilnahme an der Organisierung und Einberufung dieser Versammlung (wegen der Regierungsfrage) zu enthalten."

In einer am 24. November angenommenen Resolution erklärt das Gesamtarmee-Komitee offiziell, daß die Stimmung der Armee es veranlaßt, dem Gedanken der sofortigen Regierungsbildung zu entsagen.

Allerdings stellt das Komitee in der gleichen Resolution fest: „Die Regierung der Volkskommissare, die nicht die Autorität der gesamten Demokratie hinter sich hat, ist nicht anzuerkennen" . . . und daß „das Gesamtarmee-Komitee die Neutralität des Hauptquartiers mit bewaffneter Hand verteidigen und keinesfalls den Einzug bolschewistischer Truppen in das Hauptquartier zugeben wird". Allein, dies war nur eine kraftlose Geste im luftleeren Raume, und die Seifenblase in Mogilew, welche das Gesamtarmee-Komitee umgab, platzte bald.

Dieser Mißerfolg führte zur vollkommenen Ernüchterung in den Reihen der Sozialrevolutionäre. Semjonow beschreibt sein Zusammentreffen in diesem Moment mit Gotz und Tschernow in folgender Weise: „In der ersten Unterredung mit mir erklärte Gotz, mutlos mit der Hand winkend, daß das Gesamtarmee-Komitee ohnmächtig sich im Kreise drehe, daß die Kräfte, die ihm zur Verfügung ständen, gering seien, daß offensichtlich nichts herauskomme. Tschernow, der offensichtlich im Zustande vollkommener moralischer und physischer Ohnmacht war, lag mit einer Kompresse um den Kopf da."

In den Tagen des Oktober-Umsturzes war die Stadt Mogilew dank dem Umstande, daß dort das Hauptquartier (die zentrale Leitung aller Armeen) und alle höheren Kriegsbehörden vereinigt waren, der Mittelpunkt, von dem die konterrevolutionären Unternehmungen ausgingen.

Wie bekannt, wurde Kerenski nach der Kornilow-Aktion zum Oberkommandierenden ernannt. Der Chef des Generalstabes des Oberkommandos war General Duchonin. Ein wilder Monarchist, der im Hauptquartier von Dutzenden und Hunderten ebensolcher monarchistischer Offiziere umgeben war, stand er Kerenski in dessen Abenteuer hilfreich zur Seite. Zusammen mit dem Gesamtarmee-Komitee beim Hauptquartier forderte er von allen Kommandos und Kommissaren Truppen zu Kerenskis Hilfe. Das an Kaledin gesandte Telegramm lautete: „Geheim, betrifft Kriegsoperationen. An den beauftragten Ataman, Nowotscherkask. 10. November 1917. Ist es Ihnen nicht möglich, nach Moskau zur Unterstützung der Regierungstruppen bei Unterdrückung des bolschewistischen Aufstandes eine Abteilung Don-Kosaken zu schicken, welche nach Niederwerfung des Aufstandes in Moskau nach Petrograd zur Unterstützung der Truppen des Generals Krassnow geworfen werden könnte? 79 991. *Duchonin.*"

Sofort nach dem Oktober-Umsturz wurde ein Telegramm nach Petrograd gesandt, in dem Duchonin zusammen mit dem Gesamtarmee-Komitee meldete: „Im Namen der Frontarmee fordern sofortige Einstellung der bolschewistischen Zwangsmaßnahmen, den Verzicht auf die bewaffnete Machtergreifung, bedingungslose Unterordnung unter die in voller Übereinstimmung mit den bevollmächtigten Organisationen der Demokratie handelnde provisorische Regierung, welche allein fähig ist, das Land zur Konstituierenden Versammlung zu führen, welche der Herr des russischen Bodens ist. Die operative Armee unterstützt diese Forderung mit ihrer Macht. Der Chef des Stabes des Oberkommandos: *Duchonin.* Der Gehilfe des Chefs des Stabes für den zivilen Teil: *Wirubow.* Der Vorsitzende des Gesamtarmee-Komitees, Stabskapitän *S. W. Perekrestow.*"

Diese Drohung blieb auf dem Papier stehen, weil die Soldaten an der Front für das Programm des Oktobers eintraten. Und alle Kräfte des Hauptquartiers bestanden in dieser Zeit aus 240 Kosaken, 290 Mann Stoßtruppen und einem finnländischen Bataillon, das 800 Bajonette zählte, dann Offizieren, die hier von allen Seiten zusammenströmten. Die Georgier, die sich im Hauptquartier befanden, wurden von der bolschewistischen Propaganda erfaßt und waren so ein für Duchonin unverläßlicher Truppenteil.

Mit diesen Kräften konnte das Hauptquartier auch Kerenski keineswegs helfen und so blieb es bei der Drohung gegen Petrograd. Unmittelbar nach Bildung der Sowjetregierung in Petrograd wurde in Mogilew am 10. November, ebenso wie in Petrograd, ein Komitee zur Rettung des Vaterlandes und der Revolution gegründet, in welches Vertreter der städtischen Selbstverwaltung, der polnischen Gouvernements-Rada, der Kadettenpartei, der sozialrevolutionären Partei, der Partei der Volkssozialisten, des weißrussischen Komitees, der sozialdemokratischen Partei (Menschewiki), des Bund, des Gouvernements-Semstwos, der Genossenschaftsorganisationen, der Gouvernements-Verpflegungsverwaltung, der jüdischen Nationalpartei, der jüdischen Arbeiter-Sozialistenpartei, des Verbandes der Post- und Telegraphen-Angestellten und des Sowjets der Bauern-Deputierten eintraten. Auf solche Art gab es in der ersten Zeit überhaupt keine Organisation, welche auf der bolschewistischen Plattform gestanden hätte.

Nach der Flucht Kerenskis beschloß General Duchonin, persönlich an die Spitze der konterrevolutionären Soldateska zu treten und wandte sich mit einem Telegramm an alle Fronten, in dem es hieß: „. . . Nach Meldung des Generals Krassnow hat der Oberkommandierende Kerenski seine Abteilung verlassen und sein Aufenthaltsort ist im gegenwärtigen Augenblicke nicht festgestellt. Infolgedessen übernehme ich auf Grund des Felddienstreglements die provisorische Ausübung des Amtes des Oberkommandierenden."

Jedoch unternahm das Hauptquartier mangels Vorhandenseins realer Kräfte vorläufig keinerlei agressive Maßregeln. Der Konflikt mit der Sowjetregierung entlud sich beim General Duchonin in der Frage des Friedens.

Das erste Oktober-Dekret war das Dekret vom Frieden. Der Rat der Volkskommissare konnte jedoch dementsprechende Maßnahmen nicht unternehmen, so lange vor Petrograd der Kampf mit den Banden Kerenskis tobte, in Petrograd selbst aber und in Moskau der Aufstand der Offiziersaspiranten.

Doch sobald die Weißen zerschlagen waren und die Macht der Sowjets sich festigte, wandte der Rat der Volkskommissare sich am 21. November mit folgender Note an die Gesandten aller kriegführenden Staaten, welche vom Volkskommissar für äußere Angelegenheiten, *L. Trotzki,* unterzeichnet war:

„Ich habe hiermit die Ehre, Sie, Herr Gesandter, zu verständigen, daß der Allrussische Sowjet der Arbeiter- und Soldaten-Deputierten am 8. November eine neue Regierung der russischen Republik in Form des Rates der Volkskommissare organisiert hat. Der Vorsitzende dieser Regierung ist Wladimir Iljitsch Lenin, mit der Leitung der äußeren Politik wurde ich in der Eigenschaft des Volkskommissars für auswärtige Angelegenheiten betraut.

Indem ich Ihre Aufmerksamkeit auf den vom Allrussischen Kongreß der Arbeiter- und Soldaten-Deputierten gutgeheißenen Text des Vorschlags eines Waffenstillstandes und demokratischen Friedens ohne Annexionen und Kontributionen, auf Grund der Selbstbestimmung der Völker, lenke, habe ich die Ehre, Sie zu ersuchen, das erwähnte Dokument als formellen Vorschlag eines sofortigen Waffenstillstandes an allen Fronten und sofortiger Eröffnung von Friedensverhandlungen zu betrachten — einen

Vorschlag, mit welchem die bevollmächtigte Regierung der russischen Republik sich gleichzeitig an alle kriegführenden Völker und deren Regierungen wendet.

Genehmigen Sie, Herr Gesandter, die Versicherung der Hochachtung der Sowjetregierung für das Volk*), welches nicht anders kann, als ebenso nach dem Frieden zu trachten, wie alle übrigen gequälten, in diesen beispiellosen Schlachten verblutenden Völker."

Gleichzeitig beschloß der Rat der Volkskommissare, den Kampf an der Front sofort einzustellen und mit den Deutschen einen Waffenstillstand abzuschließen. Zu diesem Zwecke wurde an den General Duchonin am 21. November, um 5 Uhr 5 Minuten morgens, folgender Befehl telegraphiert:

„Bürger Oberkommandant! Der Rat der Volkskommissare hat im Auftrage des Allrussischen Kongresses der Sowjets der Arbeiter- und Soldaten-Deputierten die Macht in seine Hände genommen, mit der Verpflichtung, allen kriegführenden Völkern und deren Regierungen einen sofortigen Waffenstillstand an allen Fronten und sofortige Eröffnung von Verhandlungen zwecks Abschlusses eines Friedens auf demokratischer Grundlage vorzuschlagen... Sie, Bürger Oberkommandierender, beauftragt der Rat der Volkskommissare, in Ausführung des Beschlusses des Kongresses der Sowjets der Arbeiter- und Soldaten-Deputierten, sich sofort nach Erhalt der gegenwärtigen Mitteilung an die Kriegsbehörden der feindlichen Armeen mit dem Vorschlage der sofortigen Einstellung der Kampfhandlungen zwecks Eröffnung von Friedensverhandlungen zu wenden. Indem der Rat der Volkskommissare Sie mit der Führung dieser Vorverhandlungen betraut, befiehlt er Ihnen: 1. dem Rate fortlaufend über den Gang Ihrer Verhandlungen mit den Vertretern der feindlichen Armeen auf telephonischem Wege Bericht zu erstatten; 2. den Akt über den Vorfrieden erst nach vorheriger Zustimmung des Rates der Volkskommissare zu unterzeichnen. Der Vorsitzende des Rates der Volkskommissare, *W. Uljanow (Lenin)*. Der Kommissar für auswärtige Angelegenheiten, *L. Trotzki*. Der Kommissar für Kriegsangelegenheiten, *Krylenko*. Für die Richtigkeit: Der Sekretär, *N. Gorbunow*".

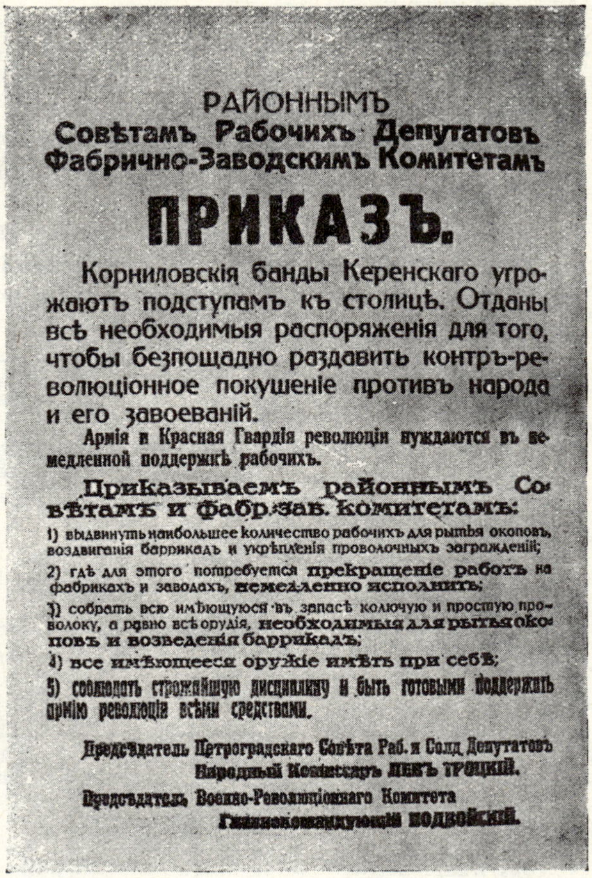
РАЙОННЫМЪ
Совѣтамъ Рабочихъ Депутатовъ
Фабрично-Заводскимъ Комитетамъ
ПРИКАЗЪ.
Корниловскія банды Керенскаго угрожаютъ подступамъ къ столицѣ. Отданы всѣ необходимыя распоряженія для того, чтобы безпощадно раздавить контръ-революціонное покушеніе противъ народа и его завоеваній.
Армія и Красная Гвардія революціи нуждаются въ немедленной поддержкѣ рабочихъ.
Приказываемъ районнымъ Совѣтамъ и фабр.-зав. комитетамъ:
1) выдвинуть наибольшее количество рабочихъ для рытья окоповъ, воздвиганія баррикадъ и укрѣпленія проволочныхъ загражденій;
2) гдѣ для этого потребуется прекращеніе работъ на фабрикахъ и заводахъ, немедленно исполнить;
3) собрать всю имѣющуюся въ запасѣ колючую и простую проволоку, а равно всѣ орудія, необходимыя для рытья окоповъ и возведенія баррикадъ;
4) все имѣющееся оружіе имѣть при себѣ;
5) соблюдать строжайшую дисциплину и быть готовыми поддержать армію революціи всѣми средствами.
Предсѣдатель Петроградскаго Совѣта Раб. и Солд. Депутатовъ
Народный Комиссаръ ЛЕВЪ ТРОЦКІЙ.
Предсѣдатель Военно-Революціоннаго Комитета
Главнокомандующій ПОДВОЙСКІЙ.

**Aufruf des Petrograder Sowjets und des Militär-Revolutionären Komitees**)**

Statt den Befehl zur Ausführung zu bringen, begann General Duchonin zu sabotieren. Den ganzen Tag des 21. November antwortete er überhaupt nicht auf den Befehl des Rates der Volkskommissare, abends aber sandte er an General Manikowski in Petrograd eine Anfrage über die Echtheit des Telegrammes, da er Krylenko und die übrigen Kommissare nicht kenne.

---

*) Es folgt die Bezeichnung des Landes: Frankreich, England usw.

**) *An die Bezirkssowjets der Arbeiter-Deputierten, an die Fabrikkomitees!*

**Befehl.**

Kerenskis Kornilow-Banden bedrohen die Hauptstadt mit ihrem Aufmarsch. Es sind alle notwendigen Verfügungen erlassen, um den konterrevolutionären Anschlag auf das Volk und seine Errungenschaften rücksichtslos zu zermalmen.

*Die Armee und die Rote Garde der Revolution benötigt die sofortige Unterstützung der Arbeiter.*

**Wir befehlen den Bezirkssowjets und den Fabrikkomitees:**

1. Stellung der allergrößten Zahl der Arbeiter für Aushebung der Schützengräben, Aufrichtung der Barrikaden und Verstärkung der Drahtverhaue;
2. dort, wo zu diesem Zwecke *Arbeitseinstellung* in den Fabriken und Betrieben nötig sein wird, diese *sofort durchzuführen;*
3. Zusammentragen alles vorhandenen Stacheldrahtes, gewöhnlichen Drahtes, aller Werkzeuge für *Auswerfen der Schützengräben* und für den *Barrikadenbau;*
4. *alle Waffen müssen mitgeführt werden;*
5. *die strengste Disziplin zu wahren und bereit zu sein; mit allen Mitteln die revolutionäre Armee zu unterstützen.*

Der Vorsitzende des Petrograder Sowjets der Arbeiter- und Soldaten-Deputierten:
Volkskommissar, *Lew Trotzki*

Der Vorsitzende des Militär-Revolutionären Komitees:
Der Oberkommandierende, *Podwojski*

Am Morgen des 22. Novembei fand das historische Gespräch auf dem direkten Fernschreiber zwischen General Duchonin und Lenin, Stalin, Krylenko statt:

*— Wollen Sie bitte den Oberkommandierenden zum Apparat bitten! Falls General Duchonin diese Funktion nicht mehr ausübt, so wollen Sie bitte die Persönlichkeit holen, die ihn vertritt. Soweit wir orientiert sind, hat General Duchonin seinen Posten nicht niedergelegt.*

*Das Hauptquartier: Der Oberkommandierende, General Duchonin, wartete auf Sie bis 1 Uhr nachts, jetzt schläft er.*

*— Die Leitung funktionierte nicht und dann war sie durch die Gespräche des Hauptquartiers besetzt. Falls Sie in der Lage sind, so bitte uns zu sagen: haben Sie das Radiotelegramm des Sowjets der Volkskommissare, abgesandt um 4 Uhr, erhalten und was wurde unternommen zur Erfüllung der Weisungen des Sowjets der Volkskommissare?*

*Das Hauptquartier: Es ist ein Telegramm mit staatswichtigem Inhalt eingelaufen, ohne Nummer und ohne Datum, und deshalb hat General Duchonin beim General Manikowski wegen notwendiger Garantien, die das Telegramm bestätigen, angefragt.*

*— Was hat also Manikowski auf diese Anfrage geantwortet, um wieviel Uhr und auf welchem Wege wurde diese Anfrage geleitet: durch Radio, Telephon oder Telegraph?*

*Das Hauptquartier: Die Antwort ist noch nicht eingetroffen und vor einer Stunde wurde um Beschleunigung der Antwort gebeten.*

*— Bitte zu sagen, um wieviel Uhr und auf welchem Wege wurde die erste Anfrage abgesandt? Kann man diese Antwort nicht schneller bekommen?*

*Das Hauptquartier: Das Telegramm an den General Manikowski wurde geschickt durch die Fernleitung und durch Radio. Um wieviel Uhr, werde ich sofort sagen: Das Telegramm wurde aufgegeben um 19 Uhr 50 Minuten.*

*— Warum wurde nicht zugleich diese Anfrage an mich gerichtet, als an den Volkskommissar für Kriegswesen? Dem Oberkommandierenden war aus persönlicher Unterredung mit mir bekannt, daß General Manikowski nur Aufgaben technischer Natur, der Versorgung und Verpflegung obliegen, während die politische Leitung des Kriegsministeriums und die Verantwortung für dieselbe in meinen Händen liegen.*

*Das Hauptquartier: Diese Frage kann ich nicht beantworten.*

*— Wir erklären kategorisch, daß wir für die Verzögerung einer Angelegenheit von so großer Bedeutung den General Duchonin vollständig verantwortlich machen und verlangen kategorisch: 1. sofortige Absendung der Parlamentäre; 2. persönliches Erscheinen des Generals Duchonin am Fernsprecher, morgen pünktlich um 11 Uhr vormittags. Falls die Verzögerung Hunger, Zusammenbruch, Niederlage oder anarchische Aufstände zur Folge haben sollte, so wird die ganze Schuld an Ihnen liegen, wovon die Soldaten in Kenntnis gesetzt werden.*

*Das Hauptquartier: Ich werde dem General Duchonin Bericht erstatten.*

*— Wann werden Sie berichten? Sofort? Dann warten wir auf Duchonin.*

*Das Hauptquartier: Sofort werde ich ihn wecken. — Am Apparat General Duchonin.*

*— Am Apparat die Volkskommissare. Wir erwarten Ihre Antwort.*

*Duchonin: Da ich mich laut Aufschrift des Gespräches mit Ihnen davon überzeugt habe, daß Ihr Telegramm an mich früher abgesandt worden ist, als das Telegramm mit den Unterschriften der Volkskommissare, früher als die Annahme des Beschlusses in der Sache selbst, muß ich unbedingt folgende sachliche Auskünfte haben: 1. Hat der Sowjet der Volkskommissare irgendwelche Antwort von den kriegführenden Staaten auf sein Dekret über den Frieden erhalten? 2. Was wird geschehen mit der rumänischen Armee, die zum Bestand unserer Front gehört? 3. Hat man die Absicht, Separatfriedensverhandlungen zu beginnen und mit wem, nur mit den Deutschen oder auch mit den Türken, oder werden die Verhandlungen von uns für den allgemeinen Frieden geführt?*

*— Der Inhalt des von uns an Sie abgesandten Telegramms ist vollkommen genau und klar. Dort wird gesprochen über den sofortigen Beginn der Verhandlungen über den Vorfrieden mit allen kriegführenden Mächten, und wir lehnen es kategorisch ab, diese für den Staat so wichtige Angelegenheit durch irgendwelche Vorfragen verzögern zu lassen. Wir bestehen auf sofortiger Absendung der Parlamentäre und auf stündlicher Berichterstattung über den Gang der Verhandlungen.*

*Duchonin: Meine Fragen sind rein technischer Natur. Ohne ihre Lösung ist es unmöglich, die Verhandlungen zu führen.*

*— Sie können nicht verstehen, daß gegen diese Verhandlungen viele technische, besser gesagt, viele Detailfragen auftauchen werden, die wir beantworten werden, sobald sie auftauchen oder seitens des Gegners gestellt werden. Deshalb verlangen wir nochmals den sofortigen und unverklausulierten Beginn der formellen Verhandlungen über den Vorfrieden mit allen kriegführenden Staaten, sowohl mit den*

**D i e e r s t e P e t r o g r a d e r P a r t i s a n e n - A b t e i l u n g**

Auf der Fahne die Aufschrift: I. Petrograder Partisanen-Abteilung. — Vorwärts für die Arbeiter-Kommune

*Verbündeten wie auch mit denen, die sich mit uns im Kriegszustande befinden. Wollen Sie die Freundlichkeit haben, eine genaue Antwort zu geben.*

*Duchonin: Ich kann nur verstehen, daß direkte Verhandlungen mit den Mächten für uns unmöglich sind. Trotzdem kann ich sie in Ihrem Namen führen. Nur eine zentrale Staatsmacht, die durch die Armee und das Land unterstützt wird, kann für den Gegner genügende Bedeutung haben, um in diesen Verhandlungen Resultate zu erzielen, ihnen die nötige Autorität zu geben. Ich bin auch der Auffassung, daß der Abschluß des möglichst baldigen allgemeinen Friedens im Interesse Rußlands liegt.*

*— Lehnen Sie es kategorisch ab, uns eine genaue Antwort zu geben und unsere Weisungen zu erfüllen?*

*Duchonin: Eine genaue Antwort über die Ursachen der Unmöglichkeit für mich, Ihr Telegramm zu erfüllen, habe ich erteilt und wiederhole nochmals, daß den für Rußland notwendigen Frieden nur eine zentrale Regierung bringen kann. Duchonin.*

*— Im Namen der Regierung der Russischen Republik und im Auftrage des Sowjets der Volkskommissare entlassen wir Sie von Ihrem Posten wegen der Nichterfüllung der Regierungsverfügungen und wegen Ihres Verhaltens, das ungeheure Leiden auf die arbeitenden Massen aller Länder und besonders auf die Armee herabbeschwört. Wir befehlen Ihnen unter Androhung der Verantwortung nach dem Kriegsrecht, Ihre Pflichten weiter zu erfüllen, bis der neue Oberkommandierende oder sein Bevollmächtigter im Hauptquartier eintrifft. Zum Oberkommandierenden wird der Fähnrich Krylenko ernannt.*

*gez.: Lenin, Stalin, Krylenko.*

Nunmehr, am Morgen des 22. November, ging Duchonin zum Angriff über. Er erließ einen Befehl an die Fronttruppen, worin er erklärte, daß er den Befehl über seine Absetzung als Oberkommandierender als nicht für sich maßgebend ansehe, und erklärte seine Weigerung, mit den Deutschen in Verhandlungen über einen Waffenstillstand zu treten, damit, daß er die Regierung des Sowjets der Volkskommissare nicht für bevollmächtigt halte.

Der Sowjet der Volkskommissare, dem es bekannt war, daß um Duchonin sich die ganze monarchistische Generalität und das Offizierskorps sammelten, beschloß, sich über deren Köpfe hinweg an die Soldaten zu wenden. Es wurde folgendes Radiotelegramm an die Fronten gesandt:

*An alle Regiments-, Divisions-, Korps-, Armee- und sonstigen Komitees.*

*An alle Soldaten der revolutionären Armee und alle Matrosen der revolutionären Flotte.*

*Am 7. November nachts richtete der Sowjet der Volkskommissare ein Radiotelegramm an den Oberkommandierenden, Duchonin, mit dem Befehl, allen kriegführenden Staaten, sowohl den verbündeten wie auch den feindlichen, sofort in aller Form einen Waffenstillstand vorzuschlagen. Dieses Radiotelegramm kam im Großen Hauptquartier am 8. November 5 Uhr 5 Minuten morgens an. Duchonin wurde vorgeschrieben, dem Sowjet der Volkskommissare über den Gang der Verhandlungen ununterbrochen Bericht zu erstatten und die Waffenstillstandsurkunde erst nach deren Bestätigung durch den Sowjet der Volkskommissare zu unterschreiben. Gleichzeitig wurde allen bevollmächtigten Vertretern der verbündeten Mächte in Petrograd in aller Form ein solcher Waffenstillstandsvorschlag übergeben. Nachdem der Sowjet der Volkskommissare bis zum Abend des 8. November von Duchonin keine Antwort erhalten hatte, bevollmächtigte dieser Lenin, Stalin und Krylenko, Duchonin telephonisch über die Ursachen einer solchen Verzögerung zu befragen. Die Verhandlungen dauerten von 2 bis ½5 Uhr früh. Am 9. November versuchte Duchonin wiederholt, sich einer Erklärung seines Verhaltens und seiner genauen Beantwortung der Verfügungen der Regierung zu entziehen. Als aber der Befehl, sofort formelle Verhandlungen über einen Waffenstillstand aufzunehmen, nochmals kategorisch an Duchonin erteilt wurde, weigerte sich dieser, den Befehl durchzuführen. Darauf wurde ihm im Namen der Regierung der Russischen Republik im Auftrage des Sowjets der Volkskommissare eröffnet, daß er wegen Nichtdurchführung der Vorschriften der Regierung und wegen seines Verhaltens, das den werktätigen Massen aller Länder und besonders den Armeen unerhörte Leiden auferlege, von seinem Amt enthoben sei. Gleichzeitig wurde ihm befohlen, die Geschäfte so lange weiterzuführen, bis ein neuer Oberkommandierender oder eine zur Übernahme der Geschäfte bevollmächtigte Person ankommen würde. Zum neuen Oberkommandierenden wird der Fähnrich Krylenko ernannt. Soldaten, die Sache des Friedens ist in Euren Händen. Gestattet nicht, daß gegenrevolutionäre Generale die große Sache des Friedens gefährden, überwacht die Generale, um jede einer revolutionären Armee unwürdige Lynchjustiz zu vermeiden und die Generale daran zu verhindern, sich dem ihrer harrenden Gerichte zu entziehen. Haltet strengste revolutionäre und militärische Ordnung aufrecht. Die in den Stellungen befindlichen Regimenter sollen sofort Bevollmächtigte zur formellen Anknüpfung von Verhandlungen mit dem Feinde über einen Waffenstillstand wählen. Der Sowjet der Volkskommissare gibt Euch das Recht dazu. Verständigt uns mit allen Mitteln von jeder Etappe dieser Verhandlungen. Den endgültigen Waffenstillstandsvertrag kann nur der Sowjet der Volkskommissare unterschreiben. Soldaten, die Sache des Friedens liegt in Euren Händen. Wachsamkeit, Beharrlichkeit und Energie! Die Sache des Friedens wird siegen!*

*Im Namen der Regierung der Russischen Republik:*

*Der Vorsitzende des Sowjets der Volkskommissare, W. Uljanow (Lenin).*

*Der Volkskommissar für Heer und Flotte und Oberkommandierende der Armee, N. Krylenko.*

„Auf diese Art haben uns die Generale zumindestens Tage gestohlen in einer so wichtigen Frage, einer Lebensfrage, wie der Frage des Friedens", sagte Lenin in der Sitzung des Exekutivkomitees vom 23. November. Aber sie beschränkten sich nicht bloß hierauf. Überall stieß Krylenko auf die bösartigste Sabotage und Nichtanerkennung seitens des Kommandostabes. Der Feldzug gegen das Hauptquartier für den Frieden war ein wirklicher Kampf gegen die gesamte konterrevolutionäre Generalität.

Die letztere verstand sehr wohl, daß der Friede an der Front den Sieg des Oktober unzerstörbar machen würde. Und so sabotierten sie böswillig, aber machtlos. General Boldirew berichtete in einer Unterredung vom 25. November auf der direkten Fernleitung ausführlich dem General Duchonin über die Ankunft Krylenkos in der Stadt Dwinsk und rühmte sich, daß er trotz dessen wiederholter Aufforderung, zum Bericht zu erscheinen, dies nicht getan hatte. (Boldirew wurde wegen Sabotage verhaftet.) Das gleiche meldeten auch der Oberkommandierende der Nordfront, General Tscheremissow, und andere.

Diese ganze Kampagne beseelte General Duchonin selbst. Als er am 26. November auf direkter Fernleitung mit dem General Schtscherbatschew sprach, sagte er: „Ich werde gegen diese Gewaltmenschen bis zur Bildung einer Regierungsmacht, welche das ganze Land anerkennt, kämpfen . . . Wir erfüllen unsere Pflicht bis zum Ende und die Geschichte wird jeden nach Gebühr belohnen . . ."

Die „Verbündeten" traten selbstverständlich gleichfalls als eifrige Gegner des Waffenstillstandes hervor. Am 25. November wandte der Chef der französischen Kriegsmission, General Berthelot, sich an den General Schtscherbatschew mit einer Erklärung, in der er schrieb: „ . . . Ich bitte Sie, dem russischen Oberkommando, dem Sie angehören, zu erklären, daß Frankreich die Regierung des Sowjets der Volkskommissare nicht anerkennt und, überzeugt vom Patriotismus des russischen Oberkommandos, damit rechnet, daß letzteres entschieden alle verbrecherischen Verhandlungen abweist und die russische Armee an der Front, mit dem Angesicht zum gemeinsamen Feind, erhält . . ."

General Duchonin machte sich mit großer Begeisterung daran, vom Hauptquartier aus diese Erklärung an allen Fronten zu verbreiten. Von sich aus fügte er noch einen neuen Aufruf vom 26. November hinzu, worin es hieß: „Russisches Volk! Das vierte Jahr steht jetzt schon die Armee in den Schützengräben auf Wache für die Heimat, um sie vor dem hinterlistigen äußeren Feinde zu beschützen! . . . Aber das Schicksal wollte noch eine neue Prüfung auf uns herabsenden: in unser Land ist der Aufruhr eingezogen, die Zerstörung als Folge des Fehlens der Obrigkeit, die Armee muß den ganzen Schrecken der Anarchie über sich ergehen lassen, welche in die Reihen der Armee von böswilligen Leuten, die Rußland in den vollkommenen Verfall ziehen, eingeschleppt wurde. Auf Euch, die Vertreter der ganzen russischen Demokratie, auf Euch, die Vertreter der Städte, Semstwos und Bauernschaft, richten sich die Blicke und Bitten der Armee: Schließt Euch alle zusammen im Namen der Errettung der Heimat, erhebt den Geist und gebt der leidenvollen Erde Rußlands eine Regierung, eine Regierung des ganzen Volkes, frei in ihren Grundsätzen und fremd der Gewalt der Bajonette! Verliert keine Zeit! Die Armee erwartet Euren Ruf! Duchonin."

Das Gesamtarmee-Komitee am Hauptquartier und patriotische Sowjets von Mogilew kamen in schreienden Aufrufen, worin die Anerkennung des Sowjets der Volkskommissare und Krylenkos abgelehnt wurden, in jeder Weise dem Schwarzhundert-General zur Hilfe.

In Antwort auf diese Agitation erließ Krylenko am 27. November einen Befehl, in dem er schrieb, daß „die von mir ausgesandten Parlamentäre die deutschen Schützengräben passiert haben . . . Der Gegner hat seine Antwort auf den 27. November 20 Uhr zugesagt. Die Sache des Friedens ist nahe. Genossen! Strengt alle Kräfte an und haltet ungeachtet aller Entbehrungen und des Frostes die Front! Brandmarkt mit Verachtung die heuchlerischen Aufrufe der Generalbande Duchonins, die sich im Hauptquartier verbirgt, sowie seine bourgeoisen und lügensozialistischen Helfer." Im gleichen Befehle wurden sodann wegen Sabotage der General Tscheremissow und eine Reihe anderer Generale ihrer Posten enthoben. General Duchonin wurde, außer der Überantwortung an das Gericht, als Volksfeind erklärt und allen Personen, welche ihn unterstützten, wurde angedroht, daß sie, unabhängig von ihrer Parteistellung und ihrer Vergangenheit, verhaftet würden.

Die vereinten Anstrengungen der konterrevolutionären Generalität scheiterten an der bolschewistischen Gesinnung der Soldatenmassen. Das Ergebnis der Generals-Agitation war ein so starkes und empfindliches Anwachsen des Hasses der Frontsoldaten und des Drängens, die Parasiten von Mogilew abzuschütteln, daß das Hauptquartier es aufgab, vom bewaffneten Widerstand zu träumen, und mehr daran dachte, irgendwohin nach dem Süden zu flüchten. Anfangs wollten alle flüchten, aber dazu wären 30 Zugsgarnituren notwendig gewesen. Da entschloß man sich, nur den General Duchonin mit der operativen

Abteilung zu expedieren. Das Gepäck des Hauptquartiers war schon auf die Automobile verladen, aber die Soldaten des georgischen Bataillons warfen es auf die Straße herab und verhinderten die Flucht.

In dieser Zeit war Mogilew schon im Umkreise von 200 Werst von revolutionären Truppen umgeben. Vergeblich versuchte das nach Moskau übersiedelnde Exekutivkomitee des Eisenbahnerverbandes, nochmals mit seiner Hilfs-„Neutralität" auf den Plan zu treten und den Konterrevolutionären in Mogilew zu helfen. Am 1. Dezember lief auf der Station Witebsk eine Verfügung des Eisenbahnerverbandes ein: „Die Staffeln des Fähnrichs Krylenko sind auf keinen Fall nach Mogilew durchzulassen". Und am gleichen Tage legte der Eisenbahnerverband dem Exekutivkomitee der Sowjets die ultimative Forderung vor: Dem Fähnrich Krylenko und seinen Staffeln zu befehlen, jede Vorbereitung militäroperativen Charakters gegen die Truppen des Gesamtarmee-Komitees aufzuhalten. Im Ultimatum wurde darauf hingewiesen, daß „das Gesamtarmee-Komitee nichts gegen den Eintritt in die Verhandlungen betreffs der Person des Oberkommandierenden, wenn die Kandidatur für beide Seiten annehmbar wäre, einzuwenden hat."

Es war alles vergebens: die Matrosen und Soldaten setzten die Einkreisung von Mogilew fort. Am Abend des 1. Dezember anerkannte der Vollzugsauschuß des Sowjets der Arbeiter- und Soldaten-Deputierten in Mogilew die Macht des Sowjets und wählte aus seinen Mitgliedern ein Militär-Revolutionäres Komitee, an welches alle Macht in der Stadt und die Kontrolle des Hauptquartiers überging.

Mit Befehl vom 2. Dezember erklärte das Militär-Revolutionäre Komitee den General Duchonin, den Kommissar Stankewitsch und den Gehilfen des Stabschefs des Hauptquartiers ihrer Ämter enthoben, das Gesamtarmee-Komitee für aufgelöst und alle für verhaftet.

Am 3. Dezember aber zogen um 10 Uhr in Mogilew die Matrosen mit dem neuen Oberkommandierenden, Genossen Krylenko, an der Spitze ein.*)

Der verhaftete Duchonin wurde in Begleitung von Matrosen zum Bahnhof zwecks Beförderung nach Petrograd geführt. Gerade am Vorabend der Übergabe des Hauptquartiers, am 2. Dezember, waren in Bischow aus dem Gefängnis die Generale Kornilow, Lukomski, Romanowski, Markow und Denikin entwichen. Sie entkamen, nachdem sie aus dem Hauptquartier Duchonins offizielle Dokumente über ihre Haftentlassung erhalten hatten. General Kornilow flüchtete nach dem Süden, und riß vier Eskadronen seiner ihm ergebenen Bewachungsmannschaft mit sich.**)

Als die Matrosen und Soldaten, die gegen den General Duchonin wegen seiner Weigerung, Frieden zu schließen und den verhaßten Frontkrieg zu beendigen, den tiefsten Haß hegten, von der Flucht Kornilows erfuhren, waren sie nicht länger zu halten. Die Menge, die sich gegen 6 Uhr abends vor dem Wagen angesammelt hatte, riß den General Duchonin aus den Händen der Wache und schlug ihn, trotz des Zuredens Krylenkos, auf der Stelle nieder.

---

Wir wollen noch eine kurze Schilderung der Kämpfe um die Macht in den Nord- und Zentralen Rayons geben:

Nachdem der Versuch Kerenskis, den Umsturz in der Hauptstadt mit Kosakenabteilungen, die von der Front herangezogen worden waren, zu ersticken, niedergeschlagen war, hatten auch die kriegerischen Aufgaben der neu gegründeten revolutionären Komitees in den Knotenpunkten (Luga, Nowgorod, Staraja Russa, Ostaschkow, Rschew), keine Transporte zur Unterstützung Kerenskis durchzulassen, ihr Ende gefunden. Es begann jetzt der allmähliche Aufbau der Macht in den nahen Gouvernements.

In Luga gingen am 17. November die Neuwahlen des Sowjets vor sich, es siegten die Bolschewiki, welche die Garnison unterstützten. In Jamburg ging die Gewalt an den Sowjet über an dem Tage, an dem das Revolutionäre Komitee gegründet wurde, und am 24. November erfolgte die offizielle Deklaration der Sowjetmacht. Im Gouvernement Nowgorod hatten die Bolschewiki Stützpunkte in den Städten, wo das Militär konzentriert war, doch nichtsdestoweniger gab es in Nowgorod und Staraja Russa Kavallerie und Stoßtruppen, welche die Bahnhöfe besetzt hielten, und in Borowitschi verkündete

*) Am 5. Dezember wurde an Stelle des liquidierten Gesamtarmee-Komitees ein provisorisches Militär-Revolutionäres Komitee im Hauptquartier gebildet, das aus Vertretern der Westfront, der Matrosen der baltischen Flotte, von Mogilew und den Mitgliedern der Kommissariate beim Hauptquartier zusammengesetzt war. Am 24. Dezember wurde in Mogilew der allgemeine Armeekongreß eröffnet. Auf diesem waren alle Fronten, mit Ausnahme der rumänischen und kaukasischen, vertreten. Die Zusammensetzung war folgende: 10 linke Sozialrevolutionäre, 2 Maximalisten, 1 Sozialdemokrat (Internationalist) und 29 Bolschewiki. Es wurde ein Zentralkomitee der operativen Armee und Flotte gewählt. Unter stürmischem Applaus wurde einstimmig Genosse Krylenko zum Oberkommandierenden gewählt.

Noch vor dem Kongresse wurde am 14. Dezember in Mogilew ein neues Armeereglement veröffentlicht, mit welchem die Wählbarkeit des Kommandostabes eingeführt, alle Macht in der Armee den Wahlkomitees überantwortet, die Offizierschargen, Titel, Orden, Achselstücke usw. abgeschafft wurden.

**) Bei der Station Pestschaniki der Moskau—Brester Eisenbahn wurden diese völlig geschlagen; sie wurden umzingelt und ergaben sich dann rasch. Kornilow flüchtete verkleidet und kam am 19. Dezember in Nowotscherkask an. Vorher schon waren dort Denikin, Luchomski, Markow und Romanowski angekommen.

der General Zubow sogar den Belagerungszustand und entsandte nach Petrograd eine Kosakendivision unter dem Vorwande, daß sie den Petrograder Sowjet vor der Verhaftung durch die Bolschewiki beschützen solle. Im Sowjet von Nowgorod herrschten bis zum Oktober die Sozialrevolutionäre, Nationalsozialisten und Menschewiki. Nach dem Siege der Oktober-Revolution begann der Vollzugsausschuß, sich aus Bolschewiki der Soldatentruppen zu ergänzen. Die sozialrevolutionäre und monarchistische Stimmung hielt nur im 3. und 4. Todesbataillon an. Das 4. Bataillon erhielt von Kerenski den Befehl, in Gatschina in Aktion zu treten. Die Garnison beschloß jedoch, das Bataillon nicht aus der Stadt hinauszulassen; um aber Blutvergießen zu vermeiden, wurde der Befehl erteilt, das Bataillon zu demobilisieren, worauf es sich zerstreute.

Die Organisierung der Sowjetmacht im Gouvernement erfolgte am 16. Dezember, auf dem dritten Gouvernementskongreß, wo auf die Bolschewiki drei Viertel der Teilnehmer entfielen. Von 36 Mitgliedern des Gouvernements-Vollzugsausschusses wurden 25 Bolschewiki gewählt.

Im Gouvernement Twer bemächtigten die Bolschewiki sich zuerst der Macht in Rschew, wo es eine Garnison von zirka 8000 Mann gab. Der lokale Sowjet trat dem „Komitee der gesellschaftlichen Sicherheit" bei und wurde sodann neu gewählt. Das MRK. besorgte den Schutz der Stadt, der Sowjet leitete die Verpflegung. Es verdient erwähnt zu werden, daß bei Brotknappheit die Garnison ihre Vorräte mit der Bevölkerung teilte.

In Twer bildete der städtische Sowjet im Oktober ein Revolutionäres Komitee und entsandte Kommissare in die Bezirke. Gleichzeitig bildete sich auch ein „Komitee zur Rettung der Revolution". Angesichts der Untätigkeit des menschewistischen und sozialrevolutionären Gouvernements-Vollzugsausschusses übernahm der städtische Sowjet schon Ende November die Funktionen der Gouvernementsbehörde und wurde am 16. Dezember vom dritten Bauernkongreß als provisorischer Gouvernements-Vollzugsausschuß bestätigt.

Langsam und unbeständig ging die Bildung der Sowjetmacht in dem ungeheuren und wenig bewohnten Gebiete des Norddistriktes vor sich. In Wologda sprach sich nicht nur der Sowjet, sondern auch der Bezirkskongreß der Bodenkomitees (Wologodsk, Oloneck, Nowgorod, Archangelsk, Wjatsk und Kostromer Gouvernements) gegen die Unterstützung des Sowjets der Volkskommissare aus. Der Sowjet von Wjatsk sprach sich am 9. November für die Konstituierende Versammlung aus. Noch im Dezember kam es vor, daß ein Sowjet aus Kadetten und Anhängern Plechanows bestand. Dagegen forderte der Sowjet der Soldaten-Deputierten in Glazow die Übergabe der Macht an die Sowjets und stellte sich dem zweiten Allrussischen Kongreß der Sowjets zur Verfügung. In Archangelsk bildete sich am 9. November ein demokratisches Koalitions-Revolutionäres Komitee aus den Vertretern der Duma, Semstwo, Sowjets, Gewerkschaften, Eisenbahner, Postangestellten, Armee und Flotte. Erst im Februar 1918 versammelte sich in Archangelsk der Gouvernements-Kongreß der Sowjets. In den Gouvernements-Vollzugsausschuß wurden nebst Bolschewiki auch Menschewiki und Sozialrevolutionäre gewählt. Nachdem die Auflösung der Semstwos angeordnet worden war, traten die Sozialrevolutionäre aus, während die Menschewiki auch weiter blieben — „um den ideellen Kampf weiterzuführen". Die Schwäche der Sowjetmacht in diesem Rayon wurde von der Entente ausgenützt.

Im zentralen Industrierayon vollzog sich der Übergang der Gewalt an die Sowjets einmütig und organisiert. In den Arbeiterstädten gelangten die Bolschewiki schon lange vor Oktober zu Einfluß; dort wartete man auf die Revolution, bereitete sie vor und begegnete ihr mit ungeheurer Begeisterung. Überall zeigt sich der Drang der revolutionären Kräfte zum Zentrum, zur Hilfe für Moskau, wo das eigentliche Blutvergießen im Kampfe der Parteien stattfand.

In Klin, Bogorodsk, Serpuchow, Orechow-Zuew, Podolsk, Ruza ging die Macht an die Sowjets nach dem Siege in Moskau über. In Kolomna hielten die Arbeiter, trotz der Schwäche der Parteiorganisation, zu den Bolschewiki. Man gewann zur Aktion auch die Soldaten, ging den ganzen 7. November von Kaserne zu Kaserne, von Rotte zu Rotte, den Kampf mit den sozialrevolutionären und menschewistischen Gegenagitatoren siegreich bestehend. In der Nacht kam das Telegramm über die Petrograder Ereignisse. Sogleich versammelte sich der Sowjet, rief die Truppen auf und unter deren Schutz wurde an die Arbeit gegangen. Zum Vorsitzenden wurde der Bolschewik Lewschin gewählt, ein Bezirkskommissar bestellt, eine Arbeiter-Kampfkameradschaft gebildet, die Telegraphen- und Telephonstation besetzt.

Im Zentrum des Textilrayons, in Iwano-Wonessensk, in diesem kochenden, revolutionären „proletarischen Kessel", lag die Macht tatsächlich in den Händen der Bolschewiki in der Person der Stadtverwaltung, nachdem schon zwei Monate vor dem Oktober in die Duma 80 Prozent Bolschewiki gewählt worden waren. Die Weber, Eisenbahner, Soldaten waren bereit zur Aktion.

In der Nacht zum 7. November wurde ein „Revolutionärer Stab" aus fünf Personen gebildet, der sogleich in der Stadt Wachen aufstellte und eine spezielle Bewachung von Bahnhof, Telegraph und Telephon organisierte.

Am 9. November erklärten Post und Telegraph den Streik. Tags darauf wurden die Streikenden

(200 Mann) verhaftet und die Sabotage rasch liquidiert, indem die Masse der Angestellten, die in Gegensatz zu den „höheren" Beamten gebracht, überredet wurde, zur Arbeit zurückzukehren.

Am 9. November wurde auf einer Versammlung des Plenums der städtischen Verwaltung und des Vollzugsausschusses, des Präsidiums sämtlicher sozialistischer Parteien, der Eisenbahner und Regimentskomitees (die Menschewiki und Sozialrevolutionäre verließen die Versammlung gleich anfangs) ein Stab der revolutionären Organiationen in der Stärke von sieben Mann gewählt.

Im gleichen Tempo der Einmütigkeit ging der Umsturz in den anderen Städten des Gouvernements vor sich: in Wladimir, Schua, Kochma, Kowrow, Teikow, Sereda, Alexandrow, Koltschugin, Murom, Kineschma (Kostromer Gouv.); die Truppen und die Eisenbahner unterstützten die Revolution.

Auch im Kostromer Gouvernement vollzog sich der Übergang der Gewalt an die Sowjets friedlich, wenn auch in den Bezirken etwas verspätet.

In Jarowslawsk gelangten die Bolschewiki gegen Mitte Oktober (a. St.) bei der Neuwahl des Sowjets zu Einfluß; um diesen zu verstärken, erwirkten sie die Vereinigung des Arbeitersowjets mit jenem der Soldaten-Deputierten. In den Oktobertagen zerstörten die Soldaten die Weinkeller. In der Nacht auf den 8. November traten die Menschewiki und Sozialrevolutionäre gemeinsam mit dem Garnisonskommandanten zu einem „Komitee des Schutzes" zusammen. Die Bolschewiki appellierten an die allgemeine Versammlung der Sowjets. Am 9. November wurde auf dieser Versammlung, mit den Vertretern der Fabrikkomitees und der Truppenteile, eine Resolution vom Übergange der Gewalt an die Sowjets angenommen; die Menschewiki und die Sozialrevolutionäre traten aus (um nach einigen Wochen zurückzukehren). Es wurde ein provisorisches Exekutivkomitee gewählt. Die Garnison stellte sich zur Verfügung des Sowjets und die Bezirke entsandten kleinere Truppenteile zur Unterstützung der Sowjetmacht.

Im November begann die Übergabe des Bodens in die Verwaltung der Bodenkomitees. Der Gouvernements-Vollzugsausschuß wurde Ende Februar auf dem Gouvernements-Kongreß gebildet, wo die Bolschewiki und die linken Sozialrevolutionäre das Übergewicht hatten. Es setzte ein hartnäckiger Kampf des bolschewistischen Stadtsowjets mit dem linkssozialrevolutionären Gouvernements-Sowjet, den die Menschewiki und Sozialrevolutionäre unterstützten, ein.

In Nishni-Nowgorod spiegelte der menschewistische und sozialrevolutionäre Sowjet die Stimmung der Arbeitermassen nicht richtig wider. In der Sitzung vom 9. November kam die Resolution vom Übergange der Gewalt wohl zur Ablehnung, aber unmittelbar nachher kamen die Resolutionen der Fabriken zur Verlesung, welche den Übergang der Gewalt an die Sowjets forderten. Es wurde beschlossen, den Sowjet in drei Tagen neu zu wählen. Am 10. fand eine Demonstration der Garnison für die Sowjets statt, der Telegraph und die Druckereien wurden besetzt, der Garnisonskommandant, der Sozialrevolutionär Zmiew, wurde verhaftet. Gleichzeitig erstand auch ein „Komitee der Rettung", das sich auf das Offiziersaspiranten-Bataillon stützte, welches sich in der Duma verschanzte. Es wurden mit der Duma ultimative Verhandlungen geführt, bis endlich das MRK. die Offiziersapiranten durch einen überraschenden Angriff

Rote Garde vor dem Smolny — Petrograd, Oktober 1917

entwaffnete. Am 11. erließ das MRK. die Kundgebung vom Übergange der Gewalt an die Sowjets. Der neue Sowjet, der zu ¾ bolschewistisch war, übernahm die Gewalt in seiner ersten Sitzung, aber am 18. weigerten sich die Menschewiki und Sozialrevolutionäre in den Vollzugsausschuß einzutreten und verließen die Sitzung. Durch einige Zeit herrschte in der Stadt eine Doppelgewalt der Duma und des Sowjets. Ende November trat der Bezirkskongreß der Sowjets zusammen, doch die Organisierung der neuen Gewalt ging stockend vor sich, behindert durch Sabotage und konterrevolutionäre Agitation.

Den Übergang zum Distrikt der Schwarzen Erde, dem agrarischen Süden, bilden die Gouvernements Kaluga und Tula. Hier gibt es wenig Industriearbeiter, die bolschewistischen Organisationen hier waren schwach, der Übergang der Gewalt vollzog sich hier nicht ohne Komplikationen. In Kaluga, wo die Bolschewiki schon vor dem 2. Kongreß im Soldatensowjet die Macht besaßen, wurden sie durch Kosaken und Dragoner, welche die Duma herbeigerufen hatte, auseinandergejagt. Die Garnison konnte nicht Widerstand leisten und wurde an die Front gesandt. Die Tatsache der Vertreibung des Sowjets in Kaluga, die ein anschauliches Beispiel der konterrevolutionären Justiz gab, blieb nicht ohne Nutzen für die Vorbereitung der Oktober-Aktion in den Hauptstädten. Nach dem Oktober protestierte die Duma und bildete ein Koalitionsorgan der Gouvernements-Behörden — ein „Rettungs-Komitee"; am 12. November wurden die Bolschewiki in Kaluga verhaftet. Nach einiger Zeit aber wurden sie befreit, und am 28. November wurde auf einer Versammlung aller drei Sektionen des Sowjets ein bolschewistisches Revolutionäres Komitee gewählt. Endgültig festigte die Sowjetmacht sich am folgenden Tage, dem 29. November, als ein revolutionäres Detachement Moskauer und Tulaer Rotgardisten sowie Arbeiter der Petrowsker Fabrik (Tarußker Bezirk, Gouvernement Kaluga) einzogen, das „Rettungs-Komitee" auflösten und den Kriegszustand in der Stadt aufhoben. Die militärische Stütze der Duma, ein Bataillon Stoßtruppen, wurde entwaffnet und nach Moskau expediert.

In Tula erhielten die Bolschewiki zum Oktober im Sowjet die relative Majorität. Nach dem Umsturz ein Koalitions-„Komitee des nationalen Kampfes mit der Gegenrevolution" (aus Vertretern der sozialistischen Parteien, der autonomen Verwaltung, Gewerkschaften usw.) gebildet, welches anfangs im Kontakte mit den Bolschewiki arbeitete. Nichtsdestoweniger verurteilte der Sowjet am 12. November, mit einer Mehrheit der Menschewiki und Sozialrevolutionäre, den Umsturz, bei „gleichgültigem Verhalten der Arbeiter". Aber die Bolschewiki hatten schon am 8. das Arsenal besetzt und stellten die Menschewiki, indem sie die Debatte im Sowjet hinauszogen, durch Wegschaffen der Maschinengewehre nach Moskau vor vollendete Tatsachen.

Erst nach Neuwahl des Sowjets am 20. Dezember wurde die Macht der Sowjets ausgerufen und ein neues Revolutionäres Komitee gebildet; die „Sozialisten" verließen die Sitzung, und das „Kampfkomitee" wurde aufgelöst.

In Südrußland mußte die Macht der Sowjets, unabhängig von den Kämpfen in den Städten, eine feste Stütze innerhalb der Dorfarmut finden, was auch in den zahlreichen Bezirks-Bauernkongressen zutage trat, die die erwachende Selbsttätigkeit der Massen widerspiegelten.

In Orla ging nach Bekanntwerden der Oktober-Ereignisse die Macht an die Exekutiv-Kommission über (zusammengesetzt aus Vertretern der Duma, des Sowjets, der Eisenbahnergewerkschaft, des Komitees der gesellschaftlichen Sicherheit). Am 14. November gelangte im Sowjet die Resolution der Bolschewiki zur Annahme, worauf der aus Menschewiki und Sozialrevolutionären bestehende Vollzugsausschuß seine Vollmachten zurückgab.

Eine originelle lokale „Republik" wurde in Kursk begründet. Am 15. November rief das „Komitee der gesellschaftlichen Rettung" sich zum höchsten Organ der Gewalt im Gouvernement aus. Das Komitee setzte sich zusammen aus: Duma, den Sowjets der Arbeiter- und Bauern-Deputierten, Gewerkschaften, Truppen, allen sozialistischen Parteien, die Bolschewiki eingeschlossen (welche im September alles in allem 30 Mitglieder in der ganzen Stadt zählten), dem Stadthaupt, dem Gouvernementskommissar usw.

Im Dezember begann die Sowjetmacht in Bezirke einzudringen, wo der Umsturz sich bis zum Januar-Februar hinzog.

In Rjasan sonderten die Bolschewiki sich erst Mitte Oktober (a. St.) von der sozialdemokratischen Organisation ab. Doch schon im November nahm der Gouvernements-Kongreß eine Resolution für den Frieden und die Macht der Sowjets an. Am 14. Dezember setzte der Sowjet den Kommissar der provisorischen Regierung ab und ernannte seinen eigenen Kommissar. Am 17. Dezember trat der Gouvernements-Kongreß zwecks Organisierung der Macht im Gouvernement zusammen.

Die Gouvernements Tambow und Woronesch sowie das südliche Wolgagebiet waren starke Zentren der sozialrevolutionären Bauernbewegung. Vor dem Oktober gab es bolschewistische Organisationen, die überdies recht schwach waren, nur in einigen Orten des Gouvernements Tambow, in Kozlow, Usman, Morschansk, in der Pulverfabrik (18 Werst von Tambow) und in Tambow selbst, wo sich eine Garnison von 10 000 Mann befand. Im September begann im Gouvernement die terroristische Bauernbewegung und am 12. und 13. September kam es, wie in vielen anderen Städten in jener Zeit, zu Plünderungen von Geschäftsläden. In Usman, Kozlow und der Pulverfabrik vollzog der Sowjet-Umsturz sich fast gleichzeitig mit dem in den Zentren, aber in Tambow mußten die Bolschewiki einen langen Kampf um den noch sozialrevolutionären Sowjet führen. Es gelang ihnen, die Anhänger der Menschewiki auf ihre Seite zu bringen, aber erst am 12. Februar, im neugewählten Sowjet, wurde die Resolution vom Übergange der Macht angenommen.

In Woronesch war, ungeachtet der Anstrengungen der Sozialrevolutionäre und Menschewiki im Sowjet, der Einfluß der Bolschewiki schon bedeutsam, da sie sich auch auf die Garnison stützten, welche seit den Juli-Tagen dort lagerte, sowie auf die Mehrheit der Fabrikarbeiter. In der Sitzung des revolutionären Vollzugsausschusses vom 8. November wurde mit 51 gegen 46 Stimmen der Antrag der rechten Sozialrevolutionäre angenommen, ein Revolutionäres Komitee der „Gesellschaftlichen Sicherheit" zu gründen. Die Bolschewiki lehnten es natürlich ab, in dieses Komitee einzutreten.

Das Sicherheitskomitee befaßte sich mit dem „Schutz der Stadt". An der Spitze stand der Garnisonskommandant, Oberst Jazikow, der Kavallerie aus Lissok und Dawidowka herbeirief und die Parteigänger der „Ordnung" mobilisierte.

Auf der anderen Seite gerieten die Arbeiter und Teile der Garnison in Bewegung, faßten eine Reihe von Resolutionen für die Unterstützung des Petrograder Sowjets und erklärten ihre Bereitschaft, auf den ersten Ruf in Aktion zu treten. Die Bolschewiki und linken Sozialrevolutionäre bildeten für den Fall einer konterrevolutionären Aktion ein „Aktions-Organ", bestehend aus drei Bolschewiki und zwei linken Sozialrevolutionären, das sich später in ein Militär-Revolutionäres Komitee umbildete.

**A. M. Swerdlow**

Geboren 1885. Als Gymnasialschüler nimmt er aktiven Anteil an der revolutionären Bewegung. 1902 verhaftet. 1903 organisatorische Parteitätigkeit in verschiedenen Städten. 1905 Bevollmächtigter des Zentralkomitees der Partei im Ural. 1906 verhaftet und zu zweiundeinhalb Jahren Festung verurteilt. 1909 Parteitätigkeit in Moskau. Ende des Jahres verhaftet und zu drei Jahren Verbannung nach Sibirien verurteilt. 1910 Umwandlung der Verbannung wegen schwerer Krankheit in zwangsweise Ausreise ins Ausland. 1910 Rückkehr nach Petersburg. Verhaftung und Verurteilung zu vier Jahren Verbannung nach Sibirien. Flucht. Verhaftung unterwegs. Wiederholte Flucht. 1912 Parteitätigkeit in Petersburg, insbesondere im Büro der bolschewistischen Fraktion der IV. Staatsduma. 1913 verhaftet und nach Sibirien (Turhansk, Polarkreis) verbannt. Februar - Umsturz befreit ihn. Mitglied des Zentralkomitees der Partei. Nach der Oktober-Revolution Vorsitzender des Zentralexekutivkomitees der Sowjets. Einer der besten und fähigsten Organisatoren und Praktiker der Partei. Gestorben in Moskau am 16. März 1919.

In der Nacht auf den 12. November entwaffneten Offiziere mit Kavallerie die Opoltschensker Kampftruppe der Arbeiter und besetzten das Pulvermagazin am Kursker Bahnhof und am Morgen wurde ein Versuch vorbereitet, das revolutionäre Maschinengewehr-Regiment zu entwaffnen. Dies war das Signal für das 5. Maschinengewehr-Regiment, in Aktion zu treten.

Mit dem Morgengrauen traten die Maschinengewehrrotten in Kriegsordnung an. Ein Teil besetzte den konterrevolutionären Stab der 8. Brigade, wo auch das Sicherheitskomitee untergebracht war, wobei Jazikow erschlagen wurde. Die Kavallerie weigerte sich, auf das Maschinengewehr-Regiment das Feuer zu eröffnen und verbrüderte sich mit ihm. Ein anderer Teil des Maschinengewehr-Regiments besetzte die Bahnhöfe, Post und Telegraph. So vollzog sich in Woronesch am 12. November der Umsturz. Am 16. November hieß der Woronescher Sowjet die Tätigkeit des Revolutionären Komitees gut und löste den Vollzugsausschuß auf. Mitte Dezember wurde ein neuer Sowjet gewählt und zählte unter 95 Deputierten 52 Bolschewiki, 23 linke Sozialrevolutionäre und nur 4 rechte Sozialrevolutionäre.

In den nichtindustriellen Gouvernements Pensa und Simbirsk vollzog sich der Prozeß des Übergangs der Macht an die Sowjets spät und unklar. Der Sowjet von Pensa verurteilte die Oktober-Ereignisse. In Simbirsk kam es zu einem Pogrom auf die Intendantur-Werkstätten, die Apotheken und Geschäfte. Erst im Dezember brachte die Neuwahl des Sowjets in Pensa den „revolutionären Sozialisten" die Mehrheit, bis dahin lag die höchste Gewalt in den Händen des „Revolutionären Stabes". In Simbirsk waren die Machtverhältnisse bis zum Dezember in der Stadt und im Gouvernement ungeklärt, nachdem die Menschewiki und Sozialrevolutionäre im Sowjet die Macht nicht ergriffen.

Die besonderen Bedingungen, grelle Klassen- und Nationalitätenkonflikte und die schwankend-reaktionäre Verwaltung führten zu einem ungestümen Tempo der Revolution im Gouvernement Kasan, das mit einem, von den Hauptstädten unabhängigen Oktober-Aufstand endigte. „Ein Getreide-Gouvernement mit den reichsten Grundbesitzer-Wirtschaften, mit Bauernmassen, die vor Hunger klapperten und die unter einem unerträglichen nationalen Joche lebten"—; schon auf dem ersten Gouvernements-Bauernkongreß nach der Februar-Revolution „warfen hier die Bauern das alte Semstwo hinaus, bemächtigten sich all seiner Habe und wählten eine neue Gouvernements-Semstwo-Verwaltung aus ihrer Mitte. Gewählt wurden Tschuwaschen, Tataren und die Dorfarmut. Als Führer erkoren die Bauern den linken Sozialrevolutionär Kolegajew, der zu den Bolschewiken neigte." Die Bauern-Deputierten faßten den Beschluß, sofort an die organisierte Konfiskation des privaten Bodenbesitzes und Inventars heranzutreten, weshalb die provisorische Regierung sich weigerte, die neue Bodenverwaltung anzuerkennen und aus Kasan in die revolutionären Bezirke erfolglose Strafexpeditionen entsandte, durch die endgültig die Garnison in Kasan zersetzt wurde.

Außer dem besonders reaktionären Kommandanten des Kaders des Kasaner Militärbezirks, dem in den Zeiten des Zarismus die Gendarmerie und Ochrana unterstand, und der den Haß der Soldatenmassen auf sich zog, gab es noch einen verschärfenden Umstand für die Zersetzung und Revolutionierung der Truppen. Dies war die äußerst bunte nationale Zusammensetzung der Bevölkerung und der Truppen und „die nationale Feindseligkeit der Tataren, Tschuwaschen, Tscheremissen, Botjaken, Baschkiren, Kirgisen und Kalmüken gegen die großmächtigen Russifikatoren". „In den Oktober-Kämpfen schlugen die tatarischen und baschkirischen Truppen sich Seite an Seite mit den aufgeklärtesten russischen Abteilungen".

Anfangs September (a. St.) versammelte sich der 2. Gouvernements-Kongreß der Bauern-Deputierten. Seine revolutionäre Stimmung fand in der Forderung Ausdruck, die verhafteten Bolschewiki aus Spassk und Tscheboksardsk freizulassen, welcher Forderung die Artilleristen Nachdruck verliehen. Nach ihrer Befreiung begann die fieberhafte und organisierte Arbeit der Bolschewiki.

Zum 23. Oktober wurde der Sowjet der Arbeiter-, Bauern- und Soldaten-Deputierten neu gewählt — die Mehrheit erlangten die Bolschewiki. Die Militär-Organisation stellte die Verbindung her — „die lebendige und die technische", mit allen Truppenteilen der Garnison. Am 28. Oktober wurde eine Demonstration der 40 000köpfigen Garnison unter bolschewistischen Losungen veranstaltet.

Die lokalen Behörden bereiteten sich zur Aktion vor. In der Nacht zum 6. November wurde die 2. Artilleriedivision entwaffnet und einer der Führer der Militär-Organisation, Grassis, verhaftet. Ein zweiter, Jerschow, konnte sich der Verhaftung entziehen und brachte die ganze Garnison auf die Beine. Der Aufstand begann. Anfangs glich die Situation des Sowjets — bei ausgeschalteten Telephonen — der eines Belagerten. Die Panzerwagen und Offiziersaspiranten traten auf Befehl des Truppenkommandanten Archipow in Aktion. Am 7. November begann die Artilleriebeschießung. Gegen Abend waren die Offiziersaspiranten besiegt. Um Zeit zu gewinnen, wurde eine Versammlung der Vertreter der Sowjets, der Artillerie- und Infanterietruppen mit den Militär- und Verwaltungsbehörden veranstaltet, unter Teilnahme von Vertretern der Partei, aber das abgeschlossene Übereinkommen erwies sich schon als unnütz. Die Nachrichten vom Umsturz in Petrograd vereinfachten die Situation, die Parteigänger der provisorischen Regierung waren desorganisiert und am 8. November ging die Macht im Gouvernement Kasan an die Sowjets über. Am gleichen Tage wurde in der Vollversammlung des Sowjets ein Revolutionärer Stab gewählt, welcher die Gewalt — bis zur Neuwahl des Sowjets — in seine Hände nahm.

In den Gouvernements Samara und Saratow schloß das reiche Bauerntum sich den Sozialrevolutionären an und diese Gouvernements bildeten eine sozialrevolutionäre Basis. In Samara erklärten die Sozialrevolutionäre auf der aus Anlaß der Nachrichten über den Umsturz abgehaltenen vereinigten Sitzung des Vollzugsausschusses der Arbeiter-, Bauern- und Soldaten-Deputierten sich für die Unterstützung der provisorischen Regierung. Am folgenden Tage aber, am 9. November, beriefen die Bolschewiki, gemeinsam mit den Fabrikkomitees und Gewerkschaften eine Vollversammlung der Sowjets. Die Versammlung dauerte bis zum Morgengrauen und als Resultat wurde der Übergang der Macht an die Sowjets verkündet, ein Revolutionäres Komitee gewählt, an welchem unter Vorsitz von Kujbischew die Bolschewiki, Maximalisten, Internationalisten und Poale-Zionisten teilnahmen. Der Sowjet der Bauern-Deputierten entsandte keine Vertreter. Schon am Morgen des 10. November schritt das Revolutionäre Komitee an die Arbeit, löste das sozialrevolutionäre Komitee der „Volksgewalt" auf und setzte den Gouvernements-Kommissar ab. Vom ersten Tage an setzte, wie in Kasan, die Sabotage der Beamten ein. Die Garnison von Samara stand in ihrer Mehrheit auf Seite der Bolschewiki.

In den neuen Sowjet wurden gegen 350 Bolschewiki, 160 Menschewiki, 60 Sozialrevolutionäre und etwa 110 Deputierte der übrigen Parteien gewählt. An der Spitze des Stadtsowjets standen die Bolschewiki, und Mitte Dezember — Anfang Januar begann der organisierte Aufbau der Macht. Der Stadtsowjet aber mußte mit den Anarcho-Maximalisten, die auf dem Gouvernements-Kongreß Verstärkung erhielten, einen Kampf bestehen.

Saratow war ein großer Knotenpunkt des Eisenbahn- und Wassertransports und eine Stadt nicht so sehr der Industrie als des Handels, mit komplizierten Kadetten- und kleinbürgerlichen Gruppierungen. Aber auch der Sowjet von Saratow wurde schon von September an bolschewistisch. Unter den Truppen und in den Fabriken stieg der revolutionäre Aufschwung. Es wurde eine rotgardistische Kameradschaft von 100 Mann gebildet. Am 29. Oktober nahm der Sowjet eine Resolution an, in der ausgesprochen wurde, daß „der Sowjet von Saratow, das Proletariat, die 80 000köpfige Garnison die provisorische Regierung als konterrevolutionär ansehen, ihr jede Unterstützung oder Unterordnung verweigern und ihrer Politik entschiedenen Kampf ansagen."

Die Duma organisierte einen Kriegsstab aus Artillerieoffizieren, rief die Offiziersaspirantenschule auf und erließ einen Aufruf zur Unterstützung des „Komitees zur Verteidigung der Revolution" und zum bewaffneten Zusammenschluß. Am 10. November hatte sich schon eine ansehnliche Gruppe von Offizieren, Studierenden, Angestellten usw. zusammengefunden. Diese ganze bunte Versammlung, in der es auch 12- bis 15jährige Kinder gab, wurde vom Dumastabe bewaffnet und auf Barrikaden verteilt, die in weitem Umkreise die Duma umgaben. Am Tage umzingelte dann der Sowjetstab die Duma und stellte zu ihrer Beschießung eine Batterie auf. Anfängliche Unterhandlungen über die Übergabe wurden durch verräterisches Schießen auf die Sowjet-Delegation abgebrochen. Dies war das Signal zu einem 24stündigen Kampfe, der von Artilleriefeuer begleitet war und Opfer auf beiden Seiten forderte. Das Resultat des Kampfes war, daß die Dumaleute sich zur Kapitulation gezwungen sahen und unter Bewachung in den Arrest abgeführt wurden, an der wütenden, rachedurstigen Menge der Arbeiter und Soldaten vorbei. Sodann begannen Durchsuchungen, Entwaffnung und Verhaftung der Offiziere.

Der frühere Gouvernements-Kommissar, der Menschewik Topuridze, der sich während des Umsturzes verborgen gehalten hatte, berief aus Baland Orenburger Kosaken nach Saratow. Am 12. November begann die ernste Verteidigungsarbeit. In Tagesfrist wurden um die Stadt Schützengräben ausgehoben, diese von Soldaten besetzt, welche ungeachtet der Kälte und schlechten Verpflegung standhaft blieben. Die Kosaken konnten sich angesichts der kampfbereiten Garnison zum Angriff nicht entschließen, schickten eine Delegation zum Vollzugsausschuß, und das Resultat war, daß sie wieder abzogen, nachdem sie vorher die Waffen abgegeben und für ihre Pferde Heu bekommen hatten.

Nach der Befreiung von den Kosaken begann der Vollzugsausschuß den Kampf mit der Sabotage, mit der feindselig gesinnten Duma (am 4. Dezember wurde die vollzählige Stadtverwaltung ins Gefängnis gebracht, wo sie anderthalb Monate verbrachte) und nahm von allen Zweigen der Verwaltung Besitz.

Es war nötig, das sozialrevolutionäre Dorf zu erobern. Bald nach dem Oktober beriefen die Sozialrevolutionäre den zweiten Gouvernements-Bauernkongreß ein. Es gelang auf diesem Kongreß, eine Spaltung zu erwirken, ungefähr ein Drittel der Delegierten schloß sich den Bolschewiki an. Es wurde beschlossen, einen Kongreß der Dorfarmut einzuberufen. Zu diesem Zwecke wurden anderthalb Hundert der aktivsten und revolutionärsten Soldaten für die Agitation und die Durchführung der Wahlen in die Bezirke entsandt. Dieser Bauernkongreß stand schon vollkommen unter dem Zeichen des Bolschewismus. Der hier gewählte Vollzugsausschuß vereinigte sich mit dem städtischen Sowjet.

In Zarizin waren sowohl der Sowjet als auch die Duma und die Garnison bolschewistisch. Diese Stadt mit großen Fabriksunternehmungen amerikanischen Stils, Knotenpunkt dreier Eisenbahnen, war im Jahre 1917 eine der ersten Städte, in welcher die Bolschewiki noch unter der provisorischen Regierung tatsächlich die Macht besaßen, ohne sie formell zu ergreifen, wobei sie sich auf die revolutionäre und klassenbewußte Garnison stützten. Die bürgerliche Presse, welche schon seit Juni ihre Hetze gegen die „Republik Zarizin" trieb, machte dieser derartige Reklame, daß zahlreiche Delegationen aus Zentral-Rußland, der Ukraine, Kronstadt, Rostow am Don, der Front dort zusammenströmten.

Zur Untersuchung der „Anarchie" wurde aus Saratow eine eigene Kommission nach Zarizin entsandt — auf Antrag des Petrograder Sowjets —, ebenso traf der Stabschef des Kasaner Militärbezirkes ein, der aber fand, „daß von Anarchie keine Spur vorhanden, wohl aber von Feigheit der Bourgeoisie" die Rede sein könne. Als aber die Bolschewiki im Juli im Sowjet die absolute und in der Duma die relative Mehrheit errangen, entsandte die provisorische Regierung eine Strafexpedition von Offiziersaspiranten und Orenburger Kosaken nach Zarizin, unter dem Kommando des Oberstleutnants Korwin-Krukowski. Es wurde der Führer der Zariziner Bolschewiki verhaftet, der Genosse Minin, wie auch andere Genossen, die revolutionären Regimenter wurden verlegt. Doch ungeachtet der Intervention ergaben die für Ende August angesetzten Neuwahlen diesmal schon 45 von 102 Sitzen für die Bolschewiki. Im September erfolgten die Neuwahlen des Sowjets, die zur endgültigen Festigung der Macht der Bolschewiki führten.

Ein bedeutender revolutionärer Mittelpunkt war der Ural, das älteste metallurgische Zentrum, mit großen Staatswerken, altansässiger Arbeiterbevölkerung, mit Traditionen der Partei- und Kampfarbeit.

Der Übergang der Macht an die Sowjets vollzog sich leicht und schmerzlos, fast im ganzen Bezirke; nur in wenigen städtischen Zentren gab es Widerstand der rückständigen Sowjets (Perm). In Ekaterinburg setzte der neu gewählte Sowjet sich zu drei Viertel aus Bolschewiki zusammen. Am 8. November erklärte

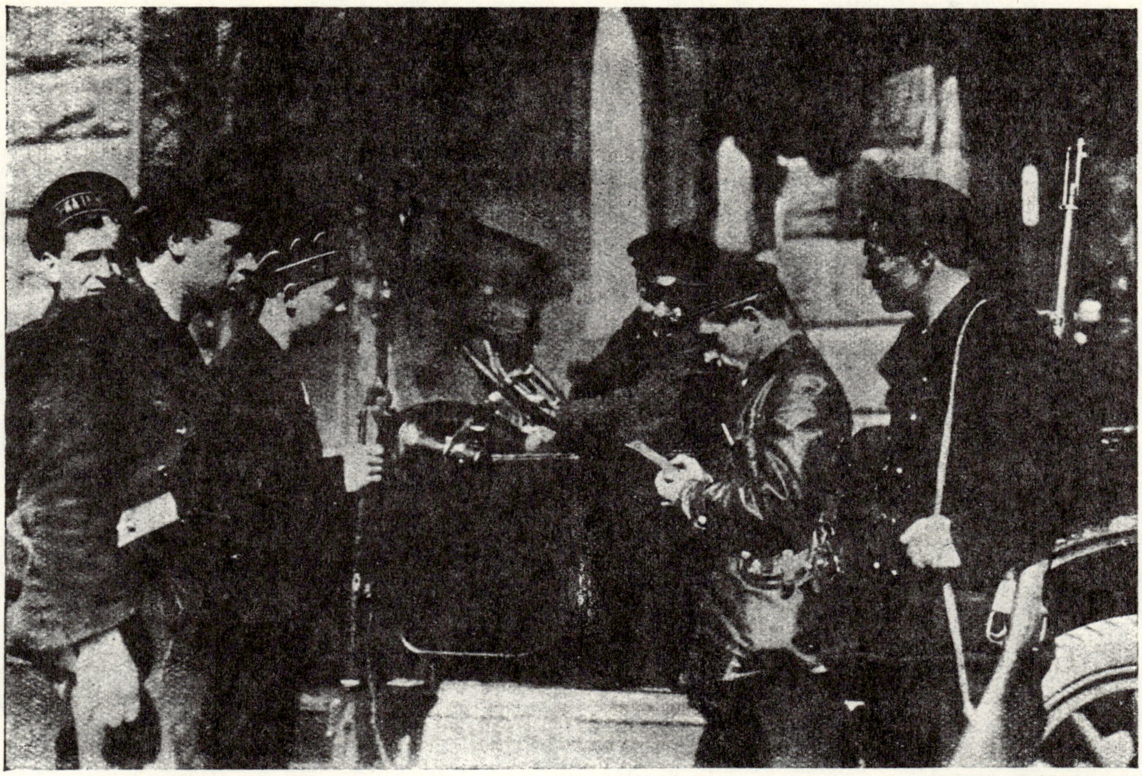

Petrograd, Oktober 1917

**Bolschewistische Matrosen kontrollieren die Autos**

der Vollzugsausschuß sich als alleinige Gewalt in der Stadt, enthob den Gouvernements-Kommissar, entsandte seine eigenen Kommissare in alle Behörden, stellte die Kadettenzeitung ein.

In Perm hatte sich zum Oktober folgende Lage herausgebildet: In den großen Werken der Umgebung — Motowilichinsk (mit 20 000 Arbeitern), Liswensk — war die Stimmung revolutionär, aber dies kam im menschewistischen Sowjet nicht zum Ausdruck, wo der Einfluß der Bolschewiki nichtig war. Der Vollzugsausschuß des Bezirkssowjets organisierte ein „Revolutionäres Komitee", das bald gegen die Sowjetmacht Stellung nahm, sich in ein „Rettungskommitee" verwandelte und dann gänzlich auseinanderfiel. In den Tagen des folgenden Interregnums, während die Neuwahlen der Sowjets vor sich gingen, wurde die Stadt, beginnend mit den Weinkellern, von Soldaten geplündert. Nach den Neuwahlen verstärkte sich allmählich der Einfluß der Bolschewiki, die dann die Macht übernahmen.

In den Fabriken verlief der Oktober ruhig, viele Sowjets hielten bereits tatsächlich die Macht in ihren Händen. Die großen Industriezentren waren: Alapaewsk, Werchnje-Turinsk, Nischne-Tagilsk, Lissew — das Kronstadt des Ural —, wie es die Permer Menschewiki nannten, wo zur Zeit des Oktober 2000 Parteimitglieder der Bolschewiki waren und von wo im Januar 1918 zwei Rotten in den Bürgerkrieg marschierten, im Juli ein ganzes Regiment, das zu 80 Prozent aus Bolschewiki bestand.

Im Gouvernement Ufa wetteiferten die bolschewistischen Sowjets schon im Mai 1917 mit den Bodenverwaltungen in der Wirkungs- und Einflußsphäre. Die Sowjets übten häufig selbst Gerichtsbarkeit aus, unterordneten sich die Miliz, organisierten auf einigen Werken ihre eigene Arbeitermiliz, bezahlten diese aus der Werkskasse. Die Sowjets zahlten den Arbeiter-Invaliden und Arbeiterwitwen Unterstützungen aus. Sie organisierten die Arbeiterkontrolle, welche den gesamten Produktionsprozeß der Unternehmungen umfaßte. Die Arbeiterkontrolle legte für die Werke Rohstoffe, Heizmaterial und Halbfabrikate auf Lager, untersuchte die Produktivität der Arbeit, den Absatz der Fabrikate usw. Die Arbeiter-Tarife wurden vom Sowjet ausgearbeitet, die Aufsicht über die Kriegsgefangenen-Arbeiter oblag dem Sowjet, ebenso die Aufsicht über Schulen und Bibliotheken. Im Rayon Bogojawlensk nahm der Sowjet sogleich nach der Februar-Revolution den Grundbesitzern allen Boden ab und begann unter den Bauern das kollektive Pflügen zu organisieren, wobei er auch die landwirtschaftlichen Geräte nationalisierte. In den Bergwerken Simsk erfolgte im Juli schon die faktische Nationalisierung des Bergwerksbezirkes, und zwar auf dem Wege der Organisierung einer Bezirks-Werksverwaltung, welcher die gesamte Administration aller Werke unterstand, die Werkskasse, Buchhaltung und die Entgegennahme der Bestellungen.

In Ufa lag die tatsächliche Gewalt schon vor dem Oktober in Händen des Sowjets, welcher zweimal,

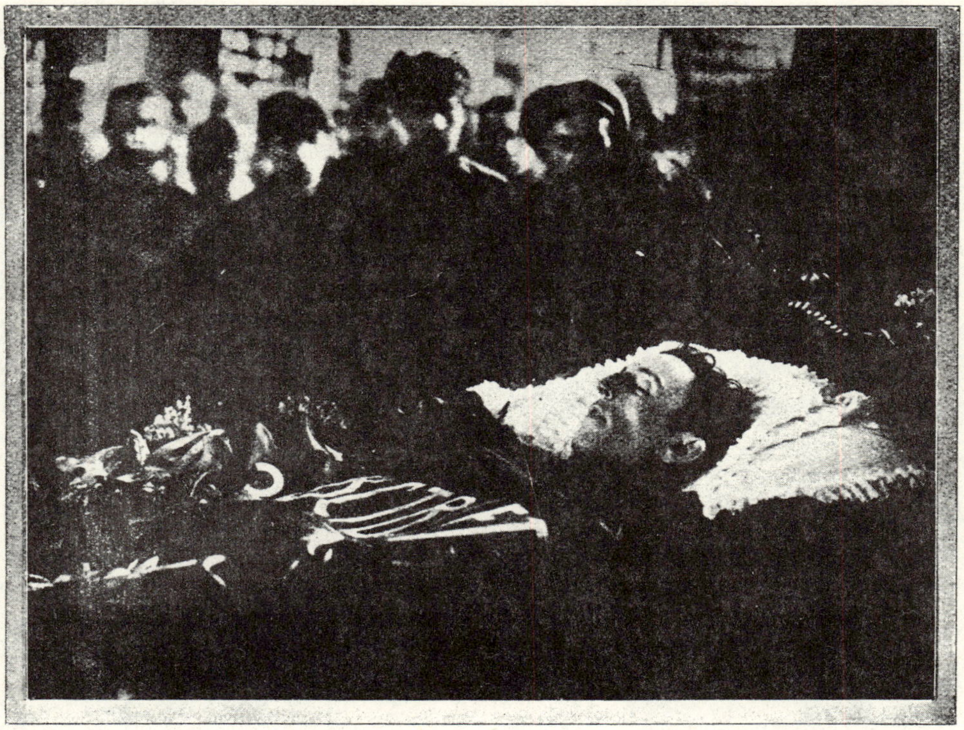

**W. Wolodarski**

Geboren 1891. Unter den Eindrücken der revolutionären Bewegung 1905 wird der 14jährige Junge zum Revolutionär. Mitglied der Jugendorganisation der Jüdischen Sozialdemokratischen Partei („Bund"), später Beitritt zur Ukrainischen Sozialdemokratischen Partei. 1908 verhaftet. Bald darauf frei, wird im Interesse der Parteiarbeit illegal. Parteitätigkeit bis 1911. Verhaftung und Verurteilung zu drei Jahren Verbannung nach Sibirien. 1913 Ausreise nach Amerika. Mitglied der Amerikanischen Sozialistischen Partei. Schneider in Philadelphia. Während des Krieges Teilnahme an der Redaktion der revolutionären Zeitung „Nowij Mir" („Die Neue Welt") in Neuyork. Nach dem Februar-Umsturz Rückkehr nach Rußland. Zuerst Mitglied der „Internationalen Organisation der Sozialdemokraten" in Petrograd, wird er Bolschewik. Mitglied des Petrograder Komitees der Partei. Einer der glänzendsten Agitatoren. Mitglied des Petrograder Sowjets, später Mitglied des Präsidiums und des Allrussischen Zentralen Vollzugsausschusses der Sowjets. Organisator von Soldatendelegierten-Konferenzen der V. Armee und der rumänischen Front. Redakteur der Zeitung „Krasnaja Gaseta", Petrograd. Kommissar für Presse, Propaganda und Agitation der Petrograder Kommune. Ermordet am 20. Juni 1918 durch die Konterrevolution, die in ihm einen ihrer aktivsten Gegner sah

in Pogromzeiten, ein Revolutionäres Komitee aus 7 Mann (5 Bolschewiki und 2 Sozialrevolutionären) bildete und das Gouvernement verwaltete, ohne auf die Organe der provisorischen Regierung zu achten. Die Nachricht von der Oktober-Revolution traf hier ein vollkommen vorbereitetes Milieu an. Am 9. November wurde das Revolutionäre Komitee umorganisiert; die Siebener-Kommission nahm die Macht in ihre Hände und entsandte überallhin ihre Kommissare. Die Kleinbürger, die Beamtenschaft und Intelligenz setzten lange genug der neuen Gewalt Widerstand entgegen, indem sie dieselbe sabotierten. Wie überall, standen auch hier an der Spitze der Sabotage die rechten Gruppen der städtischen Duma und der Bodenverwaltung. Erst im Dezember nach dem Gouvernementskongreß der Sowjets, auf welchem die Bergwerksarbeiter das Übergewicht hatten und der Gouvernements-Vollzugsausschuß und das Revolutionäre Komitee neu gewählt wurden, überwand der Sowjet von Ufa sein Schwanken und seine Verwirrung, seinen Mangel an revolutionärer Energie und begann den sachlichen Kampf mit der Sabotage. Die Stadtduma wurde auf Drängen der bolschewistischen Mitglieder aufgelöst. Am 30. Dezember übernahm das Revolutionäre Komitee die Staatsbank, die Finanzverwaltung und den Staatspalast. Im Januar Februar wurde der Semstwo liquidiert, in dieser Zeit festigte sich die Sowjetmacht in den einzelnen Orten.

Eine außerordentlich wichtige Rolle bei der Unterstützung der Sowjetmacht spielten die „Kampfkameradschaften der Volksbewaffnung" — eigenartige, von strenger kameradschaftlicher Disziplin durchdrungene und von revolutionärem Enthusiasmus getragene Partisanen-Arbeiter-Bauern-Kampforganisationen, welche von den Bolschewiki und linken Sozialrevolutionären geführt wurden und ihre Entstehung noch auf die Zeit der ersten Revolution zurückdatierten.

In Sibirien zog die Sowjetisierung der Macht sich bis ins Frühjahr hin, und zwar infolge der örtlichen Bedingungen, und bis zum Zeitpunkt des tschechoslowakischen Umsturzes war ihre Konsolidierung noch nicht beendet. Die Ursachen ihrer Schwäche wurzelten zunächst darin, daß es in Sibirien keinen Großgrundbesitz gab und die Bauernschaft daher an der Oktober-Revolution nicht unmittelbar interessiert war. Ein zweiter Faktor war das Überwiegen der landwirtschaftlichen Industrie und die geringe Zahl großer

Zentren mit Eisenbahn-Arbeitern, welche ja nur längs der Hauptlinie wohnten. All dies führte dazu, daß die Sowjetregierung in Sibirien keine genügende Stütze hatte. Dazu kam noch die lokalpatriotische Gesinnung der sibirischen „Demokratie", welche zur Separation von Sowjet-Rußland hinlenkte.

In Tomsk ergriff am 21. Dezember der Stadtsowjet die Gewalt in der Stadt. Anfang Januar trat der Gouvernements-Vollzugsausschuß zusammen und beschloß, im Gouvernement die Gewalt zu übernehmen.

Im März trat der zweite Kongreß der Bauern-Deputierten zusammen, welcher sich als bolschewistisch erwies. Ein neuer Gouvernements-Vollzugsausschuß wurde gewählt auf paritätischer Grundlage (Arbeiter und Bauern).

In anderen Städten Westsibiriens vollzog sich der Umsturz ohne besondere Aktionen der Bolschewiki (Tobolsk, Barnaul). In Omsk sprach sich das vereinigte Komitee der demokratischen Organisationen für die Unterstützung der Sowjets aus, die Duma hingegen nahm für die provisorische Regierung Partei.

Im weiteren Verlaufe versuchten die Sozialrevolutionäre und Kadetten mit Hilfe der Offiziersaspiranten eine ganze Reihe von Personen zu verhaften, darunter den Militärkommandanten. Aber die Aktion mißglückte. Es wurden rotgardistische Posten gegen die Kosaken aufgestellt. Die Rote Garde in Omsk zählte ungefähr 1000 Mann.

Im Februar kam es gelegentlich des Kongresses der Bezirksdumen zu einem Zusammenstoß zwischen der Sowjetmacht und sozialrevolutionären Bezirkspatrioten.

In Ostsibirien wurde Krasnojarsk mit seinen riesigen Eisenbahnwerkstätten der „Scharfschütze der Revolution". Hier hatten die Bolschewiki schon vor dem Oktober die Stadtduma in der Hand. Der Umsturz vollzog sich vollkommen friedlich: es wurde an den Kommissar der provisorischen Regierung eine Mitteilung gegeben, daß er seiner Amtspflichten enthoben sei.

Ebenso ruhig verlief der Oktober in Kansk, wo der Sowjet schon seit der Februar-Revolution die Macht besaß. Nach Eintreffen der Nachricht von den Petrograder Ereignissen expedierte der Sowjet in Kansk 50 000 Pud Getreide zur Unterstützung des Petrograder Sowjets.

In Irkutsk kam es zu einem parallelen Kampfe um die zentrale und städtische Macht. Dieser Kampf erfuhr eine Komplikation dadurch, daß sich in der Stadt vier Offiziersaspiranten-Kriegsschulen befanden.

Ende November versammelte sich in Irkutsk der Allsibirische Sowjetkonkreß, der 187 Delegierte zählte, unter denen die Bolschewiki die Mehrheit hatten. Nach Auszug der rechten Sozialrevolutionäre nahm der Kongreß eine Resolution für den Übergang der Macht an die Sowjets an und wählte ein Allsibirisches Zentralorgan — das ZEK. Sibiriens (Zentrosibir), an dessen Spitze Schumjatzki stand.

Jetzt beschlossen die Sozialrevolutionäre, den Kampf aufzunehmen und veranstalteten einen Aufstand der Offiziersaspiranten. Am 21. Dezember griffen die Offiziersaspiranten unter dem Vorwand, man wolle sie entwaffnen, das Weiße Haus an, wo sich die Sowjetorgane und der Stab der Roten Garde befanden. Die Garnison von Irkutsk nahm den Kampf auf, welcher acht Tage dauerte. Die Offiziersaspiranten besetzten den zentralen Teil der Stadt, die Soldaten und Rotgardisten operierten in den Vororten Glazkowo und Znamenkan. Von den ersten Tagen angefangen, kamen Verstärkungen zu Hilfe, die Arbeiter aus Tscheremchowo, die Rote Garde aus Kansk und Krasnojarsk und die Artilleristen aus Krasnojarsk, welche die Beschießung der Offiziersaspiranten begannen. Der Aufstand wurde am 30. Dezember niedergeschlagen.

Der Ferne Osten gehörte dem Zentrosibir, der Vereinigung der Sowjetverwaltung in Sibirien, nicht an. In Wladiwostok gab es viele Hafen- und Verladungsarbeiter, und hier übte der Sowjet die tatsächliche Gewalt in der Stadt schon seit Juni 1917 aus. Vom August angefangen bis zur Intervention der Entente, also fast ein volles Jahr, war der Vorsitzende des Vollzugsausschusses ein Bolschewik. Formell beschloß die Vollversammlung anfangs November, die Macht zu übernehmen.

In Chabarowsk nahm am 19. Dezember der Sowjet eine Resolution für Anerkennung des Rates der Volkskommissare an. Der Sowjet wurde neu gewählt, die Menschewiki und Sozialrevolutionäre traten aus ihm aus und der neue Vollzugsausschuß übernahm die Macht. Der Regierungskommissar Rusanow versuchte, den Kampf mit dem Sowjet zu beginnen und berief den Semstwo ein. Doch der dritte Kongreß der Sowjets, der sich in jener Zeit versammelte, schuf ein Sowjetorgan, den Rat der Volkskommissare des Fernen Ostens, mit Krasnoschtschokow an der Spitze, dessen Sitz in Chabarowsk war.

Blagoweschtschensk war der letzte Punkt der Oktober-Revolution in Sibirien. Bis zum Umsturze existierte dort eine provisorische Bodenverwaltung. Am 23. Februar versammelte sich der Grenzbodenkongreß. Das Gouvernement Primorsk hatte Bolschewiki entsandt. Dieser Kongreß liquidierte die Bodenkommission und übertrug die Macht an den Grenzsowjet.

Jetzt schritten Sozialrevolutionäre und Weißgardisten von Blagoweschtschensk zum Umsturz, den sie mit Hilfe der Offiziersaspiranten vollzogen. Sie verhafteten den Sowjet, einige Mitglieder des Kongresses und Krasnoschtschokow. Aus Chabarowsk und Wladiwostok kam Militär zu Hilfe, und nach einem Kampfe von einer Woche und Artilleriebeschießung (ungefähr 1000 Tote und Verwundete) wurde die Macht der Sowjets wieder aufgerichtet.

# 9. DER II. ALLRUSSISCHE SOWJET-KONGRESS

WIE bereits erwähnt, wurde der II. Allrussische Sowjet-Kongreß am Tage des siegreichen Aufstandes des Proletariats, am 25. Oktober (a. St.) eröffnet.

Es waren 670 Deputierte anwesend. Davon waren 390 Bolschewiki, 179 Linke Sozialrevolutionäre, 35 Menschewiki-Internationalisten, 21 Ukrainer, der Rest verteilte sich auf Rechte Menschewiki, Bund, Rechte Sozialrevolutionäre, Poale-Zion, Anarchisten und Parteilose. Den Vorsitz im Präsidium führte Kamenew. Die erste Sitzung, die um 10 Uhr 40 Minuten eröffnet wurde, dauerte bis 6 Uhr morgens und war ausgefüllt mit der Abgabe von Deklarationen der einzelnen Parteien und von heftigem Kampf mit den Rechten.

Auf der Sitzung vom 7. November nach Entgegennahme der Mitteilungen über die Eroberung des Winterpalastes, über die Verhaftung der provisorischen Regierung, über den Übertritt der von Kerenski gegen Petrograd mobilisierten 3. und 5. Kraftfahrerbataillone zu dem Militär-Revolutionären Komitee, beschloß der Kongreß folgenden Aufruf:

AN DIE ARBEITER, SOLDATEN UND BAUERN!

Der Zweite Allrussische Sowjet-Kongreß der Arbeiter- und Soldaten-Deputierten ist eröffnet. Auf ihm ist die ungeheure Mehrzahl der Sowjets vertreten. Auch zahlreiche Delegierte von Bauern-Sowjets sind auf dem Kongreß anwesend. Die Vollmachten des kompromißlerischen Zentralen Vollzugsausschusses sind aufgehoben. Gestützt auf den Willen der ungeheuren Mehrheit der Arbeiter, Soldaten und Bauern, gestützt auf den in Petrograd stattgefundenen siegreichen Aufstand der Arbeiter und der Garnison, nimmt der Kongreß die Macht in seine Hände.

Die provisorische Regierung ist abgesetzt. Die Mehrzahl der Mitglieder der provisorischen Regierung ist bereits verhaftet.

Die Sowjetmacht wird allen Völkern einen sofortigen demokratischen Frieden und den sofortigen Waffenstillstand an allen Fronten vorschlagen. Sie sichert auch die entschädigungslose Übergabe aller gutsherrlichen Ländereien, Domänen und Klostergüter an die Bauernkomitees, sie wird für die Rechte der Soldaten eintreten, indem sie die gänzliche Demokratisierung der Armee durchführt, sie wird die Arbeiterkontrolle über die Produktion einführen, die rechtzeitige Einberufung der Nationalversammlung sichern, die Belieferung der Städte mit Brot und des flachen Landes mit den nötigen Gebrauchsgegenständen, sie wird allen dem russischen Staate angehörenden Nationen das wahrhafte Selbstbestimmungsrecht sichern.

Der Kongreß beschließt: Alle Macht an den einzelnen Orten geht auf die Sowjets der Arbeiter-, Soldaten- und Bauern-Deputierten über, die eine wirkliche revolutionäre Ordnung gewährleisten müssen.

Der Kongreß fordert die Soldaten in den Schützengräben zur Wachsamkeit und Ausdauer auf. Der Sowjet-Kongreß ist davon überzeugt, daß die revolutionäre Armee die Revolution vor jeglichen Attentaten des Imperialismus schützen wird, bis die neue Regierung den Abschluß eines demokratischen Friedens erreicht hat, den sie allen Völkern direkt vorschlagen wird. Die neue Regierung wird alle Maßnahmen treffen, um die revolutionäre Armee mit allem Notwendigen zu versehen, und zwar im Wege einer entschlossenen Politik der Requisition und der Besteuerung der besitzenden Klassen, und wird ebenso für die Verbesserung der Lage der Soldatenfamilien Sorge tragen.

Die Kornilow-Anhänger Kerenski, Kaledin u. a. machen Versuche, Truppen gegen Petrograd zu führen. Einige Abteilungen, die von Kerenski irregeführt und in Bewegung gesetzt waren, sind auf die Seite des aufständischen Volkes übergegangen.

**Soldaten! Setzt dem Kornilow-Anhänger Kerenski aktiven Widerstand entgegen! Seid auf der Hut!**

**Eisenbahner! Bringt alle Züge zum Stehen, die von Kerenski gegen Petrograd gesandt werden!**

**Soldaten, Arbeiter, Angestellte! In Euren Händen liegt das Schicksal der Revolution und das Schicksal eines demokratischen Friedens!**

**Es lebe die Revolution!**

*Der Allrussische Sowjet-Kongreß der Arbeiter- und Soldaten-Deputierten*

*Die Delegierten der Bauern-Sowjets*

Am 8. November veröffentlichten der Sowjet-Kongreß und das Militär-Revolutionäre Komitee folgende Erlasse:

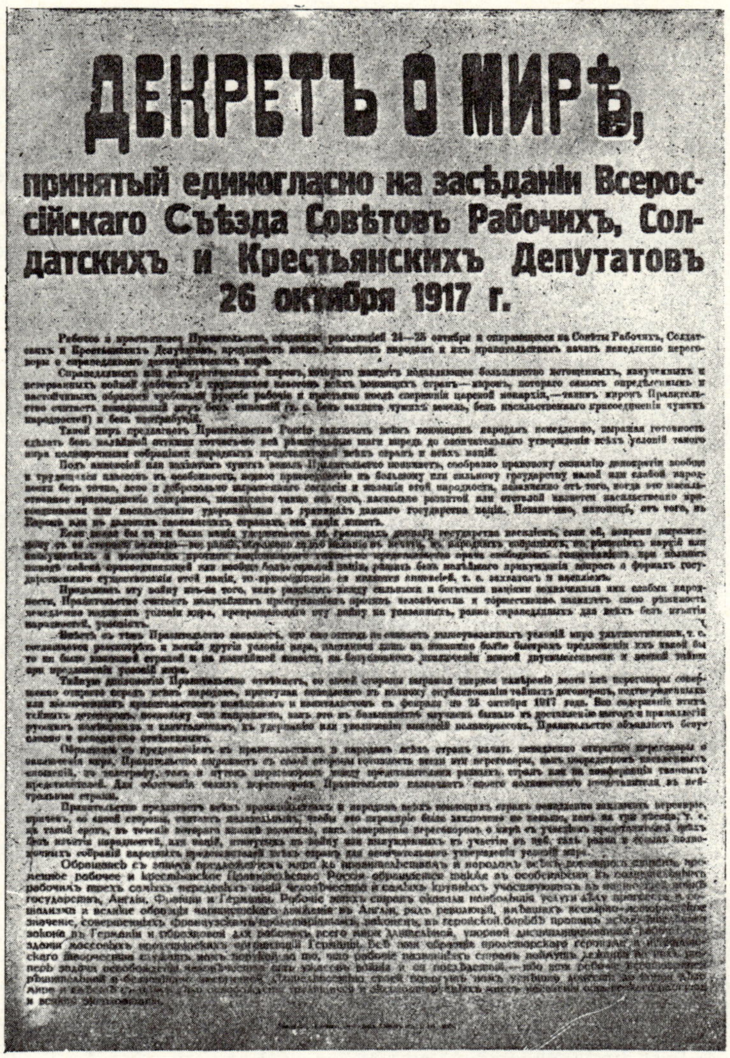
ДЕКРЕТЪ О МИРѢ,

принятый единогласно на засѣданіи Всероссійскаго Съѣзда Совѣтовъ Рабочихъ, Солдатскихъ и Крестьянскихъ Депутатовъ 26 октября 1917 г.

**Das Dekret über den Frieden**
Einstimmig angenommen vom Zweiten Allrussischen Sowjetkongreß (Text siehe S. 448)

*An die Front!* Der Allrussische Sowjet-Kongreß schlägt allen Armeen die Bildung von provisorischen revolutionären Komitees vor, die für die Erhaltung der revolutionären Ordnung und der Festigkeit der Front verantwortlich sind. Die Oberkommandierenden sind verpflichtet, sich den Verfügungen der Komitees unterzuordnen. Die Kommissare der provisorischen Regierung werden abgesetzt. Die Kommissare des Allrussischen Sowjet-Kongresses begeben sich an die Front. Über alle unternommenen Schritte ist sofort zu telegraphieren.

---

*An alle Gouvernements- und Bezirks-Sowjets der Arbeiter-, Soldaten- und Bauern-Deputierten.* Auf Beschluß des Allrussischen Sowjet-Kongresses sind alle verhafteten Mitglieder der Bodenkomitees sofort zu befreien. Die Kommissare, die sie in Haft genommen hatten, sind zu verhaften. Die ganze Macht gehört von jetzt an den Sowjets. Die Regierungskommissare sind abzusetzen. Die Vorsitzenden der Sowjets treten unmittelbar mit der revolutionären Regierung in Verbindung.

---

Die durch Kerenski an der Front wieder eingeführte Todesstrafe wird aufgehoben. Die volle Freiheit der Agitation an der Front wird wieder freigegeben. Alle Soldaten- und Offiziers-Revolutionäre, die wegen sogenannter „politischer" Verbrechen verhaftet waren, sind sofort zu befreien. Die ehemaligen Minister Konowalow, Kischkin, Tereschtschenko, Maljantowitsch, Nikitin u. a. sind durch das Revolutionäre Komitee verhaftet. Kerenski ist geflüchtet. Allen Organisationen in der Armee wird die sofortige Verhaftung Kerenskis und seine Abtransportierung nach Petrograd anbefohlen. Jede Unterstützung Kerenskis wird als schweres Staatsverbrechen bestraft.

Am 8. November um 9 Uhr abends wurde die zweite und letzte Sitzung des Allrussischen Sowjet-Kongresses eröffnet.*) Sie tagte bis 7 Uhr morgens. Auf der Tagesordnung standen die Fragen des Friedens, des Bodens und der Bildung der Arbeiter- und Bauern-Regierung: des Rates der Volkskommissare.

*Kamenew* machte Mitteilung über die Erlasse, die wir oben bereits wiedergegeben haben. *Gutman* erklärt im Namen der Menschewiki-Internationalisten ihren Beschluß, den Kongreß zu verlassen. *Losowski* erklärt im Namen der auf dem Kongresse verbleibenden Menschewiki-Internationalisten, daß sie das Verlassen des Kongresses für einen Fehler halten, auf dem Kongreß im Interesse der

*) Auf dieser Sitzung wurde das neue Zentral-Exekutivkomitee aus 120 Deputierten gewählt: 60 Bolschewiki, 20 Linke Sozialrevolutionäre, Rest Menschewiki-Internationalisten und andere kleinere Fraktionen. Den großen Truppenverbänden wurde das Recht erteilt, nachträglich ihre Vertreter in die Exekutive zu entsenden.

revolutionären Einheitsfront verbleiben, jedoch gegen die Übergabe der Macht an die Sowjet-Regierung stimmen werden.

Jetzt erhält *Lenin* das Wort zur Frage über den Frieden:

Die Frage des Friedens ist eine brennende Frage, die wunde Frage der Gegenwart. Vieles ist darüber gesprochen, geschrieben worden und Ihr alle habt Euch damit wahrscheinlich nicht wenig beschäftigt. Erlaubt mir daher, zur Verlesung der Deklaration überzugehen, welche die von Euch gewählte Regierung zu erlassen haben wird:

*Das Dekret über den Frieden*

Die von der Revolution am 7. und 8. November gebildete und auf die Sowjets der Arbeiter-, Soldaten- und Bauern-Deputierten sich stützende Arbeiter- und Bauern-Regierung schlägt allen kriegführenden Völkern und ihren Regierungen vor, unverzüglich Verhandlungen über einen gerechten demokratischen Frieden einzuleiten.

Als einen gerechten oder demokratischen Frieden, nach dem die erdrückende Mehrheit der durch den Krieg erschöpften, gequälten und ruinierten werktätigen Klassen aller kriegführenden Länder lechzen, — als einen Frieden, wie ihn die russischen Arbeiter und Bauern nach dem Sturze der zaristischen Monarchie in der bestimmtesten und eindringlichsten Weise forderten, — als einen solchen Frieden sieht die Regierung den sofortigen Frieden ohne Annexionen fremder Gebietsteile, ohne die gewaltsame Angliederung fremder Völkerstämme und ohne Kontributionen an.

Die Regierung Rußlands schlägt allen kriegführenden Völkern vor, einen solchen Frieden unverzüglich abzuschließen, und erklärt ihre Bereitschaft, ohne die geringste Verzögerung sofort alle entscheidenden Schritte — selbst bis zur endgültigen Bestätigung aller Bedingungen eines solchen Friedens durch die bevollmächtigten Versammlungen der Volksvertreter aller Länder und aller Nationen zu unternehmen.

Unter einer Annexion oder Besitzergreifung fremder Gebietsteile versteht die Regierung gemäß dem Rechtsbewußtsein der Demokratie überhaupt und der werktätigen Klassen im besonderen, — jede Angliederung eines kleinen oder schwachen Volksstammes an ein großes oder starkes Reich ohne den klar, deutlich und freiwillig geäußerten dahingehenden Wunsch oder das Einverständnis dieses Volksstammes, unabhängig davon, wann diese gewaltsame Angliederung erfolgt ist, unabhängig auch davon, auf welcher Entwicklungsstufe die gewaltsam angegliederte oder gewaltsam innerhalb der Grenzen eines gegebenen Staates zurückgehaltene Nation steht; unabhängig endlich auch davon, ob es sich um eine Nation in Europa oder in fernen, transozeanischen Ländern handelt.

Wenn irgendeine Nation innerhalb der Grenzen eines Staates gewaltsam zurückgehalten wird, wenn ihr entgegen ihrem deutlich ausgesprochenen Wunsche — ganz gleich, ob dieser Wunsch in der Presse, in Volksversammlungen, in Parteibeschlüssen oder Auflehnung und Aufständen gegen die nationale Unterdrückung zum Ausdruck kommt — nicht das Recht eingeräumt wird, nach vollständiger Evakuierung der der angliedernden oder überhaupt stärkeren Nation gehörenden Truppen —, ohne den geringsten Zwang die Frage der Formen ihres staatlichen Daseins zu entscheiden, so ist eine solche Angliederung eine Annexion, d. h. eine Besetzung und ein Gewaltakt.

Den Krieg aus dem Grunde fortzusetzen, um die schwachen Völkerschaften unter die starken und reichen Nationen zu verteilen, — das hält die Regierung für das größte Verbrechen gegen die Menschheit, und sie erklärt feierlich ihre Bereitschaft, unverzüglich einen Frieden zu schließen, der dem Kriege unter den erwähnten, für alle Völkerschaften gleich gerechten Bedingungen ein Ende macht. Zugleich erklärt die Regierung, das sie die oben erwähnten Friedensbedingungen keineswegs als ultimative ansieht, d. h. daß sie auch bereit ist, jegliche anderen Friedensbedingungen zu erörtern und nur auf einem möglichst schnellen Vorschlage irgendeines der kriegführenden Staaten, auf der allergrößten Klarheit und auf dem unbedingten Ausschluß jeglicher Zweideutigkeit und jeglichen Geheimnisses beim Vorschlag der Friedensbedingungen besteht.

Die Regierung schafft die Geheimdiplomatie ab und erklärt ihren festen Entschluß, alle Verhandlungen vollkommen offen vor dem ganzen Volke zu führen, indem sie sofort zur restlosen Veröffentlichung der von der Regierung der Gutsbesitzer und Kapitalisten vom Februar bis zum 25. Oktober 1917 bestätigten oder neu abgeschlossenen Verträge schreitet. Den gesamten Inhalt dieser Geheimverträge, soweit sie, wie es in der Mehrzahl der Fälle geschah, auf die Sicherung von Vorteilen und Privilegien für die russischen Gutsbesitzer und Kapitalisten, auf die Erhaltung oder Erweiterung der Annexionen der Großrussen gerichtet waren, erklärt die Regierung als unbedingt und sofort beseitigt.

Indem sie sich an die Regierungen und Völker aller Länder mit dem Vorschlage wendet, sogleich offene Verhandlungen über den Abschluß eines Friedens einzuleiten, erklärt die Regierung Rußlands ihrerseits ihre Bereitschaft, diese Verhandlungen sowohl im Wege eines Schriftwechsels, durch den Telegraphen, wie auch im Wege direkter Verhandlungen zwischen den Vertretern der verschiedenen Staaten oder auf einer Konferenz dieser Vertreter zu führen. Zur Erleichterung solcher Verhandlungen ernennt die Regierung einen bevollmächtigten Vertreter für die neutralen Staaten.

Die Regierung schlägt allen Regierungen und Völkern der kriegführenden Staaten den sofortigen Abschluß eines Waffenstillstandes vor und hält es ihrerseits für erwünscht, daß dieser Waffenstillstand auf eine Mindestfrist von 3 Monaten abgeschlossen wird, d. h. auf eine Frist, in der Friedensverhandlungen unter Beteiligung der Vertreter zum Abschluß gebracht werden können all jener Völkerschaften und Nationen, die in den Krieg hineingezogen oder zu einer Beteiligung an demselben gezwungen waren, — und in der die Einberufung bevollmächtigter Versammlungen der Volksvertreter aller Länder zur endgültigen Ratifizierung der Friedensbedingungen möglich sein kann.

Indem sie sich mit diesem Friedensvorschlage an die Regierungen und Völker aller kriegführenden Länder wendet, wendet sich die provisorische Arbeiter- und Bauern-Regierung Rußlands aber auch zugleich insbesondere an die klassenbewußten Arbeiter der drei fortgeschrittensten Nationen und größten Kriegsteilnehmer, England, Frankreich und Deutschland. Die Arbeiter dieser Länder haben sich die größten Verdienste um die Sache des Fortschrittes und des Sozialismus erworben und die großen Beispiele der Chartistenbewegung in England, wie die Beispiele einer Reihe von Revolutionen von welthistorischer Bedeutung, deren Träger das französische Proletariat war, endlich die Beispiele eines heldenmütigen Kampfes gegen das Ausnahmegesetz in Deutschland und einer für die Arbeiter der ganzen Welt musterhaften, hartnäckigen Disziplin bei der Schaffung proletarischer Massenorganisationen in Deutschland, — all diese Beispiele des proletarischen Heroismus und der historischen Schöpferkraft dienen uns als Gewähr dafür, daß die Arbeiter der genannten Länder die auf ihnen ruhenden Aufgaben für die Befreiung der Menschheit von den Schrecknissen des Krieges und seiner Folgen begreifen werden, denn diese Arbeiter werden uns durch allseitige entschlossene und unentwegt energische Tätigkeit in der Vollendung der Friedenssache und bei der Befreiung der werktätigen und ausgebeuteten Massen von jeder Knechtschaft, von jeder Ausbeutung unterstützen.*)

*) Das Dekret über den Frieden wird unter Ovationen für Lenin und unter Absingen der „Internationale" und des Trauermarsches zum Andenken an die Gefallenen, einstimmig angenommen.

Die Arbeiter- und Bauern-Regierung, welche durch die Revolution vom 6. und 7. November gegründet wurde und die sich auf die Sowjets der Arbeiter-, Soldaten- und Bauern-Deputierten stützt, muß sofort Verhandlungen über den Frieden beginnen. Unser Aufruf muß sich sowohl an die Regierungen wie an die Völker wenden. Wir dürfen nicht die Regierungen ignorieren, denn dann würden wir die Möglichkeit des Friedensbeschlusses verzögern und dies wagt keine Volksregierung zu tun, aber wir haben auch keinerlei Recht, uns nicht gleichzeitig auch an die Völker zu wenden. Überall gehen die Meinungen von Regierung und Volk auseinander und deshalb müssen wir den Völkern helfen, sich in die Frage von Krieg und Frieden einzumischen. Wir werden selbstverständlich mit allen Mitteln unser ganzes Programm eines Friedens ohne Annexionen und Kontributionen verteidigen. Wir werden davon nicht abweichen, wir müssen aber unseren Gegnern die Möglichkeit aus den Händen schlagen, zu sagen, daß ihre Bedingungen andere seien, daß daher nichts mit uns zu verhandeln sei. Nein, wir müssen ihnen diese Gewinnchance nehmen und unsere Forderungen nicht ultimativ stellen. Deshalb ist auch die Bestimmung eingeschlossen, daß wir jedwede Friedensbedingungen, alle Vorschläge prüfen. Prüfen — das heißt noch nicht annehmen. Wir werden sie der Konstituierenden Versammlung zur Beurteilung vorlegen, welche schon befugt entscheiden wird, was möglich ist und worin man nicht nachgeben kann. Wir kämpfen gegen den Betrug der Regierungen, welche, in Worten, alle von Frieden, von der Gerechtigkeit sprechen, in der Tat aber räuberische Annexionskriege führen. Es gibt keine Regierung, die alles sagt, was sie denkt. Wir aber sind gegen die geheime Diplomatie und werden offen, vor dem ganzen Volke, handeln. Wir verschlossen nicht und verschließen nicht unsere Augen vor den Schwierigkeiten. Einen Krieg kann man nicht durch Verzicht beenden, einen Krieg kann man nicht einseitig beenden. Wir schlagen einen Waffenstillstand von 3 Monaten vor, wir verwerfen aber auch nicht eine kürzere Frist, damit die abgequälte Armee wenigstens auf einige Zeit frei aufatmen kann, und außerdem müssen in allen Kulturländern die Nationalversammlungen einberufen werden, um die Friedensbedingungen zu prüfen.

Indem wir vorschlagen, sofort den Waffenstillstand abzuschließen, wenden wir uns an die klassenbewußten Arbeiter jener Länder, in welchen vieles für die Entwicklung der proletarischen Bewegung getan wurde. Wir wenden uns an die Arbeiter Englands, das die Chartistenbewegung hatte, an die Arbeiter Frankreichs, die mehr als einmal in Aufständen die ganze Kraft ihres Klassenbewußtseins bewiesen haben, und an die Arbeiter Deutschlands, die den Kampf mit dem Sozialistengesetz bestanden und mächtige Organisationen gebildet haben.

Im Manifest vom 14. März schlugen wir vor, die Bankiers zu stürzen, wir haben unsere eigenen nicht nur nicht gestürzt, wir sind sogar mit diesen in ein Bündnis eingetreten. Jetzt erst haben wir die Regierung der Bankiers gestürzt.

Die Regierung und die Bourgeoisie machen alle Anstrengungen, um sich zu vereinigen und die Revolution der Arbeiter und Bauern im Blute zu ersticken. Aber drei Jahre Krieg waren eine genügende Lehre für die Massen. Die Räte-Bewegung in anderen Ländern, der Aufstand der deutschen Flotte, der von den Offizieren des Henkers Wilhelm unterdrückt wurde, — und endlich muß man bedenken, daß wir nicht im tiefen Afrika leben, sondern in Europa, wo alles rasch bekannt werden kann.

Die Arbeiterbewegung gewinnt Oberhand und ebnet den Weg zum Frieden und zum Sozialismus.

*Schlußwort.* Ich werde mich nicht mit dem allgemeinen Charakter der Deklaration befassen. Die Regierung, welche Euer Kongreß bilden wird, kann auch die Abänderung unwesentlicher Punkte vornehmen.

Ich werde mich entschieden dagegen aussprechen, daß unsere Forderung nach Frieden eine ultimative sein soll. Der ultimative Charakter kann für unsere ganze Sache verderblich werden. Wir können nicht fordern, daß irgendeine unbedeutende Abweichung von unseren Forderungen den imperialistischen Regierungen die Möglichkeit gibt, zu sagen, daß es wegen unserer Unversöhnlichkeit unmöglich war, in Friedensverhandlungen einzutreten.

Wir werden unseren Aufruf überallhin verschicken, alle werden ihn kennen lernen. Die Bedingungen zu verschweigen, welche unsere Arbeiter- und Bauern-Regierung in den Vordergrund stellt, wird ein Ding der Unmöglichkeit sein.

Man kann unsere Arbeiter- und Bauern-Revolution, welche die Regierung der Bankiers und Gutsbesitzer gestürzt hat, nicht verheimlichen.

Im Falle eines Ultimatums können die Regierungen eine Antwort unterlassen, bei unserer Redigierung werden sie antworten müssen. Sollen alle wissen, was ihre Regierungen meinen. Wir wollen keine Geheimnisse. Wir wollen, daß die Regierung stets unter der Kontrolle der öffentlichen Meinung ihres Landes steht.

Was wird der Bauer in irgendeinem entlegenen Gouvernement sagen, wenn er wegen unserer Geheimtuerei nicht erfährt, was die andere Regierung will. Er wird sagen: Genossen, warum habt Ihr Friedensvorschläge, gleich welcher Art, unmöglich gemacht? Ich hätte sie erwogen, ich hätte sie geprüft und dann hätte ich meinen Vertretern in der Konstituierenden Versammlung aufgetragen, wie sie vorzugehen haben. Ich bin bereit, mich auf revolutionärem Wege für gerechte Bedingungen zu schlagen, wenn die Regierungen sich nicht einigen, aber es kann auch solche Bedingungen für einige Länder geben, daß ich bereit bin, diesen Regierungen vorzuschlagen, allein weiterzukämpfen. Die vollkommene Verwirklichung unserer Ideen hängt allein vom Sturze des ganzen kapitalistischen Systems ab. Das ist es, was uns unser Bauer sagen kann, und er kann uns überflüssige Unnachgiebigkeit und Kleinlichkeit vorwerfen, wo doch für uns die Hauptsache sein muß, die ganze Abscheulichkeit, die ganze Nichtsnutzigkeit der Bourgeoisie und ihrer gekrönten und ungekrönten Henker, die an die Spitze der Regierung gestellt wurden, aufzudecken.

N. Lenin

Wir dürfen nicht, wir sollen nicht den Regierungen die Möglichkeit geben, sich hinter unserer Unnachgiebigkeit zu verstecken und vor den Völkern zu verbergen, wofür man sie ins Schlachthaus schickt. Es ist dies nur ein Tropfen, aber wir dürfen und sollen nicht auf diesen Tropfen verzichten, der den Stein der bourgeoisen Beute aushöhlt. Ein Ultimatum erleichtert unseren Feinden ihre Situation. Wir aber werden dem Volke alle Bedingungen zeigen. Wir werden alle Regierungen vor unsere Bedingungen stellen und mögen sie dann ihren Völkern Antwort geben. Wir werden alle Friedensvorschläge zur Beschlußfassung der Konstituierenden Versammlung vorlegen.

Da ist noch ein Punkt, welcher, Genossen, Eure scharfe Aufmerksamkeit erfordert. Die geheimen Verträge müssen veröffentlicht werden. Es müssen die Punkte über die Annexionen und Kontributionen aufgehoben werden. Es gibt verschiedene Punkte, Genossen, — die räuberischen Regierungen haben sich ja nicht nur über den Raub geeinigt, sondern sie haben in diesen Übereinkommen auch wirtschaftliche Abmachungen aufgenommen und verschiedene andere Punkte über freundnachbarliche Beziehungen.

Wir binden uns nicht durch Verträge. Wir lassen uns nicht durch Verträge verwirren. Wir verwerfen alle Punkte über Räubereien und Vergewaltigung, aber alle Punkte, wo freundnachbarliche Bedingungen und wirtschaftliche Abkommen abgeschlossen sind, nehmen wir bereitwillig an, wir können sie nicht ablehnen. Wir schlagen einen Waffenstillstand von 3 Monaten vor, wir haben eine lange Frist gewählt, weil die Völker müde sind, die Völker ersehnen eine Erholung von diesem blutigen Schlachten, das sich das vierte Jahr hinzieht. Wir müssen begreifen, daß es notwendig ist, daß die Völker die Friedensbedingungen prüfen, ihren Willen, unter Teilnahme des Parlamentes aussprechen, und dafür muß eine Frist gegeben werden. Wir fordern deshalb einen langen Waffenstillstand, damit die Armee in den Schützengräben von diesem Alpdruck ewigen Mordens sich erholt, aber wir lehnen auch Vorschläge eines kürzeren Waffenstillstandes nicht ab, wir werden sie prüfen und wir werden verpflichtet sein, sie anzunehmen, auch wenn man uns einen Waffenstillstand von nur einem oder anderthalb Monaten vorschlägt. Unser Vorschlag des Waffenstillstandes darf auch nicht ultimativ sein, denn wir werden unseren Feinden nicht die Möglichkeit geben wollen, die ganze Wahrheit vor den Völkern durch Verstecken hinter unserer Unversöhnlichkeit zu verheimlichen. Er darf nicht ultimativ sein, weil die Regierung verbrecherisch ist, welche keinen Waffenstillstand wünscht. Wenn wir unseren Vorschlag auf Waffenstillstand nicht ultimativ machen, so zwingen wir damit die Regierungen, in den Augen ihrer Völker als Verbrecher zu erscheinen, und mit solchen Verbrechern werden die Völker keine Umstände machen. Man hält uns entgegen, daß der Verzicht auf das Ultimatum unsere Ohnmacht beweist, aber es ist an der Zeit, alle bourgeoisen Verfälschungen in Reden über die Kraft des Volkes beiseite zu lassen. Kraft, nach bourgeoiser Vorstellung, ist es, wenn die Massen blind zum Schlachthause laufen, dem Winke der imperialistischen Regierungen gehorchend. Die Bourgeoisie anerkennt einen Staat nur dann als stark, wenn dieser mit der ganzen Macht des Regierungsapparates die Massen dorthin schmeißen kann, wohin die bourgeoisen Regierer wollen. Unsere Auffassung von Kraft ist eine andere. Nach unserer Vorstellung ist der Staat stark durch das Bewußtsein der Massen. Er ist stark, wenn die Massen alles wissen, über alles urteilen können und alles mit Bewußtsein tun. Wir haben keine Furcht, die Wahrheit über die Müdigkeit zu sagen, denn welcher Staat wäre jetzt nicht müde, welches Volk spricht nicht offen davon? Nehmt Italien, wo auf Grund dieser Müdigkeit eine langjährige revolutionäre Bewegung besteht, welche das Ende des Krieges fordert. Gibt es in Deutschland vielleicht keine Massendemonstrationen der Arbeiter, in welchen die Losungen von der Beendigung des Krieges hinausgeschleudert werden? Ist vielleicht jener Aufstand der deutschen Flotte, welcher vom Henker Wilhelm und seinen Handlangern so erbarmungslos unterdrückt wurde, nicht von der Müdigkeit hervorgerufen? Wenn solche Erscheinungen in einem so disziplinierten Lande wie Deutschland möglich sind, wo man von Müdigkeit zu sprechen beginnt, von der Beendigung des Krieges, dann haben wir nichts zu fürchten, wenn auch wir offen von gleichem reden, denn es ist die Wahrheit, die einzig echte, für uns wie für alle kriegführenden und sogar neutralen Länder.

*Rede Lenins zur Frage über Grund und Boden*

Wir glauben, daß die Revolution bewiesen und gezeigt hat, wie wichtig es ist, daß die Bodenfrage klargestellt wird. Die Entstehung des bewaffneten Aufstandes der zweiten Oktober-Revolution beweist deutlich, daß der Boden in die Hände der Bauern gegeben werden muß. Ein Verbrechen begingen jene Regierung, die gestürzt ist, und die kompromißlerischen Parteien der Menschewiki und Sozialrevolutionäre, welche unter verschiedenen Vorwänden die Lösung der Bodenfrage hinausschoben und dadurch das Land zum Ruin und zum Bauernaufstand führten. Voll Falschheit und feigen Betrugs sind ihre Reden über Pogrome und Anarchie im Dorfe. Wo und wann sind Pogrome und Anarchie durch vernünftige Maßnahmen hervorgerufen worden? Wenn die Regierung vernünftig vorgegangen wäre und wenn ihre Maßnahmen den Nöten der Bauernarmut entgegengekommen wären, wäre dann vielleicht die Masse der Bauern in Erregung geraten? Aber alle Maßnahmen der Regierung, die von den Awksentjewschen und Danschen Sowjets*) gutgeheißen wurden, richteten sich gegen die Bauern und zwangen sie zum Aufstand.

Nachdem sie selbst den Aufstand provoziert hatten, begannen sie von Pogromen und Anarchie zu schreien, welche sie selbst hervorgerufen hatten. Sie wollten diese mit Feuer und Schwert unterdrücken, aber sie selbst wurden vom bewaffneten Aufstande der revolutionären Soldaten, Matrosen und Arbeiter hinweggefegt. Die Regierung der Arbeiter- und Bauern-Revolution muß in erster Reihe die Bodenfrage lösen, die Frage, welche die ungeheuren Massen der Dorfarmut beruhigen und befriedigen kann. Ich werde Euch jene Punkte des Dekrets verlesen, welches Eure Sowjet-Regierung erlassen muß. In einem der Punkte dieses Dekretes ist die Vorschrift an die Bodenkomitees enthalten, zusammengestellt auf Grundlage der 242 Vorschriften an die lokalen Sowjets der Bauern-Deputierten.

Hier werden Stimmen laut, daß das Dekret selbst und die Vorschriften von den Sozialrevolutionären zusammengestellt waren. Und wenn es so ist? Ist es nicht ganz gleich, von wem es zusammengestellt ist, denn als demokratische Regierung können wir an den Beschlüssen der unteren Volksschichten nicht vorbeigehen, selbst wenn wir mit ihnen nicht einverstanden wären. Im Feuer des Lebens, in der praktischen Anwendung, in der Durchführung an Ort und Stelle werden die Bauern selbst begreifen, was richtig ist. Und selbst wenn die Bauern auch weiter den Sozialrevolutionären folgen, und wenn sie dieser Partei in der Konstituierenden Versammlung die Mehrheit geben, werden wir auch dann sagen: Sei es so. Das Leben — ist der beste Lehrer —, es zeigt, wer recht hat, und mögen dann die Bauern auf der einen, wir auf der anderen Seite die Frage lösen. Das Leben zwingt uns, uns dem allgemeinen Strome revolutionäre Schöpfung zu nähern in der Ausarbeitung neuer

*) Das ZEK. der Sowjets der Bauern-Deputierten stand unter dem Präsidium des Sozialrevolutionärs Awksentjew. Das ZEK. der Sowjets der Arbeiter- und Soldaten-Deputierten, welches auf dem ersten Sowjet-Kongreß im Juni 1917 gewählt worden war, stand unter dem Präsidium des Menschewiks Dan.

staatlicher Form. Wir müssen dem Leben folgen, wir müssen den Volksmassen volle Schöpfungsfreiheit gewähren. Die alte Regierung, die durch bewaffneten Aufstand gestürzt wurde, wollte die Bodenfrage mit Hilfe der unveränderten zaristischen Bürokratie lösen. Aber statt einer Lösung der Frage kämpfte die Bürokratie bloß gegen die Bauern. Die Bauern haben in der Zeit unserer achtmonatigen Revolution manches gelernt, sie wollen selbst alle Fragen über den Boden entscheiden. Deshalb sprechen wir uns gegen alle Änderungen in diesem Gesetzentwurfe aus, wir wollen keine Detaillierungen, denn wir schreiben ein Gesetz und kein Aktionsprogramm. Rußland ist groß und die lokalen Bedingungen innerhalb Rußlands sind verschieden; wir glauben daran, daß die Bauernschaft selbst besser als wir die Frage richtig, so wie es sein muß, entscheiden wird. Ob in unserem Geiste, ob im Geiste des sozialrevolutionären Programmes — das ist nicht die Hauptsache. Die Hauptsache ist, daß die Bauernschaft die feste Überzeugung gewinnt, daß es keine Gutsbesitzer mehr im Dorfe gibt, daß die Bauern alle Fragen selbst lösen, daß sie selbst ihr Leben formen sollen.

DEKRET ÜBER DEN GRUND UND BODEN

angenommen vom II. Allrussischen Kongreß der Sowjets der Bauern- und Soldaten-Deputierten in der Sitzung vom 26. Oktober 1917 um 2 Uhr Nachts.

1. Das Eigentumsrecht der Gutsbesitzer am Grund und Boden wird sofort ohne jede Entschädigung aufgehoben.

2. Die gutsherrlichen Ländereien, ebenso wie die Ländereien der Domänen, der Klöster und der Kirchen, mit dem gesamten lebenden und toten Inventar, mit den Gutsbaulichkeiten und allem Zubehör gehen bis zur Einberufung der Nationalversammlung in die Verwaltung der Bezirksagrarkomitees und der Kreissowjets der Bauern-Delegierten über.

3. Jede Beschädigung des beschlagnahmten Eigentums, das von nun an dem ganzen Volke gehört, wird als schweres Verbrechen betrachtet und vom Revolutionstribunal geahndet. Die Bezirksräte der Bauern-Delegierten ergreifen alle notwendigen Maßnahmen zur Wahrung der strengsten Ordnung bei der Beschlagnahme der Güter. Es muß festgestellt werden, bis zu welcher Größe und welche Grundstücke der Beschlagnahme unterliegen, es muß ein genaues Verzeichnis des beschlagnahmten Inventars gemacht werden, es muß der denkbar strengste, revolutionäre Schutz der ganzen auf das Volk übergehenden Wirtschaft eingeführt werden, der auf alle Gebäude, Werkzeuge, Vieh, auf alle Vorräte an Produkten usw. ausgedehnt werden muß.

4. Als Anleitung für die Durchführung der großen agrarischen Reformen bis zur endgültigen Sanktionierung durch die Nationalversammlung muß jene Bauerninstruktion dienen, die auf Grund der 242 örtlichen Bauernberichte von der Redaktion der „Iswestija des Allrussischen Sowjets der Bauern-Delegierten" zusammengestellt und in der Nr. 88 dieser „Iswestija" veröffentlicht wurde. (Petrograd, Nr. 88, 19. August 1917.)

*Über den Grund und Boden*

Die Landfrage kann in ihrem vollen Umfange nur durch die Nationalversammlung gelöst werden.

Die gerechteste Lösung der Landfrage kann sich nur in folgender Richtung bewegen:

*1. Das Recht des Privatbesitzes an Grund und Boden wird für immer aufgehoben;* das Land darf weder verkäuflich noch käuflich sein, noch in Pacht oder Pfand gegeben oder auf irgendeine andere Weise enteignet werden. Der gesamte Grund und Boden: *der staatliche, wie der der Domänen, der Krongüter, Kloster- und Kirchengüter, der Possessionsgüter, der Majorate, der Privatgüter, der Gemeinde- und Bauerngüter usw. werden entschädigungslos enteignet* und gehen in Volksbesitz und in die Nutznießung aller auf ihnen tätigen Volksmitglieder über.

Den unter diesem Eigentumsumsturz Schaden Erleidenden wird das Recht auf öffentliche Unterstützung so lange zuerkannt, bis sie sich den neuen Existenzbedingungen angepaßt haben.

2. Alle Bodenschätze, Erze, Erdöl, Kohle, Salz usw. ebenso wie Waldungen und Gewässer, die eine allgemein staatliche Bedeutung haben, gehen in die ausschließliche Nutznießung des Staates über. Alle kleinen Flüsse, Seen, Wälder usw. gehen in die Nutznießung der Gemeinden über — unter der Bedingung ihrer Verwaltung durch die lokalen Selbstverwaltungsorgane.

3. Territorien mit *hochkultivierten* Wirtschaften: Gärten, Plantagen, Pflanzschulen, Baumschulen, Orangerien usw. *unterliegen nicht der Teilung, sondern gehen als Musteranstalten in den ausschließlichen Dienst des Staates oder der Gemeinden über,* — je nach dem Umfange und der Bedeutung derselben.

Der den Einzelgehöften, Städten und Dorfgemeinden gehörende Grund und Boden mit Hausgeräten und Gemüsegärten bleibt in der Bewirtschaftung der bisherigen Besitzer, wobei Größe der Anteile und die Höhe der Nutzungssteuern auf gesetzlichem Wege geregelt werden.

4. Gestüte, staatliche und private Zuchtanstalten und Geflügelzüchtereien u. a. werden beschlagnahmt, gehen in Volkseigentum über und kommen je nach Größe und Bedeutung derselben in die aus-

schließliche Nutznießung des Staates oder der Gemeinde.

Die Entschädigungsfrage unterliegt der Entscheidung durch die Nationalversammlung.

5. Das gesamte Wirtschaftsinventar der beschlagnahmten Ländereien, das lebende wie das tote Inventar geht entschädigungslos in die ausschließliche Nutzung des Staates oder der Gemeinde über, je nach der Größe oder Bedeutung derselben.

Das Inventar der Kleinbauern unterliegt nicht der Beschlagnahme.

6. Das Recht der Bodennutznießung erhalten alle Bürger des russischen Reiches (ohne Unterschied des Geschlechtes), die den Boden mit eigenen Kräften, mit Hilfe ihrer Familie oder in genossenschaftlicher Form bearbeiten wollen, und zwar nur so lange, als sie physisch dazu imstande sind. Lohnarbeit ist nicht zulässig.

Bei zufälliger physischer Arbeitsunfähigkeit irgendeines Mitgliedes einer Dorfgemeinde während zweier Jahre ist die Dorfgemeinde verpflichtet, bis zur Wiederherstellung seiner Arbeitsfähigkeit ihm durch öffentliche Bewirtschaftung seines Bodenanteils zu Hilfe zu kommen.

Die Ackerbauer, die durch Alter oder Invalidität für immer die Möglichkeit eingebüßt haben, persönlich den Boden zu bearbeiten, verlieren das Recht auf Nutznießung desselben, erhalten aber dafür eine staatliche Pension.

7. Die Bodennutzung muß eine ausgleichende sein, d. h. der Boden wird unter die Werktätigen, je nach den örtlichen Bedingungen und ihrer Arbeits- und Verbrauchsnorm verteilt. Die Form der Bodennutzung muß vollkommen frei sein; sie kann durch Bauernhöfe, Vorwerke, Gemeinden und Erwerbsgenossenschaften ausgeführt werden, je nach dem Beschlusse der einzelnen Ortschaften und Siedlungen.

8. Der ganze Grund und Boden wird nach seiner Enteignung dem allgemeinen Nationalen Landfonds einverleibt. Die Verteilung desselben unter die Werktätigen leiten die örtlichen und zentralen Selbstverwaltungen, beginnend mit den demokratisch organisierten zweifellosen Dorf- und Stadtkommunen und endigend mit den zentralen Gebietsinstitutionen.

Der Landfonds unterliegt periodischen Umteilungen — je nach dem Bevölkerungszuwachs, der Hebung der Produktivität und der Kultur der Landwirtschaft.

Bei der Veränderung der Grenze der Landanteile muß der ursprüngliche Kern des Anteils ungekürzt bleiben.

Das Land der ausscheidenden Mitglieder fällt dem Landfonds wieder zu, wobei die nächsten Verwandten der ausgeschiedenen Mitglieder und die von ihnen bezeichneten Personen bei der Zuteilung von Anteilen ein Vorrecht haben.

Der Wert der zur Verbesserung des Bodens angewandten Düngungen und Meliorationen müssen, soweit diese bei der Übergabe des Anteils an den Landfonds noch nicht aufgebraucht sind, bezahlt werden.

Wenn an einzelnen Orten der vorhandene Landfonds sich für die Befriedigung der gesamten örtlichen Bevölkerung als unzureichend erweist, so muß eine Übersiedlung des Bevölkerungsüberschusses stattfinden.

Die Organisierung der Übersiedlung, ebenso wie die Aufwendungen für die Übersiedlung und Versorgung mit dem erforderlichen Inventar usw. muß der Staat auf sich nehmen.

Die Übersiedlung erfolgt in folgender Reihenfolge: zunächst die landlosen Bauern, dann ständige Gemeindemitglieder, Deserteure usw. und endlich durch das Los oder durch freie Verständigung.

Der gesamte Inhalt dieser Verordnung wird als Ausdruck des unbedingten Willens der ungeheuren Mehrheit der klassenbewußten Bauern ganz Rußlands zum provisorischen Gesetz erklärt, das bis zur Nationalversammlung nach Möglichkeit ungesäumt in bestimmten Teilen desselben mit einer Allmählichkeit durchgeführt werden muß, die von den Bezirkssowjets der Bauern-Deputierten festgesetzt wird.

Die Wirtschaften der im Heere dienenden Bauern und Kosaken unterliegen nicht der Beschlagnahme.

Der Vorsitzende des Rates der Volkskommissare
*Wladimir Uljanow-Lenin*

26. Oktober 1917.

(„Iswestija des ZEK. und des Petrograder Arbeiter- und Soldaten-Deputiertensowjets" Nr. 209, vom 28. Oktober 1917.)

*Resolution des II. Sowjet-Kongresses aus Anlaß des Austrittes der Menschewiki und Sozialrevolutionäre*

Der II. Allrussische Kongreß konstatiert: Das Verlassen des Kongresses seitens der Delegierten der Menschewiki und Sozialrevolutionäre stellt sich als ein ohnmächtiger und verbrecherischer Versuch dar, die bevollmächtigte Allrussische Vertretung der Arbeiter- und Soldatenmassen in dem Augenblicke zu sprengen, in welchem der Vortrupp dieser Massen mit den Waffen in den Händen den Kongreß und die Revolution gegen den Druck der Konterrevolution verteidigt.

Die kompromißlerischen Parteien haben mit ihrer vorausgegangenen Politik der Sache der Revolution unermeßlichen Schaden zugefügt und sich hoffnungslos bloßgestellt in den Augen der Arbeiter, Bauern und Soldaten.

Die Kompromißler haben die verderbliche Offensive vom 18. Juni vorbereitet und gutgeheißen, welche die Armee an den Rand des Abgrundes führte.

Die Kompromißler haben die Regierung der Todesstrafe und des Volksverrats unterstützt. Die Kompromißler haben im Laufe von 7 Monaten die Politik des systematischen Betruges der Bauern in der Bodenfrage unterstützt.

Die Opportunisten haben die Zerstörung der revolutionären Organisationen, die Entwaffnung der Arbeiter, die Einsetzung der Kornilowschen Disziplin in der Armee und die sinnlose Verlängerung des blutigen Schlachtens unterstützt.

Die Opportunisten haben in der Tat der ihnen verbündeten Bourgeoisie geholfen, den wirtschaftlichen Ruin im Lande zu vertiefen, Millionen der werktätigen Massen dem Tode weihend.

Durch diese Politik das Vertrauen der Massen verlierend, haben die Kompromißler dennoch künstlich und gewissenlos ihre Positionen in den längst schon nicht neu gewählten Spitzeninstitutionen der Sowjet- und Armee-Organisationen für sich behalten.

Das ZEK. hat auf Grund der genannten Umstände mit allen Mitteln nach der Sprengung des Kongresses gestrebt, wobei es sich auf die opportunistischen Armee-Komitees und auch auf die direkte Unterstützung der Regierungsmacht stützte.

Als diese Politik der Obstruktion und Fälschung der öffentlichen Meinung der revolutionären Klassen ihren schmählichen Zusammenbruch erlitt, als die von den Kompromißlern gebildete provisorische Regierung unter dem Drucke der Petrograder Arbeiter und Soldaten fiel, als der Allrussische Sowjet-Kongreß ein deutliches Überwiegen der Partei des revolutionären Sozialismus, der Bolschewiki, zeigte und als der Aufstand sich als der einzige Ausweg für die revolutionären Massen erwies, welche die Bourgeoisie und ihre Handlanger betrogen und gequält hatten — da zogen die Opportunisten die letzte Konsequenz, indem sie mit den Sowjets brachen, deren Kraft sie zu unterwühlen trachteten.

Der Auszug der Kompromißler schwächt die Sowjets nicht, sondern er stärkt sie, weil er die Arbeiter- und Bauernmacht von konterrevolutionären Beimischungen säubert.

Nach Anhören der Erklärung der Sozialrevolutionäre und Menschewiki setzt der II. Allrussische Kongreß seine Arbeit fort, deren Aufgabe durch den Willen des werktätigen Volkes und durch seinen Aufstand am 24. und 25. Oktober vorbestimmt ist.

*Nieder mit den Kompromißlern!*

*Nieder mit den Handlangern der Bourgeoisie!*

*Es lebe der siegreiche Aufstand der Soldaten, Arbeiter und Bauern!*

## DEKRET ÜBER DIE EINSETZUNG DES RATES DER VOLKSKOMMISSARE

Zur Regierung des Landes ist bis zur Einberufung der Konstituierenden Versammlung eine zeitweilige Arbeiter- und Bauernregierung zu bilden, die der Rat der Volkskommissare genannt wird. Die Verwaltung der einzelnen Zweige des staatlichen Lebens wird Kommissionen übertragen, deren Zusammensetzung die Verwirklichung des von der Versammlung verkündeten Programms gewährleisten muß, und deren Tätigkeit in enger Verbindung mit den Massenorganisationen der Arbeiter, Arbeiterinnen, Matrosen, Soldaten, Bauern und Angestellten stehen muß. Die Regierungsgewalt steht dem Kollegium der Vorsitzenden dieser Kommissionen, d. h. dem Rate der Volkskommissare zu.

Die Kontrolle über die Tätigkeit des Rates der Volkskommissare und das Recht, ihn abzusetzen, steht dem Allrussischen Sowjetkongreß der Arbeiter-, Soldaten- und Bauern-Deputierten und deren Zentral-Exekutivkomitee zu.

Gegenwärtig besteht der Rat der Volkskommissare aus folgenden Personen: Vorsitzender des Rates der Volkskommissare: *Wladimir Uljanow (Lenin)*. Volkskommissare: für Innere Angelegenheiten: *A. J. Rykow;* für Ackerbau: *W. P. Miljutin;* für Arbeit: *A. G. Schlapnikow;* für Kriegs- und Marineangelegenheiten besteht ein Komitee, zusammengesetzt aus: *W. A. Owsejenko (Antonow), N. W. Krylenko* und *F. M. Dybenko;* für Angelegenheiten des Handels und Gewerbes: *W. P. Nogin;* für Volksaufklärung: *A. W. Lunatscharski;* für Finanzen: *J. J. Skworzow (Stepanow);* für Auswärtige Angelegenheiten: *L. D. Bronstein (Trotzki);* für Justiz: *G. L. Oppokow (Lomow);* für Verpflegungsangelegenheiten: *N. A. Teodorowitsch;* für Post und Telegraphie: *M. P. Awilow (Glebow);* für Angelegenheiten der Nationalitäten: *J. W. Dschugaschwili (Stalin).*

Die Stelle des Volkskommissars für Eisenbahnangelegenheiten ist zurzeit unbesetzt.

(Veröffentl. in Nr. 1 der Ztg. der Arbeiter- und Bauernregierung vom 28. Oktober/10. November 1917.)

Die Fraktionen der Menschewiki und Sozialrevolutionäre, die den II. Sowjet-Kongreß verlassen hatten, gaben im Namen des alten Vollzugsausschusses der Sowjets der Arbeiter- und Soldaten-Deputierten an alle Sowjets der Arbeiter- und Soldaten-Deputierten und an die Armee-Komitees, folgenden Aufruf heraus:

Der erste Rat der Volkskommissare

Genossen! Der II. Allrussische Kongreß der Sowjets der Arbeiter- und Soldaten-Deputierten hat sich in einem Augenblicke versammelt, wo in den Straßen Petrograds bereits Bruderblut geflossen ist und der infolge Ergreifung der Macht durch die Bolschewiki hervorgerufene Bürgerkrieg wütet.

Die Fraktion der Sozialrevolutionäre, der Sozialdemokraten, der Menschewiki, Internationalisten und Volkssozialisten hielten es unter solchen Bedingungen nicht für möglich, am Kongresse teilzunehmen und haben ihn deshalb verlassen.

Der Zentral-Vollzugsausschuß betrachtet infolgedessen den II. Kongreß als nicht stattgefunden und erblickt in ihm nur eine private Konferenz der bolschewistischen Delegierten.

Die Beschlüsse dieses Kongresses werden — als ungesetzliche — vom Zentral-Vollzugsausschuß für die örtlichen Sowjets und alle Armeekomitees als unverbindlich erklärt.

Der Zentral-Vollzugsausschuß fordert die Sowjets und Armeeorganisationen auf, sich zur Verteidigung der Revolution zusammenzuschließen.

Der Zentral-Vollzugsausschuß wird einen neuen Sowjet-Kongreß einberufen, sobald die Bedingungen für eine regelrechte Einberufung desselben gegeben sind.

Petrograd, den 25. Oktober 1917.

Und das inzwischen gebildete „Komitee zur Rettung des Vaterlandes und der Revolution“ trat mit folgendem Aufruf an die Öffentlichkeit:

Bürger der Russischen Republik! Am 25. Oktober wurde entgegen dem Willen des revolutionären Volkes durch die Bolschewiki Petrograds in verbrecherischer Weise ein Teil der provisorischen Regierung verhaftet, der provisorische Rat der russischen Republik aufgelöst und eine ungesetzliche Gewalt verkündet.

Der in den Tagen der allergrößten Gefahr seitens des äußeren Feindes vollzogene Gewaltakt an der Regierung des revolutionären Rußlands bedeutet ein unerhörtes Verbrechen gegen das Vaterland.

Der Aufruhr der Bolschewiki versetzt der Sache der Verteidigung einen tötlichen Schlag und verzögert den Abschluß des allen erwünschten Friedens.

Der von den Bolschewiki begonnene Bürgerkrieg droht, das Land in unbeschreibliche Schrecknisse der Anarchie und der Konterrevolution zu stoßen und die Nationalversammlung zu sprengen, die die republikanische Ordnung festigen und den Grund und Boden ein für allemal dem Volke sichern soll.

Indem es die Kontinuierlichkeit einer einheitlichen Staatsgewalt sichert, wird das Allrussische Komitee zur Rettung des Vaterlandes und der Revolution die Initiative zur Neubildung der provisorischen Regierung ergreifen und, gestützt auf die Kräfte der Demokratie, das Land zur Nationalversammlung führen und es vor Konterrevolution und Anarchie bewahren.

Das Allrussische Komitee zur Rettung des Vaterlandes und der Revolution fordert Euch Bürger auf: Erkennt die Macht der Vergewaltiger nicht an! Befolgt ihre Verordnungen nicht! Erhebt Euch zum Schutze des Vaterlandes und der Revolution! Unterstützt das Allrussische Komitee zur Rettung des Vaterlandes und der Revolution.

## 10. DIE SABOTAGE UND DIE BILDUNG DES NEUEN STAATSAPPARATES

von

*S. Serebrjanski*

DIE Drohung mit der Sabotage wurde noch unter der Regierung Kerenskis laut. Am Vorabend der Oktober-Revolution sagte der Minister des Inneren der letzten Koalition, A. Nikitin (siehe „Iswestija des Vollzugsausschusses“ Nr. 202): „Sie haben keine arbeitsfähigen Kräfte. Wenn es ihnen schon gelingen sollte, die Macht zu ergreifen, so werden wir nicht mit ihnen arbeiten. Sie werden isoliert bleiben . . . Jedenfalls, wenn es auch bei uns schon Sabotage gegeben hat, so wird diese unter bolschewistischem System viel weiter greifen.“ Damals handelte es sich noch um eine Drohung, die bezweckte, die Massen von der Aktion abzuschrecken. Als dann die Revolution zur Wirklichkeit wurde, wandelte sich auch die Drohung in Tat.

Schon am 6. November begegneten wir den ersten Anzeichen der Sabotage: die Telephonistinnen machten den Anfang. Ihnen folgten die Telegraphen- und Postangestellten, die Bankbeamten und eine große Zahl Büroangestellter. Die Petrograder Telegraphenagentur weigerte sich, Dienst zu tun. Infolgedessen war die Provinz von den seltsamsten Gerüchten überschwemmt. Am 3. Dezember wandte sich der Allrussische Verband der Lehrer an die Lehrerschaft mit einem Aufrufe, „zum Schutze der Freiheit und Aufklärung aufzustehen durch offene Gehorsamsverweigerung gegenüber der Sowjetregierung". Von Anfang Dezember streikten die Lehrer der städtischen Volksschulen. Sogar die Krankenschwestern erklärten in einer Reihe von Lazaretten den Streik; sie weigerten sich sogar, den verwundeten Soldaten Verbände anzulegen.

Wie schwer sich die Sabotage auf das Leben der Hauptstadt auswirken mußte, läßt sich z. B. an folgenden Zahlen ermessen: Petrograd zählte: Metallarbeiter 195 000, Telegraphenangestellte 4700, Kontorangestellte 20 000, Postangestellte 6000, Bankbeamte etwa 10 000 Personen. Demnach machte die Zahl einiger — keineswegs aller! — Kategorien von Angestellten etwa 20 Prozent der Gesamtzahl der Metallarbeiter Petrograds aus. Was war es nun, das diese Riesenarmee von Angestellten und Beamten zum Kampfe gegen die Sowjetmacht führte? Ökonomische Interessen? Und wenn, welche?

Die Daten über die Gehälter der Angestellten im Jahre 1917 bezeugen einen sehr scharfen Fall im Niveau der Lebenshaltung. Strumilin führt folgende Vergleichsdaten des mittleren Einkommens der Angestellten und Arbeiter an:

| | Mittlerer Arbeitslohn der Arbeiter | der Angestellten |
|---|---|---|
| 1916 . . . | 24,7 Warenrubel | 69,8 Warenrubel |
| 1917 . . . | 21,2 Warenrubel | 38,— Warenrubel |
| Rückgang . . | 3,5 Warenrubel | 31,8 Warenrubel |

*Es fiel also der Lohn der Angestellten im Jahre 1917 fast auf die Hälfte, um vieles mehr also als der Lohn der Arbeiter.*

Schon im Monat Mai schickten die Handels- und Industrieangestellten sich an, in den Streik zu treten, die bescheidene Forderung eines Minimums von 150 Rubeln aufstellend. Die Post- und Telegraphenangestellten bezogen direkt Bettelgehälter. Schlimmer noch war die Lage der Lehrerschaft. In der gleichen Zeit, in welcher, wie zum Oktober, die Preise aller Waren sich um das 5- bis 10fache erhöhten, wurde das Gehalt der Lehrer nur um das 2½fache erhöht. Seit dem 14. März betrug das Gehalt der Lehrer 50 Rubel plus einen Teuerungszuschlag, alles in allem 65 Rubel im Monat. Eine weitere Erhöhung dieser Bezüge trat überhaupt nicht ein. Allerdings versprach die provisorische Regierung, im August die Gehälter der Lehrer auf 100 Rubel zu erhöhen, aber, wie vieles andere, blieb auch dies nur ein Versprechen. Welche Motive waren es also, die alle diese Schichten zum Widerstand gegen die Sowjetregierung trieben?

Wir stehen hier vor einem krassen Beispiel dafür, wie häufig das „Bewußtsein" hinter dem „Dasein" zurückbleibt und auch dann noch konservativ bleibt, wenn das „Dasein" bereits durch und durch revolutioniert ist.

Natürlich trifft all dies nicht für die Oberschicht der Beamten zu: die höheren Angestellten, Direktoren usw. waren sich klar darüber, warum sie der Sowjetmacht gegenüber den Streik erklärten. Sie waren stets eng verbunden mit den früher herrschenden Klassen und waren nun in Angst, ihre Würden und Privilegien zu verlieren. Die Oberschicht der Bankbeamten beispielsweise nahm selbst tätigen Anteil am Börsenspiel und den Spekulationen. Das höhere administrativ-technische Personal, das zur Ausplünderung der Arbeitskraft erzogen war, konnte sich der neuen Ordnung nicht anpassen. Diese „Angestellten" hatten allen Grund, für ihre einträglichen Pöstchen zu zittern. Sie haben in der Tat, als sie sich zur Teilnahme an der Sabotage entschlossen, ihr „Bewußtsein" vortrefflich mit ihrem „Dasein" in Übereinstimmung gebracht. Doch die Masse der Angestellten und Beamten — warum erklärte sie dem Proletariat den Kampf?

Die Erklärung dieser Erscheinung muß man in der Gesamtheit folgender Umstände suchen:

1. Die Masse der Angestellten, aufgewachsen im Vorurteil von der Allmacht der Bourgeoisie, konnte nicht an die Kraft des Proletariats und die Festigkeit seiner Herrschaft glauben. Sie konnte sich nicht abfinden mit jenem Umsturz der gewohnten Ordnung, welchen die Diktatur des Proletariats mit sich brachte: „Die Masse der Gebildeten — so schrieb Kautsky 1898 richtig von diesen Schichten der Angestellten — rekrutiert sich aus der Bourgeoisie, wächst mit den Ansprüchen der bürgerlichen Lebenshaltung auf, die sich unvermerkt durch den naturnotwendigen Einfluß des Milieus auch jenen Gebildeten mitteilten, die sich von unten emporarbeiteten" („Agrarfrage"). *)

2. Die Intelligenz — die sogenannten freien Berufe — brachten durch ihre Sabotage ihren Unglauben an die schöpferische Kraft der Massen und die Furcht für ihre Zukunft zum Ausdruck. Die Intelligenz ist an der Entwicklung der Produktivkräfte interessiert, an dem Aufschwung der Volksmassen auf eine höhere kultur-ökonomische Stufe, weil ja diese Entwicklung die Nachfrage nach der Arbeit dieser Leute und ihre Bedeutung erhöht, ihnen weite Perspektiven öffnet. Doch im November/Dezember 1917 sah die

*) Wie gering der Glaube der Beamtenschaft an die neue Macht war, zeigt beispielsweise folgende Tatsache: Manche der Beamten hatten nichts dagegen, mit den Sowjets zu arbeiten, baten jedoch, sie jedenfalls alltäglich zu und von der Arbeit zu geleiten.

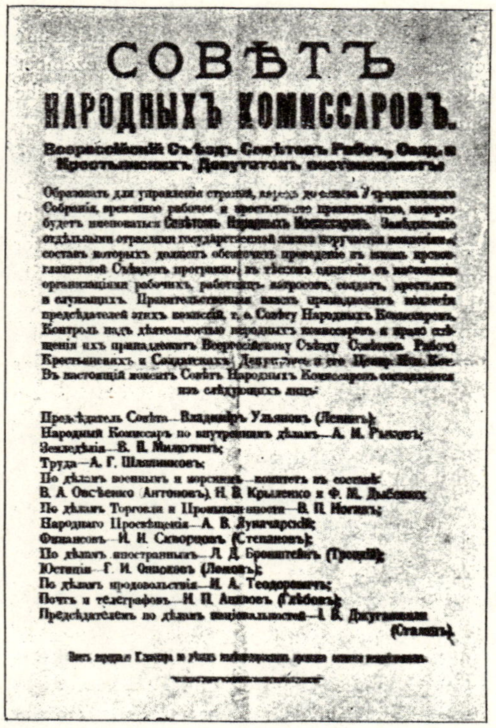

СОВѢТЪ
НАРОДНЫХЪ КОМИССАРОВЪ.

Предсѣдатель Совѣта — Владиміръ Ульяновъ (Ленинъ);
Народный Комиссаръ по внутреннимъ дѣламъ — А. И. Рыковъ;
Земледѣлія — В. П. Милютинъ;
Труда — А. Г. Шляпниковъ;
По дѣламъ военнымъ и морскимъ — комитетъ въ составѣ:
В. А. Овсѣенко (Антоновъ), Н. В. Крыленко и Ф. М. Дыбенко;
По дѣламъ Торговли и Промышленности — В. П. Ногинъ;
Народнаго Просвѣщенія — А. В. Луначарскій;
Финансовъ — И. И. Скворцовъ (Степановъ);
По дѣламъ иностраннымъ — Л. Д. Бронштейнъ (Троцкій);
Юстиціи — Г. И. Оппоковъ (Ломовъ);
По дѣламъ продовольствія — И. А. Теодоровичъ;
Почтъ и телеграфовъ — Н. П. Авиловъ (Глѣбовъ);
Предсѣдателемъ по дѣламъ національностей — І. В. Джугашвили (Сталинъ).

**Dekret über die Einsetzung des Rates der Volkskommissare** (Text siehe S. 456)

Intelligenz ringsum nichts als Zerstörung. Angesichts der zerstörenden Auswirkungen der ersten Periode drängte Furcht die Intelligenz von der Seite der Revolution ab. Ein Zitat aus der Zeitung „Djen" („Der Tag") vom 1. Januar 1918 zeigt uns sehr anschaulich die typische Stimmung der mittleren Intelligenz aus jener Zeit:

„Die revolutionäre Demokratie ist in eine tragische Sackgasse geraten... Das Proletariat, das Alpha und Omega all ihrer sozialpolitischen und moral-kulturellen Konstruktionen, hat begonnen, eine reaktionäre Rolle auf allen diesen Gebieten zu spielen: politisch, sozial, moralisch und kulturell. Auf politischem Gebiete — eine Zertrümmerung aller Rechtseinrichtungen einer Regierung; auf sozialem Gebiete — der Triumph der kleinbürgerlichen, gleichmacherischen Psychologie der epidemischen Aufteilerei, die Zerstörung der Produktivkräfte; auf dem Gebiete der Kultur: Prämien auf Unwissenheit... und die Methode der Lösung ausnahmslos aller auftauchenden Probleme durch Bajonettspitzen..."

Die althergebrachte Kurzsichtigkeit ließ die Intelligenz hinter den Zerstörungs-„Spesen" der ersten Monate des revolutionären Kampfes nicht die mächtigen aufbauenden Tendenzen wahrnehmen, welche die Periode des Sturms und Drangs ablösten.

3. Die so zahlreiche Beamtenschaft Petrograds, das ja der Mittelpunkt der Bürokratie war, nahm an der Sabotage kraft ihres Trägheitsvermögens, ihrer Standesbeschränktheit und ihrer Abhängigkeit von den Oberschichten der Beamtenschaft und der alten Obrigkeit teil. Noch lange vor der Oktober-Revolution schrieb der Redakteur des Journals „Wjestnik Sluschaschtschich Gosudarstwenowo Banka" („Bote der Angestellten der Staatsbank"), A. Sawitschew von den Bankbeamten, als „einer der wenigstgeschlossenen und trägsten Gruppen der russischen Beamtenschaft", welche nicht weiß, welchen Weg sie wählen, wie sie sich organisieren soll. „Während einzelne auf dem Klassenstandpunkte stehen, die Beamtenschaft der Klasse des Proletariats zurechnend, sind andere geneigt, unter Hinweis auf die vielen Besonderheiten jener Gruppe, welche die Beamten bilden, und insbesondere unter Hinweis auf die rechtlichen Unterscheidungen von anderen gesellschaftlichen Unterabteilungen... diese Gruppe als ständisch, im weiten Sinne des Wortes, auszuscheiden... und fordern eine korporativ-ständische Vereinigung (nach der Art, z. B. des Advokatenstandes)".

Die Physiognomie der Post- und Telegraphenbeamten wird besonders durch ihren Allrussischen Kongreß charakterisiert, welcher im Juli 1917 stattfand. Unter den Entschlüssen dieses Kongresses finden wir einen solchen für die Unterstützung der Koalitionsregierung, jedoch „solle sich diese auf die Sowjets der Arbeiter-Bauern-Deputierten stützen". Dort wird auch die Forderung aufgestellt nach „einem Frieden ohne Annexionen und Kontributionen", doch auf „Vorbringung dieser Forderung im engen Kontakt mit den Verbündeten". Das höchste Ideal der Führer des Kongresses ging nicht über einen Staatsaufbau hinaus, „der die Vereinigung in Verbände zum Schutze der gewerkschaftlichen Interessen nicht verhindert".

4. Etwas eigenartig, doch ähnlich der Stellungnahme der Post- und Telegraphen-Angestellten war jene der Eisenbahner in der Sabotagebewegung. Als „Allrussisches Exekutivkomitee der Eisenbahner" verhielten sie sich ablehnend gegen den Oktober-Umsturz und waren ihm durch ihr Schwanken auch überall hindernd. Woraus bestand die Masse der Eisenbahner? In der Masse der Eisenbahner wogen die halbbourgeoisen und halbproletarischen Schichten über: Maschinisten, Telegraphisten, Kondukteure, Rangierer, Kontorangestellte, kaufmännische Angestellte, Techniker, Zeichner, das Wiegepersonal, das technische Verkehrspersonal usw. Zu Beginn der Revolution gründeten sie engzünftige Verbändchen. Die proletarischen Elemente in den Werkstätten und Depots beliefen sich auf nicht mehr als 40 Prozent des gesamten Eisenbahnpersonals. Durch die besonderen Bedingungen des Eisenbahnerdienstes, der Disziplin der Masse der Streckenbeamten, der Vielfältigkeit ihrer Spezialausbildung, der hierarchischen Unterordnung, endlich durch die besonders schweren Lebensbedingungen zeichnete sich die Masse der Eisenbahner durch ihre Rückständigkeit und kleinbürgerlichen Überbleibsel besonders aus.

Schon im Jahre 1916 sah Lenin voraus, daß Teile halbbourgeoiser, rückständiger Arbeiter „unausweichlich in die Bewegung ihre Vorurteile, ihre reaktionären Phantasien, ihre Schwächen und Irrtümer tragen werden". So kam es auch. Die rückständige und dem Dorfe noch nicht entwachsene Schicht der Arbeiterklasse war am wenigsten bereit, ihre vorübergehenden und episodischen Interessen den dauernden und ständigen Interessen des Proletariats zum Opfer zu bringen. In ihrer Mitte waren der kleinbürgerliche Partikularismus und die Zunftbeschränktheit vorherrschend. Die kleinbürgerlichen Teile des Proletariats aber, obwohl auch sie in der Sabotagebewegung einen bestimmten Raum einnahmen, bildeten nicht etwa die Hauptstütze der Sabotage. Die wirkliche Basis derselben bildeten die Handels- und Industrieangestellten, die Bankangestellten, das Beamtentum, die „Intelligenz".

5. Was nun den „Beamtenstand" betrifft, so muß man dessen materielle Interessen beachten — teils illusorische, teils reale —, welcher er verlustig zu gehen fürchtete. Und diese Furcht veranlaßte ihn, an der Sabotage teilzunehmen. Obwohl das Gehalt der niederen Angestellten häufig noch niedriger war als das Einkommen der Proletarier, so galt als Entschädigung die Hoffnung auf ein angeblich gesichertes Alter, befriedigter Ehrgeiz, Hochmut, aber häufig auch unsaubere Einkünfte: „Tagesgelder", Fahrgelder, Pensionen und Geschenke, „Fütterungen" und Protektionen.

6. Der Oktober-Umsturz, der dem imperialistischen Kriege ein Ende setzte, machte auch recht zahlreiche Kaders der Angestelltenintelligenz arbeitslos, für welche der Krieg der einzige Zweig der nationalen Industrie war, wo sie ihre Kräfte verwerten konnten. Die Revolution, welche den Krieg tötete, setzte auch dem Leben der vielen Militärinstitute ein Ende, an welchen Tausende und Tausende dieser Militärangestellten satt geworden waren. Die Teilnahme dieser Schichten an der Sabotage ist also vollkommen verständlich. Hierzu ist auch das Heer der Offiziere zu zählen, welche nach dem Oktober den Soldaten gleichgestellt wurden, die Achselstücke verloren, das Gehalt und alle übrigen Privilegien (auch die Offiziersfamilien wurden jenen der Soldaten gleichgestellt). Die genannten Gruppen traten in die Sabotage mit aller ihrer natürlichen Unzufriedenheit über die vollzogenen Ereignisse und mit aller Verärgerung über die neue Ordnung.

7. Endlich darf man natürlich die doppelt-materielle Frage nicht außer acht lassen, wer denn die Sabotage finanzierte. Es unterliegt keinem Zweifel, daß die Fäden der Finanzierung der Sabotage zu den Banken führten. In seinem Buche: „Zwei Jahre Kampf an der inneren Front" (Moskau 1920), berichtet Lazis, daß in die Sabotagefonds die Gelder flossen, welche mit Hilfe der im Dienste verbliebenen Angestellten aus den laufenden Rechnungen diverser Anstalten übertragen wurden.

In der ersten Zeit zahlte die Bourgeoisie den streikenden Beamten ihre Gehälter aus. So liefen von dem prominenten Mitgliede der Kadettenpartei Kutler zur Auszahlung an die streikenden Bankbeamten ein erstes Mal 540 000 Rubel zur Verteilung unter 9 Banken — und ein zweites Mal 480 000 Rubel ein. Die Saboteure erhielten auch Unterstützung von so großen Firmen wie: Handelshaus Iw. Stacheew & Co., Moskau, Tabakfabrik Bogdanow, Heiman, Mendelewitsch, Orkin usw. Beiträge kamen von der Kaukasischen Bank, der Tulaer Hypothekenbank, Moskauer Volksbank etc.

Außer diesen privaten Beiträgen an den Streikfonds gab auch das Allrussische Zentral-Exekutivkomitee des ersten Sowjet-Kongresses Geld. Dieser hatte sich geweigert, sein Geld an das Zentral-Exekutivkomitee des zweiten Sowjet-Kongresses zu übergeben, ungeachtet dessen, daß es sich ausschließlich um freiwillige Beiträge der provinziellen und Rayonssowjets für die Bedürfnisse der Sowjetregierung handelte.

Aus den vorgefundenen Dokumenten ist ersichtlich, daß der Gesamtbetrag 250 000 Rubel ausmachte — und außerdem waren verzinsliche Wertpapiere vorhanden. Mit diesen Geldern unterstützte der WZIK. des ersten Sowjet-Kongresses die streikenden Saboteure. Außerdem machten die Saboteure sich den Umstand zunutze, daß sie selbst die Kassen in Händen hatten und überwiesen von laufenden Rechnungen verschiedener Behörden Beträge an den Streikfonds. Nach den Angaben der Außerordentlichen Kommission belief sich dieser Fonds in Petrograd auf etwa 2 Millionen Rubel. Diese Daten sind natürlich nicht erschöpfend, die Summe der Staatsgelder, welche die Bourgeoisie auf die Sabotage der Beamten verschleuderte, war wesentlich größer.

Auch die französische Botschaft unterstützte die streikenden Beamten durch verschiedene Banken, deren Aktionäre Mitglieder der französischen Bourgeoisie waren. (Die Russisch-Asiatische Bank und andere.)

Die noch einige Zeit nach dem Umsturz unterirdisch fortbestehende provisorische Regierung verfügte gleichfalls über einiges Geld, das zur Unterstützung der Sabotage diente.

Bei Durchsuchungen, die man bei den Organisatoren der Sabotage vornahm, fand man Subskriptionslisten mit Zehntausenden von Spenden vor. Nur infolge solch bedeutender Geldunterstützung konnte die Sabotage der Beamten sich so lange hinziehen. (Die Angestellten der Moskauer Stadtbank und auch privater Banken erhielten z. B. ihr Gehalt auf 2 Monate im voraus.)

Ob nun die Sabotage ihren Zweck erreichte? In gewissem Maße: Ja. Es ist ihr, wie ja bekannt, nicht gelungen, die Sowjetmacht zu stürzen, aber der Wirrwar wurde sehr wesentlich verstärkt, was die Lage noch schwieriger machte. Andererseits führte die Sabotage auch noch zu einem anderen Resultate, das seine Organisatoren keinesfalls in Rechnung gestellt hatten. Die Sabotage bewies, daß das Proletariat nicht einfach die Staatsmaschine übernehmen kann, um sie in Gang zu setzen. Die Sabotage beschleunigte die revolutionäre Zerschlagung der alten Staatsmaschinerie — darin liegt objektiv der für das Proletariat positive Zug.

Anfangs freilich stellte die Sabotage die Vertreter der neuen Regierung vor eine äußerst schwierige Lage. „Im Ministerium der Volksaufklärung" — so lesen wir in den Erinnerungen A. W. Lunatscharskis — „fanden wir eine Gruppe niederer Angestellter vor, welche uns sehr freundschaftlich, sogar nicht ohne Enthusiasmus begrüßten. Sonst aber vollkommene Verlassenheit — und wir fanden nur leere Zimmer vor, die mit Schränken angefüllt waren; so begannen wir, uns einzurichten, mitunter im Gefühle qualvoller Ohnmacht."

Die streikenden Angestellten der Staatsbehörden wählten eine Streikleitung unter dem Namen „Verband der Verbände". Am 18. November erließ diese folgenden Aufruf:

„Der Verband der Verbände der Angestellten der Petrograder Behörden hält es für seine Pflicht, die Bevölkerung von seinem Entschlusse, die Arbeit in allen Staatsbehörden einzustellen, ausführlich zu benachrichtigen. Die Bolschewiki, gestützt auf die rohe Gewalt der Bajonette, haben sich als oberste Gewalt erklärt... Jetzt trachten die Bolschewiki, sich aller materiellen Mittel und aller Teile der Staatsverwaltung zu bemächtigen."

„Wir Angestellten der Staatsbehörden handeln im engen Kontakt mit dem Allrussischen Komitee zur Rettung des Vaterlandes und der Revolution. Wir wenden uns deshalb an alle Parteien mit einem flammenden Aufruf, an alle Organisationen und Behörden, welche für die Notwendigkeit der Rettung der Staatsprinzipien in der Verwaltung einstehen. Wir rufen alle auf, sich unserem schweren, entschlossenen Kampfe für die Wiederherstellung der allseits anerkannten Macht anzuschließen..."

Als Antwort auf die Ausrufung des Streiks beschloß das Komitee zur Rettung des Vaterlandes und der Revolution in seiner Sitzung vom 20. November folgende Resolution: „Nach Anhören des Berichtes des Verbandes der Verbände der Angestellten der Staatsbehörden über den Verlauf des Streiks in den Staatsämtern beschloß das Komitee zur Rettung des Vaterlandes und der Revolution, die Streikenden zu ihrem mannhaften Kampfe zu beglückwünschen... und zu erklären: 1. Alle streikenden Angestellten sind als im Staatsdienste befindlich zu betrachten. 2. Die Übergabe der Angelegenheiten an die Usurpatoren (Die Bolschewiki. D. V.) oder Demissionsgesuche werden als unzulässig erklärt. 3. Die Frage der Streikbrecher wird vom Verband der Verbände untersucht werden und der neuen Regierung, wenn diese gebildet sein wird, zur Veranlassung vorgelegt werden."

Am 20. November veröffentlichte das Militär-Revolutionäre Komitee einen ersten Aufruf, worin es hieß: „Die wohlhabenden Klassen zeigen Widerstand gegen die neue Regierung der Arbeiter, Soldaten und Bauern. Ihre Anhänger bringen die Arbeit der Staats- und Stadtangestellten zum Stillstand, rufen zur Arbeitseinstellung in den Banken auf, bemühen sich, den Verkehr auf der Eisenbahn sowie auf Post und Telegraph zu unterbrechen usw. Wir warnen sie: sie spielen mit dem Feuer... die erste Schwere der von ihnen geschaffenen Schwierigkeiten wird auf sie fallen. Den reichen Klassen und ihren Handlangern wird das Recht auf Erhalt von Lebensmitteln entzogen werden, alle Vorräte, die sich bei ihnen befinden, werden der Requisition verfallen. Das Vermögen der Hauptschuldigen wird konfisziert werden."

Am 23. November wurde eine zweite Erklärung des MRK. veröffentlicht, welche lautete:

„An der Front herrscht der Hunger, die Oberschichten des Beamtentums sabotieren . . . die konterrevolutionären Beamten sind die ehrlosesten Verbrecher gegen die hungernden und sterbenden Brüder an der Front. Das MRK. erläßt eine letzte Warnung an diese Verbrecher. Im Falle des geringsten Widerstandes oder einer Zuwiderhandlung von ihrer Seite werden gegen sie Maßnahmen ergriffen, deren Härte dem Ausmaße des von ihnen verübten Verbrechens entspechen wird."

Am 8. Dezember endlich wurde die letzte Erklärung publiziert: „Das MRK. erklärt alle Angestellten-Saboteure als *Feinde des Volkes*, ihre Namen werden bekanntgegeben werden und sie werden als unter dem Boykott der Gesellschaft stehend erklärt werden."

Aber diese Aufrufe, welche die Saboteure der proletarischen Verachtung preisgaben, rührten diese wenig, solange sie gute Gehälter von ihren früheren Herren, den Bankiers, erhielten. Dies um so mehr, als der Kampf mit ihnen in den ersten Monaten in milden Formen geführt wurde. Es gab weder Verhaftungen und noch viel weniger Erschießungen. Die gewöhnliche Form des Kampfes war die Entlassung ohne Anspruch auf Pension.

Das gewöhnliche Bild war fast in allen Behörden: die Boten und die übrigen jüngeren Angestellten waren — die einzigen, die auf dem Posten geblieben waren. „Wir wußten nicht einmal, wie die Arbeit zu beginnen, so berichtet Lazis von der Entstehung des Volkskommissariats des Innern, wir mußten die Hilfe der Boten in Anspruch nehmen: bei diesen gingen wir zunächst in die Lehre. Du beginnst damit, die Boten über das Verhalten der Leiter, ihre Arbeit auszufragen . . . und allmählich erhielten wir ein Bild über deren Tätigkeit und Arbeit. Die Boten, die in der Abteilung zwei Jahrzehnte gedient haben mochten, die den Wechsel von Dutzenden von Chefs miterlebt hatten, erwiesen sich als durchaus orientiert."

An der Spitze der ganzen, komplizierten Staatsmaschine standen neue Leute, die freilich mehr mit dem Regime in den politischen Gefängnissen und Zuchthäusern vertraut waren, als mit der Kunst der Staatsverwaltung. Der „Djen" machte sich darüber lustig, daß an der Spitze einer Reihe von Verwaltungszweigen nicht sehr schulkundige Arbeiter standen, daß der Kommissar für die Stadthauptmannschaft in einer eigenhändig geschriebenen Verordnung schrieb: „Die Kommission für Ausgabe von Erlaubnisscheinen zur Berechtigung der Abreise ist geschlossen und es ist unbekannt, wann die „ereffnet" wird"; daß der Telephon-Kommissar, gegen die russische Gramatik sündigend, so schrieb: „Mitteilungen über Beschädigung von Tilifonen" usw. (Djen vom 9. Dezember 1917).

Aber auch im Jahre 1871 hatte sich das bourgeoise Gesindel über die „geheimnisvollen Ignoranten", die Paris verwalteten, lustig gemacht. Auch hier kann sich die russische Bourgeoisie keiner besonderen Originalität rühmen.

Der Rat der Volkskommissare, der an der Spitze des Landes stand, begann nach dem Beispiel der Pariser Kommune damit, daß er am 14. November ein Dekret erließ, demzufolge das Gehalt aller Volkskommissare und Mitglieder des Zentralen Exekutivkomitees nicht höher als 400 Rubel sein könne. Späterhin wurde noch eine Zulage von je 100 Rubel für jedes arbeitsunfähige Familienmitglied der Kommissare bewilligt. Das Dekret machte allen hohen Gehältern und Pensionen ein Ende und stellte das Prinzip auf, daß die Gehälter aller verantwortlichen Arbeiter (Volkskommissare usw.) den Durchschnittsverdiensten der Arbeiter sich annähern sollen. Es genügt, hiermit die „Bescheidenheit" der „Minister der Demokratie" zu vergleichen, die wie Gwozdew, 25 000 Rubel jährlich erhielten, oder wie Kerenski (vom Augenblick der Übernahme des Postens des Oberkommandanten) 66 000 Rubel jährlich bezogen, um dieses Dekret, das eines der ersten der Volkskommissare war, richtig zu würdigen.

Die Sabotage führte geradezu zu der Überlegung, eine Reihe der alten Behörden abzuschaffen und sie durch neue zu ersetzen. Zunächst aber mußte man sich darauf beschränken, einen neuen Arbeitsinhalt und neue Leute in den alten Apparat einzufügen. Für alle wichtigeren Behörden wurden Kommissare bestellt. Mit Hilfe der niederen Angestellten machten sie sich daran, die Angelegenheiten einzurenken. An die Spitze der Ministerien wurden Kollegien gestellt, welche zunächst noch wie von altersher weiter Ministerien genannt wurden. Rykow z. B. unterzeichnete die Dekrete folgendermaßen: „Volkskommissar für das Ministerium des Innern, Rykow."

Den alten Apparat fortzuräumen, an dessen Stelle einen neuen Regierungsapparat zu stellen, das konnte nur das Werk der Volksmassen selbst sein.

Nicht umsonst wandte sich daher Lenin am 9. November an die Bevölkerung mit der Aufforderung, die gesamten Angelegenheiten der Staatsverwaltung in ihre eigenen Hände zu nehmen. „Genossen! Werktätige!", hieß es in diesem Aufrufe, „denkt daran, daß Ihr jetzt selbst den Staat verwaltet. Niemand kann Euch helfen, wenn Ihr Euch nicht selbst zusammentut und alle Regierungsangelegenheiten selbst in die Hände nehmt... Schließt Euch um die Sowjets. Stützt sie. Beginnt selbst mit der Arbeit von unten auf, wartet auf niemand. Setzt die strengste revolutionäre Ordnung ein. Schrittweise, in Übereinstimmung mit den Bauern und unter ihrer Gutheißung auf Grund ihrer und der Arbeiter praktischer Erfahrung wollen wir fest und unerschütterlich zum Siege des Sozialismus marschieren..."

Lenin wandte sich vorzüglich nicht an die sabotierenden Beamten, sondern an die werktätigen Massen. Und die revolutionäre Initiative der Massen ließ mit der Bildung des neuen Apparats der Staatsmacht nicht auf sich warten.

Von großem Interesse ist in dieser Hinsicht die Geschichte der Bildung und Arbeit des Volksgerichts im Wyborgschen Rayon.

Unter Kerenski waren die verbrecherischen Elemente in diesem Rayon besonders kühn geworden. In der ersten Woche nach der Oktober-Revolution zeigte sich eine weitere Verstärkung des Verbrechertums. Dabei streikten die Gerichte. Unter solchen Umständen faßte das Exekutivkomitee des Rayons den Beschluß, seine Gerichte „nach dem Beispiele von Sormow im Jahre 1905" zu organisieren. Es wurden Arbeiter erwählt, Mitglieder des Sowjets. Sie machten sich ernst an die Arbeit. Nach einem Monat referierte der Kommandant der Rayonmiliz, daß die Zahl der Verbrechen um 80 Prozent abgenommen habe. Dieses improvisierte Gericht ließ sich natürlich von keinerlei geschriebenem Gesetz leiten. Bei ihrem Urteil ließen die Arbeiter-Richter sich von sozialen Bedingungen leiten, von dem Grade der Verdorbenheit und davon, inwieweit der Angeklagte ein Schädling der revolutionären Ordnung war.

Die Konstitution dieses „Provisorischen Revolutionären Gerichts" hätte freilich den ordnungsliebenden „Gesetzkundigen" zur Verzweiflung getrieben. Dieses Gericht litt in der Tat an übermäßiger Demokratie: Jede seiner Abteilungen (im ganzen wurden im Wyborgschen Rayon fünf Abteilungen errichtet) bestand aus fünf Personen: vom Rayonsowjet, von der Rayonverwaltung, vom Sowjet der Hauskomitees, vom Bezirkskomitee der Gewerkschaften und von den Fabrikkomitees. Die Konstitution des Gerichtes sah die

Möglichkeit einer vorläufigen Abstimmung über das Strafausmaß durch das Publikum vor, was mitunter die verbrecherischen Elemente dazu benutzten, daß sie sich im Saale zahlreich versammelten, um ihre Leute freizubekommen.

Die Gerichte lernten aus der Erfahrung. Wenn das Wyborgsche revolutionäre Gericht sich „das Beispiel Sormow von 1905" zum Muster nahm, so begannen bald Gerichte in anderen Rayons nach dem Muster von Wyborg zu arbeiten.

Die Dekrete der Regierung konnten mit dieser schöpferischen Tätigkeit der Massen nicht Schritt halten. Wir finden auch in den Spalten der damaligen „Prawda" den Ausdruck der Unzufriedenheit mit dem langsamen Tempo der „zerstörenden" Arbeit. „Man muß zugeben", so lesen wir im Artikel P. St. vom 10. November, „daß die Russische Revolution im Vergleiche zum alten Apparat sehr langsam arbeitet."

Viele der Minister der provisorischen Regierung waren auf freiem Fuße geblieben und führten sogar in ihren Ressorts die Arbeit fort, wie z. B. Prokopowitsch. Die alten Gerichte veröffentlichten ihre Urteile noch fast einen Monat hindurch im Namen der provisorischen Regierung. Erst das Dekret vom 7. Dezember beseitigte ausnahmslos alle alten Gerichte. Erst am 17. Dezember wurde tatsächlich der „Regierende Senat" geschlossen, nachdem er noch am Vorabend sich angeschickt hatte, Erlasse gegen die Sowjets herauszugeben (die Setzer der Senatsdruckerei weigerten sich allerdings, sie zu setzen). Am 27. Dezember erschien das Dekret über die Abschaffung des Staatsrates, rückwirkend vom 7. November. Gleichzeitig erschien auch das Dekret, welches die Auszahlung von Pensionen über 300 Rubel pro Person untersagte.

Eine gewisse Langsamkeit der Sowjetmacht beim Abbruch der alten Behörden ist unleugbar. Die Sabotage aber beschleunigte diesen Abbruch. Die Sabotage führte letzten Endes dahin, in der Abbruchsarbeit weiterzugehen als ursprünglich beabsichtigt war.

Wir hatten überhaupt nicht die Absicht, den Wirtschaftsanteil des Staatsapparates in der Art der Banken, Post, Konsumgesellschaften zu zerstören. Die Sabotage aber führte zum Abbruch auch dieser Apparate. Der Streik der Bankbeamten, der drei Monate dauerte, nötigte zur Anwendung chirurgischer Methoden auch in bezug auf die Führenden unter den Bankköpfen. Solche Methoden blieben dort erspart, wo, wie im Moskauer Büro der Staatsbank, das alte Personal am Platze blieb. In Petrograd hingegen, wo der Streik zur vollständigen Vernichtung des Apparates führte (die Privatbanken waren tatsächlich geschlossen, in manchen Abteilungen waren nur zwei bis drei Mann auf dem Posten geblieben), mußte man neue Angestellte anwerben.

Die Sabotage der alten Staatsmaschinerie ist offenbar, wie dies die Erfahrung der Kommune 1871 und der Oktober-Revolution 1917 beweist, ein unausweichlicher Begleiter „der Erhebung des Proletariats auf die Stufe der herrschenden Klasse".*)

Die Sabotage zwang zu größeren Zerstörungen, als dies die ökonomischen und politischen Notwendigkeiten diktiert hätten. Doch kein Übel ohne Gutes. Obwohl auf komplizierterem und schwererem Wege — die Sabotage führte zum unvermeidlichen Resultate. Letzten Endes war sie es, die dem Proletariate dazu verhalf, sich der ganzen komplizierten Staatsmaschine zu bemächtigen und sie unabhängig von der alten Beamtenschaft zu machen. „Alle alten Organe der städtischen Verwaltung, die Kommissare der Distrikte, Gouvernements und Kreise, die Komitees der gesellschaftlichen Organisationen, die Bezirksverwaltungen usw. müssen ersetzt werden durch entsprechende Distrikts-, Gouvernements-, Kreis-, Rayons- und Bezirkssowjets der Arbeiter-, Soldaten-, Bauern- und Taglöhner-Deputierten. Das ganze Land muß mit einem ganzen Netze von Sowjetorganisationen überzogen sein", so hieß es in dem Aufrufe des Volkskommissariats des Innern an alle Sowjets.

Der Kampf gegen die Sabotage stellte das schnelle und massenweise Vorrücken der Arbeiter, Soldaten und Bauern zur Regierungsarbeit auf die Tagesordnung.

Der Fetisch der bourgeoisen Regierung war vernichtet. Hunderte und Tausende von Leuten aus der Tiefe, die weder die Vorbildung noch die Übung der Staatsverwaltung besaßen, standen nun am Kopfe der zahllosen Schrauben der neuen Staatsmaschinerie und setzten sie in Gang — zu Beginn schlecht, derb, ungeschickt, und später immer besser und besser.

Die Volkskommissare legten auf riesigen, vieltausendköpfigen Versammlungen der Volksmasse allwöchentlich Rechenschaft ab über die Tätigkeit ihrer Ressorts. Diese Gewohnheit brachte die Fragen der Staatsverwaltung den Massen noch näher und zerfetzte das „faule bourgeoise Vorurteil, als ob den Staat nur die bourgeoisen Beamten verwalten könnten".

---

*) Dies beweist auch die Erfahrung aus der finnischen Arbeiterrevolution des Jahres 1918. Ungeachtet der fortgesetzten Betonung ihrer Demokratie in Wort und Tat, stieß der Rat der Volksbeauftragten vom ersten Tage an auf die Sabotage und die Streiks der Staats- und Kommunalbeamten und auf den Generalstreik der Leiter der Unternehmungen sowie der Techniker. Der Zug zur „besten Demokratie", welcher nach der Absicht der Führer der Revolution in Finnland den Kern der Bewegung bildete, half auf diese Art nicht das geringste gegen die Sabotage. Die Logik der Tatsachen führte auch dort zwangsweise zum Austausch der Beamten durch organisierte Arbeiter.

Eine besondere Rolle in der Organisation der Sabotage spielte der Allrussische Vollzugsausschuß des Eisenbahnerverbandes („Wikschel"). *W. Wladimirowa* schreibt darüber:

Am wirksamsten gestaltete sich das demonstrative Auftreten einer gewissen, „über den Klassen stehenden" Organisation, des „Wikschel"*) (Allrussisches Exekutivkomitee der Eisenbahnangestellten — Wserossijskij Ispolnitelnij Komitet Schelesnodorozschnich Sluschaschtschich).

Der auf der Sitzung des Eisenbahnerkongresses vom 5. September 1917 gewählte „Wikschel" bestand aus 40 Mitgliedern, wobei die „Linke" 15 Mitglieder zählte, eingeschlossen die linken Sozialrevolutionäre; die ausgesprochene „Rechte" hatte 14 Mitglieder, der parteilose Sumpf — 11 Mitglieder.

Der Wikschel, der auf diese Weise eine sehr unverläßliche Mehrheit, aber umso verläßlichere kleinbürgerliche Zusammensetzung hatte, entschloß sich zur Einmischung in den beginnenden Bürgerkrieg, indem er den Klassenfrieden um jeden Preis vorschlug. Auf seinem Banner stand geschrieben: Bildung einer einheitlichen sozialistischen Regierung von den Bolschewiki bis zu den Nationalsozialisten.

Schon in der Sitzung des Sowjetkongresses vom 8. November trat der Vertreter des Wikschel mit einer Erklärung**) hervor, daß seine Organisation sich gegen die „Machtergreifung durch eine Partei" ablehnend verhalte, daß der „Sowjetkongreß nicht als bevollmächtigtes Organ zu betrachten sei".

Daraufhin sandte der Wikschel ein Telegramm an „Alle, Alle!" aus, in dem er seine Neutralität erklärte und die Bildung einer einheitlichen sozialistischen Regierung forderte. Nur jener Organisation, welche diese Plattform annehme, „kann der Eisenbahner-Verband seinen ganzen technischen Apparat überlassen" —, so lautete das Telegramm. Sodann rief der Wikschel in diesem Telegramm alle Organe des Verbandes auf, mit allen Mitteln Truppenbewegungen der kämpfenden Parteien zu verhindern.

Am 9. November abends, nach der Niederwerfung der Offiziersaspiranten, schickte der Wikschel sein Telegramm an „Alle, Alle!" aus und verlautbarte auf der Sitzung des Allrussischen Zentral-Exekutivkomitees seine neue Deklaration. Diese lautet: „Im Lande gibt es keine Regierung, ein erbitterter Kampf um die Regierung ist im Gange. Der Rat der Volkskommissare kann, da er sich nur auf eine Partei stützt, nicht Anerkennung und Unterstützung des ganzen Landes finden... Es ist unerläßlich, eine solche Regierung zu bilden, welche das Vertrauen der gesamten Demokratie genießt... Das ZK. der Eisenbahner erblickt die einzige Rettung in einer einheitlichen Regierung, an deren Bildung alle sozialistischen Parteien, von den Bolschewiki bis zu den Volkssozialisten eingeschlossen, teilnehmen..." Weiter erklärte der Wikschel ultimativ: „Wenn die Kampfhandlungen in Petrograd und Moskau nicht eingestellt werden, dann beginnt am 12. November um 12 Uhr nachts der Verkehrsstreik... Alle, die fortfahren, den Streit mit bewaffneter Hand auszutragen, erklärt das ZK. der Eisenbahner als Feinde der Demokratie und Vaterlandsverräter. Der Vorsitzende: Malitzki. Der Sekretär: Nesterenko."

Mit seinen beiden Erklärungen versuchte der Wikschel, durch die Drohung eines Eisenbahnstreiks die Bolschewiki zum Eingehen auf ein Kompromiß zu bringen, und zwar mit den sogenannten „demokratischen" Organisationen, in der Art der Stadtduma, des Komitees zur „Rettung des Vaterlandes und der Revolution", welche in diesem Augenblick an der Spitze der Konterrevolution standen.

Mit seiner „Neutralität" wollte er seine im Wesen konterrevolutionäre Position maskieren. Und er hatte es in der Tat gründlich notwendig, sich zu maskieren. Er wußte sehr genau, daß er in den unteren Schichten der Eisenbahner sich keiner Popularität erfreute.***)

---

*) Der „Wikschel" wurde auf dem Sommer-Kongresse der Eisenbahner gewählt, der 40 Tage, vom 28. Juli bis 7. September 1917, tagte. Der Kongreß war nicht im Wege der Vertretungen der Eisenbahnergewerkschaften einberufen worden, sondern auf allen Eisenbahnen in gemeinsamen Sitzungen mit der Administration entweder durch direkte Stimmenabgabe oder durch Wahl auf den Delegierten-Kongressen der Eisenbahnen. Unter fast 600 Teilnehmern des Kongresses befanden sich bloß 78 Eisenbahn-Arbeiter. Nach der politischen Zusammensetzung war der Kongreß sehr gemäßigt. Die Vertreter der Gewerkschaften der Kondukteure, Maschinisten, Schmierer usw. erhielten hier auch nicht einmal beschließende Stimmen und verließen den Kongreß demonstrativ. Eine Reihe von Eisenbahnergewerkschaften z. B. des Petrograder Bezirks mit 17 000 Arbeitern sandte Proteste gegen die Politik des Kongresses. Der Kongreß sprach sich entschieden gegen Eisenbahnerstreiks aus.

**) Diese Rede wurde vielfach von schmähenden Zurufen der Eisenbahn-Arbeiter unterbrochen, welche Kongreßdelegierte waren und die so ihre Verachtung und Haß zum Ausdruck brachten. Der Vertreter der Gewerkschaft der Eisenbahn-Handwerker und -Arbeiter, der sodann das Wort nahm, erklärte, daß der „Wikschel schon ein politischer Leichnam sei. Die Massen haben sich von ihm abgewendet: Die Werkstätten- und Eisenbahn-Arbeiter stehen entschlossen auf der Seite der Sowjetregierung."

***) Schon in jener Zeit liefen Hunderte von Telegrammen der Eisenbahner von ganz Rußland ein, welche die Unterstützung der Sowjetregierung forderten. In einigen Resolutionen protestierten die Eisenbahn-Handwerker und -Arbeiter nicht allein gegen die Politik des Wikschel, sondern sie forderten von der Sowjetregierung geradezu die Verhaftung des Wikschel (Resolutionen der Handwerker und Arbeiter der 1. und 12. Sektion des Zugdienstes der nordwestlichen Eisenbahnen vom 13. November).

Wenn er mit dem Streik drohte, gab er sich wohl selbst nicht der Hoffnung auf Verwirklichung seiner Drohung gegenüber der Sowjetregierung hin, deshalb ging sein Streben auch nur dahin, diese durch die Streikdrohung gefügiger zu machen und auf eine vom Wikschel einzuberufende gemeinsame Sitzung mit den rechten sozialistischen Parteien in der Frage der Regierung einzugehen und so die erste Bresche in die Oktober-Revolution zu schlagen, weil solche Verhandlungen unausweichlich den Druck der revolutionären Massen abschwächen und die Oktober-Revolution in der Provinz aufhalten müßten.

Andererseits rechnete der Wikschel, auf diese Art zum Vorfrieden zu gelangen, welchen insbesondere das „Komitee zur Rettung des Vaterlandes und der Revolution" nötig hatte, das eben erst in Petrograd eine Niederlage erlitten hatte, und ebenso Kerenski, welchem es in keiner Weise gelingen wollte, Kräfte zum Angriff auf Petrograd zu sammeln.

Die Bolschewiki entschlossen sich, in Antwort auf das Ultimatum des Wikschel, in der Sitzung zu erscheinen. Sie sagten sich, daß eine auch nur teilweise Desorganisierung des Verkehrs, welche auf Drängen des Wikschel die führenden Eisenbahnerorganisationen herbeiführen könnten, schwere Opfer sowohl in bezug auf die Schnelligkeit der Liquidation der gegenrevolutionären Abenteuer als auch im Verpflegungszuschub nach den hungernden Städten fordern könnte.

Der Rat der Volkskommissare jedoch, wenn er auch zur Sitzung ging, ließ in seinem Kampf an der Front vor Gatschina und in Moskau in keiner Weise nach.

Die Teilnahme der Bolschewiki an der Sitzung, welche der Wikschel einberief, hatte nur den Zweck, Zeit zu gewinnen, ohne den Konflikt mit dem Oberapparate der Eisenbahner zu verschärfen, den die Sowjetregierung eben noch nicht in der Hand hatte.

Der Wikschel sandte am 11. November folgendes Telegramm an „Alle, Alle!": „In Anbetracht der im gegenwärtigen Augenblick über Initiative des Wikschel stattfindenden Beratungen der Vertreter der feindlichen Parteien über die Frage der Aussöhnung und Bildung einer neuen Regierung wird der Beginn des Streiks bis zur besonderen Erklärung des Streikkomitees verschoben. Die Streikkomitees in der Provinz verbleiben in voller Bereitschaft. Jede Truppenbewegung zwecks Teilnahme an den inneren Kämpfen muß sofort mit allen Mitteln aufgehalten werden. Strategische Truppenbewegungen und Gruppierungen für die äußere Front dürfen auf keinen Fall aufgehalten werden".*)

Die erste, vom Wikschel einberufene Beratung fand am 11. November statt. Es nahmen außer den Mitgliedern des Wikschel 26 Vertreter von 8 Parteien und 9 Organisationen teil: 1. Das ZK. der Bolschewiki — Kamenew und Sokolnikow; 2. das ZK. der Menschewiki (Vereinigte russische sozialdemokratische Arbeiterpartei) — Dan und Ehrlich; 3. die Sozialdemokraten-Menschewiki-Internationalisten — Martow, Martinow, Abramowitsch und Semkowski; 4. das ZK. der Sozialrevolutionäre — Jakobin, Hendelman; 5. Linke Sozialrevolutionäre — Malkin; 6. Vereinigte jüdische sozialistische Partei — M. Gutman; 7. Polnische sozialistische Partei — Lapinski; 8. Jüdische sozialdemokratische Arbeiterpartei (Poale-Zion) — N. Baru; 9. Zentralbüro der Vereinigten Sozialdemokraten-Internationalisten — M. Kattel und Blum; 10. der Rat der Volkskommissare — Rykow; 11. das WZIK des II. Sowjetkongresses — Sagaraschwili, D. B. Rjasanow; 12. Komitee zur Rettung des Vaterlandes und der Revolution — S. F. Znamenski (Volkssozialist) und Weinstein (vom Moskauer Komitee); 13. Petrograder Selbstverwaltung — N. A. Artemjew und H. G. Brjanski; 14. EK. des Allrussischen Kongresses der Bauern-Deputierten — Pokrowski; 15. Gewerkschaft der Angestellten — A. Kondratjew; 16. Gewerkschaft der Staatsbeamten — A. Miljutin; 17. der Vertreter der Postgewerkschaft.

Als erste traten die Vertreter des Wikschel auf, die auf Aussöhnung der sozialistischen Gruppen und Bildung einer einheitlichen sozialistischen Regierung bestanden. Dabei sagten sie namens des Wikschel zu, jene Gruppe mit allen Mitteln zu unterstützen, welche zustimme, auf Grundlage dieser Plattform zu handeln.

Der Vertreter des ZK. der bolschewistischen Partei, Kamenew, trat mit der Erklärung hervor, daß ein Übereinkommen auf dem Boden des Programmes möglich sei, das durch den Sowjetkongreß verlautbart worden war, und zwar auf Grundlage der Verantwortlichkeit gegenüber den Sowjets und lediglich unter den Parteien, welche den Sowjets angehören. Was Änderungen in der Zusammensetzung der Regierung anbetreffe, so hänge dies vom Allrussischen Zentral-Exekutivkomitee ab, der das Organ sei, welchem die Regierung verantwortlich sei. Zum Schlusse bemerkte Kamenew, daß, obwohl die Vertreter der Sozialrevolutionäre, Menschewiki und anderer den Sowjetkongeß verlassen hätten, derselbe dennoch beschlossen habe, ihnen den Eintritt in das WZIK. offen zu lassen und daß für sie auch Sitze reserviert geblieben seien.

Aber gerade die Oktober-Dekrete, gerade die Macht der Arbeiter und Bauern waren ja für die gegen-

*) Da das Hauptquartier zur Verfügung von Kerenski-Duchonin stand, gab der Wikschel ihnen die Möglichkeit, unter dem Scheine strategischer Bewegungen die Truppen so zu gruppieren, als es ihnen paßte.

**Denkmal des Zaren Alexander III. in Petrograd**

Das siegreiche Proletariat hat das Denkmal der Tyrannei nicht abgetragen, sondern ließ auf dem Sockel folgende Zeilen des Dichters Demjan Bjedny anbringen:

Mein Vater fand, so wie mein Sohn
Den reich verdienten Henkerslohn,
Doch ich, ich muß hier weiter reiten
Ruhmlos durch alle Ewigkeiten.
Dick hockend auf dem dicken Hengst,
Ein lächerliches Schreckgespenst
Den Menschen, den von uns befreiten.

**Alexander III.**
vorletzter russischer Selbstherrscher

revolutionäre Bourgeoisie unannehmbar. Deshalb mußten die Parteien und Gruppen, welche in diesem Augenblicke die Vertreter dieser Ideologie waren, entschieden gegen jedes Übereinkommen mit den Bolschewiki auftreten.

Als erster kam der Vertreter des Komitees zur Rettung des Vaterlandes und der Revolution, Weinstein, zum Wort. In der schärfsten Weise forderte er die „Bildung einer Einheitsregierung, jedoch ohne die Bolschewiki". Sein Auftreten unterstützten auch die Vertreter der Staatsbeamten.

Der Vertreter des ZK. der Sozialrevolutionäre, Hendelman, entwickelte im einzelnen die Plattform des Komitees zur Rettung des Vaterlandes und der Revolution. Unter anderem erklärte er offen, daß „er nicht hierher gekommen sei, um mit den Bolschewiki in Verhandlungen zu treten..., daß es Augenblicke gäbe, wo man den Streit mit Waffengewalt entscheiden müßte, und daß er die Bildung einer Regierung, in welcher die Bolschewiki vertreten wären, für undenkbar halte".

Der Vertreter des ZK. der Sozialdemokraten-Menschewiki, Dan, entwickelte und bekräftigte die Forderungen, welche Weinstein und Hendelman aufgestellt hatten, und erklärte, daß sein ZK. nur dem Komitee zur Rettung des Vaterlandes und der Revolution zustimmen könne, d. h. „der Bildung einer demokratischen Regierung ohne die Bolschewiki". „Die Beteiligung der Bolschewiki würde die Massen von der Regierung abstoßen", sagte Dan.

Im allgemeinen stellten die Sozialrevolutionäre und Menschewiki, wie auch das von ihnen geführte Komitee zur Rettung des Vaterlandes und der Revolution als Grundbedingungen der „Verständigung": 1. Liquidierung der Oktober-Revolution. 2. Auflösung des Militär-Revolutionären Komitees. 3. Feststellung des Nichtzustandekommens des II. Sowjetkongresses. 4. Entwaffnung der Arbeiter. 5. Unterstellung der Garnison unter die „Städtische Selbstverwaltung". 6. Die Bolschewiki müssen Verlautbarungen erlassen, laut welchen sie sich verpflichten, die neue Regierung zu unterstützen und dieselbe nicht zu stürzen.

Wie diese Vertreter der konterrevolutionären Bougeoisie sich die Bildung der „neuen Regierung" vorstellten, ist aus folgendem ersichtlich. Am 10. November antworteten die Vertreter des Komitees zur Rettung des Vaterlandes und der Revolution auf die Frage des Wikschel, wie sie über die Bildung der neuen Regierung denken: „Wir werden, indem wir die Nachfolgerschaft der Regierung erklären, Kerenski vorschlagen, in Petrograd als Sieger einzuziehen, sodann wird man auch eine sozialistische Regierung, jedoch ohne die Bolschewiki, bilden können."

Neben dem Auftreten der kriegerischen konterrevolutionären Gruppen ist auch das Vorgehen der Vertreter der feigen „über den Klassen stehenden" Kleinbourgoisie von Interesse.

Der Menschewik-Internationalist Abramowitsch erklärte, daß „ein Friede ohne Besiegte und Sieger notwendig sei, die Bildung einer dritten Regierung, vor welcher beide Seiten kapitulieren müßten".

Malkin (linker Sozialrevolutionär) schlug vor, an Stelle des vom Oktober-Sowjetkongreß gewählten WZIK. ein neues WZIK. aus 40 Prozent Bolschewiken, 40 Prozent Patrioten und 20 Prozent Internationalisten zu bilden.

Wie zur Entschuldigung bei seinen entschlosseneren Mitbrüdern von rechts, sagte Blum (der Vertreter des Zentralbüros der vereinigten Internationalisten), indem er sich an die Rechten wandte: Gebt Ihr Euch Rechenschaft darüber ab, was eine Niederlage der Bolschewiki bedeutet? Die Aktion der Bolschewiki ist doch die Aktion der Arbeiter und Soldaten. Mit ihnen zusammen würde ja die Partei des Proletariats erdrückt. Hinter den Sozialrevolutionären und Menschewiki steht nicht viel an Kräften. Bei einer Niederlage der Bolschewiki wird das Proletariat zerrieben. Und hier wandte er sich an die Boschewiki und rief sie salbungsvoll zur „Mäßigung, zur größten Mäßigung" auf.

Wie vorauszusehen war, kam die Versammlung nach zehnstündigem Geschwätze zu keinem positiven Resultat und wählte nur eine Kommission. Diese wurde beauftragt, konkrete Vorschläge über die Zusammensetzung der Regierung und Maßnahmen zur Beendigung des Bürgerkrieges auszuarbeiten.

In die Kommission wurden gewählt: Vertreter des ZK. der Sozialdemokraten — Menschewiki, des ZK. der Sozialrevolutionären Partei, der städtischen Selbstverwaltung, des Wikschel und drei Vertreter der bolschewistischen Organisationen — Kamenew, Rjasanow und Sokolnikow.

Die Arbeiten der Kommission blieben in der Tat ohne Resultat, weil die Frage der Teilnahme der Bolschewiki an der Regierung, infolge des Sträubens der Rechten, ungelöst blieb. Die Frage eines dreitägigen Vorfriedens wiederum, auf dem die Sozialrevolutionäre, Menschewiki und der Wikschel bestanden, blieb infolge des Sträubens der Bolschewiki ungelöst.

Die ganze Morgensitzung, welche am 12. November stattfand, war der Frage des Vorfriedens gewidmet. Auf diesen drängten die Patrioten, welche hofften, daß innerhalb dieser drei Tage Kerenski seine Truppen heranziehen und sich mit Kaledin verständigen könne, und auch in Petrograd würde es ihnen gelingen, wieder irgend etwas zu organisieren. Aber die Bolschewiki gingen hierauf nicht ein, stellten eine Reihe von Forderungen und schleppten die Zeit so sehr als möglich hin . . . Auch die übrigen Parteien machten eine Reihe von Vorbehalten, und nachdem man einige Stunden ohne Resultat herumgeredet hatte, wurde die Beratung bis zum Abend unterbrochen.

An der Abendsitzung nahmen, außer den Vertretern des Wikschel, noch teil: Dan, Martow, Semkowski, Martinow, Blum, Kattel, Kamenew, Losowski, Rjasanow, Sachs, Kalegajew, Spiro, Schreider, Malkin, Baru, Sagaraschwili, Miljutin, Kondratjew, Zschilinski (vom Zentralbüro der vereinigten Internationalisten), N. Rakitnikow (vom ZK. der Sozialrevolutionäre), Filippowski (rechter Sozialrevolutionär vom Komitee zur Rettung des Vaterlandes und der Revolution), Aralow (vom Sowjet der Militär-Organisationen), Tschirkin (vom Allrussischen Zentralsowjet der Gewerkschaften), Kamkow (linker Sozialrevolutionär), Rappoport (von der Petrograder Stadtduma).

Am gleichen Tage wurde untertags vom Militär-Revolutionären Komitee der Befehl zur Verhaftung von Gotz und Awksentjew, als Leitern des Offiziersaspirantenaufstandes, erteilt. Am Abend wurden die Bolschewiki von allen Organisationen, angefangen von den Vertretern des Komitees zur Rettung des Vaterlandes und der Revolution bis zum Wikschel, mit hysterischem Geschrei empfangen. Es ist charakteristisch, daß auf der Sitzung am Tage vorher niemand auch nur ein Wort fand aus Anlaß des Befehls des Komitees zur Rettung des Vaterlandes und der Revolution zur Verhaftung aller Kommissare des MRK. Es war offensichtlich, daß ihnen der Terror gegen die Arbeiterklasse und deren Führer vollkommen selbstverständlich und zulässig schien.

Filippowski, der Vertreter des „Komitees", erklärte mit erhobener Stimme, daß er bis zur Aufhebung des Befehls zur Verhaftung von Gotz und Awksentjew an den Arbeiten der Versammlung nicht teilnehmen könne. Martow von den Menschewiki-Internationalisten sagte, daß „unauslöschliche Schmach auf uns fallen wird, wenn gegen irgend jemand von den Anwesenden Maßnahmen in der Art der Verfügung des MRK. unternommen werden . . . Wenn der politsche Terror auch weiter angewendet wird, dann verpflichten wir uns alle, die Einflüsterer desselben vor ganz Europa anzuklagen und zu demaskieren".

Im Ergebnis nahm die Mehrheit der Versammlung eine Entschließung an, in welcher „der Verzicht auf alle terroristischen Maßnahmen und Ausnahmegerichte" gefordert wurde.

Auf der gleichen Abendsitzung forderten die rechten Gruppen wiederum nachdrücklich den Abschluß eines Vorfriedens, was sie auf die verschiedenste Art begründeten. So schlug Rakitnikow vom ZK. der Sozialrevolutionäre vor, „erstens, angesichts der Schwierigkeiten eines Übereinkommens, einen dreitägigen Waffenstillstand bei Einstellung der Kampfhandlungen in Petrograd wie an der inneren Front" abzuschließen. Und die Wikschel-Versammlung schloß sich den Sozialrevolutionären, gegen die Bolschewiki, an, indem sie die Festsetzung des Waffenstillstandes zum Beschluß erhob.

Um diese Zeit, am Abend des 12. November, wurde die Niederlage Kerenskis klar. Die Bolschewiki besetzten Zarskoje Selo aufs neue. Und als das ZK. der sozialrevolutionären Partei den Sieg der Roten erkannte, ließ es sich „großmütig" dazu herbei, einige Bolschewiki, die ihnen gefielen, persönlich in die Regierung zuzulassen, wobei sie jedoch wiederholten, daß eine offizielle Beteiligung der Bolschewiki für sie nach wie vor unannehmbar sei.

Nach dem Vorschlage der Sozialrevolutionäre sollte das Organ der Obersten Regierungsgewalt die Bezeichnung „Provisorischer Volks-Sowjet" erhalten. Er sollte zusammengesetzt sein aus: je 100 Mann des neuen und alten WZIK., zweitens 100 Mann vom EK. des Sowjets der Bauern-Deputierten in seiner jetzigen (d. h. patriotischen Zusammensetzung), drittens 100 Vertretern der Petrograder und Moskauer Stadtdumen, viertens 80 Vertretern der Armeekomitees (in diesem Augenblicke noch patriotische, von den Massen isolierte Oberschichten), fünftens 15 Vertretern des Wikschel und 25 Vertretern der Post- und Telegraphen- und anderen Gewerkschaften. Von den Arbeiter-Gewerkschaften schwieg das Projekt vollständig.

So träumten die Sozialrevolutionäre, in diesem neuen Vorparlament die Diktatur des Proletariats zu ersäufen. Die Wikschel-Versammlung nahm das sozialrevolutionäre Projekt durchaus ernst. Gerade dieser Vorschlag wurde zur Grundlage der Arbeiten der Kommission bestimmt, welche die Versammlung am 12. November abends zwecks endgültiger Festsetzung der neuen Macht wählte.

Die Kommission begann ihre Arbeiten, aber die Bolschewiki erschienen auf derselben überhaupt nicht und so blieb sie in der Luft hängen. Dies kam daher, daß, obwohl viele Delegierte von dem Namen nach sozialistischen Parteien an ihr teilnahmen, dennoch keine einzige von ihnen irgendwelche reale Kräfte hinter sich hatte und in den Reihen der Arbeiter und Soldaten nichts als Haß und Verachtung fand.

Und das Allrussische Zentrale Exekutivkomitee nahm in seiner Sitzung vom 14. November als Grundlage eines Übereinkommens folgende Resolution an: Nachdem das Allrussische Zentrale Exekutivkomitee ein Übereinkommen der sozialistischen Parteien für wünschenswert hält, stellt es folgende Bedingungen in den Vordergrund: 1. Anerkennung des Programmes der Sowjetregierung; 2. Anerkennung des schonungslosen Kampfes gegen die Konterrevolution; 3. das Allrussische Zentrale Exekutivkomitee der zweiten Tagung bildet, unter Teilnahme der Bauern, den alleinigen Ursprung der Macht; 4. die Regierung ist dem WZIK. (Allrussischen Zentralen Exekutivkomitee) verantwortlich; 5. vollkommener Ausschluß aller Organisationen aus dem WZIK., welche nicht in den Sowjets vertreten sind; 6. Erweiterung des WZIK. durch Vertreter von noch nicht vertretenen Sowjets, Gewerkschaften, des Wikschel, des Post- und Telegraphen-

Verbandes, der Militär-Organisationen, jedoch erst nach ihren Neuwahlen, wenn nicht solche innerhalb der drei letzten Monate erfolgt sind."

Die Resolution stellte eine Ablehnung jeder Art von Konzessionen an die Kompromißparteien dar. Und am 15. November veröffentlichte das ZK. der Sozialrevolutionäre einen Aufruf, worin es hieß: „Die Bolschewiki haben in der letzten Sitzung des WZIK. eine Resolution durchgebracht, welche zur Grundlage einer Verständigung der sozialistischen Parteien gerade die Bildung der Sowjetregierung macht . . .; das ZK. der sozialrevolutionären Partei bricht daher die Verhandlungen ab und ruft seine Vertreter aus den Beratungen, welche der Wikschel einberufen hat, ab."

Der Versuch des Wikschel hatte also mit einem vollkommenen Krach geendet. Der Vorsitzende informierte hiervon, niedergeschlagen, am 15. November telephonisch das Moskauer Büro. Die Schuld am Mißerfolge schob er natürlich den Bolschewiki zu. Er sagte: „Das Übereinkommen . . . zerfiel angesichts der Tatsache, daß Kerenskis Truppen bei Gatschina auseinandergejagt wurden und er selbst geflohen ist. Die Bolschewiki . . ., welche anfangs unter dem Einfluß ihrer Niederlagen zu Konzessionen bereit waren, haben nach einem solchen Siege das Übereinkommen abgelehnt . . . Ob heute irgendeine Sitzung in dieser Frage stattfinden wird, ist unbekannt. Vergesset nicht, daß wir hier uns inmitten einer der kämpfenden Seiten befinden und daher jederlei Maßnahmen gegen uns — bis zu Verhaftung, Gefängnis, Erschießung, Selbstjustiz möglich sind; dann werdet Ihr unsere Stimmung verstehen!"

Aber am 16. November fand doch noch eine letzte Sitzung, einberufen vom Wikschel, statt. Diesmal führten, infolge der Abwesenheit der rechten Sozialrevolutionäre und Menschewiki, die Menschewiki-Internationalisten den Angriff auf die Sowjetregierung. Abramowitsch und Martow forderten, mit Schaum vor dem Munde, den Abschluß des „Waffenstillstandes" (in diesem Augenblicke ging in der Provinz überall der siegreiche Oktober-Umsturz vor sich), sowie die Einstellung des Terrors und der Schließung der bürgerlichen Zeitungen.

Zu diesem Zeitpunkte waren nur folgende Zeitungen geschlossen: „Rjetsch" (Zentralorgan der Kadettenpartei), „Russkaja Wolja" (Bankenzeitung) und „Nowoje Wremja" (Zeitung der schwarzen Hundert).

Der Terror bestand darin, daß die Sowjetregierung die Mitglieder der gestürzten provisorischen Regierung — Tereschtschenko, Kischkin, Paltschinskij usw. — verhaftet hielt.

Da von den Bolschewiki keinerlei Zugeständnisse, auch nicht einmal Versprechungen zu erlangen waren, ging die Versammlung auseinander.

An diesem Morgen des 16. November beschloß der WZIK. eine zweite Resolution über eine Verständigung. Sie lautete:

„Das Allrussische Zentrale Exekutivkomitee hält es für wünschenswert, daß in der Regierung auch die Vertreter jener sozialistischen Parteien aus den Sowjets der Arbeiter-, Soldaten- und Bauern-Deputierten vertreten sind, welche die Errungenschaften der Revolution vom 6. und 7. November anerkennen, d. h. die Macht der Sowjets, die Dekrete vom Boden, vom Frieden, von der Arbeiterkontrolle und der Bewaffnung der Arbeiter. Der WZIK. beschließt daher, die Verhandlungen über die Regierung mit allen Sowjetparteien fortzusetzen und besteht auf folgenden Bedingungen des Übereinkommens:

Die Regierung ist dem WZIK. verantwortlich. Der WZIK. wird auf 150 Mitglieder erweitert. Zu diesen 150 Delegierten der Sowjets der Arbeiter- und Soldaten-Deputierten treten hinzu: 75 Delegierte der Gouvernements- und Bauernsowjets, 80 von den Truppenteilen und der Flotte, 40 von den allrussischen Gewerkschaftsorganisationen (25 von der allrussischen Gewerkschaftsvereinigung), eine proportionelle Anzahl von Mitgliedern dieser Organisationen, 10 vom Wikschel und 5 vom Post- und Telegraphenverband sowie 50 Delegierte des sozialistischen Teils der Petrograder Stadtduma. Mindestens die Hälfte der Sitze in der Regierung müssen den Bolschewiki überlassen bleiben. Die Ministerien der Arbeit, des Innern und Äußeren müssen der bolschewistischen Partei verbleiben. Die Verfügung über die Truppen der Moskauer und Petrograder Bezirke fällt den Bevollmächtigten der Moskauer und Petrograder Sowjets der Arbeiter- und Soldaten-Deputierten zu . . . Die Regierung macht es sich zur Aufgabe, die Arbeiter in ganz Rußland systematisch zu bewaffnen. Es wird beschlossen, an der Kandidatur der Genossen Lenin und Trotzki festzuhalten."

Als Antwort auf Martows hysterischen Anfall am 16. November, wegen der bourgeoisen Zeitungen, nahm der WZIK. in seiner Sitzung vom 17. November eine von Lenin und Trotzki vorgelegte Resolution an, welche die Schließung der bourgeoisen Zeitungen guthieß. Die Wiederherstellung der „Pressefreiheit" wurde in der Resolution als eine „Maßnahme zweifellos konterrevolutionären Charakters" bezeichnet, und es wurde die Konfiskation der privaten Druckereien sowie der Papiervorräte vorgeschlagen. Die Resolution endete mit der Erklärung, daß die „Vorschläge, welche zur Wiederherstellung des alten Regimes in Sachen der Presse neigen... entweder von kleinbürgerlichen Vorurteilen oder direkter Dienstfertigkeit für die Interessen der konterrevolutionären Bourgeoisie diktiert sind."

Am 17. November berief der Wikschel erneut eine Sitzung ein, zu welcher die Bolschewiki nicht erschienen. Bei Besprechung der letzten Resolution des WZIK. über ein Übereinkommen und über die Presse

**Verhaftung eines Provokateurs** Petrograd Oktober 1917

faßten die Versammelten eine Resolution, wo es hieß, daß die Versammlung „genötigt ist, ihre Arbeiten einzustellen, nachdem der WZIK. . . . Entschließungen gefaßt hat, die irgendein Übereinkommen tatsächlich unmöglich machen" . . . Sodann forderte die Versammlung die Einstellung des Bürgerkrieges usw.

Danach begab der Wikschel sich am 19. November zurück nach Moskau, in Petrograd ließ er nur ein kleines Büro zurück, welches vergeblich versuchte, durch Verhandlungen die Macht der Sowjets zu schwächen. Am 7. Dezember aber beschloß der Rat der Volkskommissare, alle Beziehungen mit dem Wikschel abzubrechen.

Der Wikschel beschränkte sich jedoch nicht nur auf Unterhaltungen. Wie er seine „Neutralität" in der Praxis verwirklichte, ist aus folgendem ersichtlich: Am 10. November, als die Banden des Generals Krassnow erfolgreich Petrograd angriffen, weigerte sich am Windauer Bahnhof auf Drängen des Wikschel das Hauptkomitee der Eisenbahner, einen Eisenbahnzug für 800 Rotgardisten herzugeben, welche nach der Front in Zarskoje Selo unterwegs waren. Infolge dieser Sabotage blieb der Zug mit den 800 Rotgardisten von 8 Uhr morgens bis 3 Uhr nachmittags stehen, bis es ihm endlich gelang, mit Hilfe der niederen Eisenbahn-Angestellten und -Handwerker durchzubrechen.

Nicht nur die Truppenstaffeln, auch das Rote Kreuz ließen die Saboteure des Wikschel nicht an die Front durch. So schreibt Chain in seinen Erinnerungen:

„Ich erinnere mich, wie der Waggon des Roten Kreuzes des MRK., den ich begleitete, von 9 Uhr abends bis 1 Uhr nachts am 29. Oktober zum Rangierbahnhofe, welcher sich fünf Werst von Petrograd befindet, transportiert wurde, und als wir endlich dort ankamen, erklärte der Stationschef uns, daß der Waggon nicht weiter könne, weil seit 12 Uhr nachts der Streik ausgerufen sei. In den Papieren des Stationschefs herumwühlend, fand ich tatsächlich das Telegramm des Streikkomitees des Wikschel mit der Ausrufung des Neutralitätsstreiks. Erst die Mündungen der rotgardistischen Gewehre veranlaßten den Stationschef, den Waggon weiterzubefördern. Ich verblieb auf der Station, denn ich mußte von hier einen Zug von 30 Waggons nach Petrograd jagen. Ungeachtet dessen, daß man mich in der Eisenbahnadministration gut kannte, blieben meine Bitten um Expedition des Zuges erfolglos. Ich begab mich in die Werkstätten, welche sich unweit der Station befanden. Die diensttuenden Arbeiter weckten rasch die Schlafenden und im Umkreis Wohnenden. Schnell wurden 30 Waggons aneinandergekoppelt, eine eben erst aus der Reparatur kommende Lokomotive vorgekoppelt und der Zug setzte sich in Begleitung der Werkstättenarbeiter nach Petrograd in Bewegung.

Als in Moskau der Kampf entbrannte, sammelte sich eines regnerischen Herbstmorgens eine riesige Menge von Matrosen am Nikolajewsk-Bahnhof an und forderte, daß man sie nach Moskau befördere. Der Vertreter des Wikschel winkte ab und fügte mit milder Stimme hinzu: „Wir können Euch nicht befördern. Wir sind neutral und transportieren für keine Seite Truppen." Aber plötzlich erschien im Bahnhof eine Gruppe von Werkstättenarbeitern und einer von ihnen rief aus: „Hierher, Genossen, wir werden Euch selbst fahren, wohin Ihr wollt." Der Vertreter des Wikschel wurde verwirrt, er war, wie der ganze Wikschel, ohnmächtig, irgend etwas durchzuführen.

Die angeführten Beispiele stellen nur einen kleinen Ausschnitt aus dem Schaden, welchen der Wikschel dem kämpfenden Proletariat zufügte, dar.

In diesem Kampfe nahmen die Spitzen der Eisenbahner: die Beamten und die Administration, offen gegen den Oktober Partei, unterstützten vergnügt mit allen Mitteln die „Neutralität" des Wikschel, soweit sich diese gegen die Sowjetmacht wandte. Umgekehrt aber war die ganze Masse der Werkstätten- und Depotarbeiter der Eisenbahn, ein geringer Teil der Kondukteur-Brigaden, der Verkehrs- und Telegraphenbeamten, zum Teil auch der Lokomotivführer auf Seite der Bolschewiki. Und nur deren energischer Selbsttätigkeit war die Linderung der Schärfe der Sabotage des Wikschel und die Beseitigung aller Schwierigkeiten zu danken.

Am 6. Dezember wurde mit Hilfe der Handwerker und Arbeiter ein Bezirkssowjet der Eisenbahner in Petrograd organisiert, welcher das folgende Manifest erließ, das die Tätigkeit des Wikschel vollkommen richtig skizziert:

„Der allrussische Eisenbahnerverband, der sogenannte Wikschel, erhielt vom ersten Anfang seines Bestehens die grelle Prägung der kompromißlerischen Politik, welche die Regierung Kerenskis führte. Durch indirekte Wahlen zweiten, dritten, häufig selbst vierten Grades zustandegekommen, setzte er sich aus Leuten zusammen, welche von den breiten Eisenbahnermassen isoliert sind, weshalb er den Willen dieser Massen weder vertrat noch vertritt und niemals für die Forderungen dieser Massen kämpfte. Er hat vielmehr stets und besonders in Augenblicken scharfer Zusammenstöße der breiten werktätigen Massen mit den Gutsbesitzern oder Kapitalisten, gegen die Arbeiter und Bauern gekämpft. Besonders scharf trat dieser Kampf gegen die Arbeiter und Bauern im Oktober hervor — im Augenblicke des siegreichen Aufstandes der Arbeiter und Bauern. Statt klar und entschlossen auf die Seite des Volkes überzugehen, kämpfte der Wikschel entschieden gegen die Arbeiter- und Bauern-Sowjetregierung. Er rief zum Eisenbahner-Generalstreik auf, zur gleichen Zeit, in welcher die Arbeiter, Soldaten und Bauern alle Kräfte anspannten, um den Widerstand der Gutsbesitzer, Kapitalisten und ihrer aufdringlichen Verteidiger mit Kerenski an der Spitze zu brechen. Und jetzt, wo das Hauptquartier mit Duchonin an der Spitze die Friedensverhandlungen verhindert hat, unterstützte der Wikschel offen die Politik des Kompromisses, der Verabredung mit den konterrevolutionären Generalen und Gutsbesitzern, sich hinter überflüssigen Phrasen über die Einstellung des Bürgerkrieges und die Heiligkeit der Revolution versteckend. Er hat nicht eine einzige entschiedene Maßnahme, keinerlei Verbesserung, auch nicht die allergeringste, unserer Existenz angestrebt oder erreicht. Und als typischer Vertreter der kleinbügerlichen Gruppen der Intellektuellen, die keine Verbindung mit der Masse besitzen, steht er jetzt in verächtlichem Feilschen um Ministersessel, indem er versucht, die Früchte des Volkssieges zu pflücken. Kein Vertrauen mehr, Genossen, für eine solche Körperschaft! Wir brauchen keinen Wikschel, keine Beamten der Demokratie . . . Wir brauchen einen Kongreß, Genossen, einen allrussischen Eisenbahnerkongreß, auf dem wir auch unser zentrales Eisenbahnerorgan wählen. Der Wikschel legt der Einberufung eines solchen Kongresses alle möglichen Schwierigkeiten in den Weg . . ."

Und weiter fordert der Aufruf die Einberufung des Kongresses auf den 23. Dezember.

Der Kampf der Sowjetregierung mit dem Wikschel dauerte drei Monate. Es gelang, den allrussischen Kongreß der Eisenbahn-Handwerker und -Arbeiter, der vollkommen unter bolschewistischen Losungen verlief, auf den 31. Dezember einzuberufen. Am 6. Januar wurde der allrussische Eisenbahnerkongreß eröffnet, den das Verkehrskommissariat einberufen hatte. Alle „arbeitslosen" Minister traten auf diesem auf: Tschernow, Tzeretelli, Tschaikowski, Martinow, Abramowitsch usw. Sie versuchten, den Kongreß zu veranlassen, für den Kampf um die Konstituierende Versammlung einzutreten, um die sich in diesem Augenblicke die ganze Konterrevolution sammelte. Für die Bolschewiki nahmen Sinowjew und Wolodarski den Kampf auf. In der Frage der Macht zerfiel der Kongreß in zwei fast gleiche Hälften: 273 Stimmen waren für die Konstituierende Versammlung und 261 Stimmen des Eisenbahnerproletariats für die Sowjetregierung. Nach diesem Resultat verließ der linke Sektor die Sitzung, und da er das gesamte Eisenbahnerproletariat hinter sich hatte, konstituierte er sich als außerordentlicher Eisenbahnerkongreß. Auf diesem wurde der Wikzschedor (Wserossijski Zentralnij Ispolnitelnij Komitet Scheleznodorozschnikow — Allrussisches Zentrales Exekutivkomitee der Eisenbahner) gewählt, das sich wie folgt zusammensetzte: 24 Bolschewiki, 12 linke Sozialrevolutionäre und 3 Menschewiki-Internationalisten.

# VII.

# NACH DEM OKTOBER

## 1. DIE ERSTEN DEKRETE DER SOWJETMACHT

HAT nun die Oktober-Revolution den Leninschen Kurs auf das *Hinüberwachsen* der demokratischen Revolution in eine sozialistische bestätigt, — den Kurs, der das abenteuerliche „Überspringen" der demokratischen Etappe ebenso ablehnt, wie das passive Verharren auf der demokratischen Stufe ohne Weiterschreiten zum Sozialismus? Die flüchtigste Betrachtung des im Oktober Vollendeten zeigt, daß der bolschewistische Kurs sich restlos bewährt hat.

Die russische Bourgeoisie, die acht Monate lang in Koalition mit den Menschewiki und Sozialrevolutionären die Macht in Händen gehalten hatte, konnte die grundlegende Aufgabe der demokratischen Revolution, die Agrarfrage, nicht lösen. Die opportunistischen Parteien konnten nicht mit der Bourgeoisie brechen und den Agrarumsturz selbst durchführen. Dieser konnte nur von dem zur Macht gelangten Proletariat verwirklicht werden.

Das *Dekret über den Grund und Boden* war eine der wichtigsten Errungenschaften des Oktober. Dieses Gesetz enthielt noch nichts spezifisch Sozialistisches. Das wichtigste daran war seine negative Seite: die Vernichtung der Grundbesitzerklasse, dieser wichtigsten Erbin des Feudalismus in der gesellschaftlichen Ordnung Rußlands, die Enteignung des gesamten Landbesitzes zugunsten der Bauernschaft ohne irgendwelche Abfindung. Das Dekret berührte die individuelle Wirtschaftsführung der Bauern nicht und führte an deren Stelle keinerlei kollektive Wirtschaftsformen ein. Trotzdem beseitigte das Dekret das Privateigentum an Grund und Boden.

Unter anderen Umständen hätte auch diese Aufhebung des Privateigentums an Grund und Boden eine bloße demokratische Maßnahme bleiben können; ihre Durchführung ist theoretisch auch im Kapitalismus denkbar. Die englische bürgerliche Ökonomie stellt durch ihren Vertreter Henry George ebenfalls einen Plan der Nationalisierung des Grund und Bodens auf. Bis 1917 hatten die Bolschewiki das Programm der Nationalisierung des Grund und Bodens als eine Forderung der demokratischen und nicht der sozialistischen Revolution aufgestellt.

Nachdem aber die Macht bereits in die Hände des Proletariats übergegangen war, das die ersten Schritte zur Vernichtung auch anderer Arten des Privateigentums unternahm, erhielt die Aufhebung des Privateigentums an Grund und Boden unvermeidlich den Charakter eines gegen das Privateigentum *überhaupt* geführten Schlages. So war es möglich, daß das nicht von den Bolschewiki, sondern auf Diktat der Bauern von den Sozialrevolutionären geschriebene Dekret, mit dem die Bauernschaft selbst nur die Hoffnung auf eine Hebung der eigenen kleinen Wirtschaft verband, auf der einen Seite bereits in eine sozialistische Maßnahme dadurch *hinüberwuchs*, daß es von der Arbeiterklasse und deren Regierung durchgeführt wurde.

Das Kompromiß, das die Bolschewiki schlossen, als sie auf dem Sowjetkongreß durch die eigene Mehrheit das Dekret der Sozialrevolutionäre annehmen ließen, beleuchtet hell das richtige Verständnis der Bolschewiki für die Nöte des Augenblicks, ihr Bestreben, unter keinen Umständen die Bauernbewegung zu überspringen, sondern ihr im Gegenteil Zeit für die Überwindung kleinbürgerlicher Illusionen zu lassen. Im Augenblick der Machteroberung boten die Bolschewiki den linken Sozialrevolutionären den Abschluß eines Regierungsblocks an, den diese nach einer ersten Weigerung und einigen Schwankungen annahmen. So trug die erste Sowjetregierung auch in ihrer Zusammensetzung den Stempel der eben vollendeten demokratischen Revolution.*)

Die Führung in der Regierung und im gesamten Machtapparat der Sowjets blieb die ganze Zeit in den Händen der proletarischen Partei der Bolschewiki, so daß die proletarische Diktatur vom Oktober gerechnet werden kann, wenn auch die Regierung infolge ihrer Zusammensetzung eine „Arbeiter- und Bauernregierung" genannt wurde. Die geschichtliche Aufgabe der Befreiung der Bauern von dem Joche der Gutsbesitzer war aber doch das Werk des Proletariats.

Mit welchen Mitteln das Proletariat im Oktober die auf die Vernichtung der Gutsbesitzerklasse und auf die Besitzergreifung von Grund und Boden gerichtete Bauernbewegung zu weiteren Schritten, zum Schlage gegen den Kapitalismus und die Bourgeoisie weiterführen konnte, zeigt das Beispiel der *Nationalisierung der Banken*. Die Güter der Gutsbesitzer waren zu einem großen Teile bei den Banken verpfändet. Schon wegen dieses „Verwachsens" der Gutsbesitzer mit den Kapitalisten waren die letzteren entschiedene Gegner der Enteignung der Gutsbesitzer. Die Enteignung des Gutsbesitzerlandes wurde durch die Konfiskation der Banken erhärtet. Die Bauernschaft konnte nicht gegen die Nationalisierung der Banken sein. Für das Proletariat war aber die Beschlagnahme der Banken der erste und unerläßliche Schritt zur Sozialisierung der Industrie. Wieder wuchsen demokratische Maßnahmen ins sozialistische hinüber.

Das *Dekret vom Frieden*, das zweite vom zweiten Sowjetkongreß herausgegebene wichtige Dekret, wurde von den Bauern mit derselben Begeisterung aufgenommen wie das Dekret vom Grund und Boden.

Es ist selbstverständlich, daß die Bauernschaft den Frieden herbeisehnte, um sich vom Kriege auszuruhen und daß sie, als sie nach Hause ging, um „das Land aufzuteilen", sich weder irgendwelche sozialistischen Ziele steckte, noch in ihrer Masse den bevorstehenden, dreijährigen Bürgerkrieg voraussah. Im Oktober verließ jedoch die Bauernschaft die Front des *imperialistischen* Krieges, stürzte die Bourgeoisie, unterstützte die proletarische Regierung und diente dadurch eben den Zielen der internationalen *sozialistischen* Revolution. Und diese selbe Bauernschaft ging später, als sie die Unvermeidlichkeit des Bürgerkrieges eingesehen hatte, um die Sicherung ihres Landbesitzes und der friedlichen Entwicklung des Landes willen, gegen die Weißen vor, gab ihre Söhne für die Rote Armee, ihr Getreide für die Städte, unterstützte die Macht der Arbeiter und trug dadurch wiederum objektiv zur Entwicklung der internationalen sozialistischen Revolution bei. So verband das Proletariat die Verwirklichung seiner eigenen Klassenaufgaben mit der Befriedigung der Interessen der Bauernschaft.

Das Proletariat mußte den Augiasstall des Feudalismus ausmisten und die von der bürgerlichen Revolution unterlassene Arbeit nicht nur in der Agrarfrage zu Ende führen. Die proletarische Regierung mußte z. B. *die Stände und Rangstufen* abschaffen. Sie war es auch, die die *Deklaration der Gleichberechtigung der Nationalitäten* ausgab, dadurch die Grundlagen einer langjährigen sorgfältigen Nationalitätenpolitik schaffend, die die nationalen Minderheiten beschirmte und das Proletariat vor den Folgen nationalistischer Vorurteile kleinbürgerlicher Bevölkerungsschichten und vor allem der Bauernschaft bewahrte. Die Deklaration selbst war aber keineswegs eine Deklaration irgendwelcher sozialistischer Prinzipien, son-

*) Formell wandten sich die Bolschewiki mit dem Vorschlage des Eintritts in die Regierung an die „sozialistischen" Parteien im allgemeinen. Bedingung war aber die restlose Anerkennung des Oktobers. Die Menschewiki und rechten Sozial-Revolutionäre, die schon vorher den zweiten Sowjetkongreß verlassen hatten, nahmen diese Bedingung nicht an.

dern vor allem eine demokratische Maßnahme. Trotzdem wies sie aber den Werktätigen aller Nationen den richtigen Weg zur Unterstützung der Sowjetregierung und ihrer sozialistischen Unternehmen.

Welche eigenen Klassenmaßnahmen traf noch das russische Proletariat im Oktober, getragen von der kräftigen Unterstützung und von dem Vertrauen der Bauernmassen?

Es wurde endlich das *Dekret vom achtstündigen Arbeitstag* herausgegeben, um den die Menschewiki so lange und so vergeblich in den Vorzimmern der „Koalition" gebettelt hatten.

Es wurde das *Dekret von der Arbeiterkontrolle* herausgegeben.

Die Idee einer Arbeiterkontrolle tauchte in der Arbeiterschaft schon vor dem Oktober auf, als Antwort auf die Sabotage der Unternehmer, die ihre Unternehmen infolge deren geringer Rentabilität, infolge der allgemeinen wirtschaftlichen Zerrüttung nicht normal weiterführen wollten oder auch aus politischen Motiven die Zerrüttung zu steigern wünschten. Die Forderung der Arbeiterkontrolle verbanden die Bolschewiki mit der Forderung der Diktatur des Proletariats, die einzig und allein imstande war, eine wirkliche Arbeiterkontrolle der noch im Besitze der Kapitalisten verbleibenden Unternehmen zu verwirklichen. Darum hat die Parole der Arbeiterkontrolle nichts gemein mit den verlogenen Phrasen über „Wirtschaftsdemokratie" und „Produktionskontrolle", die angeblich auch bei einem *Verbleiben* der Macht in den Händen der Kapitalisten möglich sein soll.

Die Verhältnisse am Vorabend der Revolution, die Zerrüttung, die Flucht vieler Unternehmer und die Schwäche der bürgerlichen Regierung gestatteten jedoch in einzelnen Fällen die Durchsetzung einer Arbeiterkontrolle bereits im Sommer und Herbst 1917. Die Arbeiter erzwangen stellenweise diese Kontrolle eigenmächtig, ebenso wie sie auch den achtstündigen Arbeitstag erzwangen und ebenso wie die Bauern in Befolgung der bolschewistischen Parolen schon vor dem Oktober eigenmächtig das Land der Gutsbesitzer besetzten. In solchen Fällen war die Arbeiterkontrolle für das Proletariat die unmittelbare Vorstufe zur Machtergreifung und zur Besitzergreifung der Industrie.

Nach den ursprünglichen Plänen der Bolschewiki sollte die Arbeiterkontrolle in der Wirtschaftspolitik der Sowjetmacht eine sehr wichtige Rolle spielen. In seinen vor dem Oktober-Umsturz geschriebenen Artikeln über die zukünftigen Aufgaben der Sowjetmacht zeichnete Lenin die Perspektive eines eigenartigen „Staatskapitalismus", der sich von dem üblichen Staatskapitalismus dadurch unterscheidet, daß sich der Staatsapparat nicht in den Händen der Bourgeoisie, sondern in den Händen des Proletariats befindet. Die Bolschewiki beabsichtigten, das Land, die Banken und die Großbetriebe zu nationalisieren und die Unternehmen der sabotierenden Kapitalisten und Gegenrevolutionäre zu konfiszieren, die übrige Industrie aber auf eine kürzere oder längere Frist in privaten Händen zu belassen und ihre allmähliche Sozialisierung vorzubereiten. Diese unter der Aufsicht des Staates vertrustete und syndizierte Industrie sollte der Kontrolle der Arbeiter unterworfen werden. Dieselbe Perspektive entwickelte Lenin im Frühjahr 1918 nach dem Abschluß des Friedensvertrages in Brest-Litowsk in der Annahme, daß die gewonnene Atempause dauerhaft sein könne.

Die bürgerliche Klasse war jedoch nicht gewillt, unter den gestellten Bedingungen für die Sowjetmacht zu „arbeiten". Die Sabotage wurde fortgesetzt, und was die Hauptsache ist, die Bourgeoisie begann Hand in Hand mit den Gutsbesitzern *den Bürgerkrieg*. Unter dem Drucke der Kriegslage waren die Bolschewiki gezwungen, gegen Ende 1918 zur durchgreifenden Nationalisierung der Industrie zu schreiten und alle vorhandenen Produktionsmöglichkeiten und Warenreserven der Industrie für die Bedürfnisse der Armee in den Händen des Staates zu konzentrieren.

So hatte die den Übergang zur Nationalisierung bildende Arbeiterkontrolle ihre Rolle bald ausgespielt und verwandelte sich in die unmittelbare Verwaltung der Industrie durch den Staat. Selbstverständlich wurden dabei die Kaders der Leiter der Unternehmungen in erster Linie aus den Arbeitern und Angestellten der betreffenden Unternehmungen genommen.

Unter den volkswirtschaftlichen Dekreten des Oktober ist das Dekret von der Arbeiterkontrolle für die Beurteilung der sozialistischen Absichten der proletarischen Regierung eines Bauernlandes besonders charakteristisch. Diese Absichten waren ebenso wohldurchdacht und vorsichtig, wie auch entschieden. Als sozialistische Maßnahme rief das Dekret von der Arbeiterkontrolle den besonders wütenden Haß und Widerstand der Bourgeoisie hervor.

Dies waren die wichtigsten Dekrete des Oktober, die als Illustration zur bolschewistischen Taktik der Überführung der demokratischen Revolution in eine sozialistische dienen. Die Richtigkeit dieser Taktik, die Reife der ökonomischen und politischen Bedingungen, die aktive Beteiligung *außerordentlich breiter und tiefer Schichten* der werktätigen Bevölkerung an den revolutionären Geschehnissen — all dies sicherte den raschen Sieg und den vollkommenen Erfolg der Oktober-Revolution.

Die Aktivität der Arbeiter- und Bauernmassen verstärkte sich nach dem Umsturze noch mehr. Als Resultat wurden diese Massen selbst zur Macht. Die Verwaltung des Staates sollte nach der Parole Lenins jeder Köchin zugänglich sein. Die Ersetzung der sabotierenden früheren Beamten durch neue Leute, durch Arbeiter und Bauern, die Verteidigung der Revolution gegen die Feinde des Volkes, die Arbeiterkontrolle über die Leitung der Fabriken, die Besetzung des Grund und Bodens durch die Landausschüsse und seine Aufteilung unter der notleidenden Bauernschaft, alle diese Maßnahmen mußten ein ungeheures Anwachsen des sozialen und Klassenbewußtseins unter den Arbeitern und Bauern hervorrufen; denn ohne ein solches Wachstum hätten die ergriffenen Maßnahmen niemals bis zu Ende durchgeführt werden können.

Das Proletariat bewältigte die Aufgabe, die den Kleinmütigen so unlösbar schien. Es baute seine Macht auf, verjagte die Feinde aus dem Lande, erneuerte und organisierte seine Wirtschaft, warf aus seinen Tiefen Hunderttausende neuer organisatorischer Talente herauf und fand Millionen, die bereit waren, sich selbst für den Sieg über das ausbeuterische System des Kapitalismus zu opfern.

---

Von den in den Jahren 1917 und 1918 erlassenen Dekreten bringen wir an dieser Stelle eine Auswahl, die die ersten Schritte der Sowjetregierung und die Maßnahmen für den Aufbau der Sowjetmacht zeigen:

### VON DER ARBEITERWEHR

1. Alle Sowjets der Arbeiter- und Soldaten-Deputierten haben Arbeiterwehren zu gründen.

2. Die Arbeiterwehr untersteht vollständig und ausschließlich dem Sowjet der Arbeiter- und Soldaten-Deputierten.

3. Die Militär- und Zivilbehörden sind gehalten, bei der Bewaffnung der Arbeiterwehr und ihrer Versorgung mit technischen Mitteln bis zur Versorgung mit staatlichen Waffen mitzuwirken.

4. Dieses Gesetz ist telegraphisch in Kraft zu setzen.

Petrograd, den 28. Oktober/10. November 1917.

(Veröffentl. in Nr. 2 der Ztg. der Arbeiter- und Bauern-Reg. vom 30. Okt./12. Nov. 1917.)

---

### DEKLARATION DER RECHTE DER VÖLKER RUSSLANDS

Die Oktober-Revolution der Arbeiter und Bauern begann unter der Fahne der allgemeinen Befreiung.

Befreit werden die Bauern von der Gewalt der Gutsbesitzer, denn das grundherrliche Eigentum am Grund und Boden ist abgeschafft. Befreit werden die Soldaten und Matrosen von der Gewalt der selbstherrlichen Generale, denn die Generale werden fortan aus Wahlen hervorgehen und absetzbar sein. Befreit werden die Arbeiter von den Launen und der Willkür der Kapitalisten, denn fortan ist die Kontrolle der Arbeiter über die Betriebe und Fabriken festgesetzt. Alles Lebendige und Lebensfähige wird von den verhaßten Fesseln befreit. Zu befreien bleiben nur noch die Völkerschaften Rußlands, die Knechtung und Willkür gelitten haben und noch leiden, zu deren Entsklavung daher unverzüglich geschritten werden muß, deren Befreiung entschieden und unwiderruflich durchgeführt werden muß.

In der Epoche des Zarismus wurden die Völker Rußlands systematisch gegeneinander gehetzt. Das Ergebnis dieser Politik ist bekannt: Metzeleien und Pogrome einerseits, Sklaverei der Völker andererseits.

Für diese schändliche Politik der Verhetzung ist und darf keine Wiederkehr mehr sein. Sie muß fortan durch eine Politik der freiwilligen und ehrlichen Vereinigung der Völker Rußlands ersetzt werden.

In der Epoche des Imperialismus, nach der Februar-Revolution, als die Gewalt in die Hände der kadettischen Bourgeoisie übergegangen war, hat die unverhüllte Politik der Verhetzung der Politik des feigen Mißtrauens gegen die Völker Rußlands den Platz eingeräumt, einer Politik der Händelsucht und Provokationen, die sich hinter Worterklärungen über „Freiheit" und „Gleichheit" der Völker Rußlands versteckte. Die Ergebnisse dieser Politik sind bekannt: Verstärkung der nationalen Feindschaft, Untergrabung des gegenseitigen Vertrauens.

Dieser unwürdigen Politik der Lüge und des Mißtrauens, der Händelsucht und Provokation muß ein Ende gemacht werden. Sie muß fortan durch eine offene und ehrliche Politik ersetzt werden, die zum vollen, gegenseitigen Vertrauen der Völker Rußlands führt.

Nur in dem Ergebnis eines solchen Vertrauens kann eine ehrliche und dauerhafte Vereinigung der Völker Rußlands sich gestalten.

Nur durch das Ergebnis einer solchen Vereinigung können die Arbeiter und Bauern der Völker Rußlands zu einer revolutionären Kraft zusammengeschweißt werden, die fähig ist, allen Anschlägen der imperialistisch-annexionistischen Bourgeoisie standzuhalten.

Der Sowjetkongreß im Juni dieses Jahres hat das Recht der Völker Rußlands auf freie Selbstbestimmung verkündet.

Der zweite Sowjetkongreß im Oktober dieses Jahres hat dieses unverrückbare Recht der Völker Rußlands entschiedener und bestimmter bestätigt.

In Erfüllung des Willens dieser Kongresse hat der Rat der Volkskommissare beschlossen, seiner Tätigkeit in der Nationalitätenfrage Rußlands folgende Grundsätze zugrunde zu legen:

1. Gleichheit und Souveränität der Völker Rußlands.

2. Das freie Selbstbestimmungsrecht der Völker Rußlands, einschließlich des Rechts auf Absonderung und Bildung eines selbständigen Staates.

3. Aufhebung aller und jeder nationalen und national-religiösen Vorrechte und Beschränkungen.

4. Freie Entwicklung der Minderheitsnationalitäten und Völkergruppen, die in Rußland leben.

Die daraus folgenden Dekrete werden unverzüglich nach Konstituierung einer Kommission für das Nationalitätenwesen ausgearbeitet werden.

Den 2./15. November 1917.

(Veröffentl. in Nr. 4 der Ztg. der Arbeiter- und Bauern-Reg. vom 3./16. Nov. 1917.)

---

## VON DEM ÜBERGANG DER GEWALT UND DER PRODUKTIONSMITTEL IN DIE HÄNDE DER ARBEITENDEN

*Kameraden, Arbeiter, Soldaten, Bauern, alle Arbeitenden!*

Die Arbeiter- und Bauern-Revolution hat in Petrograd endgültig gesiegt, nachdem sie die letzten Reste der nicht großen Zahl der von Kerenski betrogenen Kosaken zerstreut und verhaftet hat. Die Revolution hat auch in Moskau gesiegt, bevor dort die von Petrograd abgefahrenen wenigen Züge mit Militärkräften eingetroffen sind; in Moskau haben die Offiziersaspiranten und andere Kornilow-Leute die Friedensbedingungen unterschrieben: Entwaffnung der Offiziersaspiranten, Auflösung des Rettungskomitees. Von der Front und aus den Dörfern, von der erdrückenden Mehrheit der Soldaten in den Schützengräben und der Bauern auf dem Lande, strömen täglich und stündlich Nachrichten ein über Unterstützung der neuen Regierung und ihrer Gesetze, über Vorschlagung eines Friedens und über die sofortige Übergabe des Grund und Bodens an die Bauern. Der Sieg der Revolution der Arbeiter und Bauern ist gesichert, denn die große Mehrheit des Volkes ist auf ihre Seite getreten.

Es ist durchaus verständlich, daß die Gutsbesitzer und Kapitalisten, die höheren Angestellten und Beamten, die mit dem Bürgertum eng verbunden sind, mit einem Worte alle Reichen und die mit ihnen an einem Strange ziehen, der neuen Revolution feindselig gegenüberstehen, ihrem Siege sich widersetzen, mit der Einstellung der Banktätigkeit drohen. Sie schädigen die verschiedenen Anstalten und stellen die Arbeit ein, behindern sie auf jede Weise, hemmen sie bald direkt, bald indirekt. Jeder klassenbewußte Arbeiter versteht recht gut, daß wir auf einen solchen Widerstand unvermeidlich stoßen; denn die höheren Angestellten haben sich gegen das Volk zusammengetan und wollen ohne Widerstand ihre Position dem Volke nicht einräumen. Die arbeitenden Klassen erschrecken keine Minute vor diesem Widerstande, sie zittern keinen Augenblick vor den Drohungen und Streiks der Parteigänger des Bürgertums.

Hinter uns steht die Mehrheit des Volkes, hinter uns die Mehrheit der Arbeitenden und Geknechteten der ganzen Welt. Für uns ist die Gerechtigkeit. Unser Sieg ist gesichert.

Der Widerstand der höheren Angestellten und Kapitalisten wird gebrochen werden. Kein Mensch wird durch uns seines Vermögens beraubt ohne ein besonderes staatliches Gesetz über Nationalisierung der Banken und Syndikate. Dieses Gesetz befindet sich in Vorbereitung. Kein Arbeiter und kein Werktätiger verliert eine Kopeke, im Gegenteil, ihm wird Hilfe erwiesen werden. Ohne gegenwärtig neue Steuern festzusetzen, stellt sich die Regierung in erster Linie die Aufgabe, in Sachen der Einziehung der früher festgesetzten Steuern die strengste Berechnung und Nachprüfung ohne jede Verheimlichung walten zu lassen.

Im Namen dieser gerechten Forderungen hat die ungeheure Mehrheit des Volkes sich um die Zeitweilige Arbeiter- und Bauern-Regierung geschart.

Kameraden, Werktätige! Denkt daran, daß Ihr jetzt selbst den Staat regiert. Niemand wird Euch helfen, wenn Ihr Euch selbst nicht vereinigt und die Staatsangelegenheiten in Eure Hand nehmt. Eure Sowjets sind fortan die Organe der Staatsgewalt, bevollmächtigte, entscheidende Organe. Schart Euch um Eure Sowjets, stärkt sie. Greift selbst die Sache von unten an, ohne auf jemand zu warten. Stellt die strengste Revolutionsordnung her, unterdrückt schonungslos die Versuche der Anarchie seitens Betrunkener, Hooligans, gegenrevolutionärer Offiziersaspiranten, Kornilow-Leuten und dergleichen.

Führt die strengste Kontrolle über Produktion und Rechnungslegung der Erzeugnisse ein. Verhaftet und übergebt dem Revolutionsvolksgerichte jeden, der es wagt, der Sache des Volkes zu schaden, ob der Schaden in Sabotage (Beschädigung, Hemmung, Sprengung) der Produktion, oder in der Hinterziehung von Getreidevorräten und Produkten, oder im Aufhalten von Getreideladungen, oder in der Störung der Eisenbahn-, Post-, Telegraphen-, Telephontätigkeit, überhaupt in irgendwelchem Widerstande gegen die große Sache des Friedens, gegen die Sache der Landübergabe an die Bauern, gegen die Sache der Sicherstellung der Arbeiterkontrolle über die Produktion und Verteilung der Erzeugnisse in die Erscheinung tritt.

Kameraden, Arbeiter, Soldaten, Bauern und alle Arbeitende, nehmt an Ort und Stelle die gesamte Gewalt in die Hände Eurer Sowjets. Nehmt und hütet wie den Augapfel das Land, das Getreide, die Fabriken, die Werkzeuge, die Produkte, das Transportwesen — all das wird fortan in vollem Umfange Euer gemeinschaftlicher Besitz sein. Allmählich, mit Zustimmung und Genehmigung der Mehrheit der Bauern, nach den Lehren ihrer und der Arbeiter praktischen Erfahrung werden wir fest und unbeugsam zum Siege des Sozialismus schreiten, den die Arbeiter der führenden zivilisierten Länder befestigen werden und der den Völkern einen dauernden Frieden und die Errettung von jeder Bedrückung und von jeder Ausbeutung gewähren wird.

(Veröffentl. in Nr. 6 der Ztg. der Arbeiter- und Bauern-Reg. vom 8./21. Nov. 1917.)

---

## VON DER AUFHEBUNG DER STÄNDE UND DER RANGBEZEICHNUNGEN FÜR DEN ZIVILDIENST

Art. 1. Alle Stände und ständischen Einteilungen der Bürger, ständische Vorrechte und Beschränkungen, ständische Organisationen und Einrichtungen sowie alle Rangbezeichnungen für den Zivildienst, die bis jetzt in Rußland bestanden, werden aufgehoben.

Art. 2. Alle Stände (Kaufmann, Edelmann, Bürger, Bauer usw., Fürsten-, Grafen- und andere Titel) und Rangbezeichnungen für den Zivildienst (Geheime Staats- und andere Räte) werden aufgehoben, und es wird eine für die gesamte Bevölkerung Rußlands allgemeine Benennung — Bürger der russischen Republik — festgesetzt.

Art. 3. Das Vermögen der adligen ständischen Institutionen ist sofort den betreffenden Landschaftsselbstverwaltungen zu übergeben.

Art. 4. Das Vermögen der kaufmännischen und bürgerlichen Körperschaften gelangt sofort in die Verfügungsgewalt der betreffenden städtischen Selbstverwaltungen.

Art. 5. Alle ständischen Institutionen, Dokumente, Akten und Archive werden sofort an die betreffenden städtischen und landschaftlichen Selbstverwaltungen abgegeben.

Art. 6. Alle entsprechenden Artikel der bis jetzt geltenden Gesetze werden aufgehoben.

Art. 7. Dieses Dekret tritt mit dem Tage seiner Publikation in Kraft und ist sofort durch die örtlichen Sowjets der Arbeiter-, Soldaten- und Bauern-Deputierten auszuführen.

(Veröffentl. in Nr. 9 der Ztg. der Arbeiter- und Bauern-Reg. vom 12./25. Nov. 1917.)

---

## ÜBER DIE KONFISKATION DES EIGENTUMS DES ENTTHRONTEN KAISERS VON RUSSLAND UND DER MITGLIEDER DES KAISERLICHEN HAUSES

1. Jedes Eigentum, das dem von der Revolution entthronten Kaiser von Rußland Nikolai Alexandrowitsch Romanow, den früheren Kaiserinnen Alexandra und Marie Feodorowna und allen Mitgliedern des früheren Kaiserlichen Hauses gehört, worin es auch besteht und wo es sich auch befindet, die Einlagen in den Kreditanstalten Ruß-

lands und des Auslandes nicht ausgenommen, wird zum Eigentum der Russischen Sozialistischen Föderativen Sowjetrepublik erklärt.

2. Unter den Mitgliedern des früheren Kaiserlichen Hauses von Rußland werden alle Personen verstanden, die in das Stammbuch des früheren Kaiserhauses eingetragen sind, und zwar: der ehemalige Thronfolger, die ehemaligen Großfürsten und Großfürstinnen, ferner auch die ehemaligen Fürsten und Fürstinnen kaiserlicher Abstammung.

3. Alle Personen und Institutionen, die den Verwahrungsort des im § 1 dieses Dekrets angeführten Eigentums kennen, sind verpflichtet, innerhalb zwei Wochen vom Tage der Veröffentlichung dieses Dekrets an diesbezügliche Angaben dem Volkskommissariat für Innere Angelegenheiten zu machen. Das vorsätzliche Verschweigen der Tatsachen, welche in diesem Punkt erwähnt wurden, zieht für die Schuldigen dieselbe Verantwortlichkeit nach sich wie die Aneignung von Staatseigentum.

4. Die Bevollmächtigten der Russischen Sozialistischen Föderativen Sowjetrepublik im Auslande sind verpflichtet, unverzüglich nach Veröffentlichung des gegenwärtigen Dekrets alles aufzubieten, um Kenntnis vom Aufbewahrungsorte des in § 1 dieses Dekrets genannten Eigentums zu erlangen. Die im Auslande sich aufhaltenden Bürger Rußlands sind verpflichtet, was ihnen über den Aufbewahrungsort des im § 1 genannten Eigentums bekannt ist, den Bevollmächtigten der RSFSR. mitzuteilen.

5. Das in § 1 genannte Eigentum, soweit es sich in den Grenzen der Republik befindet, ausgenommen Bargeld und Geldzeichen, gelangt in die Verfügung des Volkskommissariats für Innere Angelegenheiten. Das Bargeld und die Geldzeichen werden zugunsten des Fiskus den Staatskassen oder den Institutionen der Volksbank überwiesen; soweit sie sich außerhalb der Grenzen der Republik, darunter in den ausländischen Banken, befinden, werden sie den zuständigen Bevollmächtigten der Russischen Sozialistischen Föderativen Sowjetrepublik übergeben.

(Veröffentl. in Nr. 151 der „Iswestija des AZEK. der Sowjets" vom 19. Juli 1918.)

---

## AUS DEM DEKRET ÜBER DIE SOZIALISIERUNG DES GRUND UND BODENS

### *Allgemeine Bestimmungen*

Art. 1. Jedes Eigentum an Boden, am Erdinnern, an Gewässern, Wäldern und lebenden Naturkräften wird innerhalb des Gebietes der Allrussischen Föderativen Sowjetrepublik für alle Zeiten abgeschafft.

Art. 2. Der Boden geht von jetzt an ohne jede Entschädigung, weder offene noch versteckte, in die Nutzung des gesamten arbeitenden Volkes über.

Art. 3. Das Recht der Bodenbenutzung steht nur denen zu, welche den Boden selbst bearbeiten, soweit nicht durch vorliegendes Gesetz besondere Ausnahmefälle vorgesehen sind.

Art. 4. Das Recht auf Bodenbenutzung darf auf Grund des Geschlechts, des Glaubensbekenntnisses, der Nationalität oder der Staatsangehörigkeit nicht eingeschränkt werden.

Art. 5. Das Verfügungsrecht über das Erdinnere, die Wälder, die Gewässer und die lebenden Naturkräfte wird je nach deren Bedeutung der Kreis-, Gouvernements-, Provinzial- oder Föderativsowjet-Macht, unter der Kontrolle der letzteren, übertragen. Die Art der Benutzung und der Verfügung über das Erdinnere, die Wälder, die Gewässer und die lebenden Naturkräfte wird durch ein besonderes Gesetz festgelegt werden.

Art. 6. Das gesamte lebende und tote landwirtschaftliche Inventar, das sich in Privatbesitz befindet, geht ohne jede Entschädigung aus den Händen der nichtarbeitenden Besitzer, je nach seiner Bedeutung, in die Verfügungsgewalt der Landabteilungen der Kreis-, Gouvernements-, Provinzial- oder des Föderativsowjets über.

Art. 7. Alle Gebäude in den in Artikel 6 bezeichneten Wirtschaften, sowie die ihnen angegliederten landwirtschaftlichen Betriebe gehen ohne jede Entschädigung — je nach ihrer Bedeutung — in die Verfügungsgewalt der Kreis-, Gouvernements-, Provinzial- oder des Föderativsowjets über.

Art. 8. Alle nicht arbeitsfähigen Personen, welche auf Grund des vorliegenden Gesetzes über Enteignung der Ländereien, der Wälder, des Inventars und des übrigen auf diesen Ländereien befindlichen Eigentums, aller Existenzmittel verlustig gehen, erhalten bis zum Zeitpunkte des Erscheinens eines allgemeinen Gesetzes über die Versicherung der nichtarbeitsfähigen Bürger das Recht, auf Grund einer Bestätigung der örtlichen Gerichte und der Landabteilungen der Sowjets eine Rente in der Höhe der bestehenden Soldatenpensionen, zu beziehen (bis zum Tode oder bis zum Eintritt der Volljährigkeit).

Art. 9. Die Verteilung des Bodens, welcher für die Landwirtschaft in Frage kommt, unter die Arbeitenden übernehmen die Dorf-, Wolost-, Kreis-, Gouvernements-, Provinzial-, die Zentralen und die Föderativen Landabteilungen der Sowjets je nach der Bedeutung des in Betracht kommenden Bodens.

Art. 10. Über den Reservelandfonds in jeder Republik bestimmen die Landabteilungen der zentralen und der Föderativsowjets.

Art. 11. Zu den Aufgaben der Landabteilungen der örtlichen und der zentralen Sowjets, welche Verfügungen über den Boden treffen, gehören außer der gerechten Verteilung des für die Landwirtschaft in Betracht kommenden Bodens unter die selbst arbeitende landwirtschaftliche Bevölkerung, und außer der möglichst produktiven Ausnutzung der nationalen Reichtümer noch folgende:

a) Schaffung von Bedingungen, welche das Anwachsen der Produktivkräfte des Landes fördern, die Vergrößerung des Bodenertrages, Hebung der landwirtschaftlichen Technik und

Rotarmisten

Petrograd 1918/19

endlich Hebung der landwirtschaftlichen Kenntnisse in den arbeitenden Massen der landwirtschaftlichen Bevölkerung.

b) Schaffung eines Reservefonds aus Ländereien, welche landwirtschaftliche Bedeutung besitzen.

c) Förderung der landwirtschaftlichen Gewerbe wie z. B. Gartenbau, Bienenzucht, Gemüsebau, Viehzucht, Milchwirtschaft usw.

d) Beschleunigung des Übergangs von weniger ertragreichen zu ertragreicheren Ackerbausystemen in den verschiedenen Zonen durch gleichmäßige Umsiedlung der werktätigen Landwirte.

e) Die Förderung der kollektiven Wirtschaft auf Kosten der Einzelwirtschaften in der Landwirtschaft im Hinblick darauf, daß die kollektive Wirtschaft in bezug auf Arbeit und Ertrag ergiebiger ist, und um dadurch den Übergang zur sozialistischen Wirtschaft zu beschleunigen.

Art. 12. Der Verteilung des Bodens unter die Arbeitenden muß das Prinzip eines Ausgleichs auf Grund der Arbeitskräfte in der Weise zugrunde gelegt werden, daß die Anwendung der Verbrauchs- und Arbeitsnorm auf das im Laufe der geschichtlichen Entwicklung entstandene und nun in Anwendung befindliche System der Bodenbenutzung in jedem einzelnen Gebiete die Arbeitsfähigkeit der vorhandenen Arbeitskräfte jeder einzelnen Wirtschaft nicht übersteigt und gleichzeitig der Familie des Landwirts eine auskömmliche Existenz gewährleistet.

Art. 13. Die allgemeine, grundsätzliche Quelle des Rechtes auf Benutzung des Bodens, welcher landwirtschaftliche Bedeutung besitzt, bildet die persönliche Arbeit. Außerdem steht es den Organen der Sowjetregierung frei, zur Hebung der landwirtschaftlichen Produktion (Einrichtung von landwirtschaftlichen Musterwirtschaften oder Versuchs- und Musterfeldern) dem Landesreservefonds aus den ehemaligen Ländereien der Klöster, des Fiskus, der kaiserlichen Familie, des Zaren und der Gutsbesitzer bestimmte Parzellen zu entnehmen und sie durch Arbeiter bewirtschaften zu lassen, die vom Staate bezahlt werden. Diese Arbeit untersteht den allgemeinen Bestimmungen der Arbeiterkontrolle.

Art. 14. Alle Bürger, welche in der Landwirtschaft tätig sind, müssen auf Kosten des Staates gegen Krankheit, Tod, Alter und Unfall, die sie arbeitsunfähig machen, versichert sein.

Art. 15. Alle nicht arbeitsfähigen Landwirte, sowie die nicht arbeitsfähigen Mitglieder ihrer Familie müssen auf Kosten der Organe der Sowjetregierung versorgt werden.

Art. 16. Jede werktätige bäuerliche Wirtschaft muß gegen Feuersgefahr, Viehseuchen, Mißernten, Dürre, Hagelschlag und andere Unglücksfälle auf Grund einer gegenseitigen Sowjet-Rückversicherung versichert sein.

Art. 17. Der Überschuß der Einnahmen, welcher der natürlichen Fruchtbarkeit der besten Landanteile sowie deren günstiger Lage in bezug auf die Absatzmärkte verdankt wird, wird den Organen der Sowjetregierung für den Bedarf der Gesamtheit zur Verfügung gestellt.

Art. 18. Der Handel mit landwirtschaftlichen Maschinen und Sämereien wird von den Organen der Sowjetregierung monopolisiert.

Art. 19. Der Getreidehandel — sowohl Innen- wie Außenhandel — muß Staatsmonopol sein.

(Veröffentl. in der Nr. 162 der „Iswestija des Allruss. Zentral-Exekutivkomitees der Sowjets" vom 1. Aug. 1918.)

---

## ÜBER DIE NATIONALISIERUNG DER BANKEN

Im Interesse der richtigen Organisation der Volkswirtschaft, im Interesse der entschiedenen Abschaffung der Bankspekulation und der allgemeinen Befreiung der Arbeiter, Bauern und der ganzen werktätigen Bevölkerung von der Exploitation durch das Bankkapital und zum Zwecke der Schaffung einer einzigen Volksbank der Russischen Republik, die den Interessen des Volkes und der armen Klassen dient, beschließt das Allrussische Zentral-Exekutiv-Komitee:

1. Das Bankwesen wird zum Staatsmonopol.

2. Alle bestehenden privaten Aktienbanken und Bankkontore werden mit der Staatsbank vereinigt.

3. Die Aktiva und Passiva der zu liquidierenden Unternehmungen übernimmt die Staatsbank.

4. Der Gang der Vereinigung der Privatbanken mit der Staatsbank wird durch ein besonderes Dekret festgelegt.

5. Die provisorische Leitung der Angelegenheiten der Privatbanken wird dem Sowjet der Staatsbank übertragen.

6. Die Interessen der kleinen Bankkunden werden vollständig gesichert.

(Veröffentl. in Nr. 35 der Ztg. der Arbeiter- und Bauern-Reg. vom 17. Dezember 1917.)

---

## VON DER KONFISZIERUNG DES AKTIENKAPITALS DER EHEMALIGEN PRIVATBANKEN

1. Die Aktienkapitalien der ehemaligen Privatbanken (sowohl das Grund-, wie auch das Reserve- und Spezialkapital) werden konfisziert und gehen an die Staatsbank der Russischen Republik über.

2. Alle Bankaktien werden annulliert und jede Auszahlung der Dividenden wird bedingungslos aufgehoben.

3. Alle Bankaktien sind sofort den jetzigen Vorstehern der örtlichen Abteilungen der Staatsbank zu übergeben.

4. Die Besitzer von Bankaktien, die diese nicht zur Hand haben, sind verpflichtet, der Abteilung der Staatsbank Registerabschriften der ihnen gehörigen Bankaktien vorzulegen mit der Angabe, wo diese sich befinden.

5. Den Besitzern von Bankaktien, die diese nicht laut Paragraph 3 abliefern, oder die Registerabschriften (laut Paragraph 4) nicht vorlegen, wird vierzehn Tage nach der Publikation dieses Dekrets das ganze Eigentum konfisziert.

6. Jede Abmachung und jede Transaktion wird nach der Angabe der Aktien bedingungslos verboten. Die Teilnehmer an solchen verbotenen Abmachungen und Transaktionen werden mit Gefängnis bis zu 3 Jahren bestraft.

(Veröffentl. in Nr. 18 der Ztg. der Arbeiter- und Bauern-Reg. vom 26. Jan./8. Febr. 1918.)

## ÜBER DIE ARBEITERKONTROLLE

1. Zwecks planmäßiger Regulierung der Volkswirtschaft in allen gewerblichen, Handels-, Bank-, Landwirtschafts-, Transport-, Kooperativ-, Produktionsgesellschaften und anderen Unternehmen, die Lohnarbeiter beschäftigen oder Arbeit ins Haus geben, wird die Arbeiterkontrolle über Produktion, Kauf und Verkauf von Erzeugnissen und Rohmaterialien, über ihre Aufbewahrung sowie über die finanzielle Seite des Unternehmens eingeführt.

2. Die Arbeiterkontrolle wird ausgeübt von allen Arbeitern des betreffenden Unternehmens durch ihre gewählten Organe, wie: Betriebs-, Fabrikkomitees, Ältestenräte u. dgl., wobei diesen Organen Vertreter der Angestellten und des technischen Personals angehören müssen.

3. Für jede Großstadt, für jedes Gouvernement oder Industriegebiet wird ein örtlicher Rat der Arbeiterkontrolle geschaffen, der als Organ des Sowjets der Arbeiter-, Soldaten- und Bauern-Deputierten aus Vertretern der Berufsverbände, der Betriebs-, Fabriks- und anderen Arbeiterkomitees und Arbeiterkooperativen sich zusammensetzt.

4. Bis zum Kongreß der Räte der Arbeiterkontrolle wird in Petrograd ein Allrussischer Rat der Arbeiterkontrolle errichtet, dem Vertreter folgender Organisationen angehören: von dem Allrussischen Zentral-Exekutivkomitee des Sowjets der Arbeiter- und Soldaten-Deputierten 5, vom Allrussischen Zentral-Exekutivkomitee der Bauern-Deputierten 5; vom Allrussischen Rate der Berufsverbände 5; vom Allrussischen Zentrum der Arbeiterkooperativen 2; vom Allrussischen Büro der Fabrik- und Betriebskomitees 5; vom Allrussischen Verbande der Ingenieure und Techniker 5; vom Allrussischen Verbande der Agronomen 2; von jedem Allrussischen Arbeiterverband mit weniger als 100 000 Mitgliedern 1 und mit über 100 000 Mitgliedern 2; vom Petrograder Rate der Berufsverbände 2.

5. Bei den höheren Organen werden Kommissionen von Spezialisten (Technikern, Buchhaltern usw.) als Revisoren geschaffen, die sowohl aus Initiative dieser Organe als auch auf Verlangen der unteren Organe der Arbeiterkontrolle zur Untersuchung der finanziellen und technischen Seite des Unternehmens geschickt werden.

6. Die Organe der Arbeiterkontrolle haben das Recht, den Betrieb zu beaufsichtigen, ein Mindestmaß für die Produktion festzusetzen und Maßnahmen zur Ermittlung der Selbstkosten der gewonnenen Erzeugnisse zu treffen.

7. Die Organe der Arbeiterkontrolle haben das Recht, den ganzen geschäftlichen Briefwechsel des Unternehmens zu kontrollieren, wobei die Unternehmer wegen Verheimlichung der Korrespondenz gerichtlich verantwortlich sind. Das Geschäftsgeheimnis wird aufgehoben. Die Eigentümer sind verpflichtet, den Organen der Arbeiterkontrolle alle Bücher und Rechnungen für das laufende wie für die vergangenen Geschäftsjahre vorzulegen.

8. Die Entscheidungen der Organe der Arbeiterkontrolle sind für die Eigentümer der Unternehmen verbindlich und können nur durch Beschluß der höheren Organe der Arbeiterkontrolle aufgehoben werden.

9. Der Unternehmer oder die Verwaltung des Unternehmens kann in der Frist von drei Tagen gegen alle Beschlüsse der unteren Organe der Arbeiterkontrolle bei den zuständigen höheren Organen Beschwerde erheben.

10. In allen Unternehmungen sind die Besitzer und die Vertreter der Arbeiter und Angestellten für die strengste Ordnung, Disziplin und Erhaltung des Vermögens dem Staate verantwortlich. Wer schuldig ist, Materialien, Erzeugnisse, Bestellungen verheimlicht, Rechnungen unrichtig geführt und dergleichen Mißbräuche verübt zu haben, unterliegt strafrechtlicher Verantwortung.

11. Die Bezirksräte der Arbeiterkontrolle (Ziffer 3) entscheiden alle Streitfragen und Konflikte zwischen den unteren Organen der Kontrolle sowie über Beschwerden der Besitzer der Unternehmen; sie erlassen in Anpassung an die Besonderheiten der Produktion und die örtlichen Umstände Instruktionen in den Grenzen der Beschlüsse und Anweisungen des Allrussischen Rates der Arbeiterkontrolle und überwachen die Tätigkeit der unteren Kontrollorgane.

12. Der Allrussische Rat der Arbeiterkontrolle arbeitet allgemeine Pläne für die Kontrolle und Instruktionen aus, erläßt obligatorische Beschlüsse, regelt die gegenseitigen Beziehungen der Bezirksräte der Arbeiterkontrolle und ist die höchste Instanz für alle mit der Arbeiterkontrolle verbundenen Angelegenheiten.

13. Der Allrussische Rat der Arbeiterkontrolle bringt die Tätigkeit derselben mit allen anderen Institutionen, die das Organisationswesen der Volkswirtschaft verwalten, in Einklang.

Eine Verordnung über die gegenseitigen Beziehungen zwischen dem Allrussischen Rate der Arbeiterkontrolle und den anderen Institutionen, die die Volkswirtschaft organisieren und regeln, wird besonders erlassen werden.

14. Alle Gesetze und Zirkulare, welche die Tätigkeit der Fabriks-, Betriebs- und anderer Komitees

und Räte der Arbeiter und Angestellten beengen, werden aufgehoben.

14./27. November 1917.

(Veröffentl. in Nr. 12 der Ztg. der Arbeiter- und Bauern-Regierung vom 16./29. Nov. 1917.)

---

## NICHTIGKEITSERKLÄRUNG DER STAATSANLEIHEN

1. Alle von den Regierungen der russischen Grundbesitzer und der russischen Bourgeoisie abgeschlossenen Staatsanleihen, aufgezählt in einer besonders veröffentlichten Liste, werden vom Dezember 1917 an für nichtig erklärt. Die Dezemberkupons der genannten Anleihen werden nicht eingelöst.

2. Ebenso werden alle Bürgschaften, die die genannten Regierungen für die Anleihen der verschiedenen Unternehmungen und Behörden übernommen haben, für nichtig erklärt.

3. Unbedingt und ohne Ausnahme werden alle ausländischen Anleihen für nichtig erklärt.

4. Die kurzfristigen Verpflichtungen und Schatzscheine der Staatsrentei bleiben in Kraft. Zinsen werden nicht gezahlt, aber die Verpflichtungen selbst bleiben wie Kreditbilletts im Umlauf.

5. Kleinbesitzer, die weniger als 10 000 Rubel Nennwert von annullierten Staatspapieren innerer Anleihen haben, erhalten statt dessen auf den Namen ausgestellte Scheine der neuen Anleihe der Russischen Sozialistischen Föderativen Sowjetrepublik. Die Bedingungen der Anleihe werden besonders bestimmt werden.

6. Guthaben bei den Staatlichen Sparkassen und deren Zinsen sind unantastbar. Alle Obligationen der annullierten Anleihen, die im Besitze von Sparkassen sind, werden in Buchschulden der Russischen Sozialistischen Föderativen Sowjetrepublik umgewandelt.

7. Genossenschaften, örtliche Selbstverwaltungen und andere gemeinnützige und demokratische Anstalten, die Obligationen der annullierten Anleihen besitzen, werden nach den Grundsätzen entschädigt werden, die der Oberste Rat für Volkswirtschaft zusammen mit den Vertretern dieser Anstalten ausarbeiten wird, sofern diese Obligationen nachweislich vor der Veröffentlichung dieses Dekrets erworben sind.

*Anmerkung:* Den örtlichen Organen des Obersten Rates für Volkswirtschaft bleibt die Bestimmung der gemeinnützigen oder demokratischen Anstalten überlassen.

8. Die Oberleitung der Liquidation der Staatsanleihen obliegt dem Obersten Rate für Volkswirtschaft.

9. Die Liquidation der Anleihen führt die Staatsbank durch, die auch sofort die Registrierung aller in den Händen der verschiedenen Besitzer befindlichen Staatsanleiheobligationen und übrigen Wertpapiere — mögen sie für nichtig erklärt sein oder nicht — zu beginnen hat.

10. Die Sowjets der Arbeiter-, Soldaten- und Bauern-Deputierten bilden im Einvernehmen mit den örtlichen Volkswirtschaftsräten Kommissionen, um zu bestimmen, wer Kleinbesitzer im Sinne dieses Dekrets ist. Diese Kommissionen haben das Recht, Sparguthaben auch unter 5000 Rubeln, die nicht durch Arbeit erworben sind, für nichtig zu erklären.

(Veröffentl. in Nr. 20 der Ztg. der Arbeiter- und Bauern-Reg. vom 28. Jan./10. Febr. 1918.)

---

## ÜBER DEN ACHTSTÜNDIGEN ARBEITSTAG UND DIE DAUER UND EINTEILUNG DER ARBEITSZEIT

1. Als Arbeitszeit oder als Zahl der täglichen Arbeitsstunden wird die Zeit gerechnet, während der nach dem Dienstvertrage (Art. 48, 60, 96, 98 und 103 der Gewerbeordnung) der Arbeiter in dem Gewerbebetriebe zur Verfügung des Leiters desselben behufs Verrichtung von Arbeiten stehen muß.

*Anmerkung 1:* Bei Arbeiten unter Tag ist die Zeit, die zur Beförderung in den Schacht und zur Rückbeförderung aus demselben gebraucht wird, als Arbeitszeit anzurechnen.

*Anmerkung 2:* Die Arbeitszeit solcher Arbeiter, die zur Verrichtung von Arbeiten außerhalb des Gewerbebetriebes geschickt werden, ist durch besondere Vereinbarung festzusetzen.

2. Die Arbeitszeit, die durch die Vorschriften der inneren Ordnung des Betriebes bestimmt wird (Ziffer 1, Art. 103 der Gewerbeordnung, — die Normalarbeitszeit), darf acht Arbeitsstunden an einem Tage und 48 Stunden in der Woche nicht übersteigen, hierin die Zeit eingerechnet, die zur Reinigung der Maschinen und zum Inordnungbringen des Arbeitsraumes notwendig ist.

Am Tage vor Weihnachten (24. Dezember) und Pfingsten ist die Arbeit um 12 Uhr mittags zu beenden.

3. Nicht später als sechs Stunden nach Beginn der Arbeit muß eine Arbeitspause zum Ausruhen und zur Einnahme von Speisen eintreten. Die Pause darf nicht weniger als eine Stunde betragen.

Arbeitspausen heißen die in den Vorschriften der inneren Ordnung bezeichneten Arbeitsunterbrechungen; während solcher Unterbrechungen kann der Arbeiter frei über seine Zeit verfügen und kann sich aus dem Bereiche des Betriebes entfernen.

Während der Arbeitspausen sind die Maschinen, Werke und Treibmaschinen abzustellen; eine Ausnahme von dieser Vorschrift ist nur für die Überstundenarbeit zugelassen, die gemäß Art. 17 bis 21 dieses Gesetzes geleistet wird, sowie für Maschinen und Treibwerke, die die Ventilation, den Wasserabfluß, die Beleuchtung und dergl. besorgen; außerdem sind die Arbeiten in solchen Betrieben nicht einzustellen, wo das aus technischen Gründen nicht möglich ist (z. B. bei nicht beendigtem Guß oder Weißbrennen).

*Anmerkung 1:* Die Betriebe, deren Arbeiten gesetzlich oder durch die Hauptarbeitsbehörde als ununterbrochene anerkannt und durch drei Arbeitsschichten in 24 Stunden geführt werden, unterliegen nicht den Vorschriften über die Pausen, sie haben aber dem Arbeiter Gelegenheit zur Einnahme von Speisen während der Arbeitszeit zu gewähren.

*Anmerkung 2:* Kann der Arbeiter nach den Arbeitsbedingungen zur Einnahme von Speisen vom Arbeitsorte sich nicht entfernen, so ist ihm hierzu ein Raum oder ein Ort anzuweisen. Die Anweisung eines besonderen Raumes zu dem gedachten Zwecke muß erfolgen, wenn der Arbeiter bei der Arbeit mit Stoffen in Berührung kommt, die durch Beschluß der Hauptbehörde für Fabrik- und Bergwerksbetriebe (oder der sie ersetzenden Behörde) als für den Arbeiter gesundheitsschädlich (Blei, Quecksilber usw.) erklärt sind.

4. Die Gesamtdauer aller Pausen in 24 Stunden soll nicht zwei Stunden übersteigen.

5. Als Nachtzeit gilt die Zeit von 9 Uhr abends bis 5 Uhr morgens

6. Während der Nachtzeit darf die Arbeitskraft von Männern im Alter bis 16 Jahren und von Frauen nicht verwendet werden.

7. Für Betriebe, die mit zwei Arbeitergruppen in zwei Schichten arbeiten, wird die Nachtzeit von 9 Uhr abends bis 5 Uhr morgens gerechnet, wobei die Arbeitspause (Art. 4) bis auf eine halbe Stunde für jede Schicht abgekürzt werden kann.

8. In den Fällen, wo auf Verlangen der Arbeiter (z. B. in Ziegeleien) oder aus klimatischen Gründen es wünschenswert ist, eine längere Dauer der halbtägigen Pausen festzusetzen, kann die Hauptbehörde für Fabrik- und Bergwerksbetriebe (oder die sie ersetzende Behörde) eine entsprechende Abweichung von den Vorschriften der Art. 3 bis 5 und 7 dieses Gesetzes bestimmen.

9. Bei Beschäftigung von minderjährigen Personen (unter 18 Jahren) kommen außer den oben gegebenen Bestimmungen noch folgende zur Anwendung:

a) Minderjährige unter 14 Jahren dürfen nicht beschäftigt werden;

b) die Arbeitszeit für solche unter 18 Jahren darf nicht mehr als sechs Stunden täglich betragen.

*Anmerkung:* Vom 1. Januar 1919 an dürfen Personen unter 15 Jahren und vom 1. Januar 1920 an solche unter 16 Jahren nicht beschäftigt werden.

10. In das Verzeichnis der Festtage, an denen nicht gearbeitet werden darf (P. 2. Art. 103 Gewerbeordnung) müssen alle Sonn- und folgende Feiertage aufgenommen werden: der 1. und 6. Januar, 27. Februar, 25. März, 1. Mai, 15. August, 14. Sept., 25. und 26. Dez., Freitag und Sonnabend der Karwoche, Montag und Dienstag der Osterwoche, der Tag Himmelfahrt Christi und der zweite Tag des Pfingstfestes.

*Anmerkung 1:* Für Nichtchristen ist die Eintragung anderer Festtage an Stelle der Sonntage gemäß ihren Religionssatzungen in das Verzeichnis zulässig; von den anderen in diesem Artikel erwähnten Festtagen dagegen ist für sie die Eintragung derjenigen obligatorisch, die in der nachstehenden Anmerkung nicht angegeben sind.

*Anmerkung 2:* Auf Verlangen der Mehrheit der Arbeiter eines Betriebes, oder einer Wirtschaft, oder einer Abteilung derselben, können die Festtage: 1. und 6. Januar, 15. August, 14. September, 26. Dezember, Sonnabend der Karwoche und der Montag der Osterwoche durch andere Feiertage ersetzt werden.

11. Bei einschichtiger Tagesarbeit wird die Mindestdauer der jedem Arbeiter gewährten Sonn- und Feiertagsruhe auf 42 Stunden bestimmt; bei zweischichtiger Arbeit mit zwei Arbeitergruppen und bei dreischichtiger Arbeit mit drei Arbeitergruppen wird die Mindestdauer der Sonn- und Feiertagsruhe für jeden Arbeiter durch Vereinbarung mit den Arbeiterorganisationen bestimmt.

12. Nach gegenseitiger Vereinbarung des Leiters des Betriebes oder der Wirtschaft mit den darin beschäftigten Lohnarbeitern können diese in Abweichung von dem Verzeichnis der oben in Art. 10 angegebenen Feiertage an Stelle von Wochentagen an den Feiertagen mit Arbeit beschäftigt werden. Die Vereinbarung ist sofort zur Kenntnis der zuständigen Amtspersonen zu bringen, denen die Aufsicht über die Ausführung dieses Gesetzes übertragen ist.

13. Die Hauptbehörde für die Angelegenheiten der Fabrik- und Bergwerksbetriebe (oder die sie ersetzende Behörde) ist befugt, Vorschriften zu erlassen, die eine tatsächlich notwendige Abweichung von den in den Art. 2 bis 4 und 7 gegebenen Normen für diejenigen Betriebe zulassen, die nach ihrer Produktionsart zwecks Befriedigung öffentlicher Bedürfnisse zur Nachtzeit oder ungleichmäßig zu verschiedenen Jahreszeiten (z. B. im Beleuchtungswesen, der Wasserversorgung der Städte) arbeiten müssen.

14. In besonders gesundheitsschädlichen Betrieben und bei Arbeiten, wo die Arbeiter der Einwirkung besonders ungünstiger Bedingungen oder der Gefahr beruflicher Vergiftung ausgesetzt sind (wie z B. bei den Arbeiten in Trockenanstalten mit außergewöhnlich hoher Temperatur, in Quecksilberfabriken und Bleichanstalten und dergl.), unterliegt die in den Art. 2 bis 4 und 7 angegebene Arbeitszeit einer weiteren Kürzung. Das Verzeichnis solcher Arbeiten und Betriebe unter Angabe der für jede einzelne Arbeit zulässigen Dauer der Arbeitszeit sowie der anderen Arbeitsbedingungen

wird von der Hauptbehörde für Angelegenheiten der Fabriks- und Bergwerksbetriebe (oder der sie ersetzenden Behörde) aufgestellt.

15. Zu Arbeiten unter Tag sind weibliche Personen und Halberwachsene beiderlei Geschlechts nicht zugelassen.

16. Eine Abweichung von den Vorschriften der Art. 2 bis 4 und 7 bis 11 ist nach Vereinbarung mit den Arbeitern und mit Genehmigung der Arbeiterorganisationen für die mit folgenden Hilfsarbeiten beschäftigten Arbeiter zulässig: mit ständigen Reparaturarbeiten, Wartung der Kessel und Motore, Triebwerke, Beheizung der Fabriken und Betriebe, Wasserversorgung, Beleuchtung der Fabriks- und Betriebsgebäude, Wohn- und Feuerwehrdienst, und überhaupt mit solchen Arbeiten, ohne deren vorgängige Verrichtung der Gewerbebetrieb zu der dazu bestimmten Zeit nicht in Tätigkeit treten kann, sowie auch mit solchen Arbeiten, die notwendigerweise nach Einstellung des Betriebes ausgeführt werden müssen.

17. Die Arbeit, die von einem Arbeiter zu einer Zeit ausgeführt wird, wo er nach dem Verzeichnis der Arbeitszeit nicht zu arbeiten braucht, gilt als Überstundenarbeit. Die Überstundenarbeit ist nur unter Beobachtung der in den Art. 19—22 dieses Gesetzes bestimmten Bedingungen zulässig und ist in doppelter Höhe zu bezahlen.

18. Alle weiblichen Personen und die männlichen Personen unter 18 Jahren sind zu Überstundenarbeiten nicht zugelassen.

Arbeiter männlichen Geschlechts über 18 Jahre können mit Genehmigung der Arbeiterorganisationen Überstundenarbeiten nur in folgenden Fällen ausführen:

a) wenn die Überstundenarbeit notwendig ist zur rechtzeitigen Beendigung einer angefangenen Arbeit, die infolge unvorhergesehener und zufälliger Behinderung aus mechanischen Betriebsgründen in der normalen Arbeitszeit (nach den Vorschriften der inneren Ordnung) nicht beendigt werden konnte, und wenn von der Unterbrechung dieser Arbeit den Materialien und Mechanismen eine Gefährdung oder Beschädigung droht. (Zu solchen Arbeiten können die Arbeiten in chemischen Verfahren, Gußarbeiten u. dgl. gerechnet werden.)

b) bei der Ausführung von Arbeiten, die zur Abwendung einer dem Leben oder dem Vermögen von Menschen drohenden Gefahr notwendig sind, ebenso zur Abwendung zufälliger Umstände, die technische Bedingungen störten, deren Vorhandensein zur regelmäßigen Wasserversorgung, Beleuchtung, Kanalisation oder für den normalen öffentlichen Verkehr notwendig ist;

c) bei Arbeiten für notwendige Reparaturen im Falle plötzlicher Beschädigung von Kesseln, Motoren, Triebwerken und überhaupt unvorhergesehener Störungen im Maschinenwerk, Vorrichtungen oder Baulichkeiten (Gebäude, Dämme, Bohrlöcher), die eine Unterbrechung der Arbeiten in dem Betriebe oder in einer seiner Abteilungen hervorrufen;

d) bei Ausführung von zeitweiligen Arbeiten in einer Abteilung des Betriebes in den Fällen, wo infolge eines Brandes, eines Bruches oder unvorhergesehener Umstände die Arbeit in dieser oder in einer anderen Abteilung einige Zeit unterbrochen oder ganz eingestellt war, und wo diese Arbeiten notwendig sind, um die anderen Abteilungen des Betriebes in vollem Gange zu halten.

19. In dem unter Art. 18 erwähnten Falle muß für die Überstundenarbeit von dem Arbeitskommissariat und der Arbeitsinspektion eine besondere Genehmigung erteilt sein, in der die tägliche Dauer dieser Arbeiten und die Zeit, in der sie ausgeführt werden sollen, angegeben ist. Wegen der Überstundenarbeiten, die unter b) und c) des Art. 18 vorgesehen sind, ist dem Inspektor nur eine einfache Anzeige zu machen.

20. Alle Überstundenarbeiten sind in die Abrechnungsbücher der Arbeiter unter Angabe des für sie zustehenden Lohnes besonders einzutragen, außerdem ist über die Überstundenarbeiten für jeden Arbeiter eine vollständige und besondere Abrechnung in den Kontorbüchern zu führen.

21. Die Überstundenarbeit gemäß Art. 18—20 ist nicht über 50 Tage im Jahre für jede Abteilung des Betriebes zulässig, wobei jeder Tag der Überstundenarbeit für die Abteilung besonders in Anrechnung gebracht wird, sollte auch an diesem Tage nur ein Arbeiter in der Abteilung Überstundenarbeit geleistet haben.

22. Die Dauer der Überstundenarbeit jedes einzelnen Arbeiters darf in keinem Falle vier Stunden an zwei aufeinanderfolgenden Tagen übersteigen.

23. Für die nächste Zeit bis zur Beendigung des Krieges können in den Betrieben, die für die Landesverteidigung arbeiten, die Bestimmungen über Beschränkung der Dauer der Überstundenarbeiten (Art. 18—20) und über die Arbeitspausen (Art. 3—5) nach Vereinbarung mit den Arbeitern und den Arbeiterorganisationen außer Anwendung bleiben.

24. Gegenwärtiges Gesetz ist auf telegraphischem Wege in Kraft zu setzen.

25. Dieses Gesetz ist auf alle Betriebe und Wirtschaften, unabhängig davon, welchen Umfang sie haben und wem sie gehören, sowie auf alle in Lohnarbeit stehende Personen auszudehnen.

26. Die der Verletzung dieses Gesetzes Schuldigen werden gerichtlich mit Freiheitsentziehung bis zu einem Jahre bestraft.

Den 29. Oktober/11. November 1917.

(Veröffentl. in Nr. 2 der Ztg. der Arbeiter- und Bauern-Reg. vom 30. Okt./17. Nov. 1917.)

**Bolschewistische Propagandablätter für die deutsche Front 1917/18**

## VON DEM REVOLUTIONSTRIBUNAL BEI DEM ALLRUSSISCHEN ZENTRAL-EXEKUTIV-KOMITEE DER SOWJETS

1. Zur Verhandlung der wichtigsten Fälle, welche durch Beschlüsse des Präsidiums des Allrussischen Zentral-Exekutiv-Komitees der Sowjets, des Rates der Volkskommissare oder des Volkskommissars für Justiz dem Verfahren der lokalen Revolutionstribunale entzogen werden, wird ein Revolutionstribunal bei dem Allrussischen Zentral-Exekutiv-Komitee der Sowjets gegründet.

2. Das Revolutionstribunal beim Allrussischen Zentral-Exekutiv-Komitee der Sowjets wird vom Allrussischen Zentral-Exekutiv-Komitee der Sowjets auf drei Monate gewählt; es besteht aus einem Vorsitzenden und sechs Mitgliedern. Die Mitglieder und der Vorsitzende des Revolutionstribunals können aber auch vor Ablauf dieser Frist abberufen werden.

*Anmerkung:* Für den Fall der Abwesenheit des Vorsitzenden oder der Mitglieder des Revolutionstribunals werden drei Stellvertreter für dieselbe Zeit gewählt.

3. Die Sessionen des Revolutionstribunals werden vom Präsidium des Allrussischen Zentral-Exekutiv-Komitees nach eigener Initiative oder auf Antrag des Rates der Volkskommissare oder des Volkskommissariats für Justiz einberufen.

4. Zur Führung der Untersuchung in den Prozessen, die dem Revolutionstribunal beim Allrussichen Zentral-Exekutiv-Komitee der Sowjets übergeben werden, wird ihm eine Untersuchungskommission aus drei Personen beigegeben, die vom Allrussischen Zentral-Exekutiv-Komitee der Sowjets gewählt werden.

5. Dem Revolutionstribunal beim Allrussischen Zentral-Exekutiv-Komitee der Sowjets wird ein Zentral-Anklagekollegium beigegeben, das aus drei vom Allrusischen Zentral-Exekutiv-Komitee der Sowjets gewählten Personen besteht. Diesem obliegt außer den von der Verordnung über die Revolutionstribunale vorgesehenen Pflichten (S. G. V. Nr. 35, Dekret 471) noch die Vereinheitlichung und die Leitung der Tätigkeit der Anklagekollegien der lokalen Revolutionstribunale.

6. Das Revolutionstribunal beim Allrussischen Zentral-Exekutiv-Komitee der Sowjets und die ihm zugehörenden Organe haben sich nach den in Kraft befindlichen Verordnungen und den allgemeinen Instruktionen, die vom Volkskommissariat der Justiz für die Revolutionstribunale erlassen werden, zu richten.

7. Die Ausgaben für das Revolutionstribunal beim Allrussischen Zentral-Exekutiv-Komitee der Sowjets sind in dem Etat des Volkskommissariats für Justiz zu verrechnen.

(Veröffentl. in Nr. 117 der „Iswestija des AZEK. der Sowjets" vom 9. Juni 1918.)

---

## UNBESCHRÄNKTHEIT DER REVOLUTIONSTRIBUNALE

Die Revolutionstribunale sind in der Wahl ihrer Maßnahmen im Kampfe gegen die Konterrevolution, Sabotage usw. durch keinerlei Bestimmungen begrenzt, bis auf diejenigen Fälle, in denen im Gesetz angegeben ist, „nicht unter" einer bestimmten Strafe.

(Veröffentl. in Nr. 122 der „Iswestija des AZEK. der Sowjets" vom 17. Juni 1918.)

---

## VON DER VOLKSAUFKLÄRUNG

Bürger Rußlands!

Durch den Aufstand vom 25. Oktober haben die arbeitenden Massen zum ersten Male die wirkliche Macht erlangt.

Der Allrussische Kongreß der Sowjets hat zeitweilig diese Gewalt seinem Exekutivkomitee und dem Rate der Volkskommissare übertragen. Durch den Willen des revolutionären Volkes bin ich zum Volkskommissar für das Bildungswesen ernannt.

Die allgemeine Leitung des Volksbildungswesens wird, soweit sie der Zentralstaatsgewalt bleibt, bis zur Konstituierenden Versammlung der Staatskommission für die Volksaufklärung übertragen, deren Vorsitzender und Vollstrecker der Volkskommissar ist.

Auf welche Grundbestimmungen wird sich nun die Staatskommission stützen? Wie bestimmt sich der Kreis ihrer Zuständigkeit?

### *Die allgemeine Richtung der Aufklärungstätigkeit*

Jede wirklich demokratische Macht auf dem Gebiete der Bildung in einem Lande, wo Analphabetentum und Unwissenheit herrscht, muß sich als erstes Ziel den Kampf gegen diese Finsternis setzen; sie muß in kürzester Zeit die allgemeine Kenntnis des Lesens und Schreibens erreichen durch Organisation eines Netzes von Schulen, die den Erfordernissen der derzeitigen Pädagogik entsprechen, durch Einführung des allgemeinen obligatorischen und unentgeltlichen Unterrichts, und gleichzeitig durch Errichtung einer Reihe von Lehrerinstituten und Seminaren, die möglichst rasch ein mächtiges Heer von Volkserziehern stellen, die für den allgemeinen Unterricht der Bevölkerung des unermeßlichen Rußlands erforderlich sind.

Aber bei der bloßen Kenntnis des Lesens und Schreibens, bei einem allgemeinen Elementarunterricht kann keine wirkliche Demokratie stehen bleiben; sie muß nach der Organisation der *absolut weltlichen für alle Bürger* einheitlichen Schule in mehreren Stufen streben. Das Ideal ist: die gleiche und möglichst hohe Bildung aller Bürger. Solange dieses nicht für alle verwirklicht ist, muß der naturgemäße Übergang in allen Stufen der Schule bis zur Universität, muß der Übergang in eine höhere Stufe ausschließlich von der Begabung des Schülers und außer aller Abhängigkeit von dem Grade der Wohlhabenheit seiner Familie abhängen.

Die Aufgabe der wirklich demokratischen Organisation des Unterrichts ist besonders schwer zu erfüllen in einem Lande, das infolge eines verbrecherischen, langen Krieges der Imperialisten verarmt ist. Das arbeitende Volk aber, das die Macht ergriff, kann unmöglich außer acht lassen, daß das Wissen ihm als schärfste Waffe in seinem Kampfe für ein besseres Schicksal und für sein geistiges Wachstum dienen wird. Wie sehr man andere Posten des Volksbudgets wird beschneiden müssen — die Kosten für die Volksbildung müssen hoch sein: ein reiches Budget für das Bildungswesen ist der Stolz und der Ruhm für jedes Volk. Die freien und im Vollbesitze der Macht stehenden Völker Rußlands werden dessen eingedenk sein.

Der Kampf gegen das Analphabetentum und die Unwissenheit kann sich nicht auf eine ordnungsmäßige Einrichtung des Schulunterrichts für Kinder, Unerwachsene und Jünglinge beschränken. Auch die Erwachsenen werden aus dem erniedrigenden Zustande eines Menschen, der des Lesens und Schreibens unkundig war, sich erretten wollen. Die Schule für Erwachsene muß einen weiteren Raum in dem Plane des Volksunterrichts einnehmen.

### *Unterricht und Bildung*

Es muß der Unterschied zwischen Unterricht und Bildung unterstrichen werden. Unterricht ist die Übertragung fertiger Kenntnisse auf den Schüler. Bildung ist ein schöpferischer Prozeß. Das ganze Leben hindurch „bildet sich" die Persönlichkeit eines Menschen, erweitert sich, bereichert sich, verstärkt und vervollkommnet sich.

Die arbeitenden Volksmassen, die Arbeiter, Soldaten, Bauern lechzen danach, lesen und schreiben zu können und die verschiedensten Wissensgebiete sich zu erschließen. Sie lechzen aber auch nach Bildung. Diese kann ihnen weder der Staat, noch die Intelligenz, noch irgendwelche Macht außerhalb ihrer Person geben. Schule, Bücher, Theater, Museum usw. können hier nur Hilfsmittel sein. Die Volksmassen werden selbst ihre Kultur bewußt oder unbewußt ausarbeiten. Sie haben ihre eigenen durch ihre soziale Lage geschaffenen Ideen, die sich sehr von der Lage unterscheiden, die bisher die Kultur der herrschenden Klassen und der Intelligenz geschaffen hat; ihre eigenen Ideen, ihre eigenen Empfindungen, ihr eigenes Herantreten an alle Aufgaben der Person und der Gesellschaft, der städtische Arbeiter nach seiner Art, der auf dem Lande Arbeitende auf seine Art werden ihre lichte, von dem Klassenbewußtsein des Arbeiters durchdrungene Weltanschauung sich bilden. Es gibt keine erhabenere und schönere Erscheinung als die, deren Zeugen und Beteiligte die nächsten Generationen sein werden: das Aufbauen des eigenen gemeinsamen reichen und freien Seelenlebens durch gemeinschaftliche Arbeit.

Der Unterricht ist hier ein wichtiges, aber kein entscheidendes Element. Hier ist die Kritik und die schöpferische Kraft der Massen selbst wichtiger; denn Kunst und Wissenschaft haben nur in einigen ihrer Teile eine allgemein menschliche Bedeutung: sie erleiden wesentliche Änderungen bei jeder tiefgreifenden Klassenumwälzung.

Überall in Rußland, besonders unter den städtischen Arbeitern, aber auch unter den Bauern, erhob sich eine mächtige Welle der aufklärenden Kulturbewegung, vornehmlich zahllos die Arbeiter- und Soldaten-Organisationen dieser Art: ihnen entgegenkommen, sie auf jede Weise stützen, den Weg vor ihnen freimachen, ist die erste Aufgabe der revolutionären Volksregierung auf dem Gebiete der Volksbildung.

### *Dezentralisation*

Die Staatskommission für Volksaufklärung ist keineswegs eine Zentralgewalt, die die Lehr- und Bildungsanstalten verwaltet. Umgekehrt muß das gesamte Schulwesen auf die Organe der örtlichen Selbstverwaltung übergehen. Die selbständige Arbeit der aus eigenem Antrieb entstandenen, kulturell aufklärenden Klassenorganisationen der Arbeiter, Soldaten und Bauern muß volle Autonomie genießen sowohl gegenüber dem staatlichen Zentrum, als auch gegenüber den Munizipalzentren.

Sache der Staatskommission ist es, Bindeglied und Gehilfe zu sein, die Quellen der materiellen, ideellen und moralischen Unterstützung für die munizipalen und privaten, besonders aber für die Arbeiter- und Klassenbildungsanstalten im allgemein staatlichen Maßstabe zu organisieren.

### *Das Staatskomitee für Volksbildung*

Eine ganze Reihe wertvoller Gesetzentwürfe ist seit Beginn der Revolution vom Staatskomitee für Volksbildung ausgearbeitet worden, das in seiner Zusammensetzung recht demokratisch und an erfahrenen Spezialisten reich ist. Die Staatskommission wünscht aufrichtig das planmäßige Hand-in-Hand-arbeiten mit diesem Komitee.

Sie wird sich an das Büro des Komitees mit der Bitte wenden, sofort eine Sondersitzung des Komitees zur Ausführung des folgenden Programms anzuberaumen:

1. Prüfung der Normen für die Vertretung im Komitee im Sinne seiner noch weiteren Demokratisierung.

2. Prüfung der Befugnisse des Komitees im Sinne einer Erweiterung derselben und seiner Umwandlung in ein Hauptstaatsinstitut für die Ausarbeitung von Gesetzentwürfen für vollständige Reorganisation des Volksunterrichts und der Volksbildung in Rußland auf demokratischer Grundlage.

3. Eine gemeinsam mit der neuen Staatskommission vorzunehmende Prüfung der vom Komitee

schon angefertigten Gesetzentwürfe, da bei deren Abfassung das Komitee auf den bourgeoisen Geist der früheren Ministerien Rücksicht nahm, die sie übrigens auch in dieser verengerten Gestalt hemmten.

Nach dieser Prüfung werden die Gesetzentwürfe ohne alle bürokratische Verschleppung in revolutionärer Art durchgeführt werden

*Die Pädagogen und Gesellschaften*

Die Staatskommission begrüßt die Pädagogen auf der Arena der lichten und ehrenvollen Arbeit der Aufklärung des Volkes — des Beherrschers des Landes. Keine Maßnahme auf dem Gebiete der Volksaufklärung darf von irgendeiner Behörde ohne aufmerksame Abwägung der Stimme der Vertreter der pädagogischen Welt ergriffen werden.

Andererseits können die Entscheidungen keineswegs ausschließlich durch eine Körperschaft von Spezialisten getroffen werden. Das bezieht sich auch auf die Reformen der allgemeinen Bildungsanstalten.

Die Mitarbeiterschaft der Pädagogen und der sozialen Kräfte — das ist es, was die Kommission bei ihrer Zusammensetzung im Staatskomitee wie in ihrer gesamten Tätigkeit anstreben wird.

Als ihre allererste Aufgabe erachtet die Kommission die Verbesserung der Lage der Lehrer und vor allem der enterbten und nahezu wichtigsten Arbeiter am Kulturwerke, der Volkslehrer der Elementarschulen. Ihre gerechten Forderungen müssen unverzüglich und unter allen Umständen befriedigt werden. Das Proletariat der Schule verlangte vergeblich eine Erhöhung des Verdienstes auf 100 Rubel monatlich. Es wäre eine Schande, die Lehrer der ungeheuren Mehrheit der russischen Kinder in Armut zu halten.

*Die Konstituierende Versammlung*

Zweifellos wird die Konstituierende Versammlung bald ihre Arbeit beginnen. Nur sie wird dauernd die Ordnung des staatlichen und Gemeinlebens in unserem Lande, dabei auch den allgemeinen Charakter der Organisation der Volksaufklärung festsetzen.

Jetzt aber ist mit dem Übergange der Macht an die Sowjets der wahre Volkscharakter der Konstituierenden Versammlung gewährleistet. Die Linie, die von der Staatskommission, gestützt auf das Staatskomitee, gezogen wird, wird unter dem Einfluß der Konstituierenden Versammlung kaum wesentlich verändert werden. Ohne vorzugreifen, hält sich die neue Volksregierung für berechtigt, auch auf diesem Gebiete eine Reihe von Maßnahmen durchzuführen, die eine möglichst rasche Bereicherung und Aufhellung des geistigen Lebens des Landes bezwecken.

*Das Ministerium*

Die laufenden Geschäfte müssen vorläufig ihren Gang durch das Ministerium der Volksaufklärung nehmen. Über alle unmittelbar notwendigen Änderungen in seiner Zusammensetzung und Einrichtung werden die vom Exekutiv-Komitee der Sowjets gewählte Staatskommission und das Staatskomitee entscheiden. Die endgültige Ordnung der staatlichen Leitung auf dem Gebiete der Volksbildung wird selbstverständlich von der Konstituierenden Versammlung festgesetzt werden. Bis dahin muß das Ministerium die Rolle des ausführenden Organs bei der Staatskommission für Volksaufklärung und dem Staatskomitee für Volksbildung spielen.

Die Gewähr der Rettung des Landes liegt in der Mitarbeit ihrer lebendigen und wahrhaft demokratischen Kräfte.

Wir vertrauen, daß die vereinigten Anstrengungen des arbeitenden Volkes und der ehrlichen, aufgeklärten Intelligenz das Land aus der qualvollen Krise hinaus und durch die völlige Volksherrschaft in das Reich des Sozialismus und der Verbrüderung der Völker führen werden.

Petrograd, den 29. Okt./11. Nov. 1917.

(Veröffentl. in Nr. 3 der Ztg. der Arbeiter- und Bauern-Reg. vom 1./14. Nov. 1917.)

---

## ÜBER DIE TRENNUNG DER KIRCHE VOM STAATE UND DER SCHULE VON DER KIRCHE

1. Die Kirche wird vom Staate getrennt.

2. Innerhalb der Grenzen der Republik ist es verboten, irgendwelche örtlichen Gesetze oder Verordnungen zu erlassen, die die Gewissensfreiheit beschränken oder einengen oder auf Grund der Zugehörigkeit der Bürger zu einer bestimmten Konfession Vergünstigungen und Privilegien erteilen.

3. Jeder Bürger kann sich zu einer beliebigen Religion bekennen oder auch zu gar keiner. Jeder Rechtsverlust, der im Zusammenhange mit der Zugehörigkeit zu irgendeinem Glauben oder mit der Nichtzugehörigkeit zu einem Glauben steht, wird aufgehoben.

*Anmerkung:* Aus allen amtlichen Akten wird der Hinweis auf die Zugehörigkeit oder Nichtzugehörigkeit der Bürger zu einer Religion entfernt.

4. Die staatlichen und gesetzlich-öffentlichen Veranstaltungen werden von keinen religiösen Gebräuchen und Zeremonien begleitet.

5. Die freie Ausübung der religiösen Gebräuche wird so weit gestattet, als sie die öffentliche Ordnung nicht stört und die Rechte der Bürger der Sowjetrepublik nicht einschränkt. Die örtliche Gewalt hat das Recht, alle erforderlichen Maßnahmen zu ergreifen, damit die allgemeine Ordnung und Sicherheit nicht gestört werden.

6. Niemand darf, gestützt auf seine religiösen Ansichten, sich seinen bürgerlichen Pflichten entziehen. Ausnahmen dürfen unter der Bedingung gemacht werden, daß eine bürgerliche Pflicht gegen eine andere ersetzt wird. In jedem einzelnen Falle hat darüber das Volksgericht zu entscheiden.

Im Komitee der Dorfarmut

7. Der religiöse Eid oder Schwur wird aufgehoben. In unumgänglichen Fällen wird nur ein feierliches Versprechen gegeben.

8. Die Standesamtsregister werden nur von den weltlichen Behörden geführt: in Abteilungen für Ehe und Geburten.

9. Die Schule wird von der Kirche getrennt. Der Religionsunterricht wird in keiner staatlichen, öffentlichen oder Privatlehranstalt, wo allgemeinbildende Dinge gelehrt werden, geduldet.

Die Bürger dürfen privaten Religionsunterricht erteilen und nehmen.

10. Alle kirchlichen und religiösen Gemeinschaften unterstehen den allgemeinen Bestimmungen der Privatgesellschaften und Verbände und werden in keiner Weise durch Vorrechte oder Hilfsgelder unterstützt, weder vom Staate noch von örtlich-autonomen und selbstverwaltenden Behörden.

11. Zwangsmäßige Eintreibung von Abgaben und Gebühren zum Besten kirchlicher oder religiöser Gemeinschaften, ebenso wie Zwangsmaßregeln oder Strafen von seiten dieser Gemeinschaften oder ihrer Glieder werden nicht gestattet.

12. Keine kirchliche oder religiöse Gemeinschaft hat das Recht auf Eigentum.

Die Rechte einer juristischen Person besitzen sie nicht.

13. Alles Eigentum der in Rußland bestehenden kirchlichen und religiösen Gemeinschaften wird zum Volkseigentum erklärt. Die Gebäude und Gegenstände, die zu gottesdienstlichen Zwecken gebraucht werden, werden nach besonderen Bestimmungen der örtlichen oder zentralstaatlichen Gewalt den betreffenden religiösen Gemeinschaften zur kostenlosen Benutzung übergeben.

(Veröffentl. in Nr. 15 der Ztg. der Arbeiter- und Bauern-Reg. vom 23. Jan./5. Febr. 1918.)

---

## ÜBER DIE ENTFERNUNG VON DENKMÄLERN, DIE ZU EHREN DER ZAREN UND IHRER DIENER ERRICHTET WORDEN SIND, UND ÜBER DIE AUFSTELLUNG VON ENTWÜRFEN FÜR DENKMÄLER DER RUSSISCHEN SOZIALISTISCHEN REVOLUTION

Zum Gedächtnis der großen Revolution, die Rußland umgestaltet hat, bestimmt der Rat der Volkskommissare:

1. Denkmäler, die zu Ehren der Zaren und ihrer Diener errichtet worden sind, und die weder ein

geschichtliches noch künstlerisches Interesse bieten, sind von den Plätzen und Straßen zu entfernen und teils in Speicher überzuführen, teils zu gemeinnützigen Zwecken zu verwerten.

2. Eine besondere Kommission, bestehend aus den Volkskommissaren für Volksaufklärung und für Vermögen der Republik und dem Verwalter der Abteilung für die darstellenden Künste bei dem Volkskommissariat für Volksaufklärung wird beauftragt, im Einvernehmen mit den Kunstkollegien von Moskau und Petrograd zu bestimmen, auf welche Weise die Denkmäler zu entfernen sind.

3. Dieselbe Kommission wird beauftragt, die Künstler aufzurufen und auf breiter Grundlage einen Wettbewerb zur Aufstellung von Entwürfen für Denkmäler zu veranlassen, welche die großen Tage der russischen sozialistischen Revolution feiern sollen.

4. Der Rat der Volkskommissare drückt den Wunsch aus, daß schon zum 1. Mai die mißförmigsten Götzenbilder beseitigt und die ersten Modelle der neuen Denkmäler zur Beurteilung durch die Volksmasse ausgestellt werden mögen.

5. Dieselbe Kommission wird beauftragt, schleunigst eine Ausschmückung der Stadt zum 1. Mai vorzubereiten und die Schilder, Embleme, Straßennamen, Wappen usw. durch neue, die die Anschauungen und Gefühle des werktätigen revolutionären Rußlands widerspiegeln, zu ersetzen.

6. Die Provinzial- und Gouvernementssowjets nehmen im Einvernehmen mit der oben bezeichneten Kommission dieselbe Aufgabe in Angriff.

7. Nach Maßgabe der eingehenden Kostenanschläge und nach Feststellung ihrer praktischen Notwendigkeit werden die nötigen Gelder angewiesen.

(Veröffentl. in Nr. 74 der „Iswestija des AZEK. der Sowjets" vom 14. April 1918.)

---

## ÜBER DIE SCHAFFUNG EINER REVOLUTIONÄREN VOLKSSOZIALISTISCHEN ARMEE

Kameraden!

Es naht der entscheidende Moment. Nach dem Abschlusse des Waffenstillstandes sind wir in Friedensverhandlungen eingetreten. Euch ist die erste Antwort der Deutschen bekannt geworden. Die Räuber der deutschen Bourgeoisie, von denen ein jeder mit Freuden bereit war, uns zu zerfleischen, waren gezwungen, sich vor dem Willen der vom Kriege erschöpften Völker zu beugen und anzuerkennen, daß der Friede auf der Grundlage der gleichen Rechte aller Völker geschlossen werden müsse, daß alle besetzten Gebiete zurückgegeben werden müßten, daß es keine Kontributionen geben solle und daß die Unabhängigkeit der Völker, die sie während des Krieges verloren haben, wieder hergestellt werden müsse. Also antworteten die Deutschen, und mit vollem Rechte feierte die russische Revolution ihren Sieg. Der langersehnte Frieden, und ein ehrenvoller Frieden, ein demokratischer Frieden, ein Frieden für alle Völker, sollte den russischen revolutionären Armeen der Lohn sein für ihre Leiden und Mühen. Jedoch der Kelch der Leiden ist noch nicht geleert.

Kameraden! Die Deutschen haben ihre Antwort davon abhängig gemacht, daß alle kriegführenden Völker und Regierungen dieselben Bedingungen eines demokratischen Friedens anerkennen. Aber die bürgerlichen Regierungen Europas schweigen, und dementsprechend ändert sich die Sprache der Deutschen gegenüber Rußland. Die Sache des Friedens ist in Gefahr. Die Deutschen reden in bestimmter Weise von Annexionen und Okkupationen im Falle eines Separatfriedens mit Rußland. Sie berufen sich dabei auch auf die Ukrainische Rada. Sie sagen, wenn der russische Höchstkommandierende nicht alle Fronten zu dirigieren vermag, wenn die Möglichkeit nicht ausgeschlossen sei, daß an den südlichen Fronten der Krieg fortdauere, dann seien sie, die Deutschen, nicht mehr mit den früheren Bedingungen einverstanden. Die Rada sprengt den Frieden. Unter diesen Umständen laufen wir Gefahr, das Opfer der räuberischen Gelüste der deutschen Bourgeoisie zu werden. Die russische Sowjetrepublik ist auf allen Seiten von Feinden umgeben. Die amerikanischen und französischen Kapitalisten geben den Kaledins Geld zur Bewaffnung. Die deutsche Bourgeoisie ist bereit, mit ihnen ein Bündnis zu schließen, um die russische Revolution zu ersticken. Im Innern des Landes haben sich, unter dem Vorwande der Verteidigung der Unabhängigkeit der Ukrainer, die Helfershelfer Kaledins aus der Zentralrada im Verein mit fahnenflüchtigen Offizieren, dem Anführer Stscherbatschow und den Henkern der rumänischen Regierung, die an der rumänischen Front dieselben Soldaten füsilieren, welche für sie ihr Blut vergossen haben, — alle diese haben sich verbündet gegen die Sowjets und die Regierung der Volkskommissare.

Kameraden! Unter solchen Umständen erhebt sich vor den Arbeitern und Bauern Rußlands die Frage der Verteidigung aller Errungenschaften der Revolution und eines heiligen Krieges gegen alle Feinde: eines heiligen, revolutionären Krieges gegen die russische, deutsche, anglo-französische Bourgeoisie. Mit uns werden sie im Falle ihres Sieges keine Umstände machen. Mit Blut werden sie die ganze Erde begießen für die Augenblicke des Triumphes der Volksmacht, die sie zu erleiden hatten. Sie werden mit Schrecken und mit Hinrichtungen antworten, vor denen die Hinrichtungen der zaristischen Trabanten verblassen werden, denn es gibt keine wildere Bestie und keinen grausameren Henker, als die Bourgeoisie, wenn sie am Volke Rache nimmt für die Augenblicke seines Triumphes. Ein heiliger, revolutionärer Krieg an der Front und hinter der Front steht möglicherweise vor Euch als drohende Notwendigkeit. Unter diesen Umständen erwächst dem Volke die Aufgabe: eine bewaffnete Macht zur Gegenwehr zu schaffen.

Kameraden! Die Armee ist müde, die Armee ist erschöpft. Die alte Armee, die Armee von ehedem, ist einer solchen Aufgabe nicht gewachsen. Dazu muß eine neue Armee geschaffen werden, eine Armee des bewaffneten Volkes, deren Anfänge die Rote Garde der Arbeiter darstellte. Zur Schaffung einer solchen Armee rufe ich alle herbei, denen die Freiheit teuer ist. Es muß allerorts eine revolutionäre sozialistische Volksgarde geschaffen werden, an der Front und hinter der Front. Der Eintritt in diese Garde muß allen wahren Verfechtern der Freiheit und der Revolution freigestellt werden auf Empfehlung der Regiments- und Kompaniekomitees. In ganzen Regimentern und einzeln, in Kompanien und Bataillonen möge man sich einschreiben und herantreten zur Formierung von Truppenabteilungen einer solchen revolutionären Garde an bestimmten Punkten hinter der Front. Es werden entsprechende Punkte für solche Formationen angegeben werden überall im Rücken der Front, in allen Reserveteilen. Alle, nicht allein die Soldaten der Reserveteile, werden unter die Waffen gerufen werden. Jeder, der in die Reihen dieser volkssozialistischen Arbeiter- und Bauern-Garde aufgenommen worden ist, muß wissen, daß er in die Reihen von Kämpfern eintritt, deren Pflicht es ist, im Kampfe zu leben und zu sterben. Die materielle Lage dieser Teile wird besonders bestimmt werden. Die strengste Disziplin muß in diesen Teilen herrschen. Ein revolutionäres Gericht von Soldaten muß mit mächtigen Banden alle Kämpfer der sozialistischen Garde vereinigen und die Verletzung der allgemeinen Disziplin bestrafen.

Kameraden! Mit Hoffnung und Vertrauen schauen auf uns die Völker des Westens. In Italien und Spanien, in Deutschland und Frankreich, in Österreich und Schweden warten in Ungeduld die erschöpften Völker auf den Ruf zum Kampf gegen ihre Bourgeoisie, und gegen das revolutionäre Rußland werden ihre Regimenter nicht marschieren. Laßt Euch alle einschreiben in die Reihen der Volksgarde der Verteidiger der Freiheit. Schafft eine neue mächtige Kraft, eine Schutzwehr für die Revolution und den Sozialismus. Der Rat der Volkskommissare hat bereits den Grund und Boden dem Volke übergeben. Die Regierung der Arbeiter und Bauern hat bereits beschlossen, die Banken zum Staatseigentum zu machen. Nunmehr sollen auch die Fabriken und Industriebetriebe zum Eigentum des ganzen Volkes gemacht werden, und desto stärker muß die Bereitschaft sein, die begonnene Sache zu verteidigen. Ihr Hungrigen, Frierenden, Nackten, Barfüßigen, die ihr von allen Seiten von Feinden umgeben seid, — zeigt, welch eine unerschöpfliche Quelle von Kraft noch das revolutionäre Proletariat und das ärmste Bauerntum in sich birgt.

Bei den Eintragungen in diese Regimenter soll kein Zwang stattfinden. Wer es nicht kann, wer nicht die Kraft in sich fühlt, in den Kampf zu treten, der mag nicht gehen. Wir brauchen eine revolutionäre Armee von Kämpfern, und nicht eine Armee von solchen, die nur an ihr Heim denken. An der Front soll vorläufig, bis zur Heranziehung der im Rücken formierten Bataillone, nur die Eintragung zur Formierung stattfinden. Die Eingetragenen werden nachher zur rechten Zeit hinter die Front gebracht werden. Ich ermahne alle zum Durchhalten und zur Anstrengung der letzten Kräfte.

Kameraden und Brüder — Ukrainer! Ich kann nicht glauben, daß Ihr nicht ebenfalls dem Rufe zur Verteidigung der Sache der Freiheit folgen werdet. Ich glaube zuversichtlich, daß Hand in Hand mit uns, mit den anderen Völkern, mit den Arbeitern und Bauern Rußlands, auch Ihr eintreten werdet in die Reihen der Kämpfer.

Im ganzen Gebiete hinter der Front werden alle gerufen, in denen das Herz eines Revolutionärs schlägt. Die Kameraden in den Schützengräben werden Unterstützung und Verstärkung erhalten, dann werden wir keine Macht der Bourgeoisiearmeen zu fürchten haben. Die volkssozialistische Garde, die die sozialistische Regierung verteidigt, muß den Sieg davontragen!

Der Höchstkommandierende: Krylenko.

(Veröffentl. in Nr. 43 der Ztg. der Arbeiter- und Bauern-Reg. vom 29. Dez. 1917/11. Jan. 1918.)

---

## DIE FORMEL DES FEIERLICHEN GELÜBDES BEIM EINTRITT IN DIE ROTE ARBEITER- UND BAUERN-ARMEE

1. Ich, Sohn des arbeitenden Volkes, Bürger der Sowjetrepublik, nehme den Namen eines Kriegers der Arbeiter- und Bauern-Armee an.

2. Vor den arbeitenden Klassen Rußlands und der ganzen Welt verpflichte ich mich, diesen Namen in Ehren zu tragen, die militärische Tätigkeit gewissenhaft zu erlernen und wie den Augapfel das militärische und Volksvermögen vor Schaden und Raub zu hüten.

3. Ich verpflichte mich, streng und unentwegt die revolutionäre Disziplin zu beobachten und ohne Widerspruch die Befehle der durch die Macht der Arbeiter- und Bauern-Regierung eingesetzten Führer zu befolgen.

4. Ich verpflichte mich, mich selbst und die Genossen von Handlungen abzuhalten, die die Würde eines Bürgers der Sowjetrepublik herabsetzen, und mein ganzes Tun und Denken auf das große Ziel der Befreiung aller Arbeitenden zu richten.

5. Ich verpflichte mich, auf den ersten Ruf der Arbeiter- und Bauern-Regierung mich zur Verteidigung der Sowjetrepublik gegen Gefahren und Anschläge seitens aller ihrer Feinde zu stellen und im Kampfe für die russische Sowjetrepublik, die Sache des Sozialismus und der Völkerverbrüderung weder meine Kräfte, noch selbst mein Leben zu schonen.

6. Sollte ich durch bösen Vorsatz von diesem feierlichen Gelübde abfallen, so sei die allgemeine Verachtung mein Los und strafe mich der harte Arm des revolutionären Gesetzes.

22. April 1918.

(Veröffentl. in Nr. 83 der „Iswestija des AZEK. der Sowjets" vom 26. April 1918.)

---

## ÜBER DIE OBLIGATORISCHE MILITÄRISCHE AUSBILDUNG

Eine der grundlegenden Aufgaben des Sozialismus ist die Befreiung der Menschheit von der Last des Militarismus und der Barbarbei der blutigen Konflikte zwischen den Völkern. Das Ziel des Sozialismus ist die allgemeine Abrüstung, der ewige Friede und das brüderliche Zusammenarbeiten aller die Erde bewohnenden Völker.

Dieses Ziel wird verwirklicht sein, wenn in allen mächtigen kapitalistischen Ländern die Gewalt in die Hand der Arbeiterklasse übergegangen sein wird, die die Produktionsmittel den Ausbeutern entreißen, sie allen Arbeitenden zur gemeinsamen Nutzung übergeben und als eine unerschütterliche Grundlage der menschlichen Solidarität die kommunistische Ordnung aufrichten wird.

Zurzeit besitzt nur in Rußland die Arbeiterklasse die Staatsgewalt. In allen anderen Ländern steht die imperialistische Bourgeoisie an der Macht. Ihre Politik läuft auf die Unterdrückung der kommunistischen Revolution und Knechtung aller schwachen Völker hinaus. Die russische Sowjetrepublik, die von allen Seiten von Feinden umgeben ist, muß deshalb eine mächtige Armee schaffen, unter deren Schutz die kommunistische Umgestaltung der Gesellschaftsordnung des Landes sich vollziehen wird.

Die Arbeiter- und Bauern-Regierung der Republik hat sich zur unmittelbaren Aufgabe gestellt, alle Bürger zur allgemeinen Arbeits- und Wehrpflicht heranzuziehen. Bei dieser Arbeit stößt sie auf den hartnäckigen Widerstand der Bourgeoisie, die auf ihre wirtschaftlichen Vorrechte nicht verzichten will und durch Verschwörung, Aufstände und verräterische Abmachungen mit fremdländischen Imperialisten versucht, die Staatsgewalt wieder an sich zu reißen.

Die Bourgeoisie bewaffnen, würde bedeuten, einen ununterbrochenen inneren Krieg in die Reihen der Armee tragen und die Kraft der letzteren im Kampfe mit den äußeren Feinden lahmlegen. Die wucherischen und ausbeuterischen Teile der Gesellschaft, die nicht gewillt sind, die gleichen Pflichten und Rechte wie die anderen auf sich zu nehmen, dürfen nicht in den Besitz von Waffen gelangen. Die Arbeiter- und Bauern-Regierung wird Wege finden, um in dieser oder jener Form einen Teil der Bürde der Verteidigung der Republik, die durch Verbrechen der besitzenden Klassen in schwerste Prüfung und Not gedrängt wurde, der Bourgeoisie aufzuerlegen. Aber die militärische Ausbildung und die Volksbewaffnung werden sich in der nächsten Übergangszeit nur auf die Arbeiter und die keine fremde Arbeit ausbeutenden Bauern beschränken.

Bürger im Alter von 18 bis 40 Jahren, welche die militärische Pflichtausbildung durchgemacht haben, werden als militärpflichtig registriert werden. Auf den ersten Aufruf der Arbeiter- und Bauern-Regierung sind sie verpflichtet, sich zu stellen, um die Kaders der Roten Armee, die aus den ergebensten und aufopferungsbereiten Kämpfern für die Freiheit und Unabhängigkeit der Russischen Sowjetrepublik und die internationale sozialistische Revolution bestehen, aufzufüllen.

1. Der Pflichtausbildung unterliegen die Bürger der Russischen Föderativen Sowjetrepublik:

1. im schulpflichtigen Alter, dessen untere Grenze von dem Volkskommissar für Aufklärung festgesetzt wird;
2. im vorbereitenden Alter von 16 bis 18 Jahren und
3. im gestellungspflichtigen Alter von 18 bis 40 Jahren.

Die Ausbildung der Bürgerinnen erfolgt mit ihrem Einverständnis nach dem allgemeinen Verfahren.

*Anmerkung:* Personen, deren religiöse Überzeugungen den Gebrauch von Waffen ausschließen, werden nur zu denjenigen Obliegenheiten der Ausbildung herangezogen, die mit dem Waffengebrauche nicht verbunden sind.

2. Die Ausbildung des vorbereitenden und gestellungspflichtigen Alters obliegt dem Volkskommissar für Krieg, die des schulpflichtigen dem Volkskommissar für Aufklärung unter enger Beteiligung des Volkskommissars für Krieg.

3. Der Ausbildung unterliegen Arbeiter, die in Fabriken, Werkstätten, Gütern und auf dem Lande arbeiten, und Bauern, die keine fremde Arbeit ausbeuten.

4. Die militärische Pflichtausbildung an den einzelnen Orten leiten militärische Kommissariate (nach Bezirken, Gouvernements, Kreisen und Wolosts) in die Wege.

5. Während der Zeit der Ausbildung erhalten die Pflichtigen keinerlei Entschädigung. Die Ausbildung muß so eingerichtet sein, daß während derselben die Pflichtigen möglichst ihrer regelmäßigen Beschäftigung nicht entzogen werden.

6. Die Ausbildung dauert ununterbrochen acht Wochen und in jeder Woche nicht unter zwölf Stunden. Die Dauer der Ausbildung spezieller Armeegattungen und die Reihenfolge der Wiederholungsübungen werden durch besondere Gesetze bestimmt werden.

7. Personen, die eine Ausbildung in der regulären Armee bereits durchgemacht haben, können nach Ablegung einer entsprechenden Prüfung von der Ausbildung befreit werden; ihnen ist im allgemeinen Verfahren wie Personen, die die obligatorische Ausbildung durchgemacht haben, eine Bescheinigung auszustellen.

8. Die Ausbildung erfolgt durch vorbildende Instruktoren nach einem von dem Volkskommissar für Krieg genehmigten Programm.

9. Wer sich der obligatorischen Ausbildung entzieht oder mit Nachlässigkeit die Obliegenheiten der Ausbildung erfüllt, wird zur Verantwortung gezogen.

(Veröffentl. in Nr. 83 der „Iswestija des AZEK. der Sowjets" vom 26. April 1918.)

## 2. DIE KONSTITUIERENDE VERSAMMLUNG

VOR allem wurde die Sowjetmacht vor die Frage der Konstituierenden Versammlung gestellt.

In seinen in der „Prawda" vom 26. Dezember 1917 veröffentlichten Thesen über die Konstituante gab *Lenin* in gedrängter und klarer Form der Stellung der Bolschewiki zu dieser Frage Ausdruck:

*1. Die Forderung der Einberufung einer Konstituierenden Versammlung gehörte ganz mit Recht zum Programm der revolutionären Sozialdemokratie, da in der bürgerlichen Republik die Konstituierende Versammlung die höchste Form der Demokratie darstellt und da die imperialistische Politik mit Kerenski an der Spitze durch die Schaffung des Parlaments Scheinwahlen mit einer Reihe von Verletzungen des demokratischen Prinzips vorbereitete.*

*2. Die revolutionäre Sozialdemokratie, die seit Beginn der Revolution 1917 die Forderung der Einberufung der Konstituierenden Versammlung aufstellte, betonte wiederholt, daß die Republik der Sowjets eine höhere Form der Demokratie darstellt, als die bürgerliche Republik mit der Konstituierenden Versammlung.*

*3. Für den Übergang von der bürgerlichen Gesellschaftsordnung zur sozialistischen, für die Diktatur des Proletariats, bildet die Sowjetrepublik der Arbeiter-, Soldaten- und Bauern-Deputierten nicht nur eine höhere Form demokratischer Institutionen (im Vergleich mit der üblichen bürgerlichen Republik und der Konstituierenden Versammlung als deren Krönung), sondern auch die einzige Form, die imstande ist, einen möglichst schmerzlosen Übergang zum Sozialismus zu sichern.*

*4. Die Einberufung der Konstituante in unserer Revolution nach den Listen, die Mitte Oktober 1917 aufgelegt worden sind, vollzieht sich unter Umständen, die die Möglichkeit eines richtigen Ausdruckes des Volkswillens überhaupt und des Willens der werktätigen Massen speziell durch die Wahlen zu dieser Konstituante ausschließen.*

*5. Erstens ergibt das Proportionalwahlsystem den wahren Ausdruck des Volkswillens bloß dann, wenn die Parteilisten der tatsächlichen Gliederung des Volkes in jene Parteigruppierungen wirklich entsprechen, die in diesen Listen ihre Widerspiegelung gefunden haben. Bei uns aber hatte bekanntlich eine Partei, die von Mai bis Oktober die meisten Anhänger im Volke und vor allem im Bauerntum gehabt hat, nämlich die Partei der Sozialrevolutionäre, Mitte Oktober 1917 einheitliche Listen zur Konstituierenden Versammlung, wurde aber nach den Wahlen zur Konstituante noch vor deren Einberufung gespalten.*

*Infolgedessen kann es nicht einmal eine formale Übereinstimmung zwischen dem Willen der Wähler in ihrer Masse und der Zusammensetzung der Gewählten zur Konstituante geben, und es gibt sie auch nicht.*

*6. Zweitens, eine noch wichtigere, nicht formale, nicht rechtliche, sondern gesellschaftlich-ökonomische Klassenquelle des Zwiespaltes zwischen dem Willen des Volkes, und insbesondere der werktätigen Versammlung andererseits bildet der Umstand, daß die Wahlen zur Konstituante damals stattfanden, als die überwiegende Majorität des Volkes noch nicht den ganzen Umfang und die ganze Bedeutung der Oktober-Revolution, der proletarisch-bäuerlichen Sowjet-Revolution erfaßt haben konnte, die am 25. Oktober 1917 einsetzte, d. h. nach der Vorlegung der Kandidatenliste zur Konstituierenden Versammlung.*

*7. Die Oktober-Revolution, die die Macht für die Sowjets errungen, die politische Herrschaft den Händen der Bourgeoisie entwunden und diese dem Proletariat und dem armen Bauerntum übertragen hat, macht vor unseren Augen die aufeinanderfolgenden Etappen ihrer Entwicklung durch.*

*8. Sie begann mit dem Siege am 24. und 25. Oktober in der Hauptstadt, als der Zweite Allrussische*

*Sowjetkongreß der Arbeiter- und Soldaten-Deputierten, diese Avantgarde der Proletarier und des politisch aktiveren Teiles des Bauerntums, das Überwiegen der Partei der Bolschewiki ergab und sie ans Ruder brachte.*

*9. Die Revolution hat daraufhin im Verlaufe der Monate Oktober und November die ganze Masse der Armee und des Bauerntums erfaßt und ihren Ausdruck gefunden vor allem in der Absetzung der alten Spitzenorganisationen (Armeekomitees, Gouvernements-, Bauernkomitees, Zentral-Exekutivkomitee des Allrussischen Bauernsowjets usw.) und in Neuwahlen, denn die alten brachten eine überlebte opportunistische Etappe der Revolution, ihre bürgerliche, nichtproletarische Etappe zum Ausdruck und mußten deshalb unter dem Ansturme des tiefer und breiter werdenden Stromes der Volksmassen den Schauplatz räumen.*

*10. Diese mächtige Bewegung der ausgebeuteten Massen zur Neugestaltung der leitenden Organe ihrer Organisationen hat bis jetzt, bis Mitte Dezember 1917, ihren Abschluß nicht gefunden; der nicht vollendete Eisenbahnerkongreß bildet eine ihrer Etappen.*

*11. Die Gruppierung der Klassenkräfte Rußlands in ihrem Klassenkampfe wird folglich in Wirklichkeit im November und Dezember 1917 eine prinzipiell andere sein als diejenige, die ihren Ausdruck finden konnte in den Parteilisten der Kandidaten zur Konstituierenden Versammlung Mitte Oktober 1917.*

*12. Die letzten Ereignisse in der Ukraine (zum Teil auch in Finnland und in Weißrußland, ebenso wie im Kaukasus) zeigen ebenfalls eine Neugruppierung der Klassenkräfte auf, die sich im Prozeß des Kampfes zwischen dem bürgerlichen Nationalismus der ukrainischen Rada, des finnländischen Sejm usw. einerseits und der Sowjetregierung, der proletarisch-bäuerlichen Revolution jeder dieser Nationalrepubliken andererseits vollzieht.*

*13. Der Bürgerkrieg endlich, der begonnen wurde durch den kadettisch-kaledinschen gegenrevolutionären Aufstand gegen die Sowjetbehörden, gegen die Arbeiter- und Bauernregierung, hat endgültig den Klassenkampf zugespitzt und jede Möglichkeit genommen, auf formal demokratischem Wege die akutesten Fragen zu lösen, vor die die Geschichte die Völker Rußlands und in erster Linie die Arbeiterklasse und das Bauerntum gestellt hat.*

*14. Nur der vollständige Sieg der Arbeiter und der Bauern über den Aufruhr der Bourgeoisie und der Gutsbesitzer (der seinen Ausdruck fand in der kadettisch-kaledinschen Bewegung), nur die schonungslose militärische Niederwerfung dieses Aufstandes der Sklavenhalter vermag in Wirklichkeit die proletarisch-bäuerliche Revolution zu sichern. Der Gang der Ereignisse und die Entwicklung des Klassenkampfes in der Revolution haben dazu geführt, daß die Losung: Alle Macht der Konstituierenden Versammlung, die den Errungenschaften der Arbeiter- und Bauern-Revolution nicht Rechnung trug, die die Sowjetmacht übersah, die auf die Beschlüsse des Zweiten Allrussischen Sowjetkongresses der Arbeiter- und Soldaten-Deputierten, des Zweiten Allrussischen Kongresses der Bauern-Deputierten usw. keine Rücksicht nahm, — daß diese Losung in Wirklichkeit zur Losung der Kadetten- und Kaledin-Anhänger sowie deren Helfershelfer wurde. Es wird für das ganze Volk sonnenklar, daß diese Losung faktisch den Kampf um die Beseitigung der Sowjetregierung bedeutet, und daß die Konstituante unvermeidlich dem politischen Tode geweiht wäre, falls sie mit der Sowjetregierung auseinanderginge.*

*15. Zu den besonders akuten Fragen der Volksexistenz gehört die Frage des Friedens. Der wahrhaft revolutionäre Kampf um den Frieden wurde in Rußland erst nach dem Siege der Revolution vom 25. Oktober begonnen, und dieser Sieg zeitigte die ersten Früchte in Form der Bekanntmachung der Geheimverträge, des Waffenstillstandes und der Anknüpfung offener Verhandlungen über einen allgemeinen Frieden ohne Annexionen und ohne Kontributionen.*

*Die breiten Volksmassen bekommen erst jetzt in der Tat die Möglichkeit, voll und offen die Politik des revolutionären Kampfes um den Frieden zu sehen und ihre Resultate kennenzulernen.*

*Während der Wahlen zur Konstituante sind die Volksmassen dieser Möglichkeit beraubt gewesen.*

*Es ist klar, daß auch von dieser Seite aus die Nichtübereinstimmung zwischen der Zusammensetzung der Wähler zur Konstituante und dem wirklichen Willen des Volkes in der Frage der Kriegsbeendigung unvermeidlich ist.*

*16. Das Zusammenwirken der genannten Umstände ergibt das Resultat, daß die Konstituierende Versammlung, einberufen nach der Liste der Parteien, die vor der proletarisch-bäuerlichen Revolution unter der Herrschaft der Bourgeoisie standen, zu einem Konflikt mit dem Willen und den Interessen der werktätigen und ausgebeuteten Klassen kommen muß, der Klassen, die am 25. Oktober die sozialistische Revolution gegen die Bourgeoisie begonnen haben. Es ist nun natürlich, daß die Interessen dieser Revolution höher stehen als die formalen Rechte der Konstituierenden Versammlung, selbst wenn diese formalen Rechte nicht eine große Lücke hätten, die darin besteht, daß in dem Gesetze über die Konstituante dem Volke nicht das Recht zuerkannt wird, seine Abgeordneten zu beliebiger Zeit abzuberufen und durch neue zu ersetzen.*

*17. Jedweder direkte oder indirekte Versuch, die Frage der Konstituierenden Versammlung von der formalen, rechtlichen Seite im Rahmen der üblichen bürgerlichen Demokratie, ohne Rücksicht auf den Klassenkampf und den Bürgerkrieg zu betrachten, stellt einen Verrat an der Sache des Proletariats und einen Übergang zum Standpunkt der Bourgeoisie dar. Es ist unbedingt Pflicht und Schuldigkeit der revolutionären Sozialdemokratie, alle Welt vor jenem Irrtum zu warnen, dem einige Spitzen des Bolschewismus verfallen, die den Oktober-Aufstand und die Aufgaben der Diktatur des Proletariats nicht richtig einzuschätzen wußten.*

*18. Die einzige Aussicht auf eine schmerzlose Lösung der Krise, die infolge der Nichtübereinstimmung der Wahlen zur Konstituierenden Versammlung mit dem Willen des Volkes sowie den Interessen der werktätigen, ausgebeuteten Klassen entstanden ist, bildet eine möglichst weitgehende und rasche Verwirklichung des Rechtes der Neuwahlen der Mitglieder der Konstituante durch das Volk, die Aufnahme der Konstituierenden Versammlung in das Gesetz des Zentral-Exekutivkomitees über diese Neuwahlen sowie die bedingungslose Erklärung der Konstituierenden Versammlung über die Anerkennung der Sowjetregierung, der Sowjetrevolution, ihrer Politik in Fragen des Friedens, des Grund und Bodens und der Arbeiterkontrolle, der absolute Anschluß der Konstituante an das Lager der Gegner der kadettisch-kaledinschen Konterrevolution.*

*19. Außerhalb dieser Bedingungen kann die Krise anläßlich der Konstituierenden Versammlung nur mit revolutionären Mitteln ausgetragen werden — durch möglichst energische, rasche, entschlossene und feste revolutionäre Maßnahmen seitens der Sowjetregierung gegen die kadettisch-kaledinsche Konterrevolution, hinter welchen Losungen und Körperschaften sich diese Konterrevolution auch verschanzen möge (selbst wenn hinter die Konstituante). Ein jeder Versuch, der Sowjetregierung in diesem Kampfe die Hände zu binden, würde eine Unterstützung der Konterrevolution bedeuten.*

Wie ist es jedoch zu erklären, daß die Sowjets, denen doch der ganze Machtapparat zur Verfügung stand, die Eröffnung der Konstituierenden Versammlung zuließen? Die Zusammensetzung der Konstituierenden Versammlung, deren Analyse der Leser in dem Artikel Lenins „Die Wahlen zur Konstituante und die Diktatur des Proletariats“ finden kann, war offen konterrevolutionär; die bolschewistische Führung der Sowjets hatte keinerlei Illusionen in bezug auf die Stellungnahme der sowjetfeindlichen Mehrheit der Konstituante. Und doch ließen sie die Eröffnung der Konstituante zu. Die Sowjetmacht war von den Wellen der Arbeiter- und Bauern-Bewegung in die Höhe gehoben, ihre Sprache, die Sprache jener Dekrete, die die Lösung der brennenden Frage des Grund und Bodens, die Expropriation der Expropriateure, den Austritt aus dem imperialistischen Kriege zum Gesetz erhoben, gab den Bestrebungen der breitesten werktätigen Massen der Bevölkerung Ausdruck.

Es mußte aber noch einmal anschaulich gemacht werden, daß nur die Sowjetmacht die Grundfragen der Revolution zu lösen imstande sei. Das konterrevolutionäre Gesicht der Konstituante mußte vor dem ganzen Lande enthüllt werden. Dies war der Sinn der Zulassung des Zusammentritts der Konstituante, die am 18. und 19. Januar 1918 tagte. Das Allrussische Zentral-Exekutivkomitee der Sowjets schlug der Konstituante vor, die „Deklaration der Rechte des werktätigen und ausgebeuteten Volkes“ anzunehmen und dadurch die grundlegenden Errungenschaften der Oktober-Revolution zu sanktionieren. Die Konstituante lehnte diese Deklaration ab und offenbarte dadurch ihr revolutionsfeindliches Wesen. Die Bolschewiki verließen die Konstituante, worin ihnen mit einiger Verspätung die linken Sozialrevolutionäre folgten. In der Nacht zum 20. Januar beschloß das Zentral-Exekutivkomitee die Ausgabe folgenden von Lenin verfaßten Dekrets:

### ÜBER DIE AUFLÖSUNG DER KONSTITUIERENDEN VERSAMMLUNG

Angenommen in der Sitzung des Zentral-Exekutivkomitees vom 20. Januar 1918.

Die Russische Revolution hat gleich zu Anfang die Sowjets der Arbeiter-, Soldaten- und Bauern-Deputierten in den Vordergrund gebracht, und zwar als Massenorganisation aller arbeitenden und ausgebeuteten Klassen, die allein befähigt ist, den Kampf dieser Klassen um ihre vollständige politische und wirtschaftliche Befreiung zu leiten.

Im Verlaufe der ersten Periode der Russischen

Revolution vermehrten sich die Sowjets, wuchsen und gewannen an Kraft, wobei sie aus eigener Erfahrung die Illusionen einer Verständigung mit der Bourgeoisie, mit den trügerischen Formen des bürgerlich-demokratischen Parlamentarismus preisgaben und praktisch zu dem Schlusse gelangten, daß eine Befreiung der unterdrückten Klassen ohne Bruch mit diesen Formen und mit jeder Kompromisselei unmöglich sei. Ein solcher Bruch war nun die Oktober-Revolution, die Übergabe der ganzen Macht in die Hände der Sowjets.

Die Konstituierende Versammlung, welche nach den vor der Oktober-Revolution aufgestellten Listen gewählt worden ist, war der Ausdruck des ehemaligen politischen Kräfteverhältnisses, als die Kompromißler und die Kadetten am Ruder waren.

Das Volk war damals nicht imstande, indem es für die Kandidaten der sozialrevolutionären Partei stimmte, zwischen den rechten Sozialrevolutionären, den Anhängern der Bourgeoisie, und den linken, den Anhängern des Sozialismus, seine Wahl zu treffen. Somit konnte diese Konstituierende Versammlung, welche die bürgerlich-parlamentarische Republik krönen sollte, nicht umhin, der Oktober-Revolution und der Sowjetmacht in die Quere zu kommen. Indem die Oktober-Revolution die Macht den Sowjets und durch die Sowjets den arbeitenden und ausgebeuteten Klassen gab, entfachte sie einen verzweifelten Widerstand der Ausbeuter und zeigte sich in der Überwindung dieses Widerstandes voll und ganz als der Beginn der sozialistischen Revolution.

Die arbeitenden Klassen mußten sich aus eigener Erfahrung überzeugen, daß der alte, bürgerliche Parlamentarismus sich überlebt habe, daß er mit der Verwirklichung des Sozialismus absolut unvereinbar sei, daß nicht allgemein-nationale Institutionen, sondern nur Klassen-Institutionen (wie die Sowjets es sind) imstande seien, den Widerstand der besitzenden Klassen zu überwinden und die Grundlagen einer sozialistischen Gesellschaftsordnung zu legen.

Jeder Verzicht auf Machtvollkommenheit der Sowjets, auf die vom Volke errungene Sowjetrepublik zugunsten eines bürgerlichen Parlamentarismus, und folglich die Konstituierende Versammlung, wäre jetzt ein Schritt zurück und ein Zusammenbruch der ganzen Oktober-Revolution der Arbeiter und Bauern.

Die am 5. Januar eröffnete Konstituierende Versammlung ergab infolge allbekannter Umstände eine Mehrheit der Partei der rechten Sozialrevolutionäre, d. h. der Partei von Kerenski, Awksentjew und Tschernow. Es versteht sich von selbst, daß diese Partei sich weigerte, den vollkommen genauen, klaren, keine Deutung zulassenden Antrag des höchsten Organs der Sowjetmacht auf Anerkennung der „Deklaration der Rechte des arbeitenden und ausgebeuteten Volkes", der Oktober-Revolution und der Sowjetmacht auf die Tagesordnung zu setzen. Dadurch hat die Konstituierende Versammlung jedes Band zwischen sich und der russischen Sowjetrepublik zerrissen. Es war unvermeidlich, daß die Fraktion der Bolschewiki und der linken Sozialrevolutionäre, welche augenblicklich in den Sowjets notorisch eine ungeheure Majorität haben und sich des Vertrauens der Arbeiter und der Mehrzahl der Bauern erfreuen, eine solche Konstituierende Versammlung verließen.

Und außerhalb der Mauern der Konstituierenden Versammlung führt die Partei der Majorität der Konstituierenden Versammlung, nämlich die der rechten Sozialrevolutionäre und die der Menschewiki, einen offenen Kampf gegen die Sowjetmacht, indem sie in ihren Organen zum Sturze derselben aufruft und dadurch objektiv den Widerstand der Ausbeuter gegen den Übergang des Grund und Bodens und der Fabriken in die Hände der Arbeitenden unterstützt. Es ist klar, daß der übriggebliebene Teil der Konstituierenden Versammlung unter diesen Umständen nur die Rolle eines Deckmantels für den Kampf der bürgerlichen Gegenrevolution um den Sturz der Sowjetmacht spielen kann.

Infolgedessen beschließt das Zentral-Exekutivkomitee:

Die Konstituierende Versammlung wird aufgelöst.

(Veröffentl. in Nr. 5 der Ztg. der Arbeiter- und Bauern-Reg. vom 9./22. Jan. 1918.)

## Die Stimmung der bürgerlichen Mitglieder der Konstituante und die Auflösung der Versammlung schilderte der konterrevolutionäre Deputierte *Boris Sokolow:*

Gar ungemütlich und düster ist es in den Couloirs des Palais.

Einige ausländische Korrespondenten drücken sich herum, — ebenso wir, die Deputierten der Mehrheit; auch zahlreiche Rotgardisten und Matrosen, gähnend, gelangweilt.

Die Eröffnung der Konstituierenden Versammlung wird hinausgeschoben und hinausgeschoben.

Die Bolschewiki tagen. Reden hin und her, warten das Resultat der Demonstration ab. Werden die Manifestanten siegen — dann wird man so sprechen müssen. Siegen die Roten — dann wird es eine andere Sprache geben. Eine harte, entschiedene Sprache, dann wird man mit den „konterrevolutionären" Sozialisten nicht viel Federlesens machen brauchen.

Es tagen auch die linken S.-R. Ihre Deputierten informieren sich unausgesetzt in der bolschewistischen Fraktion.

Auch wir tagen. Was können wir aber tun? Wir, die wir die Mehrheit der Volkserwählten bilden

R o t a r m i s t e n

und nicht einmal die genügende Kraft haben, um in den großen Sitzungssaal ohne Erlaubnis der Bolschewiki zu gelangen. An der Tür des Weißen Saales sind ja bewaffnete Matrosen postiert.

Wir besprechen die Lage.

„Wir müssen die Sitzung ohne die bolschewistische Fraktion eröffnen . . . Länger können wir aber nicht warten. Wir müssen ihnen zuvorkommen."

„Fruchtlose Versuche. Sie hören nicht auf uns, sie lachen. — Wir werden die Sitzung beginnen, — sagen sie, — wenn Lenin befiehlt. Zunächst sitzt still."

„Unfug. Schande. Man muß entschiedene Maßnahmen treffen."

Aber was können wir tun?

Erst gegen Abend beendeten die Bolschewiki ihre Fraktionssitzung. Die ihnen um jene Zeit aus der Stadt zugegangenen Nachrichten waren für sie mehr als tröstlich. Die Demonstration wurde zerstreut. Die Regimenter traten nicht in Aktion. Die Einwohner waren friedlich nach Hause gegangen. Einige Dutzend Verwundete und Tote — Kleinigkeiten, über die sich nicht zu sprechen lohnt.

Die Lage ist völlig klar: man kann und muß mit den Sozialrevolutionären eine rauhe und feste Sprache führen. Man muß und kann die Konstituierende Versammlung auflösen.

Wir beendigen gleichfalls unsere Tagung. Uns ist die Nachricht zugegangen, daß die Bolschewiki die Auflösung der Konstituante beschlossen haben. Wir müssen sie schützen! Aber wie, auf welche Weise? Was können wir tun?

„Genossen, in den Sitzungssaal, die andere Fraktion ist schon da."

„Genossen — sagen unsere Fraktionsältesten — bleibt nur beisammen. Man wird mißhandeln, morden, — aber so wird es uns doch leichter werden."

Und mit dem Gefühl Verurteilter betreten wir — die Volkserwählten, die sie idealisiert haben, den Saal.

So vollzog sich die Eröffnung der Allrussischen Konstituierenden Versammlung.

Rechts in einer der Logen sitzt Lenin. Er hat seinen Kopf auf die Hände gestützt, und von weitem scheint es, als wenn er schliefe. Nur ein großer, runder, glänzender, kahler Kopf ist zu sehen.

Zeretelli spricht . . . Geräusch, Lärm, aufgestellte Gewehre.

Tschernow spricht . . . Viele andere sprechen. Und die Reden aller Sprecher gehen in dem hemmungslosen Geräusch, im Chaos wilder Laute, die von der Galerie kommen, unter. So erscheinen alle Reden, selbst die schönsten, ehrlichsten und edelsten überflüssig, hilflos, armselig.

Gelächter, Gelächter der Betrunkenen beherrscht das Ganze. Und erst als die bolschewistischen Deputierten die Rednertribüne betreten, begrüßt sie stürmischer Applaus der Galerie.

Und wir . . . schweigen. Was noch können wir tun?

Es ist weit nach Mitternacht.

Auf der Rednertribüne steht V. M. Tschernow, der Vorsitzende der Versammlung. Er verliest eine Deklaration. Er liest sie schnell, eilend, undeutlich. Alle Augenblicke unterbrechen ihn Zurufe der Galerie, die auch schon müde und halb eingeschlafen ist. Die bolschewistische Fraktion hat den Sitzungssaal schon längst verlassen und die Mehrzahl der linken Sozialrevolutionäre ist ihr gefolgt.

Dafür haben sich viele der Gäste, vorwiegend Matrosen, aus den oberen Logen im Sitzungssaale niedergelassen. Ganz zwanglos, als wenn es sich so gehöre, nehmen sie die Plätze der Deputierten ein. Sie unterhalten sich ganz laut untereinander, scherzen und rauchen unausgesetzt. Und daselbst verabschieden wir — hilflose Zeugen der Beschimpfung einer großen Idee — in beschleunigter Form einen Gesetzentwurf nach dem andern. Wir stimmen schweigend ab. Ohne Einwendungen.

Wenn man nur fertig würde.

Unheilverkündende Gerüchte gelangen zu uns, die wir einander flüsternd weitergeben.

Es heißt, bald würde das elektrische Licht ausgedreht werden und die Mißhandlungen beginnen. Komme was da wolle . . . Wir werden um des Volkes willen leiden! Um unserer Ideen willen . . .

Ich begebe mich nach oben. Die Mehrzahl der Gäste schläft oder ist dem Einschlafen nahe, — die Gewehre noch in den Händen. Am Büfett sind alle Flaschen geleert. Von irgendwoher ist jedoch noch Schnaps und Wein herbeigeschafft worden und eine große Gruppe von Kronstädtern trinkt lärmend, indem sie auf die Gesundheit Lenins einen Toast ausbringt.

Irgendeiner von ihnen brummelt gähnend:

„Wird's bald, — 's wird Zeit, daß Ihr aufhört. Die Bourgeois müssen auseinandergejagt werden."

„Geduld, Genossen. Wartet die Befehle ab."

Unten herrscht Unruhe.

Der Matrose Schelesnjak nähert sich V. Tschernow und sagt ihm etwas mit gedämpfter Stimme.

Wir hören es nicht. Wir sehen aber die Erregung unseres Vorsitzenden. Erheben uns von den Plätzen. Der Sitzungssaal füllt sich mit Matrosen und Soldaten. Geräusch. Lärm.

Am anderen Tage fanden allenthalben, in den Bezirken, in Fabriken und in Kasernen Meetings statt. Organisiert wurden sie durch die bolschewistische Regierung, die bolschewistische Partei. Die Meetings waren stark besucht und zeigten Einmütigkeit. Es traten nur bolschewistische Redner auf. Nirgends war die Opposition zu sehen, nirgends ein Deputierter der Mehrheit. Mit Mühe gelang es mir, auf der Galeereninsel zu Worte zu kommen, als ich Sinowjew erwiderte.

Man hörte mir ganz interesselos zu. Verärgert. Wir waren ja die Besiegten.

Sieger richtet man nicht.

Im primitiven Verstande der Menge malte sich die Logik:

„Niemand verteidigte die Konstituierende Versammlung. Fast niemand. Also, — ist das Recht nicht auf ihrer Seite."

## 3. DER KAMPF UM DEN FRIEDEN

WENN die Frage der Konstituierenden Versammlung für die Sowjetmacht keine besonderen Schwierigkeiten darstellte, so stieß sie auf um so größere Schwierigkeiten in ihrem Kampfe um den Frieden.

Die imperialistischen Ententemächte weigerten sich entschieden, sich an irgendwelchen Friedensverhandlungen zu beteiligen. Den Antrag Sowjet-Rußlands, sofortige Friedensverhandlungen anzuknüpfen, beantworteten sie mit der wirtschaftlichen und diplomatischen Isolierung der ersten proletarischen Diktatur der Welt. Infolgedessen trat Sowjet-Rußland, nachdem es erklärt hatte, daß es sich durch die alten Verträge der Zarenregierung nicht gebunden betrachte und keinerlei imperialistisch-annexionistische Pläne hege, in Sonderfriedensverhandlungen mit den deutschen Imperialisten ein.

Über Brest-Litowsk schreibt *A. Joffe* in seinen Erinnerungen:

Der an Stelle des gegen die Sowjetregierung widerspenstigen Generals Duchonin zum Oberkommandierenden ernannte Fähnrich Krylenko und der Vorsitzende des eben erst durch Übergabe aller Macht an den Rat der Volkskommissare liquidierten Petrograder Militär-Revolutionären Komitees, A. Joffe, wurden an die Front entsandt und schickten am 14. November 1917 im Rayon von Dwinsk durch die Schützengräben Parlamentäre ins deutsche Oberkommando mit dem Vorschlage sofortiger Verhandlungen über einen Vorfrieden, um allgemeine Verhandlungen über den Frieden zu ermöglichen. (Am gleichen Tage wurde den Ententemächten per Radio der Vorschlag wiederholt, an diesen Verhandlungen teilzunehmen.)

Unsere Parlamentäre wurden beim deutschen Divisionsstabe, der diesen Frontteil besetzt hielt, freudig empfangen, mußten jedoch einige Tage auf Antwort warten, weil das Kommando der Ostfront offenbar unseren Vorschlag erst dem deutschen Oberkommando übermitteln mußte. Am 16. November traf die zustimmende Antwort des letzteren ein und es wurde vorgeschlagen, als Ort der Verhandlungen die Festung Brest-Litowsk zu wählen.

Am 20. November fand in Brest-Litowsk die erste Begegnung der Sowjetdelegation — mit Joffe an der Spitze und außer den Genossen L. B. Kamenew, G. J. Sokolnikow, M. Pokrowski und Witzenko auch aus je einem Vertreter der Arbeiter, Bauern, Soldaten und Matrosen zusammengesetzt — mit den Vertretern des Vierbundes in Brest-Litowsk statt.

Am 22. November wurde eine kurze Unterbrechung der Verhandlungen vereinbart und der Akt über die Einstellung der Kriegshandlungen unterzeichnet.

Es verstummten die Geschütze auf der ganzen, über Tausende von Werst ausgedehnten, ungeheuren Front, überall fanden die „Verbrüderungen" mit erhöhter Energie und immer größerem Enthusiasmus zwischen den Soldaten der feindlichen Armeen statt und das Sowjet-Oberkommando überschüttete die Front mit seinen revolutionären Proklamationen (aus welchem Anlasse die Sowjetdelegation im Verlaufe der Verhandlungen „entschiedene Proteste" des Generals Hoffmann anzuhören hatte).

In der Zeit der oben erwähnten Pause in den Verhandlungen über den Vorfrieden wandte der Rat der Volkskommissare sich neuerlich an die „Verbündeten"-Mächte der Entente mit dem Vorschlage, an den Brester Verhandlungen teilzunehmen, aber er wurde wiederum keiner Antwort „gewürdigt".

Am 29. November wurden die Verhandlungen über den Vorfrieden wieder eröffnet.

Unabhängig von der allgemeinen Linie ihrer Politik, durch Tat und Form auf den Verhandlungen einen revolutionierenden Eindruck auf die werktätigen Massen der kriegführenden und neutralen Staaten auszuüben, war es das Ziel der Sowjetdelegation, in den Verhandlungen über den Vorfrieden vor allem die bestmögliche Lösung zweier Fragen zu erreichen: 1. Die militärische Lage an den Fronten der „Verbündeten" nicht zu verschlechtern, indem sie mit allen Mitteln der Umdirigierung von Truppen von der russischen Front an die Entente-Fronten entgegenwirkte (damals begriff noch niemand, daß gerade diese Umgruppierung von Vierbundstruppen, die vom militärischen Gesichtspunkte schon „demoralisiert" und genügend revolutionärer Propaganda ausgesetzt gewesen waren, einen der wesentlichsten Anlässe der Niederlage des deutschen und österreich-ungarischen Imperialismus bilden sollte); und 2. die günstigste Demarkationslinie durchzusetzen, weil diese in bedeutendem Maße die künftige Staatsgrenze vorbestimmte.

In der ersten Frage gelang es, die Annahme eines Punktes zu erreichen, der diese Umdirigierungen verbot, einen Punkt, der freilich mehr agitatorische als praktische Bedeutung hatte, denn der Kampf um diesen Punkt zerstörte die Legende von den „deutschen Agenten"; aber die Umdirigierung ging in der Tat trotz des

Verbotes vor sich, wie dies ja vorauszusehen war, was allerdings, wie oben erwähnt, eher zum Untergang als zur Rettung der Imperialisten des Vierbundes beitrug.

In der zweiten Frage trat mit genügender Deutlichkeit hervor, daß der Appetit der Gegner gewaltig war und daß sie gesonnen waren, die „Früchte ihres Sieges" bis zum letzten auszunützen und gehörige Bissen des früheren russischen Imperiums zu schnappen.

Am 15. Dezember wurde der Vertrag über den Vorfrieden unterzeichnet und die jetzt folgende Pause wurde zu einer neuen Einladung an die Entente zwecks Teilnahme an den Verhandlungen benutzt.

Nachdem wiederum keine Antwort eintraf, trat die Sowjetdelegation am 22. Dezember in die Friedensverhandlungen ein. Die Zusammensetzung der Sowjetdelegation blieb die gleiche wie in der letzten Periode der Verhandlungen über den Vorfrieden, während die Delegationen des Vierbundes starke Veränderungen aufwiesen — statt der militärischen Führer führten jetzt Berufsdiplomaten die Verhandlungen.

Mit Rücksicht auf die damalige Stimmung wollte die russische Delegation die Friedensverhandlungen überhaupt nicht in Brest-Litowsk, also auf dem früheren russischen Territorium, in einer halbzerstörten, vollkommen isolierten Festung führen. Wir schlugen daher vor, die Verhandlungen irgendwohin in ein neutrales Land zu verlegen (und zwar wurde besonders Stockholm vorgeschlagen). Die Gegner aber lehnten diesen Vorschlag ab, wenn auch Kühlmann und Czernin in Privatgesprächen mehr als einmal erklärten, daß sie unseren Vorschlag begriffen und daß sie daher, wenn sie ihn auch im gegenwärtigen Augenblick ablehnen müßten, uns zusagten, nichts dagegen einzuwenden, daß die Friedenskonferenz gegen Ende der Verhandlungen irgendwohin auf Sowjetgebiet, z. B. nach Pskow, verlegt werde.

In ihrer ersten Deklaration am 22. Dezember legte die Sowjetdelegation die Prinzipien eines Friedens dar, wobei sie die Grundsätze des berühmten „Dekrets über den Frieden" konkretisierte und etwas weiter entwickelte. Diese Deklaration legte offensichtlich der gegnerischen Delegation eine schwere Arbeit auf, denn sie antwortete lange nicht, und die zweite Sitzung der Friedenskonferenz wurde auf ihre Bitten hinausgeschoben.

Endlich, am 25. Dezember, fand diese zweite Sitzung statt, und zum größten Erstaunen unserer Delegation erklärten die Vertreter des Vierbundes in ihrer Antwortdeklaration ihre Zustimmung zu den von uns verkündeten Prinzipien eines „allgemeinen demokratischen Friedens ohne Annexionen und Kontributionen auf der Basis des Rechtes der Völker auf freie Selbstbestimmung".

Obzwar nicht daran zu zweifeln war, daß dies ausgesprochene Heuchelei war, und wir in der Tat hieran nicht im geringsten zweifelten — die Schamlosigkeit, mit welcher unsere Gegner in den nächsten Sitzungen ihre Auffassungen dieser Prinzipien, die wir verkündet und sie angeblich angenommen hatten, „dechiffrierten", war für uns nicht weniger unerwartet, als ihre ursprüngliche phraseologische Annahme. Deutschland und seine Verbündeten gingen in ihrer Schamlosigkeit um vieles weiter, als man hätte erwarten können, und uns wurde sehr rasch klar, daß eine „Übereinkunft" mit ihnen unmöglich, daß nur eine „Unterwerfung", die Annahme eines Ultimatums denkbar sei.

Am 28. Dezember verlangte die Sowjetdelegation eine Verhandlungspause mit der Begründung, daß sie jetzt, nachdem die allgemeinen Grundlagen des künftigen Friedensvertrages klar geworden seien, unbedingt nach Petrograd zurückkehren müsse, um einerseits die Direktiven ihrer Regierung einzuholen, andererseits, um nochmals sich an ihre Verbündeten mit der Aufforderung zur Teilnahme an den Verhandlungen zu wenden.

Es war klar, daß weitere Verhandlungen mit dem Vierbunde nicht zum Zwecke der Erziehung irgendwelchen Übereinkommens (denn ein solches war vollkommen ausgeschlossen) geführt werden konnten, sondern nur zum Zwecke der höchstmöglichen Revolutionierung der breiten demokratischen Massen in diesen Staaten, um so mehr, als die Tatsache der Annahme, dem Worte nach, unserer Prinzipien durch unsere Gegner den Eindruck schuf, daß die innere Lage dieser Staaten sehr, sehr ernst sein müsse.

Pokrowski Joffe Trotzki

**In Brest-Litowsk**

Zum Zwecke einer solchen Revolutionierung der Massen war es notwendig, die Verhandlungen so lange als nur irgend möglich hinauszuziehen und sie mit besonderer polemischer und dialektischer Meisterschaft zu führen.

In dieser Absicht wurde L. D. Trotzki an die Spitze der Delegation gestellt, und Brest-Litowsk wurde zur Arena jenes Wortkampfes der Scharfsinnigkeit und Findigkeit, in welchem, nach dem eigenen, nachträglichen Eingeständnis unserer Gegner, „niemand von uns auch nur annähernd an Trotzki herankam", jenes historischen Zusammenstoßes nicht nur zweier Weltanschauungen, sondern auch zweier verschiedener Welten, wo die gesamte Bourgeoisie auf der einen, das gesamte Proletariat auf der anderen Seite stand.

Kühlmann, der der Führer der Delegation des Vierbundes war, verstand anfangs zweifellos die Situation nicht und nahm offenbar an, daß die Sowjetdelegation bereit sein würde, im Bunde mit ihm ihr Volk sowie die Völker Deutschlands, Österreich-Ungarns, Bulgariens und der Türkei zu täuschen.

Er dachte ungefähr so: die Bolschewiki sind dank ihres Kampfes für den Frieden zur Macht gekommen, sie müssen den Frieden um jeden Preis haben; um ihres revolutionären Prestiges willen sind sie gezwungen, ihre Prinzipien „in Worten" in den Vordergrund zu stellen und zu verteidigen, in der Tat aber werden sie bereit sein, diesen zu entsagen und mit Kühlmann sich in allem, was er braucht, einigen. Er war deshalb sogar bereit, der Sowjetdelegation durch schöne Worte von der Anerkennung der Prinzipien des sowjetrussischen Friedensvorschlages ein wenig behilflich zu sein.

Jetzt begannen Kühlmann & Co. sich mit Unterhandlungen abzuplagen, in denen sie täglich geschlagen wurden, begannen, der Sowjetdelegation vorzuwerfen, daß sie „alle ihre Reden für die Straße" halte, und waren offenbar bestrebt, die Verhandlungen raschest zu beendigen.

Innerhalb der gegnerischen Delegationen, insbesondere innerhalb der deutschen

Delegation nahmen die Verhältnisse im Laufe der Friedensverhandlungen deutlich eine Wendung zum Schlimmeren für uns an.

Zu allem Anfange der Verhandlungen waren die Beziehungen zwischen den Militärs und Zivilisten der deutschen Delegation ziemlich gespannte, und das Übergewicht lag deutlich auf Seite des Zivils.

General Hoffmann schwieg sich meist aus, wenn er aber mit der ihm eigenen soldatischen Grobheit sich in den Streit einließ und jämmerlich geschlagen wurde, so zeigte Kühlmann daran ganz unzweideutige Freude. Aber sehr bald (insbesondere nach der Niederlage der Januar-Streiks und der Straßenzusammenstöße in Deutschland, Österreich und Polen) änderte sich die Lage innerhalb dieser Länder radikal und dementsprechend auch in ihren Friedensdelegationen. Offensichtlich hatten nach den erwähnten Ereignissen überall die Kriegsparteien die Oberhand erhalten und in Brest — nach den treffenden Worten Trotzkis — „legte der General Hoffmann seine Soldatenstiefel auf den Konferenztisch".

Im Wesen waren die dreimonatigen Friedensverhandlungen nichts als eine Polemik über die beiden ersten Punkte des künftigen Friedenstraktates, ein Streit darum, was eigentlich die nationale Selbstbestimmung sei und ob man als solche jene Komödie gelten lassen könne, welche die deutschen Militärkommandos überall auf jenen Territorien inszenierten, welche Deutschland annektieren wollte.

In dieser Polemik erwies die Delegation der ukrainischen Rada den deutschen und österreichischen Imperialisten einen ungeheueren Dienst.

Von Anfang an quälten sich einige Mitglieder der Sowjetdelegation sehr viel mit diesen „Vertretern" ab, um ihnen die politische Lage klarzumachen, oder, nach dem ironischen Ausdruck Trotzkis, „sie aus der Vorbereitungsklasse in die erste Klasse zu quetschen". Als aber klar wurde, daß dies hoffnungslos war und die Delegation der Rada politisch ohnehin in der Vorbereitungsklasse sitzen blieb, ließ die Sowjetdelegation sie fallen und fand Unterstützung bei den wirklichen Vertretern der ukrainischen werktätigen Massen, der Delegation des Zentral-Exekutiv-Komitees der Sowjets aus Charkow. In der Tat waren die Erfolge der proletarischen Revolution in der Ukraine gegen Ende der Verhandlungen schon so große, daß, wie Trotzki erklärte, „das einzige Gebiet, auf welches die Rada sich noch stützen könne, die Zitadelle von Brest-Litowsk sei".

Dies hielt aber die separaten Verhandlungen Deutschlands und Österreich-Ungarns mit der Delegation der Rada nicht auf und verhinderte ebensowenig die Unterzeichnung eines Separatfriedens zwischen ihnen. Denn Deutschland brauchte nicht nur das ukrainische Getreide (welches es ohnedies aus der Ukraine wegschleppte), sondern auch irgendeinen Frieden. Als die Verhandlungen mit der Sowjetdelegation sich offensichtlich verwickelten, forcierte Deutschland die Verhandlungen mit der Delegation der Rada, und diese, zu allem bereit, wenn man sie nur „anerkennt", beeilte sich, alles zu unterschreiben, was man von ihr verlangte.

Aber es kam der Augenblick, wo es auch für die Sowjetdelegation unvermeidlich wurde, ein Ende zu machen. Es war nicht nur alles schon gesagt worden, sondern schon sehr oft gesagt worden, aber die Revolution in den Ländern Mitteleuropas ließ, nach den erfolglosen Januar-Versuchen, auf sich warten. Die deutschen Friedensbedingungen andererseits waren so furchtbare, daß sich keine Hand fand, sie zu unterschreiben. In dieser Zeit war es, daß zum ersten Male der Gedanke laut wurde: „Wir unterzeichnen keinen Frieden, führen aber auch keinen Krieg; wir demobilisieren unsere Armeen und appellieren, wehrlos, an das revolutionäre Bewußtsein des deutschen und österreich-ungarischen Proletariats."

In diesem letzten Satze war auch in Wirklichkeit der endgültige, aber riskanteste und entschlossenste Versuch enthalten, die, nach unserer Ansicht zweifellos heranreifende deutsche Revolution zu beschleunigen.

Als Trotzki bei seiner Rückkehr nach Brest die Deklaration der Sowjetdelegation verlautbarte, wirkte sie stärker als ein Blitz aus heiterem Himmel. Totenstille trat im Lager der Gegner ein, welche ersichtlich bei den ersten Phrasen geglaubt hatten, daß dies nur eine Konzession an die „Prinzipien" sei und jetzt müsse gleich die Erklärung von der Bereitwilligkeit zur Unterzeichnung des Friedens folgen — die Gesichter wurden immer länger und länger und das Lächeln verschwand. Als der letzte Klang von Trotzkis kräftiger Stimme verschollen war, nahm niemand das Wort, dann ließ Kühlmann irgend etwas von der Notwendigkeit, das Plenum einzuberufen, verlauten, und als die Sowjetdelegation nach einer Beratung von einer Minute, noch im Konferenzsaale, dies ablehnte, gingen alle finster auseinander.

Die Sowjetdelegation reiste ab, nur der Schreiber dieser Zeilen blieb noch auf einen Tag, in seiner Eigenschaft als Vorsitzender der Delegation zur Erledigung irgendwelcher Angelegenheiten, sowie die Militärkommission, die der Vorfriedensvertrag vorsah.

Wie sehr selbst die deutschen Delegierten von der Unmöglichkeit einer Erneuerung des Krieges überzeugt waren, geht daraus hervor, daß sie dies offen aussprachen und daß sie mit dem Vorsitzenden der Sowjetdelegation bezüglich der Unterhandlungen in Stockholm in der Frage der Kriegsgefangenen Abmachungen trafen.

In der Tat konnten diese Verhandlungen erst einige Jahre später beginnen, denn die entfesselte deutsche „Soldateska" wollte den Frieden um jeden Preis heimtragen; die Erklärung Trotzkis, daß Rußland „den Bauern zum Pfluge, den Arbeiter zum Werktisch zurückkehren läßt" mußte ihr unerträglich sein in einer Zeit, in der das deutsche Volk durch den Willen seiner verhaßten Lenker gezwungen blieb, noch, wer weiß wie lange, den blutigen Krieg fortzusetzen.

Hierin lag tatsächlich eine revolutionäre Gefahr, und die deutsche Kriegspartei sah es deshalb als notwendig an, wenn nicht anders, so „sich den Frieden zu erkämpfen."

Am 18. Februar, mit zweitägiger statt der im Vorfriedensvertrage bedungenen siebentägigen Vorankündigung, gingen die deutschen Truppen zum Angriff auf der ganzen Front über. Auf der Sowjetseite gab es keine Front mehr, denn die Truppen waren demobilisiert worden, und die deutschen Heersäulen besetzten ohne Kampf, ohne einen einzigen Schuß Dwinsk, dann Pskow und näherten sich Petrograd.

In der Kommunistischen Partei Rußlands entstanden ernste Meinungsverschiedenheiten. Ein Teil, mit Trotzki an der Spitze, vertrat die Fortsetzung der Politik „Weder Frieden noch Krieg", auf die deutsche Revolution ihre Hoffnung setzend. Gerade der Vormarsch der deutschen Truppen, welcher auf die Dauer nicht kampflos bleiben könnte, denn die Bauern und Arbeiter würden den Partisanenkrieg beginnen, wozu sie durch die Räubereien und Gewalttätigkeiten der deutschen Soldateska aufgereizt würden, — würde in immer rascherem Tempo und rascher als sonst, unausweichlich die Revolutionierung erst der vorrückenden deutschen Truppen, dann auch der Werktätigen in Deutschland im ganzen nach sich ziehen — so rechneten diese Genossen. Sei es selbst, daß man Petrograd und Moskau opfern müsse, sei es, daß man sich auf den Ural zurückziehen müsse, dennoch könnten wir nur mit einer solchen Taktik die deutsche Revolution entfesseln, während wir, wenn wir zurückweichen, jetzt den Friedensvertrag unterzeichnen würden, diese Revolution und die polnische und finnische Revolution verraten würden.

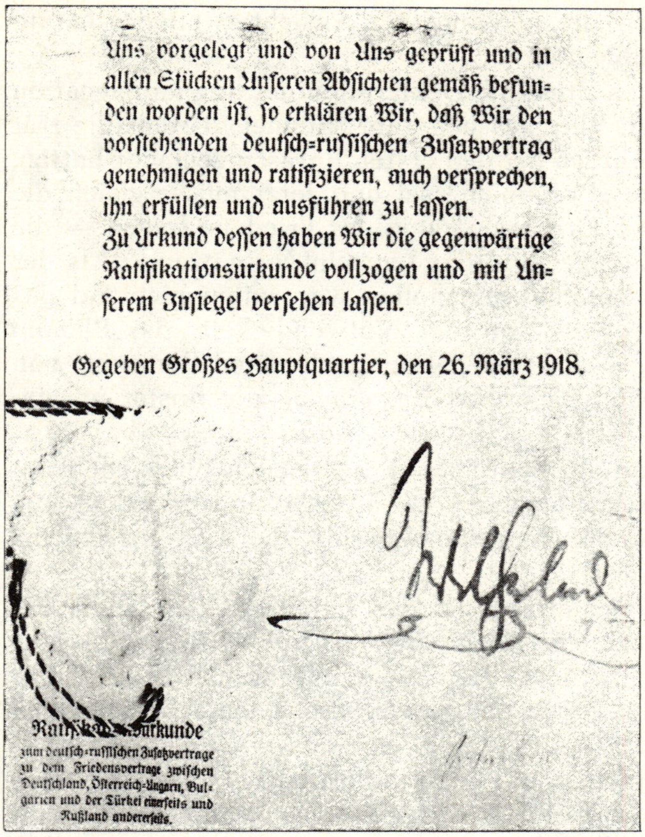

Uns vorgelegt und von Uns geprüft und in allen Stücken Unseren Absichten gemäß befunden worden ist, so erklären Wir, daß Wir den vorstehenden deutsch-russischen Zusatzvertrag genehmigen und ratifizieren, auch versprechen, ihn erfüllen und ausführen zu lassen.

Zu Urkund dessen haben Wir die gegenwärtige Ratifikationsurkunde vollzogen und mit Unserem Insiegel versehen lassen.

Gegeben Großes Hauptquartier, den 26. März 1918.

Ratifikationsurkunde
zum deutsch-russischen Zusatzvertrage zu dem Friedensvertrage zwischen Deutschland, Österreich-Ungarn, Bulgarien und der Türkei einerseits und Rußland andererseits.

**Durch Wilhelm II. ratifizierter Zusatzvertrag zum Brester Friedensvertrag**

Andere, mit Lenin an der Spitze, waren für die Taktik der „Atempause". Da schaut kein revolutionärer Krieg heraus — wiesen sie nach. Will man kämpfen, dann muß man die Demobilisierung einstellen, und umgekehrt die Mobilisierung anordnen; dies aber ist unmöglich, denn „der Bauer will keinen Krieg", wie Lenin formulierte. „Die Geschichte wird sagen, daß wir die Revolution hingegeben haben. Wir konnten einen Frieden unterschreiben, der keineswegs die Revolution bedrohte. Jetzt ist es zu spät, „Fühler auszustrecken", da es doch jetzt klar ist, daß die Deutschen angreifen können. Jetzt ist nicht die Zeit zu Notenaustausch, man muß jetzt aufhören, abzuwarten" — fügte Lenin hinzu. Er und die ihn unterstützenden Genossen wiesen nach, daß die bloße Tatsache des *Bestehens* der russischen Revolution die ganze Welt, wie ehedem, in ungeheurem Maße revolutionieren werde, während bei der entgegengesetzten Taktik die Gefahr bestehe, die Revolution zu verlieren.

Lenin war von allem Anfang Gegner der Taktik „Weder Frieden noch Krieg", er war für die sofortige Unterzeichnung des Friedens, in prophetischer Voraussicht, daß die Verzögerung zum Verluste von Reval und Dwinsk, zur Verschlechterung der deutschen Friedensbedingungen führen würde. Aber Lenin gab nach, um eine Spaltung der Partei zu vermeiden. Jetzt aber war er der Ansicht, daß weitere Nachgiebigkeit unmöglich sei.

Auf der historischen Sitzung des Zentralkomitees, am 22. Februar 1918, sprachen sich für „sofortige Annahme der deutschen Vorschläge" sieben Stimmen aus (Lenin, Stassowa, Sinowjew, Swerdlow, Stalin, Sokolnikow, Smilga), vier Stimmen waren dagegen (Bubnow, Uritzki, Bucharin, Lomow) und vier enthielten sich der Stimmabgabe mit der Begründung, daß angesichts der ablehnenden Haltung so hervorragender Genossen wie Lenin gegen ihre Taktik diese hoffnungslos sei (Trotzki, Joffe, Dzerschinski, Krestinski).

Am 19. Februar wurde ein Radiotelegramm nach Berlin abgesandt, in welchem die Zustimmung, den in Brest ausgearbeiteten Friedensvertrag zu unterzeichnen, ausgesprochen wurde.

Am 21. Februar traf ein deutsches Antwortultimatum ein, worin die Brester Bedingungen noch verschlechtert wurden und eine 48stündige Frist für die Annahme dieser Bedingungen gestellt wurde.

Am 22. Februar fand die obenerwähnte Sitzung des Zentralkomitees der Kommunistischen Partei statt. Am 24. Februar fand die Plenarversammlung des Allrussischen Zentralen Exekutivkomitees statt, auf welcher mit einer Mehrheit von 126 gegen 85 Stimmen, bei 26 Stimmenthaltungen und zwei Stimmabsenzen beschlossen wurde, das deutsche Ultimatum anzunehmen. Um 7 Uhr morgens flogen die Radiotelegramme mit dieser Mitteilung nach Berlin, Wien, Sofia und Konstantinopel. Am gleichen Tage reiste die Sowjetdelegation, mit Sokolnikow an der Spitze und Joffe als „politischem Konsultanten“ der Delegation nach Brest.

In den von den Deutschen besetzten russischen Territorien erhoben die Weißgardisten ihr Haupt, in Pskow z. B. wurde die durchreisende Sowjetdelegation beschimpft. Die kleinbürgerlichen Mittelstandsschichten begegneten den Deutschen freundschaftlich und zum Teil freudig. Die Bauern und Arbeiter blieben stumm.

In Brest stellte sich heraus, daß die Bedingungen des Ultimatums durch die unverschämten Forderungen der Türken auf Kars, Ardagan und Batum noch verschlechtert wurden.

Die Sowjetdelegation protestierte entschiedenst gegen diese Verschlechterungen und erklärte sich bereit, den Friedensvertrag zu unterzeichnen — ohne ihn zu prüfen, aber seinen gewalttätigen Charakter scharf hervorhebend — und zwar deshalb, damit auf gar keinen Fall der Eindruck entstehen könne, als ob irgendeine Übereinstimmung zwischen der russischen Revolution und den Imperialisten des Vierbundes erzielt worden sei.

Am 3. März um 5 Uhr 50 Minuten wurde der Friedensvertrag von den beiden Seiten unterzeichnet.

Auf der Rückreise von Brest konnte die Sowjetdelegation beobachten, wie sich die Stimmung der Bevölkerung in den von den Deutschen okkupierten Territorien geändert hatte. Jene, die eben erst die Sowjetdelegation mit Schmähungen überhäuft hatten, schwiegen jetzt. Jene, die eben erst die Deutschen freudig begrüßt hatten, flehten jetzt die Sowjetdelegation an, sie vor den deutschen Gewalttätigkeiten zu schützen oder ihnen die Möglichkeit zu geben, dahin zu reisen, wo es keine Deutschen gäbe. Die Bauern und Arbeiter lagen mit den Deutschen im Kampfe.

Die Frage der Ratifizierung des Brester Friedens stand am 6. bis 8. März auf dem 7. Kongreß der Kommunistischen Partei zur Verhandlung, der sich mit einer Mehrheit von 30 gegen 12 Stimmen für die Ratifizierung aussprach.

Am 14. bis 16. März beschäftigte die gleiche Frage den 4. außerordentlichen Sowjetkongreß. Am 15. März 1918 sprach sich der Kongreß der Sowjets mit einer Mehrheit von 784 gegen 261 bei 115 Stimmenthaltungen für die Ratifizierung des Brester Friedensvertrages aus.

Alle auf diesem Kongresse vertretenen Gruppen und Fraktionen, mit Ausnahme der bolschewistischen, stimmten gegen die Ratifizierung. Die linken Sozialrevolutionäre traten aus dem Rate der Volkskommissare aus.

Am 17. März wurde der Friedensvertrag vom Deutschen Bundesrat angenommen.

In seinen Sitzungen vom 18. bis 22. März ratifizierte der deutsche Reichstag einstimmig, mit Ausnahme der USPD., den Brester Frieden.

Am 9. November annullierte der Ausbruch der deutschen Revolution den Vertrag.

---

Ergänzend bringen wir folgende Erinnerung des Mitgliedes des Petrograder Sowjets, *L. Stupotschenko:*

Es war Anfang März 1918. Die Friedensverhandlungen in Brest-Litowsk hatten mit einer, in den Lehrbüchern der alten Diplomatie unerhörten Formel geendet: Weder Krieg noch Frieden!

Der erste Riß, den Brest in unsere bisher so einige Fraktion im Petrograder Sowjet getragen hatte, trat in der Sitzung vom 21. Februar zutage. Das geräumige Fraktionszimmer war überfüllt von Mitgliedern des Sowjets wie auch von Gästen. In der einen Ecke bildete sich eine lange „Schlange“ der auf die Registrierung Wartenden. Das Zimmer füllte sich rasch mit Menschen an. Es kommt Wolodarsky,

Massenversammlung der Bauern-Deputierte

Kongreß der Dorfarmut in Petrograd 1918

nimmt ein Holzscheit aus dem beim Ofen liegenden Holz, stellt es in die Ecke, setzt sich darauf und bleibt, den Kopf auf den Ellenbogen gestützt, in Gedanken versunken. In dieser Pose verbrachte er die Sitzung, ohne ein Wort zu sprechen. Der ungewohnte Anblick unseres immer lebendigen, energischen Wolodarsky, unseres unersetzlichen Vorsitzenden in der Fraktion und im Plenum des Sowjets, verwunderte mich sehr.

Die Sitzung begann; Sinowjew erstattete den Bericht über die Lage an der Front: Die Deutschen haben den Angriff begonnen, unsere Armee flieht, und der Rat der Volkskommissare hat ein Telegramm abgesandt, daß er der Unterzeichnung des Brester Friedens zustimmt. Der Petrograder Sowjet soll diesen Schritt gutheißen. Sinowjew hat geendet. Gewohnheitsmäßig applaudiere ich ihm, bleibe aber starr vor Erstaunen. Was bedeutet das? Statt des gewöhnlichen, freundlichen, freundschaftlichen Beifalls — zwei — drei Klatscher. Die übrigen Anwesenden schweigen.

Rasch klärt sich alles auf. Eine leidenschaftliche Debatte beginnt. Radek und Rjasanow setzen mit schneidender Kritik der Nachgiebigkeit des Rates der Volkskommissare gegenüber den Imperialisten ein und schlagen vor, der Petrograder Sowjet möge das Telegramm des Rates der Volkskommissare nicht allein nicht gutheißen, sondern umgekehrt, von diesem und dem Zentral-Exekutivkomitee den Verzicht auf jegliche Verhandlungen sowie die Organisierung der bewaffneten Abwehr des frechen Feindes fordern.

Rjasanows Rede, durchsetzt mit ätzenden Bemerkungen, ruft vielfach Heiterkeit hervor und ein Beifallssturm erhebt sich bei den Schlußworten Rjasanows und Radeks.

Genosse Laschewitsch springt vom Platze auf:

„Genossen, wir dürfen nicht gegen den Rat der Volkskommissare auftreten. Ihr wißt, daß Lenin und Sinowjew für die sofortige Unterzeichnung des Friedens sind und daß sie demissionieren werden, wenn sie unseren Beschluß erfahren, daß sie sich von der Leitung des Landes zurückziehen!"

„Genosse Laschewitsch hat nicht recht," unterbricht ihn Sinowjew, „man kann unmöglich zur Frage Stellung nehmen vom Gesichtspunkt: werden Lenin oder Sinowjew im Rate der Volkskommissare bleiben. Es geht nicht um Personen. Der Petrograder Sowjet muß prinzipiell zur Frage des Friedens Stellung nehmen."

Eine scharfe Debatte entspann sich, und die Mehrheit der Fraktion des Petrograder Sowjets stimmt für den Vorschlag Sinowjews: die Zustimmung des Rates der Volkskommissare zur Annahme der Brester Bedingungen gutzuheißen. Sinowjew ermahnt die Anwesenden zur Wahrung der strengsten Parteidisziplin, dazu, daß alle im Plenum für den Mehrheitsbeschluß der Fraktion stimmen.

Im Plenum wird, nach heißem Gefecht mit den linken Sozialrevolutionären, vom Sowjet, dessen überwältigende Mehrheit aus Kommunisten bestand, der Antrag unserer Fraktion angenommen.

Schwer bedrückt von der über unserer Revolution schwebenden tödlichen Gefahr verlassen wir den Sitzungssaal im Smolny.

Auf den nächsten Tag, 2 Uhr, ist die Sitzung des Petrograder Sowjets anberaumt. Ich gehe zeitig hin, um mich unter den Fraktionsgenossen zu informieren und in Eile die Neuigkeiten zu erfahren. Im Smolny, wiederum außer den Mitgliedern des Sowjets, viele Arbeiter, die gekommen sind, zu hören, was ihre Vertreter zu sagen haben. Aus hingeworfenen Bemerkungen erfahre ich etwas von einer neuen Zeitung, „Kommunist", herausgegeben von der Gruppe Bucharin, wobei die Anwesenden über diesen Disziplinbruch empört sind und fordern, daß man die Schuldigen wegen Desorganisierung der Partei zur Verantwortung ziehen müsse. Manche sprechen vom Zerfall der Partei.

Die Fraktionssitzung wurde verlegt, aber unser Exekutivkomitee ließ uns zwei bis drei Stunden warten. Endlich erschien Sinowjew auf der Tribüne und erklärte, daß, nachdem die Friedensfrage heute auf der Tagesordnung des Zentral-Exekutivkomitees stehe, das Präsidium des Petrograder Sowjets vorschlage, eine gemeinsame Sitzung zu veranstalten. Wenn die Mitglieder des Sowjets einverstanden seien, so könne man sofort ins Taurische Palais gehen, wo sich das ZEK. versammelt. Der Vorschlag wurde einstimmig angenommen und wir verließen den Smolny.

Bei der Eröffnung der Sitzung der Fraktion der bolschewistischen Partei teilte Swerdlow mit, daß das Zentralkomitee der Partei sich für die Unterzeichnung des Friedensvertrages ausgesprochen habe, doch die Fraktion müsse, ungeachtet dieses Beschlusses, auch selbst Stellung nehmen, denn im ZK. sei keine Einmütigkeit vorhanden. Swerdlow schlägt vor, angesichts des Ernstes der Frage, von deren Beantwortung die ganze Sache der Weltrevolution abhänge, zwecks allseitiger Beleuchtung der Frage eine gemeinsame Sitzung der beiden Sowjetfraktionen abzuhalten, der Bolschewiki und linken Sozialrevolutionäre, welche gleichfalls nicht einheitlich in dieser Frage ständen, das Referat des Oberkommandierenden Krylenko anzuhören und dann zu beraten. Der Vorschlag wurde angenommen.

Die Fraktion der Bolschewiki war vollzählig beisammen, aber die linken Sozialrevolutionäre waren noch nicht anwesend. Wir warteten eine halbe Stunde, eine Stunde, unsere Leute wurden nervös, schon winkt Swerdlow einen Genossen heran, um ihn auf „Erkundung" zu schicken, als die linken Sozialrevolutionäre ankamen. Swerdlow hielt ihnen ihre Verspätung vor. Kamkow entschuldigte sich damit, daß sie Fraktionssitzung hatten.

Swerdlow eröffnete die Sitzung und machte darauf aufmerksam, daß wir den Deutschen bis zum Morgen Antwort geben müßten, und jetzt sei es schon 11 Uhr nachts; er bat die Redner, sich kurz zu fassen.

Als erster erhielt Krylenko das Wort. Sein Referat besagte nur eines: Wir haben keine Armee; die demoralisierten Soldaten fliehen in Panik vor jedem deutschen Helm, der sich am Horizonte zeigt, dem im Triumphmarsche vorrückenden Feinde die Artillerie, den Train, alles Kriegsgerät überlassend. Die Abteilungen der Roten Garde werden wie die Fliegen weggefegt. Es gibt keine Gewalt, die den Feind aufhalten könnte. Nur die sofortige Unterzeichnung des Friedensvertrages rettet uns vor dem Verderben.

Seine Rede wird von unwilligen Zwischenrufen der linken SR. unterbrochen: „Das ist Demagogie, aber nicht ein Bericht des Oberkommandierenden!" — „Nieder mit ihm!" Die Bolschewiki stellen sich hinter Krylenko. Mit Mühe beruhigte Swerdlow die Versammlung. Die Atmosphäre erhitzte sich bis zur Glut.

„Und wo ist unsere Flotte?", tönte es von den Bänken.

„Hier ist Genosse Raskolnikow, fragt ihn", antwortete Krylenko.

Raskolnikow winkte hoffnungslos ab und erklärte von seinem Platze:

„Wir haben keine Flotte mehr, sie liegt in Trümmern. Die Matrosen laufen nach Hause und überlassen die Schiffe dem Feinde."

Krylenko hatte sein Referat beendet, er verließ die Tribüne unter Applaus, Lärm und Pfeifen der Versammlung.

Swerdlow erklärte, daß das Präsidium übereingekommen sei, nur je einem Gegner und Anhänger des Friedens aus jeder der beiden Fraktionen das Wort zu erteilen. Die Versammlung erklärte sich einstimmig einverstanden.

Das Wort erhielt für die Friedensgegner der bolschewistischen Fraktion Radek.

Dann ergriff für die Friedensgegner der linken Sozialrevolutionäre Steinberg das Wort: „Wir wollen keinen Krieg. Wir wollen Frieden, aber . . . keinen Schandfrieden, nicht den schlüpfrigen Frieden von Verrätern und Streikbrechern. Und das ganze werktätige Volk wird uns unterstützen im Kampfe um die Ehre und Rettung der Revolution!"

„Ich erteile dem Genossen Lenin als Anhänger des sofortigen Friedensschlusses für die bolschewistische Fraktion das Wort", verkündete Swerdlow.

Nach wenigen Minuten begriff ich, warum die Massen Lenin folgen!

Das unerbittliche Schicksal, unabwendbar wie der Tod selbst, stand vor uns auf der Tribüne. Da kann man aufschreien, protestieren, vor Raserei die Fäuste ballen oder in Ergebenheit sich vor den Schicksalsschlägen beugen — aber abwenden oder ändern kann man sie nicht. Vor uns erstanden die nackten Tatsachen, die rauhe Wirklichkeit, das unverfälschte Leben selbst; keine theoretischen Überlegungen, keine Bücherweisheit, das Leben in all seiner grausamen Wahrhaftigkeit.

„Jawohl, wir sind jetzt machtlos. Der deutsche Imperialismus hat uns an der Gurgel gefaßt, zu Boden gerungen, er kniet auf unserer Brust und hält uns den Revolver an die Schläfe", sagte Lenin, „und ich sehe nirgends im Westen die proletarische Faust, welche uns aus dem Schraubstockgriff der Tatzen des deutschen Imperialismus befreit. Gebt mir augenblicklich eine Armee von 100 000 Mann, aber eine kraftvolle, standhafte, die nicht vor dem Feinde erzittert — und ich werde den Frieden nicht unterschreiben. Ich habe Euch nicht gestört, ich bin zur Seite getreten, habe Euch zwei Monate volle Handlungsfreiheit gelassen. Habt Ihr eine kraftvolle Armee aufgebracht? Was könnt Ihr mir Reales geben statt Geschwätz und Aufziehen von Pappfiguren? . . .

Wenn wir uns auf den Ural zurückziehen, können wir den Druck der Deutschen zwei bis drei Wochen aufhalten. Könnt Ihr mir garantieren, daß die Weltrevolution in zwei Wochen da ist? . . .

Ja, es ist ein schändlicher, schmählicher Friede, aber, wenn Ihr nicht jetzt die Friedensbedingungen annehmt (vorausgesetzt, daß die Deutschen überhaupt noch Frieden schließen wollen, sie können ja auch ablehnen), dann werdet Ihr in Monatsfrist hundertmal schlimmere Bedingungen unterzeichnen.

Ihr müßt diesen schmählichen Frieden um der Rettung der Weltrevolution halber unterschreiben, um ihr den wichtigsten, im Augenblick einzigen Stützpunkt zu erhalten, die Sowjetrepublik . . ."

Und unter dem Eindrucke dieser harten Worte verflog alle Schönheit, alle Ruhmsucht der sozialrevolutionären Phrasen. Schrecken faßte unsere Herzen, eisige Hoffnungslosigkeit. Was harrt des erniedrigten, in den Kot getretenen proletarischen Staates?

„Ihr glaubt, der Weg der proletarischen Revolution ist von Rosen umrankt? Daß wir von Sieg zu Sieg, unter den Klängen der Internationale, mit flatternden Fahnen marschieren werden"; so klingt es in grausamer Nüchternheit von der Tribüne; „da wäre es ja leicht, Revolutionär zu sein! Die Revolution ist kein Vergnügungsspaziergang! Nein! Der Weg der Revolution führt über Dornen und Stacheln. Bis an die Knie im Dreck waten, auf dem Bauche, wenn es sein muß, durch Dreck und Kot zum Kommunismus kriechend, dann werden wir siegen in diesem Kampfe! . . ."

Das war unerschütterlicher Glaube an den Sieg, der auf der realen Abschätzung der Kräfte ruhte, auf der Fähigkeit, anzugreifen, zurückzuweichen, wenn not, ohne Panik, Schreien, Stöhnen, mit zusammengebissenen Zähnen; und vormarschieren durch Leiden, vorbei an den Leichen der Genossen und Brüder, nicht den Glauben an die Weltrevolution, an ihren Sieg verlieren, auch nicht in hoffnungslos scheinenden Situationen!

Lenin hatte seine Rede beendigt. Swerdlow schlug vor, nun dem Vertreter der Friedensanhänger unter den Sozialrevolutionären das Wort zu erteilen. Aber die Sozialrevolutionäre erklärten, daß es keinen Friedensanhänger unter ihnen gäbe.

„Das ist nicht wahr", brach Swerdlow los: „Es hat keinen Sinn, daß Ihr Eure Meinungsverschiedenheiten vor uns verbergt, so wenig als wir es tun. Ich weiß, auch bei Euch sind Friedensanhänger. Und wir haben mit Eurem Präsidium abgemacht, daß Eure Friedensanhänger hier offen auftreten."

„Nein, unsere Fraktion ist einmütig", erklärte Kamkow.

Im Saale erhebt sich Lärm: „Wir wollen die Spiridonowa hören; Kamkow!", riefen die Bolschewiki. Aber die Sozialrevolutionäre blieben bei ihrer entschiedenen Weigerung. Lärm, Zurufe . . . Die Glocke ertönte und Swerdlow schuf Ordnung mit der einfachen Ermahnung: „Genossen, wir haben wenig Zeit . . . Der Feind ist im Vormarsch . . . Wir müssen uns rasch entschließen."

„Die Versammlung ist geschlossen", verkündete Swerdlow; „Bolschewiki, hinauf zur Fraktionsversammlung!"

Swerdlow eröffnete die Sitzung; er schlug vor, da ja alles ganz klar sei, sofort zur Abstimmung zu schreiten.

„Kann man Fragen stellen?" ertönen Rufe.

„Ja!", entschied die Fraktion.

Und hier begann nun eine der interessantesten Debatten, denen ich je beigewohnt habe. Die Friedensgegner überschütteten Lenin mit Fragen, eine tückischer als die andere. An der Spitze der Attacke ritt Steklow.

„Und, sagen Sie, Genosse Lenin, wie stellen Sie sich die Erfüllung des Vertragspunktes vor, der uns den Abzug unseres Militärs aus der Ukraine auferlegt? Sollen wir das Land wehrlos den räuberischen Deutschen überlassen?"

Lenin antwortete:

„Wir werden vertragsgemäß aus der Ukraine unser Militär abberufen; nur . . . dort kennt sich selbst der Teufel nicht aus, was ukrainisches, was russisches Militär ist. Ganz möglich, daß es dort überhaupt kein russisches Militär mehr gibt, sondern nur die ukrainische Armee allein."

Man lacht.

„Sollen wir wirklich unsere finnischen Brüder ohne Hilfe und im ungleichen Kampf untergehen lassen?"

„Jawohl, wir werden verpflichtet sein, die Hilfe zu verweigern. Aber, stellt Euch vor, was wir gestern für einen Unfall auf den finnischen Eisenbahnen hatten. Einige Waggons mit Kriegsgerät sind durch „Unachtsamkeit" der Eisenbahner statt nach dem Süden, direkt nach Finnland dirigiert worden. Solche „bedauerliche" Irrtümer an den Grenzen sind immer möglich. Und was die Matrosen betrifft, haben die finnischen Genossen selbst gebeten, sie abzurufen, denn die Matrosen sind so sehr demoralisiert, daß sie die Waffen an die Weißen verkaufen und nur den Kampf für die Sowjets erschweren."

„Aber, wir werden uns verpflichten müssen, die Agitation gegen den Imperialismus einzustellen, auf die Vorbereitung der Weltrevolution zu verzichten?"

„Ich dachte, ich habe hier nicht mit politischen Kindern zu tun, sondern mit alten, illegalen Parteileuten, welche recht gut wissen, wie man auch unter dem Zarismus agitieren konnte. Der Kaiser ist nicht klüger als Nikolaus!"

„Aber die Partei darf in ihrer Presse keine Artikel gegen die Imperialisten und den Kaiser drucken. Eine solche „Agitation" würde doch gegen den Brester Frieden verstoßen?"

„Den Frieden unterzeichnet das Zentral-Exekutivkomitee, der Rat der Volkskommissare, aber doch nicht das Zentralkomitee der Partei. Für das Verhalten der letzteren trägt die Sowjetregierung keine Verantwortung."

Und so, Schritt für Schritt, seelenruhig, mit fast unmerklicher Ironie, verdrängte Lenin seine Gegner aus ihren Positionen. Auf jede Frage fand er eine Antwort, die zeigte, wie vielfältige Methoden und Arten des Kampfes in unseren Händen blieben. Diese Auseinandersetzung zerstreute alle Bedenken, beleuchtete alle dunklen Stellen des Schmachvertrages. Und uns wurde es leichter ums Herz angesichts dieser schlagkräftigen Energie und Stärke. Unsere Revolution lebt und kann nicht untergehen, solange wir solche Kämpfer haben . . .

Abstimmung ... für ... gegen den Frieden ...

Die Entscheidung ist gefallen, wir unterschreiben den Frieden! Aber, die Gegner lassen nicht lokker, jetzt kommt ja noch das Plenum des ZEK.!

„Genossen, die Friedensfrage ist sehr wichtig", wandte sich Steklow an die Anwesenden, „hier entscheidet sich ja das Schicksal der Weltrevolution, ich bitte die Fraktion, die Abstimmung freizugeben; jeder entscheide, wie er es für das internationale Proletariat besser hält. —

Kamenew Joffe
In Brest-Litowsk

„Eben, weil es sich hier um Leben und Tod der Weltrevolution handelt", antwortete Swerdlow, „muß man im Plenum den Beschluß der Mehrheit unseres ZK. und unserer Fraktion unbedingt durchsetzen. Die Partei nimmt als Ganzes alle Verantwortung auf sich, und gerade jetzt, wo alle Fraktionen des ZEK. gegen uns auftreten und — wir nur eine unbedeutende Mehrheit haben, muß die Disziplin in unseren Reihen und die Geschlossenheit besonders kräftig sein. Wer ist für die Parteidisziplin?" —

„Und wenn namentliche Abstimmung stattfindet?", wird gefragt.

„Und die Parteidisziplin?", erwiderte prompt Swerdlow.

Irgendein Genosse aus der Menge verlangte das Wort.

„Was ist los?", fragte Swerdlow.

„Genossen", begann der Genosse mit vor Bewegung stockender Stimme: „Wir Letten konnten von unserer Organisation keine Direktiven einholen, da wir von ihr durch die Front abgeschnitten sind ... Wir kennen die Meinung unserer Genossen nicht. Und dabei überantwortet dieser Friede Sowjet-Lettland dem Untergange; wenn wir diesen Frieden unterzeichnen, unterschreiben wir das Todesurteil der besten Söhne der Arbeiterklasse, unsrer engsten Freunde und Genossen. Wir unterwerfen uns Eurem Beschlusse, wir werden mit Euch stimmen, aber begreift, wie qualvoll schwer es für uns ist! . . ."

Und vor unser aller Geist stand das bange Drama, das unsere Genossen hier durchlebten.

Und der feinhörige Swerdlow, trotz seiner eisernen Unbeugsamkeit, gab diesem Schmerzensschrei wider Willen, der sich dem Munde der erschütterten lettischen Kommunisten entrang, lebendigen Widerhall.

„Genossen! Wir können nicht Übermenschliches fordern. Für die lettischen Genossen ist dies wirklich zu schwer. Wir wollen ihnen gestatten, nicht mitzustimmen . . ."

Der Vorschlag wurde einstimmig angenommen.

„Genossen Letten! Die Fraktion gestattet Euch die Stimmenthaltung, aber Ihr verlaßt den Saal noch vor der Abstimmung, damit die Fraktion einig und geschlossen bleibt. Niemand anderer verlasse vor der Abstimmung den Saal, dies würde als Bruch der Parteidisziplin betrachtet." — Die Sitzung wurde geschlossen.

Jetzt waren wir im Versammlungssaale. Die Mitglieder des Petrograder Sowjets ließen sich hinter den Mitgliedern des ZEK. nieder. Auf den Tribünen war trotz der vorgerückten Stunde (3 Uhr morgens) viel Publikum versammelt.

Endlich nach den Reden die langerwartete Abstimmung: „Wer ist für den Frieden?" Unsere Fraktion erhebt sich. „Wer ist gegen den Frieden?" Alle anderen erheben sich. Auszählung. Wir haben die Mehrheit.

„Namentliche Abstimmung!", wird gerufen.

Swerdlow ruft nach der Namensliste die Mitglieder des ZEK. auf. Ein unvergeßliches Bild. . . Die Kommunisten, einer nach dem anderen, begeben sich zur Tribüne und sagen ihr lautes „Für!". Und auch jene, die den Beschluß als verderblich für die Revolution betrachten und eben erst in der Fraktion verzweifelt dagegen gekämpft hatten, sprechen laut und fest, ruhigen Blickes dem ganzen Saale ins Auge schauend, ihr „Für!", gegen ihre aufrichtige Überzeugung, freiwillig sich der Parteidisziplin unterordnend.

Für den Frieden 116, gegen 85, Enthaltungen 26, 2 Anarchisten weigerten sich, abzustimmen. Vorbei . . . Der Schmachfriede wird unterzeichnet . . .

Von den Tribünen erheben sich Rufe:

„Verräter! . . . Ihr habt die Heimat verraten! . . . Judasse! . . . Deutsche Spione!"

Die Kommunisten erwidern, drohen mit den Fäusten.

Unter Lärm, Tosen, Geheul treten wir auf die Straße. Es ist schon 6 Uhr morgens, aber noch dunkel. Nur hier und da im Osten lichte Streifen am Himmel.

---

Zum Schlusse bringen wir an dieser Stelle eine Reihe von offiziellen Dokumenten aus der Zeit des Kampfes der Sowjetregierung um den Frieden:

## AUFRUF DES RATES DER VOLKSKOMMISSARE DER RUSSISCHEN SOZIALISTISCHEN FÖDERATIVEN SOWJET-REPUBLIK AN DIE VÖLKER DER KRIEGFÜHRENDEN STAATEN MIT DEM VORSCHLAGE, SICH DEN VERHANDLUNGEN ÜBER DEN WAFFENSTILLSTAND ANZUSCHLIESSEN

**In Erwiderung auf unseren Vorschlag eines sofortigen Waffenstillstandes an allen Fronten zwecks Abschlusses eines demokratischen Friedens ohne Annexionen und Kontributionen, bei Garantie der nationalen Selbstbestimmung, hat der deutsche Oberkommandierende mit seiner Zustimmung zur Führung von Friedensverhandlungen geantwortet. Der Oberkommandierende der Armeen der Republik, der Fähnrich Krylenko, hat vorgeschlagen, den Beginn der Verhandlungen über den Waffenstillstand auf fünf Tage hinauszuschieben, d. i. auf den 1. Dezember, um neuerlich den alliierten Regierungen vorzuschlagen, ihr Verhalten in bezug auf die Friedensverhandlungen festzulegen. Die Kriegshandlungen an der russischen Front sind auf Grund der beiderseitigen Zustimmung eingestellt worden. Selbstverständlich dürfen während dieser fünf Tage keinerlei Truppenverschiebungen, weder auf der einen noch auf der anderen Seite, erfolgen. Der entscheidende Schritt ist getan. Die siegreiche Arbeiter- und Bauern-Revolution Rußlands hat die Friedensfrage geradezu gestellt. Die Zeit des Schwankens, Hinausschiebens der Abmachungen in den Diplomaten-Kanzleien ist vorbei. Jetzt sind alle Regierungen, alle Klassen, alle Parteien aller kriegführenden Länder aufgerufen, kategorisch die Frage zu beantworten: „Ob sie einverstanden sind, gemeinsam mit uns am 1. Dezember in Verhandlungen über den sofortigen Waffenstillstand und den allgemeinen Frieden einzutreten." Von der Antwort auf diese Frage hängt es ab, ob die stets Werktätigen in den Fabriken und auf den Feldern einem neuen Winterfeldzug mit all seinen Schrecken und Nöten entgehen, oder ob Europa weiter Ströme von Blut vergießen wird. Wir, der Rat der Volkskommissare, wenden uns mit dieser Frage an die Regierungen unserer Verbündeten: Frankreich, Großbritannien, Italien, Vereinigte Staaten, Belgien, Serbien, Rumänien, Japan und China. Wir fragen sie vor dem Angesicht der ganzen Welt: „Ob sie bereit sind, zusammen mit uns am 1. Dezember in Friedensverhandlungen einzutreten?" Wir, der Rat der Volkskommissare, wenden uns an die verbündeten Völker und vor allem an ihre werktätigen Massen: „Ob sie einverstanden sind, diesen Krieg ohne Sinn und Zweck weiter hinauszuziehen, der blind die ganze europäische Kultur dem Untergang entgegenführt?" Wir fordern, daß die Arbeiterparteien der verbündeten Länder sofort Antwort auf die Frage geben: „Wollen sie die Eröffnung der Friedensverhandlungen am 1. Dezember?" Die Frage ist geradezu gestellt. Soldaten, Proletarier, Werktätige, Bauern, wollt Ihr zusammen mit uns den entscheidenden Schritt zum Frieden der Völker tun?**

**Wir, der Rat der Volkskommissare, wenden uns an die Arbeitermassen in Deutschland, Österreich, der Türkei und Bulgarien. Der Friede, den wir vorschlagen, muß ein Friede der Völker sein. Er muß eine ehrliche Übereinkunft sein, welche jedem Volke die Freiheit der ökonomischen**

und kulturellen Entwicklung gewährleistet. Ein solcher Friede kann nur unter der Bedingung des direkten und mannhaften Kampfes der revolutionären Massen gegen alle imperialistischen Pläne und Annexions-Bestrebungen abgeschlossen werden. Die Arbeiter- und Bauern-Revolution hat bereits ihr Friedensprogramm vorgelegt. Wir haben die geheimen Verträge des Zaren und der Bourgeoisie mit den Verbündeten veröffentlicht und haben ihre Ungültigkeit für das russische Volk erklärt. Wir haben allen Völkern vorgeschlagen, offen einen neuen Vertrag auf den Prinzipien der Übereinkunft und Zusammenarbeit abzuschließen. Unseren Vorschlag haben die offiziellen und offiziösen Vertreter der regierenden Klassen der verbündeten Länder mit der Weigerung beantwortet, die Sowjetregierung anzuerkennen und mit ihr Abmachungen über die Friedensverhandlungen zu treffen. Die Regierung der siegreichen Revolution bedarf nicht der Anerkennung der kapitalistischen Berufsdiplomaten, aber wir fragen die Völker: „Ist die reaktionäre Diplomatie der Ausdruck ihrer Gedanken und Bestrebungen? Sind die Völker einverstanden, den Diplomaten zu erlauben, die große Gelegenheit zum Frieden vorbeigehen zu lassen, welche die russische Revolution angebahnt hat?" Die Antwort auf diese Fragen muß augenblicklich gegeben werden, eine Antwort nicht in Worten, sondern in Taten. Die russische Armee und das russische Volk können und wollen nicht länger warten. Am 1. Dezember beginnen wir mit den Friedensverhandlungen. Wenn die verbündeten Völker ihre Vertreter nicht entsenden, werden wir allein die Verhandlungen mit den Deutschen führen. Wir wollen den allgemeinen Frieden. Wenn aber die Bourgeoisie der verbündeten Länder uns nötigt, einen Separatfrieden abzuschließen, fällt die Verantwortung zur Gänze auf sie. Soldaten, Arbeiter, Bauern Frankreichs, Englands und Italiens, der Vereinigten Staaten, Belgiens, Serbiens, Rumäniens, Japans und Chinas! Am 1. Dezember werden die Friedensverhandlungen eröffnet. Wir erwarten Eure Vertreter. Handelt, verliert nicht eine Stunde!

Nieder mit dem Winterfeldzug!

Es lebe der Friede und die Brüderlichkeit der Völker!

Petrograd, am 28. November 1917.

---

## AUFRUF DES VOLKSKOMMISSARS FÜR ÄUSSERE ANGELEGENHEITEN DER RSFSR. TROTZKI AN DIE MÜHSELIGEN, BEDRÜCKTEN UND VERBLUTENDEN VÖLKER EUROPAS

Der Waffenstillstand ist in Brest-Litowsk unterzeichnet worden. Die militärischen Operationen an der Ostfront sind auf 28 Tage eingestellt worden. Schon dieser bloße Akt bedeutet eine ungeheure Errungenschaft für die Menschheit. Nach 42 Monaten ununterbrochenen Schlachtens, aus dem kein Ausweg zu sehen war, legte die Arbeiter- und Bauern-Revolution in Rußland den Weg zum Frieden frei.

Wir haben die geheimen Verträge veröffentlicht. In den nächsten Tagen werden wir diese Veröffentlichungen fortsetzen. Wir haben erklärt, daß diese Verträge die Sowjetmacht in keiner Weise binden. Wir haben allen Völkern den Weg der offenen Übereinstimmung auf Grund der Zuerkennung des Rechtes auf Freiheit und Selbstbestimmung ihres Schicksals an alle Völker vorgeschlagen, an die großen wie an die kleinen, die vorgeschrittenen wie die rückständigen. Wir verbergen vor niemand, daß wir die jetzigen, kapitalistischen Regierungen eines demokratischen Friedens für unfähig halten. Nur der revolutionäre Kampf der Arbeitermassen gegen ihre jetzigen Regierungen kann Europa einem solchen Frieden nahebringen. Seine völlige Verwirklichung wird nur durch die siegreiche proletarische Revolution in allen kapitalistischen Ländern gesichert werden.

Wenn der Sowjet der Volkskommissare mit den jetzigen Regierungen, inmitten der auf beiden Seiten zum Durchbruch gelangten imperialistischen Tendenzen, in Verhandlungen tritt, weicht er dabei auch nicht auf eine Minute vom Wege der sozialen Revolution ab. Um den wahren, demokratischen Völkerfrieden steht der Kampf erst bevor. Die erste Etappe dieses Kampfes sieht überall, mit Ausnahme von Rußland, noch die alten, monarchistischen und kapitalistischen Regierungen an der Macht, die für den jetzigen Krieg die Verantwortung tragen, die ihren betrogenen Völkern für das vergossene Blut und die vergeudeten Reichtümer noch keine Rechenschaft abgelegt haben. Wir sind gezwungen, die Verhandlungen mit jenen Regierungen anzufangen, welche im gegenwärtigen Augenblicke ja immer noch bestehen, so wie andererseits die monarchistischen und reaktionären Regierungen der Zentralmächte gezwungen sind, deshalb mit den Vertretern der Sowjetmacht Verhandlungen zu führen, weil das russische Volk jene vor die Tatsache einer Arbeiter- und Bauern-Regierung in Rußland stellte. In den Verhandlungen über den Frieden stellt die Sowjetregierung sich eine zweifache Aufgabe: erstens — die raschestmögliche Einstellung des schändlichen und verbrecherischen Schlachtens, das Europa verdirbt, zu erreichen, zweitens — der Arbeiterklasse aller Länder mit allen uns zugänglichen Mitteln zu helfen, die Herrschaft des Kapitals zu stürzen und die Staatsmacht zu ergreifen, um einen demokratischen Frieden und die sozialistische Umgestaltung Europas und der ganzen Menschheit zu verwirklichen.

Der Waffenstillstand an der Ostfront ist unterzeichnet. An den übrigen Fronten aber dauert das Schlachten weiter. Die Friedensverhandlungen stehen erst bevor. Den Sozialisten aller Länder, und vor allem den Sozialisten Deutschlands, muß klar sein, daß zwischen dem Friedensprogramme der russischen Arbeiter und Bauern und dem Programme der deutschen Kapitalisten, Gutsbesitzer und Generale ein unversöhnlicher Widerspruch besteht. Wenn nur diese beiden Programme einander gegenübergestellt wären, dann wäre der Friede offensichtlich unmöglich, denn das russische Volk hat ja nicht darum die Monarchie und Bourgeoisie im eigenen Lande abgeschüttelt, um sich vor den Monarchen und Kapitalisten der anderen Länder zu beugen. Der Friede kann nur dann nahegebracht, verwirklicht und sichergestellt werden, wenn auch auf seiten Deutschlands und seiner Verbündeten sich die entschlossene und harte Stimme des werktätigen Volkes erhebt. Die deutschen, österreichisch-ungarischen, bulgarischen und türkischen Arbeiter müssen dem Programme des Imperialismus ihrer herrschenden Klassen ihr revolutionäres Programm der Übereinkunft und Zusammenarbeit der werktätigen und ausgebeuteten Klassen aller Länder gegenüberstellen.

Der Waffenstillstand ist erst an einer Front abgeschlossen. Unsere Delegation hat nach langem Kampfe unter den Waffenstillstandsbedingungen auch die Zustimmung der deutschen Regierung durchgesetzt, daß keinerlei Truppen an die anderen Fronten umdirigiert werden dürfen. Auf diese Art haben die deutschen Regimenter, die zwischen dem Schwarzen Meer und der Ostsee stehen, einen Monat Ruhe vor dem blutigen Alpdruck bekommen. In den Waffenstillstand ist auch die rumänische Armee, gegen den Willen der rumänischen Regierung, einbezogen.*)

Aber an der französischen, der italienischen und allen anderen Fronten geht der Krieg weiter. Der Waffenstillstand bleibt ein nur teilweiser. Die kapitalistischen Regierungen fürchten den Frieden, weil sie dann dem Volke Rechenschaft ablegen müssen. Sie trachten, die Stunde ihres endgültigen Bankrotts hinauszuziehen. Wollen die Völker noch länger die verbrecherische Arbeit der Börsen-Cliquen von Frankreich, Großbritannien, Italien, der Vereinigten Staaten geduldig ertragen?

Hinter den Phrasen von ewiger Gerechtigkeit und der künftigen Gesellschaft der Nationen verbergen die kapitalistischen Regierungen dieser Länder die niedrigen und habgierigen Spekulationen der Ausbeuter. Sie wollen keinen Waffenstillstand. Sie wehren sich gegen den Frieden, Ihr aber, Völker Europas, Ihr, die Proletarier Frankreichs, Italiens, Englands, Belgiens, Serbiens, Ihr, unsere Leidens- und Kampfbrüder, wollt Ihr den Frieden zusammen mit uns, den ehrlichen, demokratischen Völkerfrieden?

Jene, die Euch sagen, daß ein solcher Friede nur durch den Sieg erreicht werden kann — sie betrügen Euch. Erstens haben sie sich unfähig gezeigt, Euch in 42 Monaten den Sieg zu bringen und sie haben durch gar nichts bewiesen, daß sie den Sieg bringen, wenn der Krieg auch noch neue Jahre fortdauert. Zweitens — der Sieg, auch wenn er sich für die eine oder andere Seite als möglich erweisen sollte, würde nur neue Vergewaltigung der Schwächeren durch die Starken bedeuten, würde so den Samen neuer Kriege säen.

Nicht die siegreichen Imperialisten der einen oder anderen Koalition können Belgien, Serbien, Rumänien, Polen, die Ukraine, Griechenland, Persien und Armenien befreien, sondern die revolutionären Arbeiter aller kriegführenden und neutralen Länder im siegreichen Kampfe gegen alle Imperialisten.

Zu diesem Kampfe, Arbeiter aller Länder, rufen wir Euch auf. Es gibt keinen anderen Weg. Die regierenden, ausbeutenden Klassen haben sich in diesem Kriege mit unzählbaren Verbrechen bedeckt. Diese Verbrechen schreien nach revolutionärer Vergeltung. Die werktätige Menschheit würde sich und ihre Zukunft aufgeben, wenn sie noch weiter das Joch der imperialistischen Bourgeoisie und Soldateska, ihren Regierungen und Diplomaten ergeben, dahinschleppen wollte.

Wir, der Rat der Volkskommissare, wir, die Bevollmächtigten der russischen Arbeiter, Bauern, Arbeiterinnen, Bäuerinnen, Soldaten, Matrosen, Witwen, Waisen, wir rufen Euch zum gemeinsamen Kampfe für die sofortige Einstellung des Krieges an allen Fronten auf. Möge die Nachricht von der Unterzeichnung des Waffenstillstandes in Brest-Litowsk wie ein Sturmläuten für die Soldaten und Arbeiter durch alle kriegführenden Länder klingen.

Nieder mit dem Kriege! Nieder mit den Kriegsschuldigen! Die Regierungen, die sich dem Frieden entgegenstellen, müssen hinweg, ebenso wie die Regierungen, welche hinter Friedensreden ihre Beuteansprüche verbergen. Die Arbeiter und Soldaten müssen die Sache des Krieges und Friedens den verbrecherischen Händen der Bourgeoisie entringen und selbst in die Hände nehmen. Wir haben ein Recht, dies von Euch zu fordern, weil wir es bei uns vollbracht haben. Das ist der einzige Weg zur Rettung für Euch und uns. Schließt Eure Reihen, Proletarier aller Länder, unter dem Zeichen des Friedens und der sozialen Revolution.

Petrograd, am 19. Dezember 1917.

*) Der Waffenstillstand zwischen den Zentralmächten und Rumänien wurde in Focsani am 9. Dezember 1917 abgeschlossen.

## DEKLARATION DES BEVOLLMÄCHTIGTEN DER RSFSR. JOFFE IN DER ERSTEN VOLLVERSAMMLUNG DER FRIEDENSKONFERENZ VON BREST-LITOWSK 9./22. DEZEMBER 1917.

Die russische Delegation geht von dem klar ausgedrückten Willen der Völker des revolutionären Rußlands aus, den raschesten Abschluß eines allgemeinen demokratischen Friedens zu erreichen. Die Delegation glaubt, daß die einzigen, für alle gleich annehmbaren Prinzipien jene sind, welche in dem Dekret vom Frieden, das auf dem Allrussischen Kongreß der Arbeiter- und Soldaten-Deputierten einstimmig angenommen und auf dem Allrussischen Bauernkongreß bestätigt wurde, enthalten sind.

Dieses Dekret lautet: „Als einen gerechten oder demokratischen Frieden, wie ihn die überwältigende Mehrheit der durch den Krieg erschöpften, abgequälten und abgeplagten Arbeiter und werktätigen Klassen aller kriegführenden Länder ersehnen, einen Frieden, wie ihn auf die entschlossenste und nachdrücklichste Weise die russischen Arbeiter und Bauern nach dem Sturze der zaristischen Monarchie forderten, als einen solchen Frieden betrachtet die Regierung einen sofortigen Frieden ohne Annexionen (das heißt, ohne Erbeutung fremden Bodens, ohne gewaltsamen Anschluß fremder Nationalitäten) und ohne Kontributionen. Unter Annexion oder Besitzergreifung fremden Bodens versteht die Regierung, in Übereinstimmung mit dem Rechtsbewußtsein der Demokratie im allgemeinen und der werktätigen Klassen im besonderen, jeden Anschluß einer kleinen oder schwachen Nationalität an einen großen oder starken Staat, ohne die präzis, klar und freiwillig ausgesprochene Zustimmung und den Wunsch dieser Nationalität, unabhängig davon, wann dieser gewaltsame Anschluß vollzogen, unabhängig auch von der Vorgeschrittenheit oder Rückständigkeit der Nation, welche gewaltsam angeschlossen oder gewaltsam innerhalb der Grenzen des betreffenden Staates zurückgehalten wird, unabhängig endlich davon, ob diese Nation in Europa oder den fernen Überseeländern lebt.

Wenn irgendeine Nation in den Grenzen des betreffenden Staates mit Gewalt zurückgehalten wird, wenn ihr, trotz des von ihr ausgedrückten Wunsches — gleichgültig, ob dieser Wunsch in der Presse, in Volksversammlungen, in Parteibeschlüssen oder in Aufstand und Aufruhr gegen die nationale Bedrückung zum Ausdruck gekommen ist, — das Recht nicht verliehen wird, durch freie Abstimmung, bei vollständigem Abzug des Militärs der den Anschluß vollziehenden oder überhaupt stärkeren Nation, ohne den geringsten Zwang die Frage der Formen ihrer staatlichen Existenz zu entscheiden, dann gilt dieser Anschluß als Annexion, das heißt als gewaltsame Besitzergreifung. Die Regierung betrachtet es als das größte Verbrechen an der Menschheit, diesen Krieg darum fortzusetzen, wie unter den starken und reichen Nationen die von ihnen gewaltsam angeschlossenen schwachen Nationalitäten aufzuteilen sind, und erklärt feierlich ihre Entschlossenheit, sofort Friedensbedingungen zu unterzeichnen, welche diesen Krieg zu den erwähnten, für alle Nationalitäten ohne Ausnahme gleich gerechten Bedingungen beendigt."

Von diesen Prinzipien ausgehend, schlägt die russische Delegation vor, die nachfolgenden sechs Punkte den Friedensverhandlungen zugrunde zu legen:

1. Es wird keinerlei gewaltsamer Anschluß von in der Kriegszeit gewaltsam erbeuteten Territorien zugelassen. Die Truppen, welche diese Territorien besetzt halten, werden in kürzester Frist zurückgezogen.

2. Die politische Selbständigkeit jener Völker, welche derselben während des jetzigen Krieges beraubt wurden, wird in vollem Umfange wieder hergestellt.

3. Den nationalen Gruppen, welche bis zum Kriege keine politische Selbständigkeit genossen haben, wird die Möglichkeit gewährleistet, die Frage ihrer Zugehörigkeit zu diesem oder jenem anderen Staate oder ihrer staatlichen Selbständigkeit im Wege des Referendums frei zu entscheiden. Dieses Referendum muß in solcher Weise organisiert werden, daß die volle Abstimmungsfreiheit für die gesamte Bevölkerung des betreffenden Territoriums, einschließlich der Emigranten und Flüchtlinge, gewährleistet ist.

4. In bezug auf Territorien, die von mehreren Nationalitäten gemeinsam bewohnt werden, werden die Rechte der Minderheit durch besondere Gesetze geschützt, welche derselben die kulturellnationale Selbständigkeit gewährleisten, wie auch, bei Vorliegen der faktischen Möglichkeit, ihre administrative Autonomie.

5. Nicht ein einziges der kriegführenden Länder ist verpflichtet, den anderen Ländern die sogenannten „Kriegskosten" zu bezahlen; bereits erhobene Kontributionen sind zurückzuerstatten. Was die Entschädigung für Schäden betrifft, welche Privatpersonen durch den Krieg erlitten haben, so erfolgen solche aus einem besonderen Fonds, welcher durch proportionelle Beiträge aller kriegführenden Länder gebildet wird.

6. Die Kolonialfragen werden unter Beachtung der in den Punkten 1, 2, 3 und 4 dargelegten Prinzipien entschieden.

In Ergänzung dieser Punkte schlägt die russische Delegation den Vertragsseiten vor, jede indirekte Freiheitsbeschränkung der schwächeren Nation seitens der stärkeren Nation als unzulässig zu erklären, wie z. B.: Wirtschaftsboykott, die wirtschaftliche Unterwerfung eines Landes durch ein zweites mit Hilfe eines aufgezwungenen Handelsvertrages, separate Zollabkommen, welche die Handelsfreiheit dritter Länder einschränkt, Seeblockade, welche nicht unmittelbar Kriegsziele verfolgt usw. Dies sind die für alle annehmbaren Grundprinzipien, ohne deren Anerkennung die Russische Republik sich die Möglichkeit eines allgemeinen Friedensschlusses nicht vorstellen kann.

## AUFRUF DES VOLKSKOMMISSARS FÜR ÄUSSERE ANGELEGENHEITEN DER RSFSR. TROTZKI AN DIE VÖLKER UND REGIERUNGEN DER VERBÜNDETEN LÄNDER

Die Friedensverhandlungen, welche in Brest-Litowsk zwischen der Delegation der Russischen Sozialistischen Föderativen Sowjetrepublik und den Delegationen Deutschlands, Österreich-Ungarns, der Türkei und Bulgariens geführt werden, sind auf zehn Tage, bis zum 8. Januar, unterbrochen worden, um den verbündeten Ländern die letzte Gelegenheit zu geben, an den weiteren Verhandlungen teilzunehmen und damit sich gegen die Gefahren eines Separatfriedens zwischen Rußland und den feindlichen Ländern zu sichern.

In Brest-Litowsk wurden zwei Programme vorgelegt: eines, das den Standpunkt des Allrussischen Kongresses der Arbeiter-, Soldaten- und Bauern-Deputierten zum Ausdruck bringt, und ein zweites, im Namen der Regierungen Deutschlands und seiner Verbündeten.

Das Programm der Sowjetrepublik ist ein Programm der konsequenten sozialistischen Demokratie. Dieses Programm stellt sich zur Aufgabe, solche Bedingungen zu schaffen, unter denen einerseits jede Nationalität, unabhängig von ihrer Macht und ihrem Entwicklungsniveau, die volle Freiheit ihrer nationalen Entwicklung erhalten, andererseits alle Völker in ökonomischer und kultureller Zusammenarbeit vereinigt sein können.

Das Programm der Regierungen der mit uns Krieg führenden Länder wird durch ihre Erklärung charakterisiert, daß „in den Absichten der verbündeten Mächte (d. i. Deutschland, Österreich-Ungarn, Bulgarien und die Türkei) kein gewaltsamer Anschluß der von ihnen in der Zeit des Krieges besetzten Territorien liegt". Das bedeutet, daß die feindlichen Länder bereit sind, nach dem Friedensvertrage die okkupierten Gebiete Belgiens, die nördlichen Departements Frankreichs, Serbien, Montenegro, Rumänien, Polen, Litauen, Kurland derart zu räumen, daß das weitere Schicksal der strittigen Gebiete durch die interessierte Bevölkerung selbst entschieden werde. Der Schritt, welchen die feindlichen Regierungen unter dem Drucke der Umstände, vor allem aber der eigenen werktätigen Massen, dem Programme der Demokratie entgegen tun, besteht in ihrem Verzicht auf neue gewaltsame Annexionen und Kontributionen. Indem die feindlichen Regierungen auf neue Beute verzichten, gehen sie jedoch von dem Gedanken aus, daß die alten Annexionen, die alten Vergewaltigungen der Schwachen durch die Starken durch historische Verjährung sanktioniert seien. Dies bedeutet, daß das Schicksal Elsaß-Lothringens, Transsylvaniens, Bosniens und der Herzegowina einerseits, Irlands, Ägyptens und Indiens, Indochinas usw. andererseits der Überprüfung nicht unterstehen. Ein solches Programm ist äußerst inkonsequent und stellt sich dar als das Projekt eines prinzipienlosen Kompromisses zwischen den Prätensionen des Imperialismus und dem Widerstande der Arbeiterdemokratie. Doch die bloße Tatsache der Vorlage dieses Programmes bedeutet einen riesigen Schritt nach vorwärts.

Die Regierungen der verbündeten Völker haben sich bisher den Friedensverhandlungen nicht angeschlossen, deren präzise Formulierung sie hartnäckig ablehnten.

Jetzt kann man nicht länger wiederholen, daß der Krieg um die Befreiung Belgiens, der nördlichen Departements Frankreichs, Serbiens usw. geführt wird, denn Deutschland und seine Verbündeten erklären ihre Bereitwilligkeit, diese Gebiete im Falle des allgemeinen Friedens zu räumen. Jetzt, nach Vorlage der Friedensbedingungen der gegnerischen Seite, kommt man mit allgemeinen Phrasen von der Notwendigkeit, den Krieg bis zum Ende zu führen, nicht davon. Es ist notwendig, klar und präzis auszusprechen, welches das Friedensprogramm von Frankreich, Italien, Großbritannien, der Vereinigten Staaten ist. Fordern sie, zusammen mit uns, das Zugeständnis des Rechtes auf Selbstbestimmung für die Völker Elsaß-Lothringens, Galiziens, Polens, Böhmens, der jugoslawischen Gebiete? Wenn ja, sind auch sie ihrerseits bereit, den Völkern Irlands, Ägyptens, Indiens, Madagaskars, Indochinas usw. das Recht auf Selbstbestimmung einzuräumen, so wie die russische Revolution dieses Recht den Völkern Finnlands, der Ukraine, Weißrußlands usw. zugestanden hat? Denn es ist klar, die Selbstbestimmung für Völker fordern, welche innerhalb der Grenzen der feindlichen Staaten leben, und das Selbstbestimmungsrecht ablehnen für Völker des eigenen Staates oder der eigenen Kolonien, dies käme einer Verteidigung des Programmes des unverhülltesten, zynischsten Imperialismus gleich. Wenn die Regierungen der verbündeten Länder die Bereitwilligkeit dartun würden, zusammen mit der russischen Revolution den Frieden auf Grund der vollen und bedingungslosen Anerkennung des Prinzips der Selbstbestimmung für alle Völker und Staaten aufzubauen, wenn sie mit der tatsächlichen Einräumung dieses Rechtes an die unterdrückten Völker der eigenen Staaten begännen, so würde dies solche internationale Bedingungen schaffen, die das kompromißlerische, innerlich widerspruchsvolle Programm Deutschlands und insbesondere Österreich-Ungarns in seiner ganzen Unhaltbarkeit dartun und durch den Druck der interessierten Völker überwinden würden.

Bisher aber haben die verbündeten Regierungen in keiner Weise ihre Bereitwilligkeit zu einem demokratischen Frieden erklärt und konnten es auch zufolge ihres Klassencharakters gar nicht. Gegenüber dem Prinzip der nationalen Selbstbestimmung verhalten sie sich nicht weniger verdächtig und feindselig, als die Regierungen Deutschlands und Österreich-Ungarns. In dieser Hinsicht herrschen im klassenbewußten Proletariat der verbündeten Länder ebensowenig Illusionen, wie bei uns.

Bei den jetzt bestehenden Regierungen kann es nur darum gehen, daß dem Programme des imperialistischen Kompromisses, welches die Friedensbedingungen Deutschlands und seiner Verbündeten darstellt, ein zweites Programm des imperialistischen Kompromisses gegenübergestellt wird von seiten Großbritanniens, Frankreichs, Italiens und der Vereinigten Staaten. Welches Programm haben diese letzteren? Im Namen welcher Ziele könnten sie die Verlängerung dieses Krieges fordern? Auf diese Fragen muß jetzt, nachdem in Brest-Litowsk zwei Friedensprogramme vorgelegt wurden, eine klare, präzise, kategorische Antwort erfolgen.

Zehn Tage trennen uns von der Wiedereröffnung der Friedensverhandlungen. Rußland bindet sich in diesen Verhandlungen nicht durch die Zustimmung der verbündeten Regierungen. Wenn die letzteren fortfahren sollten, die Sache des allgemeinen Friedens zu sabotieren, wird die russische Delegation dennoch zur Fortsetzung der Verhandlungen erscheinen. Ein Separatfriede, den Rußland unterschreibt, würde zweifellos einen schweren Schlag für die verbündeten Länder, vor allem für Frankreich und Italien, bedeuten. Doch die Voraussicht der unausweichlichen Folgen eines Separatfriedens muß nicht nur die Politik Rußlands, sondern auch jene Frankreichs, Italiens und der anderen verbündeten Länder bestimmen. Die Sowjetmacht hat bisher mit allen Mitteln für den allgemeinen Frieden gekämpft. Niemand kann die Bedeutung der auf diesem Wege erzielten Ergebnisse bestreiten. Im weiteren aber hängt alles von den verbündeten Völkern selbst ab. Die eigenen Regierungen zwingen, ihr Friedensprogramm sofort vorzulegen und auf Grund desselben sich an den Verhandlungen zu beteiligen, dies ist jetzt für die verbündeten Völker zu einer Frage der nationalen Selbsterhaltung geworden.

Die russische Revolution hat die Tore zum sofortigen, allgemeinen Frieden auf der Basis der Verständigung aufgetan. Wenn die verbündeten Regierungen bereit sind, diese letzte Möglichkeit auszunützen, können die allgemeinen Verhandlungen sofort in einem der neutralen Länder eröffnet werden. Auf diesen Verhandlungen wird die russische Delegation, unter der unabänderlichen Bedingung ihrer vollen Öffentlichkeit, wie vorher das Programm der internationalen sozialistischen Demokratie vertreten, als Gegengewicht gegen die imperialistischen Programme der Regierungen, sowohl der feindlichen als auch der verbündeten Länder. Der Erfolg unseres Programmes wird davon abhängen, in welchem Maße der Wille der imperialistischen Klassen durch den Willen des revolutionären Proletariats in jedem Lande paralysiert wird.

Wenn die verbündeten Regierungen mit jener blinden Hartnäckigkeit, welche die absteigenden und untergehenden Klassen charakterisiert, neuerlich die Teilnahme an den Verhandlungen ablehnen, dann wird die Arbeiterklasse der eisernen Notwendigkeit gegenüberstehen, die Macht den Händen jener zu entwinden, welche den Völkern den Frieden nicht geben können oder wollen.

In diesen zehn Tagen entscheidet sich das Geschick von Hunderttausenden und Millionen Menschenleben. Wenn jetzt nicht an den französischen und italienischen Fronten der Waffenstillstand abgeschlossen wird, werden neue Offensiven, genau so sinnlos, unbarmherzig und ergebnislos wie alle vorausgegangenen, neue zahllose Opfer auf beiden Seiten verschlingen. Die eiserne Logik dieses von den herrschenden Klassen entfesselten Schlachtens führt zur völligen Vernichtung der Blüte der europäischen Nationen. Die Völker aber wollen leben, und sie haben das Recht darauf. Sie haben das Recht, sie sind verpflichtet, jene zur Seite zu schleudern, welche sie am Leben hindern.

Indem wir uns an die Regierungen mit dem letzten Vorschlag, an den Friedensverhandlungen teilzunehmen, wenden, versprechen wir zugleich der Arbeiterklasse jeden Landes, die gegen ihre nationalen Imperialisten, die Chauvinisten, die Militaristen aufsteht, unsere volle Unterstützung unter der Fahne des Friedens, der Brüderlichkeit der Völker und des sozialistischen Aufbaus der Gesellschaft.

Petrograd, am 30. Dezember 1917.

---

## DEKLARATION, ABGEGEBEN DURCH DEN BEVOLLMÄCHTIGTEN DER RSFSR. TROTZKI IN DER SITZUNG DER POLITISCHEN KOMMISSION DER FRIEDENSKONFERENZ IN BREST-LITOWSK AM 10. FEBRUAR 1918

... Wir glauben, daß nach den ausgedehnten Debatten und der allseitigen Beleuchtung der Frage die Stunde der Entscheidung herangekommen ist. Die Völker erwarten mit Ungeduld die

Ergebnisse der Friedensverhandlungen von Brest-Litowsk. Die Völker fragen, wann diese beispiellose Selbstvernichtung der Menschheit, die durch den Eigennutz und die Machtliebe der herrschenden Klassen aller Länder heraufbeschworen wurde, ein Ende hat? Wenn der Krieg auch irgendeinmal zum Zwecke der Selbstverteidigung geführt wurde, hat er längst schon für beide Lager aufgehört, ein solcher zu sein. Wenn Großbritannien sich afrikanischer Kolonien, Bagdads und Jerusalems, bemächtigt, so ist das doch kein Verteidigungskrieg; wenn Deutschland Serbien, Belgien, Polen, Litauen und Rumänien okkupiert und sich der Inseln im Moonsund bemächtigt, so ist dies ebensowenig ein Verteidigungskrieg. Es ist ein Kampf um die Teilung der Welt. Dies ist jetzt deutlich geworden, deutlicher als je zuvor.

Wir wollen an diesem imperialistischen Kriege nicht länger teilnehmen, wo die Prätensionen der besitzenden Klassen offenkundig mit Menschenblut bezahlt werden. Wir stehen mit der gleichen Unversöhnlichkeit dem Imperialismus beider Lager gegenüber, und wir sind nicht länger bereit, das Blut unserer Soldaten für die Verteidigung der Interessen des einen imperialistischen Lagers gegen das andere zu vergießen.

In Erwartung jener, wie wir hoffen, nahen Stunde, in der die unterdrückten werktätigen Klassen aller Länder die Macht in ihre Hände nehmen, wie dies das werktätige Volk Rußlands getan hat, ziehen wir unsere Soldaten und unser Volk aus dem Kriege. Unser Bauer-Soldat soll zu seinem Pfluge zurückkehren, um schon in diesem Frühjahre friedlich seinen Boden zu beackern, welchen die Revolution aus den Händen der Gutsbesitzer in die Hände des Bauern gelegt hat. Unser Arbeiter-Soldat soll in die Werkstatt zurückkehren, um dort nicht Zerstörungswerkzeuge, sondern Werkzeuge des Aufbaues anzufertigen und zusammen mit seinem Bruder vom Pfluge die neue sozialistische Gesellschaft aufzubauen.

Wir gehen aus dem Kriege davon. Wir verständigen davon alle Völker und ihre Regierungen. Wir erlassen den Befehl zur vollkommenen Demobilisierung unserer Armeen, welche jetzt den Truppen Deutschlands, Österreich-Ungarns, der Türkei und Bulgariens gegenüberstehen. Wir warten und glauben fest daran, daß die anderen Völker unserem Beispiele bald folgen werden. Gleichzeitig erklären wir, daß die uns von den Regierungen Deutschlands und Österreich-Ungarns vorgelegten Bedingungen den Interessen aller Völker von Grund aus widersprechen. Diese Bedingungen werden von den werktätigen Massen aller Länder, darunter auch den Völkern Deutschlands und Österreich-Ungarns, verworfen. Die Völker Polens, der Ukraine, Litauens, Kurlands und Estlands sehen diese Bedingungen als Vergewaltigung ihres Willens an; für das russische Volk bedeuten diese Bedingungen eine ständige Bedrohung. Die Volksmassen der ganzen Welt, welche von politischer Erkenntnis oder moralischem Instinkt geleitet werden, verwerfen diese Bedingungen, in Erwartung jenes Tages, an dem die werktätigen Klassen aller Länder ihre eigenen Normen des friedlichen Zusammenlebens und der freundschaftlichen Zusammenarbeit der Völker festsetzen. Wir weigern uns, jene Bedingungen zu sanktionieren, welche der deutsche und österreichisch-ungarische Imperialismus mit dem Schwerte lebendigen Völkern auf den Leib zeichnet. Wir können nicht die Unterschrift der russischen Revolution unter Bedingungen setzen, welche Millionen menschlicher Wesen Unterjochung, Leid und Unglück bringen.

Die Regierungen Deutschlands und Österreich-Ungarns wollen nach dem Gesetze der Kriegsbeute über Boden und Völker verfügen. Mögen sie doch ihr Werk offen vollbringen. Wir können keine Gewalttätigkeiten sanktionieren. Wir treten vom Kriege zurück, aber wir sind gezwungen, die Unterzeichnung des Friedensvertrages abzulehnen.

In Verbindung mit dieser Erklärung übergebe ich den vereinigten Delegationen der Verbündeten folgende schriftliche und unterzeichnete Deklaration:

„Im Namen des Rates der Volkskommissare bringt die Regierung der Russischen Sozialistischen Föderativen Sowjetrepublik den Regierungen und Völkern der mit uns Krieg führenden, verbündeten und der neutralen Länder zur Kenntnis, daß Rußland, unter Verweigerung der Unterzeichnung des annexionistischen Vertrages, seinerseits den Kriegszustand mit Deutschland, Österreich-Ungarn, der Türkei und Bulgarien für beendet erklärt. Den russischen Truppen wird gleichzeitig der Befehl zur vollkommenen Demobilmachung an der ganzen Front erteilt.

L. Trotzki. A. Joffe. M. Pokrowski.
A. Witzenko. W. Karelin.

---

## AUFRUF DES RATES DER VOLKSKOMMISSARE DER RSFSR. AN DIE WERKTÄTIGE BEVÖLKERUNG GANZ RUSSLANDS, AUS ANLASS DER DEUTSCHEN OFFENSIVE

Arbeiter, Soldaten, Bauern! Die Sowjetmacht wurde vom Volke unter der Fahne des Kampfes für den Frieden errichtet. Wir, der Rat der Volkskommissare, wandten uns an alle kriegführenden Länder mit dem Vorschlage allgemeiner Friedensverhandlungen. Die verbündeten Regierungen verwarfen unseren Vorschlag und unterstützten gegen uns Duchonin, Kaledin, Aleksejew, die Kiewer Rada und die rumänische Regierung, im Bestreben, unseren Kampf für den Frieden zu stören. Die deutsche und die österreichische Regierung sind in Verhandlungen eingetreten. Doch der Friede, den sie uns vorschlugen, erwies sich als auf Raub und Gewalttätigkeit aufgebaut. Die Arbeiterklasse Deutschlands und Österreichs vermochte, obwohl schon erweckt durch die russische Revolution, doch noch nicht, mit ihren Imperialisten fertig zu werden.

Wir, der Rat der Volkskommissare, waren der Meinung, daß das revolutionäre Rußland jetzt auf seine wunden Schultern nicht die Last eines neuen Krieges wälzen kann. Wir unterzeichneten den annexionistischen Friedensvertrag nicht, erklärten aber, daß wir unsere Armee demobilisieren und den Kriegszustand mit Deutschland für beendet erklären. Das bedeutete, daß dem deutschen Volke von unserer Seite weiter keinerlei Gefahr droht. Eine deutsche Offensive stellte unter diesen Umständen nichts anderes dar, als einen offenen und offensichtlichen Raubzug. Dies hat aber die deutschen Machthaber nicht zurückgehalten. Ohne den Fortgang unserer Demobilisierung abzuwarten und selbst ohne die siebentägige Vorankündigung, welche in den Waffenstillstandsbedingungen festgesetzt war, haben die Regierungen der Hohenzollern und Habsburger ihre Truppen zum Angriffe gegen das revolutionäre Rußland in Bewegung gesetzt. Die isolierten Reste unserer Truppen wichen fast ohne Widerstand vor dem organisierten Drucke des Feindes zurück. Die feindlichen Truppen bewegen sich, nach der Einnahme von Dwinsk, Wenden, Lutzk, vorwärts und drohen, die wichtigsten Verkehrswege abzuschneiden und die wichtigsten Zentren der Revolution durch Hunger zu erwürgen.

In Anbetracht der Stimmung unserer erschöpften Armee, sowie des Zustandes des ganzen Landes und insbesondere seiner Verpflegungs- und Transportmittel, hat der Sowjet der Volkskommissare einen neuen Versuch gemacht, den Vormarsch der hohenzollernschen Soldaten aufzuhalten, indem er seine Bereitwilligkeit kundgab, die uns vorgelegten Friedensbedingungen zu unterzeichnen.

Soldaten, Arbeiter, Bauern, wir haben diesen für uns drückendsten Schritt getan, um das Land um den Preis der allergrößten Konzessionen vor der endgültigen Erschöpfung und die Revolution — vor dem Verderben zu retten. Die bourgeoisen Gruppen benützen einerseits das Eintreffen der deutschen Generale für die Abrechnung mit der Revolution, andererseits beginnen sie eine ungeheure Hetze gegen die Sowjetmacht.

Im gleichen Geiste schreiben die Zeitungen der kompromißlerischen Parteien. Sie stellen die Sache so dar, als ob wir freiwillig die Fahne vor den Hohenzollern gesenkt hätten. Doch Ihr, Genossen Arbeiter, Soldaten und Bauern, Ihr kennt die Lage des Landes und an der Front so gut wie wir.

Nachdem einmal die deutsche Arbeiterklasse in dieser furchtbaren Stunde sich noch nicht genügend entschlossen und stark gezeigt hat, um die verbrecherische Hand ihres eigenen Imperialismus aufzuhalten, hatten wir keine andere Wahl, als die Friedensbedingungen des deutschen Imperialismus anzuerkennen — bis zu jenem Zeitpunkte, an welchem die europäische Revolution sie ändert und aufhebt.

Wir wissen jetzt noch nicht, wie die Antwort der deutschen Regierung sein wird. Sie beeilt sich nicht mit der Antwort, sondern trachtet, offensichtlich, über eine möglichst große Anzahl neuer und wichtigster Positionen auf unserem Territorium zu verfügen. Wir sind auch jetzt fest davon überzeugt, daß die deutsche Arbeiterklasse sich gegen die Versuche ihrer herrschenden Klassen, die Revolution zu erwürgen, erheben wird. Wir können aber nicht mit Sicherheit voraussehen, wann dies sein wird. Wir warten auf die Vorlage der deutschen Bedingungen und sind zu den größten Opfern bereit, um unserem erschöpften Volke die Möglichkeit zu sichern, mit den furchtbaren Folgen des Krieges fertig zu werden und den Weg der sozialistischen Entwicklung zu beschreiten.

Aber zu gleicher Zeit halten wir es für notwendig, Euch, Arbeiter, Bauern und Soldaten, vorzubereiten, daß die deutschen Imperialisten möglicherweise durch nichts in ihrem Streben, die Sowjetmacht zu zerbrechen, den Bauern den Boden wegzunehmen, die Macht der Gutsbesitzer, Bankiers und der Monarchie wieder aufzurichten, aufzuhalten sind. Wir wollen den Frieden, wir sind bereit, auch einen schweren Frieden anzunehmen, aber wir müssen zur Abwehr bereit sein, wenn die deutsche Gegenrevolution versucht, die Schlinge um unseren Hals endgültig zuzuziehen.

Der Rat der Volkskommissare ruft alle lokalen Sowjets und Armeeorganisationen auf, alle Kräfte an die Wiederaufstellung der Armee zu wenden. Alle verdorbenen Elemente, Halunken, Marodeure, Feiglinge müssen unbarmherzig aus den Reihen der Armee verjagt, wenn sie Widerstand leisten, vom Erdboden vertilgt werden. Alle nicht in produktiver Tätigkeit befindlichen Arbeiter und Bauern, bewußte und mannhafte Kämpfer der Revolution, müssen sich sofort in die Rote Armee einreihen. Es ist unumgänglich, alle Kräfte zur Regelung des Transportwesens und zur Verbesserung des Verpflegungswesens anzuspannen. Die Bourgeoisie, welche unter dem Zaren und unter Kerenski sich von der Schwere des Krieges drückte und von seiner Not fett wurde, muß zur Erfüllung ihrer Pflichten mit den entschlossensten Mitteln und erbarmungslos herangezogen werden.

Es ist notwendig, in den Reihen der Armee und im ganzen Lande die strengste Disziplin aufzurichten. In Petrograd wie auch in den anderen Zentren der Revolution muß die Ordnung mit eiserner Hand aufrechterhalten werden. Arbeiter, Bauern, Soldaten! Mögen unsere Feinde — die äußeren und inneren — erkennen, daß wir bereit sind, die Errungenschaften der Revolution bis zum letzten Blutstropfen zu verteidigen.

Petrograd, am 21. Februar 1917.

---

## DEKLARATION DES BEVOLLMÄCHTIGTEN DER RSFSR. SOKOLNIKOW, ABGEGEBEN IN DER PLENARSITZUNG DER FRIEDENSKONFERENZ VON BREST-LITOWSK AM 3. MÄRZ 1918.

Die durch den Überfall der deutschen Truppen auf Rußland, das bereits die Einstellung des Krieges und die Demobilisierung seiner Armee verlautbart hatte, zur Annahme des von Deutschland gestellten Ultimatums gezwungene Arbeiter- und Bauern-Regierung der Russischen Sozialistischen Föderativen Sowjetrepublik hat am 2./24. Februar die Erklärung über die Annahme des Ultimatums abgegeben und uns zur Unterzeichnung der uns gewaltsam auferlegten Bedingungen delegiert.

Die früher in Brest-Litowsk stattgefundenen Verhandlungen zwischen Rußland auf der einen, Deutschland und seinen Verbündeten auf der anderen Seite, haben mit hinreichender Offenkundigkeit dargetan, daß der sogenannte „Verständigungsfriede" in Wirklichkeit ein ausgesprochen annexionistischer und imperialistischer ist. Die jetzigen Brest-Litowsker Bedingungen sind noch wesentlich verschlechtert.

Der Friede, der jetzt in Brest-Litowsk abgeschlossen wird, ist kein Friede, der auf der freien Verständigung der Völker Rußlands, Deutschlands, Österreich-Ungarns, Bulgariens und der Türkei gegründet ist. Dieser Friede ist mit der Waffe in der Hand diktiert. Er ist ein Friede, den das revolutionäre Rußland, zähneknirschend, annehmen muß. Er ist ein Friede, der unter dem Vorwande der „Befreiung" russischer Grenzgebiete in Wirklichkeit dieselben in deutsche Provinzen verwandelt und sie des Rechtes auf freie Selbstbestimmung beraubt, jenes Rechtes, das ihnen die Arbeiter- und Bauern-Regierung des revolutionären Rußlands zugestanden hatte. Er ist ein Friede, der unter dem Vorwande der Wiederherstellung der Ordnung den Klassen der Bedrücker in den okkupierten Gebieten bewaffnete Unterstützung erweist gegen die werktätigen Klassen, und jenen behilflich ist, die das durch die russische Revolution abgeschüttelte Joch den Werktätigen erneut auferlegen wollen. Er ist ein Friede, welcher den Boden an die Gutsbesitzer zurückgibt und von neuem die Arbeiter in die Sklaverei der Fabrikanten und Unternehmer jagt. Er ist ein Friede, der den werktätigen Massen Rußlands auf lange Zeit den alten Handelsvertrag, und noch in verschärfter Form, auferlegt, der im Jahre 1904 im Interesse der deutschen Agrarier abgeschlossen wurde; gleichzeitig stellt er der deutschen und österreichisch-ungarischen Bourgeoisie den Ersatz ihrer Schäden und die Zinsenzahlung für die Verpflichtungen der zaristischen Regierung sicher, welche das revolutionäre Rußland anzuerkennen abgelehnt hat. Endlich aber, wie zur kräftigeren Unterstreichung des grellen Klassencharakters des deutschen bewaffneten Druckes, versucht das deutsche Ultimatum, der russischen Revolution den Mund zu stopfen, indem es die Agitation gegen die Regierungen des Vierbundes und ihre Militärbehörden verbietet.

Nicht genug hieran. Immer unter dem Vorwande der Herstellung der Ordnung besetzt Deutschland Gebiete mit rein russischer Bevölkerung mit Waffengewalt und führt dort ein Regime militärischer Okkupation und vorrevolutionären Systems ein. In der Ukraine und in Finnland fordert Deutschland die Nichteinmischung des revolutionären Rußlands, während es gleichzeitig aktiv die konterrevolutionären Kräfte gegen die revolutionären Arbeiter und Bauern unterstützt. Im Kaukasus reißt Deutschland zugunsten der Türkei, unter klarem Verstoße gegen die Formulierung der Bedingungen der deutschen Regierung im Ultimatum vom 21. Februar und entgegen dem wahren Willen der Bevölkerung, die Gebiete Ardagan, Kars und Batum, welche von den türkischen Truppen niemals erobert wurden, von Rußland los. Eine solche offene und gewaltsame Annexion wichtiger strategischer Punkte kann nur einen Zweck haben, die Vorbereitung eines neuen Angriffs auf Rußland und den Schutz der kapitalistischen Interessen gegen die Arbeiter- und Bauern-Revolution; dies ist das Ziel, welchem der Angriff der deutschen Truppen dient, der am 18. Februar ohne die siebentägige Vorankündigung, welche im Waffenstillstandsvertrage vom 15. Dezember 1917 zwischen Rußland und den Vierbundmächten bedungen war, unternommen wurde.

Diese Offensive wurde, ungeachtet der Erklärung des Sowjets der Volkskommissare über die Annahme der Bedingungen des deutschen Ultimatums vom 21. Februar, nicht eingestellt. Diese Offensive wurde nicht eingestellt, ungeachtet der Wiederaufnahme der Arbeiten der Friedenskonferenz von Brest-Litowsk und des offiziellen Protestes der russischen Delegation. Dadurch verwandeln sich alle Friedensbedingungen, welche Deutschland und seine Verbündeten vorlegen, gänzlich in ein Ultimatum, das Rußland gestellt wird und das von der Drohung unmittelbarer bewaffneter Gewalt seitens der Verfasser des Friedensvertrages unterstützt wird.

Allein, unter den gegebenen Umständen hat Rußland keine Wahl. Durch die Tatsache der Demobilisierung ihrer Truppen hat die russische Revolution sozusagen ihr Schicksal in die Hände des deutschen Volkes gelegt. Die russische Delegation in Brest-Litowsk hat seinerzeit offen erklärt, daß es keinen ehrlichen Menschen geben kann, der daran glaubt, daß der Krieg gegen Rußland im jetzigen Augenblick ein Verteidigungskrieg sein könne. Deutschland ist zum Angriff übergegangen; dem deutschen Militarismus ist es gegenwärtig gelungen, seine Truppen gegen die Arbeiter- und Bauern-Massen der Russischen Sozialistischen Föderativen Sowjetrepublik unter der Losung der Wiederherstellung der Ordnung in Bewegung zu setzen, in Wirklichkeit aber mit dem Ziele der Erwürgung der russischen Arbeiter- und Bauern-Revolution im Interesse des Welt-Imperialismus. Das deutsche Proletariat erwies sich als noch nicht genügend vorbereitet, um diesen Druck aufzuhalten. Wir zweifeln keinen Augenblick daran, daß dieser Triumph des Imperialismus und Militarismus über die internationale proletarische Revolution sich nur als ein zeitweiliger und vorübergehender erweisen wird. Nur auf ihre eigenen Kräfte angewiesen, ist die Sowjetregierung der Russischen Republik nicht in der Lage, dem bewaffneten Angriffe des deutschen Imperialismus zu widerstehen und, um der Rettung des revolutionären Rußlands willen, gezwungen, die ihr vorgelegten Bedingungen zu akzeptieren.

Wir sind von unserer Regierung ermächtigt, den Friedensvertrag zu unterzeichnen. Genötigt, ungeachtet des von uns abgegebenen Protestes, die Verhandlungen unter den ganz besonderen Umständen einer Fortsetzung der Kriegshandlungen, welche auf russischer Seite auf keinen Widerstand stoßen, zu führen, können wir die russischen Arbeiter und Bauern, welche die Fortsetzung des Krieges ablehnen, nicht weiteren Erschießungen aussetzen. Wir erklären offen vor dem Angesicht der Arbeiter und Soldaten Rußlands und Deutschlands, vor dem Angesicht der werktätigen und ausgebeuteten Klassen der ganzen Welt, daß wir gezwungen sind, ein Ultimatum anzunehmen, das uns von der derzeit stärkeren Seite diktiert wird, und daß wir sofort den uns vorgelegten ultimativen Friedensvertrag unterzeichnen, indem wir auf jede Prüfung desselben verzichten. Unter solchen Bedingungen ist die Regierung der Russischen Republik nicht in der Lage, dem bewaffneten Angriffe des deutschen Imperialismus zu widerstehen, und um der Rettung der Revolution willen gezwungen, die ihr vorgelegten Bedingungen zu akzeptieren.

Wir, Bevollmächtigte unserer Regierung, sind bereit, sofort den Friedensvertrag zu unterschreiben, wobei wir auf jede Prüfung desselben, als unter den gegebenen Umständen vollkommen nutzlos, verzichten.

## AUFRUF DES RATES DER VOLKSKOMMISSARE AN DIE ARBEITENDE BEVÖLKERUNG FRANKREICHS, ENGLANDS, AMERIKAS, ITALIENS UND JAPANS

Arbeiter! Wie ein böser, von der Kette gelassener Hund heult die ganze kapitalistische Presse Eurer Länder nach „Intervention" Eurer Regierungen in den russischen Angelegenheiten; mit heiserer Stimme schreit sie: „Jetzt oder nie". Aber selbst in diesem Augenblicke, da die Söldlinge Eurer Ausbeuter ihre Masken abgeworfen haben und offen von einem Feldzuge gegen die Arbeiter und Bauern Rußlands schreien, selbst in diesem Augenblicke betrügen sie Euch gewissenlos, denn während sie mit einer „Einmischung" in die russischen Angelegenheiten drohen, haben sie schon die Feindseligkeiten gegen das Rußland der Arbeiter und Bauern eröffnet. Die englischen und französischen Banditen erschießen bereits die Sowjetmitglieder auf der von ihnen besetzten Murmanbahn. Im Ural vernichten sie die Arbeitersowjets; Arbeitervertreter werden von tschecho-slowakischen Truppen, die auf Kosten des französischen Volkes unterhalten und von französischen Offizieren geleitet werden, erschossen. Auf Befehl Eurer Regierungen schneiden sie das russische Volk von der Brotzufuhr ab, um die Arbeiter und Bauern zu zwingen, sich die Schlinge der Pariser und Londoner Börse von neuem um den Hals zu legen. Der jetzige offene Überfall des französisch-englischen Kapitals auf die Arbeiter Rußlands bildet den Abschluß des seit acht Monaten geführten unterirdischen Kampfes gegen das Sowjet-Rußland. Vom ersten Tage der Oktober-Revolution, von dem Augenblick an, da die Arbeiter und Bauern Rußlands erklärt haben, daß sie weiter nicht mehr gewillt sind, ihr Blut und fremdes Blut für die Interessen ihres oder fremden Kapitals zu vergießen; vom ersten Tage an, als sie ihre Ausbeuter zu Boden warfen und Euch aufforderten, ihrem Beispiele zu folgen und dem internationalen Morden und der Ausbeutung ein Ende zu machen, — von diesem Augenblick an haben Eure Ausbeuter geschworen, daß sie mit dem Lande, dessen Arbeiterklasse es gewagt hat, zum ersten Male in der Weltgeschichte das Joch des Kapitalismus abzuwerfen und sich aus der Schlinge des Krieges zu befreien, ein Ende machen werden. Eure Regierungen haben die ukrainische Rada gegen die Arbeiter und Bauern Rußlands unterstützt, die Rada, die sich dem deutschen Imperialismus verkauft hat und deutsches Militär zur Hilfe in ihrem Kampfe gegen die ukrainischen Bauern und Arbeiter in ihr Land gerufen hat; Eure Regierungen haben die rumänische Oligarchie unterstützt, die Oligarchie, welche unsere südwestliche Front überfallen und dadurch geholfen hat, die Widerstandsfähigkeit Rußlands zu töten. Durch bares Geld haben die Agenten Eurer Regierungen denselben General Krassnow gekauft, der jetzt Hand in Hand mit der deutschen Militärmacht sich bemüht, Rußland vom Donezkohlenbecken und vom Kubanschen Brot abzuschneiden, um es zum wehrlosen Opfer des deutschen und russischen Kapitals zu machen. Sie haben nicht nur mit Geld, sondern auch moralisch die Partei der Rechten Sozialrevolutionäre unterstützt, die als Verräter der Revolution anzusehen sind und mit den Waffen in der Hand sich gegen die Macht der Arbeiter und Bauern auflehnen.

Als es sich aber herausstellte, daß alle ihre Bemühungen keinen Erfolg hatten, als es sich zeigte, daß gedungene Banditen eine ungenügende Kraft darstellen, beschlossen sie, auch Euer Blut zu opfern, und unternehmen einen offenen Überfall auf Rußland und werfen die Arbeiter und Bauern Frankreichs und Englands ins Feuer. Ihr, die Ihr Euer Blut an der Marne und an der Aisne, auf dem Balkan, in Syrien und Mesopotamien für die Interessen des Kapitals vergießt, Ihr sollt noch im Schnee Nordfinnlands und in den Bergen des Ural Euer Leben opfern.

Im Interesse des Kapitals sollt Ihr die Henker der russischen Arbeiter-Revolution sein.

Um diesen Kreuzzug gegen die Arbeiter-Revolution zu decken, sagen Euch Eure Kapitalisten, daß dieser Kreuzzug nicht gegen die russische Revolution gerichtet, daß dies ein Kampf gegen den deutschen Imperialismus sei, dem wir uns angeblich verkauft hätten. Die Lügenhaftigkeit und Heuchelei dieser Behauptung werden jedem von Euch klar sein, wenn Ihr folgende Tatsachen vergleicht:

1. Eben deshalb, weil Eure Regierungen, die vorzüglich wußten, daß Rußland nicht imstande ist, weiter Krieg zu führen, es abgelehnt haben, in internationale Friedensverhandlungen einzutreten, waren wir gezwungen, den Brester Frieden, der Rußland zerstückelte, zu unterzeichnen. Und doch hätte auf diesen Friedensverhandlungen die Macht Eurer Regierungen Rußlands retten und Euch einen annehmbaren Frieden geben können. Nicht Rußland, das im Laufe von 3½ Jahren sein Blut vergossen hat, hat Eure Sache verkauft, sondern Eure Regierungen haben Rußland der Gewalt des deutschen Imperialismus ausgeliefert.

2. Als wir gezwungen waren, den Brester Frieden deshalb zu unterzeichnen, weil unsere Volksmassen nicht imstande waren, weiter Krieg zu führen, und als die Agenten Eurer Regierungen sich dauernd bemühten, uns in einen neuen Krieg hineinzuziehen, indem sie versicherten, daß Deutschland uns einen Friedenszustand mit ihm nicht gönnen wird, — antwortete ihnen unsere Presse: Wenn Deutschland den Frieden, den wir durch das schwere Opfer erkauft haben, vernichten wird, wenn es seine Hand gegen die russische Revolution erheben wird, so werden wir uns verteidigen. Wenn unsere Verbündeten uns in der heiligen Sache unserer Verteidigung beistehen wollen, dann sollen sie uns helfen, unsere Eisenbahnen wieder voll herzustellen, unser Wirtschaftsleben wieder aufzubauen, denn ein ökonomisch schwaches Rußland ist nicht imstande, sich ernst zu verteidigen. Aber die Verbündeten haben auf diese unsere Aufforderungen nicht geantwortet, sie dachten nur daran, wie wohl aus uns die Prozente für die alten Anleihen herauszuholen wären, die das französische Kapital dem Zarismus gewährt hatte, um ihn in den Krieg hineinzuziehen, und die das russische Volk durch ein Meer von Blut und durch Berge von Leichen längst bezahlt hat.

3. Unsere Verbündeten haben uns nicht geholfen, unsere Verteidigungsfähigkeit wieder herzustellen, sondern sie haben sich, wie vorher gezeigt wurde, bemüht, mit allen Mitteln Rußlands Verteidigungskraft zu zerstören, indem sie den inneren Verfall förderten und uns von den letzten Brotgebieten abschnitten.

4. Die Verbündeten warnten uns vor den Deutschen, die die sibirische und die Murmanbahn, diese beiden letzten Linien, die uns, ohne deutsche Kontrolle, mit der Außenwelt verbinden, besetzen würden. Schließlich sind aber diese Eisenbahnlinien nicht von den Deutschen, die dies nicht tun konnten, da sie zu weit entfernt waren, sondern von unseren heldenmütigen Verbündeten besetzt worden. Diese unsere Verbündeten kämpfen ferner im Murmangebiet in Sibirien, aber nicht gegen die Deutschen, die es dort nicht gibt, sondern gegen russische Arbeiter, deren Sowjets überall vernichtet werden.

Alles, was die Presse Eurer Kapitalisten und ihre Agenten als Argumente für den barbarischen Überfall auf Rußland vorbringen, ist Heuchelei, um den Kern der Sache zu verdecken. Ganz andere Ziele haben sie im Auge, indem sie gegen Rußland vorgehen.

Drei Ziele verfolgen sie: das erste Ziel, die Besetzung eines möglichst großen Teiles von Rußland, um durch dessen Reichtümer und Eisenbahnen die Prozente der Anleihen des französischen und englischen Kapitalismus zu sichern; das zweite Ziel ist, die Arbeiterrevolution niederzutreten, damit sie Euch nicht begeistert, damit sie Euch nicht zeigt, wie man das Joch des Kapitalismus abwirft. Das dritte Ziel ist die Schaffung einer neuen Ostfront, damit die Deutschen genötigt sind, von ihrer Westfront Truppen abzuziehen und sie nach Osten zu werfen. Agenten Eurer Kapitalisten suchen Euch zu überzeugen, daß auf diese Weise der Druck der deutschen Militärgewalt auf Euch geschwächt wird und daß dadurch der Sieg über den deutschen Imperialismus beschleunigt werden wird. Sie lügen: sie waren nicht imstande, Deutschland zu besiegen,

K r o n s t ä d t e r

als die große russische Armee mitkämpfte und die Verbündeten dadurch die Übermacht hatten und jetzt, da die russische Armee erst im Entstehen ist, sind sie erst recht nicht imstande, auf dem Schlachtfelde als Sieger hervorzugehen. Der deutsche Imperialismus kann nur dann besiegt werden, wenn der Imperialismus aller Staaten durch den Ansturm des ganzen Weltproletariats besiegt wird. Und der Weg dazu ist nicht die Weiterführung des Krieges, sondern seine Beendigung, die Euch und die deutschen Arbeiter von der Furcht vor einer fremden Bourgeoisie und ihren Eroberungszielen befreien wird, ist die Beendigung des Völkerkrieges, damit ein internationaler Bürgerkrieg, ein Krieg der Ausgebeuteten gegen ihre Ausbeuter die sozialen und nationalen Ungerechtigkeiten aus der Welt schaffe. Die Bemühungen, Rußland wieder in den Krieg zu verwickeln, werden auch vor Blutvergießen nicht retten; sie werden nur die russischen Arbeiter, die russische Arbeiter- und Bauern-Revolution dem Schwerte ausliefern, was niemand mehr wünscht, als die Führer der deutschen Kriegspartei, die, weil Deutschland der nächste Nachbar der russischen Revolution ist, ihre zündenden Funken am meisten fürchten. Als gehorsames Werkzeug Eurer Regierungen in dieser Verschwörung gegen Rußland werdet Ihr, Arbeiter Frankreichs, Englands, Amerikas, Italiens, zu Henkern der Arbeiterrevolution.

Arbeiter Frankreichs! Ihr, die Nachkommen der Kommunards, werdet von Euren Beherrschern gezwungen, die Rolle der Handlanger Gallifets zu spielen.

Söhne englischer Arbeiter, die sich einmütig auflehnten, als englische Textilbarone amerikanischen Sklavenbesitzern zu Hilfe kommen wollten, Euch wollen Eure Beherrscher jetzt in die Rolle von Henkern der russischen Revolution pressen!

Ihr, die Ihr den zaristischen Despotismus immer gehaßt habt, Ihr sollt auf Befehl der Trustkönige beim Aufbau eines neuen Zarismus behilflich sein! Dazu will man Euch zwingen, Arbeiter Amerikas!

Euch, Arbeiter Italiens, die Ihr jede Erscheinung des proletarischen Befreiungskrieges mit Enthusiasmus aufgenommen habt, Euch will man zu Mithelfern am konterrevolutionären Feldzuge gegen das Rußland der Arbeiter machen!

Das werktätige Rußland bietet Euch, Proletariern der verbündeten Länder, die Hand!

Jene Leute, deren Hände besudelt sind mit dem Blute der Arbeiter von Kem, Samara, Tomsk, die auf Befehl der Kommandeure der Murmansktruppen und der Anführer des tschecho-slowakischen Aufstandes erschossen worden sind, jene Leute behaupten jetzt, daß wir auf Befehl Deutschlands die Beziehungen zu den Völkern Frankreichs, Englands, Italiens, Amerikas und Belgiens abbrechen.

**Allzulange haben wir die Verhöhnungen Sowjet-Rußlands durch die Vertreter des verbündeten Imperialismus ertragen; wir erlaubten denjenigen, die einst die Schuhsohlen des Zarismus leckten, in Rußland zu bleiben, obgleich sie die Arbeiterregierung nicht anerkennen wollten. Wir übten keine Vergeltung an ihnen, obgleich sich die Hand ihrer militärischen Missionen in jeder gegen uns gerichteten konterrevolutionären Verschwörung bemerkbar machte. Und jetzt noch, da es sich herausstellt, daß an der Spitze der Tschecho-Slowaken französische Offiziere stehen, da die Murmanskexzesse angefangen haben, selbst jetzt haben wir noch mit keinem Worte gegen die Anwesenheit Eurer Diplomaten auf dem Boden des von ihnen nicht anerkannten Sowjet-Rußland protestiert. Wir haben nur ihre Übersiedlung von Wologda nach Moskau gefordert, um sie vor Attentaten der durch ihre verbrecherischen Handlungen bis ins Innerste empörten Bevölkerung zu schützen. Das alles taten wir nur, weil wir ihnen keine Möglichkeit geben wollten, Euch zu sagen, daß wir mit Euch abbrechen. Und auch jetzt, nach der Abreise der verbündeten Gesandten, wird den friedlichen Bürgern Eurer Länder, die sich bei uns aufhalten, kein Haar gekrümmt werden, wenn sie sich den Gesetzen der Arbeiter- und Bauern-Republik unterwerfen. Wir sind überzeugt, daß, wenn wir jeden Schlag von seiten der „verbündeten" Eroberer durch zwei Schläge beantworten werden, Ihr darin nicht nur eine berechtigte Verteidigung, sondern auch die Verteidigung Eurer eigenen Interessen sehen werdet. Denn die Rettung der russischen Revolution ist wichtig für die Arbeiter aller Länder. Wir sind überzeugt, daß jede Maßnahme gegen diejenigen, die auf russischem Boden Verschwörungen gegen die russische Revolution schmieden, Eure volle Sympathie finden wird, denn diese Verschwörungen sind ebenso gegen Euch wie gegen uns gerichtet. Gezwungen, gegen das verbündete Kapital zu kämpfen, das zu den Ketten, die uns der deutsche Imperialismus auferlegt hat, neue Ketten hinzufügen will, wenden wir uns an Euch mit dem Rufe:**

**Es lebe die Solidarität der Arbeiter der ganzen Welt!**

**Es lebe die Solidarität des französischen, englischen, amerikanischen und italienischen Proletariats mit dem russischen Proletariat!**

**Nieder mit den Räubern des internationalen Imperialismus! Es lebe die internationale Revolution! Es lebe der Völkerfriede!**

## 4. DER KRIEGSKOMMUNISMUS / DIE LINKEN SOZIALREVOLUTIONÄRE

von

*W. Astrow*

DIE in der russischen Geschichte unter dem Namen „Kriegskommunismus" bekannte Periode nahm nicht unmittelbar nach dem Oktober-Umsturz ihren Anfang. Sie entspricht vielmehr den Jahren des systematischen Bürgerkrieges gegen die Sowjetrepublik, der mit Unterstützung der ausländischen Imperialisten von den Kräften des „weißen" Lagers, der Armee der russischen Gutsbesitzer und Kapitalisten geführt wurde. Dieser systematische Bürgerkrieg fing im Sommer 1918 an und dauerte bis Ende 1920, also ungefähr drei Jahre.

Die Periode des „Kriegskommunismus" wird durch gewisse spezifische Merkmale charakterisiert, die als Folgeerscheinungen des harten bewaffneten Kampfes gegen die Konterrevolution zu betrachten sind. Im ersten Halbjahre des Bestehens der Sowjetmacht, bis zum Sommer 1918, traten diese spezifischen, charakteristischen Züge noch nicht in die Erscheinung.

Bis zum Januar 1918 erlebte die proletarische Revolution, nach den Worten Lenins, eine Zeit des ungehinderten triumphalen Vormarsches. Die Lawine der Massenbewegung wälzte sich siegreich durch das Land, ohne auf ernste Hindernisse zu stoßen. Die ersten Versuche eines bewaffneten Widerstandes von seiten der Anhänger des alten Regimes wurden rasch und leicht niedergeschlagen. Der politische Sieg der Sowjetmacht stabilisierte sich. Die Bauern liquidierten auf dem flachen Lande überall das grundherrliche Landeigentum. Gleichzeitig erfolgte die erste „rotgardistische Attacke“ gegen das Kapital. Die wichtigsten wirtschaftlichen Machtpositionen, die Banken und ein Teil der privaten Großbetriebe wurden besetzt.

Diesen ersten Siegesmarsch mußte die proletarische Revolution einstellen, als sie auf das erste ernstliche Hindernis, auf eine fremde, imperialistische Macht stieß. Der deutsche Imperialismus setzte durch seine Drohung, zur Offensive überzugehen, die Frage der Existenz der Sowjetmacht auf die Tagesordnung. Die Revolution mußte zurückweichen, sich durch den Abschluß des Brester Friedens eine Atempause verschaffen.

In denselben Zeitpunkt fällt die bekannte Wendung in der Innenpolitik der Sowjetrepublik, die zuerst durch Lenin in seinen Reden und Aufsätzen verkündet, ihre endgültige Form in dem April-Beschlusse des Allrussischen Zentral-Exekutivkomitees fand. Wir haben genug „expropriiert“, genug „zerschlagen und zerhauen“, es wird Zeit „sich umzusehen“, „nachzurechnen“; „Berechnung, Kontrolle und Organisation“ sind nun die Aufgaben des Tages — dies war der von Lenin formulierte Sinn dieser Wendung in der Innenpolitik.

Mit Eintreten der „Atempause“ sah sich die Sowjetmacht vor schwere Probleme der Organisation, vor allem der wirtschaftlichen Organisation gestellt. Auf diesem Gebiete lag ihr nicht nur jeder Gedanke einer sofortigen „Einführung“ des Sozialismus im Lande fern, sie hielt es auch nicht für notwendig, die gesamte Industrie zu nationalisieren. Sie machte sich den von Lenin theoretisch begründeten Plan der Einführung eines eigenartigen „Staatskapitalismus“ im proletarischen Staate zu eigen.

Dieser Plan bedeutete grob und einfach gesprochen folgendes: Die Mehrzahl der Betriebe und Fabriken bleibt noch Privateigentum der Kapitalisten, wird noch nicht nationalisiert. Diese Fabriken werden jedoch unter der Kontrolle des proletarischen Staates („von oben“) und der Organe der Arbeiterkontrolle („von unten“) zu Trusts, Syndikaten usw. zusammengeschlossen. Es war dies ein Programm der Zusammenarbeit des proletarischen Staates und der Kapitalisten zur Leitung und zum Wiederaufbau der Industrie.

Als später die gesamte bürgerliche und kleinbürgerliche Presse aus Anlaß der Einführung der Neuen Ökonomischen Politik als angeblicher „Kapitulation der Sowjetmacht vor dem Kapital“ ein Triumphgeheul erhob, verdrehte sie die Tatsachen und verschwieg, daß die Bolschewiki schon im ersten Halbjahr ihrer Machtergreifung der Perspektive der NÖP ähnliche Perspektiven aufgestellt hatten. Der Unterschied zwischen den Wirtschaftsplänen des Frühjahrs 1918 und den Plänen von 1921 bis 1923 besteht darin, daß die ersteren dem Privatkapital eine viel größere Rolle und ein viel weiteres Tätigkeitsgebiet einräumten, als später in den Jahren der NÖP verwirklicht wurde. Die Jahre der Intervention und des Bürgerkrieges hatten die praktische Berichtigung dieser Pläne gebracht, als sie die Sowjetmacht zwangen, auf dem Gebiete der Regelung privater Eigentumsverhältnisse viel weiterzugehen, als sie in den ersten Jahren ihrer Existenz beabsichtigt hatte.

Der bewaffnete Angriff der Weißen von außen, die Sabotage der Kapitalisten, die gegenrevolutionären Verschwörungen und Aufstände, die Hungersnot und Zerrüttung innerhalb des Landes — all dies zwang die Sowjetregierung zur Befolgung einer ebenso harten kriegswirtschaftlichen Politik, wie die Zeiten eben hart waren. Die Lebensmittelkolonnen der Arbeiter nahmen allen Getreideüberschuß der Bauern für die Rote Armee und für die hungernden Städte fort. Die im Sommer 1918 auf dem flachen Lande außer den Sowjets ins Leben gerufenen „Dorfarmutskomitees“, die ursprünglich dazu bestimmt waren, den Lebensmittelkolonnen bei der Durchführung der Getreidezwangswirtschaft behilflich zu sein, wurden durch die Macht der Umstände zu Organen des Klassenkampfes gegen das Dorfkulakentum überhaupt, der oft sogar in der Form des Bürgerkrieges im Dorfe entbrannte.

In den Städten begann in der zweiten Hälfte 1918 die massenhafte Nationalisierung der Unternehmen: Der proletarische Staat sah sich gezwungen, die gesamte vorhandene Masse sowohl der landwirtschaftlichen, als auch der Industrieprodukte in seine Hände zu konzentrieren, um die Versorgung der Armee mit Kriegsmaterial und Lebensmitteln sichern zu können. An Stelle der Produktionskontrolle durch die Arbeiter trat die unmittelbare Leitung der Unternehmen durch staatliche Organe. Gleichzeitig versuchte man durch die Genossenschaften, die zu diesem Zeitpunkte mit dem Staat in engster Verbindung standen, den planmäßigen Produktenaustausch zwischen Stadt und Land zu organisieren. Der freie Handel wurde abgeschafft. In den Städten wurde eine massenhafte Nationalisierung der Häuser vorgenommen.

Die Gesamtheit der oben erwähnten und anderen in ihrem Gefolge auftretenden wirtschaftlichen Maßnahmen ist eben das, was wir das Wirtschaftssystem des Kriegskommunismus nennen. Es war dies keineswegs die wirklich richtige und zweckmäßige *Wirtschafts*politik des siegreichen Proletariats. Zu dieser kehrte man erst im Jahre 1921 wieder zurück, indem man, sobald die Beendigung des Bürgerkrieges solche Maßnahmen gestattete, den freien Handel wieder zuließ, von der Getreidezwangswirtschaft zur Naturalsteuer überging usw. Die Wirtschaftspolitik der Bürgerkriegsperiode war eine durch Bürgerkrieg und Blockade, Intervention und Kapitalistensabotage bedingte Abweichung von den vom *wirtschaftlichen* Standpunkt aus richtigen Prinzipien der Wirtschaftspolitik.

Die Arbeiter und Bauern führten ihren Verteidigungskrieg um die Errungenschaften der Oktober-Revolution unter unerhört schweren Bedingungen. Hungersnot und Zerrüttung peinigten die werktätige Bevölkerung bis zur Grenze des Erträglichen. Die Gegner weisen auf die Tatsache des wirtschaftlichen Verfalls dieser Jahre als auf eine Folge der Durchführung der Wirtschaftspolitik des Kommunismus hin — eine Heuchelei, da der Verfall die Folge gerade entgegengesetzter Ursachen war, eine Folge gerade dessen, daß eine rationelle, kommunistische Wirtschaftspolitik *nicht* gemacht werden konnte, weil dies von den Weißgardisten im Bunde mit der Entente verhindert wurde. Die Bourgeoisie und die Gutsbesitzer taten alles, was in ihrer Macht stand, um den Arbeitern und Bauern keine Möglichkeit zur Verwirklichung des ersten Versuchs einer richtigen kommunistischen Politik in einem Lande zu lassen. Erst die Überwindung der Weißgardisten und Interventionisten schuf die entsprechenden Verhältnisse und lieferte die Möglichkeit, zu zeigen, was durch eine rationelle kommunistische Politik in wenigen Jahren sogar in einem so rückständigen Lande wie Rußland erreicht werden kann.

---

Auf dem Boden der Wirtschaftspolitik kamen die Gegensätze zwischen den Bolschewiki und den linken Sozialrevolutionären zum Ausbruch, die logischerweise zum Bruch mit dieser kleinbürgerlichen Partei führten.

Schon bei den Fragen der Organisierung der Industrie und des Transportes begannen diese Meinungsverschiedenheiten. Die heftigsten Angriffe rief das Dekret über die Verwaltung der Eisenbahnen hervor, in dem das Prinzip der persönlichen Diktatur als dem einzigen Mittel im Kampfe mit dem Ruin durchgeführt war. Über diese Verletzung des „demokratischen Prinzips", der „Kollegialität" etc. wehklagten jetzt die linken SR. im Chore mit Martow.

III. Allrussischer Kongreß der Sowjets der Arbeiter-, Soldaten-, Bauern- und Kosaken-Deputierten

Die von Lenin auf die Tagesordnung gestellte Frage der Durchführung des Staatskapitalismus unter Sowjetbedingungen rief von Seite der linken SR. die Beschuldigung der „Kapitulation", des Kompromisses mit der Bourgeoisie hervor, wiederum in einer Linie mit Martow. Ebenso wurde die Frage der Ausnützung von Spezialisten als „Koalition mit der Bourgeoisie" qualifiziert.

„Auf welcher Grundlage", so fragt der Sozialrevolutionär Karelin, „wird das sachliche Übereinkommen mit den Vertretern der Bourgeoisie, wie Ingenieuren, Generalen, Industrie- und Finanzmachern geschlossen?". Lenin antwortet: „Wir werden von ihnen lernen." „Gut, warum sollten wir nicht lernen, aber um welchen Preis?? — Werden sie das Programm der Sowjets verwirklichen? — „Natürlich nicht . . . das ist ein gewisser Schritt nach rückwärts..." „Sie werden um den Preis von Konzessionen arbeiten. Das ist eine Koalition, gegen welche wir gemeinsam mit den Bolschewiki energisch gekämpft haben. Gegen diese Koalition werden wir kämpfen, auch wenn wir allein bleiben sollten." (Protokoll der IV. Session des Zentral-Exekutivkomitees, S. 222).

Der Gedanke der Sowjetwirtschaften, des Sowjetbesitzes am Lande, wurde von den linken Sozialrevolutionären vom Standpunkte des Bauern kritisiert, der die Aufteilung dieser Wirtschaften wünschte.

Wie die Wirtschaft im Maßstabe des ganzen Staates zu organisieren ist, das weiß der kleine Wirtschaftler nicht und kann es nicht wissen. Er hat den Arbeiter unterstützt, solange es um die Zerstörung der bourgeoisen Regierung, um die Liquidierung des Bodens der Gutsbesitzer, um die Niederwerfung des Großkapitals ging. Wenn aber die proletarische Regierung die Brücke zum Sozialismus zu bauen beginnt, Organisation und Disziplin einführt, dann überträgt er auf sie die gleichen Methoden des Kampfes und der Zersetzung, welche er, der Vertreter der kleinbürgerlichen Elemente, gegenüber dem vergangenen kapitalistischen System angewandt hat.

Wenn das Auftreten der linken SR. gegen den „Staatskapitalismus" noch „oppositionellen" Klang hatte, so nahm es direkt konterrevolutionären Charakter an, als die Sowjetregierung die Methoden der Verrechnung, Kontrolle, Organisation und Disziplin ins Dorf übertrug.

Es war die Ernährungsfrage, welche angesichts ihrer Verschärfung für die Städte und die Armee gegen den Sommer 1918 der Sowjetregierung den unmittelbaren Anlaß gab, den Weg der Verpflanzung des Klassenkampfes ins Dorf zu beschreiten.

Schon aus Anlaß des Dekrets über die Verpflegung, das am 9. Mai 1918 im Zentral-Exekutivkomitee eingebracht wurde, sonderten die linken Sozialrevolutionäre sich von den Bolschewiki ab, indem sie gegen die Diktatur im Verpflegungswesen auftraten. Sie stimmten am 20. Mai nicht für das Dekret über die Reorganisierung des Volkskommissariats für das Verpflegungswesen, weil in demselben der § 6 enthalten war, der besagt:

„Das Volkskommissariat für Verpflegungswesen hat das Recht, im Falle von Verstößen gegen den Versorgungsplan und gegen die Interessen der Bevölkerung der ganzen Republik die örtlichen Verpflegungskommissare zu entheben und die Wahl neuer zu fordern, die Verfügungen der Deputierten-Sowjets aufzuheben und in besonders wichtigen Fällen beim Zentral-Exekutivkomitee deren Überantwortung an das Gericht zu beantragen." (Protokoll der IV. Session des Zentral-Exekutivkomitees S. 325, 333).

Die linken Sozialrevolutionäre waren für die Dezentralisierung im Verpflegungswesen. In der Praxis waren sie gegen die Entsendung von Proviantierungsabteilungen zwecks Einziehung der Überschüsse.

Aber vor allem bewirkte das Dekret über die Organisierung der Dorfarmut die Spaltung. Die linken SR. lehnten schon die bloße Bezeichnung der „Armut" ab, an deren Stelle sie „arbeitende Bauernschaft" vorschlugen. Im weiteren Verfolge bezeichnete einer von ihnen den Kongreß der Komitees der Armut als „Kongreß der Nichtstuer". Sie forderten dazu auf, außer den allgemeinen Bauernsowjets keinerlei andere Organe im Dorfe zu bilden.

Seit dem Sommer 1918 nationalisierte die Sowjetregierung die städtische Industrie, setzte deren Preise fest, gab die Textilwaren an die Bauern zu 50 Prozent des Marktpreises und darunter ab. Die städtische Industrie aber war, infolge einer ganzen Reihe von Umständen, nicht in der Lage, die Bauernschaft sofort zu beliefern. Die Voraussetzungen für die normale Realisierung der bäuerlichen Überschüsse waren geschwunden. Die Sowjetregierung forderte das Getreide auf Kredit für die Rote Armee und die Arbeiter. Auch jetzt trat der linke Sozialrevolutionär auf, der nicht auf Kredite eingehen wollte, sondern nach Spekulantenart forderte: „Prompte Zahlung!"

Die linken Sozialrevolutionäre malten bei jeder Gelegenheit aus, wie sehr sie gegen die Kulaki seien. „Der Kampf mit den Dorfkulaken muß ein unbarmherziger sein", sagte Karelin in der gleichen Rede. Wie aber in Wirklichkeit die Frage des Klassenkampfes im Dorfe im Jahre 1918 aussah, davon spricht Lenin:

„Der Hauptfeind, gegen den sich die Schärfe der Verpflegungsdiktatur richtet, ist der Kulak. Wir kämpfen nicht bloß nicht gegen die ärmeren Bauern, auch nicht gegen die Mittelbauern. Die Mittelbauern ganz Rußlands besitzen nur unbedeutende Überschüsse." (Rede auf dem V. Sowjetkongreß.) Aber andererseits: „Die Lage ist jetzt eine derartige, daß, wenn Ihr jenen einen werktätigen Bauern nennen wollt, der durch seine Arbeit und vielleicht auch ohne irgendwelche Lohnarbeiter, Hunderte von Pud geerntet hat und nun sieht, daß, wenn er vielleicht diese Hunderte von Pud zurückhält, so kann er sie statt um 6 Rubel besser an Spekulanten verkaufen oder an den abgequälten, hungergeplagten städtischen Arbeiter, der mit seiner hungrigen Familie gekommen ist und 200 Rubel für das Pud bezahlt, die Lage ist jetzt eine derartige, daß ein solcher Bauer, der Hunderte Pud verbirgt, sie zurückhält, um den Preis heraufzutreiben und sogar 100 Rubel für das Pud zu lösen, zu einem Abenteurer — ärger als ein Räuber wird." (Rede auf der IV. Konferenz der Gewerkschaften und Fabrikkomitees Moskaus.)

Die Arbeiter-Bolschewiki waren für ein Übereinkommen mit den Mittelbauern, jedoch auf der Basis der Ablieferung der Überschüsse an die Regierung, welche den Schutz des Landes vor der Gutsbesitzer- und Bourgeoisie-Reaktion gewährleistete. Die linken Sozialrevolutionäre aber, die dieses Abkommen zerreißen wollten, spielten dem Kulaken in die Hand, der die allergrößten Überschüsse besaß. Kleinbürgerliche Mittelstandsströmungen — subjektiv —, eine bourgeoise, kulakische Rolle — objektiv —, dies war im gegebenen Falle das Los der linken SR.

Im Dorfe gab es gegen die Kulaki nur eine feste Stütze, den ärmsten, halbproletarischen Teil der Bauernschaft. Die besondere Organisation der Dorfarmut ablehnen, das hieß in der Tat, dem Kulaken seine Ruhe lassen. Der Mittelbauer diente ihm auch hier als Deckmantel.

Schließlich, gleichviel mit welchen subjektiv-mittelbäuerlichen Vorstellungen der Protest gegen die strenge Proviantpolitik, welche die Arbeiterregierung durchführte, motiviert wurde, objektiv spielten sie den weißgardistischen Armeen, der Bourgeoisie und den Gutsbesitzern in die Hände, objektiv standen sie im Gegensatze zu den Interessen der ärmeren und Mittelbauern.

Wenn die Bolschewiki das Getreide für die Armee wegnahmen, schützten sie in der Tat die Interessen der Bauern, mit Ausschluß der kleinen Kulakengruppe, schützten ihren Boden, — nur so ist die Tatsache zu erklären, daß wir unter unglaublich schweren Bedingungen uns halten und siegen konnten.

Die linken Sozialrevolutionäre, der elementaren Stimmung einzelner Bauerngruppen nachgebend, welche die Koltschaksche und Denikinsche Peitsche noch nicht ausgekostet hatten und die von den Kulaken aufgehetzt waren, führten diese Bauern gegen deren eigene Interessen, gegen das Bündnis mit dem Proletariat. Deshalb gingen die linken SR. zugrunde, sobald die grausamen Lehren des Bürgerkrieges die Bauernschaft überzeugten, daß die Bolschewiki recht hatten.

Für die Partei der linken Sozialrevolutionäre wurde der Juli 1918 zum kritischen Monat. Es war dies die Zeit der „Verschärfung des Klassenkampfes im Zusammenhange mit der Verpflegungskrise, als die neue Ernte in ihrem Reichtum hereingebracht war, aber nicht realisiert werden konnte, und als die kulakischen Elemente und die Bourgeoisie in ihren verzweifelten Anstrengungen „Jetzt oder nie!" sich sagend — die Einwohner Petrograds und Moskaus dem Hunger auslieferten. So wird die Welle von Aufständen verständlich, welche im ganzen Lande umherrollt." (Lenins Rede im Zentral-Exekutivkomitee vom 29. Juli 1918.)

In dieser schwierigen Lage der Sowjetregierung, im Augenblicke des tschechisch-slowakischen Abenteuers, wurde die Partei der linken Sozialrevolutionäre durch ihre Aktion in Moskau in der Zeit des V. Sowjetkongresses, ihre Ermordung des deutschen Gesandten Mirbach und ihren Versuch vom 6. bis 7. Juli, die Sowjetregierung (die Bolschewiki hatten eine riesige Mehrheit auf diesem Kongresse) zu stürzen, einfach zur „Schachfigur in den Händen der Jaroslawer Weißgardisten", objektiv zu Agenten des Entente-Imperialismus und der russischen Bourgeoisie.

Der glänzendste Beweis dafür, daß die linken Sozialrevolutionäre kein Fundament besaßen, war der vollständige Durchfall des tragikomischen Aufstandes, auf dessen Weg sie nach Ermordung Mirbachs durch die Logik der Tatsachen gedrängt wurden, nach der Verletzung des Willens des Allrussischen Sowjetkongresses, nach dem verbrecherischen Versuche, die Außenpolitik der Sowjets zu erschüttern, den Krieg zu provozieren. Es genügt, darauf hinzuweisen, daß sie nicht bloß nirgends im Lande, daß sie auch bei ihren eigenen Truppen, auf welche sie sich bei Besetzung des Bahnhofes, des Telegraphenamtes usw. stützten, weder Verständnis noch Halt fanden. Als die von ihnen verhafteten Genossen Dzerschinski, Lazis und Smidowitsch mit den sie bewachenden Truppen in Verkehr traten und die Sachlage erklärten, traten die Abteilungen zu den Bolschewiki über, legten die Waffen nieder und ließen die Verhafteten frei.

Der Zwerg-„Aufstand" wurde mit geringen Opfern liquidiert und mit Verachtung für das Häuflein Abenteurer, denen es gelungen war, für eine Nacht — im buchstäblichen Sinne des Wortes — einen Aufstand zu inszenieren, weil sie, als verantwortliche Sowjetangestellte, über Autorität, Automobile, Pässe und das Amtssiegel der Sowjetregierung verfügten.

# 5. DIE EROBERUNG DES GRUND UND BODENS. / DIE NATIONALISIERUNG DER GROSSINDUSTRIE

DIE nach der Oktober-Revolution durchgeführte Agrarreform schaffte das Privateigentum an Grund und Boden restlos ab. Die Ländereien der Gutsbesitzer wurden in erster Reihe zur Erweiterung der Wirtschaft der werktätigen Bauern verwandt. Als Ergebnis stieg die durchschnittliche Menge des in Nutzung der Bauern stehenden Landes von 70 Prozent der gesamten landwirtschaftlichen Fläche auf 96 Prozent; in der Ukraine sogar von 55,5 Prozent auf 96 Prozent. In einigen Gebieten des europäischen Rußlands erfolgte die Liquidierung des Großgrundbesitzes in noch entschiedenerem Ausmaße: in 36 Gouvernements des europäischen Rußlands gingen nach Angaben des Zentrosem bis 1. November 1920 von 22 Millionen Deßjatinen nichtwerktätigen Elementen gehörenden Landes 21,4 Millionen in den Besitz der Bauern über, so daß die in Nutzung der Bauern stehende Fläche (ohne Waldungen) von 80 auf 99,8 Prozent stieg. Von 94,7 Millionen Deßjatinen auf 116,1 Millionen Deßjatinen. Knipowitsch stellt für 32 Gouvernements eine Steigerung von 76,3 Prozent auf 96,3 Prozent fest. Die Waldungen gingen während der Revolution sämtlich in den Besitz des Staates über. Im allrussischen Durchschnitt wuchs der auf den Kopf der bäuerlichen Bevölkerung entfallende Landanteil (ebenfalls nach Angaben des Zentrosem) von 1,87 Deßjatinen auf 2,26 Deßjatinen. Allerdings stellt sich dieser Zuwachs in den einzelnen Bezirken sehr verschieden dar.

An Großgrundbesitz blieben zu Ende des Jahres 1921 übrig:

a) 5918 staatliche Landwirtschaften mit 3916000 Deßjatinen (im europäischen Rußland 2 878 000 Deßjatinen und in Sibirien und den Randgebieten 1 038 000 Deßjatinen) davon 1 158 000 Deßjatinen Ackerland.

b) 15 121 kollektive Bauernwirtschaften (in der RSFSR.) mit 1233000

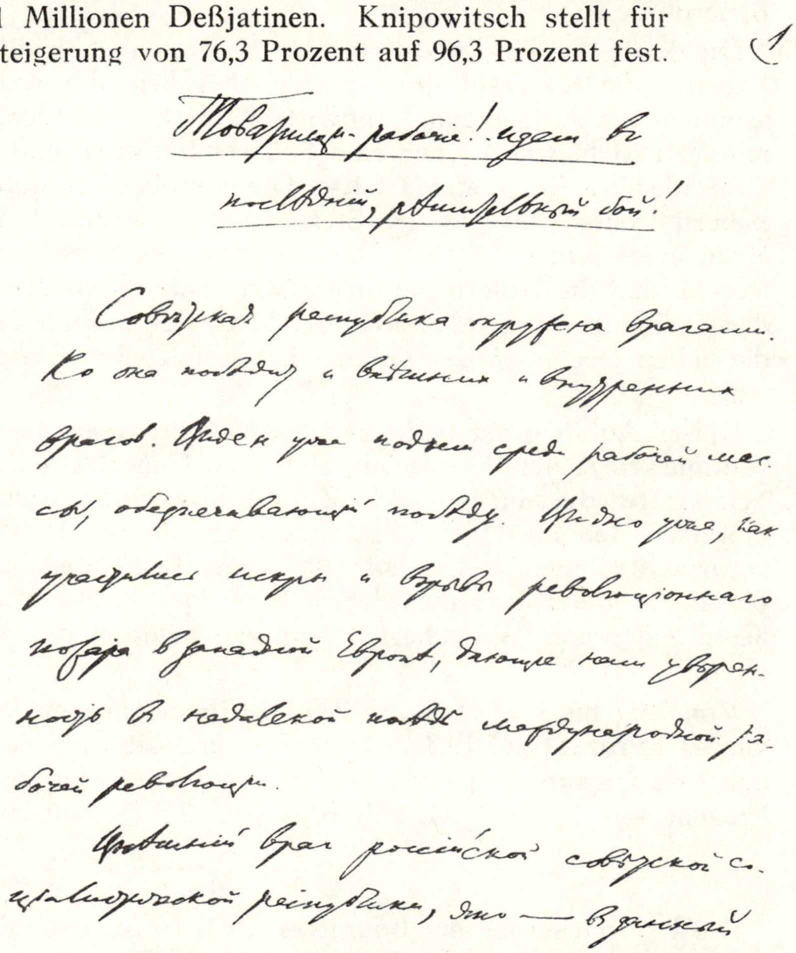

Товарищи-рабочие! Идем в последний, решительный бой!

Советская республика окружена врагами. Но она победит и внешних и внутренних врагов. Виден уже подъем среди рабочих масс, обеспечивающий победу. Видно уже, как участились искры и взрывы революционного пожара в Западной Европе, дающие нам уверенность в недалекой победе международной рабочей революции.

Внешний враг российской советской социалистической республики, это — в данный

**Faksimilierte Seite eines Aufrufes von Lenin aus dem Jahre 1918**

Genossen, Arbeiter! Gehen wir in den letzten, entscheidenden Kampf!

Die Sowjetrepublik ist von Feinden umzingelt. Sie wird jedoch sowohl den äußeren wie auch den inneren Feind besiegen. Man sieht schon einen Aufschwung in den Arbeitermassen, der den Sieg sichert. Man sieht schon die Funken und Explosionen des revolutionären Brandes in Westeuropa, der uns die Sicherheit des baldigen Sieges der internationalen Arbeiter-Revolution gibt.

Der auswärtige Feind der russischen sozialistischen Sowjetrepublik das ist gegenwärtig der englisch-französische und japanisch-amerikanische Imperialismus.

Deßjatinen (in den Kommunen im Durchschnitt 2,4 Deßjatinen pro Kopf und 3,7 Deßjatinen pro Arbeiter; in den Artels 1 Deßjatine pro Kopf und 2 Deßjatinen pro Arbeiter).

Die ungeheure Bedeutung der Oktober-Revolution für die Bauern besteht jedoch nicht nur in dem sehr bedeutenden Zuwachs an Grund und Boden, der den Bauern zufiel, sondern auch in der Abschaffung aller Überreste der Fronwirtschaft, der unsicheren Landbesitzverhältnisse und der unerhörten Abhängigkeit der Bauern von den Gutsbesitzern. Die Abschaffung des Privateigentums bewirkte eine Annäherung des Landes an die werktätigen Schichten der Dorfbevölkerung.

Während der Revolution erfolgte nicht nur die Übereignung der Ländereien der Gutsbesitzer an die Bauern, sondern auch eine durchgreifende Umteilung des ganzen Grund und Bodens durch zahlreiche ausgleichende Umteilungen. Mit der Umwälzung der Landbesitzverhältnisse veränderte sich deshalb gleichzeitig auch der Charakter der Wirtschaft selbst: es verschwanden nicht nur die Gutsbesitzerwirtschaften, auch die großbäuerlichen Wirtschaften schrumpften ein. Als Ergebnis dieses Ausgleichsprozesses innerhalb der Gesamtmasse der Bauernschaft machten die Kleinwirtschaften (unter 8 Deßjatinen) bald neun Zehntel der Bauernhöfe aus.

Die Krise in der Landwirtschaft begann noch während des imperialistischen Krieges: die Kopfzahl des Arbeitsviehes fiel, die Anbaufläche schrumpfte zusammen, die Aufbringung landwirtschaftlicher Erzeugnisse auf den Märkten verminderte sich, was wieder eine Lebensmittelkrise und die Zwangswirtschaft für Getreide u. a. im Gefolge hatte. Die Oktober-Revolution, die das Land für die Bauern freimachte, gab der Steigerung der Produktivkräfte der Landwirtschaft einen energischen Anstoß. Die Angaben aus verschiedenen Gouvernements beweisen, daß die Bauern die ihrer Wirtschaft durch den Krieg geschlagenen Wunden im Laufe von zwei Jahren ziemlich rasch auszuheilen vermochten, wozu auch die hohen Getreidepreise und die Lebensmittelkrise in den Städten das ihrige beitrugen.

Dieser Aufstieg der Landwirtschaft konnte aber infolge der beginnenden Interventionskriege der Bourgeoisie nicht von Dauer sein. Die Mobilisierung aller Arbeitskräfte, die ungenügende Zufuhr von landwirtschaftlichen Maschinen und Gerätschaften ins Dorf, der Mangel an Saatgut, insbesondere an Gräsersamen, verursachten einen bedeutenden Rückgang der Anbaufläche und folglich der Ernte; durch die Getreidezwangswirtschaft verlor der Bauer das Interesse an der Verbesserung seiner Wirtschaft, wodurch wiederum der Viehbestand beeinträchtigt wurde.

Von 1917 bis 1920 stieg die Zahl der über ein einziges Pferd verfügenden Höfe von 43,8 Prozent auf 79,3 Prozent, während die Zahl der Höfe mit mehreren Pferden sich folgenderweise verminderte: mit zwei Pferden von 31,7 Prozent auf 16,2 Prozent, mit drei und mehr Pferden von 22,5 Prozent auf 4 Prozent.

---

Die Expropriierung der Bourgeoisie, die sofort nach dem Oktober-Umsturze begonnen hatte, wurde im allgemeinen bis 1920 zu Ende geführt. *Sämtliche* Transportmittel (Eisenbahnen, Wassertransport) und zirka 80 bis 90 Prozent der Großindustrie wurden nationalisiert. Nach den statistischen Angaben des Obersten Volkswirtschaftrates wurden bis zum September 1919 in 30 Gouvernements 3330 Betriebe nationalisiert, auf denen insgesamt 1 012 000 Arbeiter und 27 000 Angestellte beschäftigt waren. Diese Ziffern sind etwas zu niedrig, es ist anzunehmen, daß im ganzen zirka 4000 Unternehmungen nationalisiert wurden. Die größten der genannten 3330 Unternehmungen blieben in Betrieb.

Bis zum September 1919 waren 1375 Unternehmungen in Betrieb; 1258 unter ihnen beschäftigten 782 000 Arbeiter und 26 000 Angestellte. Von einer Million Arbeiter arbeiteten fast 800 000 trotz der ungeheuer schwierigen Lage der Industrie. Stillgelegte Betriebe gab es 691 mit 170 000 Arbeitern. Ungeklärt war die Lage von 1248 Unternehmungen mit 57 000 Arbeitern.

Die Periode des Zerfalls des Kapitalismus hinterließ dem Proletariat nicht nur eine sehr geringe Reserve an Produktionskräften, sondern sie hinterließ völliges Chaos. Rußland zerfiel in einzelne Bezirke; die Verbindung zwischen ihnen wurde ungemein erschwert. Schon vor dem Oktober und während des Oktobers fingen die Arbeiter an, sich planlos der Fabriken zu bemächtigen. Die Arbeiter konnten nicht länger warten, und die „Nationalisierung" begann. Es ist klar, daß es sich eigentlich nicht um eine Nationalisierung handelte, sondern um eine einfache, nichtorganisierte Besitzergreifung der Fabriken durch diejenigen Arbeiter, die in diesen Fabriken tätig waren. Auch nach der Oktober-Revolution ging die Nationalisierung im Anfang sehr planlos vor sich. Man hätte selbstverständlich in erster Linie die größten und am besten eingerichteten Unternehmungen nationalisieren sollen. Aber nicht immer gelang es. Oft wurden solche Betriebe nationalisiert, die vom Besitzer im Stich gelassen waren und die man nicht ohne Aufsicht lassen konnte. Oder es wurden auch diejenigen Betriebe nationalisiert, deren Besitzer sich besonders ausfällig gegen die Arbeiter benahmen.

Im Anfang besaßen die Sowjetregierung und ihre Organe nicht einmal eine Aufstellung von dem, was vorhanden war: Man hatte keine Aufstellung der Betriebe, der Rohstoffreserven, des Heizmaterials, der Produktionsmöglichkeiten, d. h. keine Aufstellung darüber, was die nationalisierten Betriebe produzieren könnten. Die Bourgeoisie starb, aber sie hinterließ dem Proletariat kein ausführliches Testament. Das Proletariat „erbte" ihre Reichtümer, indem es dieselben in einem erbitterten Bürgerkrieg ihr entriß. Es ist begreiflich, daß zuerst von einem allgemeinen wirtschaftlichen Plane keine Rede sein konnte. Die alte *kapitalistische* Organisation zerfiel; die neue *sozialistische* kam noch nicht richtig zustande.

Trotzdem gehörte das Problem der *Gestaltung der gesamten wirtschaftlichen Tätigkeit nach einem das ganze Staatswesen umfassenden Plane* zu den wichtigsten Aufgaben der Sowjetregierung. Nur unter dieser Bedingung konnte man die produzierenden Kräfte des Landes wenigstens auf einer gewissen Höhe erhalten.

Praktisch begann die Erfüllung dieser Aufgabe durch die Aufstellung einer Bilanz, d. h. durch die Untersuchung dessen, was überhaupt zur Verfügung der proletarischen Regierung vorhanden war: der Reserven, der Zahl der Unternehmungen usw. Allmählich kamen die vereinzelten Unternehmungen miteinander in Kontakt; es entstanden zentrale Organisationen für die Versorgung mit Rohmaterialien, Heizstoffen, notwendigen Hilfsmitteln; es wurden Organe gegründet für die örtliche und *zentrale Leitung der Produktion*, die schon imstande waren, einen allgemeinen Arbeitsplan auszuarbeiten und diesen Plan im ganzen Lande durchzuführen.

Der *Verwaltungsapparat* der Industrie, wenn wir ihn von oben nach unten betrachten, wurde folgendermaßen aufgebaut:

An der Spitze jeder Fabrik stand die *Fabriksverwaltung*, meistens bestehend zu zwei Drittel aus Arbeitern, Mitgliedern des entsprechenden Gewerkschaftsverbandes, und zu einem Drittel aus Ingenieuren, die in die Verwaltung in Übereinstimmung mit dem Zentralkomitee dieser Gewerkschaft eintraten. Manche

Jenukidse Kamenew Awanesow Dzerschinski Smidowitsch Rykow

**Das Präsidium des Zentral-Exekutivkomitees der Sowjets 1919**

nicht zu große Industriezweige hatten *Bezirksverwaltungen,* die mit den *örtlichen Volkswirtschaftsräten* in Fühlung blieben, die ihrerseits wieder mit den örtlichen Sowjets Verbindung unterhielten. Die größeren Industrien wurden den sogenannten „Glavken" und „Zentren" untergeordnet. Diese „Glavken" und „Zentren" *vereinigten in sich ganze Industriezweige;* z. B. verfügte „Zentrotextil" über die ganze Textilindustrie, „Glawugol" über die Kohlenproduktion, „Glawgwozd" (Gwozd = Nagel) über die Produktion der Nägel. Das, was beim staatskapitalistischen System die staatlichen Trusts in den einzelnen Branchen vorstellen, das wurden in Sowjet-Rußland die „Zentren" und „Glavken".

Die Mitglieder dieser „Zentren" und „Glavken" wurden durch das Präsidium des Obersten Volkswirtschaftsrates im Kontakt mit dem Zentralkomitee des entsprechenden Gewerkschaftsverbandes bestimmt.

Der Stand der Produktionskräfte eines Landes wird nicht nur durch die Zahl der Maschinen, Werkzeuge, Rohstoffe usw. bestimmt, sondern auch durch die *Arbeitskräfte* des Landes. Nachdem die Produktionsmittel sehr beschränkt wurden, trat die Arbeitskraft, d. h. das lebendige Produktionsmittel, in den Vordergrund.

Das kapitalistische Produktionssystem hielt den Arbeiter im Zaum, wobei es ihn mittels einer Strafdisziplin zur Arbeit für den Unternehmer zwang.

Die Revolution zerstörte gründlich diese kapitalistische Disziplin, ebenso wie sie auch in der Armee die imperialistische Disziplin, die Unterwerfung des Soldaten unter den zaristischen General, ausrottete. Aber es ist klar, daß man ohne eine *neue* Disziplin von einem kommunistischen Aufbau sogar nicht träumen durfte. Auch auf diesem Gebiete war es wie in der Armee. Die alte Armee haben wir zerstört. Eine Zeitlang herrschte „Anarchie", Unordnung. Aber wir bauten eine neue Armee mit neuen Prinzipien, für neue Ziele — eine Armee, die dem *Proletariat* gehört, und die gegen die Kapitalisten und Gutsbesitzer kämpfte, welche die *frühere* Armee geleitet hatten.

Dasselbe geschah in der „großen Arbeitsarmee" — in der Arbeiterklasse. Die Periode des Verfalls der alten Disziplin wurde überwunden. Es entstand eine neue, *kameradschaftliche Arbeitsdisziplin*, die nicht von dem Unternehmer und der kapitalistischen Peitsche, sondern durch die Arbeiterorganisationen selbst, nämlich durch die Fabrikkomitees und Gewerkschaftsverbände, durchgeführt und aufrechterhalten wurde.

Bei der *Organisation der Produktion* muß man besonders die *Organisation der Arbeit* in den Fabriken im Auge behalten.

Aus diesem Grunde gehört die kameradschaftliche *Arbeitsdisziplin* zu den wichtigsten Faktoren für die allgemeine Organisation der Produktion und für die Entwicklung der Produktionskräfte.

Die leitenden Arbeiter-Kommunisten gaben ein Muster für die neue, kameradschaftliche Disziplin durch die Organisation der sogenannten *kommunistischen, freiwilligen Arbeitstage*, an welchen sie unentgeltlich arbeiteten, wobei ihre *Produktivität um das Mehrfache höher war als sonst*.

Lenin nannte die freiwilligen Arbeitstage „die große Initiative". Als erste organisierten sie die Moskauer Eisenbahner-Kommunisten, wobei schon im Beginn eine beträchtliche Erhöhung der Produktivität zu verspüren war. Dann wurden die „freiwilligen Arbeitstage" von Petrograd übernommen, wo sie schnell eine große Verbreitung fanden.

In der Provinz verbreiteten sich die „freiwilligen Arbeitstage" sehr schnell, und auch die Masse der Parteilosen nahm an dieser Bewegung teil. Die Initiative der Moskauer Eisenbahner erwies sich wirklich als groß, weil sie den richtigen Weg zur neuen Disziplin eingeschlagen hatten.

## 6. DIE FRONTEN DES BÜRGERKRIEGES

von

*A. Engelhardt*

GEGEN Ende Februar 1918 waren alle Versuche der russischen Bourgeoisie, die Sowjetmacht *aus eigenen Kräften mit bewaffneter Hand* zu stürzen, unterdrückt.

Die Rote Garde hatte die Kornilow-Kaledinsche Gruppierung am Don auseinandergetrieben, die Banden des Generals Dutow in die Steppen gejagt und das Operettenlager der Gajdamaken in der Ukraine der Erde gleichgemacht.

Aber zum Kampfe gegen den planmäßigen Druck regulärer Streitkräfte war die in eine Unmenge kleiner Abteilungen zerbröckelte, schwach ausgebildete, mangels geregelten Nachschubs an die Eisenbahnlinien gebundene Rote Garde ungeeignet.

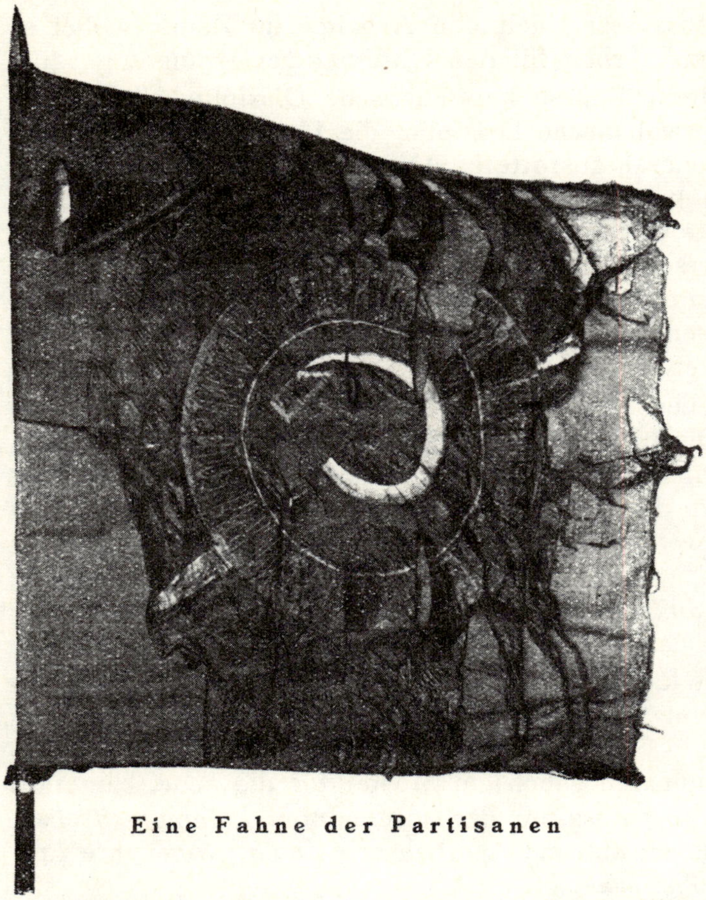

Eine Fahne der Partisanen

Und schon der Angriff der hohenzollernschen Truppen hatte bewiesen, daß die be- waffnete Macht der Republik und ihre Organisation unzu- reichend waren.

Die Abteilungen der Roten Garde waren bei ihren ver- geblichen Versuchen, den Druck der deutschen Korps aufzuhalten, verblutet.

Eine geringe Zahl Regi- menter der alten Armee, die ihre Kriegstüchtigkeit be- wahrt und bei der Nieder- werfung der Konterrevolution geholfen, Kiew wiedergenom- men und der rumänischen Sol- dateska bei Ribnitze eine schmähliche Niederlage bei- gebracht hatten, mußte jetzt demobilisiert werden. So wurde die Bildung einer festen, unter einheitlicher Leitung vereinigten regulären Armee zur dringendsten Aufgabe.

Am 23. Februar 1918 wurde das Dekret über die Gründung der Roten Armee der Arbeiter und Bauern veröffentlicht.

Die unvorstellbare Müdigkeit der Massen des Volkes, die sich eben erst aus dem imperialistischen Kriege befreit hatten, ließ es nicht zu, daß man zu einer Mobilisierung greife, man mußte vielmehr zunächst die junge Armee als eine frei- willige aufbauen.

Die Löhnung war mäßig (50 Rubel monatlich) und zur Aufnahme als Freiwilliger benötigte man der Empfehlung der Partei-, Gewerkschafts- oder Sowjet-Organi- sation.

Ungeachtet dessen ergaben schon die zwei ersten Monate der Anwerbung 106 000 Freiwillige; die Hälfte davon waren Arbeiter aus Moskau und Leningrad.

Diese Arbeiter-Regimenter sowie die Reste der ukrainischen Partisanen und Wolga- bauern, welche Brust an Brust mit dem tschechischen Korps standen, bildeten den Kern der neuen Armee, einer Armee, die schon in den ersten Tagen ihres Be- stehens auf einen ernsthaften Gegner stoßen sollte.

*Die Tschechoslowaken. Krassnow. Die Entente.* — Die Regierungen der Entente, die sich in ihrer Erwartung eines raschen Zusammenbruchs der Sowjetmacht ge- täuscht sahen, begannen nun, selbst deren Sturz vorzubereiten und verfielen, auf der Suche nach einem geeigneten Hebel, auf das 60 000köpfige tschechoslowakische Korps.

Aus früheren Kriegsgefangenen der Habsburgischen Armee zusammengestellt und vortrefflich ausgerüstet und auf dem Wege nach Frankreich über Wladiwostok, hatte das tschechoslowakische Korps die ganze sibirische Eisenbahn in seiner Gewalt.

Einige Millionen Franks, die aus der französischen Staatskasse ihren Weg in die Hände der tschechoslowakischen Hauptmacher fanden, taten ihre Wirkung. Am 25. Mai 1918 trat das Korps in Aktion, jagte die lokalen Sowjets auseinander und rieb die zerstreuten Abteilungen der eben erst in Bildung begriffenen Abteilungen der Roten Armee dort auf.

Und unter den Salven der tschechischen Gewehre, hinter Bergen von Leichen aus der Blüte des sibirischen und Uralproletariats, beginnt die sozialrevolutionäre Bande, aus der bürgerlichen Intelligenz und den Offizieren eine Armee zu formieren, die sie eine „Volksarmee“ nannte.

Gleichzeitig stifteten Hunderte sozialrevolutionärer Agitatoren, Schulter an Schulter mit den englischen Spionen und den monarchistischen Offizieren, eine Reihe von Aufständen im zentralen Gouvernement an. In kurzer Zeit befand sich auch Jaroslaw in ihren Händen.

Im August 1918 bildete der General Krassnow, unter dem Schutze der Hohenzollern-Bajonette eine 100 000köpfige Armee aus begüterten Donkosaken und weißen Offizieren und marschierte auf Zarizyn. Im Nordkaukasus und Kuban half englisches Geld rasch zur Formierung der „Freiwilligen“-Armee Denikins, die fast ausschließlich aus Offizieren bestand.

In Archangelsk kam eine englische Landung zustande.

Und die Japaner, die ihre Hand fest auf Wladiwostok legten, halfen den Tschechen und den zahlreichen kleinen Atamanen, den Widerstand der Rotarmisten des Fernen Ostens zu brechen, aus deren unversehrt bleibenden Teilen im Jahre 1919 die Kaders und Führer des Bauernaufstandes hervorgingen.

Angesichts solcher Gefahren entfaltete die Sowjetregierung angespannte Energie

Bolschewistische Matrosen bei Kasan 1918

bei der Bildung neuer, kriegstüchtiger Truppenteile. Die schon im April gebildeten lokalen Kriegskommissariate unternahmen jetzt gemäß der Verordnung des Sowjetkongresses die Anwerbungen für die Rote Armee.

Tausende von Kommunisten, die die Partei in die Armee schickte, verliehen dieser die ungeheuere moralische Standhaftigkeit. Die besten und ehrenhaftesten unter den Offizieren, die als Kriegsspezialisten in Dienst gestellt wurden, hoben wesentlich die Kriegstüchtigkeit der Armee.

Und schon im August kamen die Tschechoslowaken, die Kasan eingenommen hatten, nicht mehr vorwärts, als sie bei Swijazschsk gegen die unerschütterliche Mauer der Bajonette der Roten Armee anrannten.

Das wütende Anspringen der Reiterhorden Krassnows auf Zarizyn scheiterte am Widerstande der sich dort bis zur Station Liski bildenden Roten Front.

Die „Volksarmee" der Sozialrevolutionäre, ergänzt durch Mobilisierung der Bauernschaft, fiel von selbst auseinander.

Die Rote Armee ging an der Wolga zum Angriff über. Die Tschechen schlichen sich in der Nacht auf den 10. September aus Kasan davon, nachdem sie vorher den Goldschatz gestohlen hatten. Nach hartnäckigen Kämpfen wurden sie aus Simbirsk vertrieben. Nach einem Monate zogen in Samara, das die dort befindlichen,

Nach einem Gemälde von N. Schuchnin im Museum der Roten Armee in Moskau

**Der rote Kundschafter**

kleinen und erschöpften Sowjetabteilungen im Juli verlassen hatten, ehernen Schrittes die festgeschlossenen Regimenter der siegreichen Roten Armee ein.

Die Tschechen zogen sich eilig auf den Ural zurück und ließen zahlreiche Kriegsgefangene und ungeheure Kriegsbeute in den Händen der I., IV. und V. Armee zurück.

Nach der Einnahme Ufas durch die Rote Armee, am 31. Dezember, hörte die „Volksarmee" auf zu existieren. Und die tschechische Armee verwandelte sich in einen Bahnschutz der sibirischen Eisenbahn und bildete ein riesiges Spekulanten-Syndikat, in dem sie durch Schiebungen und Bestechungsgelder das Kapital der sprichwörtlich gewordenen „Bank der Legionäre" zusammenraffte.

*Die Organisationsformen der Roten Armee.* — Die angespannte Arbeit der bolschewistischen Partei hatte, unter tätiger Unterstützung der breiten Schichten der Werktätigen, an der Schwelle des Jahres 1919 eine Armee mit einem Gefechtsstand von 485 000 Mann, mit 500 Geschützen und 2700 Maschinengewehren aufgestellt.

Diese Armee hatte, obwohl einzelne ihrer Teile noch vom Fieber der mühevoll umgebildeten Partisanentätigkeit geschüttelt wurden, bereits allgemeine, sich auf das ganze Land erstreckende Organisationsformen.

Eine Division setzte sich zusammen aus drei Brigaden zu je drei Regimentern, die drei Bataillone mit zugehörigem Kavallerieregiment (von vier Eskadronen), eine schwere Artilleriedivision, nebst vier Geschützbatterien und technischen Truppen führten.

Von Koltschak-Offizieren niedergemetzelte aufständische Bauern

In der Mitte des Jahres 1919 zählten diese Divisionen in ihren Reihen schon mehr als anderthalb Millionen Kämpfer und gliederten sich unter gemeinsamer Leitung durch den Revolutionären Kriegssowjet der Republik und die Politische Verwaltung der Republik in 16 Armeen.

Durch Auffüllung der Verluste aus den Reservebataillonen und immer neuen und neuen Nachschub hatte diese Armee gegen das Jahr 1921 einen Stand von 5 300 000 Mann erreicht und hielt zwei Jahre zähen Kampfes mit den zahlreichen Feinden aus.

*Koltschak.* — In Sibirien hatte der Admiral Koltschak unter dem Wohlwollen des englischen Generals Knox sich der Herrschaft bemächtigt und stürzte sich an der Spitze einer Armee von 300 000 Mann auf die erschöpften Truppen der Ostfront.

Das zahlenmäßige Übergewicht, die englische Ausrüstung machten es den Truppen des Admirals möglich, fast bis zur Wolga vorzudringen.

Die Partei spannte alle ihre Kräfte an. Zu Zehntausenden strömten ihre Mitglieder in die Armee. Ein breiter Nachschubstrom ergoß sich nach der Ostfront.

Auserlesene Regimenter der Weber von Iwanowo-Wosnessensk durchbrachen die feindliche Front bei Boguruslan und führten so den Stoß im Rücken des Feindes aus.

Diesem Stoß in den Rücken seiner Hauptgruppe in Samara hielt der Gegner nicht stand und begann, unter zäher Verteidigung, seinen Rückzug. Im Juli erreichte die Armee der Ostfront, nachdem sie sich unter schweren Kämpfen durch den Ural gewälzt hatte, das von Bauernkämpfen aufflammende Sibirien.

Im Rücken Koltschaks loderte der Aufstand auf. Seine verzweifelten Versuche, von der Linie des Flusses Ischim aus zum Angriff überzugehen, hielten den Vormarsch der Roten nur drei Wochen des September auf. Die Begeisterung der werktätigen Bevölkerung Sibiriens, die zu Zehntausenden als Freiwillige in die Rote Armee strömte, die Weigerung der von Koltschak Zwangsmobilisierten, sich zu schlagen, ganze Armeen aufständischer sibirischer Bauern, all dies führte, gemeinsam mit dem unaufhaltsamen Elan der Roten, zur Liquidation der Koltschak-Truppen im Januar des Jahres 1920. Im März zogen die roten Truppen in Irkutsk ein, das schon von Aufständischen besetzt war. Im Fernen Osten hielt der Ataman Semenow sich noch bis Oktober 1920, doch der Abzug der japanischen Truppen, seiner Hauptbeschützer, veranlaßte auch diesen Abenteurer, Tschita zu räumen und nach China zu fliehen.

Gegen Anfang des Jahres 1920 wurde auch die turkestanische Front liquidiert. Die Kapitulation von 50 000 Weißen und die Einnahme von Gurjew machten den ernsten Kämpfen in den kaspischen Steppen ein Ende.

*Die Weißgardisten im Süden.* — Bedeutend schwieriger verlief der Kampf an der Südfront.

Am 4. Januar 1919 schritten die Roten Armeen der Südfront zum erfolgreichen Angriff gegen die Truppen des Generals Krassnow. Aber die roten Truppen waren, nachdem sie die Don-Armeen vertrieben und zum Februar bereits den Donbezirk bis zu den Flüssen Nischnij Don und Manitsch besetzt hatten, gezwungen, ihre Bewegungen wegen Überschwemmungen durch die genannten Flüsse einzustellen und auch deshalb, weil der Roten Armee neue Feinde erstanden waren.

Der General Denikin hatte, unter Ausnützung der Abneigung der Oberschichten der Kubankosaken, auf ihre Privilegien zu verzichten, und gestützt auf Zehntausende von Offizieren, die sich im Süden angesammelt hatten, bei verstärkter Unterstützung der Entente eine „Freiwilligen"-Armee gebildet, mit der er im Kampfe während eines Jahres die Abteilungen der Roten Armee im Nordkauka-

# B e i   S a r a p u l

Bei einem Rückzug auf der Kama haben die Weißen einige Hundert Rotarmisten auf einen Kahn geladen und weggeführt. Es bestand die Absicht, die Gefangenen zu ermorden. Der Kommandant der Roten Flotille erteilte den Befehl, den Schleppkahn mit den Gefangenen zu suchen und die zum Tode Verurteilten zu befreien. Der Kahn mit den Gefangenen wurde durch List gekapert und in Schlepptau genommen.

L a r i s s a  R e i ß n e r schreibt: Und dort, im Innern des Kahns, beginnt schon die Unruhe: „Wohin schleppen sie uns, wohin, warum?" Einer der Gefangenen, ein Matrose, drängt sich zum Heck des Schleppkahns durch: dort, in einem dicken Brett ist mit einem Taschenmesser ein Loch gebohrt — die einzige kleine Oeffnung, durch die man ein Stück Himmel und Wasser sehen kann. Lange und aufmerksam beobachtet er die geheimnisvollen Schiffe und ihre schweigsame Besatzung. Jede Spur von Hoffnung oder Gefahr an seinem Gesicht ablesend, umdrängen ihn verzerrte Gesichter, es ist, als wenn ein einziges, lebloses, regungsloses Gesicht ihn anstarrt. — „Sie sind alle gleich, lang, grau." — „Sind's Weißgardisten, wie? Sieh genauer hin!" — „Aber nein doch . . ." — „Was — nein? So red' doch, zum Teufel!" — Der Beobachter wird von seinem Posten gerissen. — „Mir scheint, es sind die Unsrigen, aus der Baltischen Flotte . . ." — Aber die Unglücklichen, die drei Wochen in dieser Pesthöhle verbracht, die inmitten ihrer eigenen Exkremente geschlafen und gegessen haben, die nackt und nur mit Sackleinen bedeckt sind — sie wagen nicht zu hoffen.

Sogar in Sarapul, als das an den Anlegestellen begrüßende Volk schrie und weinte, als die Matrosen die weißgardistische Wache verhafteten und — da sie nicht wagten, in die Höhle hinabzusteigen — die Gefangenen herausriefen, antworteten diese mit Flüchen und Stöhnen. Keiner von den 430 Menschen glaubte an die Möglichkeit einer Rettung. Gestern noch haben die Wachsoldaten sich für eine Brotrinde das letzte Hemd geben lassen; gestern noch, am Morgen war es, zerrten sieben Bajonette die zerfetzten Körper der drei Brüder Krasnopjorow und noch 27 Menschen heraus. Seit 24 Stunden wurde durch die Luke kein Brot mehr hinabgeworfen (ein Viertelpfund pro Tag und Mann war das einzige, was sie seit drei Wochen erhielten).

Es war klar: es lohnte sich nicht einmal mehr, die Verurteilten zu füttern: eines Nachts oder an einem grauen, blutlosen Morgen wird für alle das Ende kommen — ein unbekanntes, aber unendlich schweres Ende. Und plötzlich schleppt man einen, weiß Gott wohin, öffnet die Luken über den Köpfen und ruft sie alle herauf — mit seltsam klingenden, erregten Stimmen und mit einem Namen, der verboten und verfemt ist: „Kommt heraus, Genossen!" — Ist es nicht ein Verrat, eine Falle, eine neue Tücke?

Und sie kamen doch, in Tränen, kriechend, einer hinter dem andern lebten sie von den Toten auf. Was spielte sich da auf dem Deck ab! Einige Chinesen, die in dieser kalten Gegend niemand hatten, fielen zu den Füßen eines Matrosen und drückten mit unbekannter, blökender Sprache ihre grenzenlose Verehrung für die Menschen aus, die im Namen der Verbrüderung der Unterdrückten für einander zu sterben verstehen . . .

sus überwältigte. Diese Abteilungen, die vom Zentrum abgeschnitten waren, wurden auch durch den Typhus dezimiert.

Im Februar 1919 trat Denikin, nachdem er den Oberbefehl der südlichen Weißgardisten-Formationen in seinen Händen vereinigt hatte, mit den Roten Armeen in der Richtung auf Rostow und Tscherkask in Kampf.

Zur Zeit seines Auftauchens hatte die Rote Armee die ganze Ukraine in Besitz, nachdem sie die griechischen und französischen Landungstruppen verdrängt hatte.

Am 19. Mai durchbrach Denikin durch einen Stoß gegen die vom Anarchisten Machno geführten Partisanentruppen, den rechten Flügel der roten Front und begann, seine Armee im Donbassin auszudehnen. Der Kosakenaufstand im Rücken des rechten Flügels der Roten Südarmee verhalf Denikin auch hier zu großen Erfolgen.

Der frühere Petljura-Ataman Grigorjew inszenierte eine große Meuterei, zu deren Unterdrückung Frontreserven in Anspruch genommen wurden. Die ukrainischen Großbauern, die kein Getreide an die Stadt lieferten und den Boden nicht mit der Dorfarmut teilen wollten, überzogen die ganze Ukraine mit einem Netz von Banden und lieferten ihrem Anführer Petljura Soldaten.

Teile der Südfront wurden zum Rückzug gezwungen, doch der Sieg wurde dem General Denikin nicht leicht. Astrachan leistete heroischen Widerstand. Den Versuch der Roten Armee, im August am Nischnij Don und bei Charkow zum Gegenangriff überzugehen, konnte Denikin nur mit Anspannung all seiner Kräfte abwehren. Sein Angriff nach dem Norden längs der Wolga wurde bei Saratow durch Divisionen, die von der Ostfront hierher geworfen wurden, zum Stillstand gebracht. Die Freiwilligen-Formationen gingen unter im Meere der mobilisierten Bauernschaft, die die sie aufrufenden Gutsbesitzer haßten.

Die kriegstüchtigen Truppen des Gegners, die Kubankosaken, waren in dumpfer Bewegung wegen der Vernichtung ihrer militärischen Autonomie und der Henkerpolitik der Denikinschen Generale. Die Kosaken-Armut trat in die roten Reiterkorps, von Budjonny und Woroschilow gegründet, ein, jene Korps, aus welchen die unbesiegbare Erste Reiterarmee entstand.

Die Sowjetarmee stählte sich in diesen Kämpfen. Sie legte die in den ersten Monaten ihrer Existenz zutage tretende Plumpheit des Manövrierens ab. Das Wort „Panik" geriet in ihren Reihen in Vergessenheit. Die feindlichen Kavallerie-Gewitter brachen sich an ihren Bajonetten. Die Armee der Arbeiter und Soldaten

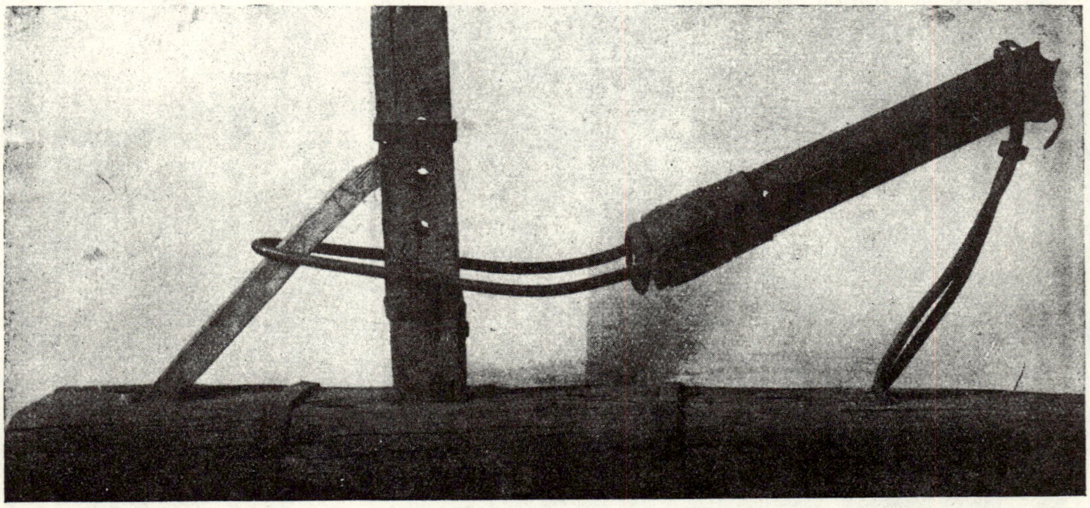

Selbstangefertigte Partisanenwaffe

Kornilow

Denikin

lieferte eine Unmenge begabter Kommandeure. Ihre schwache militärische Schulung glich diese Armee durch klares Verständnis der Kampfziele aus. Die nirgends noch und nie vorher erlebte Arbeit der politischen Organe zeitigte außerordentliche Ergebnisse. Unter dem Donner der Geschütze vergaß diese Armee nicht den Unterricht. Das klare Bewußtsein ihrer Ziele verlieh ihr eine unerhörte Standhaftigkeit. Der Verrat einzelner Offiziere nahm keine größere Bedeutung an.

In dieser Periode war das ganze Land den Forderungen des Kampfes unterordnet: die Industrie zentralisiert, um die geringsten Möglichkeiten für die Versorgung der Armee auszunützen, das Getreide rationiert, die besten Arbeiter in

Koltschak

Wrangel

Judenitsch

Petljura

der Armee — 300 000 Kommunisten schlugen sich in den ersten Reihen. Der Transport, der schon zu Zeiten des imperialistischen Krieges vollkommen erschöpft war, machte heroische Anstrengungen und brachte es auf den ausgefahrenen Gleisen zu 4986 Zugsgarnituren und zum Wiederaufbau von 3305 zerstörten Brücken.

Die Bauernschaft, als sie die Rückkehr der Gutsbesitzer nach ihren Nestern sah, griff im Rücken Denikins zu den Waffen. Machno, der lange Zeit den Train der Roten Armee geplündert und Kommunisten niedergemacht hatte, geriet zeitweilig mit der „Freiwilligen“-Armee in Händel. Die letztere hatte mit der Einnahme von Kiew und Odessa schon ihren Höhepunkt erreicht.

Das Kommando der Roten Armee formierte Stoßtruppen. Davon lenkte es auch das ruhmlose Abenteuer der 30 000köpfigen Armee Judenitschs nicht ab, die versuchte, Petrograd zu nehmen. Mitte Oktober brachte die Rote Armee dem rechten Flügel der Hauptgruppe des Gegners eine Niederlage bei Orla und unterhalb Woronesch bei.

Gegen Dezember war die Niederlage der Denikinschen Armee augenscheinlich geworden. Bei Woronesch hatte das junge Korps Budjonny die Denikinsche Reiterei in Stücke gehauen. Verzweifelte Gegenangriffe der verendenden Denikinade vermochten wohl, das nachdrückliche Vorwärtsdrängen der Roten Armee zu verzögern, nicht aber aufzuhalten.

Im Januar zerfiel die Front Denikins in zwei Teile: die westliche Gruppe, welche an die rumänische Grenze gedrückt wurde, ergab sich am Jahrestage des Erscheinens Denikins in der Richtung auf den Don. Die östliche Gruppe der Denikin-Armee, die sich in befestigten Positionen am Manitsch eingegraben hatte, vermochte es, unsere ermüdeten, einer Umgruppierung bedürftigen Truppen durch zwei Monate aufzuhalten.

Der März 1920 brachte den roten Fahnen den entscheidenden Sieg. Die feindliche Front zerbröckelte, 112 000 Gefangene, 330 Geschütze, Vorräte an englischen Uniformen, zahlreiche Tanks, dies sind die Haupttrophäen der Roten Armee, die am 30. März in Petrowsk einzog.

Am 27. April besetzte die Rote Armee, auf den Ruf der Werktätigen von Azer-

Trotzki und der Stab begrüßen die II. Rote Armee

Sarapul, März 1919

beidschan, Baku. Reste von unversöhnlichen Denikinisten zogen sich in der Krim zusammen, wo die enge Landzunge von Perekop ihnen die Möglichkeit gab, unter dem Kommando ihres Generals Wrangel unser Nachdrängen aufzuhalten.

Der polnische Angriff, welcher die Hauptkräfte der Roten Armee an die Westfront abzog, gab Wrangel, der seine Truppen mit Hilfe von England umformiert und neu bewaffnet hatte, die Möglichkeit, am 6. Juni aus der Krim vorzubrechen und bis zur Linie Alexandrowsk-Berdjansk vorzudringen.

Dort verbrachten beide Seiten in erbitterten Kämpfen den Sommer.

Der Oktober-Waffenstillstand mit den Polen gestattete, die Erste Reiterarmee nach dem Süden zu werfen und Wrangel zu liquidieren. Schon im September hatten rote Truppen am linken Ufer des Dnjepr bei Kachowka einen befestigten Brückenkopf errichtet, zum Zwecke eines Vorstoßes gegen den Perekop. Alle Versuche Wrangels, die Verteidiger der Überfahrt bei Kachowka in den Dnjepr zu jagen, blieben erfolglos. Dies entschied das Ende des Kampfes im voraus. Am 26. Oktober schritt die Rote Armee unter Frunses Führung zum allgemeinen Angriff. Diesmal nahmen die roten Truppen in heroischem Sturm auch die Perekoper Befestigungen und die Siwaschsker Mündung. Die Offiziersbataillone, die drei Jahre lang den ganzen Süden mit dem Blute der Werktätigen überschwemmt hatten, wurden weggefegt. Am 16. November wurde die Krim zur Gänze von den Roten besetzt. Die Reste der Wrangel-Armee segelten nach Konstantinopel.

Unter Bedingungen, die wesentlich von jenen an der Süd- und Ostfront verschieden waren, hatte die Rote Armee sich an der West- und Nordfront zu schlagen.

*Die Nordfront.* — Im Norden konzentrierte der Kampf sich lange, angesichts der Weglosigkeit, um den Besitz der Eisenbahnlinien und der Flußübergänge. Auf plumpen, in aller Eile armierten Barken und Handelsschiffen mußten die Versuche der mächtigen englischen Monitore, ins Innere des Landes vorzudringen, abgewehrt werden. Die schlecht bekleideten Rotarmisten mußten bei 40 Grad Frost das Vordringen der in Flanell eingewickelten englischen Brigaden aufhalten.

Wladiwostok 1918

**Zusammenkunft eines englischen mit einem tschechoslowakischen General**

Nachdem sie einige Male kräftige Hiebe bekommen hatten, forderten die englischen Truppen von ihrem Kommando entschieden die Heimkehr. Mit ihrem Abmarsch zogen unsere ersten Erfolge die lokalen Truppen zu uns herüber und die lächerliche Regierung Tschaikowskis flüchtete im März 1920 zu ihrem Gebieter nach England.

*Die Westfront. Der Kampf mit Polen.* — Die Westfront bildete sich bald nach dem Abzuge der Deutschen aus dem Baltikum und Polen. Unbedeutende Abteilungen der Roten Armee drangen anfangs bis Wilna und Kowno vor, wo sie von der Bevölkerung begeistert begrüßt wurden und überall gegen alle weißgardistischen Gruppen Erfolge erzielten. Die rasch gebildeten Roten Armeen Estlands und Lettlands marschierten bis an die Ostsee und besetzten Riga und Narwa.

Doch die englische Flotte nötigte sie zur Aufgabe von Narwa. Die deutschen Monarchisten halfen mit bedeutenden Kräften der lettischen Bourgeoisie.

Am 22. Mai zwang der Gegner die Truppen der Roten Armee, Riga aufzugeben. In der weiteren Entwicklung mußten die Roten wegen Mangels an Reserven das ganze Gebiet von Estland und Lettland räumen.

Die polnische Regierung setzte jetzt ihre Truppen gegen die Sowjets in Bewegung. Durch einen unerwarteten Handstreich bemächtigten die Legionäre sich im April Wilnas. In der Richtung auf Kowno begannen deutsche Abteilungen vorzudringen.

Die Westfront blieb ohne Unterstützung, weil die Verstärkungen von der Süd- und Ostfront aufgesogen wurden. Die Divisiönchen der 16. Armee hatten geringe Vorräte, und da sie in einer armen Gegend, die überdies durch die deutsche Okkupation zerstört war, zu operieren hatten, waren sie zum Abzuge gezwungen. Aber jeder Zoll Bodens wurde blutig aufgegeben. Mit der Einnahme von Minsk im August kam der polnische Angriff auf der Linie Borissow-Bobruisk zum Stehen. Das Jahresende 1919 verlief in verhältnismäßiger Ruhe. Polen rüstete mit verdoppelten Kräften zum Frühjahrsangriff.

Am 25. April 1920 durchbrachen die Polen, den Verrat der galizischen Division,

**Landung englischer Truppen** Wladiwostok 1918

deren Petljurischer Teil einige Tage vorher auf unsere Seite übergegangen war, zum Vorwand nehmend, unsere Positionen bei Kazakin und drängten auf Kiew vor.

Die vom Typhus fast aufgeriebenen Truppen der 12. Armee konnten die vortrefflich ausgerüsteten Kräfte des Gegners nicht aufhalten, und am 6. Mai rückten die polnischen Regimenter, in ihren englischen Uniformen und mit französischen Gewehren daherstolzierend, in Kiew ein.

Am 14. Mai antwortete die Rote Armee bei Minsk mit einem Gegenstoß. Doch die Streitkräfte der Westfront waren immer noch zahlenmäßig gering und der Stoß erschöpfte sich in einem dreiwöchigen Kampfe ohne entscheidendes Resultat.

Die Erste Reiterarmee, vom Ruhm zahlloser Siege über die Weißen umkränzt, wurde in Kriegsordnung vom Nordkaukasus nach der Ukraine geworfen. Truppen der südwestlichen Front nahmen die Kiewer Gruppe der Polen zwischen ihre Zange. Der Gegner trat den Rückzug an, der sich mitunter in panische Flucht verwandelte. Anfang August standen die Eskadrons der roten Reiterei schon in Galizien. Am 4. Juli warfen die 16., 15. und 4. Armee sowie das Reiterkorps Gay die ganze polnische Armee zurück. Mitte August kämpften unsere Truppen, nach einer Reihe ruhmvoller Siege, schon vor den Warschauer Forts.

Die über das Schicksal ihres Vasallen beunruhigte Entente lieferte der zerzausten polnischen Armee schleunigst Munition. Die polnischen Kommandostäbe wurden mit französischen Offizieren angefüllt.

Die roten Divisionen wurden nicht, wie dies an den anderen Fronten der Fall war, im Maßstab ihres Vorwärtsdringens mit Freiwilligen aufgefüllt. Der Nachschub aus dem Hinterlande konnte dem stürmischen Tempo des Angriffs nicht folgen. Die Zeit reichte nicht, den von den fliehenden Polen zerstörten Eisenbahnkörper wieder herzustellen. Als die Roten die Weichsel erblickten, zählten ihre Regimenter 150 Mann, sie hatten bloße Füße, ihre Artillerie war ohne Munition, auch an Patronen mangelte es. Die neu formierten polnischen Truppen aber standen in befestigten Positionen.

Ein Durchbruch zwischen dem rechten Flügel der Roten, der Warschau überflügelt hatte, und dem Zentrum, das gegen die Warschauer Forts anrannte, zwang, nach vieltägigem, erbittertem Kampfe, Teile des rechten Flügels, sich in Ostpreußen internieren zu lassen, das Zentrum aber begann den Rückzug. Die Erste Reiterarmee, die im befestigten Rayon von Lemberg in Kämpfe verwickelt war, konnte nicht zu Hilfe kommen.

Empfindliche Hiebe, die die Polen bei Verfolgung der zurückweichenden Roten erhielten (die Vernichtung der Südgruppe bei Wolchowisk usw.), zwangen die Polen, ihrem Traume von den „Grenzen von 1772" zu entsagen.

Im Oktober erloschen die Kämpfe auf der Linie: Minsk—Slutsch. Am 12. Oktober wurde der Waffenstillstand unterzeichnet.

Der Friede mit Estland und Lettland war schon früher abgeschlossen worden.

Die Versuche der Söldner Polens, der Atamane Balachowitsch und Petljura, selbständig zu kämpfen, endeten mit vollständiger Vernichtung.

Die schon in Demobilisierung begriffene Armee nahm in beispiellosem Sturm über schmelzendes Eis das zur Meuterei angestiftete Kronstadt; die ruhmreiche Armee Budjonnys verjagte Machno nach Rumänien und liquidierte das Banditentum in Turkestan.

Ende August 1922 beendete die V. Armee, nachdem sie die Reste der Koltschak-Armee im Fernen Osten eingeholt und das von den Japanern geräumte Wladiwostok besetzt hatte, ihren vierjährigen Feldzug von der Wolga bis an den Stillen Ozean.

Erschießung von sechsundzwanzig Kommissaren in Baku

# 7. DER AUFSTAND IN KRONSTADT

von

*A. Sljepkow*

BIS zum Jahre 1921 konnte von dem Aufbau eines sozialistischen Produktionssystems keine Rede sein, da Sowjet-Rußland mit allen Kräften für die *politischen* Ziele, die mit diesem Aufbau Hand in Hand gehen, d. h. für die Diktatur des Proletariats kämpfen mußte.

Als aber endlich diese politische Basis festgelegt wurde, verschlechterten sich die *ökonomischen* Bedingungen beträchtlich. Unsere abgenutzte, nationalisierte Industrie, die von Jahr zu Jahr verfiel, sah Anfang 1921 ziemlich kläglich aus.

Erstens verringerte sich die Ausbeute von *Heizmaterialien* für die Industrie, was man aus der folgenden Tabelle ersehen kann:

| Brennstoffe | Gewonnen in Millionen Puds | | | | |
|---|---|---|---|---|---|
| | Jahr 1916 | 1917 | 1918 | 1920 | 1921 |
| Steinkohlen ........... | 1 738 | 1 510 | 541 | 338 | 272 |
| Erdöl ................. | 602 | 522 | 232 | 269 | 233 |

Der Ersatz von Steinkohlen durch minderwertiges Brennholzmaterial konnte den Mangel an Heizmaterial für die Industrie nicht beheben.

Die Produktion der Rohmaterialien für die Textil-, Leinen-, Salz-, Zucker-Industrie verringerte sich während der Kriegsjahre, den Jahren des „Kriegskommunismus", außerordentlich.

Wenn wir die Produktion im Jahre 1913 mit 100 bezeichnen wollen, so ergeben sich zu Anfang des Jahres 1920 folgende Zahlen:

Englische Interventionstruppen    Wladiwostok 1918

| | Jahr 1913 | Jahr 1919 |
|---|---|---|
| Baumwolle | 100 | 22 |
| Flachs | 100 | 17 |
| Zuckerrüben | 100 | 27 |
| Salz | 100 | 15 |

Als unvermeidliche Folge mangelhafter Versorgung an Heiz- und Rohmaterialien trat ein beträchtlicher Produktionsabbau in allen Industriezweigen ein.

Die Lage der Textilindustrie wird durch die massenhafte Stillegung der Fabriken charakterisiert. Im Jahre 1917 waren von 217 nationalisierten Textilfabriken 116 in Gang; im Jahre 1920 waren von 215 nur 97 in Betrieb.

Für die Dynamik der Schwerindustrie sind die Angaben betreffs der Ausschmelzung des Gußeisens charakteristisch:

| | 1916 | 1917 | 1918 | 1919 | 1920 |
|---|---|---|---|---|---|
| Ausgeschmolzen in tausend Puds | 231 | 184 | 31 | 7 | 17 |

Infolge des Abbaus der Industrie trat auch ein zahlenmäßiger Rückgang der Arbeiterschaft ein. Hatten wir zum 31. August 1918 noch 1 400 000 Arbeiter, so sank diese Zahl bis zum 1. März 1919 auf 1 200 000 und zum 1. Januar 1920 auf unter eine Million.

Diese Reduktion der Arbeiterschaft, die aufs Land ging, war nicht nur durch den Abbau bedingt, sondern auch durch die Geldentwertung und die daraus folgende Verminderung des realen Arbeitslohnes.

Die Sowjetregierung, die weder eine entsprechende Goldreserve, noch eine gesunde industrielle Basis besaß, war genötigt, trotz ihres faktischen Handelsverbots

Die weißen Henker und ihre Opfer

zu einer starken Papiergeld-Emission zu greifen, was natürlich zu einer Entwertung des sich im Umlauf befindlichen Papiergeldes führte.

Dieser Prozeß wird durch die folgende Tabelle illustriert:

| Zeit | Die Gesamtsumme des umlaufenden Geldes (in Millionen Rubel) | Sein realer Wert (in Millionen Rubel) |
|---|---|---|
| 1. November 1917 | 22 446 | 2200 |
| 1. Januar 1918 | 27 312 | 1315 |
| 1. Januar 1919 | 60 764 | 370 |
| 1. Januar 1920 | 225 014 | 93 |
| 1. Januar 1921 | 1 168 596 | 69 |

Die Entwertung des Papiergeldes ist stets von einer Verminderung des realen Arbeitslohnes gefolgt. So überholte Anfang 1918 in Moskau die Preissteigerung die Steigerung des Arbeitslohnes um das 3,6fache, im Januar 1919 um das 17fache und Ende 1920 um das 52fache.

Im Jahre 1920 erreichte der Arbeitslohn eines Moskauer Arbeiters nur die Höhe von 8 bis 20 Prozent der faktischen Konsumnorm des Arbeiters.

Infolge dieser Lage verknüpfte sich enger das Band zwischen dem Land und den Arbeitern, die sich bemühten, dort ihren Verdienst zu ergänzen. Daraus wird auch erklärlich, daß die Arbeiter langdauernden Urlaub aus den Fabriken nahmen, um sich aufs Land zu begeben, besonders in der Erntezeit.

Da ein Teil der Arbeiterklasse ihre Existenzmöglichkeit teilweise vom Lande bezog, so wurde dieser Teil in den Jahren 1920 bis 1921 nicht nur im sozialökonomischen, sondern bis zu einem gewissen Grade auch im ideologischen Sinne deklassiert.

Noch im Jahre 1919 hörte man in den Fabriken und Werken in Moskau während der Besprechung der mit der Naturalsteuer verbundenen Fragen die Arbeiter sagen: „Hier in der Stadt schwellen wir vor Hunger, und *sie* dort auf dem Lande schwellen vor Gefräßigkeit."

Im Jahre 1921 bekam man schon anderes zu hören. Die Arbeiter der verschiedenen *Metallwerke* sagten den Kommunisten: „Ihr verlangt von *uns* auf dem Lande Brot, und was bietet Ihr dafür?"

Die Bedeutung dieser Gesinnung wird ganz klar, wenn man erfährt, daß die Parteizelle auf die Frage, inwiefern die Arbeiter mit dem Lande verbunden seien, antwortete: „Zirka 60 Prozent haben Beziehungen zu dem Lande."

Wegen mangelhaften objektiven Materials kann man leider über die Formen dieser Beziehungen nicht ausführlicher sprechen. Man kann aber mit Sicherheit die Tatsache feststellen, daß ein Teil des Proletariats unter dem Drucke der ungünstigen Verhältnisse deklassiert wurde, ebenfalls daß ein Teil der Arbeiter in Kontakt mit den Bauern kam und daß ihre Stimmung im Sinne einer kleinbürgerlichen Ideologie umgestaltet war.

So kamen gerade in den Stützpunkten der Revolution, in den industriellen Zentren, die Voraussetzungen für die Kronstadt-Ereignisse zustande.

Wir haben aber schon erwähnt, daß man die *Quellen* dieser Ideologie doch auf dem Lande suchen muß.

Darum ist es wichtig, sich danach umzuschauen, wie es im Jahre 1921 auf dem Lande aussah.

Die Oktober-Revolution hat nicht nur den Grund und Boden dem Gutsbesitzer entrissen und ihn dem Bauern übergeben, sondern sie hat auch die inneren Konflikte

**Intervention!**
Erschießung eines Jungkommunisten auf einem englischen Kanonenboot

zwischen den verschiedenen Bauernklassen verschärft; sie gab das Signal zum Kampf gegen den Landkapitalisten, den „Kulak".

Dieser Krieg wurde von den „Armenkomitees" geführt und hatte eine gewisse Schwächung der „Kulaken"-Schichten zur Folge.

Strumilin, der die statistischen Angaben über die innere Dynamik der Bauernwirtschaften in sieben verschiedenartigen Gouvernements zusammenstellte, gibt die folgende Tabelle:

| Die Bevölkerungsgruppen | Prozentsatz der Einzelwirtschaften in den verschiedenen Jahren | | Prozentsatz der Bevölkerung in den verschiedenen Jahren | |
|---|---|---|---|---|
| | 1917 | 1920 | 1917 | 1920 |
| 1. Wohlhabende ........ | 13,5 | 11,7 | 18,1 | 14,8 |
| 2. Mittlere ............. | 42,7 | 40,8 | 46,4 | 44,8 |
| 3. Wenigbemittelte ...... | 43,8 | 47,5 | 35,5 | 40,4 |

Diese Tabelle beweist: 1. daß die Periode des „Kriegskommunismus" das Durchschnittsniveau der Wohlhabenheit in den Bauernwirtschaften etwas herabgesetzt

Nach einem Gemälde von Nikonow

**Ankunft der siegreichen Roten Truppen in Krasnojarsk**

hatte; 2. daß dank der durch die Sowjetregierung durchgeführten Klassenpolitik in den Dörfern am *empfindlichsten* die Bauernbourgeoisie angegriffen wurde.

Noch deutlicher sind die Ziffern, die die „Versorgung mit Saatgut gemäß den Typen der Wirtschaften" (der Flächenraum der Aussaat im Jahre 1917 wird als 100 bezeichnet) betreffen.

| Typen der Wirtschaften in 7 Gouvernements | Die gesamte Anbaufläche in Deßjatinen | | Die Zahl der Deßjatinen. Anbaufläche pro 100 Personen | |
|---|---|---|---|---|
| | 1917 | 1920 | 1917 | 1920 |
| 1. Wohlhabende ......... | 100 | 53,8 | 100 | 56,8 |
| 2. Mittlere .............. | 100 | 93,7 | 100 | 85,2 |
| 3. Wenigbemittelte ...... | 100 | 150,0 | 100 | 118,0 |

Hier beobachten wir nicht nur die Veränderungen, die in den verschiedenen Wirtschaftstypen eingetreten sind, sondern auch die inneren Veränderungen dieser Typen selbst.

Die wohlhabenden Bauernschichten haben sich nicht nur in ihrer Zahl vermindert, sondern auch die Durchschnittsanbaufläche pro Person ist geringer, bei dem Mittelstand ist sie etwas kleiner, dagegen bei den armen Bauern beträchtlich höher geworden.

Was die Versorgung der Wirtschaften mit lebendem Inventar anbetrifft, so finden wir auch hier analoge Angaben.

Auch hier beobachten wir einen gewissen Aufschwung in den wenigbemittelten Bauernwirtschaften, gleichzeitig eine gewisse Schwächung des Mittelstandes und eine bedeutende Herabsetzung in den reichen Bauernwirtschaften.

Alle diese Angaben weisen darauf hin, daß in den Jahren 1918 bis 1920 ein *Verfall der bourgeoisen Bauernwirtschaften* und gleichzeitig ein Ausgleich, eine *Nivellierung der Wirtschaften* im allgemeinen vor sich ging.

Das war die Folge der durch die „Armenkomitees" durchgeführten Kampagne, die aber auch andere, sehr wichtige sozialpolitische Wirkungen mit sich brachte.

Kommandeure und Kommissare der 25. Tschapajew-Division

In den Jahren 1917 bis 1919 spielte sich auf dem Lande ein heftiger innerer Klassenkampf zwischen der Dorfbourgeoisie und dem Dorfproletariat ab.

*Dieser Klassenantagonismus kam uns zugute, da wir ihn ausnützen konnten, um den Einfluß des revolutionären Proletariats auf die Bauernschaft zu verstärken.*

Im Jahre 1920 hatten sich aber die Zustände auf dem Lande geändert, erstens weil sich die Bauernschaft nach den zahlreichen Niederlagen der weißgardistischen Armeen endlich fest und sicher auf dem dem Gutsbesitzer entrissenen Grund und Boden fühlte und den proletarischen Staat, der den Kampf gegen den rebellierenden, um die Zurückgewinnung seines Gutes ringenden Gutsbesitzer führte, nicht mehr brauchte.

Zweitens, weil gleichzeitig mit der Nivellierung der Bauernwirtschaften auch der Klassenantagonismus auf dem Lande viel schwächer wurde.

Das Proletariat wurde von den Dorfarmen nicht mehr als Stütze betrachtet, statt des früheren Zwistes *trat eine gewisse Solidarisierung in den breiten Bauernmassen ein.*

Man konnte nicht mehr sagen, daß die Bauernschaft unter allen Umständen das städtische Proletariat unterstützen würde.

Die Bauern waren nicht ganz zufrieden und neigten zu einem anderen ökonomischen System, das dem Bauern als kleinem Privatbesitzer und Produzenten mehr angepaßt wäre.

Der Kriegskommunismus legte ein Verbot auf den Handel. Dieses Verbot wurde aber mit elementarer Kraft immer wieder verletzt — es entstand eine neue, nie dagewesene Form des Geheimhandels.

*Die Konjunktur auf diesem „Geheimhandelsmarkt“ war für die Bauern ungemein günstig:* das Brot war dort die willkommenste Ware, die Preise gingen immer mehr in die Höhe, besonders stark seit dem Jahre 1920.

Es genügt zu erwähnen, daß z. B. in Moskau die Brotpreise im Anfang 1921 das $11^1/_2$fache erreichten im Vergleich mit den Preisen im Anfange des Jahres 1920; dagegen stiegen die Preise der Kleidungsstücke und des Schuhwerks in demselben Zeitabschnitte nur um das $7^1/_2$fache und die Preise von Kolonialwaren um weniger als das 4fache.

*Diese „Schere" war für die Bauern ein genügender Anlaß, um ihre Sympathien einem Warenaustauschsystem zuzuwenden; dieser Drang war ausschlaggebend für die politische Gesinnung der Bauernschaft Anfang 1921, und auch die Arbeiter, die mit dem Lande verknüpft waren, blieben ihr nicht fern.*

So gestalteten sich die objektiven sozialökonomischen Bedingungen, die den Boden für die Kronstadt-Ereignisse vorbereiteten.

Während der Diskussion 1921 in der bolschewistischen Partei über die Rolle der Gewerkschaftsverbände, die dem Kronstädter Aufruhr voranging, stellte es sich heraus, daß ein Teil der Parteimitglieder eine weitere Durchführung der kriegskommunistischen Bestrebungen für richtig hielt; auch wurde es klar, daß die Partei, obwohl sie *anerkannte, wie wichtig es sei, in der Ausarbeitung der Wirtschaftspolitik mit Rücksicht auf die Bauernschaft zu handeln, doch die Wege zur Fühlung mit dem Lande noch nicht gefunden hatte.*

Die Diskussion, während der es sich ergab, daß die Partei sich entschlossen hatte, die Prinzipien der kriegskommunistischen Periode nicht weiter durchzuführen, hatte auch negative Folgen. Es stellte sich heraus, daß die bolschewistische Partei nicht ganz einmütig war, daß die Parteidisziplin nicht auf der Höhe stand.

Darüber sprach auch Lenin auf dem X. Parteitage: „. . . Nur wenige unter Ihnen werden diese Diskussion nicht als einen überflüssigen Luxus betrachten. Ich persönlich kann nur beifügen, daß dieser Luxus meiner Ansicht nach absolut unzulässig gewesen ist, und daß wir, indem wir diese Diskussion zustandekommen ließen, zweifelsohne einen Fehler machten. Ohne bemerkt zu haben, daß wir in dieser Diskussion in die erste Reihe eine Frage schoben, deren objektive Wichtigkeit nicht so groß ist, daß wir uns gehen ließen, ohne bemerkt zu haben, in welchem Grade wir die Aufmerksamkeit dadurch von den nächsten und notwendigsten Erfordernissen ablenkten, von der uns so naheliegenden Frage über die Krisis . . ."

Kein Zweifel, daß die Diskussion, die die in der herrschenden Partei vorhandenen Reibungen enthüllte, die in den anderen Parteien zusammengeschlossenen Kräfte ziemlich belebte und den Einfluß der Partei auf die proletarischen Massen in einem kritischsten, verwickeltsten Moment herabsetzte.

Ende Februar 1921, nachdem die Konsumrationen in einigen Petrograder Fabriken verkleinert wurden, kam es in verschiedenen Betrieben zu Streiks. Diese Streiks waren nicht die ersten. Schon früher griffen die weniger ausdauernden Arbeiter unter dem Druck ungemein schwieriger materieller Verhältnisse zu einem Streik, wodurch sich natürlich die Lage des proleta-

**Sibirischer Partisan**
Skulptur in Holz im Museum der Roten Armee in Moskau

rischen Staates noch mehr verschlechterte. Auch in den Jahren 1919 und 1920 herrschte viel Unzufriedenheit.

Die Streiks im Jahre 1921 hatten aber etwas Neues an sich.

Erstens einmal verlangten die Arbeiter außer den Forderungen, die Konsumrationen zu erhöhen, man solle auch die „*Sperrdetachements*“, anders ausgedrückt, das Handelsverbot aufheben; zweitens wurden hier und da menschewistisch-sozialrevolutionäre Flugblätter gelesen, obwohl die Arbeiter sie früher nicht einmal ansehen wollten, da es sie am wenigsten gelüstete, Sozialdemokraten an ihrer Spitze zu haben.

Am 27. Februar zirkulierte unter den Streikenden eine Proklamation folgenden Inhalts: „Eine *gründliche Änderung der ganzen Politik der Regierung* ist notwendig, und in erster Linie müssen die Arbeiter und Bauern die Freiheit haben. Sie wollen nicht der bolschewistischen Führung folgen, sie wollen selbst über ihr Schicksal entscheiden. Ihr müßt dringend und in organisierter Weise folgendes verlangen: Die Befreiung aller verhafteten Sozialisten und parteiloser Arbeiter, die Aufhebung des Belagerungszustandes, die Freiheit des Wortes, der Presse und der Versammlungen aller arbeitenden Klassen. Freie Neuwahlen in die Fabrikkomitees, in die Gewerkschaftsverbände und in die Sowjets. Organisiert Versammlungen, verkündet Resolutionen, schickt zu den Behörden Eure Delegierten, bemüht Euch, Euern Willen durchzusetzen!“

Am 28. wurde im Newski-Bezirk eine noch weniger verhüllte Proklamation verbreitet: „Wir wissen, wer sich vor der Konstituante scheut. Das sind diejenigen, die dann nicht mehr plündern können und dazu noch vor den Erwählten des Volkes für allen ihren Betrug, ihre Plünderungen, für alle Verbrechen verantwortlich sein werden. Darum nieder mit den gehaßten Kommunisten! Nieder mit der Sowjetregierung! Es lebe die Konstituante!“

Es ist gar nicht erstaunlich, daß die Menschewiki und Sozialrevolutionäre (die zweite Proklamation ist zweifellos von den Sozialrevolutionären verfaßt, die erste könnte auch die Menschewiki zu Autoren gehabt haben) ähnliche Flugblätter verbreiteten. Das geschah auch früher. *Neu war aber, daß sie gelesen wurden und sogar Eindruck machten.* Die Sowjetregierung verspürte in diesen neuen Erscheinungen eine große politische Gefahr, die das Werk der Arbeiterklasse zu bedrohen schien.

**Japanische Interventionstruppen** Wladiwostok 1918

Oktober 1918

**Die Kommandeure der III. Roten Armee**

Die Menschewiki und Sozial=revolutionäre versuchten, die starke Unzufriedenheit, die in den weniger aufgeklärten Arbeiter=gruppen herrschte, auszunützen. Sie benutzten zu diesem Zwecke die neue Gesinnung, die sich dieser deklassierten, verbauerten Arbeitergruppen bemächtigte.

Im Anfang hatten sie einiger=maßen Erfolg, hauptsächlich weil die Petrograder Arbeitermasse durch zwangsmäßig zur Arbeit in die Fabriken mobilisierte Bauern in ihrer revolutionären Energie ge=schwächt war; dazu blieben nach der Stillegung einer ganzen Reihe von Fabriken noch viele Arbeits=lose.

Die Petrograder Organisation der Bolschewiki, die viele Jahre hindurch ganz Rußland mit er=probten revolutionären Kräften versorgte, besaß noch zu viel Energie und Ausdauer: die Petro=grader Arbeitermasse, besonders ihr Vortrupp, war zu gut organi=siert, als daß eine Vendée in Petro=grad selbst sich hätte abspielen können. Zu diesem Stützpunkte wurde Kron=stadt gemacht, wo die Matrosen tonangebend waren.

In den Bürgerkriegsjahren 1917 bis 1921, wo die Flotte eigentlich fast nichts zu tun hatte, lösten sich die alten Matrosen=Kaders allmählich auf, um der vom Lande neu angekommenen Jugend Platz zu machen.

Kurz vor dem Kronstadt=Aufruhr konnte man zwischen den Matrosen kaum einen alten finden, der richtige Seefahrten hinter sich und den Oktober=Umsturz mitgemacht hatte.

Ein Kronstädter Matrose im Jahre 1917 und einer im Jahre 1921 — das waren zwei ganz verschiedene sozialpsychologische Typen.

Gerade dieser neue Matrose, dieser als Matrose verkleidete Bauernbursche, bildete die Kaders der aufständigen Kronstädter.

Was veranlaßte diesen Matrosen, gegen die Diktatur des Proletariats zu rebel=lieren? („Lassen wir unsere trügerische Losung, die Diktatur des Proletariats, beiseite!", so ruft der „Kommunist" Koskin in den „Nachrichten des revolutionären Komitees" vom 9. März aus.) Die beste Antwort auf diese Frage lesen wir in der von den Kronstädtern selbst herausgegebenen Zeitung „Nachrichten des Provi=sorischen Revolutionären Komitees der Matrosen, Rotarmisten und Arbeiter der Stadt Kronstadt."

Fast alle Artikel, deren Zitate wir unten wiedergeben, standen in der Zeitung ohne Unterschrift, sind also redaktionelle, und können deswegen als Charakteristik für die Ideologie der vorangehenden Kronstädter, die die Bewegung leiteten, dienen.

„Das, was jetzt vor sich geht" — so lesen wir in der Nr. 9 der „Nachrichten" — „ist alles durch die Kommunisten selbst, durch ihre dreijährige blutige Zerstörungsarbeit vorbereitet worden. *Die Briefe vom Lande sind erfüllt mit Klagen und Flüchen auf die Kommunisten.* Unsere aus dem Urlaub zurückkehrenden Kameraden, die voller Zorn und Empörung sind, berichteten uns über die Grausamkeiten, die die Bolschewiki in ganz Rußland verüben."

Also ist es ganz klar: Die Anregung für die Kronstadt-Ereignisse hat ihre Wurzeln in der Gesinnung des Dorfes. Wie war aber diese Gesinnung?

„Ganz recht hatte der Bauer, der auf dem VIII. Sowjetkongreß sagte: „Alles ist gut, nur . . . der Boden gehört uns, aber das Brot gehört ihnen; die Gewässer gehören uns, aber die Fische ihnen; die Wälder sind unser, aber das Holz euer." Die Bauern sollten sich aber nicht beunruhigen. Lenin verspricht ja, dem kleinen Landwirt entgegenzukommen, ihn sich einigermaßen frei bewegen zu lassen. Ähnlich wie der frühere „gute" Gutsbesitzer will er eine Kleinigkeit schenken, um nachher die Krallen der Parteidiktatur noch fester einzuschlagen, was aus den folgenden Worten ganz klar ersichtlich ist: „Natürlich ist da ohne Zwang nichts zu machen, da der Staat kolossal verarmt und ermüdet ist." („Nachrichten", Nr. 13 vom 15. März, Artikel unter dem Titel: „Handelshaus Lenin, Trotzki & Co.")

Besonders empört die Kronstädter die „Einrichtung" der Sowjetwirtschaften. „Von ihren blutbesudelten Bühnenbrettern schreien sie" — so schreibt ein Matrose Koptelow — „daß der Boden den Bauern und die Fabriken den Arbeitern gehören. Unterdessen haben die *Kommunisten überall kommunistische Wirtschaften eingerichtet, wobei sie die besten Grundstücke für diesen Zweck gewählt* und sich den armen Bauern noch schwerer und schlimmer auf den Buckel gesetzt haben, als der Gutsbesitzer es früher getan hat."

In diesem Artikel wird vom Standpunkte der „Ärmsten" argumentiert, dagegen in einem anderen redaktionellen Artikel ist man für den Kulak beleidigt.

„*Die ganze arbeitende Bauernschaft wurde als Feind des Volkes, als Ausbeuter erklärt.* Die unternehmungslustigen Kommunisten machten sich an die Zerstörungsarbeit und fingen an, Sowjetwirtschaften, Gutshöfe des neuen Gutsbesitzers, des Staates, einzurichten. Das ist es, was die Bauernschaft statt der freien Arbeit und des freien Bodens von dem bolschewistischen Sozialismus bekommen hat."

Diese Zitate sind charakteristisch für die meisten Artikel. Über die Arbeiter liest man nur selten eine flüchtige Bemerkung. Gelegentlich wird aber auch die „arbeitende Intelligenz" erwähnt . . . „Es entstand eine neue kommunistische Leibeigenschaft. Der *Bauer* wurde in den Sowjetwirtschaften zum Knecht, der *Arbeiter* in den Fabriken zum Tagelöhner. *Die arbeitende Intelligenz* ging zugrunde."

Mit welchem Programm trat man aber in Kronstadt gegen den Arbeiterstaat auf? Wie bekannt, handelte es sich ursprünglich um Unruhen auf einigen Schiffen, die auf einem großen Meeting zu einer allgemeinen Bewegung auswuchsen. Auf diesem Meeting wurde eine „Resolution der allgemeinen Versammlung, die am 1. März stattfand, der Kommandos der 1. und 2. Brigade der Linienschiffe angenommen".

Diese Resolution ist das einzige programmäßige Dokument, obwohl die zahlreichen Korrekturen und Ergänzungen die Bedeutung dieses Dokumentes als programmäßige Erklärung beträchtlich herabsetzen.

Vier Punkte der Resolution bezeichnen die sozialökonomischen Wünsche der Kronstädter:

§ 8. Unverzügliche Aufhebung der „Sperr"-Detachements.

§ 9. Gleiche Rationen für alle Arbeitenden, außer für die, die in ungesunden Betrieben tätig sind.

§ 11. Die Bauern müssen auf dem ganzen Grund und Boden so wirtschaften können, wie sie wollen, auch dürfen sie ein lebendes Inventar haben, mit dem sie mit eigenen Kräften ohne Hilfe von Lohnarbeitern fertig werden müssen.

§ 15. Die Heimindustrie mit eigenen Kräften muß erlaubt werden.

Also für die Arbeiter — „gleiche Rationen", *für die Bauern — freier Handel, „die Möglichkeit, nach Belieben zu wirtschaften und auch Vieh zu halten"; „freie Heimindustrie"*. Freilich ist das Verbot, Lohnarbeiter zu mieten, unverletzt geblieben.

Wenn man dieses Programm isoliert betrachtet, so werden seine Forderungen völlig durch die Neue Ökonomische Politik befriedigt. Diese Forderungen der Bauernschaft, die in ihrem ökonomischen Teile durch die Kronstädter Matrosen formuliert wurden, konnten nicht als Anlaß für einen Bürgerkrieg dienen.

Welche politischen Forderungen werden von den Kronstädtern für richtig gehalten, damit diese ökonomischen Forderungen durchführbar werden können?

„Lassen wir die trügerische Losung ‚Diktatur des Proletariats' fallen!" Und deswegen: „Nieder mit der Diktatur der Kommunisten!"

„Hier ist eine neue, große, revolutionäre Bewegung zustande gekommen" — lesen wir in Nr. 6 der ‚Nachrichten'". — „Hier ist ein Aufstand begonnen um die Befreiung von dem dreijährigen Joch und der Willkür der kommunistischen Regierung, in Vergleich mit denen sogar das 300jährige Joch des Monarchismus verblaßt."

„Hier in Kronstadt ist der Eckstein der dritten Revolution gelegt worden, die die arbeitenden Massen von ihren letzten Ketten befreit und einen neuen Weg zum sozialistischen Aufbau einschlägt! . . ." „Der jetzige Umsturz erlaubt endlich den arbeitenden Massen, ihre frei erwählten Sowjets zu haben, die ohne jeden zwangsmäßigen Druck seitens der Partei arbeiten können, erlaubt, die bürokratischen Gewerkschaftsverbände in freie Organisationen zur Vereinigung der Arbeiter, Bauern und der arbeitenden Intelligenz umzugestalten . . ."

Von den parteilosen Sowjets — zur bourgeoisen Restauration —, so hieß der Weg, den die Kronstädter im März 1921 betraten.

## 8. DIE NEUE ÖKONOMISCHE POLITIK

IN seiner am 19. November 1922 im Plenum des Moskauer Sowjets gehaltenen Rede charakterisierte Lenin die Neue Ökonomische Politik mit den folgenden Worten:

„Wir machen jetzt einen Rückzug, aber wir tun es, um, zunächst zurückgehend, einen Anlauf zu nehmen und einen größeren Sprung vorwärts zu machen. Wir machen einen Rückzug, jedoch nur darum, um uns umzugruppieren, anzupassen, umzuorganisieren, um nach dem Rückzug einen zähen Vormarsch zu unternehmen."

Wodurch war dieser Rückzug bedingt und wie stellte Lenin die Vorwärtsbewegung dar?

„Die ungeheure Mehrheit der Bauern unseres Landes" — sagte Lenin auf dem XI. Parteitag der RKP. — „führt eine individuelle Kleinwirtschaft. Der Aufbau dessen, was wir aus unserem vorgesehenen Programm einer kommunistischen Gemeinschaft unverzüglich hätten verwirklichen können, geschah gewissermaßen davon losgelöst, was in den breiten Bauernmassen vor sich ging, denen wir sehr große Lasten aufbürdeten, und wir rechtfertigten diese damit, daß der Krieg keinerlei Schwankungen in dieser Hinsicht dulde." „Es gab keinerlei Zusammenschluß zwischen der Wirtschaftsform, die in unseren nationalisierten, sozialisierten Fabriken, Betrieben und Sowjetgütern aufgebaut wurde, und der Wirtschaftsform unserer Bauernschaft." Indessen war die Vorbedingung der Existenz der Sowjetmacht und der Diktatur des Proletariats, des Erfolgs der sozialistischen Aufbauarbeit gerade die Verwirklichung dieses Zusammenschlusses zwischen Stadt und Land, zwischen der neuen, entstehenden Wirtschaft und der Bauernwirtschaft, gerade dieses Bündnis zwischen Arbeiterklasse und Bauern. Die „grundlegende, entscheidende, alles andere verdrängende Aufgabe der Neuen Ökonomischen Politik" bestand gerade in dem „Zusammenschluß zwischen jener neuen Wirtschaftsform, die wir aufzubauen begonnen haben — sehr schlecht, sehr ungeschickt, aber doch begonnen — und der bäuerlichen Wirtschaft, in der Millionen und aber Millionen Bauern leben".

„Wenn wir das durchsetzen können, wenn es uns gelingt, den Zusammenschluß mit der Bauernmasse, mit den gewöhnlichen, werktätigen Bauern zu erreichen, so werden wir uns unermeßlich, unendlich langsamer vorwärtsbewegen, als wir geträumt haben, aber dafür wird die ganze Masse tatsächlich mit uns zusammen vorwärtsgehen. Dann wird mit der Zeit eine solche Beschleunigung dieser Bewegung einsetzen, die wir uns jetzt gar nicht träumen lassen."

In seinem Referate, gehalten am 9. April 1921, wirft Lenin die Frage auf, worin das Wesen der wirtschaftlichen Beziehungen zwischen der Arbeiterklasse und dem Bauerntum bestehen muß, „wenn in einem Lande mit vorwiegender Bauernbevölkerung die Arbeiterrevolution stattfindet und die Betriebe, Fabriken und Eisenbahnen in die Hände der Arbeiterklasse übergehen. Offenbar darin, daß die Arbeiter, die in den nunmehr ihnen gehörenden Betrieben alle Produkte erzeugen, welche für das Land und folglich auch für das Bauerntum als Majorität der Bevölkerung erforderlich sind, sie auf ihren Eisenbahnen und Wasserwegen transportieren, sie den Bauern liefern und dafür von ihnen die überschüssigen landwirtschaftlichen Produkte beziehen ... Wir wollen und müssen dahin gelangen, daß die Agrarprodukte dem Arbeiterstaate nicht als Überschuß aus der Zwangsumlage zukommen und nicht als Steuer, sondern im Tausch gegen alle notwendigen Produkte, die das Bauerntum braucht und die ihm mit Hilfe der Transportmittel zugestellt werden. Auf dieser Grundlage kann die Wirtschaft des Landes, das zum Sozialismus übergegangen ist, aufgebaut werden. Wenn die Bauernwirtschaft sich weiter entwickeln kann, muß man auch den weiteren Übergang solid sichern, und dieser weitere Übergang muß darin bestehen, daß sich die am wenigsten vorteilhafte und am meisten rückständige, zersplitterte bäuerliche Kleinwirtschaft allmählich zusammenschließt und zu vergesellschafteter landwirtschaftlicher Großwirtschaft organisiert".

Dies waren die allgemeinen wirtschaftlichen und politischen Voraussetzungen des Übergangs zur Neuen Ökonomischen Politik. War aber der Übergang zur Neuen Ökonomischen Politik an und für sich richtig? Hat sich dieser „Rückzug" in der Folge ökonomisch und politisch gerechtfertigt? Hat auf der Linie der Neuen Ökonomischen Politik tatsächlich ein langsamer aber zäher Vorwärtsmarsch begonnen?

Eine unmittelbare Folge des imperialistischen und des Bürgerkrieges war eine rücksichtslose Zerstörung des ganzen volkswirtschaftlichen Organismus. Die Produktion der Industrie fiel im Jahre 1920 auf 18 bis 20 Prozent der Vorkriegsproduktion, während der Ertrag der Landwirtschaft sich im Vergleich mit der Vorkriegszeit um mehr als die Hälfte verminderte (49 Prozent). Auch das Verkehrswesen trug schwere Wunden davon. Obwohl sich das Netz im Vergleich zum Jahre 1913 etwas erweitert hatte, verminderte sich doch die Menge des in Betrieb befindlichen rollenden Materials. Der Prozentsatz der außer Betrieb befindlichen Lokomotiven stieg von 17 Prozent in 1913 auf 56,4 Prozent in 1922/23. Die entsprechenden Ziffern für Güterwagen betrugen 5,4 Prozent und 30 Prozent. Noch prägnanter ist der Rückgang der Bruttoeinnahmen, die in 1913 1 175 900 000 Rubel betrugen, dagegen in 1922/23 nur 337 600 000 Rubel, d. h. nur 28,7 Prozent der Ziffer für 1913. Das gleiche gilt für die Arbeit und den Zustand der Flußschiffahrt. Die normale Warenzirkulation war wie auf dem inneren, so auch auf dem äußeren Markte unterbrochen, das Geldsystem in der Wurzel angegriffen.

In dieser schweren Lage befand sich die Wirtschaft der Sowjetrepublik im Moment des Übergangs zur Neuen Ökonomischen Politik. Die Mißernte und Hungersnot des Jahres 1921 vertieften noch dieses düstere Bild wirtschaftlicher Zerrüttung.

Nichtsdestoweniger zeigten sich die ersten Resultate der Neuen Ökonomischen Politik sehr bald. Langsam zunächst, dann aber in ständig sich beschleunigendem Tempo setzte eine stürmische Wachstumsperiode in der Wirtschaft ein.

Die im Jahre 1920 auf 18 bis 20 Prozent der Vorkriegsproduktion gesunkene industrielle Produktion tritt in eine Periode stürmischen Wachstums ein und erreicht im Jahre 1925/26 98,7 Prozent des Vorkriegsniveaus.

Die staatliche, vom Obersten Volkswirtschaftsrat planmäßig geführte Industrie übersteigt in ihrer Bruttoproduktion das Niveau des Jahres 1913 um 8 Prozent, wobei die Dynamik der industriellen Entwicklung in den einzelnen wichtigsten Industriezweigen folgendes Bild bietet (in Prozenten zum Jahre 1913, Bruttoproduktion):

| | 1913 | 1921/22 | 1922/23 | 1923/24 | 1924/25 | 1925/26 | 1926/27 |
|---|---|---|---|---|---|---|---|
| Roheisen | 100 | 4,1 | 7,1 | 15,7 | 30,7 | 52,7 | 70,8 |
| Martinstahl | 100 | 7,5 | 14,5 | 23,4 | 44,0 | 68,1 | 81,6 |
| Walzeisen | 100 | 7,4 | 13,5 | 19,7 | 39,6 | 61,5 | 73,0 |

Opfer einer weißgardistischen Strafexpedition in Sibirien 1919

| | 1913 | 1921/22 | 1922/23 | 1923/24 | 1924/25 | 1925/26 | 1926/27 |
|---|---|---|---|---|---|---|---|
| Maschinenbau | 100*) | — | 26,6 | 31,5 | 56,0 | 101,3 | 134,5 |
| Steinkohle | 100 | 35,9 | 42,8 | 55,7 | 56,7 | 88,1 | 112,8 |
| Rohnaphtha | 100 | 50,3 | 57,1 | 65,7 | 76,5 | 90,1 | 102,3 |
| Baumwollgewebe | 100 | 14,8 | 24,9 | 36,6 | 66,8 | 85,8 | 101,2 |
| Leinen und Hanf | 100 | 17,0 | 38,6 | 58,1 | 67,4 | 88,4 | 106,0 |
| | 100 | 14,6 | 23,9 | 46,8 | 83,7 | 105,4 | 117,3 |

Dieser Aufstieg der Industrie drückt sich auch im Wachstum des in ihr angelegten Kapitals aus. Nach dem katastrophalen Schwinden des Grundkapitals fängt von 1924 bis 1925 eine allmähliche erweiterte Reproduktion an, so daß am 1. Oktober 1927 das am 1. Oktober 1924 3 426 Millionen Vorkriegsrubel betragende Grundkapital der Industrie auf 4 017 Millionen gestiegen ist. Mit anderen Worten beträgt der Vermögenszuwachs unserer Industrie in drei Jahren 737 Millionen

*) Die Angaben beziehen sich in diesem Falle auf das Jahr 1912.

Vorkriegsrubel. Die Kapitalsanlagen der letzten vier Jahre (ab 1923 bis 1924) in den einzelnen Gruppen standen zum Werte des auf den Stand vom 1. Oktober 1925 umgerechneten Vermögens der Industrien im folgenden prozentuellen Verhältnis: Gebäude und Wohnhäuser — 27,8 Prozent; Ausrüstungen und Maschinen — 36,1 Prozent; wärme- und energiewirtschaftliche Anlagen — 41,5 Prozent; sonstige Anlagen — 59,4 Prozent.

Mit dieser Steigerung der industriellen Produktion und der allgemeinen Besserung der industriellen Wirtschaft wuchsen selbstverständlich auch die Zahl der in der Industrie beschäftigten Arbeitskräfte, die Produktivität der Arbeit und der Arbeitslohn. Zur Charakterisierung dieses Prozesses geben wir untenstehende Tabelle:

| Jahr | Zahl der in den Großbetrieben beschäftigten Arbeiter | | Durchschnittslohn pro Jahr in Tscherwonezrubeln | | Wert der Jahresproduktion des einzelnen Arbeiters in Tscherwonezrubeln | |
|---|---|---|---|---|---|---|
| | absolut | in % | absolut | in % | absolut | in % |
| 1922/23 ........ | 1 446 000 | 100 | 232 | 100 | — | — |
| 1923/24 ........ | 1 618 000 | 111,8 | 423 | 182,3 | 2 761 | 100 |
| 1924/25 ........ | 1 894 000 | 130,9 | 525 | 226,3 | 3 448 | 124,8 |
| 1925/26 ........ | 2 422 000 | 167,5 | 631 | 271,9 | 3 936 | 142,5 |
| 1926/27 ........ | 2 575 000 | 178,1 | 684 | 299,1 | 4 215 | 156,2 |

Bei einer Steigerung der Zahl der in der Industrie beschäftigten Arbeiter um 78,1 Prozent stieg der Arbeitslohn fast um das Dreifache. Die Steigerung des Arbeitslohnes übertrifft sogar um ein geringes das Wachstum der Arbeitsproduktivität. Von 1923/24 bis 1926/27 wächst die Jahresproduktion des einzelnen Arbeiters um 56,2 Prozent, während in demselben Zeitabschnitt der Arbeitslohn um 61,7 Prozent steigt. Wenn also im Ergebnis die Zahl der Arbeiter das Vor-

Koltschak-Offiziere

kriegsniveau beinahe erreicht hat, hat der Arbeitslohn bereits im ersten Vierteljahr 1926/27 das Vorkriegsniveau der Reallöhne um 0,6 Prozent überschritten, wobei bemerkt werden muß, daß sich der Arbeitslohn nicht auf die tatsächlich in den Lohntüten ausgezahlte Geldsumme beschränkt. Die Industrie trägt noch außerdem eine Anzahl zusätzlicher Lasten, die unmittelbar oder mittelbar das Einnahmebudget der Arbeiterklasse vergrößern. Wenn man diese maskierten Formen des Arbeitslohns in den Durchschnittslohn mit einrechnet, so entspricht der Reallohn im Verhältnis zur Vorkriegsziffer im Durchschnitt der ganzen Industrie in 1925/26 — 108,5 Prozent und im ersten Quartal 1926/27 121 Prozent.

Diese sehr bedeutende Steigerung der Zahl der in der Industrie, im Handel, Transportwesen und sonstigen Zweigen der Volkswirtschaft beschäftigten Arbeiter erwies sich trotzdem als ungenügend, um die ganze Masse der vom flachen Lande zuströmenden Arbeitslosen aufzunehmen. Die Zahl der bei den Arbeitsnachweisen registrierten Erwerbslosen stieg von 951 000 am 31. Dezember 1925 auf 1 310 000 am 31. Dezember 1926.

Sehr intensiv verlief der Gesundungsprozeß in der Landwirtschaft. Die landwirtschaftliche Produktion weist folgende Dynamik auf:

| Jahr | In Millionen Vorkriegsrubeln | | | |
|---|---|---|---|---|
| | Bruttoproduktion | | Warenproduktion | |
| | absolut | in % | absolut | in % |
| 1913 | 12,826 | 100 | 4,498 | 100 |
| 1923/24 | 8,858 | 69,0 | 2,930 | 65,1 |
| 1924/25 | 9,535 | 74,3 | 3,397 | 75,5 |
| 1925/26 | 11,306 | 88,1 | 4,046 | 89,9 |
| 1926/27 | 11,902 | 92,1 | 4,363 | 97,0 |

Somit hat die Warenproduktion, bei einer Steigerung der Bruttoproduktion bis 92,1 Prozent des Vorkriegsniveaus, die Vorkriegsmenge fast erreicht.

Besonders charakteristisch stellt sich das Wachstum der Landwirtschaft dar, wenn man die Steigerung der Bruttoproduktion in Millionen Pud untersucht.

| Produkt | 1913 | 1923/24 | | 1924/25 | | 1925/26 | | 1926/27 | |
|---|---|---|---|---|---|---|---|---|---|
| | abs. | abs. | in % | abs. | in % | abs. | in % | abs. | in % |
| Getreide | 5 448 | 3 364 | 61,7 | 3 067 | 56,3 | 4 400 | 80,8 | 4 800 | 88,1 |
| Kartoffeln | 1 828 | 2 184 | 119,5 | 2 122 | 116,1 | 2 736 | 149,7 | 3 010 | 164,7 |
| Stroh und Spreu | 8 404 | 4 883 | 58,1 | 4 447 | 52,9 | 6 384 | 76,0 | 6 967 | 82,9 |
| Gemüse und Obst | 1 635 | 1 286 | 78,7 | 1 557 | 95,2 | 1 683 | 103,0 | 1 788 | 109,4 |
| Heu und Gräser | 4 839 | 3 532 | 73,0 | 3 565 | 73,7 | 4 240 | 87,6 | 4 744 | 98,0 |
| Technische Kulturen: | | | | | | | | | |
| Rohbaumwolle | 38,6 | 9,4 | 24,4 | 22,6 | 58,5 | 34,5 | 89,4 | 32,0 | 82,9 |
| Leinenfaser | 27,7 | 14,6 | 52,7 | 18,7 | 65,5 | 23,2 | 83,8 | 20,9 | 75,5 |
| Hanffaser | 24,9 | 20,8 | 83,5 | 18,8 | 75,5 | 28,0 | 112,4 | 30,0 | 120,5 |
| Ölsamen | 155,9 | 152,9 | 98,1 | 140,7 | 90,3 | 213,8 | 137,1 | 192,0 | 123,2 |
| Zuckerrübe | 662,4 | 172,9 | 26,1 | 198,4 | 30,0 | 504,0 | 76,1 | 504,0 | 76,1 |
| Tabak | 1,7 | 1,6 | 94,1 | 1,5 | 88,2 | 2,8 | 164,7 | 2,6 | 152,9 |
| Machorka | 4,6 | 3,9 | 84,8 | 4,1 | 89,1 | 8,0 | 173,9 | 7,6 | 165,2 |
| Fleisch und Speck | 195,5 | 126,0 | 64,5 | 163,2 | 83,5 | 178,1 | 91,1 | 198,5 | 101,5 |
| Milch | 1 492 | 1 487 | 99,7 | 1 574 | 105,5 | 1 653 | 110,8 | 1 736 | 116,4 |
| Geflügel | 17.0 | 9,9 | 58,2 | 14,8 | 87,1 | 14,8 | 87,1 | 17,0 | 100,0 |
| Eier | 28,0 | 13,0 | 46,4 | 17,6 | 62,9 | 24,2 | 86,4 | 27,8 | 99,3 |
| Dünger | 23 023 | 16 265 | 70,6 | 15 452 | 67,1 | 18 545 | 80,5 | 19 658 | 85,4 |
| Holz (Mill. Quadr.-Sasch.) | 47,45 | 49,59 | 104,5 | 51,28 | 108,1 | 53,12 | 111,9 | 55,04 | 116,0 |

In bezug auf die meisten speziellen und technischen Kulturen und auf die Produkte der Viehzucht hat die Landwirtschaft das Vorkriegsniveau nicht nur erreicht, sondern teilweise bedeutend überschritten.

Die geschilderte Steigerung der Bruttoproduktion der Landwirtschaft — sowohl dem Werte als auch der Menge nach — hatte ihren Grund zum Teil in der Ausdehnung der Anbaufläche, zum Teil in der Steigerung des Bodenertrages, zum Teil endlich in der Verbesserung der Wirtschaftsmethoden in der Viehzucht.

Auch der Viehbestand weist dasselbe ununterbrochene und kräftige Wachstum auf, wie die gesamte Landwirtschaft. Im Vergleich zu 1916 stellt sich die Entwicklung des Viehbestandes folgenderweise dar:

| | Viehbestand der UdSSR. (in tausend Stück) | | | | | | |
|---|---|---|---|---|---|---|---|
| | 1916 | 1923 | 1924 | 1925 | 1926 | 1927 | 1927 in Proz. zu 1916 |
| Pferde | 35,5 | 23,3 | 25,3 | 26,8 | 28,2 | 29,0 | 81,7 |
| Rinder | 60,3 | 50,6 | 55,9 | 58,9 | 63,0 | 66,0 | 109,4 |
| Schafe, Ziegen | 120,9 | 84,7 | 87,8 | 102,1 | 115,2 | 125,3 | 103,6 |
| Schweine | 20,3 | 10,5 | 18,2 | 17,7 | 20,7 | 21,7 | 106,9 |

Mit Ausnahme der Pferde weist die Zahl aller Vieharten eine ziemlich bedeutende Steigerung im Vergleich mit den Vorkriegsziffern auf.

Zusammenfassend kann man sagen: Die Landwirtschaft ist nicht nur wieder aufgebaut, sondern beginnt auch ihr früheres Antlitz zu verändern, indem sie einerseits auf eine höhere technische Basis übergeht, andererseits dabei ist, neue Formen und Methoden der Wirtschaft, die kollektive Bestellung des Landes und eine groß angelegte genossenschaftliche Produktion einzuführen.

Einzug der Roten Armee in Irkutsk

Die Landwirtschaft nimmt nicht nur eine viel größere Anzahl landwirtschaftlicher Maschinen auf, als dies vor dem Kriege der Fall war (115 Millionen Rubel vor dem Kriege, 126 Millionen Vorkriegsrubel in 1926/27), sondern verwendet je länger je mehr auch so komplizierte Maschinen, wie es z. B. die Traktoren sind. Während vor dem Kriege (1914) die Gesamtzahl der Traktoren in Rußland insgesamt 187 Arbeitseinheiten betrug, waren in 1926 in der UdSSR. über 23 000 Traktoren in Betrieb.

Von Jahr zu Jahr wächst auch die Rolle der ländlichen Kraftzentralen. In 1916 hatten wir 78 Kraftzentralen im Dorfe, in 1925 bereits 446. Die Gesamtleistungsfähigkeit vergrößerte sich von 1 400 Kilowatt in 1916 auf 7 700 Kilowatt in 1925.

Die Einführung neuer, für die individuelle Wirtschaft des Klein- oder Mittelbauers unerschwinglicher Maschinen und Gerätschaften war einer der wirksamsten Ansporne zur Bildung landwirtschaftlicher Produktivgenossenschaften. Die gemeinsame Rohstoffbearbeitung und die Interessen des Kredits drängten ebenfalls zum genossenschaftlichen Zusammenschluß. Im Ergebnis haben die landwirtschaftlichen und Kreditgenossenschaften ungefähr 60 000 genossenschaftliche Vereinigungen aufzuweisen. Diese Zahl umfaßt ungefähr 20 000 Kollektivwirtschaften, 16 000 spezielle genossenschaftliche Vereinigungen (Milchwirtschaften, Leinen-, Kartoffel- usw. Wirtschaften) und 13 000 landwirtschaftliche und Kreditgenossenschaften.

Intensiv wächst auch die Zahl der kollektiven Wirtschaften. Ende 1925 gab es 22 774 solche Wirtschaften, in denen über 1 Million Menschen zusammengefaßt waren und die eine Fläche von über 3 Millionen Deßjatinen bearbeiteten.

Auf dieser Basis eines allgemeinen Aufstieges der Landwirtschaft, der Entwicklung des landwirtschaftlichen Genossenschaftswesens und der Hebung des materiellen und technischen Niveaus der bäuerlichen Wirtschaft ging auch eine qualitative Änderung des Wesens der sozialen und wirtschaftlichen Prozesse in der Landwirtschaft vor sich. Der Differenzierungsprozeß im Dorfe, die Aufreibung der Mittelschichten wird durch das Aufrücken der bedürftigeren Bauernschichten in die Reihen der weniger bedürftigen, durch eine Verminderung der Zahl der Dorfarmen, und ein gewisses, übrigens sehr unbedeutendes Anwachsen der Kulakenelemente des Dorfes abgelöst.

So brachte die Neue Ökonomische Politik nicht nur die Wiederherstellung der Landwirtschaft, sondern auch deren Überführung auf eine höhere technische Grundlage, eine allmähliche Umwandlung der individuellen Bauernwirtschaft in eine kollektive, und endlich, was besonders unterstrichen werden soll, die Festigung der Mittelbauernschicht.

Mit dem Wachstum dieser beiden grundlegenden Zweige der Volkswirtschaft, der Industrie und der Landwirtschaft wiesen natürlich auch Verkehr und Warenumsatz eine entsprechende Steigerung auf.

Der Handelsumsatz von Warenwerten wies in den Jahren 1923 bis 1927 folgende Wachstumsziffern auf: (in Millionen Tscherwonezrubeln) 1923 bis 1924: 9 751 / 1924 bis 1925: 13 692 / 1925 bis 1926: 20 468 / 1926 bis 1927: 24 400.

Mit anderen Worten: Der Gesamtwarenumsatz steigerte sich in drei Jahren auf das $2^1/_2$fache.

Ebenso intensiv ist auch der Aufstieg des Transportwesens. Das Netz (in Kilometern) erweitert sich von Jahr zu Jahr: in 1923/24 beträgt seine Ausdehnung 73 858 km; in 1924/25 74 429 km und in 1926/27 76 589 km. Im Vergleich zu 1913 (58 162 km) bedeutet dies eine Erweiterung von 31,6 Prozent und im Vergleich zu 1923/24 eine solche von 3,7 Prozent.

Die Gesamtmenge der expedierten Güter veränderte sich folgendermaßen:

1913: 132 404 000 Tonnen / 1923 bis 1924: 67 489 000 Tonnen / 1924 bis 1925: 83 097 000 Tonnen / 1925 bis 1926: 118 000 000 Tonnen / 1926 bis 1927: 131 150 000 Tonnen.

Mit der Erweiterung des allgemeinen Warenumsatzes gewinnt der Kredit und folglich auch die Banken immer mehr an Bedeutung.

Besonders charakteristisch und aufschlußreich ist die Bilanz der Staatsbank (in Millionen Tscherwonezrubeln):

1. 1. 1922: 5,3 / 1. 1. 1923: 131,0 / 1. 1. 1924: 1099,0 / 1. 10. 1924: 1456,0 / 1. 10. 1925: 3079,0 / 1. 10. 1926: 3099,0.

Endlich weist auch das Staatsbudget ein energisches Wachstum auf. In drei Jahren erweiterte sich das Budget um 115,1 Prozent.

| | | |
|---|---|---|
| 1923—1924 . . . . . . . | 2 298 | Mill. Tsch.-Rbl. |
| 1924—1925 . . . . . . . | 2 935 | „ „ „ |
| 1925—1926 . . . . . . . | 3 982 | „ „ „ |
| 1926—1927 . . . . . . . | 4 944 | „ „ „ |

Diese knappe Aufzählung der Vergleichszahlen beweist die Richtigkeit und die Erfolge der Neuen Ökonomischen Politik.

Eine Parade Roter Matrosen in Petrograd 1920

# 9. CHRONIK 1905—1921

**1905.** *Januar:* 5.: Erscheinen der Nr. 1 der bolschewistischen Zeitung im Auslande „Wpjerjod" („Vorwärts") unter Redaktion von Lenin und engster Teilnahme von Olminski, Lunatscharski und Worowski. — 16.: Streik in den Putilow-Werken in Petersburg. — 20.: Generalstreik in Petersburg. — 22.: Blutiger Sonntag in Petersburg. — *Februar:* 17.: Kalajew tötet den Großfürsten Sergej. — *April:* 8.: Militärunruhen in Tiflis. — 25. (bis 9. Mai): Dritter Parteitag der Russischen Sozialdemokratie in London. Menschewiki verlassen den Parteitag. Der bolschewistische Parteitag nahm wichtige Beschlüsse an: Über die Notwendigkeit der Vorbereitung des bewaffneten Aufstandes. Über die Eroberung der Macht durch das Proletariat im Bunde mit dem Bauerntum usw. Der Leitgedanke des Parteitages war die Feststellung der Führerrolle des Proletariats im revolutionären Kampfe aller Ausgebeuteten und Unterdrückten, „der Hegemonie des Proletariats im revolutionären Kampfe." — *Mai:* 21.: Massendemonstrationen in Batum. — *Juni:* 11.: Straßendemonstrationen und Zusammenstöße mit Militär in Warschau. — 18.: Demonstrationen und Straßenkämpfe in Lodz. — 26/27.: Arbeiterunruhen in Odessa. Aufstand auf dem Panzerschiff „Potemkin". — *August:* 13.: Gründung des Allrussischen Bauernbundes. — 19.: Regierungskundgebung über die Bildung der Staatsduma. — 28.: Revolutionäre Studentenmeetings in den höheren Schulen. — *September:* Eine Konferenz der Sozialdemokratischen Organisationen Rußlands: Beschluß, die Wahlen in die Duma für die breite Agitation für den Aufstand auszunutzen, die Wahlen in die Duma zu boykotieren. — 11.: Arbeiterunruhen in Tiflis. Zusammenstöße mit Kosaken (ca. 100 Tote) — 20.: Kongreß des Allruss. Bauernbundes in Moskau. — *Oktober:* 3.: Buchdruckerstreik in Moskau. — 20.: Beginn des Eisenbahnerstreiks. — 21./22.: Der Eisenbahnerstreik dehnt sich auf alle Linien des Moskauer Gouvernements aus. — 23. Ausbreitung des Eisenbahnerstreiks im Reiche Große Streikwelle in Moskau. Charkow und Reval — 24./25.: Große Streiks in Smolensk, Koslow Ekaterinoslaw, Minsk, Lodz, Kursk, Poltawa, Saratow, Samara. — 25./26.: In Petersburg Streik der Eisenbahner und Hafenarbeiter. Stillegung der großen Betriebe, wie Putilow. — Erste Sitzung des Petersburger Sowjets der Arbeiter-Deputierten in Petersburg. — 27.: Der Eisenbahnerstreik dehnt sich auf den Kaukasus, auf Sibirien, Polen und auf das Asiatische Rußland aus. — Streik der Telegraphenämter und Telegraphenarbeiter in Moskau. — 28.: Streik der Telegraphenämter in Petersburg. — 30.: Erscheinen der Nr. 1 der „Nachrichten des Sowjets der Arbeiter-Deputierten". Erscheinen des Regierungsmanifestes mit den konstitutionellen Versprechungen. — 31. (bis 6. Nov.): Pogromwelle. Erschießungen revolutionärer Arbeiter in Petersburg und Moskau. Ermordung des Sozialdemokraten Bauman in Moskau. *November:* 1.: Bildung des Ministerrates mit Witte an der Spitze. Schluß des politischen Streiks in Moskau. Beschluß des Petersburger Sowjets der Arbeiter-Deputierten über den Abschluß des politischen Streiks am 4. November. — 2.: Straßendemonstrationen aus Anlaß des Begräbnisses des Sozialdemokraten Bauman in Moskau. — 3.: Zarenamnestie für politische Gefangene. Agrarunruhen. Zustrom zu den Arbeiterorganisationen und den Gewerkschaften. — 8./10.: Militäraufstand in Kronstadt. — 9.: In Petersburg erscheint Nr. 1 der legalen Zeitung der Bolschewiki „Nowaja Shisn" („Das neue Leben"). — 10.: Belagerungszustand in Polen. — 11.: Petersburger Sowjet der Arbeiter-Deputierten proklamiert die Einführung des achtstündigen Arbeitstages vom 13. November an. Militärexpeditionen in die Gouvernements Tambow, Saratow und Tschernigow zur Bekämpfung der Bauernaufstände. — 12./13.: Militärunruhen in Wladiwostok. — 15./20.: Zweiter politischer Streik in Petersburg mit den Losungen: Nieder mit den Feldgerichten! Nieder mit der Todesstrafe! Weg mit dem Belagerungszustand! — 19.: Beginn des Bauernkongresses. — 25.: Aufhebung des Belagerungszustandes in Polen. — 24./28.: Aufstand in Sebastopol. — 29.: Verhaftung des Büros des Bauernkongresses. — *Dezember:* 1.: Militärunruhen in Kiew. Belagerungszustand. — 5.: Verhaftung des Büros der Post- und Telegraphengewerkschaft. — 9.: Verhaftung des Vorsitzenden des Petersburger Sowjets der Arbeiter-Deputierten, Chrustalow. Wahl des provisorischen Präsidiums des Sowjets. Aufruf zur Vorbereitung des bewaffneten Aufstandes. — 15.: Manifest des Petersburger Sowjets für Steuerboykott und Zurückziehung der Spareinlagen aus der Staatsbank. — 16.: Verhaftung des Petersburger Sowjets der Arbeiter-Deputierten. — 17.: Wahl des neuen Sowjets der Arbeiter-Deputierten in Petersburg. Proklamierung des politischen Generalstreiks. — 19.: Der Moskauer Sowjet beschließt die Proklamierung des Generalstreiks und Steigerung desselben bis zum bewaffneten Aufstand. — 20./21.: Streik in Moskau. Friedliche Straßendemonstrationen. — 21.: Proklamierung der Republik in Krasnojarsk. Aufstand in Noworossijsk. — 22.: Straßenkämpfe in Moskau. Niedersäbelung der Arbeiter durch Dragoner. Sturm auf das Fiedler-Haus, Quartier des Stabes der Aufständischen. — 23.: Artillerie beschießt die Barrikaden in Moskau. — 24.: Schwere Barrikadenkämpfe in Moskau. Übernahme der Leitung des Aufstandes durch die Bezirkssowjets. — 25.: Aufstände in Nischnij-Nowgorod, Charkow und Nikolajew. 27./28.: Zusammenziehen der Truppen nach Moskau. Ankunft des berüchtigten Garderegiments Semjonow aus Petersburg. — 29.: Beschluß, den Moskauer Aufstand und den politischen Generalstreik mit dem 1. 1. abzubrechen. — 30./31.: Sturm der Garderegimenter auf die Textilfabriken Prochorowsk in Moskau (Sitz des Stabes der Revolutionäre). — 31./2. 1. 06: Strafexpedition auf der Kasan-Eisenbahnlinie und Unterdrückung des bewaffneten Aufstandes in Moskau und Rostow.

**1906.** *Januar:* 3.: Bildung der Republik in Tschita. Konferenz der Bolschewiki und Menschewiki in Finnland über den Zusammenschluß und die Einberufung des Parteitages. Bewaffnete Aufstände in der baltischen Provinz, im Kaukasus und in Sibirien. Strafexpeditionen in ganz Rußland. Vernichtung der Arbeiterorganisationen und der Arbeiterpresse. — *März:* Erschießung des Leutnants Schmidt und dreier aufständischer Matrosen. Wahlkampagne für die 1. Staatsduma. Wahlboykott seitens der Sozialdemokraten und Sozialrevolutionäre. Sieg der Kadetten. — *Mai:* 8. : Demission des Kabinetts Witte-Durnowo. Kabinett Goremikin-Stolypin. — 10.: Eröffnung der 1. Staatsduma. Vereinigungsparteitag in Stockholm. — 25.: Interpellation in der Staatsduma über acht Todesurteile in Riga. — *Juni:* 14./16.: Pogrom in Bjalostok. Die Staatsduma entsendet drei Delegierte zur Untersuchung der Ursachen. — 21.: Von der Dumatribüne wird öffentlich die Teilnahme der Regierung an der Organisierung der Pogrome festgestellt. — *Juli:* 21.: Auflösung der 1. Staatsduma. Demission des Kabinetts Goremikin. Kabinett Stolypin. Welle der Reaktion in ganz Rußland. Vernichtung der oppositionellen Presse, Vereine und Verbände. Vernichtung der legalen sozialdemokratischen Presse. — 30. (bis 2. 8.): Aufstände in Sweaborg und Kronstadt. — *August:* 1.: Aufstand auf einem Kreuzer in Reval. — 6.: Generalstreik in Moskau. — 20.: Erschießung von zehn Aufständischen in Kronstadt. — 25.: Mißlungenes Attentat auf Stolypin. — 26.: Konoplanikowa tötet den General Min, den Henker der Strafexpeditionen. — *September:* In Finnland erscheint illegal die erste Nummer der bolschewistischen Zeitung „Proletarier". — *Dezember:* In Rußland erscheint das erste Gewerkschaftsblatt: „Der Gewerkschaftsverband".

**1907.** Fünfter Parteitag (der letzte Vereinigte) der Russischen Sozialdemokratischen Arbeiter-Partei in London. — Im *August:* II. Allrussische Parteikonferenz in Helsingfors. — Im *November:* III. Allrussische Parteikonferenz in Finnland.

**1908.** In Genf erscheint Nr. 21 der bolschewistischen Zeitung „Proletarier". — In Petersburg erscheint Nr. 1 des Organs des Zentralkomitees der bolschewistischen Partei: „Der Sozialdemokrat".

**1909.** Allrussische Konferenz der Russischen Sozialdemokratischen Arbeiter-Partei (Bolschewiki) in Paris. — Nr. 2 der Zeitung „Der Sozialdemokrat" erscheint im Ausland unter Redaktion von Lenin.

**1910.** Beratungen des Plenums des Zentralkomitees der bolschewistischen Partei in Paris. — In Paris erscheint Nr. 1 der bolschewistischen „Arbeiter-Zeitung". — Im *Dezember* erscheinen legal die Zeitschrift der Bolschewiki: „Mysl" („Der Ge-

Moskau, Kreml 1920

**Aufnahme eines Jahrganges Roter Kommandeure in die Armee**

danke") und die Wochenschrift „Swjesda" („Der Stern").

**1911.** Ministerpräsident Stolypin wird durch den Agenten der Ochrana, Bagrow, erschossen.

**1912.** Allrussische Konferenz der Russischen Sozialdemokratischen Arbeiter-Partei (Bolschewiki) in Prag. — Im *April:* Arbeitererschießungen während des Lena-Streiks. — Im *Mai* erscheint Nr. 1 der legalen Zeitung der Bolschewiki: „Prawda", in Petersburg.

**1913.** Im *Januar:* Beratungen des Zentralkomitees der bolschewistischen Partei in Krakau. — Im *März* wird zum erstenmal der internationale Frauentag in Rußland gefeiert. — Im *Oktober:* Beratungen des Zentralkomitees der bolschewistischen Partei mit Vertrauensleuten aus Rußland in Poronino (Galizien). — In Moskau erscheint die bolschewistische Zeitung: „Unser Weg".

**1914.** 28. *Juli:* Teilmobilisation in Rußland. — 31. *Juli:* Allgemeine Mobilisation in Rußland. — Im *Oktober:* Konferenz der bolschewistischen Dumaabgeordneten mit Parteivertrauensleuten in Finnland. — Im *November:* Verhaftung der bolschewistischen Fraktion der Staatsduma in Petrograd. Veröffentlichung des Manifestes des Zentralkomitees der bolschewistischen Partei über den imperialistischen Krieg.

**1915.** Im *Februar* erscheint in Paris die Zeitung der Sozialisten-Internationalisten: „Unser Wort" unter Teilnahme von Trotzki. — Im *März:* Erste Konferenz der Bolschewiki in Bern. Internationale sozialistische Konferenz in Bern. — Im *April:* Zweite Konferenz der Bolschewiki in Bern.

**1916.** Stürmer wird zum Vorsitzenden des Ministerrates ernannt. Bildung der Kriegs-Industriekomitees.

**1917.** *Januar:* 21.: Das Zentralkomitee der Russischen Sozialdemokratischen Arbeiter-Partei (Bolschewiki) veröffentlicht einen Aufruf mit den Losungen: Nieder mit dem Kriege! Es lebe der Friede! Es lebe die Konstituante und die demokratische Republik! — 22.: Der Gedenktag des blutigen Sonntags 1905 wird durch Meetings und Streiks gefeiert. — *Februar:* Verhaftung der Arbeitergruppe des Kriegs-Industriekomitees. Aufruf des Zentralkomitees der bolschewistischen Partei zum Generalstreik am Jahrestage der Verhaftung der bolschewistischen Fraktion der Staatsduma. — 22.: Warnung des Generals Chabalow an die Arbeiter vor Streiks. — 26.: Arbeitermeetings in den Betrieben. — 27.: Eröffnung der Staatsduma. — 28.: Streik von 25 000 Arbeitern in Petrograd. — *März:* 3.: Streik in den Putilow-Betrieben. — 8.: Der internationale Frauentag wird durch Versammlungen und Demonstrationen gefeiert. Losungen der Demonstranten: Nieder mit der Selbstherrschaft! Nieder mit dem Kriege! — 9.: In Petrograd streiken 200 000 Arbeiter. Zusammenstöße mit der Polizei. — 10.: Generalstreik in Petrograd. Wahl des Sowjets der Arbeiter-Deputierten. Vernichtung der Druckerei der reaktionären Zeitung: „Nowoje Wremja". Regierungstruppen und Gendarmen beschießen die Demonstranten. Verhaftungen von Mitgliedern der revolutionären Organisationen. — 11.: Die Hauptstraßen Petrograds werden durch Drahtverhaue und Maschinengewehre gesichert. Manifest des Zaren

Ein Panzerzug der Roten Armee

über die Auflösung der Staatsduma. Beschluß der Duma, weiter zu tagen. Manifest der Bolschewiki mit der Losung der Bildung der provisorischen Regierung. Große Straßendemonstrationen in Petrograd. Zusammenstöße. Streikbeginn in Moskau. — 13.: Der Petrograder Sowjet ruft zur Bildung von Bezirkssowjets und Arbeitermiliz auf. Besetzung der Schlüsselburger Festung. Die erste Nummer des Organs der Arbeitersowjets verlangt die Einberufung der Konstituante auf Grund des allgemeinen, geheimen, direkten und gleichen Wahlrechts. Das provisorische Komitee der Staatsduma ernennt seine Kommissare für die einzelnen Ministerien. — 14.: Befehl Nr. 1 des Petrograder Sowjets an die Armee. Bildung der Soldatensektion des Petrograder Sowjets. Erste Sitzung des Moskauer Sowjets. Bildung einer rein bürgerlichen Regierung durch das Dumakomitee. — 15.: Thronverzicht Nikolaus II. Kerenski tritt als Justizminister in die Regierung des Fürsten Lwow ein. General Kornilow wird zum Kommandierenden des Petrograder Militärkreises ernannt. Die Provinz schließt sich der Revolution an. In Kiew wird die nationale Ukrainische Rada gebildet. — 16.: Großfürst Michail verzichtet auf den Thron. Petrograder Sowjet beschließt die Verhaftung der Zarenfamilie. Radiotelegramm der provisorischen Regierung an die ganze Welt über den Umsturz. — 17.: Aufstand der Matrosen der Baltischen Flotte in Kronstadt, Sweaborg und Helsingfors. — 18.: Manifest der provisorischen Regierung über die allgemeine politische Amnestie. Abbruch der Streiks. — Erscheinen der ersten Nummer des Zentralorgans der bolschewistischen Partei: „Prawda". — 19.: Die provisorische Regierung fordert in einem Aufrufe die Armee zum Durchhalten bis zur siegreichen Beendigung des Krieges auf. Allgemeine politische Amnestie. Der Vollzugsausschuß des Petrograder Sowjets fordert die Verhaftung der Zarenfamilie. Bildung einer Militärkommission beim Zentralkomitee der bolschewistischen Partei. In Bern verhandeln auf Initiative der Zimmerwalder Kommission die polnischen und russischen Parteien über die Möglichkeiten der Rückkehr der politischen Emigranten nach Rußland. Die Frage der Reise über Deutschland und Stockholm wird geprüft. — 20.: In Moskau erscheint Nr. 1 der Zeitung der Bolschewiki: „Der Sozialdemokrat". — 21.: Verhaftung des Zaren Nikolai in Mogilew. — 24.: Offizielle Anerkennung der provisorischen Regierung durch Frankreich, England und Italien. Miljukow erklärt den Willen der provisorischen Regierung zur Fortsetzung des Krieges „bis zum siegreichen Ende". Die provisorische Regierung erklärt die Übernahme aller Schuldenverpflichtungen der früheren Regierung. Die Plechanow-Gruppe der Menschewiki erklärt sich für die Unterstützung der provisorischen Regierung und für die Fortsetzung des Krieges. — 25.: Beschluß der provisorischen Regierung, die Ländereien und Einkünfte des Zaren zugunsten des Staates zu konfiszieren. Aufhebung der Todesstrafe. Massendemonstrationen in Moskau unter den Losungen: Es lebe die Konstituante, die demokratische Republik, der Achtstundentag, es lebe der Friede, die Verbrüderung der Völker und der internationale Sozialismus. — 26.: Der Allrussische Bauernverband fordert die Einberufung des Allrussischen Bauernsowjets. Verhandlungen über die Einberufung der Konstituante. Beschluß, die Konstituierende Versammlung im Sommer einzuberufen. — 27.: Aufruf des Petrograder Sowjets an die Völker der ganzen Welt über den Frieden ohne Annexionen und Kontributionen. — 29.: Bauernunruhen im Moskauer Gouvernement. Antrag der bolschewistischen Fraktion im Moskauer Sowjet auf Einführung des Achtstundenarbeitstages. — 31.: Das Auslandsbüro des Zentralkomitees der bolschewistischen Partei beschließt, Schritte für die Rückreise der politischen Emigranten nach Rußland über Deutschland als Austausch für die in Rußland internierten Deutschen und Österreicher zu unternehmen. Die Sowjets in Moskau und Odessa beschließen die Einführung des Achtstundenarbeitstages. — *April:* 2.: Aufhebung der zaristischen Rechtsbeschränkungen wegen nationaler oder religiöser Zugehörigkeit. — 3.: Die provisorische Regierung fordert die Arbeiter der Rüstungsindustrie zu intensiverer Arbeit auf. Auflegung einer fünfprozentigen „Freiheitsanleihe". Veröffentlichung des ersten Aufsatzes Lenins in der „Prawda": „Die erste Etappe der ersten Revolution" (Briefe aus der Ferne). — 4.: Der schweizerische Sozialdemokrat Platten verhandelt mit der deutschen Regierung über die Bedingungen der Rückkehr der politischen Emigranten durch Deutschland nach Rußland. Ein Reserveregiment in Moskau faßt folgenden Beschluß: Die Abtransportierung nach der Front darf nur mit Zustimmung des Soldatensowjets erfolgen; Rußland muß nicht nur gegen Wilhelm. sondern auch gegen die russische Bourgeoisie und die Gutsbesitzer verteidigt werden; an die Front sollen in erster Linie die Polizisten und alle anderen Verteidiger der alten Regierung abtransportiert werden; es muß eine Konferenz der Vertreter der Arbeiter aller Länder nach Rußland zur Wiederherstellung des Friedens einberufen werden. — 5.: Bauernunruhen in ganz Rußland. Feierliche Bestattung der 1382 gefallenen Revolutionskämpfer in Petrograd. — 6.: Die deutsche Regierung nimmt die von Platten vorgeschlagenen Bedingungen über die Rückkehr der politischen Emigranten nach Rußland an: „Mit den deutschen Behörden und Beamten wird einzig und allein Platten in Berührung kommen. Niemand wird das Recht haben, ohne seine Erlaubnis den Waggon zu betreten. — Dem Waggon wird das Recht der Exterritorialität zuerkannt. Weder bei der Ein- noch bei der Ausreise aus Deutschland soll irgendwelche Personenkontrolle vorgenommen werden. — Die Reisenden werden in den Waggon aufgenommen ohne Rücksicht auf ihre Ansichten oder ihren Standpunkt in der Frage des Krieges und des Friedens. — Die Genehmigung für die Durchfahrt wird nur erteilt auf Grund eines Austausches mit deutschen oder österreichischen Kriegsgefangenen oder Internierten. Die Reisenden verpflichten sich persönlich, bei der Arbeiterklasse die Durchführung des Austausches anzustreben." — Aus diesem Anlaß erklärten die Vertreter der deutschen, französischen, polnischen, schwedischen und norwegischen Internationalisten: „Den Unterzeichneten sind die Schwierigkeiten, die die Ententeregierungen der Heimreise russischer Internationalisten bereiten, sowie die Bedingungen, die die deutsche Regierung bezüglich der Durchfahrt der Heimreisenden durch Deutschland gestellt hat, bekannt. Sie sind sich vollkommen darüber klar, daß die deutsche Regierung die Durchreise der russischen Internationalisten nur gestattet, um dadurch die kriegsfeindliche Bewegung in Rußland zu steigern. Unterzeichnete erklären: Die russischen Internationalisten, die während des Krieges unermüdlich und mit allen Kräften gegen jeden Imperialismus, und besonders gegen den deutschen, gekämpft haben, kehren nach Rußland zurück, um dort im Interesse der Revolution zu arbeiten. Dadurch helfen sie dem Proletariat aller Länder, und insbesondere dem Proletariat Deutschlands und Österreichs, einen Kampf gegen die eigene Regierung aufzunehmen. Das Beispiel des heldenhaften Kampfes des russischen Proletariats ist der beste und stärkste Antrieb zu einem solchen Kampfe. Aus diesen Erwägungen kamen die unterzeichneten Internationalisten zur Ansicht, daß ihre russischen Genossen nicht das Recht, sondern die Pflicht haben, die ihnen gebotene Möglichkeit zur Heimkehr nach Rußland auszunützen. Gleichzeitig wünschen wir ihnen die besten Erfolge in ihrem Kampfe gegen die imperialistische Politik der russischen Bourgeoisie, in ihrem Kampfe, der einen Bestandteil des Kampfes des gesamten Proletariats um die soziale Revolution darstellt." — 7.: Beschluß der provisorischen Regierung auf Einführung des Getreidemonopols. — 8.: Das Zentralkomitee der bolschewistischen Partei beschließt folgende Resolution: „Die provisorische Regierung, die mit dem anglo-französischen Kapital verbunden ist, ist unfähig, die von der Revolution aufgerollten Aufgaben zu lösen. Daher ist die Aufgabe: Sammlung aller Kräfte um den Arbeiter- und Soldaten-Sowjet als den Keim einer revolutionären Macht, die einzig fähig ist, sowohl die Absichten der zaristischen und bürgerlichen Konterrevolution zu vereiteln, als auch die Forderungen der revolutionären Demokratie zu verwirklichen und den wahren Klassencharakter der gegenwärtigen Regierung zu enthüllen. Die nächste und wichtigste Aufgabe der Sowjets ist die allgemeine Bewaffnung des Volkes und insbesondere die sofortige Schaffung einer Roten Arbeitergarde im ganzen Reiche." — 9.: Eine Reihe großer Moskauer Fabriken nehmen Resolutionen für die sofortige Beendigung des Krieges, für die Alleinherrschaft der Arbeiter- und Soldaten-Sowjets an. — 10.: Ernährungskrise in Petrograd. — 11.: Eröffnung der Allrussischen Konferenz der Arbeiter- und Soldaten-Sowjets. — 13.: Plechanows Rückkehr nach Rußland. — 16.: Ankunft Lenins und 32 politischer Emigranten in Petrograd. — 17.: Lenins Rede in der Versammlung der Delegierten zur Allrussischen Sowjetkonferenz über die Aufgaben des Proletariats in der gegenwärtigen Revolution. Bericht Sinowjews im Petrograder Sowjet über die Reise durch Deutschland. — 18.: Metallarbeiterstreik in Helsingfors für den Achtstundenarbeitstag. — 19.: Eröffnung der Allrussischen Konferenz der Eisenbahnarbeiter und -angestellten. Gründung des Allrussischen Verbandes. — 20.: Der Vollzugsausschuß des Petrograder Sowjets beschließt mit 21 gegen 14 Stimmen die aktive Unterstützung der „Freiheitsanleihe". — 21.: Protest des Vollzugsausschusses des Petrograder Sowjets gegen die Verhaftung Trotzkis und Melnitschanskis durch die englischen Behörden in Halifax. — 23.: Rede Lenins auf einem Meeting des Ismailowski-Regiments: „Um diesem verbrecherischen Kriege ein Ende zu setzen und einen wirklich demokratischen, nicht auf Gewalt beruhenden Frieden zu erzwingen, gibt es nur einen einzigen Weg, und das ist die Übernahme der gesamten Staatsmacht durch die Sowjets der Arbeiter- und Soldaten-Deputierten." — 24.: Interpellation der bolschewistischen Fraktion des Petrograder Sowjets über die reaktionäre Tätigkeit der provisorischen Regierung. — 25.: „Iswestija" veröffentlichen einen Brief Vanderveldes und eine Kundgebung des Vorstandes der Belgischen Arbeiterpartei: Forderung, den belgischen Arbeitern durch die Fortsetzung des Krieges zu helfen. — 26.: Beginn des Kongresses der Bauernorganisationen in Petrograd. — 27.: Der Frontkongreß von Minsk beschließt, alle ehemaligen Mitglieder der Gendarmerie, der Polizei und der Geheimpolizei an die Front zu senden. Diese haben kein Recht, irgendeinen Kommandoposten zu erhalten. — 28.: Protestaufruf des Zentralkomitees der bolschewistischen Partei zur Abwehr der Lügenkampagne gegen die Bolschewiki. Erscheinen der ersten Nummer der bolschewistischen Zeitung „Soldatskaja Prawda" („Die Soldaten-Wahrheit"). Die Moskauer Konferenz der Bolschewiki nimmt eine Resolution über die Notwendigkeit der Gründung einer Dritten Internationale an. — 29.: Der Vollzugsausschuß des Petrograder Sowjets protestiert in einer Resolution gegen die bolschewistische Propaganda. Protestversammlung von Soldaten und Matrosen in Petrograd gegen die konterrevolutionäre Hetze gegen Lenin und die bolschewistische Partei. — *Mai:* 1.: Riesendemonstrationen in ganz Rußland: Es lebe die Internationale! Friede und Brüderlichkeit der Völker! In Jassy (Rumänien) große Demonstrationen der russischen Soldaten. Rakowski wird aus dem Gefängnis befreit. Miljukows Note an die Verbündeten über die Fortsetzung des Krieges. — 3.: Demonstrationen in Petrograd gegen die provisorische Regierung. — 4.: In Petrograd Demonstrationen der Anhänger und der Gegner der provisorischen Regierung. Bewaffnete Zusammenstöße. In Moskau Demonstrationen unter der Losung: Nieder mit der provisorischen Regierung! Regierungsdekret über die Bildung der Bodenausschüsse zur Regelung der Bodenfrage. — 5.: Der Vollzugsausschuß des Petrograder Sowjets verbietet jede Demonstration am 6. Mai. — 6.: Der Moskauer Sowjet fordert die Lösung der Ernährungsfrage durch Einführung des Getreidemonopols, der Höchstpreise auf Massenbedarfsartikel, durch Beschränkung des kapitalistischen Profits und durch Festsetzung des Lohnminimums. — 7.: Beginn der Konferenz der RSDAP. (Bolschewiki) (April-Konferenz). — 8.: Der Vollzugsausschuß des Petrograder Sowjets nimmt eine Resolution über die Einberufung einer internationalen Konferenz an. Es soll eine Delegation nach den neutralen und verbündeten Ländern entsandt werden, um mit den Arbeitern Verbindung aufzunehmen. — 9.: Aufhebung der Verbannungsstrafe. — 10.: Beratung der Dumamitglieder: Für die rückhaltlose Fortsetzung des Krieges. Dekret über die Pressefreiheit. — 11.: Die Petrograder Bezirkskonferenz der Sozialrevolutionäre fordert die aktive Unterstützung der Regierung. Der Bezirkssowjet des Wyborger Bezirks beschließt die Umwandlung der Miliz in eine „Arbeitergarde". Die städtische Konferenz der Vertreter der Petrograder Fabriken nimmt einen Entwurf für die Organisierung einer Roten Garde zum Schutze der Revolution und zum Kampfe gegen die Konterrevolution an. — 12.: Demission des Kriegsministers Gutschkow. — 13.: In der Plenarsitzung des Petrograder Sowjets verurteilen die Menschewiki die Verbrüderungen an der Front. Eine außerordentliche Sitzung des Vollzugsausschusses der Sowjets beschließt mit 44 gegen 19 Stimmen bei 2 Stimmenthaltungen, Vertreter in die Regierung zu entsenden. — 15.: Demission Miljukows. — 16.: Plechanow hält auf der Konferenz der Frontdelegierten eine Rede gegen die Verbrüderungen und gegen die Veröffentlichung der Geheimverträge. — 17.: Eröffnung des Allrussischen Kongresses der Bauern-Sowjets. Ankunft Trotzkis, Melnitschanskis und Rakowskis in Petrograd. Die menschewistische Fraktion des Petrograder Sowjets spricht sich gegen das Bestehen einer besonderen Arbeitergarde aus. — 18.: Bildung der Koalitionsregierung. Kerenski wird Kriegsminister. Gerichtsentscheidung über die Entfernung des Zentralkomitees der bolschewistischen Partei aus dem Palast Kschesinskaja. — 19.: Die Kadettenpartei fordert zum Kampfe auf gegen „jene Elemente, die jede Ordnung zerstören und die Disziplin in der Armee zersetzen wollen". — 21.: Die Arbeiter mehrerer Moskauer und Petrograder Fabriken protestieren gegen den Eintritt der Mitglieder des Arbeiter-Sowjets in die Regierung. Albert Thomas erklärt in seiner Rede in der Sitzung des Moskauer Sowjets, daß „es unmöglich ist, für die Internationale zu kämpfen, wenn die russische Front Frankreich nicht unterstützt". Eröffnung des Kongresses der Offiziersdelegierten. Offener Brief Lenins an den Allrussischen Kongreß der Bauern-Sowjets. — 22.: Der Vollzugsausschuß des Petrograder Sowjets beschließt, die sozialdemokratischen Organisationen aller Länder aufzufordern, alles für die Rettung Friedrich Adlers vor der Hinrichtung zu unternehmen. Allrussische Konferenz der Menschewiki. Annahme der Resolution gegen die Verbrüderungen an der Front, für die Förderung der Wehrfähigkeit der Armee. — 25.: Streik in Petrograder chemischen Fabriken. Scharfe Arbeitskonflikte in Moskau. Große Streiks in Finnland. — 26.: Die Exekutive des Arbeiter-Sowjets in Kronstadt erklärt sich für die einzige Macht in der Stadt. Große Protestversammlungen in Moskau gegen die Verurteilung Friedrich Adlers zum Tode. — 27.: Straßendemonstrationen in Moskau und in verschiedenen anderen Städten gegen das Todesurteil gegen Friedrich Adler. — 31.: Handelsminister Konowalow demissioniert. — *Juni:* 2.: Der Vollzugsausschuß der Sowjets beschließt, für den 8. Juli eine internationale sozialistische Konferenz nach Stockholm einzuberufen. — 4.: Rede Lenins in der Sitzung des Allrussischen Kongresses der Bauernsowjets über die Agrarfrage. — 6.: Sozialrevolutionär Tschernow, Minister für Landwirtschaft, spricht gegen die sofortige Enteignung des Grund und Bodens. — 8.: Der Petrograder Sowjet nimmt zu der Erklärung der Exekutive des Sowjets in Kronstadt Stellung: Eine scharfe Resolution gegen das Vorgehen der Kronstädter wird mit 580 gegen 162 Stimmen bei 74 Stimmenthaltungen angenommen. Aufruhr im 52. Regiment, das sich weigert, an die Front zu gehen und seine Offiziere verhaftet. — 9.: Henderson hält im Petrograder Sowjet eine Rede für die Fortsetzung des Krieges. — 10.: Das 1. Maschinengewehr - Regiment veranstaltet in Petrograd eine Straßendemonstration für die Kronstädter Matrosen und Soldaten und befreit den Bolschewik Semaschko aus der Haft. — 12.: Demonstration der Industrie- und Handelsangestellten in Moskau für den Achtstundenarbeitstag. Eröffnung der Konferenz der Fabrikkomitees in Petrograd. — 14.: Allrussische Konferenz der Großindustriellen und Banken. Die Konferenz erinnert die Regierung an ihre Pflicht, die Industrie zu fördern, Ordnung und Eigentum zu schützen. — 16.: Eröffnung des Allrussischen Sowjetkongresses. Wahlergebnis der städtischen Wahlen von Petrograd: sozialistische Parteien, die die Politik des Vollzugsausschusses unterstützen, erhielten 357 109, die Kadetten 152 000 und die Bolschewiki 117 755 Stimmen. — 17.: Großes Meeting in Petrograd für die Gründung der Dritten Internationale. Der Ukrainische Rat nimmt eine scharfe Resolution gegen die provisorische Regierung an, die die Unabhängigkeit der Ukraine nicht anerkennen will. — 19.: Soldatenmeuterei in der Schwarzmeerflotte. Der außerordentliche Parteitag der finnischen Sozialdemokratie spricht sich für die Gründung der Dritten Internationale aus. — 20.: Soldatenmeuterei in Sebastopol. Soldatenversammlung fordert die Verhaftung des Admirals Koltschak. — 22.: Das Ismailowski-Regiment beschließt, am 23. Juni unter bolschewistischen Losungen zu demonstrieren. Der Sowjet der Fabrikkomitees schließt sich dem bolschewistischen Aufrufe zur Demonstration an. Der Vollzugsausschuß des Petrograder Sowjets verbietet die Demonstrationen. Das Zentralkomitee der bolschewistischen Partei beschließt, die Demonstration zu vertagen. Rede Lenins über den Krieg auf dem Sowjetkongreß. — 27.: Beschluß der provisorischen Regierung, die Konstituante auf den 30. September einzuberufen. — 29.: Eröffnung der ersten Allrussischen Konferenz der bolschewistischen Militärorganisationen. Kerenskis Aufruf zur Unterstützung der Offensive. — 30.: Kongreß der Fabrikkomitees des Allrussischen Textilarbeiter-Verbandes. (Vertreten 104 Betriebe mit über 200 000 Arbeitern.) Bolschewistische Resolutionen werden angenommen. — *Juli:* 1.: Beginn der Offensive. Riesige Demonstrationen in Petrograd unter bolschewistischen Losungen. Gewaltsame Befreiung der politischen Gefangenen aus der Festung „Kresty". — 2.: Aufruf der Regierung an die Flotte über die Offensive. — 3.: Resolution des Petrograder Sowjets für die Unterstützung der Offensive (472 gegen 271 Stimmen bei 39 Stimmenthaltungen). Eröffnung des Allrussischen Gewerkschaftskongresses. Streik in den Putilow-Werken. Große Streiks in Nischni-Nowgorod. — 5.: Der Gewerkschaftskongreß fordert die sofortige Einführung des Achtstundenarbeitstages mit Verbot von Überstunden. — 7.: Der Arbeiter- und Soldaten-Sowjet des Wyborger Stadtbezirkes protestiert „gegen das Abenteuer der provisorischen Regierung, die im Namen der alten Raubverträge eine Offensive führt". — 8.: Massenmeeting der gesamten Garnison in Tiflis unter bolschewistischen Losungen. — 9.: Unruhen in Kiew. — 11.: Haussuchungen in Petrograd. In den Lagerhäusern und Geschäften werden große, verheimlichte Nahrungsmittelvorräte aufgefunden. — 13.: Das 2. Maschinengewehr-Regiment in Petrograd protestiert gegen die Offensive und fordert die Übernahme der Macht durch die Sowjets. — 14.: Eröffnung des ersten Militärischen Frauenkongresses. — 15.: Die Minister der Kadettenpartei erklären ihren Rücktritt aus der provisorischen Regierung, da die Regierungsdeklaration zur ukrainischen Frage jede Macht der Regierung in der Ukraine aufhebt. — 16./17.: Große bewaffnete Demonstrationen in Petrograd: Nieder mit den zehn kapitalistischen Ministern! Alle Macht an die Sowjets! Die provisorische Regierung verbietet jede Straßenkundgebung. In der Sitzung des Vollzugsausschusses erscheinen 90 Delegierte von 54 Fabriken und fordern die Übernahme der Macht durch die Sowjets. — 18.: Kerenski läßt konterrevolutionäre Truppen von der Front nach Petrograd kommen. Zertrümmerung der Redaktion der „Prawda" und der Parteidruckerei der Bolschewiki. Lenin wird als „deutscher Spion" verleumdet. — 19.: Durchbruch der russischen Front. Zusammenbruch der Offensive. — 20.: Verhaftungsbefehl gegen Lenin, Sinowjew und Kamenew. Verhaftung der gesamten Delegation der baltischen Flotte. Kornilow fordert sofortige Einführung der Todesstrafe. — 21.: Kerenski wird Ministerpräsident. — 22.: Der

Wladiwostok 1918

**Ein französischer Interventionsgeneral begrüßt einen russischen weißgardistischen Offizier**

Vollzugsausschuß beschließt: Das Land und die Revolution sind in Gefahr. Die provisorische Regierung wird als „Regierung zur Rettung der Revolution" erklärt. Die Regierung erhält unbeschränkte Vollmacht zur Wiederherstellung der Disziplin in der Armee. — 23.: Der Moskauer Sowjet nimmt einen Beschluß gegen die konterrevolutionären Verleumdungen der Bolschewiki an. — 24.: Sawinkow fordert die Einführung der Todesstrafe. — 25.: Einführung der Todesstrafe an der Front. Verbot des An- und Verkaufs von Grund und Boden. — 26.: Verhaftung von Kollontaj, Krylenko und Raskolnikow. Verbot der bolschewistischen Presse in Reval. — 28.: Verbot der „Prawda" durch Kerenski. — 29.: Im Hauptquartier fordert General Denikin die Aufhebung der „Deklaration über die Rechte der Soldaten", die Auflösung der Soldatenkomitees, die Einführung der Todesstrafe auch für das Hinterland. Verbot der bolschewistischen Zeitungen in Helsingfors. — 30.: Vernichtung der Druckerei des Sowjets des Wassiliostrower Bezirks in Petrograd. Zerstörung der Lokalitäten der Bezirkskomitees der Bolschewiki in Petrograd. — 31.: Kornilow wird zum Oberbefehlshaber ernannt. — *August:* 2.: Rücktritt des Ministers für Landwirtschaft, Tschernow. — 3.: Anklage gegen Lenin, Raskolnikow, Sinowjew u. a. wegen Verrats und Organisierung eines bewaffneten Aufstandes. — 5.: Verhaftung Trotzkis und Lunatscharskis. — 8.: Eröffnung des VI. Parteitages der Bolschewiki. — 10.: Die Konferenz der Moskauer Fabrikkomitees fordert Aufhebung der Todesstrafe, die Übernahme der Macht durch die Sowjets und protestiert gegen die Verfolgung der Bolschewiki. — 13.: Beschluß der Regierung über die Einberufung der „Staatskonferenz" nach Moskau. Einführung der Todesstrafe in der Flotte. — 14.: Überführung des ehemaligen Zaren Nikolai nach Tobolsk. — 15.: Begrüßungsresolution der Putilow-Arbeiter an Lenin und die politischen Gefangenen. — 16.: Die Tagung des Bauernverbandes in Moskau spricht sich für die Entschädigung der Gutsbesitzer im Falle der Übergabe des Bodens an die Bauern aus. — 21.: Streik der Bauarbeiter in Moskau. 23.: Kornilow berichtet der Regierung über die katastrophale Lage an der Front. — 25.: Eröffnung der Moskauer Staatskonferenz. Den bolschewistischen Delegationsmitgliedern der Sowjetdelegation wird der Zutritt verweigert. Demonstrationsstreik in Moskau gegen die Staatskonferenz. — 26.: Erscheinen der ersten Nummer der bolschewistischen Zeitung „Proletarier". Kornilow wird bei seiner Ankunft in Moskau von Vertretern der Großindustriellen, Offiziere und Kosaken feierlich empfangen. — 28.: Plechanow erklärt in der Moskauer Staatskonferenz, daß ein Bündnis der besitzenden Klassen mit der revolutionären Demokratie für beide notwendig sei. — 29.: Die Petrograder Gouvernementskonferenz der Partei der Sozialrevolutionäre beschließt eine Resolution für die Auflösung der konterrevolutionären Militärorganisationen, gegen die reaktionäre Presse und für die Auflösung der Staatsduma und des Staatsrates. Die Mitglieder des finnländischen Sejm protestieren gegen die reaktionären Maßnahmen der provisorischen Regierung. — *September:* 2.: Hungerunruhen in Moskau. — 3.: Kornilow gibt Riga auf. — 5.: Die Arbeitersektion des Petrograder Sowjets protestiert gegen die Verleum-

**Durch japanische Interventionstruppen niedergemetzelte Arbeiter in Wladiwostok**

**Deutsche antirevolutionäre Plakate 1919**

dungen und Beschimpfungen der Soldaten der Riga-Front durch die bürgerliche Presse. — 6.: Verbot der bolschewistischen Zeitung „Proletarier". — 7.: Regierungstreue Truppen werden auf Befehl Kerenskis und Kornilows um Petrograd zusammengezogen. Provokateure verbreiten in Petrograd Gerüchte über einen geplanten Aufstand der Bolschewiki. — 8.: Kornilows Ultimatum an Kerenski. Beschluß der provisorischen Regierung über die Bildung eines Direktoriums. — 9.: In Kronstadt wird ein Bolschewik zum Vorsitzenden des Vollzugsausschusses des Sowjets gewählt. — 10.: Kornilows Aufruf an die Kosaken. Bolschewistische Massenversammlungen in Petrograd. — 11.: Die erste Konferenz der Petrograder Jungarbeiter erklärt sich solidarisch mit den Bolschewiki. — 12.: Kerenski wird zum Oberkommandierenden aller Kriegskräfte ernannt. Die bolschewistische Presse ruft die Arbeiter auf, sich zu bewaffnen. — 13.: Der Petrograder Sowjet nimmt mit 279 Stimmen gegen 115 bei 51 Stimmenthaltungen die bolschewistische Resolution an. — 14.: Rücktritt der Minister Sarudnij, Awksentjew und Skobelew. Verhaftung Kornilows. Die provisorische Regierung erklärt Rußland zur Republik. — 15.: Der Moskauer Sowjet nimmt die bolschewistische Resolution über den Aufbau der Macht an. — 16.: Der Moskauer Sowjet berät die Organisierung der Roten Garde. — 19.: Jekaterinburg meldet, daß im ganzen Ural die Macht sich in den Händen der Sowjets befindet. Das Präsidium des Petrograder Sowjets tritt infolge der Annahme eines bolschewistischen Antrages zurück. — 20.: Massenentlassungen in Petrograder Betrieben. — 27.: Eröffnung der „Demokratischen Beratung" in Petrograd. — *Oktober:* 1.: Die „Demokratische Beratung" lehnt die Übernahme der Macht durch die Sowjets ab und spricht sich für die Koalition aus. Auflösung des Komitees der Baltischen Flotte durch Regierungsbefehl. — 2.: Teilstreik der Eisenbahner. Wahl des Vollzugsausschusses des Moskauer Sowjets mit bolschewistischer Mehrheit. — 3.: Generalstreik in Taschkent. — 5.: Die „Demokratische Beratung" erklärt sich für den Frieden ohne Annexionen und Entschädigungen. — 6.: Das Zentrale Streikkomitee der Eisenbahner beschließt den allgemeinen Eisenbahnerstreik. — 8.: Trotzki wird zum Vorsitzenden des Petrograder Sowjets gewählt. — 9.: Die Allrussische Textilarbeiterkonferenz erklärt sich für die Losung: Alle Macht den Sowjets. — 10.: Die provisorische Regierung beschließt strenge Maßnahmen gegen Bauernunruhen und Anarchie. — 12.: Bauernunruhen in ganz Rußland. — 14.: Friedensdemonstration in Rostow am Don unter bolschewistischen Losungen. Laut Ausweis des Arbeitsministeriums waren in Petrograd zum 1. Oktober 432 086 Arbeiter gewerkschaftlich organisiert. — 15.: Der Petrograder Sowjet fordert die Übergabe der Macht an die Sowjets und den sofortigen Frieden. — 16.: Verschärfung der Verpflegungskrise. Steigerung der Lebensmittelpreise. — 17.: Beschluß der Regierung, ihren Sitz von Petrograd nach

D e u t s c h e P l a k a t e a u s d e m J a h r e 1 9 1 9

Moskau zu verlegen. Bauernunruhen und Beschlagnahme von Grund und Boden in den Gouvernements Kursk, Pensa und Rjasan. — 18.: Die zweite Konferenz der Vertreter der baltischen Flotte in Helsingfors wendet sich mit einem Aufruf an die Unterdrückten aller Länder, worin die Proletarier zum Aufstande gegen ihre Unterdrücker aufgefordert werden. — 19.: Der Petrograder Soldatensowjet nimmt nach einer Rede Trotzkis eine Resolution an, die die Absicht der Regierung, Petrograd zu verlassen, verurteilt und fordert, entweder Frieden zu schließen oder den Platz zu räumen. — 20.: Eröffnung des Vorparlaments. Im Namen der Bolschewiki erklärt Trotzki den Austritt der bolschewistischen Fraktion aus dem Vorparlament. — 22.: Die provisorische Regierung beschließt die Entfernung der revolutionären Truppen aus Petrograd. Das Plenum des Petrograder Sowjets widersetzt sich diesem Beschlusse. — 23.: In der Sitzung des Zentralkomitees der bolschewistischen Partei wird auf Lenins Antrag die Resolution über den bewaffneten Aufstand angenommen. — 24.: Die Konferenz der Sowjets von Nordrußland erklärt sich für die Übernahme der Macht durch die Sowjets. — 26.: Arbeiterorganisationen und Truppenteile erklären der Konferenz der Sowjets von Nordrußland ihre Unterstützung im Kampfe um die Macht der Sowjets. Bauernunruhen in den Gouvernements Pensa, Tschernigow und Nischni-Nowgorod. — 28.: Die Funktionäre der Petrograder Organisation der Bolschewiki erklären sich für den Aufstand. Straßendemonstrationen in Moskau gegen den Krieg. — 29.: Der Petrograder Sowjet organisiert das Militär-Revolutionäre Komitee. — 30.: Das Büro des Vollzugsausschusses der Sowjets beschließt die Einberufung des Allrussischen Sowjetkongresses für den 7. November. — *November:* 1.: Die Allrussische Konferenz der Fabrikkomitees nimmt die politische Resolution der Bolschewiki an. Die Petrograder Militärorganisation der Partei der Sozialrevolutionäre erklärt sich in der Frage des Aufstandes für neutral. — 3.: Eine geschlossene Versammlung der Bolschewiki beschließt bei Anwesenheit Lenins den Aufstand für den 7. November. 4.: Ein Aufruf des Vollzugsausschusses der Sowjets ruft die Petrograder Bevölkerung auf, sich jeder Aktion zu enthalten. — 5.: Die provisorische Regierung beschließt, regierungstreue Truppen aus der Umgebung heranzuziehen. — 6.: Die provisorische Regierung erklärt das Militär-Revolutionäre Komitee für außerhalb des Gesetzes stehend. Die Menschewiki erklären sich gegen den Aufstand und für die militärische Bekämpfung des Aufstandes durch die Regierung. — 7.: Der Kampf um die Macht. Der Petrograder Sowjet proklamiert den Sturz der Regierung. Eröffnung des 2. Allrussischen Sowjetkongresses. — 8.: Der Sowjetkongreß nimmt auf Lenins Antrag die Dekrete über den Frieden, über den Grund und Boden, über die Bildung der Sowjetregierung an. — 9.: Siegreicher Aufstand in Moskau. — 11.: Aufstand der Offiziersaspiranten in Petrograd unter der Leitung des „Komitees zur Rettung des Vaterlandes und der Revolution". — 12.: Kämpfe in Moskau. — 15.: Sieg der Sowjets in Moskau. — 23.: Feierliche Bestattung der Opfer der Kämpfe auf dem Roten Platze in Moskau. — *Dezember:* 2.: Kornilow, Denikin, Alexejew flüchten nach dem Don. — 3.: Sowjetabteilungen besetzen das Hauptquartier der Frontarmeen. — 5.: Abschluß des Waffenstillstandes in Brest-Litowsk. — 6.: Bildung des Kollegiums für Kriegsangelegenheiten. Die Sowjettruppen marschieren gegen Kaledin und Dutow. — 7.: Beginn der offiziellen Demobilisation. Sieg der Sowjets in Tscheljabinsk. — 8.: Aufruf des Rates der Volkskommissare zum Kampfe gegen Kornilow und Kaledin, die die ukrainische Zentral-Rada unterstützen. Putsch des Generals Dutow in Orenburg. — 10.: Festigung der Macht der Sowjets in der Provinz. Tula, Cherson, Jaroslawl, Iwano-Wosnessensk in den Händen der Sowjets. — 11.: Konterrevolutionäre Demonstration in Petrograd für die Konstituante. Verhaftung der Führer der Kadetten. — 13.: Aufdeckung einer monarchistischen Verschwörung in Petrograd. — 14.: Unterzeichnung des Vorfriedens in Brest-Litowsk. — 15.: Zusammenschluß aller Sowjets in Sibirien. — 22.: Beginn der Friedensverhandlungen in Brest-Litowsk. — 24.: Aufdeckung der Kadetten-Verschwörung. Kongreß der Armeedelegierten. — 27.: Erster Allukrainischer Sowjetkongreß. — 31.: Finnland erklärt seine Trennung von Rußland.

**1918.** *Januar:* 2.: Der Rat der Volkskommissare proklamiert die Unabhängigkeit Finnlands. — 3.: Bildung des Revolutionären Tribunals. — 9.: An der rumänischen Front verlassen die russischen Regimenter die Frontlinie und bilden die Abteilungen der Roten Garde. — 11.: Aufruf zur Bildung der Freiwilligen Revolutionären Sozialistischen Volksarmee. — 14.: Attentat auf Lenin in Petrograd. — 15.: Abbruch der diplomatischen Beziehungen mit Rumänien. — 16.: Bildung der Roten Garde an der Westfront. Das Zentral-Exekutivkomitee der Sowjets veröffentlicht das Projekt der Deklaration der Rechte des arbeitenden Volkes. Rußland zur Föderativen Republik der Sowjets erklärt. — 17.: Der erste Sowjetkongreß in Sibirien beschließt die bewaffnete Unterstützung der Sowjetmacht. — 18.: Auflösung der Konstituante in Petrograd. — 19.: Demonstration der Sozialrevolutionäre für die Konstituante. — 20.: Veröffentlichung des Dekrets über die Auflösung der Konstituante. — 23.—31.: Dritter Kongreß der Sowjets. — 25.: Die ukrainische Zentral-Rada deklariert die Unabhängigkeit der Ukraine. — 28.: Revolution in Finnland. — *Februar:* 1.: Revolutionärer Aufstand in Kiew. — 3.: Dekret des Rates der Volkskommissare über die Bildung der Roten Armee. — 4.: Konterrevolutionäre Bewegung der polnischen Regimenter in den Gouvernements: Minsk, Witebsk und Mogilew. — 6.: Die ukrainische Rada unterzeichnet den Separatfrieden mit den Zentralmächten. — 7.: Dekret über Nationalisierung der Handelsflotte. — 9.: Der Vorsitzende der Friedensdelegation in Brest-Litowsk Trotzki lehnt die Unterzeichnung der deutschen Friedensbedingungen ab und erklärt die Einstellung der Kriegstätigkeit seitens der Sowjetrepublik gegen Deutschland, Österreich und die Türkei. — 14.:

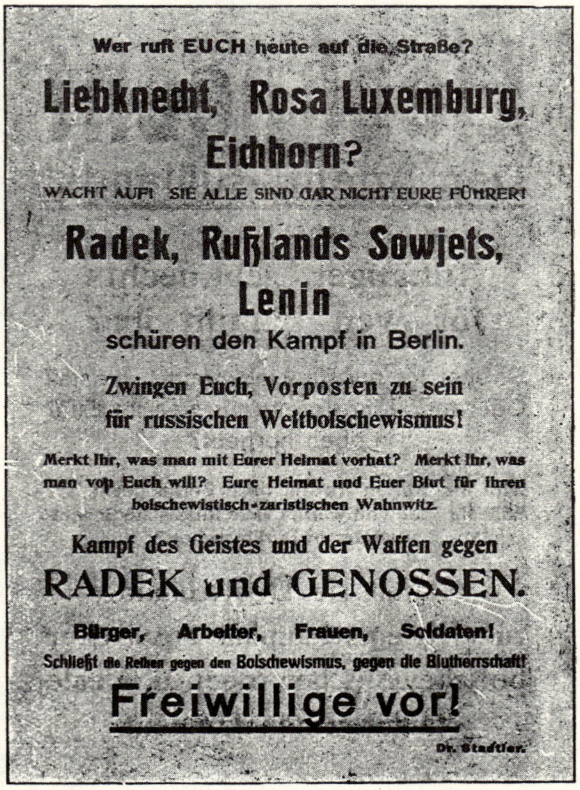


**Zweiseitiges Flugblatt der Antibolschewisten in Deutschland aus dem Jahre 1919**

In Petrograd, Moskau, Twer und Kasan werden Kurse zwecks Ausbildung der Roten Kommandierenden eröffnet. — 15.: Beschluß des Rates der Volkskommissare über die Organisation der revolutionären Verteidigung gegen die deutsche Offensive. — 20.: Aufhebung der konterrevolutionären Kornilow-Organisationen in Petrograd. — 21.: Die deutschen Truppen besetzen Minsk, Orscha und Reschiza. — 23.: Die ersten Abteilungen der Roten Armee gehen aus Moskau an die Westfront. — 24.: Die deutschen Truppen besetzen Pskow. — 25.: Die deutschen Truppen besetzen Reval. — 27.: Das Zentral-Exekutivkomitee beschließt die Organisation der Roten Kriegsflotte. Der Rat der Volkskommissare beschließt die Annahme der deutschen Friedensbedingungen. — *März:* 3.: Friedensvertrag in Brest-Litowsk. — 6.—8.: Der VII. Parteitag der Bolschewiki beschließt die Unterstützung des Brester Friedensvertrages. Der Parteitag beschließt, die Partei von jetzt an zu benennen: Russische Kommunistische Partei (Bolschewiki). — 7.: Beginn der Evakuation in Petrograd. — 8.: Bildung der weißen Regierung im Fernen Osten mit dem Fürsten Lwow an der Spitze. — 9.: Ausreise der englischen, französischen und italienischen diplomatischen Vertretungen aus Sowjet-Rußland. — 12.: Übersiedlung des Rates der Volkskommissare nach Moskau. Die deutschen Truppen landen in Abo zur Hilfe der finnischen Weißgardisten. — 15.—17.: Der IV. Allrussische Sowjetkongreß ratifiziert den Brester Friedensvertrag. — *April:* 1.: Dekret über die Bildung der Roten Flotte. — 6.: Friedensschluß zwischen Deutschland und der weißen Regierung Finnlands. Die deutschen Truppen besetzen Charkow. Die japanischen Truppen landen in Wladiwostok. — 10.: Bewaffnete Demonstration der Anarchisten in Moskau. — 12.: Entwaffnung der Anarchisten in Petrograd. Aufdeckung einer konterrevolutionären Verschwörung in Tschita. — 20.: Die deutschen Truppen besetzen die Krim. — 25.: Die Sowjetregierung protestiert in einer Note an Japan, England, Frankreich und Amerika gegen die Unterstützung der Weißgardisten. — 27.: Die deutschen Truppen jagen die ukrainische Zentral-Rada auseinander. Eine Tagung der Gutsbesitzer wählt Skoropadsky zum Hetman der Ukraine. — *Mai:* 10.: Erster Kongreß der Kriegskommissare in Moskau. Verhaftung der Rechten Sozialrevolutionäre in Moskau. — 21.: Bauernaufstände gegen die deutsche Okkupation in den Gouvernements Cherson und Charkow. — 23.: Beginn der Friedensverhandlungen zwischen Sowjet-Rußland und der Ukraine. — 25.: Erster Zusammenstoß mit den tschechoslowakischen Truppen. — 27.: Die menschewistische Regierung proklamiert die Unabhängigkeit Georgiens. — *Juni:* 1.: Aufdeckung der konterrevolutionären Organisation „Bund des Vaterlandes und der Freiheit" in Moskau. — 3.: Bildung der provisorischen sibirischen Regierung aus den Vertretern der rechten

Deutsches antibolschewistisches Plakat

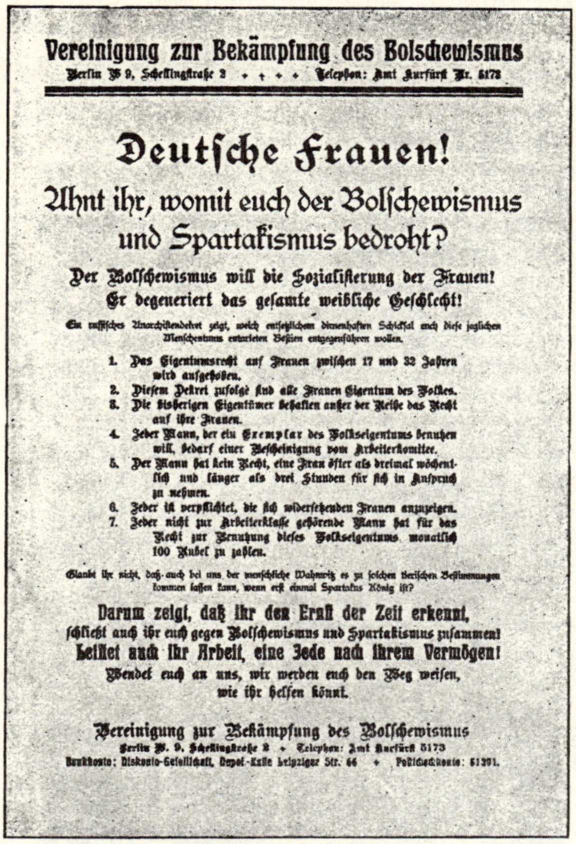

Vereinigung zur Bekämpfung des Bolschewismus
Berlin W 9, Schellingstraße 2 + + + + Telephon: Amt Kurfürst Nr. 5178

# Deutsche Frauen!

## Ahnt ihr, womit euch der Bolschewismus und Spartakismus bedroht?

**Der Bolschewismus will die Sozialisierung der Frauen!**
**Er degeneriert das gesamte weibliche Geschlecht!**

Ein russisches Anarchistendekret zeigt, welch entsetzlichem dirnenhaften Schicksal euch diese jeglichen Menschentums entarteten Bestien entgegenführen wollen.

1. Das Eigentumsrecht auf Frauen zwischen 17 und 32 Jahren wird aufgehoben.
2. Diesem Dekret zufolge sind alle Frauen Eigentum des Volkes.
3. Die bisherigen Eigentümer behalten außer der Reihe das Recht auf ihre Frauen.
4. Jeder Mann, der ein Exemplar des Volkseigentums benutzen will, bedarf einer Bescheinigung vom Arbeiterkomitee.
5. Der Mann hat kein Recht, eine Frau öfter als dreimal wöchentlich und länger als drei Stunden für sich in Anspruch zu nehmen.
6. Jeder ist verpflichtet, die sich widersetzenden Frauen anzuzeigen.
7. Jeder nicht zur Arbeiterklasse gehörende Mann hat für das Recht zur Benutzung dieses Volkseigentums monatlich 100 Rubel zu zahlen.

Glaubt ihr nicht, daß auch bei uns der menschliche Wahnwitz es zu solchen tierischen Bestimmungen kommen lassen kann, wenn erst einmal Spartakus König ist?

**Darum zeigt, daß ihr den Ernst der Zeit erkennt,**
**schließt auch ihr euch gegen Bolschewismus und Spartakismus zusammen!**
**Leistet auch ihr Arbeit, eine Jede nach ihrem Vermögen!**
**Wendet euch an uns, wir werden euch den Weg weisen, wie ihr helfen könnt.**

Vereinigung zur Bekämpfung des Bolschewismus
Berlin W. 9, Schellingstraße 2 + Telephon: Amt Kurfürst 5173
Bankkonto: Diskonto-Gesellschaft, Depot-Kasse Leipziger Str. 66 + Postscheckkonto: 61391.

Deutsche antibolschewistische Flugblätter

sozialistischen Parteien in Nowo-Nikolajewsk. — 4.: Bildung der bürgerlichen Regierung in der Krim. Die diplomatischen Vertreter der alliierten Mächte erklären ihre Solidarität mit den Tschechoslowaken. — 8.: Kampf mit den Tschechoslawaken bei Omsk. — 19.: Tschechoslowakische Truppen besetzen Sisran. Konterrevolutionärer Aufstand in Tambow. — 30.: Dekret über Nationalisierung der industriellen Betriebe. — *Juli:* 1.: In Moskau werden weißgardistische Abteilungen, die durch die französische diplomatische Vertretung organisiert worden sind, aufgedeckt und verhaftet. — 2.: Landung englisch-französischer Abteilungen an der Murman-Küste. — 4.—10.: Tagung des V. Allrussischen Sowjetkongresses (Annahme der Vorlage über die Bildung der Roten Armee). — 6.: Attentat auf den deutschen Gesandten Graf Mirbach durch die Linken Sozialrevolutionäre. Konterrevolutionärer Aufstand in Jaroslawl. — 7.: Aufstand der Linken Sozialrevolutionäre in Moskau. — 8.: Niederschlagung des Aufstandes der Linken Sozialrevolutionäre in Moskau. Entwaffnung der Linken Sozialrevolutionäre in Petrograd und in anderen großen Städten. Englisch-französische Interventionstruppen besetzen Kem und die nördlichen Teile der Murmansk-Eisenbahnlinie. — 10.: Tschechoslowakische Truppen besetzen Ufa. — 11.: Weißgardistische Aufstände in Arsamas, Murom, Rostow und Rybinsk. — 19.: Massenstreiks und Partisanenkämpfe in der Ukraine. — 21.: Niederschlagung des Aufstandes in Jaroslawl. — 26.: Tschechoslowakische Truppen besetzen Simbirsk. Englische Interventionstruppen besetzen Onega. Attentat auf den deutschen General Eichhorn in Kiew. — *August:* 1.: Tschechoslowakische Truppen besetzen Jekaterinburg. — 5.: Englisch-französische Truppen besetzen Archangelsk. — 13.: Organisation der ersten Getreiderequisitions-Abteilungen. — 21.: Aufdeckung einer weißgardistischen Verschwörung in Moskau. — 26.: Sowjettruppen besetzen Taschkent und Merf. — 30.: Attentat auf Lenin durch die Sozialrevolutionärin Kaplan. — *September:* 2.: Bildung des Militär-Revolutionären Sowjets. — 4.: Aufdeckung der Verschwörung der Entente-Diplomaten gegen die Sowjetmacht. — 10.: Veröffentlichung der Beschlüsse des Rates der Volkskommissare über den roten Terror. — 16.: In Ufa tagt die konterrevolutionäre „Staatsberatung" unter dem Vorsitz des Sozialrevolutionärs Awksentjew. — 18.: Aufstand österreichischer und deutscher Regimenter in Mogilew und Rowno. — ***Oktober:*** 1.: Die Sowjettruppen besetzen Mogilew. — 14.: Unruhen unter den Matrosen in Petrograd, angestiftet durch die Linken Sozialrevolutionäre. — 25.: Die Türkei zieht ihre Truppen aus Batum. — *November:* 6.—9.: Sechster Allrussischer Sowjetkongreß. — 13.: Das Zentral-Exekutivkomitee der Sowjets beschließt infolge der deutschen Revolution, den Brester Friedensvertrag zu annullieren. — 18.: Admiral Koltschak verhaftet in Omsk die Mitglieder des „Direktoriums" und erklärt sich zum Regenten Rußlands. — 29.: Bildung der provisorischen Regierung Estlands. — *Dezember:* 1.: Absetzung des Hetmans Skoropadsky und Bildung der provisorischen Arbeiter- und Bauernregierung der Ukraine. — 23.: Das Zentral-Exekutivkomitee der Sowjets beschließt die Anerkennung der Unabhängigkeit Estlands, Litauens und Lettlands. — 26.: Dekret über die Sicherstellung der Familien der Rotarmisten. — 31.: Einzug der Roten Armee in Ufa.

**1919.** *Januar:* 3.: Arbeiteraufstand in Charkow. Besetzung der Stadt durch die ukrainischen Sowjettruppen. Sowjettruppen besetzen Riga. — 18.: Landung der englisch-französischen Interventionstruppen in Odessa. Weißgardistischer Aufstand in Taschkent. — *Februar:* 5.: Einzug der ukrainischen Sowjettruppen in Kiew. — 18.: Erster Sowjetkongreß von Litauen. — *März:* 12.: Cherson durch die Sowjettruppen besetzt. — 14.: Die französische Truppen verlassen Nikolajew. — 16: Bildung der Autonomen Republik Baschkirien. — 18.—22.: 8. Parteitag der RKP. beschließt das neue Parteiprogramm. — *April:* 6.: Einzug der Sowjettruppen in Odessa. — 7.—9.: Offensive der Truppen des Admirals Koltschak. — 17.: Siegreicher Aufmarsch der Sowjettruppen an der Südfront. — *Mai:* 1.: Ultimative Forderung der russischen und ukrainischen Sowjetregierung an Rumänien über das Zurückziehen der rumänischen Truppen aus Bessarabien. — 4.: Dekret über die Sicherstellung der Rotarmisten-Invaliden und ihrer Familien. — 9.: Aufstand des Atamans Grigorjew in der Ukraine. — 13.: Durchbruch der rumänischen Front durch die Sowjettruppen. — 14.: Vorstoß der Armee des Generals Judenitsch bei Petrograd. — 19.: Beginn der Offensive des Generals Denikin. — 22.: Dekret des Zentral-Exekutivkomitees über die Mobilisation der Arbeiter zur Verteidigung Petrograds. — *Juni:* 10.: Aufstände im Rücken der Koltschak-Armee. — 14.: Anerkennung Koltschaks als Regenten Rußlands durch die Ententeregierungen. — 25.: Denikin besetzt Charkow. — 28.: Besetzung Rigas durch die Weißgardisten. — *Juli:* Einzug der Sowjettruppen in Krasnoufimsk. — 8.: Französische Truppen beschießen Odessa. — 10.: Aufstände im Rücken der Denikin-Armee. — 14.: Einzug der Sowjettruppen in Jekaterinburg. — 23.: Die französische Flotte be-

Militärische Ausbildung proletarischer Jugend

schießt Otschakow. — *August:* 3.: Niederlage der Engländer bei Onega. — 8.: Minsk durch die Weißgardisten besetzt. — 23.: Denikin besetzt Odessa. — 30.: Einzug der Truppen Petljuras in Kiew. — 31.: Kiew durch die Truppen Denikins besetzt. — *September:* 3.: Bildung des Militär-Revolutionären Sowjets Sibiriens. — 6.: Einzug der Sowjettruppen in Tobolsk. — 7.: Beginn der Friedensverhandlungen mit Estland. — 17.: Tomsk durch rote Partisanen erobert. — 23.: Aufdeckung einer konterrevolutionären Verschwörung des „nationalen Zentrums". — 30.: Eine Konferenz der baltischen Staaten beschließt die Aufnahme der Friedensverhandlungen mit Sowjet-Rußland. — *Oktober:* 11.: Judenitsch-Offensive bei Jamburg. — 13.: Denikin bei Orel. — 14.: Kampf mit der Armee Judenitsch bei Gatschina. — 20.: Schwere Kämpfe mit Judenitsch-Truppen bei Petrograd. — 23.: Sowjettruppen besetzen Tobolsk. — 26.: Die Rote Armee schlägt die Truppen des Generals Judenitsch bei Krasnoje Selo zurück. — *November:* 14.: Die Rote Armee zieht in Omsk ein. — 17.: An der Denikin-Front besetzten die Roten Truppen Kursk. — *Dezember:* 5.—9.: VII. Allrussischer Sowjetkongreß. — 6.—30.: An allen Fronten schwere Kämpfe und siegreicher Vormarsch der Roten Armee. —

**1920:** *Januar:* 2.: Aufstand der Arbeiter und der zwangsweise mobilisierten Truppen gegen die Weißen in Grosny. — 8.: Krasnojarsk erobert. Kapitulation der Reste der Koltschak-Armee. — 15. Aus einigen Teilen der III. Roten Armee wird die erste revolutionäre Arbeitsarmee organisiert. — *Februar:* 2.: Friedensvertrag mit Estland. — 8.: Umwandlung der II. und VII. Roten Armee in Arbeitsarmeen. — 12.: Aufstand in Chiwa. — 19.: Aufstand in Archangelsk. Die Weißen Truppen verlassen die Stadt. — 29.: Erster Allrussischer Kongreß der Kosaken. — *März:* 2.—28.: Siegreicher Vormarsch der Roten Truppen an allen Fronten. — 29. März bis 4. April: IX. Parteitag der RKP.(Bolschewiki). — 30.: Rote Truppen im Kaukasus. — *April:* 16.: Die Türkei besetzt Batum, Kars und Archagan. — 25.: Ausbruch des Krieges mit Polen. — 29.: Waffenstillstand zwischen Sowjettruppen und japanischen Interventionstruppen in Wladiwostok. — *Mai:* 6.: Die polnischen Truppen besetzen Kiew. — 7.: Friedensvertrag mit Georgien. — 27.: Das Präsidium des Zentral-Exekutivkomitees bestätigt die Vorlage über die Bildung der Autonomen Sozialistischen Sowjetrepublik der Tataren. — *Juni:* 10.: Beginn der Offensive der Roten Armee gegen Polen. — *Juli:* 12.: Friedensvertrag mit Litauen. — 22.: Rumänien erklärt seine Neutralität im Kriege zwischen Sowjet-Rußland und Polen. — 23.: Die polnische Regierung schlägt Sowjet-Rußland Waffenstillstand und Aufnahme der Friedensverhandlungen vor. — *August:* 1.: Beginn der Friedensverhandlungen mit Polen in Baranowitsche. — 6.: Vorschlag der Sowjetregierung an Rumänien, die Friedensverhandlungen zu beginnen. 13.: Abschluß des Vorfriedens mit Finnland. Die Rote Armee 20 Werst vor Warschau. — 14.: Friedensvertrag mit Lettland. — *September:* 1.: Allrussische Konferenz der RKP. — 2.: Proklamation der Sowjetrepublik in Buchara. — 18.: Ratifikation der Friedensverträge mit Litauen und Lettland. — *Oktober:* 12.: Abschluß des Waffenstillstandes mit Polen. — 14.: Friedensvertrag mit Finnland. — *November:* 1.: Das Gebiet zwischen dem Baikal-See und dem Stillen Ozean wird zur Fernöstlichen Republik erklärt. — 3.—17.: Offensive der Roten Armee gegen Wrangel. — *Dezember:* 22.—29.: VIII. Allrussischer Sowjetkongreß. Auf der Tagesordnung das Programm der Elektrifizierung.

**Rotarmist**

Skulptur in Holz im Museum der Roten Armee in Moskau

**1921.** *Januar:* 1.: Ratifikation des Friedensvertrages mit Finnland. — 27.: Dekret des Zentral-Exekutivkomitees über die Bildung der Republik Dagestan. — *Februar:* 16.: Dekret über die Gründung des Institutes der Roten Professoren. — 25.: Vertrag mit Afghanistan. — 26.: Vertrag mit Persien. Proklamation der Sowjetrepublik in Georgien. — *März:* 12.—17.: Aufstand in Kronstadt. — 8.—16.: X. Parteitag der RKP. — 15.: Einführung der Naturalsteuer. — 16.: Vertrag mit der Türkei. Handelsvertrag mit England. — 18.: Friedensvertrag mit

Polen. — *April:* 14.: Ratifikation des Friedensvertrages mit Polen. — 24.: Gründung der Universität für die Völker des Ostens in Moskau. — *Mai:* 6.: Handelsvertrag mit Deutschland. Allrussische Konferenz der RKP. — 17.: Allrussischer Gewerkschaftskongreß. — *Juli:* 21.: Dekret über die Bildung des Allrussischen Komitees zur Hilfe für die Hungergebiete. — 27.: Das Zentralkomitee der Russischen Kommunistischen Partei wendet sich an alle Parteiorganisationen mit der Aufforderung, die Parteireinigung durchzuführen. — *August:* 11.: Veröffentlichung der Beschlüsse des Rates der Volkskommissare über die Neue Ökonomische Politik. — *September:* 2.: Handelsvertrag mit Norwegen. — 29.: Der Völkerbund lehnt den Antrag Nansens auf Unterstützung der Hungernden im Wolgagebiet ab. — *Oktober:* 12.: Gründung der Staatsbank der RSFSR. — 19.: Bildung der Autonomen Sowjetrepublik der Krim. — *November:* Amnestie für die ehemaligen Soldaten der weißen Armeen. — *Dezember:* 1.: Allrussische Konferenz der RKP. — 8.: Handelsvertrag mit Österreich. — 22.—27.: IX. Allrussischer Sowjetkongreß.

# 10. CHRONIK DES BÜRGERKRIEGES

*1. Periode*

**November 1917 bis April 1918.**

*Don*

**1917:** 25. November: Truppen des Ataman Kaledin gehen zum Angriff über, nehmen Rostow ein und erschießen die gefangenen bolschewistischen Mitglieder des Rostower Sowjets der Arbeiter-Deputierten.

Anfang Dezember: Die Generale Kornilow, Aleksejew, Denikin, Markow langen nach ihrer Flucht aus dem Bychower Gefängnis am Don an und beginnen die Weiße Armee zu organisieren.

11. bis 12. Dezember: Erste Zusammenstöße bei Jusowka zwischen Truppen Kaledins und rotgardistischen Abteilungen.

**1918:** 28. Januar: Die Armee Siwers nimmt Taganrog ein. Durch einen gleichzeitigen Angriff der Armee Sablins und Petrows wird der Bahnhof Kamensk genommen.

24. Februar: Die Roten Truppen nehmen Rostow ein. Die Weißen gehen nach dem Kuban zurück.

*Ukraine*

**1918:** 16. Januar: Nach siegreichem Straßenkampfe mit den Gaidamaken geht die Macht an das Revolutionskomitee über.

16. Januar: Rote Truppen dringen in Kiew ein und vereinigen sich mit der aufständischen Garnison.

Februar: Die deutschen Armeen gehen zum Angriff auf die Ukraine über.

März: Gemeinsam mit den Gaidamaken nehmen die Deutschen Kiew ein.

26. März: Rote Truppen geben nach hartnäckigem Kampfe Poltawa auf.

7. April: Charkow geräumt.

Bis zum Mai bleibt die ganze Ukraine von deutschen und österreichischen Truppen besetzt, unter deren Schutz die „Volksrada" herrscht, die später von Hetman Skoropadski auseinandergejagt wird.

*2. Periode*

**Mai 1918 bis Anfang 1920.**

**1918:** Mai: Aufstand der Tschechoslowaken. Sie erobern das mittlere Wolgagebiet.

Juni, Juli, August: Hartnäckiger Kampf mit den Tschechoslowaken im Wolgagebiet.

8. September: Rote Truppen gehen zum allgemeinen Angriff gegen die Tschechoslowaken und die irregulären Armeen über.

10. September: Kasan von den Roten Truppen genommen.

12. September: Die erste Rote Armee unter Führung Tuchtschewskis nimmt Simbirsk ein.

4. Oktober: Rote Truppen nehmen Sysran ein.

7. Oktober: Rote Truppen dringen in Samara ein, feierlich empfangen von den aufständischen Arbeitern.

25. Oktober: Buguruslan genommen.

31. Dezember: Ufa genommen.

**1919:** 22. Januar: Rote Truppen brechen bei 30 Grad Frost den hartnäckigen Widerstand des Gegners und nehmen Orenburg ein.

27. Februar: Orsk genommen.

Damit ist die Vernichtung der irregulären Armee beendet, an deren Stelle in Sibirien die Armee Koltschaks formiert wird.

März: Admiral Koltschak geht zum Angriff über.

12. April: Koltschak rückt bis 30 Werst östlich der Wolga vor.

April, Mai: Vorbereitungen der Roten Truppen zum Angriff.

4. Mai: Die Rote Armee nimmt neuerdings Buguruslan ein.

13. Mai: Die Rote Armee nimmt Bugulma ein.

27. Mai: Die Rote Armee nimmt Orenburg ein.

10. Juni: Die Roten Truppen nehmen Ufa ein.

1. Juli: Die Rote Armee nimmt Perm und Kungur ein.

5. Juli: Die Rote Armee nimmt Nikolaijewsk und Krasnoufimsk ein.

14. Juli: Die Rote Armee nimmt Jekaterinenburg ein.

3. August: Die Rote Armee nimmt Tscheljabinsk ein, macht 15 000 Gefangene und vernichtet drei Divisionen Koltschaks.

8. August: Die Rote Armee nimmt nach erbitterten Kämpfen Tjumen ein.

20. August: Einnahme von Orsk.

7. September: Einnahme von Tobolsk.

September: Unter den Schlägen des zum Angriff übergegangenen Gegners weichen unsere Truppen zum Fluß Tobol zurück.

November: Unser Vormarsch in der Richtung auf Omsk.

14. November: Omsk genommen.

15. Dezember: Nowo - Nikolajewsk genommen.

29. Dezember: Tomsk genommen, zahlreiche Gefangene mit dem Generalstab und sämtlichen Stäben.

**1920:** Januar: Krasnojarsk genommen. Die letzten Armeen des Gegners kapitulieren.

*Turkestan*

Mit der Vernichtung der Armee Koltschaks durch die Roten Truppen der Ostfront baut sich im August 1919 die turkestanische Front auf.

**1920:** 5. Januar: Die Stadt Gurew genommen, die Basis der Uralschen Kosaken.

18. Februar: Rote Truppen nehmen Chiwa ein.

*Ukraine*

In der Periode von April bis November 1918 stehen die Roten Truppen längs der Demarkationslinie.

**1918:** August: Mißglückter Aufstand der rechtsufrigen Ukraine.

Dezember: Einsetzen unseres Eingriffes an der ukrainischen Front.

**1919:** 3. Januar: Rote Truppen nehmen Charkow ein.

20. Januar: Nach sechzehnstündigem Kampf Poltawa genommen.

27. Januar: Jekaterinoslaw genommen.

5. Februar: Ukrainische Sowjet - Truppen nehmen Kiew ein. Petljuras Direktorium auf der Flucht.

11. März: Sowjet-Truppen nehmen Cherson ein.

29. März: Die Rote Armee nimmt Marjupol ein.

Mai: Auf der ganzen Linie von Odessa bis zur Krim erreichen unsere Truppen das Schwarze Meer.

*Don*

Die reaktionären Kreise der Don-Kosakenschaft benützen die Vernichtung der Roten

**Rote Tankdivision im Amurgebiet**

**Japanische, englische, französische und weißrussische Offiziere nehmen die Parade der Interventionstruppen ab**

Truppen in der Ukraine durch die Heere des deutschen Imperialismus, die die wenig zahlreichen Abteilungen der Roten Garde verdrängt haben, und stellen eine Armee gegen die Sowjets auf, mit der an der nördlichen Linie der Donfront Kämpfe stattfinden. Gleichzeitig mit der Besetzung der gesamten Ukraine im Winter und Frühling 1919 durch die Roten Truppen gehen auch die Armeen der Südfront zum Angriff über, und Ende April stehen die Abteilungen der achten Armee 125 Werst nördlich von Rostow und Teile der neunten Armee 40 Werst östlich von Rostow am Don.

Nach der Vernichtung der Tamanischen und zweiten Kaukasischen Armee wirft General Denikin die Hauptkräfte seiner Armee an die Donfront und beginnt unsere Abteilungen sowohl an der Süd- als an der ukrainischen Front zu bedrängen.

*Der Kampf mit Denikin*

**1919:** Frühjahr: Nach der Vernichtung der elften Roten Armee kommt Denikin mit seinen Streitkräften zur Unterstützung der Donfront. Anfang Mai gehen die Weißen, die Don- und die Kaukasische Armee unter dem Oberkommando Denikins zum Angriff über.

26. Mai: Teile der weißen „Freiwilligen-Armee" nehmen Charkow ein. Mitte August: Die Roten Truppen der Südfront beginnen den Gegenangriff, nehmen Woltschansk und Kubjansk ein und bringen der „Freiwilligen-Südarmee" eine empfindliche Schlappe bei. Jedoch wird der Erfolg durch den Gegenangriff des Feindes rasch wieder ausgeglichen.

18. September: Abteilungen der „Freiwilligen-Armee" nehmen Kursk ein.

13. Oktober: Abteilungen der „Freiwilligen-Armee" nehmen Orel ein.

15. Oktober: Kiew von der Roten Armee genommen.

Zweite Oktoberhälfte: Die Armeen der Südfront beginnen den Angriff in der Richtung auf Woronesch und Orlow.

17. November: Die Rote Armee nimmt Kursk ein.

12. Dezember: Abteilungen der Roten Armee nehmen Charkow und Poltawa ein. Die Truppen der Denikinschen Armee ziehen sich eilig auf Rostow zurück.

*Westfront*

Dezember: Die revolutionären lettischen und estnischen Armeen gehen, unterstützt von Abteilungen der Westfront, zum Angriff über unter Ausnützung der beginnenden Evakuierung des deutschen Heeres.

**1918:** 25. November: Pskow von den Sowjettruppen genommen.

28. November: Narwa genommen.

24. Dezember: Jurjew und Wendek genommen.

**1919:** März: Rote Truppen am Baltischen Meer.

April: Beginn des Angriffs des Gegners, der von den Ententeländern mit jeglichem Kriegsmaterial versehen ist, in der Richtung auf Riga und Wilna.

April bis Juli: Erbitterter Kampf der Roten wenig zahlreichen Abteilungen mit dem an Kräften und Ausrüstung stärkeren Gegner, die Roten Truppen räumen Wilna und Lettland

September: Erster Angriff des Generals Judenitsch

11. Oktober: Beginn der zweiten Operation des Generals Judenitsch.

23. Oktober: Beginn des Gegenangriffs der Roten Truppen und Vernichtung Judenitschs.

14. November: Jamburg genommen.

**Januar bis Dezember 1920.**

*Nordfront*

Erst 1920 wird den Roten Truppen der Nordfront die Aufgabe gestellt, den Gegner im Gebiete von Archangelsk und Murmansk zu liquidieren.

**1920:** 5. Februar: Die Roten Abteilungen gehen zum Angriff über.

21. Februar: Archangelsk genommen. Die Weiße Nordregierung des Generals Miller flieht nach dem Eismeer.

26. Februar: Onega genommen.

28. Februar: Beginn des Angriffs in der Richtung auf Murmansk.

2. März: Kem genommen.

14. März: Murmansk genommen, sechs Tanks, 89 Lokomotiven und mehr als 1000 Waggons erbeutet.

*Westfront*

1920: Januar bis März: Friedensverhandlungen und passives Verharren.

6. März: Plötzlicher Beginn der polnischen Feindseligkeiten und Einnahme von Mosyr und Reschnize.

6. Mai: Die Polen nehmen Kiew ein.

14. Mai: Die Rote Armee geht im Gebiete von Polessij-Lepel auf der Westfront zum allgemeinen Angriff über.

8. Juni: Die Kavallerie Budjonnys nimmt Schitomir und Berditschew ein.

12. Juni: Die Rote Armee nimmt Kiew ein.

25. Juni: Die Rote Kavallerie nimmt Brody ein.

4. Juli: Die Rote Armee greift zwischen der Beresina und der nördlichen Düna an.

12 Juli: Die Roten Truppen nehmen Kamenez-Podolsk ein.

14. Juli: Die Rote Armee nimmt Wilna ein.

19. Juli: Die Rote Armee nimmt Grodno ein.

27. Juli: Einnahme der Festung Ossowez.

1. August: Einnahme von Bjalostok, Bjelska und Brest-Litowsk.

13. August: Die Rote Kavallerie nimmt Soldau ein.

16. August: Kämpfe 15 Werst von Warschau.

17. August: Beginn der Vorfriedensverhandlungen in Minsk.

15. und 16. August: Beginn der polnischen Gegenoffensive bei Warschau, Ivangorod, Lublin.

August: Rückzug der Armee der Westfront, deren rechte Flankenteile in Ostpreußen interniert werden.

15. bis 20. August: Kavalleriekämpfe der Armee Budjonnys bei Lemberg.

September: Weiterer Rückzug der Truppen der Westfront, Baranowitsche, Slonim und Pinsk aufgegeben.

5. Oktober: Rückzug der Roten Truppen auf die Linie Parotsch—Smorgon—Minsk.

5. bis 12. Oktober: Waffenruhe.

12. Oktober: Letzter polnischer Angriff.

18. Oktober: Rückzug der Roten Truppen auf die Linie der nunmehrigen Staatsgrenze und Abbruch der Feindseligkeiten mit Polen. Der weitere Kampf an der Westfront führt zur Liquidierung der Abteilung Bulag-Balachowitsch.

An der Südfront wird im Laufe des September die ukrainische Armee Petljuras endgültig liquidiert und in Galizien interniert.

**Januar bis März 1920.**

*Endgültige Vernichtung der Armee Denikins.*

1920: Januar: An der kaukasischen Front findet eine Reihe unentschieden bleibender Zusammenstöße mit Truppen des Generals Denikin statt, der sich nach dem Flusse Manjtsch zurückzieht.

Anfang März: Abteilungen der kaukasischen Front gehen zum Angriff vor.

1. März: Stawrapol von den Roten Truppen genommen.

2. März: Asow und Pateisk von der Roten Armee genommen.

Partisanen in Werchnjeudinsk

10. März: Die Roten Truppen säubern die Halbinsel Eisk von den Denikinschen Abteilungen und nehmen die Stadt Eisk ein.

13. März: An der kaukasischen Front werden die Bahnstationen Tichorez und Kaukasus genommen.

17. März: Der Angriff der Roten Armee geht weiter, Tiflis, Armawir, Pjatigorsk und Jekaterinodar genommen.

27. März: Noworossisk im Kampfe genommen.

28. März: Baku von den Roten Truppen genommen.

4. Mai: Die Reste der Denikinschen Armee werden an die Schwarze-Meer-Küste gedrängt.

22. Mai: Enseli am Kaspischen Meer genommen.

*Der Kampf mit Wrangel*

**1920:** 9. März: Die Roten Truppen nehmen die befestigte Linie des Gegners bei Juschunje und nehmen die Siwaschski-Brücke, weichen aber unter dem Drucke des Gegners nach Norden.

13. April: Mißglückter Angriff von Abteilungen der lettischen Division auf Perekop.

6. Juni: Wrangels Vorstoß aus der Krim.

25. Juli: Alexandrowsk vom Gegner genommen.

August: Die Unsrigen nehmen den Sammelplatz Kachowski ein.

September: Wrangels Angriff auf das Donbecken.

8. September: Die Truppen Wrangels setzen auf das rechte Dnjeprufer über.

14. Oktober: Die Rote Reiterei vernichtet drei Kavallerie- und zwei Infanterie-Divisionen des Gegners bei Pokrowski. Der Feind flieht panikartig, die Vernichtung Wrangels nimmt ihren Anfang.

24. Oktober: Die Roten Truppen nehmen Orjechow und Alexandrowsk ein.

28. Oktober: Die Roten Truppen gehen zum allgemeinen Angriff über.

3. November: Die Roten Truppen erreichen die Krimschen Landengen.

7. bis 11. November: Durchbrechung der befestigten Stellung bei Perekop und Taganasch.

11. November: Simferopol und Feodosja genommen.

15. November: Sebastopol genommen.

*Ostfront*

**1920:** Januar bis März: Irkutsk genommen, Koltschak und seine Minister gefangengenommen.

21. Oktober: Tschita genommen, die Reste der Armee des Generals Semjonow ziehen sich in die Manschurei zurück.

*Turkestan*

1. September: Ganz Turkestan erobert. Abschluß der Operationen gegen Alt-Buchara.

**Meeting in Petrograd 1920 zur Begrüßung der ausländischen Delegierten des II. Weltkongresses der Kommunistischen Internationale**

**Illustrierte Geschichte der russischen Revolution**

**Verlag Neue Kritik**

I SBN 3 8015 0066 7
Erschienen 1970 im Verlag Neue Kritik KG Frankfurt
Umschlagentwurf Barbara Gabbe Hamburg
Gesamtherstellung Druckerei Erwin Lokay Reinheim